宗鏡録

〔宋〕釋延壽集

陝西新華出版 三秦出版社

图书在版编目(CIP)数据

宗镜录/(宋)释延寿 著 .—西安:三秦出版社,1994.10
(2023.6 重印)
ISBN 978—7—80546—834—1

Ⅰ.①宗… Ⅱ.①释… Ⅲ.①禅宗—佛经 Ⅳ.①B946.5

中国国家版本馆 CIP 数据核字(2023)第 091625 号

宗镜录

释延寿 著

出版发行 三秦出版社
社　　址 西安市雁塔区曲江新区登高路 1388 号
电　　话 (029)81205236
网　　址 http://www.sqcbs.cn
邮政编码 710061
经　　销 全国各新华书店
印　　刷 山东阳谷毕升印务有限公司
开　　本 787×1092　1/16
印　　张 66.5
字　　数 810 千字
版　　次 1994 年 10 月第 1 版
印　　次 2023 年 6 月第 2 次印刷
印　　数 6001—11,000 册
标准书号 ISBN 978—7—80546—834—1
定　　价 398.00 元

出版說明

《宗鏡錄》是五代宋時高僧延壽纂輯的一部禪學名著。全書一百卷，可分為三章：第一卷前半部分為標宗章，第一卷后半至第九十三卷為問答章，第九十四卷至第一百卷為引證章。所謂標宗章就是「立正宗明為歸趣」，問答章主要是「申問答用去疑情」，引證章則「引眞詮成其圓信」。盡管該書卷帙浩繁，廣征博引，然其主旨只有一條，就是宣揚唯心唯識，眞源覺海，力圖用唯心唯識的觀念去觀察周圍世界，指導人們的日常行為。

釋延壽（九〇四——九七五）俗姓王，字冲元，浙江余杭人。幼時即熟讀《法華經》，三十歲時因故出家，先投四明（寧波）翠岩禪師，后又往天臺山參禮德韶禪師。他主張禪教合一，禪誦無礙，禪戒并重，內省與外求兼行。《宗鏡錄》是其衆多著述中最重要的代表作。他針對當時佛教界普遍輕視義學、落于空疏的流弊，集中精于法義的賢首、慈恩、天臺三家學者參與討論，并由他自己以「心宗」為準繩，編纂成此書。書中共引用各種資料三百種，其中經與語錄各一百二十部，論著六十部。《宗鏡錄》的價值，不僅是反映了禪宗演變的軌迹，為研究禪宗史提供了依據，而且它還保存了一些珍貴的文獻資料。如著名的南岳懷讓和青原行思的兩段法語，《景德傳燈錄》、《古尊宿語錄》等書中的均不見記載。此外，在問答章里引用的《中論玄樞》、《唯識義鏡》，原書早已亡佚，幸賴《宗鏡錄》保存下來一部分資料，使人們得以窺見原書的梗概。

《宗鏡錄》成書后，最初會受到朝野僧俗人士的推崇，影響很大。但在流傳過程中，有人自作主張，擅行增删校改，致使延壽原本反而湮沒無聞，竟至失傳。流傳下來的版本與原本在一定程度上有所不同，但總的來說，還沒有達到面目全非的地步。換句話講，今流行本基本上可以看作是延壽的原書。我社此次影印出版的底本是清光緒二十五年江北刻經處刻本，僅供研究佛教文化的學者、專家參考。

三秦出版社　一九九四年六月

目録

御制重刊宗鏡録序……一
御制重刊宗鏡録后序……三
上　諭……五
宗鏡録序……八
宗鏡録卷一……九
宗鏡録卷二……二十
宗鏡録卷三……三三
宗鏡録卷四……四四
宗鏡録卷五……五四
宗鏡録卷六……六五
宗鏡録卷七……七七
宗鏡録卷八……八五
宗鏡録卷九……九五
宗鏡録卷十……一一一
宗鏡録卷十一……一二三
宗鏡録卷十二……一三一

宗鏡録卷十三……一四〇
宗鏡録卷十四……一四九
宗鏡録卷十五……一六〇
宗鏡録卷十六……一七〇
宗鏡録卷十七……一八〇
宗鏡録卷十八……一九一
宗鏡録卷十九……二〇五
宗鏡録卷二十……二一六
宗鏡録卷二十一……二二五
宗鏡録卷二十二……二三七
宗鏡録卷二十三……二四七
宗鏡録卷二十四……二六二
宗鏡録卷二十五……二七七
宗鏡録卷二十六……二八七
宗鏡録卷二十七……二九九
宗鏡録卷二十八……三一〇
宗鏡録卷二十九……三二八
宗鏡録卷三十……三四二

宗鏡録卷三十一……三五二
宗鏡録卷三十二……三六一
宗鏡録卷三十三……三七二
宗鏡録卷三十四……三八三
宗鏡録卷三十五……三九六
宗鏡録卷三十六……四〇八
宗鏡録卷三十七……四二三
宗鏡録卷三十八……四三五
宗鏡録卷三十九……四四九
宗鏡録卷四十……四六〇
宗鏡録卷四十一……四七〇
宗鏡録卷四十二……四八一
宗鏡録卷四十三……四九二
宗鏡録卷四十四……五〇二
宗鏡録卷四十五……五一四
宗鏡録卷四十六……五二四
宗鏡録卷四十七……五三七
宗鏡録卷四十八……五四八

宗鏡錄卷四十九……五五八
宗鏡錄卷五十……五六九
宗鏡錄卷五十一……五八〇
宗鏡錄卷五十二……五九一
宗鏡錄卷五十三……五九八
宗鏡錄卷五十四……六〇七
宗鏡錄卷五十五……六一六
宗鏡錄卷五十六……六二五
宗鏡錄卷五十七……六三四
宗鏡錄卷五十八……六四四
宗鏡錄卷五十九……六五五
宗鏡錄卷六十……六六二
宗鏡錄卷六十一……六七一
宗鏡錄卷六十二……六八一
宗鏡錄卷六十三……六九一
宗鏡錄卷六十四……六九九
宗鏡錄卷六十五……七〇六
宗鏡錄卷六十六……七一七

宗鏡録卷六十七……七二八
宗鏡録卷六十八……七四〇
宗鏡録卷六十九……七四八
宗鏡録卷七十……七五九
宗鏡録卷七十一……七六七
宗鏡録卷七十二……七七六
宗鏡録卷七十三……七八八
宗鏡録卷七十四……七九六
宗鏡録卷七十五……八〇五
宗鏡録卷七十六……八一三
宗鏡録卷七十七……八二一
宗鏡録卷七十八……八三〇
宗鏡録卷七十九……八四一
宗鏡録卷八十……八五三
宗鏡録卷八十一……八六四
宗鏡録卷八十二……八七二
宗鏡録卷八十三……八八三
宗鏡録卷八十四……八九三

宗鏡録卷八十五……九〇一
宗鏡録卷八十六……九〇九
宗鏡録卷八十七……九一九
宗鏡録卷八十八……九二八
宗鏡録卷八十九……九三七
宗鏡録卷九十……九四八
宗鏡録卷九十一……九五七
宗鏡録卷九十二……九六三
宗鏡録卷九十三……九七五
宗鏡録卷九十四……九八三
宗鏡録卷九十五……九九三
宗鏡録卷九十六……一〇〇一
宗鏡録卷九十七……一〇一〇
宗鏡録卷九十八……一〇一八
宗鏡録卷九十九……一〇二九
宗鏡録卷一百……一〇三八
奉敕重刊宗鏡録后跋……一〇四八
刻宗鏡録功德人名緣起……一〇五一

御製重刊宗鏡録序

蓋惟宗爲教本。教屬宗枝。無教非宗。全波是水。非宗無教。全水是波。有偏圓頓漸之名言。無淺深高下之別義。譬如本無淨染。但有空明。粉入而白呈。硃來而赤現。不能離赤白而別存水質。豈可混粉硃而謂卽水眞。水與粉硃。了無交涉。粉硃在水。不礙圓常。迨其粉奠硃沈。水亦無餘無欠。了知硃來粉入。水原不卽不離。又如零雨滋生。而句萌甲坼。挹泉爲饎。而釋叟烝浮。至於柯條枝葉旣長。而雨乃點點在中。黍稷稻粱旣盛。而泉則顆顆涉入。不特水相無生。幷且水性

皆空。然而枝條柯葉。皆是水所圓成。黍稷稻粱。孰非水之常住。雖則餘無有水。實皆水有無餘。水譬眞如。餘同教乘。內水而外餘。異餘而同水。人我之見本也。有餘而成諸變幻。無餘而返其眞常。動靜之相根也。水不與餘爲增減。餘自與水相去來。生死之眞源也。見餘而全昧夫水。悟水而正受其餘。聖凡之虛說也。迴無所有。塵刹熾然。實有非無。龜毛可貫。故知達宗履教。教是眞宗。遺教談宗。宗非本教。未明宗要。難涉教藩。旣握宗綱。須探教網。或乃迷源棄本。執相徇名。顚倒情塵識浪之中。徘徊因滅果生之內。將釋迦法空之座。椓作碇樁。化迦葉上行之衣。黏爲膠漆。一塵遮眼。銀海迷茫。半句纔通。鐵圍突兀。縱聞龍藏十二分。祇堪熏諸善根。若同拂席五千人。豈免成大我慢。至若初賫般若資糧。乍進菩提大道。雖曰一念迴光。卽同本得。無如千生結習。其力未充。便乃歇學屏聞。廢修弛行。斥他水母借蝦爲眼。不是己光。卻類寒蟬抱露鳴清。先成我執。夫眞空無量。覺海無邊。必須舉足下足。蹋盡眞空。方是無行而行。深度覺海。豈得沿循此岸。中止化城。取一捨諸。望梅畫餅。歷觀禪侶。良用慨然。瞻望古錐。曷勝仰止。如宋慧日永明寺妙圓

正修壽禪師。紹隆覺位。了徹微言。性行雙圓。乘戒兼至。朕披其著述。欽厥風規。更爲震旦第一導師。眞到空王最上妙乘。安居寶所。而法財充溢。非同守藏之夫。高坐蓮華。而瑞彩旁騰。莫測化雲之現。其萬善同歸。唯心訣。心賦。諸書。朕旣刊之琬琰。布在叢林。普願有口者徧嘗。庶幾無心人直達。若夫宗鏡錄者。舉一心爲宗。照萬法如鏡。所錄百卷。括盡三乘。實乃寶藏圓詮。如來心印。住宗師自在之位。棹佛母智度之航。共坐淨名方丈之中。同登彌勒毘盧之閣。義味周足。中邊妙融。直截深通。精微該括。圓攝不內外微塵法

界深入無自性眞實惟心算明大涅槃海裏萬萬波紋盡從無所得胸中一一流出卷中無句句中無字但現赫赫光明日輪從表徹裏從裏徹空徧界寥寥清淨寶月如摩尼珠迴光返照而明暗色空重重交暎如師筋絃響絕羣音而山林草木處處應空色在珠邊而無色寶珠不離赤白青黃之內聲流絃外而無聲妙絃卽在宮商角徵之中不一不多非純非雜絕思絕議難讚難名能使奪弄精魂者爽然自疑足令學識依通者迷而知返既悟必讀方踏末後一關未了先覩亦識正宗的旨五乘道果來朝∴字寶王

十法界因並仰羣生慈父聽不聞而覩莫見曰虛空之虛空迷不減而悟不增乃平等之平等信乎尊勝無上寶爲宗教俱融人果能妙達斯宗必不言打破此鏡世傳禪師誕降實惟慈氏下生朕謂不必慈氏再來現同慈氏本說特爲重刻用廣其傳布在今茲盡未來際俾學者知宗教律之共貫入聞思修之三摩以知寂不二之一心契空有雙融之中道出生普賢願海幻住夢存常遊圓覺道場隨緣無礙直向今生了卻何妨歷劫修持圓無爲之行結空華之果四生同沐三有均霑將禪師之法施益以無邊而朕之期願亦爲少慰矣是爲序

雍正十二年甲寅四月初八日

御製重刊宗鏡錄後序

朕讀禪師唯心訣。嘉其盡善盡美。無比無儔。乃遍求禪師平生著述流傳宇內者覽之。其宗鏡錄一百卷。朕實欣悅讚歎。不能自已。至矣哉。禪師慈願如此。其宏大。徹悟如此其眞到。導人如此其微妙。自性如此其明圓也。夫如來五千教典。雖有小乘大乘之說。然所爲小乘大乘者。乃隨時說法而有。亦隨人聽法而分。如來所說小乘。卽是大乘。且所說大乘。實無有法名爲大乘。悟者聽之。皆是大乘。本無小乘。不悟者。未明小乘。安得妄談大乘。歷來宗門直指本心。先期自

悟。將一切大乘小乘。並稱之爲教典。皆在所簡。不令人於語言文字上推求心意識知邊卜度。迨其弊也。歧教於宗。知求別傳於教外。不知妙旨之仍在教中。抑又過已學人。既得自證自悟。豈能不取佛祖言教。印合眞歸。成其圓信。顧大藏浩瀚。誠古人所云。象負之而難勝。龍藏之而不盡。又且截瓊枝而寸寸是玉。折栴檀而片片皆香。自必閱之而雙眼難周。誦之而一期莫畢。若非禪師宏大慈力。纂此妙典。孰能囊括羣經之要旨。廓通三乘之圓詮。使人直達寶所乎。朕謂達摩西來以後。宗門中述佛妙心。續紹慧命。廣濟含生。利益無盡者。未有若禪師此書者也。學人觀此。可不必泛覽大藏矣。魔民仰面唾雲。謂法眼流弊。不數傳而宗鏡出焉。義解沙門倚以爲說。若斯謬論。誘大般若自墮無間。所不足道。乃此書歷宋元明以迄於今。宗門古德不乏具眼。而從未有稱道讚揚。標爲第一希有者。亦可異也。朕既重刊廣布。序而傳之。使名山古刹中禪侶。家有隨侯之珠。序有不盡。復述此以宣朕尊崇褒美之至意。使天下後世讀斯書者。知爲最尊最勝云。雖然。如是元音。不關文字。若不自性自度。而於此中等思覓解。卽爲背覺而合塵。譬之買

匱還珠。認漚爲海。雖能成誦。得如瓶瀉水。亦能爲人詮解講說。究於自己。曾何少分相應耶。禪師百卷書中。丁寧誥戒。反復申明此旨者。不一而足。學人所宜猛省。苟非了達本性。親證自心。而欲於意下求通。言中取則。將蒸砂豈能成飯。他寶寧濟己貧。埋沒自己絕待英靈。塗汙佛祖金口正典。不特將禪師喫緊爲人。無盡法施。付諸火宅。卽朕今日拂拭之於故紙陳言之中。宏闡褒揚。期與眞修參侶。共嘗甘露妙味。一片諄切勸勉之心。亦屬唐捐矣。禪師不云乎。不得一向離之而起絕言之見。亦不得一向卽之而成執指

之愚。此事。如人飲水。冷暖自知。自在學者。朕奚能少
助焉。
雍正十二年甲寅五月朔日

上諭朕於永明壽禪師宗鏡錄欣服敬禮得未曾有特
爲天下後世禪侶拈出重刊廣布親製序文有曰既
悟必讀方踏末後之一關未了先觀亦識正宗之的
旨又恐學人尋章摘句不求了證自心辜負古佛妙
典爲是重製後序以申明之朕之勤惓訓諭指示後
學之意實爲無已嘗聞湧泉欣有言見解人多行解
人萬中無一蓋人果到得行解地位自必宗亦通說
亦通但說通而未宗通其說必非眞通所不必道若
宗通而於說通未到至圓至明處究爲見解到而行
解未到蓋行解一分則說通一分行解十分則說通
十分說通之眞際卽宗通之眞際也歧宗教而爲二
者皆未入圓宗之門外漢耳釋迦牟尼世尊所說法
多至於三藏十二分末後拈華授記摩訶迦葉以遞
西天四七流入震旦俾衆生一超直入如來地燈傳
無盡慧命不絕釋迦牟尼佛誠爲恆河沙數衆生大
慈悲父矣其自達摩西來曹溪南邁歷唐宋元明以
迄於今古德上賢乘時輩出莫不闡佛元音自他兼
利然而圓通方廣放大光明一如世尊佛在世轉輪
不動一心而演諸義不壞諸義而顯一心震諸經大
海之潮音了一心離微之密旨囊括無遺纖毫不立

如開圓滿寶藏聽貧子之歸攜如決甘露天池恣渴
人之斟掬法施無窮無盡慈恩無量無邊挺生震旦
爲釋迦牟尼世尊佛後一人作衆生慈父其書與三
藏十二分媲美者惟有此古佛妙典耳非其行解與
佛相亞奚能宗通說通如是乎夫達摩之時震旦緇
侶多執滯教相將三藏十二分作此土經史子集一
例觀之尋文索義背覺合塵埋沒卻世尊不說說迦
葉不聞聞之妙旨既迷失家寶如同衣內之珠而世
尊所示覓珠之方又成盲人之疑象達摩爲救其弊
是以直指一心單提向上期夫震旦學佛人如是了
達如是頓圓然後於不二法中現妙神通無心性內
成大佛事將六度萬行齊圓而三藏十二分具舉豈
曰有拈華一宗便可不必有三藏十二分也世謂教
外別傳由達摩而入震旦不知達摩未來之先及雖
同時而未見達摩者如誌公如僧肇如南嶽思輩皆
從三藏十二分了徹心宗洞明此事其以達摩爲東
土初祖者乃宗門敘其源流如是耳豈可云震旦宗
旨自達摩始而三藏十二分非此元音此宗雖稱教
外別傳究而論之無內無外故曰宗教固不得而外
宗宗又安得而外教也非同非異故曰宗教固豈得

異於宗宗并不得云同於教也。如使教典果有外於宗異於宗者。則世尊滅度後。迦葉何以集諸弟子。於賓鉢羅窟。令阿難述佛種種經教。其後馬鳴何爲以博通諸經見稱。而龍樹又何以造諸論偈垂世乎。且釋迦牟尼佛說法四十九年。俱是說此拈華妙旨。若謂所說在拈華之外。而拈華在所說之外。不特所說皆與本分關隔。而拈華又何以能該恒河沙數法門乎。將見一輪有阻。千車盡滯。修途安在。一法纔通。萬象迷歸心地也。曹溪以降。每以片語單詞。擎拳豎拂。勘驗學人果否自性自度。至於一舉數百萬言。大小三乘全該並顯。不恤眉毛拖地。掉廣長舌。出和雅音。於一芥子中。剖出八萬四千須彌山王。舉八萬四千須彌山王。納歸一芥子。於言語道斷處。演出無邊諸佛音聲。於心行處滅處。應現無方眞實慈化。上下千百年內。實罕其人。唯一永明。出興震旦。而宗徒轉謂曹溪門庭。無此法式。實乃罪同謗佛。吾宗無語句。亦無一法與人者。豈可以啞羊爲無語句。以頑空爲無一法與人耶。既爲宗徒。而輕蔑教典。業已墮空。入狂參知見。奚得藉口圓宗耶。十方禪侶。草鞵行腳。得古人片語單詞。鬪諸方擎拳豎拂。一般於謦欬邊推求。

意根下卜度。然則何不向此書尋討眞實究竟。如曰。此是語言文字。豈多許則爲語言文字。少許卽非語言文字乎。夫心解則一切解。心縛則一切縛。若心解者。無關語言文字之多少。若心縛者。與其縛向古人片語單詞諸方擎拳豎拂邊。何如縛向如來教典中。姑且隨喜華光妙雲之爲愈乎。朕雖曰悟後讀之。更得進步。而未證自心者。不得於此尋思覓解。然朕固曰未了先觀。亦識正宗之的旨也。且宗徒既已掃棄教典。謂是語言文字。而復好工偈頌。眞光武所謂懸羊頭賣馬肉者。堪發一笑。宗徒中由文學諸生出家。自幼讀書。循其故業。而作偈頌。尚不足怪。至於本不識字之人。因欲悟宗旨。乃從事於偈頌。豈非首越而之燕耶。若乃欲以偈頌取悅於學士大夫。使爲外護。具是汙濁心行。而又指斥教典。謂之語言文字。豈免墮無間之獄。且出家兒。欲工偈頌。入於詩賦之流。捨本分之當學。而學門外之別學。況學必不到家。徒供文儒嗤笑。夫欲所作偈頌。不至見笑大方。亦非積數十年學力不能。則此數十年。業已不依本分。若將此數十年心力。用於宗教。卽曰解路推求。要必近朱者赤。近墨者黑。所解既在正路中。亦可有因解得悟之一日卽使不悟薰習而成異熟果不與作偈頌者之雕琢浮辭拾狐唾者之瞞心亂統相去霄壤乎教典浩瀚畢生莫竟觀禪師此書則釋迦牟尼佛三藏十二分具在是矣朕向實未閱教典因洞明此事後爰取從上宗師爲人機緣於幾暇時披尋翻閱因而識得永明古佛實爲震旦第一導師及觀師著述又識得宗鏡錄一書爲震旦宗師著述中第一妙典朕生平遇一佳味必思人人共嘗契一妙理必思人人共曉今既閱此第一妙典何忍不以開示後學是以剴切懇到言之不憚再四夫朕豈執著教相者朕於何

文何字何經何典有所滯惑耶知朕者自知之惟願天下後世學侶決定無疑勇猛堅固永不退轉誦讀受持先以聞解信入後以無思契同齊達此宗交光此鏡不虛古佛當年將大覺不思議絕妙法施普度一切無量含生之大慈悲心如實至語是朕所厚望也特諭

雍正十二年甲寅十二月初八日

宗鏡錄序

宋左朝請郎尚書禮部員外郎護軍楊傑撰

諸佛眞語以心爲宗衆生信道以宗爲鑑衆生界卽諸佛界因迷而爲衆生諸佛心是衆生心因悟而成諸佛心如明鑑萬象歷然佛與衆生其猶影像涅槃生死俱是彊名鑑體寂而常照鑑光照而常寂心佛衆生三無差別國初吳越永明智覺壽禪師證最上乘了第一義洞究教典深達禪宗稟奉律儀廣行利益因讀楞嚴經云佛語心爲宗乃製宗鏡錄於無疑中起疑非問處設問爲不請友眞大導師擲龍宮之寶均施羣生徹祖門之關眷容來者舉目而視有欲皆充信手而拈有疾皆愈蕩滌邪見指歸妙源所謂舉一心爲宗照萬法爲鑑矣若人以佛爲鑑則知戒定慧爲諸善之宗人天聲聞緣覺菩薩如來由此而出一切善類莫不信受若以衆生爲鑑則知貪瞋癡爲諸惡之宗修羅旁生地獄鬼趣由此而出一切惡類莫不畏憚善惡雖異其宗則同返鑑其心則知靈明湛寂廣大融通無爲無住無修無證無塵可染無垢可磨爲一切諸法之宗矣初吳越忠懿王寶之祕於教藏至元豐中皇弟魏端獻王鏤板分施名藍四方學者罕遇其本元祐六年夏游東都法雲道場始見錢唐新本尤爲精詳乃吳人徐思恭請法涌禪師同永樂法眞二三耆宿徧取諸錄用三乘典籍聖賢教語校讀成就以廣流布其益甚博法涌知予喜閱是錄因請爲序云

宗鏡錄序

吳越國王錢俶製

詳夫域中之教者三正君臣親父子厚人倫儒吾之師也寂兮寥兮視聽無得自微妙升虛無以止乎乘風馭景君得之則善建不拔人得之則延貺無窮道儒之師也四諦十二因緣三明八解脫時習不忘日修以得一登果地永達眞常釋道之宗也惟此三教並自心修宗鏡錄者智覺禪師所撰也總乎百卷包盡微言

我佛金口所宣盈於海藏蓋亦提誘後學師之智慧辯才演暢萬法明了一心禪際河游慧開雲布數而稱之莫能盡紀聊爲小序以頌宣行云爾

宗鏡錄卷第一

宋慧日永明妙圓正修智覺禪師延壽集

伏以眞源湛寂覺海澄清絕名相之端無能所之迹最初不覺忽起動心成業識之由爲覺明之咎因明起照見分俄興隨照立塵相分安布如鏡現像頓起根身次則隨想而世界成差後則因智而憎愛不等從此遺眞失性執相徇名積滯著之情塵結相續之識浪鎖眞覺於夢夜沈迷三界之中瞽智眼於昏衢匍匐九居之內遂乃縻業繫之苦喪解脫之門於無身中受身向無趣中立趣約依處則分二十五有論

正報則具十二類生皆從情想根由遂致依正差別向不遷境上虛受輪迴於無脫法中自生繫縛如春蠶作繭似秋蛾赴燈以二見妄想之絲纏苦聚之業質用無明貪愛之翼撲生死之火輪用谷響言音論四生妍醜以妄想心鏡現三有形儀然後違順想風動搖覺海貪癡愛水資潤苦芽一向徇塵罔知反本發狂亂之知見翳於自心立幻化之色聲認爲他法從此一微涉境漸成戛漢之高峰滴水興波終起吞舟之巨浪爾後將欲返初復本約根利鈍不同於一眞如界中開三乘五性或見空而證果或了緣而入眞或三祇熏鍊漸具行門或一念圓修頓成佛道斯則剋證有異一性非殊因成凡聖之名似分眞俗之相若欲窮微洞本究旨通宗則根本性離畢竟寂滅絕升沈之異無縛脫之殊既無在世之人亦無滅度之者二際平等一道清虛識智俱空名體咸寂迥無所有唯一眞心達之名見道之人昧之號生死之始復有邪根外種小智權機不了生死之病原罔知人我之見本唯欲厭喧斥動破相析塵雖云味靜冥空不知埋眞拒覺如不辯眼中之赤眚但滅燈上之重光罔窮識內之幻身空避日中之虛影斯則勞形役

思喪力捐功不異足水助冰投薪益火豈知重光在眚虛影隨身除病眼而重光自消息幻質而虛影當滅若能迴光就己反境觀心佛眼明而業影空法身現而塵跡絕以自覺之智刃剖開纏內之心珠用一念之慧鋒斬斷塵中之見網此窮心之旨達識之詮言約義豐文質理詣揭疑關於正智之戶薙妄草於眞覺之原愈入髓之沈痾截盤根之固執則物我遇智火之燄融[illegible]心之爐名相臨慧日之光釋一眞之海斯乃內證之法豈在文詮知解莫窮見聞不及今爲未見者演無見之妙見未聞者入不聞之圓聞未

知者說無知之眞知未解者成無解之大解所冀因指見月得兔忘罤抱一冥宗捨詮檢理了萬物由我明妙覺在身可謂搜抉本根磨礱理窟剔禪宗之骨髓標教網之紀綱餘惑微瑕應手圓淨本宗妙旨舉意全彰能摧七慢之山永塞六衰之路塵勞外道盡赴指呼生死魔軍全消影響現自在力闡大威光示眞實珠利用無盡傾祕密藏周濟何窮可謂香中爇其牛頭寶中採其驪頷華中採其靈瑞照中耀其神光食中啜其乳糜水中飲其甘露藥中服其九轉主中遇其聖王故得法性山高頓落羣峰之峻醍醐海

闊横吞眾派之波似夕魄之騰輝奪小乘之星宿如朝陽之孕彩破外道之昏蒙猶貧法財之人值大寶聚若渴甘露之者遇清涼池爲眾生所敬之天作菩薩眞慈之父抱膏肓之疾逢善見之藥王迷險難之途偶明達之良導久居闇室倏臨寶炬之光明常處臝形忽受天衣之妙服不求而自得無功而頓成故知無量國中難聞名字塵沙劫內罕遇傳持以如上之因緣目爲心鏡現一道而清虛可鑒辟羣邪而毫髮不容妙體無私圓光匪外無邊義海咸歸顧盼之中萬像形容盡入照臨之內斯乃曹谿一味之旨諸

祖同傳鵠林不二之宗羣經共述可謂萬善之淵府眾哲之本源一字之寶王羣靈之元祖遂使離心之境文理俱虛卽識之塵詮量有據一心之海印楷定圓宗八識之智燈照開邪闇實謂含生靈府萬法義宗轉變無方卷舒自在應緣現迹任物成名諸佛體之號三菩提菩薩修之稱六度行海慧變之爲水龍女獻之爲珠天女散之爲無著華善友求之爲如意寶緣覺悟之爲十二緣起聲聞證之爲四諦人空外道取之爲邪見河異生執之作生死海論體則妙符至理約事則深契正緣然雖標法界之總門須辯一

乘之別旨種種性相之義在大覺以圓通重重卽入之門唯種智而妙達但以根羸靡鑒學寡難周不知性相二門是自心之體用若具用而失恆常之體如無水有波若得體而闕妙用之門似無波有水且未有無波之水曾無不溼之波以波徹水源水窮波末如性窮相表相達性源須知體用相成性相互顯今乃細明總別廣辯異同研一法之根元搜諸緣之本末則可稱宗鏡以鑒幽微無一法以逃形斯千差而普會遂爾編羅廣義撮略要文鋪舒於百卷之中卷攝在一心之內能使難思教海指掌而念念圓明無

盡眞宗自覩而心心契合若神珠在手永息馳求猶
覺樹垂陰全消影跡獲眞寶於春池之內拾礫渾非
得本頭於古鏡之前狂心頓歇可以深挑見刺永截
疑根不運一毫之功全開寶藏匪用刹那之力頓獲
玄珠名爲一乘大寂滅場眞阿蘭若正修行處此是
如來自到境界諸佛本住法門是以普勸後賢細垂
玄鑒遂得智窮性海學洞眞源此識此心唯尊唯勝
此識者十方諸佛之所證此心者一代時教之所詮
唯尊者教理行果之所歸唯勝者信解證入之所趣
諸賢依之而解釋論起千章衆聖體之以宏宣談成

四辯所以掇奇提異研精洞微獨舉宏綱大張正網
撈摝五乘機地昇騰第一義天廣證此宗利益無盡
遂得正法久住摧外道之邪林能令廣濟含生塞小
乘之亂轍則無邪不正有僞皆空由自利故發智德
之原由利他故立恩德之事成智德故則慈起無緣
之化成恩德故則悲含同體之心以同體故則心起
無心以無緣故則化成大化心起無心故則何樂而
不與化成大化故則何苦而不收何樂而不與則利
鈍齊觀何苦而不收則怨親普救遂使三草二木咸
歸一地之榮邪種焦芽同霑一雨之潤斯乃盡善盡

美無比無儔可謂括盡因門搜窮果海故得創發菩
提之士初求般若之人了知成佛之端由頓圓無滯
明識歸家之道路直進何疑或離此別修隨他妄解
如穀角取乳緣木求魚徒歷三祇終無一得若依此
旨信受宏持如快舸隨流無諸阻滯更遇便風之勢
復加櫓棹之功則疾屆寶城忽登覺岸可謂資糧易
辦道果先成披迦葉上行之衣坐釋迦法空之座登
彌勒毘盧之閣入普賢法界之身能令客作賤人全
領長者之家業忽使沈空小果頓受如來之記名未
有一門匪通斯道必無一法不契此宗過去覺王因

茲成佛未來大士仗此證眞則何一法門而不開何
一義理而不現無一色非三摩鉢地無一聲非陀羅
尼門嘗一味而盡變醍醐聞一香而皆入法界風柯
月渚並可傳心煙島雲林咸提妙旨步步踏金色之
界念念齅薝蔔之香掬滄海而已得百川到須彌而
皆同一色煥兮開觀象之目盡復自宗寂爾導求珠
之心俱還本法遂使邪山落仞苦海收波智檝以之
安流妙峯以之高出今詳祖佛大意經論正宗削去
繁文唯搜要旨假申問荅廣引證明舉一心爲宗照
萬法如鏡編聯古製之深義撮略寶藏之圓詮同此

顯揚。稱之曰録。分爲百卷。大約三章。先立正宗。以爲歸趣。次申問荅。用去疑情。後引眞詮。成其圓信。以茲妙善。普施含靈。同報佛恩。共傳斯旨耳。

標宗章第一

詳夫祖標禪理。傳默契之正宗。佛演教門。立詮下之大旨。則前賢所稟。後學有歸。是以先列標宗章。爲有疑故問。以決疑故荅。因問而疑情得啟。因荅而妙解潛生。謂此圓宗難信難解。是第一之說。被最上之機。若不假立言詮。無以蕩其情執。因指得月。不無方便之門。獲兔忘罤。自合天眞之道。次立問荅章。但以時

當末代。罕遇大機。觀淺心浮。根微智劣。雖知宗旨的有所歸。問荅決疑漸消。惑障欲堅信力。須假證明。廣引祖佛之誠言。密契圓常之大道。徧採經論之要旨。圓成決定之眞心。後陳引證章。以此三章。通爲一觀。搜羅該括。備盡於茲矣。問。先德云。若教我立宗定旨。如龜上覓毛。兔邊求角。楞伽經偈云。一切法不生。不應立是宗。何故標此章名。荅。斯言遣滯。若無宗之宗。則宗說兼暢。古佛皆垂方便門。禪宗亦開一線道。切不可執方便而迷大旨。又不可廢方便而絕後陳。然機前無教。教後無實。設有一解一悟。皆是落後之事。

屬第二頭。所以大智度論云。以佛眼觀一切十方國土中一切物。尚不見無。何況有法。畢竟空法。能破顚倒。令菩薩成佛。是事尚不可得。何況凡夫顚倒有法。今依祖佛言教之中。約今學人隨見心性發明之處。立心爲宗。是故西天釋迦文佛云。佛語心爲宗。無門爲法門。此土初祖達磨大師云。以心傳心。不立文字。則佛佛手授。授斯旨。祖祖相傳。傳此心。已上約祖佛所立宗旨。又諸賢聖所立宗體者。杜順和尚依華嚴經立自性清淨圓明體。此卽是如來藏中法性之體。從本已來。性自滿足。處染不垢。修治不淨。故云自性

清淨。性體徧照。無幽不矚。故曰圓明。又隨流如染而不垢。返流除染而不淨。亦可在聖體而不增。處凡身而不減。雖有隱顯之殊。而無差別之異。煩惱覆之則隱。智慧了之則顯。非生因之所生。唯了因之所了。斯卽一切衆生自心之體。靈知不昧。寂照無遺。非但華嚴之宗。亦是一切教體。佛地論立一清淨法界體。論云。清淨法界者。一切如來眞實自體。無始時來。自性清淨。具足種種過十方界極微塵數性相功德。無生無滅。猶如虛空。徧一切有情。平等共有。與一切法。不一不異。非有非無。離一切相。一切分別。一切名言。皆

不能得唯是清淨聖智所證二空無我所顯眞如爲其自性諸聖分證諸佛圓證此清淨法界卽眞如妙心爲諸佛果海之源作羣生實際之地此皆是立宗之異名非別有體或言宗者尊也以心爲宗故云天上天下唯我獨尊或言體者性也以心爲體故云知一切法卽心自性或言智者以心爲智卽是本性寂照之用所以云自覺聖智普光明智等若約義用而分則體宗用別若會歸平等則一道無差所以華嚴記問云等妙二位全同如來普光明智者結成入普所以此會說等妙二覺二覺全同普光明智卽是會

歸之義問等覺同妙覺於理可然妙覺之外何有如來普光明智爲所同耶答說等覺說妙覺卽是約位普光明智不屬因果該通因果其由自覺聖智超絕因果故棱伽經妙覺位外更立自覺聖智之位亦猶佛性有因有果有因因有果果以因取之是因佛性以果取之是果佛性然則佛性非因非果普光明智亦復如是體絕因果爲因果依果方究竟故云如來普光明智或稱爲本者以心爲本故涅槃疏云涅槃宗本者諸行皆以大涅槃心爲本本立道生如無綱目不立無皮毛靡附心爲本故其宗得立問若欲明

宗只合純提祖意何用兼引諸佛菩薩言教以爲指南故宗門中云借蝦爲眼無自已分只成文字聖人不入祖位答從上非是一向不許看教恐慮不詳佛語隨文生解失於佛意以護初心或若因詮得旨不作心境對治直了佛心又有何過只如藥山和尚一生看大涅槃經手不釋卷時有學人問和尚尋常不許學人看經和尚爲什麼自看師云只爲遮眼問學人還看得否師云汝若看牛皮也須穿且如西天第一祖師是本師釋迦牟尼佛首傳摩訶迦葉爲初祖次第相傳迄至此土六祖皆是佛弟子今引本師之

語訓示弟子令因言薦道見法知宗不外馳求親明佛意得旨卽入祖位誰論頓漸之門見性現證圓通豈標前後之位若如是者何有相違且如西天上代二十八祖此土六祖乃至洪州馬祖大師及南陽忠國師鵞湖大義禪師思空山本淨禪師等並博通經論圓悟自心所有示徒皆引誠證終不出自胸臆妄有指陳是以綿歷歲華眞風不墜以聖言爲定量邪僞難移用至教爲指南依憑有據故圭峰和尚云謂諸宗始祖卽是釋迦經是佛語禪是佛意諸佛心口必不相違諸祖相承根本是佛親付菩薩造論始末

唯宏佛經況迦葉乃至毱多宏傳皆兼三藏及馬鳴龍樹悉是祖師造論釋經數十萬偈觀風化物無定事儀所以凡稱知識法爾須明佛語印可自心若不與了義一乘圓教相應設證聖果亦非究竟今且錄一二以證斯文洪州馬祖大師云達摩大師從南天竺國來唯傳大乘一心之法以楞伽經印衆生心恐不信此一心之法楞伽經云佛語心爲宗無門爲法門何故佛語心爲宗佛語心者即心即佛今語即是心語故云佛語心爲宗無門爲法門者達本性空更無一法性自是門性無有相亦無有門故云無門爲

法門亦名空門亦名色門何以故空是法性空色是法性色無形相故謂之空知見無盡故謂之色故云如來色無盡智慧亦復然隨生諸法處復有無量三昧門遠離內外知見情執亦名總持門亦名施門謂不念內外善惡諸法乃至皆是諸波羅蜜門色身佛是實相佛家用經云三十二相八十種好皆從心想生亦名法性家燄亦法性功勳菩薩行般若時火燒三界內外諸物盡於中不損一草葉爲諸法如相故故經云不壞於身而隨一相今知自性是佛於一切時中行住坐臥更無一法可得乃至眞如不屬一切

名亦無無名故經云智不得有無內外無求任其本性亦無任性之心經云種種意生身我說爲心量即無心之心無量之量無名爲眞名無求是眞求經云夫求法者應無所求心外無別佛佛外無別心不取善不作惡淨穢兩邊俱不依法無自性三界唯心經云森羅及萬像一法之所印凡所見色皆是見心心不自心因色故心色不自色因心故色故經云見色即是見心南陽忠國師云禪宗法者應依佛語一乘了義契取本原心地轉相傳授與佛道同不得依於妄情及不了義教橫作見解疑悞後學俱無利益縱

依師匠領受宗旨若與了義教相應即可依行若不了義教互不相許譬如師子身中蟲自食師子身中肉非天魔外道而能破滅佛法矣時有禪客問曰阿那箇是佛心師曰牆壁瓦礫無情之物並是佛心禪客曰與經大相違也經云離牆壁瓦礫無情之物名爲佛性今云一切無情之物皆是佛心未審心之與性爲別不別師曰迷人即別悟人不別禪客曰與經又相違也經云善男子心非佛性佛性是常心是無常今云不別未審此意如何師曰汝自依語不依義譬如寒月結水爲冰及至暖時釋冰成水衆生迷時

結性成心悟時釋心成性汝定執無情之物非心者經不應言三界唯心故華嚴經云應觀法界性一切唯心造今且問汝無情之物爲在三界内爲在三界外爲復是心不是心若非心者經不應言三界唯心若是心者又不應言無性汝自違經我不違也鵞湖大義禪師因詔入内遂問京城諸大師大德汝等以何爲道或有對云知見爲道師云維摩經云法離見聞覺知云何以知見爲道又有對云無分別爲道師云經云善能分別諸法相於第一義而不動云何以無分別爲道又皇帝問如何是佛性答不離陛下所

問是以或直指明心或破執入道以無方之辯祛必定之執運無得之智屈有量之心思空山本淨禪師語京城諸大德云汝莫執心此心皆因前塵而有如鏡中像無體可得若執實有者則失本原常無自性圓覺經云妄認四大爲自身相六塵緣影爲自心相楞伽經云不了心及緣則生二妄想了心及境界妄想則不生維摩經云法非見聞覺知且引三經證斯眞實五祖下莊嚴大師一生示徒唯舉維摩經寶積長者讚佛頌末四句云不著世間如蓮華常善入於空寂行達諸法相無罣礙稽首如空無所依學人問

云此是佛語欲得和尚自語師云佛語即我語我語即佛語是故初祖西來創行禪道欲傳心印須假佛經以楞伽爲證明知教門之所自遂得外人息謗内學禀承祖胤大興玄風廣被是以初心始學之者未自省發已前若非聖教正宗憑何修行進道設不自生妄見亦乃盡値邪師故云我眼本正因師故邪西天九十六種執見之徒皆是斯類故知木匪繩而靡直理非教而不圓如上略引二三皆是大善知識物外宗師禪苑麟龍祖門龜鏡示一教而風行電卷垂一語而山崩海枯帝王親師朝野歸命叢林取則後

學禀承終不率自胸襟違於佛語凡有釋疑去僞顯性明宗無不一一廣引經文備彰佛意所以承傳後嗣不墜家風若不然者又焉得至今紹繼昌盛法力如是證驗非虛又若欲研究佛乘披尋寶藏一一須消歸自己言言使冥合眞心但莫執義上之文隨語生見直須探詮下之旨契會本宗則無師之智現前天眞之道不昧如華嚴經云知一切法即心自性成就慧身不由他悟故知教有助道之力初心安可暫忘細詳法利無邊是乃搜揚纂集且凡論宗旨唯逗頓機如日出照高山駃馬見鞭影所以丹霞和尚云

相逢不拈出舉意便知有如今宗鏡尙不待舉意便自知有故首楞嚴經云圓明了知不因心念揚眉動目早是周遮如先德頌云便是猶倍句動目卽差違若問曹谿旨不更待揚眉今爲樂佛乘人實未薦者假以宗鏡助顯眞心雖挂文言妙旨斯在俯收中下盡被羣機但任當人各資己利百川雖闊何妨大海廣含五嶽自高不礙太陽普照根機莫等樂欲匪同於四門入處雖殊在一眞見時無別如獲鳥者羅之一目不可以一目爲羅理國者功在一人不可以一人爲國如內德論云夫一水無以和羹一木無以構

室一衣不稱衆體一藥不療殊疾一彩無以爲文繡一聲無以諧琴瑟一言無以勸衆善一戒無以防多失何得怪漸頓之異令法門之專一故云如爲一人衆多亦然如爲衆多一人亦然豈同劣解凡情而生局見我此無礙廣大法門如虛空非相不拒諸相發揮似法性無身匪礙諸身頓現須以六相義該攝斷常之見方消用十玄門融通去取之情始絕又若實得一聞千悟獲大總持卽胡假言詮無勞解釋船筏爲渡迷津之者導師因引失路之人凡關一切言詮於圓宗所示皆爲未了文字性離卽是解脫迷一切

諸法眞實之性向心外取法而起文字見者今還將文字對治示其眞實若悟諸法本源卽不見有文字及絲毫發現方知一切諸法卽心自性則境智融通色空俱泯當此親證圓明之際入斯一法平等之時又有何法是教而可離何法是祖而可重何法是頓而可取何法是漸而可非則知皆是識心橫生分別所以祖佛善巧密布權門廣備教乘方便逗會纔得見性當下無心乃藥病俱消教觀咸息如楞伽經偈云諸天及梵乘聲聞緣覺乘諸佛如來乘我說此諸乘乃至有心轉諸乘非究竟若彼心滅盡無乘及乘

者無有乘建立我說爲一乘引導衆生故分別說諸乘故先德云一翳在目千華亂空一妄在心恆沙生滅翳除華盡妄滅證眞病差藥除冰融水在神丹九轉點鐵成金至理一言點凡成聖狂心不歇歇卽菩提鏡淨心明本來是佛

問答章第二

問如上所標已知大意何用向下更廣開釋答上根利智宿習生知纔看題目宗之一字已全入佛智海中永斷纖疑頓明大旨則一言無不略盡攝之無有遺餘若直覽至一百卷終乃至恆沙義趣龍宮寶藏

鷲嶺金文則殊說更無異途舒之徧周法界以前略後廣唯是一心本卷末舒皆同一際終無異旨有隔前宗都謂迷情妄興取捨唯見紙墨文字嫌卷軸多但執寂默無言欣爲省要皆是迷心徇境背覺合塵不窮動靜之本原靡達一多之起處偏生局見唯懼多聞如小乘之怖法空似波旬之難衆善以不達諸法眞實性故隨諸相轉墮落有無如大涅槃經云若人聞說大涅槃一字一句不作字相不作句相不作聞相不作佛相不作說相如是義者名無相相釋曰若云即文字無相是常見若云離文字無相是斷見

又若執有相相亦是常見若執無相相亦是斷見但亡即離斷常四句百非一切諸見其旨自現當親現入宗鏡之時何文言識智之能詮述乎所以先德云若覓經了性眞如無可聽若覓法鷄足山間問迦葉大士持衣在此山無情不用求某甲斯則豈可運見聞覺知之心作文字句義之解若明宗達性之者雖廣披尋尚不見一字之相終不作言詮之解以迷心作物者生斯紙墨之見耳故信心銘云六塵不惡還同正覺智者無爲愚人自縛如斯達者則六塵皆是眞宗萬法無非妙理何局於管見而迷於大旨耶豈

知諸佛廣大境界菩薩作用之門所以大海龍王置十千之問釋迦文佛開八萬勞生之門普慧菩薩申二百之疑普賢大士荅二千樂說之辯如華嚴經普眼法門假使有人以大海量墨須彌聚筆寫於此普眼法門一品中一門門中一法法中一義一義中一句不得少分何況能盡又如大涅槃經中佛言我所覺了一切諸法如因大地生草木等爲諸衆生所宣說者如手中葉只如已所說法教溢龍宮龍樹菩薩暫看有一百洛叉出在人間於西天尚百分未及一翻來東土故不足言豈況未所說法耶斯乃無

盡妙旨非淺智所知性起法門何劣解能覽燕雀焉測鴻鵠之志井蛙寧識滄海之淵如師子大哮吼狸不能爲如香象所負擔驢不能勝如毗沙門寶貧不能等如金翅鳥飛鳥不能及唯依情而起見但逐物而意移或說有而不涉空或言空而不該有或談略爲多外之一或立廣爲一外之多或離默而執言或離言而求默或據事外之理或著理外之事殊不能悟此自在圓宗演廣非多此是一中之多標略非一此是多中之一談空不斷斯乃即有之空論有不常斯乃即空之有或有說亦得此即默中說或無說亦

得此卽說中默或理事相卽亦得此理是成事之理此事是顯理之事或理理相卽亦得以一如無二如眞性常融會或事事相卽亦得此全理之事一一無礙或理事不卽亦得以全事之理非事所依非能依不隱眞諦故以全理之事非理能依非所依不壞俗諦故斯則存泯一際隱顯同時如闡普眼之法門皆是理中之義似舒大千之經卷非標心外之文故經云一法能生無量義非聲聞緣覺之所知不同但空孤調之詮偏枯決定之見今此無盡妙旨標一法而眷屬隨生圓滿性宗舉一門而諸門普會非純非雜

不一不多如五味和其羹雜綵成其繡衆寶成其藏百藥成其丸邊表融通義味周足搜微抉妙盡宗鏡中依正混融因果無礙人法無二初後同時凡舉一門皆能圓攝無盡法界非內非外不一不多舒之則涉入重重卷之則眞門寂寂如華嚴經中師子座中莊嚴具內各出一佛世界塵數菩薩身雲此是依正人法無礙又如佛眉閒出勝音等佛世界塵數菩薩此是因果初後無礙乃至剎土微塵各各具無邊智德毛孔身分一一攝廣大法門何故如是奇異難思乃一心融卽故爾以要言之但一切無邊差別佛事

皆不離無相眞心而有如華嚴經頌云佛住甚深眞法性寂滅無相同虛空而於第一實義中示現種種所行事所作利益衆生事皆依法性而得有相與無相無差別入於究竟皆無相又攝大乘論頌云卽諸三摩地大師說爲心由心彩畫故如所作事業故知凡聖所作眞俗緣生此一念之心剎那起時卽具三性三無性六義謂一念之心是緣起法是依他起情計有實卽是徧計所執體本空寂卽是圓成卽依三性說三無性故六義具矣若一念心起具斯六義卽具一切法矣以一切眞俗萬法不出三性三無性故

法性論云凡在起滅皆非性也起無起性故雖起而不常滅無滅性雖滅而不斷如其有性則陷於四見之網又云尋相以推性見諸法之無性尋性以求相見諸法之無相是以性相互推悉皆無性是以若執有性墮四見之邪林若了性空歸一心之正道故華嚴經云自深入無自性眞實法亦令他入無自性眞實法心得安隱以茲妙達方入此宗則物物冥眞言言契旨若未親省不發圓機言之則乖宗默之又致失豈可以四句而取六情所知歟但祖教並施定慧雙照自利利他則無過矣設有堅執己解不信佛言

起自障心。絕他學路。今有十問以定紀綱。還得了了
見性。如晝觀色。似文殊等否。還逢緣對境。見色聞聲。
舉足下足。開眼合眼。悉得明宗。與道相應否。還覽一
代時教。及從上祖師言句。聞深不怖。皆得諦了無疑
否。還因差別問難。種種徵詰。能具四辯。盡決他疑否。
還於一切時一切處。智照無滯。念念圓通。不見一法
能爲障礙。未曾一剎那中暫令間斷否。還於一切逆
順好惡境界現前之時。不爲間隔。盡識得破否。還於
百法明門心境之內。一一得見微細體性根原起處。
不爲生死根塵之所惑亂否。還向四威儀中行住坐

臥。欽承祗對。著衣喫飯。執作施爲之時。一一辯得眞
實否。還聞說有佛無佛。有衆生無衆生。或讚或毀。或
是或非。得一心不動否。還聞差別之智。皆能明達。性
相俱通。理事無滯。無有一法不鑒其原。乃至千聖出
世。得不疑否。若實未得如是。切不可起過頭欺誑之
心。生自許知足之意。直須廣披至教。博問先知。徹祖
佛自性之原。到絕學無疑之地。此時方可歇學。灰息
遊心。或自辦則禪觀相應。或爲他則方便開示。設不
能徧參法界。廣究羣經。但細看宗鏡之中。自然得入。
此是諸法之要。趣道之門。如守母以識子。得本而知

末。提綱而孔孔皆正。牽衣而縷縷俱來。又如以師子
筋爲琴絃。音聲一奏。一切餘絃悉皆斷壞。此宗鏡力
亦復如是。舉之而萬類沈光。顯之而諸門泯跡。以此
一則。則破千途。何須苦涉關津。別生歧路。所以志公
誦云。六賊和光同塵。無力大難推託。內發解空無相。
大乘力能翻卻。唯在糸覽得旨之時。可驗斯文究竟
眞實。

宗鏡錄卷第一

音釋

鏤盧候切雕刻也　馭牛倨切駕也　徇徐潤切求也　戛古鎋切摩也　眚所景切目病也

薙池爾切芟也　痾烏何切病深也　罤杜兮切兔網也　搜抉搜所鳩切索也抉於決切別也　驪頷驪呂支切深黑色也頷胡感切口下曰頷驪頷謂驪龍頷也　啜昌悅切大欲也　膏肓膏古勞切肓呼光切心上鬲下曰膏肓　礫郎擊切小石也　掇丁活切採也　撈摝撈盧高切摝盧谷切撈摝水中取也　犛古候切取牛羊乳也　薝蔔薝職廉切蔔蒲北切　掬居六切兩手捧也　檝卽葉切與楫同　矚之欲切視也　蝦胡加切水蟲也　臆乙力切胸臆也　毬渠竹切　祛去魚切逐也　胤羊晉切嗣也　駃古穴切馬生七日超母曰駃　瞖於計切目病也

宗鏡錄卷第二

宗慧日永明妙圓正修智覺禪師延壽集

夫諸佛境寂眾生界空有何因緣而興教迹答一實諦中雖無起盡方便門內有大因緣故法華經偈云諸法常無性佛種從緣起以萬法常無性無不性空時法爾能隨緣隨緣不失性且夫起教所由因緣無量古德畧標有其十種一由法爾故二願力故三機感故四為本故五顯德故六現位故七開發故八見聞故九成行故十得果故今諸大菩薩所集唯識論等大意有其二種一為達萬法之正宗破二空之邪執二為斷煩惱所知之障證解脫菩提之門斯則自證法原本覺真地不在文字句義敷揚今為後學慕道之人方便纂集又自有二意用表本懷一為好畧之人撮其樞要精通的旨免覽繁文二為執總之人不明別理微細開演性相圓通截二我生死之根躡一味菩提之道仰羣經之大旨直了自心遵諸聖之微言頓開覺藏去彼依通之見破其邪執之情深信正宗令知月不在指迴光返照使見性不徇文唯證相應斯為本意不可橫生知解没溺見河於無得觀中懷趣向之意就真空理上興取捨之心率自胸襟

疑誤後學須親見性方曉斯宗問既慮執指徇文又何煩集教答為背己合塵齊文作解者恐封教滯情故有此說若隨詮了旨即教明心者則有何取捨所以藏法師云自有眾生尊教得真會理教無礙常觀理而不礙持教恆誦習而不礙觀空則理教俱融合成一觀方為究竟傳通耳斯乃教觀一如詮旨同原矣問諸大經論自成片段科節倫序句義分明何假撮錄廣文成其要畧答但以教海宏深窮之罔知其際義天高廣仰之不得其邊今則以管窺天將螺酌海如掬滄溟之涓滴似撮太華之一塵本為義廣難周情存厭怠亦為不依一乘教之正理唯徇不了義之因緣罕窮橫竪之門莫知起盡之處所以刪繁簡異採妙探玄雖文不足而大義全緣不備而正理顯搜盡一乘之旨拱開萬法之原為般若之玄樞作菩提之要路則資糧易辦速至大乘證入無疑免迂小徑所以馬鳴菩薩造起信論云或有自無智力因他廣論而得解義亦有自無智力怖於廣說樂聞畧論攝廣大義而正修行我今為彼最後人故畧攝如來最勝甚深無邊之義而造此論瑜伽論云有二緣故說此論一為如來無上法教久住世故二為平等利

益安樂諸有情故又爲如來甘露聖教已隱没者憶
念採集重開顯故未隱没者問荅決擇倍興盛故又
爲攝益樂畧言論勸修行者採集衆經廣要法義畧
分別故今斯録者雖無廣大製造之功微有一期遮
成之事亦知鈔録前後文勢不全所冀直取要詮且
明宗旨如從石辯玉似披沙揀金於羣藥中但取阿
陀之妙向衆寶內唯探如意之珠舉一蔽諸以本攝
末則一言無不畧盡殊說更無異途亦望後賢未垂
嗤誚所希斷疑生信但以見道爲懷非徇虛名以邀
世譽願盡未來之際徧窮法界之中歷劫逾生常宏

斯道凡有心者皆入此宗去執除疑見聞獲益承三
寶力加被護持誓報佛恩廣濟含識虛空可盡茲願
匪移法界可窮斯文不墜問了義大乘廣畧周備解
一義具圓通之見聞一偈有成佛之功何假述成仍
煩解釋荅上上根人一聞千悟性相雙辯理事俱圓
若中下之徒須假開演莊嚴之道讚飾之門格量其
功不可爲喻所以法華經偈云譬如優曇華一切皆
愛樂天人所希有時時乃一出聞法歡喜讚乃至發
一言則爲已供養一切三世佛是人甚希有過於優
曇華般若頌云般若無壞相過一切言語道無所依

止誰能讚其德般若雖叵讚我今能得讚雖未脫死
地則爲已得出又古聖云若菩薩造論者名莊嚴經
如蓮華未開見雖生喜不如已剖香氣芬馥如金未
用見雖生喜不如用之爲莊嚴具故知宏教一念之
善能報十方諸佛之恩論希有則如華擅優曇之名
說光揚則似金作莊嚴之具是以菩薩釋大乘密旨
聞於未聞能斷深疑成於圓信法利何盡功德無邊
如大般若經云復次憍尸迦置贍部洲諸有情類若
四大洲諸有情類若小千界諸有情類若中千界諸
有情類若大千界諸有情類若復十方各如殑伽沙

等世界諸有情類皆於無上正等菩提得不退轉同
作是言我今欣樂速證無上正等菩提濟拔有情生
死衆苦令得殊勝畢竟安樂有善男子善女人等爲
成彼事書深般若波羅蜜多衆寶莊嚴供養恭敬尊
重讚歎普施與彼受持讀誦令善通利如理思惟於
意云何是善男子善女人等由此因緣得福多否天
帝釋言甚多世尊甚多善逝爾時佛告天帝釋言若
善男子善女人等書深般若波羅蜜多衆寶莊嚴供
養恭敬尊重讚歎於彼衆中隨施與一受持讀誦令
善通利如理思惟以無量門巧妙文義廣爲解釋分

別義趣。令其解了。教授教誡。令勤修學。是善男子善女人等所獲福聚。甚多於前無量無邊不可稱數。大涅槃經云。佛言。善男子。除一闡提。其餘衆生聞是經已。悉皆能作菩提因緣。法聲光明入毛孔者。必定當得阿耨多羅三藐三菩提。何以故。若有人能供養恭敬無量諸佛。方乃得聞大涅槃經。薄福之人則不得聞。故知得聞宗鏡所錄一心實相常住法門。皆是曩結深因。曾親佛會。甚爲大事。非屬小緣。若未聞熏。焉由值遇。又大涅槃經云。佛告迦葉菩薩。諸善男子善女人。常當繫心修此二字。佛是常住。迦葉。若有善男

子善女人。修此二字。當知是人隨我所行。至我至處。是以信此法人。即凡即聖。修持契會。住佛所住之中。進止威儀。行佛所行之跡。釋摩訶衍論云。第一顯離疑信入功德門者。謂有衆生聞此摩訶衍之甚深極妙廣大法門已。即其心中亦不疑畏。亦不怯弱。亦不輕賤。亦不誹謗。發決定心。發堅固心。發尊重心。發愛信心。當知是人眞實佛子。不斷法種。不斷僧種。不斷佛種。常恒相續。轉轉增長。盡於未來。亦爲諸佛親所授記。亦爲一切無量菩薩之所護念。故如論云。若人聞是法已。不生怯弱。當知是人定紹佛種。必爲諸佛之所授記。第二比類對治示勝門者。謂若有人能善攝化三千大千世界中徧滿衆生。皆悉無餘。令行十善。或有衆生於一食頃。於此甚深法觀察思量。若校量此二人功德。彼第一人所得功德甚極微少。譬如芥子碎作百分之量。此第二人所得功德甚極廣大。譬如碎十方世界微塵數量。故如論云。假使有人能化三千大千世界滿中衆生。令行十善。不如有人於一食頃正思此法。過前功德不可爲喻。第三舉受持功讚揚門者。謂若有人受持此論。觀察義理。若一日若一夜中間所得功德。無量無邊。不可言說。不可思

量。若假使十方三世一切諸佛。十方三世一切諸菩薩。以十方世界微塵數舌。各各皆悉於十方世界微塵數之量不可說劫。讚揚其人所有功德。亦不能盡。所以者何。法身眞如之功德等虛空界無邊際故。何況凡夫二乘之人能稱歎之。一日一夜不多中間受持人。倘所得功德不可思議。何況若二日若三日若四日。乃至百日中受持讀誦思惟觀察。不可思議。不可說中不可說。故如論云。復次若人受持此論。觀察修行。若一日一夜所有功德。無量無邊。不可得說。假令十方諸佛各於無量無邊阿僧祇劫歎其功德。亦

不能盡。何以故。謂法性功德無有盡故。此人功德亦復如是無有邊際。故知信此心宗。成摩訶衍。同三世諸佛之所證義理何窮。等十方菩薩之所乘功德無盡。偶斯弘化。慶幸逾深。順佛旨而報佛恩。無先宏法。闡佛日而開佛眼。只在明心。此宗鏡中。若得一句入神。歷劫為種。況正言深奧。總一羣經。此一乃無量中一。若染此法。即是圓頓之種。可謂甘露入頂。醍醐灌心。耀不二之慧燈。破情根之闇惑。注一味之智水。洗意地之妄塵。能令厚障深遮。若暴風之卷危葉。繁疑積滯。猶赫日之爍輕冰。猶如於諸王中。為金輪之王。

於諸照中。為晨旭之照。於諸寶中。為摩尼之寶。於諸華中。為青蓮之華。於諸諦中。為真空之門。於諸法中。為涅槃之宅。故金剛三昧經偈云。一味之法印。一乘之所成。能於一切眾生中。為首為師。為明為導。如勝天王般若經云。一切法中。心為上首。大智度論云。三世諸佛。皆以諸法實相為師。祖師云。一切明中。心明為上。法華經偈云。第一之導師。得是無上法。又若未入宗鏡。非唯不得見道。實乃理絕修行。即本立而道生。歸根方究竟。如觀本質。知畫像而非真。若了藏性。見塵境而為妄。故經偈云。非不證真如。而能了諸行。

猶如幻事等。似有而非真。是以若得本。即得末。故華嚴經中海會菩薩。用法界微塵以為三昧。又出現品云。此法門名為如來祕密之處。乃至名演說如來根本實性不思議究竟法。故先德云。剖微塵之經卷。則念念果成。盡眾生之願門。則塵塵行滿。未悟宗鏡。焉信斯文。若暫信之功力。恐等不易所習。盡具法門。即塞即通。即邪即正。所以昔人云。遇斯教者。應須自慶。其猶溺巨海而遇芳舟。墜長空而乘靈鶴矣。問。凡申宏教。開示化人。應須自行功圓。歷位親證。方酬本願。開方便門。則所利非虛。不違正教。今之所錄。有何證

明。答。此但唯集祖佛菩薩言教。故稱曰錄。設有問答解釋。皆依古德大意。傍讚勸修。述成至教。豈敢輒稱開示。妄有指陳。且夫祖佛正宗。則真唯識性。纔有信處。皆可為人。若論修證之門。諸方皆云。功未齊於諸聖。且教中所許。初心菩薩。皆可比知。亦許約教而會。先以聞解信入。後以無思契同。若入信門。便登祖位。今集此宗鏡。證驗無邊。應念皆通。寓目咸是。今且現約世間之事。於眾生界中。第一比知。第二現知。第三約教而知。第一比知者。且如即今有漏之身。夜皆有夢。夢中所見好惡境界。憂喜宛然。覺來牀上安眠。何

曾是實並是夢中意識思想所爲則可比知覺時所見之事皆如夢中無實夫過去未來現在三世境界元是第八阿賴耶識親相分唯本識所變若現在之境是明了意識分別若過去未來之境是獨散暗意識思惟夢覺之境雖殊俱不出於意識則唯心之旨比況昭然第二現知者即是對事分明不待立況且如現見青白物時物本自虛不言我青我白皆是眼識見分自性任運分別與同時明了意識計度分別爲青爲白以意辯爲色以言說爲青皆是意言自妄安置且如六塵鈍故體不自立名不自呼一色既然

萬法咸爾皆無自性悉是意言故云萬法本閒而人自閙是以若有心起時萬境皆有若空心起處萬境皆空則空不自空因心故空有不自有因心故有既非空非有則唯識唯心若無於心萬法安寄又如過去之境何曾是有隨念起處忽然現前若想不生境終不現此皆是衆生日用可以現知不待功成豈假修得凡有心者並可證知故先德云如大根人知唯識者恒觀自心意言爲境此初觀時雖未成聖分知意言則是菩薩第三約教而知者經云三界唯心萬法唯識此是所證本理能詮正宗廣在下文誠證非

一如成實論云佛說內外中閒之言遂即入定時有五百羅漢各釋此言佛出定後同問世尊誰當佛意佛言並非我意又白佛言既不當佛意將無得罪佛言雖非我意各順正理堪爲聖教有福無罪且如說小乘自證法門尚順正理何況純引一乘唯談佛旨乎六行法云諸大智人欲學道者莫問大小皆依理教若見權教雖是佛說知非實語即不依從若見凡人說有理者雖非佛語亦即依行以有智人學佛法者善解如來教有權實依佛實教宣說道理則過凡愚謬執權者是以智人若有所說人雖是凡法則同

佛如瓶傳水寫置餘瓶瓶雖有異所寫水一是故凡夫結雖未盡不妨有解能說實義但使解理心數思量此初觀理則異餘凡謂思人空則是二乘若觀法空則是菩薩故攝論云初修觀則是凡夫菩薩以此文證初學觀者雖未斷結即是菩薩以能解理同大聖故說則合理一一可依寶篋經云猶如迦陵頻伽鳥王卵中鳥子其觜未現便出迦陵頻伽妙聲佛法卵中諸菩薩等未壞我見未出三界然能演出佛法妙音謂空無相無作行音迦陵頻伽至孔雀羣終不鳴呼還至迦陵頻伽鳥中乃須鳴呼菩薩若至一切

聲聞緣覺衆中。終不演說不可思議諸佛之法。至菩薩衆。爾乃演說。以此文證。凡夫地中。過雖未盡。不妨深解。說有理者。皆可信受。但諸凡夫說有理者。皆是宿習。非今始學。若非宿習。今學至老。唯謂他語。自仍迷理。以迷理故。雖得多言。未解權實。說則乖理。若解理者。不揀尊幼。但求道不求事。依法不依人。如阿濕婆恃。因舍利弗見之求法。卽偈荅言。我年旣幼稚。學日又初淺。豈能宣至眞。廣說如來義。舍利弗言。可略說其要。便說偈言。諸法因緣生。是法說因緣。是法因緣盡。大師如是說。舍利弗一聞。卽獲初果。轉教目連。

再說得道。以此證知。智人求法。唯重他德。不恥下就。不同凡愚。我慢自高。雖知他勝。恥不肎學。凡夫無始不能入道。多皆由此。不能求法。故諸愚人。迷實教者。未能自悟。唯應訪德。以迷理者。雖有世智。若無勝友。常迷道故。如勝天王般若經云。如生盲人。不能見色。如是煩惱盲諸衆生。不能見法。如人有眼。無外光明。不能見色。行人如是。雖有智慧。無善知識。不能見法。以此證知。人雖有智。未能自悟。要須良友。故付法藏經云。善知識者。卽是得道全分因緣。佛自勸人。逐善知識。不合守愚。一生虛過。是故諸佛。有遺旨。但令依

法不依人。依義不依語。菩薩倘變身作畜生。爲人說法。顯此奇異。令聞者信受。皆令悟道。入平等法。豈令心生高下耶。故華嚴演義難云。此旨微密。極位方知。何以凡情。輒窺大教。釋云。依憑教理。聖教許故。涅槃經云。具縛凡夫。能知如來祕密之藏。毗盧遮那品頌云。如因日光照。還見於日輪。以佛智慧光。見佛所行道。卽因佛教。能了教也。今宗鏡中。始終引佛智慧之教光。顯佛所行之道跡。若深信者。則是以衆生之心光。見衆生之行跡。若難云。凡夫不合知者。斯乃邪見不信人耳。故大集經云。若有人言。我異佛異。當知是

人。卽魔弟子。又云。了了見者。知一切法無二相也。又云。觀諸法等。名之爲佛。所以學人問忠國師云。如來說般若。卽非般若。是名般若。旣盡是非。云何是般若。荅。能見非名者。是般若。問佛亦如是說。荅。古今不異。得則千佛等心。萬聖同轍。問。諸佛方便教門。皆依衆生根起。根性不等。法乃塵沙。三十七品助道之門。五十二位修行之路。云何唯立一心。以爲宗鏡。荅。此一心法。理事圓備。是大悲父。般若母。法寶藏。萬行原。以一切法界。十方諸佛。諸大菩薩。緣覺。聲聞。一切衆生。皆同此心。諸佛已覺。衆生不知。今爲未知者。方便直

指以本具故不虛以應得故非謬故華嚴經頌云譬如世間人聞有寶藏處以其可得故心生大歡喜寶藏處者即眾生心纔入信門自然顯現方悟從來具足豈假功成始知本性無差非因行得可謂最靈之物至道之原絕妙之門精實之義爲凡聖根本作迷悟元由如萬物得地而發生萬行證理而成就諸門競入眾德攸歸作千聖趣道之基爲諸佛出世之眼是以若了自心頓成佛慧可謂會百川爲一溼摶眾塵爲一丸融鐶釧爲一金變酥酪爲一味如華嚴經頌云不能了自心焉能知佛慧阿差末經云但正自

心不倚餘學禪要經云內照開解即大乘門見自心性謂之日照眾聖所遊謂之曰門入楞伽經偈云心具於法藏離無我見垢世尊說諸行內心所知法月燈三昧經偈云若有受持是一法能順菩薩正修行因此一法功德故速得成於無上道勝鬘經云世尊我見攝受正法有斯大力如來以此爲眼爲法根本爲引導法爲通達法釋曰所言正法者即第一義心也心外妄計理外別求皆墮邊邪迷於正見所以得爲如來正眼攝盡十方之際照窮法界之邊總歸一心是名攝受正法起信論云復次眞如自體相者一切凡夫聲聞緣覺菩薩諸佛無有增減非前際生非後際滅常恆究竟從無始來本性具足一切功德謂大智慧光明義徧照法界義如實了知義本性清淨心義常樂我淨義寂靜不變自在義如是等過恆沙數非同非異不思議佛法無有斷絕依此義故名如來藏亦名法身問上說眞如離一切相云何今說具足一切功德相答雖實具有一切功德然無差別相彼一切法皆同一味一眞離分別相無二性故以依業識等生滅相而立彼一切差別之相此云何立以一切法本來唯心實無分別以不覺故分別心起見

有境界名爲無明心性本淨無明不起即於眞如立大智慧光明義若心生見境則有不見之相心性無見則無不見即於眞如立徧照法界義若心有動則非眞了知非本性清淨非常樂我淨非寂靜是變異不自在由是具起過於恆沙虛妄雜染以心性無動故即立眞實了知義乃至過於恆沙清淨功德相義若心有起見有餘境可分別求則於內法有所不足以無邊功德即一心自性不見有餘法而可更求是故滿足過於恆沙非一非異不可思議諸佛之法無有斷絕故說眞如名如來藏亦復名爲如來法身然

此一心非同凡夫妄認緣慮能推之心決定執在色
身之內今徧十方世界皆是妙明眞心如入法界品
云華藏世界海中無問若山若河大地虛空草木叢
林塵毛等處無不咸一眞法界具無邊德故先德云
元亨利貞乾之德也始於一氣常樂我淨佛之德也
本乎一心專一氣而致柔修一心而成道心也者沖
虛妙粹炳煥靈明無去無來冥通三際非中非外朗
徹十方不滅不生豈四山之可害離性離相奚五色
之能盲處生死流驪珠獨耀於滄海踞涅槃岸桂輪
孤朗於碧天大矣哉萬法資始也萬法虛僞緣會而

生生法本無一切唯識識如幻夢但是一心心寂而
知目之圓覺彌滿淸淨中不容他故德用無邊皆同
一性性起爲相境智歷然相得性融身心廓爾方之
海印越彼太虛恢恢焉晃晃焉迥出思議之表也又
先德云如來藏者卽一心之異名何謂一心謂眞妄
染淨一切諸法無二之性故名爲一此無二處諸法
中實不同虛空性自神解故名爲心是以若於外別
求從他妄學者猶如鑽冰覓火壓沙出油以冰沙非
油火之正因欲求濟用徒勞功力又若但修漸行空
住權乘則似畫無膠如坏未鍛以坏畫非堅牢之器

欲求究竟無有是處若能諦了自心不妄外求者如
從木出火從麻出油不壞正因速得成辦又如畫得
膠如坏經火堪成器用事不唐捐凡有施爲悉皆究
竟若未信入取捨萬端隨境生迷爲法所害不觀空
以遣累但取空而廢善不達有以興慈但著有而起
罪皆爲不了空有一心致茲得失若入宗鏡纔發心
時非唯行成理卽頓具便同古佛一際無差如大涅
槃經云拘施那城有旃陀羅名曰歡喜佛記是人由
一發心當於此界千佛數中速成無上正眞之道法
華玄義云心法者前所明法豈得異心但衆生法太

廣佛法太高於初學爲難然心佛及衆生是三無別
者但自觀己心則爲易涅槃經云一切衆生具足三
定上定者謂佛性也能觀心性名爲上定上能兼下
卽攝得衆生法也華嚴經云遊心法界如虛空則知
諸佛之境界法界卽中也虛空卽空也心佛卽假也
三種卽佛境界也是爲觀心仍具佛法又遊心法界
者觀根塵相對一念心起於十界中必屬一界若屬
一界卽具百界千法於一念中悉皆備足此心幻師
於一日夜常造種種衆生種種五陰種種國土所謂
地獄界假實國土乃至佛界假實國土行人當自選

擇何道可從又如虛空者觀心自生心不須藉緣有心心無生力心無生力緣亦無生心緣各無合云何有合倘叵得離則不生倘無一生況有百界千法耶以心空故從心所生一切皆空此空亦空若空非空點空設假假亦非假無假無空畢竟清淨豈止三觀萬行乃至十方虛空尚從心變豈況空中所生物像如首楞嚴經頌云空生大覺中如海一漚發所以華嚴疏云空有二法俱稱眞之理則有與空皆性空也鈔釋云空有稱眞之理者此空是外空若以理空對外空外空離法是斷滅空理空卽名爲眞空若以外

空亦心現亦由對色滅色方顯則此斷空從緣無性卽性空也故十八空中明大者謂十方空卽十方虛空亦是性空矣所以千聖付囑難遇機緣若對上根豁然可驗如寒山子詩云自古多少聖語路苦叮寧人根性不等高下有利鈍眞佛不肎信置功枉受困不如心淨明便是心王印先德云欲知法要心是十二部經之根本入道要門此心門者三世之佛祖唯此一事實餘二卽非眞唯有一乘法無二亦無三一乘法者一心是但守一心卽心眞如門一切諸法無有欠少一切法行不出自心唯心自知更無別心心

無形色無根無住無生無滅亦無覺觀可行若有可觀行者卽是受想行識非是本心皆是有爲功用諸祖只是以心傳心達者印可更無別法如華嚴經中文殊童子化五百童子發菩提心唯一人善財童子達本心原遊一百一十城問菩提萬行所學三昧門皆如幻化而無實體故知從心所生皆同幻化但直了眞心自然眞實如唯識樞要云依境教理行果五唯識中此論有義但明境唯識捨離心外取境一切境不離心故有義但說教唯識成論本教釋彼說故有義但取理唯識成立本教所說之理分別唯識性

相故有義但取行唯識明五位修唯識行故有義但取果唯識求大果故安樂解脫身大牟尼名法故乃至今釋彼說唯取教理說依教理成彼性相性相卽攝一切盡故一切皆取於理爲勝是知唯識之理成佛正宗但以理該羅無法不是故云萬法唯識述宗鏡之正意窮祖佛之本懷唯以一法逗一機更無別旨故法華經云十方佛土中唯有一乘法大涅槃經云師子吼者是決定說一切衆生悉有佛性又云衆生亦爾悉皆有心凡有心者悉皆當得阿耨多羅三藐三菩提問三界唯心萬法唯識者此該萬法應別

立眞如爲宗荅眞如是識性識既該萬法即是有爲
無爲諸法平等之性故經云未曾有一法而出於法
性司馬彪云性者人之本也蔡邕云性者心之本也
故古師云唯識論是十支中高建法幢支何法而不
收何宗而不立唯以簡爲義識以了爲義離識之外
無別唯體即識有遮心外之用故名爲唯唯之名獨
性相俱收眞如是識性依他相分色等是識相心所
以識爲主皆不離識故總名唯識又問三界是有漏
法由屬三界愛結所繫故名三界其無爲無漏法不
爲三界愛結所繫即不名三界法經何故但言三界

唯心即不攝無爲無漏等法此豈非唯識而但言三
界耶荅三界所治迷亂之法尚名唯識無爲無漏法
性是能治體非迷亂不說自成故但言三界唯心也
又諸部總句有爲無爲染淨諸法皆心爲本薩婆多
等云無爲由心故顯有爲由心故起由心起染淨法
勢用緣彊故說心爲本問立心爲宗具幾功德之門
能起見聞之信荅眞心自體非言所詮湛如無際之
虛空瑩若圓明之淨鏡毀讚不及義理難通以功德
過患二門絕對待故今依先德約相分別心略有五
義一遠離所取差別之相二解脫能取分別之執三

徧三際無所不等四等虛空界無所不徧五不墮有
無一異等邊超心行處過言語道又此無住之心雙
泯二諦故無出俗入眞之異既無出入不在空有故
經言心處無在無在之處唯是一心一心之體本來
寂滅不可以有無處所窮其幽迹不可以識智詮量
談其妙體唯有入者只在心知如擣萬種而爲香丸
爇一塵而具足衆氣似入大海水中浴掬微滴而已
用百川執礫而盡成眞金攬草而無非妙藥空器悉
盈甘露之味滿室唯聞薝蔔之香衆義同歸若太虛
包含於萬像千途競入猶多影靡凝於澄潭若論一

心性起功德無盡無邊豈以有量之心讚無爲之德
任盡神力未述一毫以信入之人悉皆現證即凡即
聖感應非虛堅信不移法空之虛聲自息明誠可驗
靈潤之野燄俄停豈假神通心魔頓絕匪憑他術識
火自消除不肖人焉明斯旨如昔人云依智不依識
者謂識現行隨塵分別眼色耳聲耽迷不覺大聖示
教境是自心下愚冰執塵爲識外今人口誦其空心
未亡有騰空不起入火逾難俱是心相封迷故爾後
得通達隨心轉用豈不同鳥之遊空自常如是布之
火浣不足怪也但羣生識性不同致令大聖隨情別

說然據至道但是自心故經云三界上下法義唯心此就世界依報以明心又云如如與眞際涅槃及法界種種意生身我說爲心量此據出世法體以明心終窮至實畢到斯原隨流感果還宗了義問一心爲宗可稱綱要者教中何故廣談諸道各立經宗荅種種諸法雖多但是一心所作於一聖道立無量名如一火因然得草火木火種種之號猶一水就用得或羹或酒多多之名此一心門亦復如是對小機而稱小法逗大量而號大乘大小雖分眞性無隔若決定執佛說有多法卽謗法輪成兩舌之過故經云心不

離道道不離心如大涅槃經云爾時世尊讚迦葉菩薩善哉善哉善男子汝今欲知菩薩大乘微妙經典所有祕密故作是問善男子如是諸經悉入道諦善男子如我先說若有信道如是信道是信根本是能佐助菩薩之道是故我說無有錯謬善男子如來善知無量方便欲化衆生故作如是種種說法善男子譬如良醫識諸衆生種種病原隨其所患而爲合藥并藥所禁唯水一種不在禁例或服薑水或甘草水或細辛水或黑石蜜水或阿摩勒水或尼婆羅水或鉢晝羅水或服冷水或服熱水或蒲萄水或安石榴

水善男子如是良醫善知衆生所患種種藥雖多禁水不在例如來亦爾善知方便於一法相隨諸衆生分別廣說種種名相彼諸衆生隨所說受受已修習除斷煩惱如彼病人隨良醫教所患得除復次善男子如有一人善解衆語在大衆中是諸大衆熱渴所逼咸發聲言我欲飲水我欲飲水是人卽時以清冷水隨其種類說言是水或言波尼或言鬱持或言婆利藍或言婆利或言波耶或言甘露或言牛乳以如是等無量水名爲大衆說善男子如來亦爾以一聖道爲諸聲聞種種演說從信根等至八聖道復次善

男子譬如金師以一種金隨意造作種種瓔珞所謂鉗鎖鐶釧釵鐺天冠臂印雖有如是差別不同然不離金善男子如來亦爾以一佛道隨諸衆生種種分別而爲說之或說一種所謂諸佛一道無二復說二種所謂定慧復說三種謂見慧智復說四種所謂見道修道無學道佛道乃至復說二十道所謂十力四無所畏大慈大悲念佛三昧三正念處善男子是道一體如來昔日爲衆生故種種分別復次善男子譬如一火因所然故得種種名所謂木火草火糠火麩火牛馬糞火善男子佛道亦爾一而無二爲衆生故

種種分別。復次善男子。譬如一識。分別說六。若至於
眼則名眼識。乃至意識。亦復如是。善男子。道亦如是。
一而無二。如來爲化諸衆生故。種種分別。復次善男
子。譬如一色。眼所見者。則名爲色。耳所聞者。則名爲
聲。鼻所齅者。則名爲香。舌所嘗者。則名爲味。身所覺
者。則名爲觸。善男子。道亦如是。一而無二。如來爲欲
化衆生故。種種分別。善男子。以是義故。以八聖道。分
名道聖諦。善男子。是四聖諦。諸佛世尊。次第說之。以
是因緣。無量衆生。得度生死。又云。若言十善十惡。可
作不可作。善道惡道。白法黑法。凡夫謂二。智者了達

其性無二。無二之性。卽是實性。陀羅尼經云。無有一
切諸法。是名一字法門。又經云。佛言。三世諸佛所說
之法。吾今四十九年。不加一字。故知此一心門。能成
至道。若上根直入者。終不立餘門。爲中下未入者。則
權分諸道。是以祖佛同指。賢聖冥歸。雖名異而體同。
乃緣分而性合。般若唯言無二。法華但說一乘。淨名
無非道場。涅槃咸歸祕藏。天台專勤三觀。江西舉體
全眞。馬祖卽佛是心。荷澤直指知見。又教有二種說。
一顯了說。二祕密說。顯了說者。如楞伽密嚴等經。起
信唯識等論。祕密說者。各據經宗。立其異號。如維摩

經以不思議爲宗。金剛經以無住爲宗。華嚴經以法
界爲宗。涅槃經以佛性爲宗。任立千途。皆是一心之
別義。何者。以眞心妙體。不在有無。智不能知。言不可
及。非情識思量之境界。故號不思議。體虛相寂。絕待
靈通。現法界而無生。超三世而絕跡。故號之無住。豎
徹三際。橫亘十方。無有界量邊表不可得。故稱法界。
爲萬物之根由。作羣生之元始。在凡不減。處聖非增。
靈覺昭然。常如其體。故曰佛性。乃至或名靈臺妙性。
寶藏神珠。悉是一心。隨緣別稱。經云。三阿僧祇百千
名號。皆是如來之異名。只爲不知諸佛方便。迷名著

相。隨解成差。但了斯宗。豁然空寂。有何名相可得披
陳。如龍王一味之雨。隨人天善惡之業。所雨不同。各
見差別。華嚴經云。譬如娑竭羅龍王。欲現龍王大自
在力。饒益衆生。咸令歡喜。從四天下。乃至他化自在
天處。及於地上。於一切處。所雨不同。所謂於大海中
雨淸冷水。名爲無斷絕。於他化自在天。雨簫笛等種
種樂音。名爲美妙。於化樂天。雨大摩尼寶。名爲放大
光明。於兜率天。雨大莊嚴具。名爲垂髻。於夜摩天。雨
大妙華。名爲種種莊嚴具。於三十三天。雨衆妙香。名
爲悅意。於四天王天。雨天寶衣。名爲覆蓋。於龍王宮

雨赤真珠。名爲涌出光明。於阿修羅宮雨諸兵仗。名爲降伏怨敵。於北鬱單越雨種種華。名曰開敷。餘三天下。悉亦如是。然各隨其處所雨不同。雖彼龍王。其心平等。無有彼此。但以衆生善根異故。雨有差別。是以龍王一味之雨。隨諸天感處不同。猶如諸佛一心法門。逐衆生見時有別。

宗鏡錄卷第二

音釋

嗤誚 嗤赤脂切笑也誚才笑切譏也 殑伽 梵語此云天堂來河名殑其陵切伽求迦切

逗 田候切投合也 釵鑷 釵楚皆切歧笄 𢧐 與職切

鑷也鑷力求切 𢧐 麥𢧐也

宗鏡錄卷第三

宋慧日永明妙圓正修智覺禪師延壽集

夫教明一切萬法至理虛夵非有無之證絕自他之性若無一法自體云何立宗答若不立宗學何歸趣若論自他有無皆是眾生識心分別是對治門從相待有法身自體中實理心豈同幻有不隨幻無楞伽經云佛言大慧譬如非牛馬性牛馬性其實非有非無彼非無自相古釋云馬體上不得說牛性是有是無然非無馬自體以譬法身上不得說陰界入性是有是無然非無法身自相此法空之理超過有無即

法身之性然有趣有向智背天眞無得無歸情生斷滅但有之不用求眞規宛爾無之自然足妙旨煥然則寂爾有歸恬然無間頓超能所不在有無可謂眞歸能通至道矣問以心爲宗如何是宗通之相答內證自心第一義理住自覺地入聖智門以此相應名宗通相此是行時非是解時因解成行行成解絕則言說道斷心行處滅如楞伽經云佛告大慧宗通者謂緣自得勝進相遠離言說文字妄想趣無漏界自覺地自相遠離一切虛妄覺想降伏一切外道眾魔緣自覺趣光明輝發是名宗通相所以悟心成祖先

聖相傳故達摩大師云明佛心宗了無差悞行解相應名之曰祖又偈云亦不覩惡而生嫌亦不觀善而勤措亦不捨愚而近賢亦不拋迷而就悟達大道兮過量通佛心兮出度不與凡聖同躔超然名之曰祖問悟道明宗如人飲水冷暖自知云何說其行相答前已云諸佛方便不斷今時密布深慈不令孤棄已明達者終不發言只爲因疑故問因問故答此是本師於楞伽會上爲十方諸大菩薩來求法者親說此二通一宗通二說通宗通爲菩薩說通爲童蒙祖佛俯爲初機童蒙少垂開示此約說通只爲從他見法

隨語生解恐執方便爲眞實迷於宗通是以分開二通之義宗通者謂緣自得勝進相遠離言說文字妄想乃至緣自覺趣光明輝發若親到自覺地光明發時得云如人飲水冷暖自知如羣盲眼開分明照境驗象眞體終不摸其尾牙見乳正色豈在談其鵠雪當此具眼人前若更說示則不得稱知時名爲大法師實見月人終不觀指親到家者自息問程唯證相應不俟言說終不執指爲月亦不離指見月如大涅槃經云譬如有王告一大臣汝牽一象以示盲者爾時大臣受王勅已多集眾盲以象示之時彼眾盲各

以手觸大臣即還而白王言臣已示竟爾時大王即喚衆盲各各問言汝見象耶衆盲各言我已得見王言象爲何類其觸牙者即言象形如蘆菔根其觸耳者言象如箕其觸頭者言象如石其觸鼻者言象如杵其觸腳者言象如木臼其觸脊者言象如牀其觸腹者言象如甕其觸尾者言象如繩善男子如彼衆盲不說象體亦非不說若是衆相悉非象者離是之外更無別象善男子王喻如來應正徧知臣喻方等大涅槃經象喻佛性盲喻一切無明衆生是諸衆生聞佛說已或作是言色是佛性何以故是色雖滅次

第相續是故獲得無上如來三十二相如來常色如來色者常不斷故是說色名爲佛性譬如眞金質雖遷變色常不異或時作釧作盤然其黃色初無改易衆生佛性亦復如是質雖無常而色是常以是故說色爲佛性乃至說受想行識等爲佛性又有說言離陰有我我是佛性如彼盲人各各說象雖不得實非不說象說佛性者亦復如是非即六法不離六法善男子是故我說衆生佛性非色不離色乃至非我不離我善男子有諸外道雖說有我而實無我衆生我者即是五陰離陰之外更無別我善男子譬如莖葉

鬚臺合爲蓮華離是之外更無別華又佛言善男子是諸外道癡如小兒無慧方便不能了達常與無常苦與樂淨不淨我無我壽命非壽命衆生非衆生實非實有非有於佛法中取少許分虛妄計有常樂我淨而實不知常樂我淨如生盲人不識乳色便問他言乳色何似他人荅言色白如貝盲人復問是乳色者如貝鞹耶荅言不也復問貝色爲何似耶荅言猶稻米粖盲人復問乳色柔軟如稻米粖耶稻米粖者復何所似荅言猶如雨雪盲人復言彼稻米粖冷如雪耶雪復何似荅言猶如白鵠是生盲人雖聞如是

四種譬喻終不能得識乳眞色是諸外道亦復如是終不能識常樂我淨善男子以是義故我佛法中有眞實諦非於外道夫眞實諦者宗鏡所歸未聞悟時不信解者所有說法及自修行皆成生滅折伏之門不入無生究竟之道如菴提遮女經云爾時文殊師利又問曰頗有明知生而不生相爲生所畱者否荅曰有雖自明見其力未充而爲生所畱者是也又問曰頗有無知不識生性而畢竟不爲生所畱者否荅曰無所以者何若不見生性雖因調伏少得安處其不安之相常爲對治若能見生性者雖在不安之處

而安相常現前若不如是知者雖有種種勝辯談說甚深典籍而即是生滅心說彼實相密要之言如盲辯色因他語故說得青黃赤白黑而不能自見色之正相今不能見諸法者亦復如是但今爲生所生爲死所死者而有所說者乃於其人即無生死之義也若爲常無常所繫者亦復如是當知大德空者亦不自得空故說有空義也故知能了萬法無生之性是爲得道大般若經云佛言善現以一切法空無所有皆不自在虛誑不堅故一切法無生無起無知無見復次善現一切法性無所依止無所繫屬由此因緣

無生無起無知無見華嚴經云如實法印印諸業門得法無生住佛所在觀無生性印諸境界諸佛護念發心迴向與諸法性相應迴向入無作法成就所作方便是以不了唯心之旨未入宗鏡之人向無生中起貪癡之垢於眞空內著境界之緣以爲對治成其輪轉若能返照心境俱寂如諸法無行經云若菩薩見貪欲際即是眞際見瞋恚際即是眞際見愚癡際即是眞際則能畢滅業障之罪乃至凡夫愚人不知諸法畢竟滅相故自見其身亦見他人以是見故便起身口意業乃至不見佛不見法不見僧是則不見

一切法若不見一切法於諸法中則不生疑不生疑故則不受一切法不受一切法故則自寂滅不思議佛境界經云爾時世尊復語文殊師利菩薩言童子汝能了知如來所住平等法否文殊師利菩薩言世尊我已了知佛言童子何者是如來所住平等法文殊師利菩薩言世尊一切凡夫起貪瞋癡處是如來所住平等法佛言童子云何一切凡夫起貪瞋癡處是如來所住平等法文殊師利菩薩言世尊一切凡夫於空無相無願法中起貪瞋癡是故一切凡夫起貪瞋癡處即是如來所住平等法佛言童子空豈是

有法而言於中有貪瞋癡文殊師利菩薩言世尊空是有是故貪瞋癡亦是有佛言童子空云何有貪瞋癡復云何有文殊師利菩薩言世尊空以言說故有貪瞋癡亦以言說故有如佛說比丘有無生無起無作無爲非諸行法此無生無起無作無爲非諸行法非不有若不有者則於生起作爲諸行之法應無出離以有故言出離耳此亦如是若無有空則於貪瞋癡無有出離以有故說離貪等諸煩惱耳中觀論偈云從法不生法亦不生非法從非法不生法及於非法直釋偈意法即是有如色心等非法是無如兔角

等若從法生法如母生子法生非法如人生石女兒從非法生法如兔角生人從非法生非法者如龜毛生兔角故般若假名論云復有念言若如來但證無所得者佛法卽一非是無邊是故經言如來說一切法皆是佛法佛法謂何卽無所得未曾一法有可得性是故一切無非佛法云何一切皆無所得經云一切法者卽非一切法云何非耶無生性故若無生卽無性云何名一切法於無性中假言說故一切法無有性者卽是眾生如來藏性龐居士偈云劫火然天天不熱嵐風吹動不聞聲百川競注海不溢五嶽名

山不見形澄清靜慮無蹤跡千途盡總入無生故知諸法從意成形千途因心有像一念澄寂萬境曠然元同不二之門盡入無生之旨所以傅大士行路難云君不見諸法但假空施設寂靜無門爲法門一切法中心爲主余今不復得心原究檢心原既不得當知諸法併無根又無生有二如通心論云一法性無生妙理言法至虛言性本來自爾名曰無生二緣起無生夫境由心現故不從他生心藉境起故不自生心境各異故不共生相因而有故不無因生亦云一理無生圓成實性本不生故二事無生緣生之相卽

無生故止觀云若釋金剛經卽轉無生意度入不住門中種種不住不住色布施不住聲香等布施雖諸法不住以無住法住般若中卽是入空以無住法住世諦卽是入假以無住法住實相卽是入中此無住慧卽是金剛三昧能破盤石沙礫徹至本際又如釋迦牟尼入大寂定金剛三昧天親無著論開善廣解詎出無生無住之意若得此意千經萬論豁矣無疑此是學觀之初章思議之根本釋異之妙慧入道之指歸綱骨曠大事理具足一解千從法門自在故知一切諸法皆從無生性空而有有而非有不離俗而

常眞非有而有不離眞而恆俗則幻有立而無生顯空有歷然兩相泯而雙事存眞俗宛爾斯則無生而無不生不住二邊矣如古德頌云無生終不住萬像徒流布若作無生解還被無生固問以心爲宗理須究竟約有情界眞妄似分不可雷同有濫圓覺如金鍮其熱眞僞俄分沙米同炊生熟有異未審以何心爲宗答誠如所問須細識心此妙難知唯佛能辯只爲三乘慕道見有差殊錯指妄心以爲眞實認妄賊而爲眞子劫盡家珍收魚目以作驪珠空迷智眼遂使愚癡之子陷有獄之重關邪倒之人溺見河之駭

浪戲熾燄於朽宅忘苦忘疲臥大夢於長宵迷心逐性皆爲執斯緣慮作自巳身遺此眞心認他聲色斯則出俗外道在家凡夫之所失也乃至三乘慕道法學禪宗亦迷此心執佛方便致使教開八網乘對四機越一念而遠驟三祇功虛大劫離寶所而久淹化壘跡困長衢斯卽權機小果乃至禪宗不得意者之所失也所以首楞嚴經云佛告阿難一切衆生從無始來種種顚倒業種自然如惡叉聚諸修行人不能得成無上菩提乃至別成聲聞緣覺及成外道諸天魔王及魔眷屬皆由不知二種根本錯亂修習猶如

煮沙欲成嘉饌縱經塵劫終不能得云何二種阿難一者無始生死根本則汝今者與諸衆生用攀緣心爲自性者二者無始菩提涅槃元清淨體則汝今者識精元明能生諸緣緣所遺者由諸衆生遺此本明雖終日行而不自覺枉入諸趣釋曰此二種根本卽眞妄二心一者無始生死根本者卽根本無明此是妄心最初迷一法界不覺忽起而有其念忽起卽是無始如睛勞華現睡熟夢生本無元起之由非有定生之處皆自妄念非他外緣從此成微細業識則起轉識轉作能心後起現識現外境界一切衆生同用

此業轉現等三識起內外攀緣爲心自性因此生死相續以爲根本二者無始菩提涅槃元清淨體者此卽眞心亦云自性清淨心亦云清淨本覺以無起無生自體不動不爲生死所染不爲涅槃所淨目爲清淨此清淨體是八識之精元本自圓明以隨染不覺不守性故如虛谷任響隨緣發聲此亦如然能生諸法則立見相二分心境互生但隨染淨之緣遺此圓常之性如水隨風作諸波浪由此衆生失本逐末一向沈淪都不覺知枉受妄苦雖受妄苦眞樂恆存任涉昇沈本覺不動如水作波不失溼性唯知變心作

境以悟爲迷從迷積迷空歷塵沙之劫因夢生夢永昏長夜之中故經云當知一切衆生從無始來生死相續皆由不知常住眞心性淨明體用諸妄想此想不眞故有輪轉以不了不動眞心而隨輪迴妄識此識無體不離眞心元於無相眞原轉作有情妄想如風起澄潭之浪浪雖動而常居不動之源似瞖生空界之華華雖現而匪離虛空之性瞖消空淨浪息潭清唯一眞心周徧法界又此心不從前際生不居中際住不向後際滅昇降不動性相一如則從上稟受以此眞心爲宗離此修行盡縈魔罥別有所得悉陷

邪林是以能動深慈倍生憐愍故二祖求此妄心不得初祖於是傳衣阿難執此妄心如來所以呵斥如經云佛告阿難汝今欲知奢摩他路願出生死今復問汝卽時如來舉金色臂屈五輪指語阿難言汝今見否阿難言見佛言汝何所見阿難言我見如來舉臂屈指爲光明拳耀我心目佛言汝將誰見阿難言我與大衆同將眼見佛告阿難汝今荅我如來屈指爲光明拳耀汝心目汝目可見以何爲心當我拳耀阿難言如來現今徵心所在而我以心推窮尋逐卽能推者我將爲心佛言咄阿難此非汝心阿難矍然

避座合掌起立白佛此非我心當名何等佛告阿難此是前塵虛妄相想惑汝眞性由汝無始至於今生認賊爲子失汝元常故受輪轉阿難白佛言世尊我佛寵弟心愛佛故令我出家我心何獨供養如來乃至徧歷恆沙國土承事諸佛及善知識發大勇猛行諸一切難行法事皆用此心縱令謗法永退善根亦因此心若此發明不是心者我乃無心同諸土木離此覺知更無所有云何如來說此非心我實驚怖兼此大衆無不疑惑唯垂大悲開示未悟爾時世尊開示阿難及諸大衆欲令心入無生法忍於師子座摩

阿難頂而告之言如來常說諸法所生唯心所現一切因果世界微塵因心成體阿難若諸世界一切所有其中乃至草葉縷結詰其根元咸有體性縱令虛空亦有名貌何況清淨妙淨明心性一切心而自無體若汝執悋分別覺觀所了知性必爲心者此心卽應離諸一切色香味觸諸塵事業別有全性如汝今者承聽我法此則因聲而有分別縱滅一切見聞覺知內守幽閑猶爲法塵分別影事我非勅汝執爲非心但汝於心微細揣摩若離前塵有分別性卽眞汝心若分別性離塵無體斯則前塵分別影事塵非常

住若變滅時此心則同龜毛兔角則汝法身同於斷滅其誰修證無生法忍古釋云能推者卽是妄心皆有緣慮之用亦得名心然不是眞心妄心是眞心上之影像故云汝身汝心皆是妙明眞精妙心中所現物若執此影像爲眞影像滅時此心卽斷故云若執緣塵卽同斷滅以妄心攬塵成體如鏡中之像水上之泡迷水執波波寕心滅迷鏡執像像滅心亡心若滅時卽成斷見若知濕性不壞鏡體常明則波浪本空影像元寂故知諸佛境智徧界徧空凡夫身心如影如像若執末爲本以妄爲眞生死現時方驗不實

故古聖云見鑛不識金入爐始知錯問眞妄二心各以何義名心以何爲體以何爲相答眞心以靈知寂照爲心不空無住爲體實相爲相妄心以六塵緣影爲心無性爲體攀緣思慮爲相此緣慮覺了能知之妄心而無自體但是前塵隨境有無境來卽生境去卽滅因境而起全境是心又因心照境全心是境各無自性唯是因緣故法句經云燄光無水但陽氣耳陰中無色但緣氣耳以熱時炎氣因日光爍遠看似水但從想生唯陽氣耳此虛妄色心亦復如是以自業爲因父母外塵爲緣和合似現色心唯緣氣耳故

圓覺經云妄認六塵緣影爲自心相故知此能推之心若無因緣卽不生起但從緣生緣生之法皆是無常如鏡裏之形無體而全因外境似水中之月不實而虛現空輪認此爲眞愚之甚矣所以慶喜執而無據七處茫然二祖了而不生一言契道則二祖求此緣慮不安之心不得卽知眞心徧一切處悟此爲宗遂乃最初紹於祖位阿難因如來推破妄心乃至於五陰六入十二處十八界七大性一一微細窮詰徹底唯空皆無自性既非因緣自他和合而有又非自然無因而生悉是意言識想分別因茲豁悟妙明眞心廣大含容徧一切處卽與大衆俱達此心同聲讚佛故經云爾時阿難及諸大衆蒙佛如來微妙開示身心蕩然得無罣礙是諸大衆各各自知心徧十方見十方空如觀手中所持葉物一切世間諸所有物皆卽菩提妙明元心心精徧圓含裹十方反觀父母所生之身猶彼十方虛空之中吹一微塵若存若亡如湛巨海流一浮漚起滅無從了然自知獲本妙心常住不滅禮佛合掌得未曾有於如來前說偈讚佛妙湛總持不動尊首楞嚴王世希有消我億劫顛倒想不歷僧祇獲法身卽同初祖直指人心見性成佛

問眞心行相有何證文答持世經云菩薩觀心心中無心相是心從本以來不生不起性常清淨客塵煩惱染故有分別心不知心亦不見心何以故是心空性自空故根本無所有是心無有一定法定法不可得故是心無法若合若散是心前後際不可得是心無形無能見者心不自見不知自性乃至是人爾時不分別是心是非心但善知心無生相通達是心無生性何以故心無決定性亦無決定相乃至不得心垢相不得心淨相但知是心常清淨相大般若經云於一切法雖無所取而能成辦一切事業釋曰若了

自心無事不辨或妄取前境界卻成內自不足所以
金剛三昧經云菩薩觀本性相謂自滿足千思萬慮
不益道理徒為動亂失本心王論釋云無量功德即
是一心一心為主故名心王生滅動亂違此心王不
得還歸故言失也又心者統攝諸法一切最勝無一
法而不攝王者統御四海八表朝宗無一民而不臣
故如幻三昧經云不求諸法是名已身進趣大乘方
便經云真如實觀者思惟心性無生無滅不住見聞
覺知永離一切分別之想問心能作佛心作眾生以
了真心故成佛以執妄心故成眾生若成佛皆具圓

通五眼無漏五陰故經云滅無常色獲得常色又云
妙色湛然常安住又云善能分別諸法相云何說真
心不住見聞覺知永離一切分別之想答若是妄心
見聞須假因緣能所生起如云眼具九緣生等若無
色空和合之緣見性無由得發五根亦然皆仗緣起
斯則緣會而生緣散而滅無自主宰畢竟性空如楞
伽經偈云心為工技兒意如和技者五識為伴侶妄
想觀技眾如歌舞立技之人隨他拍轉拍緩則步緩
拍急則步急五根亦如是但隨意轉如云身非念輪
隨念而轉何者意地若生身輪動作意地若息根境

寂然真心則不爾常照常現鐵圍不能匿其輝徧界
徧空穹蒼不能覆其體非純非雜萬法不能隱其真
無住無依塵勞不能易其性豈假前塵發耀對境生
知自然寂照靈知湛然無際故首楞嚴經云佛告阿
難如是六根由彼覺明有明明覺失彼精了黏妄發
光是以汝今離暗離明無有見體離動離靜元無聽
質無通無塞嗅性不生非變非恬嘗無所出不離不
合覺觸本無無滅無生了知安寄汝但不循動靜合
離恬變通塞生滅暗明如是十二諸有為相隨拔一
根脫黏內伏伏歸元真發本明耀耀性發明諸餘五

黏應拔圓脫不由前塵所起知見明不循根寄根明
發由是六根互相為用阿難汝豈不知今此會中阿
那律陀無目而見跋難陀龍無耳而聽殑伽神女非
鼻聞香驕梵鉢提異舌知味舜若多神無身有觸如
來光中映令暫現既為風質其體元無諸滅盡定得
寂聲聞如此會中摩訶迦葉久滅意根圓明了知不
因心念阿難今汝諸根若圓拔已內瑩發光如是浮
塵及器世間諸變化相如湯消冰應念化成無上知
覺阿難如彼世人聚見於眼若令急合暗相現前六
根黯然頭足相類彼人以手循體外繞彼雖不見頭

足一辯知覺是同緣見因明暗成無見不明自發則諸暗相永不能昏根塵既消云何覺明不成圓妙釋曰如彼世人聚見於眼若此先明世見非眼莫觀若令急合則無所見與耳等五根相似彼人以手循體外繞雖不假眼而亦自知此況眞見不藉外境緣見因明暗成無見者此牒世間眼見須仗明暗因緣根塵和合方成於見無見不明自發者此正明眞見之時見性非眼旣不屬眼又何假明暗根塵所發則不明之明無見之見自然寂照靈知何曾間斷且世間明暗虛幻出沒之相又焉能覆蓋乎是以明不能明

暗不能暗也故云則諸暗相永不能昏眞性天然豈非圓妙所以學人問先德云如何是大悲千手眼答云如人夜裏摸得枕子問妄心行相有何證文答勝天王般若波羅蜜經云佛言菩薩行般若波羅蜜念心作是思惟此心無常而謂常住於苦謂樂無我謂我不淨謂淨數動不住速疾轉易結使根本諸惡趣門煩惱因緣壞滅善道是不可信貪瞋癡主一切法中心爲上首若善知心悉解衆法種種世間皆由心造心不自見若善若惡悉由心起心性迴轉如旋火輪易轉如馬能燒如火暴起如水作如是觀於念不

動不隨心行令心隨己若能伏心則伏衆法大涅槃經云佛言善男子心若常者亦復不能分別諸色所謂靑黃赤白紫色善男子心若常者諸憶念法不應忘失善男子心若常者凡所讀誦不應增長復次善男子心若常者不應說言已作今作當作若有已作今作當作當知是心必定無常善男子心若常者則無怨親非怨非親心若常者則不應言我物他物若死若生心若常者雖有所作不應增長善男子以是義故當知心性各各別異故當知無常又云云何現喻如經中說衆生心性猶如獼猴獼猴之性捨一取

一衆生心性亦復如是取著色聲香味觸法無暫住時是名現喻可驗卽今衆生之心如猿猴之處高樹上下不停猶彌泥之泛迅流出入無礙似幻士之遊衆會名相皆虛若技兒之出戲場本末非實所以正法念處經云又彼比丘次復觀察心之猿猴如見猿猴如彼猿猴操擾不停種種樹枝華果林等山谷巖窟迴曲之處行不障礙心之猿猴亦復如是五道差別如種種林地獄畜生餓鬼諸道猶如彼樹衆生無量如種種枝愛如華葉分別色聲諸香味等以爲衆果行三界山身則如窟行不障礙是心猿猴此心猿

猴常行地獄餓鬼畜生生死之地。又彼比丘依禪觀察心之技兒，如見技兒，如彼技兒取諸樂器於戲場地作種種戲。心之技兒亦復如是，種種業化以爲衣服。戲場地者，謂五道地種種裝飾種種因緣。種種樂器者，謂自境界。技兒戲者，生死戲也。心爲技兒，種種戲者，無始無終長生死也。又彼比丘依禪觀察心彌泥魚，如見彌泥，如彌泥魚在於河中，若諸河水急速亂波，深而流疾，難可得行，能漂無量種種樹木，勢力暴疾不可遮障，山澗河水峻速急惡，彼彌泥魚能入能出能行能住。心之彌泥亦復如是，於欲界河急疾

波亂，能出能入能行能住。大智度論云：如佛說，凡夫人或時知身無常，而不能知心無常。若凡夫人言身有常，猶差，以心爲常，是大惑。何以故？身住或十歲二十歲，是心日日過去，生滅各異，念念不停，欲生異生，欲滅異滅，如幻事，實相不可得。如是無量因緣故，知心無常，是名心念處。行者思惟：是心屬誰？誰使是心？觀已不見有主，一切法因緣和合故不自在，不自在故無自性，無自性故無我，若無我，誰當使是心？止觀云：起一念慮知之心，隨善惡而生十道。一若其心念念專貪瞋癡，攝之不還，拔之不出，日增月甚，起上品

十惡，如五扇提羅者，此發地獄之心，行火塗道。二若其心念念欲多眷屬，如海吞流，如火焚薪，起中品十惡，如調達誘衆者，此發畜生心，行血塗道。三若其心念念欲得名聞四遠八方，稱揚欽詠，內無實德，虛比賢聖，起下品十惡，如摩犍提者，此發鬼心，行刀塗道。四若其心念念常欲勝彼，不耐下人，輕他珍己，如鵄高飛下視，而外揚仁義禮智信，起下品善心，行阿修羅道。五若其心念念欣世間樂，安其臭身，悅其癡心，此起中品善心，行於人道。六若其心念念知三惡苦多，人間苦樂相間，天上純樂，爲天上樂，折伏麤惡，此

上品善心，行於天道。七若其心念念欲大威勢，身口意纔有所作，一切弭從，此發欲界主心，行魔羅道。八若其心念念欲得利智辯聰，高才勇哲，鑒達六合，十方顒顒，此發世智心，行尼乾道。九若其心念念五塵六欲外樂蓋微，三禪之樂猶如石泉，其樂內重，此發梵心，行色無色道。十若其心念念知善惡輪環，凡夫耽湎，賢聖所訶，破惡由淨慧，淨慧由淨禪，淨禪由淨戒，尙此三法，如饑如渴，此發無漏心，行二乘道。此上十心，或先起非心，或先起是心，或是非並起，譬象魚風並濁池水，象譬諸非自外而起，魚譬內觀羸弱爲

二邊所動風譬內外合襍職濁混和前九種心是生死如蠶自縛後一種心是涅槃如麞獨跳雖得自脫未具佛法俱非故雙簡明知三界無別理但是妄心生爲八倒之根株作四流之源穴疾如掣電猛若狂風瞥起塵勞速甚瀑川之水欻生五欲急過旋火之輪是以結搆四魔驅馳十使沈二死之河底投八苦之燄中醉迷衣裏之珠徒經艱險闕沒額中之寶空自悲嗟皆因妄心迷此眞覺終無別失有出斯文如上依教所說眞妄二心約義似分歸宗匪別何者眞心約理體妄心據相用今以理恆是心不得心相心恆是理不動心相如水卽波不得波相波卽是水不壞波相是以動靜無際性相一原當凡心而是佛心觀世諦而成眞諦所以華嚴經云菩薩摩訶薩觀一切法皆以心爲自性如是而住若攝境爲心是世俗勝義心之自性卽是眞如是勝義勝義如是而住以無所得而爲方便雙照眞俗無住住故

宗鏡錄卷第三

音釋

蘆菔蘆落胡切菔鼻墨切蘆菔菜名　䡊五孟切與硬同　嵐魯甘切　鍮託侯切鍮銅色黃似金　揣楚委切揣度量也　黏女廉切黏相著也　黯乙減切深黑也　鵄赤脂切鵄鳥名　弭綿婢切止息也　顐顐並魚本切顐顐猶向仰也　耽湎耽丁含切樂也湎彌兗切溺也

宗鏡錄卷第四

宋慧日永明妙圓正修智覺禪師延壽集

夫所言心法者。云何是心。云何是心法。答。了塵通相
說名心王。由其本一心。是諸法之總原也。取塵別相
名爲數法。良因其根本無明迷平等性故也。辯中邊
論云。若了塵通相名心。取塵別相名爲心法。問。此一
心法幾義而成。答。心法總有四義。一是事。隨境分別
見聞覺知。二是法。論體唯是生滅法數。此二義論俗
故有約眞故無。三是理。窮之空寂。四具實。論其本性
唯是眞實如來藏法。問。心四義之中。前二義是緣慮

妄心。後二義是常住眞心。約眞心則本性幽希。窮理
空寂。既無數量。不更指陳。只如妄心既涉見聞。又言
生滅。此緣慮心有其幾種行相。答。有五種心。一率爾
心。謂聞法創初遇境便起。二尋求心。於境未達方有
尋求。三決定心。審知法體而起決定。四染淨心。法詮
欣厭而起染淨。五等流心。念念緣境前後等故。法苑
義林云。辯五心相者。且如眼識初墮於境名率爾墮
心。同時意識先未緣此。今初同起亦名率爾。故瑜伽
論云。意識任運散亂緣不串習境時。無欲等生。爾時
意識名率爾墮心。有欲生時尋求等攝。故又解深密

經及決擇論說。五識同時必定有一分別意識俱時
而轉。故眼俱意名率爾心。初率墮境故。此既初緣未
知何境爲善爲惡。爲了知故次起尋求。與欲俱轉希
望境故。既尋求已識知先境。次起決定。印解境故。決
定已識界差別。取正因等相。於怨住惡。於親住善。於
中住捨。染淨心生。由此染淨意識爲先。引生眼識同
性善染。順前而起。名等流心。如眼識生。耳等識亦爾。
先德問。五心於八識中各有幾心。答。前五識有四心。
除尋求心。無分別故。第六具五心。第七無率爾尋求
二心。有決定染淨等流三心。謂第七常緣現在境故

無率爾也。問。第七現有計度分別。何無尋求心。答。夫
尋求心皆依率爾後尋求方生。第七既無率爾。尋求
亦無。問。前五既有率爾。何無尋求。答。尋求有二。緣方
有。一卽率爾心引。二卽計度分別心。前五種雖有率
爾而無計度分別。第八有三心。率爾決定等流。無染
淨尋求。問。第八同第七常緣現在境。何得有率爾。答。
第七緣境卽無間斷。第八緣境境有間斷。第八初受
生時創緣三界三種境故。問。初受生時第七亦創緣
三界第八識。何無率爾心。答。第七隨所繫常緣當界
第八識也。今助一解。第七常內緣一境。卽無率爾。第

八外緣多境而有率爾無分別故卽無尋求問五心之中何心熏種何心不熏種答率爾心有二說一云不熏種任運緣境不彊盛故二云若緣生境卽不熏種若緣曾聞熟境卽熏種由串習力故餘心總熏種今解且如率爾聞聲境時不簡生熟聲境皆熏實聲種子更有九心成輪廣略不同眞理是一其心如輪隨境而轉故經云身非念輪隨念而轉其義如何上座部師立九心輪者一有分二能引發三見四尋求五貫徹六安立七勢用八返緣九有分體且如初受生時未能分別心但任運緣於境轉名有分若有境

至心欲緣時便生警覺名能引發其心旣於此境上轉見照矚彼旣見彼已便成尋求察其善惡旣察彼已遂貫徹識其善惡而安立心起語分別說其善惡隨其善惡便有動作勢用動作旣興欲休廢道故返緣前所作事旣返緣已還歸有分任運緣境名爲九心可成輪義其中見心通於六識餘唯意識有分心通生死返緣心唯得死若離欲者死唯有分心旣無我愛無所返緣不生顧戀未離欲者以返緣心而死有戀愛故若有境至卽心可生若無異境恒住有分任運相續然見與尋求前後不定問若隨分別立眞

妄心約此二心總有幾種答大智度論云有二種道一畢竟空道二分別好惡道若畢竟空道尙不得一何況說多若分別好惡道理從義別事乃恒沙且約一心古釋有四一紇利陀耶此云肉團心身中五藏心也如黃庭經所明二緣慮心此是八識俱能緣慮自分境故色是眼識境根身種子器世界是阿賴耶識之境各緣一分故云自分三質多耶此云集起心唯第八識積集種子生起現行四乾栗陀耶此云堅實心亦云貞實心此是眞心也然第八識無別自體但是眞心以不覺故與諸妄想有和合不和合義和

合義者能含染淨目爲藏識不和合者體常不變目爲眞如都是如來藏故稜伽經云寂滅者名爲一心一心者卽如來藏如來藏亦是在纏法身經云隱爲如來藏顯爲法身故知四種心本同一體但從迷悟分多經偈云佛說如來藏以爲阿賴耶惡慧不能知藏卽賴耶識佛說如來藏者卽法身在纏之名以爲阿賴耶卽是藏識惡慧不能知藏卽賴耶識有執眞如與賴耶體別者是惡慧也然雖四心同體眞妄義別本末亦殊前三是相後一是性性相無礙都是一心卽第四眞心以爲宗旨又古德廣釋一心者望一

如來藏心含於二義一約體絕相義卽眞如門謂非染非淨非生非滅不動不轉平等一味性無差別衆生卽涅槃不待滅也凡夫彌勒同一際也二隨緣起滅義卽生滅門謂隨熏轉動成於染淨染淨雖成性恒不動只由不動能成染淨是故不動亦在動門楞伽經云如來藏名阿賴耶識而與無明七識共俱如大海波常不斷絕又云如來藏者爲無始虛僞惡習所熏名爲識藏若此一心推末歸本者謂證第一義則得解脫第一義是緣之性若見緣性則脫緣縛華嚴經云皆一心作論云但是一心者一切三界唯心

轉故諸教同引證成唯心云何一心而作三界有三一二乘謂有前境不了唯心縱聞一心但謂眞諦之一或謂由心轉變非皆是心二異熟賴耶名爲一心簡無外境故說一心三如來藏性淸淨一心理無二體故說一心是知凡聖二法染淨二門無非一心矣又此一心約性相體用本末卽入等義更有十門一假說一心則二乘人謂實有外法但由心變動故說一心下之九門實唯一心二相見俱存故說一心此通八識及諸心所並所變相分本影具足由有支等熏習力故變現三界依正等報三攝相歸見故說一

心亦通王數但所變相分無別種生能見識生帶彼影起四攝數歸王故說一心唯通八識以彼心所依王無體亦心變故釋云攝相歸見者唯識偈云唯識無境界以無塵妄見如人目有瞖見毛月等事凡作論有三義一者立義卽初句二者引證卽第二句三者譬喻卽下二句所緣緣論云內識如外現爲識所緣緣許彼相在識及能生識故意云內識似外境現爲所緣緣許眼等識帶彼相起及從彼生識故結云諸識唯內境相爲所緣緣理極成也則非全無相相全屬識故云歸見攝數歸王者如莊嚴論偈云自界

及二光癡共諸惑起如是諸分別二實應遠離釋曰自界謂自阿賴耶識種子二光謂能取光所取光此等分別由共無明及諸餘惑故得生起如是諸分別二實應遠離二實謂所取實及能取實如是二實染汙應求遠離所以論偈云能取及所取此二唯心光貪光及信光二光無二法釋曰求唯識人應知能取所取此之二種唯是心光五以末歸本說一心謂七轉識皆是本識差別功能無別體故經偈云譬如巨海浪無有若干相諸識心如是異亦不可得六攝相歸性說一心謂此八識皆無自體唯如來藏平等顯

現餘相皆盡一切衆生卽涅槃相經云不壞相有八無相亦無相七性相俱融說一心謂如來藏舉體隨緣成辦諸事而其自性本不生滅卽此理事混融無礙是故一心二諦皆無障礙八融事相入說一心謂由心性圓融無礙以性成事事亦鎔融不相障礙一入一切一一塵內各見法界天人修羅不離一塵九全事相卽說一心謂依性之事事無別事心性旣無彼此之異事亦一切卽一一卽是多多卽一等十帝網無礙說一心謂一中有一切彼一切中復有一切重重無盡皆以心識如來藏性圓融無盡以眞如性

畢竟無盡故觀一切法卽眞如故一切時處皆帝網故如漩洑頌云若人欲識眞空理身內眞如還徧外情與非情共一體處處皆同眞法界不離幻色卽見空此卽眞如含一切一念照入於多劫一一念劫收一切於一境內一切智於一智中諸境界只用一念觀諸境一切諸境同時會時處帝網現重重一切智通無罣礙漩洑者水之漩流洄洑之處一甚深故二迴轉故三難渡故法海漩洑亦然一唯佛能究故二眞妄相循難窮初後三聞空謂空聞有謂有則沈於漩洑若不了斯宗難超有海隨善惡之浪漂苦樂之洲不遇慈航焉登覺岸如偈云眞如淨法界一泯未嘗有隨於染淨緣遂成十法界隨染緣成六凡法界隨淨緣成四聖法界六凡法界者一天法界二人法界三修羅法界四地獄法界五餓鬼法界六畜生法界四聖法界者一聲聞法界二緣覺法界三菩薩法界四佛法界衆生於眞性上以情想自異則六趣昇沈諸聖於無爲法中以智行爲差則四聖高下然凡聖迹雖昇降縛脫似殊於一眞法界之中初無移動又依華嚴宗一心隨理事立四種法界一理法界者界是性義無盡事法同一性故二事法界者界是分

義一一義別有分劑故三理事無礙法界者具性分義圓融無礙四事事無礙法界者一切分劑事法一一如性融通重重無盡故以此十法界因理事四法界性相卽入眞俗融通遞出無窮成重重無盡法界然是全一心之法界全法界之一心隨有力無力而立一立多因相資相攝而或隱或顯如一空徧森羅之物像似一水收萬疊之波瀾入宗鏡中坦然顯現又有所入能入二種法界如淸涼疏云先明所入總唯一眞無礙法界語其性相不出事理隨其義別略有五門一有爲法界二無爲法界三俱是四俱非五

無障礙然五各二門初有爲二者一本識能持諸法
種子名爲法界如論云無始時來界等此約因義而
其界體不約法身二三世之法差別邊際名爲法界
不思議品云一切諸佛知過去一切法界悉無有餘
等此即分劑之義二無爲法界二者一性淨門在凡
位中性恆淨故眞空一味法無差別故二離垢門謂
由對治方顯淨故隨行淺深分十種故三亦有爲亦
無爲法界二者一隨相門謂受想行蘊及五種色並
八無爲此十六法唯意所知十八界中名爲法界二
無礙門謂一心法界具含二門一心眞如門二心生

滅門雖此二門皆各總攝一切諸法然其二位恆不
相礙其猶攝水之波非靜攝波之水非動故迴向品
云於有爲界示無爲法而不滅壞有爲之相於無爲
界示有爲法而不分別無爲之性此明事理無礙四
非有爲非無爲法界二門者一形奪門謂緣無不理
之緣故非有爲理無不緣之理故非無爲法體平等
形奪雙泯大品經云須菩提白佛言是法平等爲是
有爲爲是無爲佛言非有爲法非無爲法何以故離
有爲法無爲法不可得離無爲法有爲法不可得須
菩提是有爲性無爲性是二法不合不散此之謂也

二無寄門謂此法界離相離性故非此二又非二諦
故又非二名言所能至故是故俱離解深密經云一
切法者略有二種所謂有爲無爲是中有爲非有爲
非無爲無爲非無爲非有爲等五無障礙法界二門
者一普攝門謂於上四門隨一即攝餘一切故是故
善財或覩山海或見堂宇皆名入法界二圓融門謂
以理融事故令事無分劑微塵非小能容十剎剎海
非大潛入一塵也以事顯理故令理非無分謂一多
無礙或云一法界或云諸法界然由一非一故即諸
諸非諸故即一乃至重重無盡是以善財暫時執手

遂經多劫纔入樓閣普見無邊皆此類也上來五門
十義總明所入法界應以六相融之二明能入亦有
五門一淨信二正解三修行四證得五圓滿此五於
前所入法界有其二門一隨一能入通五所入隨一
所入徧五能入二此五能入如其次第各入一門此
上心境二義十門六相圓融總爲一聚無障礙法界
百門義海云入法界者即塵緣起是法法隨智顯用
有差別是界此法以無性故則無分劑融無二相同
於眞際與虛空等徧通一切隨處顯現無不明了然
此一塵與一切法各不相見亦不相知何以故由各

各全是圓滿法界普攝一切更無別法可知見也經云即法界無法界法界不知法界若如是更無別法可知見者云何言入以悟了之處名為入故又雖入而無所入若有所入則失諸法性空義以無性理同故則處處入法界前約情智凡小所見隨染淨緣成十法界者即成其過今依華嚴性起法門悉為真法界若成若壞若垢若淨全成法界如經云分別諸色無量壞相是名上智者古釋云六道之色壞善壞定二乘之色壞因壞果菩薩之色壞有壞無佛色者壞上諸壞壞為法界非壞非不壞悉是法界問心分四

名義開十種識之名義約有幾何答若約同門自相不可分別若約異門其相隨義似分名約性相有九義包內外具五名有九者一眼識二耳識三鼻識四舌識五身識六意識七末那識八阿賴耶識九淨識義具五者一識自相謂識自證分二識所變故一切境界從心現起三識相應故同時受想等心法四識分位故識上四相等五識實相故謂二空真如是識實性自上諸法皆不離識總名唯識故知若相若性若境若心乃至差別分位皆是唯識卷舒匪離總別同時猶雲霧之依空若波瀾之涌海又古德廣釋唯

識義有十門明此唯識二字先離解次合解先且離解初唯後識初唯字者有三義一者揀持之義揀之謂揀去我法所執持謂持取持取依圓二性唯識論云唯言為遣離識我法非無不離識心所無為等二者決定義決無離心之境定有內識之心謂小乘離心有境清辯破無內心三者顯勝義謂心王勝心所等劣今但顯勝不彰於劣瞿波論師二十唯識云此說唯識但舉王勝理兼心所如言王來非無臣佐次解識字者即了別義謂八種心王是識自性等五位百法理之與事皆不離識不爾真如應非唯識攝餘

歸識總立識名經云三界唯心次合釋唯識者唯謂揀去遮無外境境無非有識能了別詮有內心心有非無合名唯識唯謂遮無是用識表詮有是體攝用歸體唯即識持業釋夫六釋之文簡法為妙今欲性相俱辯且畧引持業依主二釋可稱今文第一持業釋者有二一持業二同依且持業者持謂任持業謂業用若法體能持用用能顯體名為持業如言藏識識是體藏是用識體能持藏用即名持業又如妙法即蓮華等二同依釋者即多用同依一體如言分段生死即身變易生死即身等是所以一切萬法以心

爲體萬法是用法不離心用不離體心體能持萬法法即是心用即是體名持業釋若一切法不得自心之任持無一法可立又若無法則無業用無用不能顯體故知一切法是心心是一切法體用相成非一非二第二依主釋者有二一依主釋二依士釋依主者有法以勝釋劣將劣就勝以彰名如言眼識眼是所依即勝識是能依即劣以勝眼釋劣識故將劣就勝以彰其名眼之識故依主釋也或以別簡通依主即別名勝通名劣二依士釋者謂劣法是勝法之士用故今將劣法解於勝法勝法從劣法以彰名如言

擇滅無爲擇滅是有爲即劣無爲即勝將勝就劣以彰名依士釋是知心王爲勝一切法盡是心法又心是所依即勝法是能依即劣以劣顯勝心之法故即依主釋無有一法不屬心者若以一切法顯心以劣彰勝法之心故即依士釋所以宗鏡內於持業有財依主依士鄰近帶數六釋之中不出持業依主等二釋下文不更一一廣明以一例諸自然無惑問此言唯遮外境不有爲遮離心之境爲遮不離心之境答設爾何失難二俱有過若遮離心之境是無餘有不離心相分在何以但言唯識不言唯境識若遮不離

心境是無應但有能變三分闕所變相分過如何通釋答所言唯識者遮心外境無不遮內境不離識相分是無問內境與識既並非無如何但言唯識不言唯境識耶答以護法菩薩云境名通於內外謂有離心境不離心境恐濫外境但言唯識所以唯識論云謂諸愚夫迷執外境起煩惱業生死輪迴不解觀心非謂內境相分如外都無問唯識性與唯識有何同異答各有二義且唯識性二義者一者虛妄唯識性即偏計性所遣清淨二者眞實唯識性即圓成實性所證清淨若言唯識者有二義一者世俗唯識即依

他起所斷清淨二者勝義唯識即圓成實所得清淨又言唯識性相不同相是依他唯是有爲通漏無漏性即圓成唯是眞如無爲無漏又云唯言識者是了別義意云五位一百法理之與事不離識今攝歸識總言識名以萬法由心起故然即非唯一人之識亦非唯一識更無餘識等出唯識體者一所觀出體者即取五位一百法爲體以通觀有爲無爲法故即以識相識性合爲唯識體皆不離識故二能觀出體者即唯取心心所爲體心所與識常相應故即唯能非所若約唯識觀即取於境中慧爲體於所觀境觀察

勝故又明唯識差別總攝諸緣及理有其十種一遣虛存實義者遣爲除遣虛爲虛妄觀偏計所執唯虛妄起都無體用應正除遣爲情有理無故存者留義實謂實有卽觀依圓法體是實有是本後二智境應正存留爲理有情無故良由一切異生小乘無始時來妄執我法爲有淸辯菩薩等妄撥理事爲空今於唯識觀中遣虛者空觀對遣有執存實者有觀對遣空執非有非空法無分別離言詮故二者捨濫留純義捨爲捨離濫卽相濫留謂存留純爲無雜雖觀事理有境有心爲心不孤起仗境方生境不自生識變

方起由境有濫捨之不稱唯心體旣純留說唯識故唯識論云我唯內有境亦通外恐濫外境但言唯識非爲內境如外都無華嚴經云三界唯心故三攝末歸本義攝謂縮攝末卽見相二分歸卽向本謂識自證分是所依體故今攝末見相分歸本自證分體故言唯識故解深密經云諸識所緣唯識所現四隱劣顯勝義謂王所俱能示現心所卽劣依他起故隱劣不取心王卽勝所依體故故言唯識卽名顯勝故莊嚴論云許心似二現如是似貪等五遣相證性義識言所表具有事理事謂相用遣而不取理爲體性應

求作證故攝論偈云依繩起蛇解見繩知是無證見彼分明方知明性亂六境義境謂所觀境識卽能觀心此所觀境由識變現境不離識立境唯識義阿毘達摩經云鬼人天等所見各異七教義卽能詮教說有唯識義故楞伽經偈云由自心執著心似外境轉彼所見非有是故說唯心八理義道理唯識唯識頌云是諸識轉變分別所分別由此彼皆無故一切唯識九行義行謂觀行卽菩薩在定位作四尋伺觀等卽觀行及定俱不離識故瑜伽論偈云菩薩於定位觀境唯是心等十果義謂佛果四智菩薩所有功德

皆不離識故莊嚴論云眞如無境識是淨無漏界等如上十義性相境智教理行果等皆唯是識無有一法而非所標故稱羣經了義中王諸聖所依之父若有遇者頓息希望無一法而可求無一事而不足全獲如來無上之珍寶寧同荆岫璞中已探敎海祕密之靈珠豈比驪龍頷下遂得盡衆生之苦際斷煩惱之病原一念功全千途自正是以法華經云如淸涼池能滿一切諸渴乏者如寒者得火如裸者得衣如商人得主如子得母如渡得船如病得醫如闇得燈如貧得寶如民得王如賈客得海如炬除闇此法華

經亦復如是能令衆生離一切苦一切病痛能解一切生死之縛故知唯此眞實萬法皆空以此標宗更無等等如觀法經云彼有菩薩名曰上首作一乞士入城乞食時有比丘名曰恆伽謂乞士言汝從何來答我從眞實中來又問何謂眞實答曰寂滅故名爲眞實又問寂滅相中有所求無所求耶答曰無所求又問無所求者何用求耶答言無所求中吾故求之又問無所求中何用求耶答有所求者一切皆空得者亦空著者亦空實者亦空來者亦空語者亦空問者亦空寂滅涅槃一切虛空分界亦復皆空吾爲如

是次第空法而求眞實故知若能於法法上求空則於門門中解脫若人法問答言語往來如宗鏡中像若般若智照寂滅涅槃如宗鏡中明所以若像若明一切皆空唯有鏡體恆常披露徧一切處未嘗出没故云吾爲如是次第空法而求眞實卽知一切法皆眞實故無所求中吾故求之矣亦是夫求法者於一切法應無所求故融大師云若有一法可得卽是非時求也所以淨名經云空當於何求答曰當於六十二見中求又問六十二見當於何求答曰當於諸佛解脫中求又問諸佛解脫當於何求答曰當於一切

衆生心行中求古釋云空智因於見生則空智無性無性故智空故名空智邪見因諸佛解脫而有邪因正生邪見亦空矣諸佛解脫因悟衆生心行則解脫空矣卽約其空體無二所以互求理無不徧釋曰邪正既體本同空理又未曾暫隱若於此平等性中卽不須求爲未知者說求耳如無生義云如經云願求諸佛慧亦不著願求求佛慧尚不令貪著何況其餘善法又菩薩以離願求但衆生不知求佛道菩薩故發願只云我願求佛道衆生因此方知發心而求佛道得意自知無所求也如上所解則念念與實相相

應更無餘念也所以楞伽經云一一相相應遠離諸見過是知若於諸相常與實相相應自然遠離諸過會第一義清淨眞心朗然明徹而無念著卽事卽如唯心直進卽佛之所許自覺之境矣故論偈云自知不隨他寂滅無戲論無異無分別是則名實相問此唯識大約有幾種答略有二種一具分二不具分且具分唯識者以無性理故成眞如隨緣義則不生滅與生滅和合非一非異名阿賴耶識卽是具分若不全依眞心事不依理故唯約生滅便非具分有云影外有質爲半頭唯識質影俱影爲具分者此乃唯識

宗中之具分耳。又若決定信入此唯識正理速至菩提。如登車而立至遐方。猶乘舟而坐昇彼岸。如成唯識寶生論云。謂依大乘成立三界但唯是識。釋云。如經所說言大乘者。謂是菩提薩埵所行之路。及佛勝果。為得此故修唯識觀。是無過失方便正路。為此類故。顯彼方便。於諸經中。種種行相而廣宣說。如地水火風。并所持物品類難悉。方處無邊。由此審知自心相現。遂於諸處捨其外相。遠離欣戚。復觀有海喧靜無差。棄彼小途。絕大乘望。及於諸有耽著之類觀若險崖。深生怖畏。正趣中道。若知但是自心所作。無邊

資糧易為積集。不待多時。如少用功能成大事。善遊行處。猶若掌中。由斯理故所有願求。當能圓滿隨意而轉。

宗鏡錄卷第四

音釋

串古患切與慣同　紇下沒切　鎔餘封切鎔銷也　漩洑漩似宣切洑房六切　分劑分扶問切劑在詣切分劑限量也　遞徒計切更迭也　綰烏板切　岫似祐切　璞匹角切玉未琢者

宗鏡錄卷第五

宋慧日永明妙圓正修智覺禪師延壽集

夫眞心靡易妙性無生凡聖同倫云何說妄若本心湛寂絕相離言性雖自爾以不守性故隨緣染淨且如一水若珠入則清塵褋則濁又如一空若雲遮則昏月現則淨故大智度論云譬如清淨池水狂象入中令其渾濁若清水珠入水即清淨不得言水外無象無珠心亦如是煩惱入故能令心濁諸慈悲等善法入心令心清淨然垢淨不定眞妄從緣若昧之則念念輪迴遺失眞性若照之則心心寂滅圓證涅槃

故知眞妄無因空有言說約眞無說約說無眞皆是狂迷情想建立千途競起空迷演若之頭一法纔生唯現闥婆之影以含生不窮實際但徇狂情則諸聖俯順機宜悉同其事以楔出楔說妄而從妄旋眞將麤接麤舉相而因相通性若不執妄尚不說眞幻影纔消智光息燄首楞嚴經云佛告阿難精眞妙明本覺圓淨非留生死及諸塵垢乃至虛空皆因妄想之所生起斯元本覺妙明眞精妄以發生諸器世閒如演若多迷頭認影妄元無因於妄想中立因緣性迷因緣者稱為自然彼虛空性猶實幻生因緣自然皆是眾生妄心計度阿難知妄所起說妄因緣若妄元無說妄因緣元無所有何況不知推自然者肇法師窮起妄之由立本際品云夫本際者即一切眾生無礙涅槃之性何為忽有如是妄心及種種顛倒者但為一念迷心此一念者從一而起又此一者從不思議起不思議者即無所起故經云道始生一一者謂無為一生二二謂妄心乃至三生萬法也既緣無為而有心復緣有心而有色故經云種種心色是以心生萬慮色起萬端和合業緣遂成三界種子所以有三界者為執本迷眞一故即有濁辱生其妄氣者澄

清微為無色界所謂心也澄濁辱為色界所謂身也散滓穢為欲界所謂塵境也故經云三界虛妄唯一妄心變化夫內有一生即外有無為內有二生即外有有為內有三生即外有三界既內外相應遂生種種諸法及恆沙煩惱也故知三界內無有一法不從自心生因心想念分別造作如幻術力變化萬物於外似有發現現無現性唯自心生迷倒之人執為外境隨境了別妍醜自分纔生欣厭之情便起塵勞之迹故遠法師云本端竟何從起滅有無際一微涉動境成此頹山勢但內一不生則無諸有欲塞煩惱之

窟穴截生死之根株但能內觀一念無生則空華三界如風卷煙幻影六塵猶湯沃雪廓然無際唯一眞心矣進趣大乘方便經云佛言一實境界者謂衆生心體從本已來不生不滅乃至一切衆生心一切二乘心一切菩薩心一切諸佛心皆同不生不滅眞如相故乃至盡於十方虛空一切世界求心形狀無一區分而可得者但以衆生無明癡闇熏習因緣現妄境界令生念著所謂此心不能自知妄自謂有起覺知想計我我所而實無有覺知之相以此妄心畢竟無體不可見故若無覺知能分別者則無十方三世

一切境界差別之相以一切法皆不能自有恆依妄心分別故有所謂一切境界各各不自念爲有知此爲自知彼爲他是故一切法不能自有則無別異唯依妄心不了不知內自無故謂有前外所知境界妄生種種法想謂有謂無謂好謂惡謂是謂非謂得謂失乃至生於無量無邊法想當如是知一切諸法皆從妄想生依妄心爲本然此妄心無自相故亦依境界而有所謂緣念覺知前境界故說名爲心又此妄心與前境界雖俱相依起無前後而此妄心能爲一切境界原主所以者何謂依妄心不了法界一相故說心有無明依無明力因故現妄境界亦依無明滅故一切境界滅非依一切境界自不了故說境界有無明亦非依境界故生於無明以一切諸佛於一切境界不生無明故又復不依境界滅故無明心滅以一切境界從本已來體性自滅未曾有故因如此義是故但說一切諸法依心爲本當知一切諸法悉名爲心以義體不異爲心所攝故又一切諸法從心所起與心作相和合而有其生其滅同無有住以一切境界但隨心所緣念念相續故而得住持暫時而有如上廣引佛言委曲周細只爲成後學之信明我自

心寶藏論云古鏡照精其精自形古教照心其心自明當知一心徧一切心無塵可異一切性含一性有法皆同無形而廓徹虛空誰分彼此搜迹而任窮法界莫得纖毫何故衆生界中卽今顯現斯則皆因妄念積集熏成如鏡上之塵似遮光影若空中之霧暫混淸虛但有一法現前皆是自心分別設當一念纔起盡因幻境牽生起滅同時更無前後若知能所無體頓悟人空法空忽了物我無依始信境寂心寂又乃心生非是因彼境未曾生心滅亦不因他境未曾滅當知境因心起還逐心亡但心生非境生心滅非

境滅似魚母念魚子如蜂王攝衆蜂若魚母不念則魚子亡蜂王不攝而衆蜂散是以有心緣想萬境擬然無念意持纖塵不現終無心外法能與心爲緣但是自心生還與心爲相是以稜伽經云不覺自心所現分劑不覺内識轉變外現爲色但是自心所現不通達如此分劑名惡見論以不知心現起差別見故云分劑是知若不於宗鏡正義之中所有知解皆是邪道宗黨設形言說悉墮惡見論議此宗鏡法義可以憑準正理無差可以依行現前得力萬邪莫迴其致千聖不改其儀遂能洗蕩塵消滯慮湛幽抱豁神

襟獨妙絕倫故無等等問若言有眞有妄是法相宗若言無眞無妄是破相宗今論法性宗云何立眞立妄又說非眞非妄答今宗鏡所論非是法相立有亦非破相歸空但約性宗圓教以明正理即以眞如不變不礙隨緣是其圓義若法相宗一向說有眞有妄若破相宗一向說非眞非妄此二門各著一邊俱可思議今此圓宗前空有二門俱存又不違礙此乃不可思議若定說有無二門皆可思議今以不染而染則不變隨緣染而不染則隨緣不變實不可以有無思亦不可爲眞妄蕩斯乃不思議之宗趣非情識之

所知今假設文義對治只爲破其邪執若情虛則智絕病差則藥消能窮始末之由方洞圓常之旨故復禮法師問天下學士眞妄偈云眞法性本淨妄念何由起從眞有妄生此妄安可止無初即無末有終應有始無始而有終長懷懵茲理願爲開玄妙析之出生死澄觀和尚答云迷眞妄念生悟眞妄則止能迷非所迷安得全相似從來未曾悟故說妄無始知妄本自眞方是恆常理分別心不亡何由出生死宗密禪師釋云大乘經教統唯三宗一法相宗二破相宗三法性宗今此問是法性宗中畨鏃關節不問二宗

若法相宗所說一切有漏妄法無漏淨法無始時來各有種子在阿賴耶識中遇緣熏習即各從自性起都不關眞如誰言從眞生妄也彼說眞如一向無爲寂滅無起無止不可難他從眞有妄生也若破相宗一向說凡聖染淨一切皆空本無所有設見一法過涅槃者亦如幻夢彼且本不立眞何況於妄故不難云從眞有妄也唯疑法性宗以此宗經論言依眞起妄者如云法身流轉五道如來藏受苦樂等言悟妄即眞者如云初發心時即成阿耨菩提知妄本自眞見佛即清淨等又言凡聖混融者如云一切衆生本

來成正覺般涅槃毘盧遮那身中具足六道衆生等眞妄相卽雖說煩惱菩提無有始終又說煩惱終盡方名妙覺華嚴起信等經論首末之文義宗有礙自語相違擬欲揀之不可取一捨一欲合之文難會俱用之文相違試問天下學士有達者卽知眞入道若諸師所荅悉迷問意皆約泯相歸理而說都不識他所問從眞起妄之由修妄證眞之理然迷眞起妄蓋有因由息妄歸眞非無所以復禮法師豈不知眞妄俱寂理事皆如如寂之中何有問荅然有二門義理易辯卽無違妨一者一向說有妄可斷有眞可證二

者一向說非眞非妄無凡無聖此二門皆可思議故勝鬘經云衆生自性淸淨心無煩惱所染不染而染染而不染皆云難可了知復禮正問此義諸師所荅但說無垢染耳唯觀和尚所荅約眞如不變不礙隨緣方爲契當今宗密試荅曰本淨本不覺由斯妄念起知眞妄卽空知空妄卽止止處名有終迷時號無始因緣如幻夢何終復何始此是衆生原窮之出生死又人多謂眞能生妄故疑妄不窮盡爲決此理重荅前偈不是眞生妄妄迷眞如起知妄本自眞知眞妄卽止妄止似終末悟來似初始迷悟性皆空性空

無終始生死由此迷達此出生死又約始終有四句分別一有始無終卽是始覺二有終無始卽是無明三無終無始謂實際四有始有終是一期生死又釋云無始而有終長懷懵斯理者卽法相事而例難之今云有妄卽眞則同無終始若分別說應有四句眞理則無終無始妄念則無始有終眞智則無終有始瞥起妄念有終有始若約圓融向無終始旣無終始亦復無有無終無始唯亡言絶想可會斯矣詳上荅意深合圓宗於隨緣門初卽迷眞起妄後乃悟妄卽眞於迷悟中似分終始約不變門妄自本空誰論前

後眞俗無性凡聖但名譬如迷繩作蛇疑杌爲鬼眞諦非有世諦非無二諦相成不墮邪見是以俗諦不得不有有常自空眞諦不得不空空恆徹有今時學者多迷空有二門盡成偏見唯向一切不立拂迹歸空於相違差別義中全無智眼旣不辯惑何以釋疑故云涅槃心易得差別智難明若能空有門中雙遮雙照眞俗諦內不卽不離方可宏法爲人紹隆覺位問法相法性二宗如何辯別荅法相多說事相法性唯談理性如法相宗離第八識無眼等諸識若法性宗離如來藏無有八識若眞如不守自性變識之時

此八識即是眞性上隨緣之義。或分宗辯相事則兩分。若性相相成理歸一義。以不變隨緣隨緣不變故。如全波之水全水之波。動靜似分溼性無異。清涼記引密嚴經偈云。如來清淨藏世間阿賴耶。如金與指鐶。展轉無差別。即賴耶體是如來藏與妄染合。名阿賴耶。更無別體。又金色如指鐶全體即金。然此上異總有四句。一以本成末本隱末存。此即存隱不異故。云以妄無體攬眞而起。則眞無不隱。唯妄現也。二攝末歸本末盡本顯。此即顯滅明不異故。故云以眞體實妄無不盡。唯眞現也。三攝本從末末存。攝末歸本

本顯。此則兩法俱存。但眞妄有異。即有眞有妄明不異故。故云是即無體之妄。不異體實之眞。故云無有異也。四攝本從末本隱。是不無義。攝末歸本末盡。是不有義。此則不有不無明不異。亦是末後二句。又非異故非邊。不一故非中。非中非邊。是無寄法界。妙智所證湛然常住。無所寄也。又非一即非異。故恒居邊而即中等。又非一即生死。非異即涅槃。非一即非異故恒住生死即處涅槃等。亦可衆生迷故。成阿賴耶。如來悟故。成如來藏。如金隨工匠緣成時。展作指鐶。如指鐶隨爐火緣壞時。卻復爲金。成壞展轉。但是一

金。更無差別。如來藏心。亦復如是。但隨染緣之時。迷作阿賴耶。隨淨緣之時。悟成如來藏。本末展轉。唯是一心。畢竟無別。如無生義云。衆生身中有涅槃。即是末中含有本。衆生是涅槃家用。即是本中含有末。貪欲即是道。即是末中含有本。貪欲即是道家用。即是本中含有末。故經言。一切凡夫常在於定。問言。常在何定。答言。以不壞法性三昧故。此是末中含有本。法性中含有衆生。即是本中含有末。大品經言。不可離有爲說無爲。不離無爲說有爲。又末即是本。本即是末義。如波即是水。水即是波。如經言。生死是涅槃。無

滅無生故。又楞伽經云。眞識現識。如泥團微塵等。乃至大慧。若泥團微塵異者。非彼所成。而實彼成。是故不異。若不異者。泥團微塵應無差別。如是轉識藏識眞相若異者。藏識非因。若不異者。轉識滅。藏識亦應滅。而自眞相實不滅。是故非自眞相滅。但業相滅耳。此中眞相是如來藏。轉識是七轉識。藏識是賴耶。又云。諸識有三種相。謂轉相業相眞相。此三種相通於八識。謂起心名轉。八俱起故。皆有生滅。故名轉相。動則是業。如三細中初業相故。八識皆動。盡名業相。八之眞性。盡名眞相。故經云。略說有三種識。廣說有八

種相何等爲三謂眞識現識分別事識約不與妄合如來藏心以爲眞識現即第八經云譬如明鏡持眾色像現識處現亦復如是餘七皆名分別事識經云若異者藏識非因者謂三若異藏識則應不用眞相及轉識爲因既以轉識熏故眞識隨緣而成藏識則知不異非以藏識爲二識因故經云非自眞相滅但業相滅斯則三事備矣經喻中有三一塵二水三泥以水和塵泥團方成以業熏眞相業識便生經云若自眞相滅者藏識則滅者反顯藏識以眞妄和合而成但其妄滅而眞體不無又自眞相者曉法師釋云

本覺之心不藉妄緣性自神解名自眞相約不一義說又隨無明風作生滅時神解之性與本不異亦名自眞相是依不異義說又經云如來藏爲無始惡習所熏名爲藏識又云大慧如來藏是善不善因能徧興一切趣生譬如技兒變現諸趣是以諸教皆如來藏爲識體故知心性即如來藏此外無法唯識論偈云又諸法勝義亦即是眞如常如其性故即唯識實性明知天親亦用如來藏而成識體但後釋論之人唯立不變則過歸後人以要言之總上諸義皆是眞妄和合非一非異能成一心二諦之門不墮斷常處

中妙旨事理交徹性相融通無法不收盡歸宗鏡問眞妄二心行相各異如何融會得入法性之圓宗荅但了妄念無生即是眞心不動此不動之外更無毫釐法可得如經云預流一來果不還阿羅漢如是諸聖人皆依心妄有大般若經云復次善現甚深般若波羅蜜多分析諸法過極微量竟不見有少實可得故名般若波羅蜜多又眞妄無體俱有名字名字無體皆依言說言說性空俱無起處則一切言語悉皆平等一切諸法悉皆眞實所以勝思惟梵天所問經云梵天謂文殊言仁者所說皆是眞實文殊曰善男

子一切言說皆是眞實問曰虛妄言說亦眞實耶荅曰如是何以故善男子是諸言說皆爲虛妄無處無方若法虛妄無處無方即是眞實以是義故一切言說皆是眞實善男子提婆達多所有言說與如來語無異無別何以故諸有言說皆是如來言說不出如故諸有言語所說之事一切皆以無所說故得有所說又輔行記釋一念心以成觀境此有二義一者以禪爲境不同世心二者即此境心復須離著向辯禪心既言一念一多相即爲是何等一心能具故簡示云不得同於妄計一念能了妄念無一異相達此無

相具一切心三千具足方能照於一多相卽此據初心習觀之人恐濫於妄情境觀是故應須簡示入門若據理論無非法界亦何隔於取著妄情以念本自空妄不可得故爲執有者令觀空耳又先德云未念之時念則未生未生則是不有不有之法亦無自相現在之念從緣而生念若自有不應待緣待緣生故卽無自體故知心無自性緣起卽空如欲斷其流但塞其源欲免其生但斷其根不用多功最爲省要故通心論云夫縛從心縛解從心解縛解從心不關餘處出要之術唯有觀心觀心得悟一切俱了是故智

者先當觀心觀心得淨返觀自心欺誑不實如幻如化躁擾不住猶如猿猴騰躍奔擲又如野馬無始無明歷劫流浪不知何由得出若能如是觀心過患又推諸境境無自性由見而有不見卽無又推見處見無自性由心有動不動卽無又推動心動無自性獨由不覺覺則不動又推不覺無有根本直是無始虛習念念自迷無念眞心一無所有論云如人迷故謂東爲西方實不轉衆生亦爾無明迷故謂心爲動心實不動若能觀心知心無起卽得隨順入眞如門當知所有皆是虛妄心念而生心有卽有心無卽無有

無從心爾須自覺勿不自覺爲心自欺旣知心誑更勿留心好惡是非一時都放則心無住處心無住處則無有心旣無有心亦無無心有無總無身心俱盡身心盡故泯齊萬境萬境無相合本一冥冥然令照照無不寂以寂爲體體無不虛虛寂無窮通同法界法界緣起無不自然來無所從去無所至又法無定相眞妄由心起盡同原更無別旨所以古師廣釋眞妄交徹之義云夫眞妄者若約三性圓成是眞徧計爲妄依他起性通眞通妄淨分同眞染分爲妄約徧計爲妄者情有卽是理無妄徹眞也理無卽是情有

眞徹妄也若染分依他爲妄者緣生無性妄徹眞也無性緣成眞徹妄也若約隨俗說眞妄者眞妄本虛則居然交徹眞妄皆眞則本來一味故知眞妄常交徹亦不壞眞妄之相則該妄之眞眞非眞而湛寂徹眞之妄妄非妄而雲興如水該波而非水瀅性凝停波徹水而非波洪濤洶涌則不存不泯性相歷然一一融通重重交徹無障無閡體用相收入宗鏡中自然法爾故先德云然其眞妄所以交徹者不離一心故禪原集云謂一切凡聖根本悉是一法界心性覺寶光各各圓滿本不名諸佛亦不名衆生祇以此心

靈妙自在不守自性隨迷悟之緣成凡聖之事又雖隨緣而不失自性常非虛妄常無變異不可破壞唯是一心遂名眞如故此一心常具二門未曾暫闕祗隨緣門中凡聖無定謂本來未曾覺悟故說煩惱無始若修證卽煩惱斷盡故說有終然實無別始覺亦無不覺畢竟平等故此一心常具眞如生滅二門又眞妄各有二義一眞有不變隨緣二義二妄有體空成事二義謂由眞不變故妄體空爲眞如門由眞隨緣故妄識成事爲生滅門以生滅卽眞如故諸經說無佛無衆生本來涅槃常寂滅相又以眞如卽生滅

故經云法身流轉五道號曰衆生旣知迷悟凡聖在生滅門今於此門具彰凡聖二相卽眞妄和合非一非異名阿賴耶識此識在凡本來常有覺與不覺二義覺是三乘賢聖之本不覺是六道凡夫之本今推此不覺之心無體則眞覺之性現前寶積經云佛言菩薩如是求心何者是心若貪欲耶若瞋恚耶若愚癡耶若過去未來現在耶若心過去卽是滅盡若心未來未來未至若心現在則無有住是心非內非外亦非中間是心無色無形無對無識無知無住無處如是心者十方三世一切諸佛不已見不今見不當見若一切佛過去來今而所不見云何當有但以顚倒想故心生諸法種種差別是心如幻以憶想分別故起種種業受種種身乃至如是迦葉求是心相而不可得若不可得則非過去未來現在若非過去未來現在則出三世若出三世非有非無若非有非無卽是不起若不起者卽是無性若無性者卽是無生若無生者卽是無滅若無滅者則無所離若無所離者則無來無去無退無生若無來無去無退無生則無行業若無行業則是無爲若無爲者則是一切諸聖根本持世經云菩薩爾時作是念世間甚爲狂癡

所謂從憶想分別識起於世間與心意識合三界唯皆是識是心意識亦無形無方不在法內不在法外凡夫爲虛妄相應所縛故於識陰中貪著於我若我所金剛三昧經云知諸名色唯是癡心分別癡心分別諸法更無異事出於名色知法如是不隨文語心心於義不分別我論釋云此明方便觀於中有二一明唯識尋思更無異事出於名色者名謂四蘊色是色蘊諸不相應皆假建立離此名色更無別體故諸有爲之事皆爲名色所攝如是諸法唯心所作離心無境離境無心如是名爲唯識尋思二顯如實智知

法如是不隨文語者是名等思所引如實智故心心
於義不分別我者是義等思所引如實智故人法二
我皆無有義所以於中不分別故此眞妄二心情分
二種智了唯一一二俱亡方入宗鏡所以維摩經云
妙臂菩薩曰菩薩心聲聞心爲二觀心相空如幻化
者無菩薩心無聲聞心是爲入不二法門故知既以
無心現心則無法現法何者以一切境界隨念而生
念既本空法復何有如大法炬陀羅尼經云佛言憍
師迦若人來問今此大眾食調眾具須功幾何彼問
如是汝云何荅天帝釋言世尊我無所報何以故世

尊今我此處三十三天凡是所須衣食眾具隨念現
前非造作故佛言憍師迦一切諸法亦復如是皆住
心中隨所念時即得成就憍師迦猶如卵生諸眾生
等但以心念即便受生一切諸法亦復如是皆由心
念法即現前憍師迦又如一切溼生之類所謂魚鼈
黿虬坻彌宜羅此等皆是卵生所攝此等或唯行一
由旬或二由旬或至三四或復過七達彼地已安處
已卵不令疲乏故能成熟憍師迦此三藏教亦復如
是隨憶念時彼業現前次第不亂相續不斷與彼句
義和合相應又佛地論云三十三天有一䅐林諸天

和合福力所感令諸天眾不在此林宮殿等事其樂
等受勝劣有異有我我所差別受用若在此林若事
若受都無勝劣皆同上妙無我我所和合受用能令
平等和合受用故名䅐林此由諸天各修平等和合
福業增上力故令彼諸天阿賴耶識變現此林同處
同時同一相狀由此䅐林增上力故令彼轉識亦同
變現雖各受用而謂無別是以若達諸法皆心想生
即從世俗門是聖行處如無盡意菩薩經云爾時舍
利弗問無盡意唯善男子從何處來佛號何等世界
何名去此近遠無盡意言唯舍利弗有來想耶舍利

弗言唯善男子我知想已無盡意言若知想者應無
二相何緣問言從何處來唯舍利弗有來去者爲和
合義如和合相是無合不合無合不合即不去來不
去來者是聖行處佛藏經云佛言舍利弗隨所念起
一切諸想皆是邪見舍利弗隨無所有無覺無觀無
生無滅通達是者名爲念佛海龍王經云佛言大王
一切諸法皆從念興隨其所作各各悉成諸法無住
亦無有處大智度論云菩薩云何觀心念處菩薩觀
內外心是內心有三相生住滅作是念是心無所從
來滅亦無所至但從內外因緣和合生是心無有定

實相。亦無實生住滅。亦不過去未來現在世中。是心不在內。不在外。不在中間。是心亦無性無相。亦無生者。無使生者。外有種種種襍六塵因緣。內有顛倒心想生滅相續。故彊名爲心。如是心中實心相不可得。是心性不生不滅。常是淨相。客煩惱相著。故名爲不淨心。心不自知。何以故。是心心相空故。是心本末無有實法。是心與諸法無合無散。亦無前際後際中際。無色無形無對。但顛倒虛誑生。是心空無我無我所。無常無實。是名隨順心觀知心相無生。入無生法中。何以故。是心無生無性無相。智者能知。智者雖觀是

心生滅相。亦不得實生滅法。不分別垢淨。而得心清淨。以是心清淨故。不爲客塵煩惱所染。如是等觀內心。觀外心。觀內外心。亦如是。故知法本不有。因心故生。離憶想而無法可成。除分別而無塵可現。又反觀憶想分別。畢竟無生。從三際求。求之不見。向十方覓。覓之無蹤。既無能起之心。亦無所滅之跡。起滅俱離。所離亦空。心境豁然。名爲見道。於見道中相待之眞妄自融。對治之能所皆絕。能所盡處自然成佛。如華嚴論云。此經云以少方便疾得菩提。不同權教菩薩同有爲故。立能證所證也。一念之間無有能所。能所盡處名爲正覺。亦不同小乘滅能所也。了能所本無動故。此乃任法性故。動寂皆平。爲本智非動寂故。妄謂爲動。愚夫不了。棄動而求寂爲大苦也。故維摩經云。五受陰洞達空爲苦義。爲小乘有忻厭故。卽苦生。

問。此說眞妄二心。爲是法相宗。爲是法性宗。答。準華嚴演義云。論云三界虛妄但是一心者。若取三界虛妄。卽是所作。便屬世諦。今取能作爲第一義。論釋唯是能作。今經云三界唯心轉者則通能所。然能所有二。若法性宗中。以第一義隨緣成有。卽爲能作。所有心境。皆通所作。以不思議熏不思議變。是現識因故。

若法相宗第一義心。但是所迷。非是能作。有三能變謂第八等。唯識論云。又復有義。大乘經中說三界唯心。唯是心者。但有內心。無色香等外諸境界。此云何知。如十地經說。三界虛妄。但是一心作。故心意與識及了別等。如是四法義一名異。此依相應心說。非不相應心說。心有二種。一相應心。所謂一切煩惱結使受想行等。皆心相應。以是故言。心意與識及了別義一名異故。二不相應心。所謂第一義諦常住不變自性清淨心。故言三界虛妄。但一心作。是相應心。今依法性。故云第一義心。以爲能作。言轉者。起作義。亦轉

變義問如上所說眞妄二心但是文理會歸何方便
門得親見性答妄息心空眞知自見若作計校轉益
妄心但妙悟之時諸緣自絕如古佛悟道頌云因星
見悟悟罷非星不逐於物不是無情又寶藏論云非
有非空萬物之宗非空非有萬物之母出之無方入
之無所包含萬有而不爲事應化萬端而不爲主道
性如是豈可度量見性之時自然披露所以古偈云
妄息寂則生寂生知則現知生寂已捨了了唯眞見
又信心銘云前際知空知處恐宗分明照境隨照冥
蒙一心有滯萬法不通去來自爾不用推窮如學人

問黃蘗和尚祇如目前虛空可不是境豈無指境見
心答甚麽心向境上見設爾得見元來祇是照境心
如人以鏡照面縱得眉目分明元來祇是影像何關
汝事問若不因照如何得見答若涉因常須假物有
甚麽了時汝不見道撒手似君無一物徒勞謾說數
千般問他若識了照時亦無物答若是無物更何處
得照汝莫開眼寱語復云百種多知不如無求乃第
一道人

宗鏡録卷第五

音釋

楔先結切木楔也　滓穢滓側氏切澱也穢於廢切汙也　摐楚江切撞也　懵武亘切不明也　齧鏃齧五結切噬也鏃作木切矢鏑也　杌五忽切木無枝也　閡五溉切與礙同　虯渠幽切無角龍也

宗鏡錄卷第六

宋慧日永明妙圓正修智覺禪師延壽集

夫宗鏡本懷但論其道設備陳文義爲廣被羣機同此指南終無別旨切不可依文失其宗趣若悟其道則可以承紹可以傳衣如有人問南泉和尙云黃梅門下有五百人爲甚麽盧行者獨得衣鉢師云只爲四百九十九人皆解佛法只有盧行者一人不解佛法只會其道所以得衣鉢問只如道如何會荅如本師云如來道場所得法者是法非法亦非非法我於此法智不能行目不能見無有行處慧所不通明不

能了問無有荅又古人云此事似空不空似有不有隱隱常見只是求其處所不可得是以若定空則歸斷見若實有則落常情若有處所則成其境故知此事非心所測非智所知如香嚴和尙頌云擬議前後安置中邊不得一法没溺深泉都不如是我我現前十方學者如何參禪若道如是豈可會耶所以古人云直須妙會始得斯乃不會之會妙契其中矣故先聖悟道頌云有無去來心永息內外中間都總無欲見如來眞佛處但看石羊生得駒如此妙達之後道尙不存豈可更論知解會不會之妄想乎如古德偈

云勸君學道莫貪求萬事無心道合頭無心始體無心道體得無心道也休先洞山和尙偈云者箇猶不是況復張三李眞空與非空將來不相似了了如目前不容毫髮擬只如云者箇猶不是豈況諸餘狂機謬解所以經云心不繫道亦不結業道尙不繫降茲可知入宗鏡中自然冥合問覺體不遷假名有異凡聖既等衆生何不覺知若言不迷教中云何說有迷悟荅只爲因本覺眞心而起不覺因不覺故成始覺如因地而倒因方故迷又因地而起因方故悟則覺時雖悟悟處常空不覺似迷迷時本寂是以迷悟一

際情想自分爲有虛妄之心還施虛妄之藥經云佛言我說三乘十二分教如空拳誑小兒是事不知號曰無明祖師偈云如來一切法除我一切心我無一切心何須一切法故知己眼若開眞明自發所治之迷悟見病既亡能治之權實法藥自廢夫悟此法者非假他智與異術也或直見者如開藏取寶剖蚌得珠光發襟懷影含法界如經頌云如人獲寶藏永離貧窮苦菩薩得佛法離垢心清淨或不悟者自生障礙故通心論云眞常不易對生滅者自移至理圓通執方規而致隔此悉迷自性但逐依通應須己眼圓

明不隨他轉如融大師頌云瞎狗吠茅叢盲人唱賊
虎循聲故致迷良由目無覩若得心開照理之時諸
見皆絕不見佛法是不見世法非以自性中言思道
斷故如云無所是是菩提不應安佛菩提於有所是
邊如今但不用安置體自虛尒如瑠璃寶器隨所在
處不失其性若識得此事亦復如是任是一切凡聖
勝劣之色影現其中其性不動不知此事之人卽隨
前色變分別好醜而生忻慼所以祖師云隨流認得
性無喜復無憂起信論云心生滅門者謂依如來藏
有生滅心轉不生滅與生滅和合非一非異名阿賴

耶識有二種義謂能攝一切法能生一切法復有二
種義一者覺義二者不覺義言覺義者謂心第一義
性離一切妄念相離一切妄念相故等虛空界無所
不徧法界一相卽是一切如來平等法身依此法身
說一切如來為本覺以待始覺立為本覺然始覺時
卽是本覺無別覺起立始覺者謂依本覺有不覺依
不覺故說有始覺又以覺心原故名究竟覺不覺心
原故非究竟覺乃至為有妄想心故能知名義為說
眞覺若無不覺之心則無眞覺自相可說疏釋云若
隨染隨流成於不覺則攝世間法若不變之本覺及

返流之始覺則攝出世間法鈔解云於本始二覺中
論攝法者若本覺所攝卽是大智慧光明義徧照法
界義眞實識知義等若始覺所攝卽是三明八解脫
五眼六神通十力四無畏十八不共法等然此據實
卽同義言且異故疏云於生滅門中隨流不覺返流
始覺於義用則攝法不同若眞如門中則鎔融含攝
染淨不殊謂以一眞如理融之使染卽非染淨卽非
淨卽染卽淨深為一味故不殊也如論云一切諸法
從本已來離言說相離名字相離心緣相畢竟平等
無有變異不可破壞唯是一心故名眞如是知隨覺

不覺之緣似生染淨緣生無性染淨俱虛又云離言
說相豈可以言談離心緣相豈可以心度實謂心言
路絕唯證相應耳且夫凡言說者從覺觀生是共相
和合而起分別者因意識生是計度比量而起以要
言之皆因不覺教觀隨生若無不覺之心一切諸法
悉無自相可說除方便門而為開示究竟指歸無言
之道故論云若離不覺之心則無眞覺自相可說以
覺對不覺說共相而轉若無不覺覺無自相如獨掌
不鳴思之可見乃至染淨諸法悉亦如是皆相待有
畢無自體可說如離長何有短離高何有低若入宗

鏡中自然絕待。又鈔中問。生滅眞如。各攝諸法。未審攝義爲異爲同。荅曰。異也。何者。生滅門中。名爲該攝。眞如門中。名爲融攝。該攝故。染淨俱有。融攝故。染淨俱亡。俱亡故。一味不分。俱有故。歷然差別。摩訶衍論云。此一覺有二門。一者略說本覺安立門。二者略說始覺安立門。本覺門中。則有二門。一者清淨本覺門。二者染淨本覺門。始覺門中。又有二門。一者清淨始覺門。二者染淨始覺門。云何名爲清淨本覺。本有法身。從無始來。具足圓滿。過恒沙德。常明淨故。云何名染淨本覺。自性清淨心。受無明熏。流轉生死。無斷絕

故。云何名爲清淨始覺。無漏性智。出離一切無量無明。不受一切無明熏故。云何名爲染淨始覺。般若受無明熏。不能離故。如是諸覺。皆智眷屬。當證何理以爲體分。謂性眞如及虛空理。如是二理。各有二種。云何名爲二種眞如。一者清淨眞如。二者染淨眞如。虛空之理。亦復如是。云何名爲清淨眞如。二種淨覺所證眞如。離熏習故。云何名爲染淨眞如。二染淨覺所證眞如。不離熏故。虛空之理。亦復如是。以何義故。彊名本覺。字事差別。其相云何。頌曰。本覺各有十。體雖同。字事各各差別。故謂根明等義。論曰。本覺各有十。

云何爲十。一者根字事。本有法身。能善住持一切功德。譬如樹根。能善住持一切枝葉及華果等。不壞不失故。二者本字事。本有法身。從無始來。自然性有。不從始起故。三者遠字事。本有法身。其有德時。重重久遠。無分界故。四者自字事。本有法身。我自成我。非他成我故。五者體字事。本有法身。爲諸枝德。作依止故。六者性字事。本有法身。不轉之義常建立故。七者住字事。本有法身。住於無住。無去來故。八者常字事。本有法身。決定實際。無流轉故。九者堅字事。本有法身。遠離風相。堅固不動若金

剛故。十者總字事。本有法身。廣大圓滿。無所不徧。爲通體故。是名爲十。云何十覺。一者鏡字事。覺薩般若慧。清淨明白。無塵累故。二者開字事。覺薩般若慧。通達現了。無障礙故。三者一字事。覺薩般若慧。獨尊獨一。無比量故。四者離字事。覺薩般若慧。自性解脫。出離一切種種縛故。五者滿字事。覺薩般若慧。自具足無量種種功德。無所少故。六者照字事。覺薩般若慧。放大光明。徧照一切無量境故。七者察字事。覺薩般若慧。常恒分明。無迷亂故。八者顯字事。覺薩般若慧。淸淨體中。淨品眷屬。悉現前故。九者知字事。覺薩

般若慧於一切法無不窮故。十者覺字事覺薩般若慧所有功德唯有覺照無一一法而非覺故是名爲十。如是十種本覺字義唯依一種本性法身隨義釋異據其自體無別而已。此中所說二本覺中當何本覺謂清淨本覺非染淨本覺染淨本覺字義差別其相云何頌曰染淨本覺中或各有十義前說十事中各有離性故論曰此本覺中或各有十所以者何前十義中各有不守自性義故字事配屬依向應知如是二覺同耶異耶非同同故非異異故以此義故或同或異或非是同或非是異是故皆是皆非而已以何義故彊名始覺字事差別其相云何頌曰從無始已來無有惑亂時今日始初覺故名爲始覺論曰從無始來始覺般若無惑亂時而無惑時今日始初覺故名始覺如是始覺前惑後覺則非始覺而無惑時理常現今常初故爲始覺如是始覺二始覺中當何始覺耶謂清淨覺非染淨覺染淨始覺字事差別其相云何頌曰清淨始覺智不守自性故而能受染熏故名染淨覺雖無惑時而不守自性故能受染熏隨緣流轉以此義故是故名爲染淨始覺以何義故彊名眞如字事差別其相云何頌曰性眞如理體平等

平等一無有多相故故名爲眞如論曰性眞如理平等平等雖同一相亦無一相亦無多相無一相故遠離同緣無多相故遠離異緣以此義故名爲眞如如是眞如二種淨智親所內證復次眞如各有十義一者根字事眞乃至第十總字事眞如是十眞十種本義相應俱有不相捨離是故同名表示而已云何十如一者鏡字事如乃至第十覺字事如如是十覺義相應俱有不相捨離故是故同名表示而已所以者何十種眞理本有法身有德方便十眞如理薩般若慧有覺方便以此義故更重言詞作如是示此中所說二眞如中當何眞如謂清淨眞如非染淨眞如染淨眞如字事差別其相云何頌曰清淨眞如理不守自性故而能受染熏名染淨眞如論曰清淨眞如從無始來平等平等自性清淨不生不滅亦無去來亦無住所而眞如理性不守自性故隨緣動轉是故名爲染淨眞如如是眞如二染淨智親所內證相應俱有不相捨離如是等義觀前所說比類應知以何義故彊名虛空字事差別其相云何虛空有十義其體雖同義事各各差別故謂無礙等事論曰性虛空理有十種義一者無障礙義諸色法中無障礙故二者

周徧義無所不至故三者平等義無揀擇故四者廣
大義無分際故五者無相義絕色相故六者淸淨義
無塵累故七者不動義無成壞故八者有空義滅有
量故九者空空義離空著故十者無得義不能執故
是名爲十如是十事義用差別若據其體無別而已
此虛空理二種淨智親所內證相應俱有不相捨離
二虛空中當何虛空謂淸淨虛空非染淨虛空染淨
虛空字事差別其相云何頌曰淸淨虛空理不守自
性故而能受熏習名染淨虛空論曰淸淨虛空具足
十德亦無染相亦無淨相而虛空性不守自性故能

受染淨熏隨緣流轉是故名爲染淨虛空又起信論
疏云本覺者以對始故說之爲本言離念者離於妄
念顯無不覺也等虛空等者非唯無不覺之闇乃有
大智慧光明義等故也虛空有二義以況於本覺一
周徧義謂橫徧三際竪通凡聖故云無所不徧也二
無差別義謂在纏出障性恆無二故法界一相也欲
明覺義出纏相顯故云卽是如來平等法身旣法身
之覺理非新成故云依此法身說名本覺無性攝論
云無垢無罣礙智名爲法身金光明經名大圓鏡智
爲法身等皆此義也何以故者責其立名有二責意

一云上開章中直云覺義何故今結乃名本覺二云
此中旣稱本覺何故論中直云覺耶進退責也釋云
以對始故說之爲本荅初意也以始卽同本以至心
原時始覺卽同本覺無二相故是故論中但云其覺
荅後意也良以本覺隨染生於始覺還待此始覺方
名本覺故云本覺者對始覺說也然此始覺是本覺
所成還契心原融同一體方名始覺故云以始覺卽
同本也問若始覺異本卽不成始也若始同本卽無
始覺之異如何說言對始名本荅今在生滅門中約
隨染義形本不覺說於始覺而實始覺至心原時染

緣旣盡始本不殊平等絕言卽眞如門攝也是故本
覺之名在生滅門中非眞如門也第二始覺者牒名
依本覺有不覺者明起始覺之所由謂卽此心體隨
無明緣動作妄念而以本覺內熏習力故漸有微覺
厭求乃至究竟還同本覺故云依本覺是以依本覺
有不覺依不覺有始覺也論云本覺隨染生智淨相
者卽此始覺也此中大意明本覺成不覺不覺成始
覺始覺同本覺同本覺故卽無不覺無不覺故卽無
本覺無本覺故平等平等離言絕慮是故佛果圓融
蕭然無寄倘無始本之殊何有三身之異但隨物心

現故說報化之用耳又今約眞如則是本覺無明則是不覺眞如有二義一不變二隨緣無明亦二一無體卽空二有用成事此隨緣眞如及成事無明各有二義一違自順他二違他順自無明中初違自順他有二一能返對詮示性功德二能知名義而成淨用違他順自亦二一覆眞理二成妄心眞如中違他順自有二一翻對妄染顯自德二內熏無明起淨用違自順他亦二一隱自眞體二顯現妄法由無明中返對詮示義及眞如中翻妄顯德義從此二義得有本覺又由無明中能知名義及眞如中內熏義從此二

義得有始覺又由無明中覆眞義眞如中隱體義得有根本不覺又由無明中成妄義及眞如中現妄義得有枝末不覺覺與不覺若鎔融總攝唯在生滅一門也眞如門約體絕相說本覺門約性德說大智慧光明義等名覺本者性義覺者是智慧心鈔釋云眞中不變妄中體空成眞如門眞中隨緣妄中成事成生滅門乃至一切淨緣分劑法相屬於二覺一切染緣分劑法相屬二不覺又於中淨法之體屬於本覺淨法之用屬於始覺又染法之體屬根本不覺染法之相屬枝末不覺又始覺是末不離本覺之本論云

始覺者卽同本覺又云而實無有始覺之異乃至平等同一覺故枝末不覺不離根本不覺論云當知無明能生一切染法以一切染法皆是不覺相故然斯二覺但是體用之異本末二不覺但是麤細之異豈可離體有用離細有麤者哉又衆生根本迷有二一迷法謂無明住地迷覆法體所言法者謂衆生心名爲蔽意故此無明迷眞之初妄惑之本二迷義通四住惑由前癡故迷覆因緣無我之義妄立諸法所迷諸法有內有外謂憍慢邪見此依迷內妄立我法自高陵物愛念邪見此依迷外妄謂我所及外境界而

生貪愛如渴鹿馳燄癡猿捉月無而橫計枉入苦輪總自迷心更非他咎杜正論云心是如來之言高推聖地身卽菩提之說自隔凡倫不悟夫功德無量唯在方寸之中相好宛然不出陰界之外又碑詞云法性平等實慧虛通我同於異人異於同不壞於有無取於空道非心外佛卽心中問不覺妄心元無自體今已覺悟妄心起時無有初相則全成眞覺此眞覺相爲復隨妄俱遣爲當始終建立答因妄說眞眞無自相從眞起妄妄體本虛妄旣歸空眞亦不立起信論云不覺義者謂從無始來不如實知眞如法一故

不覺心起而有妄念自無實相不離本覺猶如迷人依方故迷迷無自相不離於方衆生亦爾依於覺故而有不覺妄念迷生然彼不覺自無實相不離本覺復待不覺以說眞覺不覺旣無眞覺亦遣此則明眞覺之名待於妄想若離不覺卽無眞覺自相可說是明所說眞覺必待不覺若不相待卽無自他待他而有亦無自相自相旣無何有他相是顯諸法無所得義論云當知一切染法淨法皆悉相待無有自相可說大智度論云若世諦如毫釐許有實者第一義諦亦應有實此之謂也又偈云佛坐道場時不得一法

實空拳誑小兒誘度於一切又凡立眞妄皆是隨他意語化門中收若頓見性人誰論斯事如今不直悟一心者皆爲邪曲設外求佛果者皆不爲正如寒山子詩云男兒大丈夫作事莫莽鹵徑挺鐵石心直取菩提路邪道不用行行之轉辛苦不用求佛果識取心王主是知若見有法可求有道可行皆失心王自宗之義若直入宗鏡萬事休息凡聖情盡安樂妙常離此起心皆成疲苦所以傅大士頌云東山水上浮西山行不住北斗下閤浮是眞解脫處行路易路易人不識半夜日頭明不悟眞疲極又洞山和尚悟道

偈云向前物物上求通只爲從前不識宗如今見了渾無事方知萬法本來空問眞諦不謬本覺非虛云何同妄一時俱遣答因迷立覺說妄標眞皆徇機宜各無自體約世俗有依實諦無但除相待之名非滅一靈之性性唯絕待事有對治遣蕩爲破執情建立爲除斷見苦行伏諸外道神通化彼愚癡三昧降衆天魔空觀袪其相縛見苦斷集爲對增上慢人證滅修眞皆成戲論之者盡是權智引入斯宗則無一法可興無一法可遣四魔不能減大覺不能增旋心而義理全消會旨而名言自絕問旣云眞心絕迹理出

有無云何教中廣說無生無相之旨答一心之門微妙難究功德周備理事圓通知解罕窮分別不及目爲無相實無有法可稱無相之名諸作無生亦無有法以顯無生之理發菩提心論云菩薩觀一切善不善我無我實不實空不空世諦眞諦正定邪定有爲無爲有漏無漏黑法白法生死涅槃如法界性一相無相此中無法可名無相亦無有法以爲無相是則名爲一切法印不可壞印於是印中亦無印相是名眞實智慧釋曰一切法印者以此心印印一切法楷定眞實不可壞印者一切有無內外等法不能破壞

故於此印中亦無印相者萬法皆空亦無所印所印之法既無能印之智非有如是通達名爲眞實智慧古德云顧此法衆生之本原諸佛之所證超一切理離一切相不可以言語智識有無隱顯推求而得但心心相印印印相契使自證知光明受用而已問立心爲宗以何爲趣荅以信行得果爲趣是以先立大宗後爲歸趣故云語之所尙曰宗宗之所歸曰趣遂得斷深疑起圓信生正解成眞修圓滿菩提究竟常果又唯識性具攝教理行果四法心能詮者教也心所詮者理也心能成者行也心所成者果也法藏法

師依華嚴經立因果緣起理實法界以爲宗趣釋云法界因果雙融俱離性相渾然無礙自在有十義門一由離相故因果不異法界卽因果非因果也此卽相爲宗離相爲趣或離相爲宗亡因果爲趣下九準思二由離性故法界不異因果卽法界非法界也三由離性不泯性故法界卽因果時法界宛然則以非法界爲法界也四由離相不壞相故因果卽法界時因果歷然則以非因果爲因果也五離相不異離性故因果法界雙泯俱融逈超言慮六由不壞不異不泯故因果法界俱存現前煥然可見七由五六存泯

復不異故超視聽之妙法無不恆通見聞絕思議之深義未嘗礙於言念八由法界性融不可分故卽法界之因果各同時全攝法界無不皆盡九因果各全攝法界時因果隨法界各互於因果中現是故佛中有菩薩普賢中有佛也十因果二位各隨差別之法無不該攝法界故一一法一一行一一位一一德皆各總攝無盡無盡帝網重重諸法門海是謂華嚴無盡宗趣以華嚴之實教總攝羣經標無盡之圓宗能該萬法可謂周徧無礙自在融通方顯我心能成宗鏡問以心爲宗禪門正脈且心是名以何爲體荅近

代已來今時學者多執文背旨昧體認名認名忘體之人豈窮實地徇文迷旨之者何契道原則心是名以知爲體此是靈知性自神解不同妄識仗緣託境作意而知又不同太虛空廓斷滅無知故肇論云般若無知者無有取相之知也常人皆謂般若是智智則有知也若有知則有取著若有取著則不契無生今明般若眞智無相無緣雖鑒眞諦而不取相故云無知也故經云聖心無知無所不知矣又經云眞般若者淸淨如虛空無知無見無作無緣斯則知自無知矣豈待返照然後無知者哉只此知性自無知矣

不待忘也以此眞知不落有無之境是以諸佛有祕密祕密之教祖師有默傳密付之宗唯親省而相應非言詮之表示若明宗之者了然不昧寂爾常知昭昭而溢目騰輝何假神通之顯現晃晃而無塵不透豈勞妙辯之敷揚爲不達者垂方便門令依此知無幽不盡問諸法所生唯心所現者爲復從心而變爲復卽心自性荅是心本性非但心變華嚴經云知一切法卽心自性成就慧身不由他悟法華經偈云三千世界中一切諸羣萌天人阿修羅地獄鬼畜生如是諸色像皆於身中現卽知心性徧一切處所以四

生九類皆於自性身中現以自眞心爲一切萬有之性故隨爲色空周徧法界循業發現果報不同處異生則業海浮沈生死相續在諸聖則法身圓滿妙用無窮隱顯雖殊一性不動問若一切法卽心自性云何又說性亦非性荅卽心自性此是表詮由一切法無性故卽我心之實性性亦非性者此是遮詮若能超遮表之文詮泯卽離之情執方爲見性已眼圓明如今若要頓悟自心開佛知見但了自性徧一切處凡有見聞皆從心現心外無有一毫釐法而有體性各各不相知各各不相到何者以是一法故無法可相知相到若有二法卽相往來以知若凡若聖若境若智皆同一性所謂無性此無性之旨是得道之宗作平等之端由爲說空之所以了便成佛不落工夫如華嚴經頌云法性本空寂無取亦無見性空卽是佛不可得思量若不直下信此起念馳求如癡人避空似失頭狂走融大師云分別凡聖煩惱轉盛計校乖常求眞背正寶藏論云察察精勤徒興夢慮惶惶外覓轉失本路是以十方諸佛正念於此入實性原故能開平等大慧之門作衆生不請之友所以問明品云爾時文殊師利菩薩問覺首菩薩言佛子心性

是一云何見有種種差別所謂往善趣惡趣諸根滿缺受生同異端正醜陋苦樂不同業不知心心不知業受不知報報不知受心不知受受不知心因不知緣緣不知因智不知境境不知智時覺首菩薩以偈荅曰仁今問是義爲曉悟羣蒙我如其性荅唯仁應諦聽諸法無作用亦無有體性是故彼一切各各不相知譬如河中水湍流競奔逝各各不相知諸法亦如是亦如大火聚猛燄同時發各各不相知諸法亦如是又如長風起遇物咸鼓扇各各不相知諸法亦如是又如衆地界展轉因依住各各不相知諸法亦

如是眼耳鼻舌身心意諸情根以此常流轉而無能轉者法性本無生示現而有生是中無能現亦無所現物眼耳鼻舌身心意諸情根一切空無性妄心分別有如理而觀察一切皆無性法眼不思議此見非顛倒若實若不實若妄若非妄世間出世間但有假言說疏釋云問意謂明心性是一云何見有報類種種若性隨事異則失眞諦若事隨性一則壞俗諦設彼救言報類差別自由業等熏識變現不關心性故無相違者爲遮此救故重難云業不知心等謂心業互依各無自性自性尙無何能相知而生諸法既離

眞性各無自立明此皆依心性而起心性既一事應不多事法既多性應非一此是本末相違難準此問意離如來藏不許八識能所熏等別有自體能生諸法唯如來藏是所依生文殊欲顯實教之理故以心性而爲難本欲令覺首以法性示生決定而荅海會同證心性是一者謂心之性故是如來藏也又心卽性故是自性清淨心也又妄心之性無性之性空如來藏也眞心之性實性之性故不空如來藏也皆平等無二故云一也又妄心之性成心之性妄心是相以性相不同故眞心之性眞心卽性故又云前二心

之性別明二藏前之二性皆具二藏但爲妄覆名如來藏直語藏體卽自性心故此自性清淨眞心不與妄合名爲空藏具恆沙德名不空藏前明卽離此明空有故重出也言皆平等無二者上二卽離不同由心之性故不卽由心卽性故不離不卽不離爲心之性後二卽空之實爲不空卽實之空爲空藏空有不二爲心之性然空有無二之性卽是不卽不離之性故但云一也又非但本性是一我細推現事各不相知既有種種何緣不相知既不相知誰教種種一一觀察未知種種之所由也既不相知爲是一性爲是

種種又難有二意一約本識謂業是能依心是所依離所無能故業不知心離能無所故心不知業以各無體用不能相成既各不相知誰生種種二約第六識業是所造心是能造並皆速滅起時不言我起滅時不言我滅何能有體而得相生成種種耶又約境智相對相見虛無難謂境是心變境不知心心託境生心不知境以無境外心能取心外境是故心境虛妄不相知也業不知心心不知業者有二一約本識者業是心所故依於心心是第八爲根本依卽離所無能何者無所依心王無能依業今依心有業業從

緣生故無自性不能知心若離能無所者離能依業則心非所依今由業成所所依無性故不能知業謂各從緣成性空無體相依無力故云無用所以經云無體用故故不相知二約第六識業是所造心是能造者即以第六識名心從於積集通相說故謂第六識人執無明迷眞實義異熟理故與善不善相應思造罪等以罪福不動等三行熏阿賴耶識能感五趣愛非愛等種種報相互不相知義通相而言皆約無體用故別相而言用門不同此用略有二門一無常門經云並皆速滅淨名弟子品云一切法如幻如電

諸法不相待乃至一念不住諸法皆妄見故則心業皆空華嚴經頌云衆報隨業生如夢不眞實念念常滅壞如前後亦爾故由無常不能相知二無我門即起時不言我起滅時不言我滅約法無我明不相知受不知報報不知受者受是能受之因報是所受之報即名言種如唯識論云復次生死相續由諸習氣然諸習氣總有三種一名言習氣二我執習氣三有支習氣名言習氣者謂有爲法各別親種名言有二一表義名言即能詮義音聲差別二顯境名言即能了境心心所法隨二名言所熏成種作有爲法各別

因緣釋曰言各別親種者三性種異故能詮義聲者簡無詮聲彼非名故名是聲上屈曲唯無記性不能熏成色心等種然因名起種立名言種顯境名言即七識見分等心非相分心相分心者不能顯境故此見分等實非名言如言說名顯所詮義此心心所能顯所了境如似彼名能詮義故隨二名言皆熏成種論云三有支習氣謂招三界異熟業種有支有二一有漏善即能招可愛果業二諸不善即能招非愛果業隨二有支所熏成種令異熟果善惡趣別故論頌云由諸業習氣二取習氣俱前異熟既滅更生餘異

熟此能引業即諸業習氣此名言種即二取習氣言爲業所引者即彼俱義親辦果體即由名言若無業種不招苦樂如種無田終不生芽故此名言由業引起方受當來異熟之果苦樂之報故華嚴經云業爲田識爲種也已上種種問難不相知義竟今荅以緣起相由門釋者初句因緣相假互皆無力次句果法含虛故無體性是以虛妄緣起略有三義一由互相依各無體用故不相知二由依此無知無性方有緣起三由此妄法各無所有故令無性眞理恆常顯現又果從因生果無體性因由果立因無體性因無體

性何有感果之用果無體性豈有酬因之能又互相待故無力也以他爲自故無體也是故體用俱無所以一切法各各不相知也今初以四大爲喻一依水有流注二依火燄起滅三依風有動作四依地有任持法中四者一依眞妄相續二依眞妄起滅三妄用依眞起四妄爲眞所持然此法喻一一各有三義一唯就能依二依所依三唯所依今初喻中唯就能依者流也然此流注有十義不相知而成流注一前流不自流由後流排故流則前流無自性故不知後二後流雖排前流而不到於前流亦不相知三後流不

自流由前流引故流則後流無自性故不能知前四前流雖引後而不至後故亦不相知五能排與所引無二故不相知六能引與所排無二故不相知七能排與所排亦無二故不相知八能引與所引亦無二故不相知九能排與能引不得俱故不相知十所排與所引亦不得俱故不相知是則前後互不相知各無自性只由如此無知無性方有流注則不流而流也肇公云江河競注而不流即其義也二依所依者謂前流後流各皆依水悉無自體不能相知然不壞流相故說水流三唯所依者流既總無但唯是水前

水後水無二性故無可相知是則本無有流而說流也二法中三義者一流喻能依妄法二妄依眞立三妄盡唯眞初中妄緣起法似互相藉各不能相到悉無自性故無性無知是則有而非有也二依所依者謂此妄法各各自虛含眞方立何有體用能相知相成即由此無知無成含眞故有是則非有而爲有也三唯所依者謂能依妄法迥無體用唯有眞心挺然顯現既無彼此何有相知正由此義妄法有即非有爲有復說眞性隱以非隱爲隱又前後有二一生滅前後二此彼前後生滅前後者謂前滅後生互相引

排此即豎說如莊與老謂此流水刹那生滅前刹那滅後刹那生此彼前後者此即橫說猶如二人同行狹徑後人排前前人引後分分之水皆有前後乃至毫滴有前毫滴後毫滴故聚多成流注則無性矣小乘亦說當處生滅無容從此轉至餘方而不知無性緣起之義耳

宗鏡錄卷第六

音釋

剖蚌 步項切蛤屬　莽鹵 莽莫補切鹵郎古切莽鹵輕脫苟且也　迥 戶鼎切寥遠也

宗鏡錄卷第七

宋慧日永明妙圓正修智覺禪師延壽集

夫水喻眞心者。以水有十義同眞性故。一水體澄淸。喻自性淸淨心。二得泥成濁。喻淨心不染而染。三雖濁不失淨性。喻淨心染而不染。四若泥澄淨現。喻眞心惑盡性現。五遇冷成氷。而有硬用。喻如來藏與無明合成本識用。六雖成硬用。而不失濕性。喻卽事恆眞。七煖融成濕。喻本識還淨。八隨風波動。不改靜性。喻如來藏隨無明風波浪起滅。而不變自不生滅性。九隨地高下排引流注。而不動自性。喻眞心隨緣流

注。而性常湛然。十隨器方圓。而不失自性。喻眞性普徧諸有爲法。而不失自性。又書云。上德若水。方圓任器。曲直隨形。故如小乘俱舍論。亦說諸有爲法。有刹那盡。何以知有後有盡。故旣後有盡。知前有滅。故論云。若此處生。卽此處滅。無容從此轉至餘方。若此生此滅。不至餘方。同不遷義。而有法體是生是滅。故非大乘。大乘之法。緣生無性。生卽不生。滅卽不滅。故遷卽不遷。則其理懸隔。又中論疏云。常無常門者。常卽人天位定。故無往來。無常卽六趣各盡一形。亦無往來。又常卽凝然不動。無常念念變異。令誰往來。則常無常法。俱不相到。皆無往來。肇論云。夫人之所謂動者。以昔物不至今。故曰動而非靜。我之所謂靜者。亦以昔物不至今。故曰靜而非動。動而非靜。以其不來。靜而非動。以其不去。然則所造未嘗異。所見未嘗同。逆之所謂塞。順之所謂通。苟得其道。復何滯哉。傷夫人情之惑久矣。目對眞而莫覺。旣知往物之不來。而謂今物而可往。往物旣不來。今物何可往。何則求向物於向。於向未嘗無。責向物於今。於今未嘗有。於今未嘗有。以明物不來。於向未嘗無。故知物不去。覆而求今。今亦不往。是謂昔物自在昔。不從今以至昔。今

物自在今。不從昔以至今。故仲尼曰。回也見新。交臂非故。如此則物不相往來明矣。旣無往返之微眹。又何物而可動乎。釋曰。回也見新。交臂非故者。孔子謂顏回曰。吾與汝終身交一臂。已謝。豈待白首然後變乎。意明物物常自新。念念不相到。交臂之頃。尙不相待。已失前人。豈容至老而後變耶。又前念已故。後念恆新。終日相見。恆是新人。故云見新。如此新人見之只如交臂之頃。早是後念新人。非前念時也。故云非故耳。若前念已故。後念已新。新不至故。故不待新。前後不相至。故不遷也。又雖兩人初相見。只如擧手交

臂之頃。早已往矣。此取速疾也。故云昔物自在昔。今物自在今。如紅顔自在童子之身。白首自處老年之體。所以云。人則謂少壯同體。百齡一質。徒知年往。不覺形隨。是以梵志出家。白首而歸。隣人見之曰。昔人尙存乎。梵志曰。吾猶昔人。非昔人也。隣人皆愕然非其言。所謂有力者負之而趨。昧者不覺。其斯之謂歟吾猶昔人者。猶者似也。吾雖此身似於昔人。然童顔自在於昔。今衰老之相自在於今。則非昔人也。故云徒知年往。不覺形隨。世人雖知歲月在於往古。豈覺當時之貌。亦隨年在於昔時。則童子不至老年。老年

不至童子。剎那不相知。念念不相待。豈得少壯同體。百齡一質耶。又年往形亦往。此是遷義。卽此遷中有不遷也。往年在往時。往形在往日。是謂不遷。而人乃謂往日之人。遷至今日。是謂惑矣。又昔自在昔。何須遷至今。今自在今。何須遷至昔。故論云。是以言往不必往。古今常存。以其不動。稱去不必去。謂不從今至古。以其不來。經中言遷。未必卽遷。以古在古。以今在今故也。所以言無常者。防人之常執。言常住者。防人之斷執。言雖乖而理不異。語雖反而眞不遷。不可隨方便有無之言。迷一心不遷之性。又解云。如梵志白

首而歸。隣人謂少壯同體。故云昔人尙存乎。所謂有力者。則三藏等事。無常冥運。力負夜趨。交臂恆新。念念捨故。而常見昧之謂是固矣。隣人不覺。此之謂歟又有力者。卽無常之大力也。世間未有一法。不被無常呑。故云。然則莊生之所以藏山。仲尼之所以臨川。斯皆感往者之難留。豈曰排今而可往。莊子本意。說不住之法。念念恆新。物物各住。各住相因而不相到。卽不遷也。於惑者。則爲無常不住。新新生滅。而謂之遷。若智者。則了性空無知。念念無生。謂之不遷。莊子有三藏。謂藏山於澤。藏舟於壑。藏天下於天下。謂之

固者。不然也。然無常夜半負之而趨。昧者不覺也。三藏者。藏人於屋。藏物於器。此小藏也。藏舟於壑。藏山於澤。此大藏也。藏天下於天下。此無所藏。然大小雖異。藏皆得宜。猶念念遷流。新新移改。是知變化之道無處可逃也。夫藏天下於天下者。豈藏之哉。蓋無所藏也。孔子在川上曰。逝者如斯夫。不捨晝夜。逝者往也。浩浩迅流。未曾暫住。晝夜常然。亦歎世人之不覺。故云。斯皆感往者之難留。豈曰排今而可往。此莊孔俱歎逝往難留。皆說無常去也。豈可推今日物到昔日乎。若今日不到昔。卽今日自在今。昔日自在昔。則

今昔顯然俱不遷也故云何者人則求古於今謂其不住吾則求今於古知其不去今若至古古應有今古若至今今應有古今而無古以知不來古而無今以知不去若古不至今今不至古事各性住有何物而可去來大涅槃經云人命不停過於山水夫無常有二一者敗壞無常二者念念無常人只知壞滅無常而不覺念念無常論云若動而靜似去而留經說無常速疾猶似流動據理雖則無常前後不相往來故如靜也雖則念念謝往古今各性而住當處自寂故如留也又雖說古今各性而住當處自寂而宛然

念念不住前後相續也則非常非斷非動非靜見物性之原也古德問云各性而住似如小乘執諸法各有自性又何異納衣梵志言一切眾生其性各異答為破去來明無去來所以據體言之故云各性而住非決定義則以無性而為性不同外道二乘執有決定自性從此向彼若不執有定性去來亦不說各性而住故論云言往不必往閑人之常想稱住不必住釋人之謂往耳又劉湛注云莊子藏山仲尼臨川者莊子意明前山非後山夫子意明前水非後水半夜有力負之而趨者即生住異滅四時念念遷流不停

也是以若心外取法妄夢所見情謂去來則念念輪迴心隨境轉尚不覺無常麤相焉能悟不遷之密旨乎若能見法是心隨緣了性無一法從外而入無一法從內而生無一法和合而有無一法自然而成如是則尚不見一微毫住相寧觀萬法去來斯乃徹底明宗透峯見性心心常合道念念不違宗去住同時古今一貫故法華經云我觀久遠猶若今日維摩經云法無去來常不住故若了此無所住之真心不變異之妙性方究竟明不遷矣已上論中所引內外之經典借世相之古今寄明不遷同入真實是以時因法立法自本無所依之法體猶空能依之古今奚有

若假方隅而辯法因指見月而無妨或徇方便而迷真執解違宗而反悞故信心銘云信心不二不二信心言語道斷非去來今第二依火燄起滅喻中之義同前初唯燄者謂燄起滅有其二義一前燄謝滅引起後燄後燄無體而能知前前燄已滅復無所知是故各各皆不相知二前燄若未滅亦依前引無體故無能知後燄未至故無所知是故彼亦各不相知妄法亦爾剎那生滅不能自立謂已滅未生無物可知生已則滅無體可知是故皆無所有也斯則流金鑠

石而不熱也二依所依者謂彼火燄即由於此無體
無用不相知故而有起滅虛妄之相是則攬非有而
爲有也妄法亦爾依此無所依之眞理方有妄法是
亦非有爲有也三唯所依者推起滅之燄體用俱無
無燄之理挺然顯現是則無妄法之有有妄法之無
湛然顯現遂令緣起之相相無不盡無性之理理無
不現又火依薪有薪是可然火即是然以然因可然
則然無體可然因然則可然無體又前燄已滅後燄
未生中閒無住如一念之上即有三時已滅爲已生
未生爲未生生已即滅是生時故淨名經云若過去

生過去生已滅若未來生未來生未至若現在生現
在生無住經云比丘汝今即時亦生亦老亦滅故三
時無體無可相知也第三依風有動作喻妄用依眞
起三義同前一唯動者離所動之物風之動相了不
可得無可相知妄法亦爾離所依眞體不可得故無
可相知斯則旋嵐偃嶽而常靜也二依所依者謂風
不能自動要依物現動動無自體可以知物物不自
動隨風無體不能知風法中能依妄法要依眞立無
體知眞眞隨妄隱無相知妄三唯所依者謂風鼓於
物動唯物動風相皆盡無可相知妄法作用自本性

空唯所依眞挺然顯現是故妄法全盡而不滅眞性
全隱而恆露能所熏等法本自爾思之可見第四依
地有任持者喻妄爲眞所持三義同前初地界因依
有二種義一約自類二約異類前中從金剛際上至
地面皆上依下下持上展轉因依而得安住然上能
依皆離所無體而能知下然下能持皆亦離所無體
可令知上又上上能依徹至於下無下可相知下下
能持徹至於上無上可相知是故若依若持相無不
盡所現妄法當知亦爾必麤依細謂苦報依於業業
依無明造無明依所造展轉無體無物可相知斯則

厚載萬物而不仁也肇公亦曰乾坤倒覆無謂不靜
也老子云天地不仁以萬物爲芻狗經云譬如大地
荷四重任而無疲厭也不仁者不恃仁德也猶如草
狗豈有吠守之能故云唯道無心萬物圓備矣二約
異類者如經云地輪依水輪水輪依風輪風輪依虛
空虛空無所依準此妄境依妄心妄心依本識本識
依如來藏如來藏無所依是故若離如來藏餘諸妄
法各互相依無體能相知是則妄法無不皆盡二依
所依者地界正由各無自性而得存立向若有體則
不相依不相依故不得有法是故攬此無性以成彼

法法合可知三唯所依者謂攬無性成彼法者是則彼法無不皆盡而未曾不滅唯無性理而獨現前又既不相知何緣種種荅此有四因一由妄分別二諸識熏習三由無性不相知四眞如隨緣然此四因但是一致謂由妄分別爲緣令眞如不守自性隨緣成有諸識熏習展轉無窮若達妄原成淨緣起前所疑云爲是種種爲是一性今荅云常種種常一性又難云一性隨於種種則失眞諦種種隨於一性則壞俗諦今荅云此二互相成立豈當相乖性非事外會何乖於種種種種性空會何乖於一性由無性故有一

性能成種種緣生故空種種能成一性是以緣起之法總有四義一緣生故有卽妄心分別有及諸識熏習是也二緣生故空卽諸法無作用亦無有體性是也三無性故有以有空義故一切法得成也四無性故空卽一切空無性也復次性有二義一有二空又二義一不變二隨緣以有義故說二空所顯卽法性本無生也以空義故說依他無性卽是圓成卽各不相知以有義故說不變以空義故說隨緣此二不二隨緣卽是不變不變故能隨緣若唯不變性何預於法若但隨緣豈稱眞性又若性離於法則成斷滅法

離於性則本無今有又法若卽性性常應常性若卽法法滅應滅此二相成非常非斷此二相奪非有非空爲中道義經頌云眼耳鼻舌身心意諸情根以此常流轉而無能轉者以眼等八識爲能所熏展轉爲因而常流轉無別我人故云而無能轉者是以舉體性空方成流轉卽此八識各無體性故無實我法而爲其主向若有性不可熏變安得流轉故知趣生同異受報妍媸皆由識種悉依於心如流依水似火依薪續續無知新新不住善趣惡趣卽是總報由業熏心受所受報如水漂流不斷雖然流轉而無轉者故

云以此常流轉而無能轉者釋論云如瀑流水非斷非常相續長時有所漂溺此識亦爾從無始來刹那刹那果生因滅果生故非斷因滅故非常漂溺有情令不出離華嚴經云一切衆生爲大瀑水波浪所沒楞伽經云藏識海常住境界風所動唯識論云恆轉如瀑流起信論云如大海水因風波動等又以虛妄中有其二義一虛轉二無轉故常種種常一性也虛轉故俗不異眞而俗相立無轉故眞不異俗而眞體存故互不相違也法性本無生者法性者法謂差別依正等法性謂彼法所依體性卽法之性故名爲法

性又性以不變爲義卽此可軌亦名爲法此則性卽法故名爲法性此二義並約不變釋也又卽一切法各無性故名爲法性卽隨緣之性法卽性也本無生者本有二義一約不變本謂原本本來不生隨緣故生二約隨緣有此法來本自不生非待滅無卽示現生時本不生故云是中無能現亦無所現物則妄心分別情計謂有然有卽不有故云一切空無性常有常空是卽萬物之自虛豈待宰割以求通哉又約相待相奪釋不相知言相待者業無識種不親辦體識無業種不招苦樂旣互相待則各無自性言相奪者

以業奪因唯由業招故因如虛空以因奪緣則唯心爲體故業如虛空互奪獨立亦不能相知互奪兩亡無可相知又以無生故不相知以緣奪因故不自生以因奪緣故不他生因緣合辯相待無性故不共生互奪雙亡無因豈生以此不生類於不知居然易了卽以因爲自以緣爲他合此爲共離此爲無因互有尙不相知互無豈能相知耳故知諸法相待皆無自性如中論相待門說不空旣破空法亦亡偈云若有不眞法卽應有眞法實無不眞法何得有眞法亦如因垢說淨垢性本無淨相何有此相待一門盡破諸

法以諸法皆是相待而有未曾有一法而能獨立者故因緣無性論云阿難調達並爲世尊之弟羅睺善星同是如來之胤而阿難常親給侍調達每興害逆羅睺則護珠莫犯善星則破器難收以此而觀諒可知矣若云各有自性不可遷貿者此殊不然至如鷹化爲鳩本心頓盡橘變成枳前味永消故知有情無情各無定性但隨心變唯逐業生遂有從凡入聖之門轉惡爲善之事大般若經云謂證諸法無性爲性究竟圓滿方名爲佛故知建立三寶成佛事門皆從無性因緣而得興顯所以首楞嚴三昧經云爾時長

老摩訶迦葉白佛言世尊我謂文殊師利法王子曾於先世已作佛事現坐道場轉於法輪示諸衆生入大滅度佛言如是如是乃至迦葉汝今且觀首楞嚴三昧勢力諸大菩薩以是力故示現入胎初生出家詣菩提樹坐於道場轉妙法輪入般涅槃分布舍利而亦不捨菩薩之法於般涅槃不畢竟滅爾時長老摩訶迦葉語文殊師利言仁者乃能施作如此希有難事示現衆生文殊師利言迦葉於意云何是耆闍崛山誰之所造是世界者亦從何出迦葉荅言文殊師利一切世界水沫所成亦從衆生不可思議業因

緣出文殊師利言一切諸法亦從不可思議業因緣有我於是事無有功力所以者何一切諸法皆屬因緣無有主故隨意所成若能解此所爲不難釋曰若了一切法悉屬因緣皆無自性但是心生則凡有施爲何假功力以無性之理法爾之門隨緣卷舒自在無礙華嚴經頌云如其心性而觀察畢竟推求不可得一切諸法無有餘悉入於如無體性又頌云譬如眞如本自性其中未曾有一法不得自性是眞性以如是業而迴向華嚴論云一切衆生迷根本智而有世間苦樂法者爲智無性故隨緣不覺苦樂業生爲

智無性故爲苦所纏方能自覺根本無性衆緣無性萬法自寂若不覺苦時以無性故總不自知有性無性如人因地而倒因地而起一切衆生因自心根本智而倒亦因而起又爲智體無性但隨緣現如空中響應物成音無性之智但應緣分別以分別故癡愛隨起又中觀論破應無如來偈云邪見深厚者則說無如來如來寂滅相分別有亦非如是性空中思惟亦不可如來滅度後分別於有無次總拂偈云如來過戲論而人生戲論戲論破慧眼是皆不見佛論釋云戲論名憶念分別此彼等此如來品初中後思惟

如來定性不可得乃至五求四句皆非是故偈云如來無有性即是世間性如來無有性世間亦無性以如來一性空義知一切世間法悉皆無性同如來義華嚴演義中引法華經偈云未來世諸佛雖說百千億無數諸法門其實爲一乘諸佛兩足尊知法常無性佛種從緣起是故說一乘是法住法位世間相常住於道場知已導師方便說今但引兩句顯諸法無性成一性義耳然上三偈諸釋不同今直解經文初一偈明當佛開權終歸一實故云其實爲一乘次偈釋說一乘所以以唯一性故謂若有二性容有兩乘

既唯一性故說一乘耳知法常無性者知即證知法謂所證知法即色心等一切法也常無性者所證理也即如無性理覺諸法故云何無性謂色心等從本已來性相空寂非自非他非共非離湛然常寂故曰無性而言常者謂本來即無非推之使無故曰常無性耳佛種從緣起者然有二義一約因種因種即正因佛性故涅槃經云佛性者即是無上菩提中道種子此種即前常無性理故涅槃經云佛性者即是第一義空無性即空義也緣即六度萬行是緣因佛性起彼正因令得成佛是故說一乘者唯以佛性起於

佛性更無餘性故說一乘稱理說也體同曰性相似名種故關中云如稻自生稻不生餘穀此屬性也萌稈華粒其類無差此屬種也二果種性關中云佛報唯佛其理不差卽性義也說法度人類皆相似此種義也果之種性緣眞理生故云從緣故釋此偈云佛緣理生理既無二是故說一乘耳意云證理成佛稱理說一此中知法常無性偈全同華嚴出現品經云如來成正覺時於其身中普見一切衆生成正覺乃至普見一切衆生入涅槃皆同一性所謂無性乃至知一切法皆無性故得一切智大悲相續救度衆生

謂知無性佛性同故準經文云以知無性尙得一成一切皆成況不說一乘而度脫之後偈云是法住法位等者重釋前偈言是法者卽前所知之法所以常無性者由住眞如正位故由緣無性緣起卽眞由卽眞故云無性言法位者卽眞如正位故智論說法性法界法住法位皆眞如異名世法卽如故皆常住謂因非常理成三界無常若解無常之實卽無常而成常矣則常與無常二理不偏故涅槃經況之二鳥飛止同居今於道場證知一切世間無常卽眞常理猶懸鏡高堂萬像斯鑒二而不二不可言宣以方便力假以言說一乘尙是假說況有二三則一乘之理至理無過無性之宗諸宗莫及可謂宗鏡之綱骨祖教之指南也所以深密經云一切諸法皆無自性無生無滅本來寂靜自性涅槃商主天子所問經云若法是無卽不自在若不自在是則無欲若無欲者則是眞性若是眞性卽名無性

宗鏡錄卷第七

音釋

濡汝朱切霑也　眹直忍切幾微萌兆謂之眹　姸媸姸五堅切媸赤脂切姸媸好醜也

貿莫候切易也　萌稈萌莫耕切稻芽也稈古旱切禾莖也

宗鏡錄卷第八

宋慧日永明妙圓正修智覺禪師延壽集

夫無性理同是何宗攝答法性宗攝如古師云法性有體是法相宗義事上無體是法性宗義問若一切法實無性者不得教意之人恐成斷見答若有性故一法不成以無性故諸緣並立於無性中有無俱不可得豈成斷常之見耶如大般若經云諸菩薩摩訶薩甚爲希有行深般若波羅蜜多觀察二空雖知諸法一切如夢如響如像如光影如陽燄如幻如化皆非實有無性爲性自相皆空而能安立善非善等諸

法差別皆無雜亂又云善現白佛言世尊佛說一切法皆以無性爲其自性若一切法皆以無性爲自性者誰染誰淨誰縛誰解彼於染淨及於縛解不了知故破戒破見破威儀破淨命當墮地獄傍生鬼趣受諸劇苦乃至佛言善現善哉善哉如是如是如汝所說於一切法皆以無性爲自性於自性中有性無性俱不可得不應於此執有無性故知既不可執有亦不可執無以自性中無有無故所說有無之法皆是破執入法之方便故先德云用無所得爲方便者有二一以無所得導前隨相則涉有不迷於空爲入有方便二假無得以入有不存無得即無得亦是方便此爲入空之方便是以無得相空無作人空無際性空此三相盡法界理現故菩薩不壞空而常有染淨之法宛然不礙有而常空一眞之道恒現如是雙照方入甚深如般若燈論云我說遮入有者遮有自體不說無體如楞伽經中偈曰有無俱是邊乃至心所行彼心行滅已名爲正心滅釋曰如是不著有體不著無體若法無體則無一可作故又如偈曰遮有言非有不取非有故如遮青非青不欲說爲白釋曰此二種見名爲不善是故有智慧者欲息戲論得無餘

樂者應須遮此二種惡見此復云何若三界所攝若出世間若善不善及無記等如世諦種諸所營作彼於第一義中若有自體者起勤方便作善不善此諸作業應空無果何以故以先有故譬如先有若瓶衣等如是樂者常樂苦者常苦如壁上彩畫形量威儀相貌不變一切衆生亦應如是復次若無自體者彼三界所攝若出世間善不善法起勤方便則空無果以無有故如是世間則墮斷滅譬如磨瑩兔角令其銛利終不可得是故偈曰少慧見諸法若有若無等彼人則不見滅見第一義復次如寶聚經中佛告迦

葉有者是一邊無者是一邊如是等彼內地界及外地界皆無二義諸佛如來實慧證知得成正覺無二一相所謂無相是以先德云謂諸宗計多說但空自性不空於法如法相宗但無徧計非無依他設學中論等不得意者亦云法無自性故說爲空則令相不空矣今既無性緣生故有有體卽空緣生無性故空空而常有要互交徹方是眞空妙有故其言大同而旨有異又約緣起法有二一無相如空則蕩盡無有是相空二無自性如幻則業果恆不失卽性空以相空故萬法體虛了無所得以性空故不壞業道因果

歷然以此性相二空方立眞空之理是則非初中後際終始宛然無能造作人報應非失故知無性理成法眼圓照更無一法有實根由今更引證廣明成就宗鏡夫眞俗二諦一切諸法不出空有空有之法皆從緣生緣生之法本無自體依心所現悉皆無性以緣生故無性以無性故緣生以此緣性二門萬法一際平等是以華嚴記廣釋云謂緣生故有是有義無性故空是空義二義是空有所以謂無性故有是有所以緣生故空是空所以所以卽是因緣謂何以無性得成空義由從緣生所以無性是故緣生是無性

空之所以也何以緣生得爲有義特由無定性故方始從緣而成幻有是故無性是有所以故中論偈云若人不知空不知空因緣不知於空義是故自生惱如不善呪術不善捉毒蛇若將四句總望空有則皆名所以故云緣生故名有緣生故名空無性故名有無性故名空良以諸法起必從緣從緣有故必無自性由無性故所以從緣緣有性無更無二法而約幻有萬類差殊故名俗諦無性一味故名眞諦又所以四句唯第三句引證成者無性故有理難顯故若具證者一緣生故有者法華經云但以因緣有從顚倒

生故說淨名經云以因緣故諸法生中論偈云未曾有一法不從因緣生等皆因緣故有義也二緣生故空者經云因緣所生無有生論偈云若法從緣生是則無自性若無自性者云何有是法又偈云以有空義故一切法得成者由前論中諸品以空遣有小乘便爲菩薩立過云若一切法無生無滅者如是則無有四聖諦之法菩薩反荅云若一切不空無生無滅者如是則無有四聖諦之法謂小乘以空故無四諦菩薩以不空故則失四諦若有空義四諦方成故偈云以有空義故一切法得成若無空義者一切則不

成又般若經云若諸法不空則無道無果即無性故有也淨名經云文殊師利又問生死有畏菩薩當何所依維摩詰言菩薩於生死畏中當依如來功德之力文殊師利又問菩薩欲依如來功德之力當於何住荅曰欲依如來功德力者當住度脫一切衆生又問欲度衆生當何所除荅曰欲度衆生除其煩惱又問欲除煩惱當何所行荅曰當行正念又問云何行於正念荅曰當行不生不滅又問何法不生何法不滅荅曰不善法不生善法不滅又問善不善孰爲本荅曰身爲本又問身孰爲本荅曰欲貪爲本又問欲

貪孰爲本荅曰虛妄分別爲本又問虛妄分別孰爲本荅曰顛倒想爲本又問顛倒想孰爲本荅曰無住爲本又問無住孰爲本荅曰無住則無本文殊師利從無住本立一切法叡公釋云無住即實相異名實相即性空異名故從無住有一切法又淨名經云文殊師利言居士有疾菩薩云何調伏其心維摩詰言有疾菩薩應作是念今我此病皆從前世妄想顛倒諸煩惱生無有實法誰受病者所以者何四大合故假名爲身四大無主身亦無我又此病起皆由著我是故於我不應生著旣知病本即除我想及衆生想

當起法想應作是念但以衆法合成此身起唯法起滅唯法滅又此法者各不相知起時不言我起滅時不言我滅彼有疾菩薩爲滅法想當作是念此法想者亦是顛倒顛倒者是即大患我應離之云何爲離離我我所云何離我我所謂離二法云何離二法謂不念內外諸法行於平等云何平等謂我等涅槃等所以者何我及涅槃是二皆空以何爲空但以名字故空如此二法無決定性得是平等無有餘病唯有空病空病亦空無性緣生故空者雙牒前四句中兩種空也此二種空並離斷見謂定有則著常定無則

著斷今緣生故空非是空無無性故空亦非定無定無者一向無物如龜毛兔角今但從緣生無性故非定無無性緣生故有者亦雙牒前四句中二有並非常見常見之有有是定性有今從緣有非定性有況由無性有豈定有耶從緣無性如幻化人非無幻化人幻化非眞故亦云幻有亦名妙有以非有爲有故名妙有又幻有即是不有有大品經云諸法無所有如是有故非有非不有名爲中道是幻有義眞空是不空空者謂不空與空無障礙故是故非空非不空名爲中道是眞空義經云空不空不可說名爲眞空

中論偈云無性法亦無一切法空故菴提遮女經偈云嗚呼眞大德不知實空義色無有自性豈非如空也空若自有空則不容衆色空不自空故衆色從是生又四義一空有相害義謂眞空必盡幻有卽眞理奪事門以事攬理成遂令事相無不皆盡唯一眞理平等顯現以離眞理外無有少事可得故如水奪波波無不盡般若經云是故空中無色無受想行識等二空有相作義眞空必成幻有者卽依理成事門謂事無別體要因眞理而得成立以諸緣起皆無自性由無性理事方成故如波攬水而成立故亦是依如

來藏得有諸法法句經云菩薩於畢竟空中熾然建立三空有相違義幻有必覆眞空卽事能隱理門謂眞理隨緣能成事法然此事法旣違於理遂令事顯理不現也以離事外無有理故如波奪水水無不隱是則色中無空相也四空有不相礙義幻有必不礙眞空卽事能顯理門謂由事攬理故則事虛而理實以事虛故全事之理挺然露現如由波相虛令水露現中論偈云若法從緣生是則無自性然此四義卽是前緣生故空等四義也一眞空必盡幻有是無性故空義二眞空必成幻有是無性故有義三幻有必

覆眞空是緣生故有義四幻有必不礙眞空是緣生故空義前四總明空有所以今四正說空有之相然此空有二而不二須知四義兩處名異一眞空必盡幻有是眞空上空義二眞空必成幻有是眞空上不空義三幻有必覆眞空是幻有上有義四幻有必不礙眞空是幻有上非有義又須知有非有空非空各有二義一有上二義者一是不壞有相義二是遮斷滅義則詺有爲非不有二非有上二義者一離有相義二卽是空義三空上二義者一不壞性義二遮定有義故詺空爲非不空四非空上二義者一離空相

義二卽有義已知名義今融合乃有五重爲五種中道一謂有非有無二爲一幻有者此是有上二義自合然取有上不壞相義非有上離有相義故合爲一幻有是俗諦中道二空非空無二爲一眞空者卽空上二義自合然取空上不壞性義非空上離空相義故合爲一眞空爲眞諦中道前一爲卽相無相之中道此一爲卽性無性之中道亦是存泯無二義三非空與有無二爲一幻有者上一對空有自合此下一對空有四義交絡而合今此第三而取眞空上非空義幻有上有義二義相順明不二然是非空上取卽

是有義有上取遮斷滅義故得其成幻有爲非空非不有存泯無礙之中道四空與非有無二爲一眞空者卽第四取眞空上空義幻有上非有義二義相順明其不二然是空上遮定有義非有上卽是空義故二義相順得成眞空爲非有非不空存泯無礙之中道第三是存俗泯眞此是存眞泯俗又三是空徹於有今是有徹於空皆二諦交徹五幻有與眞空無二爲一味法界者卽第五總合前四令其不二然上各合交徹並不出於眞空幻有故今合之爲一味法界爲二諦俱融之中道然三四雖融二諦而空有別融

今此空有無礙卽是非空非有無礙舉一全收若以眞同俗唯一幻有若融俗同眞唯一眞空空有無二爲雙照之中道非空非有無二爲雙遮之中道遮照一時存泯無礙故云離相離性無障無礙無分別法門以幻有爲相眞空爲性又空有皆相非空非有爲性又別顯爲相總融爲性今互奪雙融並皆離也無分別法但約智說唯無分別智方究其原其無障礙通於境智謂上之五重多約境說心智契合卽爲五觀五境旣融五觀亦融以俱融之智契無礙之境則心境無礙心中有無盡之境境上有無礙之心故要

忘言方合斯理總爲緣起甚深之相故知若了空有無礙眞俗融通無性之宗緣生之理如同神變莫定方隅雖處狹而常寬縱居深而逾淺或在下而恒上任遊中而卽邊衆生常處佛身涅槃唯依生死可謂難思妙旨非情所知故云性海無涯衆德以之繁廣緣生不測多門由是圓通莫不迴轉萬差卷舒之形隨智鎔融一際開合之勢從心照不失機縱差別而恒順用非乖體雖一味而常通又云微塵不壞小量而徧十方普攝一切於中顯現斯由量則非量非量卽量又居見聞之地卽見聞之不及處思議之際卽

思議之不測皆由不思議體自不可得故卽思不可思經云所思不可思是名爲難思法界觀眞空門云一色卽是空者以色舉體全是眞空不卽斷空以色等本是眞如一心與生滅和合名阿賴耶識能變起根身器界卽是此中所明色等諸法故今推之都無其體故舉體歸於眞心之空不合歸於斷滅之空以本非斷空之所變故斷空則是虛豁斷滅無知無用不能現於萬法如鏡外之空非同鏡內之空色相宛然求不可得謂之空又凡是色法必不異眞空以諸色法必無性故是故色卽是空旣非滅色取空離色

求空又不卽形顯色相之空又不離形顯無體之空
卽是眞空若不卽色相卽無徧計所執不離無體卽
是依他緣起緣起無性之眞理卽是圓成二明空卽
色者眞空必不異色故云空卽是色何以故凡是眞
空必不異色以是法無我理非斷滅故是故空卽是
色若離事求空理卽成斷滅今卽事明無我無性眞
空之理離事何有理乎以眞如不守自性隨緣成諸
事法則舉空全色舉理全事又眞如正隨緣時不失
自性則舉色全空舉事全理三空色無礙者謂色舉
體全是盡色之空故色盡而空現空舉體不異全盡

空之色卽空卽色而空不隱是故看色無不見空觀
空莫非見色無障無礙爲一味法也如舉衆波全是
一水舉一水全是衆波波水不礙同時而水體挺然
全露如卽空卽色而空不隱寶藏論云空可空非眞
空色可色非眞色眞色無形眞空無名無名名之父
無色色之母爲萬物之根源作天地之太祖肇論云
本無實相法性性空緣會一義耳何則一切諸法緣
會而生緣會而生則未生無有未生無有緣離則滅
如其眞有有則無滅以此而推故知雖今現有有而
性常自空性常自空故謂之性空法性如是故曰實

相實相自無非推之使無故名本無言不有不無者
不如有見常見之有邪見斷見之無耳若以有爲有
則以無爲無有既不有則無無也夫不存無以觀法
者可謂識法實相矣乃至三乘等觀性空而得道也
性空者諸法實相也見法實相故爲正觀若其異者
便爲邪觀設二乘不見此理則顛倒也是以三乘觀
法無異但心有大小爲差耳又不眞空論云夫至虛
無生者蓋是般若玄鑒之妙趣有物之宗極者也自
非聖明特達何能契神於有無之間哉是以聖人通
神心於無窮窮所不能滯極耳目於視聽聲色所不

能制者豈不以其卽萬物之自虛故物不能累其神
明者也是以聖人乘眞心以理順則無滯而不通審
一氣以觀化故所遇而順適無滯而不通故能混襍
致湻所遇而順適故則觸物而一如此則萬像雖殊
而不能自異不能自異故知像非眞像像非眞像則
雖像而非像然則物我同根是非一氣潛微幽隱殆
非羣情之所盡故知若乘眞心而體物則何物而不
歸齊一氣以觀時則何時而不會何時而不會則知
觸境之無生何物而不歸則見物性之自虛矣若任
情所照曷能盡其幽旨乎若不悟宗難逃見跡如龐

居士偈云昔日在有時常被有人欺種種生分別見聞多是非後向無中坐又被無人欺一向看心坐寘寘無所知有無俱是執何處是無爲有無同一體諸相盡皆離心同虛空故虛空無所依若論無相理唯有父王知故知有無諸法欲求究竟唯心方證若未歸心盡成障礙爲常爲斷成是成非纔入此宗自然融卽謂先明其起處知自心生既從心生則萬法從緣皆無體性必無心外法能與心爲緣悉是自心生還與心爲相但論空有則廣明諸法何者以空有管一切法故此空有二門亦是理事二門亦是性相二

門亦是體用二門亦是眞俗二門乃至總別同異成壞理量權實卷舒正助修性遮照等或相資相攝相是相非相徧相成相害相奪相卽相在相覆相違一一如是各各融通今以一心無性之門一時收盡名義雙絕境觀俱融契旨忘言咸歸宗鏡是以須明行相名義差別方能以體性融通若不先橫竪鋪舒後何以一門卷攝故還原觀云用就體分非無差別之勢事依理現自有一際之形如上微細剖析廣照空有二門可謂得萬法之根由窮諸緣之起盡此有無二法迷倒所由九十六種之邪師因茲而起六十二

見之利使從此而生菩薩尙未盡其原凡夫安能究其旨所以寶性論云空亂意菩薩於此眞空妙有猶有三疑一疑空滅色取斷滅空二疑空異色取色外空三疑空是物取空爲有故華嚴經中善財歷事諸佛已證法門尙猶於諸法中無而計有若究竟遠離唯大菩薩之人大智度論偈云有無二見滅無餘諸法實相佛所說淨名經云有無二見無復餘習又偈云說法不有亦不無以因緣故諸法生何者若時機因緣執有則說空門若時機因緣著空遂談有教爲破有故不存空因治空故不立有故說有而不有言

空而不空或雙亡而雙流或雙照而雙寂破立一際遮照同時如肇論鈔云今就論文總有四意以顯周圓之旨一者破實顯空二者破空顯假三者破唯空唯假顯亦空亦假四者破亦空亦假顯非空非假則是中道方謂周圓也然四論皆有周圓今既一一辯之且約四義一約境二約智三約果四約境智果初約境者不眞空論云卽物順通故物莫之逆此破實顯空遣凡夫執卽僞卽眞故性莫之易此破空顯假遣聲聞執性莫之易故雖無而有物莫之逆故雖有而無此則破有破無顯亦空亦假辯菩薩境雖有而

無所謂非有雖無而有所謂非無此破亦空亦假遣
菩薩執顯中道第一空佛之境此則境周圓也二約
智者則般若論也若以般若智一一歷然空假等境
則成心量但是有智不得無智意今則約前智知凡
是一境卽須周圓也論云言知非為知欲以通其鑒
此破凡夫執相知辯無知也不知非不知欲以辯其
相此破聲聞無知辯無種不知也辯相不為無通鑒
不為有此破亦知亦不知顯非知非不知也非有故
知而無知非無故無知而知此破非知非不知辯亦
知亦無知前來四義說雖前後並在一心不卽不離

可謂佛智周圓矣三約果辯者卽涅槃論文云存不
為有破有餘涅槃遣聲聞常執亡不為無破無餘涅
槃遣聲聞斷執亡不為無雖無而有存不為有雖有
而無此雙破有無顯亦有亦無雖有而無所謂非有
雖無而有所謂非無此破亦有亦無顯非有非無以
顯中道佛之境無住涅槃果周圓矣四約境智果三
合辯者則是總收前諸論文也前二論則眞諦無相
之境為眞空般若能觀眞智卽萬行之本為妙有由
境發智由智顯境境智互顯為亦空亦有卽涅槃論
中三德相冥境智不二不斷不常為非空非有可謂

涅槃極果也卽如來一化之意並周圓故則罄盡佛
法之淵海也故知眞空難解應須妙得指歸若隨空
有之文皆墮邪見如鴦崛魔羅經偈云譬如有愚夫
見雹生妄想謂是瑠璃珠取已執持歸置之瓶器中
守護如眞寶不久悉融消空想默然住於餘眞瑠璃
亦復作空想文殊亦如是修習極空寂常作空思惟
破壞一切法解脫實不空而作極空想猶如見雹消
濫壞餘眞實汝今亦如是濫起極空想見於空法已
不空亦謂空有異法是空有異法不空一切諸煩惱
譬如彼雨雹一切不善壞猶如雹融消如眞瑠璃寶

謂如來常住如眞瑠璃寶謂是佛解脫虛空色是佛
非色是二乘解脫色是佛非色是二乘云何極空相
而言眞解脫文殊宜諦思莫不分別想譬如空聚落
川竭瓶無水非無彼諸器中虛故名空如來眞解脫
不空亦如是出離一切過故說解脫空如來實不空
離一切煩惱及諸天人陰是故說名空嗚呼蚑蚋行
不知眞空義外道亦修空尼乾宜默然所以外道執
斷空二乘證但空俱不達一心眞空之理故無生義
云經云持心猶如虛空者非是斷空爾時由有妙神
卽有妙識思慮問曰經言持心如虛空邪更有妙神

在荅曰經道持心如虛空者只是持心令不生故言如虛空非卽是空經言如虛空也經言若識在二法則有喜悅若識在無二實際法中則無喜悅實際卽是法性空識卽是妙神故知實際中含有妙神也華嚴經性起品作十種譬喻明法身佛有心大師言雖有妙神神性不生與如一體譬如淩還是水與水一體水亦有淩性若無淩性者寒結淩則不現如中亦有妙神性同如清淨則現不淨不復可見乃至如師主姓傳傳姓身內覓不得身外覓不得中閒覓不得當如傳姓是空而非是斷空之空以傳姓中含有諸

男女故言性空異於虛空佛性是空諸佛法身不空大師引經曰女身色相無在無不在夫無在無不在者佛所說也釋言女身色相卽如故言無在如性眞常體含眾相故言無不在含者含有男女色聲等相涅槃經明菩薩念法善男子唯此正法無有時節法眼所見非肉眼見不生不出不住不滅不始不終無明無數此正明如體也非結非業斷結斷業而亦是業非男斷男而亦是男非有斷有而亦是有非入斷入而亦是入乃至諸佛所遊居處常不變易是名菩薩念法如上空有二門約廣其義用遂說存泯開合

若破其情執乃說卽離有無設當見性證會之時智解俱絕如泯絕無寄觀云謂此所觀眞空不可言卽色不卽色亦不可言卽空不卽空一切皆不可不可亦不可此語亦不受迴絕無寄非言所及非解所到是謂行境何以故生心動念卽乖法體失正念故乃至若不洞明前解無以躡成此行若不解此行法絕於前解無以成其正解若守解不捨無以入茲正行是故行由解成行起解絕古釋云空若卽色者聖應同凡見妄色凡應同聖見眞空又應無二諦空若不卽色者見色外空無由成於聖智又應凡聖永別聖

不從凡得故又色若卽空者凡迷見色應同聖智見空又亦失於二諦色不卽空者凡夫見色應不迷又所見色長隔眞空應永不成聖生心動念卽乖法體失正念故者眞空理性本自如然但以迷之動念執相故雖推破簡情顯解今情忘智泯但是本眞何存新生之解數若有解數卽爲動念動念生心故失正念正念者無念而知若總無知何成正念又解爲遣情說因破執若情消執喪說解何存眞性了然寂無存泯所以若言卽與不卽皆落是非曾挂有無卽非正念故云纔有是非紛然失心問凡涉有無皆成邪

念。若闕能所。悉墮有知。如何是無念而知。荅。瑞草生嘉運。林華結早春。

宗鏡録卷第八

音釋

銛息廉切利也　詺彌正切辨別也

宗鏡錄卷第九

宋慧日永明妙圓正修智覺禪師延壽集

夫修行契悟法乃塵沙云何獨立一心爲宗而稱絕妙荅若不了心宗皆成迷倒觸途成滯證入無門如俗諦中亦有祕密之法若不得要訣學亦無成或得其門所作皆辦今教乘稱祕密之法禪宗標不傳之文則向何路而進修從何門而趣入若不得唯心之訣正信無由得成纔得斯宗千門自闢道不待求而頓現行弗假修而自圓如地遇陽春萌芽沸發故云若無觀慧事亦不成又此心能成一切能壞一切成

則頓成天眞之佛所以眞覺大師詞云是以禪門了卻心頓入無生慈忍力以此無生一門一成一切成乃至三身四智八解六通無漏無爲普賢萬行悉於無生一時圓滿故云初聞阿字門卽解一切義所謂一切法不生壞則漸壞有爲無爲功德之門所以詞云損法財滅功德莫不由乎心意識故知此心無幽不燭有法皆知察密防微窮今洞古故謂之靈臺故司馬彪云心爲神靈之臺莊子云萬惡不可內於靈臺淨名疏問云尒義處處多明觀心已恐不可入文復爾將不壞亂經教耶荅說經本爲入道若懷道之

賢觸處觀行豈有尋求涅槃聖典而不觀行者乎但巧說得宜非止不損文義兼得觀慧分明分別法門非觀何逮豈有壞亂之咎乎夫有所說意在言前祖佛本意皆爲明心達道假以文義直指心原豈可執詮迷旨背心求道耶所以正法念處經偈云天龍阿修羅地獄鬼羅刹心常爲導主如王行三界心將詣天上復行於人中心將至惡道心輪轉世間寶雨經云云何菩薩得奢摩他毗鉢舍那善巧謂此菩薩心善巧已觀察諸法如幻如夢思惟諸法此是善法此非善法此出離法此不出離法謂諸菩薩觀一切法

皆依於心心爲自性心爲上首能攝受心善調伏心善了知心故能攝此一切諸法旣善調伏又善了知由此因緣便能修習奢摩他法如是繫心如是止心及安住心勤修如是奢摩他故便能安住心一境性宏道廣顯定意經云彼德本者了識心本以此心行慈及衆生識了知彼空無我人其心德本助勸於道故知心爲德本卽是總相心佛衆生三之別相心是總相者法界染淨萬類萬法不出一心是心卽攝一切世間出世間法故名總相餘染淨二緣各屬二類然總相說十法界中六道爲染四聖爲淨則十法界

中染淨二緣凡聖兩道俱不出一心矣故經云心能
導世間卽自在義心能徧攝受卽隨行義如是一心
法皆自在隨行金剛三昧論云出世之因者入實相
觀出世之果者一味解脫故知初則信心而入道後
則證心而得果始終不出宗鏡矣入楞伽經偈云唯
心無所有諸行及佛地去來現在佛三世說如是賢
劫定意經云等視一切諸法根原皆如是諦本無所
有是曰一心華嚴經夜摩天宮偈讚品云譬如工畫
師分布諸彩色虛妄取異色大種無差別大種中無
色色中無大種亦不離大種而有色可得心中無彩

畫彩畫中無心然不離於心有彩畫可得彼心恒不
住無量難思議示現一切色各各不相知譬如工畫
師不能知自心而由心故畫諸法性如是心如工畫
師能畫諸世間五蘊悉從生無法而不造如心佛亦
爾如佛眾生然應知佛與心體性皆無盡若人知心
行普造諸世間是人則見佛了佛眞實性心不住於
身身亦不住心而能作佛事自在未曾有若人欲了
知三世一切佛應觀法界性一切唯心造疏釋云此
頌顯於具分唯識此不相知義謂非唯所畫之法自
不相知喻所變之境無有體性能畫之心念念生滅

自不相知故亦不能知於所畫雙喻心境皆無自性
各不相知故言不能知自心而由心故畫又雖不知
畫心而由心能畫喻眾生雖迷心現量而心變於境
又由不能知所畫但畫於自心故能成所畫喻眾生
由迷境唯心方能現妄境又喻正由無性方成萬境
故云諸法性如是應觀法界性者卽眞如理觀一切
唯心造者卽唯識事觀以理觀唯識之性諸佛證此
為成佛之體以事觀唯識之相眾生達此為出離之
門如華嚴演義云良以一文之妙攝義無遺一偈之
功能破地獄故普賢菩薩告善財言我此法海中無

有一文無有一句非是捨施轉輪王位而求得者非
是捨施一切所有而求得者釋曰以一是一切之一
故稱性之一故纂靈記云有京兆人姓王失其名本
無戒行曾不修善因患致死被二人引至地獄地獄
門前見一僧云是地藏菩薩乃教誦偈云若人欲了
知三世一切佛應觀法界性一切唯心造菩薩授經
已謂之曰誦得此偈能破地獄苦其人誦已遂入見
王王問此人有何功德答云唯受持一四句偈具如
上說王遂放免當誦此偈時聲所至處受苦之人皆
得解脫後三日方穌憶持此偈向諸道俗說之參驗

偈文方知是華嚴經夜摩天宮無量菩薩雲集所說卽覺林菩薩偈意明地獄心造了心造佛地獄自空耳故知若觀此心言下離苦不唯破地獄界乃至十法界一時破以入眞空一際法故則平等眞法界無佛無衆生此非妙術神通假於他勢以法如是故可驗自心不可思議神妙之力高而無上淵而不深延而不長促而非短廣而無相顯而無蹤有而不常無而不滅照體獨立稱性普周妙萬物故稱之爲神孕一切故名之爲母統御該攝通變無窮任照忘疲若明鏡之寫像應緣無作猶虛谷之傳聲居方而方相

分明處圓而圓文顯現在悟而悟成諸佛墮迷而迷作衆生跡任千途本地不動台教云心如幻化但有名字名之爲心適言其有不見色質適言其無復起慮想不可以有無思度故名心爲妙非是待麤成妙以絕待爲妙故傳大士稱爲妙神亦云妙識妙神卽是法身佛若無妙神誰受寂滅樂寶藏論云其爲也形其寂也冥本淨非瑩法爾天成光超日月德越太淸萬物無作一切無名轉變天地自在縱橫恒沙而用混沌而成誰聞不喜誰聞不驚如何以無價之寶隱於陰入之坑是以體之卽妙卽神顯無價之寶迷之成麤成昧墮陰入之坑徧覽圓詮釋之莫盡仰唯諸聖讃之靡窮可謂入道玄關成佛妙訣乃至凡聖因果行位進修不離此心而得成辦契同心性何德不收以一切法隨所依住皆於一心頓圓滿故如斯之事豈非絕待之妙耶如法華玄義云絕待明妙者爲四一隨情三假法起若入眞諦待對卽絕故身子云吾聞解脫之中無有言說此三藏經中絕待意也二若隨理三假一切世間皆如幻化卽事而眞無有一事而非眞者更待何物爲不眞耶望彼三藏絕還不絕卽事而眞乃是絕待此通教絕待也三別教若

起望卽眞之絕還是世諦何者非大涅槃猶是生死世諦絕還有待若入別教中道待則絕矣四圓教若起說無分別法卽邊而中無非佛法亡泯淸淨豈更佛法待於佛法如來法界故出法界外無復有法可相形比待誰爲麤形誰得妙無所可待亦無所絕不知何名强言爲絕大涅槃經云大名不可稱量不可思議故爲大譬如虛空不因小空名爲大也涅槃亦爾不因小相名大涅槃妙亦如是妙名不可思議不因於麤而名爲妙若謂定有法界廣大獨絕者此則大有所有何謂爲絕今法界淸淨非見聞覺知不可

說示經云止止不須說我法妙難思止止不須說卽
是絕言我法妙難思卽是絕思又云是法不可示言
辭相寂滅亦是絕歎之文不可以待示不可以絕示
滅待滅絕故言寂滅又云一切諸法常寂滅相終歸
於空此空亦空則無復待絕中論云若法爲待成是
法還成待今則無因待亦無所成法華手經云旣得
無生忍亦不生無生生卽無生是名絕待降此已外
若更作者絕何物顯何理流浪無窮則墮戲論乃是
迷情分別絕待不絕非絕非待待於亦待亦絕言語
相逐永無絕矣何者言語從覺觀生心慮不息語何

由絕如癡犬逐塊徒自疲勞塊終不絕若能妙悟寰
中息覺觀風心水澄清言思皆絕如黠師子放塊逐
人塊本旣除塊則絕矣妙悟之時洞知法界外無法
而論絕者約有門明絕也是絕亦絕約空門明絕也
如駃馬見鞭影無不得入是名絕待妙也用是兩妙
妙上三法衆生之法亦具二妙稱之爲妙佛法心法
亦具二妙稱之爲妙問何意以絕釋妙荅只喚妙爲
絕絕是妙之異名如世人稱絕能耳又妙是能絕麤
是所絕此妙有絕麤之功故舉絕以名妙此絕非是
斷絕以無盡爲絕如還原觀云一塵出生無盡徧一

塵之內卽理卽事卽人卽法卽依卽正卽染卽淨卽
因卽果卽同卽異卽彼卽此卽一卽多卽廣卽狹卽
情卽非情卽三身卽十身何以故理事無礙法如是
故十身互作自在用故唯普眼之境界也如上事相
之中一一互相容相攝各具重重無盡之境界也經
頌云一切法門無盡海同會一法道場中如是次第
展轉成此無礙人方得悟問據其所說則一塵之上
理無不顯事無不融文無不釋義無不通今時修學
之徒云何曉悟達於塵處頓決羣疑且於一塵之上
何者是染云何名淨何者名眞若爲稱俗何者名生

死何者是涅槃云何名煩惱云何是菩提何者名小
乘法云何名大乘法請垂開決聞所未聞荅大智圓
明覩纖毫而觀性海眞原朗現一塵之處以眺全身
萬法顯必同時一際理無前後何以故由此一塵虛
相能翳於眞卽是染也由塵相空無所有卽淨也由
於塵性本體同如卽是眞也由此塵相緣生幻有卽
俗也由於塵相念念遷變卽是生死也由觀塵生滅
相盡空無有實卽涅槃也由塵相大小皆是妄心分
別卽煩惱也由塵體本空緣慮自盡卽菩提也由塵
相體無徧計卽小乘法也由塵性無生無滅依他似

有卽大乘法也如是略說若具言之假使一切衆生懷疑各異一時同問如來如來唯以一箇塵字而爲解釋宜深思之經頌云一切法門無盡海一言演說盡無餘依此義理故名一塵出生無盡徧也所言卽者現今平等故此一心法門如鏡頓現不待次第如印頓成更無前後一見一切見一聞一切聞不俟推尋若待了達而成皆爲權漸若能觀於心性之一則是一道甚深卽正道之一是唯一之一千佛同轍今古不易之一道也亦云一路涅槃門亦云一道出生死又名大佛頂首棱嚴王具足萬行十方如來一門

超出妙莊嚴路猶如百華共成一蜜故知萬法同會斯宗若諦了之一切在我昇沈去住任意隨緣示聖現凡出生入死變化難測運無作之神通隱顯同時闡如幻之三昧是非冥合逆順同歸語默卷舒常順一眞之道治生產業不違實相之門運用施爲念念而未離法界行住坐卧步步而常在其中若不信之人對面千里如寒山子詩云可貴天然物獨一無伴侶促之在方寸延之一切處汝若不信受相逢不相遇如明達之者寓目關懷悉能先覺若未遇之子可以事知舉動施爲未嘗間斷如蔡順字君仲以孝聞

順少孤養母常出求薪有客卒至母望順不還乃嚙其指順卽心動棄薪馳歸跪問其故母曰有急客來吾嚙指以悟汝耳又唐裴敬彝父爲陳王典所殺敬彝時在城忽自覺流涕不食謂人曰我大人凡有痛處吾卽不安今日心痛手足皆廢事在不測遂歸覲父果已死又唐張志安居鄉閭稱孝差爲里尹在縣忽稱母疾急縣令問志安曰母有疾志安亦病志安適患心痛是以知母有疾令拘之差人覆之果如所說尋奏高表門閭拜爲散騎常侍問此宗所悟還有師否答此是自覺聖智無師智自然智之所證處不

從他悟自證之時法從心現不從外來故無師契而能自得阿耨菩提棱伽經云大慧白佛言世尊若善自覺聖智相及一乘我及餘菩薩若善自覺聖智相及一乘不由於他通達佛法又經云舍利弗復問何故諸賢復發此言從今日始不以佛爲聖師諸比丘報曰從今日始自在其地不在他鄉自歸於己不歸他人以爲師主不用他師是以故往不以佛爲聖師乃至於是世尊讚諸比丘善哉善哉其於諸法無所得者乃爲眞得此乃但可自知方見眞實所以千聖拱手作計校不成如經頌云言語說諸法不能顯眞

實平等乃能見如法佛亦爾所以永嘉謌云不離當處常湛然覓即知君不可見又先德偈云不煩問師匠心王應自知斯乃眞照無照眞知無知何者若有照則有對處故云隨照失宗若有知則被知礙故云法離見聞覺知如信心銘云縱橫無照最爲微妙知法無知無知知要達此要者即無一法可同無一法可異無一法可是無一法可非則何用外求知解古德謌云古人重義不重金曲高和寡無知音今時學士還如此語默動用跡難等所嗟世上歧途者終日崎嶇枉用心平坦栴檀不肎取要須登陟訪椿林窮

子捨父遠逃逝却於本舍絕知音貧女宅中無價寶却將小秤買他金故大涅槃經云如平坦路一切衆生悉於中行無障礙者中路有樹其陰淸涼行人在下憩駕止息然其樹陰常住不異亦不消壞無持去者路喩聖道陰喩佛性是以若達此宗歸於自地室中寶藏豈是外來衣內明珠非從他獲若能開發祕藏得現前受用之榮貿易神珠息積劫貧窮之苦非數他寶豈徇彼求則潤己之智藏何窮利他之法財無盡問若言無師自證者即墮自然之計執從他解者仍涉因緣之門且大道之性非是自然亦非因緣

云何開示而乖道體若爲破他求故說須自證爲執自解故從他印可若當親省之時迷悟悉空自他俱絕非限量之所及豈言論之能詮所以牛頭初祖云夫道者若一人得之道即不徧若衆人得之道即有窮若各各有之道即有數若總共有之方便即空若修行得之造作非眞若本自有之萬行虛設何以故離一切限量分別故明知說自說他言得言失者若約聖教則是隨世語言破執方便若依意解盡是限量分別不出情塵但不執敎以徇情則方見性而達道問初心學人悟入此宗信解圓通有何勝力荅若

正解圓明決定信入有超劫之功獲頓成之力雖在生死常入涅槃恆處塵勞長居淨刹現具肉眼而開慧眼之光明匪易凡心便同佛心之知見如太子具王儀之相迦陵超衆鳥之音將師子筋爲琴絃餘音斷絕以善見藥而治病衆患潛消若那羅箭之功勢穿鐵鼓似金剛鎚之力擬碎金山則煩惱塵勞不待斷而自滅菩提妙果弗假修而自圓乃至等寃親和諍論齊凡聖泯自他一去來印同異融延促混中邊世出世間不可稱不可量不可說不可說之力莫能過者亦名佛力亦名般若力亦名大乘力亦名法力

亦名無住力所以先德釋云無住力持者則大劫不離一念又云色平等是佛力色既平等則唯心義成故知觀心之門理無過者最尊最貴絶妙絶倫有剎那成佛之功頓截苦輪之力大涅槃經云譬如藥樹名曰樹王於諸藥中最爲殊勝能滅諸病樹不作念若取枝葉及皮身等雖不作念能愈諸病涅槃亦爾是以若於宗鏡有圓信圓修乃至見聞隨喜一念發心者無不除八萬塵勞三障二死之病大品經云如摩尼珠所在住處一切非人不得其便以珠著身闇中得明熱時得涼寒時得溫若在水中隨物現色即

況識此自心如意靈珠圓信堅固一切時處不爲無明塵勞非人之所侵害則處繁不亂履險恒安高而不危滿而不溢台教引佛藏經云無名相中假名相說皆是如來不思議力譬如有人嚼須彌山飛行虛空石筏渡海負四天下及須彌山蚊脚爲梯登至梵宮劫盡燒時一唾劫火即滅一吹世界即成以藕絲懸須彌山手接四天下雨如來所說一切諸法無相無爲無生無滅令人信解甚爲難有甚爲希有若少有所得與佛法僧諍入於邪道不聽出家受戒飲一盃水當知經明無生外用以顯妙理因果無生是則

不了一體三寶常住不聽出家言不聽者若不解此戒不具足若約觀心者一剎那起名一衆生即起即滅名爲一期念念之中恒起三毒即當劫盡三災三毒貪爲首三災火爲端以不思議止觀觀此三毒一念貪心無有起處即是一唾劫火而滅了念成智即是一吹世界而成乃至一切不思議希有之事但達一念無明心成諸佛智無有不洞曉之者若不解此非唯不聽出家一切萬善皆不成就以不知佛法根本故大智度論云復次有人謂地爲堅牢心無形質皆是虛妄以是故佛說心力爲大行般若波羅蜜故

散此大地以爲微塵以地有色香味觸重故自無所作水少香故動作勝地火少香味勢勝於水風少色香味故動作勝火心無四事故所爲力大又以心多煩惱結使繫縛故令心力微少有漏善心雖無煩惱以心取諸法相故其力亦少二乘無漏心雖不取相以智慧有量及出無漏道時六情隨俗分別取諸法相故不盡心力諸佛及大菩薩智慧無量無邊常處禪定於世間涅槃無所分別諸法實相其實不異但智有優劣行般若波羅蜜者畢竟清淨無所罣礙一念中能散十方一切如恒河沙等三千大千國土大

地諸山微塵故知眞心有此大力衆生妄隔而不覺知金光明經疏云如日光能照天下不能照道理心智之光明能發智照理故心是光若心癡闇體則憔悴心有智光膚色充澤故云般若大故色大般若淨故色淨卽是明也天下萬物唯人爲貴七尺形骸不如靈智爲貴所以觀之心貴心卽是金又知依知正名光知一切法無一切法爲明是以若於宗鏡纔有信入便生圓解能發眞正菩提心更無過上是無等等心是最勝心是最實心止觀云發此心者能翻一一塵勞門卽是八萬四千諸三昧門無明轉卽變爲

明如融冰成水更非遠物不餘處來但一念心普皆具足如如意珠非有寶非無寶若謂無者卽妄語若謂有者卽邪見不可以心知不可以言辯衆生於此不思議不縛法中而思想作縛於無脫法中而求於脫是故起大慈悲興四宏誓拔兩苦與兩樂故名非縛非脫眞正菩提心此發一菩提心卽一切菩提心譬如良醫有一祕方總攝諸方阿伽陀藥功兼諸藥如食乳糜更無所須一切具足如如意珠乃至此一心是大中大上中上圓中圓滿中滿實中實眞中眞了義中了義玄中玄妙中妙不可思議中不可思議

若能如此簡非顯是體權識實而發心者是一切諸佛種譬如金剛從金性生佛菩提心從大悲起是諸行先如服阿娑羅藥先用淸水諸行中最如諸根中命根爲最佛正法正行中此心爲最如太子生具王儀相大臣恭敬有大聲名如迦陵頻伽鳥轂中鳴聲已勝諸鳥此菩提心有大勢力如師子筋絃如師子乳如金剛鎚如那羅延箭具足衆寶能除貧苦如如意珠雖小懈怠小失威儀猶勝二乘功德舉要言之此心卽具一切菩薩功德能成三世無上正覺若解此心任運達於止觀無發無礙卽是觀其性寂滅卽

是止止觀卽菩提菩提卽止觀如上廣讚發此圓信菩提心人實爲難有若凡夫外道迷於此心而爲分段生死藏通二乘背於此心而作有餘涅槃乃至通敎菩薩始發大乘之人體於此心只成自性之空別敎菩薩至大乘之終悟於此心雖見不空爲十法界之所依然卽今未具猶假別修次第生起俱不能識知自心一念頓圓平等正性凡聖共有一際無差以不識故皆不能發此無上無等最勝廣大不可思議菩提之心所有悲願智行俱不具足若一發此心功德無際念念圓滿十波羅蜜故淨名經云維摩詰言

然汝等便發阿耨多羅三藐三菩提心是卽出家是卽具足今宗鏡正爲開示此心一一搜窮重重引證普爲一切法界含生凡有心者願皆信受纔得信入法爾自然發此無上菩提之心便坐道場行同體大悲起無緣慈化是以十方諸佛讃了此心能發菩提者功德無盡如華嚴經云菩提心者猶如種子能生一切諸佛法故菩提心者猶如良田能長衆生白淨法故菩提心者猶如大地能持一切諸世間故菩提心者猶如淨水能洗一切煩惱垢故菩提心者猶如大風普於世間無所礙故菩提心者猶如盛火能燒

一切諸見薪故菩提心者猶如淨日普照一切諸世間故菩提心者猶如盛月諸白淨法悉圓滿故菩提心者猶如明燈能放種種法光明故菩提心者猶如淨目普見一切安危處故菩提心者猶如大道普令得入大智城故菩提心者猶如正濟令其得離諸邪法故菩提心者猶如大車普能運載諸菩薩故菩提心者猶如門戶開示一切菩薩行故菩提心者猶如宮殿安住修習三昧法故菩提心者猶如園苑於中遊戲受法樂故菩提心者猶如舍宅安隱一切諸衆生故菩提心者則爲所歸利益一切諸世間故菩提

心者則爲所依諸菩薩行所依處故菩提心者猶如慈父訓導一切諸菩薩故菩提心者猶如慈母生長一切諸菩薩故菩提心者猶如乳母養育一切諸菩薩故菩提心者猶如善友成益一切諸菩薩故菩提心者猶如君主勝出一切二乘人故菩提心者猶如帝王一切願中得自在故菩提心者猶如大海一切功德悉入中故菩提心者如須彌山於諸衆生心平等故菩提心者如鐵圍山攝持一切諸世間故菩提心者猶如雪山長養一切智慧藥故菩提心者猶如香山出生一切功德香故菩提心者猶如虛空諸妙

功德廣無邊故菩提心者猶如蓮華不染一切世間法故菩提心者猶如調慧象其心善順不獷戾故菩提心者猶如良善馬遠離一切諸惡性故菩提心者如調御師守護大乘一切法故菩提心者猶如良藥能治一切煩惱病故菩提心者猶如坑穽陷沒一切諸惡法故菩提心者猶如金剛悉能穿徹一切法故菩提心者猶如香篋能貯一切功德香故菩提心者猶如妙華一切世間所樂見故菩提心者如白栴檀除衆生欲熱使淸涼故菩提心者如黑沈香能熏法界悉周徧故菩提心者如善見藥王能破一切煩惱

病故菩提心者如毗笈摩藥能拔一切諸惑箭故菩提心者猶如帝釋一切主中最爲尊故菩提心者如毗沙門能斷一切貧窮苦故菩提心者如功德天一切功德所莊嚴故菩提心者如莊嚴具莊嚴一切諸菩薩故菩提心者如劫燒火能燒一切諸有爲故菩提心者如無生根藥長養一切諸佛法故菩提心者猶如龍珠能消一切煩惱毒故菩提心者如水精珠能清一切煩惱濁故菩提心者如如意珠周給一切諸貧乏故菩提心者如功德瓶滿足一切衆生心故菩提心者如如意樹能雨一切莊嚴具故菩提心者

如鵞羽衣不受一切生死垢故菩提心者如白氎線從本已來性清淨故菩提心者如快利犁能治一切衆生田故菩提心者如那羅延能摧一切我見敵故菩提心者猶如快箭能破一切諸苦的故菩提心者猶如利矛能穿一切煩惱甲故菩提心者猶如堅甲能護一切如理心故菩提心者猶如利刀能斬一切煩惱首故菩提心者猶如利劍能斷一切憍慢鎧故菩提心者如勇將幢能伏一切諸魔軍故菩提心者猶如利鋸能截一切無明樹故菩提心者猶如利斧能伐一切諸苦樹故菩提心者猶如兵仗能防一切

諸苦難故菩提心者猶如善手防護一切諸度身故菩提心者猶如好足安立一切諸功德故菩提心者猶如眼藥滅除一切無明翳故菩提心者猶如鉗鑷能拔一切身見刺故菩提心者猶如臥具息除生死諸勞苦故菩提心者如善知識能解一切生死縛故菩提心者如好珍財能除一切貧窮事故菩提心者如大導師善知菩薩出要道故菩提心者猶如伏藏出功德財無匱乏故菩提心者猶如涌泉生智慧水無窮盡故菩提心者猶如明鏡普現一切法門像故菩提心者猶如蓮華不染一切諸罪垢故菩提心者

猶如大河流引一切度攝法故菩提心者如大龍王能雨一切妙法雨故菩提心者猶如命根任持菩薩大悲身故菩提心者猶如甘露能令安住不死界故菩提心者猶如大網普攝一切諸衆生故菩提心者猶如罥索攝取一切所應化故菩提心者猶如鉤餌出有淵中所居者故菩提心者如阿伽陀藥能令無病永安隱故菩提心者如除毒藥悉能消歇貪愛毒故菩提心者如善持呪能除一切顛倒毒故菩提心者猶如疾風能卷一切諸障霧故菩提心者如大寶洲出生一切覺分寶故菩提心者如好種性出生一

切白淨法故菩提心者猶如住宅諸功德法所依處故菩提心者猶如市肆菩薩商人貿易處故菩提心者如鍊金藥能治一切煩惱垢故菩提心者猶如好蜜圓滿一切功德味故菩提心者猶如正道令諸菩薩入智城故菩提心者猶如好器能持一切白淨物故菩提心者猶如時雨能滅一切煩惱塵故菩提心者則為住處一切菩薩所住處故菩提心者則為援行不取聲聞解脫果故菩提心者如淨瑠璃自性明潔無諸垢故菩提心者如帝青寶出過世間三乘智故菩提心者如更漏鼓覺諸眾生煩惱睡故菩提心

者如清淨水性本澄潔無垢濁故菩提心者如閻浮金暎奪一切有為善故菩提心者如大山王超出一切諸世間故菩提心者則為所歸不拒一切諸來者故菩提心者則為義利能除一切衰惱事故菩提心者則為妙寶能令一切心歡喜故菩提心者如大施會充滿一切眾生心故菩提心者則為尊勝諸眾生心無與等故菩提心者猶如伏藏能攝一切諸佛法故菩提心者如因陀羅網能伏煩惱阿修羅故菩提心者如婆樓那風能動一切所應化故菩提心者如因陀羅火能燒一切諸惑習故菩提心者如佛支提

一切世間應供養故善男子菩提心者成就如是無量功德舉要言之應知悉與一切佛法諸功德等何以故因菩提心出生一切諸菩薩行三世如來從菩提心而出生故是故善男子若有發阿耨多羅三藐三菩提心者則已出生無量功德普能攝取一切智道乃至善男子如有寶珠名自在王日月光明所照之處一切財寶衣服等物所有價值悉不能及菩薩摩訶薩發菩提心自在王寶亦復如是一切智光所照之處三世所有天人二乘漏無漏善一切功德皆不能及善男子海中有寶名曰海藏普現海中莊嚴

事菩薩摩訶薩菩提心寶亦復如是普能顯現一切智海諸莊嚴事善男子譬如天上閻浮檀金唯除心王大摩尼寶餘無及者菩薩摩訶薩發菩提心閻浮檀金亦復如是除一切智心王大寶餘無及者乃至善男子菩提心者成就如是無量無邊乃至不可說不可說殊勝功德若有眾生發阿耨多羅三藐三菩提心則獲如是勝功德法如上略錄華嚴大教一百二十門讚發此心功德廣大無邊然經中雖引諸希奇珍寶譬況皆是世間有限之物以麤比妙將淺況深寧齊出世無盡之珍豈等佛法難思之旨故知世

出世間天下之貴無過心寶如師子奮迅威猛最雄象王蹴蹋勢力無等所以大樹緊那羅王所問經云爾時大樹緊那羅王白言世尊我聞菩薩所有三昧名曰寶住若有菩薩得是三昧一切法寶諸功德法自然而得佛告緊那羅王言若有菩薩欲令佛寶種性不斷法寶種性僧寶種性不絕者修集生起八十種寶所謂不忘一切智寶之心乃至觀空無相無願解脫門寶心入甘露門故觀一切法無生寶心得無生法忍故見一切法如幻如夢如燄如影如響如水月寶心不住諸見故觀因緣法寶心離斷常見故離

諸邊見垢穢寶心離於二故入無一法門寶心覺一道故離一切行寶心至正位故正觀法位寶心一切法平等故集助一切菩提法寶心覺了一切佛法故乃至喻如大海爲衆法主集一切寶一切衆寶皆悉來歸於是海中出生諸寶如是緊那羅王菩薩得是寶住三昧爲諸一切衆生之主集一切寶一切法寶皆悉歸趣是以祖師云一切寶中心寶爲上故知一切法寶皆歸宗鏡中無有法財珍寶而不積聚如入法界體性經云文殊師利復白佛言以何因緣名以三昧爲寶積耶佛告文殊師利譬如大摩尼寶善磨

瑩已安置靜處隨彼地方出諸珍寶不可窮盡如是文殊師利我住此三昧觀於東方見無量阿僧祇世界現在諸佛如來阿羅訶三藐三佛陀如是南西北方四維上下如是十方無量阿僧祇世界我皆現見是諸如來住此三昧爲衆說法文殊師利我住此三昧不見一法然非法界釋曰寶積三昧者即一切衆生心是無量功德聚猶如世間寶積若能住此一心寶積三昧有何功德寶而不知故能見十方佛寶普照無餘所以云不見一法然非法界是以萬類之中唯心爲貴如金翅鳥命終之後骨肉散盡唯有心在

難陀龍王取此鳥心以爲明珠轉輪王得以爲如意珠然一切衆生心亦復如是幻身雖滅眞心不壞如經云如劫燒火不燒虛空又祖師云百骸雖潰散一物鎮長靈若能了此常住眞心卽同獲於如意珠寶若得之者廣濟於法界用之者普潤於十方以此諸大乘經中十方諸佛同共讚揚此菩提心況如無際虛空未言少分若下位淺智焉敢言之故先德釋涅槃教義云種種名目只是一心法此法卽是佛師諸菩薩母諸佛菩薩辯不能宣凡夫千舌豈解揄揚二乘百盲焉能舞手者哉此論開發信入功德無邊若

但見聞設不信樂尙種善根無空過者如華嚴經云佛子譬如丈夫食少金剛終竟不消要穿其身出在於外何以故金剛不與肉身雜穢而同止故於如來所種少善根亦復如是要穿一切有爲諸行煩惱身過到於無爲究竟智處何以故此少善根不與有爲諸行煩惱而共住故佛子假使乾草積同須彌投火於中如芥子許必皆燒盡何以故火能燒故於如來所種少善根亦復如是必能燒盡一切煩惱究竟得於無餘涅槃何以故此少善根性究竟故佛子譬如雪山有藥王樹名曰善見若有見者眼得清淨若有

聞者耳得清淨若有齅者鼻得清淨若有嘗者舌得清淨若有觸者身得清淨若有衆生取彼地土亦能爲作除病利益佛子如來應正等覺無上藥王亦復如是能作一切饒益衆生若有得見如來色身眼得清淨若有得聞如來名號耳得清淨若有得齅如來戒香鼻得清淨若有得嘗如來法味舌得清淨具廣長舌解語言法若有得觸如來光者身得清淨究竟獲得無上法身若於如來生憶念者則得念佛三昧清淨若有衆生供養如來所經土地及塔廟者亦具善根滅除一切諸煩惱患得賢聖樂佛子我今告汝

設有衆生見聞於佛業障纏覆不生信樂亦種善根無空過者乃至究竟入於涅槃佛子菩薩摩訶薩應如是知於如來所見聞親近所種善根悉離一切諸不善法具足善法故知若見若聞若信不信皆得究竟無上善根以見圓覺之佛普門之法故以覺圓故無有缺減以法普故自然具足豈非究竟耶所以華嚴初發心功德品頌云菩薩發心功德量億劫稱揚不可盡以出一切諸如來獨覺聲聞安樂故十方國土諸衆生皆悉施安無量劫勸持五戒及十善四禪四等諸定處復於多劫施安樂令斷諸惑成羅漢彼

諸福聚雖無量不與發心功德比又教億衆成緣覺獲無諍行微妙道以彼而校菩提心算數譬喻無能及一念能過塵數刹如是經於無量劫此諸刹數尙可量發心功德不可知又頌云所說種種衆譬喻無有能及菩提心以諸三世人中尊皆從發心而得生華嚴指歸云明經有十種益一見聞益謂此見聞如來及此遺法所種善根成金剛種不可破壞要心成佛如性起品云佛子乃至不信邪見衆生見聞佛者彼諸衆生於見聞中得種善根果報不虛乃至究竟涅槃等二發心益謂信位既滿稱彼佛懷發此大心

此心卽是普賢法攝。是故融通卽徧無盡時處等法界。旣入彼攝彼卽全諸位悉皆成滿。故經云。初發心卽是佛。故悉與三世諸如來等。三起行益。謂若起一普賢行時。卽徧一切行。一切位。一切德。一切法。一切處。一切時。一切因。一切果。窮盡法界。具足一切。如帝網等。故經云。菩薩摩訶薩得聞此法。以少方便疾得菩提。四攝位益。謂信等五位。一一位中攝一切位。然有二門。一全位相是門。卽一切位是一位。故十信滿處。卽便成佛。二諸位相資門。則一位中具一切位。如十信中有十住。乃至十地。故經云。住於一地。普攝一

切諸地功德。如十分門五速證益。依此普門。一證一切證。如經明地獄衆生。蒙光滅苦。纔從地獄門出。昇兜率天。聞此普法。卽得十地者。明是此法之深益。六滅障益。依此普法。亦一斷一切斷。如前兜率天子。非直自身頓得十地。亦乃毛孔香熏。全示衆生頓滅無量煩惱。並是普法之勝力。七轉利益。普行已成。卽能頓益無邊衆生。悉亦同得此十地法。如前兜率天子。得十地已。毛孔中出蓋雲。供養佛。經云。若有衆生見此蓋雲者。彼諸衆生。種一恒河沙轉輪王所植善根等。八造修益。如善財依此普法。一得一切得。以前生

曾見聞普法。成金剛種。遂令今生頓成解行。九頓得益。如經明六千比丘。頓見如來得十眼境界。祇桓林中。不可說塵數菩薩頓得無盡自在法海等。十稱性益。謂依此普法。一切衆生。無不皆悉稱其本性。在佛果海中。卽是舊來益。如經明於佛身中見一切衆生已成佛竟。已涅槃竟。是以此宗鏡錄中。並是稱性而談。約本而說。因果皆實。理事俱眞。以是圓滿之宗。普門之法。見普法故。名爲普眼。普法者。一具一切。一一稱性。同時具足。眼外無法。乃稱普眼。亦名普眼經。遂令見聞之人。皆同性得。以此性無盡。則所益何窮。故

能總括無邊。該通一切。攝前則攝後。如舉初步。卽到千里之程途。得一則得餘。猶觀天月。卽了一切之水月。故知有教的有其位。有法必有其人。如地獄衆生見聞爲種。處八難內。超十地階。善財童子。行解在躬。於一生中圓多劫果。文理有據。果報非虛。可示後賢。同繼斯種。所以如來藏經中。校量功德。受持此經。供養過去恒河沙現在諸佛。造恒河沙七寶臺。高十由旬。日日如是。乃至五十恒河沙七寶臺。供養恒河沙如來。不如有人喜樂菩提。受持此經。乃至算數譬喩所不能及。釋曰。七寶是限量之財。供養乃有爲之福。

若持此經者則一乘常住之寶眞如無盡之福如法界比微塵豈可校量乎問此發菩提心當有幾種依何等菩提發心便獲如是功德荅若約橫論隨根所證有四種菩提若約竪論依初中後有三種菩提又發有二種一是起發二是開發起發即一乘十信之首開發即一乘十住之初今所讚者是四種之中依上上根佛之菩提若宗鏡所讚多取圓信起發之發若引華嚴或是初住開發之發又今論發者不依人依法頓悟自心萬行圓足故稱曰發如華嚴論云發心有二一有人從生死苦厭苦發心有得三乘一乘

之果名自覺聖智亦名佛智自然智無師智二依先覺者勸令知苦本方能發心夫發心者又有此二種若言要依先佛發心者即有常過即同外道常見即先覺者以誰爲師轉轉相承不離常見若有古時常佛爲展轉之師即古佛自體自眞不隨妄者即不可踐其古跡爲眞自常眞不可以眞隨生死故即生死是常生死佛自是常佛故若也衆生定有生死者生死自常生死不可得成眞故此是斷見此二種俱非不離斷常也爲一切衆生生死無性本無生死橫計生死本非生死一切諸佛本無自性故實無菩提亦

無涅槃而衆生妄謂諸佛有菩提涅槃若有衆生能如是知者名爲發心名爲諸佛名爲見道而能開悟一切衆生是達無明者無明本無諸佛亦無名爲覺者但以無依無住無體無性妙智能隨響應對現色身能以此理教化衆生名爲大悲故不可有得有證有忻有厭有取有捨有古有今有眞有假發菩提心也如是發菩提心不爲長夜無明之所覆故又云善財白德雲比丘言我已發無上菩提心者已於文殊師利所發菩提心爲知菩提無證修無所求故但求菩薩方便三昧加行其菩提心自然明白無垢猶如

空中有雲雲無其處空自空不復云求虛空也以明但修菩薩三昧觀照以治執障然菩提心無有修作蠲除之體在凡不減在聖不增是故今以妙峰山像以止觀二門七菩提之助顯方便菩提心自明白及至菩提明白即菩薩行諸三昧自是菩提不復別有菩提而自明白以明菩薩處於世間修諸萬行世間萬行乃至菩提涅槃性自離故以將此法教化迷流不了此者而令悟達性空無垢之智以淨諸業令苦不生名爲大悲猶如化人教化幻士以智觀業隨時隨根十方等利無心意識智幻利生以此義故但求

菩薩一切諸行以明即行是菩提一切無生滅故云我已發無上菩提心者以明信心菩提雖未有三昧加行顯發已知無所修無所求故今求菩薩行者以明方便三昧相印方明行及菩提如實無二於此之中不可說言諸行無常是生是滅如此經云一切法不生一切法不滅若能如是解諸佛常現前是知菩提之心不生不滅無得無依所云求菩薩行者是方便顯發當顯發之時則理行無二所以般若會中舍利弗念須菩提依何法門善說般若須菩提云我以無依故辯說如是諸佛弟子若於一切無依皆法爾

如是非我能爲亦如妙善堂中天鼓說法稱爲無依印法門故古偈云識心達本如如佛畢竟無依自在人。

宗鏡錄卷第九

宗鏡錄卷第十

宋慧日永明妙圓正修智覺禪師延壽集

夫凡聖一心境界如何是自在出生無礙之力答一是法爾二由諸佛菩薩行願三卽衆生信解自業感現又總具十力一法如是力二空無性力三諸佛神力四菩薩善根力五普賢行願力六衆生淨業力七深信勝解力八如幻法生力九如夢法生力十無作眞心所現力又華嚴疏釋云一多相持互爲本末一心所現總有十義一孤標獨立以是唯一故獨立爲主二雙現同時各相資無礙故三兩相俱亡互奪齊

泯故四自在無礙隱顯同時一際現故五去來不動各住本法不壞自位故六無力相持以有力持無力故七彼此無知以各無自性法法不相知不相到故八力用交徹以異體相入有力相持故九自性非有以無體性方能卽入無礙故十究竟離言冥性德沒果海故釋云孤標獨立者卽經頌云多中無一性一亦無有多二法互無故得獨立亦一卽多而唯多多卽一而唯一廢己同他故云獨立二雙現同時者卽經頌云知以一故衆知以衆故一無一卽無多無多卽無一故二雙現更無前後如牛二角三兩相俱亡者卽前二俱捨也四自在無礙者欲一卽一不壞相故欲多卽多一卽多故一既如此多亦準之常一常多常卽不卽故故云自在五去來不動者一入多而一在多入一而多存若兩鏡相入而不動本相相卽亦然六無力相持者因一有多多無力而持一因多有一一無力而持多七彼此無知者二互相依皆無體用故不相知如經頌云諸法無作用亦無有體性是故彼一切各各不相知八力用交徹者卽經頌云一中解無量無量中解一義九自性非有者互爲因起舉體性空十究竟離言者不可言一不可言非一

不可言亦一亦非一不可言非一非非一不可言相卽以相入故不可言相入以相卽故不可言卽入不壞相故不可言不卽入互交徹故口欲辯而詞喪心將緣而慮息唯證智知同果海故一多既爾染淨等法無不皆然又約一心圓別之理無礙之力者圓別徧理微細難分別則要有差別方能徧若不差別不能徧圓則不要差別而能徧能徧之法一一圓融故無差別而言圓融者一會卽是彼一切會亦非此會處處到也卽此卽彼卽一卽多故云圓融又約所徧處以論總別東名非西名所徧別也此會卽彼會所

徧處總也。又約能徧論圓別。要將差別之法方能普
徧是名別也。今是圓融無差之法卽能徧故名爲圓
也。前之別。如列宿徧九天。此之別如一月落百川。前
之總如一雲之滿宇宙。此之圓如和香之徧一室。故
云總圓有異也。華嚴論云。此華藏界隱顯自在。爲利
衆生顯勝福德故。卽具相萬差光明顯照。若令衆生
情無取著。如幻雲散。一物便無有所得。存其計故。以
如此大願智力。法性自體空無性力。隱顯自在。若隨
法性。萬相都無。隨智力衆相隨現。隱顯隨緣。都無作
者。凡夫執著。用作無明。執障既無。智用自在。不離一

眞之境。化儀百變。是以箭穿石虎。非功力之所能。醉
告三軍。豈麴蘗之所造。節抽寒谷。非陽和之所生。魚
躍冰河。豈網羅之所致。悉爲心感。顯此靈通。故知萬
法施爲。皆自心之力耳。若或信受。具此力能。則廣闢
障門。盡枯業海。所以仁王經云。能起一念淸淨信者。
是人超過百劫千劫無量無邊恒河沙劫一切苦難。
不生惡趣。不久當得無上菩提。是以了心無作。卽悟
業空。觀業空時。名爲得道。其道若現。何智不明。心智
明時。於行住坐臥四威儀中。法爾能現自利利他之
力。如華嚴經云。善見比丘在林中經行。告善財言。善

男子。我經行時。一念中一切十方皆悉現前。智慧淸
淨故。一念中一切世界皆悉現前。經過不可說不可
說世界故。一念中不可說不可說佛刹皆悉嚴淨。成
就大願力故。一念中不可說不可說衆差別行皆悉
現前。滿足十力智故。一念中不可說不可說諸佛淸
淨身皆悉現前。成就普賢行願力故。一念中恭敬供
養不可說不可說佛刹微塵數如來。成就柔輭心供
養如來願力故。一念中領受不可說不可說如來法。
得證阿僧祇差別法住持法輪陀羅尼力故。一念中
不可說不可說菩薩行海皆悉現前。得能淨一切行

如因陀羅網願力故。一念中不可說不可說諸三昧
海皆悉現前。得於一三昧門入一切三昧門皆令淸
淨願力故。一念中不可說不可說諸根海皆悉現前。
得了知諸根際於一根中見一切根願力故。一念中
不可說不可說佛刹微塵數時皆悉現前。得於一切
時轉法輪衆生界盡法輪無盡願力故。一念中不可
說不可說一切三世海皆悉現前。得了知一切世界
中一切三世分位智光明願力故。經行既爾。坐立亦
然。故法華經偈云。佛子住此地。則是佛受用。常在於
其中。經行及坐臥。問。此宗鏡錄中德用所因。有何因

緣令此諸法混融無礙。答。約華嚴宗有其十義。一唯心現者。一切諸法眞心所現如大海水舉體成波以一切法無非一心。故大小等相隨心迴轉卽入無礙。二無定性者。旣唯心現。從緣而生。無有定性。性相俱離。小非定小。故能容太虛而有餘。以同大之無外故。大非定大。故能入小塵而無間。以同小之無內故。是則等太虛之微塵。含如塵之廣剎。有何難哉。是以一非定一。故能是一切。多非定多。故能是一。邊非定邊。故能卽中。中非定中。故能卽邊。延促靜亂等。一一皆然。三緣起相由者。謂大法界中緣起法海義門無量。

略有十門。具在下帙法性因緣中說。四法性融通門者。謂若唯約事。則互相礙。不可卽入。若唯約理。則唯一味。無可卽入。今則理事融通。具斯無礙。謂不異理之一事。具攝理性時。令彼不異理之多事。隨所依理。皆於一中現。若一中攝理不盡。則眞理有分限失。若一中攝理盡。多事不隨現。則事在理外失。今旣一事之中。全攝理盡。多事豈不依中現。華藏品頌云。華藏世界所有塵。一一塵中見法界。法界卽事法界矣。斯卽總意。別亦具十玄門。一旣眞理與一切法而共相應。攝理無遺。卽是諸門諸法同時具足門。二一事旣如

理能包。亦如理廣徧。不壞狹相。故有廣狹純雜無礙門。又性常平等。故純。普攝諸法。故雜。三理旣徧在一切。多事故令一事隨理徧一切中。徧理全在一事。則一切隨理在一事中。故有一多相容門。又如塵自相是一。由自一不動。方能徧應成多。若動自一。卽失徧應。多亦不成。一二三皆如是。又一多相由成立。如一全是多。方名爲一。又多全是一。方名爲多。多外無別一。明知是多中一。一外無別多。明知是一中多。良以非多。然能爲一多。非一。然能爲多一。以不失無性。方有一多之智。經頌云。譬如算數法。增一至無量。皆悉

是本數。智慧故差別。四眞理旣不離諸法。則一事卽是眞理。眞理卽是一切事。故是故此一卽彼一切事。一切卽一。反上可知。故有相卽自在門。五由眞理在事。各全非分。故正在此時。彼卽爲隱。故有隱顯門。六眞理旣普攝諸法。帶彼能依之事。頓在一中。故有微細門。七此全攝理。故能現一切。彼全攝理。同此頓現。此現彼時。彼能現所現俱現此中。彼現此時。此能現所現亦現彼中。如是重重無盡。故有帝網門。所以眞如畢竟無盡。故八卽事同理。故隨舉一事。卽眞法門。故有託事門。九以眞如徧在晝夜日月年劫。皆全在

故在日之時不異在劫故有十世異成門況時因法有法融時不融耶十此事即理時不礙與餘一切恆相應故有主伴門又謂塵是法界體無分劑普通一切是爲主也即彼一切各各別故是伴也伴不異主必全主而成伴主不異伴亦全伴以成主主之與伴互相資攝若相攝彼此互無不可別說一切若相資則彼此互有不可同說一切皆由即主即伴是故亦同亦異當知主中亦主亦伴伴中亦伴亦主也故一理融通十門具矣故知此理塵塵具足念念圓融無有一法而非所被如華嚴經云時彼普救衆生妙德夜神爲善財童子示現菩薩調伏衆生解脫神力以諸相好莊嚴其身於兩眉間放大光明名智燈普照清淨幢無量光明以爲眷屬其光普照一切世間照世間已入善財頂充滿其身善財爾時即得究竟清淨輪三昧得此三昧已悉見二神兩處中間所有一切地塵水塵及以火塵金剛摩尼衆寶微塵華香瓔珞諸莊嚴具如是一切所有微塵一一塵中各見佛刹微塵數世界成壞及見一切地水火風諸大積聚亦見一切世界接連皆以地輪任持而住種種山海種種河池種種樹林種種宮殿所謂天宮殿龍宮殿

夜叉宮殿乃至摩睺羅伽人非人等宮殿屋宅地獄畜生閻羅王界一切住處諸趣輪轉生死往來隨業受報各各差別靡不悉見又見一切世界差別所謂或有世界襍穢或有世界清淨或有世界趣襍穢或有世界趣清淨或有世界襍穢清淨或有世界清淨襍穢或有世界一向清淨或有世界其形平正或有覆住或有側住如是等一切世界一切趣中悉見此普救衆生夜神於一切時一切處隨諸衆生形貌言詞行解差別以方便力普現其前隨宜化度五如幻夢者猶如幻師能幻一物以爲種種幻種種物以爲一物等經云或現須臾作百年等一切諸法業幻所作故一異無礙言如夢者如夢中所見廣大未移枕上歷時久遠未經斯須六如影像者經云遠物近物雖皆影現影不隨物而有遠近等七因無限者謂諸佛菩薩昔在因中常修緣起無性等觀大願迴向等稱法界修及餘無量殊勝因故今如所起果具斯無礙八佛證窮故者由冥眞性得如性用故經云無比功德故能爾九深定用故者謂海印定等諸三昧力故賢首品頌云入微塵數諸三昧一一出生塵等定而彼微塵亦不增等十神通解脫故者謂由十通及

不思議等解脫故不思議法品十種解脫中云於一
塵中建立三世一切佛法等問目心爲鏡有何證文
答大乘起信論云覺體相者有四種大義與虛空等
猶如淨鏡一如實空鏡遠離一切心境界相無法可
現非覺照義故二因熏習鏡謂如實不空一切世間
境界悉於中現不出不入不失不壞常住一心以一
切法卽眞實性故又一切染法所不能染智體不動
具足無漏熏衆生故三法出離鏡謂不空出煩惱礙
離和合相淳淨明故四緣熏習鏡謂依法出離故徧
照衆生之心令修善根隨念示現故釋摩訶衍論云

性淨本覺中論云覺體相者有四種大義與虛空等
猶如淨鏡者此四種大義中各有二義與彼大義不
相捨離一者等空義二者同鏡義如論云復次覺體
相者有四種大義與虛空等猶如淨鏡故云何名爲
如實空鏡及有二義其相云何頌曰性淨本覺中遠
離慮知知如遠離妄境實示遠離義鏡摩奢跌娑舉
一示一故論曰性淨本覺之體性中遠離一切攀緣
慮知諸戲論識成就一味平等之義故名爲如遠離
一切虛妄境界種種相分成就決定眞實之相故名
爲實爲欲現示遠離之義故名爲空鏡謂喻明然此

中鏡則是摩奢跌娑珠鏡非餘種種油摩等鏡以爲
譬喻何以故取此摩奢跌娑珠鏡安置一處珠鏡前
中或蘊種種石或蘊種種餘食或蘊種種莊嚴具或
蘊同類珠鏡彼珠鏡中餘像不現唯同類珠分明顯
了故如實空鏡亦復如是於此鏡中唯同類清淨功
德安立集成種種異類諸過患法皆遠離故如論云
一者如實空鏡遠離一切心境界相無法可現故各
有二種義而唯示同鏡義等空之義不現示耶以舉
一義兼示一義故若如是者云何名爲等空義耶謂
如虛空清淨無染四障所不能覆廣大無邊三世所

不能攝如實空鏡亦復如是故非覺照義故者卽是
現示遠離因緣爲如彼摩奢跌娑珠鏡中石等諸像
不現前者石等諸法皆鄙穢故此本覺珠鏡中種種
妄法不現前者一切染法皆悉是無明不覺之相無
照達義故云何名爲因熏習鏡及有二義其相云何
頌曰性淨本覺智三種世間法皆悉不捨離爲一覺
熏習莊嚴法身果故名因熏習鏡輪多梨華空容受
徧一論曰性淨本覺三世間皆悉不離熏習彼三而
爲一覺熏習莊嚴一大法身之果是故名爲因熏習
鏡云何名爲三種世間一者衆生世間二者器世間

三者智正覺世間衆生世間者謂異生性界器世間者謂所依止土智正覺世間者謂佛菩薩是名爲三此中鏡者謂輪多梨華鏡如取輪多梨華安置一處周集諸物由此華熏一切諸物皆悉明淨又明淨物華中現前皆悉無餘一切諸物中彼華現前亦復無餘因熏習鏡亦復如是熏一切法爲清淨覺熏令平等復次虛空義則有二種一者容受義二者偏一義容受義者容受諸色無障礙故徧一義者種種諸色唯同一種大虛空故如論云二者因熏習鏡謂如實不空一切世間境界悉於中現故如是本覺從無始

來遠離四種過自性清淨常住一心一者遠離不偏之過三種世間不出本覺清淨鏡故如論云不出故二者遠離襍亂之過一切諸法不入本覺清淨鏡故如論云不入故三者遠離過患之過本覺鏡中現前諸法無不本覺淨功德故如論云不失故四者遠離無常之過本覺鏡中現前諸法無不常住無爲智故如論云不壞故遠離邊過圓滿中實是故說言常住一心自此已下顯示因緣何因緣故本覺智中種種諸法如彼本覺離諸過耶種種諸法皆悉無不眞實體故如論云以一切法即眞實性故故自此已下作

緣決疑謂有衆生作如是疑三世間中衆生世間無明染法具足圓滿流轉遷動無休息時如是世間現本覺者不可得言本覺清淨遠離諸過以此義故今通而言又一切染法所不能染般若實智其體不動自性清淨具足無漏常恆熏習衆生世間令清淨故如論云又一切染法所不能染智體不動具足無漏熏衆生故云何名爲法出離鏡及有二義其相云何頌曰如實不空法出離三過失圓滿三種德故名法出離鏡銷鍊玻瓈空出離色義論曰無漏性德出離三過圓滿三德名法出離云何名爲三種過失一者

無明染品名煩惱礙二者根本無明名爲智礙三者俱合轉相名戲論識是名爲三如是三過究竟離故名爲出離如論云三者法出離鏡謂不空法出煩惱礙智礙離和合相故云何名爲三種功德一者湻成就功德二者淨成就功德三者明成就功德是名爲三如論云湻淨明故故出離何過圓滿何德謂出離煩惱礙圓滿淨成就功德出離智礙圓滿明成就功德出離和合轉相圓滿湻成就功德何以故相對法爾故此中鏡者謂玻瓈珠譬如玻瓈珠淪深泥中則便涌出離彼泥騰一丈量若置濁水中驅混成塵累

唯上清淨水安住其中若置福多伽林中出現香氣
礙彼穢香遠去而住法出離鏡亦復爾故此中喻者
喻自體淨義等空義者出離色義謂如虛空遠離大
種一向清淨法出離鏡亦復爾故云何名爲緣熏習
鏡及有二義其相云何頌曰於無量無邊諸衆生緣
中出無量無邊殊勝應化身熏習衆生心出生諸善
根增長兩輪華莊嚴法身果故名緣熏習鏡中玻瓈
空隨順成就義如法應觀察論曰譬如取玻瓈珠安
置一處周帀積集種種色珠彼玻瓈珠隨向珠色現
前轉變緣熏習鏡亦復爾又譬如虛空有自在力故

於一切所作之事中隨順成立緣熏習鏡亦復如是
於一切衆生修行之事中隨應建立故如論云四者
緣熏習鏡謂依法出離故徧照衆生之心令修善根
隨念示現故故如是四種本覺大義徧一切衆生界
一切二乘界一切菩薩界一切如來界中無不住處
無不照處無不通處無不至處具足圓滿具足圓滿
起信疏釋云性淨本覺者以空及鏡喻別解四義論
云一如實空鏡遠離一切心境界相無法可現非覺
照義故者初內眞如中妄法本無非先有後無故云
如實空下釋空義倒心妄境本不相應故云遠離非

謂有而不現但以妄法理無故無可現境非不能現
但以兔角無故無可現也非覺照者有二義一以妄
念望於眞智無覺照之功以情執違理故如鏡非即
外物以彼外物無照用義故即顯鏡中無外物體二
以本覺望於妄法亦無覺照功能以妄本無故如淨
眼望空華無照矚之功亦如鏡望兔角問若然者何
故下因熏習鏡中即現一切世間法耶答約依他似
法此是眞心隨熏所作無自體故不異眞如故論云
以一切法即眞實性故今此約徧計所執實性故無
可現也問所現似法豈不由彼執實有耶答雖由執

實有然似恆非實如影由質影恆非質鏡中現影不
現質不現質故故云空鏡能現影故是因熏也論云
二因熏習鏡謂如實不空一切世間境界悉於中現
不出不入不失不壞常住一心以一切法即眞實性
故又一切染法所不能染智體不動具足無漏熏衆
生故者釋內有二因義初能作現法之因二作內熏
之因亦可初是因義後是熏習義故云因熏習也言
如實不空者此總出因熏體謂有自體及功能故二
因初中一切世間境界悉現明一切法離此心外無
別體性猶如鏡中能現影也不出者明心待熏故及

現諸法非不熏而自出也不入者離心以無能熏故不從外入也不失者雖復不從內出外入然緣起之時顯現不無故云不失也不壞者諸法緣集起無所從不異眞如故不可壞如鏡中影以因鏡故不可壞也常住一心者會相同體染法不能染者以性淨故智體不動者以本無染今無始淨是故本覺之智未曾移動又雖現染法不爲所染故云不動如鏡中像隨質轉變然其鏡體未曾動也又一空鏡離一切外物之體二不空鏡謂體不無能現萬像三淨鏡謂已磨治離塵垢故四受用鏡謂置之高堂須者受用前

二自性淨後二離垢淨又初二就因隱時說後二就果顯時說又前二約空不空後二約體用如佛地經云復次妙生大圓鏡智者如依圓鏡衆像影現如是依止如來智鏡諸處境識衆像影現唯以圓鏡爲譬喻者當知圓鏡如來智鏡平等平等是故智鏡名圓鏡智如彼大圓鏡有福樂人懸高勝處無所動搖諸有去來無量衆生於此觀察自身得失爲欲存得捨諸失故如是如來懸圓鏡智處淨法界無間斷故無所動搖欲令無量無數衆生觀於染淨爲欲取淨捨諸染故又如圓鏡極善磨瑩鑒淨無垢光明徧照如

是如來大圓鏡智於佛智上一切煩惱所知障垢永出離故極善磨瑩爲依止定所攝持故鑒淨無垢作諸衆生利樂事故光明徧照又如圓鏡依緣本質種種影像相貌生起如是如來大圓鏡智於一切時依諸緣故種種智影相貌生起如圓鏡上非一衆多諸影像起而圓鏡上無諸影像而此圓鏡無動無作如是如來圓鏡智上非一衆多諸智影起圓鏡智上無諸智影而此智鏡無動無作又如圓鏡與衆影像非合非離不聚集故現彼緣故如是如來大圓鏡智與衆智影非合非離不聚集故不散失故大涅槃經云

若能聽受是大涅槃經悉能具知一切方等大乘經典甚深義味譬如男女於明淨鏡見其色像了了分明大涅槃鏡亦復如是菩薩執之悉得明見大乘經典甚深之義又云何等名爲伊帝目多伽經乃至拘那牟尼佛時名曰法鏡是知古佛皆目此爲鏡以教法萬義眞俗萬緣無不於中顯現故天台頂尊者涅槃疏云般若者卽是無上調御一切種智名大涅槃明淨之鏡此鏡一照一切照照中故是鏡照眞故是淨照俗故是明明故像亮假現淨故瑕盡眞顯鏡故體圓中顯三智一心中得故言明淨鏡攝一切法故

稱調御佛智藏故名般若德是知諸聖皆目心爲鏡妙盡其中矣大乘千鉢經云諦觀心鏡照見心性唯照唯淸唯照唯淨徧觀十方廓周法界朗然寂靜無有障礙所以先德云此眞如性猶如明鏡萬像悉於中現又一切萬法有二一皆如明鏡含明了性一心所成故二分別所現如影像故由初義故爲能現由後義故爲所現故一切法互爲鏡像如鏡互照而不壞本相經云遠物近物雖皆影現影不隨物而有遠近且如河泉之中見日月者是爲能現若河泉以爲所現者長河飛泉入於鏡中出是所現之相登樓持

鏡則黃河一帶盡入鏡中瀑布千丈見於遥尺王右丞詩云隔窻雲霧生衣上卷幔山泉入鏡中明是所現矣如高懸心鏡無法不含似廓徹性空何門不入故唐朝太宗皇帝云朕聞以銅爲鏡可以正衣冠以古爲鏡可以知興替以人爲鏡可以知得失今以心爲鏡可以照法界又明鏡只照其形不照其心只照生滅不照無生但照世間不照出世有形方照無形不照且如心鏡洞該性地鑒徹心原徧了無生廣明眞俗有無俱察隱顯咸通優劣懸殊略齊少喻如華嚴普賢行願品云時婆羅門爲善財童子讚甘露大

王頌云我主勝端嚴懲忿誡諸欲心如淨明鏡鑒物未嘗私明鏡唯照形不驗於心想我王心鏡淨洞見於心原先德云如大摩尼寶鏡懸耀太虛十方色相悉皆頓現而此鏡性淨光無有影像諸佛法身亦復如是澄徹淸淨而無影像以昔大悲不倦隨衆生業緣感應差別普現一切色身三昧衆生聞見無不蒙益諸佛以無漏金剛心爲身普現一切衆生界但爲煩惱習氣所覆無體不現如瓶內淨燈光不滅名如來藏亦名功德藏亦名無盡藏諸祖共傳諸佛淸淨自覺聖智眞如妙心不同世間文字所得何以故無

礙解脫是一眞法性不與世間出世間所共故經云無比是菩提不可喻故若有悟斯眞實法性此人則能了知三世諸佛及一切衆生同一法界本來平等常恒不變諸佛一切時中離觀相故經偈云心淨已度諸禪定是以心淨故則孤光一照萬慮全消知闇室懸燈重雲見日如古德偈云安知一念蒙光處億劫昏迷滅此時故云法有應照之能故況之以鏡教有可傳之義故喻之於燈可謂慧月入懷靈珠在握法界洞徹無不鑒矣才命論云心徹寶鏡注云夫心以鑒物庶品不遺洞徹幽明同乎寶鏡又莊子云至

人之心若鏡也又如世間之鏡尙照人肝膽何況靈臺心鏡而不洞鑒耶昔秦宮以玉爲鏡照諸羣僚肝膽腑臟皆悉顯現所以昔人云不遊大海未覩沃日之奇不仰太山靡觀干霄之狀如未臨宗鏡焉識自心恢廓而體納太虛澄湛而影含萬像不信入者莫測高深故眞覺大師歌云心鏡明鑒無礙廓然瑩徹周沙界萬像森羅影現中一顆圓光非內外是故依此起信論四種空鏡義遂乃廣錄祖教顯現一心證成宗鏡所以論云有法能起摩訶衍信根者有法者謂一心法若人能解此法必起廣大信根故信根既

立卽入佛道以成佛道故離二現行云何現行一者凡夫現行生死成穢染事二者二乘現行涅槃失利樂事縛脫雖殊俱迷宗鏡今成佛道無二現行圓證一心具摩訶衍以大智故不住生死以大悲故不住涅槃作一種之光明爲萬途之津濟問宗鏡廣照萬法同歸是此鏡義否答若凡若聖說異說同皆是鏡中之影像唯此一鏡圓極十方鏡外無法彼我俱絕古德云若言衆生心性同諸佛心性者別教也圓教心性是一寂光無彼無此極十方三世佛及衆生邊際成一大圓鏡但是一鏡無有同異也佛及衆生一

鏡上像耳問今宗鏡錄以鏡爲義者是約法相宗立約法性宗立否若約因緣對待門以法相宗卽本識爲鏡如楞伽經云譬如明鏡現衆色像現識處現亦復如是現識卽第八識以法性宗卽如來藏爲鏡如起信論云復次覺體相者有四種大義與虛空等猶如淨鏡又占察善惡經立二種觀門爲鈍根人立唯心識觀爲利根人立眞如實觀又起信論云心若馳散卽當攝來令住正念其正念者當知唯心無外境界卽復此心亦無自相念念不可得故若唯心識觀及正念唯心當法相宗若眞如實觀與其心念念不

可得卽法性宗若約法性融通門皆歸一旨無復分別今論正宗取勝而言約法性宗說若總包含如海納川以本攝末豈唯性相無有一法而遺所照問此宗鏡中如何信入答但不動一心不住諸法無能所之證亡智解之心則是無信之信不入之入人法二空心境雙寂如大般若經文殊師利云繫緣法界一念法界不動法界知眞法界不應動搖謂若言我入法界已動法界能所兩亡入相斯寂故不動法界是入法界大乘千鉢大教王經云云何方便而得證入無性觀者菩薩先須當心觀照本性靜寂悟入滅盡

定得心識性證見清淨唯清唯淨證見聖性自性如如一道寂靜悟達本原返照見淨唯照唯瑩唯瑩唯淨唯寂唯聖則是名爲菩薩得入無動涅槃無性觀故知若有能證則爲有人若有所證則爲有法以唯一眞法界故則心外無法不可以法界更證法界如無生義云如經言舍利弗讚比丘言汝等今者住於福田諸比丘言大師世尊猶尚不能消供養何況我等大師解言此是佛不住佛則無有佛亦無福田能消供養者此正是眞福田人佛若住佛卽是有佛亦是有福田能消供養者此卽非是眞福田也類此住

神通智慧則有智慧此則非眞智慧若無所住乃是眞有智慧又思益經論釋云離於法界更無有人受供養者故以彼法界本來清淨故是以此錄削去浮華唯談眞實不依名字直顯心宗如普賢觀經云昔在靈山演於一實之道又究竟一乘寶性論偈云雖無善巧言但有眞實義彼法應受持如取金捨石妙義如眞金巧語如瓦石依名不依義彼人無明盲若親見性入宗鏡中乃是自信法門決定無惑則日可使冷月可使熱縱千途異說終不能易如大法炬陀羅尼經云佛言憍師迦如來弟子見諸世閒猶如幻化無有疑網所以者何彼信如來卽自見法是故自信不唯信他何以故若世閒人既自見已彼人終不更取他言憍師迦如人裸露在道而行設有一人語衆人言此人希有錦衣覆身憍師迦於意云何彼雖有言自餘衆人信此言否不也世尊何以故眼親見故佛言如是如是憍師迦諸佛如來諸有弟子自見法故不取他言其義亦爾釋曰若見自法何法非自或凡或聖若是若非凡有指陳皆不出自心之際如是信者方到法原如入法界體性經云佛復告文殊師利汝知實際乎文殊師利言如是世尊我知實際

佛言文殊師利何謂實際文殊師利言世尊有我所際彼卽實際所有凡夫際彼卽實際若業若果報一切諸法悉是實際世尊若如是信者卽是實信世尊若顚倒信者卽是正信若行非行彼卽正行所以者何正不正者但有言說不可得也是知若信唯心實義者則不爲言語所轉聞深而不怖聞淺而不疑聞非深非淺而不癡如清涼演義云聞深不怖者卽大分深義所謂空也聞說於空謂同斷滅故令人怖故大品云旣非先有後亦非無自性常空勿生驚怖聞淺不疑者淺謂涉事方便多門則令疑惑今知隨宜

何所疑耶。聞非深非淺。謂無所據。使身心湛然。知非深爲妙有。非淺爲眞空。離身心相。方爲勇猛。可造斯境。又此三句。亦即三觀。初空。次假。後中道。三句齊聞。一念皆會。則三觀一心。何疑不遣。

宗鏡錄卷第十

宗鏡錄卷第十一

宋慧日永明妙圓正修智覺禪師延壽集

夫所度之機無量能度之法無邊立五行門廣闢賢愚之路張八教網徧摝人天之魚何乃以心標宗能治一切荅方便有多門則遐張八教之網歸源性無二乃高峙一心之宗是以病行憩聲聞於化城兒行誘凡夫於天界兼但對帶俯爲差別之機開示悟入唯證一乘之道如千方共治一病萬義俱顯一心令不執見徇文失眞法之味所冀研心究理得正覺之原如法華玄義云一心五行卽是三諦三昧聖行卽眞諦三昧梵行嬰兒行病行卽俗諦三昧天行卽中道王三昧又圓三三昧圓破二十五有卽空故破二十五惡業見思等卽假故破二十五無知卽中故破二十五無明卽一而三卽三而一一空一切空一假一切假一中一切中故名如來行又如來室冥熏法界慈善根力不動眞際和光塵垢以病行慈悲應之示種種身如聾如啞說種種法如狂如癡有生善機以嬰兒行慈悲應之婆婆啝啝木牛楊葉有入空機以聖行慈悲應之執持糞器狀有所畏有入假機以梵行慈悲應之慈善根力見如是事踞師子牀寶几

承足商估賈人乃徧他國出入息利無處不有有入中機以天行慈悲應之如駃馬見鞭影行大直道無留難故無前無後不並不別說無分別法諸法從本來常自寂滅相圓應眾機如阿修羅琴若漸引入圓如前所說若頓引入圓如今所說入圓等證更無差別爲顯別圓初入之門慈善根力令漸頓人見如此說此一心法門橫通豎徹攝盡恆沙之義故號總持能爲萬法之宗遂稱無上若但論事行失佛本宗如金光明經疏云如王子飼虎尸毗貿鴿皆捨父母遺體非捨己身己身者法性實相是也釋論云持戒爲皮禪定爲血智慧爲骨微妙善心爲髓爲他說戒能遮罪修福無相最上非持非犯尸波羅蜜者是施己皮也說諸禪定神通變化不起滅定現諸威儀者是施己血也說法皆悉到於一切智地者是施己骨也檀忍等應是肉也說甚深法相諸佛行處不一不二言語道斷心行處滅微妙中道者是施己髓也將此充足饑餓眾生況餘飲食餘飲食者卽是人天二乘戒皮定血慧骨眞諦之髓耳法華經云於餘深法中示教利喜者卽其義也是以能說此法門者是徹佛眞心施於己髓矣又此一心宗若全揀門則心非一

切神性獨立若全收門一切即心妙體周徧若非收非揀則遮照兩亡境智俱空名義雙絶可謂難思妙術點瓦礫以成金無作神通攪江河而爲酪轉變自在隱顯隨時或卷或舒能同能別實乃能治之妙何病而不痊巧度之門何機而不湊洗除心垢拔出疑根言言盡契本心一一皆含眞性法法是金剛之句塵塵具祕密之門如入法界體性經云文殊言諸法性不壞是故名金剛句華嚴經頌云若於佛及法其心了平等二念不現前當踐難思位勝天王般若經云菩薩摩訶薩一切境界無有一法不通達者修行

如是智波羅蜜二乘外道不能掩蔽以智觀察從初發心至入涅槃皆悉明了能以一法知一切境界一切境界即是一法何以故如如一故不見我能修及所修法無二無別自性離故是名菩薩摩訶薩行般若波羅蜜通達智般若波羅蜜思益經云網明謂梵天言是五百比丘從座起者汝當爲作方便引導其心入此法門令得信解離諸邪見梵天言善男子縱使令去至恆河沙劫不能得出如此法門譬如癡人畏於虛空捨空而走在所至處不離虛空此諸比丘亦復如是雖復遠去不出空相不出無相相不出無

作相又如一人求索虛空東西馳走言我欲得空我欲得空是人但說虛空名字而不得空於空中行而不見空此諸比丘亦復如是欲求涅槃行涅槃中而不得涅槃所以者何涅槃者但有名字猶如虛空但名字不可得取涅槃亦復如是但有名字而不可得是知一切不信衆生邪見外道徒生厭離枉自妄求究竟一心位中未曾暫出故密嚴經偈云如飯一粒熟餘粒即可知諸法亦如是知一即知彼譬如饋酪者嘗之以指端如是諸法性可以一觀察楞伽經偈云譬如鏡中像雖見而非有於妄想鏡中愚夫見有

二法集經云爾時海慧菩薩白佛言世尊菩薩欲願見涅槃應觀虛妄分別寂滅之心如是之處得於涅槃是名勝妙法集大乘本生心地觀經觀心品云爾時文殊師利菩薩摩訶薩白佛言世尊如佛所說告妙德等五百長者我爲汝等敷演心地微妙法門我今爲是啓問如來云何爲心云何爲地乃至薄伽梵告諸佛母無垢大聖文殊師利菩薩摩訶薩言大善男子此法名爲十方如來最勝祕密心地法門此法名爲一切凡夫入如來地頓悟法門此法名爲一切菩薩趣大菩提眞實正路此法名爲三世諸佛自受

法樂微妙寶宮此法名爲一切饒益有情無盡寶藏此法能引諸菩薩衆到色究竟自在智處此法能引詣菩提樹後身菩薩眞實導師此法能雨世出世財如摩尼寶滿衆生願此法能生十方三世一切諸佛功德本原此法能消一切衆生諸惡業果此法能與一切衆生所求願印此法能度一切衆生生死險難此法能息一切衆生苦海波浪此法能救苦惱衆生而作急難此法能竭一切衆生老病死海此法善能出生諸佛因緣種子此法能與生死長夜爲大智炬此法能破四魔兵衆而作甲冑此法卽是正勇猛軍

戰勝旍旗此法卽是一切諸佛無上法輪此法卽是最勝法幢此法卽是擊大法鼓此法卽是吹大法螺此法卽是大師子王此法卽是大師子吼此法猶如國大聖王善能正法若順王化獲大安樂若違王化尋被誅滅善男子三界之中以心爲主能觀心者究竟解脫不能觀者究竟沈淪衆生之心猶如大地五穀五果從大地生如是心法生世出世善惡五趣有學無學獨覺菩薩及於如來以是因緣三界唯心心名爲地一切凡夫親近善友聞心地法如理觀察如說修行自利教他讚勵慶慰如是之人能斷二障速

圓衆行疾得阿耨多羅三藐三菩提爾時大聖文殊師利菩薩白佛言世尊如佛所說速將心法爲三界主心法本元不染塵穢云何心法染貪瞋癡於三世法誰說爲心過去心已滅未來心未至現在心不住諸法之內性不可得諸法之外相不可得諸法中閒都不可得心法本來無有形相心法本來無有住處一切如來尚不見心何況餘人得見心法一切諸法從妄想生以是因緣今者世尊爲大衆說三界唯心願佛哀愍如實解說爾時佛告文殊師利菩薩言如是如是善男子如汝所問心心所法本性空寂我說

衆喻以明其義善男子心如幻法由徧計生種種心想受苦樂故心如水流念念生滅於前後世不暫住故心如大風一刹那閒徧歷方所故心如燈燄衆和合而得生故心如電光須臾之頃不久住故心如虛空客塵煩惱所覆障故心如猿猴遊五欲樹不暫住故心如畫師能畫世閒種種色故心如僮僕爲諸煩惱所策役故心如獨行無第二故心如國王起種種事得自在故乃至善男子如是所說心心所法無內無外亦無中閒於諸法中求不可得去來現在亦不可得超越三世非有非無心懷染著從妄緣現緣無

自性心性本空如是空性不生不滅無來無去不一不異非斷非常本無生處亦無滅處亦非遠離非不遠離如是心等不異無為無為之體不異心等心法之體本不可說非心法者亦不可說何以故若無為是心卽名斷見若離心法卽名常見永離二相不著二邊如是悟者名見眞諦悟眞諦者名為賢聖一切聖賢性本空寂無為法中戒無持犯亦無小大無有心王及心所法無苦無樂如是法界自性無垢無上中下差別之相何以故是無為法性平等故如眾河水流入海中盡同一味無別相故此無垢性是無等

等遠離於我及離我所此無垢性非實非虛此無垢性是第一義無盡滅相體本不生此無垢性常住不變最勝涅槃我樂淨故此無垢性遠離一切平等體無異故若有善男子善女人欲求阿耨多羅三藐三菩提者應當一心修習如是心地觀法大智度論問云般若波羅蜜是菩薩第一道一相所謂無相何以故說是種種道荅曰是道皆入一道中所謂諸法實相初學有種種別後皆同一無有差別譬如劫盡燒時一切所有皆同虛空故知越此宏修絕進步之地離斯方便無成佛之期乃至從初得道畢至涅槃於

中能化所化師弟始終本末同時機應一際俱不出自心矣如台教云心王卽如來心數卽弟子但眾生剎那相續日夜常生無量百千眾生心王十數邪一切法邪魔眷屬也心王十數正則一切法正今時學道行人須善得此意若修智慧但當內起慧數思惟分別因此發半滿智慧自行化他卽同舍利弗莊嚴雙樹也如是一一約心數行成化十弟子一一之行顯由心也若能諦觀心性卽是見佛性住大涅槃卽同如來具足莊嚴娑羅雙樹也若觀行心明者見心王卽是法王心數卽大弟子莊嚴雙樹之義猶如眼

見問台宗觀心語密疏豈盡心還原集云法華經云受持行誰經稱揚何佛道華嚴經云色經論受想行識經論若隨自意語亦得云眼經論耳鼻舌身意貪瞋癡經論所以然者經云知眼無生無自性說空寂滅無所有六根同此經經只是法知眼空法卽眼經論耳空法卽是耳經論諸界亦爾道理必須實照不可虛談為自欺也行住坐臥受持陰界入為行誰經於色上發智卽是受行色經乃至隨一切處悟卽是受持一切處經是乘從三界中出至薩婆若中住以不動故卽是其義若堅信深思則如法住經云如法

住者如彼六根性空法而假言住也稱揚何佛道者瓔珞經云實智性爲法身若見實性即是稱揚法身佛聞身有實性即於陰界入得空三昧六度七覺三賢十地妙覺等以報前功即是稱揚報身佛得前諸法應衆生身即是稱揚應身佛此則於身內一念見三佛衆生不觀察雖近而不見大集經云無出之出是名佛出無禪之禪是名正禪無脫之脫是名正脫魔逆經云魔請文殊解縛文殊云無人縛汝汝自想爲縛也魔即語云我畢竟永不解脫經云本自無縛其誰求解若使法界有繫縛者我即解脫此眞實不

生不滅也當於心行中求無智人中莫說此經恐生邪見藥反成病知離名爲法覺法名爲佛知離者色性離受想行識亦自離從一性空法而假出三寶之名黃蘗和尚云你若擬著一法印早成也印著有四生文出來印著空即空界無想文現如今但知決定不印一切物此印與虛空不一不異虛空不空本印不有見十方虛空世界諸佛出世如電一種觀一切蠢動如響一種千經萬論只說汝之一心一切法不生不滅即是大涅槃果所以道果滿菩提圓華開世界起故知菩提果滿結自心華世界緣興始於識浪

如昔有東國元曉法師義相法師二人同來唐國尋師遇夜宿荒止於冢內其元曉法師因渴思漿遂於坐側見一泓水掬飲甚美及至來日觀見元是死屍之汁當時心惡吐之豁然大悟乃曰我聞佛言三界唯心萬法唯識故知美惡在我實非水也遂卻返故國廣宏至教故知無有不達此者頓息遊心任負笈攜囊廣歷三乘之學肆縱尋師訪友徧參法界之扃若欲絕學棲神究竟應須歸於宗鏡如大涅槃經云佛言云何菩薩信順一實菩薩了知一切衆生皆歸一道一道者謂大乘也釋曰大乘者所言大者即

衆生心性能包能徧至小無內無一塵而能入至大無外無一法而不含所言乘者以運載爲義能運行人直至薩婆若海是知此海不遙心寶常現則趙璧非貴隋珠未珍善友徒泛滄波卞和虛傳荊岫若入宗鏡不動神情剎那之閒其寶自現何須徧參法界廣歷叢林當親悟時實非他得如寒山子詩云昔年曾入大海中爲採摩尼誓懇求直到龍宮深密藏金關鎖斷鬼神愁龍王守護安身裏寶劍星寒勿處搜賈客卻歸門內去明珠元在我心頭杜順和尚偈云遊子謾波波巡山禮土坡文殊只者是何處覓彌陀

石鞏和尚弄珠吟云如意珠大圓鏡亦有中人喚作
性分身百億我珠分無始本淨如今淨日用眞珠是
佛陀何勞逐物浪波波隱顯卽今無二相對面看珠
識得麽問一切萬法皆唯識性者云何有虛有實立
色立空眞俗二諦之門性相雙通之道若森羅影現
皆唯心之本宗差別跡分盡唯識之妙性唯識之性
略有二種一者虛妄卽徧計所執二者眞實卽圓成
實於前唯識性所遣清淨於後唯識性所證清淨又
有二種一者世俗卽依他起二者勝義卽圓成實於
前所斷清淨於後所得清淨又相卽依他起該有爲

之門性卽圓成實通無漏之道又色卽依他起之相
空卽圓成實之性斯則虛實眞俗性相有空徹本窮
原皆唯識性矣慈恩云識性識相皆不離心心所心
王以識爲主歸心泯相總言唯識唯遮境有執有者
喪其眞識簡心空滯空者乖其實是以佛心如海無
一流而不入佛心如鏡無一像而不生佛心如珠無
一寶而不雨佛心如地無一種而不成萬像現於法
身諸義生於般若則一文一字一念一塵皆入不二
之法門盡住不思議解脫矣如金剛三昧經云若住
大海則括衆流住於一味則攝諸味無行經偈云菩

提非菩提佛陀非佛陀若知是一相是爲世間導故
知能了此一際無相之宗可爲明導爲師爲匠普
救羣迷不憩化城直至寶所故經云常樂觀寂滅一
相無有二其心不增減現無量神力又華嚴經出現
品云佛子譬如有大經卷量等三千大千世界書寫
三千大千世界中事一切皆盡乃至此大經卷雖復
量等大千世界而全住在一微塵中如一微塵一切
微塵皆亦如是時有一人智慧明達具足成就清淨
天眼見此經卷在微塵內於諸衆生無少利益卽作
是念我當以精進力破彼微塵出此經卷令得饒益

一切衆生作是念已卽起方便破彼微塵出此大經
令諸衆生普得饒益如於一塵一切微塵應知悉然
佛子如來智慧亦復如是無量無礙普能利益一切
衆生具足在於衆生身中但諸凡愚妄想執著不知
不覺不得利益爾時如來以無障礙清淨智眼普觀
法界一切衆生而作是言奇哉奇哉此諸衆生云何
具有如來智慧愚癡迷惑不知不見我當教以聖道
令其永離妄想執著自於身中得見如來廣大智慧
與佛無異卽教彼衆生修習聖道令離妄想離妄想
已證得如來無量智慧利益安樂一切衆生釋曰大

千經卷者即如來智慧在一微塵中即是全在一衆生心中一切微塵皆亦如是即一切法界衆生皆含佛智以情塵自隔不能內照空埋金藏枉蔽靈臺如闘沒頷珠醉迷衣寶不因指示何以發明故先德云破塵出經者恆沙佛法一心中曉是知水未入海則不鹹薪未入火則不燒境未歸心則不等但以宗鏡收之萬法皆同一照是非俱泯逆順同歸無一心而非佛心無一事而非佛事未見刹那頃不是如來得菩提時無有芥子許非是菩薩捨身命處故先德云心非境外故無得境非心外故無相即心是境故甚

深即境是心故難入如肇法師云即事無不異即空無不一極上窮下齊以一觀乃應平等也台教云如地無差別草木若干若干無若干無若干若干又如約心論法約法論心心有諸數法無諸數心不離法法不離心無數而數數而無數耳所以起信論云復次眞如依言說分別有二種義云何爲二一者如實空以能究竟顯實故二者如實不空以有自體具足無漏性功德故所言空者從本已來一切染法不相應故謂離一切法差別之相以無虛妄心念故當知眞如自性非有相非無相非非有相非非無相非有無俱相非一相非異相非非一相非非異相非一異俱相乃至總說一切衆生以有妄心念念分別皆不相應故說爲空若離妄心實無可空故所言不空者以顯法體空無妄故即是眞心常恆不變淨法滿足則名不空亦無有相可取以離念境界唯證相應故眞如者古釋云遣妄曰眞顯理曰如觀和尚拂此義云無法非眞何有妄可遣耶則眞非眞矣無法不如何稱理可顯耶故如非如矣斯則無遣無立爲非安立之眞如矣此釋甚妙故信心銘云良由取捨所以不如立即是取遣即是捨今無遣無立道自玄會矣

豈有眞妄當情乎如百論序云儻然靡據而事不失眞蕭焉無寄而理自玄會反本之道著於茲矣可謂無心合道理事俱通又眞如自相唯離念境界則不可以有無思故云非有相非無相非非有相非非無相非有無俱相何者若有二可得名俱今有即無故則有外無無可與有俱今無即有故則無外無有可與無俱故亦有亦無相違不立言不俱不立者若定有有無遮彼有無有俱非句今有即無何有非無今無即有何有非有故雙非亦寂故知言亡四句無句可亡了此無句即眞亡矣問一心平等理絕偏圓云

何教中又說諸法異者隨情說異雖異而同對執說同雖同而異將同破異將異破同雖同雖異非異非同如云捉子之矛刺子之盾亦如騎賊馬逐賊以聲止聲所以云朝四暮三令衆狙而喜悅苦塗水洗養嬰兒以適時皆是俯順機宜善權方便如莊子云勞神明爲一而不知其同也謂之朝三何謂朝三狙公賦茅曰朝三而暮四衆狙皆怒曰然則朝四而暮三衆狙皆悅名實未虧而喜怒爲用亦因是也注云夫四之與三衆狙妄生喜怒非之與是世人競起愛憎聖人還以是非止世人之是非狙公又將四三以息

衆狙之三四達人於一豈一勞神明於其間哉大涅槃經云譬如女人生育一子嬰孩得病是女愁惱求覓良醫良醫既至合三種藥酥乳石蜜與之令服因告女人兒服藥已且莫與乳須藥消已方乃與之是時女人即以苦味用塗其乳語其兒言我乳毒塗不可復觸其兒渴乏欲得母乳聞毒氣便捨遠去其藥消已母乃洗乳喚子與之是時小兒雖復渴乏先聞毒氣是故不來母復告言爲汝服藥故以毒塗汝藥已消我已洗竟汝便可來飲乳無苦其兒聞已漸漸還飲經合譬意譬無我等猶如毒塗說如來藏如喚

子飲或時說我或說無我皆爲適機如彼塗洗如義海云謂塵事相是異塵體唯法是無異只由法體不異即異義方成以不失體故只由塵事差別即不異義方成以不壞緣方言理也故經云奇哉世尊於無異法中能說諸法異如森羅雖異不能自異虛空雖同不能自同以無體故法法常生以無用故塵塵恆寂皆是世間分別衆生妄情於平等法中自生差別向無二相處彊立多端猶若畫師邈成高下之相狀或如金匠鍛出大小之器形萬法體常虛但唯自心變大莊嚴論偈云譬如工畫師畫平起凹凸如是虛

分別於無見能所譬如善巧畫師能畫平壁起凹凸相實無高下而見高下不眞分別亦復如是於平等法界無二相處而常見有能所二相是故不應怖畏云何不須怖畏以自心變故如畫凹凸由自手畫故

宗鏡録卷第十一

音釋

啝音和　踞居御切據物而坐也　礫郎擊切小石也　旍咨盈切與旌同

宗鏡錄卷第十二

宋慧日永明妙圓正修智覺禪師延壽集

夫唯一心法。云何教中廣立名字。答。如來名號十方不同。般若一法。說種種名。解脫亦爾。多諸名字。故大般若經云。如一切法名。唯客所攝。於十方三世。無所從來。無所至去。亦無所住。一切法中無名。名中無一切法。非合非散。但假施設。所以者何。以一切法與名俱自性空。大方等大集經云。爾時佛告陀羅尼自在王菩薩。善男子。第一義者。謂無有諸法。若無諸法。云何說空。無名字法。說為名字。如是名字亦無住處。名

下之法。亦復如是。是以法從心生。名因法立。能生之心無處所。生之法亦然。則心境皆空。俱無處所。論云。心能為一切法作名。若無心則無一切名字。當知世出世名字。皆從心起。以心隨緣應物立號。略有五義。而立假名。一從義故。二隨緣故。三依俗故。四因時故。五約用故。云何從義。無量義經云。無量義者。從一法生。故知因義立名。因名顯義。云何隨緣。涅槃經云。其味真正。停留雪山。隨其流處。得種種名。隨其流處者。即是隨染淨之緣。得凡聖之號。云何依俗。經云。一法有多名。實法中即無。不失法性。故流布於世間。云何

因時。涅槃經云。佛性因時節有異。說淨不淨。何者。在垢染時稱眾生。處清淨時名諸佛。云何約用。如因心立法。隨法得名。處聖稱真。居凡號俗。似金作器。隨器得名。在指曰鐶。飾臂名釧。則一心不動。執別號而萬法成差。真金匪移。認異名而千器不等。若知法法全心。作器器盡金成。名相不能干。是非焉能惑。又如圓器與方器。名字不同。若生金與熟金。言說有異。推原究體。萬法皆空。但有意言。名義差別。動即八識凝為一心。得旨忘緣。觸途無寄。如大涅槃經云。佛言。善男子。如來所有一切善行。悉為調伏諸眾生故。譬如醫

王。所有醫方。悉為療治一切病苦。善男子。如來世尊。為國土故。為時節故。為他語故。為人故。為眾根故。於一法中。作二種說。於一名法。說無量名。於一義中。說無量名。於無量義。說無量名。云何一名說無量名。猶如涅槃。亦名涅槃。亦名無生。亦名無出。亦名無作。亦名無為。亦名歸依。亦名窟宅。亦名解脫。亦名光明。亦名燈明。亦名彼岸。亦名無畏。亦名無退。亦名安處。亦名寂靜。亦名無相。亦名無二。亦名一行。亦名清涼。亦名無闇。亦名無礙。亦名無諍。亦名無濁。亦名廣大。亦名甘露。亦名吉祥。是名一名作無量名。云何一義說

無量名。猶如帝釋。亦名帝釋。亦名憍師迦。亦名婆蹉婆。亦名富蘭陀。亦名摩佉婆。亦名因陀羅。亦名千眼。亦名舍脂夫。亦名金剛。亦名寶頂。亦名寶幢。是名一義說無量名。云何於無量義說無量名。如佛名為如來。義異名異。亦名阿羅訶。義異名異。亦名三藐三佛陀。義異名異。亦名船師。亦名導師。亦名正覺。亦名明行足。亦名大師子王。亦名沙門。亦名婆羅門。亦名寂靜。亦名施主。亦名到彼岸。亦名大醫王。亦名大象。亦名大龍王。亦名施眼。亦名大力士。亦名大無畏。亦名寶聚。亦名商主。亦名得脫。亦名大丈夫。亦名天人師。

亦名大分陀利。亦名獨無等侶。亦名大福田。亦名大智慧海。亦名無相。亦名具足八智。如是一切義異名異。善男子。是名無量義中說無量名。復有一義說無量名。所謂如陰。亦名為陰。亦名顛倒。亦名為諦。亦名四念處。亦名四食。亦名四識住處。亦名為有。亦名為道。亦名為時。亦名衆生。亦名為世。亦名第一義。亦名三修。謂身戒心。亦名因果。亦名煩惱。亦名解脫。亦名十二因緣。亦名聲聞辟支佛。亦名地獄餓鬼畜生人天。亦名過去現在未來。是名一義說無量名。善男子。如來世尊。為衆生故。廣中說略。略中說廣。第一義諦說為世諦。說世諦法。為第一義諦。云何名為廣中說略。如告比丘。我今宣說十二因緣。云何名為十二因緣。所謂因果。云何名為略中說廣。如告比丘。我今宣說苦集滅道。苦者。所謂無量諸苦。集者。所謂無量煩惱。滅者。所謂無量解脫。道者。所謂無量方便。云何名為第一義諦。說為世諦。如告比丘。吾今此身有老病死。云何名為說世諦為第一義諦。如告憍陳如。汝得法故。名阿若憍陳如。是故隨人隨意隨時。故名如來知諸根力。善男子。我若當於如是等義。作定說者。則不得稱我為如來具知根力。善男子。有智之人。當知

香象所負。非驢所勝。一切衆生所行無量。是故如來。種種為說無量之法。何以故。衆生多有諸煩惱故。若使如來說於一行。不名如來具足成就知諸根力。故知法本無名。因心建立。是以大聖隨順世諦。曲徇機宜。廣略不同。一多無定。將有說攝歸無說。用有名引入無名。究竟咸令到於本心寂滅之地。故經云。佛告舍利弗。汝慎勿為利根之人廣說法語。鈍根之人略說法也。又名因體立。體逐名生。體空而名無所施。名虛而體無所起。名體互寂。萬法無生。唯一真心。更無所有。永嘉集云。是以體非名而不辯。名非體而不施。

言體必假其名語名必藉其體今之體外施名者此但名其無體耳豈有體當其名耶譬夫兔無角而施名此則名其無角耳豈有角當其名耶無體而施名則名無實名也名無實名則所名無所名所名既無則能名不有也何者設名本以名其體無體何以當其名言體本以當其名無名何以當其體體無當而非體名無名而非名此則何獨體而元虛亦乃名而本寂也然而無體當名由來若此名之有當何所云爲夫體不自名假他名而名我體名非自設假他體以施我名若體之未形則名何所名若名之未設則

體何所明然而明體雖假其名不爲不名而無體耳設名要因其體無體則名之本無如是則體不名生名生於體耳今之體在名前名從體後辯者如此則設名以名其體故知體是名原矣則名之所由緣起於體體之元緒何所因依夫體不我形假緣會而成體緣非我會因會體而成緣若體之未形則緣何所會若緣之未會則體何所形體形則緣會而形緣會則體形而會體形而會則明形無別會形無別會則會本無也緣會而形則明會無別形會無別形即形本無也是以萬法從緣無自體耳體而無自故名性空性之既空雖緣會而非有緣之既會雖性空而不無是以緣會之有有而非有性空之無無而不無何者會則性空故言非有空則緣會故曰非無今言不有不無者非是離有別有一無也亦非離無別有一有也如是則明法非有無故以非有非無名耳不是非有非無既非有無又非非有非非無也如是則何獨言語道斷亦乃心行處滅也如是則名體既空言思自絕可謂萬機泯跡獨朗眞心矣問唯心妙旨一切無名者若衆生之號乃假施爲諸佛之名豈虛建立答因凡立聖聖名無名從俗顯眞眞元不立並依

世俗文字對待而生文字又空空亦無寄若是上機大士胡假名相發揚對境而念念知宗遇緣而心心契道如大智度論云如經說師子雷音佛國寶樹莊嚴其樹常出無量法音所謂一切法畢竟空無生無滅等其土人民生便聞此法音故不起惡心得無生法忍當此之時何處有三寶名字但了無生之旨自然一體三寶常現世間若取差別之名卽失眞常之理但了一切法無自性則一切處佛出世無一法而非宗如先德云佛出世者今如來出現全以塵無性法界緣起菩提涅槃以爲如來身也此身通三世間

是故於一切國土一切衆生一切事物一切緣起一切業報一切塵毛等各各顯現菩提涅槃等爲佛出世也若一處不了卽不成佛亦不出現何以故由不了處仍是無明是故不成佛不出現也是以諸佛出世知機知時俯爲下根示生滅劫空拳誘引黃葉提撕若上上機人則諸佛不出不沒故經云有佛無佛性相常住華嚴經頌云如心諸佛爾如佛衆生然心佛與衆生是三無差別只是一法名別理同何者覺此無依無住絶待不思議心不動時入十信之初號不動智佛不覺此絶待眞心不守自性隨緣差別時

名法身流轉五道號曰衆生但有迷悟之名不離一心之體更有何法而作凡聖名字爲差別乎如文殊般若經云佛言佛法無上耶文殊荅無有一法如微塵許名爲無上又經云如世尊說此法時無有菩薩得是三昧諸陀羅尼門亦復無彼諸佛所說語言句義乃至不說一文字句無人聽聞無人得解無人成佛如此等法是實言者於後末世五百歲時此經法門宏閻浮提徧行流布熾然不滅是眞實語問既萬機泯跡獨朗眞心者云何教中說此是凡夫法此是聖人法荅以一切法緣生無性故不得凡夫法不得

聖人法以無性緣生故若眞若俗不相混濫如云一切卽一皆同無性一卽一切因果歷然雖卽歷然不失無性之理雖卽無性不壞緣生之道然又雖但了一心而於諸法一一了知分明無惑如華嚴經云菩薩摩訶薩知一切法皆同一性所謂無性無種種性無無量性無可算數性無可稱量性無色無相若一若多皆不可得而決定了知此是諸佛法此是菩薩法此是獨覺法此是聲聞法此是凡夫法此是善法此是不善法此是世間法此是出世間法此是過失法此是無過失法此是有漏法此是無漏法乃至此

是有爲法此是無爲法是爲第七如實住問一心之法云何盡能周徧含容出生圓具一切法耶荅夫心者神妙無方至理玄邈三際求而罔得二諦推而莫知無像無名不可以測其深廣無依無住不可以察其指蹤細入無間之中不可以言其小大包乾象之外不可以語其深至道虛玄孰能令有幽靈不墜孰能令無迹分法界而非多性合眞空而非一體凝一道而非靜用周萬物而匪勞如如意珠天上勝寶狀如芥粟有大功能淨妙五欲七寶琳瑯非內畜非外入不謀前後不擇多少不作麤妙稱意豐儉降雨瀼

瀰不添不盡利濟無窮蓋是色法尙能如是豈況心神靈妙寧不具一切法耶故經云佛言一切聲聞獨覺菩薩皆共此一妙淸淨道皆同此一究竟淸淨更無第二我依此故密意說言唯有一乘乃至譬如虛空徧一切處皆同一味不障一切所作事業如是世尊依此諸法皆無自性皆同一味不障一切聲聞緣覺及諸大士所修事業寒山子詩云余家住此號寒山山巖棲息離煩諠泯時萬像無痕跡舒卽周流徧大千光影騰輝照心地無有一法當現前方知摩尼一顆寶妙用無窮處處圓還原觀云定光顯現無念

觀者謂一乘教中白淨寶網萬字輪王之寶珠此珠體性明徹十方齊照無思成事念者皆從雖現奇功心無念慮若人入此大妙止觀門中無思念慮任運成事如彼寶珠遠近齊照分別顯現廓徹虛空不爲二乘外道塵霧煙雲之所障蔽淸涼疏云猶一日宮千光並照隨舉一法有無量門然有二義一約相類如一無常門有生老病死聚散合離得失成壞三災四相外器內身剎那一期生滅轉變染淨隱顯皆無常門餘亦如是二就性融不可盡也謂法性寂寥雖無諸相無相之相不礙繁與是以依體普現若月入

百川尋影之月月體不分卽體之用用彌法界體用交徹故不思議輔行記問云一心旣具十法界因果但觀於心何須觀具荅一家觀門永異諸說該攝一切十方三世若凡若聖一切因果者良由觀具具卽是假假卽空中理性雖具若不觀之但言觀心則不稱理小乘奚嘗不觀心耶但迷一心具諸法耳問若不觀具爲屬何教荅別教教道從初心來但云次第生於十界斷亦次第故不觀具或稟通教卽空但理或稟三藏寂滅眞空如此等人何須觀具何者藏通但云心生六界觀有巧拙卽離不同是故此兩教不

須觀具尙不識具況識空中若不爾者何名發心畢竟二不別成正覺已何能現於十界身土又復學者縱知內心具三千法不知我徧彼三千彼彼三千互徧亦爾苟順凡情生內外見應照理體本無四性心佛衆生三無差別能知此者依稀識心華嚴論云以一心大智之印印無始三世總在一時無邊諸法智印咸徧以智等諸佛故以智等衆生心故以智等諸法故以智無中邊表裏三世長短近遠故爲智過虛空量故如世虛空無所了知如無分別智虛空一念而能分別過虛空等法門是故經頌言一切虛空猶

可量諸佛說法不可說又頌云普光明智等虛空虛
空但空智自在所以無量義經云無量義者從一法
生卽知一法能生無量義所謂一心一一法皆生無
量義者以心徧一切法一一法無非心故以畧代總
故知畧心能含萬法歷一切教若境若智若人若法
隨諸事釋一一向心爲觀觀慧彌成如海呑流似薪
益火以不能深達故爲偏爲小以不能諦觀故住有
住空是以聲聞覩斯大事自鄙無堪或號泣而聲振
大千或云同共一法中而不得此事若菩薩聞茲妙
旨懺悔前非或云從無量劫來爲無我之所漂流或

言我等歸前盡是邪見人也如上所失皆是不達自
心廣大圓融能包能徧故何以能包能徧以無相故
如太虛無相不拒諸相發揮能含十方淨穢國土所
以昔人云夫萬化非無宗而宗之者無相虛相非無
契而契之者無心內外並冥緣智俱寂是故若能如
是體道千萬相應可謂正法中人眞佛弟子若違斯
旨妄起有心悉墮邪修不入宗鏡如古德詞云只爲
無心學無學亦復正修於不修若人不知如此處不
得稱名爲比丘洞山和尚云吾家本住在何方鳥道
無人到處鄉君若出家爲釋子能行此路萬相當所

以初祖大師云若一切作處卽無作處無作法卽見
佛若見相時則一切處見鬼何者若作時無作者無
作法卽人法俱空覺此成佛若迷無作法則幻相現
前故經云凡所有相皆是虛妄如熱病所見豈非鬼
耶所以古德云萬法浩然宗一無相又云念滿一萬
八千徧徧徧入於無相定亦云無相道場無相法門
等是以若於宗鏡發眞最省心力華嚴經云以少方
便疾得菩提古德云學雖不多可齊上賢卽斯意矣
又此一心皆因理事無礙得有如是周徧含容如理
事無礙觀云但理事鎔融存亡逆順通有十門一理

徧於事門謂能徧之理性無分限所徧之事分位差
別一一事中理皆全徧非是分徧何以故彼眞理不
可分故是故一一纖塵皆攝無邊眞理無不圓足二
事徧於理門謂能徧之事是有分限所徧之理是無
分限此有分限之事於無分限之理全同非分同何
以故以事無體還如理故是故一塵不壞而徧法界
也如一塵一切法亦然思之又一理性不唯無分故
在一切處而全體在於一內二不唯分故常在一中
全在一切處一事法不唯分故常在此恒在地方二
不唯無分故徧一切處而不移本位又一由理性不

唯無分故不在一事外二不唯分故不在一事內一事法不唯分故常在此處而無在二不唯無分故常在他處而無在是故無在無不在而在此在彼無障礙也此全徧門超情離見非世喻能況如全一大海在一波中而海非小如一小波帀於大海而波非大同時全徧於諸波而海非異俱時各帀於大海而波非一又大海全徧一波時不妨舉體全徧諸波一波全帀大海時諸波亦各全帀互不相礙思之釋曰以海爲眞理以波爲事況理事相徧而非一異則海處波而不小同濕性而廣狹無差波帀海而非大不壞

相而一多全帀問理既全徧一塵何故非小既不同塵而小何得說爲全體徧一塵一塵全帀於理性何故非大若不同理而廣大何得全徧於理性既成矛盾義甚相違答理事相望各非一異故全收而不壞本先理望事有其四句一眞理與事非異故眞理全體在事中二眞理與事非一故眞理體性恒無邊際三以非一即非異故無邊理性全在一塵四以非異即非一故一塵理性無有分限次事望理亦有四句一事法與理非異故全帀於理性二事法於理非一故不壞於一塵三以非一即非異故一小塵帀於無邊理性四以非異即非一故一塵帀無邊理性而塵不大思之問無邊理性全徧一塵時外諸事處爲有理性爲無理性若塵外有理則非全體徧一塵若塵外無理則非全徧一切事義甚相違答以一理性融故多事無礙故得全在內而全在外無障無礙各有四句先就理四句一以理性全體在一切事中時不礙全體在一塵處是故在外則在內二全體在一塵中時不礙全體在餘事處是故在內則在外三以無二之性各全在一切中時是故亦在內亦在外四以無二之性非一切故是故非內非外前三句明與一

切法非異此之一句明與一切法非一良爲非一非異故內外無礙次就事四句一一塵全帀於理時不礙一切事法亦全帀是故在內即在外二一切法各帀理性時不礙一塵亦全帀是故在外則在內三以諸法同時各帀故是故全內亦全外無有障礙四以諸事法各不壞故彼此相望非內非外思之釋曰以理在一爲內在多爲外事亦以一爲內以多爲外何故如是一多內外相徧相在而無障礙唯是一心圓融故寄理事以彰之以體寂邊目之爲理以用動邊目之爲事以理是心之性以事是心之相性相俱心

所以一切無礙如上無邊分限差別之事。唯以一理性鎔融自然大小相含。一多即入如金鑄十法界像。若消鎔則無異相如和融但是一金。以理性爲洪爐鎔萬事爲大冶則銷和萬法同會一眞。三依理成事門謂事無別體要因眞理而得成立。以諸緣起皆無自性故由無性理事方成故如波要因於水能成立故依如來藏得有諸法當知亦爾思之。四事能顯理門謂由事攬理故則事虛而理實以事虛故全事中之理挺然露現猶如波相虛令水體露現當知此中道理亦爾思之。五以理奪事門謂事既攬理成遂令

事相皆盡唯一眞理平等顯現以離眞理外無片事可得故如水奪波波無不盡此則水存於已壞波令盡。六事能隱理門謂眞理隨緣成諸事法然此事法既帀於理遂令事顯理不現也如水成波動顯靜隱。經云法身流轉五道名曰衆生故令衆生現時法身不現也。七眞理即事門謂凡是眞理必非事外以是法無我理故事必依理以理虛無體故是故此理舉體皆事方爲眞理如水即波動而非濕。八事法即理門謂緣起事法必無自性舉體即眞故說衆生即如不待滅也如波動相舉體即水無異也。九眞理非事

門謂即事之理而非是事以眞妄異故實非虛故所依非能依故如即波之水非波以動濕異故。十事法非理門謂全理之事事恒非理性相異故能依非所依故是故舉體全理而事相宛然如全水之波波恒非水以動義非濕故華嚴經云如色與非色此二不爲一又云生死及涅槃分別各不同釋曰理事逆順自在者事理相望各有四義四義中皆二義逆二義順謂依理成事眞理即事順也以理奪事眞理非事逆也事能顯理事法即理順也事能隱理事法非理逆也欲成即成欲壞即壞故云自在成不礙壞壞不

礙成顯不礙隱隱不礙顯故云無礙正成時即壞等故云同時五對皆無前卻故云頓起又上四對何以約理望事但云成等不云顯等約事望理但云顯等不云成等深有所以何者事從理生可許云成理非新有但可言顯事成必滅故得云壞眞理常住故但云隱其即之與一離之與異大旨則同細明亦異理無形相但可即事而事有萬差故言與理冥一理絕諸相故云離事事有差異故云異理上約義別有此不同若統收者應成五對無礙之義一相徧對二相成對三相害對四相即對五不即對五中前四明事

理不離後一明事理不卽又五對之中其有三義成顯一對是事理相作義奪隱及不卽二對是事理相違義相徧及相卽二對是事理不相礙義又由第二相作故有第四相卽由相卽故相徧由有第三相違故有第五不卽又若無不卽無可相徧故說眞空妙有各有四義約理望事卽眞空四義一廢己成他義卽依理成事門二泯他顯己義卽眞理奪事門三自他俱存義卽眞理非事門四自他俱泯義卽眞理卽事門由其卽故而互泯也又初及三卽理徧事門以自存故舉體成他故徧他也後約事望理卽妙有四

義一顯他自盡卽事能顯理門二自顯隱他義卽事能隱理門三自他俱存義卽事法非理門四自他俱泯義卽事法卽理門又初及三卽事徧於理門以自存故而能顯他故徧他也故說約空有存亡無礙眞空隱顯自在理事鎔融者鎔冶也謂初銷義融和也謂終成義以理鎔事事與理融觀之於心卽名此觀觀事當俗觀理當眞今觀理事無礙中道第一義觀自然悲智相導成無住行又理事十門總分五對一理事相徧二理事相成三理事相害四理事相卽五理事相非理卽性空眞理一相無相事卽染淨心境

互爲緣起起滅時分此彼相貌不可具陳相徧二門是全徧全同理不可分故華嚴經頌云法性徧在一切處一切衆生及國土三世悉在無有餘亦無形相而可得三句卽全徧末句卽不可分相成二門依理成事則如因水成波似依空立色眞如不守自性能隨萬緣事能顯理則如影像表鏡明識智表本性華嚴經頌云了知一切法自性無所有如是解諸法卽見盧舍那相害二門以理奪事如水奪波事能隱理似煙鬱火相卽二門眞理卽事如水不離冰若但是空出於事外則不卽事今卽法爲無我理離事何有

理耶事法卽理則緣起無性一切衆生亦如也相非二門能所有異眞妄不同則於解常自一於諦常自二相卽則非二相非則非一非一故不壞俗諦非二故不隱眞諦此眞諦性空之理空而不空斯俗諦幻有之事有而不有不有之有有不礙空不空之空空不絕有彼此無寄遐互相成若心內定一法是有卽障常若心外執一法是無卽沉斷俱成見網不入圓宗如上圓融約理事無礙訖

宗鏡錄卷第十二

宗鏡錄卷第十三

宋慧日永明妙圓正修智覺禪師延壽集

夫前已明一心理事無礙今約周徧含容觀中事事無礙者如法界觀序云使觀全事之理隨事而一一可見全理之事隨理而一一可融然後一多無礙大小相含則能施爲隱顯神用不測矣乃至欲使學人冥此境於自心心慧既明自見無盡之義此周徧含容觀亦具十門一理如事門謂事法既虛相無不盡理性眞實體無不現此則事無別事卽全理爲事是故菩薩雖復看事卽事觀理然說此事爲不卽理釋

云由此眞理全爲事故如事顯現如事差別大小一多變易無量又此眞理卽與一切千差萬別之事俱時歷然顯現如耳目所對之境亦如芥瓶亦如眞金爲佛菩薩比丘及六道衆生形像之時與諸像一時顯現無分毫之隱亦無分毫不像今理性亦爾無分毫隱亦無分毫不事不同眞空但觀理奪事門中唯是空理現也故菩薩雖復看事卽是觀理然說此事爲不卽理者以事虛無體而不壞相所以觀衆生見諸佛觀生死見涅槃以全理之事恒常顯現是以事既全理故不卽理若也卽理是不全矣如金鑄十法界像一一像全體是金不可更言卽金也二事如理門謂諸事法與理非異故事隨理而圓徧遂令一塵普徧法界法界全體徧諸法時此一微塵亦如理性全在一法中如一微塵一切事法亦爾釋云一一事皆如理普徧廣大如理徹於三世如理常住本然例一切諸佛菩薩緣覺聲聞及六道衆生一一皆爾乃至一塵一念性相作用行位因果無不圓足三事含理事門謂諸事法與理非一故存本一事而爲廣容如一微塵其相不大而能容攝無邊法界由刹等諸法既不離法界故俱在一塵中現如一塵一切法亦

爾此理事融通非一非異故總有四句一一中一二一切中一三一中一切四一切中一切各有所由思之釋云一中一者上一是能含下一是所含下一是能徧上一是所徧餘三句一一例知四通局無礙門謂事與理非一卽非異故令此事法不離一處卽全徧十方一切塵內非異卽非一故全徧十方而不動一位卽遠卽近卽徧卽住無障無礙五廣狹無礙門謂事與理非一卽非異故不壞一塵而能廣容十方刹海由非異卽非一故廣容十方法界而微塵不大是則一塵之事卽廣卽狹卽大卽小無障無礙六徧

容無礙門謂此一塵望於一切由普徧卽是廣容故徧在一切中時卽復還攝一切諸法全住自中又由廣容卽是普徧故令此一塵還復徧在自內一切差別法中是故此塵自徧他時卽他徧自能容能入同時徧攝無礙思之七攝入無礙門謂彼一切望於一法以入他卽是攝他故一切全入一中之時卽彼全一還復在自一切之內同時無礙思之又由攝他卽是入他故一法全在一切中時還令一切恒在一內同時無礙思之釋云此上無礙猶如鏡燈卽十鏡互入如九鏡入彼一鏡中時卽攝彼一鏡還入九鏡之

內同時交互故云無礙八交涉無礙門謂一望於一切有攝有入通有四句謂一攝一切一入一切一切攝一一切入一一攝一一入一一切攝一切一切入一切同時交參無礙釋云一攝一一入一者如東鏡攝彼西鏡入我東鏡中時卽我東鏡入彼西鏡中去一切攝一切一切入一切者圓滿常如此句但以言不頓彰故假前三句句皆圓滿九相在無礙門謂一切望一亦有攝有入亦有四句謂攝一入一攝一切入一攝一入一切攝一切入一切同時交參無礙釋云此與前四句不同前但此彼同時攝入今則欲入

彼時必別攝餘法帶之將入彼中發起重重無盡之勢攝一入一者如東鏡能攝南鏡帶之將入西鏡之中卽東鏡爲能攝能入南鏡爲所攝西鏡爲所入也此則釋迦世尊攝文殊菩薩入普賢中也攝一切入一者如東鏡攝餘八鏡帶之將入南鏡之中時東鏡爲能攝能入八鏡爲所攝南鏡爲所入則一佛攝一切衆中帶之同入一衆生中也攝一入一切者如東鏡能攝南鏡帶之將入餘八鏡中攝一切入一切者如東鏡攝九鏡帶之將入九鏡之中時東一鏡爲能攝能入九鏡爲所攝亦卽便爲所入也此句正明諸

法互相涉入一時圓滿重重無盡也今現見鏡燈但入一燈當中之時則鏡鏡中各有多多之燈無前後也則知諸佛菩薩六道衆生不有則已有卽一剎那中便徹過去未來現在十方一切凡聖中也十普融無礙門謂一切及一普皆同時更互相望一一具前兩重四句普融無礙準前思之令圓明顯現稱行境界無障無礙深思之令現在前是以前九門文不頓顯故此攝令同一剎那旣總別同時則重重無盡也又華嚴演義云夫能所相入心境包含總具四義能成無礙一稱性義二不壞相義三不卽義四不離義

由稱性故不離由不壞相故不卽又如諸剎入毛孔皆有稱性及不壞相義今毛上取稱性義故知法性之無外剎上取不壞相義故不徧稱性之毛以一毛稱性故能含廣剎以廣剎不壞相故能入一毛又內外緣起非卽非離亦有二義一約內外共爲緣起由不卽故有能所入由不離故故得相入二約內外緣起與眞法性不卽不離此復二義一由內外不卽法性有能所入不離法性故毛能廣包剎能徧入二者毛約不離法性如理而包剎約不卽法性不徧毛孔思之此事事無礙觀如羣臣對王各各全得王力猶

諸子對父一一全得爲父又如百僧同住一寺各各全得受用而寺不分若空中大小之華一一徧納無際虛空而華不壞則十方一切衆生全是佛體而無分劑以不知故甘稱耿劣稟如來之智德反墮愚盲具廣大之威神而跧小器所以志公云法性量同太虛衆生發心自小如上無礙但是一心如海涌千波鏡含萬像非一非異周徧圓融互奪互成不存不泯遂得塵含法界無虧大小念包九世延促同時等事現前此乃華嚴一部法界緣起自在法門如在掌中爛然可見又非獨華嚴之典乃至一代時教難思之

妙旨十方諸佛無作之神通觀音祕密之悲門文殊法界之智海一時顯現洞鑒無疑矣若非智照深達自心又焉能悟此希奇之事如先德云證佛地者爲眞空無我無性是也乃至稱理而言非智所知如空中鳥飛之時跡不可求依止跡處也然空中之跡旣無體相可得然跡非無此跡尋之逾廣要依鳥飛方詮跡之深廣當知佛地要因心相而得證佛地之深廣然證入此地不可住於寂滅一切諸佛法不應爾當示教利喜學佛方便學佛智慧夫佛智慧者卽一切種智所以般若經中以種智爲佛則無種不知無

種不見斯乃以無知知一切知以無見見一切見如華嚴離世間品十種無下劣心中云菩薩摩訶薩又作是念三世所有一切諸佛一切佛法一切衆生一切國土一切世間一切三世一切虛空界一切法界一切語言施設界一切寂滅涅槃界如是一切種種諸法我當以一念相應慧悉知悉覺悉見悉證悉修悉斷然於其中無分別離分別無種種無差別無功德無境界非有非無非一非二以不二智知一切二以無相智知一切相以無分別智知一切分別以無異智知一切異以無差別智知一切差別以無世間

智知一切世閒以無世智知一切世以無衆生智知
一切衆生以無執著智知一切執著以無住處智知
一切住處以無雜染智知一切雜染以無盡智知一
切盡以究竟法界智於一切世界示現身以離言音
智示不可說言音以一自性智入於無自性以一境
界智現種種境界知一切法不可說而現大自在言
說證一切智地爲教化調伏一切衆生故於一切世
閒示現大神通變化是爲第十無下劣心如上微細
剖析理事根源方見全佛之衆生惺惺不昧全衆生
之佛歷歷無疑悟本而似達家鄉得用而如親手足

云何迷眞抱幻捨寶憑虛孤負己靈沈埋家寶高推
上聖自鄙下凡都爲但誦空文未窮實義唯記即心
是佛之語親省何年只學萬法唯識之言誰當現證
旣乖教觀又闕明師雖稱紹隆但成自誑宗鏡委細
正爲斯人使了其義而識其心披其文而見其法感
諸聖苦口愧先賢用心覽卷方知終不虛謬如高拂
雲霧豁覩青天似深入龍宮親逢至寶始悟從來未
諦學處麤浮可驗時中全無力量未到實地莫言其
深未至劬勞莫言其苦唯當見性可以息言且諸聖
所以垂言教者普爲生盲凡夫令不著生死眇目二
乘令不住涅槃夜視小菩薩令捨於權乘羅縠別菩
薩令不執教道此爲未知有自心即具如是廣大神
德無邊妙用者分明開示令各各自知十方諸佛莫
不承我威光一切異生莫不賴我恩力勸生忻慕進
道宏修破一微塵出大千經卷然後以定慧力內外
莊嚴發起本妙覺心眞如相用似磨古鏡如瑩神珠
光徹十方影透法界無令一小含識不承此光猶如
善財一生可辦又如龍女親獻靈山如來印可故云
我獻寶珠世尊納受是事疾否答言甚疾女言以汝
神力觀我成佛復速於此是知纔悟此法因果同時

成道度生不出一刹那之際如法華經信解品云疾
走往捉又譬喻品云其疾如風豈滯多生枉修功行
有如是速疾念念相應之力而不肯承當故諸聖驚
嗟廣爲開演布八教網備三乘車大小俱收權實並
載提攜誘引密赴機宜或見或聞而前而後悉令入
此一乘金剛寶藏以爲究竟如方便品中引十方三
世諸佛皆以無量無數方便種種因緣譬喻言詞而
爲衆生演說諸法是法皆爲一佛乘故是諸衆生從
佛聞法究竟皆得一切種智則不可迷諸佛方便門
執其知解領成現之語起法我之心如般若經中佛

言我於一切法無所執故得常光一尋身眞金色是以但於人法二執俱亡一道常光自現還同釋迦親證金色之身所以諸佛教門皆爲顯宗破執依前住著反益迷心如熱金丸執則燒手令甘露聖教出苦良緣若遇斯人有損無益如方便品偈云舍利弗當知諸佛法如是以萬億方便隨宜而說法其不習學者不能曉了此汝等既已知諸佛世之師隨宜方便事無復諸疑惑心生大歡喜自知當作佛故知若不習定學慧且不知隨宜之說妄認爲眞不可徇文以爲悟道直如善財登閣龍女獻珠當此之時自然親

見應須尅己辦事曉夜忘疲若問程而不行家鄉轉遠似見寶而不取還受貧窮所以古德頌云學道先須細識心細中之細細難尋可中尋到無尋處方信凡心是佛心故知卽於一念生死心中能信有諸佛不思議事甚爲難得如大涅槃經云佛言若有人能以藕根絲懸須彌山可思議否不也世尊善男子菩薩摩訶薩於一念頃悉能得量一切生死是故復名不可思議問理唯一道事乃萬差云何但了一心無邊佛事悉皆圓滿答出世之道理由心成處世之門事由心造若以唯心之事一法卽一切法舒之無邊

以唯心之理一切法卽一法卷之無跡因卷而說一此法未曾一因舒而說多此法未曾多非一非多有而不有而多而一無而不無一多相依互爲本末通有四義一相成義則一多俱立以互相持有力俱存也二相害義形奪兩亡以相依故各無性也三互存義以此持彼不壞彼而在此彼持此亦爾經頌云一中解無量無量中解一四互泯義以此持彼彼相盡而唯此以彼持此此相盡而唯彼經云知一卽多多卽一又由彼此相成資攝無礙是故得有大小卽入一多相容遠近互持主伴融攝致使塵塵現而無盡

等帝網以參差故得事事顯而無窮若定光而隱映又一多無礙之義古德以喻顯示如數十錢法此有二體一異體二同體就異體中有二一相卽二相入又以諸緣起法有二義一空有義此卽自體二有力無力義此望力用由初義故約相卽由後義故得相入初空有義中由自若有時他必無故他卽自何以故由他無性以自作故二由自若空時他必有故自卽他故何以故由自無性用他作故以空有無二體故所以常相卽若不爾者緣起不成有自性等過二力用中自有全力所以能攝他他全無力故所以能

入自不據自體故非相卽力用交徹故成相入十數爲譬者復有二門一異體門二同體門就異體門中復有二一者一中多多中一如經頌云一中解無量無量中解一了彼互生起當成無所畏此約相說二者一卽多多卽一如經頌云一卽是多多卽一義味寂滅悉平等遠離一異顚倒相是名菩薩不退住此約理說問旣其各各無性那得成其一多耶答此由法界實德緣起力用普賢境界相應所以一多常成不增不減也次明一卽多多卽一者如似一卽十緣成故若十非一一不成故何但一不成十亦不成如

柱若非舍爾時則無舍若有舍亦有柱卽以柱卽是舍故有舍復有柱一卽十十卽一故成一復成十也問若一卽十此乃無有一若十卽一此乃無有十那言一之與十復言以卽故得成耶答一卽非一者是情謂一今所謂緣成一緣成一者非是情謂一故經頌云一亦不爲一爲破諸數故淺智著諸法見一以爲一問前明一中多多中一者卽一中有十十中有一此明一卽十有何別耶答前明一中十者離一無有十而十非是一若此明一卽十者離一無有十而十卽是一緣成故也二同體門者還如前門相似還

明一中多多中一二一卽多多卽一今就此門中說者前異體門言一中十者以望後九故名一中十此門言一中十者卽一中有九故言一中十也問若一中卽有九者此與前異體門中一卽十有何別耶答此中言有九者有於自體九而一不是九若前異體說者一卽是彼異體十而十不離一問一中旣自有九者應非緣成義答若非緣成豈得有九耶問一體云何得有九答若無九卽無一次明同體門中一卽十者還言一者緣成故一卽十何以故若十非一一不成故一卽十旣爾一卽二三亦然問此中言自體一

卽十者與前同體一中十有何別耶答前明自體中有十而一非是十此明一卽十而一卽是十以此爲異問此明一體卽十爲攝法盡否答隨智差別故亦盡亦不盡何者如一若攝十卽不爲盡若具說卽無盡也問爲攝自門無盡爲攝餘門亦無盡耶答一無盡餘亦無盡若餘不盡一亦不盡若一成一切卽成若一不成一切卽不成是故此攝法卽無盡復無盡成一之義也於三四義猶若虛空卽是盡更不攝餘故名無盡故知亦攝盡不盡也問旣言一卽能攝者爲只攝一中十亦得攝他處十答攝他十亦有盡不

盡義何以故離他即自故一攝他處即無盡而成一之義他處十義如虛空故有盡經云菩薩在於一地普攝一切諸地功德此宗鏡錄是一乘別教不思議門圓融無盡之宗不同三乘教中所說如上一多無礙之義不可以意解情思作限量之見唯淨智眼以六相十玄該之方盡其旨耳則知融攝無邊包含匪外如法華神力品云諸佛於此得阿耨多羅三藐三菩提諸佛於此轉於法輪諸佛於此而般涅槃又經云慈悲爲佛眼正念爲佛頭妙音爲佛耳香林爲佛鼻甘露爲佛口四辯爲佛舌六度爲佛身四攝爲佛

手平等爲佛指戒定爲佛足種智爲佛心金光明經疏云法性身佛者非是凡夫二乘下地之所能見唯應度者示令得見此即無身之身無相之相一切智爲頭第一義諦髻八萬四千法門髮大悲眼中道白毫無漏鼻十八空舌四十不共齒宏誓肩三三昧腰如來藏腹權實智手定慧足如此等相莊嚴法性身佛也牛頭初祖云諸佛於此得菩提者此是心處得菩提色處轉法輪眼處入涅槃若爾者身中究竟解脫法身常在淨土具足更少何物復更何求初發心時便成正覺此宗鏡中所有智行主伴皆同一際纔

有信者悉同法流但如一圓鏡之中無別分析如華嚴論云此經法門總是十方諸佛同行共行更無新故如大王路發跡登之者即是無柰不行之何一念隨善根少分見性智慧現前總是不離佛正覺根本智故不離普賢行故如普賢一念中少分善心總是向法流者故經云聞如來名號及所說法門聞而不信猶能畢竟至於金剛智地何況信修者也又云此華嚴經中解行法門修學悟入必能成就十住法門住佛種性生如來家爲佛眞子不同權教初地菩薩以誓願成佛此華嚴經直論實證位不論誓願爲此

教門總一時一際一法界無異念前後情絕凡聖一性不論情繫應以無念無作法界照之可見若立情見不可信也設生信者亦信佛語故非是自見若自見者情絕想亡心與理合智與境冥方知萬境性相通收若不如斯心常彼此是非競作垢淨何休若也稱性情亡法界重玄之門自達一多純雜自在含容總別之門圓融自在於利生之法善達諸根隨所堪能悉皆成益敬承親近者皆能拔之所以稱性故凡行一事悉徧法界若隨事作則有分限如摩訶般若經云欲以一食供養十方各如恆河沙等諸佛及僧

當學般若波羅蜜欲以一衣華香瓔珞粖香塗香燒香燈燭幢旛華蓋等供養諸佛及僧當學般若波羅蜜論問曰菩薩若以一食供養一佛及僧尚是難事何況十方如恒河沙等諸佛及僧答曰供養功德在心不在事也若菩薩以一食大心悉供養十方諸佛及僧亦不以遠近爲礙是故諸佛皆見皆受是知但運一心廣大無際功德智慧二種莊嚴六度萬行無不圓滿則知一毫空性法界無差一微塵中具十方分是以法華會上十方佛國通爲一土分身共座同證一乘亦如華嚴教明此土說法十刹咸然仰先聖

之同歸令後學之堅信遇斯教者莫大良緣如秉大炬以燭幽關炳然見性似駕迅航而渡深濟倏爾登眞故云一句染神必當成佛一字經耳七世不沈所利唯人所約唯已百福殊相同入無生萬善異流俱會平等今宗鏡中亦復如是正直捨方便但說無上道一切諸法中唯以等觀入若執方便廣辯諸乘則失佛本懷違於大旨如法王經云若定根機爲小乘人說小乘法爲闡提人說闡提法是斷佛性是滅佛身是說法人當歷百千萬劫墮諸地獄何以故衆生之性即是法性從本已來無有增減云何於中分別

藥病如是解者即一切法無非佛法執問如何是一切法皆是佛法答一切法唯心心即是佛心即是法如學人問忠國師經云一切法皆是佛法殺害還是佛法否答一切施爲皆是佛智之用如人用火香臭不嫌亦如其水淨穢非汙以表佛智也是知火無分別蘭艾俱焚水同上德方圓任器所以文殊執劍於瞿曇鴦崛持刀於釋氏豈非佛事乎若心外見法而生分別直饒廣作勝妙之事亦非究竟耳問心性本淨寂照無遺何假智光而爲鑒達答心是正因雖然了照以客塵煩惱所遮若無智慧了因而不能顯古

德云智照心原即是了因如空與日略有十義以辯難思一謂日與空非即非離二非住非不住三如日善作破闇良緣顯空之要四雖復滅闇顯空空無損益五理實無損事以推之闇蔽永除性乃無增空界所含萬像皆現六而此虛空性雖清淨若無日光則有闇起七非以虛空空故自能除闇闇若除者必假日光八日若無空無光無照空若無日闇不自除九然此闇性無來無去日之體相亦不生不滅十但有日照空則乾坤洞曉以智慧日照心性空亦復如是釋曰一智與心非即非離云何非即以智是能照心

是所照能所異故云何非離智是心之用用不離體故二非住非不住云何非住智性離故云何非不住與心相應故三智能破客塵顯了心性四智雖去塵現性而心本無隱顯五心雖本空要盡客塵方能普現法界六心雖清淨若無智光則爲客塵所蔽七非心自空不染客塵塵若除者要同智光八智無心不照心無智不明九客塵雖盡本無來去智雖起照亦無生滅十但得智光則心性湛然寂照法界洞明究竟清淨故知萬法無修兼修而至無修本性雖空亦由修空而顯空今宗鏡所錄深有所以只爲衆生無

智不修而墮愚闇不照心性枉陷輪迴若不得宗鏡之智光何由顯於心寶且衆生無漏智性本自具足以客塵所蔽似鏡昏塵但能知鏡本明塵卽漸盡客塵盡處眞性朗然如大涅槃經云如大村外有娑羅林中有一樹先林而生足一百年是時林主灌之以水隨時修治其樹陳朽皮膚枝葉悉皆脫落唯眞實在如來亦爾所有陳故悉已除盡唯有一切眞實法在所以一鉢和尚謌云萬代金輪聖王子只者眞如靈覺是菩提樹下度衆生度盡衆生出生死不生死眞丈夫無形無相大毗盧塵勞滅盡眞如在一顆圓明無價珠

宗鏡錄卷第十三

音釋

跧 且緣切伏也　縠 胡谷切縐紗也　倏 式竹切疾也　闡提 梵語也此云信不具闡昌善切　鴦崛 梵語也具云鴦崛摩羅此云指鬘

宗鏡錄卷第十四

宋慧日永明妙圓正修智覺禪師延壽集

夫釋迦文佛開衆生心成佛知見達摩初祖直指人心見性成佛若體此一心云何是成佛之理答一心不動諸法無性以無性故悉皆成佛華嚴經云佛子如來成正覺時於其身中普見一切衆生成正覺乃至普見一切衆生入涅槃皆同一性所謂無性無何等性所謂無相性無盡性無生性無滅性無我性無非我性無衆生性無非衆生性無菩提性無法界性無虛空性亦復無有成正覺性知一切法皆無性故

得一切智大悲相續救度衆生佛子譬如虛空一切世界若成若壞常無增減何以故虛空無生故諸佛菩提亦復如是若成正覺不成正覺亦無增減何以故菩提無相無非相無一無種種故佛子假使有人能化作恒河沙等心一一心復化作恒河沙等佛皆無色無形無相如是盡恒河沙等劫無有休息佛子於汝意云何彼人化心化作如來凡有幾何如來性起妙德菩薩言如我解於仁所說義化與不化等無有別云何問言凡有幾何普賢菩薩言善哉善哉佛子如汝所說設一切衆生於一念中悉成正覺與不成正覺等無有異何以故菩提無相故若無有相則無增減佛子菩薩摩訶薩應如是知成等正覺同於菩提一相無相疏釋云所以知佛智徧者無一衆生不有本覺與佛體無殊故經云佛智徧流卽以佛智徧他衆生今顯衆生自有佛智故云徧耳此有三意一明無一衆生不有則知無性者非衆生數謂草木等已過五性之見二者衆生在纏之因已具出纏之果法故云有如來智慧非但有性後方當成亦非理先智後是知涅槃對昔方便且說有性後學尙謂談有藏無況聞等有果智誰當信者三彼因中之果智

卽他佛之果智以圓教宗自他因果無二體故不爾此說衆生有果何名說佛智耶斯則乖又乖矣非華嚴宗無有斯理疑云涅槃云佛性者名爲智慧有智慧時則無煩惱今有佛智那作衆生釋云謂顛倒故不證豈得言無如壯士迷於額珠豈是膚中無寶謂若先無離倒寧有既離則現明本不無如貧得珠非今授與是以涅槃恐不修行故云言定有者卽爲執著恐不信有故云若言定無則爲妄語乍可執著不可妄語又如來藏等經說有九種喻喻如來藏謂如青蓮華在泥水中未出泥人無貴者又如貧女而懷

聖胎。如大價寶垢衣所纏。如摩尼珠落在深廁。如眞金像弊衣所覆。如菴羅樹華實未開。亦如稻米在糠穭中。如金在鑛。如像在模。皆是塵中有佛身義。與此大同也。又此無性理能成一切。能壞一切。則一成一切成。一壞一切壞。一成一切成者。卽因果交徹。於中有二。一明生佛不二。華嚴經云。如來成正覺時。於其身中普見一切衆生成正覺等。淨名經云。一切衆生卽菩提相。卽菩提相。于何不成。二明能所不二。卽華嚴經云。皆同一性。所謂無性。淨名經云。不行是菩提離意法故。法卽是所。意卽是能。良以心境同一性故

生佛亦然。是以眞心不守自性。故舉體隨緣。成諸萬法。性卽體也。以諸法唯心所現。各無自體。虛假相依。無決定性。以無性故。能隨異緣成立一切。若有定性。猶如金石。各有堅性。不可合易。今此無性。猶如於水。遇冷成冰。逢火便煖。故中論偈云。集若有定性。先來所不斷。於今云何斷。道若有定性。先來所不修。於今云何修。故知若有定性。一切諸法皆悉不成。若無定性。一切皆成。又若衆生各各有性。自體不移。則永作衆生。無因成佛。所以無性理同。以有空義故。一切法得成。於畢竟空中熾然建立一切法。若此一微塵法成。則盡十方虛空界一切異法一時成。若有一微塵異法不成者。此間一毫之法亦不成。失圓頓義。以一心一切心故。若悟宗鏡成佛。卽一切處成佛。所以金剛經云。所在之處。則爲有佛。若有一微塵處不成佛。則不入宗鏡中。故經云。唯我一人者。三界六道凡聖無非我。是一。是人。故唯我一人耳。故知若離此而修皆成權漸。如待空華而結果。期鍛水以成冰。任滿三祇。不入眞實。但自觀心見佛。了諸法空。則不動念而親覩毫光。靡運身而徧參法界。如佛在忉利一夏安居。佛以神力制諸人天。不知處所。夏受歲已。佛攝神

足。欲還閻浮。爾時須菩提於石室中住。自思唯言。佛忉利下。當至佛所禮佛耶。爲不至耶。復自思唯。佛常說法。若人以智慧力觀佛法身。是名見佛中最。佛時已從忉利下閻浮提。四衆皆集。人天相見。座中有佛及轉輪王。諸天大集。衆會莊嚴。先未曾有。須菩提念。今此大衆雖復殊特。勢不久停。磨滅之法皆歸無常。因此無常觀之初門。悉知諸法空無有實。作是觀時。卽得道證。時一切衆欲先見如來禮拜供養。有蓮華色比丘尼。常爲他人呼爲婬女。欲除惡名。便化爲輪王。七寶千子。衆人見之。皆悉避座。化王見佛。還復本

身爲比丘尼最先禮佛佛告尼言非汝先禮我唯須菩提最初禮我所以者何須菩提觀諸法空爲見法身得眞供養供養中最非供養生身名供養也是知若不自信心佛求他勝緣功業雖勤終非究竟如華嚴如來出現品云佛子設有菩薩於無量百千億那由他劫行六波羅蜜修習種種菩提分法若未聞此如來不思議大威德法門或時聞已不信不解不順不入不得名爲眞實菩薩以不能生如來家故又以從緣故緣亦無自性則一切不成念念散壞如隨差別穢染之緣因名言建立故號衆生於諸緣中求衆

生性了不可得則衆生體空卽是壞義以有諸法故則空義得顯若此一衆生義不成則盡十方法界一切衆生悉皆不成故名一壞一切壞所以諸佛知一切法皆無性故得成就一切智起同體悲相續不斷盡未來際廣度有情以一心無性成佛之理願一切衆生與我無異知衆生本來一心不動常合天眞以無性故不覺隨緣六趣昇降枉受妄苦虛墮輪迴所以能起大悲相續度脫若無此無性之理則大化不成善惡凡聖不可移易若能如是解悟則是入不思議方便法門佛藏經云諸法若有決定體性如析毛

髮百分之一者是則諸佛不出於世亦終不說諸法空並證頓義華嚴經頌云能於一念悉了知一切衆生無有餘了彼衆生心自性達無性者所行道不退轉法輪經云爾時三菩薩住世尊前以曼陀蓮華散於佛上散已作如是言我於此法深生信解無有疑惑其第一者白佛言世尊若有人說如來我卽如來於此法中都無疑惑第二菩薩復白佛言世尊若有人稱說世尊我卽世尊亦於此法悉無疑惑第三菩薩白佛言世尊若有人稱說阿羅訶三藐三佛陀我卽阿羅訶三藐三佛陀亦於此法悉無疑惑乃至阿

難白佛言世尊云何菩薩作如是說佛言此三菩薩善解假名故作是說故知但是凡聖諸法皆是假名從心建立若能了達一切平等卽知凡聖諸法不出假名假名不出眞如之性如大般若經云爾時善現告欲色界諸天衆言汝諸天衆說我善現佛眞弟子隨如來生云何善現隨如來生謂隨如來眞如生故所以者何如來眞如無來無去善現眞如亦無來無去故說善現隨如來生如來眞如卽一切法眞如一切法眞如卽如來眞如如是眞如無眞如性亦無不眞如性善現眞如亦復如是故說善現隨如來生釋

曰若如來眞如即一切法眞如者非獨善現隨如來生乃至一切法界衆生悉隨如來生何者以如來眞如即自眞如故如是眞如無眞如性者以此眞如是言說中極亦不可立故云喚作如如早是變也既無眞如之性亦無非眞如之性如是了達方爲究竟眞如矣鴦掘經云爾時舍利弗問諸比丘言大德何緣說如是語我今始於六師出家諸比丘言大德舍利弗從今已往六師諸佛等同一相無增無減大德舍利弗我等今知諸師不異於出家中無所分別故言出家舍利弗言大德何緣說言從今佛非我尊諸比

丘言大德舍利弗我從今往自然明了熾然明了不假餘明我自歸依非餘歸依自歸自尊是故說言佛非我尊何以故我不離佛佛不離我乃至舍利弗言大德何故說從今往說無有業諸比丘言大德舍利弗我從今往知一切說究竟涅槃是中無有調伏無非調伏以是故言我說無業如來藏經云世尊告金剛慧言善男子我以佛眼觀一切衆生貪欲恚癡諸煩惱中有如來智如來眼如來身結跏趺坐儼然不動善男子一切衆生雖在諸趣煩惱身中有如來藏常無染汙德相備足如我無異楞伽經云如來藏自

性清淨轉三十二相入於一切衆生身中華嚴入法界品中鞞瑟胝羅居士得菩薩解脫不般涅槃際法門常供養栴檀座佛塔告善財言我開栴檀座如來塔門時得三昧名佛種無盡善男子我念念中入此三昧念念得知一切無量殊勝之事乃至善男子我唯得此菩薩所得不般涅槃際解脫如諸菩薩摩訶薩以一念智普知三世一念徧入一切三昧如來智日恒照其心於一切法無有分別了一切佛悉皆平等如來及我一切衆生等無有二知一切法自性清淨無有思慮無有動轉而能普入一切世間離諸分

別住佛法印悉能開悟法界衆生又頌云如心境界無有量諸佛境界亦復然如心境界從意生佛境如是應觀察法華經云如是我成佛已來甚大久遠壽命無量阿僧祇劫常住不滅衆有疑云成道既久常此教化中間所有然燈毗婆沙尸棄等佛成道入滅說法度衆生復是誰耶古釋云於是中間說然燈佛等成道入滅如是皆以智慧方便善巧分別說於他佛非離我身別有彼佛金剛經論云衆生身內有佛亦非密身外有亦非密乃至非身內非身外有非非內非非外有並非密也衆生即是故名爲密寶藏論

云不遺一法不得一法不修一法不證一法性淨天
眞而謂大道乎是以徧觀天下莫非眞人孰得此理
同其一倫台教云只觀十法界衆生即是佛十法界
衆生陰佛陰無毫芥之殊三世佛事衆生四儀無不
圓足華嚴論云若少見性者亦得佛乘如大海中一
毫之渧乃至多渧一一渧中皆得大海如是菩薩五
位之中十信十地一一位內皆有佛果如彼海水一
毫之渧不離佛性得諸行故以彼佛性而有進修如
華嚴經直以全佛果不動智等十智如來示凡信修
如有凡夫頓昇寶位身持王位徧知臣下一切羣品

無不該含華嚴經中法門菩薩行相亦復如是從初
發心十住之始頓見如是如來法身佛性無作智果
徧行普賢一切萬行隨緣不滯悉皆無作涅槃經云
佛性非是作法但爲客塵煩惱所覆故是故今從十
住初位以無作三昧自體應眞煩惱客塵全無體性
唯眞體用無貪瞋癡任運即佛故一念相應一念成
佛一日相應一日成佛何須數劫漸漸而修多劫積
修三祇至果心緣劫量見障何休諸佛法門本非時
攝計時立劫非是佛乘又經云一切世界海微塵數
劫所有諸佛出興於世親近供養者明無功之智徧

周無法不佛佛即法也十方虛空無有間缺針鋒毛
端無不是一切法一切佛故但有微塵許是非染淨
心皆不是見佛也以智眼印之又云都舉佛刹微塵
數佛者智滿行徧無非佛故皆悉承事者即聖凡同
體無一不佛法空無間也以普眼觀之徹其心境無
不佛也智隨諸行一切皆佛故如是見者以事而論
亦實如是表法而論一切總實是佛故若一法一物
不是佛見者當知是人即是邪見非正見也即有能
所是非諸見競生不得入此普賢文殊智眼境界是
以若有異想襍念續續而起故號衆生則能所互興

是非交諍即是邪見若了妄念無相外境自虛則一
切刹塵無非正覺所以釋摩訶衍論云一念初起無
有初相者謂心起者無有初相可知而言知初相即
謂無念者則是除疑令生勝解謂有衆生作如是疑
極解脫道會本覺時微細初生知得有耶知得無耶
若知有者極解脫道當非無念所以者何知有初念
有初念故若知無者極解脫道當不能有所以者何
既無初念待何念無立解脫有如是疑故今自通言
所知之相從本已來自性空無能知之智從本已來
無有起時既無所覺之相亦無能覺之智豈可得言

有細初相智慧可知。而言說知初相者。卽是現示無念道理。所以者何。法性之理。雖無所知之初起相。亦無能知之始覺智。而能通達無所知相無能知智無所有覺。都非空無。是故今且依此道理作如是說知初相耳。是故一切衆生。不名爲覺。以從本來念念相續未曾離念故。說無始無明者。卽是成立上無念義。謂金剛已還。一切衆生。獨力業相大無明念未出離故。則是現示一切衆生皆是有念名爲衆生。一切諸佛皆得無念名爲佛故。自此已下現示始覺境界周徧圓滿。謂大覺者已到彼岸徧知一切無量衆生。一

心流轉作生住異滅四相故。如論云。若得無念者則知心相生住異滅故。以何義故如是知耶。得自無念時。一切衆生平等得故。如論云。以無念等故。以何義故。唯一行者得無念時。一切衆生悉得無念。一一衆生皆悉各各有本覺故。此義云何。謂一行者始覺圓滿同本覺時。徧同一切無量衆生本覺。心中非自本覺所以者何。自性本覺徧衆生界無不至故。淸淨覺者得無念時。一切衆生皆得無念者。淸淨覺者斷無明時。一切衆生亦可斷耶。若爾何過。若始覺者斷無明時。一切衆生皆得斷者。何故上言。金剛已還。一切

衆生獨力業相大無明念未出離故。不名爲覺。若諸衆生無始無明未得出離。而與諸佛同得無念者無念等義。唯有言說無有實義。豈可得言一切衆生皆有本覺亦有始覺。決斷此難。則有二門。一者自宗決斷。二者望別決斷。自宗決斷者。此論正宗爲欲現示一切衆生同一相續無差別故。可得一修行者無始無明究竟斷時。一切衆生亦同斷盡。一修行者滿始覺時。一切衆生亦同得滿。是故三身本有契經中作如是說。爾時世尊告文殊言。文殊師利。我由二等而成正覺。一者斷等。二者得等。言斷等者。我極解脫道

初發起時。一切衆生所有無始無明。一時究竟頓決斷故。言得等者。我初成道滿始覺時。一切衆生皆滿足故。是名二等。故望別決斷者。舉圓滿者望衆生界。無一一法而非淸淨。舉諸衆生望無上尊。入無明藏無所覺知。皆悉淸淨無所障礙無念等義。而得成立。入無明藏無所覺知。上上所說文無相違過。舉此一隅應廣觀察。自此已下。融諸始覺。令同本覺。謂五十一分滿始覺時。實無轉勝漸次之果。亦無究竟圓滿之極。所以者何。一切始覺四相俱時而得住止。皆無自立。從本已來。一味平等自性圓滿。契同無二。一相

覺故如論云而實無有始覺之異以四相俱時而有皆無自立本來平等同一覺故起信疏云豁然大悟覺了自心本無所轉今無所靜本來平等種種夢念動其心原覺心初起者是明所覺相心初起者依無明有生相之心體令動念今乃證知離本覺無不覺即動念是靜心故言覺心初起如迷東為西悟時乃知西即是東心無初相者本由不覺有心生起今既覺故心無所起故言無初相今究竟位動念都盡唯一心在故言無初相無明永盡歸一心原更無起動故言得見心性心即常住更無所進名究竟覺未至

心原夢念未盡欲滅此動望到彼岸而今既見心性夢相都盡覺知自心本無流轉今無明靜息常自一心是以證知佛地無念此是舉因而證果也馬祖大師云汝若欲識心祇今語言即是汝心喚此心作佛亦是實相法身佛亦名為道經云有三阿僧祇百千名號隨世應處立名如隨色摩尼珠觸青即青觸黃即黃體非一切色如指不自觸如刀不自割如鏡不自照隨緣所見之處各得其名此心與虛空齊壽乃至輪迴六道受種種形即此心未曾有生未曾有滅為眾生不識自心迷情妄起諸業受報迷其本性妄

執世間風息四大之身見有生滅而靈覺之性實無生滅汝今悟此性名為長壽亦名如來壽量喚作本空不動性前後諸聖祇會此性為道今見聞覺知元是汝本性亦名本心更不離此心別有佛此心本有今有不假造作本淨今淨不待瑩拭自性涅槃自性清淨自性解脫自性離故是汝心性本自是佛不用別求佛汝自是金剛定不用更作意凝心取定縱使凝心斂念作得亦非究竟志公和尚生佛不二科云眾生與佛不殊大智不異於愚何用外求珍寶身內自有明珠正道邪道不二了知凡聖同途迷悟本無

差別涅槃生死一如究竟攀緣空寂推求憶想清虛無有一法可得蕭然直入無餘傅大士頌云還原去何須次第求法性無前後一念一時修又頌云凡地修聖道果地習凡因恒行無所踐常度無度人寶覺大師謌云雪山肥膩更無雜純出醍醐我常納一性圓通一切性一法徧含一切法一月普現一切水一切水月一月攝諸佛法身入我性我性同共如來合一地具足一切地非色非心非行業彈指圓成八萬門剎那滅却阿鼻業一切數句非數句與吾靈覺何交涉百門義海云發菩提者今了達一切眾生及塵

毛等無性之理以成佛菩提智故所以於佛菩提身中見一切衆生成等正覺又衆生及塵毛等全以佛菩提之理成衆生故所以於衆生菩提中見佛修菩提行是故佛是衆生之佛衆生即佛之衆生縱有開合終無差別如是見者名菩提心起同體大悲敎化衆生也又東林問云衆生爲迷諸佛爲悟體雖是一約用有差若以衆生通佛佛亦合迷若以佛通衆生衆生合悟荅恒以非衆生爲衆生亦以非佛爲佛不礙存而恒奪不妨壞而常成隨緣且立衆生之名豈有衆生可得約體權施法身之號寧有諸佛可求莫

不妄徹眞原居一相而恒有眞該妄末入五道而常空情談則二界難通智說乃一如易就然後雙非雙是即互壞互成見諸佛於衆生身觀衆生於佛體仰山和尚問潙山和尚云眞佛住何處潙山云以思無思之妙反思靈燄之無窮思盡還原性相常住事理不二眞佛如如斯則無住無離能見眞佛履平等道矣故云六道之道離善之惡離惡之善二乘之道離漏之無漏菩薩之道離邊之中諸佛之道無離無至何以故一切諸法即是佛道故所以先德云夫大道唯心即心是佛只依一心而修即是根本之智亦是

無分別智即能分別無窮自具一切智故不同起心徧計故知凡有心者悉皆成佛如今行是佛行坐是佛坐語是佛語默是佛默所以云阿鼻依正常處極聖之自心諸佛法身不離下凡之一念此非分得可謂全收以不信故決定爲凡以明了故舊來成佛然成佛之義約信虛亡隨相對機即有多種如華嚴演義云隨門不同種種有異門雖有多且畧分四一約性即一眞法界二約相即無盡事法三性相交徹顯此二門不即不離四以性融相德用重重初約體門者問體是佛否荅應成四句一是佛法性身無所不

至故經云性空即是佛故二非佛絕能所覺爲其性故平等眞法界非佛非衆生故三亦佛非佛以法性身無自性故四雙非性與無性雙泯絕故經頌云無中無有二無二亦復無三世一切空是則諸佛見二就相門有二一情二非情眞心隨緣變能所故然此二門各分染淨謂無明熏眞如成染緣起眞如熏無明成淨緣起染成萬類淨至成佛以修淨緣斷彼染緣方得成佛依此二義則生佛不同於淨緣中復有因果因有純襍果有依正若約純門隨一菩薩盡未來際唯修一行一一皆然若約襍門萬行齊修盡未

來際若約因門盡未來際常是菩薩若約果門盡未
來際常是如來經云爲衆生故念念新新成等正覺
若雙辯門盡未來際修因得果若約雙非盡未來際
非因非果便同眞性前之三門雙具悲智雙融心境
第三性相交徹門曲有四門一以性隨相同第二門
二奇相歸性同第一門三雙存無礙具上二門依此
則悲智雙運性相齊驅寂照雙流成大自在四互奪
雙亡則性相俱絕沒同果海無成不成第四以性融
相門相雖萬差無不卽性性德無盡全在相中以性
融相相如於性令上諸門皆無障礙因果交徹純雜

相融事事相參重重無盡今就性門四句之内是卽
佛門不取餘三就相門中約有情門是淨非染是果
非因是一分義非此所用就交徹門佛則性相雙融
生則會相歸性今經正約第四以性融相一成一切
皆成謂以佛之淨性融生之染以佛一性融生之多
令多染生隨一眞性皆如於佛已成佛竟非唯有情
會萬類相融爲佛體無不皆成故肇公云會萬物而
成已者其唯聖人乎又云故聖人空同其體萬物無
非我以佛之性融於物性同佛皆成以物之性融佛
之相故今三業等於萬類卽今經意而非餘門故云

隨門不同今是成佛門也頓教多同約性四門終教
卽同性相交徹始教有二門約有卽空同會相歸性
但唯心現多同第二小乘人天皆同相門由此有云
無情成佛是約性相相融以情之性融無情相以無
情相隨性融同有情之相故說無情有成佛義若以
無情不成佛義融情之相亦得說言諸佛衆生不成
佛也以成與不成情與無情無二性故法界無限故
佛體普周故色空無二故法無定性故十身圓融故
緣起相由故生界無盡故爲因周徧故違離斷常故
萬法虛融故故說一成一切成也非謂無情亦有覺

性同情成佛若許此成則能修因無情變情情變無
情便同邪見是以性非巧拙解有精麤智妙而見在
須臾機鈍而悟經塵劫所以古德云夫佛體幽夵非
卽色蘊亦不離色蘊一異性空眞性自現如密嚴經
偈云碎抹於金鑛鑛中不見金智者巧融鍊眞金方
乃顯分剖於諸色乃至爲極微及析求諸蘊若一若
異性佛體不可見亦非無有佛且如悟入宗鏡中成
佛不離一念若前念是凡後念是聖此猶別教所收
今不動無明全成正覺故華嚴論云如將寶位直授
凡庸如夜夢千秋覺已隨滅傅大士白梁武帝云今

欲將如意寶珠淸淨解脫照徹十方光色微妙難可思議意欲施於人主若受者疾得阿耨多羅三藐三菩提故知若一念決定信受者不隔刹那便登覺位如維摩經云維摩詰言然汝等便發阿耨多羅三藐三菩提心是卽出家是卽具足又法華經云爾時龍女有一寶珠價直三千大千世界持以上佛佛卽受之龍女謂智積菩薩尊者舍利弗言我獻寶珠世尊納受是事疾否答言甚疾女言以汝神力觀我成佛復速於此故知一切含生心珠朗耀理無前後明昧隨機或因鬬而隱膚中對明鏡而顯現或因遊而沈

水底在安徐而得之或處輪王髻中建大功而受賜或繫貧人衣裏惺智願而猶存宗鏡明文同證於此如是信者究竟無餘卽是一念知一切法是道場成就一切智故據此諸聖開示心佛了然設有抱疑退屈之者雖未信受若成佛之理未曾暫虧如人不識眞金認爲銅鐵銅鐵但有虛名金性未曾暫變如今執者不知本是卻謂今非亦匪昔迷而方始悟如上廣引委曲證明只爲卽生死中有不思議性於塵勞內具大菩提身以障重之人聞皆不信甘稱絕分唯言我是凡夫旣不能承紹佛乘宏持法器遂乃一向

順衆生之業背覺合塵生死之海彌深煩惱之籠轉密所以偏集祖佛言教頓釋羣疑令於言下發明直見無生自性方知與佛無異萬法本同始信眞詮有茲深益問六祖云善惡都莫思量自然得入心體洞山和尚云學得佛邊事猶是錯用心今何廣論成佛之旨答今宗鏡錄正論斯義以心冥性佛理合眞空豈於心外妄求隨他勝境如華嚴記云若達眞空尙不造善豈況惡乎若邪說空謂豁達無物或言無礙不妨造惡若眞知空善順於理恐生動亂尙不起心慕善惡背於理以順妄情豈當可造若云無礙不礙

造惡何不無礙不礙修善而斷惡耶厭修善法尙恐有著心恣情造惡何不懼著明知邪見惡衆生也乃至入理觀佛猶恐起心更造惡思特違至理故楞伽經云佛告大慧前聖所知轉相傳授妄相無性菩薩摩訶薩獨一靜處自覺觀察不由於他離見妄想上上昇進入如來地是名自覺聖智相又云一切無涅槃無有涅槃佛無有佛涅槃遠離覺所覺所覺是相能覺是見遠離覺所覺名自覺聖智以亡能所處成佛故夫限量所知從他外學欲窮般若海莫得其源如於恒河中投一升鹽水無鹽味飲者不覺若內照

發明。徹法源底。無理不照。無事不該。如經云。佛言。我住於無念法中。得如是黃金色身。三十二相。放大光明。照無餘世界。

宗鏡錄卷第十四

音釋

厠初吏切圊也　穅糩穅苦岡切糩苦外切穅糩謂穀皮也　溈于嬀切　詰苦吉切

宗鏡錄卷第十五

宋慧日永明妙圓正修智覺禪師延壽集

問旣博地凡夫位齊諸佛者云何不具諸佛神通作用荅非是不具但衆生不知故華嚴宗云諸佛證衆生之體用衆生之用所以志公和尚謌云日昳未心地何曾安了義他家文字有親疏莫起功夫求的意任縱橫絕忌諱長在人閒不居世運用元來聲色中凡夫不了爭爲計如有學人問大安和尚如何是諸佛神通師云汝從何處來對云江西來師云莫不謾語否對云終不謬言學人再問如何是神通師云果

然妄語斯皆可驗並是現前日用不知故諸佛將衆生心中眞如體相用三大之因爲法報化三身之果豈可更論具不具耶如今若實未薦者但非生因之所生唯在了因之所了大涅槃經云生因者如泥作瓶了因者如燈照物若智燈纔照凡聖一如若意解觀之眞俗似別然世閒多執事相迷於眞理故法華經云取相凡夫隨宜爲說金剛經云但凡夫之人貪著其事所以一切經論皆破衆生身心事相等執如寶藏論離微品云夫經論者莫不就彼凡情破彼根量種種方便皆不住於形事若不住形事者則不須

一切言說及以離微也故經云隨宜說法意趣難解雖說種種之乘皆是權接方便助道法也然非究竟解脫涅槃如有人於虛空中畫作種種色相及種種音聲然彼虛空實無異相受人變動故知諸佛化身及以說法亦復如是於實際中都無一異是以天地合離虛空合微萬物動作變化無爲夫神中有智智中有通通有五種智有三種何爲五種通一曰道通二曰神通三曰依通四曰報通五曰妖通妖通者狐狸老變木石精化附傍人神聰慧奇異此謂妖通何謂報通鬼神逆知諸天變化中陰了生神龍隱變此

謂報通何謂依通約法而知緣身而用乘符往來藥餌靈變此謂依通何謂神通靜心照物宿命記持種種分別皆隨定力此謂神通何謂道通無心應物緣化萬有水月空華影像無主此謂道通何謂三智一曰眞智二曰內智三曰外智何謂外智謂分別根門識了塵境博覽古今皆通俗事此名外智何謂內智自覺無明割斷煩惱心意寂靜滅無有餘此名內智何謂眞智體解無物本來寂靜通達無涯淨穢不二故名眞智眞智道通不可名目餘所有者皆是邪僞僞則不眞邪則不正惑亂心生迷於本性是以深解

離微達彼諸有自性本眞出於羣品夫智有邪正通有眞僞若非法眼精明難可辯了是以俗閒多信邪僞少信正眞大教假行小乘現用故知妙理難顯也百丈廣語云應物隨形變現諸趣離我我所猶屬小用是佛事門收大用者大身隱於無形大音匿於希聲龐居士偈云世人多重金我愛刹那靜金多亂人心靜見眞如性心通法亦通十八斷行蹤但自心無礙何愁神不通如是解者方入宗鏡之中所有施爲皆入律行自然成辦一切佛事如淨名私記云得入律行者如優波離章是名奉律是名善解端坐不用

經營辦供養具而常作佛事心行中求已上並約性用心通不約事解或諸家兼事說者或云衆生理具諸佛事圓或云衆生在因諸佛證果或云衆生客塵所遮諸佛種現俱盡或云衆生妄見所隔諸佛五眼圓通天台教多約本迹明凡聖不二辯生佛之因果故肇法師云本迹雖殊不思議一所以湛然尊者約三觀四教十如十乘一念三千等於此迹門論其十妙若知迹門尚妙本門可知遂撮略色心不二等十門明權實之宗辯能所之化故云爲實施權則不二而二開權顯實則二而不二斯則始終明不二十門

者一色心不二門者且十如境乃至無諦一一皆有總別二意總在一念分別色心何者初十如中相唯在色性唯在心體力作緣義兼色心因果唯心報唯約色十二因緣苦業兩兼惑唯在心四諦則三兼色心滅唯在心二諦三諦皆俗具色心眞中唯心一實諦及無諦準此可見既知別已攝別入總一切諸法無非心性一性無性三千宛然當知心之色心即心名變變名爲造造謂體用是則非色非心而色而心唯色唯心良由於此故知但識一念徧見已他生佛他生他佛尚與心同況已心生佛寧乖一念故彼彼

境法差而不差二內外不二門者凡所觀境不出內外外謂託彼依正色心即空假中即空假中妙故色心體絕唯一實性無空假中色心宛然豁同眞淨無復衆生七方便異不見國土淨穢差品而帝網依正終自炳然所言內者先了外色心一念無念唯內體三千即空假中是則外法全爲心性心性無外攝無不周十方諸佛法界有情性體無殊一切咸徧誰云內外色心已他此即用向色心不二門成三修性不二門者性德只是界如一念此內界如三法具足性雖本爾藉智起修由修照性由性發修在性則全修

成性起修則全性成修性無所移修常宛爾修又二種順修逆修順謂了性爲行逆謂背性成迷迷了二心心雖不二逆順二性性事恒殊可由事不移心則令迷修成了故須一期迷了照性成修見性修心二心俱泯又了順修對性有離有合離謂修性各三合謂修二性一修二各三共發性三是則修雖具九九只是三爲對性明修故合修爲二二與一性如水爲波二亦無二亦無波水應知性指三障是故具三修從性成成三法爾達無修性唯一妙乘無所分別法界洞朗此由內外不二門成四因果不二門者衆生

心因既具三軌此因成果名三涅槃因果無殊始終理一若爾因德已具何不住因但由迷因各自謂實若了迷性實唯住因故久研此因因顯名果只緣因果理一用此一理爲因理顯無復果名豈可仍存因號因果既泯理性自忘只由忘智親疏致使迷成厚薄迷厚薄故彊分三惑義開六即名智淺深故如夢勤加空冥惑絕幻因既滿鏡像果圓空像雖即義同而空虛像實像實故稱理本有空虛故迷轉成性是則不二而二立因果殊二而不二始終體一若謂因異果因亦非因曉果從因因方剋果所以三千在理

同名無明三千果成咸稱常樂三千無改無明即明三千並常俱體俱用此以修性不二門成五染淨不二門者若識無始即法性爲無明故可了今無明爲法性法性之與無明徧造諸法名之爲染無明之與法性徧應衆緣號之爲淨濁水清水波濕無殊淸濁雖即由緣而濁成本有濁雖本有而全體是淸以二波理通舉體是用故三千因果俱名緣起迷悟緣起不離刹那刹那性常緣起理一一理之內而分淨穢別則六穢四淨通則十通淨穢故知刹那染體悉淨三千未顯驗體仍迷故相似位成六根徧照分十

界各具灼然豈六根淨人謂十定十分眞垂跡十界亦然乃至果成等彼百界故須初心而遮而照照故三千恒具遮故法爾空中終日雙亡終日雙照不動此念徧應無方隨感而施淨穢斯泯亡淨穢故以空以中仍由空中轉染爲淨由了染淨空中自亡此以因果不二門成六依正不二門者已證遮那一體不二良由無始一念三千以三千中生陰二千爲正國土一千屬依依正既居一心一心豈分能所雖無能所依正宛然是則理性名字觀行已有不二依正之相故使自他因果相攝但衆生在理果雖未辦一切

莫非遮那妙境然應復了諸佛法體非偏而偏衆生理性非局而局始終不改大小無妨因果理同依正何別故淨穢之土勝劣之身塵身與法身量同塵國與寂光無異是則一一塵刹一切刹一一塵身一切身廣狹勝劣難思議淨穢方所無窮盡若非三千空假中安能成玆自在用如是方知生佛等彼此事理互相收此以染淨不二門成七自他不二門者隨機利他事乃憑本本爲一性具足自他方至果位自即益他如理性三德三諦三千自行唯在空中利他三千赴物物機無量不出三千能應雖多不出十界十

界轉現不出一念土土互生不出寂光衆生由理具三千故能感諸佛由三千理滿故能應應徧機徧欣赴不差不然豈能如鏡現像鏡有現像之理形有生像之性若一形對不能現像則理鏡有窮形事未通若與鏡像隔則容有是理無有形對而不像者若鏡未現像由塵所遮去塵由人磨現像非關磨者以喻觀法大旨可知應知理雖自他具足必藉緣了爲利他功復由緣了與性一合方能稱性施設萬端則不起自性化無方所此由依正不二門成八三業不二門者於化他門事分三密隨順物理得名不同心輪

鑒機二輪設化現身說法未曾毫差在身分於眞應在法分於權實二身若異何故乃云即是法身二說若乖何故乃云皆成佛道若唯法身應無垂世若唯佛道誰施三乘身尙無身說必非說身口平等等彼意輪心色一如不謀而化常冥至極稱物施爲豈非百界一心界界無非三業界尙一念三業豈殊果用無虧因必稱果若信因果方知三密有本百界三業俱空假中故使稱宜偏赴爲果一一應色一一言音無不百界三業具足化復作化斯之謂歟故一念凡心已有理性三密相海一塵報色同在本理毗盧遮

那方乃名爲三無差別此以自他不二門成九明權實不二門者平等大慧常鑒法界亦由理性九權一實實復九界權亦復然權實相冥百界一念亦不可分別任運常然至果乃由契本一理非權非實而權而實此即如前心輪自在致令身口赴權實機三業一念無乖權實不動而施豈應隔異對說即以權實立稱在身則以眞應爲名三業理同權實冥合此以三業不二門成十受潤不二門者物理本來性具權實無始熏習或權或實權實由熏理恒平等遇時或習願行所資若無本因熏亦徒設遇熏自異非由性

殊性雖無殊必藉幻發幻機幻感幻應幻起能化所化並非權實然由生具非權非實成權實機佛亦果具非權非實爲權實應物機應契身土無偏同常寂光無非法界故知三千同在心地與佛心地三千不殊四微體同權實益等此以權實不二門成已上並是約理事權實因果能所等解釋大凡理事二門非一非異如大智度論云有二種門一畢竟空門二分別好惡門今依分別門中則理是所依爲本事是能依爲末又理妙難知爲勝事麤易見爲劣如今祇可從勝不可徇劣但得理本本立而道生事則自然成

矣又理實應緣無礙事之理事因理立無失理之事如今不入圓信之者皆自鄙下凡遠推極聖斯乃不唯失事理亦全無但悟一心無礙自在之宗自然理事融通眞俗交徹若執事而迷理永劫沈淪或悟理而遺事此非圓證何者理事不出自心性相寧乖一旨若入宗鏡頓悟眞心尚無非理非事之文豈有若理若事之執但得本之後亦不廢圓修如有學人問本淨和尚云師還修行也無對云我修行與汝別汝先修而後悟我先悟而後修是以若先修而後悟斯則有功之功功歸生滅若先悟而後修此乃無功之

功功不虛棄所以融大師信心銘云欲得心淨無心用功又若具智眼之人豈得妄生叨濫況似明目之者終不墮於溝坑若盲禪闇證之徒焉知六卽狂慧徇文之等矣識一心如今但先令圓信無疑自居觀行之位古人云一生可辦豈虛言哉切不可迷性徇修執權害實棄本逐末認妄遺眞據世諦之名言執無始之熏習將言定旨立解明宗一向合塵背於本覺如昔人云妄情牽引何年了辜負靈臺一點光又眞覺大師謌云覺卽了不施功一切有爲法不同住相布施生天福猶如仰箭射虛空勢力盡箭還墜招

得來生不如意爭似無爲實相門一超直入如來地但得本莫愁末如淨瑠璃含寶月既能解此如意珠自利利他終不竭且如世間有福之人於伏藏內得摩尼珠法爾以種種磨治然後自然雨寶況悟心得道之者亦復如是既入佛位法爾萬行莊嚴悲智相續如華嚴經中第十法雲地菩薩況如大摩尼珠有十種性十地品云佛子譬如大摩尼珠有十種性出過衆寶何等爲十一者從大海出二者巧匠治理三者圓滿無缺四者淸淨離垢五者內外明徹六者善巧鑽穿七者貫以寶縷八者置在瑠璃高幢之上九

者普放一切種種光明十者能隨王意雨衆寶物如衆生心充滿其願佛子當知菩薩亦復如是有十種事出過衆聖何等爲十一者發一切智心二者持戒頭陀正行明淨三者諸禪三昧圓滿無缺四者道行清白離諸垢穢五者方便神通內外明徹六者緣起智慧善能鑽穿七者貫以種種方便智縷八者置於自在高幢之上九者觀衆生行放聞持光十者受佛智職墮在佛數能爲衆生廣作佛事故知悟道如得珠豈無磨治莊嚴等事問若不具神變將何攝化荅若純取事相神通有違眞趣如輔行記云修三昧者

忽發神通須急棄之有漏之法虛妄故也故止觀云能障般若何者種智般若自具諸法能泯諸相未具已來但安於理何須事通若專於通是則障理又不唯障理反受其殃如鬱頭勝意之徒卽斯類矣夫言眞實神變者無非演一乘門談無生理一言契道當生死而證涅槃目擊明宗卽塵勞而成正覺剎那而革凡爲聖須臾而變有歸空如此作用豈非神變耶所以寶積經云文殊師利白佛言世尊夫說法者爲大神變若是下劣根機之者諸佛大慈不合孤棄一期方便黃葉止啼如維摩經云以神通慧化愚癡衆

生若上上根人只令觀身實相觀佛亦然如昔有彭城王問諸大德等實若證果卽得成聖者與我左腋出水右腋出火飛騰虛空放光動地我卽禮拜汝爲師牛頭融大師荅云善哉善哉不可思議今若責我如此證果者恐與道乖審如是成佛者幻師亦得作佛且與諸大德及諸大士證者昔釋迦在於僧中演無上道與僧不異維摩在俗說解脫果與俗不殊勝鬘女人說大乘法女人不改善星比丘行闡提行僧相不移此乃正據其內心解與不解以爲差隔何關色身男女相貌衣服好醜若言形隨證改貌逐悟遷

是聖者則瞿曇形改方成釋迦維摩相遷乃成金粟卽知證是心證非是形遷悟是智變非關相異譬如世間任官之人爲遷改官官高豈卽貌別又古人云不改舊時人只改舊時行履處設或改形換質千變萬化皆是一心所爲乃至神通作用出沒自在易小令大展促爲長豈離一心之內故知萬事無有不由心者但證自心言下成聖若不識道具相奚爲故金剛經云若以三十二相見如來者轉輪聖王卽是如來又偈云若以色見我以音聲求我是人行邪道不能見如來古人云若不達此理縱然步步脚踏蓮華

亦同魔作龐居士偈云色身求佛道結果反成魔若決定取神通勝相作佛者不唯幻士成聖乃至天魔外道妖狐精魅鬼神龍蜃等皆悉成佛彼咸具業報五通盡能變化故若不一一以實相勘之何辯眞僞但先悟宗鏡法眼圓明則何理而不通何事而不徹一切佛事攝化之門自然成就如華嚴論云經云入深禪定得佛神通者以心稱理原無出入體無靜亂體無造作性任理自眞不生不滅理眞智應性自徧周三世十方一時普應對現色身隨智應而化羣品而無來往亦不變化名佛神通智無依止無形無色

體無來去性自徧周非三世攝而能普應三世之法名曰神通是故經云智入三世而無來往爲三世是衆生情所妄立非實有故爲智體無形無色不造不作而應羣品名之爲神圓滿十方無法不知無根不識名之爲通又云法華經云種種性相義我及十方佛乃能知是事聲聞及緣覺不退諸菩薩皆悉不能知此等即是門前三乘也爲未明世間相常住是法住法位爲三乘同厭苦集樂修滅道之心未明苦集本唯智起不了滅道本自無修無造無作化諸羣品如幻住世性絶無明即是佛故一念相應一念佛一

日相應一日佛何須苦死要三僧祇但自了三界業能空業處任運接生即是佛也何須變易方言成佛龍天變易豈爲佛耶三乘之人亦變易何故得三僧祇佛方成故十地之上方能見性是故經云若以色性大神力而欲望見調御士彼即瞖目顚倒見彼爲不識最勝法佛者覺也覺業性眞業無生滅無得無證不出不没性無變化本來如即是佛故隨緣六道行菩薩行變化神通接引迷流佛非變化淨名經云雖成正覺轉于法輪不捨菩薩之道是菩薩行故以此善財十住初心於妙峰山上德雲比丘所得憶念

一切諸佛境界智慧光明普見法門即便成正覺然後始詣諸友求菩薩道行菩薩行當知正覺體用之時即心無作處即是佛故不須修行設當行滿亦不移今故如化佛示成化相之時苦行麻麥剃髮持衣捨諸飾好藉草等事爲化外道經中佛自和會非佛自須如是等行無增上慢者豈須如是一念任無作性佛智慧現前無得無證即是佛也還如善財證覺之後方求菩提道菩薩行所以然者爲覺道之後方堪入鄽處俗無縛始能爲衆生說法解縛若自有縛能解彼縛無有是處說時前後法是一時故當知若

欲行菩薩行須先成正覺又經頌云文殊法常爾者爲文殊是諸佛之慧不動智是體文殊是用以將此一切諸佛一切衆生根本智之體用門與一切信心者作因果體用故使依本故迄至究竟果滿與因不異無二性故方名初發心畢竟心二種不別明此十信心難發難信難入聞之者皆云我是凡夫何由可得是佛故設少分信者卽責神通道力是故當知且須如是正信方始以正信正見法力加行如法進修分分無明薄解脫智慧明依自得法淺深漸當神通德用隨自已得信猶未得何索神通說言漸漸者不

移一時一法性一智慧無依住無所得中漸漸故以十玄六相義圓之法性理中無有漸頓但爲無始無明慣習熟卒令契理純熟難故而有漸漸問佛稱覺義覺何等法荅無法之法是名眞法無覺之覺是名眞覺則妙性無寄天眞朗然華嚴經頌云佛法不可覺了此名覺法諸佛如是修一法不可得無字寶篋經云爾時勝思惟菩薩白佛言何等一法是如來所證覺知善男子無有一法如來所覺善男子於法無覺是如來覺善男子一切法不生而如來證覺一切法不滅而如來證覺是以若有覺乃衆生無覺同木

石俱非眞性不契無緣無覺之覺方齊大旨無覺故不同衆生覺故不如木石則一覺一切覺無覺無不覺無覺故慧解寂然無不覺故虛懷朗鑒又見心常住稱之曰覺一成一切成一覺一切覺言窮慮絕不壞假名故云始成正覺問初發心時便成正覺者云何復說後心菩提荅非初非後不離初後如大智度論云不但以初心得亦不離初心得所以者何若但以初心得不以後心者菩薩初發心便應是佛若無初心云何有第二第三心第二第三心以初心爲根本因緣亦不但後心亦不離後心者是後心亦不離

初心若無初心則無後心初心集種種無量功德後心則具足具足故能斷煩惱習得無上道須菩提此中自說難因緣初後心心數法不俱不俱者則過去已滅不得和合若無和合則善根不集善根不集云何成無上道佛以現事譬喻荅如燈炷非獨初燄燋亦不離初燄非獨後燄燋亦不離後燄而燈炷燋佛語須菩提汝自見炷燋非初非後而炷燋我亦以佛眼見菩薩得無上道不以初心得亦不離初心亦不以後心得亦不離後心而得無上道燈譬菩薩道炷喻無明等煩惱燄如初地相應智慧乃至金剛三昧

相應智慧燋無明等煩惱炷亦非初心智燄亦非後心智燄而無明等煩惱炷燋盡得成無上道又如燈雖念念滅而能相續破闇心亦如是雖念念不住前後不俱而能相續成其覺慧成無上道清涼疏云華嚴經云了知境界如幻如夢如影如響亦如變化若諸菩薩能與如是觀行相應於諸法中不生二解一切佛法疾得現前初發心時卽得阿耨多羅三藐三菩提知一切法卽心自性成就慧身不由他悟者夫初心爲始正覺爲終何以初心便成正覺故云知一切法卽心自性故覺法自性卽名爲佛故經頌云佛

心豈有他正覺覺世間斯眞證也斯則發者是開發之發非發起之發也何謂現前之相夫佛智非深情迷謂遠情亡智現則一體非遙旣言知一切法卽心自性則知此心卽一切法性今理現自心卽心之性已備無邊之德矣成就慧身者上觀法盡也正法當與今諸見亡也佛智爰起覺心則理現理現則智圓若鏡淨明生非前非後非新非故寂照湛然不由他悟者成上慧身卽無師自然智也又不由他悟是自覺也知一切法是覺他也成就慧身爲覺滿也成就慧身必資理發見夫心性豈更有他若見有他安稱

爲悟旣曰心性自亦不存寂而能知名爲正覺故法華經云爲一大事因緣故出現於世開示悟入佛之知見夫一者卽古今不易之一道大者是凡聖之心體故十方諸佛爲此一大事出現於世皆令衆生於自心中開此知見若立種種差別是衆生知見若融歸一道是二乘知見若一亦非一是菩薩知見若佛知見者當一念心開之時如千日並照不俟更言卽是祖師西來卽是諸佛普現故云念念釋迦出世步步彌勒下生何處於自心外別求祖佛則知衆生佛智本自具足若欲起心別求卽成徧計之性故六祖

云本性自有般若之智自用智慧觀照不假文字若如是者何用更立文字今爲未知者假以文字指歸令見自性若發明時卽是豁然還得本心於本心中無法不了故云悟無念法者萬法盡通悟無念法者見諸佛境界是知若入無念法門成佛不出刹那之際若起心求道徒勞神於塵劫之中如釋迦文佛從過去無量劫來承事供養無數恒河沙等諸佛皆不得記何以故以依止所行有所得故至然燈佛時因獻五莖蓮華乃得授記釋迦之號方達五陰性空心無所著始見天眞之佛頓入無得之門故將蓮華獻

佛。用表證明。所以華嚴經頌云。性空卽是佛。不可得思量。尚不用暫起思量。豈況勞功永劫。

宗鏡錄卷第十五

音釋

昳徒結切 蜃市忍市刃二切 鄽直連切 瞥普蔑切

宗鏡録卷第十六

宋慧日永明妙圓正修智覺禪師延壽集

夫卽心成佛者爲卽眞心爲卽妄心答唯卽眞心悟心眞故成大覺義故稱爲佛問若卽眞心有何勝義若卽妄心成何過咎答畢竟空門理無眹迹分別之道事有開遮妄心者從能所生因分別起發浮根之暫用成對境之妄知若離前塵此心無體因境起照境滅照亡隨念生塵念空塵謝若將此影事而爲佛身旣爲虛妄之因只成斷滅之果眞心者湛然寂照非從境生含虛任緣未嘗作意明明不昧了了常知

舒之無蹤卷之無迹如澄潭瑩野明鏡懸空萬像森羅豁然虛鑒不出不入非有非無斯則千聖冥歸萬靈交會信之者徹大道之原底體之者成常住之法身祖佛同指此心而成於佛亦名天眞佛法身佛性佛如如佛亦非離妄妄無體故亦非卽眞眞非卽故眞妄名盡卽離情消妙圓覺心方能顯現又以本具故方能開示故云如來正覺心與衆生分別心契同無二爲開示悟入之方便是以若衆生心與諸佛心各異如何說開只爲契同方垂方便如藏中無寶徒勞掘鑿只爲有寶不廢人功但發信心終當見性故云我爲汝保任此事終不虛也所以云摩尼珠人不識如來藏裏親收得六般神用空不空一顆圓光色非色如是的指何用別求耶故心丹訣云茫茫天下虛尋覓未肯迴頭自相識信師行到無爲鄉始覺從來枉施力所以華嚴論云以無明住地煩惱便爲一切諸佛不動智一切衆生皆自有之只爲智體無性無依不能自了會緣方了故知一切衆生皆是佛智不得了緣無由覺悟了卽成佛如大品經云有菩薩初發心卽坐道場爲如佛所以龐居士偈云心若如神自虛不服藥病自除白蓮華如意珠無勞覓莫驅

驅智者觀財色了了如幻虛衣食支身命相勸學如如時至移菴去無物可盈餘又古人云一丸療萬病不假藥方多問若卽眞心成佛妄覺墮凡則妄念違宗眞心順覺斯乃眞妄有二體用分離如何會通圓融一旨答眞妄無性常契一原豈有二心而互相卽以性淨無染妄不可得如幻刀不能斫石苦霧不能染空爲不了一心之人所以說卽如台教問云無明卽法性無復無明與誰相卽答如爲不識冰人指水是冰指冰是水但有名字寧復有二物相卽耶是知時節有異融結隨緣濕性常在未曾變動乃至卽凡

卽聖亦復如是凡聖但名一體無異故先德釋華嚴
經云一世界盡法界亦如是者知一眼如一切眼如
皆然舉譬如一人身有手足一切人皆有手足是以
不了此一心皆成二見若凡夫執著此心造輪迴業
二乘厭棄此心求灰斷果又凡夫無眼將菩提智照
成煩惱火燒如大富盲兒坐寶藏中舉動罣礙爲寶
所傷二乘將如來四德祕藏爲無常五陰謂是賊虎
龍蛇怕怖馳走縛脫雖殊取捨俱失若諦了通達之
者不起不滅無得無生了此妄心念念無體從何起
執念念自離不須斷滅尚不得一何況二乎故知諸

法順如證圓成而情無理有羣情違旨執徧計而情
有理無順常在違一道而何曾失體情不乖理千途
而未暫分歧洞之而情理絕名了之而順違無地是
以法法盡合無言之道念念皆歸無得之宗天眞自
然非干造作如無言菩薩經云爾時舍利弗謂無言
菩薩曰汝族姓子不能語言云何欲問如來義乎無
言曰一切諸法悉無文字亦無言詞所以者何一切
衆生皆悉自然無諸言教及衆想念所以若約事備
陳則凡聖無差而差若就理融卽則生佛差而不差
是以差與不差俱不離眞如之體如華嚴演義云無

差之差者是圓融上之行布也差之無差者是行布
上之圓融也如攬別成總非離別外而有此總如是
融攝無法不歸則三乘非三五性非五如是妙解方
被宗鏡之光離此見生悉乖不二之旨問若一切衆
生卽心是佛者則諸佛何假三祇百劫積功累德方
成𦬇爲復學一乘實法爲復趣五性權機此論自證
法門非述化儀方便且楞伽經說有四佛一化佛二
報生佛三如如佛四智慧佛隨機赴感名之爲化酬
其往因名之爲報本覺顯照名爲智慧理體無二故
曰如如華嚴經明十種佛所謂於安住世間成正覺

佛無著見願佛出生見業報佛深信見住持佛隨順
見涅槃佛深入見法界佛普至見心佛安住見三昧
佛無量無依見本性佛明了見隨樂佛普授見又佛
總具十身一衆生身二國土身三業報身四聲聞身
五緣覺身六菩薩身七如來身八智身九法身十虛
空身若別依五教隨教不定一小乘教有二身佛一
生身二法身二大乘初教有三身佛一法身二應身
三化身三終教有四身佛一理性身二法身三報身
四應化身四頓教唯一佛身一實性佛五一乘圓教
有十身佛又約性成佛五教差別不同小乘唯悉達

一人為佛性初教半成半不成以有性無性分故為
佛終教凡有心者當得作佛除草木等頓教無佛無
性離言說相為佛圓教無所不有佛性以三種世間
皆是為佛若三種世間皆是為佛者則內外心境無
非佛矣又約心成佛小乘以善心修所得為佛初教
心性為佛終教以心相性泯為佛頓教心本不生為
佛圓教以心無礙無盡為佛又天台明四教佛一藏
教佛二通教佛三別教佛四圓教佛若以如如佛心
佛本性佛誰人不具若以國土身法身虛空身何法
不圓則處處而皆是寶坊邱陵誰立念念而咸成正

覺妄想何分如盲者不覩光明非朝陽夕魄之過咎
似小乘不聞圓頓豈佛心妙旨之親疎但以法弱由
於根微道廣在乎量大淺機自感妙有證作無常薄
福所宜珍寶化為瓦礫空迷己眼錯認他身分實際
以千差致化儀之百變如大方等無想經云爾時佛
告大雲密藏菩薩言善男子汝今當然大智慧燈破
諸眾生狂愚黑闇若言如來真實出生輸頭檀舍出
家學道修習苦行壞魔兵眾坐於道場成菩提道當
知是人即是謗佛寧當斷首拔出其舌終不出此虛
妄之言何以故非是善解如來祕密語故又大涅槃

經云若言釋迦如來從兜率天降神母胎乃至八相
成道此是聲聞曲見故云為劣解眾生母胎出現是
以入此宗鏡出語無過舉念皆真若未到斯門說是
成非攝心猶錯如圓覺經云動念之與息念皆歸迷
悶信心銘云不識玄旨徒勞念靜融大師云悟此宗
人道佛不是亦得若未信者設念佛亦成妄語故知
不達宗鏡凡有見解盡成謗佛謗法謗僧任萬慮千
思未有相應之日纔了此旨自然一念無差所以華
嚴論云從初發心十住之首以三昧力頓印三界三
世一際諸法一味解脫涅槃常寂滅味更無始終因

果一際諸性一性諸智一智諸相一相諸行一行三
世一念一念三世乃至十世如是等法自在無礙此
經法門無始無終名為常轉法輪是故此經教門依
本安立以備大根依本一際不立始終為非虛妄見
故入一總得餘為法界一際故不同權學見未盡故
入餘總得一為法界體無礙故如圓珠無方如明鏡
頓照如虛空無隔如響無依如影不礙如化人所生
此法門者是該括始終一際圓滿無礙無成無壞無
出無沒常轉法輪若人了得此法門者佛智自然智
無師智之所現前為此法無出沒故還以自然無出

沒智而自能得之非情繫思量之所能得也。一切權教法門總在其中。一時而說爲諸權教不出法界無三世故各依自見無量差殊此一乘教是始成正覺時說若依情是最初成佛時說若依智無始終說故知成佛說法不離一念如華嚴經中毗目僊人執善財手即時善財自見其身往十方十佛刹微塵數世界中到十佛刹微塵數諸佛所見彼佛刹及其衆會諸佛相好種種莊嚴乃至或經百千億不可說不可說佛刹微塵數劫乃至時彼僊人放善財手善財童子即自見身還在本處是知不動本位之地而身徧

十方未離一念之中而時經億劫本位不動遠近之刹歴然一念靡移延促之時宛爾不依宗鏡何以消文萬法冥歸終無別旨問無性理同一時成佛者云何三乘等人見佛有其差別答隨心感現影像不同自業差殊非佛有異觀一水而餓分四等皆自見殊共寶器而飯色不同非他業變則全心是佛全佛是心即眞如心是法身佛且法身無相眞性無形形相尚無云何差別皆是自識照影不同如五百婆羅門見灰身而起信。劬師羅長者覩三尺而發心無邊身菩薩窮上界而有餘住小聖之凡夫觀丈六而無盡

如觀佛三昧經云佛白父王及勑阿難吾今爲汝悉現具足身相說是語已佛從座起令衆俱起令觀如來從頂順觀至足輪相復從足相逆觀至頂一一身分分明了了。如人執鏡自見面像若生垢惡不善心者若有能毀佛禁戒者見像純黑猶如灰人。五百釋子。但見灰人有千比丘見赤土色優婆塞十六人見黑象脚色優婆夷二十四人見如聚墨比丘尼見如白銀優婆塞優婆夷有見如藍染青色四衆悲淚釋子拔髮碎身自述所見乃至佛各爲說過去宿因致茲異色故識論云境隨業識轉是故說唯心又密跡

經云。一切天人見佛色量或如黃金白銀諸雜寶等乃至或見丈六或見一里或見十里乃至百億無量無邊徧虛空中是則名爲如來身密故知隨見不同跡分多種不唯見佛觀法亦然隨智淺深法成高下如大涅槃經云十二因緣下智觀故得聲聞菩提中智觀故得緣覺菩提上智觀故得菩薩菩提上上智觀故得佛菩提乃至八相成道不出刹那際三昧門隨衆生見聞自分時分故先德云是故如來於一念中八相成道不出刹那際者以降生時即是成道時即是度人時即是入滅時何以故以一切法同時俱

成故一成一切成華嚴經云不離覺樹而昇釋天者疏釋云佛得菩提智無不周體無不在無依無住無去無來然以自在即體之應應隨體徧緣感前後有住有昇閻浮有感見在道樹天宮有感見昇天上非移覺樹之佛而昇天宮故云不離覺樹而昇釋殿法慧偈云佛子汝應觀如來自在力一切閻浮提皆言佛在中此不離也我等今見佛住於須彌頂此而昇也又古師釋有十義一約處相入門以一處中有一切處故是此天宮等本在樹下故不須起然是彼用故說昇也二亦約相入門以一處入一切處故樹徧

天中亦不須起欲用天宮表法昇進故云昇也三由一切即一故天在樹下四由一即一切故樹在天上不起等準前五約佛身謂此樹下身即滿法界徧一切處則本來在彼不待起也機熟令見故云昇也是故如來以法界身常在此即是在彼六約佛自在不思議解脫謂坐即是行住等在此即在彼皆非下位測量故也七約緣起相由門八約法性融通門九約表示顯法門十約成法界大會門不思議經云以一切佛一切諸法平等平等皆同一理如陽燄等一切眾生及諸如來一切佛土皆不離想乃至若我分別

佛即現前若無分別都無所見想能作佛離想無有如是三界一切諸法皆不離心普賢觀經云爾時行者聞普賢說深解義趣憶持不忘日日如是其心漸利普賢菩薩教其憶念十方諸佛隨普賢教正心正意漸以心眼見東方佛身黃金色端嚴微妙見一佛已復見一佛如是漸漸徧見東方一切諸佛心想利故徧見十方一切諸佛無量壽經云諸佛如來是法界身入一切眾生心想中是故汝等心想佛時是心即具三十二相八十隨形好是心作佛是心是佛諸佛正徧知海從心想生此無量壽經為中下之機作

十六觀想令韋提夫人等暫見佛身恐生外解故有此說是心是佛之文令生實見華嚴出現品云佛子譬如大海其水潛流四天下地及八十億諸小洲中有穿鑿者無不得水而彼大海不作分別我出於水佛智海水亦復如是流入一切眾生心中若諸眾生觀察境界修習法門則得智慧清淨明了而如來智平等無二無有分別但隨眾生心行異故所得智慧各各不同佛子是為如來心相又問明品頌云譬如水一味因器有差別佛福田亦然眾生心故異又頌云譬如淨明鏡隨色而現像佛福田如是隨心獲眾

報起信論云復次眞如用者謂一切諸佛在因地時發大慈悲修行諸度四攝等行觀物同己普皆救脫盡未來際不限劫數如實了知自他平等而亦不取衆生之相以如是大方便智滅無始無明證本法身任運起於不思議業種種自在差別作用周徧法界眞如等而亦無有用相可得何以故一切如來唯是法身第一義諦無有世諦境界作用但隨衆生見聞等故而有種種作用不同此用有二一依分別事識謂凡夫二乘心所見者是名化身此人不知轉識影現見從外來取色分限然佛化身無有限量二依業

識謂諸菩薩從初發心乃至菩薩究竟地心所見者名受用身身有無量色色有無量相相有無量好所住依果亦具無量功德莊嚴隨所應見無量無邊無際無斷非於心外如是而見此諸功德皆因波羅蜜等無漏行熏及不思議熏之所成就具無邊喜樂功德相故亦名報身又凡夫等所見是其麤用隨六趣異種種差別無有無邊功德樂相名爲化身初行菩薩見中品用以深信眞如故得少分見知如來身無去無來無有斷絕唯心影現不離眞如然此菩薩猶未能離微細分別以未入法身位故淨心菩薩見微

細用如是轉勝乃至菩薩究竟地中見之方盡此微細用是受用身以有業識見受用身若離業識則無可見一切如來皆是法身無有彼此差別色相互相見故古釋云依分別事識謂凡夫二乘心所見者是名化身者凡夫二乘未知唯識計有外塵卽是分別事識義今見佛身亦謂心外順彼事識分別計度迷於唯心故言從外來不達卽色是心無有分劑故云取色分劑不能盡知問佛身何故唯衆生眞心與諸佛體平等無二答但衆生迷於自理起諸妄念是時眞如但顯染相以本覺內熏妄心故有厭求有厭求

故眞用卽顯厭求劣故相用卽麤厭求漸增用亦微細如是漸漸乃至心原無明旣盡厭求都息始覺同本用還歸體平等平等無二無別求至心原已還用於識中隨根顯現故云識中現也問若據此義用從眞起何說言轉識現耶答轉識卽是賴耶中轉相依此轉相方起現識現諸境界此識卽是眞妄和合問若據此義乃是衆生自心中眞如之用云何說云佛報化也答衆生眞心則諸佛體無差別若隨流生死卽妄有功能妄雖有功離眞不立若返流出纒眞有功能眞雖有功離妄不顯就緣起和合中說其用耳

既從法身起報化用何得不是眾生眞心耶以眞心是法家之身凡聖同共一法身故經云心造諸如來所以卽心是佛故問若眞心卽佛者何故云從波羅蜜等因緣生荅此約本覺隨染義說然其始覺覺至心原平等一際有何差別又卽以諸佛悲智爲增上緣眾生機感種子爲因託佛本質上自心變影像故云在自識中現法界品彌伽長者徹見十方佛海顯此定者唯心之觀知眾生界無量無邊皆心現故明隨心念佛諸佛現前以唯心觀徧該萬法今約上中下根隨自心觀見佛不同有其四等一凡夫由帶過

去六道惡業習氣不盡或見佛是樹神天神黑腳象三尺等身二小乘由帶業生滅之見見佛是金槍馬麥打身出血俱非樂相三大乘初終頓等三教菩薩由是唯識觀佛乃是賴耶識中轉識所現之相故見此佛身唯是心現不離眞如無有分劑徧一切處隨眾生根自然顯現此是樂相四一乘圓教菩薩以法界圓明之智依正該攝理事人法以此之智感見十身理事無礙又三世融通一切是故佛身不離十方道樹常詣六天智乃徧觀一切恆無作念十四科法身義云經明法身者跡指丈六同人身是聚義而無

非法故有法身之稱等經之旨以如來照體虛存爲身累盡爲法乃是所以眞法身也然卽以善感應應卽隨類成異但於見者是有佛常無身故經云如來之身是幻化身問佛必無身者云何以解感丈六耶荅眾生以未足之善仰感如來至足之地道足卽能應化無方未足故唯見其所見法不達卽身是虛幻也問夫感應之道皆由情徹冥契故致事効於當時內外理應是同如婦人詣情幽冥城爲之崩孝至而石開此卽事隨心變云何以善感丈六而云是虛幻身耶荅城崩石開此由情感於物物實故崩開非虛

解感法身法身非有但信解爲感所壅隔故見丈六爲實豈非人自見所感耶問丈六若是虛幻何由傳於實理耶荅理妙非麤不傳猶影之傳於形也問法身無形者爲卽法身是丈六爲法身外別有丈六耶荅感法身爲丈六何有別也如聲感谷而出響豈容谷外別有響哉問眾生爲緣法身生見爲緣丈六生見耶荅感見法身所應何緣見法身如見影知有樹不見樹也問法身是常丈六亦是常否荅丈六理是常但於人是無常故經云如闇中樹影非肉眼所見也古釋云佛常無身者明感應非眞法身是實感是

能感屬衆生應謂所應屬佛以衆生有感佛之善自
見不同有見釋迦丈六彌勒千尺或覩無邊之相或
見三尺之形由衆生根善有淺深遂令應身精麤隨
異故云佛眞法身猶若虛空應物現形如水中月又
佛常無身者無分段變易之身以法身至妙不可以
形質求故云無身據乎實理非無妙色妙心妙色故
能分形適變妙心故能虛能鑒故天親頌云報化非
眞佛亦非說法者金光明經云應化二身是假名有
法身是眞實有道足即能應化無方者以法身道足
故能應化無方即是無所不應無其定一之身衆生

位居信解以未足之善唯隨其所見丈六等身不足
之善者法雲已還信解善也至足之地者佛果極照
道滿菩提名至足之地以善未足故不能了達丈六
三尺等身即是虛幻唯法身及自受用身可名眞實
如婦人詣情幽冥城爲之崩者列女傳云杞梁妻就
其夫屍於城下哭之十日而城爲之崩孝至而石開
者漢書云李廣無父問其母曰我父何耶母曰虎殺
之遂行射虎於草中夜見石似虎射之沒羽後射之
終不入矣以城石之事隨心感變所以崩開理妙非
麤不傳由影之傳於形者明丈六雖麤而能傳妙理

託事表理寄言顯道猶影傳於形亦如指指月淸涼
疏云舊佛新成曾無二體新成舊佛法報似分無不
應時故即眞而應應隨性起故即應而眞三佛圓融
十身無礙故辯應現即顯眞成又佛身無依應機普
現謂色無定色若金剛之合朱紫形無定形猶光影
之任修短相無定相似明鏡之對姸媸故隨樂皆見
乃至一身多身但由衆生分別心起故無積無從其
猶並安千器數步而千月不同一道澄江萬里而一
月孤暎又如三舟共觀一舟停住二舟南北南者見
月千里隨南北者見月千里隨北停舟之者見月不

移是爲此月不離中流而往南北設百千共觀八方
各去則百千月各隨其去是以情隔即法身成異心
通而斗旨必均紜紜自他於佛何預是以眞身寥廓
與法界合其體包羅無外與萬化齊其用窮原莫二
執迹多端一身多身經論異說今說此經佛爲眞爲
應爲一爲多若言眞者何名釋迦居娑婆界人天同
見若云應者那言遮那處蓮華藏大菩薩見見佛法
身若云一者何以多處別現若云異者何復言而不
分身故說此經佛並非前說即是法界無盡身雲眞
應相融一多無礙即毗盧遮那是釋迦故常在此處

卽他處故遠在他方恆住此故身不分異亦非一故同時異處一身圓滿皆全現故一切菩薩不能思故今先明十身後彰無礙言十身者如前所述今就佛上自有十身一菩提身二願身三化身四力持身五相好莊嚴身六威勢身七意生身八福德身九法身十智身言無礙者指歸中有十義一用周無礙謂於念劫剎塵等處遮那佛現法界身雲業用無邊悉周徧故經頌云如於此處見佛坐一切塵中亦如是等二相徧無礙於一一差別用中各攝一切業用如在胎中卽有出家成道等類如是一切自在無礙三寂

用無礙雖現如是無邊自在然不作意不起念常在三昧不礙起用不思議品云於一念中皆能示現一切三世佛教化一切衆生而不捨離諸佛寂滅無二三昧是爲諸佛不可譬喻不可思議境界譬如摩尼雨寶天鼓出聲皆無功用任運成就四起依無礙如此所現雖無功用皆依海印三昧之力而得顯現經頌云一切示現無有餘海印三昧威神力五眞應無礙卽此應現無盡身雲卽無生滅卽是法身平等一味不礙業用無有限量六分圓無礙卽此徧法界盧舍那身一一身一一支分一一毛孔皆亦有自舍那

全身是故分處卽圓滿經頌云如來無量功德海一一毛孔皆悉見七因果無礙謂於身分毛孔處現自舍那往昔本生行菩薩行所受之身及佛眉閒出勝音等塵數菩薩八依正無礙謂此身雲卽作一切器世閒經頌云或作日月遊虛空或作河池井泉等又亦潛身入彼諸剎一一微細塵毛等處皆有佛身圓滿普徧九潛入無礙謂入衆生界如如來藏雖作衆生不失自性故出現品云佛智潛入衆生又云衆生心中有佛成正覺等又亦攝一切衆生在一毛孔菩化天王頌云汝應觀佛一毛孔一切衆生悉在中等

十圓通無礙謂此佛身卽理卽事卽一卽多卽依卽正卽人卽法卽此卽彼卽情卽非情卽深卽廣卽因卽果卽三身卽十身同一無礙如是無礙但是一心若有外塵絲毫成滯如華嚴經頌云佛身非過去亦復非未來一念現出生成道及涅槃華嚴演義釋見佛差別今寄淸涼五臺求見文殊以況法界見佛差別總有十義一或多機異處各感見二或同處各見三或異時別見四或同時異見五或同時異處見六或同處異時見七或異時異處見八或同時同處見九或一人於同異交互時處見多人所見十或一人

於同異俱時處見一切人所見謂同時同處異時異處名同異俱時處既是一人時該多時處徧諸處見通諸境故是普眼機也故知文殊眞體何非是一見者自有差殊可驗唯心彌加深觀又如云一文殊從一處東來卽一切處文殊者一約義復語其實德如前谿之月卽是後谿及萬江百川之月全入前谿所以爾者一切處月不離本月故本月落谿則千處俱落二約表者文殊主般若門若約觀照般若智了萬境無非般若若白日麗天無物不明矣若實相般若無法非實相故無非般若猶水徧波無波非水卽大

般若經云般若波羅蜜多清淨故色清淨色清淨故一切智智清淨何以故若般若波羅蜜多清淨若色清淨若一切智智清淨無二無二分無別無斷故通於觀照及實相也又問佛前唯一普賢何以一一佛前各有多耶荅含有二義一緣起相由正約主伴兼明卽入謂爲主須一爲伴必多此一者是卽多之一一切一也多是全一之多一一切也二力用交徹一有一切普賢之身不可思議略有三類一隨類身隨人天等見不同故二漸勝身乘六牙象等相莊嚴故三窮盡法界身帝網重重無有盡故此第三身含前二身及無盡身又問如上所說則無一處無有普賢今何不見釋有三意一約機不見是盲者過二不見是見見虛空身以虛空不可見若不見者眞見虛空三亦徧不見處故者明見則不徧何者以可見不可見皆是普賢身要令可見爲身則普賢身不周萬有如智不可見豈非智身耶明知由有不見之處方知徧耳此等三身何人能見慧眼方見非肉眼所見如是慧眼無見無不見矣

宗鏡錄卷第十六

音釋

眹丈忍切目兆也　姸媸姸倪堅切媸充脂切姸媸好惡也

宗鏡錄卷第十七

宋慧日永明妙圓正修智覺禪師延壽集

夫成佛之理或云一念或云三祇未審定取何文以印後學答成佛之旨且非時劫遲速之教屬在權宜故起信論明為勇猛衆生成佛在於一念為懈怠者得果須滿三祇但形教跡之言盡成方便棱嚴經鈔云劫者是時分義而有成住壞空皆由衆生妄見所感且妄見動外感風輪由愛發故外感水輪由堅執心外感地輪由研求㦒故外感火輪由四大故起六根起六根故見六塵見六塵故有時分若了無明根

本一念妄心則知從心所生三界畢竟無有且時因境立境尚本空時自無體何須更論劫數多少但一念斷無明何假更歷僧祇是以首棱嚴經云如幻三摩提彈指超無學又云想相為塵識情為垢二俱遠離則汝法眼應時清明云何不成無上知覺圓覺經云知幻卽離不作方便離幻卽覺亦無漸次故知長短之劫由一念來三乘趣果並是夢中說悟時事皆無多劫耳所以法華經演半日為五十小劫維摩經演七日為一劫又如涅槃經云屠兒廣額日殺千羊後發心已佛言於賢劫中成佛諸大菩薩及阿羅漢疑云我等成佛卽違劫廣額何故成佛在先佛言欲得早成者卽與早欲得遲成者卽與遲若頓見眞性卽一念成佛故知利鈍不同遲速在我可驗心生法生心滅法滅矣以三界無別法但是一心作一切境界皆因動念念若不生境本無體返窮動念念亦空寂卽知迷時無失悟時無得以無住眞心不增減故如首棱嚴經云佛言富樓那汝豈不聞室羅城中演若達多忽於晨朝以鏡照面愛鏡中頭眉目可見瞋責己頭不見面目以為魑魅無狀狂走於意云何此人何因無故狂走富樓那言是人心狂更無他故佛

言妙覺明圓本圓明妙既稱為妄云何有因若有所因云何名妄自諸妄想展轉相因從迷積迷以歷塵劫雖佛發明猶不能返如是迷因因迷自有識迷無因妄無所依尚無有生欲何為滅得菩提者如寤時人說夢中事心縱精明欲何因緣取夢中物況復無因本無所有如彼城中演若達多豈有因緣自怖頭走忽然狂歇頭非外來縱未歇狂亦何遺失富樓那妄性如是因何為在汝但不隨分別世間業果衆生三種相續三緣斷故三因不生則汝心中演若達多狂性自歇歇卽菩提勝淨明心本周法界不從人得

何藉劬勞肎綮修證古釋云頭無得失者頭喻眞性無明迷時性亦不失無明歇時亦不別得歇即菩提者但悟本體五現量識一切萬行皆悉具足即是菩提如涅槃經云一切衆生本來成佛無漏智性本自具足又頓從漸得名俱稱方便古釋云若據說頓亦是方便若云漸頓俱是亦謗於佛俱不是亦謗於佛是以本覺體上離頓漸離言說何處有頓漸名字第六識動有分別不動即等周法界五現量識等一一根皆徧法界眼見色時色不可得元來等法界法華經云是法住法位世間相常住即知世間一切諸相

本來常住何行位能知唯佛於道場知已導師方便說爲衆生迷不知故說若知不俟更說方知有說皆屬方便問即自心成佛者還立他佛否若決定不立則無諸佛之所威神建立加被護念等便成斷見若以自心性徧一切處故所以若見他佛即是自佛不壞自他之境唯是一心衆生如像上之模若除模旣見自佛亦見他佛何者雖見他佛即是自佛以自鑄出故亦不壞他佛以於彼本質上雖變起他佛之形即是自相分故變與不變皆是一心所以因衆生迷悟二心有見不見自他之理若約眞性迷悟何從自

他俱泯以法身無形無自他相見之相古德云迷有二種一心外取境生想違理故不能見無相之佛二取內蘊相不了性故不見心佛悟有二種一了一切法即心自性性亦非性情破理現則見舍那身稱於法性無內外也二了蘊性相則見自心之佛與舍那非一非異如天帝釋不修天業宮殿何以隨身轉輪王不作王因七寶無由聚集唯憑自善外感勝緣是以華嚴經云佛子一切如來同一體性大智輪中出生種種智慧光明佛子汝等應知如來於一解脫味出生無量不可思議種種功德衆生念言此是如來

神力所造佛子此非如來神力所造佛子乃至一菩薩不於佛所曾種善根能得如來少分智慧無有是處但以諸佛威德力故令諸衆生見佛功德而佛如來無有分別無成無壞無有作者亦無作法佛子是爲如來應正等覺出現之相寶藏論云夫所以眞一無一而現不同或有人念佛佛現念僧僧現但彼佛非佛非非佛而現於佛乃至非僧非非僧而現於僧何以故彼妄心希望現故不覺自心所現聖事緣起一向爲外境界而有差別實非佛法僧而有異也乃至譬如有人於大冶邊自作模樣方圓自稱願彼融

金流入我模以成形像然則融金雖成形像其實融金非像非非像而現於像彼人念佛亦復如是大冶金卽喻如來法身模樣者卽喻衆生希望念融得佛故以念佛和合緣生起種種身相然彼法身非相非非相何謂非相本無定相何謂非非相緣起諸相然則法身非現非非現離性無性非有非無非心非意不可以一切量度也但彼凡夫隨心而有卽生現佛想一向謂彼心外有佛不知自心和合而有或一向言心外無佛卽謂謗正法也釋曰何謂非相本無定相者以因心所現外相無體從心感生緣盡卽滅何

相之有故云本無定相何謂非非相緣起諸相者旣稱無定但隨緣現因緣和合幻相不無故云緣起諸相若能不生分別不執自他內不執有而取諸蘊外不執無而謗正法則開眼合眼舉足下足非見非非見爲眞見佛矣寶性論云依佛義故經云佛告阿難言如來者非可見法是故眼識不能得見故依法義故經云所言法者非可說事以是故非耳識所聞故依僧義故經云所言僧者名無爲是故不可身心供養禮拜讚歎故知三寶如虛空相非見聞之所及則衆生之心佛度佛心之衆生若有一法對治盡成邪

見故六祖云邪來正度迷來悟度愚來智度惡來善度如是度者卽是眞度問旣心外無佛見佛是心云何教中有說化佛來迎生諸淨剎荅法身如來本無生滅從眞起化接引迷根以化卽眞眞應一際卽不來不去隨應物心又化體卽眞說無來去從眞流化現有往還卽不來相而來不見相而見也不來而來似水月之頓呈不見而見猶行雲之忽現問如上所說眞體則湛然不動化相則不來而來正是心外有他佛來迎云何證自心是佛荅一是如來慈悲本願功德種子增上緣力令曾與佛有緣衆生念佛修觀

集諸福智種種萬善功德力以爲因緣則自心感現佛身來迎不是諸佛實遣化身而來迎接但是功德種子本願之力以所化衆生時機正合令自心見佛來迎則佛身湛然常寂無有去來衆生識心託佛本願功德勝力自心變化有來有去如面鏡像似夢施爲鏡中之形非內非外夢裏之質不有不無但是自心非關佛化則不來不去約諸佛功德所云有往有還就衆生心相所說是知淨業純熟自覩佛身惡果將成心現地獄如福德之者執礫成金業貧之人變金成礫礫非金而金現金非礫而礫生金生但是心

生礫現唯從心現轉變是我金礫何從抱疑之徒可曉斯旨問如前剖析理事分明佛外無心心外無佛云何教中更立念佛法門答只為不信自心是佛向外馳求若中下根權令觀佛色身繫緣麤念以外顯內漸悟自心若是上機只令觀身實相觀佛亦然如佛藏經云見諸法實相名為見佛何等名為諸法實相所謂諸法畢竟空無所有以是畢竟空無所有法念佛乃至又念佛者離諸想諸想不生心無分別無名字無障礙無欲無得不起覺觀何以故舍利弗隨所念起一切諸想皆是邪見舍利弗隨無所有無覺

宗鏡録卷十七　七　并七

無觀無生無滅通達是者名為念佛如是念中無貪無著無逆無順無名無想舍利弗無想無語乃名念佛是中乃至無微細小念何況麤身口意業無身口意業處無取無攝無諍無訟無念無分別空寂無性滅諸覺觀是名念佛舍利弗若人成就如是念者欲轉四天下地隨意能轉亦能降伏百千億魔況弊無明從虛誑緣起無決定相是法如是無想無戲論無生無滅不可說不可分別無闇無明魔若魔民所不能測但以世俗言說有所教化而作是言汝念佛時莫取小想莫生戲論莫有分別何以故是法皆空無

有體性不可念一相所謂無相是名真實念佛華嚴經頌云譬如日月住虛空一切水中皆現影住於法界無所動隨心現影亦復然又頌云譬如帝青寶照物皆同色眾生見佛時同佛菩提色釋云諸佛菩提之色即眾生心性之光以心無相故菩提亦復然所以文殊頌云無色無形相無根無住處不生不滅故敬禮無所觀又頌云虛空無中邊諸佛心亦然心同虛空故敬禮無所觀華嚴入法界品中德雲比丘入憶念一切諸佛境界智慧光明普見法門乃至住一切世念佛門隨於自心之所欲樂普見三世諸如來

宗鏡録卷十七　八　并七

故入不思議解脫境界品頌云心能普集無邊業莊嚴一切諸世間了一切法皆是心現身等彼眾生數入楞伽經偈云佛及聲聞身辟支佛身等種種色身但說是內心大方廣如來祕密藏經云如來密藏法謂一切智心乃至是心為柱不怯不弱不羸不壞無有懶惰不背不捨順向是心而覺了之華手經云一切諸法如日明淨隨所正觀皆入無際釋曰一切諸法皆是心光無有瑕翳故云如日明淨隨所有法能作斯觀無不入自心無際之際又止觀明念佛三昧門者當云何念為復念我當從心得佛從身得佛

佛不用心得不用身得不用心得佛色不用色得佛心何以故心者佛無心色者佛無色故不用色心得三菩提佛色已盡乃至識已盡佛所說盡者是癡人不知智者曉了不用身口得佛不用智慧得佛何故智慧索不可得自索我了不可得亦無所見一切法本無所有壞本絕本又如夢見七寶親屬歡樂覺已追念不知在何處如是念佛又如佛在時三人爲伯仲聞毗耶離國婬女人名菴羅婆利舍衛國有婬女人名須曼那王舍城婬女人名優鉢羅槃那此三人各各聞人讚三女人端正無比晝夜專念心著不捨

便於夢中夢與從事覺已心念彼女不來我亦不往而婬事得辦因是而悟一切諸法皆如是耶於是往到跋陀婆羅菩薩所問是事跋陀婆羅答言諸法實爾皆從念生如是種種爲此三人方便巧說諸法空是時三人即得阿鞞跋致是知人不來往而樂事宛然當如是念佛又如人行大澤飢渴夢得美食覺已腹空自念一切所有法皆如夢當如是念佛數數念莫得休息用是念當生阿彌陀國是名如相念大方等大集經云佛告賢護我念往昔有佛世尊號須波日時有一人行值曠野飢渴困苦遂即睡眠夢中具得諸種上妙美食食之既飽無復飢虛從是寤已還復飢渴是人因此即自思惟如是諸法皆空無實猶夢所見本自非眞如是觀時悟無生忍得不退轉於阿耨多羅三藐三菩提又如人以寶倚瑠璃上影現其中亦如比丘觀骨起種種光此無持來者無有是骨是意作耳如大方等大集經云復次賢護譬如比丘修不淨觀見新死屍形色始變或青或黃或黑或赤乃至觀骨離散而彼骨散無所從來亦無所去唯心所作還見自心又如鏡中像不外來不中生以鏡淨故自見其形行人色清淨所見者清淨欲見佛即

見佛見即問問即報聞經大歡喜自念佛從何所來我亦無所至我所念即見心作佛心自見心見佛心是佛心是我心不自知心心不自見心心有想爲癡心無想是泥洹是法無可示者皆念所爲設有其念亦了無所有空耳是名佛印無所貪無所著無所求無所想所有盡所欲盡無所從生無所可滅無所敗壞道要道本是印二乘不能壞何況魔耶婆沙論明新發意菩薩先念佛色相相體相業相果相用得下勢力次念佛四十不共法心得中勢力次念實相佛得上勢力而不著色法二身偈云不貪著色身法身

亦不善善知一切法永寂如虛空勸修者若人欲得智慧如大海令無能爲我作師者於此坐不運神通悉見諸佛悉聞所説悉能受持者常行三昧於諸功德最爲第一此三昧是諸佛母佛眼佛父無生大悲母一切諸如來從此二法生碎大千地及草木爲塵一塵爲一佛刹滿爾世界中寶用布施其福甚多不如聞此三昧不驚不畏況信受持讀誦爲人説況定心修習如犂牛乳頃況能成是三昧故無量無邊又婆沙論云刧火官賊怨毒龍獸衆病侵是人者無有是處此人常爲天龍八部諸佛皆共護念稱讚皆共

欲見其來其所若聞此三昧如上四番功德皆隨喜三世諸佛菩薩皆隨喜復勝上四番功德若不修如是法失無量重寶人天爲之憂悲如齆人把栴檀而不齅如田家子以摩尼珠博一頭牛故知不識自心是佛反求他法者背道修道其過如是卽凡夫不達心寶飲毒食於人天二乘遠離家珍求除糞之傭直故法華經云有智若聞則能信解無智疑悔則爲永失問夫成佛門若論修善則有前後若是性善本一心平等諸佛既有性惡闡提亦有性善既同一性俱合成佛云何闡提不成佛耶答若言性佛何人不等

若約修成闡提未具台教問闡提與佛斷何等善惡答闡提斷修善盡但性善在佛斷修惡盡但性惡在問闡提不斷性善還能令修善起佛不斷性惡還令修惡起耶答闡提不達性善以不達故還爲善所染修善得起廣治諸惡佛雖不斷性惡而能達於惡以達惡故於惡得自在故不爲惡所染修惡不得起故佛永無復惡以自在故廣用諸惡法門化度衆生終日用之終日不染不染故不起那得以闡提爲例耶若闡提能達此善惡則不復名爲一闡提也若依他文明闡提斷善盡爲阿賴耶識所熏更能起善阿賴

耶卽是無記無明善惡依持爲一切種子闡提不斷無記無明故還生善佛斷無記無明盡無所可熏故惡不復還生若欲以惡化物但作神通變現度衆生耳問若佛地斷惡盡作神通以惡化物者此作意方能起惡如人畫諸色像非是任運如明鏡不動色像自形可是不思議理能應惡若作意者與外道何異答今明闡提不斷性德之善遇緣善發佛亦不斷性惡機緣所激慈力所熏入阿鼻同一切惡事化衆生以有性惡故名不斷無復修惡名不常若修性俱盡則是斷不得爲不斷不常闡提亦爾性善不斷還生

善根如來性惡不斷還能起惡而是解心無染通達惡際卽是實際能以五逆相而得解脫亦不縛不脫行非道而通佛道闡提染而不達與此爲異也何謂不達以不了無性故是以善惡諸法皆以無性爲性此性卽是佛性卽無住本卽法性故此善惡性不可斷也卽今推自心性不可得卽無住處能徧一切處卽善惡性也性無善惡能生善惡善惡可斷性不可斷善惡同以心性爲性若斷性惡則斷心性性不可斷所以闡提不斷性善縱墮三塗性善不滅性惡不增直至成佛性善不增性惡不減此性卽法身也猶

如明鏡本無好醜衆像能現一切好醜衆像像有增減明淨光體不增不減也鏡本無像故能現像佛性無善惡能現善惡衆生不得性但得善惡爲善惡所拘不得自在也性善不壞故地獄發佛界善性惡不壞故佛能現六趣惡又性者卽是善惡等諸法之性偏十方三世衆生國土等一切處無有變異不增不減能現善惡凡聖垢淨因果等從性而起故云性善性惡若善惡等卽無定相隨緣搆習如鏡中像無體可得若遇淨緣卽善若因染緣卽惡從修而得故名修善修惡若論性善不唯闡提若論性惡不唯諸佛

以是善惡諸法之性故卽一切衆生皆悉具有一際平等若覺了此性卽便成佛故能示聖現凡自在無礙若論修善修惡於上中下根卽不可定隨修成之厚薄任力量之淺深得世間報而六趣昇沈成出世果而四聖高下以不了善惡之性故爲善惡業之所拘而不自在若見性達道何道不成則法法標宗塵塵契旨豈唯善惡二法而得自在耶問三寶如虛空相非見聞之所及者教中云何說見道又稱見佛答約本智發明假稱名見非眼所覩唯證乃知離見非見方名眞見涅槃經云菩薩實無所見無所見者卽

無所有無所有者則一切法是以法性無所有菩薩則無所見與法理會假稱爲見實非見也眞性湛然非是見法經云不行見法諸佛速與受記則是離斷常二邊卽見自身清淨見身清淨卽是見佛清淨乃至見一切法悉皆清淨無非是佛無非是法以自心性無生順物徧一切處故若一微塵不是佛者則成翳障不入普眼之門唯墮能所之見大集經云梵天問海慧菩薩言善男子汝今了了見佛法否海慧言佛法非色不可覩見汝云何言了了見佛法耶一切諸法悉不可見夫了了者卽是佛法無有二相是以

來同水月散若幻雲見猶夢形聞如谷響覺處卽現
不從方來迷處自無不從此去如圓覺經云圓覺普
照寂滅無二於中百千萬億不可說阿僧祇恒河沙
諸佛世界猶如空華亂起亂滅般若假名論偈云如
來法爲身但應觀法性法性非所見然亦不能知法
性者所謂空性無生性此卽諸佛第一義身若見於
此名爲見佛經云以見空性名見如來又法性之處
無有一物可名所知由是彼智亦不能知又經言大
王一切法性猶如虛空等與衆物爲所依止而其體
性非是有物亦非無物能知此中寂然無知名爲了

知名爲知者隨俗言說信解無生之福多於寶施如
有頌言若人持正法及發菩提心不如解於空十六
分之一是以解第一義空方成般若見無生自性始
了圓宗以眞空不壞業果尊卑宛然不同但空不該
諸有如大涅槃經云有業有報不見作者如是空法
名第一義空所以見性之時性本離念非有念而可
除觀物之際物本無形非有物而可遣故云離念之
智等虛空界如大乘千鉢大教王經云是時普明菩
薩則證入毗盧遮那如來金剛法藏三昧三摩地令
一切菩薩及一切有情衆生同願修持入此性淨眞

如法藏三昧眞際觀云何應得修入此觀菩薩則當
觀照心地覺用心智唯照心性細細觀覺覺照心體
見性無動證覺不動卽能恆用用觀體智見性清淨
性自離念離念無物心等虛空卽證聖智如如聖性
二俱澄寂空同無體性體虛靜則是名爲菩薩證入
眞如法界性印法藏眞際觀門故知法界性卽衆生
心性衆生心性卽虛空性故大智度論云復次舍利
弗菩薩摩訶薩欲住內空外空內外空空空大空第
一義空有爲空無爲空畢竟空無始空散空性空自
相空諸法空不可得空無法空有法空無法有法空

當學般若波羅蜜釋云內空者卽內法所謂內六入
眼耳鼻舌身意眼空無我無我所等外空者卽外法
所謂外六入色聲香味觸法色空無我無我所等內
外空者卽內外十二入十二入中無我無我所等空
空者以空破內空外空內外空破是三空故名爲空
空大空者卽十方空東方無邊故名爲大亦一切處
有故名爲大第一義空者第一義名諸法實相不破
不壞故是諸法實相亦空何以故無受無著故若諸
法實相有者應受應著以無實故不受不著若受若
著卽是虛誑有爲空無爲空者有爲法名因緣和合

生所謂五陰十二入十八界等無爲法名無因緣常不生不滅如虛空問曰有爲法因緣和合生無自性故空此則可爾無爲法非因緣生法無破無壞常若虛空云何空荅曰若除有爲則無無爲有爲實相即是無爲如有爲空無爲亦空以二事不異故畢竟空者一切法皆畢竟空是畢竟空亦空空無有法故亦無虛實相待復次畢竟空者破一切法令無遺餘故名畢竟空若有少遺餘不名畢竟空無始空者如經中說佛語諸比丘衆生無有始無明覆愛所繫往來生死始不可得破是無始法故名爲無始空散空者

散名別離相如諸法和合故有如車以輻輞轅轂衆合爲車若離散各在一處則失車名五陰和合因緣故名爲人若離五陰人不可得性空者諸法性常空假來相續故似若不空譬如水性自冷假火故熱止火停久水則還冷如經說眼空無我無我所何以故性自爾耳自相空者一切法有二種相總相別相是二相空故名爲相空總相者如無常等別相者諸法雖皆無常而各有別相如地爲堅相火爲熱相一切諸法空者一切法有好有醜有內有外一切法有心生故名爲有無自體故空無所得空者一切法乃至

無餘涅槃不可得故名無所得空無法空有法空無法有法空者無法名法已滅是滅無故名無法空有法空者諸法因緣和合生故有法實性無故名有法空無法有法空者取無法有法相不可得是爲無法有法空乃至云離我我所故空因緣和合生故空無常苦空無我故名爲空始終不可得故空唯心故名爲空故知一切萬法皆從心現悉無自體盡稱爲空所以云若住此十八空門當學般若則未嘗有一法能出我之靈臺智性矣此十八空下至有爲世間五陰上至無爲第一義諦收一切法無不皆空若不學

般若別向餘宗體有而未達有原窮空而不盡空理須歸宗鏡內照發明則外無一法更有遺餘矣又此是如空非體是空以眞心無礙暎現萬法如虛空不拒諸相發揮故於眞心中能現一切其所現一切雖依心無體照見五蘊皆空然亦不著於空能興佛事如華嚴經頌云十方所有諸如來了達諸法無有餘雖知一切皆空寂而不於空起心念以一莊嚴嚴一切亦不於法生分別如是開悟諸羣生一切無性無所觀問法身之理爲復有法成爲復無法成爲復一法成爲復異法成荅本覺心宗法身性地口欲言而

詞喪心欲緣而慮亡所以然者說有則妙體虛玄談無則道無不在言生則三界無物云滅則一體常靈言一則各任其形說異則同歸實相是知不可以稱量不可以希冀若開方便欲曉疑情則不有不無非一非異能超四句方會一乘古德問云若眾生與諸佛同一心佛性等有法身則有二過一眾生悉當成佛則眾生界盡二諸菩薩闕利他行以無所化機故荅此所問難並由妄見眾生界故妄起此難不增不減經云大邪見者見眾生界增見眾生界減以不如實知一法界故於眾生界起增減見經意則一切眾

生一時成佛佛界不增眾生界不減故經云眾生卽法身法身卽眾生眾生法身義一名異解云況眾生界如虛空界設如一鳥飛於虛空從西向東經百千年終不得說東近西遠何以故虛空無分劑故亦不得云總不飛行以功不虛故當知此中道理亦爾非有滅度令有終盡非無終盡有不滅度故眾生界甚深廣大唯是如來智所知境不可輒以狂心限量斟酌起增減見且如虛空界雖無分劑不礙鳥飛類眾生界雖不可盡不妨滅度但不起增減之見去取之情則智翼高翔眞空無滯如華嚴疏釋經云佛智廣

大同虛空者量智包含而普徧理智無分別而證入是以太虛含眾像眾像不能含太虛太虛不分別眾像眾像乃差別太虛以況我法不能容佛智佛智乃能容我法有我法者分別如來是如來者不分別我法二普徧喻中妙觀察智無不徧知卽普徧義成所作智曲成無遺卽隨入義經頌云佛智廣大同虛空普徧一切眾生心此卽體徧悉了世間諸妄想此約知徧又云得一切法量等心此約證徧智性全同於色性故此約理徧云何徧入不壞能所有證知故經頌云世間諸國土一切皆隨入智身無有色非彼所

能見由隨於如卽入無所入故云平等是以虛空徧入國土國土不徧入虛空有國土處必有虛空有虛空處或無國土虛空之於國土平等隨入國土之於虛空自有彼此虛空可喻佛智國土可喻三世三世有處佛智必在其中佛智知處三世或無其體佛智之於三世平等隨入三世之於佛智自有始終此猶約不二而二說耳若二而不二國土虛空三世佛智同一性故皆互相入舉一全收普徧亦然三世圓融則言思道斷故名佛智爲不思議也大集經云文殊言世尊如來若坐菩提樹下如來世尊則有二相

一者如來二菩提樹如來世尊已離二相佛言善男子菩提衆生一切法性等無差別一味一性如來坐於菩提樹下見如是法是故名爲逮得菩提我都不見離菩提外別有一法見一切法皆悉平等而是平等不入於數是故平等名爲無礙又此法門舉一則法界全收如舉眼爲門諸根相好及佛刹土莫不皆是一眼中現乃至六根一塵一毛中現亦如是如云毗盧遮那身中具足三道六趣衆生等此則一身含一切身又一身徧一切身即入重重包徧無礙如華嚴經頌云有一堅密身一切塵中見無生亦無相普現於諸國

宗鏡錄卷第十七

音釋

懆則到切疾也　魑魅魑丑知切魅靡寄切魑魅鬼屬　綮棄挻切肎綮結處也　鞲古候切取牛孔也　齆烏貢切鼻塞病　傭余封切雇作謂之傭　輻輞輻方六切輪輮也輞文紡切車輞也　轅雨元切輈也　轂古祿切輻所湊者

宗鏡錄卷第十八

宋慧日永明妙圓正修智覺禪師延壽集

夫諸佛法身。普徧衆生心。既同一心。云何有現不現。若常現無不現時。或於一塵頓現無不具足。或於諸塵普現無不周徧。一處頓現者。如來眼睫。文殊寶冠。彌勒閣中。普賢毛孔。淨名室裏。摩耶腹中。芥子針鋒。近塵遠刹。各各頓現。如文殊般泥洹經云。文殊身如紫金山。等其文殊冠毗楞伽寶之所嚴飾。有五百種色。一一色中。日月星辰。諸天龍宮。世閒衆生所希見事。皆於中現。維摩經云。於是長者維摩詰現神通力。

卽時彼佛遣三萬二千師子之座。高廣嚴淨。來入維摩詰室。諸菩薩大弟子。釋梵四天王等。昔所未見。其室廣博。悉包容三萬二千師子之座。無所妨礙。於毗耶離城。及閻浮提四天下。亦不迫窄。悉現如故。華嚴經入法界品。摩耶夫人告善財言。善男子。爾時菩薩從兜率天將降神時。有十佛刹極微塵數諸菩薩衆。乃至與眷屬俱。從天宮下。來入我身。彼諸菩薩。於我腹中現大神通。遊行自在。或以三千大千世界而爲一步。乃至或以不可說不可說佛刹極微塵數世界而爲一步。又念念中。十方不可說佛刹極微塵數世界諸如來所。菩薩衆會。及四天王。三十三天。須摩天。兜率陀天。化樂天。他化自在天。乃至色界諸梵天王。俱來欲見菩薩處胎。廣大神變。恭敬供養。聽受正法。皆入我身。雖我腹中悉能容受如是衆會。而身不廣大。亦不迫窄。其諸菩薩各見自處衆會道場清淨嚴飾。善男子。如此四天下閻浮提中。菩薩受生。我爲其母。三千大千世界。百億四天下閻浮提中。悉亦如是。然我此身本來無二。亦復非一。非一處住。非多處住。何以故。以修菩薩大願智幻莊嚴解脫門故。如先德云。廣大如法界。究竟若虛空。是處胎義。若如是者。則

一切衆生。皆處摩耶胎。非獨釋迦矣。何以故。衆生心卽法界故。又若了心空。卽無胎分。如菩薩處胎經云。佛告彌勒。行空菩薩。云何遊至十方刹土。教化衆生。彌勒白佛言。行空菩薩。不見刹土。亦無有佛。佛自無佛。云何有佛地水火風識界。我人壽命。皆悉空寂。以是之故。無有胎分。諸塵普現者。則橫該一切處。豎徹一切時。涉入重重。普融圓徧。古德云。一切不思議事。於一切處。悉能普現。其唯一毗盧清淨法身之應用耳。此法身者。卽是心也。所以言。若能諦觀心不二。方見毗盧清淨身。一念起惡法身亦隨現。一念善心生

法身亦隨現名爲處處互現乃至色處現空處現自在無礙更莫遠推諸佛唯自一念空心是又如海印普印一切華嚴經出現品云佛子菩薩摩訶薩應知如來成正覺於一切義無所觀察於法平等無所疑惑無二無相無行無止無量無際遠離二邊住於中道出過一切文字言說知一切衆生心念所行根性欲樂煩惱染習舉要言之於一念中悉知三世一切諸法佛子譬如大海普能印現四天下中一切衆生色身形像是故共說以爲大海故經中有海印三昧疏釋云海印三昧有十義根器是所現菩薩定心是

能現無不定心故名三昧一無心能現經云無有功用無分別二現無所現經云如光影故三能現與所現非一四非異經云大海能現能所異故非一水外求像不可得故非異顯此定心與所現法即性之相故能所宛然即相之性故物我無二五無去來現萬法於自心彼亦不來羅身雲於法界未曾暫去六廣大經云普悉包容無所拒明三昧心周於法界則衆生色心皆定心中物用周法界亦不離此心七普現經云一切皆能現又云菩薩普印諸心行此與廣大異者此約所現不簡巨細彼約能現其量普周八頓

現經云一念現故謂無前後如印頓成九常現非如明鏡有現不現時十非現現如明鏡對至方現四天之像不對而現故云非現現以不待對是故常現該三際也此上海印現義隨理事能所而分十門但是一眞心寂照普現之義若有不現者即是客塵自遮見網自隔非法身咎摩訶衍論云諸佛如來法身平等自然徧一切處無有作意但依衆生心現衆生心者猶如於鏡鏡若有垢色像不現如是衆生心若有垢法身不現其猶日月麗天盲者不覩雷霆震地聾者不聞道契則隣不在身近故福人出世則琳瑯現

矣薄福者出則荆棘生焉皆由自心有現不現若直了心性之人悉皆平等顯現如洛浦和尚神劍歌云君子得之忘彼此小人得之自輕生他家不用我家劍世上高低早晚平所以衆生不得了然明現皆滯有迷眞滯眞迷中滯中迷性成三種緣集所以成障如天台淨名疏云衆生氣類無量無邊元其正要不出三種緣集氣類一有爲緣集之類者即是界內染淨國土悉迷眞滯有而起結業稟分段生死皆是有爲緣集衆生之類二無爲緣集之類者即是界外有餘國土及果報土乃至下品中品常寂光土此三土

衆生迷中道佛性滯眞空無爲緣無爲起諸結業受變易生死是無爲緣集衆生之類三自體法界緣集者卽菩薩迷自體起如宗門中云已見不忘今室外折伏界內有爲緣集衆生次弟子一品折伏無爲緣集衆生後菩薩一品卽是折伏自體法界緣集衆生問無爲緣集與自體緣集爲同爲異答名雖有別惑體不殊二乘迷自體起無爲生計著著無爲故正受無爲緣集名菩薩亦迷自體起無爲緣集而菩薩觀破無爲著無爲緣集未盡此惑附體別受自體緣集之名如凡夫迷眞起有爲緣集學人見眞斷見思思

惟不盡猶於眞理有貪恚色染無色之名問學人有爲緣集不盡見眞猶有惑不約眞名自體緣集菩薩無爲緣集不盡見眞何得別受自體緣集之名答二乘見眞但是空理空理非法身不得立自體之名菩薩見眞實是法身法身常在故得別立自體緣集名也菩薩或未知未知故須折伏也是故三種緣集不亡所以法身不現又遠大師云緣集義者統惟一種或分爲二約眞妄開一妄緣集三界虛妄唯一心作如夢所見但是妄心解二眞緣集一切諸法皆眞心起如夢所見皆報心作或約心識說三一就事緣集

從其事識起一切法二妄緣集從其妄緣起一切法三眞緣集眞識體中具過一切恒沙性德互相集成故言緣集又從眞識起一切法故經說言若無如來藏識七識不住不得厭苦樂求涅槃由如來藏故起諸法又就有爲無爲說三卽一有爲緣集二無爲緣集三具二緣集問直了此心是佛更用八相成道否答若了此心卽是天眞佛不說成與不成若說成佛是助語亦是增語圓覺經云一切如來妙圓覺心本無菩提及與涅槃亦無成佛及不成佛無妄輪迴及非輪迴等釋曰本無菩提及與涅槃者此是二轉依

號亦是佳觀語轉煩惱故立菩提之號轉生死故得涅槃之名若了煩惱性空生死本寂旣無所轉之相亦無能轉之名無不成佛者無妄輪迴亦無成佛者無非輪迴唯妙圓覺心更無所有如今只恐不得宗鏡之光若得其光則自然入圓覺門普照法界所以先德云飛錫若登故國路莫愁天下不聞聲龐居士頌云十方來一會各自學無爲此是選佛處心通及第歸如是則自然應念登科隨處及第何須受記而待揚名者乎如昔人謌云不坐禪不持律妙覺心珠白如日當體虛孕一物無阿誰承受然燈記問衆生

業果種子現行積劫所熏猶如膠漆云何但了一心頓斷成佛答若執心境是實人法不空徒經萬劫修行終不證於道果若頓了無我深達物虛則能所俱消有何不證猶微塵揚於猛吹輕舸隨於迅流只恐不信一心自生艱阻若入宗鏡何往不從且如勇施菩薩因犯婬欲尚悟無生性比丘尼無心修行亦證道果何況信解一乘之法諦了自心而無尅證乎或有疑云豈不斷煩惱耶解云但諦觀殺盜婬妄從一心上起當處便寂何須更斷是以但了一心自然萬境如幻何者以一切諸法皆從心幻生心既無形法

何有相所以高城和尚謌云說教本窮無相理廣讀元來不識心識取心了取境識心了境禪河靜若能了境便識心萬法都如闥婆影性比丘尼即摩登伽首楞嚴經云佛告阿難摩登伽彼尚婬女無心修行神力冥資速證無學云何汝等在會聲聞求最上乘決定成佛譬如以塵揚於順風有何艱險淨業障經云爾時有一比丘名無垢光入毗舍離城次第乞食以不知故入婬女家時無垢光入其家已是時婬女起染汙心作是思惟我今必死當與此比丘共行欲法若不從我我當殞命作是念已即便閉門語比丘

言願與尊者共行欲事若不從我我當必死時無垢光語婬女言且止大姊我今不應犯如此事所以者何佛所制戒我應奉行寧捨身命不毀此戒爾時婬女復更思惟我今當以呪術藥草令此比丘共爲欲事語比丘言我今不能令汝退轉毀犯禁戒但當受我所施之食即入舍內便呪其食投比丘鉢呪術力故令此比丘便失正念起於欲心展轉增盛爾時婬女見此比丘顏色變異即前牽手共爲欲事是時比丘與彼婬女共相愛樂行婬欲已持所乞食還詣精舍到精舍已生大憂悔舉體煩熱咄哉何爲破大戒

身我今不應受他信施我今則是破戒之人當墮地獄時無垢光向諸比丘同梵行者說如是言我今破戒非是沙門必趣地獄時諸比丘問無垢光有何因緣而破此戒時無垢光具說上事時諸同學語無垢光仁者當知此有菩薩摩訶薩名文殊師利得無生法忍善能除滅破戒之罪亦令衆生離諸葢纏我今與汝共詣文殊師利菩薩摩訶薩所除汝憂悔時無垢光猶故未食與諸比丘詣文殊師利法王子所到已問訊供養恭敬即以上事具白文殊師利文殊師利語無垢光汝今且食食已當共詣如來所問如來

此事如佛所說當共受持比丘食已與文殊師利共詣佛所到已頂禮佛足卻坐一面爾時無垢光比丘心懷恐懼不敢問佛於是文殊師利即從座起整衣服偏袒右肩右膝著地合掌向佛即以上事具白世尊爾時世尊告無垢光汝實爾否答言實爾佛告比丘汝本有心欲犯婬否答言不也佛告比丘汝本無心云何而犯比丘答言我於後時乃生欲心如是比丘心犯欲耶答言如是佛告比丘我常不言心垢故衆生垢心淨故衆生淨耶答言如是佛告比丘於意云何汝曾夢中受欲之時心覺知否答言覺知佛告

比丘汝向犯欲豈非由心而覺知耶答言如是若如是者比丘悟夢犯欲有何差別比丘答言悟夢犯欲無差別也佛言於意云何我先不言一切諸法皆如夢耶答言如是佛言於意云何如夢諸法是眞實耶答言不也佛告比丘於意云何悟夢二心俱是眞實耶不也世尊佛告比丘若非眞實是有法耶不也世尊佛告比丘於意云何無所有法爲有生否不也世尊佛告比丘若法無生有滅有縛有解脫耶不也世尊佛告比丘於意云何無生之法尚無所有而當有墮三惡道耶佛告比丘一切諸法本性清淨然諸凡

夫愚小無智於無有法不知如故妄生分別以分別故墮三惡道復告比丘諸法無實而現種種所應作事爲著貪欲瞋恚愚癡凡夫等故分別諸法不知如故非是眞實復告比丘諸法虛誑如野馬故諸法如夢本性自在逮清淨故諸法究竟如水中月泡沫等故諸法寂靜無老病死諸過患故諸法無取非是色法不可見故諸法無聚如虛空故諸法無性過諸性故諸法甚深過虛妄故諸法廣大無處所故法無所作究竟寂故法無所依境界空故法無根本畢竟空故法離蓋纏煩惱結使不可得故法離熾然性不生

故乃至爾時無垢光聞說是法心懷歡喜悲喜交集雨淚叉手合掌一心觀佛即說偈言快哉世尊大功德諸天世人所歸仰善覺一切勝妙法稽首能斷諸苦行又佛告文殊過去有佛號無垢光時有比丘名曰勇施入難勝城次行乞食到長者舍其家有女容貌端正見勇施已生愛染心乃至因託病延請勇施說法其後勇施數到其家轉相親厚數相見故便失正念而生欲心即與彼女共行婬法心遂耽著往來頻數時彼女夫見此比丘往來頻數心生疑恚即設方便欲斷其命勇施比丘聞是事已即以毒藥持與

彼女而語之言若必念我可持此藥以殺汝夫時長者女卽以毒藥和著食中勑其婢使持此飯食以飯我夫夫食飯已卽便命終爾時勇施聞彼命終心生大悔作是思惟今我所作是大重惡何名比丘受行婬法又斷人命我今如是當何所歸生大憂惱我若命終當墮惡道誰能免我如是之苦以是事故從一精舍至一精舍惶怖馳走衣服落地作如是言咄哉怪哉我今卽是地獄衆生時有精舍名曰醯無中有菩薩名曰鼻掬多羅勇施比丘卽入其房舉身投地時彼菩薩問勇施言何爲以身自投於地荅言大德

我今卽是地獄衆生又復問言誰乃令汝爲地獄人勇施荅言我作大罪犯於婬我又斷人命時彼菩薩語勇施言比丘莫怖我今力能施汝無畏爾時勇施聞彼菩薩施無畏聲心生歡喜踊躍無量爾時鼻掬多羅菩薩卽時從地接起勇施牽其右手將至異處坐林樹中時鼻掬多羅菩薩卽時入於諸佛境界大乘妙門如來寶印三昧入三昧已卽於身上出無量佛身皆金色三十二相徧林樹間爾時諸佛卽時同聲說是偈言諸法同鏡像亦如水中月凡夫愚惑心分別癡恚愛乃至諸法常無相寂靜無根本無邊不可取欲性亦如是爾時林中二萬天子詣鼻掬多羅菩薩來聽法者聞說是偈卽得無生法忍問妙圓覺心既無所有云何教中說諸佛成等正覺出現世間等事荅一是機熟衆生自心感現二是菩薩因地本願然諸佛境界廣大無邊非情識所知唯見性能了故華嚴經云佛子菩薩摩訶薩應云何知如來應正等覺境界佛子菩薩摩訶薩以無障無礙智慧知一切世間境界是如來境界知一切三世境界一切剎境界一切法境界一切衆生境界眞如無差別境界法界無障礙境界實際無邊際境界虛空無分量境

界無境界境界是如來境界佛子如一切世間境界無量如來境界亦無量如一切三世境界無量如來境界亦無量乃至如無境界境界無量如來境界亦無量如無境界境界一切處無有如來境界亦如是一切處無有佛子菩薩摩訶薩應知心境界是如來境界如心境界無量無邊無縛無脫如來境界亦無量無邊無縛無脫何以故以如是如是思惟分別如是如是無量顯現故知凡聖無際心境一原眞無性而卽相發明相無體而因眞建立故云智身寥廓總萬像以成體萬像無形以智身而齊體又若論化現

門中。此是諸佛因地悲願之力。令機熟衆生自心感現衆生心中諸佛應現無窮。諸佛心內衆生。機緣不盡。所以法身無像。遇感成形。妙應無方。應念垂跡。由了平等。赴衆望而猶若摩尼。爲達無私。任羣機而如同天鼓。古頌云。佛是衆生心裏佛。隨自根堪無異物。欲知一切諸佛原。悟自無門本是佛。如佛地經云。隨諸衆生所樂。示現平等法性。圓滿成故。論釋云。隨諸有情樂見如來色身差別。如來示現如是色身。如來雖居無戲論位。由平等智增上力故。大圓鏡智相應淨識。現瑠璃等微妙色身。令諸有情善根成熟。自心

變似如是身相。謂自心外見如來身。如契經言。由諸如來慈善根力。有所示現。令天人等自心變異。見如來身如金色等。又如經言。若所應化無量有情。宜見瑠璃末尼寶色。如來卽能無礙示現種種瑠璃末尼寶色。令彼自心亦如是變。乃至廣說。如是示現一切如來形相平等。如是平等。卽是法性。是故說名平等法性。謂諸如來隨同所化有情樂見色身形相。卽各示現同處同時異類形相。令彼自心如是變現。作利樂事。如諸有情阿賴耶識。共相種熟。各各變現世界等相。同處相似。不相妨礙。此亦如是。如色身相。餘事

亦爾。由此示現。如前修習圓滿成故。平等性智圓滿成就。度一切諸佛境界智嚴經云。文殊師利問無生無滅。其相云何。佛荅。不生不滅。卽是如來。文殊師利。譬如大地瑠璃所成。帝釋毗闍延宮殿。供具等。影現其中。閻浮提人見瑠璃地諸宮殿影。合掌供養。燒香散華。願我得生如是宮殿。我當遊戲如帝釋等。彼諸衆生不知此地是宮殿影。乃布施持戒。修諸功德。爲得如是宮殿果報。文殊師利。如此宮殿實無生滅。以地淨故影現其中。彼宮殿影亦有亦無。不生不滅。文殊師利。衆生見佛亦復如是。以其心淨故見佛身。佛

身無爲。不生不滅。不起不盡。非色非非色。不可見非不可見。非世間非非世間。非心非非心。以衆生心淨見如來身。散華燒香種種供養。願我當得如是色身。布施持戒。作諸功德。爲得如來微妙身故。如是文殊師利。如來神力出現世間。令諸衆生得大利益。如影如像。隨衆生見。又說如日光無心普照。喻摩尼無心雨寶。喻谷響無實。喻等。其瑠璃地等喻衆生心。影喻佛身。又華嚴有摩尼隨暎喻。摩尼現色喻。自受用身有其本色。但無靑黃等異。靑黃等異。隨機暎生。又若以虛空喻佛身。卽法性身。以虛空無相故不隨方隅

而有增減以法身無形故非依報化而現精麤如華嚴十定品云佛子譬如虛空於蟲所食芥子孔中亦不減小於無數世界中亦不增廣其諸佛身亦復如是見大之時亦無所增見小之時亦無所減如上諸說皆喻見佛然於鏡像喻最親如質來對鏡鏡中見像像是質像機感對剎剎中見佛佛是心佛故華嚴經云化佛從敬心起又諸喻大意皆以體無生滅不礙生滅如非色約體非不色約用則法報一際體用無差俱會無生同歸宗鏡又若以色聲取是行邪道若離色聲取未免斷無古釋云如華嚴偈云色身非

是佛音聲亦復然亦不離色聲見佛神通力若依權教本影四句體用皆分若依此宗四句皆用知一切法即心自性故本質影像亦是自心橫竪等一切諸法不出心性故如般若中了色是般若具歷諸法且初歷五蘊云了色是般若一切法趣色色尙不可得云何當有趣非趣如是具歷諸法皆然般若意似當諸法之性不異色性故皆趣色色不可得當法性空既無所趣安有能趣若智者意一切法趣色假觀色尙不可得空觀云何當有趣非趣即中道觀今但要初句以取色性爲諸法依以性普收故皆趣色則一

色中具一切法是無礙之意故隨一法皆收法界故若能如是解者則凡有見聞一切境界無非是佛出世如大集經云爾時衆中有一菩薩名曰慧聚白佛言世尊生老病死出於世者即是佛出無明愛出即是佛出貪恚癡出即是佛出一切疑網煩惱出者即是佛出何以故若如是等法不出世者佛以何緣出現於世佛言善哉善哉善男子實如所言爾時海慧菩薩言世尊若有不見如是等法是時如來爲出於世不出於世善男子菩薩初發菩提心時眞實不知如是等法是故我爲而宣說之善男子菩薩有四種

一者初發菩提之心二者修行菩提之道三者堅固不退菩提四者一生當補佛處發心菩薩見佛色相見已即發菩提之心修行菩薩見佛具足一切善法見已即發菩提之心不退菩薩見如來身及一切法皆悉平等一生菩薩不見如來所有功德及一切法何以故所得慧眼了了淨故斷二見故淨智慧故若不見淨不見不淨不見非淨非不淨是人即能明見如來又古德釋台教止觀云只達一念自心是法界十方諸佛與一切衆生同一無住本一法界爲身爲土無彼無此無根無住處無修不修無證不證無凡

無聖但衆生自謂妄想纏縛爲凡爲不修爲不證謂佛爲聖爲修爲證修證凡聖在衆生自彊立之佛位中都無此名也諸佛所見一切衆生凡聖身是佛法身一切國土是佛國土一切法是佛法一切心是一心極十方三際推求無纖毫許若色若心不見佛理智境朗然周徧法界嘗無一事澹然身心無所施爲佛心既然我學佛智如佛用心卽止觀明靜也佛現卽我心現現與不現只是自心鏡上影像耳問豈都無外佛可見耶答自他不二但如來有同體大悲衆生有熏習之力扣擊同體智鏡隨此心上感見相好

鏡中之像然不離鏡而非卽鏡隨照好醜感者千差相亦萬品或機地深厚感佛身長千萬由旬壽命無量阿僧祇劫以恆河沙世界微塵佛刹爲淨妙國土說無量無邊不可說不可說法門或人天報殊示見八相一期利益不過數百年間如空雲水月怳惚而生斯皆由感者一念之心謂佛色身來應佛實無來去之勞無有形之患無可說之法無所度之機但衆生善緣心想謂佛來應爲我說法實是衆生於自心上現此相耳問衆生善根擊佛大圓智鏡現此影像像則屬佛答明鏡屬佛像不屬佛像若屬佛佛則生

滅流動像若屬衆生衆生業結所縛何能具此相好但感應道交方見此耳問既是佛智鏡上像何言衆生心上現答同體圓鏡不偏屬佛及衆生同一體故但衆生磨瑩己鏡未得全明故能暫現此相表進修之力問若爾衆生自感心鏡上現像不言佛像現佛卽於衆生無力虛致敬慕有何益也答由敬慕之心感像現也此眞佛力豈衆生能置哉問此亦衆生自家佛力非他佛力也答佛地無自他汝彊謂自佛他佛者衆生心不盡耳問若爾只共作一佛不能各各自成也答不共作一佛不各各自成此義難了試舉

喩看如國清寺法界也住寺僧古佛也遠人暫遊暫感佛也他日愛慕薙髮配寺國清卽我寺也五峯松逕臺殿房廊悉我有也頓得受用不減他物成我家也不人人別造一寺也不共他分一寺也分卽隨人去常住法界不可分也此義出涅槃經中譬如路有一大樹樹陰清涼來者卽納無人遮護無持去者既印金口可以奉持又機應相關感應緣會能見一切無邊佛事以佛是增上緣廣大悲願慈善根力以衆生是等流果志誠所感根熟而見然總不出自心如師子現指醉象禮足慈母遇子盲賊得明城變瑠璃

石舉空界釋女瘡合調達病痊皆是本師積劫熏修慈善根力令一切衆生自心所見如上等事可證今文故大涅槃經云佛言善男子如提婆達多教阿闍世王欲害如來是時我入王舍大城次第乞食阿闍世王即放護財狂醉之象欲令害我及諸弟子乃至我於爾時爲欲降伏護財象故即入慈定舒手示之即於五指出五師子是象見已其心怖畏尋即失糞舉身投地敬禮我足善男子我於爾時手五指頭實無師子乃是修慈善根力故令彼調伏復次善男子我欲涅槃始初發足向拘施那城有五百力士於其

中路平治掃灑中有一石衆欲舉棄盡力不能我時憐愍即起慈心彼諸力士等即見我以足拇指舉此大石擲置虛空還以手接安置右掌吹令碎粖復還聚合令彼力士貢高心息即爲略說種種法要令其俱發阿耨多羅三藐三菩提心善男子如來爾時實不以指舉此大石在虛空中還置右掌吹令碎粖復合如本善男子當知即是慈善根力令諸力士見如是事復次善男子此南天竺有一大城名首波羅於是城中有一長者名曰盧至爲衆導主已於過去無量佛所植諸善本善男子彼大城中一切人民信伏

邪道奉事尼乾我時欲度彼長者故從王舍城至彼城邑其路中間相去六十五由旬步涉而往爲欲化度彼諸人故彼衆尼乾聞我欲至首波羅城即作是念沙門瞿曇若至此者此諸人民便當捨我更不供給我等窮悴柰何自活諸尼乾輩各各分散告彼城人沙門瞿曇今欲來此然彼沙門委棄父母東西馳騁所至之處能令土地穀米不登人民饑饉死亡者衆病瘦相等無可救解瞿曇無賴純將諸惡羅刹鬼神以爲侍從無父無母孤窮之人而來諮啓爲作門徒所可教詔純說虛空隨其至處初無安樂彼人聞

已即懷怖畏頭面敬禮尼乾子足白言大師我等今者當設何計尼乾荅言沙門瞿曇性好叢林流泉清水外設有者宜應破壞汝等便可相與出城諸有之處斬伐令盡莫使有遺流泉井池悉置糞穢堅閉城門各嚴器仗當壁防護勤自固守彼設來者莫令得前若不前者汝當安隱我等亦當作種種術令彼瞿曇復道還去彼諸人民聞是語已敬諾施行斬伐樹木汙辱諸水莊嚴器仗牢自防護善男子我於爾時至彼城已不見一切樹木叢林唯見諸人莊嚴器仗當壁自守見是事已尋生憐愍慈心向之所有樹木

還生如本復更生長其餘諸樹不可稱計河池泉井其水清淨盈滿其中如青瑠璃生衆䕩華彌覆其上變其城壁爲紺瑠璃城內人民悉得徹見我及大衆門自開關無能制者所嚴器仗變成䕩華盧至長者而爲上首與其人民俱共相隨往至佛所我卽爲說種種法要令彼諸人一切皆發阿耨多羅三藐三菩提心善男子我於爾時實不化作種種樹木清淨流水盈滿河池變其本城爲紺瑠璃令彼人民徹見於我開其城門器仗爲華善男子當知皆是慈善根力能令彼人見如是事復次善男子舍衛城中有婆羅

門女姓婆私吒唯有一子愛之甚重遇病命終爾時女人愁毒入心狂亂失性裸形無恥遊行四衢啼哭失聲唱言我子汝何處去周徧城邑無有疲已而是女人已於先佛植衆德本善男子我於是女起慈愍心是時女人卽得見我便生子想還得本心前抱我身嗚㗭我口我時卽告侍者阿難汝可持衣與是女人既與衣已便爲種種說諸法要是女聞法歡喜踊躍發阿耨多羅三藐三菩提心善男子我於爾時實非彼子彼非我母亦無抱持善男子當知皆是慈善根力令彼女人見如是事復次善男子波羅柰城有

優婆夷字曰摩訶斯那達多已於過去無量光佛種諸善根是優婆夷夏九十日請命衆僧奉施醫藥是時衆中有一比丘身嬰重病良醫診之當須肉藥若得肉者病則可除若不得肉命將不全時優婆夷聞醫此言尋持黃金徧至市鄽唱如是言誰有肉賣吾以金買若有肉者當等與金周徧城市求不能得是優婆夷尋自取刀割其髀肉切以爲臛下種種香送病比丘比丘服已病卽得差是優婆夷患瘡苦惱不能堪忍卽發聲言南無佛陀南無佛陀我於爾時在舍衛城聞其音聲於是女人起大慈心是女尋見我

持良藥塗其瘡上還合如本我卽爲其種種說法聞法歡喜發阿耨多羅三藐三菩提心善男子我於爾時實不往至波羅柰城持藥塗是優婆夷瘡善男子當知皆是慈善根力令彼女人見如是事復次善男子調達惡人貪不知足多服酥故頭痛腹滿受大苦惱不能堪忍發如是言南無佛陀南無佛陀我時住在優禪尼城聞其音聲卽生慈心爾時調達尋便見我往至其所手摩頭腹授與鹽湯而令服之服已平復善男子我實不往調達所摩其頭腹授湯令服善男子當知皆是慈善根力令調達見如是事復次善

男子憍薩羅國有諸羣賊其數五百羣黨抄劫爲害滋甚波斯匿王患其縱暴遣兵伺捕得已挑目逐著黑闇叢林之下是諸羣賊已於先佛植衆德本既失目已受大苦惱各作是言南無佛陀南無佛陀我等今者無有救護啼哭號咷我時住在祇桓精舍聞其音聲即生慈心時有涼風吹香山中種種香藥滿其眼眶尋還得眼如本不異諸賊開眼即見如來住立其前而爲說法賊聞法已發阿耨多羅三藐三菩提心善男子我於爾時實不作風吹香山中種種香藥住其人前而爲說法善男子當知皆是慈善根力令

彼羣賊見如是事復次善男子瑠璃太子以愚癡故廢其父王自立爲主復念宿嫌多害釋種取萬二千釋種諸女刵劓耳鼻斷截手足推之坑塹時諸女人身受苦惱作如是言南無佛陀南無佛陀我等今者無有救護復大號咷是諸女人已於先佛種諸善根我於爾時在竹林中聞其音聲即起慈心諸女爾時見我來至迦毗羅城以水洗瘡以藥敷之苦痛尋除耳鼻手足還復如本我時即爲略說法要悉令俱發阿耨多羅三藐三菩提心即於大愛道比丘尼所出家受具足戒善男子如來爾時實不往至迦毗羅城

以水洗瘡敷藥止苦善男子當知皆是慈善根力令彼女人見如是事悲喜之心亦復如是善男子以是義故菩薩摩訶薩修慈思惟即是眞實非虛妄也善男子夫無量者不可思議菩薩所行不可思議諸佛所行亦不可思議是大乘典大涅槃經亦不可思議以此明文可爲誠證則知三界九有一切染淨等法皆不出法界衆生之心猶如畫師畫出一切境界心之畫師亦復如是所以正法念處經云又彼比丘如是觀察云何衆生有種種色種種形相有種種道種種依止又彼觀察有種種心種種依止種種信解有

種種業此如是等種種諸色種種形相種種諸道種種依止譬如黠慧善巧畫師若其弟子觀察善平堅滑好地得此地已種種彩色種種褋色若好若醜隨心所作如彼形相心業畫師若其弟子亦復如是善平堅滑業果報地生死地界隨其所解作種種形相種種諸道種種依止心業畫師業作衆生又諸彩色取白作白取赤作赤取黃作黃若取鴿色則爲鴿色取黑作黑心業畫師亦復如是緣白取白於天人中則成白色何義名白欲等漏垢所不染汙故名白色又復如是心業畫師取赤彩色於天人中能作赤色

何義名赤所謂愛聲味觸香色畫觀察衣又復如是
心業畫師取黃彩色於畜生道能作黃色何義名黃
彼此遞互飲血噉肉貪欲瞋癡更相殺害故名黃色
又復如是心業畫師取鴿彩色攀緣觀察於餓鬼道
作垢鴿色何義名鴿彼身猶如火燒林樹飢渴所惱
種種苦逼心業畫師嫉心所秉癡闇所覆又復如是
心業畫師取黑彩色於地獄中畫作黑色何義名黑
以黑業故生地獄中有黑鐵壁彼然彼縛得黑色身
作種種病飢渴苦身無量苦逼皆是自業非他所作
又彼比丘觀察如是三界五道五種彩色生死畫衣

於三地住謂欲界地色無色地心業畫師習近婬欲
攀緣欲界種種色畫緣色依止有二十種離欲四禪
以為畫筆依十六地是所畫處作色界離緣色界三
摩䟦提緣無色界畫為四處心業畫師廣畫如是三
界大衣又彼比丘觀察如是心業畫師身如彩器貪
欲瞋癡以為堅牢攀緣之心猶如梯隥根如畫筆外
諸境界聲觸味色及諸香等如種種彩生死如地智
如光明勤發精進如手相似眾生如畫神通如彼無
量形服有無量種業果報生如畫成就又彼比丘依
禪觀察心業畫師有異種法如彼畫師不生疲倦善

治彩色各各明淨善識好筆畫作好色心業畫師亦
復如是不生疲倦若修禪定善治禪彩攀緣明淨如
彩光明修道之師如善好筆知禪上下如善識知有
取有捨如不疲倦如是禪定心業畫師畫彼禪地如
彼好色又彼如是心業畫師若有疲倦則畫不善地
獄餓鬼畜生道處同業因緣鐵杵為筆不善彩色畫
非器人所謂地獄餓鬼畜生如是等色非好色畫廣
說如前釋曰是以畫師運巧拙之意執五彩之筆於
平正之地貌出一切精麤之像如眾生稟愚智之心
興三業之筆於善惡之地畫出一切苦樂之事又如

世畫師只畫得色陰若心畫師能畫五陰又世畫不
堅牢色退像即滅心畫經長劫身謝業不亡又世畫
甚易知妍醜皆可見心畫極難審果報莫可知如正
法念處經頌云諸業之所作過於巧畫師業畫師天
中作種種樂報種種眾彩色現覩則可數心業布眾
彩其數不可知毀壁畫則亡二俱同時滅若身喪滅
時業畫不可失譬如一畫師造作眾文飾一心亦如
是造作種種業五彩光色現見之生愛樂五根畫亦
爾如業有生死如世巧畫師現前則可見心畫師微
細一切不可見圖畫好醜形令壁眾像現心業亦如

是能作善惡報是心於晝夜思念恆不住如是業隨心展轉常不離風塵煙雲熱晝色則毀滅捨善不善持諸業爾乃失又依般舟經見佛略有四喻一夢喻如夢所見從分別生見一切佛從自心起二水影喻水喻心性則佛之月影皆是衆生眞心中物心佛交徹唯眞心也三幻喻自心猶如幻術一切佛如幻所作謂有能幻法方成幻事無能念心無所見佛四響喻譬如空谷隨聲發響悟解自心隨念見佛上之四喻一正喻唯心二唯心故空三唯心故假四唯心故中又夢喻不來不去影喻不出不入幻喻非有非無

響喻非合非散如經頌云心者不知心心者不見心心有想則癡無想則泥洹是法不堅固常立在於念以解見空者一切無想念釋云若心自見心先心爲能見佛爲所見刀不自割指不自觸云何自心還見自心能所不分見相斯絕故經云心有想則癡若無想則心寔性佛永絕思求矣如上是衆生自心感現次諸佛菩薩因地願力示現化門無有斷絕所以維摩經云雖示成正覺不捨菩薩道雖悟卽心是佛頓成菩提然爲衆生未達廣修福業以導未聞皆令開解同歸此地如華嚴經云雖能一念卽成阿耨多羅三藐三菩提然爲衆生故於無量劫行菩薩行無有休息是爲如山增上心又云佛子菩薩摩訶薩又作是念阿耨多羅三藐三菩提以心爲本心若清淨則能圓滿一切善根於佛菩提必得自在欲成阿耨多羅三藐三菩提隨意卽成若欲除斷一切取緣住一向道我亦能得而我不斷爲欲究竟佛菩提故亦不卽證無上菩提何以故爲滿本願盡一切世界行菩薩行化衆生故是爲第九如金剛大乘誓願心如上法喻證信無疑則佛道立成匪由他敎終不起於餘念唯自淨於一心可謂順佛本懷得敎正意矣問佛

度衆生衆生還度佛否答若約內觀因了妄念禳識衆生無體發其覺慧成自心之佛此豈不是因衆生得度若論外化皆因衆生感出若無機緣旣無所化亦不成佛如淨名經云菩薩隨所化衆生而取佛土淨土三昧經云衆生亦度佛若無感佛不出世亦不能得成三菩提出世菩提皆由衆生機故

宗鏡錄卷第十八

音釋

睫 卽涉切目旁毛也　舸 賈我切大船也　拇 莫後切將指也　吒 陟嫁切

宗鏡錄卷第十九

宋慧日永明妙圓正修智覺禪師延壽集

夫如上所說祖教同詮凡曰有心皆得成佛如今現見衆生何不成佛答若以衆生眼觀只見衆生界有餘若以佛眼觀乃知諸佛界無外故知無明妄風鼓心海而易動本覺眞性睡長夢而難惺是以首楞嚴經云汝之心靈一切明了未曾暫昧而迷者目擊而不知如美玉沈泥自埋高價猶眞金混礫空匿光輝如法華經云我昔欲令汝得安樂五欲自恣於某年月日以無價寶珠繫汝衣裏今故現在而汝不知勤

苦憂惱以求自活甚為癡也汝今可以此寶貿易所須常可如意無所乏短故知本覺常成衣珠不失若非圓頓之教何以直了自心故圓覺經云覺成就故當知菩薩不與法縛不求法脫不厭生死不愛涅槃不敬持戒不憎毀禁不重久習不輕初學何以故一切覺故是知一切衆生皆本覺成就以不覺故認隨染之覺見勝劣之境起忻厭之心但逐妄輪迴頓迷眞覺然因覺有不覺若無眞妄無所依故如煙無火不起又覺因不覺若隨器之金還待器顯事能顯理故所以唯眞不立單妄不成唯眞不立者佛果無生故單妄不成者無所依故如先德頌云一切衆生金色界白淨無垢智無壞寶珠自在內衣中只欲長貧在門外淸淨寶乘住四衢文殊引導普賢扶肥壯白牛甚多力一念徧遊無卷舒如是寶乘不肯入但樂勤苦門前立不覺自身常在中遣上恆言我不及華嚴經頌云欲求一切智速成無上覺應以淨妙心修習菩提行又頌云譬如良沃田所種必滋長如是淨心地出生諸佛法是知十方諸佛中無有一佛不信此心成佛二十八祖內無有一祖不見此性成祖如今聞而不成祖佛者皆為信不及見不諦故但學其

語不照其心但執其解不深其法何者信即是道故經云信是道原功德母見即無疑故經云見苦諦習亦除何況現行心外境界但入宗鏡方悟前非心光透時餘瑕自盡華嚴出現品云佛子菩薩摩訶薩應知自心念念常有佛成正覺何以故諸佛如來不離此心成正覺故如自心一切衆生心亦復如是悉有如來成等正覺廣大周徧無處不有不離不斷無有休息入不思議方便法門古釋云不離此心成佛者有二一衆生身心即佛所證故佛證衆生之體用衆生之用二全即佛菩提性故一性無異此即他果在

我之因以我因成他果故名入不思議方便法門是以不得意者作衆生思故是亦不可說作佛思是亦不可卽亦不可非卽亦不可當淨智眼無取諸情經云佛子令依此知無幽不盡涅槃經云二十五有有我者自實名我所謂一切諸法體實一切衆生有如來藏能爲佛因名有佛性如一切色中皆有空性然非獨有情具如來之正性一切諸法中皆有安樂性所以云若以肉眼觀無眞不俗若以法眼觀無俗不眞又云法身流轉五道名曰衆生但法身卽是眞如流轉五道卽是隨緣名曰衆生是差別義又由隨緣

卽不變故奪差別令體空則末寂也由體空差別故奪不變令隨緣故本寂也以全本爲末故本便隱全末爲本故末便亡也是則眞如隨緣成衆生未曾失於眞體故令衆生非衆生也衆生體空卽法身時未曾無衆生故非法身也故二雙絕二既互絕則眞妄平等無可異也故云隨緣非有之法身恒不異事而成立寂滅非無之衆生常不異眞而顯現故知煩惱卽菩提菩提卽煩惱所以勝天王般若經云佛告勝天王言譬如無價如意寶珠裝飾瑩治皎潔可愛體圓極淨無有垢濁墮在淤泥已經多時有人拾得取

而守護不令墮落法性亦爾雖在煩惱不爲所染後復顯現天王諸佛如來悉知衆生自性淸淨客塵煩惱之所覆蔽不入自性是故菩薩摩訶薩行般若波羅蜜應作是念我當勇猛勤修精進爲諸衆生說是甚深般若波羅蜜除其煩惱一切衆生皆有性淨是故於彼勿生下劣應當尊重彼卽我師如法恭敬菩薩摩訶薩作如是心卽生般若闍那大悲處胎經云魔梵釋女皆不捨身不受身悉於現身得成佛故偈云法性如大海不說有是非凡夫賢聖人平等無高下唯在心垢滅取證如反掌華手經云佛言堅意無

礙際者卽無邊際無邊際者卽是一切衆生性也是名際門入是際門則能開演千億法藏此法藏者卽非藏也堅意如來衆法藏中有所說法皆說是際復有色藏受想行識藏是藏非藏不在自藏是名諸藏以阿字門入釋曰阿字者卽無生義若了心無生則無法可得悟此唯識乃入道之初門所以大品經云無有一法可得名曰衆生夫言衆生者卽法身義如不增不減經言舍利弗卽此法身過於恒沙無量煩惱所纏從無始來隨順世閒生死濤波去來生滅名爲衆生是知若云衆生卽法身者甚爲難解故先德

引大涅槃經云若有人能藕中絲懸須彌山可思議否不也世尊佛言菩薩能以一念稱量生死不可思議今明圓理難曉但仰信而已如聞生死有不可思議理而但仰信不能一心即如來藏故非圓意文殊般若經云佛告文殊若人問汝有幾眾生界汝云何荅文殊言眾生界數如如來界問眾生界廣狹答如佛界廣狹問一切眾生繫在何界答如如來繫眾生亦爾問眾生界住何處答住涅槃界又云文殊言如虛空無數眾生亦無數虛空不可得眾生亦不可得是以於不可得中隨世語言有所建立凡聖境界方

便說者是不可思議廣大神變如大寶積經云文殊師利菩薩云復次法無出相說出離法是名神變法無差別文字分別是名神變法無所行說有修行是名神變法無來去說有來去是名神變於一道證建立諸果是名神變於一味法分別三乘是名神變一切諸佛唯是一佛說無量佛是名神變一切佛土唯一佛土說無量土是名神變無量眾生即一眾生說無量眾生是名神變一切佛法唯一佛法說無量法是名神變法不可示顯示諸法是名神變法無所得修習作證是名神變乃至爾時長老舍利弗語商主天子言汝聞此神變不驚怖耶天子荅言我即神變云何驚怖舍利弗言天子以何密意而作是言天曰一切諸法若善不善無動而動名大神變是故舍利弗作善業者生於天上有大威德如是善業不可思議一切眾生往來生死亦不可思議不可思議者名大神變如佛所說四種境界不可思議一者業境界不可思議二者龍境界不可思議三者禪境界不可思議四者佛境界不可思議以是義故說一切法名大神變不應驚怖復次舍利弗若如來說此神變虛空界寧有怖耶荅言不也天曰若虛空不怖云何問

言汝不驚怖舍利弗言汝豈同虛空耶天曰如佛所說若內空外空是虛空否荅言如是天曰是故一切眾生是虛空性是知若一切有情無情皆同虛空性者何處有凡聖之異內外之殊且虛空性無有起盡何故更問成佛不成佛乎入法界體性經云佛問文殊汝知法界耶如是世尊我知法界即是我界又問汝豈不樂法界耶文殊曰世尊我不見一法非法界者更何所樂持世經云若世間法與出世間法異者諸佛不出於世也何者以覺一切法平等故名為佛大集經云諸眾生界及法界若能平等觀無異不生

分別一二數是名菩薩不退印又云若有菩薩不離凡夫能知聖法以凡夫心觀察聖法密嚴經云如來法身住於一切衆生身中光影外現猶如淨綵裹摩尼珠無所障蔽亦復如是是故當知如來法身徧在一切諸衆生中如佛所說乃至枯樹焦木亦悉皆入不應生害況復餘類是故不應稱量衆生除諸如來無能知者是以諸佛法身徧一切處夫法身者卽自心也是法家之身羣有之性該今徹古徧界盈空十方太虛於自心內尙如一點之雲生百千大海向本覺中猶若一滴之漚起豈況假名凡聖而非我心乎

台教云佛者覺義如寶篋經云佛界衆生界一界無別界此是圓智圓覺諸法徧一切處無不明了雖五無閒皆生解脫想雖愔盲倒惑其理存焉斯理灼然世間常住有佛不能益無佛不能損得之不爲高失之不爲下故言衆生卽佛此理佛也華嚴論云一切處文殊師利一切處金色世界一切處不動智佛令之信者當信自心無依住性妙慧解脫是自文殊於心無依住中無性妙理有自在分別無性可動名不動智佛理智無二妙用自在是故號曰妙德菩薩是故一切諸佛從此信生故號文殊爲十方諸佛之母亦號文殊爲童子菩薩爲皆以信爲初生故信心成就卽以定慧觀智力印之契一念相應名十住初心便成正覺取能行行處號曰普賢取妙慧無依處號曰妙德取善能分別知根之智號之爲不動智佛自契相應名爲正覺且能信處號之曰信自契相應名爲住心爲住佛所住妙慧解脫相盡無生法故若心外有佛不名信心名爲邪見人也一切諸佛皆同自心一切衆生皆同自性性無依故體無差別智慧一性應如是知以此同體妙慧知諸佛心及衆生心應如是信解不自欺誑是故此經宗趣爲大心衆生說

如斯法諸佛自所乘門一乘妙典法界道理令大心衆生入佛根本大智佛果故一念契眞理智同現卽便佛故爲法界道理見則無初中後故是以世人唯信諸佛境界不可思議不知衆生境界亦不可思議以衆生界卽佛界故如論云一切處不動智佛者夫一切之言無處不徧豈獨衆生界耶所以華嚴私記云今多許人學皆得與釋尊等亦與文殊等一念卽等若不信始作少時努力靜思惟看故知一念平等理事無差但靜思凝神迴光內照有何異法能爲隔越唯自心想起妄分高下耳淸涼疏云佛及衆生若

以性淨而說現今平等而不妨迷悟之殊是故三乘亦有差別亦無差別是則染淨三世一切諸法無不平等況稱性互收如是解者名為善住一切智地如地能生終歸於地萬法依於佛智究竟還至一切智寶性論偈云譬如貧人舍地有珍寶藏彼人不能知寶又不能言眾生亦如是於自心舍中有不可思議無盡法寶藏雖有此寶藏不能自覺知以不覺知故受生死貧苦譬如珍寶藏在彼貧人宅人不言我貧寶不言在此如是法寶藏在眾生心中眾生如貧人佛性如寶藏為欲令眾生得此珍寶故彼諸佛如來

出現於世開無生義云大師恆引如來藏經言眾生身中有佛三十二相八十種好坐寶蓮華與佛無異但為煩惱所覆故未能得用此是具有佛知見根性未有知見用即時猶故愚乃至譬如小兒具有大人六根與大人不異在其身中而未能有大人用至漸長大復須學問乃有大人知見力用也若根性是有作用豈無如種子本甘結果非苦只恐不知有自認作凡夫真性常了然未曾暫隱覆如佛言如來實無祕藏何以故如秋滿月處空顯露清淨無翳人皆覩見又祖師云五陰本來空師子何曾在窟故知但是

眾生不了自稱為祕然雖無祕藏而有密語密語難解唯智能知如百丈和尚云只如今語言鑒照分明覓其形相不可得是密語所以宗鏡之光無時不照常關日用昧者不知所以無所希望經偈云眾生界悉等平若虛空界其能了此等成佛道不難又偈云其無所相者一切無所念無心無所生佛道不難得月藏經云佛言是故於法平等思惟觀察不離眾生有法不離法有眾生如眾生體性即是我體性如我體性即是一切法體性如一切法體性即是佛法體性如是觀諸法平等時眾生即陰不可得離陰不可

得和合不可得離和合亦不可得非法非非法是人如是得住無相是名法平等是知一切法常成正覺無有不成正覺時如經云凡真實法不捨自相取於餘相若捨非正覺成等正覺則非真實正覺者曾無有時不成正覺故知一切眾生皆住覺地非是捨不覺而取正覺則一覺一切覺常成正覺無有不覺時如虛空湛然無有成壞若執有成不成斯屬情見若以智照何往不真念念而常見法身塵塵而盡成佛國但以自眼有瞖妙見不通違背己靈沈溺家寶雖同一性要以智明如樂蘊奇音指妙則宮商應節人

懷覺性智巧則動用冥眞得失在人精麤任己所以善逝按指發海印之光含識舉心現塵勞之相如古釋衆生佛性譬若箜篌具有五義一有箜篌身二有中閒聲三有絃緺四有彈箜篌人五有所彈得曲此五是喻我等五陰似箜篌身中眞如佛性似聲六度萬行似絃緺巧便智慧似彈箜篌人我等以巧便智修行六度當來成佛一塵一毛皆徧法界似彈奏之曲也故沈休文佛知不異衆生知義云故知凡夫之知與佛之知不異由於所知之事異知不異也沈約六道相續作佛義云相續不滅所以能受知若今生

陶練之功漸積則來果所識之理轉精轉精之知來應以至於佛而不斷不錬也若今生無明則來果所識轉闇轉闇之知亦來應以至於六趣也故知衆生之識相續不斷但由精麤分其昇降耳又古師計云一切如來因地發願度盡衆生生界不盡不取正覺現見衆生沈淪九有故知諸佛未合有成成則違誓彼荅不正華嚴記中約如實義釋諸佛皆有悲智二門以大悲故窮未來際無成佛時故菩薩闡提不成佛也以大智故念念速成又欲化盡諸衆生界自須速成方能廣化不懼違昔盡竟誠言又了衆生之本

如故化而無化是則常成亦常不成亦常化而常無化悲智自在何局執耶如上釋者此猶是約理事雙通若直就宗明如華嚴經云如來初成正覺時於自身中見一切衆生已成佛竟已涅槃竟又經云爾時世尊復依一切住持藏法如來之相爲菩薩宣說般若一切有情住持徧滿甚深理趣勝藏法門謂一切有情皆如來藏普賢菩薩自體徧故一切衆生皆金剛藏以金剛藏所灌灑故一切衆生皆正法藏一切皆依正語轉故一切衆生皆妙業藏一切事業加行依故法華經云舍利弗當知我本立誓願欲令一切

衆如我等無異如我昔所願今者已滿足化一切衆生皆令入佛道斯則成佛度生大願大化悉圓滿矣如有不信此說自尙未成焉能度彼問衆生卽佛佛卽衆生入一心門因果交徹故經云若彌勒得菩提者一切衆生皆亦應得此俱成佛得菩提義爲是理成爲是事成荅三乘多約理成或云法身卽等報化未圓亦云一念成佛皆從理說今一乘宗理事齊等古德云此出自華嚴大意難以取解然諸衆生若於人天位中觀之具足人法二我小乘唯是五蘊實法大乘或說但心所現或說幻有卽空人法俱遣或說

唯如來藏具恆沙性德故衆生卽在纒法身法身衆生義一名異猶據理說更有說言相本自盡性本自現不可說言卽佛不卽佛等若依華嚴宗舊來成竟亦涅槃竟非約同體此成卽是彼成若爾何以現有衆生非卽佛耶若就衆生見解位看者尚不見唯心卽空妄見圓教中事如迷東爲西正執西故若諸情頓破則法界圓現無不已成猶彼悟人西處全東是以善財龍女皆是凡夫一生親證三乘權教信不及人稱爲示現如斗義格云人謂善財龍女是法身菩薩化爲幻技一時悅凡人令自彊不息耳議曰若爾

聖有誑凡之僭凡無卽聖之分教門徒設用學何爲故不然也問若是實從凡頓成佛者何故經中唯此二人別更無耶答日月在天盲者不見經說一生成佛者數如微塵五千卷經卷卷有卽生得道只如達摩禪師傳佛心印言下見性便爲得道取相之徒指爲外道論云金色世界不動智佛一切處文殊俱是自心法性非外來物又云十信十住十行十向十地爲華嚴覺了自心大方廣是佛先自見性爲佛身心齊修五位爲莊飾也亦同天台初發心時卽觀涅槃行道比喻蓮華華果同時義同印卽心成佛鴦崛魔

羅經云鴦崛魔羅與文殊師利普詣十方各十世界諸如來所問如是義云何釋迦牟尼佛住娑婆世界不般涅槃解脫之際彼諸如來悉荅我言釋迦牟尼佛卽我等身彼佛自當決汝所疑故知徧刹之身只是一身分亦不多聚亦非一如首楞嚴三昧經云若善男子善女人求佛道者聞首楞嚴三昧義趣信解不疑當知是人必於佛道不復退轉何況信已受持讀誦爲他人說如說修行時諸釋梵護世天王皆作是念我等今者當爲如來敷師子座正法座天人座大莊嚴座大轉法輪座當令如來於我此座說首楞

嚴三昧是中人人各各自謂唯我爲佛敷師子座餘人不能乃至須臾之間於如來前有八萬四千億那由他寶師子座悉於衆會無所妨礙一一天子不見餘座各作是念我獨爲佛敷師子座佛當於我所敷座上說首楞嚴三昧時釋梵護世天王敷座已竟各白佛言唯願如來坐我座上說首楞嚴三昧卽時世尊現大神力徧坐八萬四千億那由他師子座上諸天各各見佛坐其所敷座上不見餘座有一帝釋語餘釋言汝觀如來坐我座上是釋梵護世天王各相謂言汝觀如來坐我座上有一釋言如來今者但在

我座不在汝座乃至時梵衆中有一梵王名曰等行白佛言世尊何等如來爲是眞實我座上是餘座上是佛告等行一切諸法皆空如幻從和合有無有作者皆從憶想分別而起無有主故隨意而出是諸如來皆是眞實云何爲實是諸如來本自不生是故爲實是諸如來今後亦無是故爲實是諸如來非四大攝是故爲實諸陰界入皆所不攝是故爲實是諸如來如先中後等無差別是故爲實梵王是諸如來等無差別所以者何是諸如來以色如故等以受想行識如故等以是故等是諸如來以過去世如故等以

未來世如故等以現在世如故等以如幻法故等以如影法故等以無所有法故等以無所從來無所從去故等是故如來名爲平等如一切法等是諸如來亦復如是釋曰首楞嚴三昧者卽一切事究竟堅固何者以能見心性名爲上定信入此者亦名王三昧以此三昧歷一切事豈非究竟堅固耶如釋梵護世諸天各見佛坐自座此乃實證自心所以經云皆從憶想分別而起無有主故隨意而出是諸如來皆是眞實云何爲實是諸如來本自不生是故爲實者以諸如來本自不生卽是自心生然其自心又如幻夢

皆不出平等眞如之性所以經云譬如眞金雖復鍛磨不失其性是諸大士亦復如是隨所試處皆能示現不思議法性寶性論偈云如彼毗瑠璃清淨大地中天主帝釋身於中鏡像現如是衆生心清淨大地中諸佛如來身於中鏡像現故知卽心而見佛者可謂現身成道矣如禪要經云佛言善男子若外相求雖經劫數終不能得於內覺觀如一念頃卽得阿耨多羅三藐三菩提是以行位齊成速登妙果以凡聖同體迷悟似分若信入之時不從外得所以云生死與道合如明與闇合故云水中鹹味色裏膠青李長

者論云此華嚴經十住爲見道十行十向十地十一地爲加行修行令慣熟故佛果於初先現以普賢悲願令智悲大用慣熟自在故以自如來根本普光明智先現故始終本末總無延促時日分劑故以法身根本智如實而言不同三乘權教情所解故皆須約本而觀之畢竟佛果慣習已成普賢行已滿一往但以教化一切衆生爲常恆從初至末無始無終無成無壞但以普徧十方一切六道以智對現利生爲永業也從初發心起信修行時發如是信樂發如是志願起如是志求見如是道從初發心住以定觀力契

會法身。顯根本普光明智。照知一切自他生死海性自解脫。但為教化眾生。令其破執。離妄想苦。故亦不見自身成佛不成佛。故若也起心圖成佛。念當知此人去佛道遠。若也但以法身無性之力。自他性離。無成壞心。起方便力。興大願力。起大悲門。無作而作。發無限志願。教化一切法界中。無性眾生。使令迷解。還令省得自心無性之理。妄想繫著自無。不言成佛。不言不成佛。不可作如是圖念之情。如此華嚴經。安立五位教門。但為引接未得謂得。未至謂至。未滿云滿。滯染淨障。於菩提道及菩薩行。有止足心。有休息想。

安立五十重因果。一百一十重法門。使不滯住。止息休廢之心。滿普賢願行。至無盡極。又云。此華嚴經。直示本身本法。出超情見。無始無終。三世相絕。一圓眞報。不生不滅。不常不斷。性相無礙。自在果海法門。直授上上根人。教門行相勢分。如是不同權學。依次第漸漸而成。只如登峯九仞。不可以絕其蹤。履十層之級者。不可亡其跡。常見官階一品。但以為臣。聞古士夫。忽有身登九五。明珠頓照。普見無方。澤霖大海。滴滴皆滿。一塵空性。法界無差。品類有情。彊生區繫。根器不等。權實不同。以此教門。千差萬別。須知權實。識

假修眞。不可久滯權宗。迷其實教者也。故智儼法師問。一地即攝一切諸地功德者。一法即具。何用餘門耶。答曰。若無餘門。一門即不成。故如一升攝一斗。若無升時。此斗即不成。問若無升即無斗者。今舉一升。即得一斗。以不得一升。不得斗者。一行不具。一切也答。十升合成一斗。既無其升時。將何作斗。故知無升即無斗。有升即有斗。今舉升即斗。斗升之外。無別升斗也。如龜毛兔角。不可得也。初心即成佛。成外無別修其相。如虛空故。是故初心成佛者。非謂不具諸功德。如經說。普莊嚴童子。一生得聞善熏習。二生成其

解行。三生得入果海。同一緣起。而此三生。只在一念猶如遠行。到在初步。然此初步之到。非謂無於後步明此童子得入果海。非不久植善根。問既久修始得云何言一念得耶。答言。久修善根者。即在三乘教。攝從三乘入一乘。即是一念始修具足。故經云。初發心時便成正覺。譬眾川入海。纔入一滴。即稱周大海。無始無終。若餘百川水之極深。不及入大海之一滴。即用三乘中修多劫。不及一乘之一念。又此時劫不定。或一念即無量劫。無量劫即一念。一生即無量生。無量生即一生。如十世門。時處無礙。又大乘明一念成

佛義有二。一者會緣以入實性無多少。故明一念成佛。二者行行纔滿取最後念名爲一念成佛。如人遠行以後步爲到。若一乘明一念成佛者。如大乘取後一念成佛。卽入一乘。以後卽初。初念卽是成。何以故以因果相卽同時相應故。欲論其成者。成復成成復成也。衆生欲在後成者。在後復在後。在後復在後也。今舉一念成者。卽與佛同位。未具究竟。故復有淺深之殊矣。如人始出門。及以久遊行他土。雖同在空中。而遠近有別。是故十信十住等五位。各各言成佛者。而復辯其淺深。此中須善思之。心要牋云。心心作佛。

無一心而非佛心。處處道成。無一塵而非佛國。是故眞妄物我舉一全收。心佛衆生渾然齊致。是知迷則人隨於法。法法萬差。而人不同。悟則法隨於人。人一致而融萬境。止觀云。觀衆生相如諸佛相。衆生界量如諸佛界量。衆生界住如虛空住。以不住法。以無相法住般若中。不見凡法云何捨。不見聖法云何取。但住實際。如此觀衆生眞佛法界。身子云。諦了此義。是名菩薩摩訶薩。彌勒云。是人近佛座。佛覺此法故。文殊云。聞此法不驚。卽是見佛。佛云。卽住不退地。具六波羅蜜。具一切佛法矣。如上所說教理無斷。只是正解

難生。信力不具。若信而不解。則日夜長無明。若解而不信。則日夜長邪見。信而且解。方契此宗。契此宗人。甚爲希有。不唯十方諸佛與我相應。大地山河一時同證。如眞覺大師歌云。法中王最高勝。恆沙諸佛同共證。我今解此如意珠。信受之者皆相應。百丈和尚云。但是一切照用任聽縱橫。啼笑語言。皆成佛慧。如是解者。無一時不成佛。無一人不得道。天眞自然。何關造作。故法華經云。又見諸如來自然成佛道。法界印云。初發心時便正覺。苦樂平等一味佛。又云。寂法分別名衆生。舊來不動名爲佛。融大師頌云。法忍先

將三毒。其佛性常與六情俱。但信研心出妙寶。何煩衣外覓明珠。傅大士頌云。佛亦不離心。心亦不離佛。心寂卽涅槃。心能則有物。物則變成魔。無物卽見佛。若能如是用十八。從何出。龐居士偈云。不用苦多聞。看他彼上人。百億及日月。纂在一毛鱗。心但寂無相。卽出無明津。若能如是學。幾許省精神。寒山子詩云。寄語諸仁者。復以何爲懷。達道自見性。見性卽如來。天眞元具足。修證轉差回。棄本卻逐末。只守一場獃。志公和尚歌云。佛體本是心作。那得文字中覓。將佛求佛辛苦。坐地自致徭役。一鉢和尚歌云。莫更將身

造水泡百毛流血是誰教不如靜坐眞如地頂上促
他鶻作巢萬代金輪聖王子只者眞如靈覺是菩提
樹下度眾生度盡眾生出生死不生死眞丈夫無形
無相大毗盧塵勞滅盡眞如在一顆圓明無價珠布
袋和尚歌云只箇心心心是佛十方世界最靈物縱
橫妙用可憐生一切不如心眞實騰騰自在無所爲
閙閙究竟出家兒若覩目前眞大道不見纖毫也大
奇萬法何殊心何異何勞更用尋經義心王本自絕
多知智者只明無學地問凡聖皆同一心眞性成佛
云何見有前後答見雖前後性且不虧迹任昇沈理

亦無爽如昏睡心中有覺悟之性以眠熟未惺故寤
來即現似嬰孩身內具大人之相以力用未充故長
成即備一切眾生以無明夢未惺覺道力未具則佛
性未現法身未圓豈是一切含生而不具如來藏性
古德問云佛性共有諸佛成佛時眾生盡合成佛若
言各別有應是無常答佛性與一切眾生共有所證
是一能證有前後是故諸佛成道我等輪迴前後約
時性無本末如昔人云法身一相瞻仰異容正教無
偏說聽殊旨故攝論偈云眾生罪不現如月於破器
徧滿諸世間由法光如日釋云如破器中水不得住

水不住故月則不現如是有情身中無有奢摩他水
佛月不現佛雖不現然徧一切施作佛事譬如日光
徧滿世間作諸佛事成熟有情又如今已眼不明者
皆爲執著凡聖有所繫故如萬回和尚歌云黑白兩
亡開佛眼不繫一法出蓮叢眞空不壞靈智性妙用
恆常無作功聖智本來成佛道寂光非照自圓通

宗鏡錄卷第十九

音釋

沃 烏酷切潤澤也 瞖 於計切目疾也 縚 他刀切編絲繩也 僁 去乾切過也 欸 五來切癡也

宗鏡錄卷第二十

宋慧日永明妙圓正修智覺禪師延壽集

夫正因佛性衆生共有經云不由觀智所顯則道常披露云何異生迷而不悟答智論云衆生心性猶如利刀唯用割泥泥無所成刀日就損理體常妙衆生自麤能善用之卽合本妙又譬如一器中水淡味恒然若著甘草則甜下黃連則苦衆生心水亦復如是起妄染則凡冥眞空則聖其心之性未嘗變異如華嚴經偈云譬如淨日月皎鏡在虛空影現於衆水不爲水所雜菩薩淨法輪當知亦如是現世間心水不

爲世所雜如華嚴疏云一切法有二一是所迷謂緣起不實故如幻緣成故無性二是能迷徧計無物故如空妄計故無相又以不覺故不知有以不信故不承當但起無明空成倒想如夜繩不動疑之爲蛇闇室本空怖之有鬼故知本無迷悟妄有昇沈昔迷悟而似迷今悟迷而非悟但以內見自隔客塵所遮於體上分遠近之情向性中立凡聖之量如勝思惟梵天所問經云梵天問文殊師利比丘云何親近於佛答言梵天若比丘於諸法中不見有法若近若遠是則名爲親近於佛大集經云不覺一法微相者乃能

了知如來出世無出之出卽是佛出是以若不見一法常見諸佛則千里同風若見一法不見諸佛則對面胡越故知背心合境頓起塵勞背境合心圓照法界何者心是所依法是能依能依從所依起如水是所依波是能依離水無波離心無法又心是能生法是所生如木能生火木是能生火是所生離木無火離心無法故知不卽心爲道者如千人排門無一得入若了心頓入者猶一人拔關能通萬彙得宗鏡之要者其斯謂乎是以妙性無虧迷悟自得一法不動向背俄分如首楞嚴經云佛言富樓那又汝問言地

水火風本性圓融周徧法界疑水火性不相陵滅又徵虛空及諸大地俱徧法界不合相容富樓那譬如虛空體非羣相而不拒彼諸相發揮所以者何富樓那彼太虛空日照則明雲屯則闇風搖則動霽澄則清氣凝則濁土積成霾水澄成映於意云何如是殊方諸有爲相爲因彼生爲復空有若彼所生富樓那且日照時旣是日明十方世界同爲日色云何空中更見圓日若是空明空應自照云何中宵雲霧之時不生光曜當知是明非日非空不異空日觀相元妄無可指陳猶邀空華結爲空果云何詰其相陵滅義

觀性元眞唯妙覺明妙覺明心先非水火云何復問不相容者眞妙覺明亦復如是汝以空明則有空現地水火風各各發明則各各現若俱發明則有俱現云何俱現富樓那如一水中現於日影兩人同觀水中之日東西各行則各有日隨二人去一東一西先無準的不應難言此日是一云何各行各日旣雙云何現一宛轉虛妄無可憑據富樓那汝以色空相傾相奪於如來藏而如來藏隨爲色空周徧法界是故於中風動空澄日明雲闇衆生迷悶背覺合塵故發塵勞有世間相我以妙明不生不滅合如來藏而如

來藏唯妙覺明圓照法界故知妙覺明心湛然不動因業發現隨爲色空周徧法界衆生背其本覺妄執情塵翻於平等一眞覺中認所現差別之境界隨發明處彊說是非如於虛空體中定其差別實謂虛妄顚倒無理可憑凡拄聖智眞詮悉爲破其顚倒若知顚倒不實自然無法可論如華嚴經云以智入於一切佛法爲衆生說令除顚倒然知不離衆生有顚倒不離顚倒有衆生不於顚倒內有衆生不於衆生內有顚倒亦非顚倒是衆生亦非衆生是顚倒顚倒非內法顚倒非外法衆生非內法衆生非外法一切諸

法虛妄不實速起速滅無有堅固如夢如影如幻如化誑惑愚夫如疏釋云經文有四對前三對二互相望後一對當體以辯前三對中前二不離後一不卽卽顯生之與倒非卽離也衆生卽能起顚倒之人乃染分依他顚倒卽所起之妄是徧計所執初對明不離者謂依似執實故離生無倒依執似起離倒無生第二對明不相在重釋前義言不離者明因果相待緣成非先有體二物相在因中無果故倒內無生若必有者則應徧計是依他起果中無因故生內無倒若要令有者則應無有不倒衆生第三對明不卽不

壞因果能所徧計之二相故由前三對則知生倒非一非異非卽非離第四對當體以辯倒心託境方生故非內法若是內者無境應有境由情計故非外法若是外者智者於境不應不染旣非內外寧在中閒則當體自虛將何對他以明卽離衆生亦爾卽蘊求無故非內法離蘊亦無故非外法旣非內外亦絕中閒本性自空何能起倒將何對他明非卽離旣如是知則自無倒爲物說此倒惑自除因謂由不達緣成不堅妄生徧計故云誑惑愚夫實則愚夫自誑若獼猴執月非月執獼猴又中觀論偈云有倒不生倒無

倒不生倒倒者不生倒不倒亦不倒若於顚倒時亦不生顚倒汝可自觀察誰生於顚倒已顚倒者則更不生顚倒已顚倒故不顚倒者亦不顚倒無有顚倒故顚倒時亦無顚倒有二過故汝今除憍慢心善自觀察誰爲顚倒者復次諸顚倒不生云何有此義無有顚倒故何有顚倒者顚倒種種因緣破故墮在不生彼貪著不生謂不生是顚倒實相是故偈說云何名不生爲顚倒乃至無漏法尙不名爲不生相何況顚倒是不生相無顚倒何有顚倒者因倒者有倒故問云何一切顚倒不成妄耶答只爲因情所執遂成

虛妄以執本空妄卽非妄如起信鈔云所執本空與眞心不動迭相成立只爲所執本空所以眞心不動只由眞心不動故得所執本空何異萬像本空明鏡不動何謂眞妄迭相成立以迷眞起妄妄因眞立悟妄卽眞眞從妄顯問如何得離倒不自誑無過耶答如大集經云如第五大如第七情如十九界無出無入無生無滅無有造作無心意識乃名無過問若心性本淨云何說客塵染答心本淸淨迹亦淸淨體亦淸淨用亦淸淨以不離一心別有淸淨以妄塵不能染眞法不能淨何者離心無異法豈有染能染耶亦

離心無眞法豈有淨能淨耶則刀不能自割指不能自觸大莊嚴論偈云已說心性淨而爲客塵染不離心眞如別有心性淨不離心之眞如別有異心謂依他相說爲自性淸淨此中應知說心眞如名之爲心卽說此心爲自性淸淨此心卽是阿摩羅識又一切衆生未見性者雖客塵所隱五陰所埋任經生死往來其性不昧或遇善友開發終自顯明以是出世間常住心寶豈世間無常敗壞生滅之法而能隳壞如貧女室中金藏雖未掘而匪移若力士額上寶珠任鬭没而常在猶雪山箭中藥味暫流出而恒存如大

地底下金剛縱穿鑿而不壞是以大涅槃經云迦葉菩薩白佛言世尊我從今日始得正見世尊自是之前我等悉名邪見之人世尊二十五有有我否耶佛言善男子我者卽是如來藏義一切衆生悉有佛性卽是我義如是我義從本已來常爲無量煩惱所覆是故衆生不能得見善男子如貧女人舍內多眞金之藏家人大小無有知者時有異人善知方便語貧女人我今雇汝汝可爲我耘除草穢女卽答言我不能也汝若能示我子金藏然後乃當速爲汝作是人復言我知方便能示汝子女人答言我家大小尙自

不知況汝能知是人復言我今審能女人荅言我亦欲見並可示我是人卽於其家掘出眞金之藏女人見已心生歡喜生奇特想宗仰是人善男子衆生佛性亦復如是一切衆生不能得見如彼寶藏貧人不知善男子我今普示一切衆生所有佛性爲諸煩惱之所覆蔽如彼貧人有眞金藏不能得見如來今日普示衆生諸覺寶藏所謂佛性而諸衆生見是事已心生歡喜歸仰如來善方便者卽是如來貧女人者卽是一切無量衆生眞金藏者卽佛性也乃至譬如王家有大力士其人眉閒有金剛珠與餘力士角力

相撲而彼力士以頭牴觸其額上珠尋沒膚中都不自知是珠所在其處有瘡卽命良醫欲自療治時有明醫善知方藥卽知是瘡因珠入體是珠入皮卽便停住是時良醫尋問力士卿額上珠爲何所在力士驚荅大師醫王我額上珠乃無去耶是珠今者爲何所在將非幻化憂愁啼哭是時良醫慰喻力士汝今不應生大愁苦汝因鬬時寶珠入體今在皮裏影現於外汝曹鬬時瞋恚毒盛珠陷入體故不自知是時力士不信醫言若在皮裏膿血不淨何緣不出若在筋裏不應可見汝今云何欺誑於我時醫執鏡以照

其面珠在鏡中明了顯現力士見已心懷驚怪生奇特想善男子一切衆生亦復如是不能親近善知識故雖有佛性皆不能見而爲貪婬瞋恚愚癡之所覆蔽故墮地獄畜生餓鬼阿修羅旃陀羅刹利婆羅門毗舍首陀生如是等種種家中因心所起種種業緣雖受人身聾盲瘖瘂拘躄癃跛於二十五有受諸果報貪婬瞋恚愚癡覆心不知佛性如彼力士寶珠在體謂呼失去衆生亦爾不知親近善知識故不識如來微密寶藏修學無我喻如非聖雖說有我亦復不知我之眞性我諸弟子亦復如是不知親近善知識

故修學無我亦復不知無我之處尙自不知無我眞性況復能知有我眞性善男子如來如是說諸衆生皆有佛性喻如良醫示彼力士金剛寶珠是諸衆生爲諸無量億煩惱等之所覆蔽不識佛性若盡煩惱爾時乃得證知了了如彼力士於明鏡中見其寶珠善男子如來祕藏如是無量不可思議復次善男子譬如雪山有一味藥名曰樂味其味極甜在深叢下人無能見有人聞香卽知其地當有是藥過去往世有轉輪王於此雪山爲此藥故在在處處造作木筩以接是藥是藥熟時從地流出集木筩中其味眞正

王既沒已其後是藥或酸或醎或甜或苦或辛或淡如是一味隨其流處有種種異是藥眞味停留在山猶如滿月凡人薄福雖以钁斸加功困苦而不能得復有聖王出現於世以福因緣即得是藥眞正之味善男子如來祕藏其味亦爾為諸煩惱叢林所覆無明眾生不能得見一味藥者喻如佛性以煩惱故出種種味所謂地獄畜生餓鬼天人男女非男非女刹利婆羅門毗舍首陀佛性雄猛難可沮壞是故無有能殺害者若有殺者則斷佛性如是佛性終不可斷性若可斷無有是處如我性者即是如來祕密之藏

如是祕藏一切無能同沮壞燒滅雖不可壞然不可見若得成就阿耨多羅三藐三菩提爾乃證知以是因緣無能殺者迦葉菩薩復白佛言世尊若無殺者應當無有不善之業佛告迦葉實殺生何以故善男子眾生佛性住五陰中若壞五陰名曰殺生若有殺生即墮惡趣以業因緣而有刹利婆羅門等毗舍首陀及旃陀羅若男若女非男非女二十五有差別之相流轉生死非聖之人橫計於我大小諸相猶若稗子或言如豆乃至拇指如是種種妄生憶想妄想之相無有眞實出世我相名為佛性如是計我是名最

善復次善男子譬如有人善知伏藏即取利钁斸地直下磐石沙礫直過無難唯至金剛不能穿徹夫金剛者所有刀斧不能沮壞善男子眾生佛性亦復如是一切論者天魔波旬及諸人天所不能壞五陰之相即是起作起作之相喻若石沙可穿可壞佛性者喻如金剛不可沮壞以是義故壞五陰者名為殺生善男子必定當知佛法如是不可思議是知雖有佛性久翳塵勞須以止觀熏修乃得明淨如貧女得藏中之寶猶力士見鏡裏之珠方親悟自心妙覺圓滿又如何行於止觀得契眞修但了能觀之心所觀之

境各各性離即妄心自息此名為止常作此觀不失其照故名為觀斯則即止即觀即觀即止無能所觀是名止觀如先德云法性寂然名止寂而常照名觀非能所觀有其二事所以華嚴經頌云若有欲知佛境界當淨其意如虛空遠離妄想及諸取令心所向皆無礙疏釋云一離妄取如彼淨空無雲翳故斯即眞止二觸境無滯如彼淨空無障礙故斯即眞觀此觀不作意以照境則所照無涯此止體性離而息妄故諸取皆寂若斯則不拂不瑩而自淨矣無淨之淨乃冥契法原不修之修則闇蹈佛境矣故知唯一心

眞智是我本身湛然常存現前明淨自然以智慧啄破無明㲉飛出三界自在無礙此時方得見性了然更有何法而堪比對如丹霞孤寂吟云不迷須有不迷心看時淺淺用時深此箇眞珠若採事豈同樵客負黃金黃金烹鍊轉爲新此珠含光未示人了則毛端吞巨海始知大地一微塵問諸佛心徧一切衆生心能現凡心衆生身徧一切諸佛身能作聖體爲復轉動互徧而成爲當一體答若言轉動卽成造作若言互徧則有二心是以常住一心猶若虛空之體凡聖二號遷同空裏之華靑黃起滅雖殊匪越太虛

之性迷悟昇沈有異未離眞覺之原又如一室千燈光光涉入一鏡萬像影影交羅非異非同不來不去達斯旨者唯佛洞知是以萬有卽眞無轉變相華嚴經云知心如幻出生一切諸法境界周徧無盡不匱不息大集經云住一心中能知一切衆生諸心觀衆生心悉皆平等如幻化相本性淸淨觀諸衆生身業平等皆如水月見諸衆生悉在已身已身亦在衆生身中猶如影現能令衆生悉作佛身亦令已身作衆生身一切無有能轉動者又經頌云諸佛一似大圓鏡我身猶若摩尼珠諸佛法身入我體我身常入諸

佛軀雖然互入而無所入若有所入卽成二法問若實心外無法獨標宗者無諸佛則無能化之人無衆生則無所化之衆全歸無寄何以紹隆答只謂了唯心故成平等之佛達唯識故行同體之悲若不直下頓悟斯宗則自他二利俱失何者不入一心平等違成佛之正宗不了同體大悲墮愛見之妄想如維摩經觀衆生品云爾時文殊師利問維摩詰言菩薩云何觀於衆生維摩詰言譬如幻師見所幻人菩薩觀衆生爲若此如智者見水中月如鏡中見其面像如熱時燄如呼聲響如空中雲如水聚沫如水上泡如

芭蕉堅如電久住如第五大如第六陰如第七情如十三入如十九界菩薩觀衆生爲若此如無色界色如焦穀芽如須陀洹身見如阿那含入胎如阿羅漢三毒如得忍菩薩貪恚毀禁如佛煩惱習如盲者見色如入滅盡定出入息如空中鳥跡如石女兒如化人煩惱如夢所見已寤如滅度者受身如無煙之火菩薩觀衆生爲若此文殊師利言若菩薩作是觀者云何行慈維摩詰言菩薩作是觀已自念我當爲衆生說如斯法是卽眞實慈出淨名私記釋云今明觀衆生品大精只依其中一句行則足得一句攝心常

照行之一切萬行足只令汝自觀觀汝身心如此畢竟空即是菩薩觀衆生菩薩名道道能通通汝色心本性令離虛妄即是菩薩菩薩只在汝身中觀汝身心如第三手爲畢竟無身心此中示人坐禪用心法大好只觀身心如此無可作定亂是非一異一切平等即坐禪法不同今時計有心可得言我心亂欲除亂取定大成顚倒須覺知魔事又今時欲度衆生應須曉夜觀汝心中所起煩惱性即是度衆生只詺此觀煩惱智名佛耳釋迦已觀煩惱已得作佛竟說教詔與今凡夫依教修行若言別有佛別有許多世界

衆生佛次第度竟然後成佛若爾釋迦已成佛竟今那得猶見有衆生滿世界當知不爾夫言竟者盡也已上觀衆生竟次觀如來者如阿閦佛品云爾時世尊問維摩詰汝欲見如來爲以何等觀如來乎維摩詰言如自觀身實相觀佛亦然我觀如來前際不來後際不去今則不住不觀色不觀色如不觀色性不觀受想行識不觀識如不觀識性非四大起同於虛空六入無積眼耳鼻舌身心已過不在三界三垢已離順三脫門三明與無明等不一相不異相不自相不他相非無相非取相不此岸不彼岸不中流而化

衆生觀於寂滅而不永滅不此不彼不以此不以彼不可以智知不可以識識無晦無明無名無相無彊無弱非淨非穢不在方不離方非有爲非無爲無示無說不施不慳不戒不犯不忍不恚不進不怠不定不亂不智不愚不誠不欺不來不去不出不入一切言語道斷非福田非不福田非應供養非不應供養非取非捨非相非無相同眞際等法性不可稱不可量過諸稱量非大非小非見非聞非覺非知離衆結縛等諸智同衆生於諸法無分別一切無失無濁無惱無作無起無生無滅無畏無憂無喜無厭無著無

已有無當有無今有不可以一切言說分別顯示世尊如來身爲若此作如是觀以斯觀者名爲正觀若他觀者名爲邪觀天台淨名疏釋不觀色不觀色如不觀色性者不觀色者心如幻師幻作種種色若知幻師是誑則不得所幻之色今色從心幻師幻出尙不得此心何處見有此色故不應觀色不觀如者若見色與如異是則泯色入如今不見色如之別故不觀如不觀性者即不觀佛性不觀色是空俗不觀如是空眞不觀佛性是空中道以其計中道有佛性而起順道愛生是爲頂墮故經云我及涅槃是二皆空

唯有空病空病亦空今不觀性是無順道愛故夫受世間差別果報皆爲一念心異分別情生取衆生相爲凡執諸佛境爲聖如經所說觀衆生如幻師見幻觀如來則三際體空二見於是雙消情量爲之俱泯則可以成諸佛之喜除菩薩之憂信此一心能入宗鏡是以法華神力品偈云能持是經者令我及分身滅度多寶佛一切皆歡喜古聖云道俗之不夷二際之不泯菩薩之憂也大方等大集經云佛法者名一切法一切法者名爲佛法佛法性即一切法性如一切法性即佛法性佛法性一切法性無有差別故知

性無有異隨見成差其體常融假名有別所以經云一切諸法及諸佛法但假名字亦非是法亦非非法不退轉法輪經云佛及菩提有聲無實亦無方所諸法亦然華嚴經頌云知諸世間悉平等莫非心語一切業衆生幻化無有實所有果報從茲起又頌云諸法寂滅非寂滅遠離此二分別心知諸分別是世見入於正位分別盡法華經安樂行品云復次菩薩摩訶薩觀一切法空如實相不顛倒不動不退不轉如虛空無所有性一切語言道斷不生不出不起無名無相實無所有無量無邊無礙無障但以因緣有從

顛倒生故說常樂觀如是法相是名菩薩摩訶薩第二親近處又如來壽量品云諸善男子如來所演經典皆爲度脫衆生或說已身或說他身或示已身或示他身或示已事或示他事諸所言說皆實不虛所以者何如來如實知見三界之相無有生死若退若出亦無在世及滅度者非實非虛非如非異不如三界見於三界如斯之事如來明見無有錯謬以諸衆生有種種性種種欲種種行種種憶想分別故欲令生諸善根以若干因緣譬喻言詞種種說法所作佛事未曾暫廢故知若以正宗門尚無在世之人亦無

滅度之者何況有能化所化之異乎若以佛事門則教海宏深智燈廣照隨機善巧寧容暫廢耶所以大智度論問云若五陰空無佛即是邪見云何菩薩發心求作佛答曰此中言無佛破著佛想不言取無佛相若有佛尚不令取何況取無佛邪見又佛常寂滅無戲論相若人分別戲論常寂滅事是人亦墮邪見離是有無二邊處中道即是諸法實相諸法實相即是佛何以故得是諸法實相名爲得佛大般若經云諸菩薩衆尚不得法何況非法尚不得道何況非道又云於生死法不起不墮於諸聖道不離不修釋云

於生死法不起者。自性常空故。不落離邊。不墮者。不
隨流轉故。不落即邊。於諸聖道不離者。性常相應故。
不落斷邊。不修者。天眞具足故。不落常邊。如清涼疏
云。不著一多。能立一切者。不著於有。能安立故。即眞
俗鎔融。謂世俗幻有之相。相本自空。勝義眞空之理。
理常自有。有是空有。非常有。斯有未曾不空。空是有
空。非斷空。此空何嘗不有。有空空有。體一名殊。名殊
故眞俗互乖。迢然不襍。體一故空有相順。寘然不二。
一與不一。不即不離。鎔融無礙。菩薩智契其原。所以
迴絕無寄。不善修安立。又云。良以事虛攬理。無不理

之事。理實應緣。無礙事之理。所以寂而常照。照而常
寂。故終日知見而無知見也。乃至菩薩悲智相成。出
沒無礙。悲故常行世間。智故不染世法。融通有三。一
悲無不智。故則世無不離。是以常在世間。未曾不出。
二智無不悲。故離無不世。是以恒超世表。無不遊世。
三雙融。故動靜無二。唯是一念。所謂無念。無念等故。
世與出世。無有障礙。如華嚴經云。菩薩摩訶薩。知善
巧說法。示現涅槃。爲度衆生。所有方便。一切皆是心
想建立。非是顛倒。亦非虛誑。何以故。菩薩了知一切
諸法。三世平等。如如不動。實際無住。不見有一衆生

已受化。今受化。當受化。亦自了知無所修行。無有少
法若生若滅而可得者。而依於一切法。令所願不空。
是爲第九如實住。又頌云。菩薩能於一念頃。觀等衆
生無數佛。又復於一毛端中。盡攝諸法皆明見。以此
眞見故。成無緣慈。普令法界衆生。見聞獲益。所以經
云。譬如日月不作往來。照明之心。以諸衆生福德力
故。自行往反。壞諸闇冥。若入此宗鏡中。則無一法可
取。皆同性故。無一法可捨。絕異相故。是以聖人常善
救人。而無棄人。常善救物。故無棄物。夫云善者。莫非
知宗。方爲究竟之上善。若救人成同體之悲。若救物

歸無相之理。則善外無法。何棄之乎。

宗鏡錄卷第二十

音釋

彙于貴切類也　觝典禮切觸也　躄必益切不能行也　钁厥縛切大鉏也　斸株玉切斫也　沮在呂切止遏也　稗旁卦切草似穀者　㲉克角切卵孚也

宗鏡錄卷二十一

宋慧日永明妙圓正修智覺禪師延壽集

夫一切眞俗等法各有理事通別行相果報歴然云何一向就已消融未入斯宗恐成空見答得本方了末執末則違宗若不觀心法無來處若但修有爲事行不達自心無爲則逃事失宗果歸生滅若體理行事雙照無違只恐一向偏修理事俱失如大寶積經云假使造寶塔其數如恆沙不如刹那頃思惟於此經又只爲一心是萬行之原因茲能起同體之悲無緣之化如起信鈔云若信一味空理則欣猒都絶若

信一向法相則聖凡懸隔斯皆不能起行修進今令信一心是凡聖之原但由迷悟使之有異是則必能起行修進望佛果故是知眞心不守自性隨緣升降果報歴然又隨緣不失自性緣假無實境智冥寂所以起信論云所謂雖念諸法自性不生而復卽念因緣和合善惡之業苦樂等報不失不壞雖念因緣善惡業報而亦卽念性不可得若云果報不失卽須具修萬行若云性不可得當知唯是一心且萬行之初無先五戒若依事相報在人天藏教但證無常通教空無自性別教歴別因果不融唯圓教觀心卽具法

界所以大涅槃經云雖信別相不信一體無差別相名信不具信不具故所有禁戒亦不具足故所有多聞亦不具足何謂信不具未了一法卽一切法信豈圓耶何謂戒不具未知戒性如虛空戒豈具耶何謂聞不具未聞如來常不說法是爲具足多聞聞豈具耶若入宗鏡寧唯戒善乃至諸佛果德菩薩萬行靡有一法而非所被則念念了知法法圓滿且如五戒者戒從心生心因戒立若心不起爲四德萬行之基若心妄生作六趣三塗之本則無善而不攝無惡而不收故台教云此五戒亦是大乘法門束此五戒爲

三乘卽對三無失三不護三輪不思議化三密三軌三身三佛性三般若三涅槃三智三德等無量三法門橫竪無邊際與虛空法界等亦是無盡藏法門亦是無量義三昧舉要言之卽是一切佛法也天台金光明經疏云五戒者天地之大忌上對五星下配五嶽中成五藏犯之者陵天觸地自伐其身也一不殺者害命名事殺不害命名事不殺法門解者析法名理殺體法名理不殺若作意防護如馬著勒如牧牛執杖者報在人道百二十年唯得肉眼若任運性成如河注海者報在六天極長者九百二十六億七千

萬歲唯得天眼若加修定戒無常苦空無我等慧者報在變易壽七百阿僧祇唯得慧眼若加修常無常等慧報在蓮華藏海受法性身分得五眼分得常壽比佛猶是諸根不具壽命損減若圓教人持事不殺戒又持理不殺戒不壞身因常隨一相不斷癡愛起於明脫體陰界入無所傷毀若子若果不生不滅成就智慧居寂光土常壽湛然五眼具足得根自在得命自在修短自在是則名爲究竟持戒諸根具足命不損減圓人何但持是之戒唯殺唯慈亦作事殺亦作理殺如僊預大王殺五百婆羅門與其見佛之眼

與其十劫之壽又作法門殺者析蕩塵累淨諸煩惱如樹神折枝不受怨鳥如劫火燒木灰炭雙亡故楞伽經云殺無明父害貪愛母斷隨眠怨壞陰和合斷七識身若有作者現證法身此逆卽順鴦崛云我誓斷陰界入不能持不殺戒一切塵勞是如來種斷此種盡乃名爲佛成就金剛微妙法身湛然應一切垂形九道隨其所宜示長短命任其所見用缺具根而化度之二不盜者不與取名事盜與取名事不盜法門者如佛言他物莫取名法門不盜菩提無與者而取菩提是名法門盜若持戒作業求可意果者無常

速朽悉是他物臭如糞果害如毒食有智之人所不應求云何殷勤飲苦食毒而自傷毀洄洑困苦豈過有流三障障佛第一義天之所捨離是盜非不盜也又二乘以四諦智觀身受心法猒惡生死欣求涅槃涅槃心起卽取他物卽非時取證卽不待所說因焦種不生見苦斷集修道造盡非求法也謂有涅槃成涅槃見若有著空諸佛不度身長三百由旬而無兩翅墮三無爲坑飢餓羸瘦體生瘡癬豈非貧窮困苦耶又不見佛不聞法不入衆數豈非第一義天遠離耶此猶名盜非不盜也若別人從淺至深捨一取一

來已更復來去已更復去悉是辱於去來相亦是不與而取取已而捨亦是貧窮捨已更取數數去取卽是困苦不與第一義天相應卽是遠離此猶名盜非不盜也圓人觀法實相受亦不受不受亦不受亦受亦不受亦不受非受非不受亦不受不取是菩提障諸取故是法平等無有高下不高故不取不下故不捨如是觀者觀如來藏具足無缺是如意珠隨意出寶卽修羅琴任意出聲卽是大富大富故無取卽第一義天故不遠離是名究竟持不盜戒圓人亦有盜法門者菩提無與者而取菩提如海呑流不隔萬派

如地荷負擔四重擔眾生悉度煩惱悉斷法門悉知佛道悉成三不婬者男女身會名事婬法門解者若心染法是婬若關禁七支如猿著鎖擎一油鉢過諸大眾割捨樂觸樂求於未來淨潔五欲如市易法如銅錢博金錢此乃增長欲事非不欲也若斷欲界麤弊之欲染著色無色界禪定之樂如冰魚蟄蟲墮長壽天是爲一難貪著禪味名大縛是染欲法非不欲也若憎生死愛涅槃棄之直去涉路不迴諸有色聲不能染屈如八風不動須彌若聞菩薩勝妙功德甄迦羅琴聲迦葉起舞不能自持毗嵐風至破如腐草

是染欲非不染欲也若菩薩惡生死如糞穢惡涅槃如怨鳥捨於二邊志存中道起順道法愛生名頂墮是菩薩旃陀羅旣無方便此慧被縛不能勝怨已所修治爲無慧利是染欲法非不欲也圓人觀一心三諦卽空何所染卽假何所淨卽中何所邊卽空卽假何所中卽空故無我人十六知見依正等愛卽假故無空無相無願等愛卽中故無佛菩提轉法輪度眾生等愛三諦清淨名畢竟淨唯佛一人具淨戒餘人皆名汙戒者圓人又有染愛法門如和須蜜多女人見人女天見天女見者卽得見佛三昧執手者得到

佛三昧嗚者得極愛三昧抱者得寘如三昧亦如魔界行不汙菩薩變爲無量身共無量天女從事皆令發菩提心又先以欲鉤牽後令入佛智斯乃非欲之欲以欲止欲如以楔出楔將聲止聲四不妄語者法門者未得謂得凡夫癡人於下苦中橫生樂想豎我慢幢打自大鼓執有與無諍執無與有諍起六十二見破慧眼不見於眞實備口四過三十三天黃葉生死謂是眞金非想自地謬計涅槃此非妄語誰是妄語耶二乘競執瓦礫歡喜持出生滅度想生實未盡寧得滅度生安樂想所作未辦寧得安隱其實未得

一切解脫未得謂得豈非妄語耶佛爲別教人四門說實相執於一有隔礙三門乃至執非有非無不融有無夫實相者言語道斷心行處滅云何以字字於無字云何以數數於無數豈非妄語耶圓人如實而觀如實而說如實觀者非內觀乃至非離內外觀亦不以無觀得是智慧如實說者一切實乃至非實非不實等如是皆名諸法實經云諸佛皆實語卽是以佛道聲令一切聞圓人亦有妄語法門無車說車誘戲童子無樂說樂止彼啼兒若有眾生因虛妄說得利益者佛亦妄說又言我是貪欲尸利等我是天是

人實非天人將虛以出虛令得不虛耳五不飲酒法門解者迷惑倒見名酒夫酒爲不善諸惡根本飲酒招狂外道等是卽世間醉也大經云從昔已來常爲聲色所醉流轉生死三界人天通有此醉二乘無明酒未吐如半瘧人大經引醉歸之世間無常樂而言我淨如來實我淨而言無常樂如彼醉人見日月轉此二乘醉也菩薩無明未盡不了了見夜覩畫像譬如醉人朦朧見道迦葉云自此已前我等悉名邪見人也此是菩薩醉圓人行如來行具煩惱性能知如來祕密之藏雖有肉眼名爲佛眼所可見者更不復

見是則五住正習一時無有餘酒法既除何所可醉圓人亦有飲酒法門鴦崛云持眞空瓶盛實相酒變化五道宣揚哮吼波斯匿醉轉更多恩末利后飲佛言持戒入于酒肆自立其志亦立他志夫得其門者逆順俱當失其柄者操刀傷手是知能以塵勞煩惱爲佛事者斯乃見一切法皆實相矣於一心實相中不見有世間過患障礙之法則何所捨亦不見有出世殊勝尊妙之法則何所取但爲未入實相門中見有凡聖種種差別而生忻猒者遂乃徇彼機宜隨其所作善巧方便而化導之皆令入此一際平等無諍

無失自證法門究竟常樂如是開示不負前機若解肘後之方似探囊中之寶實爲第一之說括盡初終開大施之門復誰前後得自己法身之髓到一心智海之源初阿已攝無邊過茶無字可說問夫戒是軌持全依事相大綱所立出自四分等律文今宗鏡中云何於萬行之門皆稱等一答夫萬行之由皆爲契眞顯本若違眞逐末不識教宗凡一切衆生皆本具自性之律若鈍根者則漸以相示若上器者直從性明如傅大士云持律本爲制生心我今無心過戒律首楞嚴云持犯但束身非身何所束如是之機如是

之敎豈須戒耶已自知各具佛性戒故然於初心凡夫及出假菩薩亦不壞於事相遮性二戒悉皆等持以初心自行根劣故須理事相資以久行化他圓滿故須權實雙備且如凡夫二乘菩薩諸佛凡持戒者莫不皆由一心所起以凡夫全不自知垢淨之戒因從自心生罪福之戒果當自心受二乘雖知由心轉變執有前塵權小菩薩雖不執前境實有任無自性空都不了外本無空皆自心變諸大菩薩正了唯心空有雙泯無明未盡功德未圓理行猶虧尚居因位諸佛則圓證眞唯識性離念清淨故經云唯佛一人

持淨戒其餘盡名破戒者如六行法云次就戒明人心別有六不同先明麤凡依戒起罪謂有愚人身雖持戒不知看心復不護口自謂已能毀他破戒由此惡說壞人敬信便成罪業當生惡道次明凡夫身口持戒未學觀慧唯成福行次明二乘出世道戒謂二乘人觀生空時離凡我倒則成道戒次明大乘小菩薩觀相空慧心淨明時離取相罪即名為戒次明大乘大菩薩戒謂觀唯心本無外色無色可破相空亦無離取相過故名為戒此則不同小菩薩戒雖離著有仍著空相此大菩薩知空亦空無空可著則證大

空故智論云破諸法皆空唯有空在而取相著之大空者破一切法空空亦復空以此文證著空是過大根離之故名為戒次明佛戒謂證唯心離念常淨無明垢盡即成佛戒但佛心中具諸功德離過義邊則名為戒諸大菩薩雖具功德無明未盡則不同佛故佛淨戒與因有異如上所說六種持戒雖則優劣不同皆是一心所作以凡小不了唯心證空取相取相者成罪福之垢證空者背圓常之[illegible]若入宗鏡之中自成戒德則不為空有諸緣所動豈非第一耶戒法既爾萬行例然所以華嚴論云夫小乘戒為情有宗

為如來創為凡夫造業處言是應作是不應作說善不善如此立教未為實有如此有教且約凡情虛妄之處橫繫諸惡以教制之令生人天是故戒序云若欲生天上及生人中者常當護戒足勿令有毀損眾生有為作業虛妄非實德故生人天無常虛妄非實未得法身智身非為實有宗且為情有宗於小乘中為軌持教也如華嚴經持戒即不然經云身是梵行耶身業四威儀乃至佛法僧十眾七遮和尚羯磨壇場等是梵行耶如是諦觀求梵行者了不可得是故名為清淨梵行如梵行品說如是清淨行者名持佛

性戒得佛法身故乃至初發心時便成正覺以持佛性戒故與佛體齊理事平等混眞法界如是持戒不見自身能持戒者不見他身有破戒者非凡夫行非賢聖行不見自身發菩提心不見諸佛成等正覺若好若惡若有少法可得不名淨行當如是觀如是性戒即法身也法身者即如來智慧也如來智慧者即正覺也是故不同小乘有取捨故然雖無取捨於理行二門亦不廢具修如寒山子詩云五嶽俱成粉須彌一寸山大海一滴水吸在我心田生長菩提子徧蓋天中天為報慕道者慎勿繞十纏夫九結十纏性

雖空寂初心學者且須離之是以諸佛所說深經先誡不可於新發意菩薩前說慮種子習重發起現行又觀淺根浮信解不及如淨名經云佛說婬怒癡性卽是解脫又云不斷婬怒癡亦不與俱故云得之者隱傍之者現若於婬怒癡情生味著得其事者則道隱若傍善觀之了其性者則道現雖了而不著故云亦不與俱若非久行根熟菩薩不能理事無礙如先德偈云久種善根深逢塵塵不侵不是塵不侵自是我無心問法身無像眞土如空皆是一心無別依正云何教中廣談身土荅只於自心性相分身土之名

以自心相義名身自心性義名土清涼疏問法性身土爲別不別別則不名法性性無二故不別則無能依所依荅經論異說統收法身略有十種一依佛地論唯以清淨法界而爲法身亦以法性而爲其土性雖一味隨身土相而分二別智論云在有情數中名爲佛性在非情數中名爲法性假說能所而實無差唯識論云雖此身土體無差別而屬佛法性相異故謂法性屬佛爲法性身法性屬法爲法性土性隨相異故云爾也今言如虛空者唯識論云此之身土俱非色攝雖不可說形量大小然隨事相其量無邊譬

如虛空徧一切處故如虛空言通喻身土二或唯大智而爲法身所證眞如爲法性土故無性攝論云無垢無罣礙智爲法身故若爾云何言身相如虛空智體無礙同虛空故三亦智亦如而爲法身梁攝論中及金光明經皆云唯如如及如如智獨存名法身故此則身含如智土則唯如四境智雙泯而爲法身經云如來法身非心非境土亦隨爾依於此義諸契經中皆說如來身土無二此則依眞之言顯無能所方日依眞成如空義五此上四句合爲一無礙法身隨說皆得土亦如之六此上總別五句相融形奪泯茲

五說迥然無寄以爲法身土亦如也此上單就境智以辯七通攝五分及悲願等所行恒沙功德無不皆是此法身收以修生功德必證理故融攝無礙卽此所證眞如體大爲法性土依於此義身土迥異今言身相卽諸功德言如虛空卽身之性華嚴經云解如來身非如虛空一切功德無量妙法所圓滿故八通收報化色相功德無不皆是此法身收故攝論中三十二相等皆法身攝又法華經云微妙淨法身具相三十二然有三義一相卽如故歸理法身二智所現故屬智法身三當相並是功德法故名爲法身其所

依土則通性相淨穢無礙我此土淨而汝不見衆生見燒淨土不毀色卽是如相卽非相身土事理交互依持通有四句一謂色身依色相土二色身依法性土三法身依法性土四法身依色相土此上猶通諸大乘教九通攝三種世間皆爲一大法身具十佛故其三身等並此中智正覺攝故土亦如之卽如空身而示普身于何不具此唯華嚴十上分權實唯以第九屬於此經若據融攝及攝同教總前九義爲一總句是謂如來無礙身土又諸土無礙通有十種諸教說土或謂但是無常或云心變理事懸隔一多不融

故今要辯無礙一理事無礙謂全同眞性而刹相宛然經頌云華藏世界海法界無差別莊嚴悉淸淨故二成壞無礙故謂成卽壞壞卽成等三廣狹無礙不壞相而普周故經頌云體相如本無差別無量國土悉周徧等四相入無礙經頌云以一刹種入十方十方入一亦無餘亦是一多無礙五相卽無礙經云無量世界卽一界故六微細無礙經頌云淸淨珠玉布若雲炳然顯現諸佛影等七隱顯無礙謂染淨異類隱顯等殊見不同故八重現無礙謂於塵中見一切刹刹內塵中見刹亦然重重無盡如帝網故九主伴

無礙凡一世界必有一切以爲眷屬經頌云毗盧遮那昔所行種種刹海皆淸淨種種刹卽眷屬也十三世無礙一念融故如上無礙皆是一心若有異法相參則不能融攝如大集經云佛言善男子云何菩薩自淨其國如諸佛土若菩薩知一切法無國無非國至一切處無至無不至若菩薩見法對六情皆知是佛法亦不見凡夫法佛法有異作是念此一切法皆是佛法佛法至一切處故一切諸法及佛法但假名字亦非是法亦非非法是故我等不應取著以自土淨故知諸佛國淨此與法平等等眼界是佛界耳鼻

舌身意法界是佛界我不應分別有尊有卑菩薩如是至一切法平等處是爲菩薩自淨其國如諸佛土則知主伴依正不離五蘊五蘊性空卽是平等又見法從緣則知國由心現國由心現故有而卽空空爲法性萬法由生見法性原是眞智慧所以諸佛他受用土隨根不同見有差別故法華經云我淨土不毀衆生見燒盡昔人云如人於餓鬼火處見水餓鬼於人水處見火亦如羅刹宮殿與人宮殿同在一處互不相見他受用土亦復如是若自受用土故是徧周不卽三界不離三界故若法性土卽起滅常如故知

佛土難思。不可作存滅染淨之見矣。又古德釋有三義。一自性身土。旣同所證。明是體同。如一室之空。二自受用。如千燈光同徧室內。三他受用及變化二土。正證於前。亦相似名同。而隨機見異。如首楞嚴經云。循業發現者。隨衆生業果。皆能顯現。如釋迦出世。國土狹小。海水增盈。彌勒下生。世界寬宏。四大海減。菩薩在會。無諸卭坑。聲聞處中。穢惡充滿。故知隨諸一切有情而出。應現寬狹淨穢。總是衆生心量所成。佛果無作。裕公云。心則諸佛證之以爲法身。境則諸佛證之以爲淨土。則二皆所證。智爲能證。慈恩疏云。問。

淨土以何爲體。答。准攝論云。以唯識智爲體。爲佛及菩薩。唯識智爲體。卽金剛般若論云。智習唯識通。如是取淨土。若佛地論。以佛自在無漏心爲體。非離佛淨心外。別有實等淨心色也。又云。色等卽是佛淨心所感。離佛自心之外。別無能感。如是假實之色。皆不離佛淨心。卽此淨心。能顯假實之色。如經云。靑色靑光。黃色黃光等是也。天台無量壽疏云。夫樂邦之與苦域。金寶之與泥沙。胎獄之與華池。棘林之比瓊樹。誠由心分垢淨。見兩土之升沈。行開善惡。覩二方之麤妙。喻於形端則影直。源濁則流昏。乃至可謂微行

妙觀。至道要術者哉。此經心觀爲宗。實相爲體。記云。妙觀至道者。業行雖多。以心觀爲要術。一念心起。淨土宛然。無作體如。故言微行。一心三觀。皆空假中。能所雖分。互照不思議境。要在心原。卽觀功也。横周竪窮。平等無二。三觀因圓。三德果滿。皆由心要義成。故言至道要術。肇法師云。萬事萬形。皆由心成。心有高下。故卭陵是生。又云。佛土常淨。豈待變而後飾。蓋是變衆人之所見耳。是以衆生見爲土石山河。皆是自業之影。起菩薩純爲妙慧。卽是眞智之所爲。離凡聖心。無眞俗境。如華嚴論云。此華嚴經。明緣起法界門。

理事無二。無緣不寂。無事不眞。十方世界。一眞性海。大智圓周爲國土境界。總爲性海。爲一眞法界。非有情無情。隨業說故。爲華嚴中純眞境界。總爲智故。十住菩薩。以慧爲國。十行菩薩。以智爲國。十迴向十地以妙爲國。不說情與無情二見差別。以華嚴經爲彰本法。異三乘權學敎故。是無情是有情。有生有滅故。問。一切身土。八微所成。云何唯心而無質礙。答。執色極微有質礙性。是小乘宗。非通大旨。人水鬼火。豈在異方。毛海芥山。誰論巨細。一塵一識。萬境萬心矣。若迷心而觀色。則通塞宛然。若了色而明心。乃是非絕

矣所以古德云若知色卽空觀色非耶若迷色不空觀色是耶若知空卽色觀空非耶若觀空異色觀空是耶此乃解惑異途自分姸醜何關色空二境以辯邪正耶若曉此宗途常色觀而恆正若迷斯旨趣雖空觀以恆邪且夫衆生不了二空皆爲執心色實有觀心不妙照境無功旣不解卽色明空又不能微細剖析罔知麤細色聚焉窮眞妄心原今對深淺之機略標性相之義令圓頓之根不濫使中下之智無遺如先德云如來出世本爲度生有情迷執根深妄計實有我法佛卽巧設方便令除顛倒之心於色聚中

遣其分析顯彼二執我法皆空觀心析時有如刀用顯所析者色雖無量不越兩般一者俱礙二者所礙俱礙色者謂五根五境能造四大此乃總體於中別者卽靑黃赤白此四是實長短方圓麤細高下若正若不正此十是假依實有故名爲形色能礙於他亦被他礙故名俱礙依此分析成極略色極略色卽法處收復有光影明暗煙雲塵霧迥色表色空一顯色等皆是假有由被他礙不能礙他名所礙色依此假想分析之時名極迥色極迥色卽法處攝三顯示行相及所依定者謂瑜伽師作觀行時依四靜慮根本

定心與慧俱時託彼根境及與外色爲質於自識上變影而緣於一色聚之中初析爲二觀此二分色上我法都無了了分明不沉不掉復恐二分色裏我法猶存更以慧心析爲四別如是乃至鄰虛一相更不可析名色後邊若更析之便爲非色依斯假立極略極迥二種極微推覓我法實體都無達徧計空悟依他假便能引起二空無漏根本智生卽證二空所顯眞理又佛國者如今一國之內皆天子所握領無不屬於國者今亦爾隨心一想一緣有情無情若色若心皆是實智所照之境無不了其性相故名佛國天

台淨名疏云隨成就衆生則佛土淨隨佛土淨則說法淨隨說法淨則智慧淨隨智慧淨則其心淨隨其心淨則一切功德淨是故寶積菩薩欲得淨土當淨其心隨其心淨則佛土淨者觀心性本淨猶如虛空卽是性淨之境境卽國也觀智覺悟此心名之爲佛初觀名因觀成名果若論自行卽是心王無染若論化他卽是心數解脫智慧數爲大臣能排諸數上惑以還心原淸淨土也故云心淨卽佛土淨也又隨四教所明四心此四種心淨卽四種佛國悉淨此四種心只是一自性淸淨心此心若淨一切佛土皆悉淨

也如鏡明則照遠鈴響則聲高心淨則智行俱清意虛則境界咸寂凡曰垢淨無有不由心者乃一淨一切淨矣或見成住壞空皆是衆生善惡業現如首楞嚴經云思報招引惡果此思業交則臨終時先見惡風吹壞國土亡者神識被吹上空旋落乘風墮無間獄古釋云思者意也國土不壞由心分別見國土壞由意思影像法塵生滅報處還然能受生滅之遷變又生人見國土死人則見壞皆由意生法生心滅境滅十四科淨土義云經有恒沙佛國者皆是聖人接物之近迹佛實無土何以明之夫未免形累者故須

託土以自居八住巳上永脫色累照體獨立神無方所用土何爲而言有者以衆生解微惑重未堪眞化故以人天福樂引之令行戒善或以三乘四果誘之勸修道品然涉善之功自然冥歸菩提因起負報之惑故流轉生死實卽土屬衆生故無國而不穢淨屬於佛故無國而不淨故經云我淨土不毀此之謂矣問所明淨土敬如高旨但等玄宗不以事爲淨淨取無穢此卽行業不同報至不雜是以石沙之人不得同天踐七珍之土今疑畜生業與人異而同履石沙之地以乖所立義耶答畜生所以得與人同踐石沙

者良由一毫微善同人俱免燒煮之痛以善微故不及人爲苦然鑪鑊與石沙爲善輕重雖異而事實相鄰所以猶與人同踐石沙之地善勝事精而域絕故石沙之人絕階於七珍之土也問淨穢似無定質如釋摩男捉瓦成金餓鬼見水成火云何淨穢域絕耶答因緣之法誠有此理但經云如釋摩男此莫不是示旨欲明法無定相以祛衆生封滯之甚耳餓鬼惑故見水爲火不遂是火也所以域絕者石沙之人不得同生安養故也釋云淨取無穢者不以形爲淨取無形爲淨又云七珍無石沙之穢爲淨不取七珍爲

淨若畜生與人善業相鄰所以同履石沙善勝事精者人天業殊故人絕階七珍之土畜生不及人爲苦者緣遭鞭楚烹宰及自互相食噉等苦人無此事故云不及人爲苦鑪鑊者輕趣與人同處故經云諸小地獄在鐵圍山間或海邊曠野等是也若阿鼻獄等卽與人別居天善爲勝七珍事精所以與人限域隔絕問中難釋摩男明人中卽受天報何故云人絕階於七珍之土又舉餓鬼欲明人不絕鬼限域可卽人報成鬼報耶答云示旨者云現意也意除封迷常之極所云不遂是火者餓鬼雖自業惑所迷見水爲火

然水不從惑成火遂者從也因緣之法誠有此理者謂如來說法有二種門一謂因緣門二謂因果門因緣門者卽無定質因果門者卽有定義又經明一切世間淨穢國土皆是菩薩行所成衆生業共感若娑婆緣熟卽華藏是娑婆若華藏緣熟卽娑婆是華藏若無行無感世界不成則離心之外更無一法如華藏世界海者畧有二因一約衆生如來藏識卽是香海亦法性海依無住本是謂風輪亦妄想風於此海中有因果相恆沙性德卽是正因之華世出世間未來果法皆悉含攝故名爲藏若以法性爲海心卽是

華含藏亦爾然此藏識相分之中半爲外器不執受故半爲內身執爲自性生覺受故如來藏識何緣如此法如是故行業引故二約諸佛謂以大願風持大悲海生無邊行華含藏二利染淨果法重疊無礙法所感刹相狀如之所以重重無盡皆是凡聖之心眞如性故上之大海旣是藏識今明心華之內攝諸種子一一種子不離藏識海故有多香海然一一具於性德故皆有莊嚴故又夫一切諸法隨緣幻生體用俱無隱顯互起或多中現一一中現多若不知起盡之根由則任運但隨境轉或隨好境而忻集或逐惡

緣而怖生若能明了一切凡聖等法悉是自心境界以此一印衆怖潛消所以持地經云佛告阿逸多菩薩於一切法於一切菩薩法莫生恐怖於一切辟支佛法亦莫恐怖於一切聲聞法亦莫恐怖於一切凡夫法亦莫恐怖乃至於靜於亂亦莫恐怖於假於實亦莫恐怖於信不信亦莫恐怖於善念不善念亦莫恐怖於住不住亦莫恐怖如是菩薩於一切法莫生恐怖阿逸多我於往昔修如是等無畏法故得成正覺悉能了知一切衆生心之境界而於所知不起知相以我所證隨機演說能令聞法諸菩薩等獲得光

明陀羅尼印得法印故永不退轉釋曰了一無畏法能持五怖畏入此一心門當生歡喜地又云心淨得佛土功德淨故云欲得淨土果者當淨其心舉果勸因謂由心也云何稱淨若行者不得心處則心無起滅無起滅故是曰淨心又大品經云空故離故不生故寂滅故名之爲淨隨其心淨則佛土淨者明因則是心此明心外無境界隨心而生心旣清淨外報相亦淨淨穢從心自無體質豈有相礙而異處是故行業不同各各異見行業同故所以見不異如聲和響順形直影端淨穢之異皆由心作若無心分別垢淨

何生見垢實性即無淨相豈有二法相待而論差別乎故華嚴經頌云佛刹無分別無憎無有愛但隨衆生心如是見有殊所以對機立教於分別門中論衆生淨心非唯一種不可雷同古釋有四一眞實淨謂無漏善心二相似淨謂有漏善心三究竟淨謂佛世尊四不究竟淨謂十地已下乃至凡夫又四句料簡體相淨穢一體淨相穢謂佛現穢土相佛心清淨無漏故經云爲欲度斯下劣人故示是衆惡不淨土耳二體穢相淨如十地已還本識及有漏六七識并地前凡夫一切有漏心所現淨土是有漏故名體穢以

依如來清淨佛土自識變似淨土相現名相淨三體相俱淨如佛及十地已還無漏心中所現淨土四體相俱穢如有漏心所現穢土若分別淨土淨心更有多種復有究竟淨心未究竟淨心有有漏淨心無漏淨心有有相淨心無相淨心有伏現行淨心斷種子淨心有自力淨心他力淨心諸佛隨機說無定法若論大旨尚不得一淨何況多門此乃一心眞如不守自性隨緣對處有淺有深或垢或淨不可滯理妨事守一疑諸迷卷舒之門起通局之見雖同一旨約相差別不無雖云有異順體一如不動何者若言其一則安養寶方娑婆邱隴若言其異十方佛國一道清虛若言其有無邊淨刹猶若虛空若言其無妙土交羅如天帝網所以精超四句妙出百非道不可以一言詮理不可以一義宣故如上所說身土唯心但將世間所見所聞之法驗之自然可解且如河嶽不靈爲人所感何者土木瓦石豈有所知皆精志在人從識所變或非人所附俱不出心如唐國史德宗皇帝貞元七年驃國有使重譯來朝上乃親聘使者云自秦漢已來未曾通於中國上又問何以知朕臨朝對曰我國三年牛馬頭向東而臥水無巨浪海不揚波

所以知中夏有華風乃陛下之聖德乃至珠還合浦劒去吳都虎負子而過江鳳呈祥而入境牛虎無計度分別珠劒本屬於無情豈能感德知恩抱彊負弱全是人心之所變眞唯識義之所成如篤善則天堂現前習惡則火車盈側命富則珠珍溢藏業貧則茆土攢身但以宗鏡照之萬事難逃影響矣

宗鏡錄卷二十一

宋慧日永明妙圓正修智覺禪師延壽集

夫眞心無形妙體絕相云何有報化莊嚴等事荅諸佛法身如眞金相好似金莊嚴具以金作具體用全同從心現色性相無二如起信論問云若佛法身無有種種差別色相云何能現種種諸色荅以法身是色實體故能現種種色謂從本巳來色心無二以色本性卽心自性說名智身以心本性卽色自性說名法身依於法身一切如來所現色身徧一切處無有閒斷十方菩薩隨所堪任隨所願樂見無量受用身

無量莊嚴土各各差別不相障礙無有斷絕此所現色身一切眾生心意識不能思量以是眞如自在甚深用故故知所現一切依正二報供具莊嚴等無邊佛事皆從一心而起如華嚴經云以從波羅蜜所生一切寶蓋於一切佛境界清淨解所生一切華帳無生法忍所生一切衣入金剛法無礙心所生一切鈴網解一切法如幻心所生一切堅固香周徧一切佛境界如來座心所生一切佛眾寶妙座供養佛不懈心所生一切寶幢解諸法如夢歡喜心所生佛所住一切寶宮殿無著善根無生善根所生一切寶蓮華

雲一切堅固香雲一切無邊色華雲一切種種色妙衣雲一切無邊清淨栴檀香雲一切妙莊嚴寶蓋雲一切燒香雲一切妙鬘雲一切清淨莊嚴具雲皆徧法界出過諸天供養之具供養於佛其諸菩薩一一身各出不可說百千億那由他菩薩皆充滿法界虛空界其心等於三世諸佛以從無顚倒法所起解深蜜經云爾時曼殊室利白佛言世尊如來成等正覺轉正法輪入大涅槃如是三種當知何相佛告曼殊室利善男子當知此三皆無二相謂非成等正覺非不成等正覺非轉正法輪非不轉正法輪非入大涅

槃非不入大涅槃何以故如來法身究竟淨故如來化身常示現故釋曰非成等正覺者以法身究竟淨故離常見故入第一義諦故非眾生見聞故非不成等正覺者以化身常示現故離斷見故約世俗諦故隨機熟有情心現故然法報雖分眞化一際又法身普徧有二一隨相各別徧以法身徧在一切大小相中不壞相故二圓融總攝徧以法身無相能融一切有相總攝歸一體故色身卽體之用徧智身修成如體之徧遂則十身布影散分十剎之中一體分光不動一塵之內色身如日之影隨現世閒智身似日之

光照臨法界又佛身諸根一一相好皆徧法界以諸根體同故若眼爲門諸根相好及佛剎土莫不皆是一眼中現如經云衆生身中有如來眼如來耳等以佛法身共衆生性無別體故皆從無性而起起不違眞因法界而生生不礙事所以一切諸佛於一切世界皆是得菩提處若以眞身則稱性徧周若以應身則隨機普現所以天親云廣略相入者諸佛有二種身一法性法身二方便法身由法性法身故生方便法身由方便法身故顯出法性法身此二種身異而不可分一而不可同是故廣略相入法身無相故則

能無不相是故相好莊嚴卽是法身也法身無知故則能無不知是故一切種智卽是眞實智慧故華嚴論云法身相好一際無差曉公起信論疏序云原夫大乘之爲本也蕭焉寂滅湛爾沖玄玄之又玄豈出萬像之表寂之又寂猶在百家之談非象表也五目不能覩其容在言裏也四辯莫能談其狀此明眞體與一切法非一非異華嚴經疏序云冥眞體於萬化之域顯德相於重玄之門記釋云此明無礙則與諸法非一異矣如肇公云道遠乎哉觸事而眞亦體卽萬化矣故云冥眞體於萬化之域顯德相於重玄之門者明相不礙體也重玄卽是理體明德相只在體上若離體有相相非玄妙勝德之相名爲德相言重玄者借老子之言老子云玄之又玄衆妙之門彼以有名無名同謂之玄河上公云玄者天也天中復有天莊子云天卽自然則自然亦自然也依此而生萬物故云衆妙之門今宗鏡中亦復如是無法不收無德不備可謂心之至妙幽玄矣淸涼記引華嚴經頌云佛以法爲身淸淨如虛空問云佛身旣如虛空何緣現於金色等云何令人悟於虛空答有三意一體雖無相爲物現相物宜見故隨他意耳二若不現相

云何令人悟於無相如不因言豈顯無言之理三如虛空言取其淸淨無相非離相求相卽無相不乖空故經頌云佛住甚深眞法性寂滅無相同虛空而於第一實義中示現種種所行事此一偈總收前三意肇論云用卽寂寂卽用用寂體一同出而異名更無無用之寂主於用也寂用元是一體同從理出而有異名也非謂離用之外別有一寂爲用之主也故云般若之體非有非無虛不失照照不失虛故曰不動等覺而建立諸法如鏡鑒像虛不失照似日遊空照不失虛又不動等覺建立諸法則寂而常用不壞緣

生而觀實相則用而常寂斯乃千差萬用別相異名俱同出一眞心體矣所以又云經稱聖人無爲而無所不爲無爲故雖動而寂無所不爲故雖寂而動雖寂而動故物莫能一雖動而寂故物莫能二物莫能二故逾動逾寂物莫能一故逾寂逾動法性如是動寂難量焉能一其寂而二其動哉故名不能名相不能相矣又云所以聖人戢玄機於未兆藏冥運於既化總六合以鏡心一去來以成體古今通始終同窮本極末莫之與二浩然大均乃曰涅槃所以聖人玄機預察於未來鋒芒未兆之事冥運過去已變化之

緣則心鏡能照萬事十方三世無有遺餘今古去來始終本末莫不同一心無二之體是以入佛境界經云如來如實知本際中際後際如彼法本際不生未來際不去現在際不住如實知彼法足跡如一法一切法亦如是如一切法一法亦如是文殊師利而一多不可得故知生佛同一莊嚴同一慈心同一悲體如諸法無行經云文殊師利言一切衆生皆成就大悲名不動相文殊師利云何是事名不動相世尊一切衆生無起無作相皆入如來平等法中不出大悲之性以惱悲無分別故是故一切衆生皆成就大悲

名不動相故知萬法不動悲惱何分一眞匪移垢淨誰別然雖現莊嚴皆如海印如古德云謂香海澄渟湛然不動四天下中色身形像皆於其中而有印文如印印物亦猶澄波萬頃晴天無雲列宿星月炳然齊現無來無去非有非無不一不異如來智海識浪不生澄渟清淨至明至靜無心頓現一切衆生心念根欲心念根欲並在智中如海含像故經頌云如海普現衆生身以此說名爲大海菩提普印諸心行是故正覺名無量非唯智現物心亦依此智頓現萬形普應諸類賢首品頌云或現童男童女形天龍及與

阿脩羅乃至摩睺羅伽等隨其所樂悉令見衆生形相各不同行業音聲亦無量如是一切皆能現海印三昧威神力以此海印三昧之力頓現一切爲衆生不知故佛方便力垂諸教迹是以昔人云佛與由生迷實說法示於眞實不動眞際建立諸法則性不可壞不壞假名而說實相則相不可壞斯則天魔外道等皆法印故無能壞且五逆四魔尙法界印況無漏淨智一眞相好而能障實相之妙旨耶故華嚴經頌云清淨慈門刹塵數共生如來一妙相一一諸相莫不然是故見者無厭足法華經偈云深達罪福相徧

照於十方微妙淨法身具相三十二則法身爲一切法之印無有一法出此印文台教云如無行經云五逆卽菩提菩提卽五逆逆與菩提不出心性故無二相體既不二故不可壞以逆本來無自性故苦卽實相陰死二魔卽法界印煩惱卽實相煩惱魔卽法界印業卽實相天魔卽法界印魔既卽印印豈壞印大論云有菩薩教人修空斷一切念後時纔起一念有心便爲魔動卽便憶念本所修空魔爲之滅修空尚爾況復觀之卽法界印是知心有卽縛心無卽解若了於心何縛何解問心無自性生滅無恆體用俱空

如何起行荅雖自體常空不壞緣生之因果而無有作者寍亡善惡之業門故心王論云觀心空王玄妙難測無形無相有大神力能滅千災成就萬德本性雖空能施法則觀之無形呼之有聲爲大法將持戒傳經水中鹹味色裏膠青決定是有不見其形心王亦爾身內居停面門出入應物隨情自在無礙所作皆成清涼疏釋經云法界如幻者卽體從緣一切法如實際卽事而寂世人皆謂實際不變而謂諸法無常理實圓融世間之相卽是常住然古德以七喻展轉釋疑一疑云世間幻火不成燒用佛現益物豈同

幻耶釋云如影亦有應質陰覆等義豈是實耶然諸法喻各有三義一緣成義二無實義三有用義意取無實故不著也二疑云若佛如影菩薩何以起行往求因既不虛果寍非實釋云如夢夢亦三義無體現實與覺爲緣謂有夢走而驚覺故菩薩行亦爾證理故空無明未盡故似實能與佛果爲緣勤勇不已豁然覺悟如夢渡河三疑云若菩薩行如夢何以經說此是菩薩行此是二乘行釋云如響緣成無本稱聲大小聖教亦爾機感無本隨機異聞四疑云果行可然世間未悟此應是實釋云如化心業神力所持無

實有用五疑云若皆如化何有差別之身釋云如幻六疑云身者如幻何有報類不同釋云如心以心無形如幻故雖如幻不定無有自性然隨緣現能成衆善如大寶積經云菩薩摩訶薩復作是念此緣起法因果不壞雖復是心法性無有自性無有作用無有主宰然此諸法依止因緣而得生起我當隨其所欲積集善根既積集已修相應行終不捨離是心法性復次舍利子菩薩摩訶薩云何此中積集之相舍利子是諸菩薩摩訶薩作如是觀積集之相是心本性猶如幻化無有一法而可施者是心法性而能布施

一切眾生迴向積集莊嚴佛土是則名爲善根積集又舍利子是心本性如夢所見其相寂靜是心法性而能積集守護尸羅皆爲迴向神通作用是則名爲善根積集又舍利子是心本性猶如陽燄究竟滅盡是心法性而能修習一切可樂忍辱之力迴向積習莊嚴菩提是則名爲善根積習又舍利子心本性者如水中月究竟遠離積習之相是心法性而能發起一切正勤迴向成熟無量佛法是則名爲善根積習又舍利子心本性者不可取得不可覩見是心法性而能修習一切靜慮解脫三摩地三摩鉢底迴向諸

佛勝三摩地是則名爲善根積習又舍利子觀此心性本非色相無見無對不可了知是心法性而能修習一切慧句差別說智迴向圓滿諸佛智慧是則名爲善根積習又舍利子心無所緣無生無起是心法性而能建立無量善法攝受色相如是名爲善根積習又舍利子心無所因亦無所生是心法性而能攝受覺分法因是則名爲善根積習又舍利子心性遠離六種境界亦不生起是心法性而能引發菩提境界因所生心是則名爲善根積習舍利子如是名爲菩薩摩訶薩依般若波羅蜜多故於一切心隨心觀

察修習念住復次舍利子是菩薩摩訶薩又依般若波羅蜜多故於一切住隨心觀爲求證得勝神通故繫縛其心修學通智得神通已但以一心而能善知一切心相既了知已依心自體宣說諸法又云化樂天王白佛言世尊彼實際者徧一切處無有一法而非實際世尊謂菩提者亦是實際世尊何者是菩提一切法是菩提離自性故乃至五無間業亦是菩提何以故菩提無自性五無間業亦無自性是故無間業亦是菩提是以了心本性自體無生從無生中建立諸法觀無性之心說無性之教隨淨緣而無性成

佛隨染緣而無性爲凡不見纖塵暫出性空之理未有一念能違平等之門所以大般若經偈云有法不成有法無法不成無法有法不成無法無法不成有法釋曰有不成有無不成無者以一體故無能成所成有不成無無不成有者自既不成焉能成他故知各無自體互不成就大集經云一切諸法究竟無生一切諸法無性無生無起無出是以緣不生因因不生緣自性不生自性他性不生他性自性不生他性他性不生自性是故說一切諸法自性無生勝思惟梵天所問經云爾時普華菩薩語舍利弗汝入滅盡

定能聽法耶。答言善男子。入滅盡定無有二行而能聽法也。大德舍利弗汝信諸法皆是自性滅盡否。答言如是諸法皆是自性滅盡之相我信是說。普華曰若如是者則舍利弗常一切時不能聽法。何以故以一切諸法常是自性滅盡相。是以諸法本空但是緣起緣會則似有緣散則似無有無唯是因緣。萬法本無生滅如眞金隨工匠而器成卽金體不變似虛谷任因緣而響發與法性無違。如有頌云如人掘路土私人造爲像愚人謂像生智者言路土後時官欲行還將像塡路像本無生滅路亦非新故是知但是一

土生滅唯是因緣例如一心萬法更無前後。何者掘路成像時土亦不減壞像塡路時土亦不增以不失本土故如成佛時心亦不增爲凡時心亦不減以心隨緣時不失自性故。又像生但是緣生像滅唯從緣滅像無自體故如成佛但是淨緣生爲凡亦是染緣起。凡聖本無生故是知萬法從緣皆無自性本未曾生今亦無滅。如文殊師利觀幻頌云此會衆善事從本未曾爲一切法亦然悉等於前際。所以正作時無作以無作者故當爲時不爲以無自性故任從萬法縱橫常等未生之際假使羣生出沒不離無性之宗。

又昔有龐居士命女靈照曰吾當先逝汝可後來專候日中可報斯穀。靈照曰午卽午矣有蝕陽精居士怪之自臨窗下。其靈照忽爾迴登父座俄爾坐亡。居士笑云甚爲鋒捷空華落影陽燄翻波吾道于先吾行于後遂往于相公爲喪主告于公曰但願空諸所有愼勿實諸所無言訖而逝斯亦不墮有無之見妙得無生之旨矣。問菩提卽自身心者。云何教中說菩提者不可以身心得。答夫言菩提之道卽心者乃是自性清淨心湛然不動蓋是正覺無相之眞智其道虛玄妙絕常境聽者無以容其聽智者無以運其知。

辯者無以措其言像者無以狀其儀。以迷人不了執色陰爲自身認能知爲自心。故經云身如草木無所覺知心如幻化虛妄不實。所以除其執取之心故云菩提者不可身心得也。菩提非是觸塵不可以身得菩提非是法塵不可以心得。若就了人卽達陰身本空妄心無相以本空故法身常現以無相故眞心不虧。如此發明五陰卽菩提離是無菩提不可以菩提而求菩提不可以菩提而得菩提。文殊云我不求菩提何以故菩提卽我我卽菩提故。維摩經云不觀是菩提離諸緣故。菩提非所觀之境則無能緣之心所

觀境空卽實相菩提能緣心寂卽自性菩提大般若經云龍吉祥言頗有能證菩提者否妙吉祥曰亦有能證龍吉祥言誰爲證者妙吉祥曰若無名姓施設語言彼爲能證龍吉祥言彼既如是云何能證妙吉祥曰彼心無生不念菩提及菩提座亦不懸念一切有情以無表心無見心等能證無上正等菩提龍吉祥言若爾尊者以何心等當得菩提妙吉祥曰我無所趣亦非能趣都無所學非我當來詣菩提樹坐金剛座證大菩提轉妙法輪拔濟生死所以者何諸法無動不可破壞不可攝受畢竟空寂我以如是非趣

心等當得菩提龍吉祥言尊者所說皆依勝義令諸有情信解是法解脫煩惱若諸有性煩惱解脫便能畢竟破魔罥網妙吉祥曰魔之罥網不可破壞所以者何魔者不異菩提增語何以故魔及魔軍性俱非有都不可得是故我說魔者不異菩提增語龍吉祥言菩提何謂妙吉祥曰言菩提者徧諸時處一切法中譬如虛空都無障礙於時處法無所不在菩提亦爾無障礙故徧在一切時處法中如是菩提最爲無上仁今欲證何等菩提龍吉祥言欲證無上妙吉祥曰汝今應知無上菩提非可證法汝欲證者便行戲

論何以故無上菩提離相寂滅仁今欲取成戲論故譬如有人作如是說我令幻士坐菩提座證幻無上正等菩提如是所言極成戲論以諸幻士尙不可得豈令能證幻大菩提幻於幻法非合非散無取無捨自性俱空諸佛世尊說一切法不可分別皆如幻事汝今欲證無上菩提豈不便成分別幻法然一切法皆不可取亦不可捨無成無壞非法於法能有造作及有滅壞無法於法能有和合及有別離所以者何以一切法非合非散自性皆空離我我所等虛空界無說無示無讚無毀無高無下無損無益不可想像

不可戲論本性虛寂皆畢竟空如幻如夢無對無比豈可於彼起分別心龍吉祥言善哉尊者我今由此定得菩提何以故由尊者爲我說深法故妙吉祥曰吾於今者未曾爲汝有所宣說若顯若密若深若淺云何令汝能得菩提所以者何諸法自性皆不可說汝謂我說甚深法者爲行戲論然我實非能說者諸法自性亦不可說如有人言我能辯說幻士識相謂諸幻士識有如是如是差別彼由此說害自實言所以者何夫幻士者尙非所識況有識相汝今謂我說甚深法令汝證得無上菩提亦復如是以一切法皆

如幻事畢竟性空尙不可知況有宣說是以一切衆生之性卽是無相平等菩提於自性中云何有能證所證之差別乎如般若經云覺法自性離諸分別爲菩提故又經云諸所有行皆有所是無所是是菩提何者若有所是卽立所證之境便有能證之心能所盡處名爲大覺大覺之義唯悟自心如大毗盧遮那成佛經云爾時金剛手菩薩復白佛言世尊誰尋求一切智誰爲菩提成正覺者誰發起一切智智佛言祕密主自心尋求菩提及一切智何以故本性淸淨故心不在內不在外及兩中閒心不可得故乃至欲

識知菩提當如是識知自心莊嚴菩提心經云佛言菩提心者非有非造離於文字菩提卽是心心卽是衆生若能如是解是名菩薩修菩提心是則心外無菩提何所求耶菩提外無心何所得耶如華嚴經云知一切法無相是相相是無相無分別是分別分別是無分別非有是有有是非有無作是作作是無作非說是說說是非說不可思議知心與菩提等知菩提與心等心及菩提與衆生等又頌云雖盡未來際徧遊諸佛刹不求此妙法終不成菩提故知心法妙故當體卽是若向外遠求則失眞道故云善財徧巡諸友不出娑羅之林慈氏受一生成佛之功不離一念無生性海所以淨名經云若彌勒得阿耨多羅三藐三菩提者一切衆生皆亦應得所以者何一切衆生卽菩提相若彌勒滅度者一切衆生亦當滅度所以者何諸佛知一切衆生畢竟寂滅卽涅槃相不復更滅故知已成不更成已滅不更滅爲未知者方便說成方便說滅若執方便則失本宗如大莊嚴法門經云爾時文殊師利語金色女言如是五陰體性卽是菩提體性菩提體性卽是一切諸佛體性如汝身中五陰體性卽是一切諸佛體性諸佛體性卽是一

切衆生五陰體性是故我說汝身卽是菩提復次覺五陰者名覺菩提何以故非離五陰佛得菩提非離菩提佛覺五陰此方便知一切衆生悉同菩提菩提亦同一切衆生是故我說汝身卽是菩提大寶積經云菩提者名心平等無所起故菩提者名衆生平等本無生故乃至菩提者性相如是若於此法有所願求徒自疲勞何以故如菩提性菩薩應行能如是行名爲正行思益經偈云菩薩不壞色發行菩提心知色卽菩提是名行菩提如色菩提然等入於如相不壞諸法性是名行菩提不壞諸法性則爲菩提義是

菩提義中亦無有菩提正行第一義是名行菩提瓔
路經云發心住者是人始從具縛未識三寶乃至值
佛菩薩教法中起一念信便發菩提心既云始從凡
夫最初發心明知此中發心該於初後問此既云初
何得乃具後諸行位及普賢德耶古德釋此略有二
門一行布次第門謂從微至著從淺至深次第相承
以階彼岸二圓融通攝門謂一位即具一切位等如
華嚴經所說亦如大品等中一行具一切行此中有
二門一緣起相由門二法界融攝門前中普攬一切
始終諸位無邊行海同一緣起為普賢行德良以諸

緣相望略有二義一約用由相待故有有力無力義
是故得相收及相入也二約體由相作故有有體無
體義是故得相即及相是也又有二菩提一性淨二
圓淨從緣起者即是圓淨圓淨復二一明緣起萬行
為緣故二明性起全是眞如性淨功德之所顯又緣
起無性即性淨故如法華經偈云諸佛兩足尊知法
常無性佛種從緣起是故說一乘義耳又有二義一
約行布展轉義二約圓融展促無礙義如善財見僊
人執手一一佛所經無量劫故知修短難思特由於
此如賢首菩薩云信大乘者猶為易能信此法倍更

難以初心即具一切德故難信也又設於夢中驚懼
怖令發菩提心尚得稱為大菩薩摩訶薩何況正信
之發開發之發如大涅槃經如來性品云迦葉菩薩
白佛言世尊云何未發菩提心者得菩提因佛告迦
葉若有聞是大涅槃經言我不用發菩提心誹謗正
法是人即於夢中見羅刹像心中怖懼羅刹語言咄
善男子汝今若不發菩提心當斷汝命是人惶怖寤
已即發菩提之心是人命終若在三惡趣及在人天
續復憶念菩提之心當知是人是大菩薩摩訶薩也
問經云佛言學我法者唯證乃知今言菩提者不可

以身心得無修無證則初發菩提心人如何趣向答
若能信悟菩提無相不可取無性不可修如是明達
即是眞證如大樹緊那羅王所問經云菩薩已得應
更作如是思惟是中何者是我誰為我所法誰能得
成諸佛菩提為身得耶為心得耶乃至如是觀時分
明了了見是身相不得菩提亦知是心不得菩提何
以故諸法無有以色證色以心證心故然彼於言說
中知一切法雖無色無形無相無漏無可覩見無有
證知亦非無證何以故以一切諸如來身無有漏故
又諸如來身無漏故心亦無漏又諸如來心無漏故

色亦無漏若能如是知無所發能發此心。若入宗鏡中。是名眞發。旣能發心。便又爲他開示。則諸聖同讚功德無涯。如經偈云。發心畢竟二不別。如是二心先心難。雖自未度先度他。是故我禮初發心。

宗鏡錄卷二十二

音釋

蛻舒芮切解皮也 㲉苦角切正作殼 蝕乘力切虧也 捷疾葉切敏疾也 肙古泫切呂也 攬盧感切總攬也 寤五故切寐覺也

宗鏡錄卷二十二　十九

宗鏡錄卷二十三

宋慧日永明妙圓正修智覺禪師延壽集

夫菩提之道不可圖度約一期方便寧無指示如何是菩提之相答若約究竟菩提體常冥寂如淨名經云寂滅是菩提離諸相故若以無相之相於方便門中不無顯示令初發菩提心人分明無惑故如先德云謂寂照無二爲菩提相猶如明鏡無心爲體鑒照爲用合爲其相亦卽禪宗卽體之用自知卽用之體恒寂知寂不二爲心之相又云理智相攝以離理無智離智無理如珠之明故以珠是體明是用用不離

體體不離用明不離珠珠不離明故問有念卽衆生無念卽佛云何言凡聖一等答衆生雖起念不覺念本無念與佛無念等妄墮有念中佛得無念知念本無衆生雖現在念中佛知念卽無念斯則佛無念與衆生無念義同又以衆生不知念空於念成事似有差別若實了念空則於苦樂境不生執受何者以境從念生心空則境何有旣無有境相縛自除能所俱空誰生取著旣不取著生死自無如圓覺經云知是空華卽無流轉亦無身心受彼生死問卽心成佛之宗曹谿正意見性達道之旨靈鷲本懷如今信不及人謂不現證古今悟者請垂指南答若親見無一人而非佛若不信無一佛而非人迷則常作佛之衆生悟則現證衆生之佛人佛不異妄見成差迷悟雖殊本性恒一如過去有佛號住無住發願使已國衆生同日同時成佛卽日同滅度又賢劫前有佛號平等亦願已國及十方衆生亦同日成佛卽日滅度如寶積經云是時妙慧童女重白目連以我如是眞實言故於未來世當得成佛亦如今日釋迦如來乃至若我此言非虛妄者令斯大衆身皆金色說是語已衆皆金色又思益經云思益菩薩放右掌寶光一切四

衆皆如佛相下方四菩薩踊出欲禮世尊乃發願言今此衆會其色無異當知一切法亦復如是此語不虛願釋迦如來現異相令我禮敬卽時釋迦如來踊起七多羅樹坐師子座又最勝王經云佛言修菩提行者於諸聖境體非一異不捨於俗不離於眞依於法界行菩提行時善女天白佛言世尊如上所說菩提正行我今當學時梵天王問曰此菩提行難可修行汝今云何於菩提行而得自在善女天曰我今依於此法得安樂住是實語者願令一切五濁惡世無量無數無邊衆生皆得金色三十二相非男非女坐

寶蓮華受無量樂乃至說是語已一切五濁惡世所有眾生皆悉金色具大人相非男非女坐寶蓮華受無量樂猶如他化自在天宮釋曰於諸聖境體非一異者卽是不捨於俗是不一不離於眞是不異若一卽壞眞俗若異卽成斷常不斷不常卽是依於法界非眞非俗乃曰修習菩提故云我依此法得安樂住所以善女天悟五濁質成眞金之色閻浮提迷大人相成惡業之身是知若智照之卽世法而成佛法若以情執之卽佛法而成世法一心實不動二見自成差同其一法中別成凡聖解若了非男非女之體現

具三十二相坐寶蓮華若執是男是女之形常繫二十五有沈無明海故知信力所及發眞實言可驗現證法門頓明心佛矣問此猶叙古引文如何是卽今之佛荅如今一念纔起了不可得無有處所是過去佛過去不有未來亦空是未來佛卽今念念不住是現在佛但一念起時莫執莫斷不取不捨則三際無蹤一念圓具十法界非因非果而因而果之法若能如是一念而達者則念念相應念念成佛凡聖悉等今古皆齊故云了了識心惺惺見佛是佛是心是心是佛念念佛心心心念佛欲得早成戒心自律淨戒

律心淨心卽佛除此心王更無別佛欲求萬法莫染一物心性雖空含眞體實入此法門端坐成佛如是則十方諸佛同一法身若欲念外施功心外求佛便落地境無有得時遂卽前後情生凡聖緣起徒經時劫枉用功夫所以華嚴論云不如一念緣起無生超彼三乘權學等見問一念成佛已入信門如何得目前了了分明而見荅目前無物是眞見佛如文殊師利巡行經以經中說文殊徧巡五百比丘房皆見寂定因以爲名最後難舍利弗以顯甚深般若問舍利弗言我時見汝獨處一房結加趺坐折伏其身汝爲

當坐禪耶否耶荅云坐難云爲當欲令未斷者斷故坐禪耶等因此廣顯性空無得之理意五百比丘從座而起於世尊前高聲唱言從今已去更不復見文殊身不復聞其名字如是方處速應捨離所有文殊一切住處亦莫趣向所以者何文殊煩惱解脫一相說故等舍利弗令文殊爲決了文殊言實無文殊而可得故若實無文殊可得者彼亦不可見等廣爲說法四百比丘漏盡得果一百比丘更謗陷入地獄後還得道廣如彼說所以無見是眞見無聞是眞聞不見不聞文殊是眞見眞聞文殊矣若不信此說雖起

謗而陷獄以曾聞故終熏種而得道何況聞而信耶則成道不隔於一念故知宗鏡見聞無不獲益矣所以寶積經云無畏女言大迦葉諸法永無不可示現是故大迦葉一切法皆無若法本無云何可見彼淸淨法界大迦葉若欲見淸淨如來彼善男子善女人應善淨自心時大迦葉語無畏言云何善淨自心女言大迦葉如自身眞如及一切法眞如若信彼者不作不失如是見自心淸淨故迦葉問言自心以何爲體女言空爲體若證彼空信自身故卽信眞如空以一切法性寂靜故又云如來者卽虛空界是故虛空

卽是如來此中無一物可分別者華手經云一切法如卽是如來如來卽是一切法如是故世尊無所住處是如來義又報化如影空無去來心淨佛現則云佛來佛亦不來心垢不現卽云佛去佛亦不去斯卽來而非來去而非去佛旣無來去心亦不生滅如是解者可見眞佛矣故金剛經云若人言如來若來若去若坐若臥是人不解我所說義如來者無所從來亦無所去故名如來則知若人若法俱不出一如之道如是通達六根所對無非見自性如如佛矣此以不見爲眞見見實爲眞佛肇法師云佛者何也蓋窮

理盡性大覺之稱也生法師云以見實爲佛如是則非皆眞見道亦名眞供養問如何是眞供養答契如理之心無見佛之想了自法身是眞供養寶積經云眞供養者無佛想無能見佛何況供養若供養佛當供養自身問自身如何供養答若捨巳徇塵是名違背能迴光返照隨順眞如境智冥合是眞供養故維摩經云無前無後一時供養此是運無捨無得之意起一際平等之心則徧十方供養一切如來盡法界含靈一時受潤如是之供施莫大焉所以寶雨經云如理思惟卽是供養一切如來問云何如理思惟答

但一切不思惟是眞思惟以頓悟一心無法可思量故是以十方諸佛證心成道故稱如理若了自心能順佛旨卽是供養一切如來若不依此如理悟心能隨事施爲心外見佛設經多劫皆不成眞實供養爲背諸佛指授故如華嚴經頌云設於念念中供養無量佛未知眞實法不名爲供養云何眞實法所謂了心眞如無生之旨故是以思益經問云誰能供養佛佛言能通達無生際者文殊般若經云佛問文殊汝云何供養佛答言世尊若幻人心數滅我則供養佛台教云供養佛者只是隨順佛語今順佛教修三觀

心卽是供養佛爲破五住得解脫故卽供養法三諦理和卽供養僧又衆行心資觀智心卽供養佛觀智心開發境界卽供養法境智心和卽供養僧此是眞實供養亦名法供養如義海云謂以無生心中施一切珍寶乃至微塵皆能攝於法界卽以此法界塵而作供養此供養乃至徧通三世一切諸如來前無不顯現彼諸如來無不攝受何以故由塵卽法界是理與佛法界相應是故徧至一切名廣大供養無空過者何謂無空過以心通卽法通法徧卽心徧一切處無非見理故悉皆通達則是一一承事無空過者亦

不礙香華等種種供養以內外唯心故破執顯宗故有是說又若於正觀心中不唯供養乃至行道禮拜一切施爲皆須就已方得其力如三藏勒那云正觀修誠禮者此明自禮自身佛不緣他境他身佛何以故一切衆生自有佛性平等本覺隨順法界緣起熾然但爲迷故唯敬他身已身佛性妄認爲惡若能反照本覺則解脫有期經云不觀佛不觀法不觀僧以見自身他身平等正法性故如涉遠道要藉自身欲見佛性要觀已佛體同無二是名正觀禮問若心外無相相外無心如是圓通名眞供養者云何敎中說

供養諸佛得福無量荅如前已說諦了一心理事無礙云何堅執疑境疑心故維摩經云各見世尊在其前法華經偈云乾闥緊那羅各供養其佛牛頭初祖釋云如觀貪卽見貪性貪卽是衆生悟貪性智卽是佛貪衆生自見佛在其前一切例爾又各供養其佛者卽是於一一法門各自發明如理思惟卽是各供養佛設爾事法香華供養者經云十方諸佛機宜感出旣隨感現何離自心如靈山四衆八部各隨根力心念見佛不同如龍見是大龍王鬼見是大鬼王等則心外無法之詮有文有理空外執色之見無理無

文設有惡慧邪見之人抱疑不信之者擬陳狂解彊欲破之似將一蚊觜擬吸大海之水如以十指爪欲壞妙高之山我此圓頓之詮眞如之理如刀斷水似風吹光徒自勞神反招深咎問如上剖析義理雖明猶是因他方便彊說云何得如今親自現證得見自心之佛荅當自審問問如何審問荅還就人覓豈有歇時欲絕纖疑應須親到問豈無他助之力發自智照之心荅無正無助非自非他若以智求智則成解解背圓宗若起照心照則立境隨照失旨皆是影事不契斯宗若了眞心自然無心合道合道則言語道

斷無心則境智俱閒如龐居士偈云須彌顛五嶽崩大海竭十方空乾坤尙納毛頭裏日月猶潛毫相中此是西國那提子示疾不起現神通妙德啓口問不二忘言入理顯眞宗問如上所說卽心成佛之旨事已皎然只如禪宗從上先德云如今須知十方諸佛出身處空知有佛不得成佛如何是諸佛出身處答石牛生象子木女孕嬰兒諸佛從中出最初成道時問既衆生已成理事圓備則諸佛何以出世更化衆生答衆生不如是知所以須化故經云俱同一性所謂無性大悲相續救度衆生隨門不同種種有異約

成佛門一切成也同一無性故得現成妄性本虛生元是佛眞性叵得非今始成故皆成也物物無性故成種智證斯同體而起大悲一得永常故云相續只由不知無性故敎化不絕雖現報化法體不遷如隨色之摩尼衆相現而本體不動似應聲之虛谷羣響發而起處無心不著自他豈見衆生之相本非出沒常冥大覺之原華嚴經云佛身無有生而能示出生法性如虛空諸佛於中住又頌云無體無住處亦無生可得無相亦無形所現皆如影思益經云大迦葉言善男子幻所化人離於自相無異無別無所志願

汝亦如是耶若如是者汝云何能利益無量衆生網明言阿耨多羅三藐三菩提性卽是一切衆生性一切衆生性卽是幻性幻性卽是一切法性於是法中我不見有利不見無利又云網明菩薩白佛言世尊若有菩薩希望功德利而發菩提心者不名發大乘也所以者何一切法無功德利以無有對處故若有衆生可度而求功德之利斯則心外見法全不識心何名發大乘心也以絕待心無對處故如楞伽經云佛語外道言若能了達有無等法一切皆是自心所見不生分別不取外境於自處住自處住者是不起

義不起於何不起分別此是我法非汝有也我法者卽衆生心也以不知不信故自成踈外有亦同無所以祖師西來只爲直示衆生令自知有頓入凡聖平等眞原如勝天王般若經云菩薩摩訶薩行般若波羅蜜得心微細作是思惟世間熾然大火之聚所謂貪欲火瞋恚煙愚癡闇云何當令一切衆生皆得出離若能通達諸法平等名爲出離如實知法猶如幻相善觀因緣而不分別是以若欲捨劣就勝厭異忻同欲令凡聖一倫垢淨平等者無有是處但明宗鏡萬法自齊卽究竟出離三界火宅義亦是與諸子同

住祕密藏義如云若夫以齊而齊不齊者未齊矣以齊而齊於齊者未齊焉余聞善齊天下者以不齊而齊天下者也何須夷嶽實淵然後方平續鳬截鶴於焉始等故知但了法法皆如自然平等則青松綠蕙不見短長鵬鷃蜎飛自忘大小如肇論云是以經云諸法不異者豈曰續鳬截鶴夷嶽盈壑然後無異哉誠以不異於異故雖異而不異耳乃至經云般若與諸法亦不一相亦不異相信矣莊子南華經云長者不為有餘短者不為不足故鳬脛雖短續之則憂鶴脛雖長斷之則悲故性長非所斷性短非所續以明

境智雖異而同不待同而後同也若能如上了達同異二門或諸佛出世不出世眾生可度不可度乃至有無高下皆絕疑矣若執同則滯寂若執異則兩分迷此同異二門皆智不自在金剛辯宗云以有鏡故男女之像於中現以有法身故而能處處應現往只緣鏡中本無像所以能現男女像佛身本無身所以能現一切身眾生機感無緣之慈任運能應若定有身即為所礙肇論云佛非天非人而能天能人耳故一切菩薩皆以無所得為方便能入無量無邊塵勞幻網以心外無法故方成無所得慧若心外有一毫

所得云何成無緣之慈同體之化以宗鏡明故能廣照世間觀生也如石女之懷兒觀住也若陽燄之飆浪觀異也同浮雲之萬變觀死也猶狂華之謝空是以深達無生知皆無我空生空滅幻墜幻昇愍彼愚迷盲無慧目遂乃發無能作之智照開無所捨之檀門秉自性空之戒心具無所起之精進圓無所傷之法忍修無所住之禪門了無身而相好莊嚴達無說而縱橫辯說遊戲性空之世界建立水月之道場陳列如幻之供門供養影響之善逝徧習空華之萬行施為谷響之度門降伏鏡像之魔軍大作夢中之佛

事廣度如化之含識同證寂滅之菩提問絕待真心本無名相云何成佛又作異生若云隨順世法立此假名又因何法而得成立答實際理中本無凡聖可得以一切眾生迷無性理以無性故不覺起妄於真空中妄立名相故名為凡了名相空復稱為聖凡聖之號因五法成猶如幻化名相非真且如幻以術成形因業有術業俱假形幻同空但有迷悟之名本無凡聖之體五法者瑜伽論云一名二相三妄想四正智五眞如古釋云名相妄想三法成凡正智眞如成聖名相妄想者是凡夫法名相二法是凡夫境妄想

一法是凡夫六識迷事緣境而起故名妄想經偈云不了心及緣則生二妄想正智眞如者是聖人法正智是聖人對治金剛緣修無漏斷惑智亦名能覺智眞如是聖人心中所證之理眞如是體正智是用異者未曾異同者未曾同同者是眞如異者是正智正智常用故障生滅眞如常體故無生滅體用無礙法界不思議眞實義也又凡夫心惑不達名相空故妄計爲有迷有不空名之爲妄從妄起心名之爲想正智者覺知名相本來空寂以知空故妄想自息息妄歸眞顯理分明正智現前不立名相故名正智經偈

云了心及境界妄想不復生眞如者卽此正智心性眞故卽名眞如故知但是一法無中執有成凡達有本空成聖不唯五法乃至恒沙義出無邊理恒一道此唯心之道卽是如來行處步步履法空故亦是摩訶衍處念念無所得故如持世經云佛言諸善男子是故我說一切法是如來行處如來行處是無行處何以故一切法行處是中無法可行是故說無行處文殊悔過經云文殊師利言吾往古時希望諸法求空處所遊於閒居限節知足少欲爲得不能識知一切法空心無所著爾乃可謂靜處宴坐住於法界釋

曰若了人法二空見眞唯識性卽常在三昧住眞法界矣問云何說入此宗鏡一念相應見道速疾超過劫量答實有斯理世況可知若不直下頓悟自心功德圓滿卽於心外妄求徒經劫數若能內照如船遇便風一念圓成所作無滯如大涅槃經云譬如有人在大海中乘船欲渡若得順風須臾之間則能得過無量由旬若不得者雖復久住經無量歲不離本處有時船壞沒水而死衆生如是在於愚癡生死大海乘諸行船若得値遇大般涅槃猛利之風則能疾到無上道岸若不値遇當久流轉無量生死或時破壞

墮於地獄畜生餓鬼故知不遇宗鏡之風有爲行船終不能速度生死之波直至涅槃之岸有茲大利廣集無勞唯囑後賢轉相傳授如法句經云善知識者有大功德能令汝等於貪欲瞋恚愚癡邪見五欲五蓋衆塵勞中建立佛法不起一心得大功德譬如有人持堅牢船渡於大海不動身心而到彼岸故知入宗鏡中卽凡卽聖可謂不斷煩惱而入涅槃不斷五欲而淨諸根矣所以華嚴論云十住初位以無作三昧自體應眞煩惱客塵本無體性唯眞體用無貪瞋癡任運卽佛故一念相應一念佛一日相應一日佛

此宗鏡録中前後皆悉微細委曲一一直指示了見卽便見不在意思纔信入時理行俱備終不更興惡行似有纖疑若不如然爭稱圓頓以了心外無境故則念念歸宗何有虛幻能惑所以寶藏論云一切如幻其幻不實知幻是幻守眞抱一又如學人問大梅和尙師常言神性獨立學人不識乞師指示答阿誰教汝問問莫不問者便是否答若不是阿誰能如是問問神性非是聲色師所示問者是神性學人只識得聲色不識眞性乞師指示如何得識答譬如大寶藏衆寶皆具足上福德人見直捉得明月寶珠薄

福德者只見銅鐵之類非是藏中無寶亦非主藏者不與我如今向汝道性不是聲色汝只見聲色我亦無過汝知麼此神性火不能燒水不能溺須臾能到千里萬里山河石壁不能礙汝如今揚眉動目彈指謦欬口喃喃問答總是此性喚作大道常在目前雖在目前難覩汝若疑惑不信受破法墮惡道若是上根者聞言下便會更不作諸惡喚作一受不退常寂然中根者親近善知識近於智者數數聞說不久還會若是下根千徧萬徧與說元來不會雖然記得少許如破布裏明珠出門還漏卻汝知麼佛道不遠迴

心卽是若悟則刹那不悟恆沙劫問此一心宗成佛之道還假歷地位修證否答此無住眞心實不可修不可證不可得何以故非取果故不可證非著法故不可得非作法故不可修以本淨非瑩法爾天成若論地位卽在世諦行門亦不失理以無位中論其地位不可起決定有無之執經明十地差別如空中鳥跡若圓融門寂滅眞如有何次第若行布門對治習氣昇進非無又染淨階位皆依世俗名字分別則似分階降不壞一心譬如衆生位如土器菩薩位如銀器諸佛位如金器土銀金等三種器量雖殊然一一

器中虛空徧滿平等無有差別虛空卽喻一心法身平等之理諸器卽況根器地位階降不同道本無差隨行有異夫論行解頓漸不同現行煩惱有淺深熏染習氣有厚薄不可一向各在當人業輕則易圓障深則難斷只如登八地菩薩親證無生法忍觀一切法如虛空性此猶是漸證無心至十地中尙有二愚入等覺位一分無明未盡猶如微塵尙須懺悔又若未自住三摩地中不信心外無法如患眼瞖者不信空中無華以分別智解心不亡但緣他境未住自地如首楞嚴經云十方如來及大菩薩於其自住三摩

地中見與見緣并所想相如虛空華本無所有所云
大菩薩者卽八地已上若八地菩薩尙心外見淨土
以智緣理不名自住若十地菩薩雖心外不見境猶
有色心二習是以有頌云唯佛一人持淨戒其餘並
名破戒者故知若入宗鏡究竟一乘門中方云持戒
方云見道且知見有四一知而不見初地至九地二
見而不知卽十地三亦見亦知唯佛四不見不知地
前異生等若得直下無心量出虛空之外又何用更
歷階梯如未頓合無心一念有異者直須以佛知見
治之然後五忍明其正修六卽揀其叨濫則免墮增

上慢究竟圓滿佛乘若入宗鏡中則爲普機菩薩乘
不思議乘依普門法一位一切位如善財一生具五
位等皆是普法相收此普賢機乃見一切所見聞一
切所聞卽普眼境也普法相收者以心外無法故名
爲普一切行位皆在心中豈不相收耶於行布門似
分深淺又玄義格云圓敎四十二位同一眞理就智
論之遂分明晦太虛一也日行空中具有中旦圓敎
登住如船入海似日遊空智皆無作行亦無爲任運
道風自然增進如止觀云入佛正宗免墮邪倒創發
圓信之人須明十種觀法十種觀法者一觀不思議

境二發眞正菩提心三巧安止觀四破諸法徧五善
識通塞六三十七品調適七對治助開八善知位次
九安忍彊輭兩賊十順道法愛不生如是不濫方入
圓乘且最初一念信解之心能成五品台敎云若人
宿植深厚或値善知識或從經卷圓聞妙理謂一法
一切法一切法一法非一非一切不可思議起圓信
解信一心中具十法界如一微塵有大千經卷欲聞
此心而修圓行圓行者一行一切行略言爲十謂識
一念心平等具足不可思議傷己昏沈慈及一切又
知此心常寂常照用寂照心破一切法卽空卽假卽

中又識一心諸心若通若塞能於此心具足道品得
菩提路又解此心正助之法又識己心及凡聖心又
安心不動不墮不退不散雖識一心無量功德不生
染著十心成就舉要言之其心念念悉與諸波羅蜜
相應是名圓敎初隨喜品從此具修十法得入圓敎
初發心住分眞卽中初阿後茶發心畢竟二不別以
行位念三不退故台敎接人止住於此爾後直至十
行十迴向十地等妙二覺位所有智斷昇進任運無
功念念圓滿無上菩提又廣釋不可思議境者如華
嚴經頌云心如工畫師造種種五陰一切世間中莫

不從心造種種五陰者十法界五陰也法界者有三義十數是能依法界是所依能所合稱故言十法界又此十法各各因各各果不相混濫故言十法界又此十法一一當體皆是法界故言十法界十法界通稱陰入界其實不同三塗是有漏惡陰界入三善是有漏善陰界入二乘是無漏有漏陰界入菩薩是亦有漏亦無漏陰界入佛是非有漏非無漏陰界入釋論云法無上者涅槃是即非有漏非無漏法也無量義經云佛無諸大陰界入者無前九陰界入也今言有者有涅槃常住陰界入也大經云因滅無常色獲

得常色受想行識亦復如是常樂重沓即積聚義慈悲覆蓋即陰義以十種陰界不同故名五陰世間也攬五陰通稱眾生眾生不同攬三塗陰罪苦眾生攬人天陰受樂眾生攬無漏陰眞聖眾生攬慈悲陰大士眾生攬常住陰尊極眾生大論云眾生無上者佛是豈與凡下同大經云歌邏羅時名字異乃至老時名字異芽時名字異乃至果時名字亦異且約一期十時差別況十異眾生寧得不異故名眾生世間也十種所居通稱國土世間者地獄依赤鐵住畜生依地水空住修羅依海畔海底住人依地住天依宮殿

住六度菩薩同人依地住通教菩薩惑未盡同依人天住斷惑盡者依方便土住別圓菩薩惑未盡者同人天方便等住斷惑盡者依實報土住如來依常寂光土住仁王經偈云三賢十聖住果報唯佛一人居淨土淨土不同故名國土世間也此三十種世間悉從心造又十種五陰一一各具十法謂如是相性體力作因緣果報本末究竟等此是十如五陰世間眾生世間國土世間即是三種世間此一心具十法界一法界又具十法界即百法界一法界具三十種世間百法界具三千種世間此三千在一念心若無心

則已介爾有心即具三千亦不言一心在前一切法在後亦不言一切法在前一心在後例如八相遷物物在相前物不被遷相在物前亦不被遷前亦不可後亦不可只物論相遷只相遷論物今心亦如是若從一心生一切法者此則是縱若心一時含一切法者此即是橫縱亦不可橫亦不可只心是一切法一切法是心故非縱非橫非一非異玄妙深絕非識所識非言所言所以稱為不可思議境意在於此既自了達一心不思議境遂起同體大悲發眞正菩提心等以下九種觀門成熟華嚴論云如三乘中亦說根

本智後得智。今欲令三乘人迴心。指此金色世界不動智佛。令使直認是自心能分別智。本無所動。文殊師利。卽是自心善揀擇無相妙慧。覺首目首等菩薩卽是自心隨信解中所見之理智。如是三乘之人未迴心者。定當不信。何以故。爲立三阿僧祇劫後當得佛故。爲直自認身及心。總是凡夫。但信佛有不動智等。不自信自心是根本不動智佛與佛無異。以是義故。不成此教法界乘中以根本智爲信心。此經信心。應當如是直信自心分別之性。是法界性中根本不動智佛。金色世界。是自心無染之理。文殊師利。是自

心善揀擇妙慧。覺首目首等菩薩。是隨信心中理智現前。以信因中契諸佛果法。分毫不謬。方成信心。從此信已。以定慧進修。經歷十住十行十迴向十地十二地。日月歲劫時復無遷。法界如本。不動智佛如舊。而成一切種智海教化衆生。因果不遷。時劫不改。方成信也。若立僧祇定實身。是凡夫。凡聖二途。時劫移改。心外有佛。不成信心。又如圓覺經云。金剛藏菩薩白佛言。世尊。若諸衆生本來成佛。何故復有一切無明。若諸無明衆生本有。何因緣故。如來復說本來成佛。十方異生本成佛道。後起無明。一切如來何時復生一切煩惱。唯願不捨無遮大慈。爲諸菩薩開祕密藏。乃至佛言。善男子。一切世界。始終生滅。前後有無。聚散起止。念念相續。循環往復。種種取捨。皆是輪迴。未出輪迴而辯圓覺。彼圓覺性卽同流轉。若免輪迴。無有是處。譬如動目。能搖湛水。又如定眼。猶迴轉火。雲駛月運。舟行岸移。亦復如是。善男子。諸旋未息。彼物先住。尚不可得。何況輪轉生死垢心。曾未清淨。觀佛圓覺而不旋復。是故汝等便生三惑。善男子。譬如幻瞖。妄見空華。幻瞖若除。不可說言。此瞖已滅。何時更起一切諸瞖。何以故。瞖華二法。非相待故。亦如空

華滅於空時。不可說言。虛空何時更起空華。何以故。空本無華。非起滅故。生死涅槃。同於起滅。妙覺圓照。離於華瞖。善男子。當知虛空非是暫有。亦非暫無。況復如來圓覺隨順。而爲虛空平等本性。善男子。如銷金鑛。金非銷有。既已成金。不重爲鑛。經無窮時。金性不壞。不應說言本非成就。如來圓覺亦復如是。故知圓覺妙心。如虛空之性。生死涅槃。卽空華之相。瞖眼不無起滅。眞性何曾有無。如鑛藏金。金非鑛有。又非銷得。要以銷成。迷時如未淨之金。悟了若已成之寶。眞金不動。垢淨俄分。妙性無虧。迷悟自得。所以不思

議佛境界經云。爾時須菩提又問言。大士。汝決定住於何地。爲住聲聞地。爲住辟支佛地。爲住佛地耶。文殊師利菩薩言。大德。汝應知我決定住於一切諸地。須菩提言。大士。汝可亦決定住凡夫地耶。答曰。如是。何以故。一切諸法。及以衆生。其性卽是決定正位。我常住此正位。是故我言決定住於凡夫地也。須菩提又問言。若一切法及以衆生。卽是決定正位者。云何建立諸地差別。而言此是凡夫地。此是辟支佛地。此是佛地耶。文殊師利菩薩言。大德。譬如世間。以言說故。於虛空中。建立十方。所謂此是東方。此是南方。乃

至此是上方。此是下方。雖虛空無差別。而諸方有如是如是種種差別。此亦如是。如來於一切法決定正位中。以善方便立於諸地。所謂此是凡夫地。此是聲聞地。此是辟支佛地。此是菩薩地。此是佛地。雖正位無差別。而諸地有別耳。所以天台云。四教如空中四點。四點雖歷然。不壞虛空性。然此地位。至究竟位中。若理若行。方可窮盡。如菩薩瓔珞本業經云。佛子。第四十二地名寂滅心妙覺地。常住一相。第一無極。湛若虛空。一切種智照達無生。有諦始終。唯佛窮盡衆生根本。有始有終。佛亦照盡。乃至一切煩惱。一切衆

生果報。佛一念心稱量盡原。一切佛國。一切佛因。一切菩薩神變。亦一念一時知。住不可思議二諦之外。獨在無二。是知先得宗本。然後鍊磨。於鍊磨時。不失道本。如巧鍊金。不失銖兩。於圓漸內。階降宛然。從有爲而至無爲。因生忍而成法忍。圓融不壞行布。壞則失全理之事。行布不礙圓融。礙則失全事之理。然雖理事一際。因果同時。生熟之機似分。初後之心不混。直至妙覺。如月圓時。始盡因門。方冥果海。如華嚴經云。佛子。譬如乘船。欲入大海。未至於海。多用功力。若至海已。但隨風去。不假人力。以至大海一日所行。比

於未至。其未至時。設經百歲。亦不能及。佛子。菩薩摩訶薩亦復如是。積集廣大善根資糧。乘大乘船。到菩薩行海。於一念頃。以無功用智。入一切智智境界。本有功用行。經於無量百千億那由他劫。所不能及。問。入實觀者。一尙不存。云何廣明十法。答。夫入實觀者。是觀諸法之實。一法既實。萬法皆然。則一實一切實。如知蜜性甜。則一切蜜皆甜。則不假諸多觀門。但了不思議一法。自然橫周法界。皆同此旨。大根一覽。蕩爾無遺。如上醫治患。見草童舞而衆疾咸消。又直聞其言。病自除愈。則何須診候。更待施方。又如上醫以

非藥爲藥中醫以藥爲藥下醫藥成非藥非藥爲藥者如云無有一物不是藥者攬草皆成豈云是藥非藥如行非道而通佛道卽煩惱而成菩提一切世法純是佛法以藥爲藥者卽應病與藥隨手痊愈附子治風橘皮消氣等如觀根授法不失其時思學多者修數息觀婬欲多者修不淨觀等藥爲非藥者卽不識病原反增其疾如說法者不逗其機淺根起於謗心下士聞而大笑醍醐上味爲世珍奇遇斯等人翻成毒藥如上上根人纔悟其宗不俟言說所以古聖云上士見我詩把著滿面笑楊修見幼婦一覽便知

妙或遮障深厚根思遲迴須備歷觀門對治種現如加減修合服食後差台教約中下之根備歷十乘觀法然雖具十不離一門如法華玄義云明入實觀者卽十乘觀法一不思議境卽是一實四諦謂生死苦諦不可思議卽空卽假卽中卽空故方便淨卽假故圓淨卽中故性淨三淨一心中得名大涅槃淨名經云一切眾生卽大涅槃不可復滅此卽生死之苦諦而是無作之滅諦亦是集道故名不可思議四諦也煩惱集諦不可思議卽空卽假卽中卽空故名一切智卽假故名道種智卽中故名一切種智三智一心

中得名大般若淨名經云一切眾生卽菩提相不可復得此卽煩惱之集而是無作道諦亦是苦滅故名不思議一實四諦也亦是眞善妙色何者生死卽空故名眞生死卽假故名善生死卽中故名妙此名有門不可思議境也二發眞正心者一切眾生卽大涅槃云何顚倒以樂爲苦卽起大悲興兩誓願令未度者度令未斷者斷一切煩惱卽是菩提云何愚闇以道爲非卽起大慈興兩誓願令未知者知令未得者得無緣慈悲淸淨誓願慈善根力任運吸取一切眾生也三安心者旣體解成就發心具足豈可臨池觀

魚不肯結網裹糧束腳安坐不行修行之要不出定慧譬如陰陽調適萬物秀實雨旱不節焦爛豈生若兩輪均平是乘能運二翼具足堪任飛昇體生死卽涅槃名爲定達煩惱卽菩提名爲慧於一心中巧修定慧具足一切行也四破法徧者以此妙慧如金剛斧所擬皆碎如無翳日所臨皆朗若生死卽涅槃者分段變易苦諦皆破若煩惱卽菩提者四住五住集諦皆破雖復能破亦不有所破何者生死卽涅槃故無所破也五識通塞者如王兵寶取捨得宜彊者綏之弱者撫之知生死過患名爲塞卽是涅槃名爲通

知煩惱雜亂名爲塞卽是菩提名爲通始從外道四見乃至圓教四門皆識通塞節節執著卽是塞節節亡泯名爲通若不識諸法夷險非但行法不前亦亡去重寶也六善識道品者觀生死卽涅槃十界生死色陰皆非淨非不淨乃至識陰非常非不常能破八顛倒卽法性四念處念處中具道品三解脫及一切法又知涅槃卽生死顯四枯樹知生死卽涅槃顯四榮樹知生死涅槃不二卽一實諦非枯非榮住大涅槃也七善修對治者若正道多障應須助道觀生死卽涅槃治報障觀煩惱卽菩提治業障煩惱障也八

善知位次者生死之法本卽涅槃理涅槃也解知生死卽涅槃名字涅槃也勤觀生死卽涅槃觀行涅槃也善根功德生卽相似涅槃也眞實慧起卽分眞涅槃也盡生死底卽究竟涅槃也觀煩惱卽菩提亦如是九善安忍者能安內外彊輭遮障不壞觀心若觀生死卽涅槃不爲陰入境病患業魔禪二乘菩薩等境所動壞也若觀煩惱卽菩提不爲諸見增上慢境所動也十無法愛者既過障難道根成立諸功德生觀生死卽涅槃故諸禪三昧功德生觀煩惱卽菩提故諸陀羅尼無畏不共諸般若生觀生死涅槃不二

故法身實相生相似功德順理而生喜起順道法愛生名法愛不上不退名爲頂墮此愛若起卽當疾滅此愛若滅已破無明開佛知見證實相體觀生死卽涅槃故證得解脫煩惱卽菩提故證得般若此二不二證得法身一身無量身無上寶聚如意圓珠衆法具足是名有門入實證得經體三門亦如是乃至歷一切法門亦如是問若卽心是佛者則一切含生皆有此心盡得成佛教中云何不見授劫國名號之記若劫國名號乃是出世化門之中現前別記欲知眞記者淨名經云一切衆生亦如也一切法亦如也華

嚴經頌云顯佛自在力如說圓滿經無量諸衆生悉受菩提記又頌云一一心念中普觀一切法安住眞如地了達諸法海又頌云一一微塵中能證一切法如是無所礙周行十方國斯則人法心境悉記成佛以一念具足一塵不虧念念證眞塵塵合體同居常寂光土俱號毗盧遮那終無異土別身聖彊凡劣與三世佛一時成道前後情消共十類生同日涅槃始終見絕免起有情無情之妄解不生心內心外之邪思可謂上無所求下無可化冥眞履實得本歸宗俱登一際解脫之門盡受平等菩提之記又古德問云

既色心不二修性一如何不見木石受菩提記耶答一一諸色但唯心故心外無法豈唯心滅而色猶存佛但記有情攝無情也譬如幻事要藉幻心心在幻中能持幻事若其心滅幻事同無故但滅心不復滅事衆生色心亦復如是皆如幻相一切外境從幻心生豈猶滅心而存幻色此即有情得記無情亦然是故無情不須別記玄義格云眞佛者從初發心即體一眞法界全同古佛相極三際全現一塵性海無邊表裏不可得信此法故名爲發心心無異念故名爲證證成名佛的無方處又圓敎入初住人心同法界

神無方所何用天衣天座四衆圍繞夫立劫國名號授記作佛者爲引未發心者令嚮慕耳若愛著身土情未盡耳所以華嚴論云初發心時便成正覺於一刹那際皆得此之法不許於刹那際外有別時當知即非本法故若有人於佛法中見佛成道作劫量延促處所而生見者信亦未成未論修道若解者本來全得處迷者自没輪迴又云但有所見境界及如來名號總是自心佛果所會之法若自心不會對面無覩見之期

宗鏡錄卷二十三

音釋

蕙胡桂切蘭蕙也　蜎許玄切小飛也　脛胡定切脚脛也　歌邏羅梵語也此云凝滑邏魯可切　駛疏士切疾也　瞖於計切目病也　鑛古猛切金璞也　銖市朱切十黍重曰銖　診章忍切候脈也　綏息遺切安也

宗鏡録卷二十四

宋慧日永明妙圓正修智覺禪師延壽集

夫成佛本理但是一心者云何更立文殊普賢行位之因釋迦彌勒名號之果乃至十方諸佛國土神通變現種種法門荅此是無名位之名位無因果之因果是心作因是心成果是心標名是心立位普賢觀經云大乘因者卽是實相大乘果者亦是實相釋論云初觀實相名因觀竟名果故知初後皆心因果同證只爲根機莫等所見不同若以一法逗機終不齊成解脫須各各示現引物歸心雖開種種之名皆是

一心之義若違自心取外佛相勝妙之境則是顛倒所以華嚴經頌云若以威德色種族而見人中調御師是爲病眼顛倒見彼不能知最勝法又頌云假使百千刧常見於如來不依眞實義而觀救世者是人取諸相增長癡惑網繫縛生死獄盲冥不見佛云何不見佛一爲不識自心二爲不明隱顯何者衆生之因隱於本覺諸佛之果顯於法身因隱之本覺是果顯之法身果能成因則佛之衆生果顯之法身是因隱之本覺因能辦果則衆生之佛故云凡聖交徹理事相含矣所云釋迦牟尼者釋迦此云能仁牟尼此

云寂默能仁者卽心性無邊含容一切寂默者卽心體本寂動靜不干故號釋迦牟尼覺此名佛彌勒者此云慈氏卽是一心眞實之慈以心不守自性任物卷舒應現無方成無緣化故稱慈氏阿彌陀者此云無量壽卽如理爲命以一心眞如性無盡故乃曰無量壽阿閦者此云不動卽一心妙湛然不動妙覺位不能增無明地不能減故稱不動如三藏勒那云徧入法界禮者良由行者想觀自己身心等法從本已來不離法界諸佛身外亦不在諸佛身內亦不在我外亦不在我內自性平等本無增減今禮一佛徧通

諸佛所有三乘位地無漏我身既徧隨佛亦徧乃至法界空有二境依正兩報莊嚴供具隨緣徧滿不離法界隨心無礙並薦供養隨喜頂禮如一室中懸百千鏡有人觀鏡鏡皆像現佛身淸淨明逾彼鏡遞相涉入鏡無不照影無不現此則攝他爲總入他爲別一身既爾乃至一切法界凡聖之身供養之具皆助隨喜悉同供養既知我身在佛身內如何顛倒妄造邪業不生愧恥又諸佛德用既齊名號亦等隨稱何名名無不盡如稱一阿彌陀佛名禮召一切諸佛無不周備西天云阿彌陀佛此云無量壽豈有一佛非

長壽也設一切佛不化衆生但一佛化生即功歸法界法界德用徧周是名徧入法界禮也楞伽經云佛告大慧以四等故如來應等正覺於大衆中唱如是言我爾時作拘留孫拘那含牟尼迦葉佛云何四等謂字等語等法等身等是名四等云何等義所謂同一名字同一梵聲同一乘門同一眞體乃至同一心同一智同一覺同一道如鴦崛摩羅與文殊師利共遊十方所見十方諸佛彼佛皆稱釋迦佛者即我身是又法華經明十方諸佛皆是釋迦分身則阿閦彌陀悉本師矣本師即我心矣釋云非獨彌陀阿閦十

方諸佛皆我本師海印頓現且法華分身有多淨土如來何不指已淨土而令別往彌陀妙喜思之故知賢首彌陀等皆本師矣復何怪哉言賢首者即壽量品中過百萬阿僧祇剎最後勝蓮華世界之如來也經中偈云或見蓮華勝妙剎賢首如來住其中若此不是歎本師者說他如來在他國土爲何用耶且如總持教中亦說三十七尊皆遮那一佛所現謂毗盧遮那如來內心證自受用成於五智從四智流出四如來謂大圓鏡智流出東方阿閦如來平等性智流出南方寶生如來妙觀察智流出西方無量壽如來成所作智流出北方不空成就如來法界清淨智即自當毗盧遮那如來言三十七者五方如來各有四大菩薩在於左右復成二十謂中方毗盧遮那如來四大菩薩者一金剛波羅蜜菩薩二寶波羅蜜菩薩三法波羅蜜菩薩四羯磨波羅蜜菩薩東方阿閦如來四菩薩者一金剛薩埵菩薩二金剛王菩薩三金剛愛菩薩四金剛善哉菩薩南方寶生如來四菩薩者一金剛寶二金剛威光三金剛幢四金剛笑西方無量壽如來亦名觀自在王如來四菩薩者一金剛法二金剛劒三金剛因四金剛利北方不空成就如

來四菩薩者一金剛業二金剛法三金剛藥叉四金剛拳已有二十五及四攝八供養故三十七言四攝者即鉤索鎖鈴八供養者即燒散燈塗華鬘歌舞皆上有金剛下有菩薩然此三十七尊各有種子皆是本師智用流出與今華嚴經中海印頓現大意同也問若依此義豈不違於平等意趣平等意趣云言即我者依於平等意趣而說非即我身如何皆說爲本師耶荅曰平等之言乃是一義唯識尙說一切衆生中有屬多佛多佛共化以爲一佛若屬一佛佛能示現以爲多身十方如來一一皆爾今正一佛能爲多

身依此而讚本師爾如弟子問傅大士從來啓佛文疏那只啓釋迦而不稱彌勒耶荅曰十方諸佛共一法身何必須二又三身十身隨用而說約其本性唯一身而已如冥室曦光隨孔而照光雖萬殊而本之者一所謂眞法身也亦是隨機所現形相不同如出現品頌云譬如梵王住自宮普現三千諸梵處一切人天咸得見實不分身向於彼諸佛現身亦如是一切十方無不徧其身無數不可稱亦不分身不分別方知不是他佛智徧自則乃自佛智徧他亦非自因趣他果本是他果承我因則因果同時凡聖一際是

以了無二相能過魔界不得一法安住佛乘若取相則沈六入之海起念則投五陰之城皆是眾生隨差別情起自他見則影分多月迹任殊形不離一眞各現心水故融大師云不離五陰有佛經言如心佛亦爾如佛眾生然又云離心求菩提譬如天與地那有丈六身身無丈六也大品云不以身爲佛用種智爲佛若相好是佛輪王是也今多許人身中佛那不見爲煩惱故經云具煩惱眾生雖近而不見只在身內甚近而不見又我等無智故不覺內衣裏有無價寶珠乃至心者信也謂有前識法隨相行則煩惱名識

不名心也意者憶也憶想前境起於妄並是妄識不干心事心非有無有無不染心非垢淨垢淨不汙乃至迷悟凡聖行來去住並是妄識非心心本不生今亦無滅若知自心如此佛亦然故云直心是道場無虛假故經云世間如是身諸佛身亦然了知其自性是則說名佛是以一身無量身皆同佛體以無性理同故所以志公云食時辰無明本是釋迦身坐臥不知元是道作麼忙忙受苦辛華嚴私記云從如是我聞已來乃至一切經中菩薩眾聲聞眾莊嚴具華旛幢蓋七珍寶等事並是如來淨業所起或作法名雲

名並是淨心中事文殊則是眾生現行分別心普賢則是眾生塵勞業行心觀音即是眾生大悲心勢至即眾生大智心如華嚴經云一切處文殊者文殊雖東來而即一切處以是法界之身不動之智觸境斯了六根三業盡是文殊實相體周萬像森羅無非般若何有一處非文殊哉淨名疏云定自在王菩薩者用一心三觀能觀心性名爲上定得此上定於一切眞俗禪定即得自在如國王也寶積菩薩者一心三觀正觀心性雖空具足萬行之法寶聚故名寶積也妙生菩薩者觀心不生則一切法不生般若妙生也

故經云色不生般若生觀世音菩薩者請觀音經云觀於心脈使想一處卽見觀世音也如是等菩薩隨舉一觀門別以標菩薩名引物歸心若一人各具一切觀門卽名字互通卽是字等語等身等法等以一切法本自無名無名而有名者皆從心起故心卽名也其能如是解者卽於正觀心中見一切菩薩諸佛也乃至聲聞十大弟子皆是自心十善法數又云十心數者三藏毗曇偈云想欲更樂慧念思及解脫作意於境界三摩提以痛此心通大地數法扶心王起一切諸心數如國有十臣共輔佐一主若君臣共

行非道國內人民悉皆作惡君臣相輔共行正治國內人民悉皆有道今衆生有心王通十心數若念不善卽有無量不善煩惱數法起若心王十數相扶念善卽有無量諸善功德智慧心數而起也復次心王卽是師十數卽是十弟子如師資共作惡卽化一切人皆惡如師資共作善則化一切人修善心王及十心數法亦如是故此經云弟子衆塵勞隨意之所轉也今一切衆生皆有心王十通心數法若遇天魔外道愛論見論卽起諸煩惱流轉生死如爲惡君惡臣惡師惡弟子之所化也今佛爲法王十弟子爲法臣卽是正法之師正法弟子用慧行行正法共化衆生心王十通心數法若衆生信受修行慧行卽見論諸煩惱滅成一切見道無量諸善心數法也若衆生信受修習行行卽破一切天魔生死不善諸心數法成修道無量善心數法也故經云心王若正則六臣不邪復次此十數卽是十法門悉能通入涅槃也初以十數爲種子從此修習遂致成道如合抱之樹起於毫末也今法王欲以半滿之教化諸衆生先當隨其樂欲故此經云先以欲鉤牽後令入佛智也今十弟子各宏一法者人以類聚物以羣分隨其樂欲各

用一行法門攝爲眷屬也雖各掌一法門何曾不具十德如十心數隨有一起十數卽隨起雖用一數當名而實有十數也別對十弟子者初想數卽對富樓那想數偏彊從想入道是故聲聞弟子中說法第一也成論云識得實法想得假名富樓那用想數分明故能分別名相無礙辯才無滯於說法人中最爲第一欲數對大迦葉用善欲數入道故諸弟子中頭陀第一也一切善法欲爲其本迦葉絕世榮華志存出要樂在山林是則善欲心發捨世惡欲也更樂對迦旃延卽起此數研覈義理入道故聲聞中論義第一

也問答往復更相涉入論義不窮無滯無關以其偏修更樂數故能如是也慧數對身子用慧數入道故於諸聲聞中智慧第一法輪之將也念數對優波離用念持律入道於諸聲聞中持律第一也憶持不忘名之爲念波離身口對緣詮量輕重而無忘失持律之上也思數對羅云因祕行入道諸聲聞中密行第一也行陰即是思數思數若利修諸戒行覆藏功德密行之上也解脫對善吉用此數法修空解脫入道故諸聲聞中解空第一無諍三昧蕭然獨脫不與物競也作意境界憶數對阿那律因其失眼佛令起此

數修天眼入道故聲聞中天眼第一夫修天眼必須住心緣境取日月星光相而修發天眼通也三摩提數對目連是定數偏利修此定進道故諸聲聞中禪定第一痛數對阿難當受數彊利聽受聞持以入道故諸聲聞中多聞總持第一痛通言受以領納爲義故此數分明領持佛法如完器盛水也是十數弟子共輔如來莊嚴半滿四枯四榮之教引衆生入中道見佛性住大涅槃即是住不思議解脫也是知自利實行利他權門若師若弟若教若觀終不出衆生心數法門一一同歸宗鏡乃至一切言說義理行位進

修悉皆是心無不收盡以一切語言由覺觀心一切諸行由於思心一切義理由於慧心故又心王即佛寶心數即僧寶所緣實際無王無數即法寶善入實際主數之功力用足矣心心數法不行故名行般若波羅蜜普賢觀云觀心無心法不住法我心自空罪福無主即是無心無數名爲正觀是心數塵勞若不盡者觀則不訖故經言衆生不度我不成正覺即此意也若能如是解者無一佛菩薩名及一法門不於正觀心中現故法華經云若有人信汝所說則爲見我亦見於汝及比丘僧并諸菩薩何者聞經心信無

疑覺此信心明淨即是見佛慧數分明是見身子諸數分明是見衆比丘慈悲心淨是見菩薩黃蘗和尚云諸佛與一切衆生唯是一心更無別法覺心即是唯此一心即是佛見此心即是見佛佛即是心心即是衆生衆生即是佛佛即是心爲衆生時此心亦不減爲佛時此心亦不添但悟一心更無少法可得此即眞佛文殊當眞空無礙之理普賢當離相無盡之行諸大菩薩所表人皆有之不離一心悟之即是但能無心便是究竟學道人不直下無心累劫修行終不成道不如言下自認取本法此法即心心外無法

纔諸思量故曰言語道斷心行處滅此心是本原淸淨佛蠢動畜生與佛菩薩一體只爲妄想分別造種種業果本佛上實無一物虛通寂靜明妙安樂而已但於見聞覺知認取本心然本心不屬見聞覺知亦不離見聞覺知但莫於見聞覺知上起解亦不離見聞覺知覓心不卽不離不住不著世人聞道諸佛皆傳心法將謂心上別有一法可證可取遂將心覓法不知心卽是法法卽是心不可將心更求於心歷千劫終無得日不如當下無心便是本法乃至出家皆不出一念心地故香嚴和尚偈云從來求出家未詳

出家稱起坐只尋常更無少殊勝以心外更無別出家法有何勝境可求所以淨名經云無利無功德是名出家則阿難未悟斯宗但觀如來勝相求身出家遂懺悔云我身雖出家心不入道台教云觀一念心淨若虛空不爲二邊桎梏所礙平等大慧無住無著卽名出家以中觀自資活法身慧命名爲乞士觀五住煩惱卽是菩提是名破惡一切諸邊顚倒無非中道卽是怖魔天台拾得頌云無瞋是持戒心淨是出家我性與汝合一切法無差夫出塵之人心不依物故經云出家放曠猶若虛空志公詞云言下不求無

處所暫時喚作出家人所以先德云汝若悟此事了但隨時著衣喫飯任運騰騰故知此事唯自已知別無方便故云一飲一啄各自有分豈非悟心出家非從事得又云觀一一心中皆具王數爲成觀故王數相扶而取開悟或於想數入道或於欲數入道隨所宜者心王心數而共攻之化取塵勞諸心而作佛事作此觀未悟觀行如乳若發無漏觀行如酪若破塵沙如生熟酥若破無明觀如醍醐至醍醐時王數功畢大寶積經偈云如來觀眾生於法建立者以心能知心彼則眞佛子故云從佛口生從法化生以知心

故一切法門如在掌中爲未知者方便解釋皆令信入此宗鏡內則無有一法而非佛事飲食爲佛事者淨名疏云於食等者諸法亦等如大品經云一切法趣味是趣不過味尙不可得云何當有趣非趣今言一切法趣味味卽是食當知食卽是不思議法界以食中含受一切法一切法不出食法界也食若是有一切法是有食若是無一切法皆無今食不可思議故尙不見是有云何當有趣尙不見是無云何當有非趣若觀食不見趣非趣卽是中道三昧名眞法喜禪悅之食而能通達趣非趣法卽雙照二諦得二諦

三昧法喜禪悅之食是名食等諸法亦等者一切諸法趣陰入界乃至一切種智陰入界一切種智不可得故云何當有趣非趣而宛然具足趣非趣者則一切諸法皆有三諦之理如智度論明一剎那中有生住滅三相之喻也又如香積佛國之香飯經云無盡戒定慧解脫解脫知見功德具足者所食之餘終不可盡以一心眞如無盡之理五分法身資熏之功自體性空無作妙用豈有盡乎又云若未發大乘意食此飯者至發意乃消已發意食此飯者得無生忍然後乃消已得無生忍食此飯者至一生補處然後乃

消譬如有藥名曰上味其有服者身諸毒滅然後乃消此飯如是滅除一切諸煩惱毒然後乃消如諸大菩薩雖復捨生受生後身之中識中有種子種子遇緣還生香飯相續不斷流至初地發無漏心斷惑證眞名之爲消非是食滅名爲消也故知食此飯者何法不消又云彼國菩薩聞香入律卽獲一切德藏三昧得此三昧者菩薩所有功德皆悉具足是以若從香入法界自身卽是衆香世界自心卽是香積如來無量功德一心圓滿悟入此者何假外求香界既然十八界亦爾盡是栖神之地皆爲得道之場如阿難

白佛言未曾有也世尊此香飯能作佛事佛言如是如是阿難或有佛土以佛光明而作佛事有以諸菩薩而作佛事有以佛所化人而作佛事有以菩提樹而作佛事有以佛衣服臥具而作佛事有以飯食而作佛事有以園林臺觀而作佛事有以三十二相八十隨形好而作佛事有以佛身而作佛事有以虛空而作佛事衆生應以此緣得入律行有以夢幻影響鏡中像水中月熱時燄如是等喻而作佛事有以音聲語言文字而作佛事或有清淨佛土寂寞無言無說無示無識無作無爲而作佛事如是阿難諸佛威

儀進止諸所施爲無非佛事阿難有此四魔八萬四千諸煩惱門而諸衆生爲之疲勞諸佛卽以此法而作佛事是名入一切諸佛法門菩薩入此門者若見一切淨好佛土不以爲喜不貪不高若見一切不淨佛土不以爲憂不礙不沒但於諸佛生清淨心歡喜恭敬未曾有也諸佛如來功德平等爲教化衆生故而現佛土不同阿難汝見諸佛國土地有若干而虛空無若干也如是見諸佛色身有若干耳其無礙慧無若干也又如華嚴經中具足優婆夷得菩薩無盡福德藏解脫門能於如是一小器中隨諸衆生種種

欲樂出生種種美味飲食悉令充滿乃至東方一世界不可說不可說佛刹微塵數世界中所有一生所繫菩薩食我食已皆菩提樹下坐於道場降伏魔界成阿耨多羅三藐三菩提如東方南西北方四維上下亦復如是又如明智居士得隨意出生福德藏解脫門爾時居士知衆普集須臾繫念仰視虛空如其所須悉從空下一切衆會普皆滿足然後復爲說種種法所謂得美食而充足者與說種種集福德行離貧窮行知諸法行成就法喜禪悅食行修習具足諸相好行增長成就難屈伏行善能了達無上食行成

就無盡大威德力降魔怨行得好飲而充足者與其說法令於生死捨離愛著入佛法味等且如優婆夷器內明智居士空中隨意而出無限珍羞繫念而雨衆多美食凡來求者皆赴所須得之者盡證法門食之者咸成妙道可謂無一塵而不具足佛事無一法而不圓滿正宗但隨衆生心應所知量循業發現所見不同外道見爲自然凡夫見爲生死聲聞見爲四諦緣覺見爲因緣小菩薩見爲但空大菩薩見爲中道諸佛見爲實相若入宗鏡諸見並融色塵爲佛事者如頻婆娑羅王因佛口放五色光照頂後證阿那含果又如寶積等五百長者見佛淨土證無生法忍此是覩色也香塵爲佛事者卽香飯普熏三千大千及欲色界諸天聞香入室又燒香者謂以智火發輝萬行普周徧故塗香者以性淨水和之飾法身故栴香者以金剛智破令無實故又如慈悲不淨觀等斷諸惡者如安息香能辟惡邪正見智慧無惡不斷又十善行等生歡喜香如沈檀等卽攝根器行施悅自他等味塵爲佛事者食此飯者身安快樂譬如樂莊嚴國觸塵爲佛事者以手捫摸我一何快乃爾光明爲佛事者涅槃經云遇斯光者一切煩惱皆悉消除

夫放光者卽是一心智慧之光以能照萬法之性故卽不隨塵墮其愚闇如義海云顯光明者謂見塵法界眞如事理之時顯了分明此是智慧光明照也若無智光則理事不顯但見法時卽是光明由積智功圓是故放一光明則法界無不顯示常觀察一切法界是爲放光明照一切此宗鏡光卽是諸佛毫光普照法界如華嚴經云如來眉間有大人相名徧法界光明雲摩尼寶華以爲莊嚴放大光明具衆寶色猶如日月洞徹淸淨其光普照十方國土於中顯現一切佛身復出妙音宣暢諸法法華經云放一毫光照

萬八千佛土光中悉見菩薩六度莊嚴衆生受報好醜等事又云放一淨光照無量國大乘本生心地觀經云爾時會中有一菩薩名師子吼覩如來放金色光明四向觀視海會大衆發大音聲而作是言乃至以是因緣如來不久從三昧起當爲演說心地觀門大乘妙法告諸大衆無量一切人天福樂速求出世阿耨多羅三藐三菩提所以者何今日世尊從胸臆中放金色光所照之處皆如金色佛所顯示意趣甚深一切世間聲聞緣覺盡思度量所不能知汝凡夫不觀自心是故漂流生死海中諸佛菩薩能觀心故

度生死海到於彼岸三世如來法皆如是放此光明非無因緣釋曰夫金色光者表所說宗如文殊住方須彌南面皆同一色無復異文如寶篋經云文殊師利言大德須菩提如須彌山王光所照處悉同一色所謂金色如是須菩提般若光照一切結使悉同一色謂佛法色此之心色可謂明逾日月量逸太虛照燭包含無幽不盡所以大般若經云若幽冥世界及於一一世界中間日月等光所不照處爲作光明應學般若波羅蜜多寶積經云我有光明名無生持其名者獲無所得華嚴論云光明覺品者爲令信自心以自心光明覺照一切世間無盡大千世界總佛境界自亦同等以心隨光一一照之心境合一內外見亡初三千大千世界已次還以東方爲首光至東方十三千世界照百三千大千世界如是十方十重倍倍周迴十方圓照身心一性無礙徧周同佛境界一一作意如是觀察然後以無作方便定印之入十住初心生如來智慧家爲如來智慧法王之眞子一如光明所照如經具明不可作佛光明自無其分須當自以心光如佛光開覺其心圓照法界華嚴疏云因中分別法相決了眞理無虧理事不滅佛法故得一

念悉解多門所以放一光總圓福智涅槃疏云放光照文殊者見色知心文殊覩光遂解佛意淨名私記云或有光明而作佛事何故如此體徧虛空同於法界畜生蟻子有情無情皆是佛子此卽是解脫法卽是須彌入芥子如上解釋方了佛所說經卽同淨名之見不同二乘唯見空解脫故法華經云但離虛妄名爲解脫其實未得一切解脫若得一切解脫者豈有一法非佛事乎菩提樹爲佛事者此樹色香微妙復出法音見聞齅觸皆悟聖道衣服臥具爲佛事者昔閻浮提王得佛袈裟懸置高幢以示國人有病之

者觀見歸命病皆除愈發菩提心因此悟道又大集經云爾時五百大聲聞各以已身所著鬱多羅僧奉虛空藏奉上衣已一時同聲說如是言其有衆生深發阿耨多羅三藐三菩提心者快得善利於如是大智法藏中不墮其外所上之衣卽便不現時諸聲聞問虛空藏言衣何所至耶虛空藏荅言入我藏中華手經云佛言我今當現神通之力令諸菩薩自知所願發心行道淨佛國土成就衆生及成佛時世界嚴淨聲聞菩薩衆數如是演說正法度人如是壽命長短佛法如是形色相好正行如是滅度之後法住久近

令諸菩薩各於衣中見如是事得斷所疑乃至偈云佛入三昧故令我得是眼及諸總持門徧入一切法故知成佛度生不離自身心內乃至所受用法中如大乘千鉢大敎王經云曼殊室利菩薩手中吠瑠璃鉢內傍看有何等相大迦葉則從座而起便於世尊前頭面作禮而去大迦葉則於曼殊室利前頭面禮敬訖便於鉢內觀看乃見鉢中有百億三千大千世界百億無色界百億色界百億六欲界有百億須彌山百億四天下百億南閻浮提百億娑訶世界百億釋迦如來百億千臂千鉢曼殊室利菩薩百億迦葉

在曼殊鉢內有百億世界世界中有百億大迦葉各各向曼殊前請問大乘法義虛空爲佛事者如文殊滅色像現虛空相以化闍王因得悟道又如大集會中虛空藏來時純現虛空相經云虛空藏菩薩謂阿難言大德我以自身證知是故如所證知能如是說何以故我身卽是虛空以虛空證知一切法爲虛空印所印又如虛空藏菩薩以虛空爲庫藏雨十方無量阿僧祇世界所需寶物飲食衣服故偈云虛空無高故下亦不可得諸法亦如是其性無高下又偈云虛空藏菩薩得虛空庫藏充足諸有情此藏無窮盡

諸煩惱門爲佛事者如經云煩惱是道場知如實故仁王經云衆生未成佛菩提爲煩惱衆生若成佛煩惱爲菩提猶如下醫以藥成非藥上品良醫用非藥爲藥衆生將諸佛心爲塵勞門諸佛用衆生心成菩提道亦如福德者執石成金業貧者變金爲石法無定相迴轉由心道絕名言理無變異如眼色等一一皆具十法界不瞬世界瞪視得無生法忍卽眼爲法界見華謝而悟無常證辟支佛果卽色爲法界故經云菩薩有一照法性冠著此冠時一切諸法悉現在心諸事亦爾又如輪王有一牀寶聖王居上卽能離

欲逮得四禪玉女雖見如覩佛像不生欲心是以色爲所造心爲能造未有一法非是我心若迷所造則成世塵若悟能造則爲妙旨又打髑髏作聲如過去善惡生死之處卽聲爲法界是知直觀本理理具諸法若無妙觀日用不知若能了知則見一切萬法皆具一心不思議圓頓之理故肇法師云聖遠乎哉體之卽神道遠乎哉觸事而眞可謂心境俱宗矣若得宗鏡之明任運能照若色若心無不通達是以華嚴經云此諸供具皆是無上心所成無作法所印如華藏世界山河草木皆成佛事善財童子見聞覺知悉

入法界卽知一切諸法皆是佛法並爲宗鏡之光攝現一塵之迹釋論云不以敗壞色得趣平等道觀色不異乃能等於大乘如明與暗共合而汝不見謂明暗異欲知其義如彼日光又日出時暗不向十方暗常在無所歸趣明亦如是與暗共合生死與道合道卽是生死是以生死如暗大道如明不去暗而卽明不動生死而是道故化人爲佛事者如須扇多佛留化佛度衆生大集經云時化比丘語舍利弗言大德汝意將無謂我今者異於汝耶舍利弗言不也比丘何以故如來常說一切諸法皆悉如化如如來說我

亦如化大德若有人能供養如來卽是供養化無異也時舍利弗語不可說菩薩言善男子誰入是化今作是說大德如鏡中像其誰在中而有像現善男子無在中者直以清淨四大因緣故有像現大德化亦如是法性淨故能作此說善男子若爾者一切衆生何故不能如是宣說大德鏡之背後俱不離鏡像何不現善男子鏡背四大不清淨故大德衆生亦爾不能清淨法界性故不能宣說寂寞無言爲佛事者卽示心輪雖無言說不妨有寂寞之樂若非樂者何得言作佛事耶若佛不示心十地不知若示心者蜫蟲

能知當知是示心義此閒亦用無說無示爲佛事如淨名杜口文殊稱述又如大集經云清淨寂靜光明無諍如是四法等入一界一法一句如是四法卽是涅槃遠煩惱故名之爲清淨畢竟淨故名曰寂靜無暗冥故名曰光明不可說故名爲無諍以是故言釋迦如來默無所說是以語默動靜無非佛事故先德云雲臺寶網盡演妙音毛孔光明皆能說法香積世界餐香飯而三昧顯極樂佛國聽風柯而正念成絲竹可以傳心目擊以之存道旣語默視瞬皆說則見聞覺知盡聽苟能得法契神何必要因言說如琴中

傳意於秦王脫判軻之手相如調文君之女終獲隨車帝釋有法樂之臣馬鳴有和羅之技皆絲竹傳心也目擊存道者莊子云夫子欲見溫伯雪子久而不見及見寂無一言及出子路怪而問曰夫子欲見溫伯雪子久矣何以寂無一言子曰若斯人者目擊而道存亦不可以容聲者矣雲臺說法者華嚴經云於虛空中成大光明雲網臺時光臺中以諸佛威神力故而說頌言佛無等等如虛空十力無量勝功德人間最勝世中上釋師子法加於彼寶網說法者華嚴經云其師子座摩尼爲臺蓮華爲網乃至復以諸佛

威神所持演說如來廣大境界毛孔說法者入法界品云世界海微塵數菩薩俱來向佛所於一切毛孔中出說一切衆生語言海音聲雲光明說法者現相品云爾時諸菩薩光明中同時發聲說此頌言諸光明中出妙音普偏十方一切國演說佛子諸功德能入菩提之妙道乃至逆順善惡無非佛事如從二乘止佛是順行從地獄止魔王是逆行又如釋迦純行善調達純行惡身子志誠信善星堅不信等姸醜同歸無非佛事故經云平等眞法界諸佛不能行不能到又云實際理地大魔王不能行不能到以佛魔俱不出法界之門實際之地以是一法故若有行有到則有人有法在法界之外成二見故所以首楞嚴三昧經云佛授魔女佛記後魔聞諸女得記作佛來白佛言我今於自眷屬不得自在是時天女示怯弱相而宣妙理復語魔言汝莫愁惱我等今者不出汝界所以者何魔界如佛界如不二不異我等不離如是魔界魔界卽佛界故魔界無有定法可示佛界亦無定法可示一切諸法皆無定性無定性故無有眷屬及非眷屬若能了此一際法門可謂當魔跡而履佛跡居俗流而泛法流但了自心則衆妙普會故云妙

法亦喻蓮華華開之時卽鬚蘂臺子種種皆現喻衆生心開悲智行願亦開此妙法常住卽一心爲佛果種子所以如來得此一法卽具足一切法是故於一微塵一毛孔中與無量微塵毛孔悉等如來於中演說一切法法理重重不可盡也以重重妙故懸衆生不知心妙但逐麤浮若開悟時不隔刹那便成佛果所以首楞嚴經云彈指超無學如闇室中寶蘭燭纔然一時頓現故云心開意解得法眼淨亦云心目開明以見法界體心內心外無一毫塵相故得法眼明淨若見有無皆成障瞖是知非獨心爲佛事門乃至

恒沙萬行萬德之根本如瑜伽論云若有人問言菩薩以何爲本應決定答言以大悲爲本大涅槃經云若有人問誰是一切諸善根本當言慈是以是義故實非虛妄善男子能爲善者名實思惟實思惟卽名爲慈悲卽如來慈卽大乘夫言實思惟者無非眞實心是若入宗鏡中似處栴檀室純一無襍湛爾混融念念盡證法門步步皆參知識如華嚴經中或以音聲或現妙色或以奇香或以上味或以妙觸或以法境或內六根或四威儀或弟子人物或一切所作或順行正法或逆施邪道凡有見聞皆堪攝物所以入

法界品云於一毛孔出一切佛妙法音又頌云諸寶羅網相扣磨演佛音聲常不絕又普賢行品頌云佛說菩薩說剎說衆生說三世一切說乃至蜜嚴經中金剛藏菩薩徧身毛孔出聲說法是以橫該十方一切處豎徹三際一切時常轉法輪無斷無盡所以阿僧祇品偈云彼諸一一如來等出不可說梵音聲於彼一一梵音中轉不可說淨法輪於彼一一法輪中雨不可說脩多羅於彼一一脩多羅分別諸法不可說於彼一一諸法中又說諸法不可說等故知若順旨冥宗雖不說法觸境而常聆妙音或緣背障深設

居佛會當說而不聞一字如演祕蜜教同席異聞似談華嚴宗二乘不見可謂幽玄莫測唯除種如來相善根之人至妙難思不入一切餘衆生之手又襍華嚴飾論云衆生流轉生死所以不得眞道誠由不識心源若識心源者能捨邪執歸於正道乃至云一切衆生心識一剎那中徧至十方速疾無礙直過石壁至處無畏如師子故如經云於師子胸臆中住則知一心法界法界一心函蓋十方不露絲髮豈唯心具身亦徧含且如十身中有國土身虛空身云何不具耶如禪波羅蜜云衆生身內世間與外國土義相關

行者三昧智慧願智之力諦觀身時卽知此身具倣天地一切法俗之事所以者何如此身相頭圓象天足方法地內有空種卽是虛空腹溫煖法春夏背剛彊法秋冬四體法四時大節十二法十二月小節三百六十法三百六十日鼻口出氣息法山澤谿谷之風氣眼目法日月眼開閉法晝夜髮法星辰眉爲北斗脈爲江河骨爲玉石皮肉爲地土毛法叢林五藏在內在天法五星在地法五嶽在陰陽法五行在世法五常內爲五神修爲五德標位爲五方治罪爲五刑主領爲五官昇爲五雲化爲五龍心爲朱雀腎爲

玄武。肝爲青龍。肺爲白虎。脾爲勾陳。此五種衆生。則攝一切世間禽獸。悉在其內。亦爲五姓。謂宮商角徵羽。一切萬姓。並在其內。對書典。則爲五經。一切書史從此出。若對工巧。卽是五明六藝。一切技術悉出其間。當知人身雖小。義與天地相關。如此說身。非但直是五陰世間。亦是國土世間。又身內王法治正義行者。於三昧內願智之力。卽復覺知身內心爲大王。上義下仁。故居在百重之內。出則有前後左右官屬侍衛。肺爲司馬。肝爲司徒。脾爲司空。腎爲大海。中有神龜。呼吸元氣。行風致雨。通氣四支。四支爲民子。左爲

司命。右爲司錄。主錄人命。齊中太一君。亦人之主。柱天大將軍。特進君王。主身內萬二千大神。太一有八使者。八卦是也。合爲九卿。三焦開元。爲左社右稷。主姦賊。上焦通氣入頭中。爲宗廟。王者於間治化。若心行正法。羣下皆隨。則治正淸夷。故五藏調和。六腑通適。四大安樂。無諸疾惱。終保年壽。若心行非法。則羣僚作亂。互相殘害。故四大不調。諸根闇塞。因此抱患致終。皆由心行惡法。故經言。失魂卽亂。失魄則狂。失意則惑。失志則忘。失神則死。當知外立王道治化。皆身內之法。如是等義。具如提謂經說。又明內世間義

相關者。上來所說。並與外義相關。所以者何。佛未出時。諸神僊世智等。亦達此法。名義相對。故說前爲外世間義也。是諸神僊雖復世智辯聰。能通達世間。若住此分別。終是心行理外。未見眞實。於佛法不名聖人。猶是凡夫。輪迴三界二十五有。未出生死。若化衆生。名爲舊醫。亦名世醫。故涅槃經云。世醫所療治。差已還復發。若是如來療治者。差已不復發。此如下說今言內義世間者。卽是如來出世。廣說一切教門名義之相。以化衆生。行者於定心內。意欲得知佛法教門主對之相。三昧智慧善根力故。卽便覺知。云何知

如佛說五戒。義爲對五藏。若四大五陰十二入十八界四諦十二因緣。悉入身內也。卽知四大。此義爲對五藏。風對肝。火對心。水對腎。地對肺脾。言聞五陰之名等。卽覺知對身五藏。色對肝。識對脾。想對心。受對腎。行對肺。名雖不次。而義相關。若聞十二入十八界亦復卽知對內五陰。一入三界。義自可見。二入三界今當分別五識。悉爲意入界。外五塵內法塵以爲法入界。此卽二入三界相關。意識界者。初生五識爲根。對外法塵。卽生意識。名意識界。若聞五根。亦知對內五藏。憂根對肝。苦根對心。喜根對肺。樂根對腎。捨根

對脾。五根因緣則具有三界。所以者何。憂根對欲界苦根對初禪。喜根對二禪。樂根對三禪。捨根對四禪乃至四空定。皆名捨俱禪。當知三界亦與五藏。其義相關。聞說四生。亦覺知此義關五藏。所以者何。欲界具五根。五根關五藏。五藏關四大。對四生。一切卵生多是風大性。身能輕舉故。一切濕生。多是水大性。因濕而生故。一切胎生多屬地大性。其身重鈍故。一切化生多屬火大性。火體無而欻有故。亦有光明故。如來為化三界四生。故說四諦十二因緣六波羅蜜。當知此三法藥神丹。悉是對治眾生五藏五根五陰故

說。所以者何。如佛說一心四諦義。當知集諦對肝。因屬初生故。苦諦對心。果是成就故。道諦對肺。金能斷截故。滅諦對腎。冬藏之法。已有還無故。一心已對脾。開通四諦故。乃至十二因緣六波羅蜜。類此可知也。此種法藏則廣攝如來一切教門。是故行者若心明利。諦觀身相。卽便覺了一切佛法名義。故華嚴經言。明了此身者。卽是達一切。是則說內義世間義相關之相。意在幽微。非悟勿述。如上廣引諸聖微言。則知我之身心。世出世間。一切淨穢國土。眞俗法門。配當無差。靡不具足。故云。一塵含法界。九世刹那分。又云。解則十方一心中。迷則方寸千里外。若能如是正解圓通。則十方世界擎在掌中。四海波瀾吸歸毛孔。有何難哉。可謂蜜室靜坐。成佛不久矣。

宗鏡錄卷二十四

音釋

糵博陌切　桎梏桎之日切足械也梏古沃切手械也　捫摸捫莫奔切摸暮各切捫摸撫摩也　蜫古魂切蟲之總名　瞬舒閏切目動也　瞪澄應切直視貌　蘂如累切華心鬚也　腎時忍切水藏也　肝古寒切木藏也　肺芳吠切金藏也　脾頻彌切土藏也

宗鏡錄卷二十五

宋慧日永明妙圓正修智覺禪師延壽集

夫一代時教了義諸經雖題目不同能詮有別皆目一心之旨終無識外之文凡挂一言盡歸宗鏡橫周法界皆同此釋如稱妙法蓮華經者妙法即是絕待眞心稱之曰妙蓮華以出水無著爲義即喻心性隨流墮凡而不染垢返流出塵而不著淨乃至下之七喻比況皆同火宅即是第八識體起四倒八苦之火燒三界五陰之身鬼神配利使諸見之邊邪禽蟲喻鈍使根隨之煩惱乃至一切經教無量法門或譬喻

說或因緣說或廣略說或橫竪說所有名相句義皆是心王心所之法若迷一念心執著外境隨處生著即入火宅義若悟一念心通達一切無非實相即出火宅義但是生煩惱時有業罣處即是繫縛即是生死若了煩惱性空無有業處即是解脫即是得道如思益經云佛言我坐道場時唯得顚倒所起煩惱畢竟空性以無所得故得以無所知故知如云不得一法即與授記是斯旨也若信解品內法喻之文長者即是心王窮子即是妄念一念纔起五陰俱生背覺合塵名爲捨父伶俜五趣號五十年歸家是返本還原付財是悟心得記三草二木同會一心化壘草庵即是眞實繫珠指懷中之佛性鑿井出心地之智泉乃至觀音品中云若三千大千國土滿中怨賊者即眾生十使利鈍煩惱徧一切處惱亂行人稱爲怨賊若遇順境而起輭賊即是華箭射體若遇逆緣而起彊賊即是毒箭入心利使見賊煩惱徧一切處者如經云處處皆有魑魅魍魎以依言執法隨處起見解故若鈍使怨賊煩惱徧一切處者如經云諸惡蟲輩交橫馳走以觸目覩境逆順交馳念念憎愛隨處動結故有一商主者即是心王將諸商人者即是眼等

六識商人貨易珍寶義若眼商人被色塵所易貨眼自性之珍寶若耳商人被聲塵所易貨耳自性之珍寶等齎持重寶者即是俱懷佛性經過險路者即是三界之險有六趣之迷津其中一人作是唱言者即是意根能起隨念計度之分別常引導五根入於善惡諸善男子勿得恐怖汝等應當一心稱觀世音菩薩名號是菩薩能以無畏施於眾生汝等若稱名者於此怨賊即得解脫者若了一心則無外境眼不爲色所劫乃至意不爲法所劫即當處解脫所以華嚴經頌云一中解無量無量中解一了彼互生起當成

無所畏卽是於一心中能了萬法互生互滅無有自性萬境皆空不爲所怖卽是以無畏施於眾生於此根塵怨賊卽時解脫眾商人間俱發聲言南無觀世音菩薩稱其名故卽得解脫者六根都會一心卽是俱發聲言纔了唯心諸境自滅卽是稱其名故卽得解脫以無法對治不生欣慼故所以方便品云十方佛土中唯有一乘法如法華名相云經云色涅槃受想行識涅槃此中亦爾色法華受想行識法華經云色非染非淨色生般若生色性虛微名妙色體自離假名爲法色無塵垢借喻蓮華文字性空自之爲經

經者以身心爲義如來在乎陰界陰界卽如何異之有略統始終以爲心要啓發心路名之爲序悟心將發達本來空卽是悟佛知見一色寂滅一切色亦然一切聲亦然卽是十方佛同說法華諸法從本來常自寂滅相此是何物法並是眼法乃至意法身心皆寂滅佛子行此寂滅道卽是佛也所以古師云妙法者是如來靈智體也或名大方廣佛華嚴經者大方廣者是一心所證之法佛華嚴者卽一心能證之人攝所歸能人法冥合皆是一心大者卽是凡聖一心眞如體大以眞如性徧一切處故方者卽是眞如相

大能具足無漏性功德故廣者卽是眞如用大能生世出世間諸善根故佛者是一心無作之果海華者是一心萬行之因門嚴者是一心妙用之莊嚴經者是一心眞如無盡之妙理如破塵所出之卷卽空所寫之文乃至八十卷中所有長行短頌一文一字如善財所見五十三位善知識若人若神或男或女等一一皆是自心逐位所證法門如三乘說解而非行如說人名字而不識其人若此宗鏡一乘之理說者卽行卽解如看其面不說其名而自識也或託事說或立況說若大乘中所明託事以顯法卽以異事而

顯異法多是一事表一法如室表慈悲衣表忍辱等今明一事卽法卽人卽依卽正具無盡德隨一事卽攝無盡以稱性爲事事何有盡從眞起相相復何窮又三乘所說教門但以別教而詮別義所以得理而忘教若入此圓宗者而教卽是義以一法纔興卽一切無邊萬法皆悉同時具足相應故此一法外更無餘法所以經云知從一法出一切法而能各各分別演說以一切法種種義究竟皆是一義故以一心能生一切萬法演出無邊義趣展卽徧滿法界還攝種種法義歸於一心不動一心而演諸義不壞諸義而

顯一心卽卷常舒如來於一言語中演說無邊契經海卽舒常卷一切法門無盡海同會一法道場中如草木四微從地而生還歸地滅猶波浪鼓動依水而起還復水源故經頌云佛智通達淨無礙一念普知三世法皆從心識因緣起生滅無常無自性故清涼疏云華嚴經者統唯一眞法界謂總該萬有卽是一心也或名維摩經者此云淨名卽是一切衆生自性清淨心此心弗澄而自清弗磨而自瑩處凡而不垢在聖而不淨故云自性清淨所言名者以心無形但有名故文中所說以四海之渺瀰攝歸毛孔用須彌

之高廣內入芥中飛佛土於十方未移本處擲大千於界外含識莫知日月懸於毫端供具現於體內腹納劫燒之燄火事如然口吸十方之風身無損滅斯皆自心轉變不動而遠近俄分一念包容無礙而大小相入天台疏云以須彌之高廣內芥子中無所增減須彌山王本相如故而四天王忉利諸天不覺不知已之所入唯應度者乃見須彌入芥子中是名不可思議解脫法門又以四大海水入一毛孔不嬈魚鼈黿鼉水性之屬而彼大海本相如故諸龍鬼神阿脩羅等不覺不知已之所入於此衆生亦無所嬈此

是明不思議之大用也正以實慧與眞性合故得有斯莫測之用此如大智論偈云水銀和眞金能塗諸色像功德和法身處處應現往若須彌高廣內於芥子而無增減亦不迫迮不覺不知者具不思議解脫者迹居依報之境得自在也此義難解有師言神力能爾今謂不思議性非天人修羅佛之所作神力何能爾有師言小無小相大無大相故得入也今謂小是小大是大是自性小大不得相入者小大大小旣是他性之小大何得入也今解華嚴經明一微塵有大千經卷觀衆生一念無明心卽是如來心若見此

心則能以須彌入芥子無相妨也下諸不思議事窮劫說不能盡皆是此意耳所以然者此經云諸佛解脫當於衆生心行中求若觀衆生心行得諸佛解脫住此解脫則能現如是種種不思議事也所以然者諸方便教明二乘得偏眞之理解脫是思議解脫如得玻璃珠不能雨寶大乘圓教明菩薩中道圓眞眞性解脫卽是不思議解脫如得如意珠能雨大千寶也見衆生心行眞性得芥子須彌眞性一如無二如若得芥子眞性之小能容須彌之大得須彌眞性則須彌之大不礙芥子之小舉此一意可以例下諸事

也而言其中衆生不覺唯應度者乃能見之者衆生旣不見小大眞性之理豈覺知也其有得度之機卽見此事也又若能觀此眞性入觀行卽相似卽因此必得如來滅度故言乃能見之故法華經明六根淸淨云唯獨自明了餘人所不見也經言又以四大海水入一毛孔者正報得自在也若會海水不思議眞性卽是一毛不思議眞性者能以海水入一毛孔於正報之身無所妨損也輔行記釋云且約一念剎那心所起故言小也卽此一念具足法身一切佛法卽是能容須彌之大大小常徧理事無礙事理本來相

卽故所以不斷煩惱而入涅槃只指凡夫一念剎那心具足難思法身之體本來相在故是故方便教中之人迷於相在不思議理縱聞常住解惑分歧故別教道中仍存異解唯於圓教始末一如故五分法身不逾凡質所以云欲見如來心但觀衆生心則諸佛衆生是名心常契眞有識無情是號法本同原認名號而世諦成差觀體性而眞門一等法華經法師功德品云菩薩於淨身悉見世所有唯獨自明了餘人所不見古釋云何意不見有我相故耳無我卽見性了人法二空眞心自現卽是淨身於眞心中世間所

有一切境界悉於中現故首楞嚴經云諸法所生唯心所現性空無伴名獨若取陰界入卽名餘人爲陰所覆不見自性龐居士偈云居士元無病方丈現有疾唯憂二乘者緣事不得出所以訶穢食純說波羅蜜上方一盂飯氣滿於七日不假日月光心王照斯室文殊問不二忘言功自畢過去旣如然現在還同一若能達此理無求總成佛牛頭淨名私記云經明於一毛孔中見摩耶身摩耶胎中行無量步如不可說微塵世界闊一日行無量步是何物法門亦作室中容三萬二千師子座說又作須彌入芥子說涅槃

經中作藕絲懸須彌山說大品中作鍼鋒上無邊身菩薩名說只是一意一解千從當於觀智心行中求若事相上看終不得經云是名不可思議解脫法門明一切法當體自解脫色大故般若大色如虛空萬法例爾故知諸佛凡有所說雖約事言皆是卽相明宗終無別意故法華經云十方諦求更無餘乘唯宗一法矣靈辯和尚華嚴論問云大小淨穢相各差別云何而得大小相卽答性非性故如像入鏡中像如本而鏡中現鏡如本而容衆像俱無增減以無性故一念入一切世界不思議住故是故心藏功德無邊

或云金剛般若波羅蜜經者卽是本心不動喩若金剛般若眞智乃靈臺妙性達此而卽到涅槃彼岸昧此而住生死迷津文中所說應無所住而生其心者起念卽是住著心若不起萬法無生卽心徧一切處一切處徧心如是了達頓入自宗故云若是經典所在之處則爲有佛以心徧卽法徧以法卽佛故以智通卽境通以境卽心故如華嚴經云如來成正覺身究竟無生滅故如一毛孔徧法界一切毛孔悉亦如是當知無有少許處空無佛身何以故如來成正覺時無處不至故是以若不悟自心徧一切處則心外

見法顛倒輪迴豈得稱正徧知成善逝之者如經云凡所有相皆是虛妄若見諸相非相則見如來以暫有一毫起處悉落見聞從分別生俱非眞實若不達無相卽相則是取相凡夫若了相卽無相則成唯心大覺旣不可取相求悟亦不可離相思眞不卽不離覺性自現又云一切諸佛及諸佛阿耨多羅三藐三菩提法皆從此經出以十方三世一切如來悟心成佛乃至三寶四諦並從心出覺此名佛軌此名法和此名僧金剛辯宗云金剛般若波羅蜜經者一切如來悟心之門也了無明之妄心卽妙慧之眞心故曰悟心經云過去心不可得現在心不可得未來心不可得悟三世之妄心不可得而有眞心故曰悟心般若不壞假名論云若菩薩心不住法而行布施如人有目日光明照見種種色者如人有目者得無生忍也日光明照者決定了知諸法無性見種種色者悟一切法不生不滅不斷不常不一不異不來不出無所得等菩薩如是行不住施速成正覺得大涅槃釋曰云何行不住施速證菩提以了一切法卽心自性不住於法寂照無涯成觸目之菩提得現前之三昧若住一法爲境所留失心智之光入愚癡之闇金剛

經義云常見自性念念不離故云佛在正見性時恒沙數劫只如今時故名爾時知心是佛卽是佛付囑了於法應無所住行於布施十方國土中唯有一乘法只是一心心卽是法法卽是心更住何法故言不住若離心別有法可得卽生執心住於法相卽是無目之人故稱最上第一希有之法修此法者現世成佛十方合爲一相見一切佛及諸衆生本無差別見三世之事狀如彈指此豈不是希有之法又如諸了義經中云聽法之衆從十方世界外來者卽是悟心爲來若迷此宗乃遠在他方之外如華嚴論云十佛

剎微塵數世界外來者明從迷入信故號爲來言彼世界中有佛號不動智者爲明不動智佛是十方凡聖共有根本之智明於此智能起信心故號之爲來此不動智佛一切衆生常自有之若取相隨迷卽塵障無盡若一念覺迷達相卽淨若虛空但爲隨迷稱外悟處言來而實佛剎本無遠近內外等障亦無去來無邊佛剎不出毛孔微塵之表令致遠近意令初信心者心廣大故言其從彼世界中來又明從迷悟入故言爲來是以入宗鏡中理當絕學百氏之說一敎能明萬化之端一言可蔽或云香積去此有四十

二恆河世界者卽是經歷四十二位心地法門或云散華瓔珞空中成四柱之寶臺者卽是常樂我淨一心四德之涅槃所以華嚴經云此華蓋等皆是無生法忍之所生起或佛言彼時鹿王者卽我身是卽結會古今明自心一際之法或敎中凡有空中發聲告示言下息疑者並是頓悟自心非他境界或法華移天人於他土卽是三變心田或維摩取妙喜來此方斯乃卽穢明淨或丈室容於高座寶蓋現於大千未離兜率已般涅槃不起樹王而昇忉利執手經無量之劫登閣見三世之因釋迦眉間出菩薩身雲之衆

普賢毛孔示諸佛境界之門小器出無限之嘉羞仰空雨難窮之珍寶不動此處徧坐道場十剎寶坊合爲一土聞經於五十小劫猶若剎那之時現通七日之中舒之爲一大劫乃至恆沙法聚無量義門舉一例諸俱不出自心之法故知菩薩隨世所作皆表一心故淨名經云不捨道法現凡夫事如華嚴經云一念於一切處爲一切衆生示成正覺是菩薩園林法身周徧盡虛空一切世界故又云一切菩薩行遊戲神通皆得自在是菩薩宮殿善遊戲諸禪解脫三昧智慧故是以正報依報皆成佛法所以淨名私記云

取妙喜來此土者辯於淨穢無二也彼界雖來入此土亦不增減本性如故雖來畢竟不動何意如此好自思之故知萬法施爲隱顯往復若事若理皆不出一眞心矣如是解者稱可佛心發智明而若千日照空攝衆義而如百川歸海畢竟更無一法現於心外及在心中乃至下及衆生無明上該諸佛種智皆是無生性空妙旨如摩訶般若經云爾時釋提桓因及三千大千世界中諸天化作華散佛菩薩摩訶薩比丘僧及須菩提上亦供養般若波羅蜜是時三千大千世界華悉周徧於虛空中化成華臺端嚴殊妙須

菩提心念是天子所散華天上未曾見如是華此華
是化華非樹生華是諸天子所散華從心樹生非樹
生華釋提桓因知須菩提心所念語須菩提言大德
是華非生華亦非意樹生須菩提語釋提桓因言憍
師迦汝言是華非生華亦非意樹生憍師迦若是非
生法不名爲華釋提桓因語須菩提言大德非但是
華不生色亦不生受想行識亦不生須菩提言憍師
迦非但是華不生色亦不生若不生是不名爲色受
想行識亦不生若不生是不名爲識六入六識六觸
六觸因緣生諸受亦如是檀波羅蜜不生若不生是

不名檀波羅蜜乃至般若波羅蜜不生若不生是不
名般若波羅蜜乃至一切種智不生若不生是不名
一切種智故知萬法都會無生千途盡歸宗鏡如先
德云今佛之三身十波羅蜜乃至菩薩利他等行並
依自法融轉而行卽衆生心中有眞如體大今日修
行引出法身由心中有眞如相大今日修行引出報
身由心中有眞如用大今日修行引出化身由心中
有眞如法性自無慳貪今日修學順法性無慳引出
檀波羅蜜等所以華嚴經頌云文殊法常爾法王唯
一法一切無礙人一道出生死又頌云金剛鐵圍數

無量悉能置在一毫端若明至大有小相菩薩以此
初發心以大小無性廣狹隨緣若能明見至大無外
之相卽至小無內之相皆是一毫端心地法門名爲
見道故云菩薩以此初發心如是解者不易凡身生
如來家成眞佛子義海云生佛家者眞如法界無生
菩提涅槃爲家如見塵無生無性時卽此智從無生
法顯卽爲生佛家也經頌云於法不分別是則從如
生又云普於三世佛法中而化生但契義理卽名生
佛家也是佛之子亦名爲佛出現也故知凡挂文言
盡爲心跡乃至稱爲眞如亦名爲跡若能等跡得本

自然絶跡歸宗或迷跡徇塵則爲失本所以了之者
本跡雖殊不思議一昧之者本跡俱迷隨情自異故
大寶積經云我證菩提無差別跡何名爲跡眞如法
性二俱名迹諸法實際亦名爲迹無生無滅亦名爲
迹今時多執方便言教之跡失於一心正義之本是
以宗鏡所示皆令等跡得本雖徧引言詮殷勤委細
同指於此故天王般若經云利根性人說文知義若
能說文知義見法識心方入宗鏡中頓消疑慮則不
用天眼觀徹見十方界不用天耳聽徧聞法界聲不
假神足通疾至十方際端坐寂不動諸佛常現前如

般舟三昧經云何因致現在諸佛悉在前立三昧如是跋陀和其有比丘比丘尼優婆塞優婆夷持戒完具獨一處心西方阿彌陀佛今現在隨所聞當念去是間千億萬佛刹其國名須摩提在衆菩薩中央說經一切常念阿彌陀佛佛告跋陀和譬如人臥在於夢中見所有金銀珍寶父母兄弟妻子親屬知識相與娛樂喜樂無比及其覺已爲人說之自念夢中所見如是跋陀和菩薩若沙門白衣所聞西方阿彌陀佛當念彼方佛不得缺戒一心念若一日晝夜若七日七夜過七日已後見阿彌陀佛於覺不見於夢中

見之譬如夢中所見不知晝夜亦不知內亦不見外亦不用在冥中故不見不用有所蔽礙故不見如是跋陀和菩薩心當如是念時諸佛國界名大阿彌山其有幽冥之處悉爲開闢目亦不蔽心亦不礙是菩薩摩訶薩不持天眼徹視不持天耳徹聽不持神足到其佛刹不於是閒終不生彼閒佛刹爾乃見便於此閒坐見阿彌陀佛聞所說法悉受持得從三昧起悉能具足爲人說之如上所說皆是頓入之門以備上根非爲權漸今則傍明佛旨略讃經文大意並依先德解釋卽何理而不盡何事而不窮然更在後賢

智眼明斷以佛意深奧一句能生無量義故問如上所說芥納須彌毛吞巨海旣唯一心須彌爲復入芥子不入芥子若言入經何故云須彌本相如故若言不入又云唯應度者見之荅若有所入處卽失諸法自性若言不入又成二見又或云小是大家之小大是小家之大或云芥子須彌各無自性此皆是以空納空有何奇特故知未入宗鏡情見難忘局大小於方隅立見聞於妙道致使一眞潛隱萬法不融今明正義者所謂入而不入卽識須彌之本相不入而入解了諸法之自宗還原觀云所言入者性相俱泯體

同法界入無入相名爲入也經偈云如來深境界其量等虛空一切衆生入而實無所入華嚴經云悉入法界而無所入若別有一入處則入時失本相不得說種種諸法以當體自虛名入法界無別可入則不壞種種又經云雖諸法無一無異而說一異故知要由事相歷然不入方得相資相徧耳若入則失緣則無諸緣各異義不入則壞性用不得力用交徹則無互徧相資義若具入不入則成俱存無礙義具此三緣方成緣起了此緣性則能變通遂乃方而能圓小而能大狹而能廣短而能長無非我心神德自在則

觸目皆是須彌入芥。舉足住不思議解脫矣。故古人云。納須彌於芥中。擲大千於方外。皆吾心常分也。豈假於他術乎。則是衆生全力。非待證聖方具。所以諸佛於不二法中。現妙神通。菩薩向無性理內成大佛事。故信心銘云。極大同小。不見邊表。極小同大。忘絕境界。傅大士頌云。須彌芥子父。芥子須彌爺。山海坦然平。敲冰來煮茶。是以一法爲宗。千途競入。五嶽崢嶸而不峻。四溟浩渺而不深。三毒四倒而非凡。八解六通而非聖。問。如何是坦然平處。答。千尋滄海底。萬仞碧峯頭。日出當中夜。華開値九秋。問。如上所說。卽

心卽佛之旨。西天此土。祖佛同詮。理事分明。如同眼見。云何又說非心非佛。答。卽心卽佛。是其表詮。直表示其事。令親證自心。了了見性。若非心非佛。是其遮詮。卽護過遮非。去疑破執。奪下情見。依通意解。妄認之者。以心佛俱不可得故。是以云非心非佛。此乃拂下能心。權立頓敎。泯絕無寄之門。言語道斷。心行處滅故。亦是一機入路。若圓敎卽此情盡體露之法。有遮有表。非卽非離。體用相收。理事無礙。今時學者。旣無智眼。又闕多聞。偏重遮非之詞。不見圓常之理。奴郎莫辯。眞僞何分。如棄海存漚。遺金拾礫。掬泡作寶。

執石爲珠。所以經云。譬如癡賊。棄捨金寶。擔負瓦礫。此之謂也。今當纂集。正爲於玆。且心之與佛。皆世間之名。是之與非。乃分別之見。空論妄想。曷得眞歸。所以祖師云。若言是心是佛。如牛有角。若言非心非佛。如兔無角。並是對待彊名。邊事。若因名召體。豁悟本心。證自眞知。分明無惑者。終不認名滯體。起有得心。去取全亡。是非頓息。亦不一向離之。妄起絕言之見。亦不一向卽之。反墮執指之譏。如華嚴論云。滯名卽名立。廢說卽言生。並是背覺合塵。捨巳徇物。若實親省。現證自宗。尚無能證之智心。及所證之妙理。豈況

更存能知能解。有得有趣之妄想乎。近代或有濫參禪門。不得旨者。相承不信卽心卽佛之言。判爲是敎乘所說。未得幽玄。我自有宗門向上事在。唯重非心非佛之說。並是指鹿作馬。期悟遭迷。執影是眞。以病爲法。只要門風緊峻。問答尖新。發狂慧而守癡禪。迷方便而違宗旨。立格量而據道理。猶入假之金。存規矩而定邊隅。如添水之乳。一向於言語上取辦。意根下依通。都爲能所未亡。名相不破。若實見性。心境自虛。匿跡韜光。潛行密用。是以全不悟道。唯逐妄輪迴。起法我見而輕忽上流。恃錯知解而摧殘末學。毀金

口所說之正典撥圓因助道之修行斥二乘之菩提滅人天之善種但欲作探玄上士做無礙無修不知返墮無知成空見外道唯觀影跡莫究圓常積見不休徒自疲極如孔子迷津問漁父漁父曰人有畏影惡跡疾走不休絕力而死不知處陰以休影靜處以息跡愚亦甚矣何不一心為道息諍除非自然過量超情還淳返朴若以道自養則不失以道濟他則不諠以道治國則國泰以道修家則家安故不可頃刻忘道矣所以道德經云故失道而後德失德而後仁失仁而後義失義而後禮夫禮者忠信之薄而亂之

首莊子云五色不亂孰為文彩五聲不亂孰為律呂白玉不毀孰為珪璋殘朴以為器者工匠之罪毀道德而為仁義者聖人之罪君能焚符破璽賊盜自止剖斗折衡而民不諍聖人生而賊盜起聖人死而賊盜止故知仁義禮智信而利天下者少害天下者多矣曷如開示如是不思議大威德廣大法門普廕十方羣生等潤可謂深達妙旨冥合眞歸如香象渡河步步到底似養由鶯箭一一穿楊盡為破的之文皆是窮源之說此是圓頓義非權宜門如水月頓呈更無來去猶明鏡頓照豈有初終如首楞嚴疏鈔云若聞此經即悟得微塵毛孔一切眾生皆在我本覺中推一切物皆無自性則除無明無明若除一時頓證則是頓得不從修得如觀音入流亡所阿難自慶不歷僧祇獲法身等並是頓也

宗鏡錄卷二十五

音釋

魑魅 魑丑知切魅靡寄切魑魅鬼屬也　魍魎 魍文紡切魎力蔣切魍魎山川精物也

纂 作管切綜集也　韜 土刀切藏也　璽 息里切印也

宗鏡錄卷二十六

宋慧日永明妙圓正修智覺禪師延壽集

夫如上所說妙旨難聞云何頓斷疑心生於圓信答所以云難信者如一微塵中有大千經卷人無信者實相之理止在心中無勞遠覔近而不識說之不信故云難信是以須具大信方斷纖疑此是難解難入之門難省難知之法如鍼鋒上立無邊身菩薩將藕孔中絲懸須彌之山不思議中不思議絕玄妙中絕玄妙所以法華會上身子三請四衆驚疑只如五千退席之人皆有得聖果之者聞說十方佛土中唯有

一乘法開權顯實直指自心尚乃懷疑拂席而起何況末法機劣之人遮障既深見惑尤重情塵尚壅欲火猶燒而能荷擔斯大事者歟是以妙得其門成佛匪離於當念若失其旨修因徒困於多生唯在信心別無方便以是入道之原功德之母故所以古聖云明者德隆於即日昧者望絕於多生會旨者山嶽易移乖宗者錙銖難入此宗鏡錄不揀內道外道利根鈍根但見聞信入者皆頓了一心理事圓足如圓覺經云譬如大海不讓小流乃至蚊虻及阿脩羅飲其水者皆得充滿如華嚴經頌云深心信解常清淨者

古釋云與理相應方曰深心若昔染今淨淨則有始始即必終非常淨也信煩惱即菩提方為常淨由稱本性而發心故本來是佛更無所進如在虛空退至何所愍衆生迷此起同體大悲悼昔不知誓期當證有悲故不為無邊所寂有智故不為有邊所動不動不寂直入中道是謂眞正發菩提心又云信佛身名等於衆生則知我名如佛名也信佛法門隨宜而立知我妄念苦集亦全法門信佛意業光明徧照則知自心無不知覺則一切因果理事皆衆生性有如性非金玉雖琢不成寶器良以衆生包性德而為體約

智海以為源故須開示所以般若文殊分云若知我性即知無法若知無法即無境界若無境界即無所依若無所依即無所住如是開示如是信入則是眞實句亦是金剛句以無虛假及可破壞故云爾如大集經云眞實句者如一法一切法亦如是如一切法一法亦如是又云一衆生心一切衆生心悉皆平等名金剛句是知無有一法可得名深信堅固如金剛不可沮壞無信心中能見佛若有一法可信即是邪見一切不信方成其信如般若經云若念一切法不念般若波羅蜜不念一切法則念般若波羅蜜如是

解者可謂深達實相善說法要矣所以云無一法可得名深達實相如法華經偈云於諸過去佛在世或滅後若有聞法者無一不成佛諸佛本誓願我所行佛道普欲令衆生亦同得此道未來世諸佛雖說百千億無數諸法門其實爲一乘諸佛兩足尊知法常無性佛種從緣起是故說一乘是法住法位世間相常住於道場知已導師方便說天人所供養現在十方佛其數如恒沙出現於世間安隱衆生故亦說如是法知第一寂滅以方便力故雖示種種道其實爲佛乘釋曰本師以出至梵天之舌相演眞實言放一

萬八千之毫光現希奇瑞乃至地搖六動天雨四華謦欬彈指之聲周聞十剎百千諸佛世界一道融通引三世之覺王同詮此旨付十方之大士共顯斯宗故十方諦求更無餘法論位是最實之位言詮乃第一之詮可謂究竟指歸眞實行處若但志心讀誦靈感難思毛孔孕紫檀之香舌表變紅蓮之色何況信解悟入如說修行供養則福過正徧知行處則可起如來塔有斯大事孰不歸依除不肖人實難信受又如神力品偈云以佛滅度後能持是經者諸佛皆歡喜現無量神力囑累是經故讚美受持者於無量劫中猶故不能盡是人之功德無邊無有窮如十方虛空不可得邊際能持是經者則爲已見我亦見多寶佛及諸分身者故知證此一毫之靈智量逾無盡之太虛如觀牖隙之中遠見十方之際現神力以囑累恐墜斯文發歡喜以讚揚唯精斯旨今者與諸有緣信士遇茲正教之人自緬曩生障深垢重諸佛出世不覩毫光得廁嘉筵親聞正法復思夙願微有良因於末法中偶斯遺教既欣遭遇傍慼未聞遂乃略出要詮徧示後學可謂醍醐之正味不覺不知甘露之妙門不問不信如斯大失實可驚心是以安樂行品

云佛告文殊師利菩薩摩訶薩於後末世法欲滅時有持是法華經者於在家出家人中生大慈心於非菩薩人中生大悲心應作是念如是之人則爲大失如來方便隨宜說法不聞不知不覺不問不信不解其人雖不問不信不解是經我得阿耨多羅三藐三菩提時隨在何地以神通力智慧力引之令得住是法中釋曰於在家出家四衆之中生大慈心者卽是示如來一心方便門慈能與樂俱令信入同證大般涅槃四德之樂於非菩薩人中生大悲心者卽是外道邪見不生正信之人悲能拔苦卽是示如來一心

解脫門皆令悟解永拔分段變易二死之苦此宗鏡錄於後若遇有緣信心或曉夜忘疲精勤披覽以悟爲限莫告劬勞是以諸大菩薩皆思過去波流苦海作不利益之事喪無數身都無利益又今猶處生死惡業之中皆是過去世中妙行不勤故今者偶斯正典可謂坐參但仗三寶威神諸佛加被無諸難事早得心開普及一切法界含生皆同此悟即斯願矣須知圓宗罕遇若芥子投於鍼鋒正法難聞猶盲龜值於木孔若非夙稟乘種久積善根焉偶斯文親得傳受應須慶幸荷佛慈恩所以古人或重教輕財則輪

金若市或忘身爲法則立雪幽庭且金是身外之浮財豈齊至教命是一期之業報曷等眞詮是故因聞般若深經以爲乘種遂得乘急常聆妙音可以身座肉燈歸命供養皮紙骨筆繕寫受持如大涅槃經云佛言善男子於乘緩者乃名爲緩於戒緩者不名爲緩菩薩摩訶薩於此大乘心不懈慢是名本戒爲護正法以大乘水而自澡浴是故菩薩雖現破戒不名爲緩止觀云戒急乘緩者事戒嚴急纖毫不犯三種觀心了不開解以戒急故人天受生或墮禪梵世耽湎定樂世雖有佛說法度人而於其等全無利益設得値遇不能開解震旦一國不覺不知舍衛三億不聞不見著樂諸天及生難處不來聽受是此意也譬如繫人或以財物求諸大力申延日月冀逢恩赦在人天中亦復如是冀善知識化導修乘即能得脫若於人天不修乘者果報若盡還墮三途百千佛出終不得道若理事俱緩者永墜泥犂失人天果報神明惛塞無得道期迴轉沈淪不可度脫故知處世俗家拘三界獄不求一念出離猶如散禁之人應須生如來家遇善知識聽聞正法如理思惟事戒理乘雙行雙照身律心慧俱習俱持以戒急故受人天之身以

乘急故紹祖佛之位如是則方諧本願不負初心可以上合慈風下同悲仰難逢良便恐慮緣差深勸諸賢莫成後悔又我此宗鏡所錄之文但爲最上根人不入餘眾生手唯令佛種不斷聞於未聞誓報慈恩不孤本願若涉名利非被此機如古德釋華嚴教所被機五簡非器一違眞非器謂不發菩提心不求出離依傍此經求名求利莊飾我人經非彼緣故非其器經云爲名利說法是爲魔業又云不淨說法墮惡道等二背正非器謂詐現大心僞飾邪善近滅人天遠違成佛墮阿鼻獄多劫受苦經云忘失菩提心修

諸善根是爲魔業三乘實非器謂雖不邪僞然隨自執見以取經文遂令超情至教迴不入心故成非器地論云聞作聞解不得不聞又如隨聲取義五過失等此上三位俱是凡愚衆生境界經云此經不入一切餘衆生之手唯除菩薩良以此經非是衆生流轉之緣故不入手四狹劣非器謂一切二乘無廣大心亦非此器經云一切聲聞緣覺不聞此經何況受持五守權非器謂三乘共教諸菩薩等隨自宗中修行未滿初阿僧祇此亦非器經云菩薩摩訶薩雖無量億那由他劫行六波羅蜜修習道品若未聞此經雖

聞不信受持隨順是等猶爲假名菩薩問瓔珞經等十千劫修十信行滿何故此中無量億等時不信此經答以彼但於行布位中修行信等於此圓融普賢十信一攝一切猶未聞信故知不偶斯文虛功累劫纔聞此旨便入圓通但不涉前五非器之中則永固一乘之佛種可以手得可以心傳深囑後賢無失法利又若過去曾聞此法未得信入以法力所熏方起疑心若未曾聞疑終不起如入大乘論云薄福之人不生於疑能生疑者必破諸有是以著有衆生皆因染習如輕毛之不定垢淨隨緣猶素絲之攬色青黃

任受悉是聞熏之力各入三乘之門況聞宗鏡之文速發一乘之種但有心者熏皆得成華嚴論云如世間一切井泉以海爲體若人飲者皆得海味一體無異但隨業力而得鹹味此經亦爾若有大心衆生聞持信入便得如來法身佛性大悲智味闡提之人無所堪任然如來智性常作生因故知具大信根者聞之成佛如不信者卽是闡提然雖不信亦熏其種故云如來智性常作生因所以法華經偈云若有聞法者無一不成佛昔泥蛤聞法而生天麁象聽經而悛惡比丘戲笑而獲果女人思惟而悟空何況聞宗鏡

中純圓頓教如善見律論云昔佛在世時到瞻婆羅國迦羅池邊爲衆說法時彼池中有其一蛤聞佛池邊說法之聲卽從池出入草根下聽佛說法時有一人持杖放牛見佛在坐爲衆說法卽往佛所欲聞法故以杖刺地悞著蛤頭卽便命終生忉利天以福報故宮殿縱廣十二由旬與諸天女娛樂受樂卽乘宮殿往至佛所頭頂禮足佛知故問汝是何人忽禮我足神通光明相好無比照徹此閒蛤天卽以偈而荅曰往昔爲蛤身於水中覓食聞佛說法聲出至草根下有一牧牛人持杖來聽法杖劖刺我頭命終生天

上佛以給人所說偈為四眾說法是時眾中八萬四千人皆得道跡給天人得須陀洹果含笑而去大智度論云昔王不立廐於寺者謂此王有象可以敵國每有怨敵莊嚴器杖無不尅勝後敵國皆懼久而無敵遂於寺中立廐養之久聞僧眾禮念熏心馴善成性後有鄰國兵眾相侵嚴象敵之都不肯戰其王憂愁慮國衰敗智臣白王此象久久處之精舍見聞善事與之化矣可處屠坊令常見殺後未經久惡心還起畜生尚爾況復於人近善不善近惡不惡故儒典中亦令君子慎所習也今若聞宗鏡熏起一乘廣大

難量善利無盡雜寶藏經云佛法寬廣濟度無涯至心求道無不獲果乃至戲笑福不唐捐如往昔時有老比丘年已朽邁神情昏塞見諸年少比丘種種說法聞說四果心生羨尚語少比丘言汝等聰慧願以四果以用與我諸少比丘嗤而語言我有四果須得好食然後相與時老比丘聞其此語歡喜即設種種餚饍請少比丘食其食已更相指揮弄老比丘語言大德汝在此舍一角頭坐當與汝果時老比丘聞已歡喜如語而坐諸少比丘即以皮毬打其頭上而語之言此是須陀洹果老比丘聞已繫念不散即獲初

果諸少比丘復弄之言雖與汝須陀洹果然其故有七生七死更移一角次當與汝斯陀含果時老比丘獲初果故心轉增進即復移坐諸少比丘復以毬打頭而語之言與汝二果時老比丘益加專念即證二果諸少比丘復弄之言汝今已得斯陀含果猶有往來生死之難汝更移坐我當與汝阿那含果時老比丘如言移坐諸少比丘復以毬打而語之言我今與汝第三之果時老比丘聞已歡喜倍加至心即時復證阿那含果諸少比丘復弄之言汝今已得不還之果然故於色無色界受有漏身無常遷壞念念是苦

汝更移坐次當與汝阿羅漢果時老比丘如語移坐諸少比丘復以皮毬撩打其頭而語之言我今與汝彼第四果時老比丘一心思惟即證阿羅漢果得四果已甚大歡喜設諸餚饍種種香華獻諸比丘報其恩德與少比丘共論道品無漏功德諸少比丘發言滯塞時老比丘方語之言我已證得阿羅漢果已諸少比丘聞其此音咸皆謝悔先戲弄罪是故行人宜應念善乃至戲弄猶獲實報況至心也又雜寶藏經云昔有一女聰明智慧深信三寶常於僧次請一比丘就舍供養後時便有一老比丘次到其舍年老根

鈍素無知曉齋食訖已女人至心求請說法敷坐頭前閉目靜坐比丘自知不解說法趣其泯眼棄走還寺然此女人至心思惟有爲之法無常苦空不得自在深心觀察卽時獲得須陀洹果旣得果已向寺求覔欲報其恩然此比丘自審知弃他逃走倍生慚恥轉復藏避而此女人苦求不已方自出現女人見已具說蒙得道果因緣齋供報恩老比丘聞甚大慚愧深自剋責亦復獲得須陀洹果是故行者應當至心精誠求法若至心者所求必證如上所獲聖果豈有前人爲說深妙法耶皆是自悟從心所證可驗宗鏡

達者無疑如大乘本生心地觀經云佛言我今演說心地妙法引導眾生令入佛智如是妙法諸佛如來過無量劫時乃說之乃至以是因緣難見難聞菩提正道心地法門若有善男子善女人聞是妙法一經於耳須臾之頃攝念觀心熏成無上大菩提種不久當坐菩提樹王金剛寶座得成阿耨多羅三藐三菩提華嚴十地品云金剛藏菩薩云佛子此集一切種一切智功德菩薩行法門品若諸眾生不種善根不可得聞解脫月菩薩言聞此法門得幾所福金剛藏菩薩言如一切智所集福德聞此法門福德如是何以故非不聞此功德法門而能信解受持讀誦何況精進如說修行是故當知要得聞此集一切智功德法門乃能信解受持修習然後至於一切智地故知若不聞此不思議廣大威德圓頓法門何由修行速證究竟一乘常樂我淨大涅槃果以眾生處不定聚中聞小修小遇權習權不偶斯文俱成大失今所集者所益弘多設聞而不修亦成其種何況聞思修者如先德云如今若要直會但不取一切相卽得更無別語佛是自心義亦名爲道亦云覺義覺是靈覺之性只今自鑒照語言應機接物揚眉動目運手動足

皆是自靈覺之性亦是心心卽道道卽佛佛卽是禪禪之一字非凡所測若知諸法從心生卽不應執執卽不知若不見本性十二分教則爲虛設故知因教明心何執文義又教從心生心由教立離心無教離教無心豈心外別有教而可執乎所以唯識疏云若頓教門大不由小起卽無三時前後次第卽華嚴經中說唯一心是初成道竟最初一說又云諸愚夫類從無始來虛妄分別因緣力故執離心外定有眞實能取所取如來大悲以甘露法授彼令服斷妄狂心棄執空有證眞了義華嚴等中說一切法皆唯有識

所以佛證唯識說一心經令依修學釋云天親造頌成立佛經令諸學者了知萬法皆不離心即大乘中道義理顯矣是知圓中之信此信難成如起信鈔問云此信若言本有衆生何故沈迷如其本無憑何發起答此信本來非有非無以非有故衆生沈迷以非無故遇緣即起若言定無發起何物若言定有何假因緣然上所述是約迷悟因緣說若論此信須不信一切法乃能成信亦不是非有非無何者以衆生不覺似迷非迷眞性不沈故即不是非有以一念復本似悟非悟不從新得故不是非無故云自心起信還

信自心又何故此心難信以如來本覺體即衆生心諸佛菩薩不能見如來本覺體離見相故當知衆生心綿密亦不可見大品經云佛觀衆生心五眼不能見無自他能所相故昔人詩云海枯終見底人死不知心又云相識滿天下知心能幾人是以宗鏡深旨一心妙門非大智而不能觀匪大根而不能信觀之即齊佛智信之即入圓通但懇志無疑決取成辦如管子云利之所在雖千仞之山無所不上深源之下無所不入商人通賈倍道兼行夜以續日千里不遠利在前也漁人入海海水百仞衝波逆流宿夜不出

利在水也此乃世間勤苦求利之志耳如或堅求至道曉夕忘疲不向外求虛襟澄慮密室靜坐端拱盜神利在心也如利之所在求無不獲況道之在心信無不得矣故知訓格之言不得暫捨可以鏤於骨書於紳染于神熏于識所以楚莊輕千乘之國而重申叔一言范獻賤萬畝之田以貴舟人片說此乃成家立國尚輕珍重言況宗鏡中言下契無生聞之成入道盜容輕慢乎問一心具實性凡聖是虛名者云何作凡之時熾然繫縛諸有證聖之日豁爾解脫眞空乃知不唯但名的有其事答雖有其事如同夢中之

事設有其名皆非得物之名故知夢覺俱虛名體雙寂如淨名私記云法相如是豈可說乎若說則言有一法可得存法作解還是生死業今時只欲令衆生除一切見此中見無別義亦無巧釋如人夜夢種種所見比至覺時總無一物今亦爾虛妄夢中言有萬法若悟其性畢竟無一物可得此中亦無能說能示亦無能聞能得是以異生非墮凡夫地迷處全空諸佛不證眞如門悟時無得則不見有一法可斷無生死所出之門不見有一法可成無菩提能入之路思益經云諸佛出世不爲令衆生出生死入涅槃但爲

度生死涅槃之二見耳寶藏經云文殊師利言大德迦葉如人熱病是人種種妄有所説是中寧有天鬼持耶有大明醫飲彼人酥熱病即愈止不妄説是中頗有天鬼去否答言不也乃至世間如是顛倒熱病無我我想住我想已流轉生死是故如來出現於世隨彼形色應解法門知解我想斷於顛倒爲彼衆生而演説法旣聞法已除一切想無所執著知解想已越度諸流到於彼岸名爲涅槃是中頗有我及衆生壽命養育人及丈夫可涅槃者否答言無也文殊言爲是利故如來出世但爲顯示平等相故不爲生

不爲滅但爲解知煩惱不實釋曰如來出世但爲顯示平等相者夫執妄苦而求離望聖量而欲修皆是妄我施爲情識分別是以大雄垂跡但示正宗破妄我而顯眞我之門斥情識而歸淨識之道眞我淨識卽平等相以淨識絶分別眞我無執情絶分別故差別自亡無執情故平等自現首楞嚴經云由汝無始心性狂亂知見妄發發妄不息勞見發塵如勞目睛則有狂華於湛精明無因亂起一切世間山河大地生死涅槃皆卽狂勞顛倒華相大般若經云佛言善現一切法皆以無起無作爲趣諸菩薩摩訶薩於如

是趣不可超越何以故無起無作中趣與非趣不可得故大集經云佛言若有菩薩成就自然慧方便而求菩提於此五陰中爲如實覺故求於菩提是菩薩知色無常而行布施乃至受想行識亦如是知識無常應行布施知識苦知識無我知識鈍知識無智知識如幻知識如野馬知識如水中月知識如夢知識如影知識如響知識如旋火輪知識無我知識無衆生知識無命知識無人知識無主知識無養知識如空知識無相知識無願知識無作知識無生知識無起知識無出知識無形知識寂靜知識離知識無終

知識無成知識與虛空等乃至知識如涅槃性而行布施菩薩如是行施時以施離故知識亦離以識離故知施亦離以識施離故知願亦離以願離故知識施願亦離以識施願離故知菩提亦離以菩提離故知識施願離而知一切法同菩提性善男子是爲菩薩出世間檀波羅蜜是知識空故一切凡聖萬法皆空以了此空故方能行無上菩提具足十波羅蜜則悲智圓滿二利無虧具此悲智何所爲耶佛種不斷故佛種不斷有何相耶謂成三德救護衆生成就恩德永斷煩惱成於斷德了知諸行成於智德是以入

此宗鏡動止唯心更無一法而能破壞如大虛空藏所問經云譬如有情於空中行而彼虛空無有破壞如是一切有情於眞如中行而彼眞如無有斷壞菩薩如是由以智故於色於法以眞如印之不於眞如間斷破壞是爲菩薩以如來印印於眞如不間斷善巧智故問歸命三寶是仗他勝緣四諦法門依眞俗二境乃至三乘三藏六度六通三十七品助道之門十八不共果位之法云何總歸一心正義而悉圓通荅諸聖以無爲而得名圓修以無作而成行不分別諸境是眞調伏心了一切法空則常在三昧超日三

昧經云知色心空得佛何難斯之謂矣故知一切諸法未有不由心者心攝一切如如意珠無不具足且論三寶義廣恒沙今依古德約五教門略論同別二種三寶一約觀別論三寶者一小乘以妄心卽空爲佛寶寂滅爲法寶無諍爲僧寶二大乘初教妄心不可得爲佛寶離思惟爲法寶無我爲僧寶三終教妄心無自性無礙自在爲佛寶以是寥廓名法寶以無所求爲僧寶四頓教以妄心本無生爲佛寶絶念爲法寶無分別爲僧寶五一乘圓教以妄心起無初相不動爲佛寶以無非是爲法寶以無非是爲僧寶二同體三寶者一小乘約立事就義門以末歸本故佛體上覺照義邊爲佛寶軌則義邊爲法寶違諍過盡爲僧寶二初教約會事從理門以能見三寶差別相卽平等故以眞空爲佛寶此空離自他爲法寶此離無二爲僧寶三終教約理事融顯門以卽事中有理理中有事故以本覺爲佛寶恒沙性德爲法寶性德不二爲僧寶四頓教約絶相理實門以三寶無爲相與虛空等故爲佛佛卽是法法卽是僧五圓教約融通無礙門以法界諸法無不是寶故以覺故約義而論皆佛寶軌則而言無非是法和合而言無不是僧

是以不動眞心成一體三寶雖約機開五教隨智各不同然不離一心門卽分同別理所以教中但云自歸依佛等終不云歸依於他故云自性不歸無所歸處夫歸者是還原義衆生六根從一心起旣背自原馳散六塵今擧命根總攝六情還歸其本一心之原故曰歸命一心卽具三寶夫一體三寶者只是一心心性自能覺照卽佛寶心體本自性離名法寶心體無二卽僧寶思益經云知法名爲佛知離名爲法知無爲名僧是菩薩徧行知法名爲佛者卽是眞佛法身如來佛卽是法故法卽是佛亦猶如來者卽諸法

如義次應問言法卽是佛於義已解何者是法故次句云離卽是法以一切法本性離故心體離念卽是覺故次應問言法本自離則無所修何得有僧次解云知無爲名僧無爲卽法法本自離由知無爲故得成僧故大品經云由知諸法空分別須菩提等故大般若經云般若甚深知一切法本性離故又文殊云如佛世尊堪受供養以於一切法覺實性故是故經云如實覺一切法名爲大捨釋曰於一切法見心自性卽是如實究竟之覺卽是頓成佛義三寶常現世間義眞實慈義同體悲義大喜捨義具足檀波羅蜜

義一切願行成就義又璨大師問可大師曰但見和尙卽知是僧未審何者是佛云何爲法答曰是心是佛是心是法法佛無二汝知之乎若有不信如上所引祖佛誠言一體三寶歸依自心之旨不唯後果沉墮泥犁亦乃現受人閒華報如大涅槃經云佛告迦葉菩薩善男子汝今不應如諸聲聞凡夫人分別三寶於此大乘無有三歸分別之相所以者何於佛性中卽有法僧爲欲化度聲聞凡夫故分別說三歸異相又云若有不識三寶常存以是因緣唇口乾焦如人口爽不知甜苦辛酸鹹淡六味差別一切衆生愚

癡無智不識三寶是長存法是故名爲唇口乾焦復次善男子若有衆生不知如來是常住者當知是人則爲生盲若知如來是常住者如是之人雖有肉眼我說是等名爲天眼又若決定直心信伏入宗鏡中於刹那閒念念見一心三寶常現世閒或障重遮深任經塵劫終不省信尙不聞三寶之名豈遇一眞之道如法華經偈云衆生既信伏質直意柔軟一心欲見佛不自惜身命時我及衆僧俱出靈鷲山我時語衆生常在此不滅以方便力故現有滅不滅乃至是諸罪衆生以惡業因緣過阿僧祇劫不聞三寶名諸

有修功德柔和質直者則皆見我身在此而說法故知親見佛親聞法人難得阿難二十年爲佛侍者尙不見佛面唯觀救世者輪迴六趣中又但以緣心聽法此法亦緣非得法性如大寶積經云實行沙門以正法身尙不見佛何況形色以空遠離尙不見法何況貪著音聲言語以無爲法尙不見僧何況當見有和合衆又舍利弗問諸比丘汝等從何聞法答無有五陰十二入十八界從是聞法又問汝等爲誰弟子答無得無知者是彼弟子是以悟者方知非言所示又心爲苦實際名苦諦心性無和合名集諦心本寂

滅名滅諦心本圓通名道諦觀心空出聲聞乘觀心假出菩薩乘觀心中出諸佛乘觀實相心非色非心不同頑礙故非色不同受等妄情分別故非心非色非心以爲戒體出律藏廣博嚴淨經云若能持此經具足一切戒金剛三昧經明悟本覺者佛言如是之人不存二相雖不出家不住在家雖無法服雖不具戒能以自心無爲自恣而獲聖果大寶積經云文殊師利言一切諸法畢竟寂滅心寂滅故名究竟毗尼又云若不得心則不念戒若不念戒則不思慧若不思慧則無復起一切疑惑旣無疑惑則不持戒若不

持戒是則名爲眞持戒也文殊師利所問經云若以心分別男女非男非女等是菩薩犯波羅夷菩薩瓔珞本業經云一切菩薩凡聖戒盡心爲體是故心亦盡戒亦盡心無盡故戒亦無盡大乘千鉢大敎王經云一者如來一切心法金剛自性本來淸淨畢竟寂滅菩薩若於大乘性中能持十重戒者覺心眞淨了見心性無染無著是故菩薩能持十重戒者是則名爲不壞毗尼又一切善惡等法可軌可持出經藏觀心能研妙義出論藏是以檀因心捨圓淸淨之施門戒因心持成自性之淨律辱因心受具無生之大忍

進因心作備牢彊之進門能觀心性名爲上定則禪因心發般若靈鑒窮幽洞微則智從心起卽六度門故經云空心不動具足六波羅蜜何者經云無可與者名爲布施豈心外有法可住相耶經偈云戒性如虛空持者爲迷倒豈執事法分持犯耶經云忍者於一刹那盡一切相及諸所緣又云何謂菩薩能行忍辱佛言見心相念念滅豈可伏捺自心對治前境而爲忍受耶經偈云若能心不起精進無有涯又云何謂菩薩能行精進佛言求心不可得豈著有爲妄與勞慮耶經云不見心相名爲正定豈避諠襍而守靜

塵耶經云不求諸法性相因緣是名正慧豈外徇文言彊生知解耶是知心外見法盡名外道故經云外道樂諸見若直了自心則不爲諸見所動如經云菩薩無所見者卽無所有無所有者卽一切法夫言無所見者非是離一切法云無所見卽見一切法而無所見以無所有卽一切法一切法卽無所有故首棱嚴經云法法何狀所以經頌云若能除眼翳捨離於色想不見於諸法則得見如來大足法師臨終題壁偈云實相言思取眞如絶見聞此是安安處異學但云云

宗鏡錄卷二十六

音釋

鎦側持切八兩曰鎦　謦欬謦去頂切欬苦蓋切謦欬逆氣聲也　隙綺戟切孔隙也　緬彌兗切綢繆反覆也　繕時戰切編錄文繕謂之繕寫　耽湎耽都含切樂也湎彌兗切溺也　惛呼昆切心不明也　蛤古沓切蚌屬　廄居祐切象馬舍也　悛此緣切攺也　劖鋤銜切斷也　蚩赤脂切笑也　毱渠竹切毬也　鏤郎豆切雕刻也　紳式眞切大帶也

宗鏡錄卷二十七

宋慧日永明妙圓正修智覺禪師延壽集

夫身受心法俱無自性了不可得即四念處觀善不善法從心化生即四正勤心性靈通隱顯自在即四神足信心堅固湛若虛空即五根五力覺心不起即七覺支直了心性邪正不干即八正道眼如乃至意如心境虛融即六神通所以舍利弗不達常寂三昧目連通不現前說法不當以未得法空神通故台教云觀於一心欻有一切心觀一切心倏無諸心心無有無通至實相即神通也義海云謂此塵無體不動

塵處恆徧十方剎海無來去之相是神足通不起于本座徧遊於十方又見塵法界無際而有理事教義一切菩薩皆同證入皆同修習此法更無別路是他心通見塵法界解行現前之時即知過去曾於佛所親聞此法以觀心不斷是故今日得了是宿命通又見塵性空寂無相可得即不二見若見相即為二也由無相即無有二名天眼通經云不以二相見名真天眼又了塵無生無性空寂即執心不起是漏盡通經云斷結空心我是則無有生又聞說塵法界差別之聲即知一切聲全是耳不復更聞也然此聞無緣無得於聲悟一切法是常聞一切佛法為天耳通金剛三昧經云大力菩薩言何謂存三守一入如來禪佛言存三者存三解脫守一者守一心如入如來禪者理觀心如入如是地即入實際華嚴經頌云佛子住於此念念入三昧一一三昧門闡明諸佛境禪經序云質微則勢重質重則勢微如地質重故勢不如水水性重故力不如火火不如風風不如心心無形故力最無上神通變化入不思議心之力也又能所融通自他一體即四攝法不得身口意常隨智慧行即十八不共法等畢至得果受記皆不離一心如海

龍王經云心淨無垢則為受決乃至佛語龍王其心意識無所住立則為受決諸法如是以無因緣諸法本諦覺了諸法平等無異則成無上正真之道究竟求本無有受決及成佛道若受決者若受決已所以者何諸法無形本末悉斷皆無有主一切諸法從因緣轉乃至諸法無二用本一故諸法本一離若干故乃至無量無邊教海行門皆是自心發現自心引出終無一法一行從外而成若起念外求隨他勝境悉是魔事故經云作斯觀者名為正觀若他觀者名為邪觀故知心正事正心邪事邪若未達一心觸途皆

僞正行亦成邪行佛門變作魔門若入宗鏡之中無往不利苦行亦成妙行邪宗卽是正宗只如五熱炙身外道一法若了之則勝熱爲無分別智燄之門若昧之則尼乾作大我見嚴熾之解是以法無邪正道在變通如西天尼乾子五熱炙身生大邪見佛弟子謂之言曰善男子如世人駕牛車於路欲速有所至打牛卽是打車卽是尼乾聞之勃然作色佛弟子曰善男子牛喻於心車喻於身何得苦身而不修心不用炙身應當炙心華嚴經云復有十千緊那羅王於虛空中唱如是言善男子此婆羅門五熱炙身時我

等所住宮殿諸多羅樹諸寶鈴網諸寶繒帶諸音樂樹諸妙寶樹及諸樂器自然而出佛聲法聲及不退轉菩薩僧聲願求無上菩提之聲云某方某國有某菩薩發菩提心某方某國有某菩薩修行苦行難捨能捨乃至淸淨一切智行某方某國有某菩薩往詣道場乃至某方某國有某如來作佛事已而般涅槃善男子假使有人以閻浮提一切草木末爲微塵此微塵數可知邊際我宮殿中寶多羅樹乃至樂器所說菩薩名如來名所發大願所修行等無有能知其邊際善男子我等以聞佛聲法聲菩薩僧聲生大歡

喜來詣其所時婆羅門卽爲我等如應說法令我及餘無量衆生於阿耨多羅三藐三菩提得不退轉是以於一心正觀之中最爲樞要少用心力成大菩提故華嚴私記云此經中總是法身作多種名字如人天十善五戒爲身聲聞四諦緣覺十二因緣菩薩六度佛種智爲身身是聚義於法身中隨行位功德聚處名身若有情身相皆是法身所起若無情國土盡從佛智所現終無纖毫於宗鏡外別有異體而能建立故經云若一法是有非無摩訶衍不能勝出若更有一法則不得稱獨尊獨勝爲萬有之所依矣所以

隨根不同見有多種遂爲十波羅蜜五教不同一小乘教不成波羅蜜二始教要是菩薩種性人方有故又各有體性或說俱空三終教一一皆從眞如性功德起四頓教一一皆不可說謂不施不慳乃至不智不愚等一切皆絕若十若六皆悉亡言五圓教一一圓融具德無盡又此十波羅蜜可以意得一念相應心捨則具十度捨而不取爲施不爲諸非所汙卽戒忍可非有爲忍離身心相爲進寂然不動爲定決了無生爲般若雖空不礙知相爲方便希齊佛果是願思擇不動爲力決斷分明爲智一念方寸十度頓圓

故華嚴經中七地菩薩念念具足十波羅蜜是以十度若圓八萬四千法門一時齊應凡曰祖教或淺或深但即之於心理無不盡若心外行事則取相輪迴任歷三祇終成妄想是以儒童曰昔我於無數劫國財身命施人無數以妄想心施非為施也今日以無生心五華施佛始名施耳故華嚴經頌云設於無數劫財寶施於佛不知佛實相此亦不名施又云於一切善根生自善根想乃至於一切行生自行想夫一切差別事相縱橫境界若於相上觀察則行布難明若於體內消融悉皆平等故先德云萬事驅歸體處

平是非自向心中泯所以傅大士頌云返本還原去心性不沉浮安住王三昧萬行悉圓收問萬行唯心則因心起行夫道場法則全在事相而修云何總攝千途咸歸一道答我此宗門一乘之妙唯以一念心照真達俗成無上覺名為道場何者照真則理無不統達俗則事無不圓所以維摩經云一念知一切法是道場成就一切智故什法師釋云二乘法以三十四心成道大乘一念則確然大悟具一切智也肇法師解云一切智者智之極也朗若晨曦眾冥俱照澄若靜淵群像並鑒無知而無所不知者其唯一切智

乎何則夫有心則有封有封則有疆封疆既形則其智有涯其智有涯則所照不普至人無心無心則無封無封則無疆封疆既無則其智無涯其智無涯則所照無際故以一念一時必知一切法也又道場者實相理徧為場萬行通證為道則道無不至場無不在若能懷道場於胸中遺萬累於身外者雖復形處憒鬧跡與事鄰乘動所遊無非道場也所以禪要經云棄諸蓋菩薩白佛言世尊曾聞如來而坐道場道在何處為近為遠而可見否佛言善男子法身徧滿無非佛土十方世界五陰精舍性空自離即是道場

云何問言為近遠耶善男子若能悟解道在身心如是之人則名為見諸法無行經云文殊師利言世尊一切眾生皆是道場是不動相文殊師利云何是事名不動相世尊道場者有何義文殊師利一切法寂滅相無相無生相無所有相不可取相是名道場義世尊一切眾生不入此道場耶佛言如是如是是故世尊一切眾生皆是道場名不動相華嚴經頌云如是一切人中主隨其所有諸境界於一念中皆了悟而亦不捨菩提行又經云一剎那心覺一切法究竟無餘是妙菩提今亦不礙事相道場以即法恆真相

在無相理外無事無相在相又無相在相則隱顯同時相在無相則空有一際悲華經云雖修淨土其心平等猶如虛空雖行道場解了三界無有異相斯則行事而不失理照理而不廢事事理無礙其道在中是以觀和尚於一心門立十淨土成十種如來坐十種道場說十種法門一金剛如來在於金剛道場能說金剛法門以自心智見我心性此心從本來永無諸相猶如虛空湛然不動明見之心名金剛如來所說金剛法門者如經偈云菩薩智慧心清淨如虛空無性無依處一切不可得所云十淨土者如經云十

方國土皆如虛空二解脫如來在於無著道場能說無著法門有為無為一切諸法相皆從心出無不心也能出自心向無體相云何依心所出諸法有實體也卽體與相一味無別有何所著是名解脫如來所說無著法門如論云以一切法皆從心起一切分別皆分別自心心不見心無相可得三般若如來在於無住道場能說無住法門經云入三世間中自身所住處隨求之處永無自性故不得住相是故當知一切諸相一無住之法隨緣之時相卽相融從無住本立一切法能解無住之心名般若如來恆說無住法

門四摩訶衍如來於無礙道場說無礙法門譬如虛空不動出生諸色雖出諸色不虛空外唯空所作色色空無礙融無二相修心亦然理事無礙理者心也事者身也從本已來色心無二如是身心無礙名為摩訶衍如來說無礙法門五菩提如來在於無相道場能說無相法門經云四大無主身亦無我此離能所之相名為佛身如是觀心不絕者觀心行處圓備實相名菩提如來一切衆生卽菩提相故六實際如來在於無際道場能說實際法門所謂以自眼見小物時其物相入於眼內其物至微以無內故則含無

外法界大相以此知一剎那心見物相時卽後念心中無有物相前心後念皆自心故明知不動塵量徧至法界則自心實際徧一切處經云有所興業而有所作卽為魔事六根無所進不行諸法名平等精進七眞如如來在於常住道場能說常住法門觀心周遊於塵剎中湛然凝寂此凝寂心稱至於緣不失本體以是故盡未來際値緣恆不動故名常住法也如經云有為無為一切諸法有佛無佛性相常住無有變異八法界如來在於法界道場能說法界法門法者實相心界者依此心所出諸剎譬如大海所生諸

物皆無不海一切諸法皆從實相心所生皆無不心是故當知眼中所見色耳中所聞聲皆眞法也以一切法唯一法故如經云一切法唯一相故九法性如來在於法性道場說法性法門不分凡聖善惡之法名爲性是不分法法界門中重重無盡一中解無量法性無盡故所以得知皆無盡者法界中入一一緣覓時盡未來際無所得故十涅槃如來在於寂滅道場能說寂滅法門一切法皆是涅槃能得此意人者於動作處見寂滅法不離生死常得涅槃不捨無常之身恆得常身經云衆生如一切法如如無有生如

無有滅以此義故舉足下足不離道場於念念中常作佛事故知通達一念法法周圓諦了一心門門具足則無邊佛事不出一塵矣又智身徧坐法性道場安坐水月道場智身者卽法性是所證以能證智安法身非坐而坐道場法門身安坐萬行道場幻化身處理故證理之處是得道之場法身者法身旣無能所故曰非坐非坐之坐湛然安住名坐道場法門身者如云布施是道場不望報故等以萬行爲得道之處卽是道場幻化身者涅槃經云吾今此身是幻化身則所得道處如水中月故昔人云修習空華萬行

安坐水月道場降伏鏡像天魔證成夢中佛果意云若因若果皆從緣生如夢幻故是以若實若幻皆是一心以實是心之性幻是心之相以因了相虛見自心性時是得道之處故云道場如是解者舉下之閒無非道場矣則念念皆成無盡法門念念悉證法華三昧如台敎所明法華三昧者卽是四一理一敎一行一人一觀一心三諦理一一心三觀行一作觀者人一能詮觀境敎一又法身理一般若敎一解脫行一和合三法成假名人一卽觀行如來約六卽位位四一於一念中念念四一一色一香無非四一作如

此觀行何法不是法華三昧也何者以敎理是心之所詮人行是心之所作以俱不出一心故云塵塵念念皆是法華三昧問旣稱一心一身云何立種種身相種種法門答斯乃萬化之原一眞之本隨緣應用猶如意珠對物現形若大圓鏡是以能包萬像是大法藏出生無盡是無盡藏妙慧無窮是大智藏法法恆如是如來藏本性無形是淨法身體合眞空是虛空身相好虛玄是妙色身妙辯無窮是智慧身隱顯無礙是應化身萬行莊嚴是功德身念念無滯是入解脫法門心心寥廓是入空寂法門六根自在是入

無礙法門一念不生是入無相法門又此中旨趣若相貧則唯廣唯大演之無際若相攝則唯微唯細究之無蹤斯乃離有無而不壞有無標一異而非一異則四邊之火莫能燒百非之垢焉能染但隨緣顯現如空谷響故大涅槃經云譬如一人多有所能若其走時則名走者若收刈時復名刈者若作飲食名作食者若治材木則名工匠鍛金銀時言金銀師如是一人有多名字法亦如是其實是一而有多名故知約用分多體恆冥一廬山遠大師云唯一知性隨用分多非全心外別有諸數譬如一金作種種器非是

金外別有器體隨用別分受想行等各守自相得言有數如金與器非無差別金器雖別時無前後心法如是若言定一金時應當無其諸器若言定別器應非一金心法一異准此可知矣是以若但指金則失器壞於世諦若但指器則失金隱於眞諦所以性淨隨染舉體成俗卽生滅門染性常淨本來眞淨卽眞如門斯則卽淨之染不礙眞而恆俗卽染之淨不破俗而恆眞是故不礙一心雙存二諦乃至無量身雲無量法門隨義雖分一心不動是以衆聖所歸無非法也法卽心也是以法能成佛大報恩經云佛以法

爲師般若經云我初成道觀誰可敬可讚無過於法法能成立一切凡聖故台教云若觀如來藏心地法門卽是觀如來眼耳鼻舌身意豁然眞發得見佛性三智現前三身具足故知舒爲萬法卷卽一心一中無量無量中一如華嚴經云爾時文殊師利菩薩問德首菩薩言佛子如來所悟唯是一法云何乃說無量諸法現無量剎化無量衆演無量音示無量身知無量心現無量神通普能震動無量世界示現無量殊勝莊嚴顯示無邊種種境界而法性中此差別相皆不可得時德首菩薩以頌荅曰佛子所問義甚深

難可了智者能知此常樂佛功德譬如地性一衆生各別住地無一異念諸佛法如是亦如火性一能燒一切物火燄無分別諸佛法如是亦如大海一波濤千萬異水無種種殊諸佛法如是亦如風性一能吹一切物風無一異念諸佛法如是亦如大雲雷普雨一切地雨滴無差別諸佛法如是亦如地界一能生種種芽非地有殊異諸佛法如是亦如無雲曀普照於十方光明無異性諸佛法如是亦如空中月世間靡不見非月往其處諸佛法如是譬如大梵王應現滿三千其身無別異諸佛法如是故知此宗鏡一心

之旨名具足道是圓頓門就緣起則無邊約眞性則
無二一多交徹存泯同時如法藏法師云明不二者
若執塵與心爲一遮言不一以心所現非無緣故若
執塵爲二遮言不二以離心外無別塵故一二無礙
現前方入不二經頌云無二智慧中出人中師子不
著一二法知無一二故又云若以塵唯心現則外塵
都絕若以心全現塵則內心都泯泯者泯其體外之
見存者存其全理之事卽泯恆存卽存恆泯所以一
心總含萬有萬有不異一心如起信論疏云所謂法
者卽衆生心者出其法體謂如來藏心含和合二門

以其在衆生位故若在佛地卽無和合義以始覺同
本唯是眞如卽當所顯義也今就隨染衆生位中故
得具其二種門也次攝一切世出世法者辯法功能
以其此心體相無礙染淨同依隨流返流唯轉此心
是故若隨染成於不覺卽攝世間法不變之本覺及
返染始覺攝出世間法此猶約生滅門辯若約眞如
門者卽鎔融含攝染淨不殊故通攝也下具顯三大
依於此心顯示大乘義者釋其法名謂依此一心宗
本法上顯示大乘三大之義故名此心以爲法也別
中二先責總立雖後開別釋成前中責有二意一云

心通染淨大乘唯淨如何此心能顯三義又云心法
是一大乘義廣如何此心能示三義釋意云大乘雖
淨相用必對染成故今生滅門中旣具含染淨故能
顯也以廢染之時卽無淨用故此釋初意也又心法
雖一而有二門眞如門中示大乘體生滅門中具示
三大大乘之義莫過是三是故依此一心得顯三大
之義也又何故眞如門中云卽示生滅門中云能示
者以眞如是不起門與彼所顯體大無有異相詮旨
不別故云卽示也以是不起故唯示於體也生滅是
起動門染淨旣異詮旨又分能所不同故不云卽也

自體相用者體謂生滅門中本覺之義是生滅之自
體生滅之因故在生滅門中亦辯體也翻染之淨相
及隨染之業用並在此門中故具論耳是故下文釋
生滅門內是所顯示三大之義意在於此何故眞如
門中直云體生滅門中乃云自體等者以所示三大
義還在能示生滅門中顯非別外故云自也問眞如
是不起門但示於體者生滅是起動門應唯示相用
答眞如是不起門不起不必由起由無有起故所以
唯示體生滅是起動門起必賴不起起含不起故起
中具三大又問眞如生滅二門旣齊相攝者何故眞

如門中唯示大乘體不顯於相用生滅門中具顯三
耶答眞如是泯相顯實門不壞相而卽泯故得攝於
生滅已泯相而不存故但示於體也生滅是攬理成
事門不壞理而成事故得攝於眞如以成事而理不
失故具示於三大體大者眞性深廣凡聖染淨皆以
爲依故受大名隨流加染而不增返流除染而不減
又返流加淨而不增隨流闕淨而不減良以染淨之
所不虧始終之所不易故云平等不增減也相大者
二種如來藏不空之義謂不異體之相故云性德如
水八德不異於水用大者謂隨染等幻自然大用報

化二身麤細之用令諸衆生始成世善終成出世善
故也下文顯之何故唯言善不云不善者以不善法
違眞故是所治故非其用也若爾諸不善法應離於
眞釋云亦不離眞以違眞故非其用也鈔喻顯云一
心如水眞如如濕生滅如波是水濕相卽示水體是
眞如門是水波相能示水之自體相用濕爲自體八
功德相爲相鑒像潤物爲用是生滅門眞如門是體
不說相用生滅門是相用故具說三大自體相用又
是知生滅是眞如家相眞如是生滅家體體相雖異
而不相離也其猶波水雖異豈得水在波外耶豈得

水不與波爲自體耶所以疏云起含不起者且眞如
不起之門舉體成於起動生滅之相今起中含不起
猶水起成波波含於水於生滅門由有起故示相用
二大由含不起故示於體大也故能具示之又云眞
如門唯示體者無相用可示故生滅門具示三者事
理具足故又云如金莊嚴具者眞如隨緣成生滅生
滅無體卽眞如猶眞金隨工匠之緣成諸器物器物
無體卽是眞金應立量云眞如生滅二門是有法互
相攝故是宗因云不相離故同喻如金莊嚴具又云
眞不待立俗不待遣者一約眞故無所遣以俗卽眞

故二約眞故不待立卽俗之眞本現故三約俗無所
乖眞卽俗故四約俗不待立卽眞之差別故由是義
故不壞生滅門說眞如門不壞眞如門說生滅門眞
以二門唯一心故是以眞俗雙融無障礙也釋摩訶
衍論云依本論略具三門一者本法所依決定門二
者根本攝末分際門三者建立二種摩訶衍門論云
所言法者謂衆生心者卽本法所依決定門論云是
心卽攝一切世閒法出世閒法者卽是根本攝末分
際門論云一法界心總攝一切生滅門法是故名爲
攝世閒總攝一切眞如門法是故名攝出世閒論云

依於此心顯示摩訶衍義者即是建立二種摩訶衍門一者心眞如門二者心生滅門一者一體摩訶衍二者自體自相自用摩訶衍作一法界心眞如門即顯示一體摩訶衍法作一法界心生滅門能示自體自相自用摩訶衍法乃至依眞如門所趣入之摩訶衍法唯立體名依生滅門所趣入之摩訶衍法立自名以眞如門中無他相故生滅門中有他相故他謂一切不善品法自謂一切清淨品法若所對治他無能對治自無故唯言體不說自焉若所對治他有能對治自有故唯言自不說體焉又一種本法各有十

名名通義別一者名爲廣大神王此中有二一者鳩槃耶神王二者遮毗佉羅神王第一神王住金剛山一向出生吉祥神衆第二神王住大海中徧通出生一切種種吉祥神衆過患神衆二種本法廣大神王亦復如是一體本法一向出生眞如淨法二自本法自體自相自用徧通出生一切種種清白品法染汙品法故自體契經中作如是說文殊師利前白佛言世尊甚深極妙二種大乘不覺同異極疑衆心如宜世尊爲衆更說佛造作相而告文殊言善男子如是二法譬如金剛神王及主海神王其相各差別謂如金剛神王住金剛山見諸境界唯現金光不現餘光眞如一心金剛神王亦復如是唯有淨法無有餘法故又如金剛王唯出清淨眷屬當不出生襍亂眷屬眞如一心亦復如是唯出生死垢清淨法故復次譬如主海神王住大海中出生種種麤惡眷屬種種善妙眷屬生滅一心主海神王亦復如是出生一切染淨法故二者名爲大虛空王此中有二一者空自在空王二者色自在空王第一空王以空容受而爲自在第二空王以色容受而爲自在二種本法亦復如是一體空王以無住處而爲自在二自空王以有住

處而爲自在故金剛三昧契經中作如是說心如法理自體空無如彼空王本無住處一地契經中作如是說一心法體於諸障礙無有障礙令住諸法譬如空王於一切色得自在故容受大種故三者名出生龍王此中有二一者出生光明龍王二者出生風水龍王第一龍王以淨光明而爲依止第二龍王以風水德而爲依止二種本法出生龍王亦復如是一體本法以純淨法而爲其體二自本法以染淨法而爲其德故順理契經作如是說一心本法純一無襍譬如光明龍王以淨光明而爲宮殿以淨光明而爲身

相以淨光明而爲徒衆無始契經中作如是說譬如大海中有大龍王名曰出生風水從其頭頂出生澄水從其尾末出生濁嵐由是龍故大海水常恒相續無有斷絕一心龍王亦復如是能生一切差別平等種種諸法常恒相續無有斷絕四者名爲如意珠藏此中有二一者金王如意二者滿主如意第一如意唯出金剛第二如意具足出生善不善物二種本法亦復如是一體如意唯生淨法二自如意通生染淨故如如契經中作如是說佛告金剛藏言佛子譬如金翅鳥王命終然後其心入海爲如意珠能生金沙

利益龍王一心本法亦復如是能生眞理利益圓滿者本性智契經中作如是說譬如遮多梨鬼爲報恩故於萬劫爲如意珠利益海生一心如意亦復如是能生長生死及涅槃法故五者名爲方等此中有二一者白毫方等二者亂毫方等第一方等中唯現前天像第二方等中通現五趣如是二毫衆生身分顯了分明譬如明鏡二種本法亦復如是故攝無量契經中作如是說淸淨法界如白必薩伊尼羅無盡法界如亂必薩伊尼羅故六者名爲如來藏此中有二一者遠轉遠縛如來藏二者與行與相如來藏實際

契經中作如是說佛子如來藏者唯有覺者唯有如如離流轉因離慮知縛一一白白是故名爲如來之藏楞伽契經中作如是說如來藏者爲善不善因受苦樂與因俱若生若滅猶如技兒故七者名爲一法界此中有二一者純白一法界二者無盡一法界第一法界如空劫時第二法界如住劫時眞如法界契經中作如是說空種無礙如空長時徧種無礙如有長時故八者名爲摩訶衍義一者一體摩訶衍二者自體自相自用摩訶衍廣如前說九者名爲中實此中有二一者等住中實二者別住中實第一中實如

獨明珠第二中實如順明珠中實契經中作如是說離邊眞心若眞如依如異同珠若生滅依如同異珠故十者名爲一心此中有二一者是一是心一心二者是一切是一一心第一一心隨所作立名第二一心隨能作立名一心法契經中作如是說爾時舍利弗白佛言世尊本地脩多羅作如是唱其心體性非大非小非法非非法非同非異非一非一切何因緣故今日自言眞如一心因一故一生滅一心因多故一將非世尊無有前後相違過耶佛言善男子莫作是說所以者何心法非一因所作一故假名爲一心

法非一切因所作一切故假名一切而言一心不說一切心者隨能作心立其名故乃至廣說是名爲十如是十名總諸佛一切法藏根本名字訖故知總立一心別含多義具如門內無自無他生滅門中有善有惡隨緣開合雖異約性一理無差如上十門義味方足又開則無量無邊之義爲宗合卽二門一心之法爲要二門之內容萬義而不亂無邊之義同一心而混融是以開合自在立破無礙開而不繁合而不狹立而無得破而無失是爲馬鳴之妙術起信之宗體也所謂開合立破而不繁不狹無得無失者良由

卽是心故設離斯旨無法施爲若論正宗非多非一如天台涅槃疏云如是正業不可言三不可言一言一則失用言三則傷體卽體而用卽用而體問既不可言三云何說三亦不可言一云何說一答宗非數量非一非三說徧恒沙而三而一疏云昔爲破邪說一爲三三不乖一今爲破別說三爲一一不乖三如此三一乃是諸佛境界故云卽體而用一不違三卽用而體三不違一體用自在破立無礙矣

宗鏡錄卷二十七

音釋

曦許羈切日光也　曀於計切猶翳也　鎔餘封切鎔銷也　濤紕招切

宗鏡錄卷二十八

宋慧日永明妙圓正修智覺禪師延壽集

夫宗鏡緣起自在法門皆談如理實德法如是故非約變化對治權巧所說一一法皆得全力非是分力盡爲法界體各住眞如位如大寶積經云若人欲解一切法相欲知一切衆生心界皆悉同等當學般若波羅蜜故知不歸宗鏡何以照明斯即無礙法門無有一毫所隔約華嚴宗有十種無礙一性相無礙二廣狹無礙三一多無礙四相入無礙五相即無礙六隱顯無礙七微細無礙八帝網無礙九十世無礙十

主伴無礙今於事法上辯此十無礙例餘法准知一性相無礙者如經云此蓮華葉即具此十義謂此華葉即同眞性不礙事相宛然二廣狹無礙即此華葉其必普周無有邊際而恆不捨本位分劑此則分即無分無分即分經云此諸華葉普覆法界三一多無礙即此華葉具無邊德不可言一融無二相不可言多四相入無礙此一華葉舒己徧入一切差別法中復能攝取彼一切法令入己內是故即舒恆攝同時無礙五相即無礙此一華葉必廢己同他舉體全是彼一切法而恆攝他同己令彼一切即是己體是故

己即是他己不立他即是己他不存他己存亡同時顯現六隱顯無礙此華葉旣徧一切彼一切法亦皆普徧此能徧彼則此顯彼隱彼能徧此則彼顯此隱如是此彼各有隱顯無礙七微細無礙又此華葉中悉能顯現微細刹土炳然齊現無不具足經云一塵中微細國土曠然安住八帝網無礙又此華葉一一塵中各有無邊諸世界海世界海中復有微塵此微塵內復有世界如是重重不可窮盡非是心識思量境界九十世無礙此一華葉橫徧十方豎該九世以時無別體依華以立華旣無礙時亦如之十主伴無

礙又此華葉理無孤起必攝無量眷屬圍繞經云此蓮華有世界海微塵數蓮華以爲眷屬此經所有眷屬互爲主伴具德圓滿是故見此華葉即是見於無盡法界非是託此別有所表經云此華蕊等皆從無生法忍所起此一華葉旣具十種無礙餘一切事亦皆如是斯十玄門不出事理若從事理無礙交參則有因陀羅網門微細相容門純雜具德門等若依事理逆順相融則有具足相應門隱顯俱成門相即自在門等是以一多相入而非一以相資不壞自相各各現故非一亦一多相即而非異以一多相攝互泯

絕故非異則宗鏡之內凡有一法一塵悉各具此十無礙門如一蓮華葉法爾如是若不見者圓信不成皆局方隅盡爲權漸終不能一多卽入心境融通耳記釋蓮華十玄門一同時具足相應門者夫十玄十對凡舉一事必具十玄凡一玄門必收十對泛明一法一一圓收十對者一教義二事理三境智四行位五因果六依正七體用八人法九逆順十感應如一蓮華具玆十對萬法例爾一教義謂見此蓮華能生解故二事理華卽是事舉體同眞故三境智華是所觀同智性故四行位是萬行華隨位別故五因果因

事之華攬成果故六依正全是所依亦能依故七體用體同眞性用應機故八人法恆攬爲人攝爲法故九逆順逆同五熱順十度故十感應徧應一切亦能感故如一華既爾餘一切事准以知之如事法既爾餘教義等一切皆然准思可見妙嚴品喻佛身云譬如虛空具含衆像此舉佛身具足諸法也又晉經性起品頌云三世一切劫佛刹及諸法諸根心心所一切虛妄法於一佛身中此法皆悉現是故說菩提無量無有邊亦約佛身心具也又普賢三昧品云能令一切國土所有微塵悉能容受無邊法界據能令之

言但以業用總由德相本自具足卽是德相令總見之卽爲業用下業用准之十行品云此菩薩於其身中現一切刹一切衆生一切諸佛入法界品云善財見普賢一一身分一一毛孔皆有十方一切世界三千界中地水等輪諸山河海人天宮殿種種時劫諸佛菩薩如見現在世界如是前際後際一切世界中悉爾明見乃至十方刹塵中現三世一切境界一切佛刹一切衆生一切佛出興一切菩薩及聞佛菩薩衆會言音斯並是同時具足相應門也二廣狹自在門者先明廣狹後會通純襍先明廣狹者如善財歎

樓閣云不動本處而能普詣一切佛刹者之所住處入法界品摩耶夫人云又善男子彼妙光明入我身時我身形量雖不踰本然其實已超過世間所以者何我身爾時量同虛空悉能容受十方菩薩受生莊嚴諸宮殿故如是等文皆廣狹自在也次會通純襍者如云萬行紛披比華開錦上此是諸藏純襍具德門然有二意一者若以契理爲純萬行爲襍則是事理無礙非事事無礙設如菩薩大悲爲純盡未來際唯見行悲餘行如虛空若約襍門卽萬行俱修者此二門異亦不成事事無礙二者如一施門一切萬法

皆悉名施所以名純而此施門卽具諸度行故名爲襍如是純之與襍不相障礙故名具德者則事事無礙義成而復一中具諸度諸度存卽相入門若一卽諸度復似相卽門故不存之賢首改爲廣狹自在門若華開錦上者意取五綵相宣華色雖異一一之線皆悉通過通喻於純異喻於襍故常通常異名爲無礙不同繡畫但異不通釋曰若異而不通失一性圓融之道若通而不異無萬行莊嚴之門今常異常通無閒無斷則眞體冥寂不礙隨緣大用現前無妨正性可謂比華開錦上猶雲起長空矣又賢首意云萬

行純襍有通事理無礙及單約事說故廢之耳謂同一法界故純不壞事相故襍此卽事理無礙也一行長行故純不妨餘行故襍此但約事也故昔廢之而立廣狹今欲會取卽事同理而徧故純不壞一多故襍則亦有事事無礙義耳如以入門取之則一切皆入入中有多法門故名純襍如妙嚴品說諸衆海各各唯一解脫門純也普賢菩薩得不思議解脫襍也入法界品中慈行童女云我於三十六恆河沙佛所修得此法彼諸如來各以異門令我入是般若波羅蜜普莊嚴門卽純襍無礙也又善財童子所求諸善

知識各言唯知此法門又云多劫唯修此門者卽純門也諸善知識皆推進云如諸菩薩種種知見種種修行種種證得者此襍門也自言知一推他有多自他雖異然屬一身此亦純襍無礙門也三一多相容不同門者一多無礙等虛室之千光由一與多互爲緣起力用交徹故相涉入是曰相容不壞其相故云不同如一室內千燈並照燈隨盞異一一不同燈遂光通光光涉入常別常入恆異恆融故經頌云一中解無量無量中解一了彼互生起當成無所畏又卽如理之徧如理之包舒攝同時若具作者一或唯入

以一入一切故二或唯攝以一攝一切故三卽入卽攝同時無礙故四非入非攝以入卽攝故非入攝卽入故非攝五或具前四以是解境故六或絕前五以是行境故行起解絕故華嚴經云此菩薩於一毛孔中普能容納一切國土又云一切身中悉能包納盡法界不可說不可說身而衆生界無增無減如一身乃至徧法界一切身悉亦如是故寂照神變三摩地經云於其一切有情身中普能示現一有情身又能於一有情身中普現一切有情之身有情身中能現法身又能於法身中現有情身乃至能以一心隨念

悟入一切眾生無際劫數普現所作業果異熟隨其所應開悟有情悉令現見皆得善巧四相即門者廢已同他者是相即義以上相入則此彼互存如兩鏡相照但約力用交徹明耳今此約有體無體故言廢已廢已即已無體也同他即他有體也如經頌云一即是多多即一文隨於義義隨文如是一切展轉成此不退人應為說既言展轉成即異體類相望也不思議法品云諸佛知一切佛語即一佛語此同類相即也初發心品云心一發故即與三世一切諸佛體性平等乃至云真實智慧等者此顯位上下相即也

入法界品云彌勒告大眾言餘諸菩薩經無量百千億那由他劫乃能滿足菩薩行願乃能親近諸佛菩提此長者子於一生內則能淨佛剎等五隱顯門者如八日月者即取明處為顯暗處為隱而必同時故云俱成不同十五日唯顯月晦日唯隱又暗處非無明明處非無暗但明顯處暗隱暗處明隱亦得云隱顯俱成故云隱顯俱成似秋空之片月如八日月半顯半隱正顯即隱不同晦日隱時無顯不同望日顯時無隱則明下有晦晦下有明如東方入處即於東起如明下有闇西方起處即於西入如暗下有明故稱祕密俱成亦如夜摩天偈云十方一切處皆謂佛在此或見在人間或見在天宮則見處為顯不見處為隱非佛不偏十定品云或見佛身其量七肘或見佛身其量八肘或見佛身其量九肘乃至或見佛身不可說不可說佛剎微塵數世界量則見七肘時七肘顯餘量皆隱也餘顯例然故彼喻云譬如月輪閻浮提人見其形小而亦不減月中住者見其形大而亦不增釋云見其大則大顯小隱見小則小顯大隱而不增減則是祕密俱成餘一切法類可知也如經云摩耶夫人於此一處為菩薩母三千世界為母亦

然然我此身非一處住非多處住亦隱顯義此處為母此顯彼隱等非一處住即是一隱例有多顯非多處住即是多隱例有一顯亦是雙奪俱泯之句非隱非顯祕密之義然若約智幻即業用門約極位成即德相門六微細相容門者經頌云一一毛孔內各現無數剎即業用門又德雲比丘云住微細念佛門於一毛端處有不可說如來出現悉至其所而承事故此通於德相業用刊定記云此微細德不同相在德彼約別體別德相望相在此但當法即具一切炳然齊著七因陀羅網門者此帝網觀如一華一塵以稱

性故能攝一切餘塵餘法亦皆稱性何有一法而不攝耶應以塵對餘刹以辯重重欲令易見且以一塵望餘塵謂一塵之內所含諸刹彼所含刹亦攬塵成此能成塵亦須稱性塵既稱性亦須含刹第二重內所含諸刹亦攬塵成塵復稱性亦須含刹第三重塵含第四重刹第四重塵含第五重刹重重塵成重重稱性無窮無盡猶如鏡燈以喻帝網若言帝網從喻受名若就法立應名重現無盡門如一珠之內頓現萬像如一塵內頓現諸法但是一重一珠現於諸珠方成重重之義珠皆明淨如塵稱性一珠現於多珠

猶如一塵現於多刹塵所現珠影復能現影如塵內刹塵復能現刹重重影明重重互現故言至無盡釋曰重重無盡者即是一一法皆含眞如心性無盡之理所以互徧重重如無盡意菩薩經云無盡意言以一念慧成阿耨多羅三藐三菩提我當如是覺了分別舍利弗是名菩薩一道無盡又菩薩瓔珞本業經云佛子法門者所謂十信心是一切行本是故十信心中一信心有十品信心爲百法明門復從是百法明心中一心有百心故爲千法明門復從千法明心中一心有千心爲萬法明門如是增進至無量明轉

勝進上上法故爲明明法門百萬阿僧祇功德一切行盡入此明門釋曰何以入此明門以自心明故能通萬法故名之爲門況帝珠瑩淨影現重重比塵刹性明能含萬法如觀佛三昧海經云佛告阿難善法者所謂一切無量禪定諸念佛法從諸心想生是名功德藏褋華嚴經一乘修行者祕密義記云緣起陀羅尼者一起而一切起見一而見一切故一切諸法不可說不可說一法中有十重重現顯此一法中所顯一切法中亦復如是十重重顯現無盡無盡如摩尼雨寶經十不可說十無盡故以此陀羅尼無盡寶

雨一切諸十不可說十無盡寶此所雨寶中又雨十無盡寶乃至無盡無盡故名因陀羅尼此中所明陀羅尼不有餘處不出大日毗盧遮那法界身此身即是一切衆生身總持十不可說十無盡法故名陀羅尼此身中有八種五摩尼若約圓融不問佛衆生皆俱圓融顯現不可具說凡夫不解故不得根五用聖者解故得根五用得根五用者通名二種陀羅尼即根本因陀羅尼緣起陀羅尼八種五摩尼者一者上方體上有五摩尼一眼二耳三鼻四舌五口二者左方有五摩尼一大指二頭指三中指四無名指五小

指三者右方五種摩尼即右手五指四者下方足亦五摩尼一大指二頭指三中指四無名指五小指五者下右方五摩尼義即右足五指六者就全身又五摩尼一頭二左手三右手四左足五右足七者就五大五摩尼一地二水三火四風五空八者就五內又五摩尼一心二肺三腎四脾五肝辯業用者一眼此雨能徧照分別十方所有善惡法十無盡佛國土微塵數諸佛菩薩聲聞緣覺十不可說體相心行又照見世間種種所有十不可說眾生十無盡苦樂等事此光明寶摩尼王若不善用一刹那中沈苦輪迴無

有窮已若善用一刹那中究竟無上菩提如一刹那一切刹那亦爾二耳此雨能分別世間種種苦樂等音聲又無漏聖者音聲此光明寶摩尼王若善用即一刹那中究竟無上菩提若不善用一刹那中招無出期苦三鼻此雨能分別一切世間種種名香凡聖正報身分依報宮殿等香又人間中種種作善作惡念善念惡乃至念無上菩提等香此光明寶摩尼王若善用一刹那中究竟無上菩提若不善用一刹那中招十無盡苦四舌此雨能分別演說十無盡佛刹塵數一切諸佛菩薩等十不可說無漏妙法乃至一切世間善不善身口意業行等此光明寶摩尼王若善用一刹那中究竟無上菩提若不善用一刹那中招無出期苦五口此雨能分別演說十佛刹塵數佛菩薩十不可說三業行十無盡諸眾生所有邪正等法此光明寶摩尼王若善用一刹那中究竟無上菩提若不善用一刹那中招無出期苦二者上左方摩尼一一摩尼周徧十不可說法界能雨十不可說天衣天饌華香等種種莊嚴雲此光明寶摩尼王若善用一刹那中究竟無上菩提若不善用一刹那中招無出期苦三者上右方五摩尼如左方亦爾四者下

方左五摩尼雨能令飛行十方不可說十無盡法界虛空界佛國土海歷事諸佛承給供養以此無礙神足一刹那中徧至十不可說一切眾生界示教利喜迴向佛道無疲無厭此光明寶摩尼王若善用一刹那中究竟無上菩提若不善用一刹那中招無出期苦五者下方右五摩尼雨無盡寶如左亦爾如上所說一一身分中法界法爾十重重十無盡不可窮極如不思議品云一切法界虛空等世界悉以毛端周徧度量一一毛端處於一一念中化不可說不可說佛刹微塵等身乃至一一法中說不可說不可說佛

剎微塵等名句文身充滿法界一切衆生無不聞者盡一切未來際劫常轉法輪等此則處以毛端該於法界時以剎那盡於劫海謂於此處頓起業用謂於此時常起業用此亦不待因緣諸佛法爾六者全身五摩尼者若善用名金剛輪若不善用名地獄猛火輪上方摩尼者名日月星宿摩尼若善用不起風雷雲霧若不善用現種種不吉祥事其餘四摩尼總名拒敵劍輪七者五大五摩尼總名莊嚴佛國土成就衆生八者五內摩尼此有十義一名因陀羅網體備五珠者重重無盡義二名錠光玻瓈如玻瓈鏡頓現

萬像故三名圓鏡普現諸法無分別義此二鏡二名一義四名滿月清涼解脫義息煩惱餤故五名烈火令無遺餘義如劫火故六名金剛杵拒敵義破煩惱軍故七名閻浮金無鑛無價義八名無價摩尼雨寶無量亦無類義九名無畏印如持世閉大王印隨所至處得無畏故十名大日如來奪千電列宿百千億十不可說日月光明義又因陀羅網者約喻說網主即天主由宿世十不可說劫歷事供養諸釋梵王是故得此果報以此寶網莊嚴天宮殿以化諸天衆悉令知一切善惡業報諸天衆見此事已皆悉不放逸令勤行精進乃以此網令類知十無盡重重法界法門故顯其體德備五珠者如是無盡五珠五五爲部其數無量何故得如是依報莊嚴者由一念中如是以十無盡戒定慧解脫解脫知見五分法身等乃至演說十不可說十無盡法門海熏修自身心故得如是十無盡依報所有世界海中十不可說諸天衆皆悉流入大日毗盧遮那果海中如一念一切中亦如是不可窮盡此皆去情思之是名體德備五珠也五珠者白珠赤珠青珠黃珠黑珠一爲本法攝餘四珠如舉一爲本法餘四隨舉爲本法亦如是又白珠中

餘四現及本白影影又影現如白珠現影中又影現一切珠亦如是如是十重重十無盡不可具說又諸衆生所造作業影現善惡無記現又無漏聖人所證因果上中下位分於中皆具現如天珠中現一切宮殿樓閣柱楹梠桷亦如是是時諸天見此事已深起慈悲心救護心三業中不作惡心勤行精進不敢放逸又此五色珠中隨衆生業影現白中天清淨業現赤中無記業現青中餓鬼畜生業現黃中人閒種種輪轉不相捨離世善業現黑中地獄種種苦業現乃至十方諸佛八相成道靡不於中重重影現心等五

色珠因陀羅網亦如是。於中有業識細相轉識中相現識麤相。目見可貪色時。眼脉走黃。黃熏隨色摩尼黃色現。是名貪業現五道業作。目見可瞋色時。目脉走青。青熏隨色摩尼青色現。是名瞋業現五道業作。目見可善可惡不識不知色時。目脉走黑。黑熏隨色摩尼黑色現。是名癡業現五道業作。純白色時。此諸天業現表而可知。約實而言。一一業中皆具一切。如是重重無盡。即德用自在門。是根本因陀羅尼。並是實義。非變化成。此是如理智中如量境界也。皆是法性實德。法爾如是。十重重藏。十無盡藏。此約圓教法

以十數顯重重。亦以十數顯無盡。又此天網能現一切影。即是意業。能雨一切寶。即是身業。能出一切音聲。即是口業。然一切諸法。皆從果海中出。然還無不歸於果海中。約實而言。至意此中在者。正此果海之文處。此中有三。一德用自在。如珠喻。二知根海。三如根五用。如前已辯。此知根海一種能知者有三種人。一佛。二菩薩聲聞緣覺。三凡夫。云何根海。謂大日毗盧遮那智藏海。此海中有三種波。此上三種人次第能知此海本來寂。云何生波浪。由忽爾念無明風起於波浪。云何波相。此無明風動智藏海中生波浪。譬

如以鐺盛清水。初置火邊。初時細動。有如粒子。漸大動。有如細流。漸大動。有如涌騰。然此自然隨風之色。或得破種種穀。破諸草木。或滋萌五穀。成熟一切果實。若欲起此風時。最初雲霞於外顯現。然後起大風。若此拔草木根栽及諸五穀。海上起黑雲。若此破五穀一切果實。不拔草木根栽。海上起青雲。若此成熟五穀。滋萌一切華草。海上起白黃雲。若此非善非惡。海上起慶色赤雲。由此三種能知。若此極細。一船師所知。若此中。二船師所知。若此極麤相。於上現凡夫所知。如是毗盧遮那智藏海中有三風三波。祕密難

知。良以一切眾生自心處內有八辦。（普面切。即一切眾生心腹內有八辦。爲華五藏。其八辦相狀。一似牛黃也。）和合成蓮華。此蓮華中有正徧知海。是名毗盧遮那智藏。亦名蓮華藏莊嚴世界海。此海有三種波者。一業相。二轉相。三現相。然此蓮華藏海有二種門。一大藏金剛門。二差別金剛門。然凡夫華未開發。聖者華已開發。此未開發華蕚上有九孔。名差別金剛門。此華莖上有一大孔。是名大藏金剛門。凡眾生業將起。從大藏門風起。飄動心海。乃至涌出差別門中。已後眼等五根面上。乃至諸根中周流。不知手舞足蹈。手驚足擾動。初發微細。是名業相。

諸佛境界次漸麤涌出差別門未現面貌是名轉相諸菩薩聲聞緣覺境界後於諸根貌面中顯現善惡相極麤是名現相諸凡夫境界若諸佛現在一剎那中了知十世九世無礙如一剎那一切剎那亦爾是名知根海又若網所張處謂諸宮殿若配法者宮殿卽是支末因陀羅無盡五體德備五珠卽是根本因陀羅若祕密釋者此天主因陀羅乃是一切衆生身中寶性往昔由與毗盧遮那如來俱同一因及諸釋師子俱同一善根故又此十不可說一切諸天衆此皆謂諸十不可說同類十無量異類淸淨緣慮心是

也其餘一切不可說所現穢染業影一切皆欲界一切穢染心是也又云圓融國土差別世界海等種種境界不在心外此有師子臆中五華藏互交涉入十重重十無盡由逆順成十華藏猶如因陀羅網互現影故又云五華藏者過多不六減少不四一切五部准此可知類八五相亦復如是五華藏者卽五色蓮一白蓮二赤蓮三靑蓮四黃蓮五黑蓮是五蓮華皆悉由無生法忍所起從大悲胎藏所生此華相色卽師子臆中五種色大蓮華此卽經中所說師子勝相國是也一約世閒之五行方處釋色相者一者肺華三葉白色似半月二者心華赤色有三角三者肝華八葉靑色具五色四者脾華一葉黃色有四隅五者腎華八葉黑色二約五大者一風黑色似半月二火赤色三角三空靑色具五四地黃色四方五水白色圓問何故所配初後相違耶答肺名金金者西方白良由肺內有息風故名風腎名水水者北方黑良由有腎爲水能形物體性不相違也此五華藏若異體謂諸華各各差別若同體謂住一徧應故諸華中各皆由一華徧應多華故各多華全爲其一華是故能有多箇一華然彼多一華由本一華應多華故雖有

多一華然彼多一華與本一華體無差別故是故名同體以諸緣起門內有三義故一不相由義謂具自德故二相由義謂差別故三無礙義不可說故乃至由此緣起是法界家實德故普賢境界具德自在無障礙故卽是圓滿教主大日毗盧遮那如來以如是圓滿鎔融廣大身於此圓滿鎔融廣大蓮華藏莊嚴世界海中攝其餘樹形等圓滿鎔融廣大世界海以如是圓滿鎔融廣大十不可說法界海爲境界坐如是圓滿鎔融廣大蓮華藏半月形摩尼師子座示如是圓滿鎔融廣大無盡攝生威儀身雲差別業用無

邊無邊如是重重無盡無盡而如來無往無功用此皆海印三昧中炳然顯現故亦法界法爾故能如是如摩尼雨寶天鼓出音雖無功用所作得成就如是所現雖廣大而論時不過一刹那論處不出一塵如是一切皆一刹那所現如一刹那一切刹那中亦如是如一塵一切塵中亦如是也故知是心大海中有大菩提心龍無邊無盡是心所有一切法無邊無盡故名閻浮提中人之力所不能受持如海雲比丘所持性起一品雖須彌山聚筆四天下塵數四海墨不能書者良由是心性無盡故智者不須遠求矣問

何故蓮唯八葉答謂三乘果德體同照而用未周故云八葉耳若化周塵道中德滿十方乃名十葉今約少分四攝四無量故名取八又一葉表一實五葉表五乘又心內辦正八和合爲蓮華體故名八葉又一切凡夫心處雖未能自了其內心亦自然而有八辦合成蓮華形今但觀照此心令其開敷卽是三昧寶故若視此心八葉之華卽得與理相應此八葉者四方卽是表四攝四隅卽表如來四智此華本來無生卽是菩提心當知一切法門皆是從心而所有也若解是者心華自然開能見佛如云心開意解卽此義也開心者卽入無生門也又心內有四種摩尼一者月藏卽是聲聞人月者清涼義由有息煩惱欲暑氣故名戒月藏二者日藏卽緣覺日卽慧義以大利慧能乾十二因緣大河故名慧日藏三者萎華寶卽菩薩三藏總持辯才無邊可得佛果寶故菩薩如愚如朴凡夫不知爲知如新淨華菩薩知爲不知如萎華故名萎華寶四者寶淨卽諸佛是也摩尼寶清淨光明成就故名寶淨此中諸寶凡夫愚癡不實實不能知須試而後能知實寶也譬如有伽陀羅等四種炭火投於其中可試以月藏投火中雖不出出俱變色

以此當知非眞寶又以日藏投火中火中則變出則歸本色以此當知非寶又以萎華寶投火中雖不出出俱不變假使不變猶雨寶有失以此當知非勝寶又以寶淨摩尼寶投火中雖不出出俱不變又雨寶無盡初二寶爲下寶中一寶爲中寶後一寶爲勝寶如是心內四種眞摩尼試實不實何以得知有無量四魔以聲聞投小叫喚地獄中已雖不出出俱生疲厭心以此當知下劣性又以緣覺投大叫喚地獄中已於其中則生疲厭心出則得本心又以菩薩投火燒熱地獄中雖不出出俱不變而恭敬善知識處漸

有闕由是當知雖不變少有失乎又以佛投阿鼻大地獄中雖不出出俱不變亦無怖畏心亦復供養善知識度諸衆生示現八相而不休息常於諸道中代一切衆生受諸苦惱無疲厭心譬如輪王寶馬一刹那周行四天下而復於一切時中一切刹那中周行塵方不生疲厭又云一切諸衆生從本以來同一實性相覺時不增迷時不減不問凡聖唯此一大日毗盧遮那之善巧性相及妄念時不改凡夫時善惡無記種種一切煩惱妄想所見種種一切諸法國土山河沙石瓦礫樹木叢林羣獸雌雄卵縠彊弱互相食

噉牝牡婬欲窟穴相奪人間男女偷盜劫掠貪財貪色貪名貪利互相殺奪乃至已生當生現生一切惡法性相乃至一切諸善法已作當作現作乃至璧玉金銀赤白銅鐵珍珠珂貝一切華香旛蓋宮殿樓閣凡一切諸所用物像皆此大日毗盧遮那度生德用全此法界身雲何以故若離此相已外諸佛以何方便化度一切衆生類是故法界一法皆諸佛法然一切凡夫遇諸差別相起種種異見由不知忽爾無明計種種異見如經中所說依正論釋但是一善巧方便盤迴屈曲成所依華藏於一一華葉中顯十佛令

知相雖萬差皆是毗盧遮那十身所作十身差別機感多端耳又緣起陀羅尼有二一淨緣起如清渚起波二染緣起猶濁河鼓浪清濁雖異濕性無差如淨緣返流聖地之中染緣隨流凡境之內凡聖雖別一心湛然此猶約迷悟似分若直了一心全成性起無復凡聖之號曷有清濁之文問所云五根作用皆稱光明寶摩尼王悉能雨寶凡夫根器亦如是耶荅經云六自在王常清淨所以稱王王是自在義是以眼根任運觀色自在無礙經云譬如眼光照了前境其光圓滿得無憎愛又常在現量本性不遷豈非如王

常得自在所稱摩尼者是雨寶義如云應眼時若千日萬像不能逃影質豈非雨寶義又云眼門放光照破山河大地豈非放光義則玄鑒無遺幽微洞察五根隨用亦復如是乃至意根一念千里無有障礙如云應意時絕分別照燭森羅終不歇透過山河石壁間要且照時常寂滅故知六根不惡還同正覺智者無爲愚人自縛可謂身之寶藏心之明珠不說不知空沉苦海先聖悲愍意在於斯矣又所陳法喻爲未信之人此是世間摩尼況我心之雨寶如將大海比我心之宏深且摩尼是質礙之色法豈同丹臺無盡

之法財大海是有限之波瀾寧等靈源不窮之性水乃略況於少分可謂天地懸殊尋萬丈而未得毫釐指百分而纔言一二切忌自屈不肯承當耳八託事顯法生解門者華嚴經云百千億那由他不可說先住兜率宮諸菩薩眾以從超過三界法所生離諸煩惱行所生周徧無礙心所生甚深方便法所生無量廣大智所生堅固清淨信所增長不思議善根所起阿僧祇善巧變化所成就供養佛心之所現無作法門之所印釋曰此上併出因也又云出過諸天諸供養具供養於佛者即說多果也次一因成一果經云

以從波羅蜜所生一切寶蓋於一切佛境界清淨所生一切華帳無生法忍所生一切衣乃至解諸法如夢歡喜心所生佛所住一切寶宮殿旣以無生忍唯生於衣等故云一因一果後一因成多果謂但舉無生爲因總生諸果故經云無著善根無生善根所生一切寶蓮華雲一切堅固香雲一切無邊色華雲等隨一事即是無盡況一事皆是稱性故皆即是無盡法界但隨一義以名目之如顯可重圓明即名爲寶若云自在即稱爲王若爲潤益即名雲等故金色世界即是本性彌勒樓閣即是法門勝熱婆羅門火聚

刀山即是般若無分別智等皆其事也故一一事即具無盡之法故立具足無盡之德不出於此九十世隔法異成門者以時無別體依華以立一念該攝十世融通所以如見華開知是芳春茂盛結果知是朱夏彫落爲秋收藏爲冬皆因於物知四時也又一念九世成十世者九約於義一約實體體用相融故常九常一無有障礙體用相奪離九一相故同果海令時融通無礙自在略有四重一相泯俱盡二相與兩存三相隨互攝四相是互即初中以本從末唯事而無理以末歸本唯理而無事二中全事之理非事故

一相無時全理之事非理故九世不亂三中由隨事之理故令一時能容一切時由隨理之事故令一切時隨理入一時中多一反上互入可知四中由即理之事故令一時即一切時由即事之理故令一切時即一時故唯理無物可相即入唯事相礙不可即入要以事理相從無礙方有即入思之可見又如善財一生能辦多劫之行者如毗目僊人執手旣善友力瞬息之間或有佛所見經不可說不可說佛剎微塵數劫修行不倦何得一生不經多劫僊人之力長短自在故如世王質遇僊人碁令斧柯爛三歲尙謂食

頃既能以長爲短亦能以短爲長如周穆隨於幻人雖經多年實唯瞬息故知世法佛法俱不可思議世法尚不可量何況佛法不應以長短之時廣狹之處定其旨也十主伴圓明具德者華嚴現相品云眉間出勝音菩薩與無量諸眷屬俱出卽入眷屬佛放眉間光明無量百千億光明以爲眷屬卽光明眷屬又法界修多羅以佛刹微塵數修多羅而爲眷屬卽法眷屬故隨一一皆有眷屬若以餘經望但爲眷屬不爲主伴今言眷屬者約當經中事以爲眷屬眷屬卽伴故證主伴此華事十玄例於餘事舉華既爾一塵

等事亦然華上十門唯約事說謂華事上一切事同時具足事廣狹無礙事一多事乃至主伴事此事華既帶同時十義又具餘敎義等十門謂事上有敎義同時具足敎義廣狹敎義一多乃至主伴敎義又敎義至感應各有同時等爲百門以事所依例餘所依謂事法既有百門二敎義爲百門乃至感應具百門故有千門如敎義等有此千門以所依例能依門亦成千門謂前以所依體事爲首今以能依玄門爲首謂同時門中具同時敎義同時事理同時境智乃至同時感應故有十門同時門中具廣狹等其廣狹等有廣狹敎義等故成百門二廣狹具百例同時門三相入門具百四相卽門具百乃至第十主伴門具百故成千門然其後千不異前千但互舉爲首而成異耳若重重取之至於無盡者結成無盡言重重取者謂如初一門中具十十中取一此一亦須具十是百具千以不相離故如一既爾千門各十亦然則具十千十千之中隨取其一亦具十千如一千錢共爲緣起一錢爲首則具一千錢餘亦如是則有千千千千之中隨取其一亦具千千故至無盡又重重者一事之中亦有多境一智之中復有多智等更相涉入亦

無盡也以是具德無盡法門唯普眼境界上智能入故當勤修必成大益問如何是十玄門安立所以荅本是一心眞如妙性無盡之理因體用卷舒性相卽入理事包徧緣性依持義分多種略卽六相廣乃十玄乃是諸佛菩薩德相業用一行一法皆具十玄悉入宗鏡之中一心無盡之旨如華嚴演義云一同時具足相應門以是總故貫於九門之初二廣狹門別中先辯此者是別門之由由上事理無礙中事理相徧故生下諸門且約事如理徧故廣不壞事相故狹故爲事事無礙之始三由廣狹無礙所徧有多以一

望多故有一多相容相容則二體俱存但力用交徹耳四由此容彼彼便即此由此徧彼此便即彼等故有相即門五由互相攝則互有隱顯謂攝他他可見故有相入門攝他他無體故有相即門攝他他雖存而不可見故有隱顯門以爲門別故故此三門皆由相攝而有相入則如二鏡互照相即則如波水相收隱顯則如片月相暎六由此攝他一切齊攝彼攝亦然故有微細相容七由互攝重重故有帝網無盡八由旣如帝網隨一即是一切無盡故有託事顯法九由上八皆是所依所依之法旣融次辯能依能依之

時亦爾十由法法皆然故隨舉其一則便爲主連帶緣起便有伴生又刋定記分德相業用各有十玄德相十玄者一同時具足相應德二相即德三相在德四隱顯德五主伴德六同體成即德七具足無盡德八純襍德九微細德十因陀羅網德二業用十玄者一同時具足相應用二相即用三相在用四相入用五相作用六純襍用七隱顯用八主伴用九微細用十因陀羅網用故知無有一法不具無邊性德眞如妙用矣是以此重玄門名言路絕隨智所演以廣見聞唯證方知非情所解若親證時悉是現量之境處

處入法界念念見遮那若但隨文義所解只是隂識依通當逆順境時還成滯礙遇差別問處皆墮疑情如鹽官和尚勘講華嚴大師云華嚴經有幾種法界對云略而言之有十種法界廣而言之重重無盡師豎起拂子云是第幾種法界當時低頭擬祇對次師訶云思而知慮而解是鬼家活計日下孤燈果然失照出去問諸總持陀羅尼門差別句義數若恒沙云何但於一心悉皆開演荅離心無說離說無心舒則恒沙法門卷則一心妙旨微塵經卷盡大千而未展全文普眼法門竭大海而不書一偈如忉利天鼓演

莫測之眞詮雷音寶林說無生之妙偈安養國內水鳥皆談苦空華藏海中雲臺盡敷圓旨所以華嚴經云譬如諸天有大法鼓名爲覺悟若諸天子行放逸時於虛空中出聲告言汝等當知一切欲樂皆悉無常虛妄顚倒須臾變壞但誑愚夫令其戀著汝莫放逸若放逸者墮諸惡趣後悔無及放逸諸天聞此音已生大憂怖捨自宮中所有欲樂詣天王所求法行道佛子彼天鼓音無主無作無起無滅而能利益無量衆生阿彌陀經云復次舍利弗彼國常有種種奇妙襍色之鳥白鶴孔雀鸚鵡舍利迦陵頻伽共命之

鳥是諸眾鳥晝夜六時出和雅音其音演暢五根五力七菩提分八聖道分如是等法其土眾生聞如是音已皆悉念佛念法念僧斯則皆是頓悟自心更無餘法此一心法界是諸經通體故如來所說十二分教親從大悲心中之所流出大悲心從後得智後得智從根本智根本智從清淨法界流出即是本原更無所從無有法離於法界而有此一心門是一字中王亦名一語亦名一句思益經云如佛所說汝等集會當行二事若聖說法若聖默然何謂說法何謂默然答言若說法不違佛不違法不違僧是名說法若

知相即是佛離相即是法無為即是僧是名聖默然又善男子因四念處而有所說名聖說法於一切法無所憶念名聖默然斯正說時心契法理即不說耳明非緘口名不說也如入佛境界經云佛言文殊師利諸佛如來無有人見無有人聞無有人現在供養無有人未來供養文殊師利諸佛如來不說諸法一不說諸法多文殊師利諸佛如來不證菩提諸佛如來不依一法得名亦非多法得名文殊師利諸佛如來不見諸法不聞諸法不念諸法不知諸法不覺諸法文殊師利諸佛如來不說一法不示諸法瓔珞經云以一句偈訓誨八萬四千國邑大集經偈云無量智者佛真子數如十方微塵等於無量劫諮問佛不盡如來一字義又云能以一字入一切法為眾生說是名般若波羅蜜無涯際總持經云是般若波羅蜜一語能荅萬億之心首楞嚴三昧經云文殊言若人得聞一句之法即解其中千萬句義百千萬劫敷演解說智慧辯才不可窮盡是名多聞大涅槃經云若見如來常不說法是名具足多聞又云寧願少聞多解義理不願多聞於義不了即是入此宗鏡一解千從雖廣引文只證此義上根一覽已斷纖疑中下再

披方能具信對根故爾非法合然所以勝天王般若經云佛復告善思惟菩薩言賢德天子已於過去無量百千億劫修習陀羅尼門窮劫說法亦無終盡善思惟菩薩白佛言世尊何等陀羅尼佛言善男子名眾法不入陀羅尼善男子此陀羅尼過諸文字言不能入心不能量內外眾法皆不可得善男子無有少法能入此者故名眾法不入陀羅尼何以故此法平等無有高下亦無出入無一文字從外來入無一字從此法中出又無一字住此法中亦無文字共相見者亦不分別法與非法是諸文字說亦不減不說無

增從本以來無起造者無壞滅者善男子如文字心亦如是如心一切法亦如是何以故法離言語亦離思量本無生滅故無出入是名眾法不入陀羅尼若能通達此法門者辯才無盡何以故通達不斷無盡法故善男子能入虛空者則能入此陀羅尼門華嚴出現品云佛子菩薩摩訶薩應知如來音聲徧至普徧無量諸音聲故應知如來音聲隨其心樂皆令歡喜說法明了故應知如來音聲隨其信解皆令歡喜心得清涼故應知如來音聲化不失時所應聞者無不聞故應知如來音聲無生滅如呼響故應知如來

音聲無主修習一切業所起故應知如來音聲甚深難可度量故應知如來音聲無邪曲法界所生故應知如來音聲無斷絕普入法界故應知如來音聲無變易至於究竟故佛子菩薩摩訶薩應知如來音聲非量非無量非主非無主非示非無示疏釋云收上十聲要不出三約相則廣無量約體則無主宰約用則有顯示今並雙非以顯中道謂莫窮其邊故非量隨機隨時有聞不聞故非無量多緣集故非有主純一法界生故非無主當體無生故無能示巧顯義理故非無示更以四句明體用無礙謂一以用從體由

體無不在故能令上十類聲皆徧一切非唯徧聲亦徧一切時處眾生如來法界等雖復於聲等皆徧恆不襍亂若不等徧則音非圓若由等徧失其音曲則圓非音今不壞曲而等徧不動徧而差韻方成圓音二以體從用其一一音皆具含眞性三用即體故上十韻聲皆不可得唯第一義永離所執故法螺恆震妙音常寂名寂靜音如空谷響有而即虛若不即虛非但失於一音亦不得圓融自在四體即用故寂而恆宣若天鼓無心而應一切長風隨竅萬吹不同若不徧同非但失於能圓亦非眞一故經云一切眾生

種種語言皆悉不離如來法輪何以故言音實相即法輪故是以眾生言音皆不出虛空性以性無不在則法輪徧一切處無有間斷止觀云觀心攝一切教者毗婆沙論云心能為一切法作名若無心則無一切名字當知世出世名字悉從心起若觀心僻越順無明流則有一切諸惡教起所謂僧佉衛世九十五種邪見教生亦有諸善教起五行六甲陰陽八卦五經子史世智無道名教皆從心起云何出世名教皆從心起寶性論云有一大經卷如三千大千世界大記大千界事如中如小四天下三界等大者皆記其

事在一微塵中一塵旣然一切塵亦爾一人出世以淨天眼見此大經卷而作是念云何大經在微塵內而不饒益一切衆生卽以方便破出此經以益於他如來無礙智慧經卷具在衆生身中顚倒覆之不信不見佛敎衆生修八聖道破一切虛妄見已智慧與如來等此約微塵附有爲喻又約空爲喻者發菩提心論云譬如有人見佛法滅以如來十二部經仰書虛空宛然具足一切衆生無有知者久久之後更有一人遊行於空見經咄嗟云何衆生不知不見卽便寫取示導衆生云何寫經謂令衆生修八正道破虛

空等修有多種若觀心因緣生滅無常修八正道者卽寫三藏之經若觀心因緣卽空修八聖道卽寫通敎之經若觀心分別校計有無量種凡夫二乘所不能測法眼菩薩乃能見之是修無量八正道卽寫別敎之經若觀心卽是佛性圓修八正道卽寫中道之經明一切法悉出心中心卽大乘心卽佛性自見已智慧與如來等又觀心卽假卽中者卽攝華嚴之經若觀心因緣生法生滅者卽攝三藏四阿含敎如乳之經若觀心卽空者卽攝共般若如酪之經若其觀心因緣生法卽空卽假卽中者卽攝方等生酥之經

若但用卽空卽假卽中者卽攝大品熟酥之經若用卽中觀心者卽攝法華開佛知見大事正直醍醐之經若用四句相卽觀心卽攝涅槃同見佛性醍醐之經又若觀因緣又觀因緣卽是佛性佛性卽是如來是名乳中殺人若觀析空又觀析空卽是佛性佛性卽是如來是名酪中殺人若觀卽空又觀卽空卽是佛性是名生酥殺人若觀假名又觀假名卽是佛性是爲熟酥殺人若觀卽中又觀卽中卽是佛性是名醍醐殺人今通言殺人者取二死已斷三道淸淨名爲殺人是名止觀攝不定敎又心攝諸敎有二一者

一切衆生心中具足一切法門如來明審照其心法按彼心說無量敎法從心而出二者如來往昔曾作觀心偏圓具足依此心觀爲衆生說敎化弟子令學如來破塵出卷仰寫空經故云一切經敎一心止觀攝盡華嚴經頌云若欲三千大千界敎化一切諸羣生如雲廣布無不及隨其根欲悉令喜毛端佛衆無有數衆生心樂亦無極悉應其心與法門一切法界皆如是華嚴演義云至聖垂誥鏡一心之玄極大士宏闡燭微言之幽致雖忘懷於詮旨之域而浩汗於文義之海蓋欲寄象繫之迹窮無盡之趣矣故知非

言無以立其文非文無以廣其義非義無以窮其玄夫得其玄者則宗鏡無盡之旨矣旨既無盡不說不知今為未知者言不為已知者說脫或諸宗異執見解差殊或空有相非大小各諍斯乃不窮理本彊說異同入宗鏡中勝負俱息如析金杖叚叚俱金猶截瓊枝寸寸是寶問信入此法還有退者否荅信有二種一若正信堅固諦了無疑理觀分明乘戒兼急如此則一生可辦誰論退耶二若依通之信覩力麤浮習重境彊遇緣即退如華嚴論云如涅槃經聞常住二字尚七世不墮地獄如華嚴經云設聞如來名及

所說法不生信解亦能成種必得解脫至成佛故何故經言第六住心及從凡夫信位猶言有退此意若為和會解云十信之中勝解未成未得謂得便生憍慢不近善友不敬賢良為慢怠故久處人天惡業便起能成就大地獄業若一信不慢常求勝友即無此失若權教中第六住心可有退位實教中為稽滯者責令進修如舍利弗是示現聲聞非實聲聞假作方便皆度眾生使令進策如權教中第六住心可說實退何以故為權教中地前三賢總未見道所修作業皆是有為所有無明皆是折伏功不彊者便生退還

若折伏有力亦不退失如蛇有毒為呪力故毒不能起但於佛法中種於信心謙下無慢敬順賢良於諸惡人心常慈忍於諸勝已者諮受未聞所聞勝法奉行無忘所有虛妄依教蠲除於三菩提道常勤不息夫為人生之法法合如然但不長惡而生何須慮退華嚴疏云深心信解常清淨者信煩惱即菩提方為常淨由稱本性而發菩提心本來是佛更無所進如在虛空退至何所

宗鏡錄卷二十八

音釋

肘陟柳切二尺也　梠力舉切楣也　桷古岳切椽也　鐺抽庚切釜屬　臆於力切胷也　萎於為切蔫也　牝牡牝毗忍切畜母也牡莫厚切畜父也　窽苦弔切穴也

宗鏡錄卷二十九

宋慧日永明妙圓正修智覺禪師延壽集

夫既法輪徧一切處無有間斷常恒說者云何更逐會結集說處不同如華嚴九會之文法華三周之說答廣略不等皆爲對機以一顯多令入無盡如華嚴指歸云謂於一刹那中則徧無盡之處頓說如此無邊法海問云准此所說說華嚴會總無了時何容有此一部經教答爲下劣衆生於無盡說中略取此等結集流通故有此部令其見聞方便引入無際限中如觀牖隙見無際虛空當知此中道理亦爾視此一

部見無邊法海故知若提綱撮要一塵尙含法界一字卽演無邊豈況九會三周之說乎如是解者則一時一切時一說一切說又問若此多劫常恒說者何故如來有涅槃耶答說此經佛本不涅槃法界品中開栴檀塔見三世佛無涅槃者又以攝化儀之中涅槃亦是說法攝生與成道說法無差別故復次舍那佛常在華藏恒時說法元無涅槃常住故乃知出世涅槃皆是衆生自見諸佛本不出世亦不涅槃故入宗鏡中自然二見俱絕問法唯心說者云何教立五時聽分四衆答諸佛無有色聲功德唯有如如及如如智獨存凡有見聞皆是衆生自心影像則說唯心說聽唯心聽離心之外何處有法如思益經云梵天言何故說不聽法者乃爲聽經文殊言眼耳鼻舌身意不漏是聽法也所以者何於內六入不漏色聲香味觸法乃爲聽經乃至梵天問得忍菩薩汝等豈不聽是經耶答如我等聽以不聽爲聽古德云如來演出八辯洪音聞者託起自心所現如依肰貌變起毫端本質已無影像如在羣賢結集自隨見聞依所聞見結集自語良以離自心原無有外境離境亦無內心可得諸傳法者非授與他但爲勝緣令自得法自

解未起無以悟他自解不從他來他解寧非自起是故結集及傳授者皆得影像不得本質無有自心得他境故是知結集乃是自心所變之經至傳授者傳授自心所變之法得影非質思而可知若能常善分別自心所現能知一切外性非性此人知見可與佛同所說之法與佛無異悟入智覺聖智樂故寶性論偈云天妙法鼓聲依自業而有諸佛說法者衆生自業聞如妙聲遠離功用處身心令一切衆生離怖得寂靜佛聲亦如是離功用身心令一切衆生得證寂滅道又偈云譬如虛空中雨八功德水到鹹等住處

生種種異味。如來慈悲雲。雨八聖道水。到衆生心處。生種種解味。釋曰。如天鼓聲應諸天所知之量。猶龍王雨隨世間能感之緣。證自法而不同。成異味而有別。法亦如是。隨見差殊。於一乘而開出諸乘。從一法而分成多法。華嚴探玄記云。緣起唯心門者。此上一切差別教法。無不皆是唯心所顯。是故俱以唯識爲體。然有二義。一本影相對。二說聽全收。初中通辯諸教。總有四句。一唯本無影。如小乘教。以無唯識義故。達摩多羅等諸論師。多立此義。二亦本亦影。如大乘始教。衆生心外有佛微妙色聲等法。由聞者善根增

上緣力。擊佛利他種子。爲因。於佛智上文義相生。爲本性相教。由佛此教增上緣力。擊聞法者有流善根種子。聞者識上文義相生。爲影像相教。三十唯識論頌云。展轉增上力。二識成決定。護法論師等悉立此義。三唯影無本。如大乘終教。離衆生心。佛果無有色身音聲事相功德。唯有如如及如如智。大悲大願爲增上緣。彼所化根熟衆生心中。顯佛色聲說法。是故聖教唯是衆生心中影像。故經偈云。一切諸如來無有說佛法。隨其所應化。而爲演說法。又偈云。如來法身不思議。無色無相無倫疋。示現色像爲衆生。十方

受化靡不見。如是非一。龍軍堅慧諸論師等並立此義。四非本非影。如頓教中。非直心外無佛色等。衆生心內所顯之佛。亦當相空。以唯是識。無別影故。色等性離。無所有故。一切無言。無言亦無故。是故聖教卽是無教之教。如經頌云。如來不出世。亦無有涅槃。又密嚴經明佛常在法界。無出世等。龍樹等宗多立此義。此有四說。總爲一教。圓融無礙。皆不相妨。以各聖教從淺至深。攝衆生故。思之可見。第二說聽全收者。亦四句。一離佛心外無所化衆生。況所說教。是故唯是佛心所顯。此義云何。謂諸衆生無別自體。攬如來

藏以成衆生。然此如來藏卽是智證爲自體。是故衆生舉體總在佛智心中。經頌云。諸佛悉了知。一切從心轉。又云。如來菩提身中。悉見一切衆生發菩提心成等正覺。乃至見一切衆生皆已寂滅。亦復如是。皆悉一性。以無性故。又頌云。三世一切劫。佛刹及諸法。諸根心心法。一切虛妄法。於一佛身中。此法皆悉顯。是故離佛心智無一法可得。二總在衆生心中。以離衆生無別佛德故。此義云何。謂佛證於衆生心中眞如成佛。亦以始覺同本覺。故是故總在衆生心中。從體起用應化身時。卽是衆生心中眞如用大。更無別

佛三隨一聖教全唯二心以前二說不相離故謂衆生心內佛爲佛心中衆生說法佛心中衆生聽衆生心中佛說法如是全收說聽無礙是謂甚深唯識道理四或彼聖教俱非二心以兩俱形奪不並顯故雙融二位無不泯故謂佛心中衆生無聽者故衆生心中佛無說者故兩俱雙辯二相盡故經云夫說法者無說無示其聽法者無聞無得又經頌云衆生所生不是生亦無流轉生死中又經頌云如來不說法亦不度衆生等是故此四於一聖教圓融無礙方爲究竟華嚴演義問云生佛約體雖同相用自別豈得全

同釋云從體起用用不異體體既衆生之體用豈離於衆生故依體起用卽是衆生心中眞如用大更無別佛若爾起信論中已有此義何以獨明華嚴爲別教耶釋云起信雖明始覺本覺不二體相用三大攸同而是自心各各修證不言生佛二互全收是則用起信之文成華嚴之義又說聽全收生佛相在者略舉二喻一者如一明鏡師弟同對說聽以師取之卽是師鏡弟子取之是弟子鏡鏡喻一心師弟喻生佛是謂弟子鏡中和尙爲和尙鏡中弟子說法和尙鏡中弟子聽弟子鏡中和尙說法諸有知識請詳斯喻

此喻猶恐未曉又如水乳和同一處而互爲能和所和且順說聽以能和爲說所和爲聽且將水喻於佛乳喻衆生應言乳中之水和水中之乳水中之乳受乳中之水雖同一味能所宛然雖能所宛然而互相在相徧相攝思以准之又衆生心中佛者此明衆生稱性普周而佛不壞相在衆生心內言爲佛心中衆生說法者此明佛心稱性普周而衆生不壞相在佛心內也更無別理但說聽之異耳是知一切衆生語言皆法輪正體若離衆生言說卽佛無所說先德云若離方言佛則無說聖人無心以萬物心爲心聖人

無身亦以萬物身爲身卽知聖人無言亦以萬物言爲言矣華嚴論云一切凡聖境界莊嚴果報以爲教體此乃見境發心不待說故見惡猒之見善樂之總能起善故又一切法無非佛事故又以一切法自性清淨以爲教體以觀察力心契自相應故不待說故又以行住坐臥四威儀以爲教體見敬發心不待語故肇論云爲莫之大故乃反於小成施莫之廣故乃歸於無名何謂小成通百千恒沙之法門在毛頭之心地何謂無名形教徧於三千無名相之可得故須宗說雙通方成師匠所以經偈云宗通自修行說通

示未悟眞覺大師云宗亦通說亦通定慧圓明不滯空宗通是定說通是慧則宗說兼暢定慧雙明二義相成闕一不可如法華經云定慧力莊嚴以此度衆生又昔人頌云說通宗不通如日被雲朦宗通說亦通如日處虛空故知若先了宗說則無過故法華序品偈云又見諸菩薩知法寂滅相各於其國土說法求佛道又凡有詮表形於言教者皆是明心不詮餘法或言廣大自在此約德相以明心或言寂滅無爲此約離過以明心乃至或說事是心之事或說理是心之理故云千經萬論皆是言心豈止宗鏡耶如法

華經云爲一大事因緣故出現於世凡言大者莫越於心於五大之中虛空最大尙爲心之所含故首楞嚴經云空生大覺中如海一漚發又云寂照含虛空此大非對數量稱大又非形待稱大故云一大事又此一非一如法句經頌云森羅及萬像一法之所印一亦不爲一爲欲破諸數是知諸佛出世祖師西來皆明斯旨非爲別事矣起信鈔云一心該於萬有萬有不出一心者此但意在出體不在收於萬法恐存物外之見故總該之然諸教中皆說萬法一心而淺深有異今約五教略而辯之一愚人法聲聞教假說

一心謂世出世閒染淨等法皆由心造業之所感故若推徵則一心之義不成以立前境故云假說二大乘權教明異熟賴耶以爲一心三界萬法唯識變故三終教說如來藏以爲一心識境諸法皆如夢故四頓教泯絕染淨以說一心爲破諸數假名故五圓教總該萬有以爲一心事理本末無別異故如上所說前淺後深淺不至深深必該淺所以宗鏡雖備引五教一心證明唯指歸圓教一心總攝前故又如鈔云一心爲如來所說法之根本者蓋緣如來依此一心而成就故是則信解行證皆依此心從微至著未嘗

離此若離於心得成佛者無有是處離此有說者皆外道教也所以起信論云所言法者謂衆生心是心則攝一切世閒出世閒法依於此心顯示摩訶衍義疏釋云辯法功能以其此心體相無礙染淨同依隨流返流唯轉此心是故若隨染成於不覺則攝世閒法若不變之本覺及返流之始覺則攝出世閒法此猶約生滅門中辯若約眞如門者則鎔融含攝染淨不殊如上所指盡理無過然一切染淨之法法無自立唯心所轉是知因心成法法豈非心所依旣全是心能依何得有異以能依從所依起故如波從水起

器自金成本末皆同體用無際法苑義林云徧詳諸教所說一切唯識不過五種一境唯識阿毗達摩經頌云鬼傍生人天各隨其所應等事心異故許義非眞實如是等文但說唯識所觀境者皆境唯識二教唯識由自心執著等頌皆教唯識三理唯識三十頌云是諸識轉變分別所分別由此彼皆無故一切唯識如是成立唯識道理皆理唯識四行唯識菩薩於定位等頌四種尋思如實等皆行唯識五果唯識佛地經言大圓鏡智諸處境識皆於中現又如來功德莊嚴經頌云如來無垢識是淨無漏界解脫一切障

圓鏡智相應如是諸說唯識得果皆果唯識此中所說境教理行果等五種唯識總攝一切唯識皆盡然諸教中就義隨機於境唯識種種異說或依所執以辯唯識楞伽經頌云由自心執著心似外境現以彼境非有是故說唯心但依執心虛妄現故或依有漏以明唯識華嚴經云三界唯心就於世間說唯識故或依所執及隨有爲以辯唯識三十頌云由假說我法有種種相轉彼依識所變依識自體起或依有情以辯唯識無垢稱經云心清淨故有情清淨心穢染故有情穢染或依一切無有諸法以辯唯識解深密

經云諸識所緣唯識所現或隨指事以辯唯識阿毗達摩論引契經頌云鬼傍生人天各隨其所應隨指一事辯唯識故如是等說無量教門類攝諸教理義盡者唯第五教總說一切爲唯識故乃至辯名離合會釋者離者別也合者同也諸經論各各別說諸觀等名今合解云但是唯識之差別義非體異也一名有三十二類華嚴等經中遮境唯識名爲唯心辯中邊論遮邊執路名爲中道般若經中明簡擇性名爲般若法華經中明究竟運載名曰一乘此之四名通能所觀若約眞俗境觀者正智唯眞加行後得並通

眞俗若言證者後得唯俗勝鬘經中遮餘虛妄名一實諦顯法根本亦名一依由空而證又是空性亦名爲空彰異出纏顯攝佛德佛從中出名如來藏明體不染眞實法性名自性清淨心功德自體亦名法身能出四乘能入二乘亦名一乘與法華一乘別無垢稱經遮理有差別名不二法門大慧經中表無起盡亦名不生不滅涅槃經中彰法身因多名佛性離縛解脫亦名涅槃楞伽經中表離言說名不思議瑜伽等中顯不可施設名非安立攝大乘等顯此徧常等名圓成實對法論等明非妄倒名曰眞如此之十五

類名。唯所觀理。唯眞智境。恐文繁廣。略舉爾所。非更無也。謂諸法界。法性。不虛妄性。不變異性。平等性。離生性。法定。法住。法位。眞際。虛空界。無我。勝義。不思議界等。乃至瑜伽論中施設非施設淺深異故。名爲安立非安立諦。即勝鬘經有作四聖諦。無作四聖諦。涅槃經中亦名勝義世俗二諦。乃至解深密等顯一切法有無事理種類差別。名爲三性。顯三俱無偏計所執。亦名三無性。又瑜伽等中明離繫之方便。亦名三解脫門。表印深理。名三無生忍。大智度論顯示差別。名四悉檀。諸論以後觀細。亦名四如實智。仁王經中

位別印可。亦名五忍。如是一切。雖異名說。皆是此中唯識境智別差名也。又或說因果體俱一識作用。成多一類菩薩義。或因果俱說一。決擇分中有心地說謂本識及轉識。或唯因說二。辯中邊論頌云。識生變似義有情我及了。或因果俱說三。三十唯識論云。謂異熟思量。及了別境識。多異熟性故。偏說之。阿陀那名理通果。或唯果說四。佛地經等。說四智品。或因果俱說。（此處闕第五義諸本皆無）六。隨順小乘經中說六識。或因果俱說七。諸教說七心界。或因果俱說八。謂八識。或因果合說九。楞伽經第九頌云。八九種種識。如水中諸

波。此依無相論同性經中。彼取眞如爲第九識。眞一俗八。二合說故。今取淨位第八本識。以爲第九。染淨本識各別論故。所依本故。第九復名阿末羅識。故第八染淨別說。以爲九也。如是所說諸識差別。一往而論。依成唯識論云。八識自性。不可言定異。因果性故。無定性故。如水波故。亦非定一。行相所依緣相應異故。起滅異故。熏習異故。楞伽經頌云。心意識八種。俗故相有別。眞故相無別。相所相無故。如是一切識類差別。名爲唯識。此幻性識。若加行觀。唯共非自。若後得觀。自相觀。一一依他各各證故。如上所引。是知諸

佛所證。菩薩所修。若教若理。若因若果。若行若位。乃至世間出世間一切萬法。無有纖毫一法不是心者。宗鏡大旨。見聞信向之者。如寶印所印。明鏡所照。可永絕纖疑矣。但一切毛道異生。或居不定聚者。習性易染。猶如白絲。如孟子云。人性猶湍水。決東則東。決西則西。猶如尺蠖。食黃而身黃。食蒼而身蒼。且八識藏中。十法界種子具有。隨所聞法。即發起現行。若聞宗鏡之文。即熏起佛乘種子。然須染神入心。窮原見性。不徒耳入口出。但記浮言。如荀卿子云。君子之學。入乎神。著乎心。布乎四支。動靜皆可爲法。小人之學。

入乎耳出乎口口耳之閒則四寸耳何足美七尺之軀者也問十方諸佛無盡教海廣大無邊云何於十帙之中而言搜盡荅若歷事廣分言過無窮之教海若撮其妙旨理盡百卷之要文一言已達其原況乎十帙以無量經教皆是一心所以法華經云種種言詞演說一法如傅大士行路難云君不見心相微細最奇精非作非緣非色名雖復恬然非有相若凡若聖已之靈此靈無形而常應雖復常應實無形心性無來亦無去緣慮流轉實無停正覺覺此眞常覺方便鹿苑制尊經又云能知此心無隔礙生死虛妄不

能羈而此一心皆悉具八萬四千諸律儀思益經云譬如大火一切諸燄皆是燒相如是諸善男子所說法皆入法性故知一切凡聖所有言說皆入宗鏡之中終無異法所以經偈云麤言及細語皆歸第一義乃至前後橫竪之說廣畧之文一一皆爲引入第一義中若實入其中則佛法皆平現不用記一字念盡一切經不用解一法會盡無邊義不用說一句常轉正法輪不用舉一步徧參法界友何者若記得是想邊際若解得落意根中若說得是辯才門若參得墮外學地並不干自已事宗鏡中不收如手撮虛空徒

勞心力所以迎之不見其首隨之不見其後存之一一皆空亾之處處咸有故志公和尚云佛祖言外邊事取著元來還不是作意搜求實無蹤生死魔來任相試先德云第一不得於一機一致邊守文作解實無有定法如來可說我宗門中不論此事但知自心卽休不更用思前慮後又偈云千般比不得萬種況不成智者不能知上賢亦不識問旣談無言之道絕相之眞云何徧引言詮廣明行相荅非言何以知乎無言非相何能顯乎無相華嚴經偈云了法不在言善入無言際而能示言說如響徧世閒淨名經云夫

說法者無說無示不言不說故云當如法說又云無離文字說解脫也法華經偈云諸法寂滅相不可以言宣以方便力故爲五比丘說又偈云又見菩薩安禪合掌以千萬偈讚諸法王斯皆以無言顯言言顯無言也又華嚴經頌云佛以法爲身清淨如虛空所現衆色像令入此法中又偈云色身非是佛音聲亦復然亦不離色聲見佛神通力金剛經云若見諸相非相則見如來斯皆以相顯無相也則無言不礙言無相不礙相故知無言卽言曾無別體相卽無相豈有異形故經偈云無中無有二無二亦復無三界一

切空是則諸佛見且諸佛見中寧立有無同異見耶故先德云是以佛證離言流八音於聽表演大藏於龍宮故知至趣非遠功行得之則甚深言象非近慮懷體之而目擊言絕之理而非絕繫與玄籍而非與故即言亡言也所以無言之言橫分教海非有之有高立義天如唯識疏序鈔釋云疏云無言之言風警非有之有波騰此四句疏文前二句顯佛本質教後二句顯聞者影像教何者謂佛說之教離心無體名為無言從心現故名之為言此為能擊發如似風警即佛於利他後得智上有三乘十二分教蔟然顯現

即與眾生為增上緣欲令聞者識上有文義相生故云無言之言風警也非有之有波騰者即聞者識上文義相生因質起教故有似波騰離心無體名為非有從心現故名之為有又云悟之者得理忘言迷之者執文遺旨證之者言理一心是知若入宗鏡無旨外之文可執無文外之旨可尋理事雙消悟迷俱絕

問從禪定而發慧因靜慮以證真何不令息念澄神冥宗照體故云禪能洗根情之欲垢摧結使之高山滅覺觀之猛風遮煩惱之毒箭曷乃廣論總別說佛說心惑亂初機有違正典答夫禪有四種一作異計忻上厭下而修者是外道禪二信正因果亦以忻厭而修者是凡夫禪三了生空理證偏真之道而修者是小乘禪四達人法二空而修者是大乘禪若背教而唯成闇證只為已眼不明守黙而但坐癡禪所以慧心弗朗徒與邪行空濫真修入道之初教觀須具執觀門而棄教旨終成上慢之愚徇他說而背自心實招數寶之誚所以華嚴明成就無生之慧先賴多聞佛藏說速入涅槃之門皆因聽法如佛藏經頌云百千啞羊僧無慧修靜慮設經百千劫無一得涅槃聰敏智慧人能聽法說法斂念須臾頃必速至涅槃

此頌是自利入道也又經頌云假使頂戴塵沙劫身為牀座徧三千若不傳法利眾生決定無能真報者斯頌乃利他報恩也華嚴明菩薩證無生慧光皆因善巧多聞又聞有助觀起信之功能圓自行說有斷疑成佛之力可以化他故華嚴經頌云譬如闇中寶無燈不可見佛法無人說雖智不能了是以說圓頓教印眾生心開大施之門成無邊之益若不以此示人雖有利他而不盡善所益既尠用力尤多若直指自心全提家寶如傾囊倒藏大施無遮徹果該因究竟常樂所以輔行記云若以權法化人法門雖開不

名傾藏今於一心開利物門傾祕密藏示眞實珠心旣不窮藏亦無量藏旣無量珠則無邊含一切法故名爲藏理體無缺譬之以珠是則開示衆生本有覺藏非餘外來維摩經云法施會者無前無後一時供養一切衆生是名法施之會什法師云若一起慈心則十方同緣施中之最莫先於此故曰無前後也肇法師云夫以方會人不可一息期以財濟物不可一時周是以會通無隅者彌綸而不漏法澤冥被者不易時而同覆故能卽無疆爲一會而道無不潤虛心懷德而物自賓曷爲存濡沫之小慧捨江海之大益

置一時之法養而設前後之俗施乎夫財養養身法養養神養神之道存乎冥益何則羣生流轉以無窮爲塵路冥冥相承莫能自返故大士建德不自爲身一念之善皆爲羣生以爲羣生故行願俱果行果則已功立願果則羣生益已功立則有濟物之能羣生益則有返流之分然則菩薩始建德於內羣生已蒙益於外矣何必待哺養啓導然後爲益乎菩提者宏濟之道也是以爲菩提而起慈者一念一時所益無際矣則是承宗鏡之光徧法界之照寧有遺餘乎如首楞嚴疏鈔云心靈萬變者坐禪在定時魔境千差

俱不識昔有禪師在山坐見一孝子擎一死屍來向禪師前著便哭云何故殺我阿母禪師知是魔思云此是魔境我將斧斫却可不得解脫便於柱上取斧遂斫一斧孝子走去後覺股上濕便看乃見血不期自斫斯乃正坐禪時心中起見遂感外魔來入行人心不知皆由自心或自歌舞等元是自心影像故知若了唯心諸境自滅何處心外別有境魔耶又昔有禪師坐時見一豬來在前禪師將是魔則緩擎把豬鼻拽唱叫把火來乃見和尙自把鼻唱叫明自由心變但修正定何有魔事如經云汝心不明認賊爲子

五十重魔境皆由妄心爲賊子盜汝法界中法財智寶處三界往來貧窮孤露之苦問世間染法有貪瞋癡爲所治出世淨法有戒定慧爲能治則眞俗互顯能所對治行相分明理事具足云何但說一心之旨能祛萬法乎荅古德云至道本乎其心心法本乎無住無住心體靈知不昧則萬法出生皆依無住一心爲體離心之外無別有法如羣波依水離水無波萬像依空離空無像大莊嚴論偈云遠離於法界無別有貪法是故諸佛說貪出貪餘爾如佛先說我不說有異貪之法能出於貪瞋癡亦爾由離法界別法無

體故是故貪等法性得貪等名此說貪等法性能出貪等此義是經旨趣又頌云於貪起正思於貪得解脫故說貪出貪瞋癡出亦爾釋曰離貪之外無別有法以貪法界故則一切法趣貪是趣不過何者若於貪趣正思了貪無自性則於貪得解脫若於貪起邪想迷貪生執著則於貪被繫縛繫縛解脫遂成眞俗二門於眞俗二門則收盡染淨諸法貪一法既爾餘瞋癡等八萬四千煩惱塵勞門亦然一一徧含法界故斯乃是諸經旨趣之門亦可全證宗鏡大意矣若迷方便貪諸義門則疑燄水以漂人望乾城而投足

憑虛自失得實何憂此一心之旨萬德攸歸若善若惡皆能迴轉若逆若順悉使善成所以十玄門中有唯心迴轉善成門古釋云所言唯心迴轉者前諸義門等並是如來藏性清淨眞心之所建立若善若惡隨心所轉故云迴轉善成心外無別境故言唯心也若順轉卽名涅槃經云心造諸如來若逆轉卽是生死經云三界虛妄皆一心作生死涅槃皆不出心是故不得定說性是淨及與不淨也故涅槃經云佛性非淨亦非不淨淨與不淨皆唯心故離心更無別法也楞伽經偈云唯心無境界無塵虛妄見故知逆順

唯由人轉苦樂自逐緣分一念無住眞心塵劫未曾改變但隨智分別所見不同涅槃疏云若言心性本淨爲惑所覆猶屬教道且順權說若云本心清淨衆生聞者起於邪見謂心卽是不肯修道爲令衆生斷除貪等方見佛性故云終不定說等若依實理心性本來未淨猶如無始唯冰無水雖全是冰則不得云冰不是水衆生心性亦復如是雖本是無明則不得云非是三德祕藏是故圓人唯觀無始三道卽三德故不同權人却覆方見金剛三昧經云梵行長者言諸法一味云何三乘其智有異佛言長者譬如江河

淮海大小異故深淺殊故名字別故水在江中名爲江水在淮中名爲淮水在河中名爲河水俱在海中唯名海水法亦如是俱在眞如唯名佛道是以縱橫幻境在一性而融眞寂滅靈空寄森羅而顯相如華嚴經頌云譬如一心力能生種種心如是一佛身普現一切佛華手經偈云若欲以一念徧知一切心是心無形色如幻不堅固賢劫定意經云見於證明三界如幻一切本元無所違失是曰一心又云以是名號爲無所有有所覩見見一切本是曰一心如經偈云廣博諸世界無量無有邊知種種是一知一是種

種何者一是萬法之一以心爲自性故所以古頌云萬法由心生心淸萬法淸五通無障礙心王如眼睛月燈三昧經云爾時世尊知月光童子心所黙念而作偈問告月光童子言若菩薩與一法相應皆悉能獲最勝功德速成阿耨多羅三藐三菩提何謂一法童子若菩薩於一切法體性如實了知乃至偈言諸法但說一所謂法無相是智者所說如實而了知若說如是法菩薩了知者彼得無礙辯說億修多羅導師所加護顯示於實際不分別假名曾無有所說以一知一切以一切知一雖有種種說而不起於慢其

心能了知一切法無名隨順學諸名而演說眞實釋曰若如實了知一切法體性卽自心體性觀一切法悉皆無名無相以假名相說演其眞實令歸無相之眞原無名之實際則入修多羅教海辯說無窮又如經云童子其心無性又無形色不可覩見童子如是心體性卽是佛功德體性如是佛功德體性卽是一切諸法體性以是義故童子若菩薩說一切法體性一義如實知者名爲菩薩寂滅於心善解三界出離善根如實了知如實知見能如實說無有異說乃至善解離文字法善解分別字智善解離語言法等入

楞伽經偈云不生現於生不退常現退同時如水月萬億國土現一身及無量然火及霔雨心心體不異故說但是心心中但是心心無心而生種種色形相所見唯是心又偈云心中無斷常身資生住處唯心愚無智無物而見有又偈云佛子見世閒唯心無諸法種類非身作得力自在成何以故若得心王一切自在要成卽成非他所礙如持地菩薩云我常於一切要路津口田地險隘有不如法妨損車馬我皆平塡乃至遇毗舍如來摩頂謂我當平心地則世界地一切皆平何以故由心不平其地卽不平如舍利弗

心有高下見耶陵坑坎是知提綱撮要莫越觀心見道不隔刹那取證猶如反掌陳文帝法華懺文云理無二極趣必同歸但因業因心稟萬類之識隨見隨著異羣生之相梁武帝金剛懺云得之於心然後爲法是以無言童子妙得不言之妙不說菩薩深見無說之深所云理無二極趣必同歸者則一法標宗異途泯跡不言之妙無說之深者若不親證自心曷乃洞其深妙則言思道斷冥合斯宗矣唐德宗皇帝云夫萬有之法本緣於心心生法生心滅法滅故以心觀心心外無法心性常住道其遠乎如先德云夫修

道之體自識常身本來清淨不生不滅無有分別自
性圓滿清淨之心此是本師故知自眞心自然而有
不從外來於三界中所有至親莫過於心問生佛同
體何故苦樂有殊答諸佛悟達法性皆自然了心原
妄想不生不失正念我所心滅故不受生死即究竟
常寂滅以寂滅故萬樂自歸一切衆生迷於眞性不
達本心種種妄想不得正念故即憎愛以憎愛故心
器破壞即受生死故諸苦自現欲知法要守心第一
若一人不守眞心得成佛者無有是處故云制心一
處無事不辦一切萬法不出自心八萬法門三乘位

體一切賢聖論其宗教莫非自心是本文句疏云若
尋教迹迹廣徒自疲勞若尋理本本高高不可極日
夜數他寶自無半錢分但觀己心之高廣扣無窮之
聖應機成致感速得己利故用觀心釋當知種種聲
教若微若著若權若實皆爲佛道而作筌罤大經偈
云麤言及細語皆歸第一義此之謂也法華方便品
偈云我本立誓願普令一切衆亦同得此道如我等
無異又偈云正直捨方便但說無上道此正不指世
間爲正不指螢光析智爲正不指燈炬體法智爲正
不指星月道種智爲正乃指日光一切種智爲正此

流通非爲楊葉木牛木馬而作流通非流通半字非
流通共字非流通別字純是流通圓滿修多羅滿字
法也如宗鏡一光更無餘照不唯位高行滿亦乃因
深果圓巧拙頓殊遲速莫等如大智度論云譬如治
病苦藥鍼灸痛而得差如有妙藥名蘇陀扇陀病人
眼見衆疾皆愈除病雖同優劣法異聲聞菩薩教化
度人亦復如是苦行頭陀初中後夜勤心禪觀苦而
得道聲聞教也觀諸法相無縛無解心得清淨菩薩
教也是以了心實相悟在刹那積行而成因賖果遠
但有一毫之善悉隨喜迴向實相之心乃至四威儀

中觸途成觀念念契旨步步入玄不令一塵而失眞
智如箭射地無不中者故論云復次正迴向菩薩應
作是念如十方三世諸佛所知用無上智慧知諸善
根相一切智人中佛第一勝佛所知諸善根必是實
根如佛所知我亦用如是善根相迴向譬如射地無
不著時若射餘物或著或不著如諸佛所知隨喜如
射地無不著若用餘道隨喜如射餘物或著或不著
如是迴向是爲不謗諸佛故知信解實相心入宗鏡
內舉念皆是無往不眞方順佛所知不謗三寶若得
實相智慧所廕一切萬行悉皆成就如大鵬影覆其

子令子增長如今學人但自直下內了自心莫疑外境心若得了外境皆虛一法纔逸萬像盡歸心地一輪有阻千車悉滯修途明明而只在自知念念而無非眞實外麤易鑒不慮他疑內密難窮唯應親證如龐居士偈云中人樂寂靜下士好威儀菩薩心無礙同凡凡不知佛是無相體何須有相持但令心了事遮莫外人疑如人渴飲水冷暖自心知又如外書中云有威名於世者若呼其名則可以止兒啼魏略云張遼爲孫權所圍遼復入權衆破走由是威震江東兒啼不止其父母以遼名恐之便止又燉煌實錄云

朱質直破虜有威名兒啼恐之卽止且孩兒未識其人聞名卽能止啼者全證唯心矣乃至如念觀音名號火不能燒等此託觀音爲增上緣並是自心所感致茲靈驗災祥成敗榮辱昇沈無不由心者矣所以融大師頌云亦不從天生亦不從地出但是空心性照世閒如日若如日照世閒何光明而不透則觸目寓情無非我心矣皆成法寶盡作家珍自利利他用而無盡傅大士三諫謌云捨世榮捨世榮華道理長努力殷勤學三諫諫我身心還本鄉諫意意根莫令起諫口口根莫說彰諫手手根莫鞭杖三諫三王王

自香虛空自得到儜堂儜堂不近亦不遠徘徊只是衆中央若欲行住儜堂裏不用匍匐在他鄉若欲求念彌陀佛東西南北是西方西方彌陀觸處是面前背後七重行或黃或赤或紅白或大或小或短長天蓋正是彌陀屋木孔木穿彌陀房天上空中彌陀路草木正是彌陀鄉日夜前後嘈嘈閙正是彌陀口放光若欲禮拜彌陀佛不用思想彊干忙若不誑人是禮拜若不求人是道場努力自使三功作殷勤肆力種衣糧山河是家無盡藏草木是人常滿倉泥水是人常滿庫藤蘿是人無底囊多作功夫自成就自行

手腳熟嚴裝若欲往生安樂國只是箇物是西方又謌云諸佛村鄉在世界四海三田徧滿生佛共衆生同一體衆生是佛之假名若欲見佛看三郡田宅園林處處停或飛虛空中擾擾或擲山水口轟轟或結羣朋往來去或復孤單而獨行或使白日東西走或使暗夜巡五更或烏或赤而復白或紫或黑而黃靑或大或小而新養或老或少舊時生或身腰上有燈火或羽翼上有琴箏或遊虛空亂上下或在草木亂縱橫或無言行自出宅或入土坑暫寄生或攢木孔爲鄉貫或徧草木作窠城或轉羅網爲村巷或臥土

石作階廳諸佛菩薩家如是。只箇名爲舍衛城。

宗鏡錄卷二十九

音釋

湍他端切激湍也　尺蠖蠖憂縛切尺蠖蟲名　帙直一切書卷編次也　撮七活切取也　羈居宜切縻也　蔟千木切聚也攢也　徇私閏切從也　霔之戍切霖霔也　筌罤筌取緣切取魚器也罤杜奚切兔弶也

宗鏡錄卷三十

宋慧日永明妙圓正修智覺禪師延壽集

夫菩薩欲報佛恩。皆須不惜身命。護持如來正法。云何唯述一心。能報慈化。答。覺王最後慈勅。唯令於念處修眞。首祖當初所傳。只但指人心是佛。若能信受。是眞報恩。示他則不負前機。自究則尅成大事。如智者觀心論偈云。大師將涅槃。慈父有遺囑。四念處修道。當依木叉住。我等非佛子。不念此遺囑。乘緩內無道。戒緩墮三塗。由不問觀心。令他信漸薄。烏鵶不施食。豈報白鵶恩。非但田不良。無平等種子。法雨若不

降。法種必焦枯。各無來世糧。失三利致苦。大法將欲頹。哀哉見此事。爲是因緣故。須造觀心論。平等眞法界。無行亦無到。若能問觀心。能行亦能到。卽是四念處。能依木叉住。乘急內有道。戒急生人天。此是眞佛子。不乖慈父囑。天龍皆慶喜。一切豈不忻。能報白鵶恩。普施烏鵶食。旣有好良田。有平等種子。法雨應時降。法種皆生長。各有未來資。俱獲三利樂。爲是因緣故。須造觀心論。諸來求法者。欲聞無上道。不知問觀心。聞慧終不發。諸來求法者。欲思無上道。不知問觀心。思慧終不生。諸來求法者。欲修無上道。不知問觀心。修慧終不成。諸來求法者。勤修四三昧。不知問觀心。困苦無所獲。諸來求法者。多聽得言語。不知問觀心。未得眞實樂。諸來求法者。修三昧得定。不知問觀心。盲禪無所見。諸來求法者。欲懺悔眾罪。不知問觀心。罪終難得脫。諸來求法者。意欲離煩惱。不知問觀心。煩惱終不滅。諸來求法者。本欲利益他。不知問觀心。退轉令他謗。諸來求法者。欲興顯佛法。不知問觀心。退還大汙損。如此眾得失。非偈可具傳。有此諸得失。無人覺悟者。爲是因緣故。須造觀心論。末世修觀心。得邪定發見。辯才無窮盡。自謂入聞寶。無智者鼻

齅。野狐氣衝眼。舉尾共却行。次第墮坑塹。爲是因緣故。須造觀心論。守鼻隅安般。及修不淨觀。安般得四禪。不免泥犁苦。不淨謂無學。覆鉢受女飯。設得隨禪生。墮長壽天難。爲是因緣故。須造觀心論。依事法用心。無慧發鬼定。顯異動物心。事發壞佛法。命終生鬼趣。九十六眷屬。像法決定明。三師破佛法。爲是因緣故。須造觀心論。內心不爲道。邪諂念名利。詐現坐禪相。得名利眷屬。事發壞他信。毀損佛正道。此是扇提羅。死墮無間獄。爲是因緣故。須造觀心論。說法得解脫。聽法眾亦然。不知問觀心。如貧數他寶。說者問觀

心無說亦無示聽者問觀心無聞亦無得爲是因緣故須造觀心論戒爲制心馬雖持五部律不知問觀心心馬終不調律住持佛法解外不解內淨名訶上首乃名眞奉律爲是因緣故須造觀心論誦經得解脫非爲世財利若能問觀心破一微塵中出大千經卷受持讀誦者聞持無遺忘心開得解脫爲是因緣故須造觀心論勸化修供養興顯安行人密心爲自利倚託以資身壞他喜捨善駝驢以償人若能問觀心即如駝驟也爲是因緣故須造觀心論諸道各有法了不自尋研忽窺窬釋敎動經十數年非但彼法

拙亦有謀壞心此是迦毗梨仙聖豈聽說爲是因緣故須造觀心論富貴而無道多增長憍逸若能問觀心得眞法富貴雖高而不危雖滿而不溢不著世富貴心常在道法爲是因緣故須造觀心論貧賤多姦諂窺窬造眾惡現被王法治死墮三惡道若能問觀心即安貧養道有道即眞實無爲即富樂爲是因緣故須造觀心論四眾皆佛子無非是法親因執善法諍遂結未來怨若能問觀心和合如水乳皆師子之子悉是栴檀林爲是因緣故須造觀心論年衰身帶疾眼闇耳漸聾心惛多忘漏年不如一年死王金翅

鳥不久吞命根一旦業繩斷氣絕豈能言爲是因緣故須造觀心論稽首十方佛深慈觀心者勸善諦觀察發正覺妙樂稽首十方法深悲觀心者善勸諦觀察得眞免諸苦稽首十方僧大眾和合海若能善觀察歡喜心無量稽首龍樹師令速得開曉亦加捨三心今承三寶力起三十六問其間諸細問對事難可數若觀一念心能荅此問者當知心眼開得入清涼池不能荅此問奈何盲瞑也少義尚不見那能行大道哀哉末法中無復行道人設令有三數甯別此問也故生悲愍心歸命禮三寶作此問心論令觀者開

朗願諸見聞者莫生疑謗心信受勤修習必獲大法利乃至偈問云問觀自生心云何四不說離戲論執諍心淨如虛空問觀自生心云何是魔行業煩惱所繫三界火宅燒問觀自生心云何是外道諸見煩惱業流轉於六道問觀自生心云何是三業拙度斷見思出三界火宅問觀自生心云何是巧度三乘不斷結得入二涅槃問觀自生心云何是別敎求大乘常果菩薩斷別惑問觀自生心云何圓敎乘不破壞法界住三德涅槃問觀自生心云何爲涅槃修四種三昧得眞無生忍問觀自生心云何巧成就二十五方

便調心入正道問觀自生心云何知自心起十種境界成一心三智問觀自生心云何知十境各成十法乘遊四方快樂問觀自生心云何不住法入初發心住及四十二位問觀自生心云何六度成能得諸三昧及諸陀羅尼問觀自生心云何得六通用四攝行化四辯無罣礙問觀自生心云何得相好成眞應二身對緣如鏡像問觀自生心云何具十力及四無所畏內外照用圓問觀自生心云何於觀心能得十八種不共世間法問觀自生心云何得大慈大悲三念處愍衆無異想問觀自生心云何巧方便成就諸衆

生嚴淨一切剎問觀自生心云何於此心莊嚴菩提樹建清淨道場問觀自生心云何降魔怨能制諸外道令衆悉歸敬問觀自生心云何坐道場現四種成佛赴機無差殊問觀自生心云何轉四教清淨妙法輪一切得甘露問觀自生心云何現四佛四種涅槃相究竟滅無餘問觀自生心云何知依正四土天器同而飯色有異問觀自生心云何依此心是一切根緣通達無罣礙問觀自生心云何知悉檀無形無所說現形廣說法問觀自生心云何知漸頓祕密不定教一音說此四問觀自生心云何知四教各開出四門及一切法門問觀自生心云何於四教四門十六門作論通衆經問觀自生心云何住滅定普入十法界廣利諸衆生問觀自生心云何知四土用教有增減普利一切衆問觀自生心云何知此心具一切佛法無一法出心問觀自生心云何知此心卽平等法界佛不度衆生問觀自生心云何知此心法界如虛空畢竟無所念問觀自生心云何無文字一切言語斷寂然無言說今約觀一念自生心略起三十六問外觀心人及八相逐眷屬行四種三昧者彼觀心者若能一一通達當生心如佛想親近受行如四依也

門徒眷屬若於此無滯是眞同行是眞法王子孫紹三寶種使不斷絕若不能觀於一念自生心一一荅此問者卽是天魔外道眷屬爲彼之所驅馳方處三界牢獄未有出離之期若心不慨欲求挽出者必墮二乘三惡道坑自斷法身慧命誅滅菩提眷屬是破佛法國土大乘家哀哉哀哉可奈何也若觀自生心得失如此觀他生共生無因生心亦然也釋曰此觀心三十六問上等十方諸佛之慈心無恩不報下及法界羣生之悲仰有感皆從乃至修行妙門度生儀軌教觀融攝理事圓通徹果該因自他兼利十身徧

應四土包含但觀自一心無不悉備如論偈云烏鵶
不施食豈報白鵶恩非但田不良無平等種子法雨
若不降法種必焦枯各無來世糧失三利致苦者釋
云此偈明不修念處之觀卽是無平等種子不依木
叉而住卽非良田何者夫觀大乘念處者觀生死五
陰之身非枯非榮卽大寂定涅槃經云色解脫涅槃
乃至識解脫涅槃若修此念處觀卽是觀一切六道
衆生卽是常樂我淨大涅槃具足佛之知見如常不
輕圓信成就經云施城中最下乞人與難勝如來等
是則豈可分別是田非田可施不可施耶故念處觀

卽平等種子若不修則見生死涅槃有異凡聖有殊
聖是敬田則崇仰而施凡是悲田則厭賤而不捨故
言無平等種子今取王爲喻者喻無平等種子也昔
有王但借白鵶以喻聖人烏鵶以喻凡人王喻衆生
不修念處不修念處平等種子之人也故簡悲敬兩
田然內無平等種子圓觀之道外則不能宏宣化大
乘豈能報佛恩又破如來禁戒則無良田是故偈云
法雨若不降法種則焦枯此兩句明四衆無戒慧之
機聖則不應何者涅槃經云純陀自云我今身有良
田無諸荒穢唯希如來甘露法雨雨我身田令生法

芽而今四衆不依念處修道則無慧種不依木叉而
住則無良田旣無種則衆生無感聖之機豈能招聖
法雨之應衆生佛性之芽何得不枯也乃至內無善
機外無聖應法種之芽又枯是則失現在未來涅槃
三利之樂乃更招三塗之苦又偈云能報白鵶恩普
施烏鵶食者釋云此偈明有平等種子復有良田能
施烏鵶食能報白鵶恩何者然佛聖人能覺悟衆生
不令爲三毒諸煩惱蛇毒所傷卽是聖人於衆生有
恩如白鵶覺悟於王不爲毒蛇所害經云依教修行
名報佛恩而今行者依念處觀慧依木叉而住卽是

依教修行名報佛恩復能以己之行化導一切衆生
卽是普施一切烏鵶食能報白鵶之恩又偈云守鼻
隅安般及修不淨觀安般得四禪不免泥犁苦不淨
謂無學覆鉢受女飯設得隨禪生墮長壽天難爲是
因緣故須造觀心論者釋云此明事相修禪之倒也
鼻隅安般一句標修有漏四禪章門及修不淨觀一
句標修無漏事禪章門守鼻隅者安心在鼻也安般
者數息也以數息故能得四禪八定昔有比丘得四
禪謂阿羅漢臨終謗佛墮於地獄也昔有比丘學不
淨觀少時伏心欲想不起自謂聖人後出聚落乞食

見女送飯欲心卽發情迷心醉覆鉢受於女飯然數息得禪設不起謗及不墮地獄而隨禪受生墮長壽天難故知若於一心四念處修道不忘慈父囑眞孝順之子孫但入宗鏡中無恩而不報是以心若正萬法皆正心若邪萬法亦邪若離自心外欲破他邪則立自立他見邪見正如卸甲入陣秉火焚畬欲破敵下種無有是處但能守護自心卽是護持正法亦是普念十方一切如來自心護法旣爾轉化他心亦然則正外無邪云何說破邪外無正云何說持如是通明眞護正法乃至圓滿具足一切法門所以首楞嚴

經偈云將此深心奉塵剎是則名爲報佛恩大集經云眼識於色是名非法若能遠離是名護法故知善攝諸根不爲六塵所侵者可謂眞護法矣法集經云菩薩不須守護諸法世尊若菩薩但能善護自心是菩薩善護自心故則能成就諸佛妙法乃至見自心如幻如是見諸法如幻而心非內非外二中間可得如是見一切法見卽如心無於色相不可得示不可得見無於形礙不可執捉不照不住見一切諸法其相如是若能如是見者是菩薩則能得於平等之心以得平等心故如是菩薩不復更得於法以平等外

無差別法了差別法卽平等故若入此平等法門則知一切法皆悉性空不生愛著卽是無非捨生命處耳亦是成道處亦是轉法輪處亦是度生處亦是入滅處亦是究竟報恩處亦是成滿大願處亦是萬行具足處何者如云萬物得地而生萬行得理而成者理卽心也或行孝思或輸忠烈靡不由心者哉如則天朝孟景休丁母憂哀毀迨至滅性有弟景禕在襁褓景休自乳之乳爲之溢又畢搆爲吏部尙書初丁繼母蕭氏憂盧氏二妹俱在襁褓搆親乳之乃至成長斯則孝行之所感乳出於心非定男女之體也問

八萬四千法門門門解脫云何偏取一心門以爲眞趣荅此一心門是眞性解脫古佛慈勑諸佛解脫只令於衆生心行中求不於餘處求何以故只謂衆生心是諸佛心諸佛解脫是衆生解脫隨緣轉變自號衆生緣性常空眞佛不動如冰元是水結若欲求水應當就冰冰水雖殊濕性不壞時節有異體性無虧如是信入名眞解脫其餘法門非無進趣若比斯宗頓漸天隔但明佛慧唯接上機所以法華會上世尊親囑累諸大菩薩若說此經直入佛慧能廣開示眞報佛恩其有不信受者當於餘深法中示教利喜卽

是演餘解脫法門今宗鏡中唯論不思議解脫如台
教問何意不斷煩惱而入涅槃方是不思議解脫荅
須彌入芥小不障大大不即小故云不思議耳今有
煩惱惑不障智慧涅槃智慧涅槃不礙煩惱結惑乃
名不思議又約思議解脫無色無心以明解脫無體
也若不思議觀色心即是法性之色心則色心不生
不滅而得解脫故知眞善妙色妙心之體也又妙色
湛然常安住又色解脫涅槃若無色者如死人那得
解脫也乃至黃蜂作蜜蜘蛛作網皆不可思議皆有
心數法之解脫也是知直了此心無行不足以一心

具足萬行無一行而非心故且如云布施者大菩薩
行施等時能觀唯識知境是心即心外無法三輪體
空是稱眞施持戒者謂證唯心離念常淨無明垢盡
即成佛戒但佛心中具諸功德離過義邊則名爲戒
忍辱者觀衆生唯識妄見知本心外無法可瞋精進
者如來精進若據自行常觀唯識故攝論云如來常
不出觀故寂靜禪定者大菩薩定謂觀唯識不見境
時心無緣念則是眞定智慧者大菩薩皆觀自心意
言分別以爲境界從初發心乃至成佛皆作此觀豈
止四等六度成佛化生乃至欲託質蓮臺永拋胎藏

生極樂等諸佛國土遊戲神通者皆能了達自心無
不化往又復豈止一行一願凡有一切希求無不從
意故如來不思議境界經云三世一切諸佛皆無所
有唯依自心菩薩若能了知諸佛及一切法皆唯心
量得隨順忍或入初地捨身速生妙喜世界或生極
樂淨佛土中金剛般若論偈云智習唯識通如是取
淨土起信論云初信大乘心人諸佛皆攝生淨土諸
法無行經云若能教化三千大千世界中衆生令行
十善不如菩薩如一食頃一心靜處入一相法門大
般若經云佛告善現當知甚深般若波羅蜜多是諸

善法所趣向門譬如大海是一切水趣向門楞伽經
偈云一切諸度中佛心爲第一所以一切諸乘中斯
乘爲究竟台教云諸佛解脫於衆生心行中求者若
觀衆生心行入本性清淨智窮衆生心原者即顯諸
佛解脫之果若見衆生心空即見佛國空即是心行
中求得三種解脫衆生心性即眞性解脫癡愛即實
慧解脫諸不善行即是方便解脫是知此一心眞性
解脫能空煩惱繫縛九結十使等如一栴檀樹改四
十由旬伊蘭林悉香能令煩惱即菩提故又若斷惑
懺罪比餘漸教如氎華千斤不如眞金一兩故云若

欲懺悔者端坐念實相則直了無生之心當處解脫金光明經疏云毗盧遮那徧一切處若行若住若明若暗皆得不離見佛世尊六根所對無非佛法者婆攬草無非藥者普能愈病釋摩男所執一切沙礫皆變爲寶阿那律空器悉滿甘露若能如是者所觀之罪非復是罪罪卽實相所觀之福福卽非福福卽實相純是實相是名大懺悔也觀普賢菩薩行法經云觀心無心從顛倒想起如此想心從妄想起如空中風無依止處如是法相不生不沒何者是罪何者是福我心自空罪福無主一切諸法皆亦如是無住無

壞如是懺悔又夫有罪可露非眞懺悔有善可見非眞隨喜有法可趣非眞迴向有事可求非眞發願若入宗鏡諦了自心則無處無方一切清淨如甚深大迴向經云佛言有三種迴向何等爲三謂過去空當來空現在空無有迴向者亦無迴向法亦無迴向處菩薩摩訶薩當作是迴向作是迴向時三處皆清淨以此清淨功德與一切衆生共迴向阿耨多羅三藐三菩提作是迴向者無有凡夫及凡夫法乃至亦無有佛及向佛者何以故法性無緣不生不滅無所住故法集經云菩薩摩訶薩於一切法不求究竟處何

以故是菩薩於一切法無非究竟故是菩薩不求解脫一切諸法本性寂滅無非解脫是菩薩不樂一法亦不欣一法是菩薩於諸佛法非是自法亦非他法不取一法不捨一法法華經云爾時佛告上行等菩薩大衆諸佛神力如是無量無邊不可思議若我以是神力於無量無邊百千萬億阿僧祇劫爲囑累故說此經功德猶不能盡以要言之如來一切所有之法如來一切自在神力如來一切祕要之藏如來一切甚深之事皆於此經宣示顯說故知三世覺王十六大士一切所有諸佛之法一切神通攝化之門一

切宗旨祕要之藏一切甚深因果之事皆於此心無不圓足故云於無量無邊阿僧祇劫囑累此法讚歎此心無作之功無比之德猶不能盡豈可率爾頃刻而措言乎此宗鏡錄是大智所行上根能受絕投巖癡狂之見捨草庵下劣之心非限量之懷輒可希冀持螺何以酌海折草焉能量天若遇大機又不可行於小徑須依宗鏡直示本心如經云無以穢食置於寶器無以大海內於牛跡是知於此生信者甚爲希有何者信果佛則易如十方諸佛信因佛則難如現今衆生故起信鈔云信過去釋迦當來彌勒等是佛

則為易有今信衆生心中真如是凡聖通依迷之則六趣無窮悟之則三寶不斷此為希有如信皇后王胎則易信貧女聖孕則難是以染法淨法俱是心苗本地發生更無餘孕如無著菩薩大乘莊嚴經論偈云自界及二光癡共諸惑起如是諸分別二實應遠離釋曰自界謂自阿賴分種子二光謂能取光所取光此等分別由共無明及諸餘惑故得生起如是諸分別二實應遠離二實謂所取實及能取實如是二實染淨應求遠離釋曰此亦攝末歸本義論云求唯識人云能取及所取此二唯心光貪光及信光二光

無二法釋曰求唯識人應知能取所取此之二種唯是心光如是貪等煩惱光及信等善法光如是二光亦無染淨二法何以故不離心光別有貪等信等染淨法故二光亦無相偈曰種種心光起如是種種相光體非體故不得彼法實釋曰種種心光即是種種事相或異時或同時起者謂貪光瞋光等同時起者謂信光進光等光體等者如是也染位心數淨位心數唯有光相而無光體是故世尊不說彼為真實之法是知萬法之體不出遮那心原萬善之門靡越普賢行海云何不出遮那心原如華嚴經頌云佛剎微

塵數如是諸剎土能於一念中一一塵中現云何靡越普賢行海如阿僧祇品頌云於一微細毛端處有不可說諸普賢如一毛端一切爾如是乃至徧法界此遮那心即菩提心此普賢行即菩提行如華嚴經頌云欲見十方一切佛欲施無盡功德藏欲滅衆生諸苦惱宜應速發菩提心昔人云菩提心即萬行之本即此發心便名為行問若獨取一心解脫其餘非者則一不收一切法界義不圓乖此廣乘失其徧理荅若圓修頓悟之機則舉一蔽諸無復方便只為不入者方便開三乃至八萬雖即開三本明一道所以

金剛三昧經云如如之理具一切法善男子住如理者過三苦海入棱伽經偈云有無是二邊以為心境界離諸境界法平等心寂靜賢劫定意經云若復棄捐一切所有在於所有而無所有是曰一心法句經云人壽百歲情欣放逸不如一日歸心空寂傅大士頌云諸佛不許外求名達本真心即為正故知萬法歸心則道全矣如庚桑子道全篇云魯公卑辭以問之庚桑子曰吾能聽視不用耳目非易耳目之用所告者過也公曰孰如是寡人增異矣其道若何寡人早願聞之庚桑子曰我體合於心心合於氣氣合於

神神合於無。其有介然之有。唯然之音。雖遠際八荒之表。邇在眉睫之內。來干我者。吾必盡知之。廼不知爲是我七竅手足之覺。五藏六腑心慮之所知。其自知而已矣。何璨注云。心形混合。神氣冥符。洞然至心。與無同體。然後心彌靜而智彌遠。神愈默而照愈彰。理極而自通。不思而玄覽。非夫至神至聖。其孰能與於此哉。斯乃靈眞之要樞。重玄之妙道者也。是以內外指歸。須冥符心體。則洞照無遺矣。遂能和光萬有。體納十方。夫言和者。非有能所二法相順名和。如古德云。凡聖各別。不得名和。心體離念。不得衆生相。法

界卽我。我卽法界。名和。首楞嚴經云。觀世音菩薩白佛言。世尊。我從聞思修入三摩地。初於聞中。入流亡所。所入既寂。動靜二相。了然不生。如是漸增。聞所聞盡。盡聞不住。覺所覺空。空覺極圓。空所空滅。生滅既滅。寂滅現前。忽然超越世出世間。十方圓明。獲二殊勝。一者上合十方諸佛本妙覺心。與佛如來同一慈力。二者下合十方一切六道衆生。與諸衆生同一悲仰。斯乃能所迹消。眞俗冥合。非從事行因異而同。但了心無自他。萬法自然一體。外書亦云。心和卽言和。言和卽言滿天下無口過。以身心和故。行滿天下無

怨惡。既與萬法體和。則不共物諍。如華手經云。佛告舍利弗。是故菩薩發菩提心。應當觀察是心空相。舍利弗。何等是心。云何空相。舍利弗。心名意識。卽是識陰。意入。意界。心空相者。心無心相。亦無作者。何以故。若有作者。則有彼作。而此人受。若心自作。則自作自受。舍利弗。是心相空。無有作者。無使作者。若無作者。則無作相。若人戲論。是心相者。則與無礙空無相諍。若與無礙空無相諍。是人則與如來共諍。若與如來共諍。當知是人則墜深坑。是知若入宗鏡海中。已攝餘一切法門。如登法性山。悉見諸無邊境界。如大涅

槃經云。譬如有人在大海浴。當知是人已用諸河泉池之水。菩薩摩訶薩亦復如是。修習如是金剛三昧。當知已爲修習其餘一切三昧。又云。譬如高山。有人登之。遠望諸方。皆悉明了。金剛定山亦復如是。菩薩登之。遠望諸法。無不明了。故知自心無能過者。所以教中亦名甚深法。亦名最上乘。是以一法指南。萬途歸順。但有名字差別。終無異體別陳。如有頌云。諸色心現時。如金銀隱起。金處異名生。與金無前後。且如金銀隱起功德之形。但有異名。金體不動。例似一心。現出凡聖之道。雖立別號。心性無生。達此名空。見法

如鏡自然息意冥合眞宗矣。

宗鏡録卷三十

音釋

殞于敏切歿也　愜苦協切快也　畬詩遮切火種田也　禕雨非切　襁褓襁居兩切負兒衣也褓博抱切小兒被也　冀几利切望也　睫卽葉切目旁毛也　樞昌朱切門樞也

宗鏡録卷三十一

宋慧日永明妙圓正修智覺禪師延壽集

夫諸佛境界。唯趣不思議一心解脫之門。何謂不思議解脫。以一切法非有而有。有而非有。非定量之所知。故稱不思議。既以非有而有。卽不住於無。有而非有。卽不住於有。有無不住。卽於諸法悉皆解脫。以一切法不出有無故。是知一心解脫之中無有文字。則無生死。無煩惱。無陰界。無衆生。無憂喜。無苦樂。無繫縛。無往來。無是無非。無得無失。乃至無菩提。無涅槃。無眞如。無解脫。以要言之。一切世出世間諸法悉皆

無有。如首楞嚴經云。知見立知。卽無明本。知見無見。斯卽涅槃無漏眞淨。云何是中更容他物。如上所說世間生死。出世涅槃等。無量差別之名。皆從知見文字所立。若無知見文字。名體本空。於妙明心中。更有何物。如六祖偈云。菩提本無樹。明鏡亦非臺。本來無一物。何處惹塵埃。融大師云。至理無詮。非解非纏。靈通應物。常在目前。目前無物。無物宛然。不用人致。體自虛玄。又云無物卽天眞。天眞卽大道。寒山子詩云。寒山居一窟。窟中無一物。淨潔空堂堂。皎皎明如日。糲食資微軀。布裘遮幻質。任汝千聖現。我有天眞佛。

所以大涅槃經中。佛說一百句解脫。況百觔金。卽諸佛無上之珍。涅槃祕密之寶。是以句句皆云眞解脫者。卽是如來。夫如來者。卽一心眞如自性中來。故云如來。又如者不變不異。不失自性。故名爲如。來者。卽眞如不守自性。隨緣顯現。故名爲來。斯乃是不來之來。以眞如性徧一切處。實無去來。從心所感。無出沒故。又經云。如來者。卽是法也。故起信論云。所言法者。卽衆生心。所以古德云。心本清淨。亦無淨相。方見我心。故知一百句解脫中。句句明心。心心解脫。未有一文一字不是宗鏡之指南。如經云。爾時迦葉菩薩復

白佛言。世尊。唯願哀愍。重垂廣說大涅槃行解脫之義。佛讚迦葉。善哉善哉。善男子。眞解脫者。名曰遠離一切繫縛。若眞解脫離諸繫縛。則無有生。亦無和合。譬如父母和合生子。眞解脫者。則不如是。是故解脫名曰不生。迦葉。譬如醍醐。其性清淨。如來亦爾。非因父母和合而生。其性清淨。所以示現有父母者。爲欲化度諸衆生故。眞解脫者。卽是如來。如來解脫。無二無別。譬如春月下諸豆子。得暖氣已。尋便出生。眞解脫者。則不如是。又解脫者。名曰虛無。虛無卽是解脫。解脫卽是如來。如來卽是虛無。非作所作。凡是作者。

猶如城郭樓觀却敵眞解脫者則不如是是故解脫卽是如來又解脫者卽無爲法譬如陶師作已還破解脫不爾眞解脫者不生不滅是故解脫卽是如來如來亦爾不生不滅不老不死不破不壞非有爲法以是義故名曰如來入大涅槃不老不死有何等義老者爲遷變髮白面皺死者身壞命終如是等法解脫中無以無是事故名解脫如來亦無髮白面皺有爲之法是故如來無有老也無有老故則無有死又解脫者名曰無病所謂病者四百四病及餘外來侵損身者是處無故故名解脫無疾病者卽眞解脫眞

解脫者卽是如來如來無病是故法身亦無有病如是無病卽是如來死者名曰身壞命終是處無死卽是甘露是甘露者卽眞解脫眞解脫者卽是如來如來成就如是功德云何當言如來無常若言無常無有是處是金剛身云何無常是故如來不名命終如來清淨無有垢穢如來之身非胎所汙如分陀利本性清淨如來解脫亦復如是如是解脫卽是如來是故如來清淨無垢又解脫者諸漏瘡疣永無遺餘如來亦爾無有一切諸漏瘡疣又解脫者無有鬬諍譬如飢人見他飲食生貪奪想解脫不爾又解脫者名

曰安靜凡夫人言夫安靜者謂摩醯首羅如是之言卽是虛妄眞安靜者畢竟解脫卽是如來又解脫者名曰安隱如多賊處不名安隱清夷之處乃名安隱是解脫中無有怖畏故名安隱是故安隱卽眞解脫眞解脫者卽是如來如來者卽是法也又解脫者無有等侶有等侶者如有國王有隣國等夫解脫者則無如是無等侶者謂轉輪聖王無有能與作齊等者解脫亦爾無有等侶無等侶者卽眞解脫眞解脫者卽是如來轉輪法王是故如來無有等侶有等侶者無有是處又解脫者名無憂愁有憂愁者譬如國王

畏難彊隣而生憂愁夫解脫者則無是事譬如壞怨則無憂慮解脫亦爾是無憂畏無憂畏者卽是如來又解脫者名無憂喜譬如女人止有一子從役遠行卒得凶問聞之愁苦後復聞活便生歡喜夫解脫中無如是事無憂喜者卽眞解脫眞解脫者卽是如來又解脫者無有塵垢譬如春月日沒之後風起塵霧夫解脫中無如是事無塵霧者喻眞解脫眞解脫者卽是如來譬如聖王髻中明珠無有垢穢夫解脫性亦復如是無有垢穢無垢穢者喻眞解脫眞解脫者卽是如來如眞金性不雜沙石乃名眞寶有人得之

生於財想。夫解脫性。亦復如是。如彼眞寶。彼眞寶者。喻眞解脫。眞解脫者。卽是如來。譬如瓦瓶。破而聲嘶。金剛寶瓶。則不如是。夫解脫者。亦無嘶破。金剛寶瓶。喻眞解脫。眞解脫者。卽是如來。是故如來。身不可壞。其聲嘶者。如蓖麻子。盛熱之時。置之日曝。出聲震爆。夫解脫者。無如是事。如彼金剛眞寶之瓶。無嘶破聲。假使無量百千之人。悉共射之。無能壞者。無嘶破聲。喻眞解脫。眞解脫者。卽是如來。如貪寶窮人。負他物故。爲他所繫。枷鎖策罰。受諸苦毒。夫解脫中。無如是事。無有負債。猶如長者。多有財寶。無量億數。勢力自

在。不負他物。夫解脫者。亦復如是。多有無量法財珍寶。勢力自在。無所負也。無所負者。喻眞解脫。眞解脫者。卽是如來。又解脫者。名無逼切。如春涉熱。夏日食甜。冬日冷觸。眞解脫中。無有如是不適意事。無逼切者。喻眞解脫。眞解脫者。卽是如來。又無逼切者。譬如有人。飽食魚肉。而復飲乳。是人則爲近死不久。眞解脫中。無如是事。是人若得甘露良藥。所患得除。眞解脫者。亦復如是。甘露良藥。喻眞解脫。眞解脫者。卽是如來。云何逼切不逼切也。譬如凡人。我慢自高。而作是念。一切衆中。誰能害我。卽便攜持蛇虎毒蟲。當知

是人不盡壽命。則爲橫死。眞解脫中。無如是事。不逼切者。如轉輪王所有神珠。能伏蟯蜋九十六種諸毒蟲等。若有聞是神珠香者。諸毒消滅。眞解脫者。亦復如是。皆悉遠離二十五有。毒消滅者。喻眞解脫。眞解脫者。卽是如來。又不逼切者。譬如虛空。解脫亦爾。彼虛空者。喻眞解脫。眞解脫者。卽是如來。又逼切者。如近乾草。然諸燈火。近則熾然。眞解脫中。無如是事。又不逼切者。譬如日月。不逼衆生。解脫亦爾。於諸衆生。無有逼切。無有逼切。喻眞解脫。眞解脫者。卽是如來。又解脫者。名無動法。猶如怨親。眞解脫中。無如是事。

又不動者。如轉輪王。更無聖王以爲親友。若更有親。則無是處。解脫亦爾。更無有親。若有親者。亦無是處。彼王無親。喻眞解脫。眞解脫者。卽是如來。如來者卽是法也。又無動者。譬如素衣。易受染色。解脫不爾。又無動者。如婆師華。欲令有臭及青色者。無有是處。解脫亦爾。欲令有臭及諸色者。亦無是處。是故解脫。卽是如來。又解脫者。名爲希有。譬如水中生於蓮華。非爲希有。火中生者。是乃希有。有人見之。便生歡喜。眞解脫者。亦復如是。其有見者。心生歡喜。彼希有者。喻眞解脫。眞解脫者。卽是如來。其如來者。卽是法身。又

希有者譬如嬰兒其齒未生漸漸長大然後乃生解
脫不爾無有生與不生又解脫者名曰虛寂無有不
定夫不定者如一闡提究竟不移犯重禁者不成佛
道無有是處何以故是人若於佛正法中心得淨信
爾時卽便滅一闡提若復得作優婆塞者亦得斷滅
於一闡提犯重禁者滅此罪已則得成佛是故若言
畢定不移不成佛道無有是處眞解脫中都無如是
滅盡之事又虛寂者墮於法界如法界性卽眞解脫
眞解脫者卽是如來又一闡提若盡滅者則不得稱
一闡提也何等名爲一闡提耶一闡提者斷滅一切

諸善根本心不攀緣一切善法乃至不生一念之善
眞解脫中都無是事無是事故卽眞解脫眞解脫者
卽是如來又解脫者名不可量譬如穀聚其量可知
眞解脫者則不如是譬如大海不可度量解脫亦爾
不可度量不可量者卽眞解脫眞解脫者卽是如來
又解脫者名無量法如一衆生多有業報解脫亦爾
有無量報無量報者卽眞解脫眞解脫者卽是如來
又解脫者名爲廣大譬如大海無與等者解脫亦爾
無能與等無與等者卽眞解脫眞解脫者卽是如來
又解脫者名曰最上譬如虛空最高無比解脫亦爾

最高無比高無比者卽眞解脫眞解脫者卽是如來
又解脫者名無能過譬如師子所住之處一切百獸
無能過者解脫亦爾無有能過無能過者卽眞解脫
眞解脫者卽是如來又解脫者名爲無上譬如北方
諸方中上解脫亦爾爲無有上無有上者卽眞解脫
眞解脫者卽是如來又解脫者名無上上譬如北方
之於東方爲無上上解脫亦爾無有上上無上上者
卽眞解脫眞解脫者卽是如來又解脫者名曰恒法
譬如人天身壞命終是名曰恒非不恒也解脫亦爾
非是不恒非不恒者卽眞解脫眞解脫者卽是如來

又解脫者名曰堅住如佉羅栴檀沈水其性堅實解
脫亦爾其性堅實性堅實者卽眞解脫眞解脫者卽
是如來又解脫者名曰不虛譬如竹葦其體空疎解
脫不爾當知解脫卽是如來又解脫者名不可汙譬
如牆壁未見塗治蚊䖪在上止住遊戲若以塗治彩
畫雕飾蟲聞彩香卽便不住如是不住喻眞解脫眞
解脫者卽是如來又解脫者名曰無邊譬如村落皆
有邊表解脫不爾譬如虛空無有邊際解脫亦爾無
有邊際如是解脫卽是如來又解脫者名不可見譬
如空中鳥跡難見如是難見喻眞解脫眞解脫者卽

是如來又解脫者名甚深何以故聲聞緣覺所不能
入不能入者卽眞解脫眞解脫者卽是如來又甚深
者諸佛菩薩之所恭敬譬如孝子供養父母功德甚
深功德甚深喻眞解脫眞解脫者卽是如來又解脫
者名不可見譬如有人不見自頂解脫亦爾聲聞緣
覺所不能見不能見者卽眞解脫眞解脫者卽是如
來又解脫者名無屋宅譬如虛空無有屋宅解脫亦
爾言屋宅者喻二十五有無有屋宅喻眞解脫眞解
脫者卽是如來又解脫者名不可取如阿摩勒果人
可取持解脫不爾不可取持不可取持卽眞解脫眞

解脫者卽是如來又解脫者名不可執譬如幻物不
可執持解脫亦爾不可執持不可執持卽眞解脫眞
解脫者卽是如來又解脫者無有身體譬如有人體
生瘡癩又諸癰疽癲狂乾枯眞解脫中無如是病無
如是病喻眞解脫眞解脫者卽是如來又解脫者名
爲一味如乳一味解脫亦爾唯有一味如是一味卽
眞解脫眞解脫者卽是如來又解脫者名曰清淨如
水無泥澄靜清淨解脫亦爾澄靜清淨澄靜清淨則
眞解脫眞解脫者卽是如來又解脫者名曰一味如
空中雨一味清淨一味清淨喻眞解脫眞解脫者卽

是如來又解脫者名曰除卻譬如滿月無諸雲曀解
脫亦爾無諸雲曀無諸雲曀卽眞解脫眞解脫者卽
是如來又解脫者名曰寂靜譬如有人熱病除愈身
得寂靜解脫亦爾身得寂靜身得寂靜卽眞解脫眞
解脫者卽是如來又解脫者卽是平等譬如野貓毒
蛇鼠狼俱有殺心解脫不爾無有殺心無殺心者卽
眞解脫眞解脫者卽是如來又平等者譬如父母等
心於子解脫亦爾其心平等心平等者卽眞解脫眞
解脫者卽是如來又解脫者無有異處譬如有人唯
居上妙清淨屋宅更無異處解脫亦爾無有異處無

異處者卽眞解脫眞解脫者卽是如來又解脫者名
曰知足譬如飢人值遇甘膳食之無厭解脫不爾如
食乳糜更無所須更無所須喻眞解脫眞解脫者卽
是如來又解脫者名曰斷絕如人被縛斷縛得脫解
脫亦爾斷絕一切疑心結縛如是斷疑卽眞解脫眞
解脫者卽是如來又解脫者名到彼岸譬如大海有
此彼岸解脫不爾雖無此岸而有彼岸有彼岸者卽
眞解脫眞解脫者卽是如來又解脫者名曰默然譬
如大海其水泛漲多諸音聲解脫不爾如是解脫卽
是如來又解脫者名曰美妙譬如衆藥雜訶棃勒其

味則苦。解脫不爾。味如甘露。味如甘露喻眞解脫。眞解脫者。卽是如來。又解脫者。除諸煩惱。譬如良醫。和合諸藥。善療衆病。解脫亦爾。能除煩惱。除煩惱者。卽眞解脫。眞解脫者。卽是如來。又解脫者。名曰無窄。譬如小舍。不容多人。解脫不爾。多所容受。多所容受。卽眞解脫。眞解脫者。卽是如來。又解脫者。名滅諸愛。不雜婬欲。譬如女人。多諸愛欲。解脫不爾。如是解脫。卽是如來。如來如是無有貪欲瞋恚愚癡憍慢等結。又解脫者。名曰無愛。愛有二種。一者餓鬼愛。二者法愛。眞解脫者。離餓鬼愛。憐愍衆生。故有法愛。如是法愛。

卽眞解脫。眞解脫者。卽是如來。又解脫者。離我我所。如是解脫。卽是如來。如來者。卽是法也。又解脫者。是滅盡。離諸有貪。如是解脫。卽是如來。如來者。卽法也。又解脫者。卽是救護。能救一切諸怖畏者。如是解脫。卽是如來。如來者。卽是法也。又解脫者。卽是歸處。若有歸依如是解脫。不求餘依。譬如有人依恃於王。不求餘依。雖有依王。則有動轉。依解脫者。無有動轉。無動轉者。卽眞解脫。眞解脫者。卽是如來。如來者。卽是法也。又解脫者。名爲屋宅。譬如有人。行於曠野。則有險難。解脫不爾。無有險難。無險難者。卽眞解脫。眞解

脫者。卽是如來。又解脫者。是無所畏。如師子王。於諸百獸不生怖畏。解脫亦爾。於諸魔衆不生怖畏。無怖畏者。卽眞解脫。眞解脫者。卽是如來。又解脫者。無有窄狹。譬如陿路。乃至不受二人並行。解脫不爾。如是解脫。卽是如來。又有不窄。譬如有人畏虎墮井。解脫不爾。如是解脫。卽是如來。又有不窄。如大海中捨壞小船。得堅牢船。乘之渡海。到安隱處。心得快樂。解脫亦爾。心得快樂。得快樂者。卽眞解脫。眞解脫者。卽是如來。又解脫者。拔諸因緣。譬如因乳得酪。因酪得酥。因酥得醍醐。眞解脫中。都無是因。無是因者。卽眞解

脫。眞解脫者。卽是如來。又解脫者。能伏憍慢。譬如大王。慢於小王。解脫不爾。如是解脫。卽是如來。如來者。卽是法也。又解脫者。伏諸放逸。謂放逸者。多有貪欲。眞解脫中。無有是名。無是名者。卽眞解脫。眞解脫者。卽是如來。又解脫者。能除無明。如上妙酥。除諸滓穢。乃名醍醐。解脫亦爾。除無明滓。生於眞明。如是眞明。卽眞解脫。眞解脫者。卽是如來。又解脫者。名爲寂靜。純一無二。如空野象。獨一無侶。解脫亦爾。獨一無二。獨一無二。卽眞解脫。眞解脫者。卽是如來。又解脫者。名爲堅實。如竹葦萞麻莖幹虛空而子堅實。除佛如

來其餘人天皆不堅實眞解脫者遠離一切諸有流等如是解脫卽是如來又解脫者名能覺了增益於我眞解脫者亦復如是如是解脫卽是如來又解脫者名捨諸有譬如有人食已而吐解脫亦爾捨於諸有捨諸有者卽眞解脫眞解脫者卽是如來又解脫者名曰決定如婆師華香七葉中無解脫亦爾如是解脫卽是如來又解脫者名曰水大譬如水大於諸大勝能潤一切草木種子解脫亦爾能潤一切有生之類如是解脫卽是如來又解脫者名曰爲入如有門戶則通路入金性之處金則可得解脫亦爾如彼

門戶修無我者則得入中如是解脫卽是如來又解脫者名曰爲善譬如弟子隨逐於師善奉教勑得名爲善解脫亦爾如是解脫卽是如來又解脫者名出世法於一切法最爲出過如衆味中酥乳最勝解脫亦爾如是解脫卽是如來又解脫者名曰不動譬如門閫風不能動眞解脫者亦復如是如是解脫卽是如來又解脫者名無濤波如彼大海其水濤波解脫不爾如是解脫卽是如來又解脫者譬如宮殿解脫亦爾當知解脫卽是如來又解脫者名曰所用如閻浮檀金多有所任無有能說是金過惡解脫亦爾無

有過惡無有過惡卽眞解脫眞解脫者卽是如來又解脫者捨嬰兒行譬如大人捨小兒行解脫亦爾除捨五陰除捨五陰卽眞解脫眞解脫者卽是如來又解脫者名曰究竟如被繫者從繫得脫洗浴淸淨然後還家解脫亦爾畢竟淸淨畢竟淸淨卽眞解脫眞解脫者卽是如來又解脫者名無作樂無作樂者貪欲瞋恚愚癡吐故喻如有人悞飲蛇毒爲除毒故卽服吐藥旣得吐已毒卽除愈身得安樂解脫亦爾吐於煩惱諸結縛毒身得安樂名無作樂無作樂者卽眞解脫眞解脫者卽是如來又解脫者名斷四種毒

蛇煩惱斷煩惱者卽眞解脫眞解脫者卽是如來又解脫者名離諸有滅一切苦得一切樂永斷貪欲瞋恚愚癡拔斷一切煩惱根本拔根本者卽眞解脫眞解脫者卽是如來又解脫者名斷一切有爲之法出生一切無漏善法斷塞諸道所謂若我無我非我非無我唯斷取著不斷我見我見者名爲佛性佛性者卽眞解脫眞解脫者卽是如來又解脫者名不空空空空者名無所有無所有者卽是外道尼揵子等所計解脫而是尼揵實無解脫故名空空眞解脫者則不如是故不空空不空空者卽眞解脫眞解脫者卽

是如來又解脫者名曰不空如水酒酪酥蜜等瓶雖無水酒酪酥蜜時猶故得名爲水等瓶如是瓶等不可說空及以不空若言空者則不得有色香味觸若言不空而復無有水酒等實解脫亦爾不可說色及以非色不可說空及以不空若言空者則不得有常樂我淨若言不空色受是常樂我淨者以是義故不可說空及以不空空者謂無二十五有及諸煩惱一切苦一切相一切有爲行如瓶無酪則名爲空不空者謂眞實善色常樂我淨不動不變猶如彼瓶色香味觸故名不空是故解脫喻如彼瓶彼瓶遇緣則有

破壞解脫不爾不可破壞不可破壞卽眞解脫眞解脫者卽是如來又解脫者名曰離愛譬如有人愛心希望釋提桓因大梵天王自在天王解脫不爾若得成於阿耨多羅三藐三菩提已無愛無疑無愛無疑卽眞解脫眞解脫者卽是如來若言解脫有愛疑者無有是處又解脫者斷諸有貪斷一切相一切繫縛一切煩惱一切生死一切因緣一切果報如是解脫卽是如來如來者卽是涅槃一切衆生怖畏生死諸煩惱故故受三歸譬如羣鹿怖畏獵師旣得免離若得一越則喻一歸如是三越則喻三歸以三越故得受安樂衆生亦爾怖畏四魔惡獵師故受三歸依三歸依故則得安樂受安樂者卽眞解脫眞解脫者卽是如來如來者卽是涅槃涅槃者卽是無盡無盡者卽是佛性佛性者卽是決定決定者卽是阿耨多羅三藐三菩提釋曰上來一百句解脫文現不繁更釋大意只明一心眞性解脫以實慧解脫顯此眞性然後成方便慧解脫故能自覺覺他名之爲佛卽是平等法身天眞之佛所以經云當知解脫卽是如來如來之性卽是解脫解脫如來無二無別是以如來之性卽衆生性衆生之性卽一切法性一切法性卽是

心性以心性徧一切處故則一切處悉是不思議解脫以不見自性故則隨處貪著著卽被縛若了斯宗縛脫俱寂所以云離卽著著卽離幻化門中生實義亦無離亦無著何處更求無病藥又此一百句解脫委曲披陳是最後指歸究竟垂示則涅槃之祕藏祖佛之正宗所以具録全文證明宗鏡請不厭繁覽所冀子細明心斯乃解縛之原迷悟之本若心解則一切解與眞性而相應若心縛則一切縛與塵勞而共處出要之道於此絕言方便之門更無過上此不思議眞性解脫法門一入全眞眞外無法意消能所情

斷是非。此非誦文法師湊其智海。闇證禪伯了此慧燈。唯除眞見性人。一乘道種。方能悟入頓了無疑。此圓頓教門。唯一無分別法耳。無有際畔。不涉一多。以卽邊而中。故無法可比。以卽妄而眞。故無法可待。豈更佛法待於佛法。唯一絕待如來法界。故出法界外。無復有法。無所可待。亦無所絕。唯證相應。不在言說。如大集經云。不待莊嚴。了知諸法。以得一總得餘。故所以云。一葉落天下秋。一塵起大地收。一華開天下春。一事寂萬法眞。則上根一覽。終不再疑。中下之機。寍無方便。如孤寂吟云。舉一例諸。足可知。何用喃喃

說引詞。只見餓夫來取飽。不聞漿逐渴人飛。問。衆生法身與佛平等。云何不起報化之用耶。答。雖本平等。隱顯有殊。隱名如來藏。顯名法身。起信疏云。但衆生迷自眞理。起於妄念。是時眞如但現染相。不顯其用。鈔問云。衆生心與佛體既同。衆生迷時。何不起用。答。以無明有力。起於九相。眞如無力。被隱故不能現用。如水爲風所擊。但起波瀾。而不能現像。石壁鈔云。論云本覺常起用者。有其二意。一約內熏。卽自體相熏習義。故論云。從無始來。具無漏法。備有不思議業。作境界之性。依此二義。恒常熏習。二約應化不起者。但以妄染覆之。非謂本覺無此應用。亦非固心抑令不起。斯則過在於妄迷而不知。何關於覺。以本覺常具常熏故。如修竹有龍鳳之音。塵鏡有照膽之用。是知靈臺絕妙。衆生莫知。若暫返照迴光。無有不得之者。如地中求水。鑛裏求金。唯慮不肯承當。沉埋心寶。宗鏡委細意囑於斯。普勸後賢。直須知有。

宗鏡錄卷三十一

音釋

糲盧達切脫粟也　瘡疣瘡初良切痏也疣羽求切瘤也　醯呼雞切　㽄先稽切瓦器破聲也　蓖麻蓖邊迷切　爆北教切火裂聲　蜣蜋蜣去羊切蜋呂張切蜣蜋轉糞土丸蟲

曀於計切陰霾也　滓側氏切澱也　趒他弔切越也

宗鏡録卷三十二

宋慧日永明妙圓正修智覺禪師延壽集

夫華嚴經是圓滿教所明一法纔起皆有眷屬隨生今此何故唯論絶待答所言眷屬者皆是理内眷屬衆生如佛如一如無二如理性相關故稱如來爲世間之父一切衆生爲諸佛之子若法門眷屬者約自證法則禪定爲父般若爲母而生眞淨法身若化他法則方便爲父慈悲爲母而生應化佛身從般若眞性起同體大悲所有萬行莊嚴皆是性起功德必無心外法而爲主伴如般若經云欲爲佛親侍者及内

眷屬等應學般若般若即心靈之性故是以諸佛菩薩凡有施爲皆是内祕外現不捨道法現凡夫事如華嚴入法界品云復次善男子菩薩以般若波羅密爲母方便善巧爲父檀那波羅密爲乳母尸羅波羅密爲養母忍辱波羅密爲莊嚴具精進波羅密爲養育者禪那波羅密爲浣濯人善知識爲教授師一切菩提分爲伴侶一切善法爲親屬一切菩薩爲兄弟菩提心爲家如理修行爲家法諸地善法爲家處得諸忍法爲家族大願現前爲家教以清淨智滿足諸行爲順家法勸發勤修不斷大乘爲紹家業法水灌頂一生所繫菩薩爲王太子成就廣大眞實菩提爲淨家族鴦崛魔羅經云佛言一切衆生有如來藏一切男子皆爲兄弟一切女人皆爲姊妹乃至女有佛藏男亦如是云何一性而自染著以一性故是故如來淨修梵行住於自地不退轉地得如來地維摩經偈云智度菩薩母方便以爲父一切衆導師無不由是生法喜以爲妻慈悲心爲女善心誠實男畢竟空寂舍弟子衆塵勞隨意之所轉道品善知識由是成正覺諸度法等侶四攝衆妓女歌詠誦法言以此爲音樂總持之園苑無漏法林樹覺意淨妙華解脱智

慧果八解之浴池定水湛然滿布以七淨華浴此無垢人象馬五通馳大乘以爲車調御以一心遊於八正路相具以嚴容衆好飾其姿慚愧之上服深心爲華鬘富有七財寶教授以滋息如所説修行迴向爲大利四禪爲牀座從於淨命生多聞增智慧以爲自覺音甘露法之食解脱味爲漿淨心以澡浴戒品爲塗香摧滅煩惱賊勇健無能踰降伏四種魔勝幡建道場崇福疏云實德内資長養如母方便外攝度生稱父内證深法悅已智心喜樂盈懷故名爲妻肇師云慈悲之心處而外適其性柔弱隨物不違故如女

也善心力大滅惡盡原眞證相應故名爲男所證二空之理爲其舍宅外障六塵風雨內去三毒之蟲又有非眞要時復暫遊空爲理宗以爲常宅故云畢竟空寂舍能轉塵勞衆生以成佛法昔無明卽王恩愛魔王今化令隨道名爲弟子故云弟子衆塵勞隨意之所轉乃至三十七品之知識六度萬行之法侶爲眞實道伴助成菩提四攝廣被令人喜悅如妓女讚誦法言令人愛味如音樂以總持爲苑能攝諸法以無漏爲林能除熱惱以七覺淨妙之華成八解智慧之果湛然定水恒開覺華用一乘爲車五通爲馬御

之以一心遊行八正道乃至妙相嚴容衆好飾體慚愧爲服深心爲鬘具七聖之財踞四禪之座入多聞寶藏從淨命而生飲解脫一味之漿得甘露究竟之食破八萬煩惱成五分法身降四種魔軍圓三菩提道若主若伴若因若緣皆是宗鏡卷舒心之體用未曾一法建立從外而生天台淨名疏問那忽處處對法門約觀心作如此等說佛意必如此耶答曰若言經中無對法門解釋義者此經佛道品普現色身菩薩問維摩詰言居士父母妻子親戚眷屬等悉爲是誰大士偈答言智度菩薩母等淨名既是在家菩薩

何容無有父母妻子家宅而不依事答悉約內行法門答者當知諸佛菩薩不起道法現凡夫事雖現凡事皆內表道法也如佛般涅槃處在雙樹四枯四榮豈可直作樹木之解且如來誠說皆表半滿枯榮今在毗耶菴羅樹園欲說不思議解脫法門不捨道法現迹同凡住毗耶離豈不表極地所住法門也華嚴經明十城十園豈止是世間城園也此經下文菩薩行品云諸佛威儀有所進止無非佛事何得俱作事解都不尋思諸佛菩薩不思議教善權祕密表法之事又法華經云欲說是經應入如來室著如來衣坐

如來座如來室者乃是大慈悲心如來衣者卽是柔和忍辱如來座者卽是一切法空問曰華嚴頓教大乘可得約行明諸法門此方等經及小乘教何得亦約觀行明義答曰此經既云諸佛解脫當於衆生心行中求若不約觀行豈稱斯文若不以毗耶離菴羅樹園對諸法門則不得約觀心解釋何得於衆生心行中求諸佛解脫若不於心行求解脫者云何得住不思議解脫若不住不思議解脫云何於一毛孔見諸佛土變現自在如不思議品所明也復云何得如法華經明身根淸淨一切十方國土皆於身中現又

豈得如華嚴經頌說無量諸世界悉從心緣起無量諸佛國皆於毛孔現也如前問言小乘不得約觀心解釋者何故聲聞經中佛爲牧牛人說十一法皆一一內合比丘觀心如是等例豈非方等及三藏經對諸法門觀心明義也故知了義教不了義教皆是了義以唯一心故所以云圓機對教無教不圓理心涉事無事非理又云根羸則法劣器廣則道圓故問此宗玄奧性自天眞非生因之所生唯了因之所了云何廣述諸有差別行門答夫妙達殊倫則法法齊旨巧通異道乃物物咸如夫言了因者乃是於眞心中

性德顯了故名了因生因者亦是信心中能生六度萬行故名生因生了俱心理行非外若不了此取捨萬端纔入斯宗自無高下夫三界之有是菩提之用本末相徧空有融通豈同豁爾之無塊然之有如大智度論云空有二種一者善空熾然修一切行而了性空二者惡空恣行惡法而欲撥令空今論不可得空此空不離諸法諸法不離此空當知一切法趣空如瓶處空十方界空不異瓶空故十方空皆趣瓶空華嚴論云若也但修空無相法身卽於智不能起用若但一向生想不見無相法身卽純是有爲又云如

是大悲如是智慧如是萬行皆爲長養初發心住初生佛家之智慧大悲令慣習自在故時亦不改法亦不異智亦不遷猶如竹葦依舊而成初生與終無有麤細亦如小兒初生而後長爲大無異大也是知差別行門皆入畢竟空中無有分別如龍樹菩薩問曰若菩薩知佛是福田衆生非福田是非菩薩法菩薩以何力故能令佛與畜生等答曰菩薩以般若波羅密力故一切法中修畢竟空心是故於一切法無分別如畜生五陰十二入十八界和合生名爲畜生佛亦如是從諸善法和合假名爲佛若人憐愍衆生得

無量福德於佛著心起諸惡因緣得無量罪是故知一切法畢竟空故不輕畜生不著心貴佛復次諸法實相是一切法無相是無相中不分別是佛是畜生若分別卽是取相是故等觀故經偈云一切諸法中皆以等觀入大法炬經云涅槃義者本來自有非人所爲故名涅槃又眞涅槃者所謂一切世間乃至若有若無如是一切悉名涅槃若取相分別則非涅槃是以若見一法異則失唯心第一義門便成魔事故大集經云於衆生生異想是爲魔業厭有爲功德是爲魔業故天台淨名疏云住此觀心不見慳相施相

而能慈悲利益眾生。所有財物。拯濟貧乏。興諸福業。供養三尊。修故造新。隨喜獎善。若是長者。一村行施。因施說法。是則一村貧民。四眾受施之徒。感恩慕德。非但歸心受化。慳悋之心。漸漸微薄。亦復學是施主捨財修福也。若在一縣。令長官司。住正觀心。所有資財。能如是財施法施者。則一縣貧民。四眾受施之徒。皆亦歸心受化。慳心自然休息。捨財修福。利益興顯。乃至一管一國。人主官僚。天王帝主。住正觀心。不見慳施。所有資財。慈愛貧民。恩惠分施。因爲善巧說四教法。州管國內。所有貧民四眾。荷恩慕德。敬仰歸心。

承事親近。受道因是。慳心漸薄。皆能惠施。修諸福業。轉相教化。行恩布德。正道居懷。是則諸州諸管。舉國人民。有善有惡。有智有道。譬如一燈。然百千燈。本燈湛然。餘燈徧滿。冥者皆明。明終不絕。是爲四眾長者。官司國主。住檀波羅蜜無盡燈法門。攝一切眾生也。是諸所攝眾生。未來在家出家。還爲眷屬。或爲親戚。或爲臣民。或爲弟子。同生淨土。依報巍巍。七珍無量。値佛聞經。道心開發。是諸施主。若得無生法忍。住不思議解脫。昔布施所攝眾生。得道時至。是諸施主。卽於有因緣之國。示成正覺。昔布施所攝眾生。皆來其國。一切能捨修三乘道。若聞法華開佛知見之說。卽同入大乘。乘此寶乘。遊於四方。嬉戲快樂。此卽淨名大士。何處更往毗耶離。別覓維摩詰耶。故知若能了此眞如一心無盡之理。則一切六度四攝萬行。皆無有盡。轉示他心。亦同無盡。乃至重重涉入。遞出無窮。如無盡燈。布影分光。徧周法界。非唯淨名是我。實乃千聖同儔。純行救度之心。則觀音出現。常運大慈之意。則彌勒下生。乃觸途皆證法門。寓目盡成願海。高低嶽瀆。共轉根本法輪。大小鱗毛。普現色身三昧。是以從體起用。用自徧周。以性成行。行無邊際。如還原

觀。從自性之體。分其二用。一海印森羅常住用。謂眞如本覺也。妄盡心澄。萬像齊現。猶如大海。因風起浪。若風止浪息。海水澄清。無像不現。二法界圓明自在用。卽華嚴三昧也。謂廣修萬行。稱理成德。普周法界而證菩提。何故分其二用。前海印用。是本用。亦名理行。亦名性德。後華嚴用。是修成。亦名事行。亦名修德。此二相假成其大用。謂因修顯性。以性成修。若無性。修亦不成。若無修。性亦不顯。是以離性無修。離修無性。故云萬法顯必同時。一際理無前後。斯則二而不二。又不二而二。何者。以海印用本具。是所現。謂眞如

自性有徧照法界義故華嚴用是能現以修成契理能成萬行故能所有異本末似分則非一非異能成妙行問既以心爲宗教中云何又說破色心論且何心可宗何心可破答心有二種一隨染緣所起妄心而無自體但是前塵逐境有無隨塵生滅唯破此心雖云可破而無所破以無性故百論破情品云譬如愚人見熱時燄妄生水想逐之疲勞智者告言此非水也爲斷彼想不爲破水如是諸法自性空衆生取相故著爲破是顛倒故言破實無所破二常住眞心無有變異卽立此心以爲宗鏡識論云心有二種一

相應心謂無常妄識虛妄分別與煩惱結使相應二不相應心所謂常住第一義諦古今一相自性清淨心今言破者是相應心不相應心立爲宗本是以一切自行履踐之路無邊化他方便之門皆以心爲本本立而道生萬法浩然宗一無相欲舉一蔽諸指鹹知海者卽此常住不動眞心也問衆生覺性天眞自然何假因緣文義開析本自無瘡勿傷之也答若執此性決定是自然者應須現推有自然之理且如本性以何法爲自體如首楞嚴經云佛告阿難我今如是開示方便眞實告汝汝猶未悟惑爲自然自須甄

明有自然體汝且觀此妙明見中以何爲自此見爲復以明爲自以暗爲自以空爲自以塞爲自阿難若明爲自應不見暗若復以空爲自體者應不見塞如是乃至諸暗等相以爲自者則於明時見性斷滅云何見明故知恒常之性不逐緣生若隨明暗幻化之法以爲自體者明暗等法緣散之時此性應隨斷滅問本性既非自然應是因緣之性答此性若是因緣爲體者今推以何法爲因何法爲緣應須確定眞實體性如經云阿難言必此妙見性非自然我今發明是因緣性心猶未明諮詢如來是義云何合因緣性

佛言汝言因緣吾復問汝汝今因見見性現前此見爲復因明有見因暗有見因空有見因塞有見阿難若因明有應不見暗如因暗有應不見明如是乃至因空因塞同於明暗復次阿難此見又復緣明有見緣暗有見緣空有見緣塞有見阿難若緣空有應不見塞若緣塞有應不見空如是乃至緣明緣暗同於空塞當知如是精覺妙明非因非緣亦非自然非不自然無非不非無是非是離一切相卽一切法汝今云何於中措心以諸世間戲論名相而得分別如以手掌撮摩虛空祇益自勞虛空云何隨汝執捉阿難

白佛言世尊必妙覺性非因非緣世尊云何常與比丘宣說見性具四種緣所謂因空因明因心因眼是義云何佛告阿難我說世間諸因緣相非第一義阿難吾復問汝諸世間人說我能見云何名見云何不見阿難言世人因於日月燈光見種種相名之為見若復無此三種光明則不能見阿難若無明時名不見者應不見暗若必見暗此但無明云何無見阿難若在暗時不見明故名為不見今在明時不見暗相還名不見如是二相俱名不見若復二相自相陵奪非汝見性於中暫無如是則知二俱名見云何不見

是故阿難汝今當知見明之時見非是明見暗之時見非是暗見空之時見非是空見塞之時見非是塞四義成就汝復應知見見之時見非是見見猶離見見不能及云何復說因緣自然及和合相汝等聲聞狹劣無識不能通達清淨實相吾今誨汝當善思惟無得疲怠妙菩提路故知說因緣自然皆屬世間言論談有無眞俗悉是分別識心當見性之時豈留觀聽在發明之際焉落言思問此妙明性既非因緣自然則無有一法不從和合而生如無所證之眞如何由發能證之妙智則境智和合能成見性答若智外

有眞如則可為所證眞如外有智則可為能證今智外無如如外無智欲將何法以為和合非和合耶如經云佛告阿難汝雖先悟本覺妙明性非因緣非自然性而猶未明如是覺元非和合生及不和合阿難吾今復以前塵問汝汝今猶以一切世間妄想和合諸因緣性而自疑惑證菩提心和合起者則汝今者妙淨見精為與明和為與暗和為與通和為與塞和若明和者且汝觀明當明現前何處雜見見相可辯雜何形像若非見者云何見明若即見者云何見見必見圓滿何處和明若明圓滿不合見和見必異明

雜則失彼性明名字雜失明性和明非義彼暗與通及諸羣塞亦復如是復次阿難又汝今者妙淨見精為與明合為與暗合為與通合為與塞合若明合者至於暗時明相已滅此見即不與諸暗合云何見暗若見暗時不與暗合與明合者應非見明既不見明云何明合了明非暗彼暗與通及諸羣塞亦復如是阿難白佛言世尊如我思惟此妙覺元與諸緣塵及心念慮非和合耶佛言汝今又言覺非和合吾復問汝此妙見精非和合者為非明和為非暗和為非通和為非塞和若非明和則見與明必有邊畔汝且諦

觀何處是明何處是見在見在明自何為畔阿難若明際中必無見者則不相及自不知其明相所在畔云何成彼暗與通及諸羣塞亦復如是又妙見精非和合者為非明合為非暗合為非通合為非塞合若非明合則見與明性相乖角如耳與明了不相觸見且不知明相所在云何甄明合非合理彼暗與通及諸羣塞亦復如是乃至佛告富樓那汝雖除疑餘惑未盡吾以世間現前諸事今復問汝汝豈不聞室羅城中演若達多忽於晨朝以鏡照面愛鏡中頭眉目可見瞋責已頭不見面目以為魑魅無狀狂走於意

云何此人何因無故狂走富樓那言是人心狂更無他故佛言妙覺明圓本圓明妙既稱為妄云何有因若有所因云何名妄自諸妄想展轉相因從迷積迷以歷塵劫雖佛發明猶不能返如是迷因因迷自有識迷無因妄無所依尚無有生欲何為滅得菩提者如寤時人說夢中事心縱精明欲何因緣取夢中物況復無因本無所有如彼城中演若達多豈有因緣自怖頭走忽然狂歇頭非外得縱未歇狂亦何遺失富樓那妄性如是因何為在汝但不隨分別世間業果眾生三種相續三緣斷故三因不生則汝心中演若達多狂性自歇歇即菩提勝淨明心本周法界不從人得何藉劬勞肯綮修證乃至佛告阿難即如城中演若達多狂性因緣若得滅除則不狂性自然而出因緣自然理窮於是阿難演若達多頭本自然本自其然無然非自何因緣故怖頭狂走若自然頭因緣故狂何不自然因緣故失本頭不失狂怖妄出曾無變易何藉因緣本狂自然本有狂怖未狂之際狂何所潛不狂自然頭本無妄何為狂走若悟本頭識知狂走因緣自然俱為戲論是故我言三緣斷故即菩提心菩提心生生滅心滅此但生滅滅生俱盡無

功用道若有自然如是則明自然心生生滅心滅此亦生滅無生滅者名為自然猶如世間諸相雜和成一體者名和合性非和合者稱本然性本然非然和合非合合然俱離離合俱非此句方名無戲論法菩提涅槃尚在遙遠釋曰若悟本頭識知狂走因緣自然俱為戲論者若實發明悟了本頭一靈真性非動非靜非得非失非生非滅非合非離則知無始已來三界伶俜六趣狂走是迷是倒是妄是虛皆是情想結成識心鼓動則知本覺真性非因非緣亦非自然非不自然非和非合非不和合盡成戲論恐墮邪思

且無住眞心。豈存名相及與處所。若欲以識心圖度句義詮量。而求眞實者。如繫風捕影。理可然乎。所以祖師云。非自然非因緣。妙中之妙。玄中玄。森羅萬像光中現。尋之不見有根原。如上剖析。此爲未識本頭。不知狂走之人。令離句絕非。言思道斷。此方始除世間分別戲論之法。於自見性大道之中。尚猶賒遠。應須親到。不俟更言。似鏡照容。直須心眼相似。如人飲水。方能冷煖自知。故云唯證乃知難可測。未到之者。徒自狂迷。問。法門無量。皆有破執顯道之功。何故偏讚一心。以爲綱骨。答。此是起惑之初。發眞之始。迷悟

之本。染淨之由。故云至妙靈通。目之曰道。則心外無道。道外無心。微妙甚深。凡小非分。菩薩分知。唯佛窮了。以彼二乘但覺四住。不了無明。故此無明所起之識。非其境也。菩薩十信之初。創發心時。卽觀本識自性緣起因果之體。得成正信。攝論云。菩薩初起應先觀諸法如實因緣。此之謂也。如實因緣。莫非一心本識。斯則發眞之始也。起信論云。以不覺一法界故。心不相應。無明分別。生諸染心。一法界者。卽無二眞心爲一法界。此非算數云一。謂如理虛融。平等不二。故稱爲一。斯則起惑之初也。又因不識無明作衆生。了

此無明成諸佛。斯則迷悟之本也。又一法界。舉體全作生滅門。舉體全作眞如門。順法界。則出離解脫。違法界。則繫縛輪迴。斯乃染淨之由也。是以千聖仰之爲母爲師。羣賢歸之。如王如導。諸經綱骨。萬法指南。撮要言之。罔逮於茲矣。故經云。心爲法本。心作天堂。心作地獄。若離衆生心。更有何眞俗等事。以一切法但如影響。故如向居士云。影由形起。響逐聲來。弄影勞形。不知形之是影。揚聲止響。不識聲是響根。除煩惱身而求涅槃者。喻去形而覓影。離衆生心而求佛道者。喻默聲而尋響。故知迷悟一途。愚智非別。無名

作名。因其名則是非生矣。無理作理。因其理則諍論起矣。幻作非眞。誰非誰是。虛妄非實。何有何空。將知得無所得。失無所失矣。故知但了一心。則萬法皆寂。如華嚴經解脫長者告善財言。我若欲見安樂世界阿彌陀如來。隨意卽見。我若欲見栴檀世界金剛光明如來。妙香世界寶光明如來。蓮華世界寶蓮華光明如來。妙金世界寂靜光如來。妙喜世界不動如來。善住世界師子如來。鏡光明世界月覺如來。寶師子莊嚴世界毗盧遮那如來。如是一切悉皆卽見。然彼如來不來至此。我身亦不往詣於彼。知一切佛及與

我心悉皆如夢知一切佛猶如影像自心如水知一切佛所有色相及以自心悉皆如幻知一切佛及以已心悉皆如響我如是知如是憶念所見諸佛皆由自心善男子當知菩薩修諸佛法淨諸佛剎積集妙行調伏衆生發大誓願入一切智自在遊戲不可思議解脫之門得佛菩提現大神通徧往一切十方法界以微細智普入諸劫如是一切悉由自心是故善男子應以善法扶助自心應以法水潤澤自心應以境界淨治自心應以精進堅固自心應以忍辱坦蕩自心應以智證潔白自心應以智慧明利自心應以

佛自在開發自心應以佛平等廣大自心應以佛十力照察自心疏釋云心該萬法謂非但一念觀佛由於自心菩薩萬行佛果體用亦不離心亦去妄執之失謂有計云萬法皆心任之是佛驅馳萬行豈不唐勞今明心雖卽佛久翳塵勞故以萬行增修令其瑩徹但說萬行由心不說不修爲是又萬法卽心修何礙心故云卷舒變化唯心所在壽夭得喪唯心所宰故詩三百一言可蔽矣教五千一心能貫之實入道之要津修行之玄鏡實謂深談佛旨妙達眞空低頭舉手而盡入圓因發念興心而皆同本果掘凡夫之

乾土見諸佛之水泉抽二乘之焦芽結常樂之果實變毒藥而成甘露轉酥酪而作醍醐定父子而全付家珍拂權迹而頓開寶藏今宗鏡所録唯窮祖佛正宗若欲見道修行無出自身心之內如華嚴經頌云身爲正法藏心爲無礙燈照了諸法空名曰度衆生故知身爲法聚無一法出我身田心爲慧光無一智離我心海若迷之者則身爲苦聚病原心作無明怨賊先須察所治過患之迹方立能治功德之門則一切衆生所造過患莫越身心若欲對治唯戒以慧若修身戒則戒急而妙行成若修心慧則乘急而眞性

顯故得乘戒兼急理行俱圓正助相資方入宗鏡內外朗鑒一道淸虛如大涅槃經云復次不修身者不能觀身雖無過咎而常是怨善男子譬如男子有怨常逐伺求其便智者覺已繫心愼護若不愼護則爲所害一切衆生身亦如是常以飲食冷煖將養若不如是將護守愼卽當散壞善男子如婆羅門奉事火天常以香華讚歎禮拜供養奉事期滿百年若一觸時尋燒人手是火雖得如是供養終無一念報事者恩一切衆生亦復如是雖於多年以好香華瓔珞衣服飲食臥具病瘦醫藥而供給之若遇內外諸惡緣

卽時滅壞都不憶念往日供給衣服之恩善男子譬如有王畜四毒蛇置之一篋以付一人仰令瞻養是四蛇中悞一生瞋則能害人是人恐怖常求飲食隨時守護一切衆生四大毒蛇亦復如是若一大瞋則能壞身善男子如人久病應當至心求醫療治若不勤求必死不疑一切衆生身亦如是常應攝心不令放逸若放逸者則便滅壞善男子譬如坏瓶不耐風雨打擲椎壓一切衆生身亦如是不耐飢渴寒熱風雨打擊惡罵善男子如癰未熟常當善護不令人觸設有觸者則大苦痛一切衆生身亦如是善男子如

騾懷姙自害其軀一切衆生身亦如是內有風冷身則受苦善男子譬如芭蕉生實則枯一切衆生身亦如是善男子亦如芭蕉內無堅實一切衆生身亦如是善男子如蛇鼠狼各各相於常生怨心衆生四大亦復如是善男子譬如鵞王不樂冢墓菩薩亦爾於身冢墓亦不貪樂善男子如旃陀羅七世相繼不捨其業是故爲人之所輕賤是身種子亦復如是種子精血究竟不淨以不淨故諸佛菩薩之所輕訶善男子是身不如魔羅耶山生於栴檀亦不能生優鉢羅華分陀利華瞻婆羅華摩利迦華婆師迦華九孔常漏膿血不淨生處臭穢醜陋可惡常與諸蟲共在一處善男子譬如世間雖有上妙淸淨園林死屍至中則爲不淨衆共捨之不生愛著色界亦爾雖復淨妙以有身故諸佛菩薩悉共捨之善男子若有不能作如是觀不名修身不修戒者善男子若不能觀戒是一切善法梯隥亦是一切善法根本如地悉是一切樹木所生之本戒是諸善根之導首也如彼商主導諸商人戒是一切善法勝幢如天帝釋所立勝幢戒能永斷一切惡業及三惡道能療惡病猶如藥樹戒是生死險道資糧戒是摧結惡賊鎧仗戒是滅結毒

蛇良呪戒是度惡業行橋梁若有不能如是觀者名不修戒不修心者不能觀心輕躁動轉難捉難調馳騁奔逸如大惡象念念迅速如彼電光躁擾不住猶如獼猴如幻如燄乃是一切諸惡根本五欲難滿如火獲薪亦如大海吞受衆流如曼陀山草木滋多不能觀察生死虛妄耽惑致患如魚吞鉤常先引導諸業隨從猶如貝母引導諸子貪著五欲不樂涅槃如駝食蜜乃至於死不顧芻草深著現樂不觀後過如牛貪苗不懼杖楚馳騁周徧二十五有猶如疾風吹兜羅毦所不應求求無厭足如無智人求無熱火常

樂生死不樂解脫如稔婆蟲樂稔婆樹迷惑愛著生死臭穢猶如獄囚樂獄卒女亦如厠豬樂處不淨若有不能如是觀者名不修心不修慧者不觀智慧有大勢力如金翅鳥能壞惡業壞無明暗猶如日光能拔陰樹如水漂物焚燒邪見猶如猛火慧是一切善法根本佛菩薩母之種子也若有不能如是觀者名不修慧乃至若有修集身戒心慧如上所說能觀諸法同如虛空不見智慧不見智者不見愚癡不見愚者不見修集及修集者是名智者如是之人則能修集身戒心慧是人能令地獄果報現世輕受是人設

作極重惡業思惟觀察能令輕微作是念言我業雖重不如善業譬如㲲華雖復百斤終不能敵鎮金一兩如恒河中投一升鹽水無醎味飲者不覺如巨富者雖多負人千萬寶物無能繫縛令其受苦如大香象能壞鐵鎖自在而去智慧之人亦復如是然上雖觀身不淨為破凡夫執此毒身以為苦本不種菩提之果唯陷五欲之泥不能自利兼他所以訶破若乃假茲業迹以續正因不入煩惱大海之中難求覺寶非處塵勞糞壞之地奚生淨華是以華嚴經云不厭生死苦方成普賢行又如大寶積經云佛告優波離聲聞乘人乃至不應起於一念更受後身是名聲聞持清淨戒然於菩薩名大破戒乃至菩薩摩訶薩修行大乘能於無量阿僧祇劫堪忍受身不生厭患是名菩薩持清淨戒於聲聞乘名大破戒今宗鏡所錄總諸大乘經了義妙旨只為悟宗行菩薩道故闡觀音普門之慧迹任方圓入普賢無盡之宗運心無際

宗鏡錄卷三十二

音釋

浣濯 浣胡管切濯直角切　踞 居御切大坐也　撮 子括切兩指撮也　綮 去挺切肯綮結會處也

伶俜 伶郎丁切俜滂丁切伶俜孤單貌也　剖析 剖普后切判也析先擊切分也

瑩 熒定切潔也　梯隥 隥都鄧切登陟之道也　躁 則到切不靜也　毦 而志切羽毛飾也

㲲 徒協切細毛布也

宗鏡録卷三十三

宋慧日永明妙圓正修智覺禪師延壽集

夫道無可修法無可問纔悟大旨萬事俱休故云言語道斷心行處滅既云宗鏡何乃廣引身戒心慧之文法華經云三藏學者尚不許親近既違大乘之經教何成後學之信門答經中所斥三藏學者即是小乘戒定慧戒則但持身口斷四住枝葉之病苗定則形同枯木絕現外威儀之妙用慧則唯證偏空失中道不空之圓理故稱貧所樂法墮下劣之乘爲淨名所訶是愚人之法今此圓宗定慧尚不同大乘初教

無相之空及大乘別教偏圓之理豈與三藏灰斷定慧之所論乎此宗鏡録戒定慧乃至一事一行一一皆入法界具無邊德是無盡宗趣性起法門無礙圓通實不思議如台教云如鏡有像瓦礫不現中具諸相但空即無微妙淨法身具相三十二觀和尚云凡聖交徹即凡心而見佛心理事雙修依本智而求佛智古德釋云禪宗失意之徒執理迷事云性本具足何假修求但要亡情即眞佛自現法學之輩執事迷理何須孜孜修習理法合之雙美離之兩傷理行雙修以彰圓妙休心絕念名理行興功涉有名事行依本智者本覺智此是因智此虛明不昧名智成前理行亡情顯理求佛智者即無障礙解脫智此是果智約圓明決斷爲智成前事行以起行成果故此則體性同故所以依之相用異故所以求之但求相用不求體性前亡情理行即是除染緣起以顯體性興功事行即是發淨緣起以成相用無相宗云如上所說相用可然但依本智情亡則相用自顯以本具故何須特爾起於事行圓宗云性詮本具亡情之時但除染分相用自顯眞體若無事行彼起淨分相用無因得生如金中雖有衆器除礦但能顯金若不施功造

作無因得成其器豈金出礦已不造不作自然得成於器若亡情則不假事行佛令具修豈不虛勞學者是以八地已能離念佛勸方令起於事行知由離念不了所以經頌云法性眞常離心念二乘於此亦能得不以此故爲世尊但以甚深無礙智此勸皆是事行故是知果佛須性相具足因行必須事理雙修依本智如得金修理行如去礦修事行如造作求佛智如成器也又華嚴演義云若執禪者則依本智性無作無修鏡本自明不拂不瑩若執法者須起事行求依他勝緣以成己德並爲偏執故辯雙行依本智者

約理無漏智性本具足故而求佛智者約事無所求中吾故求之心鏡本淨久翳塵勞恒沙性德並埋塵沙煩惱是故須以隨順法性無慳貪等修檀等六波羅密故諸佛已證我未證故又理不礙事不妨求故事不礙理求無求故若此之修修卽無修爲眞修矣如上開示本末無遺理備行周因圓果滿可謂其車高廣又多僕從而侍衛之方能入此一乘歸於宗鏡若初心入已須冥合眞空唯在心行非從口說直下步步著力念念相應如大死人永絕餘想若非懇志曷稱丈夫但有虛言終成自誑如天台拾得頌云東

洋海水清水清復見底靈源流法泉斫水刀無痕我見頑愚士燈心拄須彌寸樵煮大海足抹大地石蒸沙成飯無磨甎將爲鏡說食終不飽直須著力行恢恢大丈夫堂堂六尺士枉死埋冢下可惜孤標物龐居士詩云讀經須解義解義卽修行若依了義學卽入涅槃城如其不解義多見不如盲尋文廣占地心牛不肯耕田田總是草稻從何處生故知須在心行忍力成就忍有二種一生忍二法忍若於法忍觀行易成以了唯心故內外平等如大智度論云法忍者於內六情不著於外六塵不受能於此二不作分別

何以故內相如外外相如內二相俱不可得故一相故因緣合故其實空故一切法相常清淨故何謂一切法相常清淨以同遵一道故所以華嚴疏云一道甚深者亦名一乘佛佛皆同一眞道故佛佛所乘同觀心性萬行齊修自始至終更無異徑故爲一道問眞心常住徧一切處者卽萬法皆眞云何而有四時生滅答了眞心不動故則萬法不遷卽常住義若見萬法遷謝皆是妄心以一切境界唯心妄動心若不起外境本空以從識變故若離心識則何無一法常住豈況有萬法遷移問如今現見物像榮枯時景代

謝如何微細披剝明見不遷之旨答但當見性自斷狐疑余曾推窮似信斯理不遷論云旋嵐偃嶽而常靜江河競注而不流野馬飄鼓而不動日月歷天而不周疏云前風非後風故偃嶽而常靜前水非後水故競注而不流前氣非後氣故漂鼓而不動前日非後日故歷天而不周鈔云然自體念念不同則初一念起時非第二念時乃至最後吹著山時非初起時則無前念風體定從彼來吹其山也且山從初動時以至倒臥地時其山自體念念不同則初一念動時非第二念動時乃至最後著地時非初動時則無初

動山體定從彼來至著地時斯皆風不至山嶽不著地雖旋嵐偃嶽未曾動也以此四物世爲遷動然雖則倒嶽歷天皆不相知相到念念自住各各不遷且如世間稱大莫過四大四大中動莫越風輪以性推之本實不動如義海云鑒動寂者爲塵隨風飄颺是動寂然不起是靜而今靜時由動不滅卽全以動成靜也今動時由靜不滅卽全以靜成動也由全體相成是故動時正靜靜時正動亦如風本不動能動諸物若先有動則失自體不復更動今觀此風周徧法界湛然不動寂爾無形推此動由皆從緣起且如密

室之中若云有風風何不動若云無風遇緣卽起或徧法界拂則滿法界生故知風大不動動屬諸緣若於外十方虛空中設不因人拂或自起時亦是龍蜃鬼神所作以鬼神屬陰至晚則風多故乃至劫初劫末成壞之風並因衆生業感世間無有一法不從緣生緣會則生緣散則滅若執自然生者只合常生何得緊緩不定動靜無恒故知悉從緣起又推諸緣和合成事各各不有和合亦無緣緣之中俱無自性但是心動反推自心心亦不動以心無形故起處不可得卽知皆從眞性起眞性卽不起方見心性徧四大

性體合眞空性無動靜以因相彰動因動對靜動相旣無靜塵亦滅故首楞嚴經云性風眞空性空眞風又不遷之宗豈離動搖之境無生之旨匪越生滅之門故金剛三昧經云因緣所生義是義滅非生滅諸生滅義是義生非滅是以起恒不起不起恒起如此通達不落斷常可正解一心不遷之義矣如先德云夫物性無差悟卽眞理眞卽不變物自湛然常情所封於不動中妄以爲動道體淵默語路玄微日用而不知者物不遷也事像可觀稱之爲物物體各住故號不遷不遷故隨流湛然清淨爲物故與四像而所

相依故知無生不生無形不形處性相而守一者其爲不遷論焉所以不遷論云是以如來因羣情之所滯卽方言以辯惑乘莫二之眞心吐不一之殊教乖而不可異者其唯聖言乎故談眞有不遷之稱導俗有流動之說雖復千途異唱會歸同致矣而徵文者聞不遷則謂昔物不至今聆流動者而謂今物可至昔旣曰古今而欲遷之者何耶是以言往不必往古今常存以其不動稱去不必去謂不從今至古以其不來不來故不馳騁於古今不動故各性住於一世然則羣籍殊文百家異說者苟得其會豈文言能惑

之哉是以人之所謂住我則言其去人之所謂去我則言其住然則去住雖殊其致一也故經云正言似反誰當信者斯言有由矣何者人則求古於今謂其不住吾則求今於古知其不去今若至古古應有今古若至今今應有古今而無古以知不來古而無今以知不去若古不至今今亦不至古事各性住有何物而可去來然則四像風馳旋機電卷得意毫微雖速而不轉也是以如來功流萬世而常存道通百劫而彌固成山假就於始簣修途託至於初步者果以功業不可朽故也功業不可朽故雖在昔而不化不化故不遷不遷故則湛然矣故經云三災彌綸而行業湛然信其言也何者夫果不俱因因因而果因因而果因昔不滅果不俱因因不來今不滅不來則不遷之致明矣復何惑於去留躊躇於動靜之間哉然則乾坤倒覆無謂不靜洪流滔天無謂其動若能契神於即物斯不遠而可知矣古釋云前言古今各性住於一世不相往來者則壯老不同一色定爲嬰兒無匍匐時乃至老年則無相續失親屬法無父無子應唯嬰兒得父餘則匍匐老年不應有分則前功便失有斷滅過從此便明功流始簣初步因果等相續

不失不斷不常不一不異不來不去故圓證不遷理也乘莫二之眞心吐不一之殊教者諸聖依一心之正宗迎機演差別之教跡雖九流八敎不等而不遷一念無虧故云雖千途異唱會歸同致矣而隨文迷旨者但執權門生滅之言妄見世相去來之事因此以爲流動隨境輪迴殊不知生死去來畢竟無性所以中觀論破三時無去一已去無去者去法已謝二未去無去者去法未萌三去時無去者正去無住又以去者去法二事俱無若無去者即無去法亦無方所去者即是人以法因人致離人無有法離法無有人故鈔云觀方知彼去去者不至方者明三時無去來以辯不遷也如人初在東方卓立不動即名未去未去故未去不得名爲去若動一步離本立處反望本立處名已去已去故已去不得名爲去惑人便轉計云動處則有去此中有去時非已去未去是故去時去龍樹便以相待破云若有已去未去則有去時若無已去未去則無去時故偈云離已去未去去時亦無去如因兩邊短有中間長若無兩邊短即無中間長也靑目即以相違破何者去時者謂半去半未去名曰去時則一法中有二體相違去義不成是故

去時亦無去故偈云已去無有去未去亦無去離已去未去去時亦無去也如一人從東方行至西方時望其從東至西如似有去故言知彼去然步步中三時無去則無去法既無去法卽無去人從此至彼故言去者不至方也去者謂人也已上一經一論皆明三時無去以標宗辯不遷也此來去因果不遷卽會中道八不意也如論偈云不生亦不滅不常亦不斷不一亦不異不來亦不去能說是因緣善滅諸戲論我稽首禮佛諸說中第一今以因果會釋八不義言不生者如二十時爲因三十時爲果若離二十有今

三十可言有生若離二十則三十不可得是故不生故中論云離刼初穀今穀不可得是故不生不滅者則二十時不無故不滅若二十時滅今不應有三十時中論云若滅今應無穀而實有穀是故不滅也不常者則三十時無二十時是故不常中論云如穀芽時種則變壞是故不常不斷者因二十有三十相續是故不斷中論云如從穀有芽是故不斷若斷不應相續不一者二十不與三十同體各性而住故不一中論云如穀不作芽芽不作穀是故不一不異者不離二十有三十若二十姓張三十不異中論云若異

何故分別穀芽穀莖穀葉是故不異不來者二十不至三十時是故不來不去者二十時當處自寂不復更生故不去也達此理者則離一切戲論契會中道則眞諦矣是知於眞諦中無一法可得豈有去來如大涅槃經云爾時世尊問彼菩薩善男子汝爲到來爲不到來瑠璃光菩薩言世尊到亦不來不到亦不來我觀是義都無有來世尊諸行若常亦復不來若是無常亦無有來若人見有衆生性者有來不來我今不見衆生定性云何當言有來不來有憍慢者見有去來無憍慢者則無去來有取行者見有去來無

取行者則無去來若見如來畢竟涅槃則有去來不見如來畢竟涅槃則無去來不聞佛性則有去來聞佛性者則無去來般若燈論問汝爲已行名初發爲未行名初發爲行時名初發耶三皆不然如偈曰已去中無發未去亦無發去時中無發何處當有發釋曰已去中無發者謂去作用於彼已謝故未去亦無發者謂未行無去去則不然去時中無發者謂已去未去等皆無去義云何可說去時有去如是三種俱無初發是故偈言何處當有發又偈云無已去未去亦無彼去時於無去法中何故妄分別釋云妄分別

者。如瞖目人於虛空中。或見毛髮蠅等。皆無體故。又偈云。是故去無性。去者亦復然。去時及諸法。一切無所有。又偈云。未滅法不滅。已滅法不滅。滅時亦不滅。無生何等滅。釋曰。第一句者。以滅空故。譬如住。第二句者。如人已死不復更死。第三句者。離彼已滅及未滅法。更無滅時。有俱過故。是故定知滅時不滅。第四句者。其義云何。一切諸法皆不生故。言無生者。生相無故。無生有滅義則不然。如石女兒。乃至復次汝言滅者。爲有體滅耶。爲無體滅耶。二俱不然。如偈曰。法若有體者。有則無滅相。釋曰。以相違故。譬如水火。由

如是故偈曰。一法有有無。於義不應爾。復次偈曰。法若無體者。有滅亦不然。如無第二頭。不可言其斷。是以既無來去之法。亦無住止之時。以因法明時。亦因時辯法。法既無有。時豈成耶。如中觀論偈云。時住不可得。時去亦叵得。時若不可得。云何說時相。因物故有時。離物何有時。物尚無所有。何況當有時。釋曰。如上引證。直指世間。皆卽事辯眞。從凡見道。目前現證。可以絕疑。去法既然。乃至六趣輪迴。四時代謝。皆是不遷常住一心之道。然則羣籍殊文。百家異說。苟得其會。豈文言能惑者哉。若達萬法唯我一心。觀此心

性尚未曾生。云何說滅。尚不得靜。云何說動。如楞嚴會上。卽時如來於大眾中。屈五輪指。屈已復開。開已又屈。謂阿難言。汝今何見。阿難言。我見如來百寶輪掌。眾中開合。佛告阿難。汝見我手。眾中開合。爲是我手有開有合。爲復汝見有開有合。阿難言。世尊寶手眾中開合。我見如來手自開合。非我見性有開有合。佛言。誰動誰靜。阿難言。佛手不住。而我見性尚無有靜。誰爲無住。佛言。如是。乃至云何汝今以動爲身。以動爲境。從始洎終。念念生滅。遺失眞性。顛到行事。性心失眞。認物爲己。輪迴是中。自取流轉。故知見性不

遷。理周法界。但是認物爲己。背覺合塵。若以動爲身。以動爲境。則顛倒行事。性心失眞。境實不遷。唯心妄動。可謂雲駛月運。舟行岸移矣。故論云。是以言往不必往。古今常存。以其不動。稱去不必去。謂不從今至古。以其不來。不來故不馳騁於古今。不動故各性住於一世。此乃是法法各住眞如之位。無有一物往來。亦未曾一念暫住。皆不相待。豈非不遷乎。若能如是通達。己眼圓明。何似有之幻塵。一期之異說。而能惑我哉。又古釋云。百家異說。豈文言之能惑者。此明於三教不惑。各立其宗。儒有二十七家。若契五常之理。

卽無惑也黃老有二十五家若契虛無亦無惑也釋
有十二分教若了本心亦無惑也然則三教雖殊若
法界收之則無別原矣若孔老二教百氏九流總而
言之不離法界其猶百川歸於大海若佛教圓宗一
乘妙旨別而言之百家猶若螢光寧齊巨照如大海
不歸百川也然則四像風馳旋機電卷得意毫微雖
速而不轉者四像則四時也旋機者北斗七星也雖
寒來暑往斗轉星移電轉風馳刹那不住若得意者
了於一心毫微之密旨則見性而不動也果不俱因
因因而果者譬如爲高山初覆一簣之土爲因直至

壘土成山此初一簣土雖未成山初不至後而亦不
滅又終因此一簣土成山故云果不俱因因因而果
因因而果因不昔滅果不俱因因不來今不滅不來
則不遷之致明矣又如千里之程起於初步雖未卽
到果不俱因然全因初步之功能達千里之路則因
因而果故云成山假就於始簣修途託至於初步又
如初發一念菩提善心之因究竟成就無上妙覺之
果卽最初一念不亡若初一念已滅則不能成佛果
故云是以如來功流萬世而常存道通百劫而彌固
以其不滅不來成功成業因不虛棄事不唐捐則知

萬法俱不遷矣豈更猶豫於動靜之間哉若能觸境
而明宗契神於卽物假使天飜地覆海沸山崩尙不
見動靜之兆眹況其餘之幻化影響乎問一切眞俗
等法有相有用有因有緣云何一向作觀心釋耶答
若不迴觀自心則失佛法大旨高推諸聖不慕進修
枉處沉淪於己絕分如不傚觀心進道者如抱石沉
淵夜行去燭則於佛智海必死無疑向涅槃城故難
措足是以十方諸佛起教之由唯說一切眾生佛性
大般涅槃一心祕密之藏若凡若聖悉入其中如世
尊言此大般涅槃是十方諸佛放捨身命之處安置

諸子悉入其中我亦自住其中何者以覺自心性故
名爲佛性以從性起無漏功德自行化他法利無盡
故稱爲藏以難信難知故云祕密以法性幽奧故名
涅槃可謂無量法寶之所出生猶四大海一切萬法
之所依處如十方空若不遇之大失法利有暫聞者
功德無邊如大般涅槃經中所讚佛告迦葉菩薩善
男子如是微妙大涅槃經乃至一切法之寶藏譬如
大海是眾寶藏是涅槃經亦復如是卽是一切字義
祕藏善男子如須彌山眾藥根本是經亦爾卽是菩
薩戒之根本善男子譬如虛空是一切物之所住處

是經亦爾。卽是一切善法住處。善男子。譬如猛風。無能繫縛。一切菩薩行是經者。亦復如是。不爲一切煩惱惡法之所繫縛。善男子。譬如金剛無能壞者。是經亦爾。雖有外道惡邪之人。不能破壞。善男子。如恒河沙。無能數者。如是經義亦復如是。無能數者。善男子。是經典者。爲諸菩薩而作法幢。如帝釋幢。善男子。是經卽是趣涅槃城之商主也。如大導師引諸商人趣向大海。善男子。是經能爲諸菩薩等作法光明。如世日月。能破諸暗。善男子。是經能爲病苦衆生作大良藥。如雪山中微妙藥王。能治衆病。善男子。是經能爲

一闡提杖。猶如羸人因之得起。乃至善男子。是經卽是金剛利斧。能伐一切煩惱大樹。卽是利刀。能割習氣。卽是勇健。能摧魔怨。卽是智火。焚煩惱薪。卽因緣藏。出辟支佛。卽是聞藏。生聲聞人。卽是一切諸天之眼。卽是一切人之正道。卽是一切畜生依處。卽是餓鬼解脫之處。卽是地獄無上之尊。卽是一切十方衆生無上之器。卽是十方過去未來現在諸佛之父母也。是知了此一心總持涅槃祕密之藏。如上所讚。衆德攸歸。所有一毫之功。隨眞如無盡之理。力齊法界。福等虛空。皆能成就菩提無作妙果。若未悟斯旨。設有進修。但成有爲。終不得道。任經多劫勤苦修行。唯成拙度之門。終無勝報之事。如大智度論云。如舍利弗弟子羅頻周比丘。持戒精進。乞食六日而不能得。乃至七日。命在不久。有同道者乞食持與。烏卽持去。時舍利弗語目犍連。汝大神力。守護此食。令彼得之。卽時目連持食往與。始欲向口。變成爲泥。又舍利弗乞食持與。而口自合。最後佛來持食與之。以佛福德無量因緣故。令彼得食。是比丘食已。心生歡喜。倍加信敬。佛告比丘。有爲之法。皆是苦相。爲說四諦。卽時比丘漏盡意解。得阿羅漢道。故知信一乘之福。福等

眞如。持四句之功。功齊大覺。所以楞伽經云。佛告大慧。此是過去未來現在如來應供等正覺性自性第一義心。以性自性第一義心。成就如來世間出世間上上法。眞心之德。以第一義心。究竟獲世出世等菩提勝果之福。問。萬法唯識者。於諸識中何識究竟。答。唯阿摩羅識。此云無垢淨識。無有變異。可爲究竟。三無性論云。識如如者。謂一切諸行但唯是識。此識二義故稱如如。一攝無倒者。謂十二入等一切諸法。但唯是識。離亂識外無別餘法。故一切諸法皆爲識攝。此義決定。故稱攝無倒如如。二無變異者。明此亂識。

即是分別依他似塵識所顯由分別性永無故依他性亦不有此二無所有即是阿摩羅識唯有此識獨無變異故稱如如又云一切世出世間境不過唯識是如量境界此唯識由外境成外境既無唯識亦無境無相識無生是一切諸法平等通以如理故以理量二門一切性相收盡以識相妙有是如量門以識性眞空是如理門若理量雙消則唯眞性又阿摩羅識有二種一所緣即是眞如二本覺即眞如智能緣即不空如來藏所緣即空如來藏十二門論明唯識眞實辯一切諸法唯有淨識無有能疑亦無所疑唯

識有二一方便謂先觀唯有阿賴耶識無餘境界現得境智二空除妄識已盡名爲方便唯識二正觀唯識遣蕩生死虛妄識心及以境像一切皆淨盡唯有阿摩羅清淨心也問萬法唯識佛住識否答若阿賴耶此云藏識能藏一切雜染品法令不失故我見愛等執藏以爲自內我故此名唯在異生有學阿陀那此名執持執持種子及色根故此名通一切位我執若亡即捨賴耶名阿陀那持無漏種則妄心斯滅眞心顯現則佛住無垢淨識故經云心若滅者生死盡即是妄心滅非心體滅所以起信論云復次分別心

生滅相者有二種別一麤謂相應心二細謂不相應心麤中之麤凡夫智境麤中之細及細中之麤菩薩智境此二種相皆由無明熏習力起然依因依緣因是不覺緣是妄境因滅則緣滅緣滅故相應心滅因滅故不相應心滅問若心滅者云何相續若相續者云何言滅答實然今言滅者但心相滅非心體滅如水因風而有動相以風滅故動相即滅非水體滅若水滅者動相應斷以無所依無能依故以水體不滅動相相續衆生亦爾以無明力令其心動無明滅故動相即滅非心體滅若心滅者則衆生斷以無所依

無能依故以心體不滅心動相續釋曰論明麤細二種心境皆由無明熏習力起然依因依緣因是不覺緣是妄境者只謂不覺自心妄生外境故知境無自性從心而生和合而起故云心生即法生因滅則緣滅矣以水體不滅動相相續者此況眞心自體非動非止因無明風起生死動搖若妄風息時心之動相即滅非心體滅以心體是所依萬法是能依若無所依能依非有故知一心之體爲羣有之依猶如太虛作萬像之體又本識有二義一妄染義凡夫所住二眞淨義入地所住佛地單住眞如但名無垢識問諸

佛單住眞如名無垢識者無垢淨識卽是常住眞心爲復諸佛決定有心決定無心答據體則言亡四句意絕百非約用則唯智能明非情所及華嚴經云佛子如來心意識俱不可得但應以智無量故知如來心古釋云如來心意識俱不可得者約體遮詮也但應以智無量故知如來心者寄用表詮也一師云識等有二一染二淨佛地無有漏染心及心所而有淨分心及心所果位之中智殭識劣故於心王上以顯無染約彼智所以明無量若必無王所智依何立經云如來無垢識是淨無漏界解脫一切障圓鏡智相

應則有心王明矣一師云以無積集思量等義故說心等叵得就無分別智以顯無量非無心體上之三解俱明心意識有又云佛果實無心意意識及餘心法云不可得唯有大智故言智無量故知如來心經云唯如如及如如智獨存佛地論中五法攝大覺性唯一眞法界及四智菩提不言更有餘法此二說約無若依前有未免增益亦不能通不可得言若依後無未免損減亦不能通知佛心言既云知如來心不可言無心可知明非無心矣又心既是無智何獨立亦違涅槃滅無常識獲常識義若有無二義雙取未

免相違若互泯雙非寧逃戲論若後宗言唯如智者以心卽同眞性故曰唯如照用不失故云如智豈離心外而別有如是則唯如不乖於有前宗以純如之體故有淨心心既是如有之何失是知卽眞之有與卽有之眞二義相成有無無礙正消經意者言不可得者以心義深玄言不及故寄遮顯深言但以智知如來心者託心所寄表顯深云何深玄欲言其有同如絕相欲言其無幽靈不竭欲謂之情無殊色性欲謂無情無幽不徹是知佛心卽有卽無卽王卽數心中非有意亦非不有意意中非有心亦非不有心數

非依於王亦非不依王一一皆爾圓融無礙清涼記釋云言佛無心有智成相違過心王最勝何說爲無智無所依豈當獨立如無君主何有臣下今先別會二宗後通合二宗先會法性宗意云心卽是如智卽如智離心無如則知有如已有心矣況卽體之用稱如智卽用之體卽是眞如如一明珠珠體卽如明卽如智豈得存好亡於心矣前宗以純如下會法相宗意云卽如之有有豈乖如如鏡卽虛則有心無失是知卽眞之有通會二宗卽眞之有是法相宗卽有之眞是法性宗兩不相離方成無礙眞佛心矣又心中

非有意亦復非無意者。非有。是不卽義。二相別故。亦非不有。是不離義。無二體故。又非有者。以無二體。互攝盡故。亦非不有者。二相不壞。力用交徹故。

宗鏡錄卷三十三

音釋

礦古猛切金璞也　蜃市忍切蛇化爲蜃似蛟無足　簣求位切土籠也　逗徒候切投合也　駛疎士切疾也　眹直引切目兆也

宗鏡錄卷三十四

宋慧日永明妙圓正修智覺禪師延壽集

夫境識俱遣。眾生界空。諸佛究竟成得何法。答。一切異生。因識對境。於生死中妄生執著。起常等四倒。二乘之人。於涅槃中妄求解脫。起無常等四倒。諸佛如來因境識俱空。能離八倒。成得眞常樂我淨四波羅密。寶性論云。依二種法。如來法身有淨波羅密。一者本來自性清淨。以同相故。二者離垢清淨。以勝相故。有二種法。如來法身有我波羅密。一者遠離諸外道邊。以離虛妄我戲論故。二者遠離諸聲聞邊。以離無

我戲論故。有二種法。如來法身有樂波羅密。一者遠離一切苦。二者遠離一切煩惱習氣。有二種法。如來法身有常波羅密。一者不滅一切諸有為行。以離斷見邊故。二者不取無為涅槃。以離常見邊故。勝鬘經云。世尊見諸行無常。是斷見。非正見。見涅槃常。是常見。非正見。妄想見故。作如是見。所以如來唯證四德涅槃祕密之藏。問。既經云。見諸行無常是斷見非正見。見涅槃常是常見非正見者。云何教中。或說無我。又說於我。豈不相違耶。答。夫說常與無常。我與無我。但形言跡。皆是方便。所以肇論云。菩薩於計常之中演非常之教。以佛初出世。便欲說圓常之妙門眞我之佛性。為一切外道皆妄執神我偏十方界。起於常見。若說眞常樂我淨。恐濫邪解。且一時拂下情塵。故云無常無樂無我無淨。又二乘及權假菩薩。不知諸佛祕旨。執方便門。怱怱取證。皆住無我之理以為究竟。世尊又愍不達。遂乃具說常樂我淨。若有於此究竟之說。明見眞我佛性。人木蟲塵。分明無惑。何不住於中道。豈更見有常無常我無我二見之所亂乎。或若雖聞常樂我淨之名。只作常樂我淨之解。隨語生見。昧自眞心。則我無我之藥。成我無我之病。故知眞

我難辯。非證不明。如大涅槃經云。譬如二人共為親友。一是王子。一是貧賤。如是二人互相往反。是時貧人見是王子有一好刀淨妙第一。心中貪著。王子後時捉持是刀逃至他國。於是貧人後於他家寄臥止宿。即於眠中寱語刀刀。傍人聞之。收至王所。時王問言。汝言刀者何處得耶。是人具以上事答王。王今設使屠割臣身。分張手足。欲得刀者實不可得。臣與王子素為親厚。先與一處雖曾眼見。乃至不敢以手撐觸。況當故取。王復問言。卿見刀時相貌何類。答言。大王。臣所見者如羖羊角。王聞是已。欣然而笑語言。汝

今隨意所至莫生憂怖我庫藏中都無是刀況汝乃於王子邊見時王即問諸羣臣言汝等曾見如是刀否言已崩背尋立餘子紹繼王位復問輔相卿等曾於官藏之中見是刀否諸臣答言臣等曾見覆復問言其狀何似答言大王如羖羊角王言我庫藏中何處當有如是刀相次第四王皆檢校求索不得却後數時先逃王子從他國還來至本土復得為王既登王位復問諸臣汝見刀否答言大王臣等皆見覆復問言其狀何似答言大王其色清淨如優鉢羅華復有答言形如羊角復有說言其色紅赤猶如火聚復

有答言猶如黑蛇時王大笑卿等皆悉不見我刀眞實之相善男子菩薩摩訶薩亦復如是出現於世說我眞相說已捨去喻如王子持淨妙刀逃至他國凡夫愚人說言一切有我有我如彼貧人止宿他舍臏語刀刀聲聞緣覺問諸衆生我有何相答言我見我相大如拇指或言如米或如稗子有言我相住在心中熾然如日如是衆生不知我相喻如諸臣不知刀相菩薩如是說於我法凡夫不知種種分別妄作我相如問刀相答似羊角是諸凡夫次第相續而起邪見為斷如是諸邪見故如來示現說於無我喻如王

子語諸臣言我庫藏中無如是刀善男子今日如來所說眞我名曰佛性如是佛性我佛法中喻如淨刀善男子若有凡夫能善說者即是隨順無上佛法若有善能分別隨順宣說是等當知即是菩薩相貌問平等空門一心大旨既美惡無際凡聖俱圓何乃受潤有差苦樂不等答萬事由人自召唯心一理無虧美惡但自念生果報焉從他得如傳奧法師云但以內有惡業則外感邪魔若內起善心則外值諸佛斯則善惡在已而由人乎哉是以西施愛江嫫母嫌鏡實為癡也且君子尚求諸已而不怨天尤人況菩薩

歟若能深信斯談則可以虛心絕想頓入法空矣故起信論云或有衆生無善根力則為諸魔外道鬼神之所惑亂若於坐中現形恐怖或現端正男女等相當念唯心境界則滅終不為惱是知聖者正也心正即聖故云心正可以辟邪如日月正當天草木無邪影故知此心是凡聖之宅根境之原只為凡夫執作賴耶之識成生死苦惱之因聖者達為如來藏心受涅槃常樂之果若云阿賴耶識則有名無體以情執有不究竟故當證聖時其名即捨若云如來藏心則有名有體以本有非執故至未來際不斷故如以金

作鐶鐶相虛金體露現如來藏作賴耶賴耶相虛藏性現今衆生以隨情執重故多認賴耶不信有如來藏以不信故自既輕慢又毀滅他人謗法之愆無過此失念念昧如來法界之性步步造衆生業果之因惡業日新苦緣無盡於安隱處生衰惱心向解脫中成繫縛果受餓口鍼喉之體經劫而飢火焚燒作披毛戴角之身觸目而網羅縈絆或墮無間獄抱劇苦而常處火輪或生脩羅宮起鬬諍而恒雨刀劍或暫居人界剎那而八苦交煎或偶處天宮倏忽而五衰陷墜長沉三障不出四魔皆爲不知如來藏心失唯

識妙性背眞慈父傭賃外方捨大智王依投他國是以諸佛驚入火宅祖師特地西來指眞歸而不歸示正見而弗見都爲藏識熏處無始堅牢執情厚而如萬疊冰崖疑根深而似千重闇室今者廣搜玄奧不厭文繁和會千聖之微言洞達百家之祕說無一法不順能成孝義之門無一念不和盡爲無諍之道則六入空聚畢竟無人五陰舍中豁然虛寂是以內無所作外無所依外無所依萬有不能絆內無所作千慮不能馳遂得靜佛邊疆絕一塵而作亂匡法國土無一境而不降可謂會天性於此時更無異種定父

子於今日唯我家風如鴦崛魔羅經云常受人天一切快樂族姓殊勝悉皆具足斯由聞知一切衆生悉有如來常住藏故乃至若彼衆生去來現在於五趣中支節不具輪轉生死受一切苦斯由輕慢如來藏故問但了一心不求諸法紹隆三寶自行化他得圓滿妙覺位否答覺心無易則開佛知見佛知見開無幽不矚不二之相佛眼所見一實之道佛智所知照窮法界之邊洞徹眞原之底上成諸佛下化衆生靡不由玆自他俱利夫欲正修行者不歸宗鏡皆墮邪修或滯權小此宗鏡正義過去十方一切諸佛於此

圓修已成現在一切諸佛現成未來一切諸佛當成過去一切菩薩已學現在一切菩薩現學未來一切菩薩當學所以起信論明須先正念眞如之法石壁鈔云謂一切行門皆從眞如所起以是行原故非眞流之行無以契眞何有契眞之行不從眞起此乃是所信法中之根本故所以萬緣所起起自眞如會緣所入入於眞如菩薩發心先念眞如菩薩起信亦先信眞如菩薩所行亦契會眞如又問云何是信眞如之相答不信一切法是信眞如之相以眞如理中本無諸法若見諸法爲有是信諸法不信眞如是以無

夙植廣大菩提一乘種子之因緣者。卒難起信。故祖師頌云。大緣與信合。或得入宗鏡者。是知非小緣矣。如楞伽經云。爾時世尊告大慧菩薩。攝受大乘者。則攝受諸佛菩薩緣覺聲聞。攝受諸佛菩薩緣覺聲聞者。則攝受一切衆生。攝受一切衆生者。則攝受正法。攝受正法者。則佛種不斷。佛種不斷者。則能了知得殊勝入處。知得殊勝入處。菩薩摩訶薩常得化生。建立大乘。十自在力。現衆色像。通達衆生形類。希望煩惱諸相。如實說法。如實者不異。如實者不來不去相。一切虛僞息。是名如實。又云。佛言。但覺自心現量。妄

想不生。安隱快樂。世事永息。安隱快樂者。則寂靜妙常。世事永息者。則攀緣已斷。可謂遇圓滿寶藏。頓絕希求。到常樂涅槃。更無所至。是凡聖之際。如達家鄉。爲迷悟之依。已窮根本。大涅槃經云。金剛寶藏。無所缺減。華嚴經偈云。種種變化無量力。一切世界微塵等。欲悉了達從心起。菩薩以此初發心。寶藏論本際品云。是以本際無名。名於無名。本際無相。名於無相。名相既立。妄或遂生。眞一理沉。道宗事隱。是以無名之朴。徧通一切。不可名目。過限量界。一體無二。故經云。森羅及萬像。一法之所印。卽本際也。然本際之理。

無自無他。非一非異。包含一氣。該入萬有。若復有人自性清淨。含一而生。中無妄想。卽謂聖人。然實際中。亦無聖人法。如微塵許而有異也。若復有人自性清淨。含一而生。中有妄想。自然濁亂。則謂凡夫。然實際中。亦無凡夫法。如微塵許而有異也。故經云。佛性平等。廣大難量。凡聖不二。一切圓滿。咸備草木。周徧螻蟻。乃至微塵毛髮。莫不含一而生。故云能了知一。萬事畢也。是以衆生皆乘一而生。故云一乘。若迷故則異。覺故則一。故云前念是凡。後念卽聖。又云一念知一切法也。是以一卽一切。一切卽一。故云以一之法。

功成萬像。故經云。一切若有心。卽迷一切。若無心。卽徧十方。故眞一萬差。萬差眞一。譬如海涌千波。千波卽海。一切皆無有異也。乃至萬物含一而生。卽彼萬物亦爲一也。何以故。以本一故。末則無異。譬如檀生檀枝。非椿木也。故法華經偈云。十方佛土中。唯有一乘法。一乘者。卽一心也。一切萬有。十方虛空。皆從眞如一心之種子所現。如檀生檀枝。蘭生蘭葉。乃至本末中邊。更無異相。故云一卽一切。一切卽一。若能如是。何慮不畢。若能如是究竟圓通。此外更無不了之法。則無理而不明。無事而不盡。以一法能成一切法

故如華嚴疏云若入此觀法則智與心相應是以因由心學果是心成境由心現解由心起分位神通是心力用造作是心現起分別是心決擇所得是心乃至尋求知識造詣佛土並皆是心心外無得何所疑耶故知心垢則娑婆現相心淨則華藏含空迴轉而恒起識輪交羅而匪離心網故海幢不起寂定廣作十方佛事之門善財不出道場徧歷一百十城之法是以文殊即自心能證之妙慧善財至彌勒一心佛果滿後却令見文殊因位將極令返照心原更無有異未始動念故再訪文殊不見其身者但了自心空

般若故是眞見文殊普賢是自心所證法界無盡妙行善財雖徧法界參諸善友欲見普賢不假別指便於初會始成之處如來座前而起念求隨念即見普賢在如來前初無動移此正顯觀心即見希奇之相見聞證入由覩前相即是見心故以普賢身相如虛空徧一切處故以普眼菩薩等入百千三昧求覓普賢不見只謂離念入定厭境求眞不知塵塵是文殊念念即普賢故是以善財一人運悲智而橫廣十方修願行而竪窮三際從初至後因滿果圓明顯一心以爲榜樣總攝一切始行菩薩諸觀行人皆倣此修

離此觀心別無殊勝乃至六度萬行若不了自心皆成權漸果歸生滅報在人天若能運心福智無盡如大智度論云菩薩摩訶薩知諸法實相無取無捨無所破壞行不可得般若波羅密以大悲心還修福行福行初門先行布施菩薩行般若波羅密智慧明利能分別施福施物雖同福德多少隨心優劣如舍利弗以一鉢飯上佛佛即迴施狗而問舍利弗汝以飯施我我以飯施狗誰得福多舍利弗言如我解佛法義佛施狗得福多舍利弗者於一切人中智慧最上而佛福田最爲第一不如佛施狗惡田得福極多以

是故知大福從心生不在田也如舍利弗千萬億倍不及佛心問曰如汝說福田妙故得福多而舍利弗施佛不得大福答曰良田雖復得福多而不如心所以者何心爲內主田是外事菩薩本緣經偈云若行惠施時福田雖不淨能生廣大心果報無有量故知福從心生不因田出別請五百阿羅漢不如依次一凡僧何者以平等心福勝取捨心福微則勝劣由心豈在田乎施法既爾六度萬行亦然所以清涼鈔云因該果海果徹因原以極果由於始信信依本智而起今不離本智故斯則以因成果攝果酬因然因有

二種。一約本有恒沙性德。信解行願等無不具故。二約修起。謂依本信德而起信心。依本解德而起解心。如起信論云。以知法性無慳貪故。隨順修行檀波羅蜜等。故一一修起。皆帶本有。俱來至果。無間道中。一時頓圓。解脫道中。因果交徹。名爲得果。果亦有二。一者本有菩提涅槃。一切佛性本覺具故。二者修起。令證菩提。始覺悟故。始覺同本。無復始本之異。名究竟覺。則二果無礙。然二因本從本覺體上起來。則二因與本果無礙。始覺既同本覺。則果全同於二因。則二因與二果交徹。故因該果海。果徹因原。又初發心時。

便成正覺。因該果也。雖得佛道。不捨菩薩行。果徹因也。華嚴論云。善財一念發心。頓無能所。了三世性。性絕古今。自覺自心本來是佛。不成正覺。不證菩提。身心性相無證修者。不成不壞。本來如是。隨緣動寂。不壞有無。所行諸行。皆唯智起。斯宗鏡旨。是善巧智之所知。廣大心之所信。如華嚴經云。知一切衆生種種所緣。唯是一相。悉不可得。一切諸法。皆如金剛。善巧智。是以上至妙覺極聖之位。中及大權菩薩修行之門。下至底下凡夫生死之地。皆同一心。無有高下。迷之自墮。悟之卽昇。迷悟似殊。眞心靡易。古德云。不鏡方寸。虛負性靈。又云。自己不明。則是空受他物。如此開示。不負前機。持王庫之眞刀。得雪山之正味。證解信入之者。直紹寶王。見聞隨喜之人。能成佛種。斯恩難報。莫等尋常。任肩負項戴。盡塵沙劫中。亦不能報一句之恩。仰思曠古求法之人。釋迦文等。投身大火。翹足深林。析骨剜身。剝皮刺血。乃至常啼東請。善財南求。藥王燒手。普明刎頭。皆是知恩報德之人。爲法忘軀之士。今勸後學。生殷重心。勿得自輕。虛擲光景。

問。妙明眞心。覺王祕旨。理雖圓頓。正解難成。更希善巧之門。重證將來之信。答。前已引法說。今更將喻明。

此宗鏡一心。是諸法自性。如一珠有八萬四千孔。入一孔全收珠體。似一月影現一切水。一一影不離月輪。又若分白栴檀。片片而本香無異。猶布青陽。令處處而春色皆同。是則一法明心。萬緣指掌。皎然法喻。可以收疑。問。凡曰提宗。直陳正義。何須引喻。廣具繁文。答。爲未直下頓悟之人。不無方便。如方便心論云。若就喻者。凡聖同解。然後可說。如言是心動發。猶如迅風。一切凡夫知風動故。便得決了心爲輕躁。若不知者。不得爲喻。問曰。何故不但說正義而說喻也。答曰。凡說喻者。爲明正義。又云。凡欲立義。當依四種知見何等爲四。一者現見。二者比知。三以喻知。四隨經教。又法華經云。智者可以譬喻得解。今但取正解圓明。非論法說喻說。若不悟道。徒執絶言。今所言者皆是提宗唱道之言。極妙窮原之說。如云萬句浮言。不及一句妙理。千般魚目。不及徑寸明珠。夫一句妙理者。卽宗鏡之言也。斯言不可辯而自通。不可解而自釋。所以云善言不辯。辯言不善。問。佛旨開頓漸之教。禪門分南北之宗。今此敷揚。依何宗教。答。此論見性明心。不廣分宗判教。單提直入頓悟圓修。亦不離筌罤而求解脫。終不執文字而迷本宗。若依教。是華嚴

卽示一心廣大之文。若依宗。卽達摩直顯衆生心性之旨。如宗密禪師立三宗三教和會祖教。一際融通。禪三宗者。一息妄修心宗。二泯絶無寄宗。三直顯心性宗。教三種者。一密意依性說相教。二密意破相顯性教。三顯示眞心卽性教。先敘禪宗。初息妄修心宗者。說衆生雖本有佛性。而無始無明覆之不見。故輪迴生死。諸佛已斷妄想。故見性了了。出離生死。神通自在。當知凡聖功用不同。外境由心。故各有分限。故須背境觀心。息滅妄念。念盡卽覺。無所不知。如鏡昏塵。塵盡明現。須修禪觀。遠離諠雜。調息調身。心注一

境等。二泯絶無寄宗者。說凡聖等法。皆如夢幻。都無所有。本來空寂。非今始無。卽此達無之智亦不可得。平等法界。無佛無衆生。法界亦是假名。心旣不有。誰言法界。無修不修。無佛不佛。設有一法勝過涅槃。我說亦如夢幻。無法可拘。無佛可作。凡有所作。皆是迷妄。如了達本來無事。心無所寄。方免顛倒。始名解脫。三直顯心性宗者。說一切諸法。若有若空。皆唯眞性。無相無爲。體非一切。謂非凡非聖。然卽體之用。謂能凡能聖等。於中指示心性。復有二類。一云。卽今能言語動作貪瞋慈忍造善惡受苦樂等。卽汝佛性。卽此本

來是佛。除此無別佛。了此天眞自然。故不可起心修道。道卽是心。性如虛空。不增不減。但隨時隨處息業養神。自然神妙。此爲眞悟。二云。諸法如夢。諸聖同說。妄念本寂。塵境本空。空寂之心。靈知不昧。卽此空寂之知。是汝眞性。任迷任悟。心本自知。不藉緣生。不因境起。知之一字。衆妙之門。若頓悟此空寂之知。知且無念無形。誰爲我相人相。覺諸相空。心自無念。念起卽覺。覺之卽無。修行妙門。唯在此也。此上兩說。皆是會相歸性。故同一宗。次佛教三種。一密意依性說相教者。佛說三界六道。悉是眞性之相。但是衆生迷性

而起無別自體故云依性然根鈍者本難開悟故且
隨他所見境相說法漸漸度之故云說相說未彰顯
故云密意此一敎中自有三類一人天因果敎說善
惡業報令知因果二斷惑滅苦敎說三界無安皆如
火宅之苦令斷業惑之集修道證滅等三將識破境
敎說上生滅等法不關眞如但各是衆生無始已來
法爾有八種識於中第八識是其根本頓變根身器
界種子轉生七識各能變現自分所緣此八識外都
無實法問如何變耶答我法分別熏習力故諸識生
時變似我法六七二識無明覆故緣此執爲實我法

如患夢者患夢力故心似種種外境相現夢時執爲
實有外物寤來方知唯夢所變我此身相及外世界
亦復如是唯識所變迷故執有我及諸境旣悟本無
我法唯有心識遂依此二空之智修唯識觀及六度
四攝等行漸漸伏斷煩惱所知二障證二空所顯眞
如十地圓滿轉八識成四智菩提眞如障盡成法性
身大涅槃之果此第三將識破境與禪門息妄修心
宗而相扶會以知外境皆空故不修外境事相唯息
妄修心也息我法之妄修唯識之心二密意破相顯
性敎者據眞實了義則妄執本空更無可破無漏諸

法是眞性隨緣妙用永不斷絕又不應破但爲一類
衆生執虛妄相障眞如實性難得玄悟故佛且不揀
善惡垢淨性相一切訶破以眞性及妙用不無而且
云無故云密意又意在顯性語乃破相意不形於言
中故云密也此敎說前敎中所變之境旣皆虛妄能
變之識豈獨眞實心境互依空而似有且心不孤起
託境方生境不自生由心故現心如境謝境滅心空
皆假衆緣無自性故是以一切諸法無不是空凡所
有相皆是虛妄是故空中無五陰六根因緣四諦無
智亦無得生死涅槃平等如幻此敎與禪門泯絕無

寄宗全同三顯示眞心卽性敎直示自心卽是眞性
不約事相而示亦不約破相而示故云卽性不是方
便隱密之意故云示也此敎說一切衆生皆有空寂
眞心無始本來性自清淨明明不昧了了常知盡未
來際常住不滅名爲佛性亦名如來藏亦名心地達
摩所傳是此心也問旣云性自了了常知何須諸佛
開示答此言知者不是證知意說眞性不同虛空木
石故云知也非如緣境分別之識非如照體了達之
智直是眞如之性自然常知起信論云眞如者自體
眞實識知華嚴經云眞如照明爲性又問明品說智

與知異智局於聖不通於凡知即凡聖皆有通於理智覺首等諸菩薩問文殊師利菩薩何等是佛境界智何等是佛境界知文殊頌答云諸佛智自在三世無所礙如是慧境界平等如虛空又頌云非識所能識亦非心境界其性本清淨開示諸羣生既云本淨不待斷障即知羣生本來皆有但以惑翳而不自知故法華中開示令得清淨者即是寶性論中離垢清淨也此心雖自性清淨終須悟修方得究竟經論所明有二種清淨二種解脫或只得離垢清淨解脫故毀禪門即心即佛或只知自性清淨解脫故輕於教

相斥於持律坐禪調伏等行不知必須頓悟自性清淨自性解脫漸修令得離垢解脫離障解脫成圓滿清淨究竟解脫若身若心無所壅滯同釋迦佛問云何佛境界智此問證悟之智云何佛境界知此問本有眞心答智云諸佛智自在三世無所礙答知云非識所能識亦非心境界識是分別分別非眞知唯無念方見又若以智證之即屬所詮之境眞知非境界故瞥起照心即非眞知故非心境界以不起心爲玄妙以集起名心起心看即妄想故非眞知是以眞知必虛心遺照言思道斷矣北宗看心是失眞旨若有

可看即是境界也寶藏論云知有有壞知無無敗眞知之知有無不計既不計有無即自性無分別之知是以此眞心自體之知即無緣心不假作意任運常知非涉有無永超能所水南和尚云即體之用曰知即用之體爲寂如即燈之時即是光即光之時即是燈燈爲體光爲用無二而二也又云知之一字衆妙之門如是開示靈知之心即是眞性與佛無異故名顯示眞心即性教全同禪門第三直顯心性之宗既馬鳴標心爲本原文殊擇知爲眞體如何破相之黨但云寂滅不許眞如說相之家執凡異聖不許即佛

今約教判定正爲斯人故西域傳心多兼經論無二途也但以此方迷心執文以名爲體故達摩善巧揀文傳心標舉其名心是名也默示其體知是心也喻以壁觀令絕諸緣絕諸緣時問斷滅否答雖絕諸念亦不斷滅問以何證驗云不斷滅答了了自知言不可及師即印云只此是自性清淨心更勿疑也若所答不契即但遮諸非更令觀察畢竟不與他先言知字直待他自悟方驗眞實是親證其體然後印之令絕餘疑故云默傳心印所言默者唯默知字非總不言六代相傳皆如此也至荷澤時他宗競起欲求默

契不遇機緣。又思惟達摩懸絲之記。達摩云。我法第六代後命若懸絲。恐宗旨滅絶。遂言知之一字衆妙之門。問。悟此心已。如何修之。還依初說相教中令坐禪否。答。若惛沉厚重難可策發。掉舉猛利不可抑伏。貪瞋熾盛觸境難制者。卽用前教中種種方便隨病調伏。若煩惱微薄慧解明利。卽依本宗一行三昧。如起信論云。若修止者住於靜處端身正意。不依氣息形色。乃至唯心無外境界。法句經偈云。若學諸三昧。是動非是禪。心隨境界流。云何名爲定。卽不起滅定。現行坐之威儀。不於三界現攀緣之身意。然此教中

以一眞心性對染淨諸法。全揀全收。全揀者。如上所說。但剋體直指靈知。卽是心性。餘皆虛妄。故云非法非心。非境非智。乃至非性非相。非佛非衆生。離四句絶百非也。全收者。染淨諸法無不是心。心迷故妄起惑業。乃至四生六道雜穢國土。心悟故從體起用。四等六度。乃至四辯六通妙身淨剎。無所不現。旣是此心現諸法。故法法全卽眞心。如人夢所現事事皆人。如金作器器器皆金。如鏡現影影影皆鏡。故華嚴經云。知一切法卽心自性。成就慧身不由他悟。起信論云。三界虛僞唯心所作。離心則無六塵境界。乃至

一切分別皆分別自心。心不見心無相可得。故云一切法如鏡中像。楞伽經云。寂滅者名爲一心。一心者名如來藏。能徧興造一切趣生。造善造惡受苦受樂。果與因俱。故知一切無非心也。全揀門攝前第二破相教。全收門攝前第一說相教。將前望此此則迥異。於前將此望前前則全同於此。深必該淺淺不至深。深者直顯出眞心之體。方於中揀一切收一切也。如是收揀自在性相無礙。方能於一切悉無所住。唯此名爲了義。上之三教攝盡一代經論之所宗。三義全殊。一法無別。就三義中第一第二空有相對。第三第

一性相相對。皆迢然易見。唯第二第三破相與顯性相對。講者禪者俱迷爲同是一宗一教。皆以破相便爲眞性。故今廣辯空宗性宗有其十異。空宗唯破相。性宗唯顯性。權實有異。遮表全殊。不可以遮詮遣蕩排情破執之言。爲表詮直示建立顯宗之教。又不可以逗機誘引一期權漸之說。爲最後全提見性眞實之門。如上判教分宗。言約義豐。最爲殊絶。初則歷然不濫。後則一味融通。可釋羣疑能歸宗鏡十異者。一。法義眞俗異者。空宗未顯眞性。但以一切差別之相爲法。法是俗諦。照此諸法無爲無相無生無滅爲義。

義是眞諦。性宗以一眞之性爲法。空有等種種差別
爲義。經云。無量義者。從一法生。華嚴經云。法者知自
性。義者知生滅。二心性二名異者。空宗一向目諸法
本原爲性。性宗多目諸法本原爲心。起信論云。一切
諸法。從本已來。唯是一心。良由所說本性。不但空寂。
而乃自然常知。故應目爲心。三性字二體異者。空宗
以諸法無性爲性。性宗以虛明常住不空之體爲性。
性字雖同。而體異也。四眞智眞知異者。空宗以分別
爲知。無分別爲智。智深知淺。性宗以能證聖理之妙
慧爲智。以該於理智通於凡聖之眞性爲知。知通智

局。華嚴經云。眞如照明爲性。起信論云。眞如自體眞
實識知。五有我無我異者。空宗以有我爲妄。無我爲
眞。性宗以無我爲妄。有我爲眞。故涅槃經云。無我者
名爲生死。我者名爲如來。六遮詮表詮異者。遮謂遣
其所非。表謂顯其所是。又遮者揀卻諸餘。表者直示
當體。如諸經所說眞如妙性。每云不生不滅。不垢不
淨。無因無果。無相無爲。非凡非聖。非性非相等。皆是
遮詮。遣非蕩跡。絕想祛情。若云知見覺照。靈鑒光明。
朗朗昭昭。堂堂寂寂等。皆是表詮。若無知見等體。顯
何法爲性。說何法不生不滅等。必須認得現今了然

而知。卽是我之心性。方說此知不生不滅等。如說鹽
云不淡是遮。云鹹是表。說水云不乾是遮。云濕是表。
空宗但遮。性宗有遮有表。今時人皆謂遮言爲深。表
言爲淺。故唯重非心非佛。無爲無相。乃至一切不可
得之言。良由只以遮非之詞爲妙。不欲親自證認法
體。故如此也。又若實識我心。不同虛空。性自神解。非
從他悟。豈藉緣生。若不對機隨世語言。於自性上。所
無表示眞實之詞。焉有遮非方便之說。如今實未親
證見性之人。但倣依通情傳意解。唯取言語中妙。以
遮非泯絕之文而爲極則。以未見諦。故不居實地。一

向脫空。隨言所轉。近來尤盛。莫可遏之。若不因上代
先賢。多聞廣學。深入教海。妙達禪宗。何能微細指陳。
始終和會。顯出一靈之性。剔開萬法之原。是以具錄
要文。同明宗鏡。七認名認體異者。謂佛法世法。一一
皆有名體。且如世間稱大。不過四物。如智論云。地水
火風。是四物名。堅濕煖動。是四物體。今且說水。設有
人問。每聞澄之卽淸。混之卽濁。堰之卽止。決之卽流。
而能溉灌萬物。洗滌羣穢。此是何物。舉功能義用而
問之。答云。是水。舉名答也。愚者認名。謂已解。智者應
更問云。何者是水。徵其體也。答云。濕卽是水。剋體指

也佛法亦爾設有人問每聞諸經云迷之卽垢悟之卽淨縱之卽凡修之卽聖能生世出世間一切諸法此是何物此舉功能義用問也答云是心舉名答也愚者認名便爲已識智者應更問何者是心徵其體也答知卽是心指其體也此一言最親最的餘字餘說皆疎如云非性非相能言能語等是體緣慮動用等是心卽何異他之所問也以此而推水之名體名唯一字餘皆義用濕之一字貫於清濁等萬用萬義之中心之名體亦然知之一字亦貫於貪瞋慈忍善惡苦樂萬用萬義之處直須悟得水是名不是水濕

是水不是名卽清濁凝流無義不通也以例心是名不是心知是心不是名卽眞妄善惡無義不通也空宗相宗爲對初學及淺機恐隨言生執故但標名而遮其非唯廣義用而引其意性宗爲對久學及上根令忘言認體故一言直示達摩云指一言以直示卽是知字一言若言卽心是佛此乃四言矣若領解不謬親照靈知之性方於體上照察義用故無不通矣八二諦三諦異者空宗唯二諦性宗攝一切性相及自體總爲三諦以緣起色等諸法爲俗諦緣無自性諸法卽空爲眞諦一眞心體非空非色能空能色爲

中道第一義諦九三性空有異空宗說有卽徧計依他空卽圓成性宗卽三法皆具空有之義徧計卽情有理無依他卽相有性無圓成卽情無理有十佛德空有異空宗說佛以空爲德無有少法是名菩提性宗一切諸佛自體皆有常樂我淨十身十智相好無盡性自本有不待機緣十異歷然二門奐矣故須先約三種佛教證三宗禪心然後禪教雙亡佛心俱寂俱寂卽念念皆佛無一念而非佛心雙亡卽句句皆禪無一句而非禪教如此則自然聞泯絕無寄之說知是破我執情聞息忘修心之言知是斷我習氣執

情破而眞性顯卽泯絕是顯性之宗習氣盡而佛道成卽修心是成佛之行頓漸互顯空有相成若能如是圓通則爲他人說無非妙方聞他人說無非妙藥藥之與病只在執之與通故先德云執則字字瘡疣通則文文妙藥如上依教依宗撮略和會挑抉宗旨之本末開析法義之差殊校量頓漸之異同融卽眞妄之和合對會遮表之迴互褒貶權實之淺深可謂卷敎海之波瀾湛然掌內簇義天之星象奐若目前則頓釋羣疑豁然妙旨若心外立法立境起鬭諍之端倪識上變我變人爲勝負之由漸遂乃立空破有

賓有非空。崇教毀禪。宗禪斥教。權實兩道。常爲障礙之因。性相二宗。永作怨讎之見。皆爲智燈焰短。心鏡光昏。終不能入無諍之門。履一實之道矣。

宗鏡錄卷三十四

音釋

羖公戶切牡羊也 稗蒲拜切 嫫蒙晡切嫫母黃帝妃貌甚醜 縈絆縈於盈切繞也絆博漫切繫也 劇奇逆切甚也 矚之欲切視也 剜一丸切刻削也 刺七迹切穿也

宗鏡録卷三十五

宋慧日永明妙圓正修智覺禪師延壽集

夫說此法門是無始終說不定方所亦無時分以無時之時理無間斷無處之處說徧十方故一切佛法爾皆於無盡世界常轉如是無盡法輪令諸衆生反本還原窮未來際無有休息華嚴疏云夫心冥至道則渾一古今法界無生本亡時分故經頌云諸佛得菩提實不計於日又云此圓教法門以會緣入實體者有二一以本收末以諸聖教從眞流故不異於眞二會相顯性謂彼一切差別教法從緣無性卽是眞

如是故虛相本盡眞性本現如來言說皆順於如故金剛三昧經云如我說者義語非文衆生說者文語非義又理事無礙體者謂一切教法雖舉體卽眞不礙十二分等事相宛然顯現雖眞如舉體爲一切不礙一味湛然平等夫一乘三乘一性五性就機則三約法則一新熏則五本有無二若入理雙拂則三一兩亡若約佛化儀則能三能一是故競執是非達無違諍大集五部雖異不離法界本原涅槃各說身因佛許無非正說此宗鏡機是圓教攝則圓根所對大小俱含故先德云教海宏深包含無外色空交映德用重重語其橫收五教乃至人天總無不包方顯深廣其猶百川不攝大海大海必攝百川雖攝百川同一鹹味故隨一滴迥異百川前之四教不攝於圓圓必攝四雖攝於四圓以貫之故十善五戒亦圓教攝今依宗鏡若約教唯依一心而說則何教非心何心非教諸經通辯皆以一心眞法界爲體如來所說十二分教親從大悲心中之所流出大悲心從後得智後得智從根本智根本智從清淨法界流出卽是本原更無所從無有法離於法界而有華嚴經頌云未曾有一法得離於法性卽一切衆生迷悟本若不迷

此卽不成迷以無顚倒執著輪迴生死故若不悟此卽不成悟以無如法修行證窮果故所以眞如一心爲迷悟依夫立教之本無出意言以意詮量從言開演故基師云至理澄寂是非之論息言般若幽玄一異之情絕慮息情慮故非識非心絕言論故非聲非說法非聲說說徧塵沙理無識心心該法界心該法界斯乃非心作心說徧塵沙此亦無說爲說非心作心心開二種無說爲說說乃兩門心開二種者一心生滅門二心眞如門釋生滅門者只如三界循環斯皆妄識四生盤泊並是惑心榮辱迅譬石光古今駛

過拍毬此則生滅門也釋眞如門者六如摩羅淨識湛若太虛佛性明珠皎同朗月隱顯雖異膚內更明染淨緣分法身澄止此則眞如門也言說乃兩門者一大機受法則教說滿乘二小聖聞思則藏開半字神鍇和尚云教起所由者如來一代說法欲令衆生悟佛知見佛知見者所謂平等眞心諸法無二無二之法卽是實性實性之體離有離無不生不滅理自恒眞不由觀智所顯道常顯露實無翳障平等眞心者若法相宗眞卽是智將智證眞三乘無別卽是眞家之心依主釋也若法性宗眞卽是心體同名別眞

心卽平等持業釋也故經云泥洹眞法寶衆生從種種門入種種之門是能通所通唯一道又云經說門不同或文字爲門大品經明四十二字門是也或觀行爲門釋論明菩薩修三三昧緣諸法實相是也或智慧爲門法華經云其智慧門難解難入是也或理爲門大品經云明無生法無來無去卽是佛也依教門通觀依觀門通智依智門通理理爲門復通何處教觀智等諸門悉依於理能依是門所依何得非門雖無所通究竟徧通是妙門也則衆妙之門一眞心之所依也華嚴經云譬如日出先照高山日譬於佛

光譬說教日卽無緣之慈非出而出隨衆機之所扣非照而照說華嚴如高山說方等如食時說般若如禺中說法華如正中說涅槃如平地若菩薩大人蒙般若光諸法之用二乘之人旣無此用譬如七日嬰兒若視日輪令眼失光以無明全在喪一切智明故外道闇證譬如夜遊以未承正教之照故菩薩利他譬如日中作務施運役之功然平地高山同承日照小根大器咸稟教光約能照則無淺深對所照自分前後如大車等賜一雨普霑道絕始終理無偏黨若得宗鏡一乘之光平等大慧自他兼利更無差別故

大涅槃經云譬如有人以新毒藥塗大鼓於衆中擊令出聲雖無心欲聞若有聞者遠近皆死唯除一人不橫死者謂一闡提纔聞卽能破無明或名爲近死聞未卽益作後世因名爲遠死止觀釋云一切衆生心性正因譬之如乳聞了因法名爲置毒正因不斷如乳四微五味雖變四微恒存是故毒隨四微味味殺人衆生心性亦復如是正因不壞了因之毒隨正沓促處處得發或理發教行證發如辟支佛利根根熟出無佛世自然得悟理發亦爾久植善根今生雖不聞圓教了因之毒任運自發若聞華嚴日照高山

卽得悟者此是教發聞已思惟思惟卽悟是爲觀行發若是六根淨位進破無明是相似證發若見道損生亦是證發今依華嚴立五教天台立四教乃至八教且華嚴一心立五教約識而論者一如小乘教但有六識賴耶但得其名二大乘始教但得一分生滅之義以其眞理未能體通但說凝然不作諸法第三大乘終教於此賴耶得理事通體不生滅與生滅和合非一非異以許眞如隨緣而作諸法以阿賴耶識所熏淨法與能熏染法各差別故非一能熏所熏但一心作無有他故非異始教約法相差別門說終教

約法體相容門說爲第一義眞心謂如來藏性依此有諸趣等第四頓教卽一切法唯一眞心差別相盡離言絕慮不可說也以一切染淨相盡無有二法可以體會故不可說如淨名所顯入不二門也第五圓教約性海圓明法界所起唯一法界性起心卽具十德問云何一心約就諸教得有如是差別義耶答約法通收由此甚深所起一心具五義門隨以一行攝化衆生一小乘攝義從名門二始教攝理從事門三終教理事無礙門四頓教事盡理顯門五圓教性海具德門五義相顯唯一心轉祕密義記云佛子善聽

譬如暗家寶人不知故無燈明故於彼撑觸誤謂爲蛇所毒由誤故毒氣入身其身膖脹受種種苦智者見已卽將燈明示以利寶其所螫人卽見此寶身內毒氣卽能除愈以得此寶故飛行無礙見人恭敬諸惡者皆以慈心相向惡心消滅由無怨讎故得無所畏無所畏故安隱快樂行者亦爾由不知法性家內實德寶故爲八萬四千塵勞由知親近善友聞法故返塵勞垢爲八萬四千道品法除自然執又知因緣空又知佛性常住又知言語道亡心行處滅又開悟法界緣起由是一切諸法從一地不至一地會是淨

心中是故諸煩惱及諸淨心不從他方來一手反覆耳智者不須疑也又前所譬暗家實寶卽是顯清淨法門爲對治染法對治有五一者小乘教卽對治外道不依因緣起自然執二初教卽對治小乘由於因緣有執以前總名有爲緣起三者終教卽對治初教一切諸法無常苦空無我執此名無爲緣起由眞如隨緣名爲無爲緣起四者頓教卽對治終教念念紛紛起有言說卽自體緣起窮源盡性一念不生故爲自體五者圓教卽對治頓教寂默言說心行處滅一切歸寂源不能一卽一切一切卽一自在等此法界

緣起動靜具足故名性起圓融無礙取捨都盡即三毒即佛故若小乘雖隨起對治唯知第六識不知由心有諸法故言心者即八識心王又小乘不知常樂我淨心萬法主故不可得故如虛空故不可治雖有如是法以不知所因故不知由心有萬法故不覺心源故唯取小果皆滅色取空若不滅色取空知色即是空即得入初教次初教人如上諸次第所起法皆言識變有識外不有識者即第八識約識性亦不可得纔證此心即知諸法因緣生緣生無自性雖證此法猶有剎那生滅故名有為證凝然眞如故次終教

人云一切諸法不出一心是一心譬如大海濕性依一心所有諸法如大海波瀾雖攝波入水而不滅波浪雖波瀾紛紛起而不滅寂水如是雖攝萬境入一心而不滅萬境雖萬境紛紛起而不滅一心何以故一心所有故是故眞該妄末妄達眞源性相融通本末平等雖自性無生不失業果雖不失業果自性無生雖得一心不得無盡故不得重重故名一實諦自此已前諸教依漸次階位即名漸教次頓教者一念不生即是佛也何以故一切諸法從本以來常自寂滅相下自眾生上盡諸佛一切所作事不遺一毛諸

皆如夢故成佛度生猶此夢攝不明一中多多中一一即多多即一等次圓教所明以十十無盡顯其義以十十重重辯其相隨舉為主萬法為伴由主不妨伴伴不妨主俱周徧法界問如上所說重重無盡者具何物重重何物無盡何法廣大何法圓融何法包含何法祕密答則是一切凡聖心相重重心性無盡是心廣大是心圓融是心包含是心祕密若無此一心為宗則教門無一法可與諸佛無一字可說既全歸心旨廣備信根圓解已周纖疑不起不可唯憑口說密在心行但以定水潛澄慧燈轉耀若一向持文

求理執教談宗如入海算塵沙仰空數星宿終不親見去道尤賒昔人云如天地終日轟轟不及眞理是故學人去文取理端坐凝情以心眼自看是名專住一境修定勝因也又圓教義者本末融通理事無礙說眞妄則凡聖昭昭而交徹語法界則理事歷歷而相收佛知見一偈開示而無遺大涅槃一章必盡其體用如華嚴經云無有智外如為智所入亦無如外智能證於如又云無有少法與法同止以舉心攝境則無心外之境舉境攝心則無境外之心以性無二相即性故相隨性融隨一皆攝是以性外無相則何

法不融理中立事則何門不入可謂觸目菩提一念圓證所以無量義經云無量義者從一法生其一法者所謂無相古人云此是出生義法華經云究竟至於一切智地此是收入之法則三乘萬化從實相生究竟還歸一實相則初後不離一心本末咸居正位如法華經云心相體信入出無難可以知大乘家業紹佛種位又初則一出無量後乃無量歸一今無量非無量一亦非一即證法華三昧又先德目為教海者以含眾法喻如大海傍無邊涯連天一色空徹海底海暎空天即是圓教總攝諸教歸眞並皆空淨理事無礙如交暎色空色不礙空空不礙色德用重重即唯明唯深具十玄門重重無盡即事事無礙如海十德互相周徧即心海包容深廣無際矣所以守護國界主陀羅尼經偈云一字演說一切法多劫無有窮盡時一一字門亦復然此住寶篋眞言地生法師釋法華經一毫之善舉手低頭皆已成佛言無非佛流即涅槃意乃至外道典籍亦佛法流況內法耶大小等教皆從如來大悲所流故是知無有一法不從心原性空而出如源出水似空出雲以十方如來證心成佛佛即是心所有萬善萬德悲智願行無不從此流矣又約金師子章論五教者一此師子雖是因緣之法念念生滅實無師子可得名愚人法是聲聞教二即此緣生諸法各無自性徹底唯空名大乘初教三雖復徹底唯空不礙幻法宛然緣生幻有二相雙存名大乘終教四即此師子與金二相互奪兩亡情謂不存俱無有力空有雙泯名言路絕棲心無寄名大乘頓教五即此情盡體露之法混成一塊繁興大用起必全眞萬像紛然參而不雜一切即一皆同無性一即一切因果歷然力用相收卷舒自在名一乘圓教此名最上乘也次天台立四教者一藏教明因緣生滅四諦理正教小乘傍化菩薩二通教三人同稟明因緣即空無生四眞諦正為菩薩傍通二乘教理智斷行位因果皆空三人同證此藏通二教俱不識常住眞心皆以滅心為極果三別教是不共之名明因緣假名無量四聖諦理約化菩薩不共二乘若教別者具演恒沙佛法別為菩薩若理別者藏識有恒沙俗諦之理乃至智斷行位因果俱與三教事別雖知一心不空無盡之理即今未具猶行次第生起執教道而不融據行布而成別四圓教明不思議因緣無作四諦教理正說中道即一切法圓理不偏

智圓則一成一切成斷圓則不斷而斷行圓則一心具足萬行位圓則一地具足一切地因圓則雙照二諦自然流入薩婆若海果圓則妙覺不思議三德之果即一念心圓具法界約觀心明四教者淨名疏云今但論即心行用識一切教門皆從初心觀行而起四教既攝一切經教若一念觀心分明能分別一念無明因緣所生之心四辯歷然則一切經教大意皆約觀心通達就此即為四意第一約觀心明三藏教相者即是觀一念因緣所生之心生滅析假入空約觀門起一切三藏教也若觀生滅四諦入道即是修

多羅藏故增一阿含云佛告諸比丘謂一切法者只是一法何等為一法心是一法離心無一切法也智度論云從初轉法輪經至大涅槃結修多羅藏此只是約心生滅說四聖諦即是法歸法本之義也觀心出一切毗尼藏者佛制戒時問諸比丘汝何心作若有心作即是犯戒有犯故有持也若無心作則不名犯犯義不成不說持也故從心發戒無心則不發戒若言從心出阿毗曇藏者四卷略說名毗曇心達摩多羅處中而說名為雜心如此皆是約心而辯毗曇無比法者分別諸心心數法一切法不可比也第二

約觀心明通教者觀心因緣所生一切法心空則一切法空是為體假入空一切通教所明行位因果皆從此起也第三約觀心明別教者觀心因緣所生即假名具足一切恒沙佛法依無明阿賴耶識分別無量聖諦一切別教所明行位因果皆從此起也第四約觀心明圓教者觀心因緣所生具足一切十法界法無所積聚不縱不橫不思議中道二諦之理一切圓教所明行位因果皆從此起如輪王頂上明珠是則四教皆從一念無明心起上來數引華嚴經明破微塵出三千大千世界經卷義意在此也又約頓漸

不定祕密通前四教總立八教一頓教如華嚴無聲聞乘故名為頓二漸教即三藏及方等般若漸引入圓教三不定教謂一音異解或說大而得小果或說小而得大道故名為不定四祕密教此有二種一顯露祕密謂同席異聞不得道果互不相知故名祕密二祕密祕密唯佛能證密令眾生而得開悟不可指示總前四教而成八教又教分五味釋論云旃延子明六度限劑而滿者此調雜血眾生為乳也大品云菩薩發心與薩婆若相應者此欲調乳入酪也大品云菩薩發心遊戲神通淨佛國土又如淨名中得不

思議解脱者皆能變身登座而復能受屈被訶者此欲調酪為生酥就熟酥也大品云菩薩發心卽坐道樹成正覺轉法輪度衆生者是調熟酥為醍醐也此乃從一開一接引酥酪之機後卽會一歸一成熟醍醐之衆終無別法更有卷舒本迹相收機應冥合又分半滿之教小乘為半大乘為滿又三乘為半一乘為滿如涅槃經明半字及滿字等說半字故半字卽顯滿字卽隱今日說滿字者滿字卽顯半字卽隱此卽約緣而說隱顯又如月喻品此方見半他方見滿而彼月性本無虧盈隨緣所見故有增減此卽是大

乘宗中說也如智儼法師依華嚴一乘宗辯者不待說與不說常半而常滿隱顯無別時如彼月性常滿而常半增減無異路正同宗鏡所録法門隱則一心無相顯則萬法標形不壞前後而同時常居一際而前後當舒卽卷當卷卽舒故知以教照心以心明教諸佛所說悉是自心輔行記引華嚴經頌云諸佛悉了知一切從心轉若能如是解彼人眞見佛寶性論云有神通人見佛法滅以大千經卷藏一塵中又華嚴云善哉善哉云何如來在於身中而不覺知故明四諦十二因緣境八萬四千法門不出一心若得此

意八年廣演法華在乎一念經五十劫詎動剎那例一代逗機居于心性十方佛事宛然矚目乃至涅槃三德在一心中則大經一部全標方寸無邊教法攝一剎那千枝萬葉同宗一根衆籍羣經成詮一法如上所引五味八教半滿等文然雖分判一代時教皆是一心融攝一理全收分而非多聚而非一散而非異合而不同恒沙義門無盡宗趣皆於一乘圓教宗鏡中現所以古德云契之於心然後以之為法在心為法形言為教法有自相共相教有遮詮表詮故知就事雖分約理常合乃至開為恒沙法門究竟不離

一心之旨若從一心中方便開示成其教迹者卽不可定其權實時分前後以是如來逗機一期方便切不得自生決定解也有乖正法如法華玄義云約五味半滿相成者若直論五味猶同南師但得方便若直論半滿猶同北師但得其實今明五味不離半滿半滿不離五味五味有半滿則有慧方便解半滿有五味則有方便慧解權實俱遊如鳥二翼雖復俱遊行藏得所若華嚴頓滿大乘家業但明一實不須方便唯滿不半於漸成乳三藏客作但是方便唯半不滿於漸成酪若方等彈訶則半滿相對以滿斥半於

漸成生酥若大品領教帶半論滿半則通爲三乘滿則獨爲菩薩於漸成熟酥若法華付財廢半明滿若無半字方便調熟鈍根則亦無滿字開佛知見於漸成醍醐如來殷勤稱歎方便者半有成滿之功意在此也次約觀分別者唯識宗立二種觀華嚴宗立四觀天台教立三觀普賢門立十觀唯識二觀者一唯心識觀二眞如實觀進趣大乘方便經云若依一實境界修信解者應當學習二種觀道一唯心識觀二眞如實觀學唯心識觀者所謂於一切時一切處隨身口意所有作業悉當觀察知唯是心乃至一切境

界若心住念皆當察知勿令使心無記攀緣不自覺知於念念間悉應觀察隨心所有緣念當使心隨逐彼念令心自知知己內心自生想念非一切境界有念有分別也所謂內心自生長短好惡是非得失衰利有無等見無量諸想而一切境界未曾有想起於分別當知一切境界自無分別想故卽自非長非短非好非惡乃至非有非無離一切相如是觀察一切法唯心想生若使離心則無一法一相而能自見有差別也眞如實觀者思惟心性無生無滅不住見聞覺知永離一切分別之想華嚴四觀者此約一心眞

如法界就理事行布圓融成四種法界對此法界爲四種觀門此四觀門法本如是故依法而觀故名爲觀一事觀謂迷悟因果染淨歷然二理觀謂我法俱空平等一相三理事無礙觀謂彼此相徧隱顯成奪同時無礙四事事無礙觀謂觀事法以理融故相卽相入重重無盡若依此一心無礙之觀念念卽是華嚴法界念念卽是毗盧遮那法界經云若與如是觀行相應於諸法中不生二解一切佛法疾得現前台教三觀者三觀義云夫三寸之管氣序不衰一尺之表朝陽可測是知得其道者豈遠乎哉三觀詣理之

妙門今明此義故借爲喻也仰佛法遐蹤神功浩曠求玆非遠寄以一心體之有原總乎三智若其假方便以致殊會歸一道寂然而雙照三觀之名出自瓔珞經云從假入空名二諦觀從空入假名平等觀雙照二諦心心寂滅自然流入薩婆若海也天台疏問曰三觀俱照二諦有何等殊答曰前觀雖照二諦破用不等次觀亦照二諦破用平等旣不見中道但是異時平等第三觀者得見中道雙照二諦卽是一時平等也若修觀心還用前二觀雙亡雙照之方便也雙亡方便者初觀知俗非俗卽是俗空次觀知眞非

眞卽是眞空非眞非俗卽是中道因是二空觀入中道第一義諦觀今明一心三觀者一明所觀不思議之境者卽是一念無明心因緣所生十法界以爲境也此心神微妙一念具一切三世諸心諸法譬眠法覆心一念之內夢見一切諸心諸事若正眠夢之時謂經無量如法華經說夢見初發心乃至成佛無量諸事比其覺時反觀只是一念眠心也心譬自性清淨心眠法覆心譬於無明無量夢事譬恒沙無知覆一切恒沙佛法夢事不實善惡憂喜譬見思惑覆眞空也若不細尋夢譬不思議之疑終無決理故諸大

乘經多說十喻但諸法師不圓取譬意止偏得虛僞空邊不見譬無量無明法性邊也故三諦之境義不成也二明能觀者若觀此一念無明之心非空非假一切諸法亦非空非假而能知心空假卽照一切法空假是則一心三觀圓照三諦之理不斷癡愛起諸明脫若水澄清珠相自現此卽觀行卽也三明證成者若證一心三觀卽是一心三智五眼也若得六根清淨名相似證卽十信位也若發眞無漏名分證眞實卽此是初住也經云一念知一切法是道場成就一切智故大品經云有菩薩從初發心卽坐道場當

知是菩薩爲如佛也智度論云三智其實一心中得佛欲分別爲人說令易解故所以次第說耳又總明三種三觀一者別相三觀二者通相三觀三者一心三觀一別相三觀者歷別觀三諦若從假入空但得觀眞尚不得觀俗豈得觀中道也若從空入假但得觀俗尚未得觀中道若入中道正觀方得雙照二諦二通相三觀者則異於此從假入空非但知俗假是空眞諦中道亦通是空也若從空入假非但知俗假是假眞空中道亦通是假若入中道正觀非但知中道是中俗眞通是中也是則一空一切空無假無中

而不空一假一切假無中無空而不假一中一切中無假無空而不中但以一觀當名解心無不通也三一心三觀者知一念心不可得不可說而能圓觀三諦也卽淨名經云一念知一切法是道場成就一切智故是以在境爲一諦而三諦在心爲一觀而三觀在果爲一智而三智如一圓珠珠相喻有珠徹淨喻空圓明喻中三無前後此喻一諦而三諦若以明鏡照之珠上三義一時頓現卽喻一觀而三觀若就鏡中觀珠珠之與鏡非一非異則喻心境二而不二爲眞覺也妙觀者觀一念心爲所緣境返觀此心從何

處來去至何所淨若虛空名空觀觀境歷歷分明名假觀雖歷歷分明而性常自空而境觀歷然名中觀卽三而一卽一而三語默行住不生不滅不常不斷不一不異不來不去不有不無不住不著不垢不淨不愛不取不虛不實不縛不脫皆不生不滅之異名義無別也卽空不住空卽假不住假卽中不住中是名中何以故爲卽空空有何可住卽假幻化影復何可住二邊既無可住豈有中可住故曰三諦無住是名爲中當須如此空中無空只勿空假中無假只勿假中中無中只勿中當如是照照中無照只勿照若

見如是理卽見萬物而自虛也此三觀者是不思議境若闕一觀境智不成故云不思議備收一切法一切雖多十法界收盡既其鎔融一則具十成百法界一界又具十如一如又具三種世間謂五陰衆生國土千如則有三千世間名不思議假此假卽空卽中若無中攝理不偏若無十界收事不盡若無十如因果不具若無三種世間依正不足故知實相悉總諸法重重無盡融融無礙猶如帝網名不思議境也凡聖同有此理故云已之三千徧彼三千彼彼三千互徧亦爾故得依正終日炳然無所分別法界洞朗爲

顯此境故云觀不思議境也如三觀頌云空觀如性不可得假觀相含法界邊中觀體等理無二卽一而三常宛然又空觀了諸法無自性故二假觀此空處具諸法故三中觀空假無別體故唯一眞心故以空是心之性卽是眞空非是但空以假是心之相卽是妙假非是偏假性相分三而非三眞心冥一而非一非一而三觀宛然非三而一心不動又卽一而三相不同如鏡體一有光明影像差別之相卽三而一體無異如影像光明俱同一鏡又古釋三觀義云一念心起起無起相徹底唯空三際寂然了不可得無見

聞覺知相無眼耳鼻舌身意相空觀也一念心起有三千世間相國土世間一千山河大地日月星辰是也五陰世間一千染淨一切色心是也衆生世間一千六凡四聖假質是也一念心起三千性相一時起一念心滅三千性相一時滅也念外無一毫法可得法外無一毫念可得也此心性圓明一而能多小而能大染而能淨因而能果有而能無故一一色一一香一一念介爾有心卽具三千也一處見多多處見一一念卽多劫多劫卽一念重重互現喻天帝珠網此假觀也一念心起起而無起三際寂然無起而起

三千性相非空非假雙照空假此中觀也說卽有三名字照時不作三一解只念念見自心性任運非三非一亦不用破除身心亦不要安立境觀念想斷處一切時中任運心常三觀也人無圓機自謂我是凡穢我多煩惱我智慧劣我是生死人此乃瞖眼見空華空實無華也圓人觀明觸事全同古佛非分同也何以故法性圓理三德三身只是一念不可分故此圓理亦無次位爲人未能任運常觀觀有斷續我性未破破而未盡故分六卽四十二位點空接引令至無修耳或謂凡人但有佛法身性未有報化德用此

乃別教中解圓觀惑業苦三本自無性全是三德三德本無住處住惑業苦中三身三道悉是假名畢竟空中了不可得無惡可捨無道可證纔見有一毫理可依泊者便是妄境牽生心三觀不明也學人嫌惡貪瞋癡作意斷除殊不知此嫌惡心自是惑也若纔覺起卽照此起處自無性不可取捨三觀明也若別作對治別作眞如實相解別作佛菩薩想別運身心徧法界想並非圓意圓人卽念無念耳若謂能覺知識別者是心此是心苗非心性也故云動是法王苗寂是法王根心性者三觀明時是也三觀明時不見

有情無情佛與衆生若罪若福在我觀內在我觀外在我觀中皆不可也若不明三觀妄情計佛性在身中計徧草木上經中喚作徧計所執性外道所宗四教所不攝況圓人解乎夫中觀難明圓解微妙凡言中者有二種中一但中二圓中如首楞嚴經明八還義若析前塵見無還處見性獨妙但中也見與見緣元是菩提妙淨明體云何於中有是非是此圓中也又空假卽中但中也中卽空假不但中也卽是圓中如藏通二教是但空卽析色體塵歸徹底自性之空如別圓二教是不可得空具中道佛性不空之理傳

大士頌云獨自精其實離聲名三觀一心融萬品荆棘叢林何處生釋曰若能內觀返照獨精自心何言詮所及故云其實離聲名了此一念心起處不可得是名空觀卽於空處見緣生法似有現顯故云一切法是一切法非於無性無像而有性有像是名假觀求空不得空尋假不得假非空非假全是一心是名中觀念念具三觀之法塵塵成佛智之門故云三觀一心融萬品則煩惱荆棘五陰叢林生死根株我慢原阜更從何處而起故云荆棘叢林何處生普賢觀云止觀十門者一心行稱理攝散名止二止不滯寂

不礙觀事。三由理事交徹而必俱。遂使止觀無礙而雙運。四理事形奪而俱盡。故止觀兩亡而絕寄。五絕理事無礙之境。與泯止觀無礙之心。二而不二。故不礙心境而一味。不二而二。故不壞一味而心境。六由卽理之事收一切法。故卽止之觀亦見一切。七由此事卽是彼事。故令止觀見此心卽是彼心。八由前中六則一多相入而非一。七則一多相是而非異。此二不二同一法界止觀無二之智。頓見卽入二門。同一法界而無散動。九由事則重重無盡。止觀亦普眼齊照。十卽此普門之智爲主。故頓照普門法界時。必攝一切爲伴。無盡無盡。

宗鏡錄卷三十五

音釋

毱渠竹切皮毛之丸也　鍇口駭切　禺牛俱切日在巳日禺中

宗鏡錄卷三十六

宋慧日永明妙圓正修智覺禪師延壽集

夫觀門略有二種一依禪宗及圓教上上根人直觀心性不立能所不作想念定散俱觀內外咸等即無觀之觀靈知寂照二依觀門觀心似現前境雖權立假相悉從心變如觀經中立日觀水觀等十六觀門上生經中觀兜率天宮彌勒內院等諸章鈔釋云言觀一字理有二種一觀矚二觀察初觀矚者如前五識緣五塵境矚對前境顯現分明無推度故現量性境之所攝故次觀察者向自識上安模建立伺察推

尋境分劑故今立觀門即當第二觀察約能觀之心出體有四一剋性出體唯別境慧此慧能揀去散亂染無記等擇留善淨所變境故二能所引體定引慧故三相應體五蘊除色四眷屬體并色五蘊問相應四蘊心王心所取其何者為能觀察答先辯心王次明心所若八識心王唯取第六問前五七八俱能緣慮何以不取答且前五識有漏位中唯現量緣實五塵境第八唯現量緣三境故種子根身器世間境性唯無記第七有漏位中常緣第八見分為境非量所收今能觀心因教比知變起相分比量善性獨影境

攝故唯第六有此功能問第六心王有其幾種答義說有四一明了意識與前五識同緣五塵分明顯了二定中意識引得上定定中所起三獨散意識不與前五同緣為揀明了故立獨名又非定中所起故名為散獨於散位而生起故四夢中意識於睡眠位起此識故問四中何者是能觀心答得上定者定中意識現量觀故未得定者獨散意識能為觀體次明心所者有五十一法總分六位且通辯諸識有漏位中相應者前五識各有三十四心所相應謂徧行五別境五善十一根本煩惱三貪瞋癡中隨二大隨八第

六識三界三性定散通論具與五十一心所相應第七識與十八心所相應謂徧行五根本煩惱四我癡我見我慢我愛大隨八別境中慧第八識唯與徧行心所相應此八種識若成無漏唯與二十一心所相應謂徧行別境善法今明能觀心但唯善性第六識其相應心所隨心王說定中心所唯二十一謂徧行五別境五善十一或尋伺中隨取一法即二十二尋麤伺細不俱起故淺深推度思慧為體若與散位心王相應即二十法於前善中除輕安故輕安一法是定引故有定資身方得調暢有輕安義或二十一於

尋伺中隨取一故問能觀心於三境之中此何境答定散二位皆獨影境變假相故此假相分從能緣見分種生自無其種故名獨影不同性境是實色心各有種生如眼識緣色等又不同帶質境心緣心時定有質故中間相分從質見起言獨影境自有二類一有質即此觀心託彼爲質二無質緣龜毛等問既有彼質何非帶質答帶質有二一眞帶質以心緣心如第七緣第八第六緣餘識二似帶質心緣色故即此所觀帶彼質故通似帶質問定散二位託彼質緣熏得何種答唯熏能觀心心所見分種子相分是假不

熏有漏觀心不熏無漏質種問三量之中此是何量答定位現量收散位比量攝不通非量非正觀故問三性何性答唯善性故問四緣何緣答四緣皆具第六心王并實心所皆從種生是因緣假相分是所緣爲緣即前念引後念是等無間緣增上有二一順二違順增上有二一有力順作此觀時諸緣有力隨順能觀名有力增上二無力順作此觀時不障餘法雖無力能不違他故名無力增上二違增上亦有二種一違背作此觀時而能違背散亂心心所又能違背無記性等二違損作此觀時而能違損諸染法故問

於三依中此是何依答三依皆具一因緣依能觀心等有自種子爲因緣依現依種故亦名種子依二俱有依謂六根處能與諸心心所爲依故今能觀第六用七八二識爲所依故亦名增上緣依三開導依謂前念心心所開闢引導後念心心所取前念心王名開導依後念必依前念生故即現在心望後念心假名前念亦名等無間緣依問五果之中此是何果答一能觀心體非異熟果唯第八識是眞異熟二等流果此能觀心心所從自種生種現俱善流類齊等三離繫果此有漏觀未斷障染繫縛法故非離繫果四

士用果有二一人士用此人能作此觀人爲士用因觀心成就即士用果二法士用作此觀時諸緣法等有力如世士夫力用成就觀心即士用果五增上果前四果中有不攝法但於觀心有隨順義即爲其因觀心成就即增上果問此能觀心等具幾緣生答具五緣生一作意警心故二種子生現法三根即第七識四境假相分五根本即第八識若加等無間即六緣生如上理事雙明方圓觀法問若境本無生心常不住又何煩立觀背自天眞答爲未達本無生而欲向外妄修者令自內觀冥合眞性如永嘉集云誡其

疎怠者。然渡海先須上船。非船何以能渡。修心必須入觀。非觀何以明心。心尙未明。相應何日。此勸守愚空坐。不慕進修者。如欲渡關津。非船靡濟。將窮生死。無智焉明。又云。妙契玄原者。夫悟心之士。寧執觀而迷旨。達敎之人。豈滯言而惑理。理明則言語道斷。何言之能議。旨會則心行處滅。何觀之能思。心言不能思議者。可謂妙契寰中矣。斯乃得旨之人。奚須言觀。卽屆寶所。終不問程。已見玉蟾。寧當執指。故般若吟云。見月休觀指。歸家罷問程。卽心心是佛。何佛更堪成。輔行記問云。四句推檢。貪欲泯然。但有妙觀。無復

貪欲。何得復云而起而照。答。防於起時。理須照。起不起俱照。照不照俱亡。亡不亡咸泯。泯不泯湛然。如是方成入空之觀。故云不見起照。起照宛然。如上所說諸觀門。一心之旨。義理照彰。解雖分明。行須冥合。因解成行。行成解絕。不可一向執解。背道迷宗。行解相應。方明宗鏡。如首楞嚴經所明。全爲見性修行。不取多聞知解。所以如來訶阿難言。非汝歷劫辛勤修證。雖復憶持十方如來十二部經。淸淨妙理。如恒河沙。只益戲論。汝雖談說因緣自然。決定明了。人間稱汝多聞第一。以此積劫多聞熏習。不能免離摩登伽難。

乃至阿難白佛言。世尊。我今雖承如是法音。知如來藏妙覺明心。徧十方界。含育如來十方國土。淸淨寶嚴妙覺王刹。如來復責多聞無功。不逮修習。我今猶如旅泊之人。忽蒙天王賜與華屋。雖獲大宅。要因門入。唯願如來不捨大悲。示我在會諸蒙闇者。捐捨小乘。畢獲如來無餘涅槃本發心路。令有學者。從何攝伏疇昔攀緣。得陀羅尼。入佛知見。是以佛告阿難。汝常聞我毗柰耶中。宣說修行三決定義。所謂攝心爲戒。因戒生定。因定發慧。是則名爲三無漏學。阿難。云何攝心。我名爲戒。若諸世界六道衆生。其心不婬。則

不隨其生死相續。汝修三昧。本出塵勞。婬心不除。塵不可出。縱有多智。禪定現前。如不斷婬。必落魔道。上品魔王。中品魔民。下品魔女。乃至汝以婬身求佛妙果。縱得妙悟。皆是婬根。根本成婬。輪轉三塗。必不能出。如來涅槃。何路修證。必使婬機身心俱斷。斷性亦無。於佛菩提。斯可希冀。若不斷殺修禪定者。譬如有人自塞其耳。高聲大叫。求人不聞。此等名爲欲隱彌露。若不斷偷修禪定者。譬如有人水灌漏巵。欲求其滿。縱經塵劫。終無平復。若不斷大妄語者。如刻人糞爲栴檀形。欲求香氣。無有是處。乃至造十習因。受六

交報十習因者一者婬習是故十方一切如來色目行婬同名欲火菩薩見欲如避火坑二者貪習是故十方一切如來色目多求同名貪水菩薩見貪如避瘴海三者慢習是故十方一切如來色目我慢名飲癡水菩薩見慢如避巨溺四者瞋習是故十方一切如來色目瞋恚名利刀劒菩薩見瞋如避誅戮五者詐習是故十方一切如來色目姧僞同名讒賊菩薩見詐如畏豺狼六者誑習是故十方一切如來色目欺誑同名劫殺菩薩見誑如踐蛇虺七者怨習是故十方一切如來色目怨家名違害鬼菩薩見怨如飲

鴆酒八者見習是故十方一切如來色目惡見同名見坑菩薩見諸虛妄偏執如入毒壑九者枉習是故十方一切如來色目怨謗同名讒虎菩薩見枉如遭霹靂十者訟習交諠發於覆藏是故十方一切如來色目覆藏同名陰賊菩薩觀覆如戴高山履於巨海六交報者一者見報二者聞報三者齅報四者味報五者觸報六者思報此六識造業所招惡報從六根出各各招引惡果臨終神識墮無間獄見受明暗二苦相聞受開閉二苦相齅受通塞二苦相味受吸吐二苦相觸受合離二苦相思受不覺覺知二苦相一

一受苦無量具在經文是以阿難已悟妙覺明心知宗不昧方乃重告善逝密請修行故知先悟後修應須理行冥合若但取一期知解不息進修欲證究竟菩提無有是處故經云縱得妙悟皆是婬根以生死根本不斷故直須保護浮囊方渡業海如大涅槃經云爾時海中有羅刹者貪等煩惱各別現行名一羅刹全乞喻索交合也乞半喻求摩觸也三分之一喻索行事也手許喻共坐等也微塵許喻衣相觸也若俱破四重禁等者合全乞浮囊也破僧殘者合乞其半也犯偷蘭者合三分之一也犯捨墮及波逸提者

合乞手許也二罪同篇共合手許也破突吉羅者合乞微塵也故知微細須持方全戒體如雖乞微塵之許終壞浮囊豈況全半乎是以若犯此篇其過尤重非唯有障大道不出塵勞以惡業相酬果牽地獄十習因既作六交報寧亡皆是一念惡覺心生顛倒想起對境作因成之假隨情運相續之心不以智眼正觀遂陷凡夫業道雖則一期徇意罔思萬劫沉身是以一切如來同宣審宜刻骨十方菩薩皆懼實可驚心所以華嚴經云爾時文殊師利菩薩問法首菩薩言佛子如佛所說若有眾生受持正法悉能除斷一

刀煩惱何故復有受持正法而不斷者隨貪瞋癡隨
慢隨覆隨忿隨恨隨嫉隨慳隨誑隨諂勢力所轉無
有離心能受持法何故復於心行之內起諸煩惱時
法首菩薩以頌答曰佛子善諦聽所問如實義非但
以多聞能入如來法如人水所漂懼溺而渴死於法
不修行多聞亦如是如人設美饍自餓而不食於法
不修行多聞亦如是如人善方藥自疾不能救於法
不修行多聞亦如是如人數他寶自無半錢分於法
不修行多聞亦如是如有生王宮而受餒與寒於法
不修行多聞亦如是如聾奏音樂悅彼不自聞於法

不修行多聞亦如是如盲繢衆像示彼不自見於法
不修行多聞亦如是譬如海船師而於海中死於法
不修行多聞亦如是如在四衢道廣說衆好事內自
無實德不行亦如是大寶積經云佛言迦葉若有趣
菩薩乘善男子善女人等適聞此法不能生於如實
深信終不能得阿耨多羅三藐三菩提何以故由修
學故證彼菩提非不修學而能得證若不修習得菩
提者猫兔等類亦應證得無上菩提何以故不正行
者不能證得無上覺故何以故若不正行得菩提者
音聲言說亦應證得無上菩提作如是言我當作佛

我當作佛以此語故無邊衆生應成正覺永嘉集云
心與空相應譏毀讚譽何憂何喜身與空相應刀割
香塗何苦何樂依報與空相應施與劫奪何得何失
心與空不空相應愛見都忘慈悲普救身與空不空
相應內同枯木外現威儀依報與空不空相應永絕
貪求資財給濟心與空不空非空非不空相應實相
初明開佛知見身與空不空非空非不空相應一塵
入正受諸塵三昧起依報與空不空非空非不空相
應香臺寶閣嚴土化生是以若不斷四重深慠欲求
一乘妙果如塞耳大叫難免他聞徒灌漏巵終無滿

日又若所行非所說所說非所行心口自違相應何
日似盲晝衆像如聾奏樂音但悅彼情於已無益故
知聞之不證解之不行雖處多聞寶藏如王宮凍死
虛遊諸佛智海猶水中渴亡比況可知應須改輒不
生慙悔焉稱智乎問此宗鏡録於頓漸兩教眞緣二
修云何悟入如何修行答今宗鏡中依無作三昧觀
眞如一心念念冥眞念念圓滿如台教明修無作三
昧觀眞如實相不見緣修作佛亦不見眞修作佛亦
不見眞緣二修合故作佛亦不離眞緣二修而作佛
若無四修即無四作是無作三昧豈同爾相州北道

明緣修作佛。南土大小乘師。亦多用緣修。亦不同相州南道用眞修作佛。問。偏用何過。答。道無諍。何得諍同水火。今明用三昧修中道第一義諦。開無明顯法性。忘眞緣離諍論。言語法滅。無量罪除。清淨心一。水若澄清。佛性寶珠自然現也。見佛性故。卽住大涅槃。問曰。若爾者。今云何說。答曰。大涅槃經云。不生不生。名大涅槃。以修道得故。故不可說。豈如諸大乘論師。偏執定說。今以因緣故。亦可得說。若解四悉檀意。如前四種說則無咎。又明證成者。若觀無明見中道者。卽是入不二法門。住不思議解脫。故入不思議法

門品云。若知無明卽是明。明亦不可得。是爲入不二法門。若入中道。卽能雙照二諦。自然流入薩婆若海。今依四悉普爲羣機。於眞緣二修中。是無作眞修。頓漸四句中。若約上上根。是頓悟頓修。若約上根。或是頓悟漸修。問。如何是眞緣二修。答。若約緣修用智成佛。眞如但是境。故約緣修以明自也。眞修正用眞如一心爲佛。萬行及智。但是福智莊嚴。故用眞如一心爲自。一切福智爲他。若直了眞如心。卽成佛者。是圓頓宗。若不了此心。妄有修證者。是藏通等敎。灰斷之果。若依此心發行別修者。是別敎大乘與圓敎卽心

便具者。所有行位功程。日劫相倍。故云卽心是者疾。發心行者遲。問。旣卽心是。何用更修。答。只爲是故。所以修。如鐵非金。卽不可鍛成妙器。問。如何是頓漸四句。答。一漸修頓悟。二頓悟漸修。三漸修漸悟。四頓悟頓修。楞伽經中有四漸四頓。經云。大慧白佛言。世尊。云何淨除自心現流。爲頓爲漸。答中先明四漸。後說四頓。漸經云。佛告大慧。漸淨非頓。一。如菴羅果。漸熟非頓。如來漸除衆生自心現流。亦復如是。漸淨非頓。二。如陶家作器。漸成非頓。三。如大地漸生非頓。四。如習藝漸就非頓。上之四漸。約於修行。未證理故。下之

四頓。約已證理故。一。明鏡頓現喻。經云。譬如明鏡。頓現一切無相色像。如來淨除一切衆生自心現流。亦復如是。頓現無相無所有清淨法界。二。日月頓照喻。經云。如日月輪。頓照顯示一切色像。如來爲離自心現習氣過患衆生。亦復如是。頓爲顯示不思議勝智境界。三。藏識頓知喻。經云。譬如藏識。頓分別知自心現及身安立受用境界。彼諸報佛。亦復如是。頓熟衆生所處境界。以修行者安處於彼色究竟天。四。佛光頓照喻。經云。譬如法佛所作。依佛光明照耀。自覺聖趣。亦復如是。於彼法相有性無性惡見妄想。照令除

滅今取頓悟漸修深諸教理首楞嚴經云理雖頓悟承悟併消事在漸修依次第盡如大海猛風頓息波浪漸停猶孩子諸根頓生力量漸備似曦光之頓出霜露漸消若印文之頓成讀有前後或頓悟頓修正當宗鏡如華嚴宗取悟如日照即解悟證悟皆悉頓也又如磨鏡一時偏磨明淨有漸今論明是本明漸爲圓漸明是本明者恐謂拂鏡非頓明鏡本來淨何用拂塵埃此是六祖直顯本性破其漸修今爲順經明其漸證隨漸漸明皆本明矣故云明是本明即無念體上自有眞知非別有知知即心體也漸爲圓漸

者即天台智者意彼云漸漸非圓漸圓圓非漸圓謂漸家亦有圓漸圓家亦有圓漸漸家漸者如江出岷山始於濫觴漸家圓者如大江千里圓家漸者如初入海雖則漸深一滴之水已過大江況濫觴耶圓家圓者如窮海涯底故今云漸是圓家漸尚過漸家之圓況漸家之漸禪原集云頓門有二一逐機頓二化儀頓一逐機頓者遇凡夫上根利智直示眞法聞即頓悟全同佛果如華嚴中初發心時即得阿耨菩提圓覺中觀行即成佛二化儀頓者謂佛初成道爲宿世緣熟上根之流一時頓說性相事理衆生萬惑菩

薩萬行賢聖地位諸佛萬德因該果海初心即得菩提果徹因原位滿猶同菩薩此唯華嚴一經名爲頓教其中所說諸法是全一心之諸法一心是全諸法之一心性相圓融一多自在又約機頓漸不同有云先因漸修功成而豁然頓悟如伐木片片漸斫一時頓倒亦如遠詣皇城步步漸行一日頓到有云先因頓修而後漸悟如人學射頓者箭箭直注意在的漸者久始漸親漸中此說運心頓修不言功行頓畢有云漸修漸悟如登九層之臺足履漸高所見漸遠已上皆證悟也有云先須頓悟方可漸修此約解悟若

約斷障說者如日頓出霜露漸消若約成德說者如孩初生即具四支六根長即漸成志氣功用如華嚴經云初發心時即成正覺三賢十聖次第修證若未悟而修非眞修也良以非眞流之行無以稱眞何有飾眞之行不從眞起經云若未聞此法多劫修六度萬行竟不證眞有云頓悟頓修者此說上上智根性樂欲俱勝一聞千悟得大總持一念不生前後際斷若斷障說如斬一籰絲萬條頓斷若修德說如染一籰絲萬條頓色荷澤云見無念體不逐物生又云一念與本性相應八萬波羅密行一時齊用又頓悟者

不離此生卽得解脫如師子兒初生之時是眞師子卽修之時卽入佛位如竹春生筍不離於春卽與母齊何以故心空故若除妄念永絶我人卽與佛齊經云不壞世間而超世間不捨煩惱而入涅槃不修頓悟猶如野干隨逐師子經百千劫終不得成師子故知若不直了自心豈成圓頓隨他妄學終不成眞此宗鏡錄是圓頓門卽之於心了之無際更無前後萬法同時所以證道謌云是以禪門了却心頓入無生慈忍力又若用悟而修卽是解悟若因修而悟卽是證悟又頓教初如華嚴海會於逝多林中入師子嚬

呻三昧大眾皆頓證法界無有別異後乃至將欲滅度在拘尸那城娑羅雙樹間作大師子吼顯常住法決定說言一切眾生皆有佛性凡是有心定當作佛究竟涅槃常樂我淨皆令安住祕密藏中以此教法本從世尊一眞心體流出亦只是凡聖所依一心眞體隨緣流出展轉徧一切處一切眾生身心之中只各於自心靜念如理思惟卽如是如是顯現於宗鏡中了然明白起此無涯之一照徧法界無際之虛空無一塵而不被光明凡一念而咸承照燭斯乃般若無知之照照豈有邊涅槃大寂之宗宗何有盡故如

般若無知論云放光云般若無所有相無生滅相道行云般若無所知無所見此辯智照之用而曰無相無知者何也果有無相之知不知之照明矣何者夫有所知則有所不知以聖心無知故無所不知不知之知乃曰一切知故經云聖心無知無所不知信矣是以聖人虛其心而實其照終日知未嘗知也故能默耀韜光虛心玄鑒閉智塞聰而獨覺冥冥者矣然則智有窮幽之鑒而無知焉神有應會之用而無慮焉神無慮故能獨王於世表智無知故能玄照於事外智雖事外未始無事神雖世表終日域中所以俯

仰順化應接無窮無幽不察而無照功斯則無知之所知聖神之所會也然其為物實而不有虛而不無存而不可論者其唯聖智乎何者欲言其有無狀無名欲言其無聖以之靈聖以之靈故虛不失照無狀無名故照不失虛照不失虛故渾而不渝虛不失照故動以接麤是以聖智之用未始暫廢求之形相未始可得故寶積曰以無心意而現行放光曰不動等覺而建立諸法所以聖迹萬端其致一而已矣是以般若可虛而照眞諦可亡而知萬動可卽而靜聖應可無而為斯則不知而自知不為而自為矣復何知

哉復何爲哉問曰夫聖人眞心獨朗物物斯照應接無方故動與事會物物斯照故知無所遺動與事會故會不失機會不失機故有會於可會知無所遺故必有知於可知有知於可知故聖不虛知有會於可會故聖不虛會既知既會而曰無知無會者何也若夫忘知遺會者則是聖人無私於知會以成其私耳斯可曰不自有其知安得無知而已哉答曰夫聖人功高二儀而不仁明逾日月而彌昏者豈曰木石瞽其懷同於無知而已哉誠以異於人者神明故不可以事相求之耳子意欲令聖人不自有知而聖人未

嘗不有知無乃乖於聖心失於文旨者乎何者經云眞般若者清淨如虛空無知無見無作無緣斯則知自無知矣豈待反照然後無知哉若有知性空而稱淨者則不辯於惑智三毒四倒皆亦清淨又何獨尊淨於般若若以所知美般若所知則非般若所知自常淨般若未嘗淨亦無緣致淨歎於般若然經云般若清淨者將無以般若體相眞淨本無惑取之知無惑取之知不可以知名哉豈唯無知名無知知自無知矣是以聖人以無知之般若照彼無相之眞諦眞諦無兎馬之遺般若無不窮之鑒所以會而不差當

而無是寂泊無知而無不知者矣難曰夫物無以自通故立名以通物物雖非名果有可名之物當於此名矣是以卽名求物物不能隱而論云聖心無知又云無所不知意謂無知未嘗知知未嘗無知斯則名教之所通立言之本意也然論者欲一於聖心異於文旨尋文求實未見其當何者若知得於聖心無知無所辯若無知得於聖心知亦無所辯若二都無得無所復論哉答曰般若義者無名無說非有非無非實非虛斯無名之法故非言所能言也言雖不能言然非言無以傳是以聖人終日言而未嘗言也今試

爲子狂言辯之夫聖心者微妙無相不可爲有用之彌勤不可爲無不可爲無故聖智存焉不可爲有故名教絕焉是以言知不爲知欲以通其鑒不知非不知欲以辯其相辯相不爲無通鑒不爲有非有故知而無知非無故無知而知是以知卽無知無知卽知無以言異而異於聖心也難曰夫眞諦深玄非智不測聖智之能在茲而顯故經云不得般若不見眞諦眞諦則般若之緣也以緣求智智則知矣答以緣求智智非知也何者放光云不緣色生識是名不見色又云五陰清淨故般若清淨般若卽能知也五陰卽

所知也所知卽緣也夫知與所知相與而有相與而無相與而無故物莫之有相與而有故物莫之無物莫之無故為緣之所起物莫之有故緣所不能生緣所不能生故照緣而非知為緣之所起故知緣相因而生是以知與無知生於所知矣何者夫知以所知取相故名知眞諦自無相眞智何由知所以然者夫所知非所知所知生於知所知既生知知亦生所知所知既相生相生卽緣法緣法故非眞非眞故非眞諦故中觀曰物從因緣有故不眞不從因緣有故卽眞今眞諦曰眞眞則非緣眞非緣故無物從緣而生

也故經云不見有法無緣而生是以眞智觀眞諦未嘗取所知智不取所知此智何由知然智非無知但眞諦非所知故眞智亦非知而子欲以緣求智故以智為知緣自非緣於何而求知乎難曰論云不取者為無知故不取為知然後不取耶若無知故不取聖人則冥若夜遊不辯緇素之異也若知然後不取知則異於不取矣答曰非無知故不取又非知然後不取知則不取故能不取而知難曰論云不取者誠以聖心不物於物故無惑取也無取則無是無是則無當誰當於聖心而云聖心無所不知耶答曰然無是

無當者夫無當則物無不當無是則物無不是物無不是故是而無是物無不當故當而無當故經云盡見諸法而無所見者也難曰聖心非不能是誠以無是可是雖不是是故當是於無是矣是以經云眞諦無相故般若無知者誠以般若無有有相之知若以無相為無相又何累於眞諦耶答曰聖人無無相也何者若以無相為無相無相卽為相捨有而之無猶逃峯而赴壑俱不免於患矣是以至人處有而不有居無而不無雖不取於有無然亦不捨於有無所以和光塵勞周旋五趣寂然而往泊爾而來恬淡無為

而無不為者也難曰聖心雖無知然其應會之道不差是以可應者應之不可應者存之然則聖心有時而生有時而滅可乎答曰生滅者生滅心也聖人無心生滅焉起然非無心但無心心耳又非不應但是不應應耳是以應會則信若四時之質直以虛無為體斯不可得而生不可得而滅也難曰聖智之無惑智之無俱無生滅何以異之耶答曰聖智之無者無知惑智之無者知無其無雖同所以無者異也何者夫聖心虛靜無知可無可曰無知非謂知無惑智有知故有知可無可謂知無非曰無知也無知卽般若

之無也知無卽眞諦之無也是以般若之與眞諦言用卽同而異言寂卽異而同同故無心於彼此異故不失於照功是以辯同者同於異辯異者異於同斯則不可得而異不可得而同也何者內有獨鑒之明外有萬法之實萬法雖實然非照不得內外相與以成其照功此聖所不能同用也內雖照而無知外雖實而無相內外寂然相與俱無此則聖所不能異寂也是以經云諸法不異者豈曰續鳧截鶴夷嶽盈壑然後無異哉誠以不異於異故雖異而不異耳故經曰甚奇世尊於無異法中而說諸法異又云般若與

諸法亦不一相亦不異相信矣難曰論云言用則異言寂則同未詳般若之內則有寂用之異乎答曰用卽寂寂卽用用寂體一同出而異名更無無用之寂主於用也是以智彌昧照逾明神彌靜應逾動豈曰明昧動靜之異哉故成具曰不爲而過爲寶積曰無心無識無不覺知斯則窮神盡智極象外之談也卽之明文聖心可知矣釋曰般若無知者是一論之宏綱乃宗鏡之大體微妙難解所以全引證明夫般若者是智用無知者是智體用不離體知卽無知體不離用無知卽知若有知者是取相之知卽爲所知之

相縛不能徧知一切故論云夫有所知則有所不知若是無相之知不被所知之相礙卽能徧知一切故論云以聖心無知故無所不知以要言之但是理事無礙非卽非離如論云神無慮故能獨王於世表智無知故能玄照於事外者不卽事也智雖事外未始無事神雖世表終日域中者不離事也理非卽非離如事亦然是以理從事顯理徹於事事因理成事徹於理理事交徹般若方圓故能有無齊行權實雙運豈可執有執無迷於聖旨乎所以論云欲言其有無狀無名欲言其無聖以之靈何者此有是不有之有

曷有其名斯無是不無之無豈虧其體有無但分兩名其性元一不可以有爲有以無爲無故論云非有故知而無知者以知自無性豈待亡知然後無知乎論云非無故無知而知者以無相之知非同木石無而失照此靈知之性雖無名相寂照無遺如論云考之玄籍本之聖意豈復眞僞殊心空色異照耶是以照無相不失撫會之功覩變動不乖無相之旨造有不異無造無不異有未嘗不有未嘗不無故曰不動等覺而建立諸法以此而推寂用何妨如何謂覩變之知異無相之照乎又論云知卽無知無知卽知無

以言異而異於聖心也故知若云有之與無同之與異皆是世間言語但有虛名而無實體豈可以不定之名言而欲定其無言之妙性也今總結大意般若無知者但是無心自然靈鑒非待相顯靡假緣生不住有無不涉能所非一非異而成其妙道也所以先德云夫聖心無思名言路絕體虛不可以色取無慮不可以心求包法界而不大處毫端而不微寂寥絕於生滅應物無有去來鑒徹天鏡而無鑒照之勤智用十方而不生二相森羅萬像與之同原大哉妙用而無心者其唯般若無知之謂乎鈔云然無知之與

爲破邪執有四論文一一破之一者或執有知爲常見二者或執無知爲斷見三者亦知亦無知爲相違見四者非有知非無知爲戲論見第一破常見者或人聞說般若者智慧也智則知也慧則見也則謂聖人同於凡夫有心取相知見墮於常見不了般若論主便則斥云聞聖有知謂之有心爲破此執故云般若無知也斯則照俗不執相照眞不著空無執無著即四句本亡無種不知而未嘗分別以無緣之知照實相之境智則雖照而無知境則雖實而無相境智冥一故相與寂然能所兩亡故云般若無知也故云

是以眞智觀眞諦未嘗取所知智不取所知此智何由知又云將無以般若體相眞淨本無惑取之知不可以知名哉又云夫陳有無者夫智之生也極於相內法本無相聖智何知故中論云若使無有有云何當有無有無既已無知有無者誰此上並破有知之常見也第二破無知之斷見者或人聞經云眞般若者無知無見無作無緣便謂般若同於太虛無情之流墮於斷見旣乖般若論主破之故云世稱無知者謂木石太虛無情之流靈鑒幽燭形于未兆道無隱機寧曰無知所以論題無知者爲明聖心無有取相

之知故云無知非謂則無眞知也何者般若靈鑒無種不知不同太虛一向無知也然則斷見無知略明有十一種論中略言三種十一種者一者太虛一向空故二者木石謂無情故三者聾瞽謂根不具無見聞故此上三種是論所破四者愚癡謂無智慧於境不了故五者癲狂惡鬼惑心失本性故六者心亂境多惑心不能決斷故七者悶絕心神闇黑如死人故八者惛醉爲藥所迷故九者睡眠神識困熟故十者無想定外道伏惑心想不行故十一者滅盡定二乘住寂心智止滅故此上並是惑倒非般若無知也第

三破亦有知亦無知者則是學人聞經所明或說般若有知或說無知不能正解便生異執論主而復破之異執有三種一者反照故無知則是學人謂聖人實是有知但以知物之時忘却知心不自言我能知此只成不私自作知解非都不知也二者以般若性空故無知者則是學人謂言般若實自有知但以知性空故則無知此只成性空故無知而未是無惑取之無知第三眞諦境淨故歎美般若無知何者學人則謂般若能知眞諦之境因境淨無相故則歎美般若無知此只成境是無知般若常是有知也此上三

見並參亦有亦無知俱乖聖智論主所以破之也第四破非有知非無知者則是惑人聞經云眞般若者非有非無無起無滅不可說示人不能亡言會其玄旨則謂般若唯是非有非無便作非有非無之解此並心量乖乎眞智論主破之故云言其非有者言其非是有非謂是非有言其非無者言其非是無非謂是非無非有非非有非無非非無此絕言之道知何以傳此破非有知非無知也論若如此則破四執之理昭然今題目但云無知者蓋是舉一隅而三隅反所以智人聞說無則不取無不取亦有亦無非有非

無斯則離四句絕百非可謂眞無知也論中分明破其四執人自不見故云是以聖人處有不有此破有知也居無不無此破無知也雖不取於有無此破亦有知亦無知也然亦不捨於有無此破非有知非無知也然上四破說雖前後辯之不同論意只於一句中則四句理圓何者處有不有即是居無不無即是不取有無即是不捨有無斯則聖心能亡四句離諸現量可謂無知言偏理圓故云無知也今更依宗本義意以釋般若無知亦是一家美也論明般若無知者則權實二智平等大慧也今則以略攝廣言約義

豐但云般若則會二智矣故宗本云漚和般若者大慧之稱也何者若唯般若觀於實相而無權智涉有者則沉滯於空若唯權智涉有而無般若達空者則涉有之時染於塵累若能二智圓明者則眞智觀眞諦而不取空權智化物而不著有故論云智有窮幽之鑒而無知焉者此則眞智照眞不取於無也神有應會之用而無慮焉者此則權智涉俗不取於有也神無慮故獨王於世表智無知故能玄照於事外者此謂二智俱能照眞則權中有實也智雖事外未始無事神雖世表終日域中矣者謂二智俱能照俗則

實中有權也。然則權實自在，事理混融，處有不取於塵，居無不沉於寂，眞俗雙泯，空有兩亡，何實何權，誰境誰智，儻然靡據，蕭散縱橫，不取不捨，可謂平等大慧。故云般若無知也。如起信論云：所言覺義者，謂心體離念，離念相者，等虛空界，無所不徧，法界一相，卽是如來平等法身，依此法身，說名本覺。離念者，卽是此論之無知，無知之眞知，卽是本覺，本覺卽是佛一切智也。無所不徧者，卽無所不知也。夫一切境界，只於一念心中，一時頓知，無有遺餘，眞俗並照，不墮有無也。故論云：知卽無知，無知卽知，無以言異，而異於

聖心也。知卽無知，卽是眞智徧知，名一切智也。無知卽知，卽是無種不知，名一切種智也。聖心不殊，以心無二故，唯只一智，但隨境照，說有二也。二既不二，一亦非一。若約天台，卽言直緣中道，名一切智；雙照二諦，名一切種智。又佛智照空，如二乘所見，名一切智；照假，如菩薩所見，名道種智；佛智照中，皆見實相，名一切種智。故言三智一心中得。一心卽般若無知之智也。以心不屬有無，常照中道，卽是自性有大智慧光明義、徧照法界義、眞實識知義。故云：斯則不知而自知矣。卽不假作意，故不知也；自性明照，故而自知

也。以神解之性，自然寂而常照，不依他發起也。故信心銘云：虛明自照，不勞心力。又云：若體自無取相之知，故言無知，不是前念起知，至後念忘却知想，然後名無知。若然者，則成無記之心，何名般若無知耶？蓋是無緣之智，照無相之境，眞境無相，眞智無知，境智冥一，理無不盡，鑒無不窮，可謂佛智見性也。又夫有取相之知，則心有間礙，不能垢淨同如，有無一旨，照空迷於辯有，知俗乖乎了眞，不能圓照萬法，故云有所不知也。永嘉集云：若以知知寂，此非無緣知，如手執如意，非無如意手；若以自知知，亦非無緣知，如手

自作拳，非無不拳手。亦不知知寂，亦不自知知，不可爲無知，自性了然故，不同於木石。手不執如意，亦不自作拳，不可爲無手，以手安然故，不同於兔角。乃至今言知者，不須知知，但知而已，則前不接滅，後不引起，前後斷續，中間自孤，當體不顧，應時消滅，知體既已滅，豁然如托空，寂爾少時間，唯覺無所得，卽覺無覺，無覺之覺，異乎木石。觀和尚云：此上無緣之知，斯爲禪宗之妙，以彼但顯無緣眞智，以爲眞道。若奪之者，但顯本心，不隨妄心，未有智慧照了心原，故須能所平等，等不失照，爲無知之知。此知知於空寂無生

如來藏性。方爲妙耳。然上依教方便。雖分頓漸。不離一心。如有偈云。諸論各異端。修行理無二。競執有是非。達者無違諍。

宗鏡錄卷三十六

音釋

虺許委切蝮蛇也 鴆直禁切毒鳥名 徇松閏切從也 餧奴罪切飢也 繢胡對切畫也 曦許羈切日光也 岷眉巾切山名 籰王縛切收絲具也

宗鏡錄卷三十七

宋慧日永明妙圓正修智覺禪師延壽集

夫萬行教法總約心解者只如諸佛所說經教皆以名句文身詮表方成法義云何但明一心而已答今且先約古德機應合說質影雙明佛言自從光耀終至鶴林不說一字汝亦不聞此是佛密意說約本眞法體離言詮故不說一字即諸法寂滅相不可以言宣又但是佛不說心外一字法教體者護法云如來旣實現身實說法者即通用說者聽者正兼聲名句文而爲教體教體通有漏無漏影像本質即是合宜

聞者根性已熟遂感激如來識上有文義相生佛以慈悲本願緣力即爲衆生說三乘法所有聲名句文是正無漏本質教若是三乘五性衆生佛邊聽法不能親聞自變相分而緣所有聲名句文即取有漏無漏是影像兼教即以質教爲本能現影像故影像教爲末依質有故由此取本質教爲正教體影像教爲兼教體無性菩薩難云我宗但取衆生識上影像相分爲教體者即不違唯識汝護法若取佛本質聲名句文爲教體者即是心外有法何成唯識護法答唯識之宗約親相分衆生聽時變起相分而緣非取他質以爲自性然他本質即佛菩薩亦成唯識故不相違問何不唯取本質爲正教體即休答緣衆生不能親聞無漏質故必資影像問若爾何不唯取影像爲教體是親聞故答雖即親聞必假本質是以唯識論云展轉增上力二識成決定言展轉增上力者即佛與衆生互爲增上緣言二識成決定者即衆生根決定如來悲決定謂衆生根熟合聞法決定如來即有悲決定決定與衆生說法爲增上緣故又諸師影質有無不同應須四句分別一唯質無影即小乘有部等二唯影無質即龍軍無性三俱句即護法親光四

俱非即龍猛清辯謂彼計勝義門中不辯教體全撥菩提涅槃爲空故已上約四句料簡門中質影雙通護法爲勝然若約名句文身解釋詮表皆是意言分別凡有詮量不出心識乃至能說所說並屬見聞覺知心含善惡諸心數等無有一法出於心外當知此心諸法之都顯事合理心可軌持故稱曰經豈止於心乃至一切六塵悉皆是經以心徧一切處故如法華玄義云歷法明經者若以經爲正翻何法是經舊用三種一用聲爲經如佛在金口演說但有聲音詮辯聽者得道故以聲爲經大品云從善知識所聞也

二用色爲經若佛在世可以聲爲經今佛去世紙墨傳持應用色爲經大品云從經卷中聞三用法爲經故云修我法者證乃自知又塵爲經若於此土耳識利者能於聲塵分別取悟則聲是其經於餘非經若意識利者自能研心思惟取決法是其經於餘非經若眼識利者文字詮量而得道理色是其經於餘非經此方用三塵而已餘三識鈍鼻齅紙墨則無所知身觸經卷亦不能解舌噉文字寧别是非若他土亦用六塵六偏用一塵如淨名曰以一食施一切於食等者於法亦等於法等於食亦等此即偏用舌根所對

爲經或有國土以天衣觸身即得道此偏用觸爲經或見佛光明得道此偏用色爲經或寂滅無言觀心得道此偏用意爲經如衆香土以香爲佛事此偏用香爲經他方六根識利六塵得爲經此土三根識鈍鼻不及驢狗鹿等云何於香味觸等能得通達問根利故於塵是經鈍者塵則非經耶答六塵是法界體自是經非根利取方乃是經何者大品云一切法趣色是趣不過此色能詮一切法如墨黑色一劃詮一二劃詮二三劃詮三豎一劃則詮王足右劃則詮丑足左劃則詮田出上詮由出下詮申如是迴轉詮不可盡或一字詮無量法無量字共詮一法無量字詮無量法一字詮一法於黑墨小小迴轉詮量大異左迴詮惡右迴詮善上點詮無漏下點詮有漏殺活與奪毀譽苦樂皆在墨中更無一法出此墨外略而言之黑墨詮無量教無量行無量理黑墨亦是教本行本理本黑墨從初一點至無量點從點至字從字至句從句至偈從偈至卷從卷至部又從一字句中初立小行後著大行又從點字中初見淺理後到深理是名黑色教行義三種微發乃至當知黑字是諸法本青黃赤白亦復如是非字非非字雙照字非字不

可說非不可說不可見非不可見何所簡擇何所不簡擇何所攝何所不攝何所棄何所不棄是則俱是非則悉非能於黑色通達一切非於一切非通達一切是通達一切非非非是一切法邪一切法正若於黑色不如是解則不知字與非字青黃赤白有對無對皆不能知若於黑色通達知餘色亦如是此即法華經意以色爲經也聲塵亦如是或一聲詮一法耳根利者即解聲愛見因緣即空即假即中知脣舌牙齒皆不可得聲即非聲非聲亦聲非聲非非聲聲爲教行義本種種等義皆如上說是即通達聲經香味

觸等亦復如是經云一切世間治生產業皆與實相不相違背即此意也外入皆經周徧法界內入亦如是內外入亦如是經云非內觀得解脫亦不離內觀得解脫等又云能觀心性名為上定心是體夫有心者皆當得三菩提心是宗制心一處無事不辦心是用三界無別法唯是一心作覺觀心是語本以心分別於心證心是教相故云華香雲樹即法界之法門剎土眾生本十身之正體故華嚴經云知一切法是正思惟藏問若心外無法唯聽無說者云何佛言我已所說法如手中葉又佛皆自說我成佛來不說一

字等答古釋云林中葉喻據為其緣令諸有情識變法解名我已說如手中葉未為作緣眾生自心未起法解名我未說如林中葉約為增上名說未說又唯識鏡問云此中既云佛皆自說何故乃言佛不說法豈非自語相違過耶答此亦是可聞者自識變生佛實不說但為增上也眾生識上變此言故故引為證問但了一心能成深觀者若無位次皁白何分須合教乘以祛訛濫教觀雙辯方契佛心答誠如所言闕一不可圓教觀心須明六即以三觀故免數他寶以六即故無增上心然心非數量豈有四六之文理合

幽玄誰分淺深之位但為證入有異假分四教之門昇進亦殊故列六即之位此出台教止觀正文簡慢濫於初心證究竟於後位止觀云約六即顯是者問為初心是後心是答如論云焦炷非初不離初非後不離後若智信具足聞一念即是信故不謗智故不懼初後皆是若無信高推聖境非已智分若無智起增上慢謂已均佛初後俱非為此事故須知六即謂理即名字即觀行即相似即分真即究竟即此六即者始凡終聖始凡故除疑怯終聖故除慢大理即者一念心即如來藏理如故即空藏故即假理故即中

三智一心中具不可思議三諦一諦非三非一一色一香一切法一切心亦復如是名為理即菩提亦是理即止觀即寂名止即照名觀名字即者理雖即是日用不知以未聞三諦全不識佛法如牛羊眼不解方隅或從知識或從經卷聞上所說一實菩提於名字中通達解了知一切法皆是佛法是為名字即菩提亦是名字止觀若未聞時處處馳求既得聞已攀覓心息名止但信法性不信其諸名為觀觀行即者若但聞名口說如蟲食木偶得成字是蟲不知是字非字既不通達寧是菩提必須心觀明了理慧相應

所行如所言所言如所行華首云言說多不行我不以言說但心行菩提此心口相應是觀行菩提釋論云四句評聞慧具足如眼得日照了無僻觀行亦如是雖未契理觀心不息如首楞嚴中射的喻是名觀行菩提亦名觀行止觀恒作此想名觀餘想息名止相似即菩提者以其逾觀逾明逾止逾寂如射隣的名相似觀慧一切世間治生產業不相違背所有思想籌量皆是先佛經中所說如六根淸淨中說圓伏無明名止似中慧名觀分眞即者因相似觀力入銅輪位初破無明見佛性開寶藏顯眞如名發心住乃

至等覺無明微薄智慧轉著如從初月至十四日月光垂圓闇垂盡若人應以佛身得度者即八相成道應以九法界身得度者以普門示現如經廣說是名分眞菩提亦名分眞止觀分眞智斷究竟即菩提者等覺一轉入于妙覺智光圓滿不復可增名菩提果大涅槃斷更無可斷名果果等覺不通唯佛能通過荼無道可說故名究竟菩提亦名究竟止觀古德約四教明六即者若藏教執色爲有施拙度破析之因成但空灰斷之果通教執色心是空了緣生無性之宗失中道不空之理別教從心生十法界心但有能

生十界之理性未即便具十界之因果如從地生一切草木但從一心次第生十界也圓教心具十法界不待能所生亦無前後際只一念是十界只十界是一念一切時一切處一切法念念中體常圓滿塵沙萬德不欠少一分八萬惑業不除斷一分不謂佛是果頭極聖我未證得不謂凡是底下穢濁我應捨離總覽法界在一念心頭如一圓珠瑩徹明白圓解更無覺觀進修亦不見有凡聖取捨分別妄念悉盡也以初圓信人未得純淨煩惱有厚薄習氣有淺深分別難忘攀緣易起心浮觀淺或重境彊於對治之中

故分六即是以凡夫心性本體實齊上聖但凡夫未能常用本隨境生心分別計校千差萬別雖在人道心多不定或發地獄心或發餓鬼畜生心何況人天善道何況三乘聖道無始妄習何能頓遣雖有見解未能常照故是凡也若生死即涅槃煩惱即菩提是理即若能暫照諦理即坐佛座證佛身用佛法當此一念圓現時不見十方佛異我此身此念也解而未修是名字即念有分數名觀行即念以於境名相似即境入於念名分眞即無境無念名究竟即雖六常一何凡何聖雖一常六凡聖天絕又六而常一故言

卽一而常六故初後不齊當觀念時非一非六又譬
如不離貧女家得金卽也貧女得金卽富可喻衆生
卽佛取金有次第豈非六乎耘除草穢觀行伏惑也
掘土近金似見物未分明豈非相似收得一分豈非
分眞盡得受用女人歡喜豈非究竟耶是以頓悟宗
已復須言行相應既得本清淨又須離垢清淨如大
集經偈云遠離一切諸煩惱清淨無垢猶眞實其心
能作大光明是名寶炬陀羅尼又云若有不覺一切
境界及自境界如是之人則能調伏問如來無密語
迦葉不覆藏則衆生心常自明現何須教觀開示廣

論橫竪答只爲佛之知見蘊在衆生心雖然顯現而
迷者不知以客塵所覆妄見所障雖有如無似世間
寶藏爲物所覆莫有知者是以須的示其寶處令親
得見遂獲其寶利濟無窮此亦如是因斯方便之門
得見心寶遂以緣了資發親得現前智藏豐隆法財
具足有玆勝利教跡非虛如大涅槃經云譬如大海
雖同一鹹其中亦有上妙之水味同於乳喻如雪山
雖復成就種種功德多生諸藥亦有毒草諸衆生身
亦復如是雖有四大毒蛇之種其中亦有妙藥大王
所謂佛性非是作法但爲煩惱客塵所覆若刹利婆

羅門毗舍首陀能斷除者卽見佛性成無上道所以
古德云開物性原者良以衆生性含智海識洞眞空
但衣蔽明珠室埋祕藏要假開示令其悟入須憑觀
慧以契無生今欲廣其義用須明橫竪法門竪唯一
心橫徧一切心非橫竪橫竪是心隱顯同時卷舒無
礙念念相卽法法融通將竪約橫則無橫而不竪一
一法皆至心原將橫約竪則無竪而不橫具一切句
及一一句皆廣等法界所以義海云體無別異舉則
全鋒理不殊途談皆頓顯良由二邊相盡差別體融
隨智卷舒應機屈曲是故言起卽起誰云路之不通

舉多卽多孰談法之無在故知立教皆爲對機機宜
不同教分多種且如觀色一法五教證入不同初小
乘見是實色不說性空初教見此色法從緣所成必
無自性卽空無所有如波歸水終教見色空無礙以
眞空不守自性隨緣成色卽是幻色遂賴空成卽此
賴空之色虛相無體恒自性盡而空現是故色卽空
而常泯空卽色而常存要由自盡之色方是空色成
色之空乃是眞空舉體互融無有障礙如水入波頓
教一色法無非眞理所收是故此色卽眞理一味等
更無別法而可說如水波雙絕圓教起卽全收一多

互攝同時成立一塊圓明隨舉卽色隨舉卽空義味自在隨智取用何以故隨舉一門無不顯現古德云皆本一心而貫諸法夫一心者萬法之總也分而爲戒定慧開而爲六度散而爲萬行萬行未嘗非一心一心未嘗違萬行然則一心者萬法之所生而不屬於萬法得之者則於法自在矣見之者則於教無礙矣本非法不可以法說本非教不可以教傳豈可以軌跡而尋哉故知但研精一法內照分明自然柔輭入神順法界之性無心合道履一際之門所以大智度論云以人心多散如狂如賊如醉一心敬愼是諸

功德初門攝心得禪便得實智慧得實智慧便得解脫得解脫便得盡苦如是等事皆從一心得華嚴私記云無縛無著迴向者只了一切皆如故所以無縛著耳知一切皆無縛脫一法既爾一切法皆然所以一切法卽一法一法卽一切法若一切法皆無性卽是分身佛集寶塔出現須彌入芥耳如是洞達一解千從則知佛向無所有中出生法於畢竟空中建立以無生無性故迴轉由心遂得集散同時大小卽入所以森羅義趣報化影像乃至無量得業廣大神通於宗鏡中一時顯現且如龍蜃等類全是業果生死

之身尚現不思議之力用何況悟根本心具如實智而不能現廣大之神用乎如華嚴經云佛子如羅睺阿脩羅王本身長七百由旬化形長十六萬八千由旬於大海中出其半身與須彌山而正齊等佛子彼阿脩羅王雖化其身長十六萬八千由旬然亦不壞本身之相諸蘊界處悉皆如本心不錯亂不於變化身而作他想於其本身生非已想本受生身恒受諸樂化身常現種種自在神通威力佛子阿脩羅王有貪恚癡具足憍慢尚能如是變現其身何況菩薩摩訶薩能深了達心法如幻一切世間皆悉如夢一切

諸佛出興於世皆如影像一切世界猶如變化言語音聲悉皆如響見如實法以如實法而爲其身知一切法本性清淨了知身心無有實體其身普住無量境界以佛智慧廣大光明淨修一切菩提之行乃至如有幻師隨於一處作諸幻術不以幻地故壞於本地不以幻日故壞於本日菩薩摩訶薩亦復如是於無國土現有國土於有國土現無國土於有眾生現無眾生於無眾生現有眾生無色現色色現無色初不亂後後不亂初菩薩了知一切世法悉亦如是同於幻化知法幻故知智幻知智幻故知業幻知智幻

業幻已起於幻智。觀一切業如世幻者。不於處外而
現其幻。亦不於幻外而有其處。菩薩摩訶薩亦復如
是。不於虛空外入世間。亦不於世間外入虛空。何以
故。虛空世間無差別故。住於世間。亦住虛空。菩薩摩
訶薩於虛空中能見能修一切世間種種差別妙莊
嚴業。於一念頃悉能了知無數世界若成若壞。亦知
諸劫相續次第。能於一念現無數劫。亦不令其一念
廣大。菩薩摩訶薩得不思議解脫幻智。到於彼岸。住
於幻際。入世幻數。思惟諸法悉皆如幻。不違幻世。盡
於幻智。了知三世與幻無別。決定通達心無邊際。如

諸如來住如幻智。其心平等。菩薩摩訶薩亦復如是。
知諸世間皆悉如幻。於一切處皆無所著。無有我所。
如彼幻師作諸幻事。雖不與彼幻事同住。而於幻事
亦無迷惑。菩薩摩訶薩亦復如是。知一切法到於彼
岸。心不計我能入於法。亦不於法而有錯亂。問。只如
自心如何觀耶。答。性該始終之際。體非起盡之緣。體
徧迷悟之中。性非解惑之事。又云。夫心原本淨。無爲
無數。非一非二。無色無相。非偏非圓。雖復覺知。亦無
覺知。若念未念。四運檢心。畢竟叵得。豈可次第不次
第偏圓觀耶。猶如虛空等無有異。此之心性畢竟無

心。有因緣時。亦得明心。既有論心。即有方便正觀之
義。譬如虛空。亦有陰陽時雨。心亦如是。雖無偏圓。亦
論漸頓。若觀心具有性得三諦。性得三觀。及一切法
無前無後。無有次第。一念具足十法界法。若觀心非
空非有。則一切從心生法。亦非空非有。如是等一切
諸法。在一心中。當知觀此心原與如來等。若作如此
圓觀。其人行住坐臥。皆應起塔。生如來心。如此觀心。
名觀佛心也。輔行記云。心造即是心具。故引心造之
文。以證心具。華嚴經偈云。心如工畫師。造種種五陰。
一切世界中。無法而不造。如心佛亦爾。如佛衆生然。

心佛及衆生。是三無差別。若人欲求知。三世一切佛。
應當如是觀。心造諸如來。不解今文。如何消偈心造
一切。三無差別。言心造者。不出二意。一者約理。造即
是具。二者約事。不出三世。三世又三。一者過造於現。
過現造當。如無始來。及以現在。乃至造於盡未來際。
一切諸業。不出十界百界千如三千世間。二者現造
於現。即是現在同業所感。逐境心變。名之爲造。以心
有故。一切皆有。以心空故。一切皆空。如世一官所見
不同。是畏是愛是親是怨。三者聖人變化所造。亦令
衆生變心所見。並由理具。方有事用。今欲修觀。但觀

理具俱破俱立俱是法界任運攝得權實所現又問此不思議亦約次第以釋十法界與思議何別答其實無別思議乃作從心生說不思議作一心具說若能如上信解福德無量佛親比校萬行難偕如法華經偈云若人求佛慧於八十萬億那由他劫數行五波羅密於是諸劫中布施供養佛及緣覺弟子幷諸菩薩眾珍異之飲食上服與臥具栴檀立精舍以園林莊嚴如是等布施種種皆微妙盡此諸劫數以迴向佛道若復持禁戒淸淨無缺漏求於無上道諸佛之所歎若復行忍辱住於調柔地設眾惡來加其心

不傾動諸有得法者懷於增上慢爲此所輕惱如是亦能忍若復勤精進志念常堅固於無量億劫一心不懈息又於無數劫住於空閑處若坐若經行除睡常攝心以是因緣故能生諸禪定八十億萬劫安住心不亂持此一心福願求無上道我得一切智盡諸禪定際是人於百千萬億劫數中行此諸功德如上之所說有善男女等聞我說壽命乃至一念信其福過於彼文句疏釋云一念信解者謂隨所聞處豁爾開明隨語而入無有罣礙信一切法皆是佛法又信佛法不隔一切法不得佛法不得一切法而見一切

法亦見佛法卽一而三卽三而一亦是行於非道通達佛道行於佛道通達一切道不得佛道一切道而通達佛道一切道無所有而有而有無所有非所有非無所有如門前路通達一切東西南北劃無壅礙眼耳鼻舌身意凡有所對悉亦如是無疑曰信明了曰解是爲一念信解心也此一念信解心心同佛心信齊佛信入眞實般若之性到究竟解脫之原所以無量無數劫中修五波羅密之功德校量信解宗鏡一念之功萬不及一故云不識玄旨徒勞念靜是以先悟宗鏡然後圓修理行無差方爲契當問如上觀

心如何是所入能入之門答能所之入唯是一心約智而論假分能所所入卽所證一心之理能入卽能觀一心之智又理是心之體智是心之用猶如日光還照日體以此心光復照心體則二而不二體用冥一不二而二能所似分今約先德依華嚴宗立所入能入二門先明所入者統唯一眞法界謂寂寥虛曠沖深包博總該萬有卽是一心體絕有無相非生滅迷之則生死無窮解之則廓然大悟爲總開示不知以何名目彊分理事二門而理事渾融無有障礙一事法界二理法界略有二門一性淨門在纏不染性

恒淸淨。雖徧一切。不同一切。如濕之性徧於動靜。凝流不易。淨穢恒如。二離垢門。由對治障盡。隨位淺深。體雖湛然。隨緣有異。三事理無障礙法界亦有二門。一相卽無礙門。一心法界含眞如生滅二門。互相交徹。不壞性相。其猶攝水之波非靜。攝波之水非動。二形奪無寄門。謂無事非理。故事非事也。無理非事。故理非理也。四雙融俱離。性相渾然。而有十門。一由離相故事壞而卽理。二由離性故理泯而卽事。三由離相不壞相故事卽理而事在。以非事爲事。四由離性不泯性故理卽事而理在。以非理爲理。五由離相不

異離性故事理雙奪。逈超言念。六由不壞不異不泯故有初事理二界俱存。爛然可見。七由不壞不泯不異離相離性故爲一事理無礙法界。使超視聽之妙法無不恒通見聞。絕思議之深義。未嘗礙於言念。八由以理融事令無分劑。如理之徧。一入一切。如理之包。一切入一。故緣起之法。一一各攝法界無盡。九由因果法各全攝故令普賢身中佛佛無盡。佛毛孔內。菩薩重重。十因果法界差別之法。無不恒攝法界無遺。故隨一一門。一一位。各攝重重。故廣刹大身。輕塵毛孔。皆無盡相。以其後一總融前九。爲渾融門。夫法

界者。卽一心之總名。萬行之歸趣。如華嚴論云。從信住行迴向十地十一地及佛果。總以法界爲果體。文殊爲法界理。普賢爲法界智。理智妙用爲一佛門。以此一門爲化羣蒙分爲二法。若也逐根隨俗法門無盡。若論實理不離無法界之中一法。一多無礙。名爲普賢。始接童蒙達無性理中。妙簡正邪。入無生慧。名號文殊。亦名童子菩薩。能同苦際與行利生。治佛家法。名爲普賢。二人參體。名之爲佛。本來自在。名爲法界。從初徹後。總此法界爲體。更無別法。此品爲一切諸佛因果之大都。亦是衆聖賢所行之大路。無出此

也。亦是自心一切智王之所遊觀之大宅也。亦是一切衆生之所依。故名法界。二能入門有二。一果海離於說相。二因門可寄言說。今且略明無分別智證理法界。以爲五門。一能所歷然。謂以無分別智證無差別理。如日合空。雖不可分。而日非空。空非日光。二能所無二。以知一切法卽心自性。以卽體之智還照心體。擧一全收。擧理收智。智非理外。擧智收理。智體卽寂。如一明珠。珠自有光。光還照珠。三能所俱泯。由智卽理故智非智。以全同理。無自體故。由理卽智。故理非理。以全同智。無自立故。如波卽水。動相便虛。如水

卽於靜相亦隱動靜兩亡性相齊離四存泯無礙離相離性則能所雙泯不壞性相能所歷然如波與水雖動靜兩亡不壞波濕五舉一全收上列四門欲彰義異理既融攝會無二原如海一滴具百川味又所入境者卽不思議解脫境界何名不思議心言罔及故何法不思議卽解脫境界解脫有二一作用解脫作用自在脫拘礙故二離障解脫具足二智脫二障故二障者卽煩惱所知二障煩惱障事所知障理一切衆生不證眞心皆爲二障所纏由內離障外用無羈二義相成總名解脫境界有二一分劑境如國疆

域各有分劑佛及普賢德用分劑無能及故二所知境界事理無邊唯佛普賢方究盡故由證所知無邊之境故成德用無有邊涯二亦相成總爲境界此二不二故不思議又能入者卽普賢行願又人與法俱稱普義若約人卽普賢若約法卽普法所言入者能所契合泯絕無寄一入全眞方爲眞入又不入而入以智體卽如如外無法而可攀緣故無可入心行處滅寂然無入不失照用故恒以一如而觀諸法故名而入此二無礙方爲眞入又佛境入無所入有三一約一切衆生卽如來藏更何所入翻迷之悟故云證入二約理非卽非異故云入無所入三約心境心冥眞境故說爲入若有所入境智未亡豈得稱入實無所入方名眞入又入不入二義上約緣起相由門今法性融通門者卽性之一字夫法性融通要不壞相而卽眞性入則壞緣起者無可相入不入則壞性者則性不徧一切法故由不壞性相方是法性融通義也二又要由不入方能入耳者亦通二門唯就相說若約緣起門要由諸緣歷然不入方得相資徧相入耳若約法性融通門者要由事相歷然方隨理融入一切法故說若唯約理無可卽入若雙約性相上第

一義相卽不入性卽能入若獨相獨性俱不能入要二相融方能入又若約體空則無來無入若唯約性無可卽入若約相不壞如本無差者或唯約事不能卽入以性融相故得互入是顯正入義謂不異理之一事全攝法性時令彼不異理之多事隨所依理皆於一中現等一事攝理既爾多事攝理亦然則一事隨所依理皆於多中現故得互入是法性融通門以此一門能入萬法故法華疏云以實相入眞決了聲聞法是諸經之王實相入俗一切治生產業皆與實相不相違背實相入中諸法無非佛法若入此三觀

卽是入一切法以諸法不出三諦故問十住菩薩證入之時唯一眞如無有境界云何復說分劑二種境界答此是不思議境界非同情執或存或泯或總合或俱離不出一心而論舒卷若存非立心外之法是存其全理之事若泯非壞全事之理是泯其體外之見則不礙心境而一味不壞一味而心境故華嚴經頌云如來甚深境其量等虛空一切眾生入而實無所入問若正觀成時以有心成以無心成答夫入此宗不可以有無求不可以能所辯若以有念桁歸無念此念還成有若以無心作空無會者卽成斷滅皆

落意地不出見知又若逆之則不合事理若順之又成能所只可以妙會不可以事求所以華嚴會意云並須除念會意無間相續順法修行若動念起心卽入魔網以法不動念故順法卽念除我見是妄心違法故生死是知法無動念不可以有念求又非無念不可以無心得應可玄會取其意耳如說有不有無不無等但動心卽寂是彼法故名順法也若以心順於法卽有能所非順法也故維摩經云法離一切觀行肇師云法本無相非觀行之所能見見之者其唯無觀乎如赤水求於玄珠罔象而得之故云藏於身不藏於川在於心不在乎水故莊子云黃帝遊於赤水之北登崑崙之邱南望遺其玄珠使智索之而不得使离婁索之而不得乃因罔象得之黃帝曰異哉罔象乃可得之夫眞不可以定求故無心以得之如弄珠吟云罔象無心卻得珠能見能聞是虛僞然雖不落見聞又非無知覺如融大師信心銘云惺惺了知見網轉彌寂寂無見闇室不移惺惺無妄寂寂寥亮寶印眞宗森羅一相所以無念者卽念而無念以念無自性緣起卽空又緣起者皆是眞性中緣起豈屬有無乃至卽生無生卽滅無滅亦復如是故寶藏

論云若言其生無狀無形若言其滅今古常靈又云是以斬首灰形其無以損生金丹玉屑其無以養生故眞生不滅眞滅不生可謂常滅可謂常生其有愛生惡滅者斯不悟常滅愛滅惡生者斯不悟常生永嘉集云故知妙道無形萬像不乖其致眞如寂滅眾響靡異其原迷之則見倒惑生悟之則順違無地閒寂非有緣會而能生峩嶷非無緣散而能滅滅既非滅以何滅滅生既非生以何生生生滅既虛實相常住矣華嚴疏云生之無生眞性湛然無生之生業果宛然是知若卽念存有念卽是常見離生求無生卽

是斷見皆不達實相無生無滅之理若正了無生則無生無不生豈定執有生無生之二見乎所以云誰無念誰無生若實無生無不生喚取機關木人問求佛施功早晚成若以息念歸無念如同寒木死灰與木人何別豈有成佛之期耶斯乃尚未知卽念而無念寍知一念頓圓乎如有問言夫妙行者統唯無念今見善見惡願離願成疲役身心豈當爲道答若斯見者離念求於無念尚未得於眞無念也況念無念之無礙耶又無念但是行之一也豈成一念頓圓此一念頓圓之旨非意解所知唯忘情可以契會如悟

玄序云夫玄道者不可以設功得聖智者不可以有心知眞諦者不可以存我會至功者不可以營事爲忘言者可以道合虛懷者可以理通冥心者可以眞一遺智者可以聖同雖云道合無心於合合者合焉雖云聖同不求於同同者同焉無心於合則無合無散不求於同則無異無同超非於百非之外非所不能非焉忘是於萬是之前是所不能是焉是所不能是則無是矣非所不能非則無非矣無異無同則怨親不二無非無是則毀讚常一是以忘言者捨筌罤也虛懷者離取著也冥心者不已見也遺智者泯能

證也若運心合道則背道若起念求同則失同若爲是所是則沒是若爲非所非則沉非以要言之但得直下無心則同異俱空是非咸泯斯泯亦泯茲空亦空此猶寄言因跡對待若得絕待頓悟一心唯契相應不俟更說

宗鏡錄卷三十七

音釋

祛 祛魚切禳卻也　嶷 魚力切山貌

宗鏡錄卷三十八

宋慧日永明妙圓正修智覺禪師延壽集

夫初後之位不離本覺能所之化唯是一心若悟本稱覺則本不可得若不可得行位徒施得與不得其旨如何答得而不得始本之覺無差不得而得妙證之時玄會如金剛三昧經云佛言善男子五位一覺從本利入若化衆生從其本處舍利弗言云何從其本處佛言本來無本處於無處本際入實發菩提而當成聖道何以故善男子如手執彼空不得非不得論釋云舉疑發起云若本處應得入若得入非無本

處爲道是疑故引喻釋手執彼空者手執喻能入之行處空喻所入之本不得者虛空無形可握故非不得者握內不無虛空故本利亦爾本來無本處性故不可得無本之本不無故非不可得也斯則悟本稱得非向外求若有所求即是失本又若有所得不得菩提以無得故出生菩提故又無得之法非在得外要求一切法方盡無得之原如發菩提心論云於無法中說諸法相於無得中說有得法如是之事諸佛境界然雖求一切法以了無得故即無所依無所求中吾故求之耳故大寶積經云佛問文殊依何正修行文殊曰正修行者爲無所依釋曰凡有言教所詮並證一心之義若心外見法是邪修行則有所依故若正修行不依一物所依既寂能依亦亡能所俱空邪正雙泯即正修行矣無生義云經言法離眼耳鼻舌身意是故六根不能取故言學者無取大智度論言譬如蚨蛛蟲處處能集唯不能集火中衆生意識亦復如是凡是可聞見法悉皆能緣而不能緣般若故知般若性離意不能取又能取之人性復自空故不能取若以眼取如經言眼性復空若以耳取耳性又空若以手取手性又空若以意取意性又空人與

法其是一如如不能取得如也空不能取得空即是學者無取故言無得又一念心起有二種覺一約有心者察一念纔起後念不續即不成過所以禪門中云不怕念起唯慮覺遲又云瞥起是病不續是藥以心生即是罪生時故是以初心攝念爲先是入道之階漸如諸經要集云攝心一處便是功德叢林散慮片時即名煩惱羅刹所以曇光釋子降猛虎於膝前螺髻僊人宿巢禽於頂上乃至森羅不能自觸要須因倚諸根內想感發何以知然今有心感於內事發於外或緣於外起染於內故知內外相資表裏遞用

君臣心識不可備捨故經云心王若正則六臣不邪識意惛沈則其主不明今悔六臣當各慚愧制禦六根不令馳散也法句經心意品云昔佛在世時有一道人在河邊樹下學道十二年中貪想不除走心散意但念云欲目色耳聲鼻香口味身受心法身靜意遊曾無寍息十二年中不能得道佛知可度化作沙門往至其所樹下共宿須臾月明有龜從河中出來至樹下復有水狗飢行求食與龜相逢便欲噉龜龜縮其頭尾及其四脚藏於甲中不能得噉水狗小遠復出頭足行步如故不能奈何遂便得脫於是道人

問化沙門此龜有護命之鎧水狗不能得其便化沙門答言吾念世人不如此龜不知無常放恣六情外魔得便形壞神去生死無端輪轉五道苦惱百千皆意所造宜自勉勵求滅度安於是化沙門卽說偈言藏六如龜防意如城慧與魔戰勝則無患是以意地若息則六趣俱閑一切境魔不能爲便如龜藏六善護其命起信論云若後念覺知前念此雖名覺猶爲不覺故約有心說以是初行凡夫故二約無心者知初起時卽無初相不待後念更滅以正生一念之時畢竟不可得故如五十校計經云菩薩問佛言罪生

復滅何以故我了不見佛問諸菩薩汝曹心寍轉否諸菩薩報佛言我心轉生設我心不轉生亦不能與佛共語佛問諸菩薩言若心生時寍還自覺心生否諸菩薩言我但識見因緣時不覺初起生時佛言如汝所說尚不能知心初生時何能無罪故知不察最初一念因成之假寍免後念相續成事之過乎以一切生死煩惱皆因不覺故若智爲先導咎何由生又若了心外無法則情想不生不用加功直入不思議地如清涼鈔云經明十地法體心言路絕釋不思議謂言語道斷心行處滅據法望情名不思議以其法

外本無情故其義云何情相之興原由妄想妄想故便有相生以依相故復起心想隨名取實卽是覺觀依此覺觀便起言說依言說已復起妄心想取所說法此卽言語以之爲道心以爲行於是相想熾然不息今契法實滅除妄想相卽不生相不生故立名心滅名心滅故名卽不生名不生故覺觀不起覺不起故言說隨亡言說亡故不復依言取於所說不取說故言語道斷心行處滅心行滅故名不思議以法出情心言不及故不思議是知妄想心亡境界緣滅如灸病得穴永斷病原可謂覺寶之良醫矣問諸法所

生唯心所現者若從心現卽自性癡若執緣生卽他性癡若心緣和合而生卽共性癡若非心非緣而生卽無因癡如何通明免墮四執答若論四性實智於自相門中俱不可說若以四悉檀智於共相門中亦可得說如止觀問心起必託緣爲心具三千法爲緣具爲共具爲離具若心具者心起不用緣若緣具者緣具不關心若共具者未共各無共時安有若離具者既離心離緣那忽心具四句尙不可得云何具三千法耶答地人云一切解惑眞妄依持法性法性持眞妄眞妄依法性也攝大乘論云法性不爲惑所染

不爲眞所淨故法性非依持言依持者阿賴耶是也無沒無明盛持一切種子若從地師則心具一切法若從攝師則緣具一切法此兩師各據一邊若法性生一切法者法性非心非緣非心故而心生一切法者非緣故亦應緣生一切法何得獨言法性是眞妄依持耶若言法性非依持賴耶是依持離法性外別有賴耶依持則不關法性若法性不離賴耶賴耶依持卽是法性依持何得獨言賴耶是依持又違經經言非內非外亦非中間亦不常自有又違龍樹龍樹云諸法不自生亦不從他生不共不無因更就譬檢

爲當依心故有夢依眠故有夢眠法合心故有夢離心離眠故有夢若依心有夢者不眠應有夢若依眠有夢者死人如眠應有夢若眠心兩合而有夢者眠人那有不夢時又眠心各有夢合可有夢各既無夢合不應有若離心離眠而有夢者虛空離二應常有夢四句求夢尙不得云何於眠夢見一切事心喻法性夢喻賴耶云何偏據法性賴耶生一切法當知四句求心不可得求三千法亦不可得既橫從四句生三千法不可得者應從一念心滅生三千法耶心滅尙不能生一法云何能生三千法耶若從心亦滅亦

不滅生三千法者亦滅亦不滅其性相違猶如水火二俱不立云何能生三千法耶若謂心非滅非不滅生三千法者非滅非不滅非能非所云何能生三千法耶亦縱亦橫求三千法亦不可得非縱非橫求三千法亦不可得言語道斷心行處滅故名不可思議境大涅槃經云生生不可說生不生不可說不生生不可說不生不生不可說卽此義也當知第一義中一法不可得況三千法世諦中一心尙具無量法況三千耶如佛告德女無明內有否不也外有否不也內外有否不也非內非外有否不也佛言如是而有

大涅槃經云有因緣故亦可得說謂四悉檀因緣也雖四句冥寂慈悲憐愍於無名相中假名相說或作世界說心具一切法聞者歡喜如言三界無別法唯是一心造即其文也或說緣生一切法聞者歡喜如言五欲令人墮惡道善知識者是大因緣所謂化導令得見佛即其文也或言因緣共生一切法聞者歡喜如偈言水銀和真金能塗諸色像功德和法身應現處處往即其文也或言離生一切法聞者歡喜如言十二因緣非佛作非天人修羅作性自爾即其文也此四句即世界悉檀說心生三千一切法云何爲

人悉檀如言佛法如海唯信能入信則道原功德母一切善法由之生汝但發三菩提心是則出家禁戒具足聞者生信即其文也或說緣生一切法如言若不値佛當於無量劫墮地獄苦以見佛故得無根信如從伊蘭出生栴檀聞者生信即其文也或說合生一切法如言心水澄清珠相自現慈善根力見如此事聞者生信即其文也或說離生一切法如言非內觀得是智慧乃至非內外觀得是智慧若有住著先尼梵志小信尚不可得況捨邪入正聞者生信即其文也是爲爲人悉檀四句說心生三千一切法也云何對治悉檀說心治一切法如言得一心者萬邪滅矣即其文也或說緣治一切惡如說得聞無上大慧明心定如地不可動即其文也或說因緣和合治一切惡如言一分從思生一分從思得即其文也或說離治一切惡我坐道場時不得一法空拳誑小兒誘度於一切即其文也是爲對治悉檀心破一切惡云何第一義悉檀心得見理如言心開意解豁然得道或說緣能見理如言須臾聞之即得究竟三菩提或說因緣和合得道駃馬見鞭影即得正路或說離能見理如言無所得即是得已是得無所得是名第一

義四句見理何況心生三千法耶佛旨盡淨不在因緣共離即世諦是第一義諦也又四句俱皆可說說因亦是緣亦是共亦是離亦是若爲盲人說乳若貝若粖若雪若鵠盲聞諸說即得解乳即世諦是第一義諦當知終日說終日不說終日不說終日說終日雙遮終日雙照即破即立即立即破經論皆爾天親龍樹內鑒冷然外適時宜各權所據而人師偏解學者苟執遂興矢石各保一邊大乖聖道也若得此意俱不可說俱可說若隨便宜者應言無明法法性生一切法如眠法法心則有一切夢事心與緣合則三

種世間三千相性皆從心起一性雖少而不無無明雖多而不有何者指一爲多多非多指多爲一一非少故名此心爲不思議境也若解一心一切心一切心一心非一非一切乃至徧歷一切皆是不可思議境已上依台教所說今依華嚴無礙法界自性緣起說不思議境界者如華嚴入法界品中善財童子於毗盧遮那莊嚴藏大樓閣前五體投地暫時斂念思惟觀察以深信解大願力故入徧一切處智慧身平等門普現其身在於一切如來前一切菩薩前一切善知識前一切如來塔廟前一切如來形像前一切

諸佛諸菩薩住處前一切法寶前一切聲聞辟支佛及其塔廟前一切聖眾福田前一切父母尊者前一切十方眾生前皆如上說尊重禮讚盡未來際無有休息等虛空無邊量故等法界無障礙故等實際徧一切故等如來無分別故猶如影隨智現故猶如夢從思起故猶如像示一切故猶如響緣所發故無有生遞興謝故無有性隨緣轉故又決定知一切諸報皆從業起一切諸果皆從因起一切諸業皆從習起一切佛興皆從信起一切化現諸供養事皆悉從於決定解起一切化佛從敬心起一切佛法從善根起

一切化身從方便起一切佛事從大願起一切菩薩所修諸行從迴向起一切法界廣大莊嚴從一切智境界而起離於斷見知迴向故離於常見知無生故離無因見知正因故離顛倒見知如實理故離自在見知不由他故離自他見知從緣起故離邊執見知法界無邊故離往來見知如影像故離有無見知不生滅故離一切法見知空無生故知不自在故知願力出生故離一切相見入無相際故知一切法如種生芽故如印生文故知質如像故知聲如響故知境如夢故知業如幻故了世心現故了果因起故了報

業集故了知一切諸功德法皆從菩薩善巧方便所流出故善財童子入如是智端心潔念於樓觀前舉體投地殷勤頂禮不思議善根流注身心清涼悅懌從地而起一心瞻仰目不暫捨合掌圍繞經無量帀作是念言此大樓閣是解空無相無願者之所住處是於一切法無分別者之所住處是了法界無差別者之所住處是知一切眾生不可得者之所住處是知一切法無生者之所住處是不著一切世間者之所住處是不著一切窟宅者之所住處是不樂一切聚落者之所住處是不依一切境界者之所住處是

離一切想者之所住處是知一切法無自性者之所住處是斷一切分別業者之所住處是離一切想心意識者之所住處是不入不出一切道者之所住處是入一切甚深般若波羅密者之所住處是能以方便住普門法界者之所住處是息滅一切煩惱火者之所住處是以增上慧除斷一切見愛慢者之所住處是出生一切諸禪解脫三昧通明而遊戲者之所住處是觀察一切菩薩三昧境界者之所住處是安住一切如來所者之所住處是以一劫入一切劫以一切劫入一劫而不壞其相者之所住處是以一刹

入一切刹以一切刹入一刹而不壞其相者之所住處是以一法入一切法以一切法入一法而不壞其相者之所住處是以一衆生入一切衆生以一切衆生入一衆生而不壞其相者之所住處是以一佛入一切佛以一切佛入一佛而不壞其相者之所住處是於一念中而知一切三世者之所住處是於一念中往詣一切國土者之所住處乃至爾時善財童子恭敬右繞彌勒菩薩摩訶薩已而白之言唯願大聖開樓閣門令我得入時彌勒菩薩前詣樓閣彈指出聲其門卽開命善財入善財心喜入已還閉見其樓閣廣愽無量同於虛空乃至自見其身徧在一切諸樓閣中具見種種不可思議自在境界彌勒三生行菩薩行八相成道之事爾時彌勒菩薩摩訶薩卽攝神力入樓閣中彈指作聲告善財言善男子起法性如是此是菩薩知諸法智因緣聚集所現之相如是自性如幻如夢如影如像悉不成就乃至譬如幻師作諸幻事無所從來無所至去雖無去來以幻力故分明可見彼莊嚴事亦復如是無所從來亦無所去雖無來去然以慣習不可思議幻智力故及由往昔大願力故如是顯現釋曰彈指出聲其門卽開者創

發明處豁見性時名之爲開入已還閉者所悟如本非從新得故云還閉或云慈氏菩薩彈指出聲其門卽開者明聲是震動啟發之義彈指者去塵之義塵亡執去法門自開善財入已其門還閉者以迷亡智現名之爲開智無內外中間無出無入無迷無證名爲還閉見其樓閣廣愽無量同於虛空者智境界也如是自性如幻如夢如影如像悉不成就者總上一切不思議無邊佛事境界以眞如之性法爾隨緣雖卽隨緣法爾歸性以隨緣時似有顯現如看幻法不有而有猶觀夢境不見而見若水中之影非出非入

似鏡裏之像不內不外以無性隨緣故理不成就以隨緣無性故事不成就若理事不成卽一切法俱不成故云悉不成就但如是如是顯現如是如是證知了了分明還同宗鏡光光涉入影影相含如十玄門重重無盡十玄門者一同時具足相應門智儼師釋云此約相應無前後說此十玄門一一皆具十法同時具足一教義二理事三境智四行位五因果六依正七體用八人法九逆順十感應隨有一處卽具此十法悉皆同時具足今且據因果同時若小乘說因果卽轉因以成果因滅始果成若大乘因果亦得同

時而不彰無盡如似舍緣以成舍因果同時成而不成餘物以因有親疎故所以成有盡也若一乘宗明因果同時者舉疎緣以入親是故如舍成時一切法界皆一時成也若有一法不成此舍亦不成如似初步若到一切步皆到若有一步非到者一切步皆非到也故經云雖成等正覺不捨初發心所以一成一切成爲一際法門也二因陀羅網境界門此約譬說如帝釋殿上珠網一一珠中互現一切影像無盡一寶珠內千光萬色重重交暎歷歷區分況此一心法界中一切人法境智重重涉入以眞如性畢竟無盡

故重重復重重無盡復無盡也論云帝網有別者唯智能知非眼所見帝網者此網乃是衆寶絲縷所共合成其善住法堂縱廣四十由旬亦是衆寶所共合成其網一一絲孔之中皆有明珠其珠體瑩淨寶網交羅互相暎現一一珠網之中皆有珠網全身及四十由旬寶殿各各全身於中互相顯現如珠及網所有影現其殿一一梁棟一一椽柱一一牆壁一一栱枓一一鏡像之中皆有全身殿網珠影重重互相暎現故云如天帝網重重無盡今此法門亦復如是一一位中一一法中一一塵中一一境像中一一名字

中及以九世十世一一互周法界並以眞俗二智互體交參周徧法界如法界品中云善財所參始於文殊末至彌勒普賢五十二善知識其中比丘比丘尼優婆塞優婆夷童男童女僊人外道婆羅門長者居士天神地神夜神晝神國王王妃諸大菩薩等各各處大道場互爲主伴同說舍那境界若佛出世若不出世此法界法爾常住無有變異又如善財至彌勒佛所初登一閣入已見其閣中廣博無量同於虛空別有不可說樓閣布列其中一一亦等虛空一一閣中皆聞彌勒菩薩轉一生菩薩所有法門一一閣內

境像之中會三世事無有前後彌勒是當來成佛善財卽始發心一念之間而能相會此乃依於法界智乘成佛非論前後以古印今以今通古融合無二又以一閣是總一智含其萬善多閣爲別體用重重自在無礙此是善財乘本不動智乘從凡入聖至此樓閣中與三世佛會同無二總別同異帝網之門一切衆生有能發心乘者亦復如是未見普賢起等虛空廣大心卽聞普賢名字便見自身入普賢身觀普賢一一毛孔中皆有廣大刹土地水火風輪咸在其中於一念中舉不可說不可說步一步過不可說不可

說佛刹如是念念經過不可說劫不能盡其一毛孔之邊際反觀自身一一毛孔普賢亦在其中一一毛孔悉同虛空不相障礙斯乃法爾之門恒眞法界行依理現用稱體周卽是善財常行普賢行滿如華嚴經十定品云佛子此菩薩摩訶薩有一蓮華其華廣大盡十方際以不可說葉不可說寶不可說香而爲莊嚴其不可說寶復各示現種種衆寶淸淨妙好極善安住其華常放衆色光明普照十方一切世界無所障礙眞金爲網彌覆其上寶鐸徐搖出微妙音其音演暢一切智法此大蓮華具足如來淸淨莊嚴一切善根之所生起吉祥爲表神力所現有十千阿僧祇淸淨功德菩薩妙道之所成就一切智心之所流出十方佛影於中顯現世間瞻仰猶如佛塔衆生見者無不禮敬從能了幻正法所生一切世間不可爲喻菩薩摩訶薩於此華上結跏趺坐其身大小與華相稱一切諸佛神力所加令菩薩身一一毛孔各出百萬億那由他不可說佛刹微塵數光明一一光明現百萬億那由他不可說佛刹微塵數摩尼寶皆名普光明藏種種色相以爲莊嚴無量功德之所成就衆寶及華以爲羅網彌覆其上散百千億那由他殊

勝妙香無量色相種種莊嚴復現不思議寶莊嚴蓋以覆其上一一摩尼寶悉現百萬億那由他不可說佛刹微塵數樓閣一一樓閣現百萬億那由他不可說佛刹微塵數蓮華藏師子之座一一師子座現百萬億那由他不可說佛刹微塵數光明一一光明現百萬億那由他不可說佛刹微塵數色相一一色相現百萬億那由他不可說佛刹微塵數光明輪一一光明輪現百萬億那由他不可說佛刹微塵數毗盧遮那摩尼寶華一一華現百萬億那由他不可說佛刹微塵數臺一一臺現百萬億那由他不可說佛刹

微塵數佛。一一佛現百萬億那由他不可說佛剎微塵數神變。一一神變淨百萬億那由他不可說佛剎微塵數眾生眾。一一眾生眾中現百萬億那由他不可說佛剎微塵數諸佛自在。一一自在雨百萬億那由他不可說佛剎微塵數佛法。一一佛法有百萬億那由他不可說佛剎微塵數修多羅。一一修多羅說百萬億那由他不可說佛剎微塵數法門。一一法門有百萬億那由他不可說佛剎微塵數金剛智所入法輪差別言詞各別演說。一一法輪成熟百萬億那由他不可說佛剎微塵數眾生界。一一眾生界有百

萬億那由他不可說佛剎微塵數眾生於佛法中而得調伏。佛子菩薩摩訶薩住此三昧亦現如是神通境界無量變化悉知如幻而不染著。夫蓮華者則表因果同時清淨無染。況自性清淨心能起普賢無盡之因門圓滿舍那無作之果海。理事交徹舒卷同時起盡隨緣而無染著。又十定品云。譬如有人為鬼所持。其身戰動不能自安。鬼不現身令他身然。菩薩摩訶薩住此三昧亦復如是。自身入定他身起。他身入定自身起。佛子譬如死屍以咒力故而能起行。隨所作事皆得成就。屍之與咒雖各差別而能知合成就

彼事。菩薩摩訶薩住此三昧亦復如是。同境入定異境起。異境入定同境起。佛子譬如比丘得心自在。或以一身作多身。或以多身作一身。非一身歿多身生。非多身歿一身生。菩薩摩訶薩住此三昧亦復如是。一身入定多身起。多身入定一身起。佛子譬如大地其味一種。所生苗稼種種味別。地雖無差別然味有殊異。菩薩摩訶薩住此三昧亦復如是。無所分別。然有一種入定多種起。多種入定一種起。乃至譬如妙光大梵天王所住之宮名一切世間最勝清淨藏。此大宮中普見三千大千世界諸四天下天宮龍宮夜

叉宮乾闥婆宮阿脩羅宮迦樓羅宮緊那羅宮摩睺羅伽宮人間住處。及三惡道須彌山等種種諸山。大海江河陂澤泉原城邑聚落樹林眾寶。如是一切種種莊嚴盡大輪圍所有邊際。乃至空中微細遊塵莫不皆於梵宮顯現。如於明鏡見其面像。菩薩摩訶薩住此一切眾生差別身大三昧。知種種剎見種種佛。度種種眾。證種種法。成種種行。滿種種解。入種種三昧。起種種神通。得種種智慧。住種種剎那際。又入法界品云。爾時善財童子發是念已。即詣喜目觀察眾生夜神所。見彼夜神在於如來眾會道場。坐蓮華藏

師子之座。入大勢力普喜幢解脫。於其身上一一毛孔。出無量種變化身雲。隨其所應。以妙言音而爲說法。普攝無量一切衆生。皆令歡喜而得利益。乃至又出一切世界微塵數身雲。普詣一切衆生之前。念念中示普賢菩薩一切行願。念念中示淸淨大願克滿法界。念念中示嚴淨一切世界海。念念中示供養一切如來海。念念中示入一切法門海。念念中示入一切微塵數世界海。念念中示於一切剎盡未來劫淸淨修行一切智道。念念中示入如來力。念念中示入一切三世方便海。念念中示往一切剎現種種神通

變化。念念中示諸菩薩一切行願。令一切衆生住一切智。如是所作。恒無休息。所以漩洑頌云。時處帝網現重重。一切智通無罣礙。如上帝網之行。無盡之宗。若以緣起相由門。則隱顯互興。一多相入。若以法性融通門。則空有鎔融。理事相卽。乃至一切自在神通之慧。出入妙定之門。皆不離無盡眞心。致玆無礙。須歸宗鏡。法爾照明。更以六相十玄該之。歷然可見。三祕密隱顯俱成門。此約緣說。是以如來於一念中。八相成道。不出剎那際。以降生時。卽是成道時。卽是度人時。卽是入滅時。何以故。以一切法同時俱成故。一

成一切成。所以稱祕密。是故隱則一心無相。顯則萬法標形。性相同時。空有無礙。四微細相容安立門。此就相說。微細有二。一所容微細。以毛孔稱性。能容諸剎。諸剎存相。既不能徧。是以所容微細也。二能容微細。以一塵一毛。卽能容故。一切理事主伴。一多染淨等。皆從一心中齊現。若諸門隱暎。互相顯發。重重復重重。成其無盡者。卽是帝網門中攝。若諸門一時炳然齊現。猶如束箭齊頭。顯現不相妨礙者。卽是此微細門中攝。如經明一微塵中。見不可說差別淨穢國土。又云。無盡佛國。不出一塵。五十世隔法異成門。此

約三世說。如是十世。以緣起力故。相卽復相入。而不失三世前後短長之相。故云隔法。一切教義理事等十法。相卽復相入。而不失始終差別。故名異成。十世者。三世遞相卽入。卽成九世。束爲一念。一念卽是平等世。合前九爲十世。如五指成拳。不失五指。十世一念。不壞短長。華嚴經頌云。無量無數劫。解之卽一念。知念亦無念。如是見世間。無量諸國土。一念悉超越。經於無量劫。不動於本處。不可說諸劫。卽是須臾頃。莫見短與修。究竟剎那法。心住於世間。世間住於心。於此不妄起。二非二分別。又迴向品頌云。有數無數

一切刧菩薩了知卽一念於此善入菩提行常勤修習不退轉。六諸藏純雜具德門此約諸行說如似就一施門說者則一切萬法皆悉名施則是純而此施門卽具諸度等萬行名雜如是純雜不相妨礙故名具德以純雜義絲毫不濫主伴互立能所相生具德圓融資攝無礙七一多相容不同門此約理說如是一多緣起皆是法界中實德法性海印力用故得如然非是方便緣修所成故隨湛寂則論一義隨智用則顯多門非一非多恒不失體而多而一豈礙隨緣此大緣起陀羅尼法若無一卽一切不成所言一者

非自性一緣起成故乃至十者皆非自性十由緣成故是故一切緣起皆無自性隨去一緣卽一切不成是故一中卽具多者方名緣起一耳是以一中多多中一相容無礙仍不相是問一多義門爲一時圓具爲前後不同耶答卽圓具卽前後逆順同體德用自在問所明來去卽入之義其相如何答自位不動而恒去來何以故去來不動卽一物故但爲生智顯理故說去來等義問爲由智耶法如是耶答同時具足故以一入多多入一故名相容卽體無前後而不失一多之相故曰不同又一與多互相生起且一依多

起則一是所起而無力也多是能起故有力也以多有力能攝一以一無力入於多是故此一恒是多多依一起准上知之是則此多恒在一中也以俱有力及俱無力各不並故無彼不相在也以一有力一無力不相違故有此恒相在也緣起法界理數常爾如大涅槃經云爾時樹林其地狹小以佛神力如針鋒處皆有無量諸佛世尊及其眷屬等坐而食所食之物亦無差別八諸法相卽自在門此約用說若帝網門卽互暎重現若微細門卽一時齊現若此相卽門就三世間圓融無礙自在卽入而成無盡如彌勒閣

中現三世之事如上自在法門卽是其法界緣起如理實德非是變化對緣方便故說也若是大乘宗所明者卽言神力變化故大小得相入或云菩薩力故入又云不二故入不同此一乘實敎所說問若此宗明卽入不論神力乃言自體常如此者斯則渾無疆界無終無始何緣得辯因果敎義等十法耶答只以隨智差別故舉一爲主餘皆爲伴猶如帝網舉一孔爲首眾孔現中一孔旣爾一切孔現亦如是又如諸方菩薩皆來證誠同其名號一切十方證誠皆亦如是所以成其無盡復無盡而不失因果先後次第而

體無增減故經云一切衆生成佛佛界不增衆生界不減九唯心迴轉善成門此約心說一切義門無盡等諸理事並是如來藏性淸淨眞心之所建立顯現無礙若善若惡若凡若聖隨心所轉世尊所說華嚴身徧七處九會乃至十方法界虛空界一切塵中毛道皆不離最初成道處經云雖復七處九會而不離寂滅道場又云不離菩提樹而升忉利天此則萬境萬緣皆不出一眞心矣如迴向品頌云如是一切人中主隨其所有諸境界於一念中皆了悟而亦不捨菩提行又頌云一切諸佛刹佛子悉克徧平等共一

心所作皆不空一切毛端處一時成正覺如是等大願無量無邊際虛空與衆生法界及涅槃世間佛出興佛智心境界問若一切染淨萬法皆由心成者如人先見障外有物別有人去物時心猶謂有爾時物實無何名由心成耶答若隨虛妄心中轉此障外物亦隨心之有無此亦心隨去物不失物而轉矣若論如來藏性眞實淨心說者此物不動本處體應十方性常不轉縱移到他方而常不動本處也又迷時境攝心悟時心攝境何者迷時但隨境轉境正心正境邪心邪著邪正之緣成善惡之業若悟時知唯我心

心有境有心空境空不定空有之緣豈成物我之別則非空非有能有能空一一皆自在轉也所以淨名經云天魔外道皆吾侍也此猶約對治教中爲被物轉者方便言轉若直見心性之人旣無所轉之物亦無能轉之智總上十玄門皆於此唯心迴轉門成就不出一心之義以平等心是一義差別心是多義以一心卽一切心是相卽義是同時相應義以一切心入一心是相入義以一心攝一切心是隱義以一切心資一心是顯義以不壞差別心而現平等心是多中一義以不隱平等心而現差別心是一中多義又

微細心不礙廣大心廣大心不礙微細心是一多不同義以一實心是純差別心是雜差別心卽一實心雜恒純一實心卽差別心純恒雜卽諸藏純雜義以一心帶一切心還入一心是帝網義因心現境見境識心是託事顯法義長劫短劫延促時量皆從積念而成一心所現是十世義因一心正義演難思法門究竟指歸言亡慮絕卽唯心迴轉義自心旣爾彼心亦然涉入交羅重重無盡十託事顯法生解門此約智說以智觀照則萬法如鏡能生正解不起邪倒如經最初舉金色世界顯始起於實際之心所見法界

中一切幢一切蓋等事皆顯無生智行如善財所見樓觀園林皆入法界如上十玄門自在無礙皆是緣起相由具有力無力有體無體卽入相持似有顯現此宗鏡是法界大緣起門皆因卽入二義得有諸門成就顯此一心無礙以體用二法成其卽入二義一據體有空不空皆同體故有相卽義二約用則有有力無力互相交徹有力持無力故有相入義又以用收體更無別體故有相入以體收用入無別用故唯相卽以體用無二故常相卽入又體卽是理用卽是事無分是理分卽是事分與無分皆無障礙各有四

句先理四句一無分限以徧一切處故二非無分以一法中無不具故三具分無分謂分無分一味故以全體在一法而一切處恒滿故如觀一塵中見一切處法界故四俱非以自體絶待故事四句者一有分以隨自事相有分劑故二無分以全體得理故大品云色前後際不可得三具分無分二義無礙是故具此二義方是事故四俱非以二義融故以一切緣起不出理事以事故非一以理故非異於無差之性隨有差之相則性隨相異此是不異而異於有分之事隨無分之理則事隨理一此是不一而一不一而一

方成其一不異而異方成其異又理事諸法由不異方得不一何者若異卽妄有體不依眞立不依眞故卽不有妄今有妄者由不異故得成不一以妄無自體故全依眞成明妄成故與眞不一如波依水由不異水遂得成波以成波故與濕不一又不一方成不異由有能依所依故交徹不異如有波故說波卽濕由有濕故說水卽波是故一異無性全體相收不壞大小之形而成卽入之勢以理事各無性故互相成立以事無定體故長非長相短非短相既無長短卽不用壞以卽相無相故所以長劫卽短劫短劫卽長

劫以無相卽相故大塵入小塵小塵入大塵以卽故理同以入故事異以理卽事故非異卽是非一以事卽理故非一卽是非異由非一卽非異故令此事法不離一處而全徧十方由非異卽非一故全徧十方而不動一位一無性理自在義成微細相容無礙安立如上理事融通非一非異非有非無不墮邊邪方能悟入如理無分限總曰無邊事有分限故名有邊若依理成事理性全隱則無邊卽邊若會事歸理事相全盡則邊卽無邊今則不爾不失理而事現云無邊之邊不壞事而理顯云邊之無邊若定言一異非

一非異非非一非非異等盡同戲論不契眞如三無性論云復次無戲論故名爲眞實無戲論者於相等離一異虛妄故乃至若眞如與相等異卽有三過失一者此眞如則非相等實體二者修觀行則不依相等爲方便得通達眞如三者覺眞如已則應未達相等諸法不相關故也若眞如與相等是一亦有三過一者眞如旣無差別相等亦應無差別二者若見相等卽見眞如三者若見眞如不能淸淨如見相等則無有聖人無得解脫無有涅槃世出世異是故由離一異等無戲論故無變異無變異故卽是眞實性也

是知非一非異非有非空此宗鏡奧旨自在圓融謂欲一則一欲異則異欲存卽存欲泯便泯異不礙一泯不礙存方爲自在常一常異常存常泯名爲圓融又如弄珠鈴之者其珠不住空中不落地上不在手裏旣不在三處亦不住一處不住空中卽喻不住空觀不落地上卽喻不住假觀不在手裏卽喻不住中觀旣不住三亦不成一則非一非三而三而一斯爲妙矣若未偶斯旨所有見聞皆墮斷常不成玄妙若入宗鏡無往不眞昔所不知而今得知昔所不見如今得見如大涅槃經云於一心中則具足現五趣身所以者何以得如來大涅槃經之勢力故是則名爲昔所不得而今得之乃至於一念中徧知六趣衆生之心是名菩薩昔所不知而今得知

宗鏡錄卷三十八

音釋

蛈蛛 蛈蛛篇韻無攷相承以太末二音呼之　鵠 胡谷切鳥名　棋科 拱斗二音　陂 波爲切池也

宗鏡錄卷三十九

宋慧日永明妙圓正修智覺禪師延壽集

夫覺王明敕大教指歸末法比丘須於四念處修道其旨如何答此出大般涅槃經最後垂示總前教迹同此指歸以四念處卽是宗鏡所明一切衆生身受心法如經云佛告阿難如汝所問佛涅槃後依何住者阿難依四念處嚴心而住觀身性相同於虛空名身念處觀受不在內外不住中間名受念處觀心但有名字名字性離名心念處觀法不得善法不得不善法名法念處阿難一切行者應當依此四念處住

又云譬如國王安住已界身心安樂若在他界則得衆苦一切衆生亦復如是若能自住於已境界則得安樂若至他界則遇惡魔受諸苦惱自境界者謂四念處他境界者謂五欲也華手經云佛告跋陀婆羅於爾時世一切善人應作是念我等當自依四念處四念處者於聖法中一切諸法皆名念處何以故一切諸法常住自性無能壞故一切諸法皆名念處者故知卽法是心卽心是法皆同一性豈能壞乎若有二法則能相壞大寶積經偈云得無動處者常住於無處無動處者則自心境界此境界卽無處所如金剛三昧經云心無邊際不見處所論釋云心無邊際者歸一心原心體周徧徧十方故無邊周三世故無際雖周三世而無古今之殊雖徧十方而無此彼之處故言不見處所大法炬陀羅尼經云夫念處者云何念義當知是念無有違諍隨順如法趣向平等遠離邪念無有移轉及諸別異唯是一心入不動定若能如是名爲念義如天台智者廣述眞詮大小兼弘教觀雙辯末後唯說觀心論章意亦如是亦如祖師馬鳴菩薩廣釋經造論末後唯製一卷略論名大乘起信論云有摩訶衍能起大乘信根立心眞如心生

滅二門總論一心別開體用若了此一心大旨卽是起一切衆生大乘信根若未信者設經無量億劫廣大修行不入祖佛正宗皆是假名菩薩以此一論之要義總攝諸部之廣文以源攝流有何不盡亦是諸聖製作大意亦是宗鏡本懷乃諸佛所知羣賢所證衆德所備萬行所弘妙義所詮究竟所趣此四念處破八顛倒一不淨中作淨想二苦中作樂想三無常中作常想四無我中作我想此是外道凡夫四倒又一淨中作不淨想二樂中作苦想三常中作無常想四我中作無我想此是二乘四倒共成八倒是以修

四念處觀破八顚倒於中而般涅槃是十方諸佛出世本懷究竟指歸祕密藏中最後放捨身命之處正當宗鏡大旨一心法門輔行記云四念處觀者一一念處皆悉先明空假破倒次以中道結成祕藏自他俱滿義兼大小言俱破者既以中道顯祕密藏故四念處咸皆破倒何者以卽空故破常倒義兼於小以卽假故破無常倒義兼於大中道爲正故曰義兼大小以卽中故雙照大小雙非大小卽是雙照雙破八倒三諦相卽兼無前後破無次第卽破卽立卽照卽遮四榮四枯者大涅槃經云東方雙者喻常無常南

方雙者喻樂無樂西方雙者喻我無我北方雙者喻淨不淨四方各雙故名雙樹方面皆悉一枯一榮榮喻於常等枯喻無常等如來於中北首而臥入般涅槃表非枯非榮榮卽表假枯卽表空卽是於其空假中間而入祕藏後分經云東方一雙在於佛後西方一雙在於佛前南方一雙在於佛足北方一雙在於佛首入涅槃已東西二雙合爲一樹南北二雙亦合爲一二合皆悉垂覆如來其樹慘然皆悉變白常無常等二卽不二常樂我淨徧覆法界故二合垂覆如來卽是如來契於祕藏亦是念處無非寂滅白者卽是眾色之本常等稱本故名爲變白言北首者增一阿含云表於佛法久住北天長阿含第四云佛告阿難安我頭北首面向西則使佛法久住不滅況涅槃終極不表祕藏耶然一代教門凡諸所表文義顯著莫過雙樹以四念處能爲大小觀行初門是故爾也般勤遺囑意在於斯又但凡夫謂身爲淨言受是樂執心是常計法爲我由斯四倒而起貪愛無明而有諸行乃至老死苦集浩然八萬四千煩惱火燒於五陰舍宅故法華經云四面俱時欻然火起卽喻四倒若小乘觀人卽觀身不淨破於淨倒觀受是苦破於

樂倒觀心無常破於常倒觀法無我破於我倒是則由前迷心顚倒謂身是常樂我淨故起貪愛諸煩惱今既觀知身是不淨乃至苦無常無我則不起貪愛無明行識乃至老死滅則生死河傾涅槃海滿卽是競共推排爭出火宅到無畏處爲是因緣勸爲小行之人令依念處修道也大乘四念處者觀生死五陰之身非枯非榮卽大寂定涅槃經云色解脫涅槃乃至識解脫涅槃若修此念處觀卽是觀一切六道眾生卽是常樂我淨大涅槃具足佛之知見如常不輕圓信成就經云施城中最下乞人與難勝如來等是

則豈可分別是田非田可施不可施耶故念處觀即平等種子若不修則見生死涅槃有異凡聖有殊聖是敬田即崇仰而施凡是悲田則厭賤而不捨若入一心平等法界念處法門則無分別夫四念處者念即觀慧之心處即智照之境能所冥合唯是一心今依天台四念處觀略明四教四念處四句分別者若非苦非樂結成生滅苦樂乃至非我非無我結成無我是三藏意若非苦非樂結成無苦無樂之苦樂屬通教攝淨名經云五受陰洞達空無所起是苦義結受念處觀如大品不淨觀即是摩訶衍皆不可得故

以是不淨心觀色自念我身未脫是法未免三界生猶應受百千生死故言未脫引廣乘品成身念處觀諸法不生不滅是無常義結成心念處觀於我無我而不二是無我義結成法念處觀是通教意若作非常非無常結成常非垢非淨結成淨非苦非樂結成樂非我無我結成我即成別教常樂我淨斷惑歷別求證也若作非垢非淨雙照垢淨非苦非樂雙照苦樂非常非無常雙照常無常非我非無我雙照我無我結成圓教圓心修習不斷煩惱而入涅槃又前三教藏通別等非今所用是以略引今重廣引圓四念處文助成後信四念處觀云四念處者念是觀慧大論云念想智皆一法異名初緣心名念次習行名想後成辦名智處者境也皆不離薩婆若能觀之智照而常寂名之為念所觀之境寂而常照名之為處境寂智亦寂智照境亦照一相無相無相一相即是實相實相即是一實諦亦名虛空佛性亦名大般涅槃如是境智無二無異如如之境即如如之智智即是境說智及智處皆名為般若亦例云說處及處智皆名為實諦是非境之境而言為境非智之智而名為智亦名心寂三昧亦名色寂三昧亦是明心三昧亦

是明色三昧請觀音經云身出大智光如燒紫金山大涅槃經云光明者即是智慧金光明經云不可思議智境不可思議智照此諸經皆明念只是處處只是念色心不二二而不二為化眾生假名二說耳此之觀慧只觀眾生一念無明心此心即是法性為因緣所生即空即假即中一心三心三心一心此觀亦名一切種智此境亦名一圓諦一諦三諦三諦一諦諸佛為此一大事因緣出現於世欲令眾生佛知見開諸佛出世事足大涅槃經云王道夷坦無量義經云行大直道無留難故法華經云具足道雖言三智

其實一心爲向人說令易解故而說爲三若教道爲言所斷煩惱如飜大地河海俱覆似崩大樹根枝悉倒用此智斷惑亦復如是通別塵沙無明一時淸淨無量功德諸波羅密萬行法門具足無減佛法祕藏悉現在前大品經云諸法雖空一心具足萬行大涅槃經云發心畢竟二不別法華經云本末究竟等等故名妙覺平等道當知此慧卽法界心靈之原三世諸佛無上法母以法常故諸佛亦常樂我淨等亦復如是亦名寶所亦名祕藏佛及一切之所同歸前三藏隘路不得並行通教共稟共行共入入不能深別

教紆迴歷別遙遠卽不能達今此念處曠若虛空際於無際猶如直繩直入西海故名圓教四念處耳張衡曰翔鵾仰而不逮況靑鳥與黃雀當知前三念處所不能及唯圓念處孤飛獨運淩摩絳霄無上無等無等等豎無高蓋故言無上橫無儔例故言無等以等於十方三世諸佛言無等等也欲重說此義更引天親唯識論唯是一識復有分別識無分別識分別識者是識識無分別者似塵識一切法界所有瓶衣車乘等皆是無分別識龍樹云四念處卽摩訶衍摩訶衍卽四念處一切法趣身念處卽是一性色得有

分別色無分別色分別色者如言光明卽是智慧是也無分別色卽是法界四大所成色皆是無分別等是色心不二彼既得作兩識之名此亦作兩色之說若色心相對離色無心離心無色若不得作此分別色無分別色云何得作分別識無分別識耶若圓說者亦得唯色唯聲唯香唯味唯觸唯識若合論一一法皆具足法界諸法等故般若等內照既等外化亦等卽是四隨逐物情有難易大智度論云一切法併空何須更用十喻答空有二種一難解空二易解空十喻是易解空今以易解空喻難解空唯識意亦如

是但約唯識具一切法門而衆生有二種一多著外色二少著內識如上界多著內識下二界著外色多著內識少如學問人多得外解若約唯識論者破外向內令觀明白法界法皆是一識識空十法界空識假十法界假識中十法界亦中專以內心破一切法若外觀十法界卽見內心當知若色若識皆是唯識若識若色皆是唯色今雖說色心兩名其實只一念無明法性十界卽是不可思議一心具一切因緣所生法一句名爲一念無明法性心若廣說四句成一偈卽因緣所生心卽空卽假卽中故般若經云受持

一四句偈與十方虛空等法華經云聞一偈亦與菩提記一句亦然三句亦如是今只觀此一心即不可思議十界恒現前入心地法門故能不起寂場現身八會只是一句一句中有無量無量中只一句是爲不思議故如心諸佛爾如佛衆生然心佛與衆生是三無差別諸佛解脫當於衆生心中求衆生心亦於諸佛解脫中求始是般若究竟等未了者一切法正一切法邪不以心分別即一切法正若以心分別一切法邪心起想即癡無想即泥洹此不思議非青黃赤白方圓長短無名無相究竟寂滅唯當心知口不

能說若有因緣善方便用四悉檀亦可得說爲衆生無量劫自性心久爲煩惱所染而染難可了知迷妄名染染即覆心不見淨性所以久處生死不能返本還原原實難解二乘尚不聞其名何況凡夫今佛爲作習因如大通佛所繫珠至釋迦時方成果實令此種子漸漸積習後遇聲光發此種子轉凡入聖漸積功德具足大悲心皆已成佛道若不爾者無明覆法性出六法界五陰重迷積沓若能超悟起二乘五陰乃至佛陰華嚴經頌云心如工畫師造種種五陰一切世間中無不由心造諸陰只心作耳觀無明心畢

竟無所有而能出十界諸陰此即不思議如法華經云一念夢心行因得果在一念眠中無明心與法界性合起無量煩惱尋此煩惱即得法性問別圓俱作此譬云何有異答別則隔歷圓則一念具如芥子含須彌山故名不思議一微塵中有大千經卷智人開塵出經是一念無明心有煩惱法有智慧法煩惱是惡塵善塵無記塵開出法身般若解脫法華經云如是性相等一界十界百千法界究竟皆等今觀此無明心從何而生爲從無明爲從法性爲共爲離若自若他四皆叵得名空解脫門只觀心性爲有爲無爲

共爲離若常若斷四倒不可得名無相解脫門只此心性爲眞爲緣爲共爲離非四句所作名無作解脫門無生而說生是十法界性相也無明性即是實性亦言無明即是明明亦不可得是爲入不二法門但衆生迷倒不見心之無心明成無明爾又大涅槃經云其後不久王復得病醫占王病定應服乳王者八倒衆生也其後病者初倒伏後倒起故言不久也定服乳者應授四榮之術也正是今之念處意耳又譬有人以毒塗鼓衆中打之近者死遠者未死後打毒鼓近遠俱死初塗四枯止枯分段故言未死今塗四

榮無明根斷。故近遠俱死。亦是今四念處意也。又云如鳥出籠。纔得離網。今二鳥俱飛。高翔遠逝。去住自在。正是今四念處意也。又云。初枯生死不能照明佛法。不能開悟衆生。於佛法無功夫。於衆生無利益。故言枯雙樹。今圓顯佛法。大益衆生。夫有心者。皆當作佛。八千聲聞得見佛性。如秋收冬藏。成大果實。故言四榮莊嚴雙樹。大涅槃經云。不令噉酒糟麥麨。不與特牛同共一羣。不在高原。亦不下濕。下濕者。凡邪四倒也。高原者。偏曲四倒也。酒糟是愚癡。麥麨是瞋恚。特牛是貪欲。選擇中原安處其子。法華經云。正直捨

方便。但說無上道。又諸佛法久後。要當說眞實。眞實者。非生死非涅槃。無邪無偏無僻無倒。咄哉丈夫。示昔繫珠。咄哉去來。寶處在近。是故從本垂迹。與法身眷屬隱實揚權。藏高設下。共化衆生。開示正道。內祕外現。開顯令得入妙。正是此四念處也。所言四者。不可思議數也。一卽無量。無量卽一。一一皆是法界。三諦具足。攝一切法。出法界外。更無有法。法界無法界具足法界。雖無法。具足諸法。是不思議數也。華嚴中云。一微塵具一切塵及一切法。於一念具一切念及一切法。塵卽是色。念卽是心。色心卽念處之異名耳。

大品經云。四念處卽摩訶衍。摩訶衍卽四念處者。於一念處與三念處無二無別。一切法趣四念處。是趣不過。念處尚不可得。云何當有趣不趣。此亦不思議意同也。普賢觀經云。觀心無心。法不住法。名大懺悔。觀心既然。觀色亦爾。大涅槃經云。佛性者。亦一非一。非一非非一。亦一者。一切衆生悉一乘故。非一者。說三乘故。非一非非一者。數非數不決定。是故當知於四數不可決定。卽不思議之四也。乃至若不依宗鏡中四念處行道。設有智解修行。皆成外道。所以云。若無念慧。一切行法。皆非佛法。非行道人。皆空剃頭。如

放牧者。空著染衣。如木頭幡。雖執鉢錫。如病人乞具。雖讀誦經書。如盲人誦賦。雖復禮拜。如碓上下。雖復興造。媒衒客作。種樹貨易。沉淪生死。蠶繭自纏。無解脫期。捨身命財。但得名施。非波羅密。雖復持戒。不免鷄狗。雖復精進。精進無秀媚。雖復坐禪。如彼株杌。雖復知解。狂顚智慧。常在此岸。不到彼岸。不降愛見。不破取相。不得入道品。非賢聖位。不成四枯樹。非波羅密。何以故。無念慧故。以念慧能破邪顯正。大涅槃經云。舊醫乳藥。其實是毒。如蟲食木。偶成字耳。是蟲不知是字非字。更有新醫從遠方來。曉八種術。謂四枯

四榮以新四枯破其舊乳法華經云大火從四面而起即斯意也是以八種異術破八倒之迷途一心妙門入一乘之種智問此平等法性一乘妙心一切眾生聲聞緣覺菩薩諸佛悉皆共稟云何於異生界等此一靈性念念處輪迴於聲聞乘同共一法中而不得此事答如黃石中金以福德爐火因緣成就若大福人得金中福人得銀下福人得銅此亦如是凡夫人唯得煩惱無明聲聞人但證無常生滅唯佛菩薩究竟常樂涅槃如大集經云如然燈器金則黃光銅則亦光其色雖異燈無差別法界亦爾諸佛然之智

光無邊聲聞然之智光有邊而法界性實無差別且心之一法微妙幽玄見有淺深智分優劣須憑廣學以至法原法華經云其不習學者不能曉了此外書云玉不琢不成器人不學不知道但堅志節常聞未聞熏修而觀力轉深磨鍊而行門益淨常起難遭之想道業恒新長懷慶幸之心終無退轉所以華嚴經云菩薩日夜唯願聞法喜法樂法依法隨法解法順法到法住法行法菩薩如是勤求佛法所有珍財皆無悋惜不見有物難得可重但於能說佛法之人生難遭想是故菩薩於內外財爲求佛法悉能捨施無

有恭敬而不能行無有憍慢而不能捨無有承事而不能作無有勤苦而不能受若聞一句未曾聞法生大歡喜勝得三千大千世界滿中珍寶若聞一偈未聞正法生大歡喜勝得轉輪王位若得一偈未曾聞法能淨菩薩行勝得帝釋梵王位住無量百千劫若有人言我有一句佛所說法能淨菩薩行汝今若能入大火坑受極大苦當以相與菩薩爾時作如是念我以一句佛所說法淨菩薩行故假使三千大千世界大火滿中尚欲從於梵天之上投身而下親自受取況小火坑而不能入然我今者爲求佛法應受一

切地獄眾苦何況人中諸小苦惱菩薩如是發勤精進求於佛法如其所聞觀察修行此菩薩得聞法已攝心安住於空閒處作是思惟如說修行乃得佛法非但口言而可清淨又普賢行願品頌云智海廣難量不測反增謗牛飲水成乳蛇飲水成毒智學成菩提愚學爲生死如是不了知斯由少學過大涅槃經偈云或有服甘露傷命而早夭或有服甘露壽命得長存或有服毒生有緣服毒死無礙智甘露所謂大乘典如是大乘典亦名雜毒藥如酥醍醐等及以諸石蜜服消則爲藥不消則爲毒方等亦如是智者爲

甘露愚不知佛性服之則成毒又如木中火性乳中酪性緣若未具有亦同無衆生佛性亦復如是不學不知非不成佛如金剛三昧經云地藏菩薩言尊者知有非實如陽燄水知實非無如火性生如是觀者是人智耶論釋曰如經云若說法有一如燄水迷倒若見於法無如盲無日倒故知實非無非無之義如火性生謂如木中有火性分析求之不得火相而實不無木中火性鑽而求之火必現故一心亦爾分析諸相不得心性而實不無諸法中心修道求之一心顯故是以含識界中從無始來內爲五陰所縻外爲

六塵所梏觸途現境寓目生情如獼猴而五處俱黏類蜘蛛而諸塵盡泊所以見不超於色界聽不出於聲塵若投網之魚猶處籠之鳥進退俱阻如羝羊之觸籓驚懼齊臨似乳鷰之巢幕若能知塵是識了物唯心不爲延促之所拘豈令大小之所轉即能隨緣應跡赴感徇機不動道場分身法界常在此而恒在彼不居方而不離方入此宗門廣大如是會差別之迹徹平等之原如金剛山純現金光似師子王師子圍繞猶摩利山內盡出栴檀若薝蔔林中唯聞香氣比須彌南面靡現雜形如金沙大河無復迴曲同金剛之斧力欲擬皆空等無翳之日光所臨俱朗如入法界品中逝多林中所現境界頌云汝應觀此逝多林以佛威神廣無際一切莊嚴皆示現十方法界悉充滿十方一切諸國土無邊品類大莊嚴於其座等境界中色像分明皆顯現又如慈行童女毗盧遮那藏殿內一一壁中一一柱中一一鏡中一一相中一一形中一一摩尼寶中一一莊嚴具中一一金鈴中一一寶樹中一一寶形像中一一寶瓔珞中悉見法界一切如來從初發心修菩薩行成滿大願具足功德成等正覺轉妙法輪乃至示現入於涅槃如是影

像靡不皆現如淨水中普見虛空日月星宿所有衆像又如法寶髻長者宅中得菩薩無量福德寶藏解脫門其宅廣博十層八門善財入已次第觀察見最下層施諸飲食見第二層施諸寶衣見第三層布施一切寶莊嚴具乃至見第十層一切如來充滿其中從初發心修菩薩行超出生死成滿大願及神通力淨佛國土道場衆會轉正法輪調伏衆生如是一切悉使明見釋曰逝多林之無際遮那藏之顯現寶髻宅之廣博皆是不思議之心融攝無礙十層則十波羅蜜八門則八正道分乃至一切莊嚴具中示現佛

事盡是一心法門體用周徧重重顯道一一提宗以昧之者不悟不明以執之者爲緣爲對如盲不見非無五色之紋似聾不聞豈絶五音之響又如若逝多林裏聲聞不知恒河水中餓鬼不見皆是自業所障非法隱藏今勸未省之人觀聽直入猶谷中聞響終無異音似鏡裏見形更非他質分明可驗自絶思量現證無疑復誰前後可謂聖遠乎哉體之卽神道遠乎哉觸事而眞矣問旣以眞心爲宗爲本如何辯其功能湛然常住盡未來際答此心法妙故如神不可測無依無住非古非今只是有而不可見聞非是一

向空寂蘊無盡之妙用不斷不常具莫測之靈通非隱非顯古德云因雖涅槃永寂而智體不無不爾將何窮未來際故知此之心神凡聖之本盡未來際無有斷絶諸佛常正念此法祖師唯的指此宗斯乃無相之眞眞何有盡無爲之道道何有窮如幽谷之風相續而微聲不斷若洪鍾之響隨扣而淸韻常生寶藏論云唯道無根靈照常存唯道無體微妙恒眞唯道無事古今同貴唯道無心萬物圓備釋曰夫有根則有住住卽入於闇室如穿鍼不見天拾鍼不見地無根則無住如日月光明照見種種色乃靈照常存

矣夫有體則差別質礙無體則一性常通乃微妙恒眞矣夫有事則爲相所局無事則心地坦然乃古今同貴矣夫有心則分別各取無心則逆順同歸乃萬物圓備矣旣達此常住宗體自然盡未來際不休息佛業卽是佛德普賢純是利他無始無終無盡之行所以寶性論有自然不休息佛業偈云佛體如鏡像如彼瑠璃地又非不有聲如天妙法鼓非不作法事如彼大雲雨非不作利益而地非不生種種諸種子如梵天不動而非不純淑如彼大日輪非不破諸暗如彼如意寶而非不希有猶如彼聲響非不因緣成

猶如彼虛空非不爲一切衆生作依止猶如彼大地而非不住持一切種種物以依彼大地荷負諸世間種種諸物故依諸佛菩提出世間妙法成就諸白業諸禪四無量及以四空定諸如來自然常住諸世間有如是諸業一切非前後作如是妙業無生義云若無有妙神一向空寂者則不應有佛出世說法度人故知本地有妙神不空不斷乃至師子吼言佛性者名第一義空第一義空名爲智慧智慧卽是妙神故云因滅是色獲得常住解脫之色故知如中含有妙色五陰常住不動神不滅篇云夫神者何耶精極而

爲靈者也精極則非封像之所圖故聖人以妙物而爲言雖有上智猶不能定其體狀窮其幽致神也者圓應無主妙盡無名感物而動假數而行感物而非物故物化而不滅假數而非數故數盡而不窮有情則可以物感有識則可以數求數有精麤故其性各異智有明昧故其照不同推此而論則知化以情感神以化傳情爲化之母神爲情之根情有會物之道神有冥移之功但悟徹者反本惑理者逐物耳乃至或聚散於一化不思神道有妙物之靈而謂精麤同盡不亦悲乎如火之傳於薪猶神之傳於形深惑者

見形朽於一生便以爲神情俱喪猶覩火窮於一木謂終斯都盡耳故知緣謝形枯眞靈不墜如薪盡火滅火性常然此緣雖滅於今生彼緣復興於異世故般若吟云百骸雖潰散一物鎭長靈可謂眞心湛然常住矣如華嚴經云知一切幻心所緣法無量故佛子如如意珠隨有所求一切皆得求者無盡意皆滿足而珠勢力終不匱止菩薩摩訶薩亦復如是入此三昧知心如幻出生一切諸法境界周徧無盡不匱不息何以故菩薩摩訶薩成就普賢無礙行智觀察無量廣大幻境猶如影像無增減故佛子譬如凡夫各別生心已生現生及以當生無有邊際無斷無盡其心流轉相續不絕不可思議菩薩摩訶薩亦復如是入此普幻門三昧無有邊際不可測量何以故了達普賢菩薩普幻門無量法故佛子譬如難陀摩那斯龍王及餘大龍降雨之時滴如車軸無有邊際雖如是雨雲終不盡此是諸龍無作境界又云於一念中盡知一切心非心地境界之藏於非心處示生於心遠離語言安住智慧同諸菩薩所行之行以自在力示成佛道盡未來際常無休息一切世間衆生劫數妄想言說之所建立神通願力悉能示現釋曰盡

知一切心非心地境界之藏者識行於境名之曰心智行於境名曰非心故楞伽經云得相者識不得相者智故知菩薩隨順妄緣不捨世法於方便中悉能示現隨增減劫任長短緣乘大願風相續不斷供佛利生無有休息如華嚴論云十一地等覺位菩薩以大慈悲心行赴俗濟生之門表自出世道滿無更求解脫離染離淨之心但以乘法性船張大慈悲帆以大智爲船師順本願風吹諸波羅蜜網常遊生死海漉一切衆生有著之魚安置無依普光明之智岸常生一切幻住萬行功德法界無礙寶堂如下慈氏所

居樓閣是。

宗鏡録卷三十九

音釋

欻許勿切猶忽也紆於于切曲也絳古巷切赤也沓徒合切重沓也[illegible]與力切衒熒絹切衒鬻也株杌杌五忽切木無枝也縻忙皮切繫也梏古沃切桎梏也黏尼古切相著也薝蔔梵語也此云黃華今之梔子華也蔔鼻墨切漉盧谷切撈漉也

宗鏡錄卷四十

宋慧日永明妙圓正修智覺禪師延壽集

夫眞心無相云何知有不空常住湛然之體答以事驗知因用可辯事能顯理用能彰體如見波生知有水體十八空論云不捨離空菩薩修學此定止爲功德善根無盡何以故一切諸佛於無餘涅槃中亦不捨功德善根門有流果報已盡功德善根本爲化物故恒有此用如來雖入涅槃猶隨眾生機緣現應化兩身導利含識卽是更起心義故衆生不盡應化之用亦不盡故言雖入無餘而不捨功德善根也若二

乘入滅無更起心以慈悲薄少不化眾生若佛入無餘而更起心者以諸佛菩薩三身利物無窮故如來法身卽是一切無流法之依處故言不捨離功德也所以得知涅槃之中猶有法身者以用證體既覩應化之用不盡故知此身之體常自湛然永無遷壞如毗婆沙師說無涅槃無有自相而可言無何以故爲能顯事用故若不依涅槃不成智慧智慧不成則煩惱不滅涅槃既能生道道能滅惑卽是涅槃家事既見有事則知應有體故不得言無也問有何勝義廣集一心正宗於末學進修得疾入道否答若以宗鏡示人直至道場疾證菩提更無迂曲法華經偈云演暢實相義開闡一乘法廣導諸眾生令速成菩提如有頌云行自境界中獲得所應得行他境界中如魚墮陸地是以若行自境內如同已物取復何難若行他境中卽不自在如王失國似鳥離空足可知之此是千聖入道之門諸佛登眞之路若有入者一入全眞博地凡夫位齊諸佛法華經云乘此寶乘直至道場可謂頓入頓超諸乘匪及以三乘之人不知諸塵唯是識故執心外實有境界凡夫二乘雖有發心趣向解脫而猶計有生死可厭涅槃可欣不了唯心道

理若知一切法唯是識量捨彼事識外計分別既了唯心趣理速疾異前漸悟故論云速趣涅槃又凡夫二乘不覺賴耶但依分別事識資持力故而發心修行以不達本故向大菩提疎而且遠故云漸也菩薩既了賴耶本識則依此識資持力故而發心修行以了本故向大菩提親而且近故云速也此宗鏡中開示大意唯論自心妙達何待他文爲未薦者假以文言示令親悟纔聞便入目擊道存故止觀云直聞其言病卽除愈如經云佛告菩提樹神過去有佛名曰寶勝滅後有長者名曰持水善知醫方救諸病苦持

水有子名曰流水。是時國內天降災變。流水見已。自思惟言。我父年邁。不能至彼城邑聚落。便至父所。問醫方已。因得了知一切方術。徧至城邑。作如是言。我是醫師。我是醫師。善知方藥。療治一切。一切衆生。聞許治病。直聞是言。所患卽除。此譬聞妙境。得入初住。以不思議境。本自圓成。長時顯現。上根纔覽。直進無疑。不待舉明。重加指示。如華嚴迴向品頌云。諸佛隨宜所作業。無量無邊等法界。智者能以一方便。一切了知無不盡。是以若入此宗鏡。已眼圓明。一一皆照自心。決定不從他學。法藏而全開。身聚智燈而高挂

靈臺。步步現無盡法門。念念成六波羅密。如首楞嚴三昧經云。佛告堅意菩薩。住首楞嚴三昧。六波羅密世世自知。不從他學。舉足下足。入息出息。念念常有六波羅密。何以故。堅意。如是菩薩身皆是法。行皆是法。堅意。譬如有王若諸大臣。百千種香擣以爲末。若有人來索中一種。不用諸香共相熏雜。堅意。如是百千種衆香末中。可得一種不雜餘否。不也。世尊。堅意。是菩薩以一切波羅密熏身心故。於念念中常生六波羅密。堅意。菩薩云何於念念中生六波羅密。堅意。是菩薩一切悉捨。心無貪著。是檀波羅密。心善寂滅

畢竟無惡。是尸波羅密。知心盡相。於諸塵中而無所傷。是羼提波羅密。勤觀擇心。知心離相。是毗棃耶波羅密。畢竟善寂。調伏其心。是禪波羅密。觀心知心。通達心相。是般若波羅密。堅意。菩薩住首楞嚴三昧。如是法門。念念皆有六波羅密。問。依此寂滅無爲之道。卽入絕學絕待之門。莫不沉空。成於斷見否。答。未入玆門。觸途虛幻。待眞立俗。對色明空。纔證斯宗。萬緣俱寂。如異色之鳥。投須彌而純變金光。猶三十三天。入雜林而更無分別。是以諸法無體。相待而成。皆無待而成。待若執有法互相待成。則不成待。以有自體

各定。不假相待故。如中觀論偈云。若法有待成。未成云何待。若成已有待。成已何用待。若法因待成。是法先未成。未成則無。無則云何有因待。若是法先已成。已成何用因待。是二俱不相因待。是知未成已成。俱無有待。若悟入宗鏡之時。了知虛空。尚是幻生。豈更有法可爲對待。如首楞嚴經云。若一人發眞歸原。此十方空一時消殞。菩薩瓔珞經云。佛告天子。如吾昔求道。從無數劫。分別本末。未能究盡一法。定意云何爲一法。所謂無念也。菩薩得無念者。觀一切法悉皆無形。天子。吾今成佛由此一行。得成無上正眞之道。

既萬法無形對何稱有有既不有曷得云常空復何空憑誰稱斷若心外有法卽成斷常若法外無心孰言空有所以傅大士云君不見自心非斷亦非常普在諸方不入方亦復不依前後際又復非圓非短長寂然無生亦無滅非黑非白與青黃雖復念慮知諸法而實不住念中央衆生入而無所入雖趣六境實無傷智者分明了知此是故號曰法中王故思益經云若有於法生見則於其人佛不出世世尊若有決定見涅槃者是人不度生死所以者何涅槃名爲除滅諸相遠離一切動念戲論是以若論成壞有空皆

徇世間名字不出外道諸見如狗逐塊豈達自宗則知名字如塊眞理如人無明癡犬逐名言塊種智師子得理亡名故知言語從覺觀生息覺觀則名言絕言思絕則待絕亡中觀論疏云盡不盡門者若念念遷滅滅無可成若念念相續續非始成若念念遷滅滅無始壞若念念相續續不可壞故盡不盡俱無成壞又諸法日夜中念念常滅盡過去如水流不住是則名盡是事不可取不可說如野馬無決定性云何可分別說有成又念念生滅常相續不斷故名不盡云何可分別說言今是成時是故盡亦無成不盡亦

無成既無成亦無壞是以一切諸法尚無有成云何說斷皆以實際爲定量則無有變異如經問何等是眞智慧答言無變異相如衆生無變異相眞智慧亦無變異又問云何是衆生相答假名字畢竟離是衆生相如是相則無變異乃至如虛空無變異相一切諸法亦無變異相云何無變異以無二故亦無無二方成眞智但云無有二非是有無二如華嚴經頌云常於諸法不作二亦復不作於不二於二不二並皆離知其悉是語言道是知一切言語皆從覺觀而生纔有覺觀便形文彩發萌芽於境上起兆朕於心中

心境對治便爲質礙若入宗鏡自絕言思妙旨潛通了無所得又若一切修行趣佛乘人但先得旨之後方可以佛知見治諸餘習以正定水瑩淨禪支用多聞慧助生觀力乃至習誦熏修萬行嚴飾若未入宗鏡不了自心縱多聞習誦俱不成就如善星受持讀誦十二部經獲得四禪不達無生返墮地獄又如阿難多聞不明實相遭婬席所縛爲文殊所訶應須先入正宗後修福智如瑠璃之含寶月似摩尼之置高幢方得通透無瑕能雨衆寶自他兼利豈虛搆哉又此絕待無作眞心非是斷空但空若衆生一切妄心

世間一切幻法以情識分別不及故目之爲空如洞山和尙偈云世間塵事亂如毛不向空門何處消若待境緣除蕩盡古人那得喻芭蕉龐居士偈云識樂眾生樂緣繩妄走作智樂菩薩樂無繩亦無縛若有發心者直須學無作莫道怕落空得空亦不惡見礦不識金入爐始知錯黃蘗和尙云無人敢入此門恐畏落空盡望涯而退證道謌云嗟末法惡時世眾生薄福難調制去聖遠兮邪見深魔彊法弱多寃害聞說如來頓教門恨不滅除令瓦碎作在心殃在身不須怨訴更尤人欲得不招無間業莫謗如來正法輪

問悟此心宗修行之人得圓滿普賢行否答一切理智無邊行願皆不出普賢一毛孔若實入此宗鏡中乃至凡聖之身一一毛孔皆能圓滿普賢之行如華嚴經海幢比丘入般若波羅密境界清淨光明三昧經行地側結跏趺坐入于三昧離出入息無別思覺身安不動從其身分出十法界身雲一切供具雨無量法雨等又如善見比丘告善財言我經行時一念中一切十方皆悉現前智慧清淨故一念中一切世界皆悉現前經過不可說不可說世界故又如喜目觀察眾生夜神入大勢力普喜幢解脫門於其身上一一毛孔出無量種變化身雲隨其所應以妙言音而爲說法普攝無量一切眾生皆令觀喜而得利益又如善財重觀普賢一一身分一一毛孔悉有三千大千世界風輪水輪地輪火輪大海江河及諸寶山須彌鐵圍村營城邑宮殿園苑一切地獄餓鬼畜生閻羅王界天龍八部人與非人欲界色界無色界處日月星宿風雲雷電晝夜月時及以年劫諸佛出世菩薩眾會道場莊嚴如是等事悉皆明見如見此世界十方所有一切世界悉如是見如見現在十方世界前際後際一切世界亦如是見各各差別不相襍

亂如說海幢身分之上善見一念之中普賢毛孔之內盡十方法界虛空界所有一切凡聖境界淨穢國土靡所不現可證宗鏡無外無法不含如卷大海之波瀾收歸一滴猶撮十方之剎土指在一塵如古德云以遮那之境界眾妙之玄門知識說之而不窮善財酌之而不竭文殊體之而寂寂普賢證之以重重何者以文殊是自心如理之體體常湛然以普賢是自心如量之用用周法界所以寶性論明有二種修行一如實修行了如理一味二徧滿修行備知一心有恒沙法界是以悟此眞如無盡之心成得普賢無

盡之行亦云梵行已立已事已辦如不了此而妄有所修非唯不具普賢行門乃至三歸五戒等一切修進之門悉不成就以不達本故所以法華經云若不能得見聞讀誦書持供養是法華經者當知是人未善行菩薩道以自他所隔但爲愛見之心未達一乘豈成同體之行又云此經難持若暫持者我則歡喜諸佛亦然如是之人諸佛所歎是則勇猛是則精進是名持戒行頭陀者則爲疾得無上佛道故知見性修行性周萬行如華嚴經云菩薩行卽如來性如來性卽菩薩行若明見此旨方稱圓修權教罔思下位

天隔讚一念隨喜福向無量何況正念修行爲人開示所以文句疏釋一念隨喜者自未有行但隨喜法及人功報尚多況行到耶隨喜心有二若聞開權顯實卽於一念心中解非權非實之理信佛知見又雙解權實事理圓融雖具煩惱性能知如來祕密之藏此卽豎論隨喜又若聞開權顯實之意卽於一心廣解一切心又一切法皆是佛法無有障礙若欲分別辯說無窮月四月至歲旋轉不盡雖未得眞隨喜心能如此解法既如此人亦如是此約橫論隨喜卽橫而豎卽豎而橫故大涅槃經云寧願少聞多解義味

卽此意也故知纔聞一心能生隨喜則洞了諸法無有遺餘可謂一聞千悟得大總持於凡夫心能生圓信校量功德唯佛方知若外道得五通者能移山竭海而不伏見愛不及煖法人二乘無學子果俱脫猶被涅槃縛不知其因果俱權通教人修因雖巧發心不識五百由旬得果止除四住別人雖勝二乘修因則偏其門又拙非佛所讚皆不及初隨喜一念圓信之人又止觀云能如是入唯心觀者則具一切法門該括周備規矩初心送行人到彼薩雲蓋如來積劫之所勤求道場之所妙悟正在茲乎故知萬途雖別

一性無差若未歸此自心之性終非究竟凡有所作心境不亡皆墮輪迴不入眞實如大智度論云復次如水性下流故會歸於海合爲一味諸法亦如是一切總相別相皆歸法性同爲一相是名爲法性如金剛在山頂漸漸穿下至金剛地際到自性乃止諸法亦如是智慧分別推求已到如中從如入自性如無本末生滅諸法戲論是名爲法性又如犢子周章鳴喚得母乃止諸法亦如是種種別異取捨不同得到自性乃止無復過處是名法性如一切菩薩求道修行若未到宗鏡心終不止所以宗鏡略有二意一爲

頓悟知宗二爲圓修辦事如首楞嚴經云佛責阿難
言非汝歷劫辛勤修證雖復憶持十方如來十二部
經清淨妙理如恒河沙只益戲論汝雖談說因緣自
然決定明了人間稱汝多聞第一以此積劫多聞熏
習不能免離摩登伽難何須待我佛頂神咒摩登伽
心婬火頓歇得阿那含於我法中成精進林愛河乾
枯令汝解脫是故阿難汝雖歷劫憶持如來祕密妙
嚴不如一日修無漏業遠離世間憎愛二苦如摩登
伽宿爲婬女由神咒力消其愛欲法中今名性比丘
尼與羅睺母耶輸陀羅同悟宿因知歷世因貪欲爲

苦一念熏修無漏善故或得出纏或蒙授記如何自
欺尚留觀聽乃至阿難等既開悟後重請妙修行路
如經云世尊我今雖承如是法音知如來藏妙覺明
心徧十方界含育如來十方國土清淨寶嚴妙覺王
剎如來復責多聞無功不逮修習我今猶如旅泊之
人忽蒙天王賜以華屋雖獲大宅要因門入唯願如
來不捨大悲示我在會諸蒙闇者捐捨小乘畢獲如
來無餘涅槃本發心路乃至佛告阿難汝等若欲捐
捨聲聞修菩薩乘入佛知見應當審觀因地發心與
果地覺爲同爲異阿難若於因地以生滅心爲本修

因而求佛乘不生不滅無有是處以是義故汝當照
明諸器世間可作之法皆從變滅阿難汝觀世間可
作之法誰爲不壞然終不聞爛壞虛空何以故空非
可作由是始終無壞滅故釋曰詳夫諸大乘經祖佛
正意凡從今日去紹佛乘人先須得本悟自眞心不
生不滅爲因然後以無生之旨徧治一切所以華嚴
論云若有習氣還以佛知見治之若不入佛知見設
有修行但成折伏終不能入諸佛駛水之流如法華
明開示悟入佛之知見只是於衆生心中而論開示
以佛知見蘊在衆生心故若宗門中從上亦云先須

知有然後保任又云頭尾須得相稱不可理行有闕
心口相違入我宗中無有是處若未悟自心無生之
理唯以生滅心爲因欲求無生之果如蒸沙作飯種
苦求甘因果不同體用俱失邪修妄習猶九十六種
揑目生華趣寂執權似三乘道人勞神費力若入宗
鏡理行俱圓可謂二見之良醫釋眞之皎日矣故大
涅槃經云譬如霧露勢雖欲住不過日出日既出已
消滅無餘善男子是諸衆生所有惡業亦復如是住
世勢力不過得見大涅槃日是日既出悉能除滅一
切惡業夫未遇宗鏡正法之日一心實智之海歸前

所有一切修行三昧諸行皆是無常不成上善以未究竟故如經云佛言善男子雖修一切契經諸定未聞如是大涅槃經咸言一切悉是無常聞是經已雖有煩惱如無煩惱卽能利益一切人天何以故曉了已身有佛性故是名爲常復次善男子譬如衆流皆歸於海一切契經諸定三昧皆歸大乘大涅槃經何以故究竟善說有佛性故所以纔知有佛性自然解行相應如結網而終是取魚裹糧而必須前進如云若唯解而無行同沙井之非潤專虛而不實似空雲而無雨是以此錄全爲修習菩薩道圓滿普賢門遂

乃廣集了義金文先德遺旨皆令信順與道相應該括始終自他兼利以眞如一心性無盡故法爾如是順性而行無有匱息自然圓滿一切智慧一切慈悲一切三昧一切神通一切行願一切因果一切理事一切權實一切行布一切圓融所以華嚴論云經明法雲地菩薩隨心念力廣大微細自他相入一多大小互參神通德用自在皆隨自心念所成故如一切衆生作用境界皆是自心執業所成人天地獄畜生餓鬼善惡等報果亦依心造如此十地菩薩以無作法身大智之力隨所心念莫不十方一時自在皆悉知見以普光明智爲體爲智體無依稱性徧周法界與虛空量等周滿十方世界以無性智大用隨念以不忘失智隨念皆成以具總別同異成壞俱作以廣狹大小自在智化通無礙以與一切衆生同體智能變一切衆生境界純爲淨土之剎以自他無二智一身而作多身多身而作一身以法身無大小離量之智能以毛孔廣容佛剎以等虛空無邊無方之智而一念現生滿十方而無去來以如響智而能響應對現等衆生應形以是具足圓滿福德智而恒居妙剎常與一切衆生同居若非聖所加持力而衆生不見

如華嚴經云佛子譬如有人以摩尼寶置色衣中其摩尼寶雖同衣色不捨自性菩薩摩訶薩亦復如是成就智慧以爲心寶觀一切智普皆明現然不捨於菩薩諸行何以故菩薩摩訶薩發大誓願利益一切衆生度脫一切衆生承事一切諸佛嚴淨一切世界安慰衆生深入法海爲淨衆生界現大自在給施衆生普照世間入於無邊幻化法門不退不轉無疲無厭佛子譬如虛空持衆世界若成若住無厭無倦無羸無朽無散無壞無變無異無有差別不捨自性何以故虛空自性法應爾故菩薩摩訶薩亦復如是立

無量大願度一切眾生心無厭倦乃至佛子菩薩摩訶薩以此開示一切如來無差別性此是無礙方便之門此能出生菩薩眾會此法唯是三昧境界此能勇進入薩婆若此能開顯諸三昧門此能無礙普入諸剎此能調伏一切眾生此能住於無眾生際此能開示一切佛法此於境界皆無所得雖一切時演說開示而恒遠離妄想分別雖知諸法皆無所作而能示現一切作業雖知諸佛無有二相而能顯示一切諸佛雖知無色而演說諸色雖知無受而演說諸受雖知無想而演說諸想雖知無行而演說諸行雖知

無識而演說諸識恒以法輪開示一切雖知法無生而常轉法輪雖知法無差別而說諸差別門雖知諸法無有生滅而說一切生滅之相雖知諸法無麤無細而說諸法麤細之相雖知諸法無上中下而能宣說最上之法雖知諸法不可言說而能演說清淨言詞雖知諸法無內無外而說一切內外諸法雖知諸法不可了知而說種種智慧觀察雖知諸法無有眞實而說出離眞實之道雖知諸法畢竟無盡而能演說盡諸有漏雖知諸法無違無諍然亦不無自他差別雖知諸法畢竟無師而常尊敬一切師長雖知諸

法不由他悟而常尊敬諸善知識雖知法無轉而轉法輪雖知法無起而示諸因緣雖知諸法無有前際而廣說過去雖知諸法無有後際而廣說未來雖知諸法無有中際而廣說現在雖知諸法無有作者而說諸作業雖知諸法無有因緣而說諸集因雖知諸法無有等比而說平等不平等道雖知諸法無有言說而決定說三世之法雖知諸法無有所依而說依善法而得出離雖知法無身而廣說法身雖知三世諸佛無邊而能演說唯有一佛雖知法無色而現種種色雖知法無見而廣說諸見雖知法無相而說種

種相雖知諸法無有境界而廣宣說智慧境界雖知諸法無有差別而說行果種種差別雖知諸法無有出離而說清淨諸出離行雖知諸法本來常住而說一切諸流轉法雖知諸法無有照明而恒廣說照明之法釋曰譬如虛空持眾世界若成若住無厭無倦者以普賢智了一切法皆如虛空性故虛空之性即凡聖身只爲眾生不了迷爲生死變作根塵菩薩故能對現色身隨應說法故云普賢身相如虛空又偈云心聞洞十方生于大因力又偈云空生大覺中如海一漚發是知若法若行皆我之心性猶如虛空豈

有厭倦乎若不了一切法同虛空性執有前境相狀可觀隨相發心緣塵起行不達同體之旨悉墮有爲盡成愛見之悲終成厭倦若依宗鏡如說修行所有一毫之功畢趣菩提之果是以無緣之緣顯無化之化謂衆生眞心稱理不可得故若無緣即無所化若眞心隨緣不壞緣起則亦有所化如是則非眞流之行無以契眞非起行之眞不從行顯良以體融行而因圓行該眞而果滿理行兼備因果同時圓解圓修方成宗鏡又此普賢之行全是佛智佛智即是眞心如華嚴經頌云佛智廣大同虛空普徧一切衆生心

悉了世間諸妄想不起種種異分別則全佛智是衆生心世間妄想皆從衆生心變能變之心既是佛智所變之境豈成實耶則了世間妄想皆空終不起於異見分別謂凡謂聖謂有謂無等又了世間妄想即如量智不起異分別即如理智如量觀俗如理了眞又即體之相包含是如量智即相之體一味是如理智若理量雙消方冥佛智是以若欲眞俗雙照因果俱圓不出如理如量之二智如佛性論云此理量二智有二種相一者無著二者無礙言無著者見衆生界自性清淨名爲無著是如理智相無礙者能通達觀無量無邊境界故是名無礙是如量智相又此二智有二義如理智爲因如量智爲果言如理爲因者能作生死及涅槃因如量爲果者由此理故知於如來眞俗等法具足成就又如理智者是清淨因如量智者是圓滿因清淨因者由如理智三惑滅盡圓滿因者由如量智三德圓滿故知成佛皆由二智如理智者即一心之體爲因如量智者即一心之用爲果所以體用相即因果同時初後卷舒悉於一心圓滿乃至法界顯於塵內寶刹現於毛端皆是如理智中如量境界若但證如理之旨普賢大用不得現前若

唯行如量之宗文殊正智不能究竟具此二門方明宗鏡所以善財一生能辦多劫之行古釋云善財既因毗目僊人善友力瞬息之間或有佛所見經不可說不可說佛刹微塵數劫修行不倦何得一生不經多劫僊人之力長短自在故如世王質遇僊人碁令斧柯爛三歲尚謂食頃既能以長爲短亦能以短爲長如周穆隨於幻人雖經多年實唯瞬息故不應以長短之時廣狹之處定其旨也故知隨心轉變不定長短心長則長心短即短延促是心非干時分一切萬法皆是心成離心計度皆失宗旨

宗鏡錄卷四十

音釋

挂古賣切擣都晧切舂也羼提梵語也此云忍辱羼初限切殞于敏切沒也搆古候切合集也橐博陌切括古活切包括也泊旁各切旅泊客寓也瞬舒閏切目動也

宗鏡録卷四十一

宋慧日永明妙圓正修智覺禪師延壽集

夫此宗如何投湊。卽得相應。答。向之卽背。近之卽離。取而復失。急而復遲。千聖拱手而無計校。一門深入而忘覺知。此是心中自證法門。非待問答而得。如法華經偈云。我意難可測。亦無能問者。無問而自說。稱歎所行道。所以先德云。諸祖共傳諸佛清淨自覺聖智眞如妙心。不同世間文字所得。若有悟斯眞實法性。此人則能了知三世諸佛及一切衆生同一法界。本來平等。常恆不變。先曹山和尚偈云。從緣薦得相

應疾。就體消歸道却遲。瞥起本來無處所。吾師暫說不思議。故知千聖皆目此一念心起時了不可得。是眞不思議。離此決定別無殊勝。如是了者。豈非疾乎。何待消融。方能見道。若不直見其事。欲以意解情求。如將兎角之弓。駕龜毛之箭。以無手之者。擬射碎須彌之山。似傾壓沙之油。點無烟之火。貯漏巵之內。欲照破鐵圍之闇。徒役狂心。無有是處。故思益經云。問以何法修道。答言。不以見聞覺知法。不以得。不以證。於一切法無相無示名爲修道。華嚴疏云。頓教者。總不說法相。唯辯眞性。無有八識差別之相者。釋云。八識心王尚無差別。況心所變。豈當有耶。心生則種種法生。心滅則種種法滅。故起信論云。一切諸法唯依妄念而有差別。若離心念則無一切境界之相。是故一切法從本已來。離言說相。離名字相。離心緣相。畢竟平等。無有變異。唯是一心。故名眞如。以一切言說假名無實。但隨妄念。不可得故。所以疏云。一切所有。唯是妄想。一切法界。唯是絕言。故起信論云。言眞如者。亦無有相。謂言說之極。因言遣言。此眞如體。無有可遣。以一切法悉皆眞故。亦無可立。以一切法皆同如故。當知一切法不可說不可念。故名眞如。以一切

法性皆離言故。亦通四種法界。皆不可說。名無得物之功。物無當名之實。理本無言。故事理交徹。不可作事理說。事事相卽。不可作一多說。如楞伽雖明五法。名。相。妄想。正智。如如。五皆空寂。何者。謂迷如以成名相妄想。是生。悟名相之本如妄便稱智。則無名相妄想。唯如智矣。智因如立。智體亦空。如假智明。本來常寂。故並空矣。況八識約事皆緣生性空。因有我法。說二無我。我尚叵得。無我寍存。故中論偈云。諸佛或說我。或說於無我。諸法實相中。無我無非我。故雙遣也。疏云。訶教勸離。毀相泯心者。訶教者。謂以心傳心。不

在文字故勸離者令離法法雖無量不出色心離心心如離色色如故令皆離則契心體離念矣毀相約境凡所有相皆是虛妄故泯心約智了境相空假稱爲智相既不有智豈有眞心境兩亡則皆泯絶心無心相卽是安心故說生心卽妄不生卽佛言生心者非但生於餘心縱生菩提涅槃觀心見性亦曰生心並爲妄想念相都寂方曰不生寂照現前豈不名佛故達摩碑云心有也曠劫而滯凡夫心無也剎那而登正覺言心無者非了心空不生於了耳故韋侍御問仰山和尚了心之旨答云若欲了心無心可了無

了之了是爲眞了華嚴經頌云一切法不生一切法不滅若能如是解諸佛常現前言如是解者如不生解而無解相非謂空解於不生耳疏云無佛無不佛無生無不生者重拂前迹爲迷眾生言卽心卽佛既無眾生何曾有佛故經偈云平等眞法界無佛無眾生執佛言無佛非謂是無佛故云無不佛矣則遣之又遣之若少有所得皆是妄想故佛藏經云於法少有所得則與佛諍者與佛諍者皆入邪道非我弟子又只詺無佛以爲眞佛故言無不佛耳故經頌云性空卽是佛不可得思量若有生心生心是妄故說不

生佛尚不有何有無生作無生解還被無生之所纏縛故云無不生矣又一切法不生則般若生故云無不生矣則生與不生反覆相違亦反覆相成唯亡言者可與道合虛懷者可與理通矣若亡言則止止不須說豈彊起言端乎若虛懷則我法妙難思寧妄坐知解乎又夫入宗鏡法爾亡言非智所知唯信所及如讃般若偈云若人見般若論義心皆絶猶如日出時朝露一時失故祖師云論卽不義義卽不論若欲論義終非義論昔梁武帝於華林園重雲殿集四部眾自講三慧般若經時傅大士在會太子遣問大士

何不論義答曰皇帝菩薩所說非長非短非廣非狹非有邊非無邊如如正理復有何言劉中丞又問大士何不往復眾所願聞答曰日月停景四時和適又中天竺有出家外道馬鳴世智辯才善通言論唱言若諸比丘能與我論義者可打犍椎如其不能不足公鳴犍椎受人供養時長老脅到彼國言但鳴犍椎設彼來者吾自對之卽鳴犍椎外道卽問今日何故打此木耶答言北方有長老沙門來鳴犍椎外道問言欲論義耶答言然於是廣備論場大眾雲集而至是老脅言吾既年邁故從遠來又先在此坐理應先

語外道言亦可爾耳現汝所說吾盡當破長老㸔卽
言當今天下泰平大王長壽國土豐樂無諸災患外
道默然不知所言論法無對卽墮負處伏爲弟子剃
除鬚髮度爲沙彌受具足戒又有學人請忠國師和
尙立義師云立了也學人罔措被師喝出非公境界
故知若入宗鏡玄鑒豁然如臨鏡中自見面像見卽
便見更俟發言耶所以月上女經云時舍利弗復問
女言衆生界者復有幾許其女報言如彼過去未來
現在諸佛境界舍利弗言若如此者汝說何事是何
解釋其女報言依尊者問我還依答時舍利弗復問

女言我問何義其女答言問文字也舍利弗言彼文
字滅無有足跡其女答言尊者舍利弗如是滅相一
切法中如有問者如有答者二俱滅相不可得也華
手經云佛告跋陀婆羅善哉善哉如汝所說如來道
場所得法者是法非法亦非非法我於此智不能行
目不能見無有行處慧所不通明不能了問無有答
於此法中無受無取無垢無淨若我說是自所得法
若以行相行是法者則皆迷悶佛藏經云佛言舍利
弗於聖法中計得寂滅皆墮邪見何況言說何況說
者如是空法以何可說舍利弗佛何以故說諸語言
皆名爲邪不能通達一切法者是則皆爲言說所覆
是故如來知諸語言皆爲是邪乃至少有言語不得
其實舍利弗諸佛阿耨多羅三藐三菩提皆無想無
念何以故如來於法不得體性亦不得念大法炬陁
羅尼經云佛告毗舍佉應當先爲說彼六波羅蜜次
第修已然後爲說空解脫門若爲衆生說此空法或
有得聞或有思惟或能證者是亦不應但有言說何
以故如是空法不可惟以心想知故若彼空法但以
心想能證知者一切衆生未修道時亦應卽是阿羅
漢也毗舍佉彼空法者亦不可說相貌形體若可說

者則是作相若有作相則有願求若有願求則有三
世何以故毗舍佉無相法中一切三世皆不可得所
以者何過去未來現在等事皆寂滅故云何起願復
次應觀是色作無相想云何觀色作無相想當知此
色生滅輪轉念念不停毗舍佉如是色相不可眼見
當知彼是心識境界唯意所知是故不可以眼得見
毗舍佉一切衆生所有心意不可言說唯佛智知雖
可慮知而不可見念念不住猶如幻化云何可取而
可得見如是毗舍佉不可以彼衆生心識取心眞相
旣不可取云何可說何以故以愛憎事違平等故毗

舍佉。若欲滅除愛憎想者。當勤精進。觀一切法悉皆空寂。無有取著。問。豈無今時學路。何乃頓斷方便之門。答。中下之機。不無學路。童蒙之訓。豈斷今時。故楞伽經云。宗通爲菩薩。說通爲童蒙。助觀之門。深有利益。若一向背己徇文。執學而辯。則對木人而待語。期石女以生兒。空歷塵沙。終無得理。說爾外學得成。皆非眞實。如雲寫月。非眞月。圖龍失本龍。如今若要眞成。但能淨意內觀。則了然寂現。猶臨明鏡自見其形。若以見聞妄求。如撈水月。豈有得時。所以眞覺訶云。淨五眼。得五力。唯證乃知難可測。鏡裏看形見不難。

水中捉月爭拈得。盤山和尚云。向上一路。千聖不傳。學者勞形。如猿捉月。龐居士偈云。行學非眞道。徒勞神與軀。千生尋水月。終是枉功夫。問。如何卽是。答。是則第二頭。非則第三手。心智路絕。限量情消。所以文殊般若經云。不可解者。卽般若。般若非可解。非不可解。肇論云。玄道在於絕域。故不得以得之。妙智存乎物外。故不知以知之。大象隱於無形。故不見以見之。大音匿於希聲。故不聞以聞之。唯信入之時。自然洞鑒。若洞徹圓明。了達之際。尚不因於心念。何況就他人而求自法。取彼眼而作圓通。數寶終不濟貧。說食

焉能得飽。但自親到。頓入絕學之門。唯在發明。方達無爲之旨。若能如是如是入理思惟。則能如是如是了然顯現。自然二際冥合。物我無差。契萬境以虛玄。同一心之憺怕。皆依空而立。抱一而生。是以雲融曳而緩清霄。山幽隱而閑綠野。喬松倚巖而自長。脩竹拂徑而長新。內則襟懷憺然。外則道性常爾。故心要牋云。若一念不生。則前後際斷。照體獨立。物我皆如。直造心原。無知無得。不取不捨。無對無修。然迷悟更依。眞妄相待。若求眞去妄。似棄影勞形。若體妄卽眞。似處陰滅影。故無心於忘照。則萬累都捐。若任運以

寂知。則衆行爰起。放曠任其去住。靜鑒覺其源流。語默不失玄微。動靜未離法界。靈叟吟云。我欲學菩提。輸他釋迦先。我欲學闡提。落他調達後。不涉二家風。未免中途走。設使總不是。憑何而開口。開口不開口。切忌犯靈叟。若會箇中意。望南觀北斗。傅大士頌云。入道行路難。我道行路易。入山數載餘。長伸兩脚睡。行路易。路易莫思量。剎那心不異。何處不天堂。如上雖廣引先達誠言。纔入宗鏡之中。法爾言思道斷。識智齊泯。勝負俱亡。四辯莫窮。羣賢罔測。故淨名私記云。淨名默然。從前已來。至此究竟。實智滿足。亦如善

財値彌勒入樓觀方得究竟今默無言卽樓觀體大集經云光明寂靜無諍三句法竟釋迦默然而住與今無異又如西天韻陀山中有一羅漢名富樓那馬鳴往見端坐林中志氣眇然若不可測神色謙退似而可屈遂與言曰沙門說之敢有所明要必屈汝我若不勝便刎頸相謝沙門默然容無負色亦無勝顏抑之數四曾無應情馬鳴退自思惟我負矣彼勝矣彼妄無言故無可屈吾已言之雖知言者可屈自吾未免於言眞可愧矣遂投出家問若如上說道體自然則祖佛何煩出世答古教云不得一法疾與授記

祖師云不得一法號曰傳心了煩惱性空卽佛出世故經云貪瞋癡出卽是佛出但令衆生絕凡聖之情無出沒之相閑居靜住無所施爲達斯法門是眞佛出說如斯事是眞實慈問既無心念木石何殊又絕見聞如何覺悟答只謂彊覺妄知而能障道唯當脫黏內伏發自靈知根塵既消光明頓發釋摩訶衍論云以一切法本來唯心實無於念者卽是自宗正理所謂法性從無始來唯是一心無一法而非心故而有妄心不覺起念見諸境界故說無明若一心之性寂滅無起卽是本覺慧明如論云心性無起卽是大

智慧光明義又妄心起見一向唯轉虛妄境中不能通達眞實境界所以者何眞僞相違不契當故如論云若心起見則有不見之相眞實知見離能所之邊見如論云心體若離見卽是徧照法界義又若心有動轉相卽是無明熏習氣故心性寂靜無有諠動正直無有顚倒之解卽是實智之照如論云若心有動非眞識知若一心有動轉相更有前境可緣者能見之心所見之境二差別故本覺功德則不圓滿而本性德雖過恆沙唯一心量終無二體所以者何如是諸德悉皆各各不分其體於一法界其量等故首楞

嚴經云佛告阿難如是六根由彼覺明有明明覺失彼精了黏妄發光是以汝今離暗離明無有見體離動離靜元無聽質無通無塞齅性不生非變非恬嘗無所出不離不合覺觸本無無滅無生了知安寄汝但不循動靜合離恬變通塞生滅暗明如是十二諸有爲相隨拔一根脫黏內伏伏歸元眞發本明耀耀性發明諸餘五黏應拔圓脫不由前塵所起知見明不循根寄根明發由是六根互相爲用阿難汝豈不知今此會中阿那律陀無目而見跋難陀龍無耳而聽殑伽神女非鼻聞香驕梵鉢提異舌知味舜若多

神無身覺觸如來光中暎令暫現既為風質其體元無諸滅盡定得寂聲聞如此會中摩訶迦葉久滅意根圓明了知不因心念阿難今汝諸根若圓拔已內瑩發光如是浮塵及器世間諸變化相如湯消冰應念化成無上知覺阿難如彼世人聚見於眼若令急合暗相現前六根黯然頭足相類彼人以手循體外繞彼雖不見頭足一辯知覺是同緣見因明暗成無見不明自發則諸暗相永不能昏根塵既消云何覺明不成圓妙問如上所說並約大根如初日照高山駃馬見鞭影若中機下品不可孤然未入之人以何

方便答亦須自省開發信心若未發時直須靜慮以時研究永斷攀緣身心一如以悟為限或因聞入或從境明豁爾意消真心自現問境識俱無自體者境從識生識從何起答識從真性起問真性從何而起答真性則無所起問若無所起云何顯現答無起即起起即無起非起不起是不思議起問如何是不思議起答紅埃飛碧海白浪涌青岑問修習此宗聞解信入得何法利獲何勝報答此是第一之說無等之詮學而不得福猶勝於人天聞而不信尚結菩提之種十方金口同共稱揚諸大乘經無不具載法華經

云一念隨喜皆記無上菩提一句受持悉同如來供養古釋華嚴出現品云此品文旨宏奧能頓能圓究眾生之本原罄諸佛之淵海根本法輪之內更處其心生在金輪種中復為嫡子妙中之妙玄中之玄並居凡類之心小功而能速證安得自欺不受今聞解能欣尤須自慶故知慕斯法者起信樂心纔舉念時已作如來真子始迴向際便成無上菩提與少學而齊上賢施微功而獲大果促三祇於一念圓萬德於小成猶長者得摩尼之珠盡未來施而不盡似小國獲輪王之寶徧法界用而無窮妙德藥王獻香華而

侍立釋迦多寶同歡喜而證明隨所至方接足而如逢善逝說一偈處起塔而堪作寶坊法利何窮功德無盡華嚴論云修信解力者常信自他凡聖一體同如無所依住無我無我所心境平等無二相故一切凡聖本唯法界無造作性依真而住住無所住與一切諸佛眾生同一心智住性真法界所有分別是一切諸佛本不動智凡聖一真共同此智全信自心是佛種智及一切智不於心外別有信佛之心亦不於自心之內見自心有佛相故信如斯法自力未充以此是人獲得人中一切勝報衣服飲食隨念而至又

不唯正報依報具足乃至有情無情悉皆歸順以得法界根本更有何事而不從乎如華嚴經云時大光王告言善男子我淨修菩薩大慈幢行我滿足菩薩大慈幢行乃至善男子此妙光城所住衆生皆是菩薩發大乘意隨心所見不同或見此城其量狹小或見此城其量廣大或見土沙以爲其地或見衆寶而以莊嚴或見聚土以爲垣牆或見寶牆周帀圍繞或見其地多諸瓦石高下不平或見無量大摩尼寶間錯莊嚴平坦如掌或見屋宅土木所成或見殿堂及諸樓閣階墀窻闥軒檻戸牖如是一切無非妙寶善

男子若有衆生其心清淨曾種善根供養諸佛發心趣向一切智道以一切智爲究竟處及我昔時修菩薩行曾所攝受則見此城衆寶嚴淨餘皆見穢善男子此國土中一切衆生五濁世時樂作諸惡我心哀愍而欲救護入於菩薩大慈爲首隨順世間三昧之門入此三昧時彼諸衆生所有怖畏心惱害心怨敵心諍論心如是諸心悉自消滅何以故入於菩薩大慈爲首順世三昧法如是故善男子且待須臾自當現見時大光王卽入此定其城內外六種震動諸寶地寶牆寶堂寶殿臺觀樓閣階砌戸牖如是一切咸

出妙音悉向於王曲躬敬禮妙光城內所有居人靡不同時歡喜踊躍俱向王所舉身投地村營城邑一切人衆咸來見王歡喜敬禮近王所住鳥獸之屬互相瞻視起慈悲心咸向王前恭敬禮拜一切山原及諸草樹莫不迴轉向王敬禮陂池泉井及以河海悉皆騰溢流注王前釋摩訶衍論云自所作之功德迴向三處一者眞如二者一心法三者本覺佛性是名爲三以何義故迴向三處謂爲欲自所作功德令平等故迴向眞如或爲欲自所作功德令廣大故迴向一心或爲欲自所作功德令明了故迴向本覺應如

是知應如是觀如是迴向有何利益謂衆多故此義云何譬如用一微塵置大地中所置微塵與彼大地等無差別迴向法門亦如是故又譬如用一注水置大海中所置注水與彼大海等無差別迴向法門亦如是故又譬如破一小有卽便與大虛空等無差別迴向法門亦如是故已說展舒功德令廣門次說施於衆生普利門言普利一切衆生界者卽是施於衆生普利門謂舉廣大圓滿功德周徧利益衆生界故頌云歡喜大士志心勸無量佛子衆海中我已超毛頭三角過於生華之四根第一無數鑴滿訖第二僧

祇始入無如是汝等諸佛子以於左右之兩手捧於本識之明鏡臨七識散慮之面見六塵境界之垢洗法執人我之咎汝等佛子若如是法身應化之三身如舒伊字圓現前常樂我淨之四德如入達池具出生我從四王自在處下入大海龍宮殿隨分窺諸契經海總有一百洛叉數如是諸經眞實法無量無邊差別義摩訶衍論立義中該攝安立具足說有善男子善女人若自手捧斯經卷名捧百洛叉經者若口自誦經本分名誦百洛叉經者此人所得之功德十方世界微塵數諸佛及大菩薩衆各出微塵數舌相

如是微塵劫數中不息稱說不能盡何況觀察其義理思惟文下之所詮是以若人於此宗鏡之中或介爾起心或瞥然舉意或偶得手觸或暫以目觀皆成入道之緣盡結一乘之種以是祖佛正訣經論本宗高布涅槃之天深窮般若之海又此中文包義富宗贍理圓搜之而句句盡徹根原編之而一一偏含旨趣何況信解悟入正念修行書寫受持開演傳布格量功果唯佛乃知非算數之可量豈讚揚之所及問唯心之體前已略明唯識之相如何指示性相雙辯方顯正宗理事俱通始祛邪執答欲顯正宗先除邪

執者故須因事明理會妄歸眞眞是依妄之眞因情說會事是從理之事破執言明無執而理事俱虛離情而眞妄雙絕瞥消而空華自謝念息而幻境俄沈今依諸聖於衆生界中抱教迷宗蓋非一二撮其樞要無先二空以迷人空故起我見之愚受妄生死以迷法空故違現量之境障淨菩提所以我法俱空唯從識變今立第一心法能變識有三一第八異熟識變二第七思量識變三第六了別境識變既唯識變我法皆虛因此二空故契會玄旨以我空故煩惱障斷以法空故所知障消煩惱障斷故證眞解脫所知

障斷故獲大菩提然後行滿因門心冥果海則境識俱寂唯一眞空問從上宗乘唯令絕學單刀直入教外別傳何假智慧多聞廣論性相言繁理隱水動珠昏答顯宗破執權拂學路討論達旨融通非離文字解脫法華經云若有利根智慧明了多聞彊識乃可爲說大凡參玄之士須具二眼一已眼明宗二智眼辨惑所以禪宗云單明自已不了目前如此之人只具一眼理孤事寡終不圓通隻翼單輪豈能飛運若執只要單刀直入不用廣參者則善財初見妙德發明之後不合偏參法界故知初後心等理行同時所

以善財至彌勒佛果圓後却指再見初友文殊如先德云文殊之妙智宛是初心普賢之玄門曾無別體是則理事冥齊於一旨本末匪越於剎那曷乃守一疑諸頓迷法界捨此取彼宰割虛空又若以智慧爲非則大智文殊不應稱法王之子若以多聞其過則無聞比丘不合作地獄之人應須以智慧合其多聞終不執詮而認指以多聞而廣其智慧免成孤陋而面牆所以云有智無行國之師有行無智國之用有智有行國之寶無智無行國之賊是以智應須學行應須修闕智則爲道之讎無行乃國之賊當知名相

闕銷非智鑰而難開情想勾牽匪慧刀而莫斷應須責躬省己策發進修是以履圓通之人豈墮絕言之見發菩提之者不生斷滅之心若能直了自心卽是單刀直入最爲省要以一解千從攝法無餘故亦是教外別傳離此別無奇特又此宗鏡大意以妙悟見諦爲期不取依通齊文作解法既眞實行須契同唯在心知不俟言說爲未了者亦不絕言究竟相應終須親省此是十方諸佛同證同說古今不易一際法門如經云我不見有一佛國土其中如來不說此法是以佛佛道同心心理合故知離宗鏡外無法可說

以凡有言教俱不出平等性故終無有二所以經云如大師子殺香象時皆盡其力殺兔亦爾不生輕想諸佛如來亦復如是爲諸菩薩及一闡提演說法時功用無二仰唯聖旨鑒誡昭然豈可於平等至教之中起差別解耶於一眞衆生界中生勝劣見耶若入宗鏡之中自免斯咎今所錄者一一皆是古佛聖教於無量億劫捨無數身命普爲一切衆生求此難得阿耨多羅三藐三菩提法付囑諸大菩薩爲末代求無上菩提之人千途異說共顯一心云何負恩不生信受如智度論云諸摩訶衍經皆名爲法此中求法

者書寫讀誦正憶念如是等治衆生心病故集諸法藥不惜身命如釋迦文佛本爲菩薩時名曰樂法時世無佛不聞善語四方求法精勤不懈了不能得爾時魔變作婆羅門而語之言我有佛所說一偈汝能以皮爲紙以骨爲筆以血爲墨書寫此偈當以與汝樂法卽時自念我世世喪身無數不得是利卽自剝皮曝之令乾欲書其偈魔便滅身是時佛知其志心卽從下方踊出爲說深法卽得無生法忍又如薩陀波崙苦行求法如釋迦文菩薩五百釘釘身爲求法故又如金堅王割身五百處爲燈炷投巖入火如是

等種種難行苦行爲衆生求法故知善知識者難得
遭逢譬如梵天投一芥子安下界鍼鋒之上猶易値
明師道友得聞正法甚難如西天九十六種外道皆
求出離因遇邪師反沈生死是以涅槃經云具四因
緣能證涅槃之道一者親近善友二者聽聞正法三
者如理思惟四者如說修行若不遇善友不得聞正
法何者因聞正法則能思惟信入正念修行有如是
法利應須殷重生難遭想摧我慢心乃至遇經卷得
聞或因人舉示如有悟入之處皆是我師況此宗鏡
唯錄要文可謂端拱坐參不出門而知天下易辦成

現弗動足而到龍宮是以華嚴經云善男子善知識
者如慈母出生佛種故如慈父廣大利益故如乳母
守護不令作惡故如教師示其菩薩所學故如善導
能示波羅密道故如良醫能治煩惱諸病故如雪山
增長一切智藥故如勇將殄除一切怖畏故如濟客
令出生死瀑流故如船師令到智慧寶洲故善男子
常當如是正念思惟諸善知識復次善男子汝承事
一切善知識應發如大地心荷負重任無疲倦故應
發如金剛心志願堅固不可壞故應發如鐵圍山心
一切諸苦無能動故應發如給侍心所有教令皆隨

順故應發如弟子心所有訓誨無違逆故應發如僮
僕心不猒一切諸作務故應發如養母心受諸勤苦
不告勞故應發如傭作心隨所受教無違逆故應發
如除糞人心離憍慢故應發如已熟稼心能低下故
應發如良馬心離惡性故應發如大車心能運重故
應發如調順象心恆伏從故應發如須彌山心不傾
動故應發如良犬心不害主故應發如旃陀羅心離
憍慢故應發如㹀牛心無威怒故應發如舟船心往
來不倦故應發如橋梁心濟渡忘疲故應發如孝子
心承順顏色故應發如王子心遵行教命故是以因

人聞法因法悟道因道修行因行成佛豈可憍慢而
不順旨乎故世尊言我今得成佛最初皆因遇善友
因緣且如外道須跋陀最後若不遇釋迦何由捨邪
歸正故大涅槃經云佛告須跋陀仁者若受苦行便
得道者一切畜生悉應得道是故先當調伏其心不
調伏身以是因緣我經中說斫伐此林莫斫伐樹何
以故從林生怖不從樹生欲調伏身先當調心心喻
於林身喻於樹須跋陀言世尊我已先調伏心佛言
善男子汝今云何能先調心須跋陀言世尊我先思
惟欲是無常無樂無淨觀色即是常樂清淨作是觀

已欲界結斷獲得色處是故名爲先調伏心復次觀色色是無常如癰如瘡如毒如箭見無色常清淨寂靜如是觀已色界結盡得無色處是故名爲先調伏心次復觀想卽是無常癰瘡毒箭如是觀已獲得非想非非想處是非想非非想卽一切智寂靜清淨無有墜墮常恆不變是故我能調伏其心佛言善男子汝云何能調伏心也汝今所得非想非非想定猶名爲想涅槃無想汝云何言獲得涅槃善男子汝已先能訶責麤想今者云何愛著細想不知訶責如是非想非非想處故名爲想如癰如瘡如毒如箭善男子

汝師鬱頭藍弗利根聰明尚不能斷如是非想非非想處受於惡身況其餘者世尊云何能斷一切諸有佛言善男子若觀實想是人能斷一切諸有須跋陀言世尊云何名爲實想善男子無想之想名爲實想世尊云何名爲無想之想善男子一切法無自相他相及自他相無無因相無作相無受相無作者相無受者相無法非法相無男女相無士夫相無微塵相無時節相無爲自相無爲他相無爲自他相無有相無無相無生相無生者相無因相無因因相無果相無果果相無晝夜相無明暗相無見相無見者相無聞相無聞者相無覺知相無覺知者相無菩提相無得菩提者相無業相無業主相無煩惱相無煩惱主相善男子如是等相隨所滅處名眞實想善男子一切諸法皆是虛假隨其滅處是名爲實想是名法界名畢竟智名第一義諦名第一義空

宗鏡録卷四十一

音釋

湊倉奏切趣也　瞥匹列切暫也　貯知呂切盛也　泯武盡切滅也　揵椎梵語也此云磬亦云鐘又凡法器皆曰揵椎揵巨寒切椎音垂　曳餘制切引也　黏女廉切著也

殑伽梵語也此云天堂來河名也殑其陵切　瞖於計切目病也　曝步木切日乾也

宗鏡錄卷四十二

宋慧日永明妙圓正修智覺禪師延壽集

夫大乘圓頓識智俱亡云何却述緣生反論因果答經云深信大乘不謗因果又云深入緣起斷諸邪見夫唯識之旨不出因果正因相者由識變故諸法得生以識爲因正果相者由種識故生諸分別法體之果及異熟等分位之果所以上至諸佛下及衆生皆因果所收何得撥無墮諸邪網只爲一切外道不達緣生唯執自然撥無因果二乘眇目但證偏空滅智灰身遠離因果世間業繫無聞凡夫五欲火燒執著

因果盡成狂解不體圓常皆背法界緣起之門悉昧般若無生之旨今所論因果者唯以實相爲因還用實相爲果但了平等一心故終不作前後同時之見若能如是信入一心皆成圓因妙果如賢劫定意經云指長吉祥見者悅然無不吉利此者皆是一心之報又云其演光明無所不照多所安隱是一心報又云威光巍巍無見頂相是一心報華手經偈云汝等觀是心念念常生滅如幻無所有而能得大報又偈云是心不在緣亦不離衆緣非有亦非無而能起大果顯揚論頌云由彼心果故生已自然滅後變異可

得念念滅應知論曰彼一切行是心果故其性纔生離滅因緣自然滅壞又復後時變異可得當知諸行皆剎那滅云何應知諸行是心果耶頌曰心熏習增上定轉變自在影像生道理及三種聖教論曰由道理及聖教證知諸行是心果性道理者謂善不善法熏習於心由習氣增上力故行得生又脫定障心清淨者一切諸行隨心轉變由彼意解自在力故種種轉變又由定心自在力故隨其所欲定心境界影像而生是名道理聖教者謂三種聖言如經中偈云心將引世間心力所防護隨心生起已自在皆隨轉

又說是故苾芻應善專精如正道理觀察於心乃至廣說又說苾芻當知言城主者卽是一切有取識蘊是名聖教是知福隨心至患逐心生如響應聲似影隨質如阿那律供辟支佛之一食甘露而常盈空器金人而用盡還生阿那律者此飜無貧賢愚經云弗沙佛末世時飢饉有辟支佛利吒行乞空鉢無獲有一貧人見而悲悼白言勝士能受稗否卽以所噉奉之食已作十八變後更採稗有兎跳抱其背變爲死人無伴得脫待暗還家委地卽成金人拔指隨生用脚還出惡人惡王欲來奪之但見死屍而其金寶九

十劫果報充足故號無貧其生已後家業豐溢日夜增益父母欲試之蓋空器皿往送發看百味具足而其門下日日常有一萬二千人六千取債六千還直出家已後隨所至處人見歡喜欲有所須如已家無異又如金色王施辟支佛一飯後滿閻浮提於七日內唯雨七寶一切人民貧窮永斷當知此七寶不從餘處來皆從彼王供養心中出因起自心中果不生異處如阿那律金人自作自受所以福者見爲金寶惡人觀是死屍故知轉變從心前塵無定又如未開空器甘露本無隨福所生百味具足善惡之境皆是

自心故唯識論云境隨業識轉是故說唯心則無有一法不歸宗鏡已上是世間因果次論諸佛因果者如華嚴論云顯佛果有三種不同一亡言絕行獨明法身無作果二從行積修行滿功成多劫始成果三創發心時十住初位體用隨緣所成果初亡言絕行所明法身無作果者即涅槃無行等經是隱身不現萬事休息又云羅剎爲雪山童子說諸行無常是生滅法生滅滅已寂滅爲樂是無作果不具行故二從行積修行滿多劫方成果者即權教之中說從行修成三僧祇劫行滿所成佛果是也此以不了無明十

二有支本是法身智慧默而以空觀折伏現行煩惱忻別淨門三從凡十住初心創證隨緣運用所成果者即華嚴經是也十住終心即以方便三昧達無明十二有支成理智大悲即具文殊普賢體用法界法門又如化佛所施因果教行定經三僧祇中所有功德總是修生百劫修相好業然燈得光明不殺得長壽布施得資財忍辱得端正一一因果屬對相似具足仍對治種種法門始得見性成佛如華嚴經即不然一念頓證法界法門身心性相本唯法體施爲運用動寂皆平任無作智即是佛也爲一切佛法應如

是無長無短始終畢竟法皆如是於一眞法界任法施爲悉皆具足恆沙德用即因即果以此普門法界理智諸障自無無別對治別修別斷不見變化變與不變無異性相故普觀一切無非法門無非解脫但爲自心彊生繫著爲多事故沈潛苦流故勞聖說種種差別於所說處復生繫著以此義故聖說不同或漸或圓應諸根器如此經教頓示圓乘人所應堪受設不堪受者當須樂修究竟流歸畢居此海是故餘教先因後果不同此教因果同時爲法性智海中因果不可得故爲不可得中因果同時無有障礙也可

得因果卽有前後。有所得者。皆是無常。非究竟說也。若先因後果者。因亦不成。故果亦壞也。緣生之法。不相續故卽斷滅故。自他不成故。如數一錢。不數後錢。無後二者。一亦不成。爲刹那不相續刹那因果壞。多劫不相續。多劫因果壞。待數後錢時前一始成。因果亦爾。要待一時中無間者。因果始成。若爾者。如數兩錢同數。無前無後。誰爲一二。如豎二指。誰爲因果。如二指等。隨心數處爲因。後數爲果。若是有前有後。卽有中間者。還有刹那間斷。有間斷者。不成因果。若同時者。如豎二指。無先無後。誰爲因果。亦皆不成。如此

華嚴經因果同時者。俱無如是前後因果。及同時情量繫著。妄想有無。俱不俱。常無常等。繫著因果。但了法體非所施設。非因果繫。名爲因果。非情所立同時前後之妄想也。如是者。何異楞伽漸教之說。此則不然。乃至楞伽中唯論破相。但救顯理。無繫著故。不論緣起。如緣起法界者。法界不成不破。但知了法如是故。是故楞伽經云。先示相似物。後當與眞實。又云。得相者是識。不得相者智。如此經中。無有假法。諸法總眞。純眞無假。更無相似存眞存假。經云。衆生界卽佛界也。如文殊以理會行。普賢以行會理。二人體用相

徹。以成一眞法界。前後相收。品品之中。互相該括。前後相徹。文義更收。一法門中具多法也。是故經偈云。於多法中爲一法。於一法中爲衆多。然此心是法界之都。無法不攝。非但凡聖因果。乃至逆順善惡同歸若一。一悟是自心。則事事無非正理。如經云。提婆達多不可思議。所修行業。皆同如來。六羣比丘。實非弊惡。所行之法。皆同佛行。有修善者。地獄受果。惡行之人。天上受報。如不達斯文。則逆順分歧。焉能美惡同化。然初章之內。已述正宗。若上上機人。則一聞千悟。斯皆宿習見解生知。若是中下之根。須憑開導。因他

助發。方悟圓成。爲此因緣。微細纂集。所以云。若有一微塵處未了。此猶有無明在。以不了處爲障翳故。何況自身根門之內。日用之中。有無量應急法門。全未明了。如生盲人每日喫一百味飯。雖然得喫。品饌何分。若言無分。又每日得喫。若言有分。設問總不知。若欲爲未了之人。憑何剖析。只成自誑。反墮無知。自眼未開。焉治他目。是以善財首見文殊。已明根本智。入聖智流中。然後徧參道友。爲求差別智道。習菩薩行門。遇無厭足國王。如幻法門。見勝熱婆羅門。無盡輪解脫。倘乃迷宗失旨。對境茫然。故知佛法玄微。非淺

智所及何乃將蚊子足擬窮滄溟之底用蜘蛛絲欲懸妙高之山益抱慚顏須伸懺悔是以般若海闊入之者方悟無邊法性山高升之者乃知彌峻伏自大雄應世諸聖發揚至像法初則有馬鳴龍樹等五百論師大弘至敎及像法中復有護法陳那等十大菩薩廣解深經辯空有之宗立唯識之理悉是賢劫千佛十刹能仁同酬本願之懷共助無緣之化何乃持螢光而干日馭捧布鼓而近雷門不揆寡聞退慚劣解牛跡豈將大海齊量腐草焉與靈椿等榮今此持論爲成法器深心好樂大乘之者如大寶積經云佛言若有求大利益善男子善女人信我敎者後滓濁世極覆藏時善人難得時聞如是等甚深法已應爲如理者說不爲不如理者爲信者說非不信者我今亦爲如理者說非不如理者爲信者說非不信者又識者愛者貴若珠珍不識不愛賤同泥土仰惟參玄之士願稟佛言深囑慕道之賢同遵祖意問依上標宗甚諧正脉何用更引言詮廣開諸道答馬鳴祖師雖標唯心一法開出眞如生滅二門達摩直指一心建立隨緣無礙四行詳夫宗本無異因人得名故云祖師頓悟直入名禪宗諸佛果德根本名佛性菩薩

萬行原宂名心地衆生輪迴起處名識藏萬法所依名法性能生般若名智海不可定一執多生諸情見是以金光明經云法性甚深無量無量者非別有一法名爲無量毗盧遮那徧一切處一切諸法皆是佛法甚深者亦非別有一法名爲甚深卽事而眞無非實相可謂一中之多當存而正泯多中之一在卷而亦舒如華嚴經云菩薩摩訶薩知三界唯心三界唯心而了知其心無量無邊是爲無等住又先德云言雖不能言然非言無以傳是以聖人終日言而未嘗言也以終日言故不絕漚和之心而未嘗言故靡失般若之性以漚和故不違大化之門以般若故不見言象之迹又經云諸佛常依二諦說法若不得世諦不得第一義以了俗無性卽是眞門何乃逐物隨情橫生異見局方隅之遠近定器量之淺深如蚸蠖尋條安前足而進後足似癡猴得樹放高枝而捉低枝若能除器觀空自亡方圓長短知心是境豈有高下是非且如世諦門中有八萬四千塵勞煩惱於諸凡夫妄想中唯生死一法最大以有生死心境並生若無生死人法俱寂故知了存今日不可因循夫業繫四生身居九有得人身者如爪上之塵失人身者猶

大地之土。處三塗地而永埋塵劫。居四空天而恆沒禪支。設暫生人中。千般障難。或機鈍而難省。或根利而信邪。或身器不完。或遮障俱重。皆不可化。無由證眞。如大智度論云。當知人身難得。佛世難值。好時易過。一墮諸難。永不可治。若墮地獄。燒炙屠割。何可教化。若墮畜生。共相殘害。亦不可化。若墮餓鬼。飢渴熱惱。亦不可化。若生長壽天。十萬佛過。著禪定味。故皆不覺知。如安息國。諸邊地生者。皆是人身。愚不可教化。雖生中國。或六情不具。或四支不完。或盲聾瘖瘂或不識義理。或時六情具足。諸根通利。而深著邪見

言無罪福。不可教化。故爲說好時易過。墮諸難中。設無諸難。煩惱業深。仍爲八苦火燒。五濁所亂。夫言苦者無量。或三苦五苦八苦。乃至瑜伽一百一十苦。及八萬四千塵勞之苦。皆不出流轉之苦。及行苦等。而凡夫甘處。曾不覺知。如俱舍論頌云。如以一睫毛置掌人不覺。若置眼睛上。爲苦極不安。凡夫如手掌。不覺行苦睫。智者如眼睛。緣極生厭怖。故知生老病死之苦。誰能免乎。四山常來切人。如先德云。故賢與不肖。豪彊羸弱。同爲四遷。一無脫者。梵王帝釋。貧窮下賤。堯舜桀紂。三皇四凶。倂歸灰壞。皆爲苦依。夫八苦者。生苦則衆苦積聚之因。六趣受身之本。如食糞中之果。猶食毒樹之根。取甘露而墮坑。買上食而致死功德黑闇。二女相隨。有智主人。二俱不受。對法論云。生苦者。衆苦所依。故衆苦逼迫。故九月十月處胎藏間。如在糞穢坑中。長受寒熱等種種衆苦。生熟藏間如兩山迫逼。趣產門時。其苦難堪。乍出風飄。如刀割錐刺。不覺失聲。癡忘已前所有事業。名爲生苦。老苦者。時分變異。故苦身分沈重。諸根熟昧。皮膚緩皺。行步傴曲。寢膳不安。起坐呻吟。喘息氣逆。所爲緩緩。爲人所輕。世情彌篤。世事皆息。名爲老苦。又老者忘若

嬰兒。狂猶鬼著。以危脆衰熟之質。當易破爛壞之時。落日西垂。萎華欲謝。如甘蔗之滓。無三種出家禪誦之味。劫勇力而全因老賊。擒壯色而將付死王。猶蓮遭雹而摧殘。似車折軸而無用。若枯河乏水。不利於人。如殘炷無油。勢寧得久。病苦者。四大變易。乖違故苦。百節酸疼。四支苦楚。能壞一切安隱樂事。由此經言。如人壯美。王妃竊愛。遣信私通。王便捉獲。挑其眼目。截其耳鼻。刖其手足。形容頓改。爲人惡賤。病苦所逼。以是難堪。爲人所惡。亦復如是。爲苦惱愁憂之本。作死亡怖畏之由。如雹壞苗。似怨所逼。劫奪正命。摧

滅壯容滅福力而退大菩提增放逸而失眞善本此
名病苦死苦者壽命變壞故苦風刀解支節無處不
苦痛張口歎息手足紛亂𩑶睛沮沫捫摸虛空汗液
交流便溲零落昔雖假以澡浴必歸不淨昔雖假以
塗熏必歸臭穢昔時王位財寶榮盛親族婦妾萬億
于時頓捨獨往後世無一相隨臥置牀枕橫尸偃仰
父母妻子搥胸哽咽眾人號慕披髮拍頭雖生戀仰
之悲終致永分之痛或埋殯墳陵肉消骨腐或有露
尸以施身肉禽獸螻蟻交橫摣掣或以火焚臭煙熢
㶿四面充塞人所傷嗟悲慟絕聲咸歸故里唯餘灰

糞獨從風土平生意氣觸處凌雲一旦長辭困沾霜
月是知祿命盡處臨死之時如劫風吹散猶漾布漂
流往無所遮到不能脫向深遠處怖境常驚於幽闇
中孤魂獨逝怨臣恆逐曾不覺知死王所追無能免
者大涅槃經云夫死者於嶮難處無有資糧去處懸
遠而無伴侶晝夜常行不知邊際深邃幽闇無有燈
明入無門戶而有處所雖無痛處不可療治往無遮
止到不得脫無所破壞見者愁毒非是惡色而令人
怖敷在身邊不可覺知釋云於嶮難處者二十五有
恐畏之世無有資糧者無善法以自資去處懸遠者

生死無窮也而無伴侶者魂靈自逝也晝夜常行不
知邊際者隨業漂流循環無際深邃幽闇無有燈明
者死是後相一入死分昏沈難出生死長夜故名深
邃死已多入三塗大黑闇處故云無有燈明入無門
戶而有處所者死入身內不因門戶即身辯死名有
處所雖無痛處者臨欲死時雖有五根無有知覺也
不可療治者報終必死世醫拱手也往無遮止到不
得脫者業盡報終時至必遷自業所追無人繫縛無
所破壞見者愁毒者報色雖滅膚體不毀而見悲瘦
莫不愁毒非是惡色而令人怖者無恐人相貌而見

者惶懼敷在身邊不可覺知者此明人死在身最後
邊然不能知死之時節也又諸識昏昧六腑空虛餘
息淹淹心魂愀愀無常經偈云命根氣欲盡支節悉
分離眾苦與死俱此時徒歎恨兩目俱飜上死刀隨
業下意想並慞惶無能相救濟所以先德云人命無
常一息不追千載長往幽途綿邈無有資糧苦海攸
深船筏安寄聖賢訶棄無所恃怙年事稍去風刀不
賒豈可晏然坐待疲痛譬如野干失耳尾牙詐眠望
脫忽聞斷頭心大驚怖遭生老病尚不爲急死事不
賒那得不怖怖心起時如履湯火六塵五欲不暇貪

染如阿輸柯王弟大帝王聞旃陀羅朝朝振鈴一日已盡六日當死雖有五欲無一念受行者怖畏苦到懺悔不惜身命如野干決絕無所思念如彼怖王是知萬禍之因眾苦之本皆從一念結構而生應須密護根門常防意地無令妄起暫逐前塵如佛垂般涅槃略說教誡經云此五根者心為其主是故汝等當好制心心之可畏甚於毒蛇惡獸怨賊大火越逸未足喻也動轉輕躁但觀於密不見深坑譬如狂象無鉤猨猴得樹騰躍踔躑難可禁制當急挫之勿令放逸縱此心者喪人善事制之一處無事不辦是故比

丘當勤精進折伏汝心故知生死難出應須兢慎且如一乘聖人及自在菩薩俱出三界之外尚有變易之身四種生死何況三界之內現行煩惱業繫凡夫分段死乎四種生死者則是一切阿羅漢辟支佛大地菩薩由四種障不得如來四德一方便生死二因緣生死三有有生死四無有生死無上依經云佛告阿難於三界中有四種難一者煩惱難二者業難三者生報難四者過失難無明住地所起方便生死如三界內煩惱難無明住地所起因緣生死如三界內業難無明住地所起有有生死如三界內生報難無

明住地所起無有生死如三界內過失難應如是知阿難四種生死未除滅故三種意生身無有常樂我淨波羅密果唯佛法身是常是樂是我是淨波羅密汝等應知愛別離苦者大涅槃經云因愛生憂因愛生怖若離於愛何憂何怖法華經云諸苦所因貪欲為本淨名經云從癡有愛則我病生怨憎會苦者大涅槃經云觀於五道一切受生悉是怨憎合會大苦若未了無生於所生之處無非是怨無非是苦何者為境所縛不得自在故求不得苦者有其二種一者所希望處求不能得二者多役功力不得果報五陰

盛苦者生苦老苦病苦死苦愛別離苦怨憎會苦求不得苦是故名為五陰盛苦以執陰是有為陰所籠便成陰魔眾苦所集五濁者一劫濁四濁增劇聚在此時瞋恚增劇刀兵起貪欲增劇飢餓起愚癡增劇疾疫起三災起故煩惱倍隆諸見轉熾麤弊色心惡名穢稱摧年減壽眾濁交湊如水奔昏風波鼓怒魚龍攪擾無一聊賴時使之然如劫初光音天墮地地使有欲如忉利天入麤澀園園生鬬心是名劫濁相煩惱濁者貪海納流未曾飽足瞋虺吸毒燒諸世間癡闇頑嚚過於漆墨慢高下視陵忽無度疑網無信

不可告實是爲煩惱濁相見濁者無人謂有人有道謂無道十六知見六十二見等猶如羅網又似稠林纏縛屈曲不能得出是見濁相衆生濁者攬於色心立一宰主譬如黐膠無物不著浪流六道處處受生如貧如痤名長名富是爲衆生濁相命濁者朝生暮殞晝出夕沒波轉煙迴晌息不住是命濁相居此濁亂之時遮障增劇境飄識燄燒盡善根業動心風吹殘白法著瞋魑魅之鬼趣墮癡羅刹之網中爲貪欲王之拘留被魔怨主之驅役孰能頓省傚此圓修旣得在中華又難逢佛世今須慶幸得遇遺文況收宗

鏡之中前後無非眞實言言可以悟道字字唯是標宗直須曉夜忘疲兢兢研究忽從聞省悟我眞心頓爲得道之人永紹菩提之種若未見道念念緣差一失人身萬劫不復所以古教云一息有四百生滅性命在呼吸之間若未得道之人只有輪迴生死命若懸絲若得朝聞夕死可矣故提謂經云如有一人在須彌山上以纖縷下之一人在下持鍼迎之中有旋嵐猛風吹縷難入鍼孔人身難得甚過於是又菩薩處胎經偈云盲龜浮木孔時時猶可值人一失命根億劫復難是海水深廣大三百三十六一鍼投海底

求之尙可得又偈云吾從無數劫往來生死道捨身復受身不離胞胎法計我所經歷記一不記餘純作白狗形積骨億須彌以利鍼地種無不値我體何況雜色狗其數不可量吾故攝其心不貪著放逸伏自祖敎西至賢聖交馳皆爲明心決擇生死生死所起不出根塵因不覺而妄念忽生迷法界而幻境潛現從此執人執法立自立他隨對待而逆順牽情逐分別而愛憎關念遂乃跉跰五趣匍匐四生今欲反究妄原須明起處故首楞嚴經云佛告阿難如汝所說眞所愛樂因于心目若不識知心目所在則不能得

降伏塵勞譬如國王爲賊所侵發兵討除是兵要當知賊所在使汝流轉心目爲咎故知心爲羣妄之原曰是諸見之本是以生死之始起惑之初因迷自心而作外塵爲執妄識而爲內我由我而彊爲主宰從想而建立自他抱幻憑虛遂成顚倒顚倒之法略說有三一心顚倒二見顚倒三想顚倒心如停賊主人見是賊身想如賊脚根塵是賊媒內外搆連劫盡家寶是以見劫眼根善聲劫耳根善香劫鼻根善味劫舌根善觸劫身根善法劫意根善法財傾竭智藏空虛如怨詐親誰有知者如或識賊賊無能爲若了境

識心終不更爲外塵所侵內結能縛且如心王八法乃至六種無爲撮要一百法門並是衆生日用無一時而不具無一念而不生以此校量故非閒事若不能深濟生死危苦急難則往聖古賢虛煩製作爲有深益方可施爲聖不誑凡眞焉惑僞今所錄者略證此宗尋萬丈而未得毫釐指百分而纔言一二請不猒繁息志子細披尋覽之如登寶山信之似遊海藏又此雖假文言一一示其眞實不可隨語生著昧我正宗如經云刀輪害閻浮人頭其失猶少有所得心說大乘者其罪過彼也大智度論云執有與無諍乃

至非有非無與有無諍如牛皮龍繩俱不免患中觀論云諸佛說空法本爲化於有若有著於空諸佛所不化若定言諸法非有非無者是名愚癡論若失四悉檀意自行化他皆名著法若得四悉檀意自他俱無著也又論云佛法中不著有不著無有無亦不著非有非無非非有非非無亦不著不著亦不著如是則不容難譬如以刀斫空終無所傷爲衆生故隨緣說法自無所著故般若燈論序云觀明中道而存中失觀空顯第一而得一乖空然則司南之車本示迷者照膽之鏡爲鑒邪人無邪則鏡無所施不迷則車

不爲用斯論破申其由此矣若如斯者寧容執敎隨言語之所轉乎是以若未遇宗鏡大錄祖佛微細正意內得見性但外學多聞者則身雖出家心不入道故大涅槃經云佛言汝諸比丘身雖得服袈裟染衣其心猶未得染大乘淸淨之法汝諸比丘雖行乞食經歷多處初未曾乞大乘法食故云雖有勝意之通善星之辯若不知實相之理者不免沒魂於裂地之患如首楞嚴經云如第四禪無聞比丘妄言證聖天報已畢衰相現前謗阿羅漢身遭後有墮阿鼻獄又云善星妄說一切法空生身陷入阿鼻地獄故知若

未入宗鏡先悟實相眞心假饒大辯神通長劫禪誦終不免斯咎若達此旨凡所施爲舉足下足自然不離一心涅槃之道如月上女經云舍利弗告月上女言汝於今者欲何所去月上女報言汝問今欲向何所去者我今亦如舍利弗去作如是去耳舍利弗報月上女言我今欲入毗耶離城汝於今者乃從彼出云何報言我今乃如舍利弗去作如是去爾時月上女復報舍利弗言然舍利弗舉足下足凡依何處舍利弗言我舉足下足並依虛空女報言我亦如是舉足下足悉依虛空而虛空界不作分別是故我言亦

如舍利弗去作如是去耳女言舍利弗此事且默今舍利弗行何行舍利弗言我向涅槃如是行也月上女言舍利弗一切諸法豈不向涅槃行也我今者亦向行也舍利弗問月上若一切法向涅槃者汝今云何不滅度月上女言舍利弗若向涅槃即不滅度何以故其涅槃行不生不滅不可得見體無分別無可滅度者釋曰其涅槃行不生不滅者即自心無生之義縱千途出沒靡離涅槃之門任萬法縱橫豈越無生之道故法華經偈云佛子住此地即是佛受用常在於其中經行及坐臥如上所述似如逆耳本之正

意皆是擊發之心猶石中之火若無人扣擊千年萬年只成頑石終不成火用如孔子家語云孔子曰良藥苦口而利於病忠言逆耳而利於行湯武以諤諤而昌桀紂以唯唯而亡君無諍臣父無諍子兄無諍弟士無諍友無其過者未之有也故曰君失之臣得之父失之子得之兄失之弟得之士失之友得之是以國無危亡之兆家無悖亂之惡父子兄弟無失而交友無絕也今宗鏡內雖廣引苦切之言皆爲後學成器普令悛惡從善慕道進修使法國土無背道之臣令大乘家絕邪見之子是以菩薩雖能自利又乃誡他常爲衆生不請之友故勝鬘經云以攝受折伏故令佛法久住是以潙山有警策之文無非苦口淨名垂訶責之力盡破執心若佛法中有諍友則學般若道侶保無過失故書云道吾惡者是吾師道吾好者是吾賊又云三人同行必有我師焉況佛法內學出世良因寧不依師匠乎今若於初機助道門中此宗鏡文深資觀力言下現證修慧頓成如云爲道日損爲學日益損者損於情欲益者益於知見不同外道邪師及學大乘語者口雖說空不損煩惱此非善達正法皆是惡取邪空唯法器圓機方能信受堪嗟

邪見垢重之人聞亦不信如慜疏云歷千佛而不驚炷萬燈而莫曙釋云十方無量世界衆生佛向身中出家成道說法度生衆生皆不覺知都由無明迷本覺性不知如來藏中出現如來藏即衆生第八識故云歷千佛而不驚以不知即心是佛故又如一室中有一醉客有百千盞燈照而不醒喻聞法不識其理不能染神都無省悟故云炷萬燈而莫曙曙者明也何者爲燈即方便智爲燈照見心境界

宗鏡錄卷四十二

音釋

吒陟嫁切 稗蒲拜切草似穀 跳田聊切躍也 揆求癸切度也 滓側氏切澱也 睫卽葉切目傍毛也 傴於武切俯也 疼徒冬切痛也 刖魚厥切 捫摸捫莫奔切摸慕各切 摣掣摣側加切以手取物也掣昌列切引也 [火孛]蒲沒切煙起貌 痠素官切痠疾也 虺許委切 嚚語巾切口不道忠信之言爲嚚 黐膠黐丑知切黏也膠古肴切黏膏也 痤昨禾切病也 眴舒閏切目動也 竛竮盧丁切竮普丁切竛竮行不正也

宗鏡錄卷四十三

宋慧日永明妙圓正修智覺禪師延壽集

夫初祖西來唯傳一心之法二祖求緣慮不安之心不得卽知唯一眞心圓成周徧當下言思道斷達摩印可遂得祖印大行迄至今日云何著於言說違背自宗義學三乘自有階等答前標宗門中已唯提大旨若決定信入正解無差則舉一例諸言思路絕竊見今時學者唯在意思多著言說但云心外無法念念常隨境生唯知口說於空步步恆遊有內只總舉心之名字微細行相不知若論無量法門廣說窮劫

不盡今所錄者爲成前義終無別旨妄有披陳此一心法門是凡聖之本若不先明行相何以深究根原故須三量定其是非眞修匪濫四分成其體用正理無虧然後十因四緣辯染淨之生處三報五果鑒眞俗之所歸則能斥小除邪剗情破執遂乃護法菩薩正義圓明西天大行教傳此土佛日沈而再朗慧雲散而重生遂得心境融通自他交徹不一不異觸境冥宗非有非空隨緣合道若不達三量眞妄何分若不知四分體用俱失故知徒說心之名字微細行相懵然不知終不免心境緣拘自他見縛目下狐疑不斷臨終津濟何憑所以般若是送神符臨終能令生死無滯只爲盲無智眼教觀不明從無始已來不能洞曉違現量而失自心體逐比非而妄認外塵終日將心取心以幻緣幻似狗齩枯骨自嚥其津如象鼻取水還沐已體必無前境而作對治自從受身含識已來居三界塵勞之內猶熱病見鬼於非怨處認怨若瞖眼生華向無愛中起愛妄生妄死空是空非都不覺知莫能暫省今更不信復待何時生死海深匪慧舟而不渡塵勞網密非智刃而莫揮其四分三量諸多義門下當廣辯問祖佛大意貴在心行採義徇

文只益戲論所以文殊訶阿難云將聞持佛佛何不自聞聞爭如一念還原深諳遺旨答此爲未知者說不爲已知者言爲未行者言不爲已行者說若已知已行之者則心迹尙亡何待言說今只爲初學未知者已眼不開圓機未發須假聞慧以助初心爲未行者但執依通學大乘語如蟲食木猶奴數錢乃至塵沙教門皆爲此之二等因茲見諦如說而行且智慧之光如日普照多聞之力猶膏助明以劣解眾生從無始來受無量劫洞然之苦只爲迷正信路失妙慧門狂亂用心顛倒行事何乃盲無智照翻嫌眞實慧

光貧闕法財。更祛多聞寶藏。如華嚴經云。欲度眾生。令住涅槃。不離無障礙解脫智。無障礙解脫智。不離一切法如實覺。一切法如實覺。不離無行無生行慧光。無行無生行慧光。不離禪善巧決定觀察智。禪善巧決定觀察智。不離善巧多聞。是以因聞顯心。能辯決定觀察之禪。因禪發起無行無生之慧。因慧了達諸法如實之覺。因覺圓滿無礙解脫之智。斯皆全因最初多聞之力。成就菩提。若離此宗鏡。別無成佛之門。設有所修。皆成魔外之法。大智度論偈云。有慧無多聞。是不知實相。譬如大暗中。有目無所見。多聞無

智慧。亦不知實相。譬如大明中。有燈而無目。多聞利智慧。是所說應受。無聞無智慧。是名人身牛。且如有慧無多聞者。況如大暗中。有目而無所見。雖有智眼。而不能偏知萬法法界緣起諸識熏習等。如處大暗之中。一無所見。是以實相偏一切法。一切法卽實相。未曾有一法而出於法性。若不偏知一切法。則何由深達實相。故云亦不知實相。多聞無智慧者。況如大明中。有燈而無目。雖有多聞記持名相。而無自證眞智。圓解不發。唯墮無明。大信不成。空成邪見。如大明中。雖有日月燈光。無眼何由覩見。雖聞如來寶藏。一生傳唱聽受無疲。已眼不開。但數他寶。智眼不發。焉辯教宗。如是之人。故是不知實相。聞慧具足。方達實相之原。聞慧俱無。如牛羊之眼。豈辯萬法性相總別之方隅耶。夫學般若菩薩。不可受人牛之誚。紹佛乘大士。寧甘墮蟲木之譏。若乃智人。應須三省。是以未知心佛之寶。甘處塵勞。纔聞性覺之宗。便登聖地。如賢劫定意經云。喜王菩薩宴坐七日。過七日已。詣佛啓請。行何三昧。能悉通達八萬四千諸度法門。佛告喜王。有三昧門。名了諸法本。菩薩行時。便能通達諸度法門。諸度法門者。諸佛有三百五十功德。一一德

各修六度。爲因。釋曰。諸法本者。卽眾生心。若隨善心。成六度門。若隨惡心。作三塗道。當樂土而爲苦境。皆是心成。處地獄而變天堂。悉由心轉。或卽剎那成佛。或卽永劫沈淪。只在最初一念之力。故云法無定相。但隨人心。如天意樹。隨天意轉。可謂變通立驗。因果現前。不動絲毫。偏窮法界。如牖隙之內。觀無際之空。似徑尺鏡中。見千里之影。有斯奇特。昧者不知。如見金爲蛇。悞執寶成礫。故密嚴經偈云。譬如殊勝寶。野人所輕賤。若用飾冕旒。則爲王頂戴。如是賴耶識。是清淨佛性。凡位恆雜染。佛果常保持。如美玉在水。苔

衣所纏覆。賴耶處生死。習氣縶不現。於此賴耶識有
二取生相。如蛇有二頭。隨樂而同往。賴耶亦如是。與
諸色相俱。一切諸世間。取之以爲色。惡覺者迷惑。計
爲我我所。若有若非有。自在作世間。賴耶雖變現。體
性恒甚深。於諸無智人。悉不能覺了。是以若能覺了。
卽察動心。萬境萬緣。皆從此起。若心不動。諸事寂然。
入如實門。住無分別。如入楞伽經偈云。但有心動轉。
皆是世俗法。不復起轉生。見世是自心。來者是事生。
去者是事滅。如實知去來。不復生分別。又若執經論
無益。翻成諸聖虛功。則西土上德聲聞徒勞結集。此

方大權菩薩何假翻經。如抱沈痾之人。不須妙藥。似
迷險道之者。曷用導師。良醫終不救無病之人。導師
亦不引識路之者。嘉餚美膳。豈可勸飽人之餐。異寶
奇珍。未必動廉士之念。見與不見。全在心知。行之不
行。唯關意密。實不敢以己妨於上上機人。但一心爲
報佛恩。依教略而纂錄。如漏管中之見。莫測義天。似
偷壁罅之光。焉裨法日。今遵慈敕。教有明文。法爾沙
門。須具三施。三施之內。法施爲先。此八識心王。性相
分量。上至極聖。下至凡夫。本末推窮。悉皆具足。只於
明昧。得失似分。諸聖了之成眞如妙用。盡未來際建

佛事門。衆生昧之爲煩惱塵勞。從無始來造生死事。
於日用中。以不識故。莫辯心王與心所。寧知內塵與
外塵。如有目之人。處闇室之內。猶生盲之者。居寶藏
之中。無般若之光。何由辯眞識僞。闕智眼之鑒。焉能
別寶探珠。遂乃以妄爲眞。執常爲斷。不應作而作。投
虛妄之苦輪。不應思而思。集顚倒之惡業。只爲不遇
出世道友。未聞無上圓詮。任自胸襟。縱我情性。取一
期之暫樂。積萬劫之餘殃。以日繼時。罔知罔覺。從生
至老。不省不思。以無明俱時而生。以無明俱時而死。
從一闇室。投一闇室。出一苦輪。入一苦輪。歷劫逾生。

未有休日。此身他世。幾是脫時。宗鏡本懷。正爲於此。
是以照之如鏡。何法而不明。歸之如海。何川而不入。
若千年闇室。破之唯一燈。無始塵勞。照之唯一觀。此
具足詮旨。信入而不動神情。成現法門。諦了而匪勞
心力。若更不信。徒抱昏迷。深囑後賢。無失法利。故法
華經偈云。不求大勢佛。及與斷苦法。深入諸邪見。以
苦欲捨苦。爲是衆生故。而起大悲心。爲不依正覺廣
大威勢之力。及正念一心法威德力。於心外取法。成
諸邪見。以生滅爲因。以生滅爲果。本出生死。重增生
死。爲是等故。而起大悲。拔其妄苦。以生死是衆苦之

本雖年百歲猶若刹那如東逝之長波似西垂之殘照擊石之星火驟隙之迅駒風裏之微燈草頭之懸露臨崖之朽樹爍目之電光若不遇正法廣大修行則萬劫沈淪虛生浪死如大涅槃經云復次菩薩修於死想觀是壽命常爲無量怨讎所繞念念損減無有增長猶山瀑水不得停住亦如朝露勢不久停如囚趣市步步近死如牽牛羊詣於屠所迦葉菩薩言世尊云何智者觀念念滅善男子譬如四人皆善射術聚在一處各射一方俱作是念我等四箭俱發俱墮復有一人作是念言如是四箭及其未墮我能一

時以手接取善男子如是之人可說疾否迦葉菩薩言如是世尊佛言善男子地行鬼疾復速是人有飛行鬼復速地行四天王疾復速飛行日月神天復速四天王堅疾天復疾日月眾生壽命復速堅疾善男子一息一眴眾生壽命四百生滅智者若能觀命如是是名能觀念念滅也善男子智者觀命繫屬死生我若能離如是死生則得永斷無常壽命復次智者觀是壽命猶如河岸臨峻大樹亦如有人作大逆罪及其受戮無憐愍者如師子王大飢困時亦如毒蛇吸大風時猶如渴馬護惜水時如大惡鬼瞋恚發時

眾生死生亦復如是善男子智者若能作如是觀是則名爲修集死想善男子智者復觀我今出家設得壽命七日七夜我當於中精勤修道護持禁戒說法教化利益眾生是名智者修於死想復以七日七夜爲多若得六日五日四日三日二日一日一時乃至出息入息之頃我當於中精勤修道護持禁戒說法教化利益眾生是名智者善修死想又梁朝有高僧奉帝請百大德試有道者請至朝門嚴備一百甲兵旌旗耀日怖百大德九十九人悉皆驚走唯有一大德而無驚怖王問和尚何故不怕僧答云怕何物我

初生孩童之時刹那刹那念念已死故知諸佛苦心菩薩誓志爲救眾生如是悲切應須遞相警策不可倐爾因循且三界受身未脫死地新新生滅念念輪迴直饒天帝五欲之榮輪王七寶之富泰來運合賞悅暫時報盡緣終悲憂長久物極則返因果相酬處業繫中誰能免者故法界箴云莫言無畏其禍鼎沸勿言無傷其禍猶長爭如一念還原紹隆佛種念念不忘利物步步與道相應究竟同歸莫先宗鏡所以華嚴經云佛子此菩薩摩訶薩復於一切眾生生利益心安樂心慈心悲心憐愍心攝受心守護心自己

心師心大師心作是念言眾生可愍墮於邪見惡慧惡欲惡道稠林我應令彼住於正見行眞實道又作是念一切眾生分別彼我互相破壞鬬諍瞋恨熾然不息我當令彼住於無上大慈之中又作是念一切眾生貪取無厭唯求財利邪命自活我當令彼住於清淨身語意業正命法中又作是念一切眾生常隨三毒種種煩惱因之熾然不解志求出要方便我當令彼除滅一切煩惱大火安置清涼涅槃之處又作是念一切眾生爲愚癡重闇妄見厚膜之所覆故入蔭翳稠林失智慧光明行曠野險道起諸惡見我當

令彼得無障礙清淨智眼知一切法如實相不隨他教又作是念一切眾生在於生死險道之中將墮地獄畜生餓鬼入惡見網中爲愚癡稠林所迷隨逐邪道行顛倒行譬如盲人無有導師非出要道謂爲出要入魔境界惡賊所攝隨順魔心遠離佛意我當拔出如是險難令住無畏一切智城又作是念一切眾生爲大瀑水波浪所沒入欲流有流無明流見流生死洄洑愛河漂轉湍馳奔激不暇觀察爲欲覺恚覺害覺隨逐不捨身見羅刹於中執取將其永入愛欲稠林於所貪愛深生染著住我慢原阜安六處聚落

無善救者無能度者我當於彼起大悲心以諸善根而爲救濟令無災患離染寂靜住於一切智慧寶洲又作是念一切眾生處世牢獄多諸苦惱常懷愛憎自生憂怖貪欲重械之所繫縛無明稠林以爲覆障於三界內莫能自出我當令彼永離三有住無障礙大涅槃中又作是念一切眾生執著於我諸蘊窟宅不求出離依六處空聚起四顛倒行爲四大毒蛇之所侵惱五蘊怨賊之所殺害受無量苦我當令彼住於最勝無所著處所謂滅一切障礙住無上涅槃所以如上經云我當令彼住於正見行眞實道又云令

彼安置清涼涅槃之處又云令彼知一切法如實相不隨他教又云令住無畏一切智城又云住於一切智慧寶洲又云令彼住於最勝無所著處故知句句悉皆指歸宗鏡何者若悟自心卽是正見離顛倒故楞伽經云心外見法名爲外道若悟自心卽是涅槃離生死故論云心外有法生死輪迴若了一心生死永絕若悟自心卽是實相離虛妄故法華經云唯此一事實餘二卽非眞若悟自心卽是智城離愚癡故思益經云愚於陰界入而欲求菩提陰界入卽是離是無菩提若悟自心卽是寶洲具法財故華嚴論云

寶洲在何處。卽衆生心是。若悟自心。卽是最勝無所著處。離住相故。若心外立法。則隨處生著。法華經云。拔出衆生。處處貪著。金剛經云。若菩薩心不住於法而行布施。如人有目。日光明照。見種種色。是知心目開明。智日普照。光吞萬像。法界洞然。豈更有一纖塵而作障翳乎。如是則空心不動。具足六波羅密。何者。若不見一塵。則無所取。若無所取。亦無可與。是布施義。是大捨義。故經云。無可與者。名曰布施。如是則慳施同倫。取捨平等。不歸宗鏡。何以裁之。如一鉢和尚訶云。慳時捨。捨時慳。不離內外及中間。亦無慳。亦無

宗鏡錄卷四十三　十二

捨。寂寂寥寥無可把。又證道訶云。默時說。說時默。大施門開無壅塞。有人問我解何宗。報道摩訶般若力。又若不見一塵。則無持無犯。故云若覓戒。三毒瘡疣幾時差。辱境如龜毛。忍心不可得。精進心不起。無法可對治。內外心不生。定亂俱無寄。悉入無生忍。皆成般若門。問。本宗大旨。舉意便知。何待敷揚。勞神述作。答。一切施爲。無非佛事。盡堪悟道。皆是入門。所以普賢佛國。以瞪目爲佛事。南閻浮提。以音聲爲佛事。乃至山海亭臺。衣服飲食。語默動靜。異相施爲。一一提宗。皆入法界。但隨緣體妙。遇境知心。乃至見色聞聲

俱能證果。華飛釧動。盡可栖神。如論云。有國王觀華飛葉動。得辟支佛。釧動者。禪經云。有國王令宮女摩身爲鐶釧。鬧。令漸漸減釧。乃至唯一。則不復聲。因思此聲從因緣生。悟辟支佛。亦如獼猴見辟支佛坐禪。後於餘處。見諸外道種種苦行。乃教外道跏趺而坐。手捻其口。令合其眼。諸外道歎云。必有勝法。外道受教。皆證辟支佛。故知但遵教行者。依法不依人。無不證果。唯除不信人。千佛不能救。如華嚴經中說。信爲手。如人有手。至珍寶所。隨意採取。若當無手。空無所獲。如是入佛法者。有信心手。隨意採取道法之寶。若

宗鏡錄卷四十三　十三

無信心。空無所得。如昔人云。人之無道。猶車之無軸。車無軸不可駕。人無道不可行。又云。君子無親。非道不同。何得一向略虛。不勤求至道。此宗鏡錄。是珍寶聚。能得諸佛無上大菩提法寶。一切不可思議功德故。是清淨聚。無六十二之邪見垢。八萬四千之煩惱濁故。能滿一切衆生願。能淨一切衆生心。如大智度論云。是般若波羅密。乃至畢竟空亦不著。不可思議亦不著。是故名清淨聚。爾時須菩提。應作是念。是般若波羅密。是珍寶聚。能滿一切衆生願。所謂今世樂。涅槃樂。阿耨多羅三藐三菩提樂。愚癡之人而復欲

破壞是般若波羅密清淨聚如如意寶珠無有瑕穢如虛空無有塵垢般若波羅密畢竟清淨聚而人自起邪見因緣欲作留難破壞譬如人眼瞖見妙珍寶謂爲不淨故知空華生病眼空本無華邪見起妄心法本無見又若以不信惡心欲毀壞宗鏡般若正義但自招謗罪妙旨何虧如人以手障日但自傷其手日無所損夫般若說則福大謗亦罪深若隨情謬解乃至不信等皆成謗如大涅槃經云我今爲諸聲聞弟子等說毗伽羅論所謂如來常存不變若有說言如來無常云何是人舌不落地若能正信圓解無差

徧境徧空皆同妙證楞嚴會上佛告阿難十方如來於十八界一一修行皆得圓滿無上菩提於其中間亦無優劣但汝下劣未能於中圓自在慧故我宣揚令汝但於一門深入入一無妄彼六知根一時清淨是以憍陳那因聲悟道優波尼沙陁因色悟道香嚴童子因香悟道乃至虛空藏菩薩因空悟道則知自性徧一切處皆是入路豈局一門而專以蚊蚋之愚翻恃鵾鵬之量且法無遲速見有淺深遮障之門各任輕重是以文殊菩薩頌云歸元性無二方便有多門聖性無不通順逆皆方便初心入三昧遲速不同

倫此宗鏡錄中並是十方諸佛大威德不思議法門猶赫赫日輪豈嬰孩之所視高高法座非矬陋之能升唯文殊大人普賢長子上上根器方堪能爾如華嚴論云大光王入菩薩大慈爲首三昧顯所行慈心業用饒益自在令後學者倣之以明無依之智入一切衆生心與之同體無有別性有情無情皆悉同體入此三昧所感業故令一切衆生及以樹林涌泉悉皆歸流悉皆低枝悉皆稽首夜叉羅刹悉皆息惡以明智隨一切衆生皆與同其業用一性無二如世間帝王有慈悲於人龍神順伏鳳集麟翔何況人焉而

不歸仰況此大光王智徹眞原行齊法界慈心爲首神會含靈與衆物而同光爲萬有之根本如摩尼寶與物同色而本色不違如聖智無心以物心爲心而物無違也明同體大慈悲心與物同用對現色身而令發明故山原及諸草樹無不迴轉向王禮敬陂池泉井及以河海悉皆騰溢注王前者以智境大慈法合如此若衆生情識所變之境即衆生不能爲之如蓮華藏世界中境界盡作佛事以是智境非情所爲故聖者以智歸情令有情衆生報得無情草木山泉河海悉皆隨智迴轉以末爲本故如世間有志孝於

心冰池涌魚冬竹抽筍尙自如斯況眞智從慈者歟故知得法界之妙用何有盡從眞性中緣起起無不妙則理無不事佛法卽世法豈可揀是除非耶事無不理世法卽佛法寧須斥俗崇眞耶但是未入宗鏡境智未亡興夢念而異法現前發燄想而殊途交應致茲取捨違背圓常所以不能諠靜同觀善惡俱化者未聞宗鏡故耳問何不依自禪宗躡玄學正路但一切處無著放曠任緣無作無修自然合道何必拘懷局志徇義迷文可謂棄靜求諠厭同好異答近代相承不看古教唯專己見不合圓詮或稱悟而意

解情傳說得定而守愚闇證所以後學訛謬不稟師承先聖教中已一一推破如云一切處無著者是以阿難懸知末法皆墮此愚於楞嚴會中示疑起執無上覺王以親訶破首楞嚴經云阿難白佛言世尊我昔見佛與大目連須菩提富樓那舍利弗四大弟子共轉法輪常言覺知分別心性旣不在內亦不在外不在中間俱無所在一切無著名之爲心則我無著名爲心否佛告阿難汝言覺知分別心性俱無在者世間虛空水陸飛行諸所物像名爲一切汝不著者爲在爲無無則同於龜毛兎角云何不著有不著者

不可名無無相則無非無則相相有則在云何無著是故應知一切無著名覺知心無有是處又所言放曠任緣者於圓覺中猶是四病之數圓覺經云善男子彼善知識所證妙法應離四病云何四病一者作病若復有人作如是言我於本心作種種行欲求圓覺彼圓覺性非作得故說名爲病二者任病若復有人作如是言我等今者不斷生死不求涅槃涅槃生死無起滅念任彼一切隨諸法性欲求圓覺彼圓覺性非任有故說名爲病三者止病若復有人作如是言我今自心永息諸念得一切性寂然平等欲求圓

覺彼圓覺性非止合故說名爲病四者滅病若復有人作如是言我今永斷一切煩惱身心畢竟空無所有何況根塵虛妄境界一切永寂欲求圓覺彼圓覺性非寂相故說名爲病離四病者則知淸淨作是觀者名爲正觀若他觀者名爲邪觀如上所說不唯作無著任緣之解墮於邪觀乃至起寂然冥合之心是存意地如有學人問忠國師云不作意時得寂然否答若見寂然卽是作意所以意根難出動靜皆落法塵故知並是執見修禪說病爲法如蒸沙作飯緣木求魚費力勞功枉經塵劫且經中佛語幽玄則義語

非文不同衆生情見麤浮乃文語非義又若執任緣無著之事盡落邪觀得悉檀方便之門皆成正教是以藥病難辯取捨俱非但且直悟自心自然言思道斷境智齊泯人法俱空向衆生三業之中開佛知見就生死五陰之內顯大菩提則了義金文可爲繩墨實地知識堪作眞歸故得智炬增輝照耀十方之際心華發豔榮縛法界之中又若深達此宗不收不攝卽想念而成智當語默而冥眞出入之定難親忻猒之懷莫及故云忻寂不當放逸還非如華嚴論云普眼等諸菩薩以出入三昧不得見普賢三業及座境

界故舉幻術文字中種種幻相無所住處喻明幻術文字之體了無處所如何所求不可將出入三昧處所求之去彼沈寂生滅却令想念明想念動用體自徧周用而常寂非更滅也以是普賢以金剛慧普入法界於一切世界無所行無所住知一切衆生身皆非身無去無來得無斷盡無差別自在神通此明任物自眞稱之爲神不爲不思不定不亂不來不去任智徧周利生自在知根應現名之爲通萬法如是無出入定亂方稱普賢所行三業作用及座如十地菩薩座體但言滿三千大千世界之量此普賢座量量

等虛空一切法界大蓮華藏故明知十地菩薩智量猶隔以此來昇此位如許乖宜入出如許不可說三昧之門猶有寂用有限障未得十地果位後普賢菩薩大自在故故三求普賢三重昇進却生想念方始現身及說十三昧境界之事意責彼十地猶有求於出世間生死境界未得等於十方任用自在以此如來教令却生想念去彼十地中染習出世淨心故此明十地緣眞俗出世餘習氣惑故已上意明治十地菩薩緣眞俗二習未亡寂亂二習未盡於諸三昧有出入習故未得常入生死猶如虛空無作者而常普

徧非限量所收一切衆生及以境界以之爲體普賢之智猶如虛空一切衆生以爲生體有諸衆生自迷智者名爲無明普賢菩薩隨彼迷事十方世界對現色身以智無體猶如虛空非造作性無有去來非生非滅但以等虛空之智海於一切衆生處啓迷智無體相能隨等法界虛空界之大用故豈將十地之位諸菩薩以出入三昧有所推求云何得見是故如來爲諸菩薩說幻術文字求其體相有可得不求幻之心尚不可得如何有彼幻相可求是故將出入三昧及以求心而求普賢大用無依善巧智身了無可得

是故教諸菩薩。却生想念。般勤三禮。普賢菩薩。方以神通力。如應現身。明智身不可以三昧處所求。爲智體無所住無所依故。若想念願樂。卽如應現化。無有處所依止。故猶如谷響。但有應物之音。若有求。卽無有處所可得。佛言普賢菩薩。今現在此道場衆會。親近我住。初無動移者。明以根本智性自無依。名爲現在此道場。故爲能治有所得諸見蘊。故以無礙總別同異普光明智。與十方一切諸佛大用體同。名爲衆會。故無邊差別智海。一時等用。不移根本智體無依住智。名爲親近我住。初無移故。

宗鏡錄卷四十三

音釋

罅呼訝切罅隙也　裨補移切裨益也　湍他官切急瀨也　瞪直耕切直視貌　矬昨禾切短也　躡尼輒切踐也

宗鏡録卷四十四

宋慧日永明妙圓正修智覺禪師延壽集

夫若談心佛唯唱性宗者則舉一攝諸不論餘義今何背已逃教迷宗答夫論至教皆爲未了之人從上稟承無不指示如忠國師臨終之時學人乞師一言師云教有明文依而行之卽無累矣吾何言哉如斯殷勤眞實付囑豈局已見生上慢心終不妄斥如來無上甘露不可思議大悲所稟金口所宣難思聖教如云依而行之者且依何旨趣不可是依文字語句而行不可是依義路道理而行直須親悟其宗不可

輒生孟浪若決定信入者了了自知何須他說聞甚深法如清風届耳今只爲昧性徇文之者假以言詮方便開示直指出六根現用常住無生滅性與佛無異親證現知分明無惑免隨言語之所轉不逐境界之所流今於六根之中且指見聞二性最爲顯現可驗初心疾入圓通同歸宗鏡且見性者當見之時卽是自性以性偏一切處故不可以性更見於性分明顯露絲毫不隱古教云摩尼殿有四角一角常露祖師云眼門放光照破山河大地又譌云應眼時若千日萬像不能逃影質凡夫只是未曾觀何得自輕而退屈是知顏貌雖童耄見性未曾虧明暗自去來靈光終不昧則是現今生滅中指出不生滅性方知窮子衣中寶乃輪王髻裏珠貧女室中金是如來藏中物何假高推極聖自鄙下凡一向外求不能內省枉功多劫違背已靈空滯行門失本眞性所以首楞嚴經云佛告阿難若汝見時是汝非我見性周徧非汝而誰云何自疑汝之眞性性汝不眞取我求實故知明暗差別是可還之法眞如妙性乃不遷之門若隨物觀局大小之所在若約性見絕器量之方圓見性卽成如來於一毛端建十方之寶剎徇物卽爲凡庶

向眞空裏現六趣之狴牢變易在人一性無異迷悟由已萬法不遷如經云波斯匿王起立白佛我昔未承諸佛誨敕見迦旃延毗羅胝子咸言此身死後斷滅名爲涅槃我雖値佛今猶狐疑云何發揮證知此心不生滅地今此大眾諸有漏者咸皆願聞佛告大王汝身現在今復問汝汝此肉身爲同金剛常住不朽爲復變壞世尊我今此身終從變滅佛言大王汝未曾滅云何知滅世尊我此無常變壞之身雖未曾滅我觀現前念念遷謝新新不住如火成灰漸漸消殞殞亡不息決知此身當從滅盡佛言如是大王汝

今生齡已從衰老顏貌何如童子之時世尊我昔孩孺膚腠潤澤年至長成血氣充滿而今頹齡迫於衰耄形色枯悴精神昏昧髮白面皺逮將不久如何見比充盛之時佛言大王汝之形容應不頓朽王言世尊變化密移我誠不覺寒暑遷流漸至於此何以故我年二十雖號年少顏貌已老初十歲時三十之年又衰二十于今六十又過于二觀五十時宛然彊壯世尊我見密移雖此殂落其間流易且限十年若復令我微細思惟其變寧唯一紀二紀實爲年變豈惟年變亦兼月化何直月化兼又日遷沈思諦觀刹那

刹那念念之間不得停住故知我身終從變滅佛言大王汝見變化遷改不停悟知汝滅亦於滅時知汝身中有不滅耶波斯匿王合掌白佛我實不知佛言我今示汝不生滅性大王汝年幾時見恒河水王言我生三歲慈母攜我謁耆婆天經過此流爾時卽知是恒河水佛言大王如汝所說二十之時衰於十歲乃至六十日月歲時念念遷變則汝三歲見此河時至年十三其水云何王言如三歲時宛然無異乃至于今年六十二亦無有異佛言汝今自傷髮白面皺其面必定皺於童年則汝今時觀此恒河與昔童時

觀河之見有童耄否王言不也世尊佛言大王汝面雖皺而此見精性未曾皺皺者爲變不皺非變變者受滅彼不變者元無生滅云何於中受汝生死而猶引彼末伽黎等都言此身死後全滅王聞是言信知身後捨生趣生與諸大衆踊躍歡喜得未曾有又如衆生八識之中前眼耳鼻舌身等五根及第八識俱緣現量得諸法之自性不帶一切名言又無二種計度分別隨念分別卽現前不生滅若六七二識落在比非二量及具計度隨念分別卽念念常生滅亦是於生滅中有不生滅性已上經文此是因匿王示疑

寄破外道斷見有此方便分別生滅不生滅二性若不執斷常見性之人則八識心王同一眞性皆是實相無有生滅如大智度論云當知色生時但是空生色滅時但是空滅中觀論偈云無物從緣起無物從緣滅起唯諸緣起滅唯諸緣滅故知萬法旣不從緣生亦不非緣生又不空亦不生空亦不生何者若一切法是不空者卽無有生以無自性空故方能隨緣成諸幻有若一切法是空者亦無有生以無自體故無有生相旣無有生亦無有滅如論偈云果不空不生果不空不滅以果不空故不生亦不滅果空故不

生果空故不滅以果是空故不生亦不滅但隨心現畢竟無生如首楞嚴經云佛言善男子我常說言色心諸緣及心所使諸所緣法唯心所現汝身汝心皆是妙明眞精妙心中所現物云何汝等遺失本妙圓妙明心寶明妙性認悟中迷晦昧爲空空晦昧中結暗爲色色雜妄想想相爲身聚緣內搖趣外奔逸昏擾擾相以爲心性一迷爲心決定惑爲色身之內不知色身外洎山河虛空大地咸是妙明眞心中物譬如澄清百千大海棄之唯認一浮漚體目爲全潮窮盡瀛渤汝等卽是迷中倍人如我垂手等無差別如

來說爲可憐愍者如上所說見性周徧湛然似鏡常明如空不動萬像自分出沒一性未曾往遠但隨生滅之緣遺此妙明之性是以一切祖教皆指見性識心不從生因之所生唯從了因之所了相麤易辯性密難明隨轉處而莫知在照時而方了如今不見者皆被三惑心牽六塵境換不知境元是我翻成主被客迷但能隨流得性之時自然無惑復有云般若唯以心神契會以心傳心方成密付不可以言迹事相而求者此是爲未入人顯宗破執恐取相背心情求意解故有是說若融會而論則隨緣體妙卽相恒眞

且如正見相時是誰見相以六塵鈍故名不自立相不自施以六根利故彊自建立而爲緣對若能了境本寂識自無生則入平等眞空方稱究竟見性耳故云見性周徧非汝而誰聞性者卽今聞性具三眞實文殊簡出現證可知觀音入門圓通立驗非從行得不墮有爲豈假功成本來如是首楞嚴經偈云譬如人靜居十方俱擊鼓十處一時聞此則圓眞實目非觀障外口鼻亦復然身以合方知心念紛無緒隔垣聽音響遐邇俱可聞五根所不齊是則通眞實音聲性動靜聞中爲有無無聲號無聞非實聞無性聲無

旣無滅聲有亦非生生滅二圓離是則常眞實釋曰此是直說如今一切衆生日用現行聞性三眞實之理一圓眞實二通眞實三常眞實一圓眞實者以聞性徧一切處十方聲塵應時無有前後以同時周徧一一皆不出自性如水起波波不離水以聲處全聞聞外無法卽是本聞自具圓通之性非待證聖方有斯事故法華經偈云父母所生耳清淨無瑕穢以此常耳聞三千世界聲又云持是法華者雖未得天耳但用所生耳功德已如是二通眞實者且眼根見性雖卽洞然能觀前而不觀後鼻舌身等三根皆以合

中知因能所而生起若意知根所緣不定念念遷移故五根所不齊唯耳根圓通無礙聽響之際任隔礙而遠近俱聞妙應之時無揀擇而大小咸備故高城和尙歌云應耳時若幽谷大小音聲無不足十方鐘鼓一時鳴靈光運運常相續則處凡身而不減居聖體而非增常現常通塵勞不能匿其神彩非間非斷天魔不能挫其威光不壞緣生之耳根圓具一靈之妙性三常眞實者音聲性動靜者動靜是音聲之體性於聞中似有似無若無聲時號無聞非實聞無性以聞性常在若聞性隨聲塵滅則前聲滅時後聲不

合更聞故知聲塵自無聞性非滅聲塵自有聞性非生又非唯聞性無生返觀聲塵亦無生滅以從緣而起自體全無如華嚴論云一切諸法猶如谷響楞嚴疏鈔云如谷中無聲無聲卽無響法界中皆無聲一切聲皆是妄心妄心不動時皆無妄想以有差別心執受卽有聲四大如枯木卽本無聲皆緣執故諸大菩薩不以音聲聽法是知聲塵本無皆因執有情消執喪萬法本虛有無旣虛生滅何有則知我性與如來性無異一切世間法卽是佛法故經云是法住法位世間相常住如憍陳那因聲悟道妙音密圓古釋

云若有能所未得名密悟四諦理推能聞及所聞皆是自心心卽是本覺光明圓照法界始覺智心亦圓照法界卽是因聲得悟一切衆生依此觀亦得解脫若聞聲可意不可意生憎愛便被聲縛但觀心海中是聲出處以心海元無有相心雖含聲聲亦無相無相卽於一切聲中而得解脫故知無法不心無心不法如是明達則於一切諸法不合不散無縛無脫矣故佛告阿難汝學多聞未盡諸漏心中徒知顚倒所因眞倒現前實未能識恐汝誠心猶未信伏吾今試將塵俗諸事當除汝疑卽時如來敕羅睺羅擊鐘一

聲問阿難言汝今聞否阿難大衆俱言我聞鐘歇無聲佛又問言汝今聞否阿難大衆俱言不聞時羅睺羅又擊一聲佛又問言汝今聞否阿難大衆又言俱聞佛問阿難汝云何聞云何不聞阿難大衆俱白佛言鐘聲若擊則我得聞擊久聲消音響雙絕則名無聞如來又敕羅睺羅擊鐘問阿難言爾今聲否阿難言聲少選聲消佛又問言汝今聲否阿難大衆答言無聲又頃羅睺羅更來撞鐘佛又問言爾今聲否阿難大衆俱言有聲佛問阿難汝云何聲云何無聲阿難大衆俱白佛言鐘聲若擊則名有聲擊久聲消音

響雙絕則名無聲佛語阿難及諸大眾汝今云何自語矯亂大眾阿難俱時問佛我今云何名為矯亂佛言我問汝聞汝則言聞又問汝聲汝則言聲唯聞與聲報答無定如是云何不名矯亂阿難聲消無響汝說無聞若實無聞聞性已滅同于枯木鐘聲更擊汝云何知知有知無自是聲塵或無或有豈彼聞性為汝有無聞實云無誰知無者是故阿難聲於聞中自有生滅非為汝聞聲生聲滅令汝聞性為有為無汝尚顛倒惑聲為聞何怪昏迷以常為斷終不應言離諸動靜閉塞開通說聞無性如重睡人眠熟牀枕其

家有人於彼睡時擣練舂米其人夢中聞舂擣聲別作他物或為擊鼓或復撞鐘即於夢時自怪其鐘為石木響於時忽寤遄知杵音自告家人我正夢時惑此舂音將為鼓響阿難是人夢中豈憶靜搖開閉通塞其形雖寐聞性不昏縱汝形消命光遷謝此性云何為汝消滅楞嚴疏云擊鐘以辯真妄者即聞性而可真舉聲塵而辯妄若因聲有聞此聞不離聲若離聲有聞此是真聞汝今但執隨聲之聞此聞不離於聲只合是聲不合是聞若真聞性如水不滅聲塵如風鼓水成波故有聞相聲塵不起聞相即無而聞性

不滅以性不滅聲塵若來還有聞相如水不滅若風動時即有波相如色真性徧十方界隨心感現則有色相此之聞性亦復如是故知不認自體恆常之聞性却徇聲塵生滅之聞相遂乃聞讚而生喜聞毀而起瞋以迷本聞故隨聲流轉故文殊云眾生迷本聞循聲故流轉阿難縱彊記不免落邪思豈非隨所淪旋流獲無妄又云旋汝倒聞機返聞聞自性性成無上道圓通實如是如今以聲為聞背心循境豈不是倒聞之機若能旋聲塵之有流復本聞之無妄則是返聞自性得本歸原內滅翳根外消塵境能所既脫

本覺道成寂照圓通真實如是所以佛告阿難以諸眾生從無始來循諸色聲逐念流轉曾不開悟性淨妙常不循所常逐諸生滅由是生生雜染流轉若棄生滅守於真常常光現前根塵識心應時消落想相為塵識情為垢二俱遠離則汝法眼應時清明云何不成無上知覺是以若了聞性即成正覺於是心境雙融動靜俱泯如觀音言彼佛教我從聞思修入三摩地初於聞中入流亡所所入既寂動靜二相了然不生如是漸增聞所聞盡盡聞不住覺所覺空空覺極圓空所空滅生滅既滅寂滅現前忽然超越世出

世間十方圓明獲二殊勝一者上合十方諸佛本妙覺心與佛如來同一慈力二者下合十方一切六道衆生與諸衆生同一悲仰是以初從聞性入時先亡動靜聲塵之境次亡能聞所聞之心既心境俱亡又不住無心境及能覺所覺之智則覺智俱空此空亦空方成圓覺故云空覺極圓空所空滅始盡生滅之原到寂滅本妙覺心之地如起信論云一切諸法皆由妄念而有差別若離妄念則無境界差別之相故知妄念空而根境謝識想消而塵垢沈則法眼應時清明常光了然頓現見聞本性既爾諸根所現亦然

故經云六自在王常清淨故又首楞嚴經偈云一根旣返原六根成解脱見聞如幻翳三界若空華聞復翳根除塵消覺圓淨淨極光通達寂照含虛空却來觀世間猶如夢中事但以未覺悟前於染淨中有一毫見聞取捨之處皆在三界無明長夜生死夢中纔得見性便同覺後自覺覺他故名爲佛又此自心之性徧一切處隨處得入非獨見聞或意消香界而入圓通或心開塵境而證法忍或入水觀而達性或審風力而悟宗或刺足疼痛而純覺遺身或了心無際而入佛知見或觀煖觸而成火光三昧或演法音而

降伏魔怨當此大悟之時終不見有一境可生一言可執今只爲迷性徇文背心求道者假以言說指歸自心從此一向內觀捨詮究理斯則豈不是因言悟道藉教明宗爲此之人不無利益遂使初心學者信有所歸便能息外馳求迴光反照頓見自己了了明心如正飲醍醐親開寶藏方悟隨言之失深漸背已之僁故阿難等因世尊開示自性之後發自慶言消我億劫顛倒想不歷僧祇獲法身故能不動塵勞現身成佛祖佛言教有如是不可思議之力爲是廣大無邊法利故所以具引全文佛語爲證云何反有背

已之言論文之誚乎若不觀心內證法律禪師等各有十種過患如像法決疑經云三師破壞佛法略各有十過法師十過者一但外求文解而不內觀修心釋論云有論而無慧所說不應受二不融經息諍趣道但執已非他我慢自高不識見心苦集三不遵遺囑不依念處修道不依木叉住非佛弟子四經云非禪不慧偏慧不禪一翅一輪豈能遠運五法本無說說破貪求名利弘宣盜會聖旨六貴耳入口出何利於已經云如人數他寶自無半錢分七無行而宣何利於他八又多加水乳無道之教誤後生九四衆

失眞法利轉就澆漓十非但不能光顯佛法亦乃破於佛法也禪師十過者一經云假名阿練若納衣在空閑自爲行眞道好說我等過二者恃行陵他不識戒取苦集煩惱三無慧修定盲禪無目墮出生死者也四不遵遺囑不依念處修道不依木叉而住非佛弟子五無慧之禪多發鬼定生破壞佛法死墮鬼道六名利坐禪如扇提羅死墮地獄七設證得禪卽墮長壽天難八如水乳禪教授學徒紹三塗種子九四眾不霑眞法之潤轉就澆漓十非止不能光顯三寶亦乃破佛法也律師十過者一但執外律不識內戒

故破淨名訶二執律名相諍計是非不識見心苦集三兼戒定慧相資方能進道但律不慧不禪何能進道四弘在名譽志不存道果在三塗五不遵遺囑不依念處修道不依木叉而住六執律方便小教以爲正理而障大道七師師執律不同弘則多加水乳八不依聖教傳授誤累後生九四眾不霑眞法轉就澆漓十非止不能光顯三寶亦乃破佛法也是知若不觀心具如上之大失如大智度論云菩薩摩訶薩若欲不空食國中之施者當學般若波羅密又寶梁經云若學大乘佛法者受施主摶食如須彌山受施主

衣可敷大地如不學者若未墮僧數十方無唾地處維摩經亦云敬學如師纔起學心便有爲人天之分或聞宗鏡一句定成佛無疑故法華經云若有聞是法無一不成佛唯除未聞者盲冥不信人若已聞者皆是曩因旣受衣珠曾親佛會不可放逸須志披尋忽遇緣差空無所得所以瑜伽論云不緩加行中又能如是勇猛精進謂我今定當趣證所應證得不應慢緩何以故我有多種橫死因緣所謂身中或風或熱或痰發動或所飲食不正消化住在身中或宿食病或爲於外虵蝎蚰蜒百足等類諸惡毒蟲之所蛆

螫或復爲人非人類等之所驚恐因斯夭沒於如是等諸橫死處恆常思惟修無常想住不放逸由住如是不放逸故恆自思惟我之壽命儻得更經七日六日五日四日三日二日一日一時半時須臾或經食頃或從入息至於出息或從出息至於入息乃至存活經爾所時於佛聖教精勤作意修習瑜伽劑爾所時於佛聖教我當決定多有所作如是名爲不緩加行問義學多樂聽讀禪宗唯精內觀然教觀二門闕一不可若但觀心而不尋教墮闇證上慢之愚若但尋教而不觀心受執指數寶之誚有不達者遮相是

非今宗鏡廣搜祖教意足請爲微細開析以決深疑答教觀難明須分四句如云一教門非理門教是能通理是所通能所異故二理門非教門吾聞解脫之中無有言說故三教門即理門文字即解脫故四理門即教門解脫即文字故又以門對教四句分別一得教不得門文字法師是二得門不得教觀慧禪師是三得門復得教聞慧法師是四門教俱不得假名阿練若是又或隨方便之詮則執權害實若達圓頓之教則了實開權執權則教觀兩分了實則人法一旨人法一旨則境智俱冥教觀兩分則信法雙現信

法雙現則有觀有聞境智俱冥則無內無外斯乃隨根利鈍有此開遮若能就旨圓融自無取捨則塵塵合道信行同法行之機念念歸宗教門等觀門之旨如是則無一心可照誰執觀門無一法可聞誰論教道方入宗鏡與此相應未達斯門終成隔礙且教中具述有二種修行人一是信行二是法行薩婆多明此二人位在見道因聞入者是爲信行因思入者是爲法行曇無德云位在方便自見法少憑聞力多後時要須聞法得悟名爲信行憑聞力少自見法多後時要須思惟得悟名爲法行止觀云若論利鈍者法

行利內自觀法故信行鈍藉他聞故又信行利一聞即悟故法行鈍歷法觀察故或俱利或俱鈍信行人聞慧利修慧鈍法行人修慧利聞慧鈍已上且約三師所說自然不可偏執觀心與教道定據聽學與坐禪今若得一心萬邪滅矣則何心而非教若一聞千悟獲大總持則何教而非心何教而非心則心外無法何心而非教則法外無心更約智者大師對法行二人以止觀安心隨四悉檀意以逗機宜俱令入道師即問言汝於定慧爲志何等其人若言我聞佛說善知識者如月形光漸漸圓著又如梯隥漸漸增高

巧說轉人心得道大因緣志欣渴飲如犢逐母當知是則信行人也若言我聞佛說明鏡若不動色像自分明淨水無波魚石自現欣捨惡覺如棄重擔當知是則法行人也既知根性於一人所八番安心如善男子無量劫來飲狂散毒馳逐五塵昇沈三界猶如猛風吹兜羅毦大熱沸鑊煮豆昇沈從苦至惱從惱至苦何不息心達本以一其意意若一者何事不辦苦集得一則不輪迴無明得一不至於行乃至不至老死摧折大樹畢故不造新六弊得一則度彼岸雖此爲快善巧方便種種因緣種種譬喻廣讚於止發

悅其情是名隨樂欲以止安心也又善男子如天亢旱河池悉乾萬卉焦枯百穀零落娑伽羅王七日構雲四方霔雨大地霑洽一切種子皆萌芽一切根株皆開發一切枝葉皆鬱茂一切華果皆敷榮人亦如是以散逸故應生善不生已生善還退失禪定河乾道品樹滅萬善焦枯百福殘悴因華道果不復成熟若能閑林一意內不出外不入靜雲興也發諸禪定卽是降雨也功德叢林煖頂方便眼智明覺信忍順忍無生寂滅忍乃至無上菩提悉皆剋獲善巧方便種種緣喻廣讚於止生其善根是名隨便宜以止

安心也又善男子夫散心者惡中之惡如無鉤醉象蹋壞華池穴鼻駱駝翻倒負馱疾於掣電毒逾蚖舌重沓五翳埃藹曜靈睫近霄遠俱皆不見若能修定如密室中燈能破巨闇金鎞抉膜空色朗然一指二指三指皆了大雨能淹囂塵大定能靜狂逸止能破散虛妄滅矣善巧方便種種緣喻廣讚於止破其睡散是名對治以止安心也又善男子心若在定能知世間生滅法相亦知出世不生不滅法相如來成道猶尚樂定況諸凡夫有禪定者如夜見電光卽得見道破無數億洞然之惡乃至得成一切種智善巧方

便種種緣喻廣讚於止卽會眞如是名隨第一義以止安心也其人若言我聞寂滅都不入懷若聞分別聽受無猒卽應爲說三惡燒然駝驢重楚餓鬼飢渴不名爲苦癡闇無聞不識方隅乃是大苦多聞分別樂見法法喜樂以善攻惡樂無著阿羅漢是名爲最樂從多聞人聞甘露樂如教觀察知道遠離坑陷直去不迴善巧方便種種緣喻廣讚於觀發悅其情是名隨樂欲以觀安心又善男子月開蓮華日興作務商應隨主彩畫須膠坏不遇火無須臾用盲不得導一步不前行無觀智亦復如是一切種智以觀爲根

本無量功德之所莊嚴善巧方便種種緣喻廣讚於觀生其功德是名隨便宜以觀安心又善男子智者識怨怨不能害武將有謀能破彊敵非風何以卷雲非雲何以遮熱非水何以滅火非火何以除闇析薪之斧解縛之刀豈過智慧善巧方便種種緣喻廣讚於觀使其破惡是名對治以觀安心又善男子井中七寶闇室瓶盆要待日明日既出已皆得明了須智慧眼觀知諸法實一切諸法中皆以等觀入般若波羅密最爲照明善巧方便種種緣喻廣讚於觀令得悟解是名第一義以觀安心如是八番爲信行人說

安心也其人若云我樂息心默以復默損之又損之遂至於無爲不樂分別坐馳無益此則法行根性當爲說止汝勿外尋但內守一攀覺流動皆從妄生如旋火輪輟手則息洪波鼓怒風靜則澄淨名經云何謂攀緣謂有三界何謂息攀緣謂心無所得瑞應經云其得一心者則萬邪滅矣龍樹云實法不顛倒念想觀已除言語法皆滅無量衆罪除淸淨心常一如是尊妙人則能見般若夫山中幽寂神仙所讚況涅槃澄靜賢聖尊崇佛話經云比丘在聚身口精勤諸佛咸憂比丘在山息事安臥諸佛皆喜況復結跏束

手緘脣結舌思惟寂相心原一止法界洞寂豈非要道唯此爲貴餘不能及善巧方便種種因緣種種譬喩廣讚於止發悅其心是名隨樂欲以止安心其人若云我觀法相只增紛動善法不明當爲說止止是法界平正良田何法不備止捨攀緣卽是檀止體非惡卽是戒止體不動卽是忍止無間雜卽是精進止則決定卽是禪止法亦無止者亦無卽是慧因止會非止非不止卽是方便一止一切止卽是願止止愛止止見卽是力此止如佛止無二無別卽是智止具一切法卽是祕藏但安於止何用別修諸法善巧方

便種種緣喩令生善根卽是隨便宜以止安心也若言我觀法相散睡不除者當爲說止大有功能止是壁定八風惡覺不能入止是淨水蕩於貪婬八倒猶如朝露見陽則晞止是大慈怨親俱愍能破恚怒止是大明呪癡疑皆遣止卽是佛破除障道如阿伽陀藥徧治一切如妙良醫呪枯起死善巧方便種種緣喩令其破惡是名對治以止安心其人若言我觀察時不得開悟當爲說止止卽體眞照而常寂止卽隨緣寂而常照止卽不止止雙遮雙照止卽佛母止卽佛父亦卽父卽母止卽佛師佛身佛眼佛之相好佛

藏佛住處何所不具何所不除善巧方便種種緣喩廣讚於止是爲第一義以止安心彼人言止狀沈寂非我悅樂當爲說觀推尋道理七覺中有擇覺支八正中有正見六度中有般若於法門中爲主爲導乃至成佛正覺大覺徧覺皆是觀慧異名當知觀慧最爲尊妙如是廣讚是爲隨樂欲以觀安心若勤修觀能生信戒定慧解脫解脫知見知病識藥化道大行衆善普會莫復過觀是爲隨便宜以觀安心觀能破闇能照道能除怨能得寶傾邪山竭愛海皆觀之力是爲隨對治以觀安心若觀法時不得能所心慮虛

豁朦朧欲開但當勤觀開示悟入是爲用第一義以觀安心是爲八番爲法行人說安心也復次人根不定或時迴轉薩婆多明轉鈍爲利成論明數習則利此乃始終論利鈍不得一時辯也今明衆生心行不定或須臾而鈍須臾而利任運自爾非關根轉亦不數習或作觀不徹因聽卽悟或久聽不解暫思卽決是故更論轉根安心若法行轉爲信行逐其根轉用八番悉檀而授安心若信行轉成法行亦逐根轉用八番悉檀而授安心得此意廣略自在說之轉不轉合有三十二安心也自在安心者當察此心欲何所

樂若欲息妄令念相寂然是樂法行若樂聽聞徹無明底是樂信行樂寂者知妄從心出息心則衆妄皆靜若欲照知須知心原心原不二則一切諸法皆同虛空是爲隨樂欲自行安心其心雖廣分別心及諸法而信念精進毫善不生卽當凝停莫動諸善功德因靜而生若凝停時彌見沈寂都無進忍當計校籌量策之令起若念念不住如汗馬奔逸卽當以止對治馳蕩若靜默然無記與睡相應卽當修觀破諸昏塞修止既久不能開發卽應修觀觀一切法無礙無異怗怗明利漸覺如空修觀若久闇障不除宜更修

止止諸緣念無能無所所我皆寂空慧將生是爲自修法行八番善巧布歷令得心安信行安心者或欲聞寂定如須彌不畏八動卽應聽止欲聞利觀破諸煩惱如日除闇卽應聽觀聽觀多如日焦芽卽應聽止潤以定水或聽定淹久如芽爛不生卽應聽觀令風日發動使善法現前或時馳覺一念叵住卽應聽止以治散心或沈昏濛濛坐霧卽當聽觀破此睡熟或聽止豁豁卽專聽止或聞觀朗朗卽專聽觀是爲自修信行八番巧安心也若法行心轉爲信行信行心轉爲法行皆隨其所宜巧鑽研之自行有三十二

化他亦三十二合爲六十四安心也復次信法不孤立須聞思相資如法行者隨聞一句體寂湛然夢妄皆遣還坐思惟心生歡喜又聞止已還更思惟卽生禪定又聞於止還卽思惟妄念皆破又聞止已還更思惟朗然欲悟又聞觀已還更思惟心大歡喜又聞觀已還更思惟生善破惡欲悟等准前可知此乃聽少思多名爲法行非都不聽法也信行端坐思惟寂滅欣踊未生起已聞止歡喜甘樂端坐念善善不能發起已聞止信戒精進倍更增多端坐治惡惡不能遣起已聞止散動破滅端坐卽眞眞道不啓起已聞

止豁如悟寂是爲信行坐少聞多非都不思惟前作一向根性今作相資根性就相資中復論轉不轉亦有三十二安心化他相資亦有三十二安心合六十四合前爲一百二十八安心也夫心地難安違苦順樂今隨其所願逐而安之譬如養生或飲或食適身立命養法身亦爾以止爲飲以觀爲食藥法亦爾或丸或散以除冷熱治無明病以止爲丸以觀爲散如陰陽法陽則風日陰則雲雨雨多則爛日多則焦陰如定陽如慧定慧偏者皆不見佛性八番調和貴在得意一種禪師不許作觀唯專用止引偈云思思徒

自思思徒自苦息思即是道有思終不覩又一師不許作止專在於觀引偈云止止徒自止昏闇無所以止止即是道觀觀得會理兩師各從一門入以己益教他學者不見意一向服乳漿猶難得況復醍醐若一向作解者佛何故種種說耶天不常晴醫不專散食不恒飯世間尚爾況出世耶今隨根隨病迴轉自行化他有六十四若就三番止觀即三百八十四又一心止觀復有六十四合五百一十二三悉檀是世間安心世醫所治差已復生一悉檀是出世安心如來所治畢竟不發世出世法互相成顯若離三諦無安心處若離止觀無安心法若心安於諦一句即足如其不安巧用方便令心得安一目之羅不能得鳥得鳥者羅之一目耳衆生心行各各不同或多人同一心行或一人多種心行如爲一人衆多亦然如爲多人一人亦然須廣施法網之目捕心行之鳥耳如是委細種種安心利鈍齊收自他兼利若有聞者頂戴修行

宗鏡録卷四十四

音釋

耄莫報切八十九十日耄　狴傍禮切牢獄也　腠倉奏切膚理也　殂昨胡切　洎几利

切　舂書容切　遄市緣切　隥都鄧切　毦人志切　鎞邊迷切　抉一穴切

宗鏡錄卷四十五

宋慧日永明妙圓正修智覺禪師延壽集

夫已上是引台教明定慧二法安心次依華嚴宗釋華嚴經云於眼根中入正定於色塵中從定出示現色性不思議一切天人莫能知於色塵中入正定於眼起定心不亂說眼無生無有起性空寂滅無所作疏釋云定慧雖多不出二種一事二理制之一處無事不辦事定門也能觀心性契理不動理定門也明達法相事觀也善了無生理觀也諸經論中或單說事定或但明理定二觀亦然或敵體事理止觀相對

或以事觀對於理定如起信論云止一切相乃至心不可得為止而觀因緣生滅為觀或以理觀對於事定此經云一心不動入諸禪了境無生名般若是也或俱通二此經云禪定持心常一緣智慧了境同三昧是也或二俱泯非定非散或卽觀之定但名為定如觀心性名上定是也或卽定之觀但名為觀如以無分別智觀名般若是也或說雙運謂卽寂之照是也所以局見之者隨矚一文互相非撥偏修之者隨入一門皆有剋證然非圓暢今此經文巧顯無礙略分五對第一對根境無礙謂觀根入定應從根出而從境出者為顯根境唯是一心緣起無二理性融通是故根入境出耳境入根出亦然第二對理事二定無礙謂分別事相應入事定而入理定欲觀性空應入理定而入事定以契卽事之理而不動故入理卽是入事制心卽理之事而一緣故入事卽是入理而經文但云入正定不言事理及乎出觀境中卽云分別色相斯事觀也根中卽云性空寂者理觀也亦合將根事對於境理以辯無礙第三對事理二觀無礙謂欲分別事相應從事觀起而反從理觀起以所觀之境旣眞俗雙融法界不二故分別事智卽是無生

之智二觀唯是一心故亦應將境事理對根事理以辯無礙第四出入無礙以起定卽是入定故起定而心不亂若以事理相望應成四句謂事入事起事入理起理入理起理入事起若以根境相望又成四句謂根事入境事起等一一思之皆有所由又或以理觀對於事止謂契理妄息也或事觀對於理寂謂無念知境也或事觀對於事寂謂觀於一境心不動搖也或理觀對於理寂亡心照極也如百門義海云明出入定者謂見塵性空十方一切眞實之理名為入定也然此見塵無性空理空時乃是十方之空也何

以故由十方之心見於一塵是故全以十方爲塵定亦不礙事相宛然是故起與定俱等虛空界但以一多融通同異無礙是故一入多起多入一起差別入一際起一際入差別起皆悉同時一際成立無有別異當知定卽起起卽定一與一切同時成立出入無礙也第五對二利體用無礙謂於深根起定心不亂是體也自利也而不礙理舒於廣境是用也人天不能知利他也良以體用無二故自利卽是利他此上十義同爲一聚法界緣起相卽自在菩薩善達作用無礙又經且約根境相對亦應境境相對謂色塵入

正受聲香三昧起復應根根相對謂眼根入正受耳根三昧起等云色性難思等者卽色等總持是色陀羅尼自在佛等亦應云分別眼性難思有眼陀羅尼自在佛等又眼中云性空寂滅卽眼之度門眼等本淨亦應云色等度門色等本淨不唯取相爲染無心爲淨而已也又以智論三觀束之分別色相等是假名觀也性空寂滅是空觀也此二不二色性難思中道觀也三無前後皆是一心上來無礙深妙難思始學之流如何趣入今當總結但能知事理無礙根境一如念慮不生自當趣入是以事中卽理何曾有礙

心外無境念自不生如是則入宗鏡之一心成止觀之雙運方能究竟定慧莊嚴自利利他圓無盡行又若心不安人在三界內未入止觀門非習學之者情牽萬境意起百思投五欲旋火之輪未曾略暇陷五濁狴牢之處何省暫離塵網千重密密而常籠意地愛繩萬結條條而盡繫情田聳高阜於慢山橫遮法界洶長波於貪海吞盡欲流若蟻聚蜂攢攀緣役役如鼠偷狗竊結搆營營八苦之燄長燒二死之河恒沒輪迴生滅苦惱縈纏皆是不能自安心耳今爲於生死長夜無明塵勞三界大夢之中獨覺悟人劄開

愛網欲透苦原將求如來大寂滅樂者如前所述安心之門直下相應無先定慧定是自心之體慧是自心之用定卽慧故體不離用慧卽定故用不離體雙遮則俱泯雙照則俱存體用相成遮照無礙此定慧二法修行之要祖佛大旨經論同詮所以法華經云以禪定智慧力得法國土又云定慧力莊嚴以此度衆生華嚴經頌云衆生惑見恒隨縛無始稠林未除翦與志共俱心並生常相羈繫不斷絕但唯妄想非實物不離於心無處所禪定境排仍退轉金剛道滅方畢竟大涅槃經云定慧等學明見佛性又云先以

定動後以智拔大智度論云禪定爲父智慧爲母能生一切導師又云以業力故入生死以定力故出生死故云禪非智無以窮其寂智非禪無以發其照何者謂禪無智但是事定若得智慧觀於心性即爲上定若智不得禪乃爲散善分別慧若有定如密室燈寂而能照離動分別成實慧故若定慧雙運動寂融通則念念入三昧之門寂寂運無涯之照如上種種開示種種證明如是調停如是剖析削繁簡要去僞存眞以無數萬億諸方便門皆令一切含生盡入此宗鏡如囊中有寶不探示之誰有知者猶室中金藏

宗鏡錄卷四十五　五

未遇智人何由發掘若珠蔽內衣裏弗因親友所示爭致富饒似窮子之家珍非長者之誘引曷能承紹設或明了信入無疑更在當人尅己成辦鍊磨餘習直取相應一切時中不得忘照自量生熟各逐便宜此是修定時此是修慧時若掉散心須行三昧若惛沈意宜啓慧門若處見修位中此是行時非是證時若居究竟即內此是證時非是行時不可如二乘忽忽取證沈實際之海溺解脫之坑又不可傚無聞比丘妄指無生求升反墜似苦行外道唯投見網期悟遭迷斯定慧門是眞修路照宗門之皎日泛覺海之

迅航駕大白牛車之二輪昇第一義天之兩翼等學而明見佛性莊嚴而可度衆生爲法國土之王因茲二力出生死海之底全假雙修散妄亂而似風吹雲破愚闇而如日照世動邪見之深刺拔無明之厚根爲大覺海之陰陽作寶華王之父母備一乘之基地堅萬行之垣牆以此相應能入宗鏡前據台教明五百番安心法門皆爲逗機對病施藥今依祖教更有一門最爲省要所爲無心何者若有心則不安無心則自樂故先德偈云莫與心爲伴無心心自安若將心作伴動即被心謾法華經云破有法王出現世間

宗鏡錄卷四十五　六

淨名經云除去所有唯置一牀即是除妄心之有外境本空以心有法有心空境空故起信論云是故當知一切世間境界之相皆依衆生無明妄念而得建立如鏡中像無體可得唯從虛妄分別心轉心生則種種法生心滅則種種法滅故是以但得無心境自不現既無對待逆順何生以逆境故生瞋惱彊賊干懷以順境故牽愛情華箭入體能令心動故稱不安今若無心坦然無事則萬機頓赴而不撓其神千難殊對而不干其慮所以阿難執有而無據七處茫然二祖體無而自安言下成道若不直了無心之旨雖

然對治折伏其不安之相常現在前若了無心觸途無滯絕一塵而作對何勞遣蕩之功無一念而生情不假忘緣之力又無心約教有二一者澄湛令無二者當體是無澄湛令無者則是攝念安禪鐲消覺觀虛襟靜慮漸至微細當體是無者則直了無生以一念起處不可得故經云一念初起無有初相是眞護念寶藏論云夫離者無身微者無心無身故大身無心故大心大心故則智周萬物大身故則應備無窮是以執身爲身者則失其大應執心爲心者則失其大智故千經萬論莫不說離身心破於執著乃入眞

實譬如金師銷鑛取金方爲器用若有身者則有身礙有身礙故則法身隱於形殼之中若有心者則有心礙有心礙故則眞智隱於念慮之中故大道不通妙理沈隱六神內亂六境外緣晝夜惶惶無有止息矣夫不觀其心者而不見其微不觀其身者而不見其離若不見其離微者則失其道要故經云佛說非身是名大身心亦如是此謂破權歸實會假歸眞譬如金師銷鑛取金方爲器用滅相混融以通大冶大冶者謂大道此大道冶中造化無窮流出萬宗若成若壞體無增減故經云有佛無佛性相常住所言混

融相者但爲愚夫著相畏無相也所以說相者爲彼外道著於無相畏有相所以說中道者欲令有相無相不二也此皆破執除疑言非盡理若復有人了相無相平等不二無取無捨無彼無此亦無中間則不假聖人言說理自通也如上所述皆爲有心成障若乃無心自然合道卽是離其妄心眞心不動如釋摩訶衍論云離心緣相者心量有十一者眼識心二者耳識心三者鼻識心四者舌識心五者身識心六者意識心七者末那識心八者阿賴耶識心九者多一識心十者一一識心如是十中初九種心不緣眞理

後一種心得緣眞理而爲境界今據前九作如是說離心緣相本有契經中作如是說甚深眞體非餘境界唯自所依緣爲境界故楞伽經云非心之心量我說爲心量者謂以非心量爲遣心量若以非心量爲是斯卽心量今謂非心量卽不思議之心量者不礙心量故如華嚴經云菩薩住是不思議卽非心量於中思議不可盡卽是心量以二相卽奪故思與非思俱寂滅又云於非心處示生於心者人多誤解情作非情非情作情若執於非心處示生於心是非情爲情者旣言示生非眞無情爲有情矣大寶積經云佛

言文殊汝入不思議三昧耶文殊師利言不也世尊我即不思議不見有心能思議者云何而言入不思議三昧我初發心欲入是定而今思惟實無心相而入三昧如人學射久習則巧後雖無心以久習故箭發皆中我亦如是初學不思議三昧繫心一緣若久習成就更無心想恆與定俱又先德云一念妄心纔動即具世間諸苦如人在荆棘林不動即刺不傷妄心不起恆處寂滅之樂一念妄心纔動即被諸有刺傷故經云有心皆苦無心乃樂當知妄心不起始合法身寂滅樂也問本自無心妄依何起答爲不了本

自無心名妄若知本自無心即妄無所起眞無所得問何故有心即妄無心即無妄答以法界性空寂無主宰故有心即有主宰有主宰即有分劑無心即無主宰無主宰即無分劑無分劑即無生死問無心者爲當離心是無心即心得無心答即心得無心問即心是有心云何得無心答不壞心相而無分別問豈不辯知也答即辯知無能所是無心也豈渾無用始是無心譬如明鏡照物豈有心耶當知一切衆生恆自無心心體本來常寂寂而常用用而常寂隨境鑒辯皆是實性自爾非是有心方始用也只謂衆生不

了自心常寂妄計有心心便成境以即心無心故心恆是理即理無理故理恆是心理恆是心故不動心相心恆是理故不得心相不得心相故即是衆生不生不動心相故即是佛亦不生以生佛俱不生故即凡聖常自平等法界性也純一道清淨更無異法當知但有心分別作解之處俱是虛妄猶如夢中若未全覺所見纖毫亦猶是夢中事但得無心即同覺後絶諸境界但有一微塵可作修證不思議解處俱不離三界夢中所見經云無有少法可得佛即授記無生義云不退轉天子言此佛土未曾思惟分別於我

見與不見我亦不思惟佛土見與不見故知諸見從有心而生佛土無心故不見天子天子有心而不生念故言不見佛土便成不異故知有心無心俱空融大師云鏡像本無心說鏡像無心從無心中說無心人本有心說人無心從有心中說無心有心中說無心是末觀無心中說無心是本觀衆生計有身心說鏡像破身心衆生著鏡像說畢竟空破鏡像若知鏡像畢竟空即身心畢竟空假名畢竟空亦無畢竟空若身心本無佛道亦本無一切法亦本無本無亦本無若知本無亦假名假名佛道佛道非天生亦不從

地出直是空心性照世間如日智論問曰若知心不可見佛何以故說如實知不可見心答曰有坐禪人憶想分別見是心如清淨珠中縷觀白骨人中見心次第相續生或時見心在身或見在緣如無邊識處但見識無量無邊破如是等虛妄故佛言如實知眾生心眾生心自相空故無相相復次佛以五眼觀此心不可得肉眼天眼緣色故不見慧眼緣涅槃故不見初學法眼分別知諸法善不善有漏無漏等是法眼入實相中則無所分別如先說一切法無知者無見者是故不應見佛眼觀寂滅相故不應見乃至不

如凡夫人憶想分別見復次五眼因緣和合生皆是作相虛誑不實佛不信不用是故言不以五眼見又問曰舍利弗知心相常淨何以故問答曰以菩薩發阿耨多羅三藐三菩提心深入深著故雖聞心畢竟空常清淨猶憶想分別取是無心相以是故問是無心相心為有為無若有云何言無心相若無何以讚歎是無等等心當成佛道須菩提答是無心相中畢竟清淨有無不可得不應難舍利弗復問何等是無心相須菩提答畢竟空一切諸法無分別是名無心相此無心相是卽心無心非待斷滅如經云若有眾

生能觀一切妄念無相則為證得如來智慧又且無心者不得作有無情見之解若將心作無此卽成有若一切處無心如土木瓦礫此成斷滅皆屬意根彊知妄識邊事是以稱不思議定者以有無情見不及故又澄湛是事當體是理事有顯理之功亦有覆理之義理有成事之力亦有奪事之能各取則兩傷並觀則俱是何謂顯理若妙性未發須假事行助顯莊嚴如水澄清魚石自現何謂成事若功行未圓必仗理觀引發開導何謂覆理若一向執事坐禪反迷已眼未識玄旨徒勞念靜何謂奪事若天眞頓朗如日

消冰何須調心收攝伏捺故經偈云若學諸三昧是動非是禪心隨境界流云何名為定是以不可執一執二定是定非但臨時隨用圓融得力自諳深淺若也歸宗順旨則理事雙消心境俱亡定慧齊泯如永嘉集云以奢摩他故雖寂而常照以毗婆舍那故雖照而常寂以優畢叉故非照而非寂照而常寂故說俗而卽眞寂而常照故說眞而卽俗非寂而非照故杜口於毗耶斯則不唯言語道斷亦乃心行處滅所以圓覺經云有作思惟從有心起皆是六塵妄想緣氣非實心體已如空華用此思惟辯於佛境猶如空

華復結空果展轉妄想無有是處問既不得作有無之解如何是正了無心答石虎山前鬬蘆華水底沈問前標宗不言法相云何已下更用廣說諸識種現熏習差別義理瑜伽唯識百法五位事相法門答祖佛大意唯說二空證會一心眞如本性所以百法論云如世尊言一切法無我云何一切法所謂心法云何二無我所謂人無我法無我若一切眾生但得人法俱空知一切法卽心自性復更有何異法而敷演乎如瑜伽論是無著菩薩請彌勒所說論云無著菩薩位登初地證法光定得大神通事大慈尊請說此

論理無不窮事無不盡文無不釋義無不詮疑無不遣執無不破行無不修果無不證正爲菩薩令於諸乘境行果等皆得善巧勤修大行證大菩提廣爲有情常無倒說乃至瑜伽中行觀無少法欲令證得及欲現觀或說究竟清淨眞如名爲瑜伽理中最極一切功德共相應故是以智者大師於淨名疏中問云今依龍樹之學何意用天親之義答龍樹天親豈不同入不二法門乎今本爲佛教隨義有所開而用釋何得取捨定執也若分別界外結惑生死及諸行名義當細尋天親所作若觀門遣蕩安心入道何過龍

樹若不取地論攝大乘論相映望者他或謂於非義理多端彊說也故知菩薩製作一一關於聖典故非出自胸襟廣引證明令生聞慧宗鏡纂集大意亦同若不先明識論天親護法等剖析根塵微細生死又焉得依龍樹觀門遣蕩如無差別無可圓融若不先診候察其病原何以依方施其妙藥只如淨名居士位臨等覺尚有原品無明實因疾未盡現受後有生死實果疾猶存如淨名疏問實報業障礙土何得猶有煩惱四分之因疾答開菩薩自體法界緣集卽有四分所以然者取自體一實諦卽是貪愛捨二邊生

死卽是瞋斷迷一實諦無明未盡故猶有癡也三分等取卽是等分此卽是根本之三毒故請觀音經云淨於三毒根成佛道無疑何況業繫凡夫分段生死之病然今時多不就己仔細推尋及廣披聖典教觀俱昧理行全虧唯尙隨語依通一時遣蕩拂迹而迹不泯歸空而空不亡以不出法塵全爲影事殊不識心王心所種現根隨微細根塵生滅起處心心流注念念現行如醉如癡懵無知者智燈旣闇定水全枯未審何門能得清淨但學成現高茆之語名標眾聖之前都無正念修行之門跡陷羣邪之後今普使知

病識藥令得服行淨三毒之根見一心之性且如馬鳴龍樹皆是西天傳佛心印祖師馬鳴製大乘起信論廣說阿賴耶等三細識六麤相一心眞如生滅二門龍樹製摩訶衍論引一百本大乘經證說八識心王性相微細等義云何末學不紹先賢可謂綆短而不勾深泉翅弱而弗能高逝又若不先論其事相之表何以辯其體性之原如世間法未見其海爭識其波未見其山寍諳其土今欲總別雙辯理事具陳不達事而理非圓不了理而事奚立故云理隨事現一多緣起之無邊事得理融千差涉入而無礙又從總

出別因別成總不得別而何成總不因總而豈稱別則理事總別一際無差只爲今時但唯執總滯理見解不圓法眼將明而不明疑心欲斷而非斷皆是理事成礙總別不通故四弘誓願云法門無邊誓願學佛道無上誓願成何乃虛擲寸陰頓違本願守愚空坐辜負四恩若愚癡人不分菽麥似牛羊眼罔辯方隅現今對境尚不圓明臨終遇緣焉能甄別直須達事通理徹果窮因無一法而不明無一塵而不照則見聞莫能惑境界不能拘故法華經云佛所成就第一希有難解之法唯佛與佛乃能究盡諸法實相所

謂諸法如是相如是性如是體如是力如是作如是因如是緣如是果如是報如是本末究竟等故知一心實相悉是諸法諸法所生皆從現行善惡熏習第八識含藏種子爲因發起染淨差別報應爲果若不微細剖析問答決疑則何由到一心總別之原徹八識性相之際古德云提綱意在張網不可去網存綱舉領意在著衣不可棄衣取領若祇集而不敘如無綱之網若祇敘而不集如無網之綱故知理事雙明方通圓旨教觀齊運始達一乘且如等覺菩薩妙果將圓却入幻網門倒學凡夫事習世間三昧俱工巧

神通今之所宗且明大旨須先立後破以洗情塵然即破立同時而無所破不同權教定執教相之有門寍比小乘唯證析法之空理今則以別成總將偏顯圓別成總而一際無差偏顯圓而萬法齊旨開合自在隱顯無方若執之成萬有之瘡疣若定之爲四魔之根蔕此百法明門大乘菩薩初地方了乃至十方諸佛本後二智俱證俱緣若不證唯識之性不成根本智無成佛之期若不了唯識之相百法明門不成後得智闕化他之行此唯識百法者乃是有爲無爲眞俗一切法之性相根本所以經云若不證眞如焉

能了諸行。若不證唯識眞如之性。焉能了唯識百法之行相。故云根本智證百法性。後得智緣百法相。大乘起信論云。信成就發心。略說有三。一發正直心。如理正念眞如法故。二發深重心。樂集一切諸善行故。三發大悲心。願拔一切衆生苦故。問一切衆生。一切諸法。皆同一法界。無有二相。據理但應正念眞如。何假復修一切善行。救一切衆生。答不然。如摩尼寶本性明潔。在礦穢中。假使有人。勤加憶念。而不作方便。不施功力。欲求淸淨。終不可得。眞如之法。亦復如是。體雖明潔。具足功德。而被無邊客塵所染。假使有人

勤加憶念。而不作方便。不修諸行。欲求淸淨。終無得理。是故要當集一切善行。救一切衆生。離彼無邊客塵垢染。顯現眞法。起信疏云。一直心。正念眞如法者。卽心平等。更無別歧。何有迴曲。卽是二行之根本。二深心者。是窮原義。若一善不備。無由歸原。歸原之來。必具萬行。故言樂集諸善行故。卽是自利之行本也。大悲心者。是普濟義。故言欲拔衆生苦故。卽是利他之行本也。又此初一直心。唯正念眞如之法。是宗是本。因此起深重心大悲心。是行。又開此直心爲十心。一廣大心。謂誓願觀一切法。悉如如故。二甚深心。謂誓願觀眞如。要盡原底故。三方便心。謂推求簡擇趣眞方便故。四堅固心。謂設逢極苦樂受。此觀心不捨離故。五無間心。謂觀此眞理。盡未來際。不覺其久故。六折伏心。謂若失念。煩惱暫起。卽便覺察。折伏令盡使觀心相續故。七善巧心。謂觀眞理。不礙隨事巧修萬行故。八不二心。謂隨事萬行。與一味眞理融無二故。九無礙心。謂理事旣全融通不二。還令全理之事。而相卽入故。十圓明心。謂頓觀法界。全一全多。同時顯現。無障無礙故。卽此十心。理行具足。且無理不能導行。無行不能成理。可謂卽眞如之理。成眞如之行。

無有一法能出唯識之性相矣。是知一心爲萬法之性。萬法是一心之相。相卽性之相。是一中之多。性卽相之性。是多中之一。若不了性。亦不了相。其相卽妄。若不識相。亦不識性。其性卽孤。應須性相俱通。方得自他兼利。如首楞嚴經云。幻妄稱相。其性眞爲妙覺明體。是以若偏執相而成妄。定據性而沈空。今則性相融通。眞妄交徹。不墮斷常之見。能成無盡之宗。故知若欲深達法原。妙窮佛旨者。非上智而莫及。豈下機而能通。所以法華經偈云。如是大果報。種種性相義。我及十方佛。乃能知是事。又見解圓明。是目。行解

相應是足。目足更資。理行扶助。可趣涅槃之域。能到清涼之池。若定慧未熏。如摩尼之匿礦。性相不辯。猶古鏡之未磨。欲望雨寶鑒容。無有是處。若意珠旣淨。心鏡纔明。更以萬行熏修。轉加光潔。如華嚴經云。佛子。譬如金師善巧鍊金。數數入火。轉轉明淨。調柔成就。隨意堪用。菩薩亦復如是。供養諸佛。敎化眾生。皆爲修行清淨地法。所有善根。悉以迴向一切智地。轉轉明淨。調柔成就。隨意堪用。然雖萬行磨鍊。皆是自法所行。如先德云。一切佛事無邊化門。皆依自法融轉而行。卽自心中有眞如體大。今日體解。引出法身。

由心中有眞如相大。今日了達。引出報身。由心中有眞如用大。今日修行。引出化身。乃至一波羅密一切塵沙萬行。但是自心中引出。未曾心外得一法行一行。若言更有從外新得者。卽是魔王外道說。問。信入此法。還有退者否。答。信有二種。一若正信堅固。諦了無疑。理觀分明。乘戒兼急。如此則一生可辦。誰論退耶。二若依通之信。觀力麤浮。習重境彊。遇緣卽退。如華嚴論云。如涅槃經。聞常住二字。尙七世不墮地獄。如華嚴經云。設聞如來名。及所說法。不生信解。亦能成種。必得解脫。至成佛故。何故經言。第六住心。及從凡夫信位。猶言有退。此意若爲和會。解云。十信之中。勝解未成。未得謂得。便生憍慢。不近善友。不敬賢良。爲慢怠故。久處人天。惡業便起。能成就大地獄業。若一信不慢。常求勝友。卽無此失。若權敎第六住心。可有退位。實敎中爲稽滯者。責令進修。如舍利弗。是示現聲聞。非實聲聞。所作方便。皆度眾生。使令進策。如權敎中第六住心。可說實退。何以故。地前三賢。總未見道。所修作業。皆是有爲。所有無明。皆是折伏。功不彊者便生退還。若折伏有力。亦不退失。如蛇有毒。爲呪力故。毒不能起。但於佛法中。種於信心。謙下無慢。

敬順賢良。於諸惡人。心常慈忍。於諸勝已者。諮受未聞。所聞勝法。奉行無忘。所有虛妄。依敎蠲除。於三菩提道。常勤不息。夫爲人生之法。法合如然。但不長惡而生。何須慮退。華嚴疏云。深心信解常淸淨者。信煩惱卽菩提。方爲常淨。由稱本性而發菩提心。本來是佛。更無所進。如在虛空。退至何所。

宗鏡録卷四十五終

宗鏡錄卷四十六

宋慧日永明妙圓正修智覺禪師延壽集

夫欲顯正宗先除邪執者。約外道小乘諸古師等謬解唯識正理。凡有幾種。答。不達唯識眞性邪執蓋多。宗鏡所明正爲於此。如唯識論云。復有迷謬唯識理者。或執外境如識非無。或執內識如境非有。或執諸識用別體同。或執離心無別心所。古德云。或執外境如識非無者。此卽有宗依十二處教。執心境俱有是第一義。論云。或執內識如境非有者。釋曰。此卽淸辯依密意空教撥識亦無。論云。或執識用別體同者。釋

曰。卽大乘一類菩薩言八識體唯是一也。如一水鏡多波像生。論云。或執離心無別心所者。釋曰。此卽經部覺天所計。以經言士夫六界。染淨由心。無心所故。雖於蘊中亦有心所。但於識上分位假立。無別實有。慈恩大師釋護法菩薩唯識論中略有四種。一淸辯順世有境無心。二中道大乘有心無境。三小乘多部有境有心。四邪見一說都無心境。又四句分別。一有見無相。謂正量師。不作相分而緣境也。二有相無見。謂淸辯師。三相見俱有。餘部及大乘等。四相見俱無。卽安慧等。大乘起信論云。對治邪執者。一切邪執皆依我見。若離於我則無邪執。是我見有二種。云何爲二。一者人我見。二者法我見。人我見者。依諸凡夫說有五種。云何爲五。一者聞修多羅說如來法身畢竟寂寞猶如虛空。以不知爲破著故。卽謂虛空是如來性。云何對治。明虛空相是其妄法。體無不實。以對色故有。是可見相。令心生滅。以一切色法本來是心。實無外色。若無色者。則無虛空之相。所謂一切境界。唯心妄起故有。若心離於妄動。則一切境界滅。唯一眞心。無所不徧。此謂如來廣大性智究竟之義。非如虛空相故。二者聞修多羅說世間諸法畢竟體空。乃至

涅槃眞如之法亦畢竟空。從本已來自空。離一切相。以不知爲破著故。卽謂眞如涅槃之性唯是其空。云何對治。明眞如法身自體不空。具足無量性功德故。三者聞修多羅之藏無有增減。體備一切功德之法。以不解故。卽謂如來之藏有色心法自相差別。云何對治。以唯依眞如義說故。因生滅染義示現說差別故。四者聞修多羅說一切世間生死染法皆依如來藏而有。一切諸法不離眞如。以不解故。謂如來藏自體具有一切世間生死等法。云何對治。以如來藏從本已來唯有過恆沙等諸淨功德。不離不斷不異

眞如義故以過恒沙等煩惱染法唯是妄有性自本無從無始世來未曾與如來藏相應故若如來藏體有妄法而使證會永息妄者則無是處故五者聞修多羅說依如來藏故有生死依如來藏故得涅槃以不解故謂衆生有始以見始故復謂如來所得涅槃有其終盡還作衆生云何對治以如來藏無前後際故無明之相亦無有始若說三界外更有衆生始起者即是外道經說又如來藏無有後際諸佛所得涅槃與之相應則無後際故法我見者依二乘鈍根故如來但爲說人無我以說不究竟見有五陰生滅之

法怖畏生死妄取涅槃云何對治以五陰法自性不生則無有滅本來涅槃故復次究竟離妄執者當知染法淨法皆悉相待無有自相可說是故一切法從本已來非色非心非智非識非有非無畢竟不可說相而有言說者當知如來善巧方便假以言說引導衆生得其旨趣者皆爲離念歸於眞如以念一切法令心生滅不入實智故但是不了正因緣皆成外道所執有四一不知有情業緣執之爲道或執自然二不知共業所感空劫執爲渾沌之氣三不知空後成劫執爲清濁兩分四不知上界有情下生執爲天地

變化故知見網難出邪解易生如止觀細推觀諸見境者非一曰諸邪解稱見又解知是見義推理不當而偏見分明作決定解名之爲見夫聽學人誦得名相齊文作解心眼不開全無理觀據文者生無證者死夫習禪人唯尙理觀觸處心融闇於名相一句不識誦文者守株情通者妙悟兩家互闕論評皆失大約邪見有三一佛法外外道者本原有三一迦毗羅外道此翻黃頭計因中有果二漚樓僧佉此翻休留計因中無果三勒沙婆此翻苦行計因中亦有果亦無果又入大乘論迦羅所說有計一過作者與作一

相與相者一分與有分一如是等名爲計一優樓佉計異迦羅鳩馱計一異若提子計非一非異一切外道及摩迦羅等計異皆不離此四從三四外道派出枝流至佛出時有六大師所謂富蘭那迦葉姓也計不生不滅末伽梨拘賒梨子計衆生苦樂無有因緣自然而爾刪闍夜毗羅胝子計衆生時熟得道八萬劫苦盡自解脫如縷丸線盡自止阿耆多翅舍欽婆羅欽婆羅鹿衣也計罪報之苦以投巖拔髮代之迦羅鳩馱迦旃延計亦有亦無尼揵陀若提子計業所作定不可改二附佛法外道者起自犢子方廣自以

聰明讀佛經書而生一見附佛法起故得此名犢子讀舍利弗毗曇自制別義言我在四句外第五不可說藏中云何四句外道計色即是我離色有我色中有我我中有色四陰亦如是合二十身見大論云破二十身見成須陀洹即此義也今犢子計我異於六師復非佛法諸論皆推不受便是附佛法邪人法也或云三世及無爲法爲四句也又方廣道人自以聰明讀佛十喻自作義云不生不滅如幻如化空幻爲宗龍樹斥云非佛法理方廣所作亦是邪人法也三學佛法成外道執佛教門而生煩惱不得入理大論

云若不得般若方便入阿毗曇即墮有中入空即墮無中入毘勒墮亦有亦無中中論云執非有非無名愚癡論倒執正法還成邪人法也若學摩訶衍四門旣失般若意爲邪見火所燒四成邪人法乃至若於觀支忽解無明轉即變爲明明具一切法或謂無明不可得變爲明明何可得此不可得亦具一切法或謂法性之明亦可得亦不可得非可得非不可得一門即三門三門即一門此解明利所破無不壞所存無不立無能踰勝亦復自謂是無生忍如此解者是圓教四門見發也又大乘四門皆成見者實語是虛

妄生語見故涅槃是生死起貪著故多服甘露傷命早夭失方便門墮於邪執故稱內邪見也又此土震旦亦有其義周弘正釋三玄云易判八卦陰陽吉凶此約有明玄老子虛融此約無明玄莊子自然約有無明玄自外枝派祖原出此今且約此以明得失如莊子云貴賤苦樂是非得失皆其自然若言自然是不破果不辯先業即是破因禮制仁義衞身安國若不行用滅族亡家但現世立德不招後世報是爲破果不破因若言慶流後世并前則是亦有果亦無果也約一計即有三行一謂計有行善二計有行惡三

計有行無記如玄理分應爾富貴不可企求貧賤不可怨避生無足欣死何勞畏將此虛心令居貴莫憍處窮不悶貪恚心息安一懷抱以自然訓物作入理弄引此其德也德有多種若言常無欲觀其妙無何等欲忽玉璧棄公相洗耳還牛自守高志此乃棄欲界之欲攀上勝出之妙即以初禪等爲妙何以得知莊子云黃帝問道觀神氣見身內衆物以此爲道似如通明觀中發得初禪之妙若言諸苦所因貪欲爲本若離貪欲即得涅槃此無三界之欲此得滅止妙離之妙又法名無染若染於法是染涅槃無此染欲

得一道微妙妙此諸欲欲妙皆無汝得何等尚不識欲界欲初禪妙況後欲妙耶若與權論乃是逗機漸引覆相論欲妙不得彰然了義而說但息誇企之欲觀自然之妙論誕之行既除仁讓之風斯在此皆計有自然而行善也又計自然任運恣氣亦不運御從善亦不動役作惡若傷神和不會自然雖無取捨而是行無記行業未盡受報何疑若計自然作惡者謂萬物自然恣意造惡終歸自然斯乃背無欲而恣欲違於妙而就麤如莊周斥仁義雖防小盜不意大盜揭仁義以謀其國本以自然息欲乃揭自然而為惡

此義可知也已上外道及內道執見有二並決眞僞者一就所起法並決二就所依法並決今一通從外外道四句乃至圓四門外道見通韋陀乃至圓門三念處三解脫名數是同所起見罪繫縛無異譬如金鐵二鎖又從外道四句乃至圓門四見名雖清美所起煩惱體是汙穢譬如玉鼠二璞又從外道四句乃至圓門四見雖同研鍊有成不成譬如牛驢二乳又從外道四句乃至圓門四見有害不害譬如迦羅鎮頭二果所計神我乃是縛法非自在我各執已是餘為妄語互相是非何關如實自謂真道翻開有路望

得涅槃大沈生死自言諦當終成邪僻愛處生愛瞋處生瞋雖起慈悲愛見悲耳雖安塗割乃生滅遣忍雖一切智世情推度雖得神通根本變化有漏變化所讀韋陀世智所說非陀羅尼力非法界流雖斷鈍使如屈步蟲世醫所治差已更發八十八使集海浩然三界生死苦輪無際沈著有漏永無出期皆是諸見幻僞豈可為眞實之道也二約所依法異者一切諸見各依其法三外外道是有漏人發有漏法以有漏心著於著法著法著心體是諍競非但因時捉頭拔髮發諸見已謂是涅槃執成見猛毒增鬬盛所依

之法非眞所發之見亦僞也此雖邪法若密得意以邪相入正相如華飛葉動藉少因緣尚證支佛何況世間舊法然支佛雖正華葉終非正教外外密悟而其法門但通諸見非正法也皆由著心於著法因果俱鬬諍奠是邪法生邪見也若三藏四門是出世聖人得出世法體是清淨滅煩惱處非唯佛經是正法五百所申亦能得道妙勝定云佛去世後一百年十萬人出家九萬人得道二百年時十萬人出家一萬人得道當知以無著心不著無著法發心眞正覺悟無常念念生滅朝不保夕志求出要不封門生染而

起戲論。譬如有人。欲速見王。受賜拜職。從四門入。何暇盤停諍計好醜。知門是通途。不須諍計。如藥為治病。不應分別。速出火宅。盡諸苦際。眞明發時。證究竟道。畢竟無諍。無諍則無業。無業則無生死。但有道滅心地坦然。因果俱無。鬬諍俱滅。唯有正見無邪見也。復次四門雖是正法。若以著心著此四門。則生邪見見四門異。於修因時。多起鬬諍。譬如有人。久住城門。分別瓦木。評薄精麤。謂南是北。非東巧西拙。自作稽留。不肯前進。非門過也。著者亦爾。分別名相。廣知煩惱。多謂道品。要名聚眾。媒衒求達。打自大鼓。竪我慢

幢。誇耀於他。互生鬬諍。捉頭拔髮。八十八使。瞋愛浩然。皆由著心。於正法門而生邪見。所起煩惱。與外外道更無有異。論所計法。天地懸殊。方等云。種種問橋。智者所訶。今亦如是。為學道故。修此四門。三十餘年分別一門尚未明了。功大纔著。年已老矣。無三種味。空生空死。唐棄一期。如彼問橋。有何利益。此由著心著無著法。而起邪見。次通教四門。體是正法。近通化城。前曲此直。巧拙雖殊。通處無別。如天門直華。餘門曲陋。不住二門。俱得通進。若數瓦木。二俱遲壅。若不稽留法門。若因若果。俱無諍著。是名無著心。不著無

著法。不生邪見也。復次以著心著此直門。亦生邪見。或為名為眾。為勝為利。分別門相。瞋愛慢結。因此得生。譬如以毒內良藥中。安得不死。以見著毒入正法中。增長苦集。非如來咎。利根外道。以邪相入正相。令著無著。成佛弟子。鈍根內道。以正相入邪相。令無著有著。成邪弟子。豈不悲哉。別圓四門。巧拙利鈍。俱通究竟涅槃。因不住著。果無鬬諍。若封門起見。則生煩惱與漚樓佉等。以此而觀。如明眼人。臨於涇渭。豈容迷名而不識淸濁也。輔行記釋云。金鐵二鎖者。大智度論云。譬在囹圄。桎梏所拘。雖復蒙赦。更繫金鎖。人

為愛繫。如在囹圄。雖得出家。更著禁戒。如繫金鎖。今借譬此內外生著。在獄鐵鎖。如外計。逢赦金鎖。如內計。金鐵雖殊。被縛義等。佛法雖勝。見繫無差。玉鼠二璞者。璞者玉也。鄭重玉璞。若有得者。與其厚賜。周人聞之。規其厚賜。周人風俗。名死鼠為玉璞。乃將詣鄭。鄭人笑之。其人悟已。答鄭人曰。楚人鳳皇。其實山鷄。以楚王重鳳。有不識鳳者。路見擔山鷄者。問之曰。此何鳥。擔者知其不識。乃戲曰。鳳皇。其人謂實。便問擔者販耶。答販。問幾錢。答萬錢。用價買之。擬欲上王。得已便死。楚王聞之。愧而召問。王亦謂實。乃以十萬錢

賜之故知周鄭之體淨穢永殊無著如鄭起見如周
名同體異此之謂也有於三藏乃至圓教四門之名
義如璞起於見愛其如死鼠牛驢二乳者又論云餘
處或有好語亦從佛經中出若非佛法初聞似好久
則不妙譬如驢乳其色雖同抨但成糞故佛法外道
語同有不殺慈悲之言搜窮其實盡歸虛妄今此亦
爾外計雖有有無等言研覈無實盡是虛妄佛法大
小一十六門雖云有無但破執心自歸正轍故云有
成不成於外起計如驢乳藏等起計如牛乳乳名雖
同其體永別見名雖等所執各異外雖除執無理可

成藏等離著自入正轍又大智度論云謂佛教如牛
乳修得解脫如抨得酪生熟酥等外道教猶彼驢乳
本非出酪之物外道之教無解脫味故抨驢乳但成
屎尿依外道教行但招苦果無所成益迦羅鎮頭二
果者大涅槃經云善男子如迦羅林其樹衆多唯有
一株鎮頭迦樹二果相似是果熟時有一女人悉皆
拾取鎮頭迦果唯有一分迦羅迦果乃有十分女人
不識持來詣市凡愚不識買迦羅迦噉已命終有智
人輩聞是事已問是女人汝於何處得是果來女人
示處諸人卽言彼方多有無量迦羅迦樹唯有一株

鎮頭迦樹諸人知已笑而捨去經譬僧伽藍淸濁二
衆今借以譬內見外見二見名同有害不害如外見
發說無因果歸於邪無若內見起猶執大小經論所
詮害謂損其善根故知或名同體異不可雷同或名
異體同應須甄別邪正既辯玉石俄分不濫初修深
裨後學又華嚴演義云此方儒道玄妙不越三玄周
易爲眞玄老子爲虛玄莊子爲談玄老子道德經云
道生一一生二二生三三生萬物注云一者沖和之
氣也言道動出沖和妙氣於生物之理未足又生陽
氣陽氣不能獨生又生陰氣積沖氣之一故云一生

二又積陽氣之二故云二生三陰陽合孕沖氣調和
然後萬物阜成故云三生萬物次下又云萬物負陰
而抱陽沖氣以爲和上來皆明萬物自然生也莊子
宗師篇云在太極之先而不爲高在六合之下而不
爲深先天地生而不爲久長於上古而不爲老注云
言道之無所不在也故在高爲無高在深爲無深在
久爲無久在老爲無老無所不在所在皆無也又云
知天之所爲知人之所爲注云知天之所爲者自然
也意云但有知有爲皆不爲而爲故自然也今斷云
若以自然爲因者斷義也卽老子意由道生一道是

自然故以爲因是邪因也又若謂萬物自然而生卽莊子意則萬物自然無使之然故曰自然卽無因也如烏之黑卽莊子文涅槃經意周易云一陰一陽謂之道陰陽不測謂之神釋云一謂無也無陰無陽乃謂之道一得爲無者無是虛無虛空不可分別唯一而已故以一爲無也若有境則有彼此相形有二有三不得爲一故在陰之時而不見爲陰之功在陽之時而不見爲陽之力自然而有陰陽自然無所營爲此則道之謂也今斷云若以陰陽變易能生卽是邪因又一者無也卽是無因若計一爲虛無自然則皆

無因也則人自然生應常生人不待父母等衆緣菩提自然生則一切果報不由修得又易云寂然不動感而遂通天下之故禮云人生而靜天之性也感物而動性之欲也後儒皆以言詞小同不觀前後本所建立致欲渾和三教但見言有小同豈知義有大異是知不入正宗焉知言同意別未明已眼寧鑒名異體同所以徇語者迷據文者惑恐參大旨故錄示之且如外道說自然以爲至道不成方便仍壞正因佛教亦說自然雖成正教猶是悉檀對治未爲究竟以此一例其餘可知又直饒見超四句始出單四句猶

有複四句具足四句且單四句者一有二無三亦有亦無四非有非無複四句者一有有有無二無有無無三亦有亦無有亦有亦無無四非有非無有非有非無無而言複者四句之中皆說有無具足四句者四句之中皆具四故第一有句具四者謂一有有二有無三有亦有亦無四有非有非無第二無句中具四者一無有二無無三無亦有亦無四無非有非無第三亦有亦無具四者一亦有亦無有二亦有亦無無三亦有亦無亦有亦無四亦有亦無非有非無第四非有非無具四者一非有非無有二非有非無無三非有非無亦有亦無四非有非無非有非無上四一十六句爲具足四句第四絶言四句者一單四句外一絶言二複四句外一絶言三具足四句外一絶言有三絶言上諸四見一一皆有八十八使相應是見卽外道見故若約佛法歷四教四門各生四見又一種四門各一絶言如是一一亦各有八十八使六十二見百八等惑百法鈔云破邪執者卽二邊之邪執總有三種二邊一外道斷常二邊如有外道一向執常卽四徧常論等是此卽常見邊又有外道一向執斷卽七斷滅論是此卽斷見邊第二小乘假實二

邊。或有小乘一向執假。卽一說部等。執一切法但有假名。而無實體。卽是著假邊。又有小乘一向執實。卽薩婆多及犢子部等。執諸法皆實。卽是著實邊。第三大小乘空有二邊。卽小乘有部等。執心外有法。是著有邊。大乘清辯菩薩等。撥菩提涅槃悉無。卽是著空邊。顯中道者有二。一假施設中道。二眞實中道。眞實中道有三。一者能證淨分依他。是其妙有。智起惑盡。名曰眞空。妙有眞空。正處中道。二者能證有爲。是其妙有所證眞理。名曰眞空。妙有眞空。正處中道。三者唯於法身上說本來實性。名爲妙有。卽此實性。便是

眞空。妙有眞空。正處中道。二假施設中道者。卽佛於後得智中而假施設。亦有三種。一者不斷不常中道。謂佛經中說有異熟識爲總報主。此陰纔滅。彼陰便生。卽不是斷。此破外道斷常二邊。又說生滅不定。名曰無常。卽是不常。二者不假不實中道者。謂佛經中說一切色心從種而生者。卽是不假。依此分位。或有相形。卽是不實。稱實而談。正處中道。此破小乘假實二邊。三者不有不無中道。卽經說我法徧計。卽是不有。依圓妙有。卽是不無。離有離無。正處中道。此破大小乘空有二邊。是以欲執二邊之情。卽背中道之理。

纔作四句之解。便失一乘之門。須知非離邊有中。亦非卽邊是中。若離邊求中。則邊見未泯。若卽邊是中。中解猶存。是以難解難知。唯深般若。執之如大火聚。四邊不可觸之。了之若清涼池。諸門皆可入矣。故知法無定相。迴轉隨心。執卽成非。達之無咎。如四句法。通塞由人。在法名四句。悟入名四門。妄計名四執。毀法名四謗。是知四句不動。得失空生。一法無差。升沈自異。又唯心訣。破一百二十種見解云。或和神養氣而保自然。或苦質摧形而爲至道。或執無著而椿立前境。或求靜慮而伏捺妄心。或剗情滅法以凝空。或

附影緣塵而抱相。或喪靈原之眞照。或殞佛種之正因。或純識凝神受報於無情之地。或澄心泯色住果於八難之天。或著有而守乾城。或撥無而同兔角。或絕見而居闇室。或立照而存所知。或認有覺是眞佛之形。或倣無知同木石之類。或執妄取究竟之果。如卽泥是瓶。或忘緣趣解脫之門。似撥波求水。或外騁而妄興夢事。或內守而端居抱愚。或宗一而物像同如。或見異而各立法界。或守愚癡無分別而爲大道。或尙空見排善惡而作眞修。或解不思議性作頑空。或體眞善妙色爲實有。或修沈機絕想向有漏之天。

或學覺觀思惟墮情量之域。或不窮妄性作冥初之解。或昧於幻體立空無之宗。或認影像而為真。或捨虛妄而求實。或諂見聞性為活物。或指幻化境作無情。或起意而乖寂知。或斷念而虧佛用。或迷性功德而起色身之見。或據畢竟空而生斷滅之心。或執大理而頓弃莊嚴。或迷漸說而一向造作。或據體離緣而堅我執。或忘泯一切而守已愚。或定人法自爾而墮無因。或執境智和合而生共見。或執心境混同。亂能所之法。或著分別真俗縛智障之愚。或守一如不變而墮常。或定四相所遷而沈斷。或執無修而祛聖

位。或言有證而背天真。或躭依正而隨世輪迴。或厭生死而喪真解脫。或迷真空而崇因著果。或昧實際而欣佛厭魔。或著隨宜所說而守語為真。或失音聲實相而離言求默。或宗教乘而毀自性之定。或弘禪觀而斥了義之詮。或鬬奇特而但顧出身。俄沈識海。或作淨潔而唯求玄密。反墮陰城。或起殊勝知解而剜肉為瘡。或住木性清淨而執藥成病。或尋文探義而飲客水。或守靜居閑而坐法塵。或起有得心談無相大乘。或遲圖度想探物外玄旨。或廢說起絕言之見。或存詮招執指之譏。或認動用而處生滅根原。或

專記憶而住識想邊際。或安排失圓覺之性。或縱任虧入道之門。或起身心精進而滯有為。或守任真無事而沈慧縛。或專繫念勤思而失於正受。或傚無礙自在而放捨修行。或隨結使而恃本性空。或執纏蓋而妄加除斷。或保重而生法愛。或輕慢而毀佛因。或進求而乖本心。或退墮而成放逸。或語證相違而虧實地。或體用各據而乖佛乘。或欣寂而住空失大悲之性。或泯緣而厭假違法爾之門。或著我見而昧人空。或迷現量而堅法執。或解不兼信而滋邪見。或信不兼解而長無明。或云人是而法非。或稱境深而智

淺。或取而迷法性。或捨而乖即真。或離而違因。或即而亡果。或非而謗實。或是而毀權。或惡無明而背不動智門。或憎異境而壞法性三昧。或據同理而起增上慢。或貶別相而破方便門。或是菩提而謗正法輪。或非眾生而毀真佛體。或著本智而非權慧。或迷正宗而執化門。或滯理溺無為之坑。或執事投虛幻之網。或絕邊泯迹違雙照之門。或保正存中失方便之意。或定慧偏習而焦爛道芽。或行願孤興而沈埋佛道。或作無作行修有為菩提。或著無著心學相似般若。或趣淨相而迷垢實性。或住正位而失俗本空。或

立無相觀而障翳眞如。或起了知心而違背法性。或守眞詮而生語見。服甘露而早終。或執圓理而起著心。飲醍醐而成毒。已上略標一百二十種見解。並是迷宗失旨。背湛乖眞。捏目生華。迷頭認影。若敲冰而索火。如緣木以求魚。畏影逃空。捫風捉電。苦非甘種。沙豈飯因。皆不能以法性融通。一旨和會。盡迷方便。悉入見纏。不達正宗。皆投見網。綿密難出。如曲木曳於稠林。勢猛力彊。猶濬河漂於香象。所以天魔外道。本無其種。修行失念。遂派其原。故知但有所重所依。立知立解。絲毫見處不亡。皆成外道。如華嚴經頌云。

以法無性故。無有能了知。如是解諸法。究竟無所解。以法無自體。憑何作解。如辯兔角之大小。了龜毛之短長。理事俱虛。可取笑於天下。情塵自隔。實喪道於目前。如華嚴論云。見在卽凡。情亡卽佛。祖師云。不用求眞。唯須息見。法華經云。此法非思量分別之所能解。圓覺經云。若以思惟心測度如來圓覺境界。如將螢火燒須彌山。終不能著。斯皆是有作世俗之心。豈能探無作出世之旨。如先德云。俗務者。非但執耒運斤。名爲俗務。坐馳五塵六欲。卽是世務。又事念空無相願。亦是世務。又念蒼生塗炭。慈悲慰拔。亦是世務。

若能念念於無念。非念非無念。一心中覺。方非世務。是以若實悟宗之人。尚不得無見無解。豈可更隨言執意而起有見有解乎。如大法鏡經云。若諸菩薩。隨言取義。不如正理思擇法故。便生二十八不正見。謂初相見者。謂聞大乘經中所說一切諸法。皆無自性。無生無滅。本來寂靜。自性涅槃等言。不善密意。但隨此言義。便生勝解。謂佛所說一切諸法。定無自性。定無生等。執著如是無性等相。是名相見。彼執著如是無性等相時。便謗三自性。謂徧計所執自性。依他起自性。圓成實自性等。是知若謗此三性。則撥眞俗二

諦等一切法。所以有無二見。爲諸見本。若能斷於諸見。自然與宗鏡相應。華手經云。爾時世尊告舍利弗。所言正見。爲何謂也。舍利弗。其正見者。無高無下。等觀諸法。乃至又正見者。無一切見。何以故。諸有所見。皆是邪見。無一切見。卽是正見。佛藏經云。佛言。一切諸見。皆從虛妄緣起。舍利弗。若作是念。此是正見。是人卽是邪見。舍利弗。於聖法中。拔斷一切諸見根本。悉斷一切諸語言道。如虛空中手無觸礙。諸沙門法。皆應如是。又云佛言。舍利弗。諸佛阿耨多羅三藐三菩提。唯是一義。所謂離也。何等爲離。離諸欲諸見。欲

者卽是無明。見者卽是憶念。何以故。一切諸法。憶念爲本。所有念想。卽爲是見。見卽是邪。是以若能離見卽成諸佛。十方稽首。萬類歸依。如中觀論云。瞿曇大聖主。憐愍說是法。悉斷一切見。我今稽首禮。又夫遠離二邊。住於中道者。約華嚴經釋。略舉四種。以等一切。一者染淨約惑。二者縛脫通惑業。三者有無通事理。四者一異。約心境。何以有此。謂成菩提。旣離細念妄惑盡。已顯現法身智慧純淨。若爲此見。未免是邊。故經云。若有見正覺解脫離諸漏。不著一切世。此非證道眼。今了於惑體性本空。復無所淨。故離二邊。又

染淨交徹。故無住著。是曰離邊。縛脫者。謂昔常被惑業繫縛。流轉無窮。今謂菩提。釋然解脫。若爲此見。卽是住邊。菩薩智了本自無縛。於何有解。無縛無解。則無苦樂。故得離耳。有無通事理者。若昔謂惑有。今了惑空。昔謂心空。今知妙有。又眞樂本有。失而不知。妄苦本空。得而不覺。今日始知空者妄苦。有者涅槃。若如是知。並未離邊。又煩惱業苦本有今無。菩提佛身本無今有。等皆三世有法。菩提之性。不屬三世。故三世有無。皆是邊攝。眞智契理。絕於三世。故離有無之二邊等。一異有二。一者心境不了則二。契合則一。亦

成於邊。二者生佛有異。今了一性。亦名爲邊。今正覺了此中無有二。亦不有無二。若善見者。如理安住。故離此邊。今一契菩提。一切都寂。故云遠離。義淨禪師云。瑜伽則眞有俗無。以三性爲本。中觀乃眞無俗有。實二諦爲先。般若大宗。含斯兩意。致使東夏則道分南北。西方乃義隔有空。如上所說。或諸凡夫執有著空。情見非一。四倒八邪之執。五謗二見之愚。或諸賢聖判教分宗。智解亦別。三時八教之道。五性十宗之科。未顯圓文。或得或失。若入宗鏡。正解分明。體用相含。心境交涉。空具德而徹萬有之表。事無礙而全一

理之中。又若究竟欲免斷常邊邪之見。須明華嚴六相義門。則能任法施爲。自亡能所。隨緣動寂。不壞有無。具大總持。究竟無過矣。此六相義。是辯世間法。自在無礙。正顯緣起無分別理。若善見者。得智總持門。不墮諸見。不可廢一取一。雙立雙亡。雖總同時。繁興不有。縱各具別。冥寂非無。不可以有心知。不可以無心會。詳法界內無總別之文。就果海中絕成壞之旨。今依因門智照古德。略以喻明。六相義者。一總相。二別相。三同相。四異相。五成相。六壞相。總相者。譬如一舍。是總相。椽等是別相。椽等諸緣。和同作舍。各不相

違非作餘物故名同相椽等諸緣遞互相望一一不同名異相椽等諸緣一多相成名成相椽等諸緣各住自法本不作故名壞相又椽即是舍爲椽獨能作舍若離椽舍即全不成故若得椽時即得舍故所以椽非是少力共成皆是全力故舍既即是椽餘瓦木等總並是椽若卻椽即舍無故舍壞故不名瓦木等是故瓦木等即是此椽也若不即椽者舍即不成椽瓦木等皆不成今既並成故知相即耳椽即瓦木等一椽既爾餘一切緣例然是故一切緣起法不成即已成也別相者椽等諸緣別於總故若不別者總義

不成由無別時即無總故以因別而得總故是故別者以總爲別也如椽即舍故名總相即是椽故名別相若不即舍不是椽若不即椽不是舍例如若不即總不名別若不即別不名總問若相即者云何說別答只由相即是故成別若不相即者總在別外故非總也別在總外故非別也同相者椽等諸緣和同作舍不相違故皆名舍緣非作餘物故名同相總相唯望一舍說今此同相約椽木等諸緣說雖體各別成力義齊故名同相若不同者椽等諸緣互相違故皆不同作舍舍不得有故即是斷也若相違不作舍而

執有舍者無因有舍故即是常也異相者椽等諸緣隨自形類相差別故問若異者應不同耶答只由異故所以同耳今既舍成同名緣者當知異也又因同不異故方說於諸法異耳是以經云奇哉世尊能於無異法中而說諸法異前別相者但椽等諸緣別於一舍故今異相者椽等諸緣遞互相望各各異故若不異者壞本緣法不成舍故即是斷若壞緣不成舍而執有舍無因有者即是常也成相者以諸緣各住自法本不作故舍義得成若椽作舍即失本椽法故舍義不得成壞相者椽等諸緣各住自法本不作故

是壞義若椽作舍即失椽法失椽法故舍即無椽不得有舍是斷也若失椽法而有舍者無椽即無因無因而有舍即是常也是故眞如一心爲總相能攝世出世間一切法故約攝諸法得總名能生諸緣成別號法法皆齊爲同相隨相不等稱異門建立境界故稱成不動自位而爲壞又云一總相者一合多德故二別相者多德非一故三同相者多義不相違故四異相者多義不相似故五成相者由此諸義緣起成故六壞相者諸緣各住自性不移動故此上六相義門是菩薩初地中觀通世間一切法門能入法界之

宗不墮斷常之見若一向別逐行位而乖宗若一向同失進修而墮寂所以位位卽佛階降宛然重重鍊磨本位不動斯則同異俱濟理事不虧因果無差迷悟全別欲論大旨六相還同夢裏渡河若約正宗十地猶如空中鳥跡若約圓修斷惑對治習氣非無理行相資闕一不可是以文殊以理印行差別之道無虧普賢以行會理根本之門不廢如上微細擇見眞實識心可謂教觀相應境智冥合正助齊運目足更資則定可以繼先德之遺徽紹覺王之後裔矣

宗鏡錄卷四十六終

音釋

椿株江切　刳苦胡切　騁丑郢切　詺彌正切　祛去魚切　濬私閏切　椽直攣切

宋慧日永明妙圓正修智覺禪師延壽集

夫言正唯識義約有幾種識答經論通辯有八種識一眼識二耳識三鼻識四舌識五身識六意識七末那識八阿賴耶識正文出護法菩薩唯識論十卷此論釋天親菩薩唯識三十頌文慈恩大師製疏釋論此頌文初爲居士所掌後有樂觀者輸金一兩慈恩成唯識論掌中樞要云世親菩薩樂博綜於三乘乃徧遊於諸部知小教而非極遂迴趣於大乘因聞誦華嚴十地品阿毗達摩攝大乘品遂悔謝前非謗法

先見持刀截舌用表深衷其兄無著菩薩止其自割說以利害汝雖以舌謗法豈截舌而罪除應讚釋大乘以悔先犯菩薩敬從兄語因歸妙理遂製十地論攝大乘論故此二論菩薩創歸大乘之作既而久蘊玄宗情恢奧旨更爲宏論用暢深極採撮幽機提控精邃著唯識三十頌以暢大乘之妙趣也萬像含於一字千訓備於一言道超羣典譽光眾聖略誦既畢廣釋方陳機感未符杳從冥往復有護法等菩薩賞翫頌文各爲義釋雖分峰峴岫竦榦瓊枝而獨擅光輝穎標芬馥者其唯護法一人乎菩薩果成先劫位克今賢撫物潛資隨機利見春秋二十有九知息化之有期厭無常以禪習誓不離於菩提樹以終三載禪禮之暇注裁斯釋文邁旨遠智贍名高軌破畢於一言紛解窮於半頌文殊水火則會符膠漆義等江湖乃疏成清濁平郊弭弭聳層峰而接漢堆阜峩峩夷穹窿以坦蕩俯鑽邃而無底仰尋高而靡際疎文淺義派演不窮浩句宏宗陶甄有極功逾千聖道合百王時有玄鑒居士識鳳鵷之斂羽委麟龍之潛跡每罄所資恆爲供養深誠固志物竭積年菩薩誘接多端答遺茲釋而誡之曰我滅之後凡有來觀卽取

金一兩脫逢神穎當可傳通終期既漸奄絕玄導菩薩名振此州論釋聲超彼土有靈之類誰不懷歡朝聞夕殞豈悋金璧若市趨賢如邱疊貨五天鶴望未輒流行大師歎發天資識假循謁無神迹而不瞻禮何聖教而不披諷聞斯妙理殷俯諮求居士記先聖之遺言必今賢之是囑乃奉茲草本并五蘊論釋大師賞翫猶覩聖容每置掌中不殊眞說自西霏玉牒東馳素象雖復廣演微詮賞之以爲祕訣及乎神棲別館景阻炎輝清耳目以徵思蕩心靈而繹妙乃曰今者方怡我心耳宣尼云我有美玉韞匵藏之誰爲

善價我今沽諸基夙運單舛九歲丁艱自爾志託烟
霞加每庶幾緇服浮俗塵賞幼絶情分至年十七遂
預緇林別奉明詔得爲門侍自參預三千即欣規七
十必諧善願福果函丈不以散才之質遂得隨伍譯
僚即事操觚餐受此論初功之際十釋別翻昉尚光
基四人同受潤飾執筆檢文纂義既爲令範務各有
司數朝之後基求退迹大師固問基殷勤請曰自夕
夢金容晨趨白馬英髦間出靈智肩隨聞五分以心
祈攬八藏而遐望雖得法門之糟粕然失玄源之湻
粹今東土榮賁並目擊玄宗幸復擢秀萬方穎超千

古不立功於參糅可謂失時者也況羣聖制作各馳
譽於五天雖文具傳於貝葉而義不備於一本情見
各異稟者無依況時漸人澆命促慧舛討支離而頗
究攬殊指而難悟請錯綜羣言以爲一本楷定眞謬
權衡盛則久而遂許故得此論行焉大師理遣三賢
獨授庸拙此論也括衆經之祕包羣聖之旨何滯不
融無幽不燭仰之不極俯之不測遠之無智近之有
識其有隱括五明搜揚八藏幽關每擁玄路未通囑
猶毫氂邱盈投之以炎爍霜氷澗積沃之以畏景信
巨夜之銀輝昏旦之金鏡矣雖復本出五天然彼無

玆糅釋直爾十師之別作鳩集猶難況更摭此幽文
誠爲未有斯乃此論之因起也問此八種識行相如
何答經論成立自有明文此八種識具三能變一異
熟能變即第八識二思量能變即第七識三了別能
變即前六識唯識論云識所變相雖無量種而能變
識類別唯三一謂異熟即第八識多異熟性故二謂
思量即第七識恆審思量故三謂了境即前六識了
境麤相故論頌曰初阿賴耶識異熟一切種不可知
執受處了常與觸作意受想思相應唯捨受是無覆
無記觸等亦如是恆轉如瀑流阿羅漢位捨初能變

識大小乘教名阿賴耶此識有能藏所藏執藏義故
謂與雜染互爲緣故有情執爲自內我故古釋一能
藏者即能含藏義猶如庫藏能含藏寶貝得藏名此
能含藏雜染種故名爲藏亦即持義二所藏者即是
所依義猶如庫藏是寶等所依故此識是雜染法所
依處故三執藏者堅守不捨義猶如金銀等藏爲人
堅守執爲自內我故名爲藏此識爲染末那堅執爲
我故名爲藏起信鈔釋云第八能藏所藏義者且所
藏義謂此識體藏也是根身種子器世間所藏處也
以根身等是此識相分故如藏中物像如身在室內

欲覓賴耶識只在色心中欲覓摩尼珠只在青黃內次能藏義謂根身等法皆藏在識身之中如像在珠內欲覓一切法總在賴耶中欲覓一切像總在摩尼內與前義互為能所瑜伽論云以八種義證本識有一依止執受相二最初生起相三有明了性相四有種子性相五業用差別相六身受差別相七處無心定相八命終時分相又古德依論解釋證有第八識者論云此第八識非是世間現量所見之境唯憑聖言量及以真正道理而知有之引七本經證之阿毗達摩經有二頌初頌云無始時來界一切法等依由

此有諸趣及涅槃證得無始時來界者言界者是因義謂第八識從無始至今能持一切漏無漏色心等諸法種子又能與漏無漏種子力令生現行即第八與一切種子為依持生起二因一切法等依者依是緣義謂第八識能變為身器作有情依與一切漏無漏現行法而為所依以能執受五色根身與前七識現為俱有依故即第八識能與一切現行色心等法為增上緣依也由此有諸趣及涅槃證得者此第八識不唯獨與有漏流轉法為依持用兼能與一切無漏順還滅法為依持用第二頌云由攝藏諸法一切

種子識故名阿賴耶勝者我開演者即第八識自證分能持種故名種子識解深密經頌云阿陀那識甚深細一切種子如瀑流我於凡愚不開演恐彼分別執為我阿陀那者此云執持為此識能執持諸法種子及能執受色根及根依處亦能執取結生相續故說此識名阿陀那一切種子如瀑流者謂第八識中一切種子若遇緣鼓擊便生轉識現行或種子有生住異滅不停如似瀑流楞伽經頌云譬如巨海浪斯由猛風起洪波鼓溟壑無有斷絕時藏識海常住境界風所動種種諸識浪騰躍而轉生又小乘增一阿

含經云有根本識是諸識所依此根本識即是第八識以第八識能發起前六轉識故二上座部說有有分識便是第八識此有分識體常不間斷徧三界有有謂三有分者因義即三有之因皆由此識三化地部中說有窮生死蘊緣此第八徧三界九地恆常有故但有生死處即常徧為依直至大乘金剛心末煩惱盡時方捨故名窮生死蘊若諸轉識即無此功能以第六識體多間斷故入五位無心時六識皆間斷不行此時應不名有情以無識任持故即應爛壞四一切有部說此識名阿賴耶有愛樂欣喜四種阿賴

耶愛是總句總緣三世爲境餘三是別句別緣三世樂是現在欣是過去喜是未來即此第八識是諸有情常執爲自內我是眞愛著處故名阿賴耶眞正理有十一者持種心唯識論云謂契經說雜染清淨諸法種子之所集起故名爲心若無此識彼持種心不應有故謂諸轉識在滅定等有間斷故根境作意善等類別易起故如電光等不堅住故非可熏皆不能持種非染淨種所集起故二異熟心唯識論云如契經說有異熟心善惡業感若無此識彼異熟心不應有故者即第八識謂前世中以善不善業爲因招感

得今生第八異熟心是果論云定應許有眞異熟識酬牽引業徧而無斷變爲身器作有情依身器離心理非有故三界趣生體唯識論云契經說有情流轉五趣四生若無此識彼趣生體不應有故須信有第八識爲三界九地五趣四生之體若無此識即一切有情不應得有四有執受唯識論云又契經說有色根身是有執受若無此識彼能執受不應有故其有色界中有情有五色根及內五塵是第八親相分唯第八識能執受若是餘識即無此能五壽煖識三證有第八識唯識論云又契經說壽煖識三更互依持

得相續住若無此識能持壽煖令久住識不應有故六生死時有心證有第八識唯識論云又契經說諸有情類受生命終必住散心非無心定若無此識生死時心不應有故又將死時由善惡業上下身分冷觸漸起若無此識彼事不成第七引緣起依證有第八識唯識論云又契經說識緣名色名色緣識如是二法展轉相依譬如束蘆俱時而轉若無此識彼識自體不應有故小乘云我將六識爲名色依何要第八論破云眼等轉識攝在名中此識若無說誰爲識論主云眼等六識已攝在名中爲識蘊故須得第八

爲名外識支與名色爲依又如此界人生時中有初念心執取結生時由未有前六識爲名中識蘊名色唯具三蘊此三蘊名色一念間依何而住故知信有第八識是名外識支與名色爲依八引識食證有第八識唯識論云又契經說一切有情皆依食住若無此識彼識食體不應有故所以佛告外道言所爲一切有情皆依食住此是正覺正說餘不能知汝外道自餓己身終無有益食是資益義任持義九引滅定有心證有第八識唯識論云又契經說住滅定者身語心行無不皆滅而壽不滅亦不離煖根無變壞識

不離身若無此識住滅定者識不離身不應有故論主云入滅定聖人身語心行無不皆滅卽出入息是身加行受想是心加行尋伺是語加行此三加行與第六識相應在滅定中皆悉滅故而壽不滅者卽第八識種上有連持一報色心不斷功能名壽言亦不離識者煖觸是第八識相分卽此二法皆不離第八識旣在滅定中六識身語心加行皆悉不行而有壽煖在者明知卽是第八識與壽煖爲依十引染淨心證有第八唯識論云又契經說心雜染故有情雜染心淸淨故有情淸淨若無此識彼染淨心不應有故

謂染淨法以心爲本因心而生依心而住受彼熏持彼種故以心爲本者卽一切染淨有爲無爲法皆以第八識爲根本依心而住者卽前七現行皆依第八識而住言受彼熏者卽第八識受彼前七識熏言持彼種者卽第八能持前七三性染淨種子所以密嚴經云是身如起屍亦如熱時焰隨行因緣轉非妄亦非實爲受之所牽性空無有我意等識所識與心而共生五識復更依意識而因起如是一切時大地而俱轉賴耶爲於愛所熏而增長旣自增長已復增於餘識展轉不斷絕猶如於井輪以有諸識故衆趣而生起於是諸趣中識復得增長識與世間法更互以爲因譬如河水流前後而不斷亦如芽與種相續而轉生各各相差別分別而顯現識行亦如是旣三和合已而復更和合差別相而生如是而流轉常無有斷絕內外一切法皆因此而起愚不了唯心汝等勤觀察華嚴經云善男子諸業虛妄積集名心末那思量意識分別眼等五識了境不同愚癡凡夫不能知覺怖老病死求入涅槃生死涅槃二俱不識於一切境妄起分別又由未來諸根五塵境界斷滅凡愚之人以爲涅槃諸佛菩薩自證悟時轉阿賴耶得本覺

智善男子一切凡愚迷佛方便執有三乘不了三界由心所起不知三世一切佛法自心現量見外五塵執爲實有猶如牛羊不能知覺生死輪中無由出離善男子佛說諸法無生無滅亦無三世何以故如自心現五塵境界本無有故有無諸法本不生故聖者自悟境界如是善男子愚癡凡夫妄起分別無中執有有中執無取阿賴耶種種行相墮於生滅二種見中不了自心而起分別善男子當知自心卽是一切佛菩薩法由知自心卽佛法故則能淨一切剎入一切劫是以藏識頓變根身器世間故爲甚深之義現

量比量俱不能量。又過量無量故。如經偈云。法界非有量。亦復非無量。牟尼悉超越。有量及無量。故知識性淺智難明。究竟窮通。唯佛能了。是以宗鏡廣引斯文。爲微密難知故。問。唯識正義。爲破我法二執。顯二空理。證一眞心。云何世間及諸聖教說有我法。答。但是假說。唯依識變。如唯識頌云。由假說我法。有種種相轉。彼依識所變。此能變唯三。謂異熟思量。及了別境識。世間聖教說有我法。但由假立。非實有性。我謂主宰。法謂軌持。乃至云何應知實無外境。唯有內識似外境生。實我實法。不可得故。如何實我不可得耶。

諸所執我。略有三種。一者執我體常周徧。量同虛空。隨處造業受苦樂故。二者執我其體雖常而量不定。隨身大小有卷舒故。三者執我體常至細如一極微。潛轉身中作事業故。初且非理。所以者何。執我常徧量同虛空。應不隨身受苦樂等。又常徧故。應無動轉如何隨身能造諸業。乃至中亦非理。所以者何。執我體常住。不應隨身而有舒卷。既有舒卷。如橐籥風。應非常住。乃至後亦非理。所以者何。我量至小。如何速巡身如旋火輪。以轉動故。則所執我非一非常。諸有往來非常一故。又所執我復有三種。一者卽蘊。二者離蘊。三者與蘊非卽非離。初卽蘊我。理且不然。我應如蘊非常一故。又內諸色定非實我。如外諸色有質礙故。心心所法亦非實我。不恆相續。待衆緣故。餘行餘色亦非實我。如虛空等。非覺性故。中離蘊我。理亦不然。應如虛空無作受故。後具非我理亦不然。許依蘊立非卽離蘊。應如瓶等非實我故。又既不可說有爲無爲。亦應不可說是我非我。故彼所執實我不成。乃至如是所說一切我執。自心外蘊。或有或無。自心內蘊。一切皆有。是故我執皆緣無常五取蘊相妄執爲我。然諸蘊相從緣生故。是如幻有。妄所執我橫計

度故。決定非有。故契經說。苾芻當知。世間沙門婆羅門等所有我見。一切皆緣五取蘊起。問。若離心外無實我及實法者。則假法亦無。以假法依眞而建立故。答。夫假法者。但是虛假似有而轉。必不依眞。如唯識論云。有作是難。若無離識實我法者。假亦應無。謂假必依眞事似事共法而立。乃至答云。又假必依眞事立者。亦不應理。眞謂自相。假智及詮俱非境故。謂假智詮不得自相。唯於諸法共相而轉。亦非離此有別方便施設自相爲假所依。然假智詮必依聲起。聲不及處。此便不轉。能詮所詮俱非自相。故知假說不依

眞事由此但依似事而轉似謂增益非實有相聲依增益似相而轉故不可說假必依眞問此第八識有幾能變令諸識生長顯現答有二能變一因能變二果能變唯識論云能變有二種一因能變謂第八識中等流異熟二因習氣等流習氣由七識中善惡無記熏令生長異熟習氣由六識中有漏善惡熏令生長二果能變謂前二種習氣力故有八識生現種種相等流習氣因緣故八識體相差別而生名等流果果似因故異熟習氣為增上緣感第八識酬引業力恆相續故立異熟名感前六識酬滿業者從異熟起

名異熟生不名異熟有間斷故即前異熟及異熟生名異熟果果異因故此中且說我愛執藏持雜染種能變果識名為異熟問第八識廣容周徧為萬法根原經論同推故稱第一微細體性如何指陳答此體不可說微妙最難知周徧法界而無住心任持一切而不現相如空中飛鳥雖往來騫翥而跡不可尋似眼裏瞳人任照矚森羅而眼終不見若月含一色徧分萬象之形等日耀千光普照四天之下類摩尼無思而雨寶廣濟羣生猶磁石無覺而轉移周迴六趣密嚴經偈云藏識持於世猶如線穿珠亦如車有輪隨於業風轉陶師運輪杖器成隨所用藏識與諸界共力無不成內外諸世間彌綸悉周徧譬如眾星象布列在虛空風力之所持運行常不息如空中鳥跡求之不可見然鳥不離空頡頏而進退藏識亦如是不離自他身如海起波濤如空含萬像藏識亦如是蘊藏諸習氣譬如水中月及以諸蓮華與水不相離不為水所著藏識亦復然習氣莫能染如目有瞳子眼終不自見藏識住於身攝藏諸種子徧持壽煖識如雲覆世間業用曾不停眾生莫能見又云諸仁者一切眾色皆阿賴耶與色習相應變似其相非別有

體同於愚夫妄所分別諸仁者一切眾生若坐若臥若行若立惛醉睡眠乃至狂走莫不皆是賴耶識乃至如磁石力令鐵轉移雖無有心似有心者阿賴耶識亦復如是為生死法之所攝持往來諸趣非我似我如水中有物雖無思覺而隨於水流動不住阿賴耶識亦復如是雖無分別依身運行乃至若有於此能正觀察知諸世間皆是自心是分別見即皆轉滅又頌云能持世間因所謂阿賴耶第八丈夫識運動於一切如輪轉眾瓶如油徧在麻鹽中有鹹味亦如無常性普徧於諸色問此識周徧凡聖境通為當離

此別有眞性爲復卽是答非一非異得此識名不合而合成其藏義此阿賴耶識卽是眞心不守自性隨染淨緣不合而合能含藏一切眞俗境界故名藏識如明鏡不與影像合而合影像此約有和合義邊說若不和合義者卽體常不變故號眞如因合不合分其二義本一眞心湛然不動若有不信阿賴耶識卽是如來藏別求眞如理者如離像覓鏡卽是惡慧以未了不變隨緣隨緣不變之義而生二執問第八識變義如何答變謂識體轉似二分釋云論明諸識體卽自證分轉似相見二分而生此說識體是依他性

轉似相見二分非無亦依他起依此二分執實二取聖說爲無非謂依他中無此二分論說唯二依他性故此緣眞智緣於眞如無相分故餘皆有相不爾如何名他心智後得智等不外取故許有相見二體性故說相見種或同或異若同種者卽一識體轉似二分相用而生如一蝸牛變生二角此說影像相見離體更無別性是識用故若言相見各別種者見是自體義用分之故離識更無別種卽一識體轉似見分別用而生識爲所依轉相分種似相而起以作用別性各不同故相別種生於理爲勝故言識體轉似二分此依他起非有似有實非二分似計所執二分見相故立似名相別有種何名識變不離識故由識變時相方生故此顯能變相見二分用體別有何故又說識似二分生論說相見俱依自證起故若無自證二定不生如無頭時角定非有及無鏡時面影不起皆於識上現相貌故故說二分依識體生又非唯相見二分依識體生乃至凡聖之身淨穢之土皆從識現如彌勒菩薩云日月燈明如來教我修習唯心識定入三摩地歷劫已來以此三昧事恆沙佛求世名心歇滅無有至然燈佛出現於世我乃得成無上妙

圓識心三昧乃至盡空如來國土淨穢有無皆是我心變化所現世尊我了如是唯心識故識性流出無量如來今得授記次補佛處佛問圓通我以諦觀十方唯識識心圓明入圓成實遠離依他及徧計執得無生忍斯爲第一是以十方法界淨穢國土皆是我心中變出總是我屋宅眞妄隨心巧拙由智對大菩薩闡彼淨方逗劣衆生現斯穢土十方如來皆是我心中流出者古釋云如海上漚各各不同時由差別心觀卽有彼此但水體是一卽知一佛出現時卽一切佛出現離自他相故但衆生有處十方如來爲種

種身而助化之非但如來含於一義一切衆生亦是我流出問轉變變現其義同別答古釋云有唯轉變非變現者轉變之言通於種現現能熏種種能生種種生現行皆名轉變變現之言唯現心等能起見相名之爲變不通於種相分色等問第八本識與所生果爲復是一是異答非一非異論云本識中親生自果功能差別此與本識及所生果不一不異體用因果理應爾故釋云本識是體種子是用種子是因所生是果此之二法理應如是不一不異本識望種於出體中攝相歸性故皆無記種從現行望於本識相

用別論故通三性若即是一不可說爲有因果法有體用法若一向異應穀麥等能生豆等以許因果一向異故不爾法滅應方有用以許體用一向異故用體相似氣勢必同因果相似功能狀貌可相隨順非一向異問阿賴耶識與幾心所相應答識論云常與觸作意受想思相應阿賴耶識無始時來乃至未轉於一切位恆與此五心所相應以是徧行心所攝故一觸者論云謂三和分別變異令心心所觸境爲性受想思等所依爲業釋云以此五種體是徧行心所攝故決定相應雖復不増亦不可減定俱生滅名徧

行故觸謂三和者即根境識體異名三不相乖違更相交涉名爲隨順根可爲依境可爲取識二所生可依於根而取於境此三之上皆有順生一切心所功能作用名爲變異分別之用是觸功能謂觸之上有似前三順生心所變異功能說名分別分別即領似異名如子似父名分別父問何故三和唯根獨勝答一由主故有殊勝能名之爲主二由近故能近生心及心所故三由徧故不唯生心所亦能生心故四由續故常相續有境識不爾故境體雖能生心心所以非主故又非近故徧闕二義不名爲勝心雖是主近

生心所不能生心不自在故非徧也徧闕一義故非勝境識皆不續識有境生故俱闕續義非得勝名唯根獨勝問觸自性是實是假答此觸數定是實有四食性故二作意者論云作意謂能警心爲性於所緣境引心爲業釋云作意警心有二功力一者令心未起而起二者令心起已趣境故言警覺應起心種引令趣境三受者論云受謂領納順違俱非境相爲性起愛爲業四想者論云想謂於境取像爲性施設種種名言爲業謂要安立境分劑相方能隨起種種名言釋云此中安立取像異名謂此是青非青等作分

劑而取其相名爲安立由此取像便起名言此是青等性類衆多故名種種五思者論云思謂令心造作爲性於善品等役心爲業謂能取境正因等相驅役自心令造善等此五既是徧行所攝故與藏識決定相應此觸等五與異熟識行相雖異而時依同所緣事等故名相應此識行相極不明了不能分別違順境相微細一類唯與捨受相應又此相應受唯是異熟隨先引業轉不待現緣任善惡業勢力轉故唯是捨受苦樂二受是異熟生非眞異熟待現緣故非此相應又由此識常無轉變有情恆執爲自內我若與

苦樂二受相應便有轉變寧執爲我故此但與捨受相應釋曰此觸等五與異熟識行相雖異而時依同所緣事等故名相應者由四等故說名相應謂事等處等時等所依等今約見分爲行相影像相分爲所緣自體名事等者相似義體雖各一境相相似故所緣事皆名爲等以觸等五相託本識相生所緣既相似故名爲等唯識爲宗不約本質名爲所緣亦非影像名爲行相時謂刹那定同一世依謂根俱無有間唯與捨受相應者此有五義一極不明了是捨受相若苦樂受必明了故受總有五一憂二喜三苦四樂五捨此中憂喜入苦樂中依三受門分別不言憂喜二不能分別順違境相取中容境是捨受相若是餘受取違順境故三由微細若是餘受行相必麤四由一類若是餘受必是易脫此行相定故成一類五相續而轉若是餘受必有間斷此恆相續故唯捨受若能分別違順境相非眞異熟異熟者取境定故若麤動者如餘心非異熟主顯行相難知異餘識也由此五義必其有故便能受熏持種相續又解此識極不明了曾無憶念憶念行相極明了故不能分別違順境相顯唯捨受非苦樂俱及簡不與善染等並相續

而轉顯無有欲今有希望方有欲起此相續故無有欲也由此五義第二義正顯唯捨受所由所餘四義因簡別境等故唯與捨受俱問此識既與捨受相應如何亦是惡業異熟答論云捨受不違苦樂品故如無記法善惡俱招釋云無記既寂靜何爲惡業果捨雖寂靜不違二故得爲惡果不同禪定寂靜此無所能爲故通惡業感餘七轉識設起苦樂此識皆俱以捨不違苦樂品故若或苦樂不俱於人天中應不受苦果以相違故三惡趣中應不受樂果亦相違故此中苦樂皆是別招故捨不違問本識云何不與別境

等五心所相應。答。論云。互相違故。謂欲希望所樂事轉。此識任業無所希望。勝解印持決定事轉。此識懵昧無所印持。念唯明記曾習事轉。此識昧劣不能明記。定能令心專注一境。此識任運刹那別緣。慧唯簡擇得等事轉。此識微昧不能簡擇。故此不與別境相應。此識唯是異熟性。故善染汙等亦不相應。惡作等四無記性者有間斷。故定非異熟。釋云。定能令心專注一境。此識任運刹那別緣者。定雖影像相分刹那新起。至加行時所觀本質前後相續。但專注境。此識任運不作加行專注本質恆緣現在影像。所緣但新

新起。且定行相。一一刹那深取專注趣向所緣。此識浮疎行相不爾。故非定位。言任運者是隨業轉。惡作等定非異熟者。非眞異熟。不遮異熟生。亦由惡作等非一切時常相續故非此相應。故知第八眞識常如捨相。以任運之緣。合恆常之道。不爲垢法之所染。靈爲淨法之所治。非生死之所羈。豈涅槃之能寂。是以稱爲識主。故號心王。爾後因一念無明。起七識波浪。遂生心所。失本心王。皆因靈覺明。分能立所。起明了之解。心境歷然。運分別之情。自他宛爾。因茲有情心內。遂憎愛而結怨親。無情境中。隨想念而標形礙。

遂使外則桑田變海。海變桑田。內則親作怨由。怨爲親種。互爲高下。反覆相酬。從茲業果恆新。苦緣不斷。是以首楞嚴經云。佛告富樓那。明妄非他。覺明爲咎。所妄既立。明理不踰。以是因緣。聽不出聲。見不超色。乃至唯殺盜婬。三爲根本。以是因緣。業果相續。富樓那。如是三種顚倒相續。皆是覺明明了知性。因了發相。從妄見生。山河大地諸有爲相。次第遷流。因此虛妄。終而復始。是故若欲還原反本。旋妄冥眞。但一念不生。前後際斷。分別心滅。輪迴業亡。根盡枝枯。因空果喪。無始之情塵識垢。應念全消。本來之佛眼常身。隨眞頓現。

宗鏡錄卷四十七終

音釋

弭緜婢切　鵷於元切　歠以芮切　繹羊益切　匵徒沃切　舛昌兗切　觚古胡切　昉分兩切　髦莫高切　賚落代切　糅女救切　毳昌稅切　摭之石切　橐籥上他各切下以灼切　騫翥上去乾切下章恕切　頡頏上胡結切下下浪切　磁疾移切　蝸古蛙切

宗鏡錄卷四十八

宋慧日永明妙圓正修智覺禪師延壽集

夫三性法門。該通萬法。於第八識何性所攝。約有幾
位。答。論云。諸有漏種與異熟識體無別故。無記性攝。
因果俱有善等性故。亦名善等。諸無漏種非異熟識
性所攝故。因果俱是善性攝故。唯名爲善。釋云。此有
漏種與本第八識體無別故。性類是同。唯是無記。若
能所生法。皆通善等三性。謂此種子本能熏習現行
之因。及後所生現行之果。皆通三性。故言因果俱善
等性。卽是功能差別門說。非依體門性唯無記。此約

有漏種說。若無漏種非異熟性所攝故。故非無記。體
性不順本識體故。體既不同。不可相卽。又性類別。能
治所治漏無漏殊。不可相卽。問。無漏既不從識名無
記性。此爲何性。答。因果俱是善性攝故。唯名爲善。法
爾一切無漏之法。順理違生。無惡無記。又攝論云。然
第八識總有二位。一有漏位。無記性攝。唯與觸等五
法相應。但緣前說執受處境。二無漏位。唯善性攝。與
二十一心所相應。謂徧行別境各五。及善十一。與一
切心恆相應故。常樂證知所觀境故。於所觀境恆印
持故。於曾受境恆明記故。世尊無有不定心故。於一
切法常決擇故。極淨信等常相應故。無染汙故。無散
動故。此亦唯與捨受相應。任運恆時平等轉故。以一
切法爲所緣境。鏡智徧緣一切法故。問。本識於一切
時中。爲有間斷。爲無間斷。定緣於內。定緣於外。答。此
識從初至末。無有剎那間斷。內外俱緣。瑜伽論云。阿
賴耶識於一切時無有間斷。內外俱緣。譬如燈燄生
時內執膏炷。外發光明。如是阿賴耶識緣內執受。緣
外器相生起道理應知亦爾。又緣境無廢。時無變易。
從初執受剎那乃至命終。一味了別而轉。問。阿賴耶
識與諸轉識爲復作因。爲復作果。答。互爲因果。經偈

云。諸法於識藏。識於法亦爾。更互爲果性。亦常爲因
性。攝大乘論說。阿賴耶識與雜染法。互爲因緣。如炷
與燄展轉生燒。又如束蘆互相依住。釋云。諸法於識
藏。能攝藏也。謂與諸識作二緣性。一爲彼種子。二爲
彼所依。識於法亦爾。所攝藏也。謂諸轉識與阿賴耶
亦爲二緣。一於現法長養彼種。二於後法轉攝植彼
種。互相生故。如燈炷束蘆者。舉增上緣。喻因緣義。如
燈炷與燄展轉生燒。內炷生燄。如種生現。外燄燒炷
如現熏種。又如束蘆相依爲俱有因。類顯二法爲喻
喻因緣義。問。種子識與阿賴耶識爲一爲異。答。非一

非異、攝論云。是不淨品法種子。在阿賴耶識中。爲有
別體故異。爲無別體故不異。二俱有失。須明不一不
異。此阿賴耶識與種子。如此共生。雖有能依所依。不
由別體故異。乃至能是假無體。所是依是實有體。假
實和合。異相難可分別。以無二體故。此識先未有功
能。熏習生後方有功能。故異於前。前識但是果報。不
得名一切種子。後識能爲他生因。說名一切種子。前
識但生自相續。後識能生自他相續。故勝於前。譬如
麥種生於自芽。有功能故。說麥是芽種子。麥若陳久。
或爲火所損則失功能。麥相不異。以功能壞故不名

種子。此識亦爾。若有生一切法功能。由與功能相應
說名一切種子。此功能若謝無餘。但說名果報識。非
一切種子。是故非不異。問。種子有幾多。答。攝論云。種
子有二。一外種子。但是假名。以一切法唯有識故。二
內種子。則是眞實。以一切法以識爲本。此二種子。念
念生滅。剎那剎那先生後滅。無有間故。此法得成種
子。何以故。常住法不成種子。一切時無差別故。復次
云何外種子。如穀麥等。無熏習得成種子。由內外得
成。是故內有熏者。外若成種子。不由自能。必由內熏
習感外。故成種子。何以故。一切外法。離內則不成。是

故於外不成熏習。一由內有熏習得成種子。又第八
識從種子生。故稱果報識。能攝持種子。故亦名種子
識。又本識是集諦。故名種子。是苦諦。故名果報。二果
俱有。謂與所生現行果法。俱現和合。方成種子。釋云。
謂此種子要望所生現行果法。俱時現有。現者一顯
現。二現在。三現有。三義名現。由此無性人第七識不
名種子。果不顯現故。卽顯現言簡彼第七。現在簡前
後。現有簡假法。體是實有方成種子故。顯現唯在果。
現有唯在因。現在通因果。和合簡相離。問。種子爲是
本有、爲新熏生。答。唯識論云。一切種子皆本性有。不

從熏生。由熏習力。但可增長。如契經說。一切有情無
始時來有種種界。如惡叉聚法爾而有。界卽種子差
別名故。又經偈云。無始時來界。一切法等依。界是因
義。瑜伽亦說。諸種子體無始時來性雖本有而由染
淨新所熏發。諸有情類無始時來。若般涅槃法者。一
切種子皆悉具足。不般涅槃法者便闕三種菩提種
子。如是等文。誠證非一。契經說心性淨者。謂心空理
所顯眞如。眞如是心眞實性故。或說心體非煩惱故。
名性本淨。非有漏心性是無漏。故名本淨。由此應信
諸有情無始時來有無漏種。不由熏習。法爾成就。後

勝進位熏令增長無漏法起以此爲因無漏起時復熏成種有漏法種類此應知釋云心性者眞如也眞如無爲非心之因亦非種子能有果法如虛空等故非有漏心性是無漏名本性淨也又若取正義本有新熏合生現行非有前後一本有者謂無始來異熟識內法爾而有生蘊處界功能差別世尊依此說諸有情無始時來有種種界如惡叉聚法爾而有一切種子與第八識一時而有從此能生前七現行現行頭上又熏種子二新熏者謂無始時來數數現行熏習而有名新熏故世尊依此說有情心染淨諸法所

熏習故無量種子之所積集故護法意云有漏無漏種子皆有新熏本有合生現行亦不雜亂若新熏遇緣卽從新熏生若本有遇緣卽從本有生若偏執唯從新熏或偏執但是本有二俱違教若二義俱取善符教理古德問此總未聞熏時此本有從何而生答謂從無始時來此身與種子俱時而有如外草木等種又古德解熏種義諸法雖有新舊二種當生現時或從新生或從舊生名爲二種非謂二種於一念中同生一現若爾卽有多種共生一芽之過以此准知色等相分種並同於此又問八識之中旣具本有新

熏之義何識是能熏因所熏果答依經論正義卽是前七現行識爲能熏因緣之因熏生新熏種子第八識是前七現行識所熏生因緣之果又問本識等雖無力能熏自種而能親生自種故現行本識等得自生種爲因緣者旣不熏自種如何能生自種又熏與生何別答熏者資熏擊發之義生者生起從因生出之義謂本識等雖無力資熏擊發自種之義而有親生自種之義如有種性者法爾本有無漏種子雖有生果之能若不得資加二位有漏諸善資熏擊發卽不能生現須假有漏諸善資熏方能生現又如本識

中善染等種能引次後自類種子雖有生義無自熏義如穀麥等種雖有生芽之能若不得水土等資熏擊發亦不能生其現行本識雖有生種之能然自力劣須假六七與熏方生由是義故本識等雖非能熏而能生種故與親種得爲因緣五根塵等諸根分亦應然此解今依因位現行望自親所熏種能爲二緣卽是因緣增上緣唯除第八及六識中極劣無記非能熏故今按此文現於親種得爲因緣中旣除第八及六識中極劣無記非能熏故望自親種無因緣義若言本識及六識中極劣無記能生自種得爲因緣

者。便犯異熟有能熏過違聖教失。又問。如前六識所
變五塵相分。不能自熏新種。須假能變心緣方能熏
自種。故五塵相分得爲能熏。其極劣無記亦假能變
心緣。何故不同五塵相分。得爲能熏。答。今按有爲法
分爲三品。一者上品。如七轉識及相應等一分能緣
慮。彼力最彊悉有力自熏。二者中品。如五塵相分等。
雖有熏力而力稍微。假心與力。彼方自熏。三者下品。
即極劣無記。如極羸病無力之人。不能自起。縱人與
力扶持。亦不能起。本識等類。亦復如是。本無熏力。謂
心與力。亦不能熏。由是義故。極劣無記一向無力。故

非能熏。與五塵相分不同。彼自有力。但力稍劣不能
獨熏。假心相助。自有半力。故是能熏。由是義故。今正
解者。第八識聚。及此所變異熟五根相分。并異熟浮
根等。及異熟前六識等。並無新種。以其極劣非能熏
故。從本有舊種所生。其長養五根及此浮根及等流
五塵等相分前六識所變者。皆可各有新本二種。問。
淨法種子。從聞熏生。於本識中。與不淨種子熏發之
義。有何同別。答。染淨種子皆具熏義。而增減有殊。若
淨法熏損本識。若染法熏增本識。如攝論云。轉依名
法身。由聞熏四法得成。一信樂大乘是大淨種子。二
般若波羅密是大我種子。三虛空器三昧是大樂種
子。四大悲是大常種子。此聞熏習及四法爲四德種
子。四德圓時。本識都盡。四德本來是有。不從種子生。
從因作名。故稱種子。此聞熏習非爲增益本識故生。
爲欲減損本識力勢故生。能對治本識。與本識性相
違。故不爲本識性所攝。若不淨種子。則熏習生。增益
本識。與淨種有異。問。熏習以何爲義。答。熏者發也。或
猶致也。習者生也。近也。數也。即發致果於本識內。令
種子生近生長故。熏有二種。一習熏。謂熏心體成染
淨等事。二資熏。謂現行心境及諸惑相資等。楞伽經

云。大慧。不思議熏及不思議變。是現識因。取種種塵
及無始妄想熏。是分別事識因。是以無明能熏眞如
成其染法。本覺能熏無明。起其淨用。此皆不可熏處
而能熏。名不思議熏。不可變異而變異。云不思議變。
勝鬘經云。不染而染難可了知。染而不染難可了知。
顯識論云。分別識者。若起安立熏習力於第八識中。
熏習力故。譬如燒香熏習衣。香體滅而香氣猶在衣
中。名爲熏衣。此香不可言有。香體滅故。不可言無。香
氣在故。如六識起善惡留熏習力於本識中。能得未
來報。名爲種子。問。能熏所熏各具幾義能成熏習。答。

各具四義令種子生長故名熏習。唯識論云。先所熏四義者。一堅住性。二無記性。三可熏性。四和合性。古釋云。卽此四義各有所簡。論云。一堅住性。若法始終一類相續能持習氣。乃是所熏。此遮轉識及聲風等性不堅住。故非所熏。釋云。夫爲所熏識者。且須一類堅住相續不斷能持習氣。乃是所熏。今前六轉識若五位無心時皆間斷故。旣非堅住。非是所熏。此亦遮經部師將色心更互持種。論主云。且如於無色界入滅定時色心俱間斷。此時將何法能持種。又如五根五塵皆不通三界。亦非堅住。如何堪爲所熏性。又第

七識在有漏位雖不間斷。在十地位中。亦有解脫間斷。謂得無漏時。不能持有漏種。以有漏無漏體相違故。以第八識雖是有漏。以在因中體無解脫。唯無覆性。卽不妨亦能持無漏種。得名所熏。應立量云。前七轉識是有法。非所熏宗。因云。不堅住故。同喻如電光聲風等。問。若言有堅住性卽是所熏者。只如佛果第八。亦是堅住性。應名所熏。答。將第二義簡。論云。二無記性。若法平等無所違逆。能容習氣。乃是所熏。此遮善染勢力彊盛無所容納。故非所熏。釋云。夫爲所熏者。須唯是一類無記。卽不違善惡性。方受彼熏。今佛

果第八旣是善性。卽不容不善及無記性。非是所熏以佛果圓滿故。如似沈麝不受臭穢物熏。若不善性者。卽是煩惱。又不容信等心所熏。互不相容納故。其所熏性。如寬心捨行之人。能容納得一切善惡事。若惡心性人。卽不中。第八識似寬心捨行之人。能容一切習氣。有此義故。方名所熏。若如來第八無漏淨識唯在因中曾所熏習。帶此舊種。非新受熏。以唯善故。違於不善等。又云。善染如沈麝韮蒜等。故不受熏。無記如素帛。故能受熏。如善不容於惡。猶白不受於黑。若惡不容於善。如臭不納於香。唯本識之含藏。同太

虛之廣納矣。問。若言有堅住性及無記性二義。便名所熏者。且如第八五心所同心王具此二義。應是所熏。又如無爲亦有堅住性義。爲所熏。何失。答。將第三義簡。論云。三可熏性。若法自在性非堅密。能受習氣乃是所熏。此遮心所及無爲法。無爲堅密。故非所熏。言自在者。正簡難陀許第八五心所受熏。論主云。心所不自在。故依他生起。非所熏性。言性非堅密者。卽簡馬鳴菩薩眞如受熏。論主云。無爲體堅密。如金石等。而不受熏。夫可熏者。且須體性虛疎。能容種子。方得馬鳴救云。我言眞如受熏者。以眞如是性。第八是

相性相不相離若熏著相時兼熏著性或攝相歸性故眞如受熏何失如將金石作指鐶等護法破云熏相不熏性如火燒世界不燒虛空今唯是第八心王體性虛疎方可受熏如衣服虛疎方能受香等熏問若言有堅住性無記性及可熏性三義即是所熏者應可此人第八識受他人前七識熏以此人第八是可熏性故答將第四義簡論云四與能熏等和合性若與能熏同時同處不即不離乃是所熏此遮他身剎那前後無和合義故非所熏唯異熟識具此四義可是所熏非心所等釋云今將此人第八望他人前

七無同時同處和合義故非是所熏亦遮經部師將前念識體熏後念識相不同時亦非所熏次能熏四義者一有生滅二有勝用三有增減四與所熏和合此四義亦各有所簡且外人問無爲法得名能熏否答將第一義簡論云一有生滅若法非常能有作用生長習氣乃是能熏此遮無爲前後不變無生長用故非能熏釋云今前七識有生滅有生長作用乃是能熏問若爾者且如業感異熟生心心所及色法不相應行等皆有生滅亦有作用應是能熏答將第二義簡論云二有勝用若有生滅勢力增盛能引習氣

乃是能熏此遮異熟心心所等勢力羸劣故非能熏釋云其業感異熟生心心所等劣弱無彊盛作用能熏色法雖有彊盛又無緣慮勝用不相應行二用俱闕此非能熏又勢用有二一能緣用即簡諸色爲相分熏非能緣熏二彊盛用謂不任運起即異熟心等有緣慮用無彊盛用爲相分熏非能緣熏內色等有彊盛用無能緣用異熟心等有能緣用無彊盛用不相應法二俱無皆非能熏即緣勢用可致熏習如彊健人能致功效故問若有生滅及有勝用即名能熏者且如佛果前七識亦具此二義應是能熏答將第

三義簡論云三有增減若有勝用可增可減攝植習氣乃是能熏此遮佛果圓滿善法無增無減故非能熏彼若能熏便非圓滿前後佛果應有勝劣問若言具有生滅有勝用有增減三義即名能熏者且如他人前七識亦有上三義應與此人第八熏得種否答將第四義簡論云四與所熏和合而轉若與所熏同時同處不即不離乃是能熏此遮他身剎那前後無和合義故非能熏唯七轉識及彼心所有勝勢用而增減者具此四義可是能熏如是能熏與所熏識俱生俱滅熏習義成令所熏中種子生長如熏苣藤故

名熏習釋云攝論云苣蕂本來是炭多時埋在地中便變爲苣蕂如苣蕂與華俱生俱滅内熏習故生香氣又種子是習氣之異名習氣必由熏習而有舉喻如麻香氣華熏故生即胡麻中所有香氣必假華熏方得香也西方若欲作塗身香油先以華香取於苣蕂子聚爲一處淹令極爛後取苣蕂壓油油遂香氣芬馥比來胡麻中無香氣因華熏故生熏習義者要俱生滅熏習義成非如種生芽異時故不同生滅故以爲喻問若言須與所熏和合一處方名能熏者且如先亡父母及先亡子孫等後人爲作功德此亦是

熏他識以獲福故如何不許答此有二解一云此但爲增上令亡者自發心非熏他識二云七分之中許獲一分難只此所獲一分功德便是此人造福他人受果應乖唯識義答有五力唯識不判一定力二通力三借識力四大願力五法威德力問七能熏中熏第八四分之中約熏何分答前五轉識能熏阿賴相分種子第六意識能熏第八相見分種子第七末那唯熏第八見分種子問前七識四分何分能熏答見相二分能熏種以此二分有作用故問相分是色何能熏種答但是見分與力令相分熏種如梟附塊而

成卵𣪊又見分是自證分與力問前五識與第八熏相分種者其第八相分有三境今熏何相分種答但熏内身及外器實五塵相分種餘即不熏以不能緣故問五識於一切時爲皆熏三種爲有不爾答皆熏三種縱異界相緣時五識須託自第八相而熏本質種又如二禪已上借初禪三識緣上地三境時亦各熏三種其相質種二禪已上收見分種即屬初禪繫以越界地地法無故言借若得諸根互用緣自他五塵境皆熏三種子以是性境收本質同是第八相分故若第六緣第八見分時熏得見質二種皆是心種

即與第八熏得見分種又自熏得第六見分種中間相分即不熏若第六緣第八相分時或熏三種子爲自熏得能緣見分種若現量時亦自熏得相分五塵種又與第八熏得五根塵本質種多分只熏見質二種問第六緣第八三境相分時皆與熏得三境種否答只熏根身器界種緣種子境即不熏種恐犯無窮過故其第六緣五根及種子境時皆是獨影境有説是性境者即須相分是實便有兩重五根現行犯有情界增過故知不可問第六能緣第八四分何言唯熏見相分種答以内二分與見分同是心種故於見

分中攝問第六緣一百法時皆熏本質種否答若緣無爲并不相應行及心所中一分假者皆不熏本質種實者卽熏以緣假法時但是獨影境故亦不熏相分種其能緣見分種卽熏若第七識緣第八見分熏種者但熏見質二種定不熏相分種其中間相分但從兩頭合起仍通三性一半從本質上起者是無覆性一半從能緣見分上生者是有覆性問如前第三所熏中護法難馬鳴眞如受熏義夫熏習之義熏相不熏性如火燒世界不燒虛空此眞如受熏之義如何會通答夫能所之熏約有二宗一法相宗二法性

宗前護法是依法相宗所難今馬鳴是依法性宗今法性宗亦七識等而爲能熏八爲所熏其第八中以如來藏隨緣成立含有生滅不生滅義故今言熏者是不熏之熏不變之變卽熏生滅門中眞如隨緣之相若眞如門中卽不熏此熏變義俱不可思議以不染而染故如起信論云復次以四種法熏習義故染淨法起無有斷絕一淨謂眞如二染謂無明三妄心謂業識四妄境謂六塵熏習義者如世衣服非臭非香隨以物熏則有彼氣眞如淨法性非是染無明熏故則有染相無明染法實無淨業眞如熏故說有淨

用云何熏習染法不斷所謂依眞如故而起無明爲諸染因然此無明卽熏眞如旣熏習已生妄念心此妄念心復熏無明以熏習故不覺眞法以不覺故妄境相現以妄念心熏習力故生於種種差別執著造種種業受身心等衆苦果報妄境熏義有二種別一增長分別熏二增長執取熏妄心熏義亦二種別一增長根本業識熏令阿羅漢辟支佛一切菩薩受生滅苦二增長分別事識熏令諸凡夫受業繫苦無明熏義亦二種別一根本熏成就識業義二見愛熏成就分別事識義云何熏習淨法不斷謂以眞如熏於

無明以熏習因緣力故令妄念心厭生死苦求涅槃樂以此妄心厭求因緣復熏眞如以熏習故則自信已身有眞如法本性清淨知一切境界唯心妄動畢竟無有以能如是如實知故修遠離法起於種種諸隨順行無所分別無所取著經於無量阿僧祇劫慣習力故無明則滅無明滅故心相不起心不起故境界相滅如是一切染因染緣及以染界心相都滅名得涅槃成就種種自在業用妄心熏義有二種別一分別事識熏令一切凡夫二乘厭生死苦隨已堪能趣無上道二意熏令諸菩薩發心勇猛速疾趣入無

生涅槃眞如熏義亦二種別一體熏二用熏體熏者所謂眞如從無始來具足一切無量無漏亦具難思勝境界用常無間斷熏衆生心以此力故令諸衆生厭生死苦求涅槃樂自信已身有眞實法發心修行用熏者即是衆生外緣之力有無量義略說二種一差別緣二平等緣差別緣者謂諸衆生從初發心乃至成佛蒙佛菩薩等諸善知識隨所應化而爲現身等平等緣者謂一切諸佛及諸菩薩以平等智慧平等志願普欲拔濟一切衆生任運相續常無斷絕以此智慧熏衆生故令其憶念諸佛菩薩或見或聞而

作利益入淨三昧隨所斷障得無礙眼於念念中一切世界平等顯現見無量諸佛及諸菩薩華嚴記云是則眞如亦爲能熏亦能受熏故楞伽經云不思議熏不思議變是現識因謂不可熏而熏故名不思議熏眞如不變而隨緣成法名不思議變亦即不染而染也藏法師云妄心通業識及事識今據其本言業識耳言熏習故有染相者眞如本無相隨熏現相又顯妄法無體故但云相此釋經中如來藏爲惡習所熏等上即生滅門中眞如言有淨用者此是生滅門中本覺眞如故有熏義眞如門中則無此義由此本覺內熏不覺令成厭求反流順眞故云用也此釋經中由如來藏故能厭生死苦樂求涅槃也涅槃經云闡提之人佛性力故還生善根彼言佛性力者即此本覺內熏之力耳且以一識含此二義更互相熏徧生染淨也此中佛者是覺性者是本故名本覺問佛種從緣起者即是熏習義約法報化三身中是何佛種從緣起答是報身佛由熏成故以智爲種法身是無爲斷惑所顯不從種子生以法報具足能起化現即化身是法報之用唯報佛性即是一切衆生聞熏種子且如世間甘露葉上霧露潤濕滴入土中一滴

成一連珠又更濕潤生長芽莖報佛性亦爾我等第六識見分及耳識見分如同甘露葉如來大乘教法如似霧露耳識第六識熏得大乘種子似潤濕落在第八識中如入土中生得連珠後數資熏至成自受用報身似更遇濕潤生起芽莖故知佛種全自熏成初學之人爭不仗於聞法之力且衆生雖有正因性須假緣因發起如大智度論云如經中說二因緣發起正見一者外聞正法二者內有正念又如草木內有種子外有雨澤然後得生若無菩薩衆生雖有業因緣無由發起然欲弘揚佛法剖析圓宗應須性相

雙明。總別俱辯。故法華經偈云。如是大果報。種種性相義。我及十方佛。乃能知是事。今宗鏡本意要理事分明。方顯一心體用具足。若有體而無用。如有身而無手足。若有用而無體。如有手足而無身。若無身手人相不具。若無體用法身不圓。釋摩訶衍論云。自性清淨無漏性德。從無始來一向明白。亦無垢累。亦無染汙。而以無明而熏習故。卽有垢累無明藏海。從無始來一向闇黑。亦無智明。亦無白品。而以本覺而熏習故。卽有淨用。如是染淨。但是假立。染非實染。淨非實淨。皆是幻化。無實自性。故知染淨無體。隨熏所成。

若離熏習之緣。決定無法可得。若無第八識所熏之體。萬法不成。以前衆多義門。成就唯識。卽知無有一法不從心化生。隨善惡以熏成。因修習而爲種。似裛香之紙。染芬馥以騰馨。如繫魚之繩。近腥羶而作氣。況異熟本識。堅住眞心。聞善法熏。則淨種子增長。因惡法發。則染種子圓成。是以內則爲因。雖然本有。外爲緣助。須仗新熏。遂能起果酬因。爲凡作聖。故經云。佛種從緣起。故知無法不熏成。是以多聞熏習之功。須親道友。積學鍊磨之力。全在當人。不可虛度時光。不勤妙行。如木中火性。是火正因。未遇人工。不成火用。如身中佛性。是佛正因。不偶淨緣。難成妙用。問。心識無形無對。云何說受熏之義。答。經明若熏若變。俱不思議。約隨緣鼓動。彰熏變之相。以根本無明熏本覺時。卽本覺隨動。故說爲熏。又本覺之體。理雖不變。由隨緣故。故說爲變。雖然熏變。染而不染。雖不熏變。不染而染。莫可以心意測。故云不思議熏。靡可以文句詮。故云不思議變。

宗鏡録卷四十八

音釋

韭蒜 韭舉有切 蒜蘇貫切　苣蕂 苣其呂切 蕂詩證切

宗鏡錄卷四十九

宋慧日永明妙圓正修智覺禪師延壽集

夫一切情識因執受得名。只如第八種子根身器等。爲有執受。爲無執受。答。種子器世。卽第八緣而不執受。執受各具二義。且執二義者。一攝義。二持義。言攝者。卽攝爲自體。言持者。卽持令不散。受二義者。一領義。二覺義。且領者。卽領以爲境。言覺者。卽令生覺受。安危共同。根身具執受四義。一攝爲自體。同是無記性故。二持令不散。第八能任持此身。令不爛壞。三領以爲境。此根身是第八親相分。四令生覺受。安危共

同。若第八危。五根危。第八安。五根安。若器世間量。但緣非執受。卽受二義中領以爲境。又言非執受者。而無攝爲自體持令不散令生覺受三義。不似他根身。名非執受。卽無受四義中領以爲境一義。問。何以器界不似根身。第八親執受。答。以與第八遠故。所以不攝爲自體。又器界損時。第八亦不隨彼安危共同。所以不執受。若髮毛爪齒膀胱宿水等。雖近已同外器攝。所以第八亦不執受。由此第八或持或緣。應具四句。一持而不緣。卽無漏種。二緣而不持。卽器界現行。三俱句。卽內身根塵。四俱非。卽前七現行。問。第八何不緣前七現行。答。有多過故不緣。若變影緣。卽第八犯緣假過。若親緣。卽犯唯識義不成過。親取他心故。西明云。若變影緣。卽有情界增過。以變起前七現行故。而有兩重第七等。又解。以心法要種而生。今異熟第八微劣。設緣得前七。亦不能熏種。故不緣也。問。第八何不緣長等。答。是假。故不緣。問。無爲是實。第八何故不緣。答。若實無爲。因位不證。若假無爲。又非彼境三量分別者。散位心心所。若具四義。卽名現量。一任運緣。二不帶名言。三唯性境。四無計度分別。今第八四義既足。極成現量。假實分別者。因中第八見分定

不緣假。唯因緣變。故因緣變具二義。一任運義。二種子義。爲境從種生。識任運緣。名因緣變。今第八所緣境定。以見分別種生。是因緣變。問。第八與前五皆因緣變。何故前五緣境有本質。第八便無。答。前五非根本識。緣境卽須藉本質。今第八是根本識。故不假本質。忽若離自三境外。更有法與第八爲質者。卽心外有法。然第八若望緣定果色及他人浮塵異界器。卽有本質不遮。故知第八緣三境唯實非假。問。識中無漏種子。具此三義否。答。一切有漏種子。卽具三義。若是無漏種子。不隨第八成無記。唯是善性。卽第八不

領爲境以相違故不妨持而不緣三義中但具一義問若不領以爲境應是心外有法答但持令不散不離識故亦是唯識問無漏種子既不離識中有如何不緣答具三義故所以不緣一能對治故即無漏然對治有汙法亦能破壞有漏法二體性異故以第八唯無記無漏種子唯善性三不相順故以無漏種子不順有漏第八識故無漏善性不順無記性故所以不緣問無漏種子是相分否答有二一云第八不緣非是相分攝二云亦是相分因雖不緣是果中之相分流類故問種子與自證分既不離第八見分如何

不緣自證分答種子雖與自證不相離若見分緣時但緣種子不緣自證分若緣自證分即犯因中內緣過喻如水中鹹味色裏膠青問此第八識有幾執受答有二種攝論云一切種子心識成熟展轉和合增長廣大依二執受一者有色諸根及所依執受二者相名分別言說戲論習氣執受問前說第八具四義故成現量未審三量行相如何又八識各具幾量答古德釋云現量者現謂顯現即分明證境不帶名言無籌度心親得法體離妄分別名之爲現言量者量度是楷定之義謂心於境上度量楷定法之自相不

錯謬故名量比量者比謂比類量即量度以比類量度而知有故名爲比量非量者謂心緣境時於境錯亂虛妄分別不能正知境不稱心名爲非量顯揚論云現量者有三種相一非不現見相二非思搆所成相三非錯亂所見相一非不現見相者復有四種應知謂由諸根不壞作意現前時同類生異類生無障礙不極遠同類生者謂欲塵諸根於欲塵境上地諸根於上地境已生等若生若起是名同類生異類生者謂上地諸根於下地境若已生等是名異類生無障礙者復有四種一非覆障所礙二非隱障所礙三

非暎障所礙四非惑障所礙覆障所礙者謂黑闇無明闇不澄淨色之所覆隔隱障所礙者謂或藥草力或咒術力或神通力之所隱蔽暎障所礙者謂少爲多物之所暎奪故不可見或飲食等爲諸毒藥之所暎奪或髮毛端爲餘麤物之所暎奪如是等類無量無邊且如小光爲大光所暎不可得見所謂日光暎星月等又如能治暎奪所治令不可得謂不淨觀暎奪淨相無常苦無我觀暎奪常樂我相無相觀力暎奪衆相惑障所礙者謂幻化所作或相貌差別或復相似或內所作目眩惛夢悶亂酒醉放逸癲狂如是

等類名為惑障若不為此四障所礙名無障礙不極遠者謂非三種極遠一處極遠二時極遠三推析極遠如是總名非不現見由非不現見故名現量二非思搆所成相者謂建立境界取所依境纔取便成非思搆之所成故名為現量三非錯亂所見相者當有七種一想錯亂二數錯亂三形錯亂四顯錯亂五業錯亂六心錯亂七見錯亂想錯亂者謂於非彼相起彼相想如於陽燄鹿渴相起於水想數錯亂者謂於少數起多增上慢如瞖眩者於一月處見多月象形錯亂者謂於餘形起餘形增上慢如於旋火見彼輪

形顯錯亂者謂於餘顯色起餘顯色增上慢如為迦末羅病損壞眼根於非黃色悉見黃相業錯亂者謂於無業起有業增上慢如執捲馳走見樹奔流心錯亂者謂卽於五種所錯亂義心生喜樂見錯亂者謂卽於五種所錯亂義忍受顯說安立實重妄想堅執若非如是錯亂所見名為現量又云現量者如五塵色法是第八識所變相分前五轉識并明了意識緣此之時最初遇境未起分別不帶名言能緣之智親證境體得法自性名為現量得自相也若前五識及第八識於一切時皆是現量得法自相不簡因果漏

無漏位一切皆爾若第六識緣彼五塵境時於彼法體生分別心而起言說言說所及不能親證以是假智所緣名得共相不簡因中果位但於境體起分別心及起言詮之時皆名得於共相及佛後得智緣事境時起分別故起言說故亦是假智非是得彼共相法體但是得彼共相之義也因此更依因明解現量義准因明疏略有二解一現之量謂前五識依所依根於現在世緣現有境根亦與識同照前境有發識用根義顯勝得顯現名雖照於境以體是色無緣慮用不能量度但有現義不得量名唯心心所量度於

境緣慮用增體具現義亦有量境之能今從能發之根顯所發識名現之量依士釋也二現卽量謂明了意識一分除餘散意識及獨頭起者并取定意識及第八識能緣見分親緣現境作用顯現而彼所依意根界體非顯現故故不取之但就能緣見分現卽是量持業釋也又古師問若准前說假智所詮但得共相之義不得共相法體如口說色時口應被礙以彼色體以質礙為自相故既不被色礙故知不得彼體但得彼義者且如第八識及與眼識并明了意識現量智起緣火之時既言現量得法自相豈不燒心若

不被燒應不得於火之自相何名現量境耶若許被
燒即世間現見火時眼不被損便有世間現量相違
過答曰雖不被燒亦得自相名爲現量所以者何以
心細色麤故心細無狀色麤有形故緣彼火時雖得
自相然不被燒亦名現量又被麤色實亦不能壞於
細色何況心法如火災起時欲界火災但燒欲界然
不能燒色界定地殊妙細色故彼色界自起火災燒
於自地問既言心細色麤心緣火時心不被燒者如
阿羅漢化火焚身心智隨滅此如何通答曰化火焚
身但燒浮根之塵非燒五種清淨色根及彼心智其

五種清淨色根及彼心智以無所依浮塵緣闕不生
得非擇滅雖是定火亦不能燒麤細異故定火對世
火雖是細妙對心猶麤以是色法有形質故比量者
此復五種一相二體三業四法五因果一相比量者
謂隨其所有相貌相屬或由現在及先所推度境界
如以見幢故比知有車以見煙故比知有火等二體
比量者由現見彼自體性故比類彼物不現見體或
現見彼一分自體比類餘分如以現在比類去來等
三業比量者謂以作用比業所依如見遠物無有動
搖鳥集其上如是等事比知是杌若有動搖等事比

知是人等四法比量者謂於一切相屬著法以一比
餘如屬無常比知有苦以屬苦故比空無我以屬生
故比有老法以屬老故比有死法等五因果比量者
謂因果相比如見物行比有所至見有所至比先有
行若見有人如法事王比知當獲廣大祿位見大祿
位比知先已如法事王等三量八識分別者前五轉
識唯是現量以前五識顯現證境不作行解心得法
自性任運轉故第六意識徧通三量有二一明了意
識與五同緣通三量初念得五塵自性是現量第二
念至作解心時若量境不謬是比量若心所不稱境

知即是非量二獨頭意識有三一散位獨頭亦通三
量多是比非若緣現量此得前五識引起獨散意識
謂於第一念緣前來五識所緣五塵之境得其自性
名現量二定中獨頭唯是現量三夢中獨頭唯是非
量若見分唯非量內二分是現量第七末那約有漏
位中唯是非量妄執第八見分爲我爲法故本來第
八見分是白淨無記然非是我今被第七妄執爲我
不稱境知故名非量若第七內二分唯現量第八賴
耶同五現量如前已解問真似現量如何分別答古
釋現量有二一真二似真現量者體即五識身五俱

意諸自證分諸定心兼第八識此等諸心心所有六義名現一現有簡龜毛等二現在簡過未三顯現簡種子無作用故四現離照現名爲現謂能緣之心行相遠離諸分別故謂離隨念計度名言種類諸門等分別心故因明論云此中現量謂無分別釋云卽顯能緣行相不籌不度任運因循照符前境故也五現謂明現謂諸定心澄湛隨緣何境皆明證故卽明證衆境名爲現量六現謂親現卽親冥自體如一切散心若親於境明冥自體皆名現量第五明現第六親現此二種義簡諸邪智等如病眼見空華毛輪等雖

離分別任運而緣然不能明證衆境親冥自體故非現量也似現量者准理而言有五種智皆名似現量一散心緣過去二獨意緣現在三散意緣未來四緣三世疑智五緣現在諸惑亂解此等諸心能緣行相有籌度故皆不以自相爲境故又隨先所受分別轉故名似現量然有二種一無分別心謂愚癡人類及任運見於空華等雖無分別然不分明冥證境故名似現量二有分別心現帶名言不得法之自相妄謂分明得境自體名似現量又云男女天地等見一合相名似現量此以衆緣合故如攬衆微以成於色合

五陰以成於人名一合相如是見者是有分別智於義異轉故名似現量眞現量者如一合相相不可得金剛經云如來說一合相卽非一合相以從緣合卽無性故無性之性是所證理如是知者是正智生是自相處轉名眞現量又拂能所證跡爲眞現量謂若有如外之智與如合者猶有所得非眞實證能所兩亡方爲眞現唯識頌云若時於所緣智都無所得爾時住唯識離二取相故經云亦無如外智能證於如乃是爲眞現量也是以諸佛施爲悉皆現量如守護國界主陀羅尼經云如來悉知彼諸衆生出息入息

種種飲食種種資具種種相貌種種根器種種行解種種心性死此生彼剎那流注生滅相續如來悉知如是一切現量所得非彼量知云何現量謂不動念如實而知非流注心入於過去如是知時智慧具足隨衆生心種種說法問本識變似根身器世間等爲是自變爲是共變答此有四句一共中共變二共中不共變三不共中不共變四不共中共變識論云所言共變者謂異熟識由共相種成熟力故變似色等器世間相卽外大種及所造色雖諸有情所變各別而相相似處所無異如衆燈明各徧似一釋云此義

意言由自種子爲因緣故本識變爲器世間相唯外非情此卽能造及所造色在外處故言外大種非心外法且諸種子總有二種一是共相二不共相何爲共相多人所感故雖知人人所變各別名爲唯識然有相似共受用義說名共相實非自變他能用之若能用者此卽名緣心外法故然彼此總爲增上緣令多人同共受用名共如山河等不共相者若唯識理唯自心變名不共相一切皆是他變是他物自不能用亦名不共相然今且約自身能用他不得用名爲不共如奴婢等又釋云共中有二一共中共如山河

等非唯一趣用他趣不能用又唯識義鏡云共中共者多識同變名之爲共變已同用重名爲共又唯識鈔云謂多趣有情識所變色同在一處互相涉入其相相似同共受用名共中共初之共字約所緣緣後之共字約增上緣卽無主山河等是若有主者卽共中不共所攝二共中不共如已田宅及鬼等所見猛火等物人見爲水餘趣餘人不能用故不共相中亦有二種一不共中不共如眼等根唯自識依用非他用故二不共中共如自浮塵根他亦受用故此言共相應者卽共中共如衆燈明各徧似一者此釋共果

同在一處不相障礙謂外器相如衆燈明共在一室各各徧室二一自別而相相似處所無異此如何知各各徧也一燈去時其光常徧若共爲一是則應將一燈去已餘明不徧又相涉入不相隔礙故見似一置多燈已人影亦多故又云一不共中不共變如眼等五根唯自第八於中有末心第一念託父母遺體時變名不共唯自第八變故又唯自受用復名不共如眼識唯依眼根發眼識乃至身識依身根等二不共中共變卽內浮塵根初唯自第八變名不共變生已後他人亦有受用義復名爲共問若許受用他人

浮塵者何名唯識心外取法答受用他人浮塵時自識先變一重相分在他人身上若受用時還受用自相分心外無法得成唯識問若言受用自相分因何殺他人得地獄罪以殺自相分故答自相分與他相分同在他身處殺自相分亦能令他五根相分斷滅故得罪也三共中共變如山河大地衆人共業力變又共得受用問多人共變名共者如有一樹二十人共變有二十重相分忽被一人斫卻此樹自相分無可名唯識餘十九人相分亦無應非唯識以自不斫故答一人所斫相分是所隨餘十九人相分是能隨

能隨相分必依所隨有故所隨旣無能隨亦滅由此義邊亦名唯識故瑜伽論云相似業生隨順業轉卽衆人共業變時得名相似業其多人相分被一人受用卽名隨順業轉又共變共受用故四共中不共變者如田宅妻子多人第八共變得名爲共若受用時唯自前六受用不通他人卽名不共又如一水應四心隨業各異見問諸識各變自根還變他根否答唯變似他根依處他根於已都無用故論頌云識生變似義有情我及了此境實非有境無故識無釋云八識生變似義者卽是五塵義之言境以依他法似實

有故變似有情者卽是五根衆生數法情卽是根名薩埵故變似我者是末那能變及了者六識緣了卽第八緣根塵二色第七緣我六識緣六塵所了法義論云有義唯能變似依處他根於已非所用故似自他身五根現者說自他識各自變義者此唯變他根依處他根於已都無用故若無用亦變何不變七識無緣慮用而得緣故若爾說自他根現文如何通所說自他阿賴耶識各自變爲根非自變他根一則無用不變他根二由不定說言自身本識變他根故不可爲證問色從識變者無色界無色云何說變答下界衆生所見是業果色無色界現境卽定果色俱不離心慈恩云由定中變異他身者瑜伽論云色無色天變身萬億共立毛端是平等心無色旣無通力卽唯是定力華嚴經說菩薩鼻根聞無色界宮殿之香阿含經云舍利弗入涅槃時色無色天宮中淚下如春細雨波闍波提入涅槃時色無色天佛邊側立及實色中定境者是所變境力爲相續爲間斷若內身多續少分間斷由有生一念卽便命終故或如蜉蝣等生已卽死故若變外器多分長時隨業勢力任運變故問本識定緣何法答唯緣實法不緣假法慈恩

問云本識豈不緣極略等四色答以假故不緣如不相應法對法論云極略極迥但是第六意識可析爲極微故第八不緣受所引色中若定道共色卽此不緣唯以現行思爲體故徧計所起色唯是鏡像水月此亦不緣唯第六識徧計起故又定所生色中如十一切處觀亦不緣假想色故故此論文但緣實色不緣假故第八所緣必有用故彼無實用第八不緣然諸法體一者有法二者無法第八何故不緣無法此任運緣非分別故無籌度故後得智等有籌度故諸六識等有分別故由此故知第八識體不緣我也第

八識變變必有用故不緣無用無用故不緣我等以
無體用故於有法中略有二種一者有爲二者無爲
何故此識不緣無爲若實無爲因未證故若假無爲
無體用故皆不得緣問有漏識變有幾種變答略有
二種一因緣變二分別變識論云有漏識變略有二
種一隨因緣勢力故變二隨分別勢力故變釋云因
緣變者謂由先業及名言實種即要有力唯任運心
非由作意其心乃生即五八識隨其增上異熟因爲
緣名言種爲因故變於境分別變者謂作意生心是
籌度心即六七識隨自分別作意生故由此六七緣

時影像相分無有實體未必有用初隨因緣變必有
實體用即五八等所變之境後隨分別變但能爲境
非必有用即第七識等又解初唯第八異熟生故所
熏處故能持種故變必有用後餘七識所變色觸等
皆無實用似本質用如鏡中光於三境中性境不隨
心因緣變攝獨影帶質皆分別變又論云異熟識變
但隨因緣所變色等必有實用若變心等便無實用
相分心等不能緣故者顯變色等從實種生故所變
法必有體用若相分心心所如化心等故不緣之緣
便無用解深密經說諸變化心無自依心有依他心

佛地論云無自緣慮實體之心有隨見分所變相分
似慮之心如鏡中光此即分別變四句分別者一因
緣變非分別變即五識心心所及第八識心王爲所
緣相分從自種生故二唯分別變非因緣變即有漏
第七識及第八五心所是唯所變相分唯從分別心
生故三俱句即有漏第六及無漏八識以能遍緣假
實法故四俱非即不相應行是以無實體故不與能
緣同種生故問此識於善不善有覆無記無覆無記
四種法中何法所攝答論云此識唯是無覆無記異
熟性故異熟若是善染性者流轉還滅應不得成又

此識是善染依故若善染者互相違故應不與二俱
作所依又此識是所熏性故若善染者如極香臭應
不受熏無熏習故染淨因果俱不成立此唯是無覆
無記覆謂染法障聖道故又能蔽心令不淨故此識
非染故無覆記謂善惡有愛非愛果及殊勝自體可
記別故此非善惡故名無記觸等亦如是者如阿賴
耶識唯是無覆無記性攝觸作意受想思亦爾諸相
應法必同性故釋云異熟若是善染性者流轉還滅
應不得成者善趣既是善應不生不善恆生善故即
無流轉惡趣之義由業故生死流由苦故生死轉惡

趣翻亦然既恆生惡應無還滅由道故還由滅故滅又此識是善染依故者此識既是果報之主既恆是善應不爲惡依是惡亦應不爲善依互相違故若善染者如極香臭應不受熏者此識唯無記性可受熏習既無熏習即無種子種子若無即是無因因既無故其果亦無此唯無覆無記者無記有三一相應無記謂諸無記心心所法二不相應無記謂無記色不相應法三眞實無記謂虛空非擇滅又廣辯四種無記一能變無記即無記心心所法是二所變無記即諸色法及諸種子等是三分位無記即二十四不相

應行中有假無記法分位立者是四勝義無記即虛空非擇滅無爲是又就第一能變無記中更有四種無記一異熟二威儀三功巧四變化異熟無記者異者別異即因果性別因通善惡果唯無記熟者成熟此唯屬果因果合說名爲異熟無記者不能記別當果名爲無記或於善惡中無所記別名無記此業感眞異熟無記即第八識業即善惡二思感者集義招義爲此現行思能造作感集當來總報識等五果種子又能招感當來異熟五蘊現行果故名業感言眞者實也簡命根雖是異熟而且是假又眞者常也體

常相續更不間斷徧界地有者名眞異熟無記又若法體是異熟從異熟識起而無間斷徧界地有者名眞異熟亦名異熟生若法體是異熟從異熟識起有其間斷又不徧界地者但名異熟生不得名眞異熟即簡六識體必若體非異熟又有間斷又不徧界地雖從異熟識起不名眞異熟但得名異熟生若威儀功巧變化等雖有能作而不招善惡等果故名無記問阿賴耶識若常則無轉變若斷則不相續如何會通得合正理答不一不異非斷非常方契因緣唯識正理識論云此識非斷非常以恆轉故恆謂此識無

始時來一類相續常無間斷是界趣生施設本故性堅持種令不失故轉謂此識無始時來念念生滅前後變異因滅果生非常一故可爲轉識熏成種故恆言遮斷轉表非常猶如瀑流因果法爾如瀑流水非斷非常相續長時有所漂溺此識亦爾從無始來生滅相續非常非斷漂溺有情令不出離又如瀑流風等擊起諸波浪而流不斷此識亦爾雖遇衆緣起眼識等而恆相續又如瀑流漂水上下魚草等物隨流不捨此識亦爾與內習氣外觸等法恆相隨轉如是法喻意顯此識無始因果非斷常義謂此識性無始

時來剎那剎那果生因滅果生故非斷因滅故非常非斷非常是緣起理故說此識恆轉如流釋云一類者常無記義相續者未曾斷義界趣生本者即是依此識故施設三界五趣四生是引果故識是界趣生之本因滅果生非常一故者因果性故箇一非我也有生滅故箇常非自性也常一之法無因果若無因果即是斷常以是常故如虛空等應不受熏若不受熏即無生死涅槃差別若受熏須具四義一無記二堅住三可熏四非常一是四相應可爲轉識熏也問此識既云恆轉如流定有生滅去來否答此識不守

自性隨緣變時似有流轉而實無生滅亦非去來如湛水起漚漚全是水華生空界華全是空識性未嘗去來虛空何曾生滅如馬祖大師云若此生所經行之處及自家田宅處所父母兄弟等舉心見者此心本來不去莫道見彼事則言心去心性本無來去亦無起滅所經行處及自家父母眷屬等今所見者由昔時見故皆是第八含藏識中憶持在心非今心去亦名種子識亦名含藏識貯積昔所見者識性虛通念念自見名巡舊識亦名流注生死此念念自離不用斷滅若滅此心名斷佛種性此心本是真如之體

甚深如來藏而與七識俱傳大士云心性無來亦無去緣慮流轉實無停又心無處所故云無停心體實無來去昔所行處了了知見性自虛通體無去住不用除滅此心若識此心本是佛體不須怕今有不識心人將此爲妄終日除滅亦不可得滅縱令得滅證聲聞果亦非究竟只如過去諸佛恆沙劫事見如今日真如之性靈通自在照用無方不可同無情物佛性是生氣物不可兀爾無知但無心量種種施爲如幻如化如機關木人畢竟無有心量於一切處無執繫無住著無所求於一切時中更無一法可得問此

阿賴耶識既爲一切法因又稱引果只如因果之法爲真實有爲假施設答皆從識變是假施設論云謂此正理深妙離言因果等言皆假施設觀現在法有引後用假立當果對說現因觀現在法有酬前相假立曾因對說現果假謂現識似彼相現如是因果理趣顯然遠離二邊契會中道諸有智者應順修學釋云今明諸法自相離言謂觀三世唯有現法觀此現法有能引生當果之用當果雖無而現在法有引彼用用者功能行者尋見現法之上有此功用觀此法果遂心變作未來之相此似未來實是現在即假說

此所變未來名爲當果。對此假當有之果而說現在法爲因。此未來果卽觀現在法功能而假變也。其因亦爾。觀此現法有酬前之相卽異熟變相等。觀此所從生處而能變爲過去。實非過去而是現在假說所變爲現法。卽對此假曾有過去因而說現在爲果。而實所觀非因非不因。非果非不果。且如於因性離言故非實是因。有功能故非定不因。果亦如是。

宗鏡錄卷四十九終

宗鏡錄卷五十

宋慧日永明妙圓正修智覺禪師延壽集

夫此第八識爲定是眞是假答是眞是假不可定執首楞嚴經云陀那微細識習氣成瀑流眞非眞恐迷我常不開演釋曰梵語阿陀那者此云執持識此識體淨被無明熏習水乳難分唯佛能了以不覺妄染故則爲習氣變起前之七識瀑流波浪鼓成生死海若大覺頓了故則爲無漏淨識執持不斷盡未來際作大佛事能成智慧海眞非眞恐迷者佛意我若一向說眞則衆生不復進修墮增上慢以不染而染非

無客塵垢故又外道執此識爲我若言卽是佛性眞我則扶其邪執有濫眞修我若一向說不眞則衆生又於自身撥無生斷見故無成佛之期是以對凡夫二乘前不定開演恐生迷倒不達如來密旨以此根本識微細難知故問此第八識於眞俗二諦中俱建立否答染淨之本眞俗俱存不達眞異熟正唯識人多執俗有眞無彊生異見不知諸佛密意執遺相空理以爲究竟此乃破徧計情執是護過遮詮便撥依他圓成悉作空華之相若無依圓本識及一切法皆則無體既非實有成大邪見論云外道毀謗染淨因果亦不謂全無但執非實故若一切皆非實有菩薩不應爲不捨生死精勤修集菩提資糧誰有智者爲除幻敵求石女兒用爲軍旅故應信有能持種心依之建立染淨因果彼心卽是此第八識又契經說有異熟心善惡業感若無此識彼異熟心不應有故謂眼等識有間斷故非一切時是業果故如電光等非異熟心異熟不應斷已更續彼離命根等無斯事故眼等六識業所感者猶如聲等非恆續故是異熟生非眞異熟定應許有眞異熟心酬牽引業徧而無斷變爲身器作有情依身器離心理非有故不相應法

無實體故諸轉識等非恆有故若無此識誰變身器復依何法恆立有情釋云外道亦不謂染淨等皆無現所見故但執非實染因不能感惡果善因不能感善果以非實故如空華等因果不無可信此識總立三性若於二諦中分別有無者我眞諦中亦非無法但不可說爲因爲果言語道斷故俗諦之中依他圓成有故徧計所執是無眞異熟心酬牽引業徧而無斷者眞異熟心一切時相續酬牽引業非餘滿業者有間斷者是滿業故餘轉識不能引業但來滿善惡之業果引果之識徧三界有六識不徧無色界無心

定等五識及意無故無斷者言恆續故所以經云深信大乘不謗因果但眞諦中以一切法不可得故言語道斷故心智路絶故或言一切法空此是第一義空不可得空非是外道斷空小乘但空等不可起驅毛兎角之心執蛇足鹽香之見問受生命終既依本識生時死時復住何心答夫論生滅之事必住散動之心經云有念卽魔網不動卽法印魔網立生死之道法印成涅槃之門故知散亂寂靜二途皆依本識而有論云契經說諸有情類受生命終必住散心非無心定若無此識生死時心不應有故謂生死時身

心惛昧如睡無夢極悶絶時明了轉識必不現起又此位中六種轉識行相所緣不可知故如無心位必不現行六種轉識行相所緣有必可知如餘時故眞異熟識極微細故行相所緣俱不可了是引業果一期相續恆無轉變是散有心名生死心不違正理又說五識此位定無意識取境或因五識或因他教或定爲因生位諸因既不可得故受生位意識亦無乃至又將死時由善惡業下上身分冷觸漸起若無此識彼事不成轉識不能執受身故眼等五識各別依故或不行故第六意識不住身故境不定故不偏身

中恆相續故不應冷觸由彼漸生唯異熟心由先業力恆偏相續執受身分捨執受處冷觸便生壽煖識三不相離故冷觸起處卽是非情雖變亦緣而不執受故知定有此第八識又契經說識緣名色名色緣識如是一一法展轉相依譬如束蘆俱時而轉若無此識彼識自體不應有故謂彼經中自作是釋名謂非色四蘊色謂羯邏藍等此二與識相依而住如二束蘆更互爲緣恆俱時轉不相捨離眼等轉識攝在名中此識若無說誰爲識亦不可說名中識蘊爲五識身識爲第六羯邏藍時無五識故又諸轉識有間

轉故無力恆時執持名色寧說恆與名色爲緣故彼識言顯第八識問一切有情皆依食住卽是第八識食約有幾種行相如何答識論云經說食有四種一者段食變壞爲相謂欲界繫香味觸三於變壞時能爲食事由此色處非段食攝以變壞時色無用故二者觸食觸境爲相謂有漏觸纔取境時攝受喜等能爲食事此觸雖與諸識相應屬六識者食義偏勝觸麤顯境攝受喜樂及順益捨資養勝故三者意思食希望爲相謂有漏思與欲俱轉希可愛境能爲食事此思雖與諸識相應屬意識者食義偏勝意識於境

希望勝故。四者識食。執持爲相。謂有漏識。由段觸思勢力增長。能爲食事。此識雖通諸識自體。而第八識食義偏勝。一類相續執持勝故。此四能持有情身命。令不壞斷。故名爲食。段食唯於欲界有用。觸意思食雖徧三界。而依識轉。隨識有無。眼等轉識有間有轉。非徧恆時能持身命。謂無心定。熟眠悶絕。無想天中有間斷故。設有心位。隨所依緣。性界地等有轉易故。於持身命非徧非恆。乃至由此定知異諸轉識。有異熟識。一類恆徧執持身命。令不斷壞。世尊依此故作是言。一切有情皆依食住。釋云。此觸雖與諸識相應

屬六識者。食義偏勝者。此觸食體皆通八識。雖通與諸識相應。屬六識者食義偏勝。以所觸之境相麤顯故。別能攝受喜樂受故。能生順益身之捨故。是偏勝義。七八俱觸境微細故。全不能生喜樂受故。雖生捨受。但不爲損。而非益故。由此義顯觸生憂苦。非順益捨。即非食體。不資養故。增一經云。世尊告阿那律曰。一切諸法由食而住。在眼以眠爲食。耳以聲爲食。鼻以香爲食。舌以味爲食。身以細滑爲食。意以法爲食。涅槃以無放逸爲食。爾時佛告諸比丘。如此妙法。夫飲食有九事。人間有四食。一段食。二更樂食。三念食。

四識食。復有五種。是出世間食。一禪食。二願食。三念食。四八解脫食。五喜食。是出世間之表。當共專念。捨除四種之食。求辦出世之食。所以維摩經云。迦葉住平等法。應次行乞食。爲不食故。應行乞食。爲壞和合相故。應取揣食。爲不受故。應受彼食。斯皆是破五陰法。成涅槃食。問。住滅定者。於八識中滅何等識。答。但滅六識。以第八識持身故。論云。契經說住滅定者。身語心行無不皆滅。而壽不滅。亦不離煖。根無變壞。識不離身。若無此識。住滅定者不離身識。不應有。故謂眼等識行相麤動。於所緣境起必勞慮。厭患彼故。暫

求止息。漸次伏除。至都盡位。依此位立住滅定者。故此定中彼識皆滅。若不許有微細一類恆徧執持壽等識在。依何而說識不離身。若謂後時彼識還起。如隔日瘧。名不離身。是則不應說心行滅。識與想等起滅同故。壽煖諸根應亦如識。便成大過。故應許識如壽煖等。實不離身。又此位中若全無識。應如瓦礫。非有情數。豈得說爲住滅定者。又異熟識。此位若無。誰能執持諸根壽煖。無執持故。皆應壞滅。猶如死屍。便無壽等。既爾。後識必不還生。說不離身。彼何所屬。諸異熟識捨此身已。離託餘身。無重生故。又此位無持

種識後識無種如何得生過去未來不相應法非實有體已極成故諸色等法離識皆無受熏持種亦已遮故乃至無想等位類此應知又滅定等位稱無心者未必全無成業論云心有二種一集起心無量種子集起處故二種種心所緣行相差別轉故滅定等位闕第二心名無心如一足馬闕一足故亦名無足問小乘入滅盡定云何不能現其威儀答小乘是事滅大乘是理滅如清涼疏云一切法滅盡三昧智通者謂五聚之法皆當體寂滅故斯即理滅不同餘宗滅定但明事滅唯滅六七心心所法不滅第八等但

事滅故不能即定而用證理滅故定散無礙由即事而理故不礙滅即理而事故不礙用是以經云雖念念入而不廢菩薩道等亦非心定而身起用亦不獨明定散雙絕但是事理無礙故七地中云雖行實際而不作證能念念入亦念念起及淨名經云不起滅定現諸威儀皆斯義也又古師云若大乘滅定由具五蘊有第八識及第七淨分末那平等性智在而能引起種種威儀小乘唯有色行二蘊前六識已滅以小乘所現威儀事須意識始能引起既無意識則無運用之功與大乘有異問大小等乘皆從意識能起

威儀以第六意識是滅定所厭即第六意識已無縱有第七平等性智且非起威儀之識第八識雖許持緣亦非能起威儀如何說能引起威儀耶答古釋云正入滅定之時雖無意識然未滅之前加行心中願我入滅之後若有眾生合聞我說法見我威儀我當教化以此願故入定之後擊發本識化相種子生起現行以平等性智而能現起威儀然平等性智雖與第六願樂所現威儀而不相應若欲起於平等之化須平等性智也已上猶是約行相分別若就理而論威儀即定定即威儀以色心其已久如故問百法數

中雖名義差別窮原究本但唯一識經中云何於命根中說為三法壽煖識等答雖是一識義別說三論云義別說三如四正勤等釋云謂阿賴耶識相分色法身根所得名煖此識之種名壽以能持識故現行識是識故言三法義別說之非謂別有體性是則身捨煖時有餘二不必捨如無色界生如餘二捨時煖必隨捨然今此三約義別說但是一體如四正勤已生未生善惡二法義別說為四體但是一精進數問識種即是命根者以何義為根答論云然依親生此識種子由業所引功能差別住時決定假立命根釋

云言此者。簡親生餘識種子。言識者。簡相應法種。唯
取識故。言種者。簡現行。不取第八現行爲命根故。彼
所簡者。皆非命根。今取親生之名言種上。由先世業
所引持身差別功能。令色心等住時決定。依此功能。
說爲命根。非取生現行識義。以此種子爲業力故。有
持一報之身功能差別。令得決定。若此種子無此功
能。身便爛壞。阿賴耶識現行。由此種故能緣。及任持
於眼等法。亦名能持。此種正能持於現行之識。若不
爾者。現行之識應不得有。及無能持餘根等法。由此
功能故。識持於身。現行內種力故。生及緣持法。不名

命根。非根本故。由種生故。此種。不由現行有故。種爲
諸法之根本故。又現行識是所持故。從所持說能持
種識名命根。命根之法持體非命根令六處住時決
定故。故種子爲命根。餘現行色心等非命根。不恆續
故。非業所引故。然業正牽時。唯牽此種子。種子方能
造生現行。非謂現行名命根。故唯種是根。又夫命根
者。依心假立。命爲能依。心爲所依。生法師云。焚薪之
火。旋之成輪。輪必攬火而成照。情亦如之。必資心成
用也。命之依心。如情之依心矣。問。諸心法等。爲有差
別。爲無差別。答。法性無差。約相有異。雖然有異。互不

相違。瑜伽論云。如諸心法。雖心法性無有差別。然相
異故。於一身中一時俱轉。如是阿賴耶識與諸轉識
於一身中一時俱轉。當知更互亦不相違。如一瀑流。
有多波浪。又如於一清淨鏡面。有多影像一時而轉。
互不相違。如是於一阿賴耶識。有多轉識一時俱轉。
當知更互亦不相違。又如一眼識於一時間於一事
境。唯取一類無異色相。或於一時頓取非一種種色
相。及耳鼻舌身識。乃至分別意識於一時間。或取一
境相。或取非一種種境相。當知道理亦不相違。并末
那亦恆與阿賴耶識俱轉。常與俱生任運我慢等四

種煩惱。一時相應。問。淨名經云。從無住本立一切法。
無住本。即阿賴耶識。云何說此識爲一切法本。答。此
識建立有情無情。發生染法淨法。若有知有覺。則衆
生界起。若無想無慮。則國土緣生。因染法而六趣迴
旋。隨淨法而四聖階降。可謂凡聖之本。身器之由。了
此識原。何法非悟。證斯心性。何境不眞。可謂絕學之
門。棲神之地矣。瑜伽論云。阿賴耶識。是一切雜染根
本。所以者何。由此識是有情世間生起根本。能生諸
根。根所依處。及轉識等故。亦是器世間生起根本。由
能生起器世間故。亦是有情互起根本。一切有情相

望互為增上緣故。所以者何。無有有情與餘有情互相見等時不生苦樂等更相受用。由此道理當知有情界互為增上緣。又即此阿賴耶識能持一切法種子故。於現在世是苦諦體。亦是未來苦諦生因。又是現在集諦生因。如是能生有情世間故。能生器世間故。乃至阿賴耶識所攝持順解脫分及順決擇分等善法種子及眼識等。十八界經云。惡叉聚喻由於阿賴耶識中有多界故。問。若成就阿賴耶識亦成就轉識否。答。應作四句分別。瑜伽論云。或有成就阿賴耶識非轉識。謂無心睡眠無心悶絕入無想定入滅盡

定生無想天。或有成就轉識非阿賴耶識。謂阿羅漢若諸獨覺不退菩薩及諸如來住有心位。或有俱成就。謂餘有情住有心位。或有俱不成就。謂阿羅漢若諸獨覺不退菩薩及諸如來入滅盡定處無餘依般涅槃界。問。至聖垂慈。覺王應跡。以廣長之舌相。出誠實之微言。於無名相中布難思之教海。以假名相說演無盡之義宗。且如第八識心本無名相。隨位立號。因執得名。至何位次之中而捨虛假之稱。答。唯識論云。第八識雖諸有情皆悉成就。而隨義別立種種名。謂或名心。由種種法熏習種子所積集故。或名阿陀

那。執持種子及諸色根而不壞故。或名所知依。能與染淨所知諸法為依止故。或名種子識。能徧任持世出世間法種子故。此等諸名通一切位。或名阿賴耶識。藏一切雜染品法令不失故。我見等執藏以為自內我故。此名唯在異生有學。非無學位不退菩薩有雜染法執藏義故。或名異熟。能引生死善不善業異熟果故。此名唯在異生二乘諸菩薩位。非如來地猶有異熟無記法故。或名無垢識。最極清淨諸無漏法所依止故。此名唯在如來地有。菩薩二乘及異生位持有漏種可受熏習未得善淨第八識故。如契經偈

說。如來無垢識。是淨無漏界。解脫一切障。圓鏡智相應。阿賴耶識名過失重故最初捨故。此中偏說。異熟識體菩薩將得菩提時捨。聲聞獨覺入無餘依涅槃時捨。無垢識體無有捨時。利樂有情無盡時故。心等通故隨義應說。釋云。積集義是心義。集起義是心義。以能集生多種子故。或能熏種於此識中。既能積集。復起諸法。故說此識名為心義。阿陀那者。此云執持。執持諸種有色根故。此通凡聖。所知依者。即三性與彼為依名所知依。又古德云。阿賴耶識名為藏義。良以真心不守自性隨熏和合似一似常。故諸愚者以

似爲眞取爲內我我見所攝故名爲藏又能藏自體
於諸法中又能藏諸法於自體內二種我見永不起
位即失賴耶名又云第八識名者八地已上無阿賴
耶名唯有異熟識第七但執異熟識爲法又第八識
本無阿賴耶名由第七執第八見分爲我令第八得
阿賴耶名若不執時但名異熟識第八或名爲心者
由種種法積集種子故名爲心雖受熏持種積集集
起義得名心者唯自證分也喻如倉庫能藏諸物能
持一切種子故後令種子生起現行與種子爲依持
生起二因也即知第八受熏持種得名心也因中持

新舊種子故名爲心果位持舊種一切無漏種子故
名心也此亦名持種心或名質多此名有爲心或名
牟呼栗多此云眞實心即是眞如此是無爲心或名
阿陀那此云執持識能執持種子根身生相續義即
是界趣生義此通一切位執持有三一執持根身令
不爛壞二執持種子令不散失三執取結生相續者
即有情於中有身臨未位第八識初一念受生時有
執取結生相續義結者繫也屬也於母腹中一念受
生便繫屬彼故亦如磁毛石吸鐵鐵如父母精血二
點第八識如磁毛石一剎那間便攬而住同時根塵

等種從自識中六生現行名爲執取結生故在胎五
位者初七日內名雜穢狀如薄酪父精母血相和名
雜自體不淨名穢二七日內名皰猶如豌豆瘡皰之
形表裏如酪未生肉故三七日內名凝結謂稍凝結
形如就了血四七日內名凝厚漸次堅硬五七日內
名形位內風所吹生諸根形一身四支差別故用
此三十五日竝其五根皆足六七日內名髮毛爪齒
位七七日內名具根位以五根圓滿漸次生識即未
具空明等緣或名種子識問此識與心義何別答種
子與心義別即取第八識現行亦名種子故但是種

能生現行故名種子識此識現行能起前七識即有
能生法種功能義邊第八識名種子識前言心者但
是積集集起義名心又第八識而隨義別立種種名
或名根本識流轉因還滅因界趣生體引果總報主
阿賴耶者此云我愛執藏異熟識者此是善惡業果
位以善惡業果爲因即招感得此引果故前世業爲
因因是善惡今世感第八識是無記異熟即果異於
因故名異熟又具四義一實二常三徧四無雜是名
眞異熟識問第八眞異熟識如何名引果答爲善惡
業爲能引第八爲所引是能引家之果故名引果故

是總報主。前六識名爲滿。與有一分善惡別報來滿故。此滿業所招。名異熟生。非眞異熟也。不具四義。唯第八是引果眞異熟識。具四義故。此通異生至十地皆有異熟識名。至金剛心末。一刹那間永捨也。解脫道中。卽成無垢識名。阿摩羅。卽果中第八識純一無漏。不攝一切染法種子故。不與雜染種現爲所依故。唯與鏡智相應。名無垢識。又心之別名有六。一集起名心。唯屬第八。集諸種子起現行故。二積集名心。屬前七轉識。能熏積集諸法種故。或初集起屬前七轉識。現行共集熏起種故。後積集名心屬於第八。含藏

積集諸法種故。此上二解。雖各有能集所集之義。今唯取能集名心。如理應思。三緣慮名心。俱能緣慮自分境故。四或名爲識。了別義故。五或名爲意。等無間故。六或名心。又廣釋。一集起名心者。卽第八識集諸種子。起現行。故言集諸種子者。卽色心人天三界有漏無漏一切諸法種子。皆是他第八識能集。猶如世間人庫藏。言起現行故者。爲三界五趣有漏無漏一切色心等現行。皆從第八識生起。卽第八識是能集起。一切色心等種子是所集起。今但取能集起名心。今正取第八心王自證分名集起心。相分是色。見分

是用。證自證分落後邊故。爲自證分能集諸法種子。令不散失。復能起諸種現行功能。從無始來更不間斷故。獨有集起義。卽知第八自證分與識中種子爲二因。便是此中集起二義。一爲依持因。卽是集義。二與力令生起因。卽是起義。二積集名心者。亦第八識中持諸三界五趣種子。故第八得名含藏積集。卽第八自證分能持舊種。故名積。又能集新熏。故名集。卽知積集集起以解心。第八識獨名心爲正義。故唯識論云。能徧任持世出世間諸法種故。是藏識義。卽自證分是能任持。能積集。一切種子是所任持所積集。

前七名轉識者。轉爲改轉。是不定義。卽三性三量三境易脫不定。方名轉識。今第八唯是一類無記。又唯性境。唯現量。故名不轉識。又集起名心。亦屬第七轉識。集者。謂集前七現行。言起者。卽前七現行各自有力能熏生新種名起。且如眼識緣色時。必假同時意識共集熏種。餘四識亦爾。問。若明了意識與五同緣可名共集。且如獨頭意識緣十八界時。不與餘識同緣。亦熏起種。何有共集之義。答。由第七爲所依。第六方轉熏種。亦名共集。三緣慮名心者。謂能緣慮自分境故。卽八箇識各能緣慮自分之境。緣謂緣持。慮卽

思慮若緣慮以解心具通名前五識唯緣五塵是自分境除諸根互用及佛果位第六識緣十八界及三世法并一切有漏無漏世出世間法爲自分境第七識緣第八見分爲自分境第八識緣三境爲自分境是顯常緣三境以第八是常識境常有故不同前六識有間斷所緣境又非常有其第八正義若欲界繫者卽緣欲界根身器界爲自分境若種子卽通緣三界爲自分境上二界亦爾只除無漏種不能緣以有漏無漏種不相順故由是但能持而不能緣以持義通緣義狹喻如赤眼人把火亦如項上戴物但持而

不緣只持令不散不離識故四名了別識者卽八箇識見分皆能了別自所緣境卽眼識能了別色乃至第八識能了別根身器界種子卽了別以解識八識通名識若了別麤境以解識卽於六轉名識第五或名爲意者等無間故卽前念八識與後念八識爲依止今取前念八識名意若前念心不滅者後念無因得生依前滅處後方得生於等無間自類心不間隔名等無間大乘有二種一思量意卽七識二無間意通八識意者是依止義卽如第七與第六爲依止故名意若爲等無間以解意八識通名意若思量以解

意第七獨名意第六名心者或第八名心第七名意第六名識此第六義是約勝彰名謂積集集起以解心第八獨名心思量以解意第七獨名意了別麤境以解識前六獨名識卽於八識各具通別二名謂第八具二義名心一積集集起義二緣慮義第七亦二一思量義二等無間義前六名識亦二一了別義二了別麤境義具四義名麤一易可了知乃至兒童亦知二共許有卽三乘共許三行相麤爲了別行相顯故四所緣麤卽五塵是麤境又九識中總分四段每識別立十名一第六識十名者一對根得名名爲六

識二能籌量是非名爲意識三能應涉塵境名攀緣識四能徧緣五塵名巡舊識五念念流散名波浪識六能辨前境名分別事識七所在壞他名人我識八愛業牽生名四住識九令正解不生名煩惱障識十感報終盡心境兩別名分段死識二第七識十名者一六後得稱名爲七識二根塵不會名爲轉識三不覺習氣忽然念起名妄想識四無間生滅名相續識五障理不明名無明識六返迷從正能斷四住煩惱名爲解識七與涉玄途順理生善名爲行識八解三界生死盡是我心更無外法名無畏識九照了分明

如鏡顯像名為現識十法既妄起恃智為懷令眞性不顯名智障識三第八識十名者一七後得稱名為八識二眞僞雜間名為和合識三蘊積諸法名為藏識四住持起發名熏變識五凡成聖名為出生識六藏體無斷名金剛智識七體非靜亂名寂滅識八中實非假名為體識九藏體非迷名本覺識十功德圓滿名一切種智識四第九識十名者一自體非僞名為眞識二體非有無名無相識三軌用不改名法性識四眞覺常存體非隱顯名佛性眞識五性絶虛假名實際識六大用無方名法身識七隨流不染名自

性清淨識八阿摩羅識此翻名無垢識九體非一異名眞如識十勝妙絶待號不可名目識深密經云佛告廣慧菩薩此識或說名阿陀那何以故由此本識能執持身故或說名阿梨耶識何以故此本識於身常藏隱同成壞故或說名質多何以故此識色聲香味觸等諸塵所生長故廣慧此本識是識聚得生謂眼識乃至意識依有識眼根緣外色塵眼識得生與眼識同一時共境有分別意識起若一眼識生是時一分別意識生與眼識共境此眼識若共二識或三四五共起是時亦有分別意識與五識共緣境生如

大水流若有一能起浪因至則一浪起若二若多能起浪因至則多浪起是水常流不廢不斷復次於清淨圓鏡面中若有一能起影因至則一影起若二若多能起影因至則多影起是圓鏡面不轉成影亦無損滅此本識猶如流水及鏡面等又成業論云心有二種一集起心無量種子集起處故二名種種心所緣行相差別轉故天台淨名疏云一法異名者諸經異名說眞性實相或言一實諦或言自性清淨心或言如來藏或言如如或言實際或言實相般若或言一乘或言卽是首楞嚴或言法性或言法身或言中

道或言畢竟空或言正因佛性性淨涅槃如是等種種異名此皆是實相之異稱故大智論偈云般若是一法佛說種種名隨諸衆生類為之立異字大涅槃經云如天帝釋有千種名解脫亦爾多諸名字又云佛性者有五種名故皆是赴機利物為立異名也而法體是一未曾有異如帝釋千名名雖不同終是目於天主豈有聞異名故而言非實相理如人供養帝釋毀憍尸迦供養憍尸迦毀於帝釋如此供養未必得福末代弘法者亦爾或信賴耶自性清淨心而毀畢竟空或信畢竟空無所有毀賴耶識自性清淨心

或言般若明實相法華明一乘皆非佛性此之求福豈不慮禍若知名異體一則隨喜之普徧於法界何所諍乎又諸經內逗緣稱機更有多名隨處安立以廣大義邊目之爲海以圓明理顯稱之曰珠以萬法所宗號之曰王以能生一切諸之曰母但是無義之眞義多亦不多無心之眞心一亦不一故華嚴私記云取決斷義以智言之取能生長以地言之取其高顯以山言之取其深廣以海言之取其圓淨以珠言之此上約有名尙乃無數更有無名豈可測量如大法炬陀羅尼經云佛告諸菩薩汝等勿謂天定天也

人定人也餓鬼定餓鬼也乃至如一事有種種名如一人有種種名如一天乃至餓鬼畜生有種種名亦復如是亦有多餓鬼全無名字於一彈指頃轉變身體作種種形如是衆生於一時間現無量色身云何可得呼其名也若餓鬼等有生處名字受食名字及壽命名字若地獄衆生無有名字生處者則其形亦無定彼中惡業因緣未盡故於一念中種種變身釋曰如地獄中一日一夜之中萬生萬死又無間獄中一一身無間各各盡徧八萬四千由旬地獄之量不相障礙如云清淨妙法身湛然應一切今時人將謂

諸佛法身能分能徧不信衆生亦一身無量身以衆生業果不可思議故是以經云佛界不可思議衆生界亦不可思議

宗鏡錄卷五十

宗鏡錄卷五十一

宋慧日永明妙圓正修智覺禪師延壽集

夫因相立名因名顯相名已廣辯識相如何答詮表呼召目之爲名行狀可觀號之曰相第六分別事識是名取境染心是相第七現識是名無明熏妄心是相第八藏識是名心清淨是相第九眞識是名體性不改是相斯皆是無名之名無相之相何者以名相不出心境故是以心無自性因境而生境無自性因心而有則張心無心外之境張境無境外之心若互奪兩亡心境俱泯若相資並立心境宛然此乃無性

而空空而不空無性而有有而不有不有之有有顯一如不空之空空成萬德可謂摧萬有於性空蕩一無於畢竟矣又唯識樞要云起自心相之言有二解一云卽影像相二云卽所執相雖無實體當情現故諸說心相皆準應知釋曰影像相者萬法是心之影像所執相者諸境無體隨執而生因自心生還與心爲相問阿賴耶識因何得名爲復自體而生爲復和合而有答若言自生是自性癡若言他生是他性癡若言和合而生是共性癡若言離自他生是無因癡今依世諦悉檀方便而說如法性與無明合而生一切法似眠心與夢合見一切境界之事此根本識從生滅門建立因眞妄和合得名起信論云心生滅門者謂依如來藏有生滅心轉不生滅與生滅和合非一非異名阿賴耶識此識有二種義謂能攝一切法能生一切法復有二種義一者覺義二者不覺義言覺義者謂心第一義性離一切妄念相離一切妄念相故等虛空界無所不徧法界一相卽是一切如來平等法身依此法身說一切如來爲本覺以待始覺立爲本覺然始覺時卽是本覺無別覺起立始覺者謂依本覺有不覺依不覺說有始覺又以覺心原故

名究竟覺不覺心原故非究竟覺乃至不覺義者謂從無始來不如實知眞法一故不覺心起而有妄念自無實相不離本覺猶如迷人依方故迷迷無自相不離於方衆生亦爾依於覺故而有不覺妄念迷生然彼不覺自無實相不離本覺復待不覺以說眞覺不覺旣無眞覺亦遣古德釋云不生滅心與生滅和合非一非異者以七識染法爲生滅以如來藏淨法爲不生滅不生滅心擧體動故心不離生滅相生滅之相莫非神解故生滅不離心相如是不相離故名和合爲阿賴耶識以和合故非一非異若一卽無和

合若異亦無和合非一非異故得和合也又如來藏清淨心動作生滅不相離故云和合非謂別有生滅來與眞合謂生滅之心心之生滅無相故心之生滅因無明成生滅之心從本覺起而無二體不相捨離故云和合如大海水因風波動水相風相不相捨離生與無生若是一者生滅識相滅盡之時心神之體亦應隨滅墮於斷邊若是異者依無明風熏動之時靜心之體不應隨緣即墮常邊離此二邊非一非異又上所說覺與不覺二法互熏成其染淨旣無自體全是一覺何者由無明故成不覺以不覺義熏本覺

故生諸染法又由本覺熏不覺故生諸淨法依此二義徧生一切故言識有二義生一切法問阿賴耶識以何爲因以何爲緣以何爲體答顯揚論云阿賴耶識者謂先世所作增長業煩惱爲緣無始時來戲論熏習爲因所生一切種子異熟爲體此識能執受了別色根根所依處及戲論熏習於一切時一類生死不可了知又能執持了別外器世界與不苦不樂受等相應一向無覆無記與轉識等作所依因經云無明所覆愛結所繫愚夫感得有識之身此言顯有異熟阿賴耶識問阿賴耶識當體是自相酬善惡因故

是果相受熏持種故是因相第八旣是因果相於六因中屬何因向五果中是何果答六因中有四能持種子義邊是持種因若因種子俱時而有即俱有因若望自類種子前後相引即是同類因若望同時心所等即相應因無餘二因者異熟因是善惡性此識是無記若偏行因是染謂見疑無明等此識非染於五果中具四唯除離繫望自種子是等流果望作意等心所是士用果望第七識爲增上果望善惡因即異熟果問諸心識中何識堅牢不爲諸緣之所飄動答世間無有一法不從緣生緣生之法悉皆無常唯

有根本心不從前際生不從中際住不於後際滅實爲萬有之根基諸佛之住處是以喻之如鏡可以精鑒妍醜深洞玄微仰之爲宗猶乎巨浸納川太虛含像密嚴經云心有八種或復有九與無明俱爲世間因世間悉是心心法現是心心法及以諸根生滅流轉爲無明等之所變異其根本心堅固不動世間因緣有十二分若根若境能生所生剎那壞滅從於梵世至非非想皆因緣起唯有如來離諸因緣內外世間動不動法皆如瓶等壞滅爲性又頌云汝等諸佛子云何不見聞藏識體清淨衆身所依止或具三十

二佛相及輪王。或爲種種形。世間皆悉見。譬如淨空月。衆星所環繞。諸識阿賴耶。如是身中住。譬如欲天主。侍衛遊寶宮。江海等諸神。水中而自在。藏識處於世。當知亦復然。如地生衆物。是心多所現。譬如日天子。赫奕乘寶宮。旋繞須彌山。周流照天下。諸天世人等。見之而禮敬。藏識佛地中。其相亦如是。十地行衆行。顯發大乘法。普與衆生樂。常讚於如來。在於菩薩身。是即名菩薩。佛與諸菩薩。皆是賴耶名。佛及諸佛子。已受當受記。廣大阿賴耶。而成於正覺。密嚴諸定者。與妙定相應。能於阿賴耶。明了而觀見。佛及辟支

佛。聲聞諸異道。見理無怯人。所觀皆此識。種種諸識境。皆從心所變。瓶衣等衆物。如是性皆無。悉依阿賴耶。衆生迷惑見。以諸習氣故。所取能取轉。此性非如幻。陽燄及毛輪。非生非不生。非空亦非有。譬如長短等。離一即皆無。智者觀幻事。此智唯幻術。未曾有一物。與幻而同起。幻燄及毛輪。和合而可見。離一無和合。過未亦非有。幻事毛輪等。在在諸物相。此皆心變異。無體亦無名。世中迷惑人。其心不自在。妄說有能幻。幻成種種物。幻師瓶瓦等。所作衆物類。種種若去來。此見皆非實。如鐵因磁石。所向而轉移。藏識亦如

是。隨於分別轉。一切諸世間。無處不周徧。如日摩尼寶。無思及分別。此識徧諸處。見之謂流轉。不死亦不生。本非流轉法。定者勤觀察。生死猶如夢。是時即轉依。說名爲解脫。此即是諸佛。最上之教理。審量一切法。如秤如明鏡。又如大明燈。亦如試金石。遠離於斷滅。正道之標相。修行妙定者。至解脫之因。永離諸雜染。轉依而顯現。問。本識與諸識和合。同起同滅。至轉依位。諸煩惱識滅。唯本識在。如何分別滅不滅之異。答。攝大乘論云。若本識與非本識共起共滅。猶如水乳和合。云何本識不滅。非本識滅。譬如於水。鵝所飲

乳。釋云。譬如水乳雖和合。鵝飲之時。唯飲乳不飲水。故乳雖盡。而水不竭。本識與非本識亦爾。雖復和合而一滅一在。問。此根本識心。旣稱爲一切法體。又云常住不動。只如萬法即此心。有離此心。有若即此心。萬法遷變。此心云何稱爲常住。若離此心。復云何得爲一切法體。答。開合隨緣。非即非離。以緣會故合。以緣散故開。開合但緣。卷舒無體。緣但開合。緣亦本空。彼此無知。能所俱寂。密嚴經偈云。譬如金石等。本來無水相。與火共和合。若水而流動。藏識亦如是。體非流轉法。諸識共相應。與法同流轉。如鐵因磁石。周迴

而轉移二俱無有思狀若有思覺賴耶與七識當知
亦復然習繩之所繫無人而若有普徧衆生身周行
諸陰趣如鐵與磁石展轉不相知問第八藏識當有
幾種答釋摩訶衍論云阿賴耶識總有十種所以者
何於契經中別別說故一者名為大攝主阿賴耶識
所謂卽是總相大識義如前說二者名為根本無明
別立以為阿賴耶識故十種妄想契經中作如是說
利闍只多提王識直是妄法不能了達一法界體一
切染法阿賴耶識以為根本出生增長無斷絶時若
無提王識黑品眷屬永無所依不能生長故此阿賴

耶識當何決擇攝於本論中作如是說所言不覺義
者謂不如實知眞如法一故不覺心起而有其念乃
至廣說故三者名為清淨本覺阿賴耶識所謂自然
本智別立以為阿賴耶故本覺契經中作如是說自
體淨佛阿賴耶識具足無漏圓滿功德常恆決定無
受熏相無變異相智體不動具足白品是故名為獨
一淨識故此阿賴耶識當何決擇攝於本論中作如
是說復次覺體相者有四種大義與虛空等猶如淨
鏡乃至廣說故四者名染淨本覺阿賴耶識所謂不
守自性陀羅尼智別立以為阿賴耶識故本因緣起

契經中作如是說爾時光嚴童子卽白佛言尊者以
何因故難入未曾有會中作如是說隨他緣起陀羅
尼智名為楞伽王識云何名為楞伽王以之為喻示
彼緣起陀羅尼智於是尊者告光嚴言童子此楞伽
王常在大海摩羅山中率十萬六千鬼神之衆以為
眷屬如是諸眷屬乘華宮殿遊於諸剎皆悉承賴彼
楞伽王方得遊行所謂諸鬼神衆作如是言我等神
衆無有威德無有氣力於諸所作無有其能如宜大
王我等衆中與堪能力彼楞伽王卽隨其時與殊勝
力不相捨離而共轉謂楞伽王雖非分身而能徧滿

諸神衆中各各令得全身之量於一切時於一切處
共轉不離不守自性智亦復如是能受一切無量無
邊煩惱染法鬼神衆熏不相捨離而俱轉故以此因
緣故我難入中作如是說隨轉覺智名為楞伽王識
故此阿賴耶識當何決擇攝於本論中作如是說自
性清淨心因無明風動心與無明俱無形相不相捨
離乃至廣說故五者名為業相業識阿賴耶識所謂
根本業相及與業識別立以為阿賴耶故本性智契
經中作如是說阿賴耶識無能了作無所了作不可
分析不可隔別唯由精動隱流義故名為鍵摩故此

阿賴耶識當何決擇攝於本論中作如是說復次依不覺故生三種相與彼不覺相應不離云何為三一者無明業相以依不覺故心動說名為業覺則不動動則有苦果不離因故六者名為轉相轉識阿賴耶識所謂能見境界之相及與轉識別立以為阿賴耶故大無量契經中作如是說阿賴耶識有見見轉無見見起故此阿賴耶識當何決擇攝於本論中作如是說二者能見相以依動故能見不動則無見故七者名為現相識阿賴耶識所謂境界之相及與現識別立以為阿賴耶故實際契經中作如是說別異別

異現前地轉相異相具足行轉是故名為阿賴耶識復次此阿賴耶識眞是異熟無記之法白淨相故或名成就故此阿賴耶識當何決擇攝於本論中作如是說三者境界相以依能見故境界妄現離見則無境界故第八者名為性眞如理阿賴耶識所謂正智所證清淨眞如別立以為阿賴耶故故諸法同體契經中作如是說有識是識非識識攝所謂如如阿賴耶識故此阿賴耶識當何決擇攝所謂清淨般若智境眞如攝故九者名為清淨始覺阿賴耶識所謂本有清白始覺般若別立以為阿賴耶故果圓滿契經

中作如是說佛告菩提樹王言自然始覺阿賴耶識常當不離清淨本覺清淨本覺常當不離始覺淨識隨是彼有隨是彼有或非同種或非異種故此阿賴耶識當何決擇攝於本論中作如是說本覺義者對始覺者即同本覺故十者名為染淨始覺阿賴耶識所謂隨緣始覺般若別立以為阿賴耶故果圓滿契經中作如是說復次樹王如始覺淨識及自本覺說染淨始覺阿賴耶識不守自性緣起本覺亦復如是故此阿賴耶識當何決擇攝於本論中作如是說始覺義者依本覺故而有不覺依不覺故而有始覺又

以覺心原故名究竟覺不覺心原故非究竟覺乃至已說藏識剖字別相門次說總識攝生圓滿門此識有二種義能攝一切法生一切法一者覺義二者不覺義者而總顯示大識殊勝圓滿相故此義云何所謂具足二種圓滿故一者功德圓滿二者過患圓滿功德圓滿者覺義字句能攝一切無量無邊過於恆沙不離不斷諸功德故能生一切無量無邊過於恆沙不離不斷諸功德故過患圓滿者不覺義字句能攝一切無量無邊過於恆沙若離若脫諸過患故能生一切無量無邊過於恆沙若離若脫諸過患故問

若不立此第八識有何等過答有大過失一切染淨法不成俱無因故識論云若無此識持煩惱種界地往還無染心後諸煩惱起皆應無因餘法不能持彼種故若諸煩惱無因而生則無三乘學無學果諸已斷者皆應起故又若無此識持世出世淸淨道種異類心後起彼淨法皆應無因又出世道初不應生無法持彼法爾種故初不生故後亦不生是則應無三乘道果若無此識持煩惱種轉依斷果亦不得成謂道起時現行煩惱及彼種子俱非有故染淨二心不俱起故道相應心不持彼種自性相違如涅槃故餘

法持種理不成故既無所斷能斷亦無依誰由誰而立斷果若由道力後惑不生立斷果者則初道起應成無學後諸煩惱皆已無因永不生故許有此識一切皆成唯此能持染淨種故證此識有理趣無邊恐厭繁文略述綱要則有此識教理顯然諸有智人應深信受又此眞唯識旨千聖同遵此土西天無有破者如百法鈔云眞唯識量者此量即大唐三藏於中印土曲女城戒日王與設十八日無遮大會廣召五天竺國解法義沙門婆羅門等并及小乘外道而爲對敵立一比量書在金牌經十八日無有一人敢破

斥者故因明疏云且如大師周遊西域學滿將還時戒日王王五印土爲設十八日無遮大會令大師立義徧諸天竺揀選賢良皆集會所遣外道小乘競生難詰大師立量無敢對揚者大師立唯識比量云眞故極成色是有法定不離眼識宗因云自許初三攝眼所不攝故同喻如眼識合云諸初三攝眼所不攝故者皆不離眼識同喻如眼識異喻如眼根問何不合自許之言答非是正因但是因初寄言簡過亦非小乘不許大乘自許因於有法上轉三支皆是共故初明宗因後申問答初文有二初辯宗次解因且初

宗前陳言眞故極成色五箇字色之一字正是有法餘之四字但是防過且初眞故二字防過者簡其世間相違過及違教等過外人問云世間淺近生而知之色離識有今者大乘立色不離眼識以不共世間共所知故此量何不犯世間相違過答夫立比量有自他共隨其所應各有標簡若自比量自許言簡若他比量汝執言簡若共比量勝義言簡今此共比量有所簡別眞故之言表依勝義即依四種勝義諦中體用顯現諦立問不違世間非學即可爾又如世尊於小乘阿含經亦許色離識有學者小乘共計心外

有其實境豈不違於阿含等教學者小乘答但依大乘殊勝義立不違小乘之教學者世間之失問眞故之言簡世間及違教等過極成二字簡何過耶答置極成言簡兩般不極成色小乘二十部中除一說部說假部說出世部雞胤部等四餘十六部皆許最後身菩薩染汙色及佛有漏色大乘不許是一般不極成色大乘說他方佛色及佛無漏色經部雖許他方佛色而不許是無漏餘十九部皆不許有幷前兩師不極成色若不言極成但言眞故色是有法定不離眼識是宗且言色時許之不許盡包有法之中在前

小乘許者大乘不許今若立爲唯識便犯一分自所別不極成亦犯一分違宗之失又大乘許者小乘不許今立爲有法卽犯他一分所別不極成及至擧初三攝眼所不攝因便犯自他隨一一分所依不成前陳無極成色爲所依故今具簡此四般故置極成言問極成二字簡其兩宗不極成色未審三藏立何色爲唯識答除二宗不極成色外取立敵共許餘一切色總爲唯識故因明疏云立二所餘共許諸色爲唯識故宗後陳言定不離眼識是極成能別問何不犯能別不極成過且小乘誰許色不離於眼識答今此是宗依但他宗中有不離義便得以小乘許眼識緣色親取其體有不離義兼許眼識當體亦不離眼識故無能別不極成過問旣許眼識取所緣色有不相離義後合成宗體應有相扶過耶答無相扶失今大乘但取境不離心外無實境若前陳後陳和合爲宗了立者卽許敵者不許立敵共諍名爲宗體此中但諍言陳未推意許辯宗竟次辯因者有二初明正因次辯寄言簡過且初正因言初三攝者十八界中三六界皆取初之一界也卽眼根界眼識界色境界是十八界中初三界也問設不言初三攝但言眼所不

攝復有何過答有二過一不定過二違自教過且不定過者若立量云眞故極成色定不離眼識因云眼所不攝喻如眼識卽眼所不攝因闊向異喻後五三上轉皆是眼所不攝故被外人出不定過云爲如眼識眼所不攝眼識不離眼識證極成色不離眼識耶爲如後五三亦是眼所不攝後五三定離眼識却證汝極成色定離眼識耶問今大乘言後五三亦不離眼識得否答設大乘許後五三亦不離眼識免犯不定便違自宗大乘宗說後五三定離眼識故故置初三攝半因遮後五三非初三攝故問但言初三攝不

言眼所不攝復有何過答亦犯二過一不定過二法自相決定相違過且不定者若立量云眞故極成色定不離眼識因云初三攝喻如眼識卽初三攝因闕向異喻眼根上轉出不定云爲如眼識初三攝眼識不離眼識證極成色不離眼識耶爲如眼根亦初三攝眼根非定不離眼識證汝極成色非定不離眼識耶問何不言定離而言非定不離答大乘眼根望於眼識非定卽離且非離者根因識果以同時故卽是非離也又色心各別名非卽故今但言非定不離二犯法自相決定相違過者言法自相者卽宗後陳法

之自相言決定相違者卽因違於宗也外人申相違量云眞故極成色是有法非不離眼識宗因云初三攝故喻如眼根卽外人將前量異喻爲同喻將同喻爲異喻問得成法自相相違耶答非眞能破夫法自相相違之量須立者同無異有敵者同有異無方成法自相相違今立敵兩家同喻有異喻有故非眞法自相相違過問既非法自相相違作決定相違不定過得否答亦非夫決定相違不定過立敵共諍一有法因喻各異皆具三相偏是宗法性同品定有性異品徧無性但互不生其正智兩家猶豫不能定成一

宗名決定相違不定過今眞故極成色雖有共諍一有法因且是共又各闕第三相故非決定相違不定過問既無此過何以因明疏云犯法自相相違決定過答但是疏主縱筆之勢是前共不定過中分出是似法自相相違決定過非眞有故有此所因故置初三攝眼所不攝更互簡諸不定及相違等過次明寄言簡過者問因初自許之言何用答緣三藏量中犯有法差別相違過因明之法量若有過許著言遮今三藏量既有此過故置自許言遮問何得有此過耶答謂三藏量有法中言雖不帶意許諳含緣大乘宗

有兩般色有離眼識本質色有不離眼識相分色若離眼識色小乘卽許若不離眼識色小乘不許今三藏量云眞故極成色是有法若望言陳自相是立敵共許色及舉初三攝眼所不攝因亦但成立共許色不離於眼識若望三藏意中所許但立相分色不離眼識將初三攝眼所不攝因成立有法上意之差別相分色定不離眼識故因明疏云謂眞故極成色是有法自相定不離眼識色是法自相定離眼識色非定離眼識色是有法差別立者意許是不離眼識色問外人出三藏量有法相違過時自許之言如何遮

得答。待外人申違量時。將自許兩字。出外人量不定過。外量既自帶過。更有何理能顯得三藏量中有法差別相違過耶。問。小乘申違量行相如何。答。小乘云。乍觀立者言陳自相。三支無過。及推所立元是諳含若於有法上意之差別。將因喻成立有法上意許相分色不離眼識者。卽眼識不得爲同喻。且如眼識無不離色。以一切色皆離眼識故。既離眼識不得爲同喻。便成異喻。卽初三等因。却向異喻眼識上轉。故論云。同品無處不成立者之宗。異品有處返成敵者相違宗義。卽小乘不改立者之因。申相違量云。眞故極

成色是有法。非不離眼識宗。因云。初三攝眼所不攝故。同喻如眼識。合云。諸初三攝眼所不攝故者。皆非不離眼識。同喻如眼識。言非者無也。小乘云。無不離眼識色。卽遮三藏意許相分色是無也。所以三藏預著自許之言句。取他方佛色。却與外人量作不定過。出過云。爲如眼識是初三攝眼所不攝眼識非不離眼識色證汝極成色非不離眼識色耶。爲如我自許他方佛色亦是初三攝眼所不攝他方佛色是不離眼識色。卻證汝極成色是不離眼識耶。外人相違量。既犯共中他不定過。明知非眞能破也。三藏量卻成

眞能立也。問。因中若不言自許。空將他方佛色與外人相違量作不定過。有何不可。答。若空將他方佛色。不言自許者。卽他小乘不許。犯一分他隨一過。他不許此一分他方佛色在初三攝眼所不攝因中故。故因明疏云。若不言自許。卽不得以他方佛色而爲不定。此言便有隨一過故。問。何不待外人申違量後著自許言。何要預前著耶。答。臨時恐難。所以先防。又申問答者。一問。眞故二字。已簡違教過。何故前陳宗依上。若不著極成言。又有違宗之失。答。眞故二字。但簡宗體上違教過。不簡宗依上違宗。若極成二字。卽簡

宗依上違宗等過也。問。後陳眼識與同喻眼識何別。答。言後陳眼識雖同意許各別。後陳眼識意許是自證分。同喻眼識意許是見分。卽見不離自證分故。如同宗中相分不離自證分也。問。若爾。何不立量云。相分是有法。定不離自證分是宗。因云。初三攝眼所不攝故。同喻如見分。答。小乘不許有四分故。恐犯隨一等過。故但言眼識。問。此量言陳。立得何色耶。答。若但望言陳。卽相質二色皆成不得。若將意就言。卽立得相分色也。又解。若小乘未徵問前。卽將言就意。立若大乘答後。卽將意就言立也。問。既分相分本質兩種

色便是不極成故前陳何言極成色耶相分非共許故答若望言陳有法自相立敵共許色故著極成若相分色是大乘意許何關言陳自相寍有不極成乎諸鈔皆云不得分開者非也若爾小乘執佛有漏色大乘佛無漏色等在於前陳若不分開應名極成色耶彼既不爾此云何然問今談宗顯性云何廣引三支比量之文答諸佛說法何依俗諦況三支比量理貫五明以破立爲宗言生智了爲體摧凡小之異執定佛法之綱宗所以教無智而不圓木非繩而靡直比之可以生誠信伏邪倒之疑心量之可以定眞詮

杜狂愚之妄說故得正法之輪永轉唯識之旨廣行則事有顯理之功言有定邪之力如慈恩大師云因明論者元唯佛說文廣義散備在眾經故地持論云菩薩求法當於何求當於一切五明處求求因明者爲破邪論安立正道劫初足目創標眞似爰暨世親再陳軌式雖紀綱已列而幽致未分故使賓主對揚猶疑立破之則有陳那菩薩是稱命世賢劫千佛之一佛也匿跡巖藪栖戀等持觀述作之利害審文義之繁約于時巖谷震吼雲霞變彩山神捧菩薩足高數百尺唱言佛說因明玄妙難究如來滅後大義淪

絕今幸福智攸邈深達聖旨因明論道願請重弘菩薩乃放神光照燭機感時彼南印土按達羅國王見放光明疑入金剛喻定請證無學果菩薩曰入定觀察將釋深經心期大覺非願小果王言無學果者諸聖攸仰請尊速證菩薩撫之欲遂王請妙吉祥菩薩因彈指警曰何捨大心方興小志爲廣利益者當轉慈氏所說瑜伽匡正頹綱可製因明重成規矩陳那敬受指誨奉以周旋於是覃思研精乃作因明正理門論正理者諸法本眞之體義門者權衡照解之所由又瑜伽論云云何名因明處爲於觀察義中諸所

有事所建立法名觀察義能隨順法名諸所有事諸所有事即是因明爲因照明觀察義故且如外道執聲爲常若不以量比破之何由破執如外道立量云聲是有法定常爲宗因云所作性故同喻如虛空所以虛空非所作性則因上不轉引喻不齊立聲爲常不成若佛法中聲是無常立量云聲是有法定無常爲宗因云所作性故同喻如瓶盆異喻如虛空等是知若無比量曷能顯正摧邪所以實際理地不受一塵佛事門中不捨一法若欲學諸佛方便須具菩薩偏行一一洞明方成大化如上廣引藏識之文祖佛

所明經論共立第八本識眞如一心廣大無邊體性微細顯心原而無外包性相以該通攝持種之名作總報之主建有情之體立涅槃之因居初位而總號賴耶處極果而唯稱無垢備本後之智地成自他之利門隨有執無執而立多名據染緣淨緣而作衆體孕一切而如太虛包納現萬法而似大地發生則何法不收無門不入但以迷一眞之解作第二之觀初因覺明能了之心發起內外塵勞之相於一圓湛析出根塵聚內四大爲身分外四大爲境內以識情爲垢外因想相成塵無念而境觀一如有想而眞成萬

別若能心融法界境豁眞空幻翳全消一道明現可謂裂迷途之緻網抽覺戶之重關惛夢醒而大覺常明狂性歇而本頭自現

宗鏡録卷五十一

音釋

磁疾之切引鐵石也　鍵渠展切　亂羊晉切　諳烏含切悉也　藪蘇后切

宗鏡録卷五十二

宋慧日永明妙圓正修智覺禪師延壽集

夫第二能變識者識論頌云次第二能變是識名末那依彼轉緣彼思量爲性相四煩惱常俱謂我癡我見并我慢我愛及餘觸等俱有覆無記攝隨所生所繫阿羅漢滅定出世道無有乃至應知此意但緣藏識見分非餘彼無始來一類相續似常似一故恒與諸法爲所依故此唯執彼爲自內我我語勢故說我所言或此執彼是我之我故於一見義說二義若作是說善順教理多處唯言有我見故我我所執不俱

起故未轉依位唯緣藏識既轉依已亦緣眞如及餘諸法平等性智證得十種平等性故爲諸有情緣解差別示現種種佛影像故釋云此第七識但緣見分非餘相分種子心所等唯緣見分者謂無始時來微細一類似常似一不斷故似常簡境界彼色等法皆間斷故種子亦然或被損伏或時永斷由此遮計餘識爲我似一故簡心所心所多法故何故不緣餘識夫言我者有作用相見分受境作用相顯似於我故不緣餘識自證等用細難知問何不但緣一受等爲我亦常一故答夫言我者是自在義萬物主義與一切法而爲所依心所不然不可爲我唯心王是所依故此第七識恒執爲內我非色等故不執爲外我若唯緣識即唯起我無有我所我語勢故論說我所言非是離我別起我所執唯執第八是我之我前五蘊假者是第六所緣之我後我第七所計或前我前念後我後念二俱第七所計或即一念計此即是此唯第七所計或前是體後是識用於一我見之上亦義說之爲我及所二言實但一我見多處唯言有我見故者瑜伽論云由此末那我見慢等恒共相應顯揚論云由此意根恒與我見我慢等相應我我所執不

俱起故者行相及境二俱別故不可並生無此事故若已轉依位善心等可然彼非執故亦不可例人法二執境是一故若未起對治斷其我執若未轉依唯緣藏識初地已去既轉依已入無漏心亦緣眞如及餘一切法一乘無學等唯緣異熟識證得十種平等性者佛地經云一諸相增上喜愛二一切領受緣起三遠離異相非相四弘濟大慈五無待大悲六隨諸有情所樂示現七一切有情我愛所說八世間寂靜皆同一味九世間諸法苦樂一味十修植無量功德究竟即知十地有情緣解意樂差別能起受用身之

影像。論云。末轉依位。恆審思量所執我相。已轉依位。亦審思量無我相故者。第七末那。以思量爲自性故。攝論云。思量是意。即自證分。前第八識了別是行相。今既言意。故知即是第七行相。即是見分。體性難知。以行相顯。其實思量但是行相。其體即是識蘊攝故。初地已前。二乘有學。恆審思量我相。知有漏末那。已轉依位。亦審思量無我相故。亦名末那。論問。如世尊言出世末那。云何建立。答。有二義。一。名不必如義。彼無漏第七不名末那。名是假故。二。能審思量無我相故。亦名末那。顯通無漏。即知此名。非唯有漏。論云。謂

從無始至未轉依。此意任運恆緣藏識。與四根本煩惱相應。我癡者。謂無明。愚於我相。迷無我理。故名我癡。我見者。謂我執。於非我法。妄計爲我。故名我見。我慢者。謂倨傲。恃所執我。令心高舉。故名我慢。我愛者。謂我貪。於所執我。深生耽著。故名我愛。乃至此四常起。擾濁內心。令外轉識。恆成雜染。有情由此生死輪迴。不能出離。故名煩惱。釋云。此第七意除四惑外。不與餘心所相應者。一恆故。二內執故。三一類境生故。所以不作意而向外馳求。唯任運而一向內執。此第七識於五受中。唯捨受相應。論云。此無始來任運一類緣內執我。恆無轉易。與變異受不相應故。又問。末那心所何性所攝。論答云。此意相應四煩惱等。是染法故。障礙聖道。隱蔽眞心。說名有覆。非善不善。故名無記。若已轉依。唯是善性。密嚴經偈云。末那緣藏識。如磁石吸鐵。如蛇有二頭。各別爲其業。染意亦如是。執取阿賴耶。能爲我事業。增長於我所。復與意識俱。爲因而轉謝。於身生煖觸。運動作諸業。飲食與衣裳。隨物而受用。騰躍或歌舞。種種自嬉遊。持諸有情身。皆由意功力。如火輪垂髮。乾闥婆之城。不了唯自心。妄起諸分別。身相器世間。如動鞦韆勢。無力不堅固。

分別亦復然。分別無所依。但行於自境。譬如鏡中像。識種動而見。愚夫此迷惑。非諸明智者。仁主應當知。此三皆識現。於斯遠離處。是即圓成實。問。此意有幾種差別。答。略有三種。論云。一。補特伽羅我見相應。二。法我見相應。三。平等性智相應。初通一切異生相續。二乘有學。七地已前。一類菩薩有漏心位。彼緣阿賴耶識。起補特伽羅我見。次通一切異生聲聞獨覺相續。一切菩薩法空智果不現前位。彼緣異熟識。起法我見。後通一切如來相續。菩薩見道及修道中。法空智果現在前位。彼緣無垢異熟識等。起平等性智。問。

人法二執俱起何故分位前後不同答。人法必依法執起。又法我通人我局。論云。補特伽羅我見起位。彼法我見亦必現前。我執必依法執而起。如夜迷杌等方謂人等故。釋云。今顯初位。必帶後位。以初短故。人我位。必有法我。人我必依法我起故。人我是主宰作者等用故。法我有自性勝用等故。即法我通人我局。問。此第七識云何離眼等識別有自體。出何經文。答。論云。聖教正理爲定量故。謂薄伽梵處處經中說心意識三種別義。集起名心。思量名意。了別名識。是三別義。如是三義雖通八識。而隨勝顯第八名心。集諸

法種起諸法故。第七名意。緣藏識等恒審思量爲我等故。餘六名識。於六別境麤動間斷了別轉故。如入楞伽頌說。藏識說名心。思量性名意。能了諸境相是說名爲識。釋云。雖通八識皆名心意識。而隨勝顯第八名心。爲一切現行熏集諸法種。現行爲依種子識爲因能生一切法故。是起諸法。第七名意者因中有漏唯緣我境。無漏緣第八及眞如果上許緣一切法故。餘六識名識。於六別境。體是麤動有間斷法。了別轉故。易了名麤。轉易名動。不續名間。各有此勝各別得名。又論云。謂契經說不共無明微細恒行覆蔽眞

實。若無此識。彼應非有。謂諸異生於一切分恒起迷理不共無明。覆眞實義障勝慧眼。如有頌說。眞義心當生。常時爲障礙。俱行一切分。謂不共無明。是故契經說。異生類恒處長夜。無明所盲。惛醉纏心。曾無醒覺。若異生位有暫不起此無明時。便違經義。謂異生位。迷理無明有行不行。不應理故。此依六識皆不得成。應此間斷彼恒緣故。許有末那便無此失。釋云。如緣起經有四無明。一現。二種。三相應。四不相應。或有爲二。共不共等。今說不共者。謂此微細常行行相難知。覆無我理。蔽無漏智。名覆蔽眞實。眞實有二。一無

我理。二無漏見。義有二義。一謂境義見分境故。二謂義理眞如。即理故。問。染汙末那常與四惑相應。如何說不共無明。答。論云。應說四中無明是主。雖三俱起。亦名不共。從無始際恒內惛迷。曾不省察。癡增上故。乃至。謂第七相應無明無始恒行障眞義智。如是勝用餘識所無。唯此識有。故名不共。又不共無明總有二種。一恒行不共。餘識所無。二獨行不共。此識非有。釋云。主是自在義。爲因依義。與彼爲依。故名不共。何故無明名爲不共。謂從無始際顯長夜常起。恒內惛迷明一切時不了空理。曾不省察。彰恒執我無循反

時此意總顯癡主自在義一恆行不共者此識俱是令此所論餘識無也二獨行不共者不與忿等相應起故名爲獨行或不與餘俱起無明獨迷諦理此識非有又不共無明者無明是主故名不共者以主是不共義不共卽是獨一之義謂無明是闇義七俱無明恆行不斷是長闇義由長闇故名爲長夜唯此無明爲長夜體餘法皆無長夜之義唯此獨有故名不共除此已外餘法有一類長相續義而無闇義或有一類雖有闇義而無長相續義應作四句分別一者有是長而非是夜如七俱貪等三及妙平二智相應

心品等二者有是夜而非是長如前六識相應無明三是長亦是夜七俱無明是四者非長非夜前六識除無明取餘貪等及因中善等并果中觀察成事二智相應心品等今此七俱無明準此不但不與餘識共兼亦不與自聚貪等三共謂雖與同聚貪等俱起而貪等無長夜闇義貪等以染著等爲義此以長闇爲義與彼不同故名不共此以第七恆時迷闇名不共六識中者無恆時義但有獨起之義名爲不共問恆行不共無明相應有幾種義答有四義古德云一是主者謂前六識無明是客有間斷故第七無明是

主無間斷故二恆行者有漏位中常起現行不間斷故名恆行三不共者不同第六識獨頭名不共第六不共但不與餘九煩惱同起名爲不共若第七名不共者障無漏法勝故又恆行不間斷故四前六識通三性心時此識無明皆起現行謂前六識善性心時於施等不能亡相者皆是第七恆行不共無明內執我令六識等行施時不能達三輪體空又以有不共無明常能爲障而令彼當生無漏智不生此無明與第七識俱有故至今不捨故名俱行又經云眼色爲緣生於眼識乃至意法爲緣生於意識若無此識彼

意非有眼根色境爲二緣能發引得眼識乃至意識法境爲二緣能發得意識若無第七識者卽應第六識唯有一法境爲緣應無所依根緣也既有俱有根者明知卽是第七識與第六識爲俱有根小乘云我宗取肉團與第六識爲依何要別執有第七識耶論主破云亦不可說第六依於色故第六必依意有說意非是色故又說第六有三分別隨念計度自性分別故若許第六依色而住者卽同前五識無隨念計度二種分別救云我宗五識根先識後故卽前念五根發後念五識論主破云俱有根者如芽依種起芽

種俱時影藉身生身影同有識依根發理必同時無前念根發後念識故既若五識有俱有根將證第六亦須有俱有根卽第七識是也引理證者教中說有思量者卽是第七識小乘云但是第六等無間名思量意何要別說第七爲思量意耶論主破云且如第六意識現在前時念等無間意已滅無體如何有思量用名意耶且如第六識若居現在時雖有思量恆名爲識不名意故要待過去方名意故須信有第七識具恆審思量方得名意意者依止義若等無間意依此第七假得意名俱有依止思量用故又第七識

與四惑俱名爲染汙恆審思量名之爲意常有恆行不共無明故名染汙正是有覆性卽覆眞緣義蔽淨妙智恆審思量者此揀第八前六識恆者不間斷審者決定執我法故問第八亦無間斷第六決定有思量何不名意答有四句一恆而非審第八恆無間斷不審思量我法故二審而非恆卽第六雖審思量而非恆故不名意也前五俱非非恆非審第七俱攝而恆審故獨名意也問第七思量何法答執第八見分思量有我法故二乘無學無我執以思量法我執故名意佛果我法二執俱無恆審思量無我理佛果第七亦名意問爲第七自體有思量爲第七相應徧行中思名思量意耶答取心所思量者卽八識皆有思何獨第七問若唯取自體有思量者卽何用心所中思耶答具二義一有相應思量二亦自體思量今取自體有思量名意問心所與心王一種是常審思量執第八爲我如何不說心所爲意答言意者依止義心所雖恆審思量非主是劣法非所依止故不名意也二者自體識有思量與餘七識爲所依止唯取心王卽名意也問若言自體有思量名意者卽第七有四分何分名思量意答有二解第一見分名思量內

二分不名思量但名意見分不名意有思量以是用故思量我無我內二分不能思量我無我但名意以是體故第二見分是思量相相者體相相狀內二分是思量性卽內外皆名意三分皆思量但除相分相分是所量境也問何以得知內外三分總是思量答識論云思量爲性相內二分是體名思量性外見分是思量相是用一種是思量三分皆名意卽不取相分名思量以無能緣用故問見分緣執我法卽思量我故得名思量自證分不緣於我相分如何自證分亦名思量答自證分證彼見分思量我執故亦名思

量也問見分思量我是非量攝自證分證彼見分思量我自證分亦是非量耶答見分思量我見分妄執故名非量自證是內證見分妄執故自證體是現量卽體用皆是思量卽內二分亦名意亦名識見分亦名意亦名識是意之用故思量是用意是體思量卽意持業釋也問第七識但緣第八見分爲我云何不取相分及內二分等答相分間斷又是外緣內二分作用沉隱難知不執也種子無作用故不執爲我以見分作用顯現故問第七識三量假實如何分別答古釋三量分別者第七見分是非量境不稱心故其

第八見分本非是我今第七妄執爲我卽不稱本質又親緣第八見分不著變相分緣相分本非是我第七又執爲我又不稱相分卽兩重不稱境故知非量假實分別者第七緣他本質第八見分不著但緣得中間假我相分故境假非實問中間相分爲定是假爲亦通實答第七中間相分是假無實種生但從兩頭起此相分仍通二性若一半從本質上起者是無覆性卽屬本質若一半從自能緣第七見分上起者同見分是有覆性但兩頭心法爍起成一相分今言境假者但約隨妄心我相分以說問若言第七當情

相分但是假從兩頭起通二性者應可第七所緣我相分中一半有覆一半無覆一半是我一半非我答其第八見分上所起無覆性相分與能緣第七妄心徧計相分密合一處若是第七但自執妄起徧計有覆性假相分爲自內我雖密合一處亦不犯所執我中通二性過如水中鹽味但執是水不執於鹽水與鹽元不相離問第七自有相分如何不自緣相分緣他第八見分爲我耶答古德云今言緣見分者卽是疎緣若言親者唯識義何在又問設許疎緣第八者且第七自識於何法上起執答於自識相分起執又

問相見何別答若論外境相見全殊若就心論相見無異相卽是見故經云心如相顯現見如心所依問若無末那有何等過答若無第七則無凡可厭無聖可欣凡聖不成染淨俱失論云是故定應別有此意又契經說無想有情一期生中心心所滅若無此識彼應無染謂彼長時無六轉識若無此意我執便無乃至故應別有染汙末那於無想天恆起我執由斯賢聖同訶厭彼又契經說異生善染無記心時恆帶我執若無此識彼不應有謂異生類三性心時雖外起諸業而內恆執我由執我故令六識中所起施等

不能亡相故瑜伽說染汙末那爲識依止彼未滅時相了別縛不得解脫末那滅已相縛解脫言相縛者謂於境相不能了達如幻事等由斯見分相分所拘不得自在故名相縛依如是義有伽陀言如是染汙意是識之所依此意未滅時識縛終不脫釋云於無想天恆起我執由斯賢聖同訶厭彼者有第七於彼起我執是異生故出定已後復沈生死起諸煩惱聖賢訶彼若無第七不應訶彼無過失果由執我故令六識中所起施等不能亡相者此我外緣行相麤動非第七起由第七故第六起此全由七生增明爲論

第六識中我執體有間斷通三性心間雜生故第七不緣外境生故已上略錄第七末那諸教同詮羣賢共釋創入道者此意須明是起凡聖之因宜窮體性乃立解惑之本可究根原迷之則爲人法執之愚悟之則成平等性之智於諸識內獨得意名向有漏中作無明主不間不斷無想定治而不消常審常恆四空天避而還起雖有覆而無記不外執而內緣常起現行能蔽眞而障道唯稱不共但成染而潤生是以欲透塵勞須知要徑將施妙藥先候病原若細意推尋冥心體察則何塵而不出何病而不消斷惑之門斯爲要矣

宗鏡錄卷五十二

音釋

倨傲倨舉御切不遜也傲五到切慢也　杌五骨切樹無枝也

宗鏡録卷五十三

宋慧日永明妙圓正修智覺禪師延壽集

第三能變者唯識論頌云次第三能變差別有六種了境爲性相善不善俱非此三能變是了別境識自證分是了別性見分是了別相有覆有記識以了境爲自性卽復用彼爲行相故則了境者是識自性亦是行相行相是用故識論云隨六根境種類異故或名色識乃至法識隨境立名順識義故謂於六境了別名識色等五識唯了色等法識通能了一切法或能了別法獨得法識名故六識名無相濫失問若心

外無實色則眼等五識無有所緣答識論云雖非無色而是識變謂識生時內因緣力變似眼等色等相現卽以此相爲所依緣然眼等根非現量得以能發識比知是有此但功能非外所造外有對色理既不成故應但是內識變現釋云眼等雖有所依所緣之色而是識所變現非是心外別有極微以成根境但八識生時內因緣種子力等第八識變似五根五塵眼等五識依彼所變根緣彼本質塵境雖不親得要託彼生實於本識色塵之上變作五塵相現卽以彼五根爲所依以彼及此二種五塵爲所緣緣五識若不託第八所變便無所緣緣所緣緣中有親疎故然眼等根非現量得者色等五塵世間共見現量所得眼等五根非現量得除第八識緣及如來等緣是現量得世不共信餘散心中無現量得此但能有發識之用比知是有此但有功能非是心外別有大種所造之色此功能言卽是發生五識作用觀用知體如觀生芽比知種體是有所以密嚴經偈云眼色等爲緣而得生於識猶火因薪熾識起亦復然境轉隨妄心猶鐵逐磁石如乾城陽焰愚渴之所取中無能造物但隨心變異復如乾城人往來皆不實衆生身亦

爾進止悉非眞亦如夢中見寤後卽非有妄見蘊等法覺已本寂然四大微塵聚離心無所得華嚴經云自在主童子告善財言善男子我復善知十八工巧種種技術并六十二眷屬明論及內明等一切方法治內煩惱何等名爲內身煩惱有四因緣一謂眼根攝受色境二由無始取著習氣三由彼識自性本性四於色境作意希望由此四種因緣力故藏識轉已識波浪生譬如瀑流相續不斷善男子如眼識起一切根識微塵毛孔俱時出生亦復如是譬如明鏡頓現衆像諸識亦爾或時頓現善男子譬如猛風吹大

海水波浪不停由境界風飄靜心海起識波浪相續不斷因緣相作不相捨離不一不異如水與波由業生相深起繫縛不能了知色等自性五識身轉彼阿賴耶終不自言我生七識七識不言從阿賴耶生但由自心執取境相分別而生如是甚深阿賴耶識行相微細究竟邊際唯諸如來住地菩薩之所通達愚法聲聞及辟支佛凡夫外道悉不能知問眼識等爲復依根發識依境發識答定依根發百法云眼識依根發識乃至意識亦爾若眼根變異眼識必隨變異如眼病所見青色爲黃色此不是壞境但是根損令

識取境變爲黃色故知隨根得名問眼識緣青色爲黃豈不是非量答但是同時亂意識以眼根有損令同時意識緣亂故便變青爲黃其實眼識不作青黃緣也意根損意識亦損如初地我法二執即時成無漏此時意根壞無其二執能緣之識亦能壞却二執也故知依根所發得名眼識但隨根立也護法云六識體性各別但依根境而立其名若執有一識能緣六境者若六境一時到如何一箇意識能一時緣得耶若前後起卽不徧故所以隨六根境種類異故依根得名問眼識等六既依根發識以何爲根答護法

通用現種爲根根既然境亦爾瑜伽論亦云皆以現行及種子二法爲眼等根由本熏時心變似色從熏時爲名以四大所造清淨色故對所生之果識假說現行爲功能實唯現色功能生識之義大小共成問根以何爲義答根者卽五根有增上出生義故名之爲根於中有清淨五色根有浮塵五色根若清淨五色根卽是不可見有對淨色以爲體性能發生五識有照境用故若浮塵五色根者卽扶清淨根能照其境自體卽不能照境爲浮塵根是麤顯色故不妨與清淨根爲所依五蘊論云根者最勝義自在義主義

增上義是爲根義云何眼根謂以色爲境淨色爲性謂於眼中一分淨色如淨醍醐此性有故眼識得生無卽不生乃至身根以觸爲境並淨色爲性無卽不生問未轉依中前五轉識於三量中定是何量答古德云且眼識緣色境相分卽各自緣自相分三量分別者是現量現量具三義一現在非過未二顯現非種子三現有簡無體法緣現量境名現量者不度量也卽因修證境不帶名言是任運義卽五識緣境得法自相但中間無隔礙故名親緣相分有赤色卽得赤色之相分但不分別故任運不帶名言故名得自

相也護法云五識唯緣實五塵境即不緣假但任運而緣不作行解不帶名言是現量故且如眼識緣青黃赤白四般實色時長短方圓假色雖不離實色上有眼識但緣實不緣長短假色也眼識定不緣長短色唯意識作長短心而緣也如五識初念與明了意識緣五塵境時唯是現量得五塵之實色若後念分別意識起時即行解心中作長短色緣是比量心緣也即五識唯是現量緣實不緣假故論云無有眼等識不緣實境生即五識唯緣實是自相境如眼識緣青境自相時得青色之自相若後念分別意識起時

即非青色解便是共相比量也纔作解心時不實青色之體爲帶名言是在假相也故識論云謂假智詮不得自相唯於諸法共相而轉也言假智者即作行解心名假智也言詮者心上解心名句文及聲上名句文是能詮皆不得所詮自相也又釋云顯假不依眞唯依共相轉即此眞事不說心識實體名眞但心所取法自體相言說不及假智緣不著說之爲眞此唯現量智知性離言說及智分別此出眞體非智詮及如色法等而爲自性水濕爲性但可證知言說不及第六意識隨五識後起緣此智故發言語等但是所緣所說法之共相非彼自相又遮得自相名得共相若所變中有共相法是可得者即得自體應一切法可說可緣故共相法亦說緣不及然非是執不堅取故如五蘊中以五蘊事爲自相空無我等理爲共相又以理推無自相體且說不可言法體名自相可說爲共相以理而論共既非共自亦非自爲互遮故但各別說說空無我等是共相者從假智說此但有能緣行解都無所緣空實共體入眞觀時則一一法皆別了知非作共解言說若著自相者說火之時火應燒口火以燒物爲自相故緣亦如是緣火之時火

應燒心今不燒心及不燒口明緣及說俱得共相若爾喚火何不得水不得火之自相故如喚於水此理不然無始慣習共呼故今緣於青作青解者此比量智不稱前法如眼識緣色稱自相故不作色解後起意識緣色共相不著色故遂作青解遮緣非青之物遂作青解非謂青解即稱青事故唯識頌云現覺如夢等已起現覺時見及境已無寍許有現量此謂假智唯緣共相而得起故法之自相離分別故言說亦爾不稱本法亦但只於共相處轉今大乘宗唯有自相體都無共相體假智及詮但唯得共不得自相若

說共相唯有觀心現量通緣自相共相若法自相唯現量得共相亦通比量所得乃至故言唯於諸法共相而轉此之自相證量所知非言說等境故又疏問云何故名自相共相答曰若法自體唯證智知言說不及是爲自相若法體性言說所及假智所緣是爲共相問曰如一切法皆言不及而復乃云言說及者是爲共相一何乖返答曰共相是法自體上義更無別體又此名詮火等法時遮非火等此義卽通一切火上故言共相卽其義也非苦空等之共相理若爾卽一切法不可言不可言亦不稱理遮可言故言故

可言非不可言卽稱法體法體亦非不可言故而今乃言名得共相之自性故今應解此非法體其義可然言名等詮共相非謂卽得共相體但遮得自相故言名詮共相又自相者卽諸法之自體相如火以煖爲自相喚火之時不得煖故不得自相此煖自相唯身識現量證故非名所得共相者此以名下所詮之義名共相共相有二一者共自類相二者共異類相如言火時不該於水等但偏一切火上故名共自類相若言苦空無常等則不唯在一類法上及偏一切水火等法上故名共異類相又自相者唯五根五塵

心心所得謂五根是第八現證五塵是五八心心所現量證自體性獨散意識等尙不得自體性何況名詮得自體性也五識緣五塵境時具四義故名得法自相一任運故二現量故三不帶名言故四唯緣現在境故得名自相意識所緣境有二若是獨頭意識所緣境卽於法處收若明了意識所緣境卽於色處攝且如眼識明了意識初一念率爾同緣色時但緣色之自相後念明了意識分別所緣色上長等假色卽是共相雖然長等假色是明了意識所緣境亦在於色處收爲是假故眼識不緣也乃至聲亦耳且如

耳識初剎那率爾與明了意識同緣聲時亦是得法自相後念意識起緣於聲上名句文三有分別行解等緣假也今五識旣無分別行解所以不緣假也問且如色有二十五種靑黃等四般顯色是實餘是假聲有十二種唯執受不執受聲是實餘是假觸有二十六種四大是實餘是假此中實者五識緣於五塵處攝若假者論主旣言五識不緣是意識緣如何不於法處攝耶答第六明了意識緣長等假色有三義故所以不於法處攝一明闇不同二以假從實三以影從質具此三義故於色處攝也若獨頭意識無此

三故所以法處攝且第一明闇有異者若明了意識與五識初念率爾心時卽是現量不緣其假至後念明了意識分別心生卽緣假色五識正緣實色時此意於五識所緣實色而生行解緣其假色故與五識不同時起分別故卽此意識卽是明也所緣假色等卽於色處攝不於法處收若是獨頭意不假五識而生分別但約獨起者卽是闇意識卽於法處攝二以假從實者以長等假色依他實色上立雖意識緣攝此假色歸於實色總於色處攝也不於法處收三以影從質長等假色是第六識託五塵實色爲質而變

起長等假相分緣將此假相分長等色就五塵實色處收總於色處攝也若獨頭意識不必有本質也此有三義故假五塵色總於色收若是獨頭生闇意識所緣之境卽法處收問五根於何教中證是現量答誠證非一圓覺經云譬如眼光照了前境其光圓滿得無憎愛可證五根現量不生分別其眼光到處無有前後終不捨怨取親愛姸憎醜例如耳根不分毀讚之聲鼻根不避香臭之氣舌根不揀甜苦之味身根不隔澀滑之觸以率爾心時不分別故刹那流入意地纔起尋求便落比量則染淨心生取捨情起問

眼等五根緣境之時當具幾義答緣者是緣藉之義境有二義一所藉義二所照義言所藉者如緣有體境藉彼爲所緣緣故言所照者雖不藉彼爲所緣然是所照矚處亦說爲境如眼等五根照色等境雖非所緣然對此根得名爲境是所照故又眼根照色眼識緣色乃至身根覺觸身識了觸等又古德問五識旣唯緣實色只如長短等依色境現前時眼根不壞此時眼識爲緣爲不緣若言緣者便犯五識緣假之過若不緣者何故閉眼不見開眼乃見耶答此時眼識但得青等實色而同時意識依眼根爲門分明顯

了取得長等據意識得合法處收但緣此時意識依眼根取對所依根故色處攝問前五識具幾業能了前境答前五識具六業瑜伽論云一唯了別自境所緣二唯了別自相三唯了別現在四唯一刹那了別五隨意識轉隨善染轉隨發業轉六能取愛非愛果問眼識現量稱境而知若眼病之時或見青爲黃豈稱境耶若不稱境何名現量答一師云見青爲黃實是意識謂由根病故引得病眼識由病眼識故遂引非量意識見青爲黃非眼識見青爲黃由病眼識能起見黃識故作是說二師云由病眼根引病眼識雖

見靑爲黃而不作黃解故是現量如無分別觀佛性眞如爲八自在我時雖不稱境而無分別智不作我解故得是現量此亦然也雜集論問云若了別色等故名爲識何故但名眼等識不名色等識耶答以依眼等五種解釋道理成就非於色等何以故眼中之識故名眼識依眼處所識得生故又由有眼識得有故所以者何若有眼根識定生不盲瞑者乃至闇中亦能見故不由有色眼識定生以盲瞑者不能見故又眼所發識故名眼識由眼變異識亦變異色雖無變識有變故如迦末羅病損壞眼根於青等色皆見

爲黃又屬眼之識故名眼識由識種子隨逐於眼而得生故又助眼之識故名眼識作彼損益故所以者何由根合識有所領受令根損益非境界故又如眼之識故名眼識俱有情數之所攝故色則不爾不決定故眼識既然餘識亦爾問爲眼見色爲識等耶答非眼見色亦非識等以一切法無作用故由有和合假立爲見又由六相眼於見色中最勝非識等是故說眼能見諸色何等爲六一由生因眼能生彼故二由依處見依眼故三由無動轉眼常一類故四由自在轉不待緣合念念生故五由端嚴轉由此莊嚴所

依身故六由聖教如經中說眼能見色故如是所說六種相貌於識等中皆不可得識動轉者當知多種差別生起問六根所成各有幾義答古釋云各有二義一是異熟二是長養且如眼根者如過去業招今世眼名異熟眼於今世時因飲食等長小令大養瘦令肥名長養眼餘五根亦然問若無外境應無現量能覺之心若無現量能覺云何世人作如是覺我今現證如是境耶答古德云現覺如夢者如正起現量五識證色等五境之時但唯能證所證色等境不能覺現量能覺之心所以者何覺能覺法是意識正隨

起五識時必無意識故於此念必不能覺現量之心至第二念正起意識覺前念五識現量時無所覺現量五識及現量所覺之境並已謝滅所以者何以諸識不並生故起意識時現量五識已滅又有爲法剎那滅故現量五識所緣之境此時亦已謝滅若言須有實外境方能生心者且如後念意識緣前念現量五識爲境豈是實有法耶由過去無體故此過去現量五識已滅今雖無體猶能爲境生於意識何必五識須緣心外實境而生耶謂若在睡時正起夢心卽不能起覺夢之心至睡惺後起覺夢心時其所覺之

夢心已滅其五識現量正起時未能起覺現量意識心及至第二念起得覺現量五識之意識心其所覺現量五識已滅與覺夢心相似故舉爲喻又難定許有現量耶謂正起覺現量之能覺意識時彼所覺五識定有耶答此時所覺已滅雖無體猶生能覺之心何妨外境是無能生識耶然大乘五境雖似有而非心外與凡小不同問於眼等六識中有幾分別答略有三種一自性分別唯緣現在所緣諸行自相行分別所緣行卽五塵也自相行如色以青爲行相眼識緣時亦任運作青行相名自行又自相卽能緣行簡

共相行如緣青時卽緣黃不著二隨念分別於昔曾所受諸行追念行分別唯緣過去三計度分別於去來今不現前思搆行分別卽非有計有是非量境然約三世計度不定一世又雜集論於三分別中復有七種分別一謂於緣任運分別謂五識身如所緣相無異分別於自境界任運轉故二有相分別謂自性隨念二種分別取過現境種種相故三無相分別謂希求未來境行分別四尋求分別五伺察分別六染汙分別七不染汙分別此四分別皆用計度分別以爲自性所以者何以思度故或時尋求或時伺察或

時染汙或不染汙種種分別又攝大乘論有十種根境微細分別論云復次總攝一切分別略有十種一根本分別謂阿賴耶識二緣相分別謂色等識三顯相分別謂眼識等并所依識四緣相變異分別謂老等變異樂受等變異貪等變異逼害時節代謝等變異捺落迦等諸趣變異及欲界等諸界變異五顯相變異分別謂卽如前所說變異所有變異六他引分別謂聞非正法類及聞正法類分別七不如理分別謂諸外道聞非正法類分別八如理分別謂正法中聞正法類分別九執著分別謂不如理作意類薩迦

邪見爲本六十二見趣相應分別十散動分別謂諸菩薩十種分別釋曰根本分別者謂阿賴耶識是餘分別根自性亦是分別故名根本分別緣相分別者謂分別色等有如是緣相顯相分別者謂眼識等并所依識顯現似彼所緣相故緣相變異分別者謂似色等影識變異所起分別老等變異者謂色等識似老等相起諸變異何以故內外色等皆有老等轉變相故等者等取病死變異樂受等變異者由樂受故身相變異如說樂者面目端嚴等者等取苦及不苦不樂受貪等變異者謂由貪等身相變異等者等取

瞋癡忿等。如說忿等惡形色等。逼害時節代謝等變異者。謂殺縛等令身相等生起變異。時節代謝亦令內外身樹色等形相改變。如說寒等所逼切時身等變異。捺落迦等諸趣變異者。等即等取一切惡趣。彼惡色等變異共了。及欲界等諸界變異者。等取色界。無色界中無似色等影像識故。於諸天中及靜慮中亦有有情及器色等種種變異。如摩尼珠威神力故。種種淨妙光色變異。顯相變異分別者。謂由眼等所依根故。令似色等影像顯現眼識等識種種變異。即於此中起諸分別。即知如前說老等變異隨其所應

而起變異。何以故。如說眼等根有利鈍。識明昧故。如無表色所依變異。彼亦變異。苦樂受等變異亦爾。如說樂者心安定故。故說苦者心散動故。貪等逼害時節代謝亦爾。捺落迦等。及欲界等。依身變異。識亦變異。如應當知。無色界中。亦有受等所作變異。諸識分別。他引分別者。謂善惡友親近所起。及與聽聞正非正法。為因分別。即是外道迦毗羅等。及正法中諸騷揭多。所有分別。名不如理。如理分別。如是二種。隨其所應。能生邪見正見相應二種分別。薩迦邪見為因。所起六十二見相應分別。即梵網經中前際後際分

別。謂我過去為曾有耶。如是等分別。名執著分別。言見趣者。是品類義。散動分別者。散亂擾動。故名散動。此即分別。是故說名散動分別。此即擾亂無分別智。何以故。由此擾亂般若波羅密多。故無分別智。即是般若波羅密多。謂諸菩薩十種分別者。謂諸菩薩能發語言。他引而轉。不稱真理。十種分別。何以故。證會真理。若正現前不可說故。問。前三分別。於八識中幾識能具。答。八識中唯第六識具三分別。自第七識唯有自性分別。以緣現在故。或可末那亦有計度。以計度執我故。若論體性。計度分別以慧為性。隨念以念

為性。分別以慧為性。真法之中。既無虛妄。八識所以無此分別。又古師於十種分別。就八識廣辯。問。八識中各具幾分別。答。第六識具廣略十種分別。前五識唯自性任運二種分別。五識於自境界任運轉故。第七識具計度染汙有相三種分別。第八識同前五識。得有自性任運分別。若自性任運分別。唯現量。若計度染汙無相分別。唯比非二量。若有相分別。一分緣現在者通三量。一分緣過去者。唯比非二量。若隨念分別。無漏即是現量。若有漏即比非二量。問。何故五識無分別執耶。答。夫言執者。須是分別籌度之意。方

堅執。五識雖有慧而但任運。不能分別籌度。故五無執。唯第六也。

宗鏡録卷五十三

宗鏡録卷五十四

宋慧日永明妙圓正修智覺禪師延壽集

夫意言分別萬有俱空則名義無性一切衆生於見聞中應不成顛倒以名中無義義中無名俱是客故答萬法本空熏習成有於本空中起諸情執顛倒寶性論云問名中無義義中無名二俱客者若人執名異於義義異於名此人既無顛倒則於義中應無僻執不應聞說好惡生憂喜心名義不相關故當知客義是汝顛倒答由久時數習顛倒故有此僻執不關名義相應由名言熏習心故必由此法門生分別心

起虛妄僻執如密嚴經偈云是時金剛藏復告大衆言賴耶無始來為戲論熏習諸業所繫縛輪轉無有窮亦如於大海因風起波浪恆生亦恆滅不斷亦不常由不悟自心隨識境界現若了於自心如火焚薪盡通達於無漏則名為聖人藏識變衆境彌綸於世間意執我我所思量恆流轉諸識類差別各各了自境積集業為心徧積集名意了別名為識五識取現境如瞖見毛輪隨見而迷惑於似色心中非色計於色譬如摩尼珠日月光所照隨其所應現各雨自類物阿賴耶亦爾如來淸淨藏和合於習氣變現周世間與無漏相應雨諸功德法譬如乳變異成酪至酪漿藏識亦如是變似於衆色如瞖見毛輪有情亦復爾以惡習氣瞖住藏識眼中於諸非色處此所見諸色猶如於陽燄遠離於有無皆賴耶所現仁者依眼色而生似色識如幻住眼中飄動猶熱燄色皆是藏識與色習相應變似體非有愚夫妄分別諸惛醉放逸坐臥及狂走頓起諸事業皆是賴耶識猶如盛赫日舒光照於地蒸氣如水流渴獸望之走賴耶亦復爾體性實非色而似於色現惡覺妄生著如磁石吸鐵迅速而轉移雖無於情識似情識而動如是賴耶

識為生死所攝往來於諸趣非我而似我如海中漂物無思隨水流賴耶無分別後身而運動譬如二象鬬被傷者不退賴耶亦如是斷染無流轉譬如淨蓮華離泥而皎潔人天皆受用莫不咸珍敬如是賴耶識出於習氣泥轉依得淸淨佛菩薩所重譬如殊勝寶野人所輕賤若用飾冕旒則為王頂戴如是賴耶識是淸淨佛性凡位恆雜染佛果常寶持如美玉在水苔衣所纏覆賴耶處生死習氣縈不現於此賴耶識有二取相生如蛇有二頭隨樂而同往賴耶亦如是與諸色相具一切諸世間取之以為色惡覺者迷

惑計爲我我所若有若非有自在作世間賴耶雖變
現體性恆甚深於諸無智人悉不能覺了譬如於幻
師幻作種種獸或行而或走似有情非實賴耶亦如
是幻作於世間一切諸有情體性無眞實凡愚不能
了妄生於取著起微塵勝性有無異分別及與於梵
天丈夫等諸見問眼見色者爲是眼見爲是識見答
非眼識境等各有決定見性但以三和合故假名爲
見下五根聞齅嘗觸等例爾雜集論云非眼見色亦
非識等以一切法無作用故由有和合假立爲見故
稱眼能見色又識之於根乍出乍入如鹿在網猶鳥

處籠喙一捨一周而復始無暫休息識在根籠亦復
如是或在於耳或在於眼來去無定不可執常雖復
無定相續不斷何爲不斷以妙用無間故若凡夫爲
色塵所縛不得自在若見一法則被一法礙不能圓
通法界是以金剛經云若菩薩心住於法而行布施
如人入闇則無所見首楞嚴經云由塵發知因根有
相相見無性猶若交蘆由塵發知者卽見分因根有
相者卽相分相見無性者心境互生各無自體心不
自立由塵發知境不自生因根有相二虛相倚猶若
交蘆知見立知卽無明本知見無見斯卽涅槃但了

了見無可見卽通法界見卽是涅槃若了了聞無可
聞無可聞卽通法界聞卽是涅槃一切諸法本來涅
槃以分別心妄見所隔不知自識翻作無明又首楞
嚴經云緣見因明暗成無見不明自發若不假明暗
等見見色之時則見餘根若離念徧法界見鐵圍山
一切相皆不能蔽若六根伏則不得六根相如十人
患瞖共見空華一人眼可則不見餘九人還見各各
自除妄見則不得一切相物物皆眞又十箇空華一
人能見十人眼可餘華總亡但一妄除皆不見諸相
一相則一切相爲一切相皆我心起是知一瞖在目

千華競飛一妄動心諸塵併起若能離念則當處坐
道場轉大法輪俱成佛道問耳聞說法聲時總具幾
識答具三識第八先託佛無漏聲名句文爲本質了
耳識緣聲意識同時緣名句文等方得名聞古德問
云且如緣佛聲名句文時爲自耳識意識緣得名句
文名聞爲先要自第八託佛本質聲變起相分了耳
識意識託第八相分爲質變相分緣方得聞耶答設
爾何失難二俱有過若第八不先變佛聲耳意二識
便緣名句文者卽因中前六劣不能直緣須先假第
八變若第八不先變卽心外取法唯識不成若託自

第八相分爲質緣者。第六識所變相分卽無名句文。旣無名句文。卽意不能生解。爲第八識但變得佛本質徑直聲。本質徑直聲上且無名句文。爲第八不緣。故此答云理實第六識緣自第八相分爲境謂佛本質聲及自第八變影像聲。合爲一聲。世尊本質聲旣有名句文等。第六識於自耳根緣第八相分聲名句文三不無。爲佛本質聲上有名句文。例如世間人共看一紙文書若不識書人。但見其紙墨黑白色。卽不能知其義理差別。若識書人。見紙墨黑白。及能知其問義理差別。今耳識及第八如不識書人第六如識

書人。第六旣緣實聲。亦能緣得名句文。故又聲是所依名句文是能依名句文依實聲上有。旣有實聲其名句文自連帶聲上有故意識爲能分別故自然緣得。又聞卽比量。聽聞名句文三等時向心所上比度生解。唯第六識具比量。若緣名義。便在意中。問。夫聞法者。旣託諸佛悲願爲本質作增上緣。衆生但自心識心上所變得影像相分文義。此卽實無心外法。爲執見未信者。於世法中事如何引證。印成後信。入一乘門。答。世法卽佛法。佛法卽世法。云何更舉事立況。然爲未決定信者。寧無方便。若論比知觸目咸是。且

舉一二。略類此宗。如西國婆羅門求聰明。常供養天神等。後於夢中見有天人授與呪論等法。然夢中實無天人爲說聰明法論呪等。託天人爲增上緣。自識心上變作論呪解。今衆生見聞亦爾。然於比況中夢喩最親。以自夢中實無外境。皆是夢心變起。可爲現證。又此土周暢耕田。母欲得子歸。其母遂齧指。周暢在田下心痛。念云是母喚我。及歸果如其言。母雖有喚子之心。而不發言。如來但有說法之心。而不說法。自是衆生心上變起。故若正解者。卽諸佛悲願爲應。機熟宜聞爲感。感應道交。非一非異。唯心方顯。不落

斷常。不可各取一邊。違於中道。問。根塵所對。現證分明。如何圓通得入空理。答。眼對色塵。無而有見。異熟業果。不可思議。唯智所知。非情所測。諸法實性。親證方明。有見有聞。世俗心量。若約眞諦。根境俱空。且如世俗門中。見無自性。如眼勝義根如火。旣能發識。又能照境。識如人。能了別境。如物。故知無根不能發識。無識不能了境。無境不能起見。三法和合。方成見性。則見性無從和合。非有。如思益經偈云。悉見十方國。一切衆生類。而於眼色中。終不生二相。諸佛所說法。一切能聽受。而於耳聲中。亦不生二相。能於一心中

知衆生諸心自心及彼心此二不分別廣百門論破根境品云眼等根塵若執實有理必不然所以者何蓮比量故謂眼非見如耳等根耳亦非聞如鼻等根鼻不能齅如舌等根舌不能嘗如身等根身不能覺如上諸根一切皆由造色性故或大種故或業果故又眼等根皆有質礙故可分析悉令歸空或無窮過是故不應執爲實有但是自心隨因緣力虛假變現如幻事等俗有眞無又破情品云眼爲到色見耶不到色見耶若眼去到色乃見者遠色應遲見近色應速見何以故去法爾故而今近瓶遠月一時見是故

知眼不去若不去則無和合復次若眼力不到色而見者何故見近不見遠遠近應一時見故知見性無從諸根例爾如還源集自他觀門云兩身爲自他彼身爲他已身爲自一身復爲自他色身爲他心卽爲自心復爲自他心卽爲他智卽爲自智復有自他有所得智爲他無所得智爲自無所得智復有自他淨智爲他是淨亦淨爲自觀身實相觀佛亦然稽首如空無所依心淨已度諸禪定無住則無本覺此名爲佛假名名爲佛亦無佛可成無成可成無出可出是名佛出無所見了了見了了見無所見但有名字名字性空無所有鏡像如虛空虛空如鏡像色心如虛空虛空如色心色心如鏡像鏡像身無二亦復非是一若能如是解諸佛從中出諸佛唯有名如空應響聲無心究竟道法法自然平平處亦無平無平作平說此中言語斷心行處亦滅眼空保色空色空保眼空兩空自相保則無眼識賊耳空保聲空聲空保耳空兩空自相保則無耳識賊鼻空保香空香空保鼻空兩空自相保則無鼻識賊舌空保味空味空保舌空兩空自相保則無舌識賊身空保觸空觸空保身空兩空自相保則無身識賊心空保法空法空保心

空還是一空能保二空亦能保一空是故號空空假名說見諦若知六根淨卽無六塵賊若無六塵賊心王自淸淨方便持化凡題名寄佛性釋曰是以若眼空色不空色空眼不空則不可相保以根境異故必爲侵害若同一性卽無疑矣如世間作保之人若是忠良人卽可忠良人作保若惡行人則不可保以情性異故六種根塵和同旣爾一切萬法順旨亦然故首楞嚴經云佛告阿難根塵同源縛脫無二識性虛妄猶如空華阿難由塵發知因根有相相見無性同於交蘆是故汝今知見立知卽無明本知見無見斯

即涅槃無漏眞淨云何是中更容他物問色塵質礙可分析歸空聲性虛通應是實有答聲塵生滅動靜皆空聲不至於耳根根不往於聲所既無一物中間往來則心境俱虛聲不可得如首楞嚴經云復次阿難云何十二處本如來藏妙眞如性阿難汝且觀此祇陀樹林及諸泉池於意云何此等爲是色生眼見眼生色相阿難若復眼根生色相者見空非色色性應消消則顯發一切都無色相既無誰明空質空亦如是若復色塵生眼見者觀空非色見即消亡亡則都無誰明空色是故當知見與色空俱無處所即色

與見二處虛妄本非因緣非自然性又推聲處文云阿難汝更聽此祇陀園中食辦擊鼓衆集撞鐘鐘鼓音聲前後相續汝意云何此等爲是聲來耳邊耳往聲處阿難若復此聲來於耳邊如我乞食室羅筏城在祇陀林則無有我此聲必來阿難耳處目連迦葉應不俱聞何況其中一千二百五十沙門一聞鐘聲同來食處若復汝耳往彼聲邊如我歸住祇陀林中在室羅城則無有我汝聞鼓聲其耳已往擊鼓之處鐘聲齊出應不俱聞何況其中象馬牛羊種種音響若無來往亦復無聞是故當知聽與音聲俱無處所

即聽與聲二處虛妄本非因緣非自然性又推香處文云阿難汝又齅此鑪中栴檀此香若復然於一銖室羅筏城四十里內同時聞氣於意云何此香爲復生栴檀木生於汝鼻爲生於空阿難若復此香生於汝鼻稱鼻所生當從鼻出鼻非栴檀云何鼻中有栴檀氣稱汝聞香當於鼻入鼻中出香說聞非義若生於空空性常恒香應常在何藉鑪中爇此枯木若生於木則此香質因爇成煙若鼻得聞合蒙煙氣其煙騰空未及遙遠四十里內云何已聞是故當知香鼻與聞俱無處所即齅與香二處虛妄本非因緣非自

然性推味處文云阿難汝常二時衆中持鉢其間或遇酥酪醍醐名爲上味於意云何此味爲復生於空中生於舌中爲生食中阿難若復此味生於汝舌在汝口中只有一舌其舌爾時已成酥味遇黑石蜜應不推移若不變移不名知味若變移者舌非多體云何多味一舌之知若生於食食非有識云何自知又食自知即同他食何預於汝名味之知若生於空汝噉虛空當作何味必其虛空若作鹹味既鹹汝舌亦鹹汝面則此界人同於海魚既常受鹹了不知淡若不識淡亦不覺鹹必無所知云何名味是故當知味

舌與嘗俱無處所卽嘗與味二俱虛妄本非因緣非自然性推觸處文云阿難汝常晨朝以手摩頭於意云何此摩所知誰爲能觸能爲在手爲復在頭若在於手頭則無知云何成觸若在於頭手則無用云何名觸若各各有則汝阿難應有二身若頭與手一觸所生則手與頭當爲一體若一體者觸則無成若二體者觸誰爲在在能非所在所非能不應虛空與汝成觸是故當知覺觸與身俱無處所卽身與觸二俱虛妄本非因緣非自然性今推十二根塵處所既無則前六根門無處而入後十八界無界而分可驗衆

生界中卽今現行心境俱空世俗諦中假施設法悉皆無有夫宗鏡所錄皆是現證法門一入全眞更無前後如或不信但靜思看若見一念無生自然與經冥合如菩薩念佛三昧經偈云此身常無知如草木瓦礫菩提無形色寂滅恆不生身不觸菩提菩提不觸身心不觸菩提菩提不觸心而能有相觸寧爲不思議釋曰故知色不至眼耳不到聲而有見聞是不可思議以自性離中而有顯現故知六根無對皆是無諍法門諸境含虛盡冥不二之道卽今衆生境界眞不可思議矣曷用遠求諸聖作用而自鄙劣者哉

此宗鏡是照衆生之癡闇同諸佛之光明使法界含生一時圓證如法集經云須菩提白佛言世尊眼色二法無所諍競以不和合故以此二法不相到故夫不合不到法皆無違諍世尊法無有二是故不諍廣百門論破根境品云復次若耳根境合知者不應遠近一時俱聞聲從質來既有遠近不應一念同至耳根耳無光明不應趣境又聲離質來入耳聞亦不應理鐘鼓等聲現不離質遠可聞故若耳與聲無聞而取如香等不辯方維若耳與聲不合而取應無遠近一切皆聞不合體無相無別故或應一切皆不能聞

是故耳根聲合不合實取自境二俱不成又云心若趣塵體則不徧心常往境我應無心然微細心身中恆有睡眠悶等諸位常行有息等故夢可得故勞倦增故引覺心故任持身故觸身覺故又若內身恆無心者如死屍等害應無愆供應無福則與空見外道應同有執心體不徧不行但用有行亦同此過心用心體不相離故又若心體往趣前塵有觸內身應無覺受應勤思慮不損內心如是諸宗執實根境皆不應理應信非眞又一切世間有情無情諸法義相如依陽燄有水想生詃惑自心亦爲他說由此妄想建

立根塵及餘世間諸事差別如顯此想依多法成是假非眞故說想蘊乃至如諸幻事體實雖無而能發生種種妄識眼等亦爾體相皆虛如矯誑人生他妄識想隨此發境豈爲眞根境皆虛猶如幻事大集經偈云至心念法思惟法是故不見色與聲若得入於深法界爾時則無色聲等般若燈論偈云眼不見色塵意不知諸法此名最上實世人不能度是以根境唯心名相俱寂故知世諦眞諦同趣佛乘有情無情咸歸智地以眞無中絕名絕相心智路斷是不可思議以俗有中如幻如化無中顯現是不可思議不可

以情識知不可以有無測所以廣百門論明世間法有五種難測頌云世間諸所有無不皆難測根境理同然智者何驚異論曰如一思業能感當來內外無邊果相差別極善工匠所不能爲是名世間第一難測又如外種生長芽莖無量枝條華葉根果形色間雜嚴麗宛然是名世間第二難測又如華樹名曰無憂姪女觸之眾華競發枝條垂拂如有愛心是名世間第三難測又如華樹名如樂音聞作樂聲舉身搖動枝條裊娜如舞躍人是名世間第四難測又如華樹名好鳥吟聞鳥吟聲卽便搖動枝條裊娜如喜抃

人是名世間第五難測如是難測世事無邊根境有無方之甚易世俗故有勝義故空諸有智人不應驚異如中觀論偈云以法知有人以人知有法離法何有人離人何有法法者眼耳苦樂等人者是本住汝謂以有法故知有人以有人故知有法今離眼耳等法何有人離人何有眼耳等法復次一切眼等根實無有本住眼耳等諸根異相而分別眼耳等諸根苦樂等諸法實無有本住因眼緣色生眼識以和合因緣知有眼等諸根不以本住故如是故偈中說一切眼耳等根實無有本住眼耳等諸根各自能分別問

曰若眼等諸根無有本住者眼等一一根云何能知塵若一切眼耳等諸根苦樂等諸法無本住者今一一根云何能知塵眼耳等諸根無思惟不應有知而實知塵當知離眼耳等諸根更有能知塵者答曰若爾者爲一一根中各有知者爲一知者在諸根中二俱有過何者若諸根各有知者卽成多人若一知在諸根中者或眼正緣色時知已屬眼聲塵起時耳應不聞如無言說經偈云內外地界無二義如來智慧能覺了彼無二相及不二一相無相如是知金光女經云文殊師利語彼童女應觀諸界童女答言文殊

師利譬如劫燒時三界等亦爾般若波羅蜜經云彼一切法無知者無見者彼說法師亦不可得不可以心分別不可以意能知佛母經云阿㚸眼不見色乃至意不知法如是菩提離故眼色離乃至菩提離故意法離等入楞伽經偈云如水流枯竭波浪則不起如是意識滅種種識不生又偈云此中無心識如虛空陽燄如是知諸法而不知一法究竟一乘寶性論偈云如一切世間依虛空生滅依於無漏界有諸根生滅火不燒虛空若燒無是處如是老病死不能燒佛性地依於水住水復依於風風依於虛空空不依

地等如是陰界根住煩惱業中諸煩惱業等住不善思惟不善思惟行住清淨心中自性清淨心不住彼諸法陰入界如地煩惱業如水不正念如風淨心界如空依性起邪念念起煩惱業能起陰界入依止於五陰界入等諸法有諸根生滅如世界成壞淨心如虛空無因復無緣及無和合義亦無生住滅如虛空淨心常明無轉變爲虛妄分別客塵煩惱染又五現識不動唯意識分別如首楞嚴經云佛告阿難識性無源因於六種根塵妄出汝今徧觀此會聖衆用目循歷其目周視但如鏡中無別分析汝識於中次第

標指此是文殊此富樓那此目犍連此須菩提此舍利弗等如五現量周圓而視如鏡中鑒像而無分別若第六意根卽次第分別非如五現量頓見又經云識動見澄者見澄卽五現量識分別爲動又經云本無所從者此識心本來湛然不從修得本來澄寂五現量識亦復如是問意識緣境多少三境三量如何分別答古德云第六意識卽比量意識能緣三世法三性法三界法一百法等法爾皆是第六意識緣也有二一明了二獨頭且明了者唯於五根門中取五塵境是初念與五同緣時率爾心中唯是現量緣其

實五塵境若後念已去不妨通比量非量作行解緣其長等假色卽比量或於五塵上起執時便是非量卽明了意識前後許通三量三境中若緣五塵實法時是性境若後念行解心緣長等假色時卽眞獨影似帶質二獨頭意識有三一夢中獨頭亦緣十八界法唯是獨影境非實此夢中境唯是法處收亦無本質二覺寤獨頭而緣一切法有漏無漏有爲無爲世出世間有體無體空華兎角三世一切法皆悉緣得問此覺寤意識一念緣十八界時有幾相分幾本質幾見分答本質相分各有十八箇見分唯一問如何

有十八相分答十八相分從十八本質起卽有十八相分如一面鏡中觀無量人影外邊有十八實人鏡卽是一於鏡上現有十八人影像見分亦爾一見分能緣得十八相分若質影有十八以是所緣境則無過若一念有十八見分便有多心過三定中獨頭亦緣十八界一百法過未境及眞如等若假若實皆能緣故三量分別者若是明了意識前後念通三量夢中獨頭唯非量以不稱境故覺寤通三量若緣有體法時緣五境界等通現量故若緣五根界七心界等是比量若緣空華過未境等通比量非量若定中唯

是現量雖緣假法以不妄執無計度故唯現量又獨頭意識卽獨生散意緣影像門影像者諸有極微是極逈極略二色皆是假影色也但於觀心析麤色至色邊際假立極微唯觀心影像都無實體

宗鏡錄卷五十四

音釋

裹娜　裹奴了切與嫋同娜奴可切裹娜搖曳貌

宗鏡錄卷五十五

宋慧日永明妙圓正修智覺禪師延壽集

夫論法處之色都有幾種答有五種一極略色二極迥色三受所引色四徧計色五定果色一極略色者以極微爲體但是析彼五根五塵四大定果色至極微位卽此極微便是極略色體二極迥色者卽空間六般光影明暗等麤色令析此六般麤色至極微位取此細色爲極迥色體又若上下空界所見青黃赤白光影明暗卽總名空一顯色及門牕孔隙中所現者卽總名迥色三受所引色者受者是領納義所引

色者卽思種現上有防發功能名所引色意云由於師教處領受爲能引發起思種現上防發功能名所引色卽此防發功能不能表示他故亦名無表色卽以無表色爲體四徧計色者卽妄心徧計五定果色者定中現境已上法處五般色都分爲三門一影像門二無表門三定果門第一影像門者影者流類義像者相似義卽所變相分是本質之流類又與本質相似故名影像諸有極微者卽是極略極迥二色此但是觀心析麤成細假立極微唯有觀心影像都無實體獨生散意者卽簡定中及明了意識今唯取散

位獨頭闇意識故此散意識搆劃緣五根五塵水月鏡像時當情變起徧計影像相分此是假非實故與極略等同立一影像門問且如水中月鏡中像眼識亦緣如何言假唯意識緣答水月鏡像唯是法境但以水鏡爲緣其意識便妄計有月有像並非眼識之境亦是徧計色收又徧計是妄心極略等是觀心同是假影像故所以總立第二無表門一律儀有表色者卽師前受戒時是由此表色故方熏得善思種子有防發功能立其無表色二不律儀有表色者卽正下刀殺生造業時是由此有表色方熏得不善思種

子有防發功能立其無表色若處中有表色者卽正禮佛行道及毆擊罵詈時是由此有無表色方熏得善惡思種亦有防發功能立其無表色問若水月鏡像是第六意識作解心緣唯是其假長短方圓色收者卽是明了意識緣於色塵故如何是獨頭意識緣徧計色收耶答若是智者了此見相形假卽於色塵處收若迷者不了妄執爲實變起影像此假相分但徧計色收法處所攝問所云影像是二所緣者何答一親者影像疎者是質也先辯影像者親所緣緣者謂諸相分與能緣見分體不相離卽見分所仗託境

是所得量處也即所託名爲緣所慮名所緣緣此二義名所緣緣也即此影像有四名一影像二相分三內所慮託四親所緣緣次辯本質者若與能緣體相離即疎所緣緣以隔相分故即本質上能緣見分相離故名離問既相離如何名所緣緣答爲質能起相分生故以起約相分令見分有所慮故即本質起所緣故亦名所緣緣也以親所緣緣爲增上緣故亦得名所緣緣即起所緣故亦有三名一名本質二名外所慮託三名疎所緣緣即爲本質能起相分相分起見分見分起自證分自證分能起證自證分即爲質

能起約自所慮託相分故說本質亦名所緣緣且如法識能了一切法者即第六意識都有五般皆緣法境一定中獨頭意識緣於定境定境之中有理有事事中有極略極迥及定自在所生法處諸色二散位獨頭緣受所引及偏計所起諸法處色如緣空華兎角鏡像水月搆劃所生者並法處攝三夢中獨頭緣夢中境偏計所執法處色四明了意識依五根門與前五識同緣五塵明了取境名明了意識五亂意識是散意識於五根中狂亂而起然不與五識同緣如患熱病見青爲黃非是眼識是此緣故緣偏計所執

色又若明了意識於五根門與五同緣五塵境故應以五識爲俱有依除獨頭起獨頭起者總有四種一謂定中獨頭緣於定境不與五識同緣二夢中獨頭緣法塵境夢中諸相亦偏計所起三散位獨頭搆劃境相緣偏計所起色四亂意識亦名獨頭可知問六識與幾心所相應答論頌云此心所偏行別境善煩惱隨煩惱不定皆三受相應此六轉識總與六位心所相應謂偏行等恆依心起與心相應繫屬於心故名心所如屬我物立我所名心於所緣唯取總相心所於彼亦取別相助成心事得心所名如畫師資作

模填彩瑜伽說識能了別事之總相作意了此所未了相即諸心所所取別相觸能了此可意等相受能了此攝受等相想能了此言說因相思能了此正因等相故作意等名心所法此表心所亦緣總相餘處復說欲亦能了可樂事相勝解亦了決定事相念亦能了慣習事相定慧亦了得失等相由此於境起善染等諸心所法皆於所緣兼取別相六位差別者謂偏行有五別境亦五善有十一煩惱有六隨煩惱有二十不定有四如是六位合五十一一切心中定可得故餘別別境而得生故唯善心中可得生故性是

根本煩惱攝故唯是煩惱等流性故於善染等皆不定故乃至此六轉識易脫不定故皆容與三受相應皆領順違非二相故領順境相適悅身心說名樂受領違境相逼迫身心說名苦受領中容境相於身於心非逼非悅名不苦樂受釋云上三句頌列六位心所總名下一句正解受俱心所行相者心取境之總相但總取而已不別分別如言緣青但總取青不更分別心所於彼取總別相故說亦言如畫師資作模填彩者師謂博士資謂弟子如師作模畫形既已弟子填彩彩於模填不離模故如取總相著彩色時令

媚好出如亦取別相心心所法取境亦爾識能了別事之總相不言取別相以是主故若取別相即心所故作意一法獨能了別眾多別相由作意能令心心所取境功力勝故有此總取多法別相瑜伽論云以作意為初此論以觸為初和合勝故各據一義觸能取三謂可意不可意俱相違相受中攝受損益俱相違等想能了言說因相者能取境分劑相故謂此是青非青等便起言說故想之相言說因也思了正因邪因俱相違等即是境上正邪等相業之因也一切心中定可得者即徧行不問何心但起必有故餘別

別境而得生者五別境也唯善心中可得生故者善十一法唯善心有體是根本能生諸惑即貪等六於善染心皆不定者即不定四謂於善染無記三性心皆不定故此六轉識易脫不定故者然此六識非如七八體皆易脫恆不定故易脫是間斷轉變義不定是欣慼捨行互起故皆通三受問如何是六識現起分位答唯識頌云依止根本識五識隨緣現或俱或不俱如濤波依水意識常現起除生無想天及無心二定睡眠與悶絕根本識者阿陀那識染淨諸識生根本故依止者謂前六轉識以根本識為共親依五

識謂前五轉識種類相似故總說之隨緣現言顯非常起緣謂作意根境等緣謂五識身內依本識外隨作意五根境等眾緣和合方得現前由此或俱或不俱起外緣合者有頓漸故如水濤波隨緣多少五轉識行相麤動所藉眾緣時多不具故起時少不起時多第六意識雖亦麤動而所藉緣無時不具由違緣故有時不起第七八識行相微細所藉眾緣一切時有故無緣礙令總不行又五識身不能思慮唯外門轉起藉多緣故斷時多現行時少第六意識自能思慮內外門轉不藉多緣唯除五位常能現起故斷時

少現起時多由斯不說此隨緣現釋云依止者謂前六轉識以根本識爲共親依者前六識以根本識爲共依卽現行本識也識皆共故親依者卽種子識各別種故前五轉識種類相似者有五一謂俱依色根二同緣色境三俱但緣現在四俱現量得五俱有間斷種類相似故總合說如水波濤隨緣多少者解深密經云如大瀑流水若有一浪生緣現前唯一浪轉乃至多浪生緣現前有多浪轉諸識亦爾如瀑流水依阿陀那故乃至諸識得轉等此以五識喻於濤波本識喻瀑水五識身不能思慮無尋伺故不能自起

藉他引故第六意識自能思慮內外門轉唯除無想天無想定滅盡定睡眠悶絕等五位常能現起故又古釋云一者如多波浪以一大海爲依起多浪二者鏡像以一大鏡爲依起多像海鏡二法喻本心識浪像喻於轉識一念之中有四業一了別器業二了別依業三了別我業四了別境業此諸了別剎那剎那俱轉可得是故一識於一剎那有如是等業用差別如密嚴經偈云如奔電浮雲皆僞而非實如匠作瓶等由分別所成仁主應諦聽世間諸有情習氣常覆心生種種戲論末那與意識幷諸識相續五法及三

性二種之無我恆共而相應如風激瀑水轉起諸識浪浪生流不停賴耶亦如是無始諸習氣猶如波瀑流爲境風所動而起諸識浪恆無斷絕時八種流注心雖無若干體或隨緣頓起或時而漸生取境亦復然漸頓而差別心轉於舍宅日月與星宿樹枝葉華果山林及軍衆於如是等處皆能漸頓生多令能頓現或漸起差別若時於夢中見昔所更境及想念初生乃至於老死算數與衆物尋思於句義觀於異文彩受諸好飮食於如是境界漸次能了知或有時頓生而能取之者心性本淸淨不可得思議是如來妙

藏如金處於鑛意生從藏識餘六亦復然識六種或多差別於三界賴耶與能熏及餘心法等染淨諸種子雖同住無染佛種性亦然定非定常淨如海水常住波濤而轉移賴耶亦復然隨諸地差別修有下中上捨染而明顯如上廣明意根緣境分別最彊諸識所以一切善惡意爲先導意起速疾意在言前意善卽法正意惡卽境邪如一氣噏之卽溫吹之卽冷似一水寒之卽結暖之卽融況一心縱之卽凡弘之卽聖轉變雖異眞性無虧如鴦崛魔羅經云意法前行意勝意生意法淨信若說若作快樂自追如影隨形

我爲聲聞乘說此偈。意者。謂如來藏義。若自性清淨意是如來藏勝一切法。一切法是如來藏所作。及淨信意法。斷一切煩惱故。見我界故。若自淨信有如來藏。然後若說若作得成佛時。若說若作度一切世間。如人見影。見如來藏。亦復如是。是故說如影隨順意法前行。意勝意生。意法爲惡。若說若作。衆苦自追。如輪隨跡。此偈說煩惱義。意法惡者。爲無量煩惱所覆。造作諸惡。故名爲惡。自性淨心如來藏。入無量煩惱義。如是躁濁不息。故若說若作。一切衆苦常隨不絕。如輪隨跡者。諸惡積聚。生死輪迴。轉一切衆生於三

惡趣中。如輪隨跡。是故說於福遲緩者。心樂於惡法。釋曰。一念心淨。見如來藏性。能自度度他。受寂滅樂。如影順身。若一念心惡。入塵勞網。墮諸趣中。受生死苦。如輪隨跡。以影順喻者。卽常不離故。以輪跡喻者。卽速疾轉故。所以善惡隨心。未曾間斷。若善見者。當處解脫。所以大乘理趣經云。是故菩薩觀察五蓋。何因而起。云何遠離。菩薩應當先觀色欲。猶如水月。水動月動。心生法生。貪欲之心。亦復如是。念念不住。速起速滅。大乘本生心地觀經云。以清淨心爲善業根。以不善心爲惡業根。心清淨故世界清淨。心雜穢故。

世界雜穢。我佛法中。以心爲主。一切諸法。無不由心。所以如樹提生於猛火之中。火不能害。佛言。是兒業報。非我所作。故知自心所造。他力不移。則升沈之路匪遙。黑白之報斯在。善惡果報雖殊。皆從妄想心鏡所現。如入楞伽經偈云。譬如鏡中像。雖見而非有。熏習鏡心見。凡夫言有二。不知唯心見。是故分別二。如實但知心。分別則不生。故知若實識心。如鏡中自見面像。終不更於外塵妄生執取。旣解相縛。業海全枯。如賢劫定意經云。消滅一切諸所有業。覩見一切衆生根源。是曰智慧。問。意識於五位不起者。如何是五

位。行相能令意識不起。答。識論云。無想天者。謂修彼定。厭麤想力。生彼天中。違不恒行心及心所。想滅爲首。名無想天。及無心二定者。謂無想定。滅盡定。俱無六識。故名無心。無想定者。謂有異生伏徧淨貪。未伏上染。由出離想作意爲先。令不恒行心心所滅。想滅爲首。立無想名。令身安和。故亦名定。滅盡定者。謂有無學。或有學聖。已伏或離無所有貪。上貪不定。由止息想作意爲先。令不恒行恒行染汙心心所滅。立滅盡名。令心安和。故亦名定。無心睡眠與悶絕者。謂有極重睡眠悶絕。令前六識皆不現行。乃至此五位異

生有四。除在滅定。聖唯後三。於中如來自在菩薩唯得存一。無睡悶故。釋云。無想天厭麤想力者。謂諸外道以想為生死之因。卽偏厭之。唯前六識想。非第七八。故言麤想。細想在故。滅於六識。七八微細。彼不能知。故不滅也。無想定伏徧淨貪者。謂第三禪無。第四禪已上貪猶未伏。顯離欲也。出離想者。顯想卽作涅槃想也。不恆行等滅者。顯所滅識多少也。作意伏染而入定者。觀想如病如癰如箭。於所生起種種想中。厭背而住。唯謂無想寂靜微妙。於無想中持心而住。如是漸次離諸所緣。心便寂滅。滅盡定者。謂有無學

等者。有學聖者。除初二果。唯身證不還第三果人。有學中除異生故。離無所有貪上貪不障定者。以滅定唯依非想定起故。此依初修二乘者言。離。菩薩伏不離貪。卽此亦名滅受想定。此五位中。異生有四。等者。除滅盡定。聖唯有後三。佛及八地已去菩薩。唯得有一滅定。無睡眠悶絕。二以惡法故。現似有睡。實無有故。卽二乘無學亦有悶絕也。問。滅盡定與無想定俱稱無心。二定何別。答。有四義不同。古釋云。一約得人異。滅盡定是聖人得。無想是凡夫得。二祈願異。入滅盡定者。作止息想。求功德入。無想定作解脫入。三感

果不感果異。無想定是有漏。能感無想天別報果。滅定是無漏。不感三界果。四滅識多少異。滅盡定滅識多。兼滅第七染分末那。無想定滅識少。止滅前六識。問。且如滅盡無心等位。旣是無心。云何不出三界。答。無心者。但伏前六識麤心。亦稱無心。七八識心猶在。非全無心。如成業論云。心有二種。一集起心。無量種子集起處故。二種種心。所緣行相差別轉故。滅定等位闕第二心。名無心。如一足馬闕一足故。一名無足。問。五根四大種而成內外一切諸法。何法具大。何法具種。答。古釋四句料簡。一是大而非種。卽虛空。周徧

故是大。非生故非種。二是種非大。卽五根等。能生故名種。不徧故非大。三亦種亦大。卽地水等。體寬廣故名大。與所造色為依。故名種。四非大非種。卽趣寂聲聞。問。六根分見聞覺知。都具幾量。答。準瑜伽有三量。一證量。二比量。三至教量。論云。三量建立六根。依證量中眼根心心數法名見。依餘耳等五根心心數法名知。依比量心心數法名覺。依至教量心心數法名聞。又云。若見若知言說。是依現量。若覺言說。是依比量。若聞言說。依至教量。釋云。證量者。卽境現在前。分明證了名證量。眼心心數名見。耳等五根心心數法。

於證量中了自境時總名知意根心心數法於比量中了別境界名覺如隔牆見角比知是牛比度推求唯在意根依至教量心心數法名聞即至聖之言教名爲至教量亦云聖言教量西土簡法須具此三量問四大六根中以何爲主答以心爲主四大等無自體故互無力用因心而有故稱爲主遺教經云此五根者心爲其主此明託胎之始心在諸根之初名之爲主然雖一期爲主亦不定故台教明其心不能控制諸根心爲受總門若身病時心亦隨病寧得是主耶或時更互論主如地具四微則鈍爲水所制水有

三微爲火所制火但二微爲風所制風有一微爲心所制心無有微故得爲主復爲四大所惱主義不成故無正主又若四大各守其性者地守堅性不應動水守濕性不應波火守熱性不應燄風守動性不應持失本性故則是不實不實故空請觀音經云地無堅性水性不住火從緣生風性無礙一一皆入如實之際又心亦不定善惡互奪彊熟業牽識論云心意識一法異名對數名心能生名意分別名識又前起爲心次起爲意後了爲識或此世心雖行善先世惡業熟既與時合即受惡報故爲熟業所牽或一生心雖行惡臨終時善心猛盛即隨善上升故爲彊業所牽以知世間無一法定有自體但隨緣轉念念不可得故不可定執一門而生取捨既一一法無體用不自在念念不可得則悉入如實之際於實際中名義俱息如四眼入佛眼十智入實智皆失名字如物投蜜似川會海一一異味無不甘鹹如萬法歸宗鏡之中同遵一道問隨境各立六識之名此依五色根未自在說於自在位如何分別答若自在位中則諸根互用如法華明鼻根即能見色觀心等論云若得自在諸根互用一根發識緣一切境但可隨根無相濫

失乃至佛地經說成所作智決擇有情心行差別起三業化作四記等若不徧緣無此能故釋云三業化合有十種佛地經說身化有三一現神通化二現受生化三現業果化語化亦有三一慶慰語化二方便語化三辯物語化意化有四一決擇意化二造作意化三發起意化四領受意化領受化中四記者一謂一向記二分別記三反問記四默置記已上六識之相總成三業之門未轉依中隨流徇境發雜染之種結生死之根唯起蓋纏但縈苦集背清淨之覺性合界處之妄塵立三有之垣牆作四流之波浪至轉依

位冥眞返流隨智慧行成無漏善道諦所攝正理相應現妙觀察心決四生之疑網爲成所作智起三輪之化原若也究之於心塵勞爲菩提之妙用失之於旨常樂作生滅之苦輪故知染淨非他得喪在我似手反覆如人醉醒何者反亦是手覆亦是手要且反時非覆時覆時非反時然俱不離手醉亦是人醒亦是人要且醉時非醒時醒時非醉時然不離醉有醒亦不即醉是醒如迷亦是心悟亦是心要且迷時非悟時悟時非迷時然迷悟非別即時節有異唯在般若轉變臨時一體匪移千差自別迷之枉遭沈沒念

念成凡悟之本自圓明心心證聖問一切諸法皆藉緣生八識之中各具幾緣成立答眼具九緣一空緣謂空疎無物障礙於前境故謂無障礙引發生起能緣識故又離中知故二明緣謂光明離暗相故分明顯了開闢引導能緣識故三根緣謂自眼根爲所依故四境緣與能緣識爲所緣故牽生引發能緣識故五作意緣發作心意能生起故於心種位警令生現於現行位引心至境六根本緣謂第八識與其眼等識而爲根株作元本故與前七識爲所依故七染淨緣謂第七識與前六皆爲染淨所依故八分別緣

謂第六識分明了別於前境故九種子緣謂眼識種子能生現故亦名親辦自果緣親實建辦自識現行名爲自果若耳識緣徑直之聲唯具前八緣除前明緣設於暗中亦能聞故若鼻舌身三識緣香味觸時唯具七緣除前空明二緣此三是合中知故不假空緣若第六意識緣一切境時唯具五緣一根本二根緣三作意四種子五境緣除空明分別染淨四緣又第六意識四種中若定夢獨散此二即具五緣若明了意隨前五識或七八九等具緣多少故若第七識有漏位中緣第八見分爲我之時唯具三緣一根本

緣即第八識二作意三種子若第八識緣種子根身器世間時唯具四緣一境緣即前三境二根緣即第七識三種子四作意若加等無間緣於前八識上更各添一緣眼即具十緣等問八識於三界中總具否答不具古釋云八識於三界九地具有無者欲界一地具有八種識色界初禪一地只有六識無鼻舌二識從二禪已上乃至無色界已來唯有後三識無前五識欲界人天鬼畜四趣皆具八識就地獄趣中無間獄無前五識唯有後三識或兼無第六已居極重悶位故問如何是諸識偏計有無答古德云五八識

無執以因緣變故唯現量夫爲執者必須彊思計度等有執也唯第六第七有偏計分別故卽六七二識有執也又四句一徧而非計卽第六獨頭意識徧緣一切不計執故二計而非偏卽第七識唯緣賴耶起計度故三亦偏亦計第六識因中有周偏計度四非計非偏卽五識唯緣五塵無計度故前五識任運證境不帶名言唯現量故第八亦然

宗鏡錄卷五十五

音釋

噏（許及切與吸同） 鴦崛魔（梵語也此云指鬘） 徇（私閏切從也）

宗鏡録卷五十六

宋慧日永明妙圓正修智覺禪師延壽集

夫三能變中已論八識今依經論更有多門舒則無邊卷唯一道經中又明有九種識以兼識性故或以第八染淨別開故言九識非是依他體有九亦非體類別有九識九識者以第八染淨別開爲二以有漏爲染無漏爲淨前七識不分染淨以俱是轉識攝故第八旣非轉識獨開爲二謂染與淨合前七種故成九識問以何經論證有九識答楞伽經說頌云由虛妄分別是則有識生八九識種種如海泉波浪又金

剛三昧經云爾時無住菩薩而白佛言世尊以何利轉而轉衆生一切情識入菴摩羅佛言諸佛如來常以一覺而轉諸識入菴摩羅何以故一切衆生本覺常以一覺覺諸衆生令彼衆生皆得本覺覺諸情識空寂無生何以故決定本性本無有動論釋云一切情識則是八識菴摩羅者是第九識古德云一切唯心造者然其佛果契心則佛亦心造謂四智菩提是淨八識之所造故若取根本卽淨第八若依眞諦三藏此佛淨識稱爲第九名阿摩羅識唐三藏云此翻無垢是第八異熟謂成佛時轉第八成無別第九若依密嚴文具說之經云心有八識或復有九又云如來淸淨藏亦名無垢智卽同眞諦所立第九以出障故不同異熟爲九有又眞諦所翻決定藏論九識品云第九阿摩羅識三藏釋云阿摩羅識有二種一者所緣卽是眞如二者本覺卽眞如智能緣卽不空藏所緣卽空如來藏若據通論此二並以眞如爲體華嚴論明解深密經說九識爲純淨無染識如瀑流水生多波浪諸波浪等以水爲依五六七八等皆以阿陀那識爲依故又云如是菩薩雖由法住智爲依止爲建立故此經意令於識處便明識體本唯眞智故

如彼瀑流不離水體而生波浪又如明鏡依彼淨體無所分別含多影像不礙有而常無故如是自心所現識相不離本體無作淨智所現影相都無自他內外等執任用隨智無所分別又經云阿陀那識甚深細深細者引彼凡流就識成智不同二乘及漸始菩薩破相成空不同凡夫繫而實有不同彼故不空不有何法不空爲智能隨緣照機利物故何法不有爲智正隨緣時無性相故無生住滅故華嚴經則不然但彰本身本法界一眞之根本智佛體用故混眞性相法報之海直爲上上根人頓示佛果德一眞法界

本智以爲開示悟入之門不論隨妄而生識等如法華經以佛智慧示悟衆生使得清淨出現於世故不爲餘乘若二若三今宗鏡大意亦同此說但先標諸識次第權門然後會同眞智然不卽識亦不離識但見唯識實性之時方鑒斯旨似寶鏡普臨衆像若海印頓現森羅萬法同時更無前後又釋摩訶衍論云凡集一代聖說中異說契經總有十種識一者立一種識總攝諸識此中有四一者立一切一心識總攝諸識所謂以一心識徧於二種自在無所不安立故一心法契經中作如是說爾時文殊師利承佛威神

之力卽白佛言世尊說幾種識體相云何當願爲我分別開示爾時世尊告文殊言善哉善哉文殊師利爲諸大衆當問此事諦聽諦聽善思念之我當爲汝分別解說於是文殊白佛言善哉世尊願欲樂聞佛告文殊言我唯建立一種識所餘之識非建立焉所以者何一種識者多一一識此識有種種力能作一切種種名字而唯一識終無餘法是故我說建立一種識所餘之識非建立焉二者立阿賴耶識總攝諸識所謂以阿賴耶識具足障礙義無障礙義無所不攝故阿賴耶識契經中作如是說爾時觀自在菩薩

卽白佛言世尊云何名爲通達總相識以何義故名爲總相佛告觀自在菩薩言通達總相識者卽是阿賴耶識此識有礙事及非礙事具一切法備一切法譬如大海爲水波等作總相名以此義故名爲總相故三者立末那識總攝諸識所謂以末那識具足十一種義無所不攝故顯了契經中作如是說種種心識雖有無量唯末那轉無有餘法所以者何是末那識具足十一義無所不作故總攝餘諸種識四者立一意識總攝諸識所謂以意識有七種轉變自在隨能作其事故七化契經中作如是說譬如幻師唯是

一人以幻術力變化七人愚人見之謂有七人而智者見唯有一人無餘七人意識幻師亦復如是唯是一識能作七事凡夫謂之有七事而覺者見唯有意識無餘七事故是名建立同一種識四種契經中作如是說二者立二種識總攝諸識一者阿賴耶識二者意識阿賴耶識者總舉業轉現三識故意識者總舉七種轉識故楞伽經中作如是說大慧廣說有八種識略說有二種一者了別識二者分別事識乃至廣說故三者立三種識總攝諸識一者阿賴耶識二者末那識三者意識阿賴耶識者總舉三相識故末

那識者直意根故意識者總舉六種轉識故慈雲契經中作如是說復次敬首廣說有十種識總說有三種識一者細相性識二者根相性識三者分離識乃至廣說四者立四種識總攝諸識謂前三中加一心識故無相契經中作如是說識法雖無量不出四種識一者所依本一識二者能依持藏識三者意持識四者偏分別識乃至廣說故五者立五種識總攝諸識謂前四中加隨順偏轉識故大無量契經中作如是說復次有識非彼彼識攝偏於彼彼識所謂隨順轉識故六者立六種識總攝諸識所爲眼等五種別

識及第六意識故四聖諦契經中作如是說佛告樹王我爲小根諸衆生故以密意趣作如是說但有六識無有餘識而實本意爲欲令知六種識中具一切識於大衆中作如是唱故七者立七種識總攝諸識謂前六識加末那識故法門契經中作如是說復次文殊師利識法有七種所謂六識身及末那識如是七識或一時轉或前後轉復次第七識有殊勝力故或時造作持藏之用或時造作分別之依故八者立八種識總攝諸識謂前七中加阿賴耶識故道智契經中作如是說心王有八一者眼識心王乃至八者

異熟執識心王種種識法不出此數故九者立九種識總攝諸識謂前八中加菴摩羅識故金剛三昧契經中作如是說爾時無住菩薩而白佛言世尊以何利轉而轉衆生一切情識入菴摩羅佛言諸佛如來常以一覺而轉諸識入菴摩羅故十者立十種識總攝諸識謂前九中加一切一心識故法門契經中作如是說心量雖無量而不出十識又攝大乘論明十一種識由本識能變異作十一識本識即是十一識種子分別是識性識性何所分別分別無爲有故言虛妄分別爲因虛妄爲果以此分別性攝一切種子

盡諸識差別有十一身識身者識受者識應受識正受識世識數識處識言說識自他差別識善惡兩道生死識身識至言說等九識因言說熏習種子生自他差別識因我見熏習種子生善惡兩道生死識因有支熏習種子生身識謂眼等五界身者識謂染汙識受者識謂意界應受識謂色等六外界正受識謂六識界世識謂生死相續不斷識數識謂從一至阿僧祇處識謂器世間言說識謂見聞覺知又欲顯虛妄分別但以依他性爲體相虛妄分別即是亂識變異略有四種識一似塵識二似根識三似我識四似

識識若不定明一切法唯有識眞實性不得顯現又
大乘起信論說三細識六麤相三細相者論云復次
依於覺故而有不覺生三種相不相捨離一無明業
相以依不覺心動爲業覺則不動動則有苦果不離
因故二能見相以依心動能見境界不動則無見三
境界相以依能見妄境相現離見則無境以有虛妄
境界緣故復生六動相一智相謂緣境界生愛非愛
心二相續相謂依於智苦樂覺念相應不斷三執著
相謂依苦樂覺念相續而生執著四執名等相謂依
執著分別名等諸安立相五起業相謂依執名等起

於種種諸差別業六業繫苦相謂依業受苦不得自
在是故當知一切染法悉無有相皆因無明而生起
故古釋云初無明爲因生三細識後境界爲緣生六
麤相以依無明成妄心依妄心起無明三細相者初
業相依不覺心動心動名業業有二種一動作故是
業義故云依不覺故心動名業覺則不動得始覺時
則無動念是知念動只由不覺也動則有苦如得寂
靜無念之時是涅槃妙樂故知念動則有生死苦患
此動念極微細是精動隱流之義緣起一相能所不
分當阿賴耶識自體分也如無相論問此識相何境

界答相及境界不可分別一體無異當知此約賴耶
業相義說也心王念法不分能所故次約本識見相
二分爲二也能見相卽是轉相依前業相轉成能見
故言以依動故能見若依性靜門卽無能見故云不
動卽無見反顯能見心必依動義如是轉相雖有能
緣以境界微細故猶未辯之如攝論云此識緣境不
可知故既所緣不可知則約能緣以明本識轉相義
也三境界相則是現識依前轉相能顯境界故云依
見故境界妄現楞伽經云譬如明鏡持諸色像現識
處現亦復如是此之現相當在本識此三細起並由

根本無明動本靜心成此三細後以境界爲緣生六
種麤相則分別事識也如楞伽偈云境界風所動起
種種識浪問三細屬賴耶六麤屬意識何故不說末
那答有二義一前既說賴耶末那必執相應故不別
說瑜伽云賴耶識起必第二識相應故又由意識緣
外境時必內依末那爲染汙根方得生起是故隨說
六麤必自依末那故亦不必說二以義不便故略不
說之不便相者以無明住地動本靜心令心起和合
成賴耶末那既無此義故前三細中略不說又由外
境牽起事識末那無此緣外境義故六麤中亦略不

說亦可計內爲我屬前三細計外爲我所屬後六麤故略不論也楞伽亦同此說彼經云大慧略有三義廣說八相何等爲三謂眞識現識分別事識卽是六麤又顯識論但說二種識彼論云一切三界但唯有識識有二種一顯識卽是本識此本識轉作五塵四大等二分別識卽是意識於顯識中分別作人天長短大小男女諸物等分別一切法譬如依鏡影色得起如是緣顯識分別色得起又轉識能迴轉造作無量識法或轉作根或轉作塵轉作我轉作識如此種種不同唯識所作或於自於他互相隨逐於自則轉

爲五陰於他則轉爲怨親中人一一識中皆具能所能分別是識所分別是境能卽依他性所卽分別性由如此義離識之外無別境但唯有識又轉識論明所緣識轉有二種一轉爲衆生二轉爲法一切所緣不出此二此二實無但是識轉作二相貌也次明能緣識有三種一果報識卽是阿賴耶識二執識卽是阿陀那識三塵識卽是六識果報識者爲煩惱業所引故名果報亦名本識一切有爲法種子所依止亦名宅識一切種子之所栖處亦名藏識一切種子隱伏之處又此阿賴耶識與五種心所法相應一觸二

作意三受四思惟五想以根塵識三事和合生觸心恆動行名爲作意受但是捨受思惟籌量可行不可行令心成邪成正名爲思惟作意如馬行思惟如騎者馬但直行不能避就是非由騎者故令其離非就是思惟亦爾能令作意離漫行也此識及心法但是自性無記念念恆流如水流浪本識如流五法如浪乃至羅漢果此流浪法亦猶未滅是名第一本識依緣此識有第二執識此識以執著爲體卽末那與四惑相應此識名有覆無記亦有五種觸等心所法相應前細此麤此識及相應法至羅漢位究竟滅盡及

入無心定亦皆滅盡是名第二識第三塵識者識轉似塵更成六種體通三性與十種徧行別境心所法相應及十善惡并大小隨具三種受五識於第六意識及本識執識於此三識中隨因緣或時俱起或次第起以作意爲因外塵爲緣故識得起若先作意欲取色聲二塵後則眼耳二識一時俱起而得二塵若作意欲至某處著色聽聲取香後亦一時三識俱起得三塵乃至一時具五識俱起亦爾或前後次第而起唯起一識但得一塵皆隨因緣是故不同也如是七識於阿賴耶識中盡相應起如衆影像俱現鏡中

亦如眾浪同集一水。乃至如此識轉不離二義。一能分別二所分別所分別既無能分別亦無無境可取識不得生。以是義故唯識義得成何者立唯識義意本爲遣境遣心。今境界既無唯識又泯。卽是說唯識義成也已上能緣三種識亦是三能變。又楞伽經云。有三種識謂眞識現識及分別事識譬如明鏡持諸色像現識處現亦復如是不思議熏不思議變是現識因取種種塵及無始妄想熏是分別事識因又諸識有三種相謂轉相業相眞相乃至譬如泥團微塵非異非不異。金莊嚴具亦復如是。大慧若泥團微塵

異者非彼所成而實彼成是故不異若不異者則泥團微塵應無分別。如是大慧轉識藏識眞相若異者藏識非因若不異者轉識滅藏識亦應滅而自眞相實不滅是故大慧非自眞相識滅但業相滅若自眞相滅者藏識則滅大慧藏識滅者不異外道斷見論議大慧彼諸外道作如是論謂攝受境界滅識流注亦滅若識流注滅者無始流注應斷釋云。入楞伽經直明自眞相本覺之心不藉妄緣性自神解名自眞相是依異義門說。又隨無明風作生滅時神解之性與本不異。故亦得名爲自眞相是依不異義門說。又

識有二種生謂流注生及相生所言眞識是根本無明所熏本覺眞心現識是阿賴耶識分別事識是意識經云。妙嚴菩薩白佛言世尊麤相意識細相意識以何爲因以何爲緣佛言如是麤細意識以現鏡識而爲其因以六塵境爲緣相續而轉故又三細中麤是現識七識中麤是意識第六意識分別六塵必依末那爲所依根意識是能依末那是所依略三細識麤有八相又麤分意識細分末那楞伽經偈云譬如巨海浪斯由猛風起洪波鼓溟壑無有斷絕時藏識海常住境界風所動種種諸識浪騰躍而轉生青赤

種種色珂乳及石蜜淡味眾華果日月與光明非異非不異海水起波浪七識亦如是心俱和合生譬如海水變種種波浪轉七識亦如是心俱和合生爲彼藏識處種種諸識轉謂以彼意識思惟諸相義不壞相有八無相亦無相釋論云依此經文作解釋故起六相文今此經文爲明何義謂欲顯示現識之海性自常住爲彼六塵境界之風所飄動故此七種識現識之體以爲內因六塵境界以爲外緣興盛六種麤重相故如經譬如巨海浪斯由猛風起洪波鼓溟壑無有斷絕時藏識海常住境界風所動種種諸識浪

騰躍而轉生。云何名爲境界之風。其風形狀當如何耶。謂青黃等種種顯色能起眼識。寶珂等珠出現種種勝妙音聲能起耳識。檀乳等香熏布種種芬芳香氣能起鼻識。木羅石密等諸安觸著和種種善美樂具能起身識。甘淡等味隨其所應出種種味能起舌識。現在之華。未來之果種種法塵隨爲彼識所緣境界能起意識。今此文中舉塵取識應審觀察彼末那識。卽是意微細分位無別體耳。如是六塵能動心體令使散亂。譬如猛風。故名爲風。如經青赤種種色珂乳及石蜜淡味眾華果。如是七識及與藏識同耶異

耶。非同非異。離二邊故。譬如日與光明。水與波浪。非同非異。七識藏識非同非異義亦復如是。如經日月與光明。非異非不異。海水起波浪。七識亦如是。心俱和合生。如是七識從何處所來入藏識作七種數流轉起動無斷絕時。如是七轉識。不從內來。不從外來。不從中間來。唯藏識體變作七識。譬如海水變作波浪。如經譬如海水變種種波浪轉。七識亦如是。心俱和合生。謂彼藏識處種種諸識轉。謂以彼意識思惟諸相義。如是現識及七轉識八種心識。唯有生滅無常相耶。亦有實相常住相耶。如是八識從無始來。三

際不動。四相不遷。眞實常住。自性清淨。不壞之相具足圓滿。無所闕失。而如是等一切功德同法界故。無有二相。無二相故。唯是一相。唯一相故。亦是無相。皆以無相故。無相亦無相。如經不壞相有八。無相亦無相。此楞伽經凡明幾識。卽有二門。一者略說門。二者廣說門。如是二門中。三本各異說。謂一本分流楞伽中作如是說。大慧。略說有三種識。廣說有二相。何等爲三。謂眞識。現識。分別事識。又一本分流楞伽中作如是說。大慧。廣說有八種。略說有二種。何等爲二。一者了別識。二者分別事識。又一本分流楞伽中作如

是說。大慧。略說有四種。廣說有七種識。云何爲四。業識。轉識。現識。分別事識。如是三經。直是眞說。當應歸依。初契經中第一眞識。直是根本無明所熏本覺眞心。第二現識。直是現相阿賴耶識。第三分別事識。直是意識。麤分意識。細分卽末那。故中契經中作如是說。第一了別識。直是現相阿賴耶識。第二分別事識。直是意識。義如前說。同說末那。後契經中四種識法。文相明故。且略不說。言七識者。末那意識。總爲一故。麤細雖別。唯一識故。法界法輪契經中作如是說。第六意識。分別六塵境界時。中必依末那爲所依根。方

得生起是故意識當是能依彼末那識當是所依也又華嚴論云世尊於南海中楞伽山說法其山高峻下瞰大海傍無門戶得神通者堪能昇往乃表心地法門無心無證者方能昇也下瞰大海表其心海本自清淨因境風所轉識浪波動欲明達境心空海亦自寂心境俱寂事無不照猶如大海無風日月森羅煥然明白此經意直爲根熟頓說種子業識爲如來藏異彼二乘滅識趣寂者故亦爲異彼般若修空菩薩空增勝者故直明識體本性全眞便明識體卽成智用如彼大海無風卽境像便明心海法門亦復如

是了眞卽識成智此經異彼深密經意別立九識接引初根漸令留惑長大菩提故不令其心植種於空亦不令心猶如敗種解深密經乃是入惑之初門楞伽維摩直示惑之本實楞伽卽明八識爲如來藏淨名卽觀身實相觀佛亦然淨名與楞伽同深密經文與此二部少別當知入胎出胎少年老年乃至資生住處若色若空若性若相皆是自識唯佛能知如顯識論云四有者從識支至六歲是生有從七歲已上能分別生熟起貪至未捨命是業有死有者唯一念中有卽中陰就業有中六識起三種業善不善不動

等三業有爲有分識所攝持六識自謝滅由有分識攝持力用在問曰何故立有分識一期生中常緣一境若生人天此識見樓觀等事報若起六識用麤覆障則不覺此識用若生惡道此識但緣火車等報若起六識用强則不覺此識緣也若欲界六識緣欲界凡夫不能覺乃至無色亦然若無色諸識滅此有分識用則顯如賴耶及意識也是以諸教同詮圓證非一又如入楞伽經云大慧復有餘外道見色有因妄想執著形相長短見虛空無形相分劑見諸色相異於虛空有其分劑大慧虛空卽是色以色大入虛空

故大慧色卽是虛空依此法有彼法依彼法有此法故以依色分別虛空依虛空分別色故大慧四大種性自相各別不住虛空而四大中非無虛空大慧兔角亦如是因牛角有言兔角無大慧又彼牛角析爲微塵分別微塵相不可得見彼何等何等法有何等何等法無而言有耶無耶若如是觀餘法亦然大慧汝當應離兔角牛角虛空色異妄想見等大慧汝亦應爲諸菩薩說離兔角等相大慧汝應當知自心所見虛妄分別之相大慧汝當於諸佛國土中爲諸佛子說汝自心現見一切虛妄境界爾時世尊重說偈

言色於心中無心依境見有內識眾生見身資生住處心意與意識自性及五法二種無我淨如來如是說長短有無等展轉互相生以無故成有以有故成無分別微塵體不起色妄想但心安住處惡見不能淨非妄智境界聲聞亦不知如來之所說自覺之境界攝大乘論云又此識皆唯有識都無義故此中以何為喻顯示應知夢等為喻顯示謂如夢中都無其義獨唯有識雖種種色聲香味觸舍林地山似義影現而於此中都無有義由此喻顯應隨了知一切時處皆唯有識夫從心現境結業受生不出三細六麤

九相之法如石壁釋云唯一夢心喻如有一人忽然睡著作夢見種種事起心分別念念無間於其違順深生取著為善為惡是親是疎於善於親則種種惠利於惡於疎則種種陵損或有報恩受樂或有報怨受苦忽然覺來上事都遣如有一人者即眞如一心也忽然睡著者即不覺無明忽起也作夢者最初三細業識相也見者第二轉識相也種種事者第三現識相也起心分別者最初六麤境智相也念念無間者第二相續相也於其違順深生取著者第三執取相也為善為惡是親是疎者第四計名字相也於善於惡得損益者第五起業相也受苦樂報者業繫苦相也忽然覺來上事都遣者即覺唯心得入宗鏡故云佛者覺也如睡夢覺如蓮華開

宗鏡錄卷五十六終

音釋

溟壑 溟壑海也 瞰苦紺切俯視也

宗鏡錄卷五十七

宋慧日永明妙圓正修智覺禪師延壽集

夫楞伽經所明三種識謂眞識現識及分別事識此中三識於八識中如何分別答眞謂本覺現謂第八餘七俱名分別事識雖第七識不緣外塵緣第八故名分別事眞謂本覺者即八識之性經中有明九識於八識外立九識名即是眞識若約性收亦不離八識以性徧一切處故問但說賴耶等八識俗諦已顯云何說十一種識又究竟指歸唯一眞實性復云何說廣略等諸識答因相顯性非無所以攝末歸本自

有端由攝大乘論云若不定明一切法唯有識眞實性則不得顯現若不具說十一識說俗諦不盡若止說前五識唯得俗諦根本不得俗諦差別義若說俗諦不徧眞識則不明了眞不明了則遣俗不盡是故具說十一識通攝俗諦是以了俗無性即達眞空眞空雖空而不壞相俗有雖有恆常體虛是知隨緣非有之眞諦恆不異事而顯現寂滅非無之俗諦恆不異眞而成立上來所引二識三識八識九識十一識等不出一心宗所以楞伽經云一切諸度門佛心爲第一又云佛語心爲宗無門爲法門所言宗者謂心實處約其眞心之性隨其義開體用二門即同起信立心眞如門心生滅門眞如是體生滅是用然諸識不出體用二心一體心是寂滅心即九識體二用心是生滅心即前八識用體用隱顯說爲二心以用即體故生滅即不生滅以體即用故不生滅即生滅以生滅無性用而不多以寂滅隨緣體而非一非多非一體用常冥而一而多體用恆現識性是體識相是用體用互成皆歸宗鏡唯識疏鈔云識性識相無不歸心心王心所皆名唯識者謂圓成實性是識性依他起性是識相皆不離心也或可諸無爲法名識性

得等分位色等所變是識相皆不離心也識之相應名心所識之自性名心王心王最勝稱之爲主攝所從心名歸心攝得等分位兼色等所變歸於見分等名泯相性相不相離總名唯識也問境不離識識不離境者何祇云唯識不名唯境答雖互相生境從識變然古釋境由心分別方生由心生故名唯識識不由境分別生不由境故不可名唯境問心是境家增上緣境假心生名唯識境是心家所緣緣心假境生應名唯境答離心執境是虛妄爲遮妄心名唯識悟心無我出沈淪不約二緣名唯境又有境無境皆是

自心。其心悉生。一若緣有境生心者。卽是自識相分。一切實境。不離能緣之心。於自識外實無其境。二若緣無境生心者。如獨生散意緣過去未來空華兔角一切無法時。心亦起故。如百法鈔云。舊云緣無不生慮不正。問何以不正。答如緣空華兔角一切無法時心亦起故。何以言緣無不生慮耶。故知有獨影境內心相分。此相分望見分。亦成所緣緣義。若無內心相分。其心卽不生。唐三藏云。境非眞慮起證知唯有識雖徧計所執相雖卽非眞。而不無內心相分能牽生心故。由此四句分別。一無影有質。其心不生。二有影

無質。其心得生。三影質俱有。心生可知。四影質俱無。心亦得起。卽根本智證眞如是。唯識論云。有境牽生心。若眞理為境。能牽生智心。若俗諦為境。能牽生識心。則未有無心境。曾無無境心。問八識之中。約因位初地已去。幾識成無漏。答古德釋云。唯六七二識成無漏。六卽第六識初地門中二十二心所成妙觀察智。七卽第七識二十二心所成平等性智。此二智品相應。俱離障染。故名無漏。若五八等識。定是有漏。問云何第六得成無漏耶。答謂初地入無漏心時。斷分別二障種現習氣。故無漏。問第六能斷惑。斷惑成無

漏。第七不能斷惑。何故亦成無漏。答謂第七識是第六所依根。第六是能依識。能依識既成無漏。第七所依亦成無漏。謂第六入生法二空觀時。第七識中俱生我法二執現行伏令不起。故第七成無漏。問何故第八是有漏耶。答第八是總報主。持種受熏。若因中便成無漏。卽一切有漏雜染種子皆散失。故卽便成佛。何用更二劫修行耶。問前五既非是總報主。何故不成無漏。答前五根是第八親相分。能變第八既是有漏。所變五根亦有漏。五根是所依。尚有漏。能依五識亦成有漏也。如上依經論分別諸識開合不同。皆

依體用。約體則無差。而差以全用之體不礙用。故約用則差而無差。以全體之用不失體。故如舉海成波不失海。舉波成海不礙波。非有非無。方窮識性。不一不異。可究心原。如古德云。約諸識門雖一多不定。皆是體用緣起本末相收。本者九識。末者五識。從本向末寂而常用。從末向本用而常寂。寂而常用故。靜而不結。用而常寂故。動而不亂。靜而不結故。眞如是緣起。動而不亂故。緣起是眞如。眞如是緣起故。無涅槃不生死。卽八九為六七。緣起是眞如故。無生死不涅槃。卽六七為八九。無生死不涅槃。故法界皆生死。無

涅槃不生死故法界皆涅槃法界皆涅槃故生死非
雜亂法界皆生死故涅槃非寂靜生死非雜亂衆生
卽是佛涅槃非寂靜佛卽是衆生是以法界違故說
涅槃是生死卽理隨情用法界順故說生死是涅槃
卽情隨理用如此明時說情非理外理非情外情非
理外故所以卽實說六七爲八九實者體也理非情
外故所以卽假說八九爲六七假者用也以假實無
礙故人法俱空以體用無礙故空無可空人法俱空
故說絕待空無可空故言妙用如斯說者亦是排情
之言論其至實者不可以名相得至極者不可以二

諦辯不可以名相得故非言像能詮不可以二諦辯
故非有無能說故云至理無言賢聖默然言語道斷
心行處滅正可以神會不可以心求問覺海澄源一
心湛寂云何最初起諸識浪答雖云識浪起處無從
無始無生能窮識性只謂不覺忽爾念生猶若澄瀾
欻然風起不出不入洶涌之洪浪滔天非內非外顛
倒之狂心徧境起信論云以不知眞法一故心不相
應忽然念動名爲無明此是現根本無明最極微細
未有能所王數差別故云不相應非同心王心所相
應也唯此無明爲染法之原最極微細更無染法能

爲此本故云忽然念起也無明之前無別有法爲始
集之本故云無始則是忽然義非約時節以說忽然
而起無初故也又釋摩訶衍論云不如實知眞如法
一故不覺心起者卽是顯示根本不覺之起因緣根
本不覺何因緣故得起而有因不如故得起而有何
等法中而不如耶謂三法中而不如故言不如者當
有何義謂違逆義故云何三法一者實知一法二者
眞如一法三者一心一法是名爲三實知法者謂一
切覺卽能達智眞如法者謂平等理卽所達境一心
法者謂一法界卽所依體於此三法皆違逆故無明

元起是故說言謂不如實知眞如法一故不覺心起
彼三種法皆守一中終不離故通名一又論云以無
明熏力不覺心動最初成其業識因此業識復生轉
識等論釋云最初不覺稱爲第一業相能見所見無
有差別心王念法不可分析唯有精動隱流之義故
名爲業如是動流只由不覺第二轉相以業相念爲
所依故轉作能緣流成了相第三現相以了別轉爲
所依戲論境界具足現前所緣相分圓滿安布依此
見分現彼相分又動相者動爲業識理極微細謂本
覺心因無明風舉體微動微動之相未能外緣卽不

覺故謂從本覺有不覺生卽爲業相喩如海微波從靜微動而未從此轉移本處轉相者假無明力資助業相轉成能緣有能見用向外面起卽名轉相雖有轉相而未能現五塵所緣境相喩如海波浪假於風力兼資微動從此擊波轉移而起現相者從轉相而成現相方有色塵山河大地器世間等仁王般若經云爾時世尊告波斯匿王汝先問云復以何相而住觀察菩薩摩訶薩應如是觀以幻化身而見幻化正住平等無有彼我如是觀察化利衆生然諸有情於久遠劫初刹那識異於木石生得染淨各自能爲無

量無數染淨識本從初刹那不可說劫乃至金剛終一刹那有不可說不可說識生諸有情色心二法色名色蘊心名四蘊皆積聚性隱覆眞實古釋云初刹那識異於木石者有說初識隨於何趣續生位中最初刹那第八識也識有緣慮異於木石有說初識如楞伽經云諸識有三種相謂轉相業相眞相言眞相者本覺眞心不藉妄緣名自眞相業相者根本無明起靜令動動爲業識極微細故轉相者是能見相依前業相轉成能緣雖有能緣而未能顯所緣境故現相者卽境界相依前轉相能現境故又云頓分別知

自心現身及身安立受用境界如次卽是根身外器色等五境以一切時任運現故此是三細卽本識故最初業識卽爲初依生起門爲次第故又遠劫來時無初始過未無體熏習唯心妄念爲初違眞起故又從靜起動名之爲業從內趣外名之爲轉眞如之性不可增減名爲眞相亦名眞識此眞識卽業轉現等三性卽神解性不同虛空通名識亦名自相不藉他成故亦名智相覺照性故所以云本覺眞心不藉妄緣以眞心之體卽是本覺非動轉相是覺性故又釋云初刹那識異於木石者謂一念識有覺受故異於

木石卽顯前念中有末心所見赤白二穢卽同外器木石種類此識生時攬彼爲身故異木石問遠劫無始何名初識耶答過去未來無體刹那熏習唯屬現在現在正起妄念之時妄念違眞名爲初識非是過去有識創起名爲初識也故知橫該一切處豎通無量時皆是卽今現在一心更無別理所以法華經云我觀久遠猶若今日則三世情消契無時之正軌一眞道現證唯識之圓宗問經明初刹那識異於木石生得染淨各自能爲無量無數染淨識本從初刹那不可說劫乃至金剛終一刹那有不可說不可說識

生諸有情色心二法者則有染有淨有生有滅此識約生滅門中有幾種生滅答眞門順性妙合無生世相隨緣似分起盡楞伽經云大慧菩薩摩訶薩白佛言世尊諸識有幾種生住滅佛告大慧諸識有二種生住滅非思量所知謂流注生住滅相生住滅古釋云言流注者唯目第八三相微隱種現不斷名爲流注由無明緣初起業識故說爲生相續長劫故名爲住到金剛定等覺一念斷本無明名流注滅相生住滅者謂餘七識心境麤顯故名爲相雖七緣八望六爲細具有四惑亦云麤故依彼現識自種諸境緣合生

七說爲相生長劫熏習名爲相住從末向本漸伏及斷至七地滿名爲相滅依前生滅立迷悟依依後生滅立染淨依後短前長事分二別卽是流注生住滅相生住滅是以海水得風變作波濤之相心水遇境密成流注之生前波引後波鼓滄溟而不絕新念續舊念騰心海以常興從此汨亂澄源昏沈覺海是知因眞起妄不覺無明之動搖如從水成波全是外風之鼓擊內外和合因緣發萠遂成能見之心便現所觀之境因照而俄生智鑑因智而分別姸媸從此取捨情分愛憎心變於五塵境執著堅牢向六情根相續不斷因玆愛河浪底沈溺無憂欲火燄中焚燒罔懼甘心受黑城之極苦不覺不知沒命貪夢宅之浮榮難惺難悟若能了最初一念起滅何從頓入無生復本眞覺則塵塵寂滅六趣之籠檻難羈念念虛玄九結之網羅休絆猶如巨海風息不起微漣察動相之本空見緣生之無體則窮源濕性湛爾淸泠萬像森羅煥然明白所以賢劫定意經云了一切空是曰一心問宗鏡搜玄云何說識答只爲識性幽玄難窮本末唯佛能了下位莫知以無跡無形爲萬有之本唯深唯妙作衆聖之原如菩薩處胎經五道尋識品

云爾時世尊將欲示現識所趣向道識俗識有爲識無爲識有漏識無漏識華識果識報識無報識天識龍識鬼神阿脩羅迦樓羅緊那羅摩睺羅伽人非人識上至二十八天識下至無救地獄識爾時世尊卽於胎中現勾鎖骸骨徧滿三千大千世界佛告阿祈陀能別此骸骨識耶對曰不別何以故未得通徹行力未至佛告彌勒菩薩汝此天中未得神通耶彌勒白佛言有成就者有不成就者佛告彌勒汝觀勾鎖骸骨令一切衆知識所趣分別決了令無疑滯爾時彌勒菩薩卽從座起手執金剛七寶神杖攬勾鎖骸

骨聽彼骨聲卽白佛言此人命終瞋恚結多識墮龍
中次復攬骨此人前身十善行具得生天上次復攬
骨此人前身破戒犯律生地獄中如是攬骨有漏無
漏有爲無爲從二十八天下至無救地獄知識所趣
善惡果報白黑行報有一全身舍利無有缺減爾時
彌勒以杖攬之推尋此識了不知處如是三攬前白
佛言此人神識了不可知將非如來入涅槃耶佛告
彌勒汝紹佛位於當來世當得作佛成無上道何以
攬舍利而不知識處耶彌勒白佛言佛不思議不可
限量非我等境界所能籌量今有狐疑唯願世尊當

解說之五道神識盡能得知彼善惡所趣不敢有疑
於如來所今此舍利無有缺減願說此識令我等知
佛告彌勒過去未來現在諸佛舍利流布非汝等境
界所能分別何以故此舍利卽是吾舍利何能尋究
如來神識今當與汝分別如來上中下識至薩芸然
各各不同初住菩薩未立根德力唯得神通二住菩
薩以天眼觀知識所趣退不退地亦復觀見欲界色
界無色界者或復觀見生東方無數恆河沙佛剎供
養諸佛奉律無礙亦復知彼受記劫數一劫二劫乃
至百千億劫或有菩薩於三住地觀見舍利知識所

趣於有餘涅槃無餘涅槃然復不見四住所行識所
趣向四住菩薩見一見二三住識法然復不見五住
舍利識法所趣乃至唯佛知佛神識所念又偈云識
神無形法五大以爲家分別善惡行去就別眞僞識
示善道處永到安隱道識爲第六王餘大最不如問
心識二名有何勝劣答心是如來藏心眞如之性識
是心之所生無有一法不從眞心性起故首楞嚴經
云諸法所生唯心所現心是本卽勝識是依卽劣如
圓覺疏云生法本無一切唯識識如幻夢但是一心
問設使識無其體云何得是心乎答以識本是心所

成故故識無體則是一心何異境從識生攝境歸識
若通而論之則本是一心心變爲識識變諸境由是
攝境歸識攝識歸心也問前已廣明識相如何是智
答分別是識無分別是智如大寶積經云佛言所言
識者謂能了別眼所知色耳所知聲鼻所知香舌所
知味身所知觸意所知法是名爲識所言智者於內
寂靜不行於外唯依於智不於一法而生分別及種
種分別是名爲智又舍利弗從境界生是名爲識從
作意生是名爲識從分別生是名爲識無取無執無
有所緣無所了別無有分別是名爲智又舍利弗所

言識者住有為法。何以故。無為法中識不能行。若能了達無為之法。是名為智。又月燈三昧經偈云。不寂者是想。寂滅者是智。若知想自性。便離於諸想。若有想可遣。是則還有想。彼行想戲論。是人不離想。若人作是心。是想誰所起。是想誰能證。誰能滅是想。起想之法者。諸佛莫能得。卽於此處有。無我離取著。若其心不生。何由得起想。若心得解脫。彼則無由起。若證於解脫。心則不思議。心不思議故。成就不思議。我本作是念。安住心地已。棄捨一切心。願成不思議。白淨法果報。覩見於無為。一念能了知。一切衆生念。衆生

卽是心。心卽是如來。諸佛不思議。顯了於此心。問。心王妙義。八識眞原。顯正理以圓明。據聖教為定量。理事齊舉。已斷纖疑。心所之門。如何開演。答。此申第二心所有法。此心所六位。都有五十一法。徧行有五。別境有五。善有十一。根本煩惱有六。隨煩惱有二十。不定有四。徧行者。徧四一切。四一切者。一性一切者。卽三性。一善。二不善。三無記性等。二地一切者。卽九地。一欲界五趣地。色界四禪四地。無色界四界四地。三時一切者。時卽同一剎那時也。此作意等五心所。皆同時起。故名時一切。四俱一切者。俱卽徧諸心等。與

八識俱意云。此作意等五徧行。與八識心王俱起時。必有同時相應五數。又如八識俱起時。皆有徧行五數。故名俱一切。卽四一切。是所行所徧。觸等五數。是能行能徧。徧者是圓義。行者是遊履義。緣境義。但取見分能緣四一切。不取內二分。內二分但互相緣。卽不能外緣一切。又若別境欲等五數。有行非徧。行是能緣。徧是所緣。卽所樂等四境。以四境不能令能緣欲等所徧緣。故名有行非徧。應以四句分別。一是行非徧。卽別境。二是徧非行。卽眞如。三俱句。卽徧行。四俱非。卽色等。顯揚論云。心所有法者。謂若法從阿賴

耶種子所生。依心所起。與心俱轉相應。彼復云何。謂徧行有五。一作意者。謂能警心為性。於所緣境引心為業。問。作意為在種位能警心。為在現行能警心。答。在種位能警心。以作意自性明利。雖在種位。若有境至。而能警心心所種。令生起現。舉喻。如多人同一室宿。外邊有賊來時。衆中有一人為性少睡。便能警覺餘人。此人雖自身未起。而能警覺餘人令起。亦如內心相分。雖與見分同起。法爾有能牽心功能。令作意亦爾。其作意種子。既警彼諸心心所種。生現行已。作意現行。又能引心現行。令趣前境。卽此作意有二功

能。一心未起時能警令起。二若起已能引令趣境。初是體性。後是業用。二觸。謂根境識三事和合。分別爲體。受依爲業。又卽三和是因。觸是其果。令心心所觸境爲性。受想思等所依爲業。觸若不生時。餘受一心所亦不能生。和合一切心及心所。令同觸前境。是觸自性也。卽諸心所緣境時。皆是觸功能自性也。卽此觸似彼三和。與受等爲所依。是觸之業用也。三受。領納爲體。愛緣爲業。四想。謂名句文身熏習爲緣。取相爲體。發言議爲業。又想能安立自境分劑。若心起時無此想者。應不能取境分劑相。於境取像爲性。施設

種種名言爲業。種種名言。皆由於想。是想功能。五思。謂念心造作。一切善惡總別報爲思體。於善品等役心爲業。觸等五法。心起必有。故是偏行。餘非偏行。別境有五。欲等不偏心故。以四境別。名爲別境也。一欲。謂於所樂境。希望爲體。勤依爲業。又於一切事欲觀察者有希望故。若不欲觀。隨因境勢任運緣者。卽全無欲。由斯理趣。欲非偏行。二勝解。謂於決定境。如其所應印解爲體。不可引轉爲業。又謂邪正等教理證力。於所取境審決印持。由此異緣不能引轉。故猶豫境勝解全無。非審決心亦無勝解。非偏行攝。三念。謂

於慣習境。令心明記不忘爲體。等持所依爲業。又於曾未受體類境中。令不起念。設曾所受。不能明記。念亦不生。故念必非偏行所攝。念與定爲所依爲業用。能生正定故。言定依爲業。四定。亦云等持。謂於所觀境。專注一緣爲體。令心不散。智依爲業。又由定令心專注不散。依斯便有決擇智生。若不繫心專注境位。便無定起。故非偏行。五慧。謂於所觀境。簡擇爲體。斷疑爲業。又於非觀境。愚昧心中。無簡擇故。非偏行攝。此別境五。隨位有無。所緣能緣。非定俱故。善有十一。一信。謂於有體有德有能。心淨爲體。斷不信障。能得

菩提資糧圓滿爲業。又識論云。信以心淨爲性。此性澄淸。能淨心等。以心勝故。立心淨名。如水淸珠。能淸濁水。釋云。唯信是能淨。餘善等皆所淨。故以心王爲主。但言心淨。不言心所。水喻心等。淸珠喻信體。以投珠故。濁水便淸。以有信故。其心遂淨。二慙。謂依自增上及法增上。羞恥過惡爲體。斷無慙障爲業。三愧。謂依世增上。羞恥過惡爲體。斷無愧障爲業。四無貪。謂於有有具。厭離無執。不藏不愛無著爲體。能斷貪障爲業。五無瞋。謂於諸有情。心無損害。慈愍爲體。能斷瞋障爲業。六無癡。謂正了眞實爲體。能斷癡障爲業。

七精進謂心勇無墮不自輕賤爲體斷懈怠障爲業八輕安謂遠離麤重身心調暢爲體斷麤重障爲業九不放逸謂總攝無貪瞋癡精進爲體斷放逸障爲業十捨謂總攝無貪瞋癡爲體依此捨故得心平等得心正直心無發動斷發動障爲業十一不害謂由不惱害諸有情故悲哀惻愴愍物爲體能斷害障爲業根本煩惱有六一貪謂於五取蘊愛樂覆藏保著爲體損害自他能趣惡道爲業二瞋謂於有情欲與損害爲體能障無瞋爲業三慢謂以他劣已計我爲勝令心高舉爲體能障無慢爲業四無明謂不正了

眞實爲體能障正了爲業五邪見謂五見爲體一薩迦邪見謂於五取蘊計我我所染汙慧爲體能障無我無顛倒解爲業二邊執見謂於五取蘊執計斷常染汙慧爲體能障無常無顛倒解爲業三邪見謂謗因果染汙慧爲體唯分別起能障正見爲業四見取謂於前三見及見所依蘊計最勝上及與第一染汙慧爲體唯分別起能障苦及不淨無顛倒解爲業五戒禁取謂於前諸見及見所依蘊計爲淸淨解脫出離染汙慧爲體唯分別起能障如前無顛倒解爲業釋云薩迦邪見者此翻身見也見取者論又云一切鬬諍所依爲業此於諸見及所依蘊執爲最勝能得涅槃淸淨法是見取由此各各互執爲勝諸見等故一切外道鬬諍因斯而起戒禁取者又云無利勤苦所依爲業謂依諸見所受戒說此戒爲勝及能得涅槃由此戒故一切外道受持拔髮等無利勤苦六疑謂於諸諦猶豫不決爲體唯分別起能障無疑爲業問此十煩惱何識相應答第八藏識全無第七末那有四第六意識具十前五識唯三古釋云五識但三以無分別故無慢等慢等必由有隨念計度分別生故又由慢於稱量門起劣勝負故疑猶豫簡擇門起

見推求門起故五識無此等行相故七識具我癡等四煩惱猶具審決故疑無容起由愛著我瞋不得生無一心王中有二慧故餘見不生隨煩惱有二十釋論云唯是煩惱分位差別等流性故名隨煩惱此二十種類別有三謂忿等十各別起故名小隨煩惱無慚等二徧不善故名中隨煩惱掉舉等八徧染心故名大隨煩惱一忿謂於現在違緣令心憤發爲體能障無瞋爲業二恨謂於過去違緣結怨不捨爲體能障無瞋爲業三覆謂於過犯若他諫誨若不諫誨祕所作惡爲體能障發露悔過爲業四惱謂於過犯若

他諫誨便發麤言心暴不忍爲體能障善友爲業五嫉謂於他所有功德名譽心妬不悅爲體能障仁慈爲業六慳謂積聚悋著爲體障無貪爲業七誑謂惑亂於他現不實事心詭爲體能障愛敬爲業八諂爲欺彼故詐現恭順心曲爲體能障愛敬爲業九憍謂恃世間興盛等心恃高舉無所忌憚爲體能障厭離爲業十害謂逼惱有情無悲無愍無哀無憐無惻爲體能障不害爲業十一無慚謂不恥過惡爲體能障慚爲業十二無愧謂於世增上不恥過惡爲體能障愧爲業十三惛沈謂令心懵重爲體能障毗鉢舍那

爲業十四掉舉謂依不正尋求心不寂靜爲體能障奢摩他爲業十五不信謂於有體有德有能心不淨信爲體障信爲業十六懈怠謂心不勉勵爲體能障發起正勤爲業十七放逸謂總貪瞋癡懈怠爲體障不放逸爲業十八失念謂染汙不記爲體障不妄念爲業十九散亂謂於所修善心不喜樂爲依止故馳散外緣爲體能障等持爲業二十不正知謂於三業不正了住染汙慧爲體能障正知爲業

宗鏡録卷五十七終

音釋

汨古沒切濁也　媸赤脂切醜也　薩芸然梵語也此云一切智　忿憤並房吻切

奢摩他梵語也此云止

宗鏡録卷五十八

宋慧日永明妙圓正修智覺禪師延壽集

夫不定有四。悔眠尋伺。於善染等皆不定故。非如觸等定徧心故。非如欲等定徧地故。立不定名。一惡作。謂於已作未作善不善事。若染不染悵怏追變爲體。能障奢摩他爲業。又識論稱悔。此即於果假立因名。先惡所作業後方追悔故。二睡眠。謂略攝於心不自在轉爲體。能障毗鉢舍那爲業。三尋。謂或時由思於法造作。或時由慧於法推求。散行外境。令心麤轉爲體。障心內淨爲業。四伺。謂從阿賴耶識種子所生依

心所。造與心俱轉相應。於所尋法略行外境。令心細轉爲體。障心內淨爲業。釋云。尋即淺推。伺即深度。尋於麤發言。伺則細發語。識論云。四不定者。於善染等皆不定故。釋云。一解顯不定義。此於界性識等皆不定故。二解簡前信等貪等。此通三性。性不定故。如上根隨煩惱過患尤深。開惡趣門。障菩提道。如瑜伽論云。煩惱差別者。多種差別。應知。謂結縛隨眠隨煩惱纏瀑流軛取繫蓋株杌垢常害箭所有根惡行漏匱燒惱有諍火熾然稠林拘礙。如是等類煩惱差別。當知此中能和合苦。故名爲結。令於善行不隨所欲。故名爲縛。一切世間增上種子之所隨逐。故名隨眠。倒染心故。名隨煩惱。數起現行。故名爲纏。深難渡故。順流漂故。名爲瀑流。邪行方便。故名爲軛。能取自身相續不絶。故名爲取。難可解脫。故名爲繫。覆真實義。故名爲蓋。壞善稼田。故名株杌。自性染汙。故名爲垢。常能爲害。故名爲常害。不靜相故。遠所隨故。名爲箭。能攝依事。故名所有。不善所依。故名爲根。邪行自性。故名惡行。流動其心。故名爲漏。能令受用無有厭足。故名爲匱。能令所欲常有匱乏。故名爲燒。能引衰損。故名爲惱。能爲鬬訟諍競之因。故名有諍。燒所積集諸

善根薪。故名爲火。如大熱病。故名熾然。種種自身大樹聚集。故名稠林。能令衆生樂著種種妙欲塵。故能障證得出世法。故名爲拘礙。諸如是等煩惱差別。乃至煩惱過患者。當知諸煩惱有無量過患。謂煩惱起時。先惱亂其心。次於所緣發起顚倒。令諸隨眠皆得堅固。令等流行相續而轉。能引自害。能引他害。能引俱害。生現法罪。生後法罪。生俱法罪。令受彼生身心憂苦。能引生等種種大苦。能令相續遠涅槃樂。能令退失諸勝善法。能令貪財衰損散失。能令入衆不得無畏悚懼無威。能令鄙惡名稱流布十方。常爲智者

所訶毀令臨終時生大憂悔令身壞已墮諸惡趣生那落迦中令不證得自勝義利如是等過無量無邊如上所作煩惱生諸過患皆從最初一念無明心起何謂無明以不知前境本空妄生對待唯是自心分別以忿恨風吹心識火自燒自害曾不覺知不了唯心第一義諦故曰無明癡暗所纏空生空死大智度論云復次一切法性皆空無所有汝所瞋因緣亦皆虛誑無定汝云何以虛誑事故瞋罵加害乃至奪命起此重罪業故墮三惡道受無量苦汝莫以虛誑無實事故而受大罪如山中有一佛圖彼中有一別房

房中有鬼來恐惱道人故諸道人皆捨房而去有一客僧來維那處分令住此房而語之言此房中有鬼神喜惱人能住中者住客僧自以持戒力多聞故言小鬼何所能我能伏之即入房住暮更有一僧來求住處維那亦令在此房住亦語有鬼惱人其人亦言小鬼何所能我當伏之先入者閉戶端坐待鬼後來者夜暗打門求入先入者謂為是鬼不為開戶後來者極力打門在內道人以力拒之外者得勝排門得入內者打之外者亦極力熱打至明旦相見乃是故舊同學各相愧謝眾人雲集笑而怪之眾生亦如是

五眾無我無人空取相致鬬諍若支解在地但有骨肉無人無我是故菩薩語眾生言汝莫於根本空中鬬諍作罪鬬諍故人身尚不可得何況值佛又云一切煩惱雖是過去業因緣無明是根本乃至若知先一世無明業因緣則億萬世可知譬如現在火熱過去未來火亦如是復次菩薩求無明體即是明所謂諸法實相名為實際觀諸法如幻如化眾生顛倒因緣故起諸煩惱作惡罪業輪轉五道受生死苦譬如蠶出絲自纏縛入沸湯火炙凡夫眾生亦如是初生時未有諸煩惱後自生貪欲瞋恚等諸煩惱是煩惱

因緣故覆真智慧轉身受地獄火燒湯煮菩薩知是法本末皆空但眾生顛倒錯故受如是苦菩薩於此眾生起大悲心欲破是顛倒故求於實法行般若波羅蜜通達實際種種因緣教化眾生令住實際是故住實際無咎釋曰如了今世無明業是心則能通達過去未來一切善惡諸業悉是自心如一火性熱則一切火皆熱既實知已終不更將手觸爐燒手故若如實知今現在一塵一念悉是自心終不更故起心貪取前境慮失宗故所以寶藏論云一切如幻其幻不實知幻是幻守真抱一如是則智燈常照業海自

枯究竟住於無過咎眞唯識性之實際於實際中不見有一法若生若滅若合若散所以寂調音所問經云寂調音天子言文殊師利爲有煩惱故調伏爲無煩惱故調伏文殊師利言天子喻如有夢爲毒蛇所螫此人爲苦所逼卽於夢中而服解藥以服藥故毒氣得除天子於意云何此人實爲所螫否耶天子言不也文殊師利言彼毒實爲除否耶天子言文殊師利如實不被螫除亦如是文殊師利言天子一切賢聖調伏亦復如是天子汝作是言爲有煩惱故調伏無故調伏者天子如我與無我有煩惱無煩惱亦復

如是乃至一切法無我以無主故一切法無主與虛空等故一切法無來無所依故一切法無去無窠窟故一切法無住無所安立故一切法無安立生卽滅故一切法無爲以無漏故一切法無受究竟調伏故大莊嚴法門經云文殊師利見此大衆於金色女無染心已問金色女言汝今煩惱置在何處令諸王子乃至居士等不生染心金色女言一切煩惱及衆生煩惱皆住智慧解脫之岸如如法界平等法中彼諸煩惱非有生非有滅亦不安置如中觀論偈云染法染者一一法云何合染法染者異異法云何合古釋

煩惱爲能染衆生是所染一卽能所不成異卽如同水火俱無合義止觀云若一念煩惱心起具十法界百法不相妨礙雖多不有雖一不無多不積一不散多不異一不同多卽一一卽多亦如初燈與暗共住如是明暗不相妨礙亦不相破如是了達煩惱性空則四種瀑流唯正法行日之能竭七重慢阜因平等慧風之所摧能害所害俱消自縛他縛同解逢緣猶蓮華上之水歷事若虛空中之風一切時中常居宗鏡見萬法無異如太虛空因分別識生名色影現分別不起名色本虛向性空地中美惡平等如大智度

論云譬如除宮殿及諸陋廬如燒栴檀及雜木其處虛空無有異色及薩婆若等諸法求其實皆如是故淨名疏云但除其病不除其法者卽是明其去取也有師解言如人眼病見空中華眼病差時卽無華可除衆生亦爾妄見諸法但除妄惑妄惑若滅則無法可除此是本無法義何謂不除法也今言一切衆生悉具十法界法無明不了觸處病生若有智慧無礙自在悉爲佛事譬如火是燒法若觸燒痛謹愼不觸卽是除病不可除火若除此火則失溫身照闇成食之能十二因緣三道之法亦爾此有去取法不同除

也。又火能燒人。得法術者。出入無礙。不須除火也。故八萬四千煩惱。凡夫為之受惱。諸佛菩薩以為佛事也。亦如治眼之法。去病不得損睛珠也。經言。為斷病本而教導者。此正明化物也。病本卽是一念無明取相。故華嚴經云。三界無別法。唯是一心作。今謂唯是一念無明取相心作也。此卽三界生死之病本也。若知無明不起。取有卽畢。故不造新。卽是斷病本也。是知一念之心。旣名病本。亦是道原。執實成非。了空無過。悟在剎那。更無前後。如志公和尙道體不二歌云。衆生不解修道。便欲遣除煩惱。不知煩惱本空。將道

更欲覓道。一念之心卽是。何須別處追討。大道皎在目前。迷倒愚人不了。佛性天眞自然。亦無因緣修造。不識三毒虛假。妄執沈淪生老。昔日迷時謂晚。今日始覺非早。第三色法。色有十五種。一地有二種。一內。二外。內謂各別身內眼等五根。及彼居處之所依止。堅硬所攝。有執受性。復有增上積集。所謂髮毛爪齒皮肉筋骨等。是內地體。形段受用為業。外謂各別身外色等五境之所依止。堅硬所攝。非執受性。復有增上積集。所謂礫石丘山等。是外地體。形段受用為業。又依持資養為業。二水亦二種。一內。二外。內謂各別

身內眼等五根。及彼居處之所依止。濕潤所攝。有執受性。復有增上積集。所謂洟淚涎汗等。是內水體。潤澤聚集受用為業。外為各別身外色等五境之所依止。濕潤所攝。非執受性。復有增上積集。所謂泉源谿沼等。是外水體。依治受用資養為業。三火亦二。一內。二外。內謂各別身內眼等五根。及彼居處之所依止。煖熱所攝。有執受性。復有增上積集。所謂能令有情徧溫增熱。又能消化飲噉。是內火體。成熟和合受用為業。外謂各別身外色等五境之所依止。煖熱所攝。非執受性。復有增上積集。所謂炎燎村城。或鑽木擊

石種種求之。是外火體。變壞受用。對治資養為業。四風亦二種。一內。二外。內謂各別身內眼等五根。及彼居處之所依止。輕動所攝。有執受性。復有增上積集。所謂上下橫行。入出氣息等。是內風體。動作事受用為業。外謂各別身外色等五境之所依止。輕動所攝。非執受性。復有增上積集。所謂摧破山崖。偃拔林木等。彼旣散壞。無依故靜。若求風者。動衣搖扇。其不動搖。無緣故息。如是等。是外風體。依持受用。對治資養為業。五眼謂一切種子阿賴耶識之所執受。四大所造色為境界。緣色境識之所依止。淨色為體。色蘊所

攝無見有對性六耳七鼻八舌九身亦爾此中差別
者謂各行自境緣自境之所依止十色謂眼所行境
眼識所緣四大所造色蘊所攝有見有對性十一聲
謂耳所行境耳識所緣四大所造可聞音爲體色蘊
所攝無見有對性十二香謂鼻所行境鼻識所緣四
大所造可齅物爲體色蘊所攝無見有對性十三味
謂舌所行境舌識所緣四大所造可嘗物爲體色蘊
所攝無見有對性十四觸謂身所行境身識所緣四
大所造可觸物爲體色蘊所攝無見有對性十五法
處所攝色謂一切時意所行境色蘊所攝無見無對

性又百法明色有十一種所謂五根六境五根者阿
毗達摩論云以造色爲體一能造即四大地水火風
二所造即四微色香味觸六境者一色有三十一顯
色有十三一青二黃三赤四白五光六影七明八暗
九雲十煙十一塵十二霧十三空一顯色形色有十
一長二短三方四圓五麤六細七高八下九正十不
正表色有八一取二捨三屈四伸五行六住七坐八
臥法處色有五一極迥色二極略色三定自在所生
色四受所引色五偏計所執色五根色以能造爲體
法處境中以極迥極略爲體徧計所執受所引色等

四色非是造色無體性故是假非實又除青黃赤白
四色是實長短二十七種皆是假四實色上立故以
相形立故二聲有十一種一因執受大種聲因者假
藉之義即藉彼第八識執受四大所發之聲即血脈
流注聲等是也即內四大有情作聲皆是執受故二
因不執受大種聲外四大聲是三因執受不執受大
種聲如外四大種親造彼聲即手是內四大種親造
果聲外四大種但爲助緣共造一聲四世所共成聲
世間言教書籍陰陽等名共成聲仁義禮智信等五
成所引聲或成所作智所引言教即唯如來六可意

聲情所樂欲七不可意聲情不樂欲八俱相違聲非
樂非不樂名俱相違聲九徧計所執聲謂外道所立
言教十聖言量所攝聲十一非聖言量所攝聲三香
有六一好約情說隨自識變稱已心等方名好香二
惡三平等非好非惡四俱生沈檀等與質俱起五和
合衆香等成一香六變異未熟無香之時名變異四
味有十二一苦二酸三甘四辛五鹹六淡七可意謂
稱情故八不可意謂不稱情九俱相違上二相反十
俱生與質同有十一和合衆味聚集十二變異成熟
後味異於前五觸有二十六一地二水三火四風五

滑六澀七輕八重九輭十緩十一急十二冷十三飢十四渴十五飽十六力十七劣十八悶十九癢二十黏二十一病二十二老二十三死二十四疲二十五息二十六勇前四地水火風是實餘二十二依四大差別建立是假問色法有幾義答有四義百法云一識所依色唯屬五根二識所緣色唯屬六境三總相而言質礙名色四別相而言略有二種一者有對若准有宗極微所成大乘卽用能造色成二者無對非極微成卽法處所攝色如上地水火風一切色法因緣似有體用俱虛何者自體他體皆悉性空能緣所

緣俱無有力以自因他立他因自生他是自他自是他自互成互奪定性俱無又能因所成所從能立能無有力則入所所無有力則入能互攝互資悉假施設緣會似有緣散還無以唯識所持終歸空性如大智度論云復次地若常是堅相不應捨其相如凝酥蠟蜜樹膠融則捨其堅相墮濕相中金銀銅鐵等亦爾如水爲濕相寒則轉爲堅相如是等種種悉皆捨相復次諸論師輩有能令無無能令有諸賢聖人及坐禪人能令地作水水作地如是等諸法皆可轉相以無定體故隨緣變現不可執有執無違於法性第

四不相應行法有二十四不相應行者相應者和順義如心王心所得等非能緣故不與心心所相應名不相應又得等非質礙義不與色相應又有生滅不與無爲相應爲揀四位法故名不相應一得謂諸行種子所攝自在生起相續差別性又雜集論云謂於善不善無記法若增若減假立獲得成就善不善無記法者顯依處若增若減者顯自體何以故由有增故說名成就上品信等由有減故說名成就下品信等二無想定謂已離淨欲未離上地欲由於無想天起出離想雜集論云於不恆行心心所滅假立無想

定不恆行者轉識所攝滅者謂定心所引不恆現行諸心心所暫時間滅三滅盡定謂已離無所有處欲或入非想非非想處定又云欲超過有頂作止息想作意爲先故於不恆行諸心心所及恆行一分心心所滅假立滅盡定此中所以不言未離上欲者爲顯離有頂欲阿羅漢等亦得此定故一分恆行者謂染汙意所攝四無想天謂於此間得無想定由此後生無想有情天中於不恆行心心所滅假立無想異熟五命根謂於衆同分先業所感住時決定假立壽命衆同分者於一生中諸蘊相續住持決定者剎爾所

時令衆同分常得安住或經百年千年等由業所引功能差別又依業所引第八識種令色心不斷名爲命根六衆同分謂如是如是有情於種種類自體相似假立衆同分七異生性謂行自相發起性又由二障種各趣差別八生謂於衆同分諸行本無今有性假立爲生九異謂於衆同分諸行相續變異性假立爲異亦名爲老十住謂於衆同分諸行相續不變壞性假立爲住十一無常謂於衆同分諸行自相生後滅壞性假立無常相十二名身謂於諸法自性增言假立名身十三句身謂於諸法差別增言假立句身

十四文身謂於彼前二文句所依諸字假立文身十五流轉謂於因果相續不斷假立流轉十六定異謂於因果種種差別假立定異十七相應謂諸行因果相稱性十八勢速謂諸行流轉迅疾性十九次第謂諸行一一次第流轉性二十時謂諸行展轉新新生滅性二十一方謂諸色行徧分劑性二十二數謂諸行等各別相續體相流轉性二十三和合謂諸行緣會性二十四不和合謂諸行緣乖性此不相應行雖不與心王心所色法無爲等四位相應然皆是心之分位亦不離心變及出唯識眞性約一期行相分別

故爾如廣百論云自心分別所見境界卽是自心但隨衆緣諸行種熟自心變作種種分位自心所變無實體相何爲精勤安立異法但應信受諸法唯心問一心妙旨八識眞原有爲門中已明王所無爲法內如何指陳答此申第五無爲法有爲無爲皆一心變起故又不出一心性故問有爲無爲各有幾種一一行相如何分別答有爲畧有三種無爲畧有六種初有爲極成之法不過三種識論云一現所知法如色心等二現受用法如瓶衣等如是二法世共知有不待因成三有作用法如眼耳等由彼彼用證知是有

釋云如色心等者卽是五識身他心智境謂色等五塵及心心所此約總聚不別分別此何識境現量所知非境所知如瓶衣等者此雖現見受用而非現量所緣是假法故但是現世而受用物問此中緣瓶等心是何量攝答非量收不親緣得法自體故非比度故非量所收如眼耳等者此五色根非現量得亦非現世人所有知此眼耳等各由彼彼有發識用比知是有言證知者證成道理也以現見果比有因故果謂所生心心所法比量知有諸淨色根此非現量他心智知然今大乘第八識境亦現量得佛智緣時亦

現量得。除佛已外。共許爲論。非世共悉。是故但言比知是有。次約諸經論。有六種無爲。百法云。一。虛空無爲者。離一切色心諸法障礙。所顯眞理。名爲虛空無爲。虛空有三。一。識變虛空。卽第六識上作解心。變起虛空相分故。二。法性虛空。卽眞如體上離諸障礙故。名爲虛空。三。事虛空。卽所見頑空是也。二。擇滅無爲。由無漏智起簡擇滅諸障染所顯眞如理故。三。非擇滅無爲。有法不由擇力起無漏智簡擇而本性淨。卽自性清淨涅槃是也。卽眞如本性離諸障染。不由起智斷惑。本體淨故。四。不動無爲。第四禪離八患三災。

證得不動無爲。五。想受滅無爲。從第四禪已上。至無所有處已來。捨受不行。幷麤想亦無。顯得眞如。名想受滅無爲。六。眞如無爲。有二。一。約對得名。謂眞如理對事得名。二。簡法者。卽眞如簡徧計離於生滅也。出體者。大乘但約心變相分。假說有虛空故。非是離心外有空也。若說本質無爲者。卽不離於識變有也。問。若說識變相分。說是無爲者。卽是相狀之相隨識而爲。何成無爲耶。答。此說是識變。假說是無爲。其實非是無爲。無爲是常住法故。今此依無爲體者。但取隨識獨影相分爲體。以前後相似。無有變易。唯有一類

空等相。故假說無爲。此六無爲。地前菩薩識變。卽是有漏。若地上後得智變。卽無漏。若依法性出體者。五種無爲。皆是眞如。眞如體外。更無別出。六種無爲。各皆依眞如實德也。問。如何聖教說眞如實耶。答。今言有者。不是眞如名實有。但說有。卽是遣惡取空故說有。體是妙有眞空故。言非空非有。問。如何聖教說眞空爲空耶。答。謂破執眞如心外實有。故說爲空。卽空其情執。卽不空其眞如空也。又識論云。然諸契經說有虛空等諸無爲法。略有二種。一。依識變假施設有。謂曾聞說虛空等名。隨分別有虛空等相。數習力故。

心等生時。似虛空等無爲相現。此所現相。前後相似。無有變易。假說爲常。二。依法性假施設有。謂空無我所顯眞如。有無俱非。心言路絕。與一切法非一異等。是法眞理。故名法性。離諸障礙。故名虛空。由簡擇力。滅諸雜染。究竟證會。故名擇滅。不由擇力。本性清淨。或緣闕所顯。故名非擇滅。苦樂受滅。故名不動。想受不行。名想受滅。此五皆依眞如假立。眞如亦是假施設名。釋云。一。依識變假施設有者。此無本質。唯心所變。如極微等。變似空等相現。此皆變境而緣故也。眞如亦是假施設者。眞如約詮。而詮體是一。此五無爲。

依眞如上假名空等而眞如體非如非不如故眞如名亦是假立而食油蟲等不稱彼體唯言顯故譬如有蟲名曰食油實非食油假名食油不稱體故眞如亦爾又釋摩訶衍論云無爲有四一眞如無爲二本覺無爲三始覺無爲四虛空無爲有爲法有五種一者根本無明有爲二者生相有爲三者住相有爲四者異相有爲五者滅相有爲是名爲五且四無爲者以何爲體有何等用頌曰依各有二種所謂通及別如體用亦爾隨釋應觀察論云眞如無爲有二所依一者通所依非有爲非無爲一心本法以爲體故二

者別所依生滅門內寂靜理法以爲體故本覺無爲有二所依一者通所依非有爲非無爲一心本法以爲體故二者別所依生滅門內自然本智以爲體故始覺無爲有二所依一者通所依非有爲非無爲一心本法以爲體故二者別所依生滅門內隨他起智以爲體故虛空無爲有二所依一者通所依非有爲非無爲一心本法以爲體故二者別所依生滅門內無所有事以爲體故復次眞如無爲有二種用一者通用一切諸法令出生故二者別用平等之性令不失故本覺無爲有二種用一者通用不守自性故二者別用不轉變故始覺無爲有二種用一者通用隨妄轉故二者別用對治自過故虛空無爲有二種用一者通用欲有令有故二者別用空無之性令不失故是名二用此中所說通謂他義別謂自義五種有爲以何爲體有何等用頌曰依各有二種所謂通及別如體用亦爾隨釋應觀察論曰根本無明有二種依一者通所依非有爲非無爲一心本法以爲體故二者別所依生滅門內大力住地以爲體故生相有爲有二種依一者通所依非有爲非無爲一心本法以爲體故二者別所依生滅門內細分染法以爲體

故住相有二種依一者通所依非有爲非無爲一心本法以爲體故二者別所依生滅門內麤分染法以爲體故異相滅相二種通依別依如前住相有爲所說無別復次根本無明有爲有二種用一者通用能生一切諸染法故二者別用隨所至處作礙事故生相有爲有二種用一者通用於上中下與其力故二者別用隨所至處作礙事故如說生相住異亦爾滅相有爲有二種用一者通用於上及自與其力故二者別用能作礙事故是名二用以何義故作如是說有爲無爲一切諸法通以一心而爲其體於道智契

經中作如是說爾時文殊師利白佛言世尊阿賴耶識具一切法過於恆沙過於恆沙如是諸法以誰爲本生於何處佛言如是有爲無爲一切諸法生處殊勝不可思議何以故於非有爲非無爲處是有爲是無爲法而能生故文殊又白佛言世尊云何名爲非有爲非無爲處佛言非有爲非無爲處者所謂一心本法非有爲故能作有爲非無爲故能作無爲是故我言生處殊勝不可思議復次善男子譬如庶子有二所依一者大王二者父母有爲無爲一切諸法亦復如是各有二依謂通達依及支分依復次善男子

譬如一切草木有二所依一者大地二者種子有爲無爲一切諸法亦復如是各有二依謂通達依及支分依乃至廣說不生不滅與生滅和合者即是開示能熏所熏之差別故云何開示所謂顯示染淨諸法有力無力互有勝劣故今當作二門分明顯說一者下轉門二者上轉門生滅門中不出此二如是二門云何差別頌曰諸染法有力諸淨法無力背本下下轉名爲下轉門諸淨法有力諸染法無力向原上上轉名爲上轉門論曰由染淨諸法互有勝劣故二種轉門得成而已今當先說初下轉門根本無明以何

等法而爲所熏於何時中而作熏事頌曰所熏有五種爲一法界心及四種無爲非初非中後取前中後故如契經分明說論曰根本無明以五種法而爲所熏謂一法界及四無爲熏一法界其相云何頌曰一種法界心有二種自在謂有爲無爲是根本無明依於初自在而能作熏事論曰一法界心有二種自在一者有爲自在能爲有爲法而作依止故二者無爲自在能爲無爲法而作依止故根本無明依初自在能作熏事非後自在中實契經中作如是說根本無明熏自所依分際之量非他所依故熏眞如法其相

云何頌曰眞如無爲法有二種作用所謂通及別如前決擇說是根本無明依於初作用而能作熏事餘無爲亦爾論曰眞如無爲有二種用謂通及別如前所說根本無明依初作用能作熏事非後作用如說眞如餘三無爲亦復如是皆依初作用非後用故作熏時量非初亦非中後取前中後故本智契經中作如是說大力無明作熏事時初及中後一時俱取而非別取故此中所說能熏所熏以何義故名言熏謂能引彼法而合自體不相捨離俱行俱轉故名能熏又能與彼法不作障礙若隨若順不違逆故名爲所

熏。謂五種有爲能熏四種無爲法。及一法界心。所熏五法隨來。而與五能熏共會和合。同事俱轉。是故說言。不生不滅。與生滅和合。如大無明。一心本法。爲通依故。依初自在作熏習事。四相有爲應如是知。如大無明。依四無爲通達作用。能作熏事。四相有爲。應如是知。

宗鏡錄卷五十八終

音釋

涹他計切　黏女廉切

宗鏡録卷五十九

宋慧日永明妙圓正修智覺禪師延壽集

夫有爲無爲二門爲當是一是異答非一非異非泯非存何者若是一者仁王經不應云諸菩薩等有爲功德無爲功德悉皆成就又維摩經云菩薩不盡有爲不住無爲等二義雙明豈是一耶若是異者般若經佛告善現不得離有爲說無爲不得離無爲說有爲豈成異耶若云俱泯者華嚴經云於有爲界示無爲之理不滅有爲之相於無爲界示有爲之法不壞無爲之性則有無性相無礙俱存若言俱存者如前

論云二依法性假施設有謂空無我所顯眞如有無俱非心言路絕則百非莫能惑四句不能詮非可以情謂有無唯應智超言像方達有爲無爲唯識之眞性矣如大智度論復次夫生滅法者若先有心後有生則心不待生何以故先已有心故若先有生則生無所生又生滅性相違生則不應有滅滅時不應有生以是故一時不可得異亦不可得是則無生若無生則無住滅若無生住滅則無心數法無心數法則無心不相應諸行色法色法無故無爲法亦無故何以故因有爲故有無爲若無有爲則亦無無爲是故不應言諸法有又勝思惟梵天所問經云有爲無爲之法文字言說有差別耳持世經云有爲法如實相即是無爲問心所具幾義立心所之門答古德釋云心所義有三一恆依心起二與心相應三繫屬於心心王緣總相如畫師作模心所通緣總別相如弟子於總相模中塡衆多彩色即心所與心王緣青如眼識心王緣青色境時是總相更不作多般行解心所緣別相者如五心所中作意以警心引心於別相等上便領納想像造作種種行相是通緣總別相問心王與心所爲同爲別答約俗則似同似別論眞則非

即非離識論云如是六位心所法爲離心體有別自性爲即是心分位差別設爾何失二俱有過若離心體有別自性如何聖教說唯有識又如何說心遠獨行染淨由心士夫六界莊嚴論說復云何通如彼頌言許心似二現如是似貪等或似於信等無別染善法若即是心分位差別如何聖教說心相應他性相應非自性故又如何說心與心所俱時而起如日與光瑜伽論說心所非即心故應說離心有別自性以心勝故說唯識等心所依心勢力生故說似彼現非彼即心又識心言亦攝心所恆相應故唯識等言及

現似彼皆無有失。此依世俗。若依勝義。心所與心非卽非離。諸識相望。應知亦然。是謂大乘眞俗妙理。攝論頌云。遠行及獨行。無身寐於窟。調其難調心。是名眞梵志。百法釋云。如來依意根處。說遠行及獨行也。隨無明意識。徧緣一切境。故名遠行。又諸心相續。一一轉故。無實主宰。名獨行也。無身者。卽心無形質故。寐於窟者。卽依附諸根。潛轉身內。名為寐於窟也。寐者藏也。卽心之所蘊在身中。此偈意謂破外道執有實我也。世尊云。但是心獨行。無別主宰。故言獨行也。又無始遊歷六塵境。故名遠行。無別心所。故名獨行。

明知無別心所也。士夫六界者。瑜伽云。佛說皆云四大空識能成有情。色動心三法最勝。為所依。色所依者。卽四大也。動所依者。卽空是也。謂內空界不取外者。由內身中有此空界故。所以有動。故為動依。心所依者。識是也。卽說六界能成有情。不言心所界也。釋云。許心似二現者。此中似言。似心外所計實二分等法。故名為似。無別染善法者。謂唯心變似見相二分。二分離心。無別有法。復言心變似貪信等。故貪信等離心之外。無別染善法。體卽心也。如二分故。應說離心有別自性。以心勝故。說唯識等者。旣說離心有所。

何故說唯識。心遠獨行。染淨由心。六界之中。唯說心者。以心勝故。說此唯識等。如何勝。總有四義。一。能為主。二。能為依。三。行相總。四。恆決定。非如心所等。有時不定。又若依第一體用顯現諦。卽心王為體。心所為用。卽體用不卽不離也。若依勝義。卽是因果差別諦。卽王所互為因果。法爾非離也。若依第三證得勝義諦。卽依詮顯者。若依能詮。依他起性說。非卽。若依所詮。二無我理說。卽王所非離。若第四勝義勝義諦。廢詮談旨。亦不言卽離也。卽一眞法界。離言絕相。卽王所道理。同歸一眞如。故問。心。心所。云何名假實。答。

從種生者名實。依他立者名假。心法唯是實有。心所之中。徧行別境。唯是實有。其餘諸法。或假或實。眞如無為。雖非自從種起。亦名為實。不依他故。或諸法名義俱假。唯眞如無為一種。名假體實。離言詮故。問。識論云。但說識。卽攝心所者。眞如與識。非如心所。何故不說。答。識實性故。識俱有故。不離識故。非我法依故。但說識。不說眞如。故知眞如卽識。識卽眞如。問。眞如卽識。識卽眞如。且眞如非識之所變現。何成唯識。答。雖非識變。識實性故。亦名唯識。眞如離言。與能計識非一非異。非如色等可依起執。故非執依。此中不說。

若遠望疎言亦可依執法末學者依起執故又眞如既非識所轉變應非唯識不以變故名爲唯識不離識故正名唯識問一百法中凡聖總具否答若凡夫位通約三界九地種子皆具一百法若諸佛果位唯具六十六法除根本煩惱六隨煩惱二十不定四不相應行中四共除三十四法問心攝一切云何但標五位百法之門答雖標百法以爲綱要此中五位次第已攝無盡法門不出於此何者百法云一明心法謂此八種心王有爲法中此最勝故世出世間無不由心造二明心所有法與此心王常相應故名相應

法望前心王此即是劣先勝後劣所以次明三色法心王等之所現影謂此色法不能自起要藉前二心王心所之變現故變不親緣故致影言或通本質前二能變此爲所變先能後所所以次明四不相應行謂此得等二十四法不能自起藉前三位差別假立前三是實此即是假先實後假所以次明五無爲法體性甚深若不約法以明無爲無由得顯故藉前四斷染成淨之所顯示前四有爲此即無爲先有後無所以後明又鈔中廣釋第一心法最勝故者華嚴經頌云心如工畫師能畫諸世間一切世間中無法而不造者此八識心王最勝猶如畫師能畫一切人天五趣形像乃至佛菩薩等形像然經中舉喻佛但取少分以畫師只畫得色蘊餘四蘊即不能畫法中若是八識即能通造得五蘊且如第六識相應不共無明及餘分別俱生惑等若造得地獄總別報業即自畫得地獄五蘊乃至若造得人天總別報業即自畫得人天形像若具修萬行獲得二轉依果即自畫得佛果形像故知一切世出世間五蘊皆是自第六識畫得不簡依報正報皆是心變所以心法獨稱最勝第二心所有法與此相應故者瑜伽論五義略辯相

應一時者所謂王所同時起二依者即王所同一所依根三緣者即王所同一所緣境四行者所謂王所三量行相俱同五事者即王所各有自證分體事第三色法二所現影故現者變也爲十一種色皆是心心所所變現故影謂影像是相似流類之義即此十一種色相分是本質之流類似於本質若無質者即似內心故言影也變不親緣故致影言者爲八識皆有變相分緣義且如前五識緣五塵境時須變影像緣第六緣十八界法亦變相分緣第七緣第八見分爲我時亦變相分緣若第八緣他人浮塵及定果色

幷界器時亦變相分緣相分望八識卽親所緣緣本質望八識卽疎所緣緣此上所說且望有質影者說若唯有相分無本質者卽第八緣自三境定意識緣自定果色是第四分位差別故者此得等二十四法卽依他前三位種現上假立第五顯示實性故卽五無爲如前已釋又第一八種心王是最勝能緣門第二心所有法與心相應是共勝同緣門第三色法心之影像是所緣境界門第四不相應法是分位建立門第五無爲法是顯示實性門如上勝劣顯現能所互成假實詮量有無隱顯等能彰無盡法門無盡法

門不出五位百法五位百法不出色心二法攝末歸本不出唯心一法矣問八識眞原萬法棲止約其體性都有幾種答經論通辯有三種性約能所染淨分別隨事說三縱有卷舒皆不離識性合則一體無異開則三相不同三相不同約用而行布一體無異就性以圓融行布乃隨義以施爲圓融則順性而冥寂若無行布無可圓融如無妄情不立眞智染淨既失二諦不成是以因妄辯眞在行相而須悉尋迹得本假因緣以發明斯三性法門收凡聖境界事無不盡理無不窮今言三性者約經論共立一偏計所執性

二依他起性三圓成實性偏計所執性者謂愚夫周偏計度所執蘊等實我實法名爲偏計性有二一自性總執諸法實有自性二差別別執取常無常等實有自體或依名偏計義如未識牛聞牛名便推度因何道理名之爲牛或依義偏計名或見物體不知其名便妄推度此物名何如未識牛共推度云爲鬼耶爲獸耶此諸偏計約體不出人法二體約執不出名義二種又一有偏非計如無漏諸心有漏善識能偏廣緣而非計執無漏諸心卽諸聖人無漏智慧了諸法空卽無法不偏都無計執名爲非計唯後得智有

漏善識卽地前菩薩雖有漏心中能作無我觀故亦能觀一切皆無有我亦是偏而非計二有計非偏如有漏第七識恆緣第八見分起我法二執從第六識入生空觀時第七識中猶尚緣第八見分起於法執故知計而非偏三亦偏亦計卽衆生染心四非偏非計卽有漏五識及第八賴耶各了自分境界不偏無計度隨念分別故非計也賴耶唯緣種子根身器世間三種境故尚不能緣前七現行故非偏非計有漏種子能持能緣無漏種子卽持而不緣況餘境耶又古德云衆生染心於依他起自性中當知有二種偏

計所執自性執。一者隨覺。卽現行執。二者慣習。習氣隨眠。卽執種子。依他起性者。依他衆緣和合生起。猶如幻事。名依他性。圓成實性者。一味眞如圓滿成就。問。如何是能徧計自性之理。答。準護法云。第六第七心品執我法者。是能徧計。唯說意識能徧計故。問。如何是所徧計自性之理。答。準攝論云。是依他起徧計心等所緣緣故。慈恩云。三性之中。是依他起。言所緣必是有法。徧計心等。以此爲緣。親相分者。必依他故。不以圓成而爲境也。謂不相似故。問。三性中徧計是妄想卽無。依他屬因緣。是有否。答。此二性能所相生。

俱無自體。何者。因妄想故立名相。因名相故立因緣。若妄想不生。名相何有。名相不有。因緣卽空。以萬法不出名故。楞伽頌云。譬如修行事。於一種種現。於彼無種種。妄想相如是。釋云。此破妄想徧計性也。如二乘修諸觀行。若作青想觀時。天地萬物。莫不皆青也。以無青處見青。由心變故。於一色境。種種不同。譬凡夫妄見生死。亦是無生死處妄見生死也。又經頌云。譬如種種瞖。妄想衆色現。瞖無色非色。緣起不覺然。此破因緣依他起性也。如目瞖所見。差別不同。彼實非有。緣所起法。斯則妄想體空。因緣無性。卽是圓成

究竟一法。如明眼人。見淨虛空。況一眞心。更無所有。問。此三性中。幾法是假。幾法是實。答。識論云。徧計所執。妄安立故。可說爲假。無體相故。非假非實。依他起性。有實有假。聚集相續分位性故。說爲假有。心心所色。從緣生故。說爲實有。若無實法。假法亦無。假法依實因而施設故。圓成實性。唯是實有。不依他緣而施設故。釋云。徧計有名無體。妄情安立。可說爲假。談其法體。旣無有相。非假非實。非兔角等。可說假實。必依有體總別法上。立爲假實。故依他假有三種。一聚集假者。如瓶盆有情等。是聚集法。多法一時所集成故。

能成雖實。所成是假。二相續假者。如過未等世。唯有因果是相續性。多法多時上立一假法。如佛說言。昔者鹿王。今我身是。所依五蘊剎那滅者。雖體是實。於此多法相續。假立一有情。至今猶在。故三分位假者。如不相應行。是分位性。故皆是假。一時一法上立。如一色上名有漏。可見有對。亦名色等。並是於一法上。假施設故。若彼實者。應有多體。其忿恨等。皆此假攝。心心所色。從因緣種生。故說爲實。又三性者。卽是一性。一性卽無性。何者。徧計無相。依他無生。圓成無性。解深密經云。瞖眼人。如徧計。現青黃。如依他淨眼。如

圓成攝論云分別性如蛇依他性如藤若人緣四塵相分析此藤但見四相不見別藤但是色香味觸相故藤非實有以離四塵外無別有藤所以論偈云於藤起蛇知見藤則無境若知藤分已藤知如蛇知若知藤之性分是空則例如藤上妄生蛇想攝論云菩薩不見外塵但見意言分別卽了依他性云何了別此法若離因緣自不得生根塵為因緣根塵既不成此法無因緣云何得生依初眞觀入依他性由第二眞觀除依他性則唯識想息意言分別顯現似所聞思一切義乃至似唯有識想皆不得生生緣有二謂

分別性及依他性分別性已滅依他性又不得生既無二境故一切義乃至似唯識想皆不得生唯識想尙不得起何況餘意言分別而當得生菩薩住何處唯住無分別一切名意中平等平等又依二種平等謂能緣所緣能緣卽無分別智以智無分別故稱平等所緣卽眞如境境亦無分別故稱平等又此境智不住能取所取義中譬如虛空故說平等平等由此義故菩薩得入眞實性此位不可言說以自所詮故證時離覺觀思惟分別故古德問云我見所緣影像若是依他有者應有依他性實我答此相仗因緣生

但是依他性幻有之法而非是我由彼妄執為我故名妄執此有兩重相約此相從因緣生有力能生心此乃是有名依他性法於此不稱所執法義邊名徧計所執乃名為無如人昏冥執石為牛石體不無我見所緣緣依他相有如石本非牛妄心執為牛此所執牛其體全無如相分本非我妄心執為我此所執其體全無但有能執心而無所執我謂於此石處有所緣石而無所執牛於此相分上有所緣法而無所執我又況云如南方人不識駝毛曾於一處聞說龜毛後忽見駝毛由不識故妄謂駝毛以為龜毛此所

見駝毛是有故如依他性法其駝毛上有龜毛妄心謂為龜毛如所執實我法故論云有義一切及心所法由熏習力所變二分從緣生故名依他起徧計依斯妄執定實有無一異俱不俱等此二名徧計所執性問三性中幾性不可滅幾性可滅耶答準佛性論云二性不可滅一性可得滅何以故分別性本來是無故不可滅眞實性本來是眞故不可滅依他性雖有不眞實是故可滅所以分別中邊論云分別性者謂是六塵示不可得猶如空華依他性者謂唯亂識有非實故猶如幻物眞實性者謂能取所取二無所

有眞實有無故猶如虛空問依他起相但是自心妄分別有理事雙寂名體俱虛云何有憂喜所行境界答譬如夜行見杌爲鬼疑繩作蛇蛇之與鬼名體都無性相恆寂雖不可得而生怖心以體虛而成事故清涼疏云若依攝論說喻皆喻依他起性然竝爲遣疑所疑不同故所喻亦異一以外人聞依他起相但是妄分別有非眞實義遂即生疑云若無實義何有所行境界故說如幻謂幻者幻作所緣六處豈有實耶二疑云若無實何有心心法轉故說如燄飄動非水似水妄有心轉三疑云若無實何有愛非愛受用

故說如夢中實無男女而有愛非愛受用覺時亦爾四疑云若無實何有戲論言說故說如響實無有聲聽者謂有五疑云若無實何有善惡業果故說如影謂如鏡影像故亦非實六疑云若無實何以菩薩作利樂事故說如化謂變化者雖知不實而作化事菩薩亦爾是以萬法雖空體虛成事一眞非有無性隨緣則湛爾堅凝常隨物化紛然起作不動眞如

宗鏡錄卷五十九終

宗鏡錄卷六十

宋慧日永明妙圓正修智覺禪師延壽集

夫此三性法。爲當是一是異。若道是一。不合云依圓是有。偏計是無。若道是異。又云皆同一性。所謂無性。答。此三性法門。是諸佛密意所說。諸識起處。教網根由。若卽之取之。皆落凡常之見。若離之捨之。俱失聖智之門。所以藏法師依華嚴宗。釋三性同異義。一圓成眞如有二義。一不變。二隨緣。二依他二義。一似有。二無性。三偏計所執二義。一情有。二理無。由眞如不變。依他無性。所執理無。由此三義。故三性一際。又約

眞如隨緣。依他似有。所執情有。由此三義。亦無異也。是故眞該妄末。妄徹眞原。性相融通。無障無閡。問。依他似有等。豈同所執是情有耶。答。由二義故。無異也。一。以彼所執。執似爲實。故無異法。二。若離所執。似無起故。眞中隨緣亦爾。以無所執。無隨緣故。又以三性各有二義不相違。故無異性。且如圓成。雖復隨緣成於染淨。而恆不失自性清淨。只由不失自性清淨。故能隨緣成染淨也。猶如明鏡現於染淨。而恆不失鏡之明淨。只由不失鏡明淨。故方能現染淨之相。以現染淨。知鏡明淨。以鏡明淨。知現染淨。是故二義唯是一性。雖現淨法。不增鏡明。雖現染法。不汙鏡淨。非直不汙。亦乃由此反現鏡之明淨。眞如亦爾。非直不動性淨成於染淨。亦乃由成染淨方現性淨。非直不壞染淨明於性淨。亦乃由性淨故方成染淨。是故二義。全體相收。一性無二。豈相違也。由依他無性。得成似有。由成似有。是故無性。此卽無性卽因緣。因緣卽無性。是不二法門也。所執性中。雖復當情稱執見有。然於道理畢竟是無。以於無處橫計有故。如於杌橫計有鬼。今旣橫計。明知理無。是故無二。唯一性也。問。眞如是有耶。答。不也。隨緣不變故。空眞如離妄念故。問。

眞如是無耶。答。不也。不變隨緣故。不空故。聖智所行處故。問。眞如是亦有亦無耶。答。不也。無二性故。離相違故。問。眞如是非有非無耶。答。具法故。離戲論故。問。依他是有耶。答。不也。緣起無性故。約觀遣故。異圓成故。問。依他是無耶。答。不也。無性緣起故。能現無生故。異偏計故。是智境故。問。依他是亦有亦無耶。答。不也。無二性故。離相違故。問。依他是非有非無耶。答。不也。有多義門故。離戲論故。問。偏計是有耶。答。不也。理無故。無體相故。問。偏計是無耶。答。不也。情有故。無相觀境故。能翳眞故。問。偏計是亦有亦無耶。答。不也。無二

性故問偏計是非有非無耶答不也所執性成故已上護執竟今執成過者若計眞如一向是有者有二失一不隨緣二不待了因故問教云眞如爲凝然常旣不隨緣豈是過耶答聖說眞如爲凝然者此是隨緣成染淨時恆作染淨而不失自體卽是不異無常之常名不思議常非謂不作諸法如情所謂之凝然也不異無常之常出於情外故名眞如常經云不染而染明常作無常染而不染明作無常時不失常也又不異常之無常故說眞如爲無常經云如來藏受苦樂與因俱若生若滅又依他是生滅法亦得有不

異常之無常不異無常之常以諸緣起無常之法卽無自性方成緣起是故不異常性而得無常故云不生不滅是無常義此卽不異於常成無常也又諸緣起卽是無性非滅緣起方說無性卽是不異無常之常也經云色卽是空非色滅空又衆生卽涅槃不更滅也此與眞如二義同卽眞俗雙融二而無二故論云智障甚盲闇謂眞俗別執故也又眞如若不隨緣成於染淨染淨等法卽無所依無所依有法又墮常也又眞如若有者卽不隨染淨染淨諸法旣無自體眞又不隨不得有法亦是斷也乃至執非有非無等

四句皆墮斷常也若依他執有者謂已有體不藉緣故無緣有法卽是常也又由執有卽不藉緣不藉緣故不得有法卽是斷也問依他性是有義便有失者何故攝論云依他性以爲有耶答此卽不異空之有從緣無體故一一緣中無作者故由緣無作方得緣起是故非有之有爲依他有卽是不動眞際建立諸法若謂依他如言有者卽緣起有性緣若有性卽不相藉不相藉故卽壞依他壞依他者良由執有汝恐墮空立有不謂不達緣所起法無自性故卽壞緣起便墮空無又若依他執無者亦二失謂依他是無法

者卽緣無所起不得有法卽是斷也問若說緣生爲空無卽墮斷者何故中論廣說緣生爲畢竟空耶答聖說緣生以爲空者此卽不異有之空也此卽不動緣生說實相法也若謂緣生如言空者卽無緣生緣生無故卽無空理無空理者良由執空是故汝恐墮有立空不謂不達無性緣生故失性空故還墮情中惡取空也故清辯爲成有故破於有護法爲成空故破於空也如情執無卽是斷過若說無法爲依他者無法非緣非緣之法卽常也乃至執非有非無皆成斷常二患若偏計性中計所執爲有者聖智所照理

應不空即是常也若妄執徧計於理無者即失情有故是斷也乃至非有非無皆具上失上已護過今當顯德者眞如是有義何者迷悟所依故不空故不壞故眞如是空義隨緣故對染故眞如是亦有亦無義具德故違順自在故鎔融故眞如是非有非無義二不二故定取不得故依他是有義無性緣成故依他是無義緣成無性故依他是亦有亦無義緣成故無性故依他是非有非無義隨取一不得故徧計是有義約情故徧計是無義約理故徧計是亦有亦無義由是所執故徧計是非有非無義由所執故故知執

則爲斷常二患不執成性德之門但除妄情非遣法也是以不離有以談眞見有之本際匪存無而觀法了無之眞原則不出有無不在有無何取捨之干懷斷常之所惑乎是則三性一性情有而即是眞空一性三性眞如而能成緣起終日有而不有有徹空原終日空而不空空該有際自然一心無寄萬法俱閑境智相應理行融即方入宗鏡瑩淨無瑕照破古今光吞萬彙矣問若不立三性有何等過答若無三性凡聖不成失大因緣成斷常過攝論云於世間中離分別依他二法更無餘法阿賴耶識是依他性餘一切法是分別性此二法攝一切法皆盡三界唯有識故阿毗達磨經說三性法者染汙分清淨分彼二分於依他性說分別性是染汙分眞實性是清淨分譬如金土藏有三種可見謂一地界二土三金於地界中土非有而可見金實有而不可見若以火燒土則不現金則顯現復次於地界中土相現時是虛妄體現金體現時是清淨體現是故地界有二分如是如是此識性未爲無分別智火所燒時於識性中虛妄分別性顯現清淨性不現此識性若爲無分別智火所燒於識性中實有清淨性顯現虛妄分別性不顯

現故知妄依眞起而能覆眞眞因妄顯而能奪妄眞妄無體皆依識性如土與金俱依地界攝論問云何一識成一切種種識相貌八識十一識等答欲顯依他性具有三性一識從種子生是依他有種種識相貌是分別分別實無所有是眞實性一識謂一本識本識變異爲諸識故問三性行相有假有實義理可分云何復說三無性及云一切法皆無自性答論頌云即依此三性立彼三無性故佛密意說一切法無性初即相無性次無自然性後由遠離前所執我法性此諸法勝義亦即是眞如常如其性故即唯識實

性。卽依此前所說三性。立彼後說三種無性。謂卽相生勝義無性。故佛密意說。一切法皆無自性。非性全無。說密意言顯非了義。謂後二性雖體非無而有愚夫於彼增益妄執實有我法自性。此卽名爲偏計所執。爲除此執故佛世尊於有及無總說無性。云何依此而立彼三。謂依初偏計所執立相無性。由此體相畢竟無有。如空華故。次依他立生無性。此如幻事託衆緣生。無如妄執自然性故。假說無性。非性全無。依後圓成實立勝義無性。謂卽勝義由遠離前偏計所執我法性故。假說無性。非性全無。如太虛空雖偏衆

色。而是衆色無性所顯。乃至契經中說無性言。非極了義。諸有智者。不應依之總撥諸法都無自性。解深密經偈云。相生勝義無自性。如是我皆已顯示。若不知佛此密意。失壞正道不能往。相者是偏計。生者是依他。勝義是圓成。無自性者。於此三性上皆無妄執我法偏計自然之自性。故若人不知佛密意。於三性上說三無性。破外道小乘我執。便撥菩提涅槃依圓皆無者。卽此人失壞正道。不能往至也。此言三性三無性。不是依圓體亦無。但無偏計妄執之我法。故名無性也。是以三性無際。隨一全收。眞妄互融。性相無

礙。如來一代時教。恆沙義門。密意總在三性門中。眞俗本末。一時收盡。以顯唯識正理。更無異轍。以依他性。是唯識體。從依他起分別。卽是偏計。從依他悟眞實。卽是圓成。由分別故。一分成生死。由眞實故。一分成涅槃。了分別性空。卽生死成涅槃。迷眞實性。有卽涅槃成生死。都是一法。隨情顯義成三。三非三而一理圓。一非一而三性具。卷舒不失。隱顯常如。非一非三。泯性相於實地。而三而一。耀行布於義天。撮要所歸。莫先斯旨。問。三能變相已細披陳。所變之相。如何開演。答。三能變。謂異熟思量及了別境識。此是能變

自體。所變者。卽見相二分。是自體分之所變。故是自體分之用。故說自體是二分所依。識論云。云何應知。依識所變假說我法。非別實有。由斯一切唯有識耶。頌曰。是諸識轉變。分別所分別。由此彼皆無。故一切唯識。是諸識者。謂前所說三能變識及彼心所皆能變似見相二分。立轉變名。所變見分說名分別。能取相故。所變相分名所分別。見所取故。由此正理彼實我法離識所變皆定非有。離能所取無別物故。非有實物離二相故。是故一切有爲無爲若實若假皆不離識。唯言爲遮離識實物。非無不離識心所法等。或

轉變者謂諸內識轉似我法外境相現此能轉變卽名分別虛妄分別爲自性故謂卽三界心及心所此所執境名所分別卽所妄執實我法性由此分別變似外境假我法相彼所分別實我法性決定皆無前引教理已廣破故是故一切皆唯有識虛妄分別有極成故唯既不遮不離識法故眞如等亦是有性由斯遠離增減二邊唯識義成契會中道釋云是諸識轉變者轉變是改轉義謂一識體改轉爲二相起異於自體卽見分有能取之用相分有質礙之用由識自體轉起能取及有礙故所變見分說名分別能取

相故者前所變中以所變見分名爲分別是依他性能取於所變依他相分故起種種偏計所執分別是此識體所變用能分別故名分別其識體所變依他性相分似所執相分者名所分別是前能分別見分之所取相故非謂識自體能緣名爲分別起分別見者識之用也相見俱依自證起故唯既不遮不離識法故眞如等亦是有性者唯言不遮不離識法眞如及心所者亦不離識故體皆有今此位但遮離識所分別有不遮不離識眞如等有如理應知此意既有能變分別識及所變境依他相分所分別心外實法

等決定皆無唯有眞如心所等法皆不離識亦是實有遠離增減二邊者無心外法故除增益邊有虛妄心等故離損減邊離損減邊故除撥無如空淸辯等說離增益邊故除心外有法諸小乘執唯識義成契會中道無偏執故又諸師所明總有四分義一相分二見分三自證分四證自證分相分有四一實相名相體卽眞如是眞實相故二境相名相爲能與根心而爲境故三相狀名相此唯有爲法有相狀故通影及質唯是識之所變四義相名相卽能詮下所詮義相分是於上四種相中唯取後三相而爲相分相又

相分有二一識所頓變卽是本質二識等緣境唯變影緣不得本質二見分者唯識論云於自所緣有了別用此見分有五類一證見名見卽三根本智見分是二照燭名見此通根心俱有照燭義故三能緣名見卽通內三分俱能緣故四念解名見以念解所詮義故五推度名見卽比量心推度一切境故於此五種見中除五色根及內二分餘皆見分所攝三自證分爲能親證自見分緣相分不謬能作證故四證自證分謂能親證第三自證分緣見分不謬故從所證處得名此四分義總以鏡喻鏡如自證分鏡明如見

分鏡像如相分鏡後皃如證自證分此四分有四師立義第一安慧菩薩立一分自證分識論云此自證分從緣所生是依他起故故說爲有見相二分不從緣生因偏計心妄執而有如是二分情有理無唯自證分是依他起性有種子生是實有故見相二分是無更變起我法二執又是無以無似無若準護法菩薩卽是以有似無見相二分是有體變起我法二執是無體故安慧引楞伽經云三界有漏心心所皆是虛妄分別爲自性故故知八識見相二分皆是偏計妄執有故唯有自證一分是依他起性是實有故密

嚴經偈云愚夫所分別外境實皆無習氣擾濁心故似彼而轉故知但是愚夫依實自證分上起偏計妄情變似無體一分現故理實二分無其實體但是愚夫不了妄執爲實故所以論云凡夫執有聖者達無問若言相見二分是假者且如大地山河是相分收現見是實如何言假耶答雖見山河等是實元是妄執有外山河大地等理實而論皆不離自證分故所以楞伽經偈云由自心執著心似外境轉彼所見非有是故說唯心故知離自證分外無實見相二分第二難陀論師立二分成唯識者初標字者卽一切心

生皆有見相二分見相二分是能所二緣也若無相分牽心心法無由得生若無能緣見分誰知有所緣相分耶卽有境有心等成唯識也見分爲能變相分是所變能所得成須具二分見分相分是依他起性有時緣獨影境卽同種生有時緣帶質境卽別種生從種生故非偏計也若不許者諸佛不應現身土等種種影像也安慧却難汝若立相分豈不心外有境何名唯識難陀言見分是能緣相分是所緣攝所從能還是唯識又汝若言無相分則所立一分唯識不成何以故安慧執相分是妄情有卽第八所緣識中

相分種子是相分攝卽種子是能生自證現行親因緣法若種子相分是妄情者何妨所生現行自證分亦是妄情不違種子識義也若不許自證分是妄情者卽能生種子亦是實有卽因果皆實證相分亦是實有旣有相分卽有見分能所旣成卽二分成立唯識也又五根是第八識相分若相分是偏計豈有偏計根能發生五識也安慧云不假五根發生五識五識俱自從種子生也問若不假根發生但從種子生者汝許五識種子是第八相分否答許是第八相分難旣爾卽種子是偏計能生五識亦是偏計也安慧

救云種子但是第八識上氣分有生現行功能故假名種子但是習氣之異名非實也難諸聖教從種子生者名實依他立者名假豈有假種子生實現行若是假種子者如何親報自果耶若種子是假法者即因中第八識因緣變義不成若非因緣變者即違一切安慧絕救旣有能所二緣者皆是實依他起性者即知見相是實引證者密嚴經云一切唯有覺所覺義皆無能覺所覺分各自然而轉釋云一切唯有覺者即唯識也所覺義皆無者即心外妄執實境是無能覺所覺分者能覺是依他實見分所覺是依他實

相分各自然而轉者見分從心種子生相分從相分種子生起故知須立二分唯識方成會相違者安慧難云若爾前來密嚴楞伽二文如何通會正會者前來經文不是證一分但遮執心外實有我法等亦不遮相分不離心第三陳那菩薩立三分非前師安慧立一分即但有體而無用難陀立見相二分但有用而無體皆互不足立理者謂立量果義論云能量所量量果別故相見必有所依體故相分爲所量見分爲能量即要自證分爲證者是量果也喻如尺量絹時絹爲所量尺人爲能量記數之智名爲量果今見

分緣相分不錯皆由自證分爲作果故今眼識見分緣青時定不緣黃也如見分緣不曾見境忽然緣黃境時即定不緣青若無自證分即見分不能自記憶故知須立三分若無自證分即相見亦無若言有二分者即須定有自證分自證分喻如牛頭二角喻相見二分準量論頌云似境相所量能取相自證釋云似境相所量者即相分似外境現能取相自證者能取相者即是見分能取相分故自證即是體也第四護法菩薩立四分立宗者心心所若細分別應有四分立理者若無第四分將何法與第三分爲量果耶

汝陳那立三分者爲見分有能量了境用故即將自證分爲量果汝自證分亦有能量照境故即將何法與能量自證分爲量果耶即須將第四證自證分爲第三分量果也引證密嚴經偈云衆生心二性內外一切分所取能取纏見種種差別心二性者即是內二分爲一性見相二分爲第二性即心境內外二性能取纏者即是能緣麤動是能緣見分所取纏者即是相縛所緣縛也見種種差別者見分通三量有此義故言見種種差別前二師皆非全不正第三師陳那三分似有體用若成量者於中道理猶未足即須

更立第四分相分為所量見分為能量卽將自證分為量果若將見分為所量自證分為能量卽更將何法為量果故知將證自證分為量果方足也見分外緣虛疎通比非二量故卽不取見分為自證量果內二分唯現量故互為果無失夫為量果者須是現量方為量果比非定非量果喻如作保證人須是敦直者方為證若畧虛人不能堪為保證又前五識與第八見分雖是現量以外緣卽非量果夫量果者須內緣故方為量果又第七識雖是內緣是非量也亦不可為量果夫為量果者具二義一現量二內緣又果

中後得見分雖是現量內緣時變影緣故非量果卽須具三義又果中根本智見分雖親證眞如不變影故是心用故非量果卽須具心體須具四義一現量二內緣三不變影四是心體方為量果又論云如是四分或攝為三第四攝入自證分故或攝為二後三俱是能緣性故皆見分攝此言見者是能緣義或攝為一體無別故如入楞伽經云由自心執著心似外境轉彼所見非有是故說唯心如是處處說唯一心此一心言亦攝心所故釋云如是處處唯一心者外境無故唯有一心內執著故以外境轉定無外境許

有自心不離心故總名一識心所與心相應色法心之所變眞如識之實性又皆不離識故並名唯識又清涼記引論釋第四證自證分若無此者誰證第三心分旣同應皆證故釋曰見分是心分須有自證分自證是心分應有第四證論又云自證分應無有果諸能量者皆有果故釋曰見分是能量須有自證果自證量見分須有第四果恐彼救云卻用見分為第三果故次論云不應見分是第三果見分或時非量攝故由此見分不證第三證自體者必現量故又意明見分通於三量三量者謂現量比量非量卽明見

緣相時或是非量不可非量法為現量果或見緣相是於比量及緣自證復是現量故自證是心體得與比量非量而為果見分非心體不得與自證而為其量果故不得見分證於第三證自體者必現量故第三四分旣是現量故得相證無無窮失意云若以見分為能量但用三分亦得足矣若以見分為所量必須第四為量果若通作喻者絹如所量尺如能量智為量果卽自證分若尺為所使智為能使何物用智卽是於人如證自證分人能用智智能使人故能更證亦如明鏡鏡像為相鏡明為見鏡面如自證鏡背

如證自證。面依於背。背復依面。故得互證。亦可以銅為證自證。鏡依於銅。銅依於鏡。

宗鏡録卷六十終

音釋

閡與礙同　弝博駕切手把處也

劉慧清捐資貳百元刻宗鏡錄十卷回向劉慧聞同子性澤願諸障消除早生佛地慧心圓明發菩提心

光緒二十四年秋　江北刻經處識

宗鏡録卷六十一

宋慧日永明妙圓正修智覺禪師延壽集

夫四分義以何爲體性答相分所變色心爲體性若内三分卽用現行心所爲體問果位之中現證眞如無有境界若四智緣境之時爲具四分否答定有見分照前境故有自證分通照見分亦有證自證分照自證分故相分者佛地論云如是所說四智相應心品爲有相分見分等耶若無應無所緣應不名智答無漏心品無障礙故親照前境無逐心變似前境相以無漏心說名無相無分別故又說緣境不思議故

有義眞實無漏心品亦有相分諸心心法法爾似境顯現名緣非如鉗等動作取物非如燈等舒光照物如明鏡等現影照物由似境現分明照了名無障礙不執不計說名無相亦無分明妙用難測名不思議非不現影若言無相則無相分言無分別應無見分覩無相見應如虛空兔角等應不名智無執計故言無能取所取等相非無似境緣照義用若無漏心全無相分諸佛不應現身土等種種影像乃至如是分別但就世諦言說道理若就勝義離言絶慮旣無相見不可言心及心法等離諸戲論不可思議有義無

分別智無分別故所緣眞如不離體故如照自體無別相分此無分別若變相分於眞如境便非親證若後得智有分別故所緣境界或離體故如有漏心似境相現分明緣照名緣前境是故此後得智定有相分問只如安慧說一分不立見相等今護法攝四歸一分時亦不別立見相等義勢旣同何故言非安慧等諸師知見耶答乍看似同細詳理別且如安慧立一自證分全不說證自證分雖說見相二分然一向判爲徧計所執性此乃四分中一分全無二分有名無體亦是其無唯立一依他自證分今護法雖攝四

歸一然不名自證分但總名一心雖總說一心分而不失自證等四分義但以與心無決定相離義總名一分與彼別立自證分義別乃至攝四歸三時內之二分雖互相緣其用各别然其所緣不失自體故但名自證雖總名自證而互相緣二分之義不失不同陳那自證但有證自見分之自證卽無證自證之自證由此義故非諸師之知見問所變中是相分色云何諸師說現識名爲色識答古師云現識名爲色識者此言色識是從境爲名見分識變似色故名爲色識體實是識由能變色故名色識此取見分識爲體

由能緣色或能變色故名色識又相分色不離識故名爲色識此卽取相分色爲體相分之色實非識由從識變不離識故名爲色識或相分名色見分名識此雙取識境二法爲體以見相同種故此許前念相分爲後念識所緣緣義謂前念識之相分爲後念識之境卽本識中生似自果功能念起卽前念識相爲後念識境之所緣謂因前念所緣故還熏得種由種故生今念歷轉推功歸本乃是前念所緣爲今識緣自果者相分現行也功能者種子也謂由前念識相分爲能熏故熏引得生自種子在本識中能生後念

識相分色等與後念識爲境由前念相熏種生後念境相說前念相分爲後識所緣緣也問前相種如何生今識答由見相同種故問旣爾何不卽說種爲緣答種是因緣非所緣緣又古德問如第六識緣龜毛兎角等時此所緣境爲有爲無若言有者聖教不應指此喻於徧計所執性是無若言無者無法無體非所緣緣緣此意識闕所緣緣如何得起若言此心無所緣緣者云何論言親所緣緣能緣皆有若龜本無毛兎本無角約此本無喻所執性由所執我及所執法皆本無故其能緣心將緣此等無法之時由無始

來熏習力故依種生時從識自證分上變起龜毛等相分及緣此龜毛見分此相見分與識自證分同一種生旣依種生是依他性非體全無不同本來無體龜毛故得成所緣緣是故緣此之心亦得說從四緣而生乃至如離蘊計有實我實法等亦復如是離蘊性外都無實我亦無決定實法但是有情虛妄執有以理推徵都無有體故如本來無體龜毛然我法執心緣執此時亦由無始虛妄熏習力故變起假我法相此相與見等同種亦依他起成所緣緣是故論云如是我執自心外蘊或有或無自心內蘊一切皆有

自心內蘊者卽相分也若言獨影境是徧計性者其體卽無猶如龜毛等卽此一分相分無何得論言自心內蘊一切皆有耶已上並護法義若安慧見相二分是徧計所執性其體是無今相承多云獨影是徧計所執性非所緣緣者此卽安慧宗護法一切四分皆依他起於中妄執爲決定實者方名徧計所執乃至於圓成性及五塵性境若堅執爲實者亦名徧計所執然本來無體龜毛兎角等不對執心卽非徧計性今亦多有妄認龜毛等爲徧計性者非也又立況解自證分見相二分者且如自證分起見相二分更

執二分為我法如結巾成兔手巾是有喻自證分結手巾為兔頭手巾上本無兔頭今結出之是故名無如自證分上本無見相二分由不證實故似二分起是故名無如所結手巾為兔頭已是一重假更結出二耳又是一重假如從自證分變起見相二分已是一重假更執二分為我法又是一重假則見相二分雖假似有從種生故其我法二執非有是徧計妄執故問唯心之旨一分尚無云何廣說四分答四分成心千聖同稟只為安慧菩薩唯執自證心體一分尚不識心為難陀菩薩所破乃至陳那菩薩執有三分

體用雖具猶闕量果第四證自證分唯護法菩薩唯識義圓四分具足因製唯識論十卷西天此土正義大行製此論終尋當坐蛻乃有空中神人告衆曰護法菩薩是賢劫千佛之中一數故知非十方大覺何以圓證此心若不達四分成心者斯皆但念名言罔知成心實義體用既失量果全無終被心境緣拘無由解脫今時學者全寡見聞恃我解而不近明師執已見而罔披寶藏故茲徧錄以示後賢莫踵前非免有後悔

夫一心妙門唯識正理能變所變內外皆通舉一例諸收無不盡如衆星列宿匪離於空萬本羣萌咸歸於地則可以拔疑根而開信戶朗智照而洗情塵若機思遲迴未成勝解須憑問答漸入圓通眞金尚假鍛鍊而成美玉猶仗琢磨而出華嚴私記云正念思惟甚深法門者有二種人能枯十二因緣大樹一者溫故不忘二者諮受新法此之謂也問心法不可思議離言自性云何廣興問答橫剖義宗答然理唯一心事收萬法若不初窮旨趣何以得至覺原今時不到之者皆是謬解麤浮正信力薄玄關緜密豈情識之能通大旨希夷非一期之所入若乃未到如來之

地焉能頓悟衆生之心今因自力未到之人少為開示全憑佛語以印凡心憑佛語以契同渺然無際印凡心而不異豁爾歸宗又有二義須說一若不言說則不能為他說一切法離言自性二即說無說說與不說性無二故又此宗但論見性親證非在文詮為破情塵助生正信若隨語生見執解依通則實語是虛妄生語見故若因教照心唯在得意則虛妄是實語除邪執故起信論云當知一切諸法從本已來非色非心非智非識非無非有畢竟皆是不可說相所有言說示教之者皆是如來善巧方便假以言語引

導衆生令捨文字入於眞實若隨言執義增妄分別不生實智不得涅槃又若文字顯總持因言而悟道但依義而不依語得意而不徇文則與正理不違何關語默故大般若經云若順文字不違正理常無諍論名護正法問楞伽經偈云從其所立宗則有衆雜義等觀自心量言說不可得既達唯心何須演說如大般若經云佛告善現如是如是諸菩薩摩訶薩雖多處學而無所學所以者何實無有法可令菩薩摩訶薩衆於中修學又云無句義是菩薩句義譬如空中實無鳥跡答若了自心則成佛慧終不心外有法

可說有事可立只爲不囘光自省之人一向但徇文詮著其外境以無名相中假名相說即彼虛妄以顯眞實既不著文字亦不離文字所以天王般若經偈云總持無文字文字顯總持大悲方便力離言文字說楞伽經云佛告大慧我等諸佛及諸菩薩不說一字所以者何法離文字故非不饒益義說言說者衆生妄想故大慧若不說一切法者教法則壞教法壞者則無諸佛菩薩緣覺聲聞若無者誰說爲誰是故大慧菩薩摩訶薩莫著言說隨宜方便廣說經法淨名經云夫說法者當如法說乃至法順空隨無相應無作法離好醜法無增損法無生滅法無所歸法過眼耳鼻舌身心法無高下法常住不動法離一切觀行唯大目連法相如是豈可說乎夫說法者無說無示其聽法者無聞無得譬如幻士爲幻人說法當建是意而爲說法當了衆生根有利鈍善於知見無所罣礙以大悲心讚于大乘念報佛恩不斷三寶然後說法故知非是不許說法但說時無著說即無咎如思益經云汝等比丘當行二事一聖說法二聖默然但正說時了不可得即是默然不是杜口無說故昔人云幻人說法幻人聽由來兩箇總無情說時無說

從君說聽處無聽一任聽又若以四實性自得法本住法約眞諦中即不可說若以四悉檀隨他意語斷深疑生正信有因緣故則亦可得說又不可說即可說眞理普徧故可說即不可說緣修無性故如楞伽經云大慧復白佛言如世尊所說我從某夜得最正覺乃至某夜入般涅槃於其中間不說一字亦不已說當說不說是佛說大慧白佛言世尊如來應正等覺何因說言不說是佛說佛告大慧我因二法故作是說云何二法謂緣自得法及本住法是名二法因此二法故我作如是說云何緣自得法若彼如來所

得我亦得之無增無減緣自得法究竟境界離言說妄想離文字二趣云何本住法謂古先聖道如金銀等性法界常住若如來出世若不出世法界常住如趣彼城道譬如士夫行曠野中見向古城平坦正道卽隨入城受如意樂偈云我某夜得道至某夜涅槃於此二中間我都無所說緣自本住故我作如是說彼佛及與我悉無有差別釋云此有二因一卽緣自得法自所得法卽是證道證法在已離過顯德二卽緣本住法本住卽古先聖道傳古非作此上是據理約證云不說若但是自心聞則佛常不說如寶性論

偈云譬如諸響聲依地而得起自然無分別非內非外住如來聲亦爾依心地而起自然無分別非內非外住是以既非內外所生亦不從四句而起此約實智應須玄會若約權門亦不絕方便如止觀云若言智由心生自能照境諦智不相由藉若言智不言智由境故智境不自境由智故境如長短相待若言境智因緣故有此是共合得名若言皆不如上三種但自然爾卽無因皆有四取之過皆不可說隨四悉因緣亦可得說但有名字名字無性無性之字是字不住亦不不住是爲不可思議經云不可思議智境不

可思議智照卽此義也若彼四性境智此名實慧若四悉赴緣說四境智此名權慧則權實雙行自他兼利方冥佛旨免墮已愚問山河大地一一皆宗五性三乘人人是佛何須宗鏡彊立異端答諸佛凡敷教跡不爲已知者言祖師直指人心只爲未明者說今之所錄但示初機令頓悟圓宗不迂小徑若不得宗鏡之廣照何由鑒自性之幽深匪因智慧之光豈破愚癡之闇如臨古鏡妍醜自分若遇斯宗眞僞可鑒豈有日出而不照然燈而不明者乎故華嚴記中述十種法明法卽是境明卽是心以智慧明照二諦法

故云法明雖然法無成破此屬第一義門中且教自有開遮寍無善巧方便如大涅槃經中高貴德王菩薩品因瑠璃光菩薩欲來放光佛問於文殊文殊初入第一義答云世尊如是光明名爲智慧智慧者卽常住之法常住之法無有因緣云何佛問何因緣故有是光明廣說無因緣竟末後云世尊亦有因緣因滅無明則得熾然阿耨多羅三藐三菩提燈是知因教明宗非無所以從緣入道終不唐捐方便之門不可暫廢又夫宗鏡中纔說一字便是談宗更無前後以說時有異理且無差如智度論云先分別諸法後

說畢竟空然但說之前後法乃同時文不頓書空非漸次問但云方便說則無妨若約正宗有言傷旨答我此圓宗情解不及豈同執方便教人空有不融通體用兩分理事成隔說常住則成常見說無常則歸斷滅斥邊則成邊執存中則著中理今此圓融之旨無礙之宗說常則無常之常說無常則常之無常言空則不空之空言有則幻有之有談邊則卽中之邊談中則不但之中立理則成事之理立事則顯理之事是以卷舒在我隱顯同時說不乖於無說無說不乖於說寶藏論云常空不有常有不空兩不相待句

句皆宗是以聖人隨有說有隨空道空空不乖有有不乖空兩語無病二義雙通乃至說我亦不乖無我乃至無說事亦不宗何以故不爲言語所轉也釋曰常空不有者常空則不因有而空若因有而空則成對待以他爲體自無力故不自在故不得稱常常有不空者亦不因空而有則一空一切空一有一切有以絶待故乃得句句皆宗也空有既爾法法皆然可謂宗無不通道無不現云何簡法取塵自生差別不爲言語之所轉者以知宗故無一事而不隨實地無一法而不順無生祖師云承言須會宗勿自立規矩

何者若立規矩則落限量纔成限量便違本宗但隨言語之所轉也所以一切衆生不知眞實者皆爲言語之所覆大寶積經云音聲語言中若得不隨轉於義乃隨行是名求義者何者名爲義應知祕密說祕密說者卽宗鏡旨矣唯佛智之所知非情見之能解如勝天王般若經云爾時衆中有一菩薩摩訶薩名須眞胝白勝天王言如來爲大王受記乎勝天王答善思惟菩薩言善男子我受記如夢相又問大王如此受記當得何法答曰善男子佛授我記竟無所得又問無所得者爲是何法答曰不得衆生壽者我人

養育陰界入悉無所得若善不善若染若淨若有漏若無漏若世間若出世間若有爲若無爲若生死若涅槃悉無所得又問若無所得用受記爲答曰善男子無所得故則得授記又問若如大王所說義者則有二智一無所得二得授記答曰若有二者則無授記何以故佛智無二諸佛世尊以不二智授菩薩記又問若智不二云何而有授記得記答曰得記授記其際不二又問不二際者云何有記答曰通達不二際卽是授記又問大王住何際中而得授記答曰住我際得授記住衆生際壽命際人際得授記又問我

際當於何求答曰當於如來解脫際求又問如來解脫際復於何求答曰當於無明有愛際求又問無明有愛當於何求答曰當於畢竟不生際求又問畢竟不生際當於何求答曰當於無知際求又問無知者爲無所知云何於此際求答曰若有所知求不可得以無知故於此際求又問此際無言云何可求答曰以言語斷是故可求又問云何言語斷答曰諸法依義不依語又問云何依義答曰不見義相又問云何不見答曰不生分別義是可依我爲能依無此二事故名通達又問若不見義此何所求答曰不見不取

故名爲求又問若法可求卽是有求答曰不爾失求法者是無所求何以故若是可求則爲非法又問何者是法答曰法無文字亦離言語又問離文言中何者是法答曰文言性離心行處滅是名爲法一切諸法皆不可說其不可說亦不可說善男子若有所說卽是虛妄中無實法又問諸佛菩薩常有言說皆虛妄乎答曰諸佛菩薩從始至終不說一字云何虛妄又問若有所說云何過咎答曰謂言語過又問言語何咎答曰謂思量過又問何法無咎答曰無說有說不見二相是卽無咎又問過何爲本答曰能執爲本

又問執何爲本答曰著心爲本又問著何爲本答曰虛妄分別又問虛妄分別以何爲本答曰攀緣爲本又問何所攀緣答曰緣色聲香味觸法又問云何不緣答曰若離愛取則無所緣以是義故如來常說諸法平等是以法平等故說無差別此方說法十刹皆然卽一處徧一切處故所以同證同宣互爲主伴如華嚴指歸問云如忉利天說十住時旣徧虛空未知夜摩天等處亦說十住否設爾何失二俱有過若彼不說則說處不徧若彼亦說何故經中唯言忉利說十住法門夜摩說十行等答此說十住忉利天處盡

徧十方一切塵道是故夜摩等處皆有忉利卽於如此徧夜摩等忉利天處說十住法是故忉利無不普徧仍非夜摩夜摩等處說十行等皆亦徧於忉利等處仍非忉利當知餘位亦爾若約十住與十行等全位相攝卽此互無各徧法界若約諸位相資卽此彼互有同徧法界又問餘佛說處與舍那說處爲相見否設爾何失二俱有過謂若相見卽乖相徧若不相見不成主伴答互爲主伴若性徧法界彼此互無故不相見若相徧法界此彼互有故無不相見如舍那爲主證處爲伴無有主而不具伴是故舍那與證處

同徧法界謂於東方證法來處彼有舍那還有東方而來作證一一遠近皆同徧法界一切塵道無障無礙思之可見問既稱觀心自悟不假外緣云何廣讚佛恩稱揚經教答若不因教所指何由得識自心設不因教發明亦須憑教印可若不然者皆成自然外道闇證禪師直饒生而知之亦是多生聞經熏種或乃諸聖本願冥加所以台教云夫一向無生觀人但信心益不信外佛威加益此墮自性癡又一向信外佛加不內心求益此墮他性癡共癡無因癡亦可解自性癡人眼見世間牽重不前者傍力助進云何不

信罪垢重者佛威建立令觀慧得益又汝從何處得是無生內觀從師耶從經耶從自悟耶師與經即是汝之外緣若自悟者必被冥加汝不知恩如樹木不識日月風雨等恩經云非內非外而內而外而內故諸佛解脫於心行中求而外故諸佛護念云何不信外益也又若論至理無佛無衆生豈云感應若於佛事門中機應非一若無衆生機諸佛則不應豈可執自執他論內論外而生邊見耶如法華玄義問云衆生機聖人應爲一爲異若一則非機應若異何相交關而論機應答不一不異理論則同如是故不異事

論有機感是故不一譬如父子天性相關骨肉遺體異則不可若同者父即子子即父同又不可只不一不異而論父子也衆生理性與佛不殊是故不異而衆生隱如來顯是故不一不一不異而論機應也又同是非事非理故不異衆生得事聖人得理又聖人得事凡夫得理故論異問爲用法身應用應身應若應身應身無本何能應若用法身應應則非法答至論諸法非去來今非應非不應而能有應亦可言法應亦可言應應法應則冥益應應則顯益分別冥顯有四義如後說明機應相者約善惡明機相約慈悲

論應相若善惡爲機爲單爲共解者不同或言單惡爲機承經云我爲斷一切衆生瘡疣重病又云如有七子然於病者心則偏重如來亦爾於諸衆生非不平等然於罪者心則偏重又云如來不爲無爲衆生而住於世又無記是無明終屬惡攝此即單以惡爲機或單以善爲機承大涅槃經云我觀衆生不觀老少中年貧富貴賤善心者即便慈念此則單善爲機或云善惡不得獨爲機何者如金剛後心即是佛衆善普會善惡無過此何得爲機耶雖云佛佛相念此是通語而無拔無與故知單善不得爲機單惡不得

爲機者。如闡提極惡。不能感佛。大涅槃經云。唯有一髮不能勝身。卽是性得理善。此是通機。終不成感也。或取善惡相帶爲機者。從闡提起改悔心。上至等覺。皆有善惡相帶。故得爲機。是故約此善惡明其相也。次約慈以明應相者。或單以慈應。經云。慈善根力。象見師子。廣說如涅槃經。或單以悲爲應。如請觀音經云。或遊戲地獄。大悲代受苦。或合用慈悲爲應。何者。眞以悲心熏於智慧。能拔他苦。慈心熏於禪定。能與他樂。經云。定慧力莊嚴。以此度衆生。論云。水銀和眞金。能塗諸色像。功德和法身。處處應現往。豈是水銀

眞金。單能度色像耶。當知慈悲和合論應也。問。衆生善惡有三世。何世爲機。聖法亦有三世。何世爲應。過去已謝。現在不住。未來未至。悉不得爲機。亦不得爲應。云何論機應耶。答。若就至理窮覈。三世皆不可得。故無應。故經言。非謂菩提有去來今。但以世俗文字數故。說有三世。以四悉檀力。隨順衆生說。或用過去善爲機。故言我等宿福慶。今得値世尊。又如五方便人。過去集方便者。發眞則易。不集則難。是故以過去善爲機。或可以現在善爲機。故言卽生此念時。佛於空中現。或可以未來善爲機。未生善法。爲令生故。又

如無漏無集因。而能感佛也。故智度論云。譬如蓮華在水。有已生。始生。未生者。若不得日光。翳死不疑。三世善若不値佛。無由得成。惡亦如是。或以過去之罪。今悉懺悔。現造衆罪。今亦懺悔。未來之罪。斷相續心。遮未來。故名之爲救。何者。過去造惡。障現善不得起。爲除此惡。是故請佛。又現在果苦報逼迫衆生。而求救護。又未來之惡。與時相値。遮令不起。故通用三世惡爲機。應亦如是。或用過去慈悲爲應。故云我本立誓願。欲令得此法。或用現在慈悲爲應者。一切天人阿脩羅。皆應至此。爲聽法故。未度令度也。又用未來

爲應者。卽是壽量中未來世益物也。亦如安樂品中云。我得三菩提時。引之令得住是法中。若通論三世善惡皆爲機。別論但取未來善惡爲正機也。何者。過去已謝。現在已定。只爲拔未來惡。生未來善耳。問。若未來爲正機者。四勤意云何。答。此亦屬通意。今更別答者。只爲過去惡。遮未來善。故勤斷過去惡。只爲過去善不得增長。增長者。卽未來善也。是故四正勤中。言雖過去。意實未來。問。未來有善惡。佛云何照。答。如來智鑒。能如是知。非下地知。仰信而已。何可分別。問。爲是衆生自能感。由佛故感。如來自能應。由衆生故

應答此應作四句自他共無因破是性義悉不可無此四句故則無性無性故但以世間名字四悉檀中而論感應能所等無能應屬佛若更番疊作諸語言名字則亂不可分別雖作如此名字是不住是字無所有故如夢幻問旣善惡俱爲機者誰無善惡此皆應得益耶答如世病者近醫而有差不差機亦如是如有熟不熟則應有遠有近明機感不同者但衆生根性百千諸佛巧應無量隨其種種得度不同故經云名色各異種類若干如上中下根莖葉等隨其種性各得生長卽是機應不同意也今略言爲四一者

冥應二者冥機三者顯機顯應四者顯機冥應其相云何若修三業現在未運身口藉往善力此名爲冥機也雖不相見靈應而密爲法身所益不見不聞而覺而知是爲冥益也二冥機顯益者過去植善而冥機已成便得値佛聞法現前獲利是爲顯益如佛最初得度之人現在何嘗修善諸佛照其宿機自往度之卽其義也三顯機顯應者現在身口精勤不懈而能感降如須達長跪佛往祇桓月蓋曲躬聖居門閫如卽行人道場禮懺能感靈瑞卽是顯機顯應也四者顯機冥應者如雖一世勤苦現善濃積而不顯感冥有其利此是顯機冥益若解四意一切低頭擧手福不虛棄終日無感終日無悔若見喜殺壽長好施貧乏不生邪見若不解此者謂其徒功喪計憂悔失理釋論云今我病苦皆過去今生修福報在當來正念無僻得此四意也

宗鏡録卷六十一

音釋

鍛 丁貫切鍛鍊也　疣 以周切瘤也

宗鏡錄卷六十二

宋慧日永明妙圓正修智覺禪師延壽集

夫平等眞心羣生佛智雖然等有信解難生多抱狐疑少能圓證以辟支佛之利智舍利弗之上根乃至不退位中諸大菩薩盡思竭力罔測其原巧辯妙通靡知其際更希再明教理確實指陳顯大旨於目前斷纖疑於意地答廣略之教遮表之詮雖開合不同總別有異然皆顯唯心之旨終無識外之文證若恒沙豈唯一二所以法華經偈云知第一寂滅以方便力故雖說種種道其實爲佛乘又偈云我今亦如是

安隱衆生故以種種法門宣示於佛道釋曰知第一寂滅者眞如一心是本寂滅非輪回生滅之滅亦非觀行對治之滅故稱第一於一心寂滅之中卽無法可敷揚無道可建立爲未了者以方便大慈力故雖說種種別門異道若尅體而論唯但指歸一心佛乘更無餘事今我亦如是者今我與十方佛同證此法悉皆如是以此安樂一切有情示三乘五性種種法門宣揚於唯心佛道楞伽經云佛告大慧身及資生器世間等一切皆是藏識影像所取能取二種相現彼諸愚夫墮生住滅二見中故於中妄起有無分別

大慧汝於此義應勤修學又入楞伽經偈云種種隨心轉唯心非餘法心生種種生心滅種種滅衆生妄分別無物而見物無義唯是心無分別得脫又偈云無地及諸諦無國土及化佛辟支聲聞唯是心分別人體及五陰諸緣及微塵勝性自在作唯是心分別心偏一切處一切處皆心以心不善觀心性無諸相又華嚴經云一切方海中依於衆生心想而住又示知一切法界所安立悉住心念際三昧大智度論云譬如調馬自見影不驚何以故自知影從身出如信入一乘調順之人見一切怖境不驚自知境從心出

唯識論云如契經說三界唯心又說所緣唯識所現又說諸法皆不離心又說有情隨心垢淨又說成就四智菩薩能隨悟入唯識無境又頌說心意識所緣皆非離自性故我說一切唯有識無餘此等聖教誠證非一釋云又說所緣唯識所現者汝謂識外所緣我說卽是內識上所現世親說謂識所緣唯識所現乃至佛告慈氏無有少法能取少法無作用故但法生時緣起力大卽一體上有二影生更互相望不卽不離諸心心所由緣起力其性法爾如是而生心意識所緣皆非離自性者自性卽自心法或理體卽義

之所依本事謂第八心第七意餘六識所緣皆自心僞境佛言由如是理故我說一切有爲無爲皆唯有識無餘實無心外境也乃知凡有見聞皆自心生實無一法當情而有自體獨立者盡從緣起皆逐想成生死涅槃俱如幻夢所以不退轉法輪經云爾時阿難卽往佛所白言世尊諸比丘不能得來何以故見祇桓中大水悉滿清淨無垢亦不見精舍樹木以是義故皆不得來佛告阿難彼諸比丘於無水中而生水想於無色中生於色想無受想行識中生受想行識想無聲聞辟支佛中作聲聞辟支佛想華嚴經云

佛子云何爲菩薩摩訶薩次第徧往諸佛國土神通三昧佛子此菩薩摩訶薩過於東方無數世界復過爾所世界微塵數世界於彼諸世界中入此三昧乃至於彼一一諸如來所恭敬尊重頭頂禮敬舉身布地請問佛法讚佛平等稱揚諸佛廣大功德入於諸佛所入大悲得佛平等無礙之力於一念頃一切佛所勤求妙法然於諸佛出興於世入般涅槃如是之相皆無所得如散動心了別所緣心起不知何所緣起心滅不知何所緣滅此菩薩摩訶薩亦復如是終不分別如來出世及涅槃相佛子如日中陽燄不從雲生不從池生不處於陸不住於水非有非無非善非惡非清非濁不堪飮漱不可穢污非有體非無體非有味非無味以因緣故而現水相爲識所了遠望似水而興水想近之則無水想自滅此菩薩摩訶薩亦復如是不得如來出興於世及涅槃相諸佛有相及以無相皆是想心之所分別佛子此三昧名爲清淨深心行菩薩摩訶薩於此三昧入已而起起已不失是知非唯佛教以心爲宗三教所歸皆云反已爲上如孔子家語衞靈公問於孔子曰有語寡人爲國家者謹之於廟堂之上則政治矣何如子曰其可也

愛人者則人愛之惡人者則人惡之所謂不出圜堵之室而知天下者知反已之謂也是知若匹已以徇物則無事而不歸自然取捨忘懷美惡齊旨是知但了一心無相自顯則六趣塵牢自然超越出必由戶莫不由斯道矣如古德云六道羣蒙自此門出歷千劫而不反一何痛矣所以諸佛驚入火宅祖師特地西來乃至千聖悲嗟皆爲不達唯心出要道耳故知若不了萬法卽眞如一心者悉成徧計以眞如無相見有相者皆是情執故起信論云一切境界唯依妄念而有差別若離心念則無一切境界之相問八識

自性行相作用。爲復是一。爲復各異。答。非一非異。論云。八識自性不可言定一。行相所依緣相應異故。又一滅時。餘不滅故。能所熏等相各異故。亦非定異。經說八識如水波等無差別故。定異應非因果性故。如幻事等無定性故。如前所說識差別相。依理世俗非眞勝義。眞勝義中心言絕故。如伽陀說。心意識八種俗故相有別。眞故相無別。相所相無故。釋云。以三義釋不可定一。行相。謂見分。二所依。謂根。三緣。謂所緣。以此三義相應異故。如眼識見色爲行相。乃至第八變色等爲行相。若一識滅。餘七等不必滅者。七是能

熏。八是所熏。又七是因。八是果。亦非定異者。楞伽經說。識如大海水波。無有差別相。又若定異。應非因果。更互爲因果故。法爾因果非定異。如麥不生豆等芽。故。又一切法如幻等。故知無定異性。問。若爾。前來所說三能變相是何。答。此依四俗諦中第二道理世俗說有八等。隨事差別。非四重眞諦中第四眞勝義諦。勝義諦中。若八識理分別心與言皆絕。故非一非異。相所相無故者。相即是能。所相是所。識上何者爲能相所相。謂用爲能相。體爲所相。或以見分爲能相。相分爲所相。又以七識爲能相。第八爲所相。所相既無。

能相非有。若入眞門。理皆無別。眞門但是遮。別言無別。無別亦無。別無不別。釋曰。但以從初業識。起見相二門。因見立能。因相立所。能所纔具。我法互興。從此因有爲而立無爲。對虛假而談眞實。皆無空體。似有非眞。是以認互起之名。見色有表而執空無表。對相待之質。見牛角有而執兔角無。不知以有遮無。有非定有。以無遮有。無非定無。若了八識眞心。自然絕待。疑消能所。藤蛇於是併空。見息對治。形名以之雙寂。問。心外無法。祖佛正宗。今目覩森羅。初學難曉。不細開示。何以斷疑。須憑徵詰之由。以破情塵之執。答。前

已廣明。今重引證。唯識頌云。是諸識轉變。分別所分別。由此彼皆無。故一切唯識。言轉變者。即八種識。從自證分轉變似二分現。即所變見分有能作用。說名爲見。所變相分爲所作用。說名爲相。即俱依自證分而轉。既若見相二分。包一切法盡。即此二分從心體上變起。故知一切諸法皆不離心。分別所分別者。見分是能分別。相分是所分別。由此彼皆無者。此見相二分上妄執彼我法二執是無。即由此見相二分外。妄情執有心外我法之境。皆是無。故云由此彼皆無。故一切唯識者。唯遮境有。識簡心空。除執二邊。正處

中道卽將唯字遮薩婆多執心外法有其實境將識字簡清辯等執惡取空卽破空有二邊正處中道故疏云外則包羅萬象內則能所俱成可謂四分一心理無逾者又小乘九難難心外無法唯心之旨一唯識所因難諸小乘師云離心之外現見色法是其實境所緣論主何故包羅歸心總說名爲唯識一乃色心有異二又能所不同關云色境不牽能緣心以色從心可唯識當情色境外迷心心被境迷非唯識義論主云只此外邊色境一是一切有情緣心變二是一切有情心之所持根本皆由於心是故攝歸唯識

十地經及華嚴經說三界唯心意云三界之法唯是心之所變離心之外更無一物此亦爲遮我法二執但是妄情執有舉體全無唯有內心故言唯心問欲色二界有外器色境云是心變故所言唯心且如無色界天唯有內心無外色境何要更言唯心豈不成相扶極成過答不但說色境不離心方名唯心此亦遮無色界天貪等取能取之心故爲無色界有情亦貪於空等境起其妄心故無色界亦名唯心若得無漏時其出世無漏色等是出世無漏心心所唯識亦是唯心故云三界唯心解深密經云又說所緣唯識

所現卽一切所緣之境唯是識之所變更無外法所以佛告慈氏菩薩云無有少法能取少法無作用故楞伽經文說諸法皆不離心無垢稱經又說有情隨心垢淨又鈔釋唯識所因立四種道理卽四比量也第一比量成立五塵相分色皆是五識親所緣緣成其唯識義第二成立第六識幷闕成立七八二識皆緣自之親相分不離於識是唯識義第三總成立一切親相分不離心體得成唯識第四成立一切疎所緣緣境皆不離心得成唯識且第一成立五塵相分皆不離五識者今但成立一識相分不離於識餘四

識準作量云極成眼識是有法定不親緣離自識色是宗因云極成五識中隨一攝故如餘極成四識將釋此量分之爲二初釋名揀過次略申問答初者宗前陳云極成卽揀兩宗不極成眼識且如大乘宗中許有他方佛眼識及佛無漏眼識爲小乘不許亦揀之不取若小乘宗中執佛是有漏眼識及最後身菩薩染污眼識卽大乘不許亦須簡之卽兩宗互不許者是不極成法今但取兩宗共許極成眼識方立爲宗故前陳言極成眼識也問若不致極成兩宗簡卽有何過答前陳便有自他一分所別不極成過因中

亦犯自他一分所依不成過爲前陳無極成眼識爲所依故所以安極成二字簡後陳言定不親緣離自識色宗者但是離眼識相分外所有本質色及餘四塵但離眼識者皆不親緣若立敵共諍只諍本質也若大乘自宗成立眼識親相分色問何故不言定親緣不離自識色耶答恐犯能別不極成過故謂小乘不許色不離於眼識故又因云極成五識中隨一攝故者因言極成亦簡不極成五識若不言極成簡空言五識中隨一攝者即此因犯自他一分隨一不成過所以因安極成言揀之喻云如餘極成四識者喻

言極成亦揀不極成法若不安極成犯一分能立所立不極成過所以安極成言簡既立得相分色不離於眼識餘聲香味觸等皆準此成立皆不離於餘四識故所以唯識論頌云極成眼等識五隨一攝故如餘不親緣離自識色等又申問答一問宗依須兩共許今後陳立者言不親緣離自識色敵者許親緣離自識本質色何言極成答小乘亦許眼識不親緣餘四塵以離眼識故但使他宗許有不親緣離自識色即是宗依極成也二問他宗既許餘四塵眼識不親緣後合爲宗便是相扶豈成宗諍答今所諍者但取色塵本質眼不親緣互相差別順已違他正成宗體以小乘雖許色本質離於眼識且是親緣今言不親緣豈非宗諍三問宗中所諍是眼識不親緣本質色同喻如餘四識餘四識但不親緣餘四塵豈得相似答餘四識是喻依各有不親緣離自識法是喻體今取喻體不取喻依亦如聲無常宗同喻如瓶不應分別聲瓶有異但取聲瓶各有無常義相似爲因等也第二以理成立第六兼闇成立七八二識者量云極成餘識是有法亦不親緣離自識法宗因云是識性故同喻如極成五識釋云宗前陳言極成亦簡不極

成若不言極成犯自他一分所別不極成過若言六七八識爲有法他不許七八二識即犯他一分所別不極成過若但立意識爲有法因中便犯不定過被他將七八二識爲異喻量犯共中自不定過今但總言餘則取第六意兼七八即闇成立攝取七八於餘識之中後陳言亦不親緣離自識法者亦者同也同前極成五識不親緣離自識諸法因云是識性故者即同五識是識性故喻如極成五識者即同五識亦不親緣離自識故明知即親緣不離自識法既成立已故知一切親所緣緣境皆不離心是唯識義所以

唯識論云餘識識故如眼識等亦不親緣離自諸法第三以理成立前六識親所緣緣相分皆歸心體所言心體者卽自證分也然雖見分亦依自證而轉今但立相分者以見分共許故量云六識親所緣緣是有法定不離六識體宗因云見相二分中隨一攝故如彼能緣見分小乘許見分不離心體故取爲同喻所以唯識論云此親所緣緣定非離此二隨一故如彼能緣第四道理成立一切疎所緣緣境皆不離心是其唯識卽第八識相分望前六名疎所緣緣以小乘不許第八故但云疎所緣緣也量云一切隨自識

所緣是有法決定不離我之能緣心及心所宗因云以是所緣法故同喻如相應法釋曰此量後陳言定不離我之能緣者謂一切有爲無爲但所緣之法定不離我之能緣識若後陳不言我之能緣者便犯一分相扶之失謂小乘亦許他心智所緣之境不離能緣心故爲簡此相扶過遂言我之能緣卽簡他之能緣也同喻如相應法者卽是前來已成立親相分是也皆所緣法故所以唯識論云所緣法故如相應法決定不離心及心所是以我法非有空識非無離有離無正契中道由此慈尊說中道二頌云虛妄分別

有於此二都無此中唯有空於彼亦有此故說一切法非空非不空有無及有故是則契中道言虛妄分別有者卽有三界虛妄分別心言於此二都無者謂無能取所取我法二執之相於此妄心之上都無言此中唯有空者謂此妄心中唯有眞如此是空性依空所顯故言於彼亦有此者彼者彼空性中亦有此者亦有此妄分別識卽虛妄分別是世俗諦故於此俗諦中亦有眞諦之空性也言故說一切法者卽有爲無爲二法是一切法也言非空非不空者非空謂虛妄分別心及空性卽依圓是有故名非空以二諦

有故非不空者謂能取所取我法二執之相是空卽徧計性也言有無及有故者有謂虛妄分別有故無謂二取我法無故及有故者謂於妄分別中有眞空故於眞空中亦有妄分別故言是則契中道者謂非一向空如淸辯等非一向有如小乘等故名中道謂二諦有不同淸辯二取我法無不同小乘故名中道又阿毗達摩經說菩薩成就四智能隨悟入唯識無境卽是地前小菩薩雖未證唯識之理而依佛說及見地上菩薩成就四般唯識之智遂入有漏觀觀彼十地菩薩所變大地爲黃金攪長河爲酥酪化肉山

魚米等事此小菩薩入觀觀已卽云如是所變實金銀等皆不離十地菩薩能變之心更無外境旣作觀已亦能隨順悟入眞唯識理又如勝論祖師爲守六句義故變身爲大石此有實用若定實境者不應隨心變身境爲石問且如變大地爲金時爲滅卻地令金種別生爲轉其地便成金耶答唯識鏡云爲佛菩薩以妙觀察智繫大圓鏡智及異熟識令地種不起金種生現以此爲增上能令衆生地滅金生名之爲變非爲便轉地成金故攝論云由觀行爲增上令餘識人變大涅槃經云佛言善男子菩薩摩訶薩修行

如是大涅槃者觀土爲金觀金爲土地作水相水作地相隨意成就無有虛妄觀實衆生爲非衆生觀非衆生爲實衆生悉隨意成無有虛妄台教云諸物中一切皆有可轉之理如僧護見身爲牀瓶等當知色法皆隨感現色無定體隨心所變此理元是如來藏中不思議法隨心取著成外成小汝等所行是菩薩道平等法界方寸無虧四般唯識智者第一相違識相智者卽四類有情各別能緣之識識卽相違者其所變相分亦相違故卽天見是寶嚴地魚見是窟宅人見是淸冷水鬼見是膿河猛火緣此四類有情能變之識各相違故致令所變之境亦乃相違所言相者非是徧計相但是相分之相由四類有情先業之力共於一處各變相分不同故名相違識相言智者卽是十地菩薩能緣之智智能了彼四類有情自業識所變相分不同更無心外別四境舊云一境應四心者不正問何以不正答若言一境者未審定是何境若離四類有情所變相分外更別有一境者卽是心外有法問其四類有情爲是各變相分爲本質亦別答四類有情由業增上力其第八所變相分亦別若將此第八相分望四類有情前六識說卽爲本質

故相質皆別故知更無外境唯有識也所以唯識論云一相違識相智謂於一處鬼人天等隨業差別所見各異境若是實此云何成唐三藏云境非定一故爲四類有情所變相分隨四類有情能變之心境亦成四一處解成差證知唯有識論云如人見有糞穢處傍生見爲淨妙飲食於人所見淨妙飲食諸天見爲臭穢不淨故知隨福見異垢淨唯心業自差殊食無麤細大智度論云如佛在耆闍崛山中與比丘僧俱入王舍城道中見大木佛於木上敷尼師壇坐告諸比丘若比丘入禪心得自在能令大木作地卽成

實地何以故是木中有地分故如是水火風金銀種種寶物即皆成實何以故是木中皆有其分復次如一美色婬人見之以爲淨妙心生染著不淨觀人觀之種種惡露無一淨處等婦見之妬惛瞋惡目不欲見以爲不淨婬人觀之爲樂妬人觀之爲苦淨行之人觀之得道無預之人觀之無所適莫如見土木若此美色實淨四種人觀皆應見淨若實不淨四種人觀皆應不淨以是故知好醜在心外無定也又問定力變化事爲實爲虛若實云何石作金地作水若虛云何聖人而行不實答曰皆實聖人無虛也三毒已

拔故以一切法各各無定相故可轉地或作水相如酥膠蠟是地類得火則消爲水則成濕相水得寒則結成冰而爲堅相石汁作金金敗爲銅或還爲石衆生亦如是惡可爲善善可爲惡以是故知一切法無定相第二無所緣識智者言無所緣識者即是一切異生將自第六獨生散意識緣過去未來水月鏡像等變起假相分是此等相分但是衆生第六識妄構畫徧計當情變起都無心外實境名無所緣識言智者即是十地菩薩能緣之心菩薩云此等異生所變假相分皆不離一切異生能變之心是其唯識即以

此例於一切實境亦不離一切有情能緣之心離心之外更無一物舊云緣無不生慮即不正問何以不正答且如緣空華等一切假境之時心亦起故何言緣無不生慮故知緣無體假境時不無內心實相分能牽生心望見分亦成所緣緣義未有無心境曾無無境心又不違護法四分成唯識義若離卻內心實相分外其構畫徧計執心之境即無唐三藏云應言境非眞慮起證知唯有識所以唯識論云二無所緣識智謂緣過未夢鏡像等非實有境識現可得彼境既無餘亦應爾既若菩薩觀諸異生徧計所執之境

皆不離異生心者明知餘一切實境皆悉如是第三自應無倒智者即十地菩薩起智觀察一切衆生妄執自身爲常樂我淨菩薩云此但是凡夫執心倒見離卻妄執心外其凡夫身上實無常樂我淨之境必若有者應異生不假修行而得解脫既不爾者明知唯有妄識故唯識論云三自應無倒智謂愚夫智若得實境彼應自然成無顛倒不由功用應得解脫第四隨三智轉智者一隨自在者智轉智即是菩薩起智觀自所變之境皆不離我能變之心是其唯識爲八地已去菩薩能任運變大地爲黃金攪長河爲酥

酪此是境隨眞智轉所變事皆成轉者改換舊質義卽隨轉大地山河舊質成金銀等衆生實得受用鍛鍊作諸器具皆得若離心有外實境者如何山河等能隨菩薩心便變爲金銀等物以相分本質皆悉轉故故知一切諸境皆不離菩薩能變之心乃至異生亦能變火爲水變晝爲夜點鐵成金等此皆是境隨事智轉所變事皆成亦是唯識若是迦多演那所變宮殿金銀等皆不成就故知離心更無實境論云凡變金銀宮殿者是實定果色從初地已去方能變若約自在八地已上菩薩於相及土皆得自在以上品

定心有大勢力所變金銀宮殿等皆得成就如變金銀鍛鍊作諸器具實得受用其所變金銀是實定果色皆不離菩薩內心是其唯識心外無境若諸聲聞及地前小菩薩等若變金銀宮殿時卽託菩薩所變金銀宮殿以爲本質第六識所變金銀等皆不成就無實作用然所變金銀是假定果色不離聲聞諸小菩薩內心是其唯識心外無境今迦多演那緣是聲聞未得上品定故所變金銀雖無實作用然不離內識心外無境所以唯識論云一隨自在者智轉智謂已證得心自在者隨欲轉變地等皆成境若是實如

何可變又古德云色自在心生故心能變色所以移山覆海倒地翻天攪長河爲酥酪變大地爲黃金悉無難事二隨觀察者智轉智者無性菩薩云謂諸聲聞獨覺菩薩等若修苦空等觀得相應者或作四諦觀時隨觀一法之上唯有無常苦空無我等衆相顯然非是諸法體上有此衆多苦空等義但是苦空等衆相卽是諸法之體旣若無常相於聖人觀心上有者故知一切諸法皆不離觀心而有所以唯識論云二隨觀察者智轉智謂得勝定修法觀者隨觀一境衆相現前境若是眞寧隨心轉三隨無分別智轉智

者爲菩薩根本智證眞如時眞如境與智冥合能所一般更無分別離本智外更無別境卽境隨眞智轉是故說唯心汝小乘若執有心外實境者卽證眞如時一切境相何不現前故唯識云三隨無分別智轉智謂現證實無分別智一切境相皆不現前境若是實何容不現第二世事乖宗難此是經部師難云論主若言唯有內識無心外境者如何現見世間情與非情等物有處定時定身不定作用不定等就此中自有四難一處定難二時定難三身不定難四作用不定難初難云論主若言一切皆是唯識無心外境

者且如世人將現量識正緣南山處其識與山俱在其南山不離識可言唯識忽若將現量識緣北之時其山定在南且不隨緣者心轉來向北既若緣北之時緣南山心不生者明知離識之外有實南山之境此何成唯識第二時定難者難云若正緣南山時識現起山亦隨心起卽可成唯識義且如不緣南山時其緣山心卽不生然山且在不隨心滅卽是離心有境何成唯識義此上二難皆是難現量識亦難比量若約比量心者卽山相分亦於餘處心上現故第三有情身不定難者難云若言一切皆是唯識者且如

有衆多有情同在一處於中一半眼有患眩瞖者或十或五或有見空華或有見頭髮或有見蒼蠅或有全不見物者此等皆是病眼人自識變起所變髮蠅等相分皆不離患眩瞖者之心可是唯識且如一半不患眩瞖者或十或五共在一處所見一般物皆同境既是一者明知離心有境何成唯識

宗鏡録卷六十二

心慈為常康老上善及靈珠師捐貲四十元刻宗鏡錄兩卷願此功德高增蓮位早見彌陀

光緒二十四年秋　江北刻經處識

宗鏡錄卷六十三

宋慧日永明妙圓正修智覺禪師延壽集

第四作用不定難者於中分出三難第一難云復有何因患眩瞖者所見髮蠅等卽無髮蠅等實用餘不患眩瞖者所見髮蠅等物是實用非無汝大乘既許皆是唯識者卽須一時有實作用不然一時無實作用今既不同未審何者是其唯識第二難云復云何因有情於夢中所得飲食刀杖毒藥衣服等卽無實作用及至覺時若得便有實用第三難云復有何因尋香城等卽無實作用餘甎土城等便有實作用論

主答前四難引二十唯識論頌云處時定如夢身不定如鬼同見膿河等如夢損有用若依此頌答前四難卽足且第一答前處定難者論主云汝還許有情於夢中有時見有村園或男或女等物在於一處卽定其有情夢心有時便緣餘處餘處便不見前村園等物卽夢心不定汝且總許是唯識否經部答云我宗夢中雖夢境處定夢心不定然不離有情夢心皆是唯識論主云我覺時境色亦復如然雖山處長定其有情能緣心不定然皆不離現心總是唯識量云我宗覺時所見境色是有法決定是唯識爲宗因云境處定心不定故喻如汝宗夢中之境皆是唯識第二答前時定難者論主云且如有情於夢中所見村園等物其夢心若緣時可是唯識若不緣時應非唯識經部答云我夢中之境若夢心緣時亦是唯識若夢心有不緣時然不離夢心亦是唯識論主云我覺時境色亦復如然我今長時緣南山山不離心是唯識有時緣山心雖不生然不離現心亦是唯識頌云處時定如夢此一句答前二難第三答身不定難論主云汝經部還許衆多餓鬼同於一處於中有三有五業同之者卽同見膿河定又有三五隨自業力所

見不定卽同於一處或有見猛火或有見糞穢或有見人把棒欄隔如是餓鬼同於一處一半見境定一半所見各異汝總許是餓鬼唯識否答云雖見有同異然不離餓鬼自業識所變皆是唯識論主云我宗唯識亦復如然雖一類悉眩瞖者所見各別有一類不患眩瞖者所見卽同然不離此二類有情識之所變皆是唯識頌云身不定如鬼同見膿河等此兩句頌答此一難成唯識寶生論偈云身不定如鬼者實是清河無外異境然諸餓鬼悉皆同見膿滿而流非唯一覩然於此處實無片許膿血可得何容得有溢

岸而流雖無實境決定屬一理定不成此卽應知觀色等心雖無外境不決定性於身非有遮卻境無卽彼成立有境之因有不定過於無境處亦有多身共觀不定如何實無膿流之事而諸餓鬼不別觀之由其同業感於此位俱見膿流慳吝業熟同見此苦由昔同業各熏自體此時異熟皆並現前彼多有情同見斯事實無外境爲思憶故準其道理人亦如斯共同造作所有熏習成熟之時便無別相色等相分從識而生是故定知不由外境識方得起豈非許此同一趣生然非決定彼情同業由現見有艮家賤室貧

富等異如是便成見其色等應有差別同彼異類見成非等故知斯類與彼不同彼亦不由外境力故生色等境然諸餓鬼雖同一趣見亦差別由業異相所見亦然彼或有見大熱鐵圍融煑迸濆或時見有屎尿橫流非相似故雖同人趣薄福之人金帶現時見爲鐵鎖赫熱難近或見是蛇吐其毒火是故定知雖在人趣亦非同見若如是類無別見性由其皆有同類之業然由彼類有同分業生同分趣復有別業各別而見此一功能隨其力故令彼諸人有同異見復以此義亦答餘言有說別趣有情鬼傍生等應非一

處有不別見由別作業異熟性故此雖成趣業有差別同觀之業還有不異卽諸有情自相續中有其別異業種隨故彼任其緣各得生起第四總答作用不定中三難者論主云汝經部等還許有情夢中所得刀杖飲食等無實作用是唯識否答云爾又問只如有情於夢中有時遺失不淨及失尿等事卽有實作用汝亦許是唯識否答云爾論主例答汝既許夢中有實作用及無實作用俱是唯識者卽知我宗患眩瞖及不患者幷夢中現覺兼假城實城此三般皆是有實作用亦如汝夢中有實無實作用皆是唯識論

主以量成立云我宗覺時境色是有法定是唯識宗因云有實作用故如汝夢中境色不然汝夢中境色是有法應非唯識宗因云有實無實作用故如汝覺時境色唯識頌云如夢損有用此一句答上難境又都將一喻總答四難二十唯識頌云一切如地獄同見獄卒等能爲逼惱事故四義皆成且如世間處定時定身不定作用不定等事亦如地獄中受罪有情各見治罰事亦有處定時定身不定作用不定此皆唯識但是諸有情惡業增上雖同一獄然受苦時所見銅狗鐵蛇牛頭獄卒治罰之具或同或異如是苦

器逼害罪人此皆是罪人自惡業心現並無心外實銅狗等物今世間事法亦復如然若罪人同一獄者是總報惡業力若各別受苦者即是別報惡業力諸經要集云夫云罪行妄見境染執定我人取著違順便令自他皆成惡業是以經偈云貪欲不生滅不能令心惱若人有我心及有得見者是人爲貪欲將入於地獄是故心外雖無別境稱彼迷情彊見起染如夢見境起諸貪瞋稱彼夢者謂實不虛理實無境唯情妄見故智度論說如夢中無善事而善無瞋事而瞋無怖事而怖三界衆生亦復如是無明眠故不應

瞋而瞋等故知心外雖無別境稱彼迷情妄見起染心外雖無地獄等相惡業成時妄見受苦如正法念經云閻摩羅人非是衆生罪人見之謂是衆生手中執持燄然鐵鉗彼地獄人惡業既盡命終之後不復見於閻羅獄卒何以故以彼非是衆生數故如油炷盡則無有燈業盡亦爾不復見於閻羅獄卒如閻浮提日光既現則無暗冥惡業盡時閻羅獄卒亦復如是惡眼惡口如衆生相可畏之色皆悉磨滅如破盡壁畫亦隨滅惡業畫壁亦復如是不復見於閻羅獄卒可畏之色以此文證衆生惡業應受苦者自然其

中妄見地獄問曰見地獄者所見獄卒及虎狼等可使妄見彼地獄處閻羅在中判諸罪人則有此境云何言無答曰彼見獄主亦是妄見直是罪人惡業熏心令心變異無中妄見實無地獄閻羅在中又唯識論中問曰地獄中主烏狗羊等爲是衆生爲非衆生答曰非是衆生問曰以何義故非是衆生答曰以不相應故此以何義有五種義彼地獄主及烏狗等非是衆生何等爲五一者如地獄中罪衆生等受種種苦地獄主等若是衆生亦應如是受種種苦而彼一向不受如是種種苦惱以是義故彼非衆生二者地

獄主等若是衆生應遞相殺害不可分別此是罪人此是主等而實不共遞相殺害可得分別此是罪人此是獄主以是義故彼非衆生三者地獄主等若是衆生形體力等應遞相殺害不應偏爲受罪人畏而實偏爲罪人所畏以是義故彼非衆生四者彼地獄地常是熱鐵地獄主等是衆生者不能忍苦云何能害彼受罪人而實能害彼受罪人以是義故彼非衆生五者地獄主等若是衆生非受罪人不應於彼地獄中生而實生於彼地獄中以是義故彼非衆生此以何義彼地獄中受苦衆生造五逆等諸惡罪業於

彼中生地獄主等不造惡業云何生彼以如是等五種義故名不相應問曰若彼主等非是衆生不作罪業不生彼者云何天中得有畜生此以何義如彼中有種種鳥諸畜生等生在彼處於地獄中何故不爾畜生餓鬼種種雜生令彼爲主答曰偈言畜生生天中地獄不如是以在於天上不受畜生苦此偈明何義彼畜生等生天上者彼於天上器世間中有少分業是故於彼器世間中受樂果報彼地獄主及烏狗等不受諸苦以是義故彼地獄中無有實主及烏狗等除罪衆生又寶生論云如上所言得差別體地獄

苦器不同受之或諸猛火由業力故便無燒苦斯則自非善友誰能輒作斯說凡是密友性善之人不論夷險常爲思益爲欲顯其不受燒苦故致斯言然於此時助成立義卽是顯出善友之意由其不受彼之苦故意欲成立非那洛迦今復更云由其業力說有大火言不燒者斯則眞成立唯識義由無實火但唯業力能壞自性旣定不受如斯苦故便成此火自性元無然有實性是宗所許若也許其是識現相事體元無此由業力故無火斯成應理由其先業爲限劑故若異此者彼增上業所招之果旣現在彼如何不

見如無智者欲求火滅更復澆酥今唯識宗轉益光熾由斯衆理證此非成那洛迦類故知唯心所現正理無差如觀佛三昧海經觀佛心品云是時佛心如紅蓮華蓮華葉開有八萬四千諸白色光其光徧照五道衆生此光出時受苦衆生皆悉出現所謂苦者阿鼻地獄十八小地獄十八寒地獄乃至五百億刀林地獄等問若衆生惡業心感現地獄事理卽可然且如觀佛心時云何純現地獄答此略有二義一若約理而觀佛之心性本含法界無一塵而不徧無一法而不通二若約事而觀佛唯用救苦爲意以物心

爲心則地獄界全是佛心運無緣慈不問同體所以觀佛心品云佛告大王欲知佛心光明所照常照如此無間無救諸苦衆生佛心所緣常緣此等極惡衆生以佛心力自莊嚴故過算數劫令彼罪人發菩提心乃至爾時世尊說是語時佛心力放十種白光從佛心出其光徧照十方世界一一光中無量化佛乘寶蓮華時會大衆見佛光明如玫瓈水或見如乳見諸化佛從佛胷出入於佛臍遊佛心間乘大寶船經往五道受罪人所一一罪人見諸化佛如己父母善友所親漸漸爲說出世間法是時空中有大音聲告

諸大眾汝等今者應觀佛心諸佛心者是大慈也大慈所緣緣苦眾生乃至次行大喜見諸眾生安隱受樂心生歡喜如已無異既生喜已次行捨法是諸眾生無來去相從心想生心想生者因緣和合假名爲心如此心想猶如狂華從顛倒起苦從想起樂從想生心如芭蕉中無堅實廣說如經十譬作是觀時不見身心見一切法同如實性是名菩薩身受心法依因此法廣修三十七助菩提分若取證者是聲聞法不取證者是菩薩法又寶生論云時處定如夢者有說由心惑亂遂乃便生時處定解然於夢中無其實

境決定可得故世共許如何將此比餘定事爲作過耶乃至爾時於彼夢中實亦無其時處決定相狀在心由何得知如有頌言若眼於夜裏見曰北方生參差夢時處如何有定心又云此之夢心有何奇異營大功業不假外形而能巧利構兹壯麗或見崇墉九仞飛甍十丈碧條靃靡紅華璀璨匠人極思亦未能雕若言於他同斯難者彼無此過不假外色功力起故但由種熟仗識爲緣卽於此時意識便現又未曾見有經論說於彼夢中生其別色百法鈔云論主言如於夢中與女交會流洩不淨夢被蛇螫能令悶絶流汗心迷雖無實境而有實作用此是唯識否經部答云此是唯識論主云汝既許夢中有實作用無實作用皆是唯識卽我宗夢中現覺眩瞖者不眩瞖者假城實城此三般有實無實作用如汝夢中亦是唯識論主立量云有瞖無瞖等是有法有用無用其理亦成宗因云許無實境故如夢中染汗等所以唯識論云如夢損有用第三明聖教相違難者小乘難意云論主若言一切皆是唯識無心外實境者何故世尊於阿含經中說有十二處若一切皆唯識者世尊只合說意處法處卽不合說有十色處今世尊既說

有十二處者明知離卻意法處外別有十色處是心外有何言一切皆是唯識論主答中分三初假答二正答三喻答初假答引二十唯識頌云識從自種生似境相而轉爲成內外處佛說彼爲十言識從自種生者卽五識自證分現行各從五識自種而生將五識自種便爲五根言似境相而轉者卽五識自證分從自種生已而能變似二分現其所變見分說名五識所變相分似外境現說名五境其實根境十處皆不離識亦是唯識此是假將五識種子爲五根答經部師以經部許有種子問設許有種子豈不執離識

有答彼許種子在前六識中持亦不離識有論主云其所變相分似外五境亦不離識有能變五識種卽五根亦不離識有雖分內外十處然皆是唯識言佛說彼爲十者以佛密意爲破外道執身爲一合相我故遂於無言之法彊以言分別說有根塵十處有大勝利故唯識頌云依此教能入數取趣無我解云爲若有智者卽依此佛說根塵十處教文便作觀云我於無量劫來爲惡慧推求愚癡迷闇妄執自他身爲一合相我因此生死沉淪今依教觀自他身但有根塵十處以成其體於一一處中都無主宰自在常一

等用何曾有我因此便能悟入無我之理成我空觀此卽大乘假將五種子爲五根假答小乘也小乘又難云若爾者且如五塵相分色是五識所變故可如汝宗是唯識其本質五境色未審是何識之唯識謂五識及第六皆不親緣本質五境卽此本質五境豈不是離心外有何成唯識因此問故便是論主第二正答唯識論云依識所變非別實有解云此依大乘自宗正解卽約已建立第八識了卽論主云五塵本質色此是第八識之親相分相分不離第八識亦是唯識第三喻答者卽論主舉喻答小乘世尊建立十

二處之所以唯識論云如遮斷見說續有情但是佛密意破於眾生一合相我假說有十二處名令眾生觀十二處法都無有我便入我空次依唯識能觀一切諸法之上皆無實軌持勝性等用旣除法執便成法空小乘難云旣言一切諸法皆無實軌持自在勝性等用成法空觀者卽此唯識之體豈不亦空因此便成第四唯識成空難論主答云唯識體卽不空非所執故我前言空者但是空其一切法上妄心執有實軌持勝性等用徧計虛妄之法此卽是空非空離執唯識之體卽如根本智正證如時離言絕相其徧

計虛妄一切我法皆不現前於此位中唯有本智與理冥合不分能所此識體亦空便無俗諦俗諦無故眞諦亦無眞俗相依而建立故唯識論云撥無二諦是惡取空諸佛說爲不可治者第五色相非心難唯識論云若諸色處亦識爲體何緣不似色相顯現一類堅住相續而轉小乘難意云若言一切外色皆心爲體由心自證分變似能取說名見分變似可取說爲相分者何故所變色相卽顯現其能變心卽不顯現又若外色以心爲體者何故所變色卽一類相續而轉且如外色山河大地等卽千年萬年一類更無

改變又相續不斷得多時住若有情能變心即有改變不定又不得多時今外色既不以內心者明知離心有外實色何言一切皆是唯識答云唯識論云名言熏習勢力起故此但由一切有情無始時來前後遞互以名言虛妄熏習作心外堅住相續等解由此勢力有此相現非是眞實有心外堅色等外人又問旣言唯識者有情何要變似外色而現答唯識論云謂此若無應無顛倒便無雜染亦無淨法是故諸識變似色現論主云一切有情若不變似外色現者便無染淨之法且如一切凡夫由先迷色等諸境顛倒

妄執由此雜染便生雜染體即二障汝外人若不許識變似外色現者即有情不起顛倒顛倒妄執既若不起即雜染煩惱不生雜染既若不生淨法因何而有所以攝論頌云亂相及亂體應許爲色識及與非色識若無餘亦無言亂相者即所變色相言亂體者即能變心體應許爲色識者即前所變亂相及與非色識者即前變心是體若無餘亦無者若無所變似外色境爲亂相者亦無能變之識體故知須變似外境現所以諸色皆不離心總是唯識第六現量違宗難者唯識論云色等外境分明現證現量所得寍撥

爲無小乘難意云且如外五塵色境分明五識現證是現量所得大小乘皆共極成何故撥無言一切唯識三十唯識論中亦有此難云諸法由量刊定有無一切量中現量爲勝若無外境寍有此覺我今現證如是境耶意云論主若言無外實境者如何言五識現量取外五塵境若是比量非量徧計所起徧計所執彊思計度構畫所生相分不離於心可成唯識今五識旣現量得外實五塵境者何故亦言皆是唯識答唯識論云現量證時不執爲外後意分別妄生外想論主云且如現量五識正緣五塵境時得法自性

不帶名言無籌度心不生分別不執爲外但是後念分別意識妄生分別便執爲外言有實境問且小乘許現量心中不執爲外否答許問與大乘何別答唯識鏡云若是大乘即五識及同時意識皆現量不執爲外若小乘宗即唯是五識不執爲外論主云汝小乘既許五識緣境是現量不執爲外者明知現量心中皆無外境是其唯識外人又問云其五識所緣現量五塵境爲實爲假答是實難云若爾者即是離心外有實五塵境何言唯識答五識緣五塵境時雖即是實但是五識之所變自識相分不離五識皆成唯

識故唯識論云故現量境是自相分識所變故亦說爲有意識所執外實色等妄計有故說彼爲無意云五識各有四分其五塵境是五識之親相分由五識自證分變似色等相分境現其相分又不離見分皆是唯識若後分別意識起時妄執心外有其實境此卽是無不稱境體而知故問且如五識中瞋等煩惱起時不稱本質何言唯是現量答雖不稱本質然稱相分亦是現量由心無執故其第六意識相應瞋若與執俱時相分本質皆不稱若不與執俱起時卽同五識問何故五識無執答由不通比非二量故無執

故知五識現量緣境不執爲外皆是唯識又小乘都申一難若唯識無外境者由何而得種種心生既若無境牽生心卽妄心由何而起未有無心境曾無無境心答論頌云由一切種識如是如是變以展轉力故彼彼分別生一切種識者卽是第八識此識能持一切有爲之法種故卽一切種子各能自生果差別功能名一切種識功能有二一現行名功能卽似穀麥等種能生芽功能是二第八識中種子名功能有能生現行功能故今言一切種識者但取本識中種子功能能生一切有爲色心等法卽色爲所緣心便是能緣卽色是境不離心是唯識卽此心境但從本識中而生起何要外境而方生如是如是變者如是八識從種生卽是八識自證分轉變起見相二分相分不離見分是唯識以展轉力故者卽餘緣是展轉力以心法四緣生色法二緣起彼彼分別生者卽由彼見相二分上妄執外有實我法等分別而生故知但由本識中種而生諸識不假外妄境而亦得生故知一切皆是唯識又唯識論云問曰如汝向言唯有內識無外境界若爾內識爲可取爲不可取若可取者同色香等外諸境界若不可取者則是無法云何

說言唯有內識無外境界答曰如來方便漸令衆生得入我空及法空故說有內識而實無有內識可取若不如是則不得說我空法空以是義故虛妄分別此心知彼心彼心知此心問曰又復有難云何得知諸佛如來依此義故說有色等一切諸入而非實有色等諸入又以識等能取境界以是義故不得說言無色等入答曰偈言彼一非可見多亦不可見和合不可見是故無塵法

宗鏡錄卷六十三

宗鏡錄卷六十四

宋慧日永明妙圓正修智覺禪師延壽集

第七夢覺相違難唯識論云若覺時色皆如夢境不離識者如從夢覺知彼唯心何故覺時於自色境不知唯識答唯識論云如夢未覺不能自知要至覺時方能追覺覺時境色應知亦爾未眞覺位不能自知至眞覺時方能追覺未得眞覺恒處夢中故佛說爲生死長夜由斯未了色境唯識即第七是生死長夜根本能令起惑造業三界輪迴直須至眞覺位時方知一切皆是唯識所以唯識樞要問云若諸識生似

我法時爲皆由我法分別熏習之力爲亦不由若皆由者八識五識無二分別生果時應不似二若不由者此中何故但說我法熏習爲因答二解俱得其皆由解者一切有漏與第六二分別俱故或第六識二分別引故後生果時皆似我法其不由解者此說第六根本兼緣一切爲因緣發諸識令熏習故後生果時似我法相起或非外似外六七計爲似外起故如夢者夢娑刺拏王事此云流轉其王容貌端正自謂無雙求覓形容欲同等比顯已殊類時有人言王舍城中有大迦旃延形容甚好世中無比遣使迎之迦旃延至王出宮迎王不及彼人覩迦旃延無看王者王問所以衆曰迦旃延容貌勝王王問大德今果宿因迦旃延答曰我昔出家王作乞兒我掃寺地王來乞食我掃地竟令王除糞掃除糞掃訖方與王食以此業因生人天中得報端正王聞此已尋請出家爲迦旃延弟子後共迦旃延往阿槃地國山中修道別處坐禪阿槃地王名鉢樹多將宮人入山遊戲宮人見王形貌端正圍繞看之鉢樹多王見娑刺拏王疑有欲意問娑刺拏王曰汝是阿羅漢耶王答言非次第二問餘三果皆答言非又言汝離欲不答言非鉢

樹多王瞋曰何故入我婇女之中遂鞭身破悶絶而死至夜方惺至迦旃延所迦旃延見已心生悲愍其諸同學方爲療治娑刺拏王語迦旃延曰我從師乞暫還本國擧軍破彼阿槃地國殺鉢樹多王事畢當還從師修道迦旃延從請語曰汝若欲去且停一宿迦旃延安置好處令眠欲令感夢夢見擧軍征阿槃地國自軍破敗身被他獲堅縛手足赤華插項嚴鼓欲殺王於夢中便大恐怖叫喚失聲云我今無歸願師濟拔作歸依處得壽命長迦旃延以神力手指火喚之令寤問言何故其心未惺倚言災事迦旃延以

火照而問之此是何處汝自看其心方寤迦旃延語言汝若征彼必當破敗如夢所見王曰願師為除毒意迦旃延為說一切諸法譬如國土假名無實離舍屋等無別國土乃至廣說種種因緣至一極微亦非實事無此無彼無怨無親王聞法已得預流果後漸獲得阿羅漢果故知萬法唯識夢覺一如覺中所見即明了意識夢中所見即夢中意識分別之意既同差別之境何異迷悟若此曷疑慮焉昏覺如斯可洞達矣第八外取他心難若論主言外色實無是內識之境者即可然且如他人心是實有豈非自心所緣

耶意云且如此人心若親緣得他人心著即離此人心別有心為境若此人心緣他人心不著者即有境而不緣若緣著即乖唯識義若緣不著者即何成他心智耶論主答云誰說他心非自識境但不說彼是親所緣意云誰說他人心非此人境若此人親緣他人心即不得若託他人心為質自變相分緣亦有他心智但變相分緣時即不得他人本質但由他人影像相自心上現名了他心即知他心相分不離自心亦唯識意云此人心緣他人心時變起相分當情相分無實作用非如手等執物亦非如日舒光親照其

境緣他人心時但如鏡中影似外質現鏡中像亦無實作用緣他人心時亦復如是非無緣他人心體故名了他心非親能了親所了者謂自所變又古德問他心智者謂既有他人心為自心之所知即是離自心外有他人心為自心之境何得言無境唯有識耶答謂緣他身浮塵根相分色亦不親得但託為質如自身眼識緣第八識所變器世間色時亦但託為質亦不親得其耳等四識緣本識所變聲等亦爾以本質是第八識變今望五識故名影識如五識等緣本識所變本質境亦不親得雖亦得緣只成疎所緣緣

若如實知即是佛境者論云二智於境各由無知所覆蔽故不知如佛所行不可言境此有二解一云是眞如妙理言詮不及不可言境謂此離言眞如之境唯佛獨能顯了分別證餘不能證者由第七恒行不共無明所覆故不知二云不可言境者即他心智境及自心智境此二智名不可言境謂眞如自相假智及詮俱非境故詮謂名言能詮之名既不得自相即顯自他二智之境是佛智所行不可言境由此一智所知之境自相是佛智所行不可言境餘人由恒行不共無明所覆蔽故不得如實而知也又既言此

人緣他人心時託他人心爲質自變相分緣者卽相分不離此人心是唯識若他人心本質緣不著者卽離此人心外有他人心何成唯識耶因此便中第九異境非識難小乘云唯識之義但離心之外更無一物方名唯識旣他人心異此人心爲境何成唯識耶又他人境亦異此境卽離此人心外有異境何成唯識答責云奇哉固執觸處生疑豈唯識言但說一識汝小乘何以此堅執處處生疑豈唯識之言但說一人之識若言有一人之識者卽豈有凡聖尊卑若無佛者衆生何求若無凡夫佛爲誰說應知我唯識言

有深旨趣論云唯識言總顯一切有情各有八識六位心所所變相見分位差別及彼空理所顯眞如言識之一字者非是一人之識總顯一切有情各各皆有八識卽是識之自體五十一心所識之相應何獨執一人之識問維摩詰卽入三昧令此比丘自識宿命曾於五百佛所植衆德本迴向阿耨多羅三藐三菩提卽時豁然還得本心者且如過去心已過去未來心未至現在心不住云何觀他過去善根心答約眞卽無隨俗故有一念心起尙具十世四運分別不可作龜毛兔角斷滅之見過去之法雖念念不住然

皆熏在第八識中有過去種子知過去事者過去所熏得種現在阿賴耶識自證分中含藏然過去世時雖卽無體但將識中種爲本質變影而緣卽知過去世事此帶質境知也或云可緣心上影像相者卽第六意識見分之上變起過去影像相而知也此卽獨影境謂過去無體無本質也又過去之法若不落謝不名過去若已落謝無法可知若但曾逕心中有種影現前故說憶知者是則但見自心不見彼法如月燈三昧經云佛言云何菩薩摩訶薩得過去未來現在智藏童子是菩薩如實知一切衆生心行準自心

行次第所起觀自心法以無亂想修習方便如自心行類他亦爾隨所見色聞聲有愛無愛心皆如實知童子是名菩薩得過去未來現在知藏問觀他心智者爲實知他心爲不實知二俱有過答如前已說若立自他於宗俱失此皆約世諦識心分別故識論頌云他心知於境不如實覺知以非離識境唯佛如實知他心智者不如實知以自內心虛妄分別以爲他心以自心意意識雜故如彼佛地如實果體無言語處勝妙境界唯佛能知餘人不知以彼世間他心智者於彼二法不如實知以彼能取所取境界虛妄分

別故此唯是識無量無邊甚深境界非是心識可測量故如上約法相宗說若約法性宗先德云知他心者皆如實知審於事實見理實故亦非心外可見亦非無境可知若自他相絕則與衆生心同一體故無心外也不壞所故能知也又他心者安慧云佛智緣他心緣得本質餘皆變影若緣本質得心外法壞唯識故今以攝境唯心不壞境故能所兩亡不礙存故第一義唯心非一非異正緣他時卽是自故以卽佛心之衆生心爲所緣非卽衆生心之佛心卽衆生心之佛心爲能緣非卽佛心之衆生心如是鎔融非一

非異若離佛外別有衆生更須變影卻失眞唯識義釋云攝境唯心不壞境者卽示心境有無彼得本質恐壞唯心旣不壞境得之何妨壞有何失以無心者無心於萬物萬物未嘗無此得在於神靜失在於物虛謂物實有故若唯心壞境則得在於境空失在於心有故以境由心變故說唯心所變不無何必須壞若以緣生無性則心境兩亡故借心以遣境境遣而心亡非獨存心矣若能所兩亡不礙存故者上不壞境且遣懼質之病今遣空有之理故心境並許存亡心境因藉故空相依緣生故有有卽存也空卽亡也

空有交徹存亡兩全云第一義唯心非一非異者正出具分唯心之理上第一釋雖有唯心之義尙通生滅唯心第二義雖兩亡不羈而未言心境相攝今明具分唯識故云第一義唯心同第一義故非異不壞能所故非一非一故有能所緣他義成矣非異故能所平等唯心義成矣云正緣他時卽是自故者結成得於本質無心外過以卽自故不失唯識云以卽佛心之衆生心正示法性他心之相此有兩對語前對明所緣後對明能緣今初言卽佛心之衆生心者此明所緣衆生心卽是佛心此明不異次云非卽衆生

心之佛心者此句明衆生心與佛心非卽非卽故有所緣義非異故不壞唯心義言爲所緣者結成所緣箇非能緣也次下辯能緣云以卽衆生心之佛心者此句明能緣佛心卽是衆生心此明非異次云非卽佛心之衆生心者此明佛心與衆生心有非一義非一故爲能緣非異故不壞唯識之義言爲能緣者結成能緣箇非所緣也更以喻況如水和乳乳爲所和喻衆生心是所緣水爲能和喻佛心爲能緣以此二和合如似一味鵞王唼之乳盡水存則知非一然此水名卽乳之水此乳名卽水之乳二雖相卽而有不

一之義故應喻云以卽水之乳非卽乳之水爲所和以卽乳之水非卽水之乳爲能和義可知矣云如是鎔融非一非異者結成正義若離佛外結彈護法言卻失眞唯識者不知外質卽佛心故又諸佛如來隨多心念意能頓了如金剛經云爾所國土中所有衆生若干種心如來悉知華嚴經頌云無量億劫勤修學得是無上菩提智云何不於一念中善知一切衆生心此是意圓對如來一念之中皆一時頓應無一不應故名圓對斯乃了心非心方能徧應若心在有無則成隔礙故金剛經云如來說諸心皆爲非心是

名爲心華嚴論問何謂諸佛知衆生心時與非時答曰以如來心與一切衆生心本不異故是一心一智慧故以知時與非時諸佛悟了而與衆生共之衆生迷自謂爲隔一切諸佛以一切衆生心智慧而成正覺一切衆生迷諸佛智慧而作衆生及至成佛時還成衆生迷理之佛所說法門還解衆生心裏迷佛衆生以此不異故知衆生心又問曰大衆何不以言自問因何默念致疑何不自以言讚勸請云何供養雲出音請佛答曰明佛得法界心與一切衆生同心故以心不異故知彼心疑供具說頌者明一切法總法

界體也法界不思議一切法不思議故明聖衆心境無二故凡夫迷法界自見心境有二故卽顚倒生也又云心無內外中間萬法自他同體一亦不一他亦不他故知凡聖同一眞心衆生妄隔而不知諸佛契同而頓了如鏡面照而鏡背昏俱一銅體而分明昧猶河水淸而河泥濁在一濕性而有混澄凡心聖心可喻斯旨問衆生緣佛身時是識所變只如佛緣所化有情身土之時是何所變答若衆生見佛是有漏轉識所變相分等流色攝若佛緣有情是無漏智所變定果色攝識智雖殊俱不出自心之境並是增上

緣力互令心現如義天鈔云依大乘宗通說依於他身及非情法謂以自心緣他身時不親緣彼但緣自識所變相分爲親所緣此相分色雖託他身本質而起然非依彼他識而生由自識中種子生故故此相分等流色攝是五塵色之流類故託他爲質方變影像是增上緣此所變相分從自種生是因緣義卽顯自心緣得他身得依現行處有是於他身現行成就以從自心種子生故亦是依種建立而得卽種子成就也以此理故有情見佛色身之時所緣佛身唯是有漏自識變故自種生故等流色攝緣佛所變淨土

亦爾若佛緣所化有情色身及穢土時所變相分皆是無漏無實有情離染等用如鏡中像全是明鏡無漏定果色攝亦是等流色收是外五塵之流類故佛識變故無垢識中淨種生故問若論一心無外境界如前九難答已分明則眼際無色耳外無聲如今所見所聞爲當是一爲當是二爲復是有爲復是無若言是一則壞能所若言是二又違自宗若言是有根境常虛若言是無現見不濫如何融會得契斯旨答如大地一生種種芽類八識心現種種法所觀是藏識之相分能見是眼識之見分能所雖分俱不離識

皆是現量不帶名言則非有非空非一非二若落比量執作外塵則一二情生內外心起密嚴經偈云如地無分別庶物依以生藏識亦如是衆境之依處如人以己手還自摩捫身亦如象與鼻取水自霑沐復似諸嬰兒以口含其指如是自心內現境還自緣是心之境界普偏於三有久修觀行者而能善通達內外諸世間一切唯心現華嚴經頌云譬如深大海珍寶不可盡於中悉顯現衆生之形影甚深因緣海功德悉無盡清淨法身中無像而不現正法念處經云又修行者內心思惟隨順正法觀察法行乃至云何世間愚癡凡夫眼見色已或貪或瞋或生於癡彼諸凡夫若見知識若見婦女心則生貪若復異見則生於瞋見他具足貪瞋所覆以眼於色不如實見癡蔽於心愚癡凡夫唯有分別眼見於色若貪若瞋若癡所覆愛誑之人自意分別此我我所如是染著譬如狗齩離肉之骨涎汁和合望得其髓如是貪狗齒間血出得其味已謂是骨汁不知自血有如是味以貪味故不覺次第自食其舌復貪其味以貪覆故謂骨汁味愚癡凡夫亦復如是虛妄分別眼識見色貪著喜樂思量分別以色枯骨著眼口中境界如齒如是

齩之染意如涎愛血流出貪愛血味爲色爲美於色得味猶如彼狗凡夫愚癡眼識見彼如骨之色虛妄分別如狗齩骨如是觀察眼見於色猶如枯骨如是一切愚癡凡夫虛妄分別之所誑惑又云閻羅王說偈責疏罪人云若屬邪見者彼人非黠慧一切地獄行怨家心所誑心是第一怨此怨最爲惡此怨能縛人送到閻羅處故知諸苦所因貪欲爲本若貪心暫起爲五欲之火焚燒覺意纔生被三界之輪繫縛如帝釋與脩羅戰勝造得勝堂七寶樓觀莊嚴奇特梁柱楯榻皆容一綖不相著而能相持天福之妙力能

如此目連飛往帝釋。將目連看堂。諸天女皆羞。目連悉隱逃不出。目連念帝釋著樂。不修道本。卽變化火燒得勝堂。爀然崩壞。仍爲帝釋廣說無常。帝釋歡喜。後堂儼然。無灰烟色。釋曰。以帝釋恃其天福。執著有爲。故目連垂方便門。示無常境。問。天堂既爀然崩壞。云何儼然無灰烟之色。答。此火非是目連神通之火。卽是帝釋心中火。故法華經云。貪著所愛。則爲所燒。旣以貪著之心。遂見宮殿焚爇。及悟無常之事。則貪欲之火潛消。所以卽見堂殿宛然。無有灰烟之色。以目連爲增上緣故。自見被燒。然則堂本不燒。故知迷

悟唯心。隱顯在己。例餘見聞。悉亦如是。又經云。惡從心生。反以自賊。如鐵生垢。消毀其形。樹繁華果。還折其枝。蚖蛇含毒。反害其軀。方知無始已來。至于今日。四威儀內。十二時中。皆是將心取心。以識緣識。畢竟內外無有一塵。爲對爲治。可取可捨。堪嗟世俗迷倒之人。背覺合塵。日月心行。損他害彼。潤己資身。並是自陷自傷。不知不覺。未窮此旨。物我難忘。直了斯宗。自他無寄。百論問云。如虛空華無故不可見。如瓶現見故。當知有瓶。答曰。不見。何故不見。汝言現見。爲眼見。爲識見。若眼見者。死人有眼。亦應見。若識見者。盲人有識。亦應見。若根識一一別不見。和合亦不見。喻一盲不能見。衆盲亦不見。五根亦爾。四性皆空。大智度論云。色等諸法。不作大。不作小。故凡夫人心。於諸法中。隨意作大小。如人急時。其心縮小。安隱富樂時。心則寬大。又如八背捨中。隨心故。外色或大或小等。故摩訶般若經云。般若波羅蜜無聞無見。諸法鈍故。是以凡夫界中。觀相元妄。聖人境內。觀性元眞。以觀相故。不得無。以觀性故。不得有。以不得無故。如但見其波。不見其水。以不得有故。但見其水。不見其波。又如向瞖眼人。說空中無華。對狂病人。說目前無鬼。徒

費言語。終不信受。直待目淨心安。自然無見。

宗鏡錄卷六十四

音釋

啑（所甲切食也）　挃（竹栗切撞也）　榰枊（榰章移切柱砥也又斜柱也枊五剛切飛枊斜柱也）　綖（與線同）

宗鏡錄卷六十五

宋慧日永明妙圓正修智覺禪師延壽集

夫能所之見則心境宛然聖人知見如何甄別答雙照有空不住內外似谷答聲而絕慮如鏡鑒像而無心妙湛圓明寂而常照故云常在正念亦名正知非是有念有知亦非無念無知有無皆想俱非正知但無念而照名曰正知若唯無念寂而失照若但照體照而失寂並稱不正正在雙行還原集云聖人有二種用心一不見一切物皆空唯見於空不見一切物二見一切物卽空了了見一切有不住於有了了見

一切空不住於空雙照有無分別宛然而無念動猶如明鏡覩其色像一切皆於中現用心亦爾得其妙性起照照見一切了了知無所知了了見無能見無能不廢常見見性既常無一間斷分明徹照十方淨無瑕穢內外圓明廓周法界亦名毗盧遮那無障礙眼圓滿十方照見一切佛刹卽此義也所以達人見聞不落能所既非是有見亦非無見但不生二相常合眞空是以全色爲眼常見色而無緣全眼爲色恒稱見而非我以色是所緣之境眼是能緣之根今卽是眼故無緣也又眼是我能見今全爲色正見之時卽非我也則色心無二能所非殊所以影公頌云法性不並眞聖賢無異道故大集經云慧燈三昧者卽是諸法無二相也無二相者不在有無不出有無夫有無者以惑情所執有無皆失理無惑計有無皆眞是知諸法非實非虛非空非有若無於有不成於無若無於無不成於有有無交徹萬化齊融又約聖人親證見聞之境有其四種所以大涅槃經云約佛妙證有四種聞一不聞聞二不聞不聞三聞不聞四聞聞台教釋云初入證道修道忽謝無所可有名爲不聞眞明豁開無所不照卽是於聞故名不聞聞證得

如是大般涅槃無有聞相故名不聞不聞證起惑滅名聞不聞寂而常照隨扣則應名曰聞聞初句證智次句證理第三句證斷第四句證應若事若理智斷自他於初智證之中具足無缺此一妙證盡涅槃海復次不聞聞是證了因聞不聞是證緣因不聞不聞是證正因聞聞是證境界乃至明四種生生生不生不生生不生不生亦同四種聞義一生生是因緣所生法二生不生是我說卽是空三不生生是亦名爲假名四不生不生是亦名中道義若能了此四生之無生方達聖人見聞之境是以不取不捨達一道之

原非有非空見諸法之實如肇論云且夫心之有也以其有有有自不有故聖心不有有不有有故有無有有無有故則無無無無故聖心不有不無不有不無故其神乃虛何者夫有也無也心之影響也言也象也影響之所攀緣也有無既廢則心無影響影響既淪則言象莫測言象莫測則道絕羣方道絕羣方故能窮靈極數窮靈極數乃曰妙盡妙盡之道本乎無寄夫無寄在乎冥寂冥寂故虛以通之妙盡在乎極數極數故數以應之數以應之故動與事會虛以通之故道超名外道超名外因謂之無動與事會因

謂之有謂之有者應夫有爲彊謂之然耳彼何然哉故經云聖智無知而無所不知無爲而無所不爲此無相寂然之道豈曰有而爲有無而爲無動而乖靜靜而廢用耶而今之談者多卽言以定旨尋大方而徵隅懷前識以標玄存所存之必當是以聞聖有知謂之有心聞聖無知謂等太虛有無之境邊見所存豈是處中莫二之道乎何者萬物雖殊然性本常一不可而物然非不物可物於物則名相異陳不物於物則物而卽眞是以聖人不物於物不非物於物不物於物物非有也不非物於物物非無也非有所以

不取非無所以不捨不捨故妙存則眞不取故名相靡因名相靡因非有知也妙存卽眞非無知也故經云般若於諸法無取無捨無知無不知此攀緣之外絕心之域而欲以有無詰者不亦遠乎釋曰夫說有說無是心之影響豈當眞實乎若能窮其靈智之原極乎心數之表則可妙盡其道矣自然眞心無寄不屬有無不以有故虛以通之不以無故數以應之然此猶是彊言則聖智無心於彼此故云聖人不物於物不非物於物不物於物故名相靡因者以不取諸法無法當情則名相無因得起不非物於物故妙存

卽眞者以不捨諸法故無法可捨則見諸法之實性湛然常住妙體恒眞此眞實甚深般若豈在卽言審定隨意思量說有說無非有非無之所能及故云此攀緣之外絕心之域而欲以有無詰者不亦遠乎應當妙證之時自然明了問此佛之知見如何開示悟入答若約教天台文句疏配圓教四位開卽十住示卽十行悟卽十向入卽十地華嚴記釋大意云謂開除惑障顯示眞理令悟體空證入心體若禪門南北二宗釋者北宗云智用是知慧用是見心不起名智智能知五根不動名慧慧能見是佛知見心不動是

開開者開方便門色不動是示示者示眞實相悟卽妄念不生入卽萬境常寂南宗云衆生佛智妄隔不見但得無念卽本來自性寂靜爲開寂靜體上自有本智以本智能見本來自性寂靜名示旣得指示卽見本性佛與衆生本來無異爲悟悟後於一切有爲無爲有佛無佛常見本性自知妄想無性自覺聖智是故菩薩前聖所知轉相傳授卽是入義海龍王經云心不住內亦不遊外識無所住度於一切墮顛倒者乃至見諸法寂觀諸法默諸法寂寞無行無處諸法澹然無所成就普觀諸法皆已如是如是觀者是

爲法觀法觀如是不見諸法之所歸趣其有見法而不觀者不以見法而成觀也無求無曉不知不見是爲見法法華經云不得諸法不知不見亦不分別是男是女又昔人云亦無見亦無聞無見無聞眞見聞又肇法師云閉智塞聰獨覺冥冥者矣如是則默契寂知俱通宗鏡矣所以首楞嚴經云佛告阿難吾復問汝諸世間人說我能見云何名見云何不見阿難言世人因於日月燈光見種種相名之爲見若復無此三種光明則不能見阿難若無明時名不見者應不見暗若必見暗此但無明云何無見阿難若在暗

時不見明故名爲不見今在明時不見暗相還名不見如是二相俱名不見若復二相自相陵奪非汝見性於中暫無如是則知二俱名見云何不見是故阿難汝今當知見明之時見非是明見暗之時見非是暗見通之時見非是通見塞之時見非是塞四義成就汝復應知見見之時見非是見見猶離見見不能及云何復說因緣自然及和合相問聖人見實相之妙色惑情還見否答唯見不實不見不實之實如見杌爲賊不見杌也又如一眞空理見成二諦若世人知者名爲世俗諦出世人知名第一義其所知處未

必懸殊其所知境各從心現如瞖目見明珠有纇淨眼觀瑩淨無瑕美惡唯自見殊珠體本末如一問衆生不見實色者凡有所見還成妄否答雖然不實亦不成妄如見杌爲賊賊何所有以無體故華嚴經頌云若能了邪法如實不顚倒知妄本自眞見佛卽淸淨起信論云雖有染心而常恒不變法藏和尚云衆生異見不妄所以從凡願求佛地若異見妄終不從凡趣眞佛地何以故衆生界卽佛界佛界卽衆生界是以從凡入聖從聖現凡名字有差一體不動然此宗鏡録唯論一實如法華經以實相爲體此實之一

字雖普該萬法以是彼之體性故統論其宗卽不簡眞僞若以見解智證論之則須分優劣以情懷取捨智有淺深故法華玄義云夫正體玄絶一往難知又邪小之名亂於正大譬如魚目混雜明珠故須簡僞卽爲六意一就凡簡二就外簡三就小簡四就偏簡五就譬簡六就悟簡一就凡簡者釋論云世典亦稱實者乃護國治家稱實也外道亦稱實者邪智僻解謂爲實也小乘稱實者猒苦蘇息以偏眞爲實也如是等但有實名而無其義何者世間妖幻道術亦稱爲實多是鬼神媚法此法入心迷醉狂亂自衒善好

謂勝眞實立異動衆示奇特相髑髏盛屎約多人前張口大咽或生魚臭肉增狀餔食或躶形弊服誇傲規矩或直來直去不問不答種種譎詭誑誘無智令信染惑著已求脫叵得內則病害其身外則誅家滅族禍延親里現受衆苦後受地獄長夜之苦生生障道無解脫期此乃世間現見何實可論鈍使愛論攝若周孔經籍治法禮法兵法醫法天文地理八卦五行世間墳典孝以治家忠以治國各親其親各子其子敬上愛下仁義揖讓安于百姓霸立社稷若失此法強老凌弱天下焦遑民無聊生鳥不暇栖獸不暇

伏若依此法天下太平牛馬內向當知此法乃是愛民治國而稱爲實金光明經云釋提桓因種種勝論卽其義也蓋十善意耳修十善上符天心諸天歡喜求天然報此法爲勝故言勝論耳又大梵天王說出欲論卽是修定出欲淤泥亦是愛論攝耳世又方術服藥長生鍊形易色飛僊隱形者稱此藥方祕要眞實此亦愛論鈍使攝耳二就外簡者卽是外道典籍也若服藥求知聰利明達推尋道理稱此藥方爲勝爲實者藥力薄知不能鑒遠觸藥則得藥歇則失亦非實也若此間莊老無爲無欲天眞虛靜息諸誇僊

棄世絶智等直是虛無其抱尙不出單四見外何關聖法縱令出單四見外尙墮複四見中見網中行非解脫道若外國論力受黎唱募撰五百明難其一云瞿曇爲一究竟道爲衆多究竟道佛言但一究竟道論力云諸師各各說究竟道佛指鹿頭汝識其人否論力言識究竟道中其爲第一佛言若其得究竟道云何自捨其道爲我弟子耶論力卽悟歎佛法中獨一究竟道又如長爪云一切論可破一切語可轉觀諸法實相于久不得一法入心釋論云長爪執亦無見又云亦計不可說見如斯流類百千萬種虛妄戲

論爲惑流轉見網浩然邪智瀾漫觸境生著或時備牒有無爲有無有爲無乃至有非有非無爲有無非有非無爲無百千番牒悉皆見倒生死諸邊非眞實也大涅槃經云被無明枷繫生死柱遶二十五有不能得脫卽此義也三就小簡者聲聞法中亦云離有離無名聖中道大集經云拘隣如沙門最初獲得眞實之知見然小乘不運大悲不濟衆生功德力薄不求作佛不深窮實相則智慧劣弱雖云離有離無名聖中道乃以斷常二見邊眞諦爲中道無漏慧名爲見證涅槃法名爲知雖斷見思除滅分段而住草庵

非究竟理對前生死有邊卽涅槃無邊二俱可破可壞非眞實道故不名實相也四就偏簡者諸大乘經共二乘經人帶方便說者名字旣同義須分別如摩訶衍中云三乘之人同以無言說道斷煩惱中論云諸法實相三人共得者二乘之人雖共稟無言說道自求出苦無大悲心得空則止鈍根菩薩亦爾利根菩薩大悲心爲物深求實相其實相者智如螢火是故非實不共實相智如日光是故爲實大涅槃經云第一義空名爲智慧二乘但空空無智慧菩薩得不但空卽中道慧卽此慧寂而常照二乘但得其寂不得寂照故非實相菩薩得寂又得寂照卽是實相見不空者復有多種一見不空次第斷結從淺至深此乃相似之實非正實也二見不空具一切法初阿字門則解一切義卽中卽假卽空不一不異無三無一二乘但一卽別教但二卽圓具三卽三卽眞實相也釋論云何等是實相謂菩薩入於一相知無量相無量相又入一相二乘但入一相不能知無量相別教雖入一相又入無量相不能更入一相利根菩薩空故入一相卽假故知無量相卽中更入一相如此菩薩深求智度大海一心卽三是眞實相體也華嚴不

共二乘但約菩薩三智次第得亦非正實不次第得者是正實也若方等中四人得三智三人爲虛一人爲實大品三慧說三智屬三人前二不深求淺而非實後一人深求一心三智是故是實此經云汝實我子無復四三之人十方諦求更無餘乘但一實相智決了聲聞法但說無上道純是一實體也大涅槃經云一實諦者則無有有無有無無二故名一實諦又一實諦名無虛僞又一實諦無有顚倒又一實諦非魔所說又一實諦名常樂我淨常樂我淨無空假中之異異則爲二二故非一實諦一實諦卽空卽假卽

中無異無二故名一實諦若有三異即為虛偽虛偽之法不名一實諦無三異故即一實諦若異即是顛倒顛倒未破非一實諦無三異故無顛倒無顛倒故名一實諦異者不名一乘三法不異具足圓滿名為一乘是乘高廣衆寶莊校故名一實諦魔雖不證別異空假而能說別異空假若空假中不異者魔不能說魔不能說名一實諦若空假中異者名顛倒不異者名不顛倒不顛倒故無煩惱無煩惱故名為淨無煩惱則無業無業故名為我無業故無報無報故名樂無報則無生死無生死則名常常樂我淨名一實

諦一實諦者即是實相實相者即經之正體也如是實相即空即假即中即空故破一切凡夫愛論一切外道見論即假故破三藏四門小實破三人共見小實即中故破次第偏實無復諸顛倒小偏等因果四諦之法亦無小偏等三寶之名唯有實相因果四諦三寶宛然具足亦具諸方便因果四諦三寶何以故實相是法界海故唯此三諦即真實相也又開次第之實即是圓實證道是同故又開三人共得實深求即到底故又開三藏三實決了聲聞法又開諸見論實於見不動而修道品故又開諸愛論實魔界即佛

界故行於非道通達佛道一切諸法中悉有安隱性即絕待明實是經體也五譬簡者今借三喻正顯偽真兼明開合破會等意一譬三獸渡河同入於水三獸有彊弱河水有底岸兔馬力弱雖濟彼岸浮淺不深又不到底大象力彊俱得底岸三獸喻三人水喻即空底喻不空二乘智少不能深求喻如兔馬菩薩智深喻如大象水輙喻空同見於空不見不空底喻實相菩薩獨到智者見空及與不空到又二種小象但到底泥大象深到實土別智雖見不空歷別不實圓不空窮顯真實如是喻者非但簡破兔馬二乘非

實亦簡小象不空非實乃取大象不空為此經體也此約空中共為真諦作如此簡也二譬玻瓈如意兩珠相似形類欲同而玻瓈但空不能雨寶如意珠亦雨寶玻瓈無寶以喻偏空如意能雨以喻中道此就有無合為俗簡偽顯真今經體同如意也又但約一如意珠為譬者得珠不知力用唯珠而已智者得之多有所獲二乘得空證空休息菩薩得空方便利益普度一切此就合中真諦簡其得失也今經如智者得如意珠以為經體三譬如礦石中金愚夫無識視之謂石擲在糞穢都不領錄賈客得之鎔出其金保

重而已金匠得之造作種種釵釧環璫僊客得之鍊為金丹飛天入地捫摸日月變通自在愚人喻一切凡夫雖具實相不知修習賈客喻二乘但斷煩惱礦保卽空金更無所為金匠喻別教菩薩善巧方便知空非空出假化物莊嚴佛土成就衆生僊客喻圓教菩薩卽事而眞初發心時便成正覺得一身無量身普應於一切今經但取金丹寶相以為體也就同而為喻從初至後同是於金凡夫圓教俱是實相也就異為喻者初石異金次金異器器異丹丹色淨徹類若清油柔輭妙好豈同鐶釧狀乖色別故不一稱此

就與奪破會簡其得失引此三喻者前喻根性根性有淺深淺得其空深得其假又得其中次喻三情初情但出苦不志求佛道見眞卽息次情歷別不能圓修後者廣大徧法界求第三喻三方便二乘方便少守金而住別教方便弱出能嚴飾營生圓教方便深故能吞雲納漢今明此經實相之體如大象得底堅不可壞以譬體妙圓珠普雨譬其用妙巧智成僊譬其宗妙如此三譬卽是三德不縱不橫名為大乘於大乘中別指眞性以為經體六就悟簡者夫法相眞正誠如上說行未會理豈得名諦徒勞四說逐語生

迷聞粖謂輭聞雪謂冷聞貝謂鞹聞鵠謂動終不能見乳之眞色情闇夜遊何能見諦叫喚求食無有飽理執已為實餘是妄語此有彼無是非互起更益流動云何名諦若欲見諦慙愧有差若苦到懺悔機感諸佛禪慧開發觀心明淨信解虛融爾時猶名闇中見杌髣髴不明人木蟲塵尚不了了若能安忍法愛不生無明豁破如明鏡不動淨水無波魚石色像任運自明清淨心常一如是尊妙人則能見般若金鎞抉眼一指二指三指分明爾時見色言有亦是言無亦是云何為有的的之色與眼相應諦諦之理與智

相稱名之為有云何為無無堅冷輭動之相名之為無論云一切實一切非實亦實亦不實非實非不實如是皆名諸法之實相如舍利弗云安住實智中我定當作佛為天人所敬爾時乃可謂永盡滅無餘是名眞實見體故涅槃經云八千聲聞於法華經中見如來性如秋收冬藏更無所作約理明無所作此是究竟之理也約教無所作聞此教已更不他聞也約行無所作者修此行已更不改轍如是等種種無所作義略而言之隨智妙悟得見經體當以隨智妙悟意歷諸諦境中節節有隨情隨情智隨智種種分別

簡餘情想唯取隨智明見經體也。問：唯識正理，我法本空，衆生妄執我法二心從何而起？答：從六七二識緣識所起。唯識論云：諸心心所依他起故，亦如幻事，非眞實有。爲遣妄執心心所外實有境故，說唯有識。若執唯識眞實有者，如執外境，亦是法執。然諸法執略有二種：一者俱生，二者分別。俱生法執，無始時來虛妄熏習內因力故，恒與身俱，不待邪教及邪分別，任運而轉，故名俱生。此有二種：一者常相續，在第七識，緣第八識，起自心相，執爲實法。二者間斷，在第六識，緣識所變蘊處界相，或總或別，起自心相，執爲實

法。此二法執細故難斷，後十地中數數修習勝法空觀方能除滅。分別法執，亦由現在外緣力故，非與身俱，要待邪教及邪分別然後方起，故名分別。唯在第六意識中有。此亦二種：一緣邪教所說蘊處界相，起自心相，分別計度，執爲實法。二緣邪師所說自性等相，起自心相，分別計度，執爲實法。此二法執麤故易斷，入初地時觀一切法法空眞如，卽能除滅。如是所說一切法執，自心外法，或有或無；自心內法，一切皆有。是故法執皆緣自心內法，一切皆有。是故法執皆緣自心所現似法，執爲實有。然似法相從緣生故，是如幻有；所執實法，妄計度故，決定非有。故世尊說：慈氏當知，諸識所緣唯識所現，依他起性如幻事等。如是外道餘乘所執離識我法皆非實有。故心心所決定不用外色等法爲所緣緣，緣用必依實有體故。釋云：若執唯識眞實有者，如執外境，亦是法執者，由是理故，但應遣彼心外之境同兔角無，能緣彼心如幻事有，故少分不同，非謂卽心亦名實有。又夫心外執我執法者，有其兩種：一者如外道等執離心等別有一物，是常是一，名之爲我，此乃是妄計所執，其體都無。二者疎所緣緣本質之法，能緣之心親緣之不著，

亦名心外，此是依他，其體是有。問：六七二識執生我見，能起計處於心內外，云何有無？答：論云：如是所說一切我執，自心外蘊或有或無者，釋云：能緣緣不著處皆名心外。第七計我心外唯有，第六計我心外之蘊或是於無。論云：自心內蘊一切皆有者，親所緣也。不問卽離計爲我者，影像必有故，無有少法能取少法，唯有自心還取自心，故皆緣蘊，此皆辯我所依也。論云：是故我執皆緣無常五取蘊相妄執爲我者，結成前義，影像相分必是蘊故，緣此爲我。義顯大乘親緣於無心不生也，成所緣緣必有法故。論云：然諸蘊

相從緣生故是如幻有妄所執我橫計度故決定非有又諸外道等多於心王計爲主宰作者受者由不能知本無自性隨緣流轉故大寶積經佛言迦葉譬如咽塞病卽能斷命如是迦葉一切見中唯有我見卽時能斷於智慧命故知法我見者違現量境障法空智人我見者爲生死根斷智慧命不入宗鏡二患難消問我法各以何爲義答我者是主宰二義我有自在力宰割斷力義同我故主是我體宰是我所或是我用法者則是軌持軌謂軌範可生物解持謂任持不捨自相問我是主宰義者主宰二義各屬何識

須知有我之病原方施無我之妙藥答主是俱生我無分別故屬第七識我宰是分別我有割斷故屬第六識我問凡有施爲無非我爲主宰云何言一切唯是識乎答西天外道多執身有神我故能使身動作若無神我誰使身耶龍樹菩薩破云心是識相自能使身不待神也如火性能燒物非假於人密嚴經云阿賴耶識恒與一切染淨之法而作所依是諸聖人現法樂住三昧之境人天等趣諸佛國土悉以爲因常以諸乘而作種性若能了悟卽成佛道一切衆生有具功德威力自在乃至有生險難之處阿賴耶識

恒住其中作所依止此是衆生無始時界諸業習氣能自增長亦能增長餘之七識由是凡夫執爲所作能作內我諸仁者意在身中如風速轉業風吹種徧在諸根七識同時如浪而起外道所計勝性微塵自在等悉是清淨阿賴耶識諸仁者阿賴耶識由先業力及愛爲因成就世間若干品類妄計之人執爲作者楞伽經云觀諸衆生如死屍無知以妄想故見有往來若離妄想如彼死屍無鬼入中是知人亦如是但有四大無人入中大智度論問云有出入氣則是我相視眴壽命心苦樂愛憎精勤等是我相若無我

誰有是出入息視眴壽命心苦樂愛憎精勤等當知有我在內動發故壽命心亦是我法若無我如牛無御有我故能制心入法不爲放逸若無我者誰制御心受苦樂者是我若無我者爲如樹木則不應別苦樂愛憎精勤亦如是我雖微細不可以五情知因是相故可知爲有答曰是諸相皆是識相有識則有出入息視眴壽命等若識離身則無汝若云我常徧故死人亦應有視眴出入息壽命等復次出入息等是色法隨心風力故動發此是識相非我相壽命是心相應行亦是識相問曰若人無心定中或眠無夢時

息亦出入有壽命。何以故言皆是識相。答曰。無心定等。識雖暫無。不久必還生識。不捨身故。有識時多。無識時少。是故名識相。如人出行。不得言其家無主。苦樂憎愛精勤等。是心相應。共緣隨心行。心有故便有。心無故便無。以是故是識相非我相。又云復次四大。及造色圍虛空。故名爲身。是中內外入因緣和合生識種身。得是種和合作種種事。言語坐起去來空。六種和合中彊名爲男。彊名爲女。若六種是男。應有六男。不可以一作六。六作一。既於地種中無男女相。乃至識種亦無男女相。若各各中無。和合中亦無。如六

狗各各不能生師子。和合亦不能生。無性故。問。經說所有我見。一切皆緣五取蘊起。實我若無。云何得有憶識誦習恩怨等事。若實無我。憶識等事不成。誰爲主宰。答。五蘊之法。約眾生界說。情有邊事。以智推檢。五蘊俱空。經云。是身如聚沫。不可撮摩。卽色蘊空。是身如泡。不得久立。卽受蘊空。是身如燄。從渴愛生。卽想蘊空。是身如芭蕉。中無有堅。卽行蘊空。是身如幻。從顛倒起。卽識蘊空。五蘊既空。誰爲主宰。所有分別。是妄識攀緣。言語去來。唯風力所轉。離情執外。中間唯有空性。故知我但有名。名亦無性。名體俱空。我法

何有。唯識論云。又諸所執實有我體。爲有作用。爲無作用。若有作用。如手足等。應是無常。若無作用。如兔角等。應非實我。故所執我。二俱不成。又憶識等事。皆從本識熏習之力而得成就。乃至所執實我。既常無變。後應如前是事非有。前應如後是事非無。以後與前體無別故。若謂我用前後變易。非我體者。理亦不然。用不離體。應常有故。體不離用。應非常故。然諸有情各有本識。一類相續任持種子。與一切法更互爲因。熏習力故得有如是憶識等事。故寶積經偈云。法同草木無覺知。若離於心不可得。眾生自性無所有。

一切諸法亦如是。若現在陰入界。是念念不住。何以故。世法無有一念住者。若有一念。是一念中住。亦有生住滅。是生住滅。亦復不住。如生住滅中。有內外陰界入。是內外陰界入。亦有生住滅。若如是不住者。卽是非我非我所。又佛言。從本已來無我無人。無有丈夫。但是內心見有我人。內心起時彼已害我。卽名爲害。乃至是中無有一法和合聚集決定成就得名爲佛名法名僧名父名母名阿羅漢。定可取者。又頌云。俯仰屈伸立去來。瞻視言語中無實。風依識故有所作。是識滅相念念無。彼此男女有我心。無智慧故妄

見有骨鎖相連皮肉覆機關動作如木人肉雖無實外似人譬如熱金投水中亦如野火焚竹林因緣和合有聲出華嚴經頌云菩薩一切業果報悉爲無盡智所印如是無盡自性盡是故無盡方便滅菩薩觀心不在外亦復不得在於內知其心性無所有我法皆離永寂滅彼諸佛子如是知一切法性常空寂無有一法能造作同於諸佛悟無我大集經云若復有言眼色因緣故有我者是義不然何以故眼中無我色亦如是而和合中亦復無我和合因緣生於眼識如是識中亦復無我風中空中悉亦無我如是推尋

竟不可得此識但是十二因緣循環流轉離十二因緣識不可見但因識生名色乃至則有衰老及以病死如是等法因眼識生而是眼識非東方來南西北方四維上下亦復如是所因之念生眼識者是念亦滅眼識不住第二念中亦不語念汝住我滅而是滅法亦非復去至十方面亦復不專一處住止是故諸法因緣故生若離因緣則不得生因因緣生因因緣滅如是因緣名相續法是故當知實無有我而是因緣亦無作者無有受者無有起者無他起者是故無我若無我者我既是空我所亦空何以故然體性爾

故是故眼性無我我所無有積聚非合非散即生滅故一切諸法亦復如是是風因緣亦人根中左旋右轉清淨照了彼風如幻亦不可捉又雖似有能作所作二事相成但從緣生俱無自性不知唯識之人盡執爲實我如大涅槃經云佛言比丘譬如二手相拍聲出其中我亦如是

宗鏡録卷六十五

音釋

杌五骨切樹無枝也　衒黃絹切鬻也　詃古犬切誘也　襵陟葉切猶摺也　鎞邊迷切掠器也　抉於決切剔也　眴與瞬同

宗鏡錄卷六十六

宋慧日永明妙圓正修智覺禪師延壽集

夫既無我亦無於人乃至衆生壽者十六知見等如大涅槃經云佛言如說名色繫縛衆生名色若滅則無衆生離名色已無別衆生離衆生已無別名色亦名名色繫縛衆生亦名衆生繫縛名色師子吼言世尊如眼不自見指不自觸刀不自割愛不自受云何如來說言名色繫縛名色何以故言名色者卽是衆生言衆生者卽是名色若言名色繫縛衆生卽是名色繫縛名色佛言善男子如二手合時更無異法而

來合也名之與色亦復如是以是義故我言名色繫縛衆生若離名色則得解脫釋曰如二手合時更無異法者二手雖有相合以但是一身之用故無異法雖非異法若以一手合義不成如名色衆生雖然不異要因名色繫縛衆生要離名色方得解脫一切諸法離合縛脫亦復如是維摩經云法無有人前後際斷故肇法師曰天生萬物以人爲貴始終不改謂之人外道以人名神謂始終不變若法前後際斷則新新不同新新不同則無不變之者無不變之者則無人矣既前際無人後際無壽者中際無我無衆生世間凡所有法皆是意言分別立其名相都無實義衆生不了妄有所得沒在其中不能出離是以諸佛方便說人法二空唯識正義於虛誑名相中而能拔出如大智度論云須菩提白佛言世尊若一切法空無根本如夢如幻等衆生在何處住而菩薩拔出須菩提意謂如人沒深泥而得拔出佛答衆生但住名相虛誑憶想分別中佛意一切法中無決定實者但凡夫虛誑故著如人暗中見似人物謂是實人而生畏怖又如惡狗臨井自吠其影水中無狗但有其相而生惡心投井而死衆生亦如是四大和合故名爲身

因緣生識和合故動作言語凡夫人於中起人相生愛生恚起罪業墮三惡道菩薩行般若波羅密時憐愍衆生種種因緣敎化令知空法而拔出之作是言是法皆畢竟空無所有衆生顛倒虛妄故見似有如化如幻如乾闥婆城無有實事但誑惑人眼乃至佛告須菩提若諸法當實有如毫釐許菩薩坐道場時不能覺一切法空無相無所有得成阿耨多羅三藐三菩提亦不能以此法利益衆生等又云如人遠行獨宿空亭夜中有鬼擔一死屍來著其前復有一鬼從後而來瞋罵前鬼云是我屍何以擔來前鬼復言

本是我物我自擔來二鬼各以一手爭之前鬼語曰可問此人後鬼卽問是誰死人誰擔將來是人思惟此之二鬼皆有大力實語虛語皆不免死我今不應妄語答鬼便答後鬼前鬼擔來後鬼大瞋拔其手足出著地上前鬼愧之取屍補之補之便著臂手足等舉身皆易於是二鬼共食所易活人之身各各拭口分首而去其人思惟父母生身眼見食盡我今此身盡是他肉爲有身耶爲無身耶如是思惟心懷迷亂不知所措猶如狂人天旣明矣尋路而去至前國土見有佛塔凡見眾僧不論餘事但問已身爲有爲無

諸比丘問汝何人耶答曰我亦不知是人非人卽爲眾僧廣說上事眾僧皆云此人自知已身無我易可化度卽語之言汝身本來恒自無我但以四大和合聚集計爲本身如汝本身與今無異時諸比丘度爲沙門斷煩惱盡得阿羅漢是故有時於他人身亦計爲我已無我故有時於我謂爲他人故文殊問經云有老人夜臥手捉兩膝而便問云那得有此兩小兒耶身若有我云何不識謂爲小兒故知橫計皆無定實又云菩薩作是念諸法空無我無眾生而從因緣故有四大六識是十法各各有力能生能起能有所作如地能持水能爛火能消風能迴轉識能分別是十法各有所作眾生顛倒故謂是人作我作如皮骨和合故有語聲惑者謂人語如火燒乾竹林出大音聲此中無有作者又如木人幻人化人雖能動作無有作者此十法亦如是廣百論云若隨自覺執有我者豈不但緣無常身等虛妄分別執爲實我所以者何現見世間但緣身等前後隨緣分位差別虛妄計度我肥我瘦我勝我劣我明我暗我苦我樂身等無常可有是事常住實我無此差別由此比知一切我見皆無實我以爲境界唯緣虛妄身等爲境隨自妄

想覺慧生故如緣暗繩顛倒蛇執寶行王正論偈云如人依淨鏡得見自面影此影但可見一向不眞實我見亦如是依陰得顯現如實檢非有猶如鏡面影顯揚論問曰若唯有蘊無別我者誰見誰聞誰能了別乃至偈答云如光能照用離光無異體是故於內外空無我義成論曰現見世間卽於光體有能照用說爲照者離光體外無別照者如是眼等有見等用說爲見者乃至了別者無別見者等是故內外諸法等無有我問若實無我云何世間有染有淨答染淨諸法從因緣生不由實我何以故頌曰如世間外物

離我有損益內雖無實我染淨義應成論曰如世外物雖無有我而有種種災橫順益事業成就如是內法雖無有我而有種種染淨義成是故無過問既人法俱空若實無我誰受生死依正果報或復厭苦求趣涅槃縛解去來昇沉等事答雖無作者而有作業以衆緣力至於後世相續不斷但以識為種能有厭求記憶等事大涅槃經云師子吼菩薩言世尊衆生五陰空無所有誰有受教修集道者佛言善男子一切衆生皆有念心慧心發心勤精進心信心定心如是等法雖念念滅猶故相似相續不斷故名修道乃

至如燈雖念念滅而有光明除破闇冥念等諸法亦復如是如衆生食雖念念滅亦能令饑者而得飽滿譬如上藥雖念念滅亦能愈病日月光明雖念念滅亦能增長草木樹林善男子汝言念念滅云何增長者心不斷故名為增長如淨名經偈云雖無我無造無受者善惡之業亦不亡失善惡之業因苦樂之果報非有人我能作能受但是識持因果不亡如古師云衆生為善惡而受其報者皆由衆生心識三世相續念念相傳如今世現行五蘊由前世識種為因起今世果今世有作業熏種而為來世現行因展轉相

續為因果故又善惡之業皆由心識而起謂前念造得善惡業然此一念識雖滅而後念心識生既心識相傳不斷即能任持善惡之業而亦不亡以由識持故識論云然有情類身心相續煩惱業力輪迴諸趣厭患苦故求趣涅槃由此故知定無實我但有諸識無始時來前滅後生因果相續由妄熏習似我相現愚者於中妄執為我故知厭苦求樂捨此生彼則驗知無我若定有我有體則不能去來隨緣起滅以定有故不可移易只為識心如幻無定故乃有從凡入聖之理厭妄求真之門則不壞因緣能含正理大莊

嚴論問有縛則有解無我則無有縛若無有縛誰得解脫答雖無有我猶有縛解何以故煩惱覆故則為所縛若斷煩惱則得解脫是故雖復無我猶有縛解問若無我者誰至後世答從於過去煩惱諸業得現在身及以諸根從今現世復造諸業以是因緣得未來身及以諸根譬如穀子衆緣和合故得生芽然此種子實不至芽種子滅故芽便增長子滅故不常芽生故不斷佛說受身亦復如是雖復無我業報不失問若無我者先所作事云何故憶而不忘失答以有念覺與心相應便能憶念三世之事而不忘失又復

問若無我者過去已滅現在心生生滅既異云何而得憶念不忘答一切受生識爲種子入母胎由愛水潤漬身樹得生如胡桃子隨類而生此陰造業能感後陰然此前陰不生後陰以業緣故便受後陰生滅雖異相續不斷如嬰兒病與乳母藥兒患得愈母雖非兒藥之力勢能及於兒陰亦如是以有業力便受後陰憶念不忘又大智度論云問曰心所趣向心爲去爲不去若去此則無心猶如死人若不去云何能緣如佛言依意緣法意識生意若不去則無和合答心不去不住而能知如般若中說一切法無來無去

相云何言心有來去若有來去卽墮常見諸法無有定相知心不住爲無常相結使未斷或生吾我如是思惟若心無常誰知是心心爲屬誰誰爲心主而受苦樂一切諸物誰之所有卽分別知無有別主但於五陰計有人相而生我心以我心故生我所我所心生故有利益我者生貪欲違逆我者而生瞋恚愛等諸煩惱假名爲縛若修道解是縛而得解脫卽名涅槃更無有法名爲涅槃如人被械得脫而作戲論是械是脚何者是解脫是人可怪於脚械外更求解脫衆生亦如是離五陰滅更求解脫故知有識則繫縛

無識則解脫若離五陰空別求解脫者如離此方空別求他方空故思益經云愚於陰界入而欲求菩提陰界入卽是離是無菩提華嚴會意問云若準六根無我誰造誰受耶答佛說作善生天爲惡受苦者此但因緣法爾非是我能爲受也若言是我非因緣者作惡何不生天乃墮地獄耶我豈愛彼地獄故受苦耶我既作惡而不受樂者故知善惡感報唯因緣非是我也如論云因緣故生天因緣故墮地獄是此意也問既言無我誰感因緣若言無我但是因緣自爲者草木亦稟因緣何不生天與受苦耶答內外雖但

稟因緣因緣有二一善惡增上業因緣但感生天及地獄異熟等二善惡等流業因緣生天者感寶地金華墮地獄者感刀林銅柱等此是因緣業作非我能爲豈謂受報不同而計有我也故經云無我無造無受者善惡之業亦不亡問若言造業受報但是因緣非由我者何故有證無我者雖有已造惡業因緣而不感受報耶既得無我卽不受報者故知我造惡業受報非是業因緣也答由得無我已卽斷惡業因緣無彼因緣故不受報非謂有我無我受不受也故經云因緣故法滅等此之謂也卽以如實推究我不可

得是故無我唯六根也外我所執外分有六塵也非實我所有問若言唯是色聚等無實財寶非我所者即我等徧有何得世人有富饒財寶有貧無一錢等答財寶是色從業因生以業增勝故即財寶豐盈由業不清淨故貧無一物也此則有無因業非是我所能爲也若言財寶實有非由業因緣有者即一切衆生執有我所何故有貧富不同故知由業因緣非我實有也說長者多盈財寶餓鬼無一毛覆身業是也破中間見聞等病故於中間分爲六識也見聞等病空無所有也若言見聞等是我非是識者如聾盲人

有我何不得見聞等耶既聾盲等人雖有於我而不得見聞者故知見是識非是我也是知於此根塵識三處推擇唯有法而無我人問或言有我由迷似生非實有者何不迷他爲自今既以自爲自不得爲他以他爲他不得爲自者故知自他實有非由計生也又但是迷心非實有者何不於水迷見爲火於火迷見於水故知水火實有不是迷生也答曰有二初者然此分別計我藉三緣生謂邪師邪教邪思惟等由此三緣久久熏力慣習遂計彼爲他執自爲我此但由計有實有故若言實有非熏習而計有者初出胎

時何不執自及以他身既初出胎時未熏習故不計自他故知計有自他由妄熏故也如說分別我執藉三緣生故又云惡見熏習等二者凡所見執實必迷似生離似則無所執性故知如計水火由執似生也何者以水火似有但是虛相誑心以不了相虛執爲實有何以故所得冷熱但是觸塵所見青黃赤白是色法故流相騰燄是法塵故執實水火但唯法塵妄見有也如說從自心生與心作相等是也問既親驗水火但唯塵等云何有水火相別答六塵不別但是虛似有殊即此似相由迷執所起故是故似之與執

但有迷生如說餓鬼恒河見水爲火喻等此但從自心生外非實有也又云凡有見自見他皆是迷心自現如迷東爲西然迷人西不離悟人東但爲迷人迷故不見悟人東也非謂迷見西處無彼東也若言迷見西處無實東者即見西是悟不是迷也以無悟人東無所迷故既知實東謂爲西者足見人不離東也信知衆生不離佛界佛界不離衆生界但爲迷故癡盲對目不知見深可悲哉如大涅槃經云外道先尼言瞿曇若無我者誰見誰聞佛言善男子內有六入外有六塵內外和合生六種識是六種識因緣得名

善男子譬如一火因木得故名爲木火因草得故名爲草火乃至衆生意識亦復如是因眼因色因明因欲名爲眼識善男子如是眼識不在眼中乃至欲中四事和合故生是識乃至意識亦復如是若是因緣和合故生智者不應說見卽是我乃至觸卽是我善男子是故我說眼識乃至意識一切諸法卽是幻也云何如幻本無今有已有還無乃至內外六入是名衆生我人士夫離內外入無別衆生我人士夫又言瞿曇如汝所言內外和合誰出聲言我作我受佛言先尼從愛無明因緣生業從業生有從有出生無量

心數心生覺觀覺觀動風風隨心觸喉舌齒脣衆生同想聲出言說我作我受我見我聞善男子如幢頭鈴風因緣故便出音聲風大聲大風小聲小無有作者又百論云我若是有應如色等從緣而生生定歸滅則非常住若非緣生應如兔角無勝體用何名爲我又念念滅所以非常相似相續所以非斷如是佛子遠離二邊悟入緣生處中妙理問既無我人云何有生有死答但生是空生死是空死畢竟無有我人可得如經云一切世間法唯因果無人但是依空法還生於空法是知衆生果中但有名數名數本空萬

聲音法譬

法何有如法性論云數盡則羣有皆空名廢則萬像自畢因茲以觀斯乃會通之津徑反神之玄路是以境因名立名虛則境空有從數生數虛則有寂名數起處皆是自心心若不生萬法何有所以華嚴經頌云世間一切法但以心爲主隨解取衆相顛倒不如實若能如實觀之則見自心之性可謂會通之津徑反神之玄路矣又淨名疏智者廣釋六大性無我如經云是身無我爲如地此正約地種明無我也今例作兩釋一作破外人解二約內觀明義一破外人者外人計云若言身無神我那得能擔輕負重內人破

言地亦能荷負山嶽可有神我耶次約內觀解者若毗曇明衆生是假名地大是實法成論明地大亦是假名四微是實法今明雖復假實之殊同是苦諦下無我行觀門所攝如地是四微所成若一微是主三亦是主若一非主三亦非主當知無主若內地四微所成無主者外地四微所成亦無有主也若內外地無主者此三事所成何得有主若無主卽是無我故云此身無主爲如地也又請觀音經云地大地無堅性地若是有者爲自性有他性有共性有無共性有四種中隨計一性卽是有見若謂是事實餘妄語實

卽是剛義是性是主義也若檢四性不得此爲見地是無是事實餘妄語實卽是剛是性是主若見地亦有亦無是事實餘妄語實卽是剛是性是主若見地是非有非無是事實餘妄語實卽是性是主若於此四句有所計執者卽是性實是剛是主金剛般若經云是諸衆生若心取相則著我人衆生壽者若取法相亦著我人衆生壽者若取非法相亦著我人衆生壽者也若不取四句則是觀地無剛性若無剛實則無主無我故說是身無主猶如地也經云是身無我爲如火亦作兩釋一作破外人解者外人計有神我

云何知耶見身能東西馳走及出音聲故知有神我也內人破曰約火一法破其兩計所以者何火燒野草亦能東西自在亦是我也又燒著竹木出諸音聲亦是有神我也次約內觀釋者火爲三微所成無有定性無性卽是無火也今身爲名色所成身無定性若身無定性卽無我也復次此身中諸煖卽是火若外火無我內火亦無我也又請觀音經云火大火性從因緣生若從緣生卽無自性無實卽無我破性及四句類地可知經云是身無壽爲如風亦作破內外觀釋破外人者外人計有壽者云何知耶若無壽者

何得有出入息相續不斷內人破曰出入息者但風相外風無壽者內風豈是壽者也次內觀解者風相觸擊故輕虛自在遊中無礙有何壽命大集云出入息者名爲壽命若觀此出入息入無積聚出無分散來無經遊去無履涉如空中風求不可得風既非壽息亦何得是壽也又請觀音經云風性無礙今以四句觀風若言有性有生四句可得者卽是礙相不得入道若四句觀風風不可得卽是無礙無礙故卽是入如實之際觀身三事息非壽命如風故說是身無壽爲如風也經云是身無人爲如水此約水種破人

亦作破外人內觀解初明破外人者外人計有神卽是人云何知耶若身中無神何能慈恩潤下曲隨物情也內人破曰我見水能下潤隨器方圓水無神無人者而汝能恩潤順物亦無神無人也今明內觀解者水爲三微所成無有定性無性卽無水三事成身無有定性無性卽無身無身卽無人故說是身無人爲如水也又解如小兒水中見影謂言水裏有人入水求人終不可得凡夫三事中生身見謂身是人深觀三事不見身相卽無人也又如請觀音經云水性不住以其住者池沼方圓礙之卽住非水有住性也

今檢人亦如是隨諸法得人名無定性若四句檢水有性有著卽是住義若檢水四句無性無著卽是無住無住故入如實際經云是身不實四大爲家此是總約四大破我說無我行也若作破外人解外人計云若身中無實有神我者今現見六情依身而住故知實有神我也內人破曰現見六情依四大住無別我神之所依也若約內觀解者身名是一一身不應在四我住若一大我住三大應無假名身若各有者卽有四身若卽若離四句約四大中檢身不得故知身無有實若不得身實卽身見破身見破卽我見十

六知見皆破也經云是身爲空離我我所者此是第二約空種破說無我行也若作破外人解外人計有我所若無神我何得所有國土人物是實所若見實當知我亦是實內人破曰若爾所是空我亦應空如身中空種空種及一切外空是所所空故我亦空也若約內觀解者卽是正約空種破身見也四大造色圍虛空故假名爲身離空卽無身若外內空不名身今約空種檢身不可得卽身見破身見破卽離我我所也經云是身無知如草木瓦礫者此是第三檢識種破我是知說無我行也若作破外人解外人計云

若身中無神那得知四時氣序等事也內人破曰如草木瓦礫亦有陰陽氣候逐時轉變似有所知而非神知者今身雖有知如草木瓦礫無神知也又外人計身內有神神使知知之內人破曰若神使知知復誰使神知遂無使神何須使若無神使卽無知者無知者卽如草木瓦礫也若約內觀的觀識種所以者何三事成身命煖無知知只是識若謂識能知者過去識已滅滅故不能知現在識刹那不住無暫停時亦不得知未來識未有未有之識豈得有知三世求識知不可得離三世無別有知故說此身無知如草

木瓦礫也經云是身無作風力所轉次約風動助成破識有作說無我行也若作破外人解外人計身內有神我故能執作施爲作一切事內人破曰此非神作身有所作皆風力轉也若約內觀心解妄念心動身內依風得有種種所作故大集經云有風能上有風能下心若念上風隨心牽起心若念下風隨心牽下運轉所作皆是風隨心轉作一切事若風道不通手脚不遂心雖有念卽舉動無從譬如人牽關棙卽影技種種所作棙繩若斷手無所牽當知皆是依風之所作也今觀此依風不自生亦不他生若無生卽

是空。尚不能自有。令三事成身不可得。誰是作也。釋曰。夫外計內執我者。皆於地水火風空識六大種中。及身內識煖息三事等起執。今觀六大三事。內唯是識之一大。世多堅執以爲實我。今只用於內外三世中推。自然無我無識。內外推者。只如執識實在身內者。且何者是識。若言身分皮肉筋骨等是識者。此是地大。若言精血便利等是識者。此是水大。若言身中煖觸是識者。此是火大。若言折旋俯仰言談祇對是識者。此是風大。除四大外。唯是空大。何者是識。各各既無。和合豈有。如一沙壓無油。合衆沙而豈有。似一

狗非師子。聚羣狗而亦無。此四大種現推無體。卽是內空。死後各復外四大。一一歸空。卽是外空。內外俱空。識性無寄。又內推既無識。應在外者。外屬他身自無主宰。及同虛空。有何分別。內外既空。中間奚有。以因內外立中間故。但破內外。中間自虛。若識內外空者。應在三世。何者。因三世以辯識。因識以立三世。若無有識。誰分三世。若無三世。何以明識。以此三識若不思過去。卽想未來。過未不緣。卽住現在。離三際外。更無有識。故祖師云。一念不生。前後際斷。今則念念成三世。念念識不住。念念唯是風。念念無主宰。故金剛經云。過去心不可得。未來心不可得。現在心不可得。以因現在立過去。因過去立未來。現在既不住。過未亦無生。互檢互無。徹底空寂。但有微毫起處。皆從識生。今推既無。分別自滅。分別既滅。境界無依。如依水生波。依鏡現像。無水則波不起。無鏡則像不生。故知非關法有法無。但是識生識滅。如金剛三昧經偈云。法從分別生。還從分別滅。滅是諸分別。是法非生滅。如是洞達根境豁然。自覺既明。又能利他普照。故經偈云。究竟離虛妄。無染如虛空。淸淨妙法身。湛然應一切。是以世間麤浮。不於自身子細明察。妙觀不

習。智眼全盲。執妄迷眞。以空作有。若能善觀。卽齊諸聖。如圓覺經云。爾時世尊告普眼菩薩。善男子。汝等乃能爲諸菩薩及末世衆生。問於如來修行漸次。思惟住持。乃至假說種種方便。汝今諦聽。當爲汝說。時普眼菩薩奉教歡喜。及諸大衆默然而聽。善男子。彼新學菩薩及末世衆生。欲求如來淨圓覺心。應當正念遠離諸幻。先依如來奢摩他行。堅持禁戒。安處徒衆。宴坐淨室。常作是念。我今此身四大和合。所謂髮毛爪齒皮肉筋骨髓腦垢色。皆歸於地。唾涕膿血津液涎沫痰淚精氣大小便利。皆歸於水。煖氣歸火。動

轉歸風。四大各離。今者妄身當在何處。卽知此身畢竟無體。和合爲相。實同幻化。四緣假合。妄有六根。六根四大。中外合成。妄有緣氣。於中積聚。似有緣相。假名爲心。善男子。此虛妄心。若無六塵。則不能有。四大分解。無塵可得。於中緣塵。各歸散滅。畢竟無有緣心可見。善男子。彼之衆生。幻身滅故。幻心亦滅。幻心滅故。幻塵亦滅。幻塵滅故。幻滅亦滅。幻滅滅故。非幻不滅。譬如磨鏡。垢盡明現。善男子。當知身心皆爲幻垢。垢相永滅。十方清淨。善男子。譬如清淨摩尼寶珠。暎於五色。隨方各現。諸愚癡者。見彼摩尼。實有五色。善

男子。圓覺淨性。現於身心。隨類各應。彼愚癡者。說淨圓覺。實有如是身心自相。亦復如是。由此不能遠於幻化。是故我說身心幻垢。對離幻垢。說名菩薩。垢盡對除。卽無對垢。及說名者。善男子。此菩薩及末世衆生。證得諸幻。滅影像故。爾時便得無方清淨。無邊虛空。覺所顯發。覺圓明故。顯心清淨。心清淨故。見塵清淨。見清淨故。眼根清淨。根清淨故。眼識清淨。識清淨故。聞塵清淨。聞清淨故。耳根清淨。根清淨故。耳識清淨。識清淨故。覺塵清淨。如是乃至鼻舌身意。亦復如是。善男子。根清淨故。色塵清淨。色清淨故。聲塵清淨。

香味觸法。亦復如是。善男子。六塵清淨故。地大清淨。地清淨故。水大清淨。火大風大。亦復如是。善男子。四大清淨故。十二處十八界二十五有清淨。彼清淨故。十力四無所畏四無礙智佛十八不共法三十七助道品清淨。如是乃至八萬四千陀羅尼門。一切清淨。善男子。一切實相性清淨故。一身清淨。一身清淨故。多身清淨。多身清淨故。如是乃至十方衆生圓覺清淨。善男子。一世界清淨故。多世界清淨。多世界清淨故。如是乃至盡於虛空。圓裹三世。一切平等清淨不動。善男子。虛空如是平等不動。當知覺性平等不動。

四大不動故。當知覺性平等不動。如是乃至八萬四千陀羅尼門平等不動。當知覺性平等不動。善男子。覺性偏滿清淨不動。圓無際故。當知六根偏滿法界。根偏滿故。當知六塵偏滿法界。塵偏滿故。當知四大偏滿法界。如是乃至陀羅尼門偏滿法界。善男子。由彼妙覺性偏滿故。根性塵性。無壞無雜。根塵無壞故。如是乃至陀羅尼門。無壞無雜。如百千燈。光照一室。其光偏滿。無壞無雜。善男子。覺成就故。當知菩薩不與法縛。不求法脫。不猒生死。不愛涅槃。不敬持戒。不憎毀禁。不重久習。不輕初學。何以故。一切覺故。譬如

眼光曉了前境其光圓滿得無憎愛何以故光體無二無憎愛故善男子此菩薩及末世衆生修習此心得成就者於此無修亦無成就圓覺普照寂滅無二於中百千萬億不可說阿僧祇恒河沙諸佛世界猶如空華亂起亂滅不即不離無縛無脫始知衆生本來成佛生死涅槃猶如昨夢善男子如昨夢故當知生死及與涅槃無起無滅無來無去其所證者無得無失無取無捨其能證者無作無止無任無滅於此證中無能無所畢竟無證亦無證者一切法性平等不壞善男子彼諸菩薩如是修行如是漸次如是思

惟如是住持如是方便如是開悟求如是法亦不迷悶所以凡夫迷夢怕怖生老病死以二乘偏見猒離成住壞空若頓悟之時不猒不怖全將生死法度脫於羣生以生死性空故如釋迦如來不離不著生則王宮降誕演獨尊之文老則壽八十年示遷壞之法病則背痛偃臥警泡幻之身死則示滅雙林顯無常之苦令小根者悟其遷變俾大器者頓了圓常故知生老病死之中盡能發覺行住坐臥之內俱可證眞豈同怖猒凡小之見乎

宗鏡錄卷六十六

宗鏡録卷六十七

宋慧日永明妙圓正修智覺禪師延壽集

夫雖說我相起盡根由皆是外道凡夫麤重情執如何是內教修行之人微細法我之見答法執難亡更是微細以法執爲本人執爲末所以法愛不盡皆爲頂墮之人圓證涅槃猶是我見之者如圓覺經中淨諸業障菩薩白佛言大悲世尊爲我等輩廣說如是不思議事一切如來因地行相令諸大衆得未曾有覩見調御歷恒沙劫勤苦境界一切功用猶如一念我等菩薩深自慶慰世尊若此覺心本性清淨因何

染汙使諸衆生迷悶不入乃至佛言善男子一切衆生從無始來妄想執有我人衆生及與壽命認四顛倒爲實我體由此便生憎愛二境於虛妄體重執虛妄二妄相依生妄業道有妄業故妄見流轉猒流轉者妄見涅槃由此不能入清淨覺非覺違拒諸能入者有諸能入非覺入故是故動念及與息念皆歸迷悶何以故由有無始本起無明爲已主宰一切衆生生無慧目身心等性皆是無明譬如有人不自斷命是故當知有愛我者我與隨順非隨順者便生憎怨爲憎愛心養無明故相續求道皆不成就善男子云何我相謂諸衆生心所證者善男子譬如有人百骸調適忽忘我身四支絃緩攝養乖方微加鍼艾則知有我是故證取方現我體善男子其心乃至證於如來畢竟了知清淨涅槃皆是我相善男子云何人相謂諸衆生心悟證者善男子悟有我者不復認我所悟非我悟亦如是悟已超過一切證者悉爲人相善男子其心乃至圓悟涅槃俱是我者心存少悟備殫證理皆名人相善男子云何衆生相謂諸衆生心自證悟所不及者善男子譬如有人作如是言我是衆生則知彼人說衆生者非我非彼云何非我我是衆

生則非是我云何非彼我是衆生非彼我故善男子但諸衆生了證了悟皆爲我人而我人相所不及者存有所了名衆生相善男子云何壽命相謂諸衆生心照清淨覺所了者一切業智所不自見猶如命根善男子若心照見一切覺者皆爲塵垢覺所覺者不離塵故如湯消冰無別有冰知冰消者存我覺我亦復如是善男子末世衆生不了四相雖經多劫勤苦修道但名有爲終不能成一切聖果此我法二執經論偏治助業潤生順情發愛於六七識上妄起端由向根塵法中彊爲主宰固異生之疆界爲煩惱之導

師立生死之根原作衆苦之基址壞正法之寶藏違
成佛之妙宗塞涅槃之要津盲般若之智眼障菩提
之大道斷解脫之正因背覺合塵無先於此如上廣
引破斥分明願斷疑根頓消氷執則正修有路功不
唐捐一念證眞全成覺道問不了唯識之徒妄執我
法聖教之內云何復言有我法等答對機假設非同
情執假有二種一者無體隨情假多分世間外道所
執雖無如彼所執我法隨執心緣亦名我法故說爲
假二者有體施設假聖教所說雖有法體而非我法
本體無名彊名我法不稱法體隨緣施設故說爲假

又凡聖通論我有六種一執我謂分別俱生在於凡
位二慢我謂但俱生在有學位三習氣我謂二我餘
習在無學位四隨世流布我謂諸佛等隨世假稱五
自在我謂八自在等如來後得智爲性六眞我謂眞
如常樂我淨等以眞如爲性圓中稱我通後三種問
云何是無二我義答人我見如六陰七情畢竟無體
法我見猶乾城燄水徹底唯空如經論明二無我者
一人無我者梵云補特伽羅唐言數取趣謂諸有情
起惑造業卽爲能取當來五趣名之爲趣雖復數數
起惑造業五趣輪回都無主宰實自在用故名無我

二法無我者謂諸法體雖復任持軌生物解亦無勝
性實自在用故言無我問執有我見雖順所緣是顚
倒體無我之心成何勝善答了二無我理證會眞如
則成佛之正宗超凡之妙軌若論法利功德難量古
德云無我之心雖不稱境違於緣故名非顚倒如緣
眞如作有如解卽是法執若作無解雖不稱如仍因
成聖釋曰若作如解卽是法執者若起能解之心卽
立所證之理所境旣立迷現量心知解纔生便成比
量皆爲法執失唯識宗所以華嚴經云智外無如爲
智所入如外無智能證於如則心境如如一道清淨

廣百門論云識能發生諸煩惱業能牽後有如是識
心緣色等起無所緣境識必不生若能正觀境爲無
我所緣無故能緣亦無能所旣亡衆苦隨滅證寂無
影清淨涅槃至此位時名自利滿諸有本願爲利益
他住此位中化用無盡亦令有識住此涅槃是故欲
求自他勝利眞方便者應正勤修空無我理問涅槃
經佛說有眞我佛性之理諸菩薩等皆申懺悔我等
無量劫來常被無我之所漂流今廣說無我者莫不
違涅槃之教否答今言無我者謂破凡夫外道迷唯
識理妄執心外實有我法如外道所執略有三等一

僧佉等執我體常周徧量同虛空隨處造業受苦樂等二尼乾子執我其體雖常而量不定隨身大小有卷舒故三徧出執我體常至細如一極微潛轉身中作事業故餘九十種所計我等不異此三故此等妄執倶無道理唯成五見之邪思豈同四德之眞我如涅槃經云外道言如瞿曇說無我我所何緣復說常樂我淨佛言善男子我亦不說内外六入及六識意常樂我淨我乃宣說滅内外入所生六識名之爲常以常故名之爲我有常我故名之爲樂常我樂故名之爲淨夫眞我者是佛性義常恒不變非生因之所

生具足圓成唯了因之所了又如經云爾時世尊讚諸比丘善哉善哉汝等善能修無我想時諸比丘卽白佛言世尊我等不但修無我想亦更修習其餘諸想所謂苦想無常無我想世尊譬如人醉其心悃眩見諸山河石壁草木宮殿屋舍日月星辰皆悉迴轉世尊若有不修苦無常想無我等想如是之人不名爲聖多諸放逸流轉生死世尊以是因緣我等善修如是諸想爾時佛告諸比丘言諦聽諦聽汝向所引醉人喻者但知文字未達其義何等爲義如彼醉人見上日月實非迴轉生迴轉想衆生亦爾爲諸煩惱

無明所覆生顛倒心我計無我常計無常淨計不淨樂計爲苦以爲煩惱之所覆故雖生此想不達其義如彼醉人於非轉處而生轉想我者卽是佛義常者是法身義樂者是涅槃義淨者是法義汝等比丘云何而言有我想者憍慢貢高流轉生死汝等若言我亦修集無常苦無我等想是三種修無有實義我今當說勝三修法苦者計樂樂者計苦是顛倒法無常計常常計無常是顛倒法無我計我我計無我是顛倒法不淨計淨淨計不淨是顛倒法有如是等四顛倒法是人不知正修諸法汝諸比丘於苦法中生於

樂想於無常中生於常想於無我中生於我想於不淨中生於淨想世間亦有常樂我淨出世亦有常樂我淨世間法者有字無義出世間者有字有義何以故世間之法有四顛倒故不知義所以者何有想倒心倒見倒以三倒故世間之人樂中見苦常見無常我見無我淨見不淨是名顛倒以顛倒故世間知字而不知義何等爲義無我者名爲生死我者名爲如來無常者聲聞緣覺常者如來法身苦者一切外道樂者卽是涅槃不淨者卽有爲法淨者諸佛菩薩所有正法是名不顛倒以不倒故知字知義若欲遠離

四顛倒者應知如是常樂我淨。釋曰。夫迷四眞實起八顛倒者無非人法二我之見。爲生死之樞穴。作煩惱之基址。成九結之樊籠。開十使之業道。二乘雖斷人我常被無我之所漂流。外道謬認識神。恒爲妄我之所輪轉。所以上云無我者名爲生死。者以昧一眞我之門。無大自在之力。我者名爲如來。者達佛性之妙理。承如實之道來。無常者聲聞緣覺。者修生滅之妄因。證灰斷之小果。常者如來法身。者入不動之眞宗。契圓常之妙體。苦者一切外道。者運無益之苦行。墮生滅之邪輪。樂者卽是涅槃。者斷二死之妄原。入

四德之祕藏。不淨者卽有爲法。者積雜染之情塵。成夢幻之虛事。淨者諸佛菩薩所有正法。者乃究竟之圓詮。履無爲之至道。是以外道執有我見。如蒸沙作飯。認妄爲眞。二乘證無我門。似捉石爲珠。以常爲斷。俱不達無我之中而有眞我。又常樂我淨者。但是一法。以心性不變異故常。常故樂。樂故我。我故淨。以不了心性常住。故心外別求。妄有所作。作故無常。無常故無樂。無樂故無我。無我故無淨。何者。以無常遷變。純受其苦。寧有樂乎。既不得樂。恒俱繫縛。不得自在。豈成我乎。既不見眞我佛性。長隨染緣。豈得淨耶。如上剖析。皆屬一期教門。不可於此定執有無。迷於方便。如廣百論云。爲止邪見。撥無涅槃。故說眞有常樂我淨。此方便言。不應定執。既不執有。亦不撥無。如是乃名正智解脫。問。外塵無體。唯識理成。正教昭然。妙旨非謬。今凡夫所執。多徇妄情。以見聞之心。熏習之力。多執現見之境。難斷纖疑。前雖廣明。猶慮未信。更希再示。以破執情。答。法性無量。得之者有邊。眞如相空。執之者形礙。如還原觀云。眞空滯於心首。恒爲緣慮之場。實際居在目前。飜爲名相之境。起信鈔云。若是唯心。則不合有境。以心無相。不可見故。既有所見。

云何唯心。意云。一切法從心起。故所起無體。卽是一心。何用說見與不見。根本是心。故。又云。境本非善。但以順已之情。便名爲善。境本非惡。但以違已之情。便名爲惡。故知妍醜隨情。境無定體。既無自體。曷有境乎。唯心之門。從玆明矣。故知佛爲信者說。不爲疑者施。垢重障深。自生疑謗。遮輕根利。頓入玄微。廣百論云。一切所見。皆識所爲。離識無有一法是實。爲無始來數習諸見。隨所習見。隨所遇緣。隨自種子成熟。若差別變似種種法相而生。猶如夢中所見事等。皆虛妄現。都無一實。一切皆是識心所爲。難。若爾。大乘應

如夢啞撥一切法皆悉是虛不能辯說一切世間出世間法自性差別是大苦哉我等不能隨喜如是大乘所立虛假法義以一切法皆可現見不可撥無現見法故答奇哉可愍薄福愚人不能信解大乘法義若有能見可見所見能見既無誰見所見以諸能見不能自審知自有體亦不審他於審察時能見所見皆無所有是故不應執現見法決定有體以同心時諸所緣境皆虛假故所以者何起憶念時實無見等種種境界但隨因緣自心變似見等種種境相而生以所憶念非眞實故唯有虛假憶念名生如曾更諸

法體相同心追憶故名爲念當憶念時曾所更境皆無有故能念亦無而名念者隨順慣習顚倒諸見假名施設由此念故世間有情妄起種種分別諍論競執諸法自性差別沒惡見泥不能自出若無所見亦無所聞是則一切都無所有云何今時編石爲筏唯識論問云依信說有四種一現見二比知三譬喻四阿含此諸信中現信最勝若無外境云何世人言我現見此靑等物偈答現見如夢中見所見不俱見時不分別云何言現見諸凡夫人煩惱夢中有所見事皆如夢中如現見色不知色義以後時意識分別然

後了知意識分別時無眼等識先滅故以一切法念念不住故以見色時無彼意識意識起時無彼眼識入大乘論問云諸法體相世間現見云何無耶答凡愚妄見此非可信生滅之法皆悉是空生滅輪轉無暫停時相似相續故妄見有實猶如燈燄念念生滅凡夫愚人謂爲一燄中觀論問汝雖種種門破去去者住住者而眼見有去住答肉眼所見不可信若實有去去者爲以一法成爲以二法成二俱有過夫肉眼者是過去顚倒業因所成如牛羊眼不辯方隅實不可信唯佛眼眞實只可從實不可憑虛又問現見

衆生作業受報是事云何答如化人無有實事但可眼見又化人口業說法身業布施等是業雖無實而可眼見如是生死作者及業亦應如是諸業皆空無性如幻如夢又問曰世間人盡見諸法是有是無汝何以獨與世間相違言無所見答曰若人未得道不見諸法實相愛見因緣故種種戲論見法生時謂之爲常取相言有見法滅時謂之爲斷取相言無智者見諸法生卽滅無見見諸法滅卽滅有見是故於一切法雖有所見皆如幻如夢乃至無漏道見尚可滅何況餘見是故若不見安隱法者則見有無大智度

論。問。若一切諸法空如幻。何以故諸法有可見可聞。可齅可嘗可觸可識者。若無而妄見者何不見聲聞色。若皆一等空無所有何以有可見不可見者。答曰。諸法相雖空。亦有分別可見不可見。譬如幻化象馬。及種種諸物雖知無實。然色可見。聲可聞。不相錯亂。與六情對故。諸法亦如是雖空而可見可聞。不相錯亂。詳斯論意。是約世間凡情所見。以眼根對色塵。及中間眼識三種和合。得稱爲見。此根塵識自性俱空各各不能生見。和合亦不能生見。但虛妄情識所對見聞不無。故經云。以凡夫見之爲世諦。以聖人見之

爲眞諦。所稱諦者。審實不虛。故稱爲諦。世諦不無。執假爲諦。眞諦非有。證實爲諦。問。一切內外諸法。皆有流類。於諸類中。約有幾種差別。及隨類通別等義。答。古釋有五。一。異熟類。一通。卽一切草木。皆是初靑後黃。豈非異熟。二別。唯善惡二業。感異熟果。二。長養類。一通。卽是一切皆有長養。二別。唯是飲食睡眠梵行等持所益故。三。等流類。一通。卽一切自類相似。皆是等流。二別。唯同類因之所生。四。實事類。一通。卽一切有體諸法。二別。唯是無爲簡有爲非是實事故。五。刹那類。一通。卽一切有生滅法。二別。唯是見道初一刹那也。問。有情所住。徧三界中。云何維摩經云。七識處爲種。答。有情通凡至聖。有六十二有情身。約依處有四十二居止。若通門由業繫故。樂與不樂並立居止。下在七識心住之例。爲識心唯樂於七處住。故四十二居止者。八地獄。傍生。餓鬼。四洲。六欲天。色界十八。無色有四。都成四十二居止。七識處者。一。種種身種種想。種種身者。欲界人天。有尊卑上下也。種種想者。有苦樂捨三受想。二。種種身一想。種種身者。初禪梵王爲尊。梵衆爲卑。故有種種身。一想者。有一戒取想也。梵王自謂我能生諸梵。諸梵謂已從梵王生。非因

計因。是戒取。三。一身種種想。一身者。二禪地上。無尊卑上下也。種種想者。有喜樂想也。四。一身一想。一身者。三禪無尊卑上下也。一想者。唯一樂想也。空識已上無身。唯有一想。五。空處。唯一空想。六。識處。唯一識想。七。無所有處。唯一慧想。此上七識處。對治衆生計識爲我。樂住七處。以有漏五陰爲體。第四禪有無想定。非想地中有滅盡定。三塗之中。能受諸苦。識不樂住。故不說也。又第四禪及非想地。雖復滅識。不滅假名。衆生居所。以不立。三惡趣中。爲苦所逼。衆生不樂居。所以不立。問。破外境空。立唯識有者。境從何而空。

識從何可有。答。境隨情起。識逐緣生。情唯徧計之心。緣是依他之性。緣法是有。依勝義之門。情執本空。歸世俗之道。識論云。外境隨情而施設。故非有如識。內識必依因緣生。故非無如境。由此便遮增減二執。境依內識而假立。故唯世俗有。識是假境所依事。故亦勝義有。釋云。外境是徧計所執心外實境。由隨妄情施設爲假。體實都無。非與依他內識相似。內識體是依他。故必依種子因緣所生。非體全無。如徧計境。彼實我法。猶如龜毛。識依他有。故非彼類。此中色等相見二分。內識所變。不離識故。總名內識。由此內識體

性非無。心外我法。體性非有。便遮外計離心之境實有。增減執。及遮邪見惡取空者撥識亦無。妄空滅執。即離空有。說唯識教。有心外法。輪迴生死。覺知一心。生死永棄。可謂無上處中道理。問。境唯世俗之有。識通勝義之門者。云何爲世俗諦。云何說勝義諦。答。夫一切諦智。皆從無諦而起。無諦者。即絕待眞心。非是對有稱無。故云絕待。猶如虛空。非對小空而稱大空。從此無諦立一實諦。此一實之名。是對三權而名一實。待虛名實。此是對待得名。又從此一實。對機約教或分開二諦等。此二諦者。約情智而開。如涅槃經云。

如出世人之所知者。名第一義諦。世間人知者。爲世諦。仁王經云。於解常自一。於諦常自二。所以仁王雖分二諦。智照常一。涅槃本唯一諦。解惑分二。斯則二而不二。不二而二。二二自在。爲眞二諦。故昔人頌云。二諦並非雙。恒乖未曾各。即其義也。生公云。是非相待故。有眞俗名生。梁攝論云。智障甚盲闇。謂眞俗別執。然法相務欲分析。法性務在融通。各據一門。勿生偏滯。何者。若但分析而不融通。法成差異。若不分析。事成混濫。又無可融通。則性相歷然而非異。事理融即而非同。非異非同。圓中妙理。又境則不礙眞而恒

俗。智則不礙寂而常照。意以心寂對於境眞。心照對於境俗。以照對俗。則心境非一。以寂對眞。則心境非異。雖雙融空有二境。寂照二心。終不得言境則不礙眞而恒俗。智則不礙照而恒寂。境則不礙俗而恒眞。智則不礙寂而常照。中觀論偈云。若人不能知。分別於二諦。則於深佛法。不知眞實義。金剛般若不壞假名論云。佛所說法。咸歸二諦。一者俗諦。二者眞諦。俗諦者。謂諸凡夫聲聞獨覺菩薩如來。乃至名義智境業果相屬。眞諦者。謂即於此都無所得。如說第一義非智之所行。何況文字。乃至無業無業果。是諸聖種

性是故此般若波羅密中說不住布施一切法無相不可取不可說生法無我無所得無能證無成就無來無去等此釋眞諦又說內外世間出世間一切法相及諸功德此建立俗諦又台教約四教四證三接立七種二諦及五種三諦如法華玄義云夫經論異說悉是如來善權方便知根知欲種種不同略有三異一謂隨情二隨情智三隨智隨情說者情性不同說隨情異如毗婆沙明世第一法有無量種眞際尙爾況復餘耶如順盲情種種示乳盲聞異說而諍白色豈卽乳耶衆師不達此意各執一文自起見諍互

相是非信一不信一浩浩亂哉莫知孰是若世三說及能破者有經文證皆判是隨情二諦意也無文證者悉是邪見謂同彼外道非二諦攝也隨情智者情謂二諦二皆是俗若悟諦理乃可爲眞眞則唯一如五百比丘各說身因身因乃多正理唯一經云世人心所見名爲世諦出世人心所見名第一義諦如此說者卽隨情智二諦也隨智者聖人悟理非但見眞亦能了俗如眼除瞙見色見空又如入禪者出觀之時身虛心豁似輕雲藹空已不同散心何況悟眞而不了俗毗曇云小雲發障大雲發障無漏逾深世智

轉淨故經偈云凡人行世間不知世間相如來行世間明了世間相此是隨智二諦也若解此三意將尋經論雖說種種於一一諦皆備三意也二正明二諦者取意在略但點法性爲眞諦無明十二因緣爲俗諦於義卽足但人麤淺不覺其深妙更須開拓則論七種二諦一一二諦更開三種合二十一種二諦若用初番二諦破一切邪謂執著皆盡如劫火燒不留遺芥況鋪後諸諦逈出文外非復世情圖度所言七種二諦者一者實有爲俗實有滅爲眞二者幻有爲俗卽幻有空爲眞三者幻有爲俗卽幻有空不空共

爲眞四者幻有爲俗幻有卽空不空一切法趣空不空爲眞五者幻有幻有卽空皆名爲俗不有不空爲眞六者幻有幻有卽空皆名爲俗不有不空一切法趣不有不空爲眞七者幻有幻有卽空皆爲俗一切法趣有趣空趣不有不空爲眞實有二諦者陰入界等皆是實法實法所成森羅萬品故名爲俗方便修道滅此俗已乃得會眞大品經云空色色空以滅色故謂爲空色不滅色故謂爲色空病中無藥文字中無菩提皆此意是爲實有二諦相也約此亦有隨情智等三義準上可知幻有空二諦者斥前意也何者

實有時無眞滅有時無俗二諦義不成若明幻有者幻有是俗幻有不可得即俗而眞大品經云即色是空即空是色空色相即二諦義成是名幻有二諦也約此亦有隨情情智智等三義隨智小當分別何者實有隨智照眞與此不異隨智照俗不同何者通人入觀巧復局照俗亦巧如百川會海其味不別復局還源江河則異俗是事法照異非疑眞是理法不可不同只就通人出假亦人人不同可以意得例三藏出假亦應如是幻有空不空二諦者俗不異前眞則三種不同一俗隨三眞即成三種二諦其相云何如

大品明非漏非無漏初人謂非漏是非俗非無漏是遣著何者行人緣無漏生著如緣滅生使破其心還入無漏此是一番二諦也次人聞非漏非無漏謂非二邊別顯中理中理爲眞又是一番二諦也又人聞非有漏非無漏即知雙非正顯中道中道法界力用廣大與虛空等一切法趣非有漏非無漏又是一番二諦也大涅槃經云聲聞之人但見於空不見不空智者見空及與不空即是此意二乘謂著此空破著空故故言不空空著若破但是見空不見不空也利人謂不空是妙有故言不空利人聞不空謂是如來

藏一切法趣如來藏還約空不空即有三種二諦也復次一切法趣非漏非無漏顯三種異者初人聞一切法趣非漏非無漏者諸法不離空周行十方界還是甁處如又人聞趣知此中理須一切行來趣發之又一人聞一切趣即非漏非無漏具一切法也是故說此一俗隨三眞轉或對單眞或對複眞或對不思議眞無量形勢婉轉赴機出沒利物一一皆有隨情情智智等三義若隨智證俗隨智轉智證偏眞即成通二諦智證不空眞即成別入通二諦智證一切趣不空眞即成圓入通二諦三人入智不同復局照俗

亦異何故三人同聞二諦而取解各異者此是不共般若與二乘共說則深淺之殊耳大品經云有菩薩初發心與薩婆若相應有菩薩初發心遊戲神通淨佛國土有菩薩初發心即坐道場爲如佛即此意也幻有無爲俗不有不無爲眞者有無二故爲俗中道不有不無不二爲眞二乘聞此眞俗俱皆不解故如啞如聾大涅槃經云我與彌勒共論世諦五百聲聞謂說眞諦即此意也約此亦有隨情情智智等三義圓入別二諦者俗與別同眞諦則異別人不空但理而已欲顯此理須緣修方便故言一切法趣不空圓

人聞不空理即知具一切佛法無有闕減故言一切趣不空也約此亦有隨情等三義圓教二諦者直說不思議二諦也眞即是俗俗即是眞如如意珠以珠譬眞用以譬俗即珠是用即用是珠不二而二分眞俗耳約此亦有隨情情智等三義身子偈云佛以種種緣譬喻巧言說其心安如海我聞疑網斷即其義焉問眞俗應相對云何不同耶答此應四句俗異眞同眞異俗同眞俗異相對眞俗不異而異相對三藏與通眞同而俗異二人通眞異而俗同別眞俗皆異而相對圓眞俗不異而異相對不同而同若不相入

當分眞俗即相對七種二諦廣說如前略說者界內相即不相即界外相即不相即四種二諦也別接通五也圓接通六也圓接別七也問何不接三藏答三藏是界內不相即小乘取證根敗之士故不論接餘六是摩訶衍門若欲前進亦可得去是故被接問若不接亦不會答接義非會義未會之前即論被接判麤妙者實有二諦半字法門引鈍根人蠲除戲論之糞二諦義不成此法爲麤如幻二諦滿字法門爲教利根諸法實相三人共得比前爲妙同見但空方後則麤以別入通能見不空是則爲妙敎談理不融是

故爲麤以圓入通爲妙妙不異後帶通方便是故爲麤別二諦不帶通方便故爲妙敎談理不融是故爲麤圓入別理融爲妙帶別方便爲麤唯圓二諦正直捨方便但說無上道是故爲妙次約隨情智等判麤妙者且約三藏初聞隨情二諦執實語爲虛語起語見故生死浩然無佛法氣分若能勤修念處發四善根是時隨情二諦皆名爲俗發得無漏所照二諦皆名爲眞從四果人以無漏智所照眞俗皆名隨智二諦隨情則麤隨智則妙譬如轉乳始得成酪既成酪已心相體信入出無難即得隨情情智智等說通別

入通圓入通令其恥小慕大自悲敗種渴仰上乘是時如轉酪爲生酥心漸通泰即爲隨情情智智等說別圓入別明不共般若命領家業金銀珍寶出入取與皆使令知既知是已即如轉生酥爲熟酥諸佛法久後要當說眞實即隨情情智智等說圓二諦如轉熟酥爲醍醐是則六種二諦調熟衆生雖成四味是故爲麤醍醐一味是則爲妙又束判麤妙前二教雖有隨智等一向是隨情說他意語故故名爲麤別入通去雖有隨情等一向束爲隨情智說自他意語故亦麤亦妙圓二諦雖有隨情等一向是隨智說佛自

智。說佛自意語。故稱爲妙。問。前二二諦。一向是隨情。應非見諦。亦不得道。答。不得中道。故稱隨情。諸佛如來。不空說法。雖非中道第一義悉檀。不失三悉檀益。大槃判之。皆屬隨情爲麤耳。次明三諦者。妙却前兩種二諦。以不明中道故。就五種二諦得論中道。卽有五種三諦。約別入通。點非有漏非無漏。三諦義成。有漏是俗。無漏是眞。非有漏非無漏是中。當教論中。但異空而已。中無功用。不備諸法。圓入通三諦者。二諦不異前。點非漏非無漏具一切法。與前中異也。別三諦者。彼俗爲兩諦。對眞爲中。中理而已。圓入別三諦

者。二諦不異前。點眞中道具足佛法也。圓三諦者。非但中道具足佛法。眞俗亦然。三諦圓融。一三三一。判麤妙者。別圓入通帶通方便故爲麤。別不帶通爲妙。圓入別帶別方便爲麤。圓不帶方便最妙。約五味教者。乳教說三種三諦。二麤一妙。酪教但麤無妙。生酥熟酥皆是五種三諦。四麤一妙。此經唯一種三諦。卽相待妙也。開麤顯妙者。決前諸麤入一妙。三諦無所可待。是爲絶待妙也。又明一諦者。大涅槃經云。所言二諦。其實是一。方便說二。如醉未吐。見日月轉。謂有轉日。及不轉日。醒人但見不轉。不見於轉。轉二爲麤。

不轉爲妙。三藏全是轉二。同彼醉人。諸大乘經帶轉二說不轉一。今經正直捨方便。但說無上道。不轉一實。是故爲妙。諸諦不可說者。諸法從本來。常自寂滅相。那得諸諦紛紜相礙。一諦尙無。諸諦安有。一一皆不可說。可說爲麤。不可說爲妙。不可說亦不可說。是妙亦妙。言語道斷故。若通作不可說者。生生不可說。乃至不生不生不可說。前不可說爲麤。不生不生不可說爲妙。若麤異妙。相待不融。麤妙不二。卽絶待妙也。問。何故大小通論無諦。答。釋論云。不破聖人心中所得涅槃。爲未得者。執涅槃生戲論。如緣無生使。故

破言無諦也。問。若爾。小乘得與不得。俱皆被破。大乘得與不得亦俱應破。答。不例小乘。猶有別惑可除。別理可顯。故雖得須破。中道不爾。云何破。問。若爾。中道唯應有一實諦。不應言無諦。答。爲未得者。執中生惑。故須無諦。實得者有。戲論者無。又唯識論於眞俗二諦。各開四重。都成八諦。俗諦四者。一。假名無實諦。謂瓶盆等。但有假名。而無實體。從能詮說。故名爲諦。二。隨事差別諦。謂蘊界等。隨彼彼事。立蘊等法。三。方便安立諦。謂苦集等。由證得理而安立故。四。假名非安立諦。謂二空理。依彼空門。說爲眞性。由彼眞性內證

智境不可言說。名二空如但假說。故勝義四者。一體用顯現諦。謂蘊界等有實體性。過初世俗。名勝義。隨事差別。說名蘊等。故名顯現。二因果差別諦。謂苦集等智斷證修因果差別。三依門顯實諦。謂二空理。過俗證得。故名勝義。依空能證。以顯於實。故名依門。四廢詮談旨諦。謂一實眞如體妙離言。已名勝義。又眞不自眞。待俗故眞。卽前三眞。亦說爲俗。俗不自俗。待眞故俗。卽後三俗。亦名爲眞。至理沖玄。彌驗於此。又華嚴經約其圓數。立於十諦等。乃至一一法。圓融無盡。

宗鏡錄卷六十七

宗鏡録卷六十八

宋慧日永明妙圓正修智覺禪師延壽集

夫既云約俗假立心境雙陳開之則兩分合之則一味今約開義則互相生未有無心境曾無無境心凡聖通論都有幾境答大約有三境頌云性境不隨心獨影唯從見帶質通情本性種等隨應性境不隨心者性境者性是實義卽實根塵四大及實定果色等相分境言不隨心者爲此根塵等相分皆自有實種生不隨能緣見分種生故獨影唯從見者影爲影像是相分異名爲此假相分無種爲伴但獨自有故名獨影卽空華兔角過去未來諸假影像法是此但從能緣見分變生與見分同種故名獨影唯從見帶質通情本者卽相分一半與本質同一種生一半與見分同一種生故言通情本情卽能緣見分本卽所緣本質言性種等隨應者隨應是不定義謂於三境中各隨所應有性種界繫三科異熟等差別不定又廣釋云性境者爲有體實相分名性境卽前五識及第八心王并現量第六識所緣諸實色得境之自相不帶名言無籌度心此境方名性境及根本智緣眞如時亦是性境以無分別任運轉故言不隨心者都有

五種不隨一性不隨者其能緣見分通三性所緣相分境唯無記性卽不隨能緣見分通三性二種不隨者卽見分從自見分種生相分從自相分種生不隨能緣見分心種生故名種不隨三界繫不隨者如明了意識緣香味境時其香味二境唯欲界繫不隨明了意識通上界繫又如欲界第八緣種子境時其能緣第八唯欲界繫所緣種子便通三界卽六八二識有界繫不隨四三科不隨者且五蘊不隨者卽如五識見分是識種收五塵相分卽色蘊攝是蘊科不隨十二處不隨者其五識見分是意處收五塵相分五境處攝是處科不隨十八界不隨者其五識見分是五識界收五塵相分五境界攝此是三科不隨五異熟不隨者卽如第八見分是異熟性所緣五塵相分非異熟性名異熟不隨獨影境者謂相分與見分同種生名獨影唯從見卽如第六識緣空華兔角過未及變影緣無爲并緣地界法或緣假定果極迥極略等皆是假影像此但從見分變生自無其種名爲從見獨影有二種一者無質獨影卽第六緣空華兔角及過未等所變相分是其相分與第六見分同種生無空華等質二者有質獨影卽第六識緣五根種現

是皆託質而起故其相分亦與見分同種而生亦名獨影境三帶質者卽心緣心是如第七緣第八見分境時其相分無別種生一半與本質同種生一半與能緣見分同種生從本質生者卽無覆性從能緣見分生者卽有覆性以兩頭攝不定故名通情本情卽第七能緣見分本卽第八所緣見分又四句分別一唯別種非同種卽性境二唯同種非別種卽獨影境三俱句卽帶質境四俱非卽本智緣如以眞如不從見分種生故名非同種又眞如當體是無爲但因證顯得非生因所生法故名非別種性種說隨應者性

卽性境種謂種類謂於三境中各有種類不同今皆須隨應而說又約八識分別者前五轉識一切時中皆唯性境不簡互用不互用二種變中唯因緣變又與五根同種故第六意識有四類一明了意識亦通三境與五同緣實五塵初率爾心中是性境若以後念緣五塵上方圓長短等假色卽有質獨影亦名似帶質境二散位獨頭意識亦通三境多是獨影通緣三世有質無質法故若緣自身現行心心所時是帶質境若緣自身五根及緣他人心心所是獨影境亦名似帶質境又獨頭意識初刹那緣五塵少分緣實

色亦名性境三定中意識亦通三境通緣三世有質無質法故是獨影境又能緣自身現行心心所故是帶質境又七地已前有漏定位亦能引起五識緣五塵故卽是性境四夢中意識唯是獨影境第七識唯帶質境第八識其心王唯性境因緣變故相應作意等五心所是似帶質眞獨影境問三境以何爲體答初性境用實五塵爲體具八法成故八法者卽四大地水火風四微色香味觸等約有爲說若能緣有漏位中除第七識餘七皆用自心心所爲體第二獨影境將第六識見分所變假相分爲體能緣卽自心心

所爲體第三帶質卽變起中間假相分爲體若能緣有漏位中唯六七二識心心所爲體又成唯識論樞要誌云眞色眞心俱是所緣所變相分俱名性境或能緣心而非妄執分別搆畫名爲眞心眞心緣彼眞色等境所變相分方名性境若心緣心所變相分相分無實但帶質故性者體也體性是實名爲性境獨影者獨者單也單有影像而無本質故相名獨如緣龜毛石女等相或雖有質相分不能熏彼質種望質無能但有假影亦名爲獨如分別心緣無爲相及第八識心所相分餘準此知帶質之境者質者周易云

形體也帶者說文謂之紳也紳也謂束又方言云帶謂行也今云帶質義通二也若依說文謂卽挾帶逼附之義如紳束也若依方言影仗質生如因其路行義方有然此相分雖有能熏自及質種然無實用如緣心相相分之心無慮用故通情本者情謂見分本謂質也顯所變相隨見隨質以判種性二義不定又境有二一衆生徧計所執情境心外見法名之曰境二諸聖自在德用智境以從心現故成其妙用智境又二一分劑境廣大無邊故二所知境唯佛能盡故又有二種一是心境唯心現故張心無心外之境張

境無境外之心常合一味故二是境界之境謂心境無礙隱顯同時體用相成理事齊現問心外無境境外無心云何又說心說境答前已廣明何須重執一心四分理教無差有境有心方成唯識如心緣境時必有相分故如鏡照面時有面影像也量云心緣境是有法心上必帶境之影像宗因云心對外質同喻如鏡照面時問智境各一何分多種答智因境分有眞俗之異境從智立標凡聖之殊約用似多究體元一如起信鈔問云境智爲一爲異答云智體無二境亦無二智無二者只是一智義用有殊約知眞處名

爲眞智約知俗處名爲俗智境無二者謂色卽是空爲眞境空卽是色爲俗境由是證眞時必達俗達俗時必證眞了俗無性卽是眞空豈有前後耶況無心外之境何有境外之心是卽心境渾融爲一法界問一心二諦理事非虛證理性而成眞審事實而爲俗皆具極成之義不壞二諦之門大小二乘同共建立如何是極成之義答所成決定不可移易隨眞隨俗各有道理瑜伽論云一有世間極成眞實二道理極成眞實世間極成眞實者謂一切世間於彼彼事隨順假立世俗慣習悟入覺慧所見同性謂地唯是地

非是火等乃至苦唯是苦非是樂等樂唯是樂非是苦等以要言之此卽如此非不如此是卽如是非不如是決定勝解所行境事一切世間從其本際展轉傳來想自分別共所成立不由思惟籌量觀察然後方取是名世間極成眞實道理極成眞實者依止現比及至校量極善思擇決定智所行所知事由證成道理所建立所施設義是名道理極成眞實問離識有色文義俱虛心外無塵教理同證其柰名言熏習世見堅牢若不微細剖陳難圓正信只如外色若麤若細云何推檢知其本空了了分明成就唯識答麤

細之色皆從識變既從識有外色全空故經云色性自空非色滅空爲末了者更須破析直至極微方信空現識論云餘乘所執離識實有色等諸法如何非有彼所執色不相應行及諸無爲理非有故且所執色總有二種一者有對極微所成二者無對非極微成彼有對色定非實有能成極微非實有故謂諸極微若有質礙應如瓶等是假非實若無質礙應如非色如何可集成瓶衣等又諸極微若有方分必可分析便非實有若無方分則如非色乃至雖非無色而是識變謂識生時內因緣力變似眼等色等相現即

以此相爲所依緣然眼等根非現量得以能發識比知是有此但功能非外所造外有對色理既不成故應但是內識變現發眼等識名眼等根此爲所依生眼等識此眼等識外所緣緣理非有故決定應許自識所變爲所緣緣謂能引生似自識者乃至由此定知自識所變似色等相爲所緣緣見託彼生帶彼相起故然識變時隨量大小頓現一相非別變作衆多極微合成一物爲執麤色有實體者佛說極微令其除析非謂諸色實有極微諸瑜伽師以假想慧於麤色相漸次除析至不可析假說極微雖此極微猶有

方分而不可析若更析之便似空現不名爲色故說極微是色邊際由此應知諸有對色皆識變現非極微成餘無對色是此類故亦非實有或無對故如心心所定非實色諸有對色現有色相以理推究離識尚無況無對色現無色相而可說爲眞實色法問表無表色不居身外內所動作顯現非虛如成業論偈云由外發身語表內心所思譬彼潛淵魚鼓波而自表此表無表色是實有否答識論云且身表色若是實有以何爲性若言是形便非實有可分析故長等極微不可得故若言是動亦非實有纔生即滅無動

義故有爲法滅不待因故滅若待因應非滅故若言有色非顯非形心所引生能動手等名身表業理亦不然此若是動義如前破若是動因應即風界風無表示不應名表故身表業定非實有然心爲因令識所變手等色相生滅相續轉趣餘方似有動作表示心故假名身表語表亦非實有聲性一刹那聲無詮表故多念相續便非實故外有對色前已破故然因心故識變似聲生滅相續似有表示假名語表於理無違表既實無無表寧實然依思願善惡分限假立無表理亦無違問經中說有三業善惡果報不濫昇

沉云何撥無豈不違教答不撥爲無爲顯識故推其不實於世俗門善順成立識論云不撥爲無但言非色能動身思說名身業能發語思說名語業審決二思意相應故作動意故說名意業起身語思有所造作說名爲業是審決思所遊履處故通生苦樂異熟果故亦名爲道或身語表由思發故假說爲業思所履故說名業道由此應知實無外色唯有內識變似色生問不相應行是實有否答識論云不相應行亦非實有所以者何得非得等非如色心及諸心所體相可得非異色心及諸心所作用可得由此故知定

非實有但依色等分位假立此定非異色心心所有實體用問二無心定無想異熟應異色心等有實自性若無實性應不能遮心心所法令不現起答識論云若無心位有別實法異色心等能遮於心名無心定應無色時有別實法異色心等能礙於色名無色定彼既不爾此云何然又遮礙心何須實法如堤塘等假亦能遮謂修定時於定加行猒患麤動心心所故發勝期願遮心心所令心心所漸細漸微微微心時熏異熟識成極增上猒心等種由此損伏心等種故麤動等暫不現行依此分位假立二定此種善故

定亦名善無想定前求無想果故所熏成種招彼異熟識依之麤動想等不行於此分位假立無想依異熟立得異熟名故此三法亦非實有問世間依想建立有爲之法皆虛俗諦從識施爲無體之門盡僞且如聖教文句能詮乃廣長舌相之所宣妙觀察智之所演云何俱稱不實咸是虛耶答諸聖演教談詮是依世俗文字所以佛告三乘學者只令依義不依語權藉教以明心是以文字俱無自性亦從識變廣百門論云然諸世間隨自心變謂有衆字和合爲名復謂衆名和合爲句謂此名句能有所詮能詮所詮皆

自心變諸心所變情有理無聖者於中如實知見云何知見謂彼法皆是愚夫虛妄識心分別所作假而非實俗有眞無隨順世間權說爲有問音聲可聞色塵有對可言心變只如時法無相應爲實有答有相尙空無相何有時亦無體延促由心以始從一念終成於劫念若不起時劫本空但有初中後等時量皆是唯識之時廣百論破時品云復次是則一切若假若實皆依世俗假相施設云何汝等定執諸法皆是實體難若一切法皆非實有如何現前分明可見答鏡像水月乾闥婆城夢境幻事第二月等分明可見

豈實有耶世間所見皆無有實云何以現證法是眞覺時所見一切非眞是識所緣如夢所見夢心所見決定非眞亂識所緣如第二月如是雖無眞實法體而能爲境生現見心因斯展轉發生憶念前後俱緣非眞有境是故不可以生憶念證法是眞法既非眞時如何實難若緣妄境生於倒見境可是虛見應是實答境既是虛見云何實如在夢中謂眼等識緣色等境覺時知彼二事俱無妄境倒心亦復如是愚夫謂有聖者知無難有倒心境二種皆虛無倒境心俱應是實答世俗可爾勝義不然以勝義中心言絕故

若於勝義心言絕者云何數說心境是虛爲破實執故且言虛實執若除虛亦不有若實若虛皆爲遣執依世俗說非就勝義勝義諦言亦是假立爲飜世俗非有定詮難現見心境可言是無憶念境心云何非有答現見尚無憶念豈有難若一切法都非實有如何世間現造善惡若無善惡苦樂亦無是則撥無一切因果若撥無因果則成邪見豈不怖此邪見罪耶答奇哉世間愚癡難悟唯知怖罪不識罪因一切善惡苦樂因果並世俗有勝義中無我依勝義言不可得不撥世俗何成邪見於世俗中執勝義有不稱正理是爲邪見今於此中爲破時執略說諸法俗有眞無又古釋云凡如來三時說法或云一時三世十世等時皆從能變心生外無三世之境離自心外諸法無體如世尊說彌勒作佛卽聽者於自心上變作過去相分生起世尊答云從今十二年後必得往生聽者心上又變作未來相分而起能變心卽現在也此過去時無其實境盡從心變但隨心分限變起長時短時是以時因心立無有定性因現在則有過去未來因延有促因一念有大劫若無現在心何處立過未西域記第七云昔有隱士結廬屏跡博習技藝究

極神理能使瓦礫成寶人畜變形但未能馭風雲陪僊駕閱圖考古更求僊法遂得求僊方云將欲求僊當築壇場命一烈士按長劍立壇隅屏息絕言自昏達曙求僊者壇中而坐按長劍誦神咒收視返聽達曙登僊既得此方數年之間求烈士不得後遇一人先爲人傭力艱辛五載一旦違失遂被笞辱又無所得悲號巡路隱士見愍數加優贈烈士欲求報効隱士曰我彌歷多年幸而遇會奇貌應圖非有他故願一旦不語耳烈士曰死尚不辭何況不語於是隱士立壇受僊依事行之日暮之後各司其事隱者誦咒

烈士按劒俟將曉矣烈士忽然大叫時空中火下煙燄雲蒸隱士疾引此人入池避難問曰誡子無聲何乃驚叫烈士曰受命之後至夜昏然若夢見昔所事主人躬來至傍感厚恩而不語被打震怒而見致害遂見託生南印土大婆羅門家受生乃至出胎苦厄備受荷恩不語洎乎受冠生子每念前恩默而不語閤家親戚咸見怪矣年過六十而有一子其妻謂曰汝若不語我殺汝子我自懷念今已隔生唯有一子寧忍令殺因止其妻遂發此言隱士曰我之過也被魔所嬈烈士感激其事忿恚而死故知睡夢與覺所

見唯心延促之時不離一念故引夢時以明覺位又法華經安樂行品夢入銅輪成道度生經無量時唯只一夜夢心所以無性攝論頌云處夢謂經年覺乃須臾頃故時雖無量攝在一剎那可證聽者心上自變長短二時實唯現在心心所也故義海云如見塵時是一念心所現此一念心之時全是百千大劫成何以故百千大劫本由一念方成大劫既相由成立俱無體性乃至遠近世界佛及眾生三世一切事物莫不於一念中現何以故一切事法依心而現念既無礙法亦隨融是故一念卽見三世事物顯然所以

華嚴經頌云一念普觀無量劫無去無來亦無住如是了知三世事超諸方便成十力又頌云始從一念終成劫悉從眾生心想生一切剎海劫無邊以一方便皆清淨又頌云或從心海生隨心所解住如幻無處所一切是分別故知橫收剎海豎徹僧祇皆一念心前後際斷既無大小之剎亦無延促之時以一方便唯心之門令眾生界悉皆清淨何者以知境唯妄識分別則不起心以心不起故則妄境不現妄境不現垢淨之法無依麤想不生長短之時自絕若教中所說劫量延促皆是善巧逗機方便或為怯弱眾生

說成佛只在剎那或為懈怠眾生說須經阿僧祇劫若成佛之旨一際無差延促之詮盡歸權智又古釋云一方便者卽了唯心也一念與劫並由想心心想不生長短安在非長非短是謂清淨不壞於相則劫海無邊故知一切諸法皆無自體悉不堅牢唯從想生若執為實但是顛倒所以廣博嚴淨經云文殊師利告阿難言愚小之人以日為晝想無黠慧故所以者何若令此晝是真實者是常住者是堅牢者應有積聚不應過去唯應有晝不應有夜問此三世時既從心變於八識內何識所緣答古釋云唯意所緣謂

時之一法是假。前五第八俱不能緣。第七又常緣內第八見分為我。兼無分別故。唯第六能緣。又四種意識中。唯明了意識不能緣。時是假故。則定中。夢中。獨散。此三俱能緣。若約三境中。是獨影境。問。不相應行中諸有為法。似有作用。應不離識。如六種無為無有作用。應離色心等有其實性。答。有無之法。皆依識變。虛空等五無為。皆依妄識所變。眞如無為。是淨識之性。亦不離識。乃至有無眞假。一切性相。離眞唯識性。更無所有。

宗鏡錄卷六十八

宗鏡錄卷六十九

宋慧日永明妙圓正修智覺禪師延壽集

夫覺王隨順世法曲徇機宜欲顯無相之門先明有相之理因方便而開眞實假有作而證無生非稱本懷但施密意於四俗諦中立第二隨事差別諦說三科法門謂蘊處界等今欲會有歸空應當先立後破須知窟宂方可傾巢只如五蘊初科四大元始以何爲義答蘊者藏也亦云五陰陰者覆也卽蘊藏妄種覆蔽眞心雜集論云蘊者積聚義又荷雜染檐故名爲蘊如肩荷檐此約俗諦所釋若論眞諦無一法可

聚以各無自體亦無作用故楞伽經云佛告大慧當善四大造色云何菩薩善四大造色大慧菩薩摩訶薩作是學彼眞諦者四大不生於彼四大不生作如是觀察觀察已竟名相妄想分劑自心現分劑乃至大慧彼四大種云何生造色謂津潤妄想大種生內外水界堪能妄想大種生內外火界飄動妄想大種生內外風界斷截色妄想大種生內外地界釋云堪能妄想者卽計火大堪能成熟萬物之性斷截色妄想者卽計可斷截性爲地大四大既空五蘊無主是以先觀色陰從四大所造展轉相因而生四大中既無主宰誰能合集以成色乎以此觀之色陰卽空色陰既空四陰何有善學眞諦第一淨心不住一相則無四大可生故知一切莫非眞覺則一覺一切覺統括一心無不覺故外法本無名相所見分劑皆唯心量以般若照五蘊皆空聚沫之色既虛水泡之受何有陽燄之想非實芭蕉之行唯空幻識倏爾無依空大湛然不動窮四大根本性相尙無則六根枝條影響奚有身見既不立妄境又無從唯一眞心神性獨立恒沙海藏無量義門該括指歸理窮於此不出一念人法俱空如持世經云佛言諸凡夫於見聞覺知

法中計得識陰貪著念有是人貪著見聞覺知法爲識陰所縛貴其所知以心意識合繫故馳走往來所謂從此世至彼世從彼世至此世皆識陰所縛故不能如實知識陰識陰是虛妄不實顛倒相應因見聞覺知法起此中無有實識者若不能如是實觀或起善識或起不善識或起善不善識是人常隨識行不知識所生處不知識如實相持世諸菩薩摩訶薩於此中如是正觀知識陰從虛妄識起所謂見聞覺知法中衆因緣生無法生法想故貪著識陰故知諸陰不出一念法空之心所以永嘉集云明識一念之中

五陰者謂歷歷分明卽是識陰領納在心卽是受陰心緣此理卽是想陰行用此理卽是行陰汙穢質性卽是色陰此五陰者舉體卽是一念一念者舉體卽是五陰歷歷見此一念之中無有主宰卽人空慧見如幻化卽法空慧故最勝王經云佛告善天女五蘊能現法界法界卽是五蘊問處以何爲義答論云識生長門義當知種子義攝一切法差別義亦是處義問界以何爲義答是界分建立義以內外中間各對待立故雜集論云一切法種子義謂依阿賴耶識中諸法種子說名爲界界是因義又能持自相義又能

持因果性義又攝持一切法差別義問何因五蘊說唯有五答雜集論云爲顯五種我事故一身具我事謂內外色蘊所攝二受用我事卽受蘊三言說我事卽想蘊四造作一切法非法我事謂行蘊五彼所依止我自體事謂識蘊是身具等所依我相事義世間有情多於識蘊計執爲我於餘蘊計執我所問色蘊何相答變現相是色相有二一觸對變壞謂由手足乃至蚊虻所觸對時卽便變壞二方所示現謂由方所可相示現問受蘊何相答領納相是受相由此受故領納種種淨不淨業所得異熟若清淨業受樂異

熟不清淨業受苦異熟淨不淨業受不苦不樂異熟所以者何由淨不淨業感得異熟阿賴耶識恒與捨受相應唯此捨受是實異熟體苦樂兩受從異熟生故假說名異熟問想蘊何相答搆了相是想相由此想故搆畫種種諸法像類隨所見聞覺知之義起諸言說諸言說者謂詮辯義問行蘊何相答造作相是行相由此行故令心造作謂於善惡無記品中驅役心故問識蘊何相答了別相是識相由此識故了別色聲香味觸法等種種境界問何因處唯十二答雜集論云唯由身及具能與未來六行受用爲生長門

故謂如過現六行受用相爲眼等所持未來六行受用相以根及義爲生長門亦爾唯依根境立十二處不依六種受用相識問處以何爲相答如界應知隨其所應謂眼當見色及此種子等隨義應說問何因界唯十八答雜集論云由身具等能持過現六行受用性故身者謂眼等六根具者謂色等六境過現六行受用者謂六識能持者謂六根六境能持六識所依所緣故過現六識能持受用者不捨自相故當知十八以能持義故說名界問眼界何相答謂眼會現見色及此種子積集異熟阿賴耶識是眼界相眼會

見色者謂能持過去識受用義以顯界性現見色者謂能持現在識受用義以顯界性及此種子積集異熟阿賴耶識者謂眼種子或唯積集爲引當來眼根故或已成熟爲生現在眼根故此二種名眼界者眼生因故如眼界相耳鼻舌身意界相亦爾問色界何相答諸色眼曾現見及眼界於此增上是色界相眼界於此增上者謂依色根增上力外境生故如色界相聲香味觸法界相亦爾問眼識界何相答謂依眼緣色似色了別及此種子積集異熟阿賴耶識是眼識界相如眼識界耳鼻舌身意識界相亦爾是以眞

諦不有世諦非無迷之則一二情生悟之則性相無礙故先德云眞俗雙泯二諦恒存空有兩亡一味常現如瑜伽論云思正法者乃至云何以稱量行相依正道理思惟諸蘊相應言教謂依四道理觀察何等爲四一觀待道理二作用道理三證成道理四法爾道理云何名爲觀待道理謂略說有二種觀待一生起觀待二施設觀待生起觀待者謂由諸因諸緣勢力生起諸蘊此蘊生起要當觀待諸因諸緣施設觀待者謂由名身句身文身施設諸蘊此蘊施設要當觀待名句文身是名於蘊生起觀待施設觀待卽此

生起觀待施設觀待生起施設諸蘊說名道理瑜伽方便是故說爲觀待道理云何名爲作用道理謂諸蘊生已由自緣故有自作用各各差別謂眼能見色耳能聞聲鼻能齅香舌能嘗味身能覺觸意能了法色爲眼境爲眼所行乃至法爲意境爲意所行或復所餘如是等類於彼彼法別別作用當知亦爾卽此諸法各別作用所有道理瑜伽方便皆說名爲作用道理云何名爲證成道理謂一切蘊皆是無常衆緣所生苦空無我由三量故如實觀察謂由至教量故由現量故由比量故由此三量證驗道理諸有智者

心正執受安置成立謂一切蘊皆無常性衆緣生性苦性空性及無我性如是等名證成道理云何名爲法爾道理謂何因緣故卽彼諸蘊如是種類諸器世間如是安布何因緣故地堅爲相水濕爲相火煖爲相風用輕動以爲其相何因緣故諸蘊無常諸法無我涅槃寂靜何因緣故色變壞相受領納相想搆了相行造作相識了別相由彼諸法本性應爾自性應爾法性應爾卽此法爾說名道理瑜伽方便或卽如是或異如是或非如是一切皆以法爾爲依一切皆歸法爾道理令心安住令心曉了如是名爲法爾道

理如是名爲依四道理觀察諸蘊相應言教故知法性自爾一切如然未有一法而爲障礙了之無過執之患生但依觀待作用證成法爾四種道理觀察則二諦雙通一心無礙問萬法唯識正量可知又云境滅識亡心境俱遣今觀陰入界等如上分析性相宛然云何同境一時俱拂答上約世諦分別似有非眞但立空名終無實體所以首楞嚴經微細推檢陰入界處一一皆空非因非緣非自然性非因卽是不自生非緣卽是不他生旣無自他二法無法和合卽是不共生非自然性卽是非無因生四句無生陰從何

有又當觀此一念心不從根塵離合而生若言合生者譬如鏡面各有像故合生應有兩像若各無像合不應生若鏡面合爲一而生像者今實不合合則無像若鏡面離故生像者各在一方則應有像今實不爾根塵離合亦復如是當知卽念無念自他起處俱空卽生無生離合推之無體破五陰文云佛告阿難譬如有人取頻伽瓶塞其兩孔滿中擎空千里遠行用餉他國識陰當知亦復如是阿難如是虛空非彼方來非此方入如是阿難若彼方來則來瓶中旣貯空去於本瓶地應少虛空若此方入開孔倒瓶應見

空出是故當知識陰虛妄本非因緣非自然性釋曰此破識陰也瓶喻於身空喻於識若執有識隨身往來者此處識陰滅往彼處生時如將此方虛空遠餉他國若此陰實滅如於本瓶地應少虛空若彼陰復生如開孔倒瓶應見空出故知虛空不動識無去來一陰旣虛四陰皆爾大涅槃經云若人捨命之時然心意識卽生善道而是心法實無去來亦無所至直是前後相似相續相貌不異如是之言卽是如來祕密之教又佛告阿闍世王如汝所言先王無辜橫加逆害者何者是父但於假名衆生五陰妄生父想於

十二入十八界中何者是父若色是父四陰應非若四陰是父色亦應非若色非色合爲父者無有是處何以故色與非色性無合故大王凡夫衆生於是色陰妄生父想如是色陰亦不可害乃至阿闍世王卽白佛言世尊我今始知色是無常乃至識是無常我本若能如是知者則不作罪持世經云佛言是諸菩薩如實觀時知識陰虛妄不實從本已來常不生相知非陰是識陰像陰是識陰幻陰是識陰譬如幻所化人識不在內亦不在外不在中間識性亦如是如幻性虛妄緣生從憶想分別起無有實事如機關木

人識亦如是從顛倒起虛妄因緣和合而有幻人豈有心識木像誰稱覺知比妄識而況同從幻緣而似有大智度論云日初出時見城門樓櫓宮殿行人出入日轉高轉滅但可眼見而無有實是名乾闥婆城有人初不見乾闥婆城晨朝東向見之意謂實樂疾行趣之轉近轉失日高轉滅飢渴悶極見熱氣如野馬謂之爲水疾走趣之轉近轉滅疲極困厄至窮山狹谷中大喚啼哭聞有響應謂有居民求之疲極而無所見思惟自悟渴願心息無智人亦如是空陰界入中見吾我及諸法婬瞋心著四方狂走求樂自滿

顛倒欺誑窮極懊惱若以智慧知無我無實法者是時顛倒願息故知色陰如勞目睛忽現空華之相受陰如手摩觸妄生冷熱之緣想陰如人說酸梅口中自然水出行陰如水上波浪觀之似有奔流識陰如瓶貯虛空持之用餉他國斯則非內非外不卽不離和合既不成自然亦非有若此況是實則五陰不虛既並世相而非眞審知陰入而無體唯是性空法界如來藏心無始無終平等顯現是以首楞嚴經云佛告阿難是故如來與汝發明五陰本因同是妄想汝體先因父母想生汝心非想則不能來想中傳命如

我先言心想酸味口中涎生心想登高足心酸起懸崖不有酸物未來汝體必非虛妄通倫口水如何因談酸出是故當知汝現色身名爲堅固第一妄想卽此所說臨高想心能令汝形眞受酸澀由因受生能動色體汝今現前順益違損二現驅馳名爲虛明第二妄想由汝念慮使汝色身身非念倫汝身何因隨念所使種種取像心生形取與念相應寤卽想心寐爲諸夢則汝想念搖動妄情名爲融通第三妄想化理不住運運密移甲長髮生氣消容皺日夜相代曾無覺悟阿難此若非汝云何體遷如必是眞汝何無

覺則汝諸行念念不停名爲幽隱第四妄想又汝精明湛不搖處名恒常者於身不出見聞覺知若實精眞不容習妄何因汝等曾於昔年覩一奇物經歷年歲憶忘俱無於後忽然覆覩前異記憶宛然曾不遺失則此精了湛不搖中念念受熏有何籌算阿難當知此湛非眞如急流水望如恬靜流急不見非是無流若非想元寧受妄習非汝六根互用合開此之妄想無時得滅故汝現在見聞覺知中串習幾則湛了內罔象虛無第五顛倒細微精想阿難是五受陰五妄想成汝今欲知因界淺深唯色與空是色邊際唯

觸及離是受邊際唯記與忘是想邊際唯滅與生是行邊際湛入合湛歸識邊際此五陰元重疊生起生因識有滅從色除理則頓悟承悟併消事非頓除因次第盡是以若見五陰有卽衆生世間若了五陰空卽眞諦世間若達五陰實相卽中道第一義正智世間離此五陰三世間外更無一法能建能立爲俗爲眞一代時教所詮除此別無方便悟此成佛迷此爲凡唯是一心開合無異何者以一陰名色四陰名心從心所生故稱爲色心是所依色是能依攝能歸所但是一心本末元同體用常合宗鏡大旨於此絕言

破六入文云佛告阿難譬如有人勞倦則眠睡熟便寤覽塵斯憶失憶爲忘是其顚倒生住異滅吸習中歸不相逾越稱意知根兼意與勞同是菩提瞪發勞相因于生滅二種妄塵集知居中吸撮內塵見聞逆流流不及地名覺知性此覺知性離彼寤寐生滅二塵畢竟無體如是阿難當知如是覺知之根非寤寐來非生滅有不於根出亦非空生何以故若從寤來寐卽隨滅將何爲寐必生時有滅卽同無令誰受滅若從滅有生卽滅無孰知生者若從根出寤寐二相隨身開合離斯二體此覺知者同於空華畢竟無性若從空生自是空知何關汝入是故當知意入虛妄本非因緣非自然性釋曰此破意入也疏云覽塵斯憶者憶卽是生失憶爲忘者忘卽是滅失憶不離自心妄謂爲境故云是其顚倒生住異滅吸習中歸不相逾越者吸習生住異滅歸識心內故云中歸前念滅後念生無雜亂失故云不相逾越故經云心性生滅猶如猿猴當知見境生滅者卽是自心生滅相故故云心生種種法生吸撮內塵見聞逆流流不及地名覺知性者謂眼耳取外塵境刹那流入意地從外入內名爲逆流眼耳唯緣現境至第二念緣不及故

故云流不及地唯意根獨取名覺知性此覺知性因前塵起畢竟無體以妄知彊覺成內衆生因滅想凝空爲外國土經云想澄成國土知覺乃衆生迷湛寂一心作內六入更無別體唯是眞空意入旣虛前眼等五入亦爾破十二處文云佛告阿難汝常意中所緣善惡無記三性生成法則此法爲復卽心所生爲當離心別有方所阿難若卽心者法則非塵非心所緣云何成處若離於心別有方所則法自性爲知非知知則名心異汝非塵同他心量卽汝卽心云何汝心更二於汝若非知者此塵旣非色聲香味離合冷

煖及虛空相當知何在今於色空都無表示不應人間更有空外心非所緣處從誰立是故當知法則與心俱無處所則意與法二俱虛妄本非因緣非自然性釋曰此破意法二處也夫分能標所搆畫成持立境立心皆是意法先破其分別惑本則前五根十處自傾法處是所緣意處是能緣只如法處爲復卽心不卽心若卽心者法則全心心不見心云何成處若離於心別有方所則法之自性爲有知無知若有知則名心不成於法若無知則不屬自心同他心量以知二處俱無自體則善惡無記三性等法四種意根

等心皆同一性無有能緣所緣之異心境皆空故論云凡所分別皆分別自心心不見心無相可得則無相理現有作情亡因緣自然名義俱絕例十處色心亦復如是破十八界文云佛告阿難汝所明意法爲緣生於意識此識爲復因意所生以意爲界因法所生以法爲界阿難若因意生於汝意中必有所思發明汝意若無前法意無所生離緣無形識將何用又汝識心與諸思量兼了別性爲同爲異同意卽意云何所生異意不同應無所識若無所識云何意生若有所識云何識意唯同與異二性無成界云何立若

因法生世間諸法不離五塵汝觀色法及諸聲法香法味法及與觸法相狀分明以對五根非意所攝汝識決定依於法生汝今諦觀法法何狀若離色空動靜通塞合離生滅越此諸相終無所得生則色空諸法等生滅則色空諸法等滅所因既無因生有識作何形相相狀不有界云何生是故當知意法爲緣生意識界三處都無則意與法及意界三本非因緣非自然性釋曰此破意識界也如十八界中皆因意識建立根本立處尙空所生枝末何有既無處所可得又無界分可憑事誑理虛情危執劣惡見之根株盡

拔妄識之巢穴齊傾獨朗眞心圓周法界安國云謂色等五塵界是現量境五識親證都無塵相如來藏中頓現身器無塵相六七妄想謂有我法想所現相是分別變分別變相但可爲境而無實用如日發燄帶微塵而共紅非實紅也如水澄清含輕雲而俱綠非實綠也若了藏性則知塵境而爲妄也故知諸法但從分別而生分別既空名相何有夫人空易了法我難除不達法逐緣生執有自體如攝論云若執法體是有名法我執如二乘人依麤分別事識修行但了法中無我不知法體全空聞諸法空生大怖畏是

知法空是本人空是末夜繩未曉蛇想寍除瞖目猶存空華豈滅破七大性文云佛告阿難識性無原因於六種根塵妄出汝今徧觀此會聖衆用目循歷其目周視但如鏡中無別分析汝識於中次第標指此是文殊此富樓那此目犍連此須菩提此舍利弗此識了知為生於見為生於相為生虛空為無所因突然而出阿難若汝識性生於見中如無明暗及與色空四種必無元無汝見見性尚無從何發識若汝識性生於相中不從見生既不見明亦不見暗明暗不矚即無色空彼相尚無識何所發若生於空非相非

見非見無辯自不能知明暗色空非相滅緣見聞覺知無處安立處此二非空則同無有非同物縱發汝識欲何分別若無所因突然而出何不日中別識明月汝更細詳微細詳審見託汝睛相推前境可狀成有不相成無如是識緣因何所出識動見澄非和非合聞聽覺知亦復如是不應識緣無從自出若此識心本無所從當知了別見聞覺知圓滿湛然性非從所兼彼地水火風均名七大性眞圓融皆如來藏本無生滅阿難汝心麤浮不悟見聞發明了知本如來藏汝應觀此六處識心為同為異為空為有為非同

異為非空有汝元不知如來藏中性識明知覺明眞識妙覺湛然徧周法界含吐十虛寍有方所循業發現世間無知惑為因緣及自然性皆是識心分別計度但有言說都無實義釋曰此破識大性也諦詳佛旨本契無生但以有情唯迷妄識以昏擾之性起徧計於覺原逐雜染之緣沉圓成於識海眠三界之夢宅一覺而塵劫不惺造四大之幻身生滅而恒沙莫算今推此識決定無體從緣所起悉順無生四句檢之自合妙理此識了知為生於見者如無明暗色空元無見性見性尚無從何發識此破自生也為生於

相者不從見生則不見暗明明暗不矚即無色空彼相尚無識何所發此破他生也既不得自見之性又不得他相之觀自他既虛即無和合所以推云見託汝睛相推前境可狀成有不相成無如是識緣因何所出識動見澄非和非合聞聽覺知亦復如是以動靜相乖事非和合此破共生也為生虛空為無所因突然而出者若生於空非相非見縱發汝識欲何分別若無所因突然而出何不日中別識明月日屬朝陽月含陰魄時候晷刻今古不移各有所因無因非有此破無因生也四句纔空百非俱殄則妄計所執

內因外緣心和境合無因自然等妄想情塵皆無實義狂華之影跡俱虛不眞何待戲論之名言頓息意解全消虛空之性既融六大之體何有以地大無性四輪所成水大無性凝流不定火大無性寄於諸緣風大無性附物影動空大無性對色得名見性從緣和合而有識性無體如幻即虛且如火大無性者如首楞嚴經云性火眞空者古釋云性是本覺性火是本覺火皆是衆生心變如第六識心熱徧身即狹若第八識中變起即徧同法界悟法界性皆是我心中所變之火如西京崇慧法師於大曆四年在京與道

士鬬能入火不燒是求觀音之力何況自證證得巳後入地獄中皆不被燒今世間火隨處發現應衆生業力多少隨意如龍鬬亦起火燒林藪乃至雲中霹靂火如人欲心熾盛火燒天祠皆從心火起由心動搖故有火起但心不動即不被燒譬如人畏時非人得其便如來得性火三界火燒不得如來自起智火焚得舍利其火猛盛諸大弟子將水求不得乃至龍王求亦不得唯天帝釋云我本願力始求得雖有性火而不自燒如刀能割不自割如眼能看不自看如火大性唯心七大性亦如是隨心俱徧法界法界本徧由執心故不能徧如三界中三乘天眼俱不能徧唯如來無執性合眞空故能周徧如般若經中佛自言我以無執故得眞金身圓光常現火燒天祠者昔有漁師河上見公主過因生染心思求不得身漸羸疾其母遂問病因與作方便日送鯉魚一頭公主怪問母直陳其事遂許云我因拜天祠即潛相見子知便喜公主後來正見漁人睡熟撼之不覺便繫帛子在手上公主去後漁人睡覺見手上帛子知公主來心生恨憶心中欲火內燒自身爛壞并燒天祠房室淨盡所以三界有法識外無文皆從四大內外成盡

是一心虛妄變何者最初因不覺故有業識從業識因動故有轉識從轉識起見故有現識因見分成相分能所纔分心境頓現古鈔釋首楞嚴經云明妄非他覺明爲咎者六識取塵由業識發起後有第七識執第八識中明變起外四大四大引起六根塵六根塵引起六識六識依六根塵因外有色內引眼根等明妄非他者其妄最初因自心動有風因執有金因愛有水因求有火皆是自心變起四大還自分別結業受生故非他累覺明爲咎者由彊覺了本體明爲咎則無知覺明有知明覺如人見不淨便生厭心由

分別故以豬狗見便生淨想皆由彊覺無明但無分
別妄見唯見法性淨土是知內外四大地水火風念
念發現所以經云或各各發明若俱發明各各發明
者汝見圓明知心欲取失卻本明性空思想搖動心
生風輪情愛相續性感水輪執心熾盛金輪則現求
心若起火輪方興若俱發明初起彊覺四大俱現如
人恨憶瞋則火生身心動轉以況於風目中淚盈而
表於水面發赤相則表於地是以內外四大元是我
心之性以為自性又自第八識變起根身器內外四
大之相分為自相又因妄念而起彊覺而知所以萬

像森羅鬱然顯現若能窮因體本皆是自心之性自
心之相於中妍醜憎愛全是意識計度分別而成既
識根由須存正智但除彊覺一念不生自然心境俱
空前後際斷故知七大之性性真圓融一一大俱遍
法界皆是一體如七顆冰將火鎔為一水亦如因陀
羅網同而不同如水與冰異而不異乃至五陰六入
十二處十八界等皆滿法界一一微塵亦滿法界一
一毛孔亦偏法界一一身心亦偏皆如來藏如香水
海中常說一切法為諸菩薩不見菩薩相不見邪師
相不見生住異滅相所以盡合真空俱偏實際如說

龜毛兔角燄水乾城但有言說之名且無實事例凡
夫界中所有見聞陰入之根名色之境亦但有其名
都無實事今將世間共知龜毛易解之虛破如今現
執名色難解之虛還同龜毛無所執著即知從來所
執一切境界皆從識變盡逐想生離識無塵識寂則
諸塵並寂離想無法想空則諸法皆空因緣自然俱
成戲論知解分別本末無從但有意言都無真實如
此明達頓悟前非終不更待空裏之華將期結果取
夢中之物擬欲牢藏杌見鬼空繩消蛇想渴鹿罷馳
於陽燄癡猿息弄於月輪遂乃靜慮虛襟若凌空之

逸翮隨緣養性猶縱浪之虛舟畢故不造新任真而
合道如是五陰六入十二處十八界七大性等非是
本來自然無因而有非從今日和合因緣所生但是
識心分別建立今破此識性則七大性乃至一切法
皆空如尋流得源捕賊獲贓則無明怨對生死魔軍
應念俱消如湯沃雪唯如來藏妙湛明心性真圓融
偏十方界如彼澄秋渚含虛洞然雲朗晴空迥無所
有所以首楞嚴經云佛告阿難汝猶未明一切浮塵
諸幻化相當處出生隨處滅盡幻妄稱相其性真為
妙覺明體如是乃至五陰六入從十二處至十八界

因緣和合虛妄有生。因緣別離虛妄名滅。殊不能知生滅去來本如來藏常住妙明不動周圓妙眞如性。性眞常中求於去來迷悟生死了無所得。是以先令照徹心境分明。後乃頓融須亡心境。如華嚴演義云。謂此華嚴經中教人觀察若心若境。如頌云。欲知諸佛心當觀佛智慧佛智無依處如空無所依。此令觀佛心也。又頌云。若有欲知佛境界當淨其意如虛空。此教觀佛境也。次空心境頌云。法性本空寂無取亦無見性空卽是佛不可得思量無取卽無境無見卽無心。又頌云。若有欲得如來智應離一切妄分別有

無通達皆平等疾作人天大導師卽空心境也。菩薩凡夫所有心境觀照例知。故經頌云。知妄本自眞見佛則淸淨。又云。心佛與衆生是三無差別。

宗鏡錄卷六十九

音釋

荷擔 荷胡可切擔都藍切　晷 居洧切日景也

宗鏡錄卷七十

宋慧日永明妙圓正修智覺禪師延壽集

夫祖佛正意本顯一心何必敎中更談陰界答隨妄心而破妄境謂顯人空除異執而說異門成法解脫無有定法故號之爲阿耨菩提病差藥消如筏喻之法尙應捨識論問云以有阿含證驗知故若但心識虛妄分別見外境界不從色等外境界生眼識等者以何義故如來說眼色等十二種入明知有色香味等外境界也答曰偈言說色等諸入爲可化衆生依前人受法說言有化生如來依彼心業相續不斷不

絕是故說有化生衆生又說言無我無衆生無壽者唯因緣和合有諸法生如來如是說色等入爲令前人得受法故以彼前人未解因緣諸法體空非謂實有色香味等外諸境界問若實無有色等入者以何義故如來經中作如是說答曰偈言依彼本心智識妄取外境是故如來說有內外諸入此依無始心意識等種子轉變虛妄見彼色香味等外諸境界是故如來依此虛妄二種法故作如是說一本識種子二虛妄外境界等依此二法如來說有眼色等入問依如是偈說有何功德利益答偈曰觀虛妄無實如是

入我空觀知諸法異入諸法無我爲令聲聞解知因彼六根六塵生六種識無有一法是實覺者乃至無有一法是實見者爲令可化衆生等作是觀察入人無我空觀知諸法異者謂菩薩觀實無色等外塵一法可見乃至實無一觸可覺如是觀察得入因緣諸法體空爲欲遮彼虛妄分別故說色等一切諸法畢竟空無非無言處皆悉空無無言處者所謂諸佛如來行處如是唯有眞識更無餘識不能如是分別觀察入於識空如是依識說入一切諸法無我非謂一向謗眞識我說言無有佛性實我又如來方便漸令

衆生得入我空及法空故說有內識而識無有內識可取若不如是則不得說我法空以是義故虛妄分別此心於彼心彼心知此心辯中邊頌云識生變似義有情我及了此境實非有境無故識無變似義者謂似色等諸境性現變似有情者謂似自他身五根性現變似我者謂染汙末那與我癡等恒相應故變似了者諸餘六識了別相麤故此境實非有者謂似義似相無行相故似我似了非眞現故皆非實有境無故識無者謂所取義有情我了別等四境無故能取諸識亦非實有是以若約大根頓悟之人尙不得

一何況說多何以故以執多故迷了一故悟於迷多中根有不同遂開陰處界若迷心不迷色則數爲五陰若迷色不迷心則數爲十二處若心色俱迷者則數爲十八界若直見眞心神解之性則非一非多非法非數其餘能詮之教皆是善巧之門將逗機宜廣申破立欲顯眞空之理先明幻有之端究竟指歸一心之海問於世間法五蘊身中作何見解成外道義云何通達成佛法義答外道不達諸法因緣和合成諸蘊凡有所爲皆是識陰便於蘊上執有實我受用自在名爲神主於似常似一相續之中說有神性是

外道義若了內外和合因緣所成唯識所變似境所現卽第八識任持不斷似有相續卽佛法義外道不知將爲實有迷無性之理執身見之愚問前破五陰六入十八界七大性識義俱無云何建立唯識答一爲遣境故立識何者若不因識何以立境若不顯識何以遣境二爲以有妄想心故能知名義何者若無妄則不能顯眞若無眞則不能破惑故知破立在我染淨由心三無性論云今爲成就此依他性故說成立道理此性不但以言說爲體何以故言說必有所依故若不依亂識品類名言得立無有是處若不爾

所依品類既無有所說名言則不得立若爾則無二性無二性故則無惑品無惑品故則有二過一不由功用自然解脫二則生死涅槃不可顯現由無此二過失故是故應知決有依他性有此性故世諦立若不立世諦亦不得眞諦何者以了俗無性故卽成眞諦若撥無二諦是惡取邪空非善通正理又若無眞諦之本何以垂俗諦之跡本跡雖殊不思議一如法華玄義廣釋本跡爲六本者理本卽是實相一究竟道跡者除諸法實相其餘種種皆名爲跡又理之與事皆名爲本說理說事皆名教跡也又理事之教皆

爲本稟教修行名爲跡如人依處則有行跡尋跡得處也又行能證體體爲本依體起用用爲跡又實得體用名爲本權施體用名爲跡又今日所顯者爲本先來已說者爲跡約此六義以明本跡也一又約理事明本跡者從無住本立一切法無住之理卽是本時實相眞諦也一切法卽是本時森羅俗諦也由實相眞本垂於俗跡尋於俗跡卽顯眞本本跡雖殊不思議一故經云觀一切法空如實相但以因緣有從顚倒生二理教明本跡者卽是本時所照二諦俱不可說故皆名本也昔佛方便說之卽是二諦之教教

名為跡。若無二諦之本。則無二種之教。若無教跡。豈顯諦本。本跡雖殊。不思議一也。經偈云。是法不可示。言詞相寂滅。以方便力故。為五比丘說。三約教行為本跡者。最初稟昔佛之教。以為本。則有修因致果之行。由教詮理而得起行。由行會教而得顯理。本跡雖殊。不思議一也。經偈云。諸法從本來。常自寂滅相。佛子行道已。來世得作佛。四約體用明本跡者。由昔最初修行契理證於法身為本。初得法身本故。卽體起應身之用。由於應身得顯法身。本跡雖殊。不思議一也。經云。吾從成佛已來。甚大久遠。若斯但以方便教

化眾生。作如此說。五約權實明本跡者。實者最初久遠實得法應二身。皆名為本。中間數數唱生唱滅。種種施權法應二身。故名為跡。非初得法應之本。則無中間法應之跡。由跡顯本。本跡雖殊。不思議一也。經云。是我方便。諸佛亦然。六約今已論本跡者。前來諸教已說理事。乃至權實者。皆是跡也。今經所說久遠理事。乃至權實者。皆名為本。非今所明久遠之本。無以垂於已說之跡。非已說跡。豈顯今本。本跡雖殊。不思議一也。經偈云。諸佛法久後。要當說眞實。問。世間無有一法不從緣生。具幾因緣。能生萬法。偈答。曾無

心外法。能與心為緣。但是自心生。還與心為相。義海云。明緣起者。如見塵時。此塵是自心現。由自心現。卽與自心為緣。由緣現前。心法方起。故名為緣起法也。經云。諸法從緣起。無緣卽不起。乃至則知塵體空無所有。今悟緣非緣。起無不妙。但緣起體寂。起恒不起。達體隨緣。不起恒起。如是見者。名實知見。何謂實知見。若見緣而不見體。卽是常見。若見體而不見緣。卽是斷見。今從因緣而見性。則不落常。於眞性中而緣起。則不墮斷。名實知見。所以廣辯因緣行相者。謂因事而顯理。令理不孤。因理而成事。令事融卽。然約經

論隨順世諦所立。有四因緣。內外假立。不無行相。一。因緣者。論云。一因緣。謂有為法親辦自果。此體有二。一種子。二現行。釋云。若一切煩惱種。被加行智折伏已。永無生現行用。雖種子是因緣法。以不能生現行故。不得名因緣。又如將心種望色現。亦不名因緣。若心種生心現。色種生色理等。皆是因緣。此雙通新本二類種子故。二等無間緣。謂八現識及彼心所。前聚於後自類無間。等而開導。令彼定生。釋云。八現識及心所者。出緣體。唯見自證。此是緣體。總名現識。簡色不相應種子。無為。非此緣性。論說等無間緣。唯望一

切心心所說以前生開導所攝受故開者避義與彼處義導者招引義即前往避其處招引後法令生前聚於後者簡俱時及後爲前緣義非開導故自類者顯非他識爲緣無間者顯雖前無間爲後緣非中間隔要無間者等而開導者顯緣義令彼定生即顯彼果雖經久遠如經八萬劫前眼識望後亦爲此緣以彼後果當定生故即簡入無餘依最後心無果定生故非此緣雖有開義無導引力故問心與心所旣非自類如八種識恒時俱轉體用各殊如何俱起望後並得互爲緣義答論云心與心所雖恒俱轉而相應

故和合似一不可施設離別殊異故得互作等無間緣和合似一者同一所緣及同一依同一時轉同一性攝不可離別令其殊異不同八識行相所緣及依各不等故非互爲緣又但除却入無餘依者外餘一切心心所皆是等無間緣以力用齊等無自類間隔故三所緣緣謂若有法是帶已相心或相應所慮所託此體有二一親二疎若與能緣體不相離是見分等內所慮託應知彼是親所緣緣若與能緣體雖相離爲質能起內所慮託應知彼是疎所緣緣親所緣緣能緣皆有離內所慮託必不生故疎所緣緣能緣

或有離外所慮託亦得生故釋云謂若有法者謂非徧計所執所執無體不得發生能緣之識故非是緣緣者必是依他今此必是有體方緣是帶已相者謂能緣心等帶此色等已之相也帶者是挾帶義相者體相非相狀義謂正智等生時挾帶眞如之體相起與眞不一不異非相非非相若挾帶所緣之已以爲境相者是所緣故若相言體即有同時心心所之體相亦心挾帶而有相者分義或體相義眞如亦名爲相無相之相所以經言皆同一相所謂無相親所緣緣者若與見分等體不相離者簡他識所變及自八

識各各所緣別唯是見分內所慮託此有二種一是有爲即識所變名內所慮託二是無爲眞如體不離識名所慮託即如自證緣見分等並是此例此說親緣疎所緣緣與能緣心相離法是謂即他識所變及自身中別識所變仗爲質者是又親所緣者即謂見分是帶已相此疎中即影像相分是帶本質之相故名所緣又親所緣緣但是能緣之心皆有離內所慮託之相分一切心等必不行故今大乘中若緣無法不生心也疎所緣緣能緣之法或有或無以是心外法故如執實我法雖無本質然離彼法心亦生故又

觀所緣緣論頌云內色如外現為識所緣緣許彼相在識及能生識故以自內識所變之色為所緣緣是依他性有體法故不緣心外所執無法故論云見託彼生帶彼相起見託彼生即是緣義然心起時帶彼相起名為所緣帶是挾帶逼附之義百法云護法明此所緣如見相無定相分以本智親證如體不取相故與如體冥合故即無相狀之相即但有體相之相即挾帶之義亦所緣緣難云若有見分即有分別相何名無分別相也又云無能取耶答雖有見分而無分別復無能取正智緣如親挾附體相緣故更無相

狀之相說無相分言無能取者即無分別妄執實能取故不無內分能緣見分又難若言無相分者所緣緣論云依彼生帶彼相故名所緣相若無眞如相分者即無所緣緣護法云亦有所緣緣義雖無相分而可有帶如相起不離如故即本智見分親挾帶眞如之體相起者名所緣緣如自證分親帶見分名所緣緣此亦應爾實無變帶之義唯有挾帶名所緣緣故與後得別也若變相分緣者便非親證如後得智應有分別既異後得即明知有見分無相分也又一切見分皆有挾帶境相義者由相不離見故即是挾帶之

義不離有二一者有為相分望自能變之識血脈相連猶如父子故名不離二者眞如等境雖非識變然是識等實體故名不離問所緣緣論偈云內色如外現為識所緣緣許彼相在識及能生識故是以外境雖無而有內色似外境現為所緣緣既外相在識即是俱起以相在故云何復能生識能作識緣答如眼等識帶彼相起雖即同時不礙前後以展轉相因成所緣緣之理論問云此內境相既不離識如何俱起能作識緣頌答云決定相隨故俱時亦作緣或前為後緣引彼功能故境相與識定相隨故雖俱時起亦

作識緣而外諸法理非有故定應許在識非餘此根功能與前境色從無始際展轉為因如是諸識唯內境相為所緣緣理善成立問所明挾帶是親所緣緣者為復挾體挾用答應作四句分別一體挾體者即自證分緣證自證分證自證分却緣自證分是也二用挾用者即八識心心所見分緣自親相分是也三用挾體者即根本智見分緣眞如是也四體挾用者即自證分緣見分也問所緣緣義於八識如何料簡親疎答百法云護法解此第八心及心所名此品若因若果疎所緣緣有無不定若因中第八託他人浮

塵器世間境自變相分緣即可互受用有疎所緣義若是自他緣義五根及種子不互變緣即無疎所緣緣義也又有色界即有浮塵器世間可互仗託即有疎所緣緣若無色界即無色可仗託故即無疎所緣緣義也若自第八識緣自三境唯有親所緣緣也此是因中料簡若至佛果位中第八識若緣自境及緣眞如及緣過未一切無體法時即無疎所緣緣也若緣他佛身土即變影而緣亦有疎義即第八識心王自果位中疎所緣緣有無不定若第八五心所因果位中皆有疎所緣緣也為託第八心王三境為質而

緣故若第七識者論云第七心品未轉依位是俱生故必仗外質故亦定有疎所緣緣於轉依位此非定有緣眞如等無外質故今言此第七識有漏位中者體是俱生任運無力必仗第八識以為外質故自方變影緣故即定有疎所緣緣若約無漏時即疎所緣緣有無不定若第七根本智相應心品緣眞如即無疎緣若後得智緣如即有疎緣若是無漏第七緣過未及諸無體法皆無疎所緣緣問何故有漏第七起執事須仗託本質起耶夫是執者搆畫所生即不合假於外質而起答執有二一有彊思分別計度而起

執者即所託本質有無不定如第六識獨生散意是也二者有任運起執即第七識是為第七心心所是俱生任運自無力起要假外質自方起執也故知第七有漏位中疎所緣緣有無不定若第六識者此識身心品行相猛利於一切位能自在轉所仗外質或有或無疎所緣緣有無不定於因果位中皆自在轉或分別起或俱生故緣一切法時有仗質起有不仗質起緣境最廣故疎所緣緣有無不定若前五轉識者未轉依位觀劣故必仗外質故即定有疎所緣緣若轉依位此非定有緣過未等無外質故前五轉識

因果位中約諸根互用亦須仗質而起定有疎所緣緣若至果位有無不定又諸識互緣者第八識與前七為所緣緣即八識相分與五識為所緣緣第六識緣第八四分為所緣緣第七即唯託第八見分為所緣緣即第八識四分為本質即前七識見分變相分緣即第八與前七為所緣義故八於七有也即第八與前七為疎所緣緣七於八無者即前七不與第八為所緣緣以第八不緣前七故不託前七生故唯緣自三境為所緣緣又廣釋云古大乘師立所緣緣義者彼云謂若有法者即有體本質法名緣言是帶已

相者即相分名所緣相相質合說名所緣緣所言帶已相者帶字屬心已字屬本質相即相分謂能緣心緣所緣境時帶起本質家已有之相分故名是帶已相被小乘正量部般若毱多不立相分師造謗大乘論七百偈破古大乘師所緣緣義云汝若言已相是相分將爲所緣者且如汝大乘宗無分別智緣眞如時不帶起眞如相分其眞如望能緣智見分應無所緣緣義必若言本智緣如亦有相分者即違汝自宗一切經論如何通會古大乘師被此一難當時絕救經一十二年無人救得大乘所緣緣義唐三藏救云

我宗大乘解帶有二義一者變帶變二者挾帶變若變帶者即變帶似質之已相起是相狀之相令根本智緣如時即無若挾帶者即有根本智親挾帶眞如體相而緣更不變相分故亦成所緣緣三藏云謂若有法即眞如是有體法名緣即此眞如是本智所慮處又名所緣二勢合說名所緣緣所緣即緣持業釋亦如八識見分各緣自親相分時皆是挾帶乃至內二分相緣亦爾故知本智緣如雖不變相分然親挾帶眞如體相而緣亦成所緣緣古大乘師錯解所緣緣義者夫所緣緣義者以有體法是緣即此有體法

是能緣心所慮處故便名所緣今古大乘師旣唯將實相分爲所緣者錯之甚矣正解所緣緣義者謂若有法是帶已相者謂若有法者即有實法簡於假法及徧計相分無體法無體法但是所緣不成緣夫爲緣者須是有體實法有力用故能牽生識即實圓成依他是有體法言是帶已相者帶有二義一者變帶即八箇識有疎所緣緣本質是爲託此有體境爲本質變似質之相起名爲變帶二者挾帶即一切親所緣緣實相分是爲此相分不離能緣心故其能緣心親挾此相分而緣名爲挾帶言已相者亦有二義且

第一於變帶疎所緣緣上說者即變似質之已相已者體也即相分似本質已體此是相狀之相二於挾帶親所緣緣上說者即能緣心上親挾帶所緣相分之已相此是境相之相即不同於疎所緣緣帶本質家之已相起忽有人問云言是帶已相者未審能緣心帶誰家之已相而緣應答云若疎所緣緣即變帶本質家之已相緣若親所緣緣即挾帶相分家之已相緣又疎所緣緣是帶相狀之相即帶似質之相狀若親所緣緣即帶境相之相以親挾境相而緣故有人云帶能緣心之已相者此人不會所緣義問若言

親挾帶境相及變帶似質之相狀起成親疎二緣者卽外色法亦成親疎二緣且如將鏡照人時於鏡面上亦能親挾於人影像以人影不離於鏡面故應成親所緣緣又鏡面望外邊人本質應成疎所緣緣答將所慮簡之意云夫為所緣緣者須對能緣慮法所慮方名所緣緣今鏡面既非能緣慮法者卽鏡中人影及外邊人本質亦不得名所慮法既闕所慮義者不成所緣緣外人又難若爾者且如第六識緣空華無體法時有所慮義應成所緣緣為識是能緣慮故答將所託簡之意云其意緣無體法時雖有所慮義

又闕所託義以空華等無體不與能緣心為所託不妨但成所緣卽不成緣由是應須四句分別一有所慮非所託卽徧計妄執我法等是以無體故但為所慮不為所託二有所託非所慮卽鏡水所照人等是此但有所託而無所慮以鏡水等非能慮故三俱句卽一切所緣緣實相分是四俱非卽除鏡水等所照外餘不緣者是又親緣者是逼附義近義卽如相分親逼附近於見分更無餘分間隔故言疎者是遠意被相分隔故卽本質法是又親所緣緣都有四類一有親所緣緣從質及心而變起卽五識緣五塵境所

緣相分是二有親所緣緣但從心變不仗質起卽第八識緣三境相分是三有親所緣緣不由心變亦不由質起卽根本智所證眞如是四有親所緣緣而非相分卽內二分互相緣是慈恩云若與能緣體不相離是見分等內所慮託應知彼是親所緣緣者若與能緣者是見分體不相離者卽與自證分體不相離意云相分是見分親所緣緣見分是自證分親所緣緣皆不離自證分體此正簡疎所緣緣本質法望能緣見分有相離八識故此亦簡他人所變相分及自身八識各各所變相分更互相望皆不是親今唯取

自識所變相分名親望能變見分體不相離中間更無物隔礙方是親義言是見分等內所慮託者言見分等者卽等取自證分及第四分并本智緣如等此皆成親所緣緣且如相分是見分家親所緣緣見分卽自證分親所緣緣自證分是證自證分親所緣緣又眞如是根本智親所緣緣又等取心心所緣親相分亦是親所緣緣此上皆是挾帶而緣

宗鏡錄卷七十

宗鏡録卷七十一

宋慧日永明妙圓正修智覺禪師延壽集

夫心不孤起託境而方生還有不仗境質起否答有護法菩薩云心生不必有本質正義者若踈所緣緣有無不定不假本質心亦得生唯識之境若親相分若待外質方生慈恩云旦恐理乖唯識若第八第六有無不定卽如八識緣境時前五第七定有本質第八若緣他人淨塵根并異界器及定果色時卽有本質若緣自三境者唯是親變親緣卽無本質第六若緣現在十八界時可有本質若緣過去十八界或緣

無體法時將何爲質故知六入所仗本質有無不定若定果色有變有化言有變者託質卽有本質言有化者是離質或有緣他起者卽有變之義卽託他爲質自變影像如攪長河爲酥酪變大地爲黃金此皆有本質或有定力生者卽有化之義卽離質化無而忽有如虛空華化出樓臺七寶等事此皆從定心離質而化應作四句分別本質相分三境有無一有本質相分是實性境卽前五識及明了意識初念并少分獨頭意識是二有本質相分是假卽有質獨影及帶質境是三無質相分是假卽無質獨影是四無質相分是實性境卽第八心王緣三境及本智緣如是

又別行鈔云所緣緣者謂是心之所慮處故名爲所緣只此所緣境又有牽心令生是心之所託故復說名緣卽所緣爲緣名所緣緣緣是體所緣是用六識之中所緣卽緣持業釋也今先立正義者汝趣多師不解我大乘所緣緣義只如我大乘言是帶已相者帶與已相各有二義言帶有二義者一者挾帶卽能緣心親挾境體而緣二者變帶卽能緣心變起相分而緣已相亦有二義一體相名相二相狀名相且初挾帶體相者根本智緣眞如是挾帶體相而緣是所

緣緣乃至內二分相緣及自證分緣見分亦是挾帶體相名所緣緣謂能緣心親挾帶內二分見相也二變帶相狀相者有兩解不同初龍興鈔主云卽有漏心心所及無漏後得智見分緣境之時變相而緣不簡有質無質皆是變帶名帶相狀名相爲所緣緣也第二顯幽鈔云八識見分緣自親相時皆是挾帶者然雖多此說理恐未然若爾卽有三失一挾帶變帶無別失親挾境體緣名爲挾帶變起相分而緣名爲變帶今既呼相分爲挾帶故知無別二今古相違失古時挾帶有少乖理若於變帶卽乃無違今言相分

是挾帶。古云變帶。豈不相違。三變帶唯緣本質失。豈無質相分。非心變耶。今以理而推。但是相分。非論有質無質。皆名變帶。若不變相分。直附境體。卽名挾帶。所以唐三藏將挾帶以救前義。謂古大乘師但明變帶也。次依論破小乘所緣緣義。分二。初破正量部師。論主云。夫五識所緣者。謂能緣識帶彼相起。及有實體。令能緣識託彼而生。汝正量部師若言所緣緣義但有能生識之一義。不許能緣眼識帶彼相起者。卽應非是所緣緣。大乘量云。汝眼識所緣緣是有法。應非眼識所緣緣。宗因云。但有能生識一義故。同喻如

眼識因緣。又返立量破云。汝眼識因緣是有法。應是眼識所緣緣。宗因云。但有能生一義故。如眼緣色時。此中意云。古大乘師不說挾帶。卽本智緣眞如時。爲所緣緣義。如有失。若正量部不許變帶。卽眼識緣識時所緣緣義不成。次破經部師者。論主云。汝經部師將外和合假色作所緣緣者。不然。設許汝眼識帶彼麤色相故。許作所緣。亦不得名緣。以汝執假色無體故。猶如眼識錯亂見第二月。彼無實體。不能生識。但名所緣。不得名緣。和合假色亦復如是。立量破云。汝和合麤色是有法。設爲眼識所緣。非緣。宗因云。汝執

是假無體故。同喻如第二月。故觀所緣緣論偈云。和合於五識。設所緣非緣。彼體實無故。猶如第二月。經部有執云。和合麤色雖卽是假。有能成一一極微。是其實有。各得爲緣。引生五識。又何不可。論主破云。其和合色等能成極微。設許爲緣。又非所緣。以眼等識生。不帶彼極微相故。如眼識生。不帶彼眼根相。其眼等五根但能生眼等五識。然眼等五識卽不能緣眼等五根。將根爲喻。立量云。汝色等能成極微是有法。設爲五識緣。非所緣。宗因云。五識生不帶彼相故。同喻如五根。觀所緣緣論偈云。極微於五識。設許非所

緣。彼相分無故。猶如眼根等。若十八部師義。已許帶彼相故。所以不破。今正解者。疏云。謂若有法。是帶已相。所言有法者有兩解。初顯幽鈔解云。有法卽有體實法。揀於假法及徧計相無體法。但是所緣。不成緣。夫爲緣須是有體實法。有力用能牽生識。卽圓成依他起。是有體法。二龍興云。謂若有法者。卽依圓二性。以有體故。能牽於心。名之爲緣。不通無體。若是徧計以無體故。但有所緣。而非緣體。若是所緣。卽體通有無。問。徧計所執。旣已無體。不能生心。何得名爲所緣。答。無體所緣。依有體緣生。於有體法上妄增益兩有

非緣。故兩解之中。後解為正。問。前解有何過。答。若前解有法。唯取實法為所緣者。然先德雖多確此義。今略推徵。有三過失。一固違疏文失。假法若非有體者。何以疏主將依圓二性出百法體。以百法通假實故。今言假法無體。豈不相違。二徧計無別失。依圓假法既言無體。與徧計所執無體何別。論云。依圓是有。徧計是無。豈不相違。三有法例不成失。所緣緣體論云。有法便言唯實。增上緣體論云。有法何乃通假。即命根等豈是實耶。若依今明有法通取三境。假之與實。但名有法。盡作所緣緣。於八識中分別。前五第八。性

境為所緣緣。揀諸假法。及徧計所執。第七帶質境為所緣緣。唯假非實。及簡徧計所執。第六意識緣於三境作所緣緣。通於假實。唯簡徧計所執。更立量云。諸假相分是有法。定為能變心親所緣緣宗。因云。法處有無門中影字攝故。同喻如實定果色。徧計所執為異喻。或作量云。帶質獨影是有法。是親所緣緣宗。因云影之差別故。同喻如性境。問。實法有體名所緣緣。假法無體非所緣緣。答。假法有二種。一有體假。即依圓性中諸假法也。二無體假。即徧計所執也。若我若法。空華兔角等。但簡無體非所緣緣。不簡有體故。問。

若徧計所執非所緣者。如何第六緣空華等時。亦有所緣緣義。豈即有體耶。答。但望自親相分為親所緣緣。非望空華也。若是空華等。但於相分上妄執生華解。其體是無。若所變相分。其體是有。得成所緣緣。問。有何教說帶質獨影境假相分得為所緣緣。答。其教極多。下約識分別。辯所緣緣。疏云。八於七有。七於八無。餘七非八所仗質故。且如第七緣第八見分。豈非帶質境作所緣緣。乃至疏云。第六於五無。餘五於彼有。亦是帶質境作所緣緣。又唯識論云。親所緣緣。一切心生。決定皆有。離內所慮託。必不能生。為證極多。

不能繁引。問。應一切有體法。總是所緣緣。以是有法故。答。疏云。是帶已相。須是能緣之心緣所緣時。帶起所緣已相。此有體法。即是所緣緣。餘不帶起已相者。雖是有法。不為所緣緣。如眼識緣境時。所帶起色已相。此有體法。即是眼識家所緣緣。餘不帶起已相者。雖是有法。不是眼識所緣緣。眼識既爾。餘識亦然。帶與已相。各有二義。且帶二義者。一者挾帶。即能緣心親附境體而緣。二者變帶。即能緣心變起相分而緣。言已相亦有二義。一體相相。二相狀相。若無分別智緣眞如。是挾帶體相而緣。是所緣緣。及內二分相緣。

并自證緣見分。是挾帶。若有漏心心所見分及無漏後得智起見分緣境時。卽是變帶相狀而緣。是所緣緣。謂若有法。是緣。是帶已相。是所緣。具此二義。名所緣緣義。又簡法辯果者。先引慈恩徵云。緣生於誰。誰帶已相。疏答云。心或相應。此辯所緣緣果也。以所緣爲緣。是因。生得心心所是果。言心者。卽八識心王。言或相應者。卽五十一心所。有起有不起不定故。而言或也。卽簡不立色。及不相應無爲等。爲所緣緣。彼非心法。無緣慮故。問。親疎所緣緣中。於相分內。何者是實。答。二俱不實。唯識鏡云。相見二分之中。見分唯實。

就相分中。眞如是實。餘親疎相皆非是實。疏云。以疎所緣緣等取親相。不卽親得。不爲行相者。疎所緣緣能緣之心。不親得本質。故疎所緣不名行相。如前五識緣五塵時。必託第八所變五塵爲其本質。五識緣時但得自識所變相分。以此相分。必帶本質。緣相分時。疎緣本質。故疎所緣不卽親得。不名行相。五識相分各望自識。依他中假攝。假從實。無心外境。故名唯識。其本質境。望於能變第八識體。本質之境亦非實有。故親疎二境皆不實也。夫所緣緣義者。大小雖通。疎親莫辯。親則挾帶逼附而起。如鉗取物。似日舒光。

親照親持。體不相離。疎則變帶仗託附影而起。緣似質之狀。離相分之親。體不相收。內生慮託。若如是了達親疎不濫。方知心外無境。見法是心。或愚暗不分則心境宛爾。深窮緣性。始蕩情塵。細達見原。方明佛旨。四增上緣者。謂若有法有勝勢用。能於餘法。或順或違。則成增上緣義。釋云。謂若有法。亦是有體。此簡所執。有勝勢用者。謂爲勝義。卽有爲無爲有勝勢用。此用非是與果等用。但不障力。能於餘法者。簡其自體。顯不同前所緣緣故。或順或違者。顯與順違俱能爲緣。與後生異法爲緣。非前滅法。謂十因中前九是

順。第十是違。亦是此緣故。問。增上緣約逆順有力無力。都有幾種。答。古釋有四種。夫增上緣者。卽簡徧計所執是無體法。須是有體法得爲增上緣。卽是依圓二性。皆是有體法。爲增上緣義。若無體法。卽是我法等。全無體故。從妄執生。非增上緣。一順。如水土與青草作順增上緣。六波羅密行與佛果爲順增上緣。受取二支。與五果種子爲順增上緣。二違。卽如霜雹與青草作違增上緣。又如智與惑作違增上緣。卽一念間智起時。惑便斷。卽知一念有二增上。一念正與惑作違增上。便與二空理作順增上。三有力增上。亦名

親增上。如五根發生五識等。四無力增上。卽此人五根望彼人五識是無力增上。亦名疎增上。如燈𦦨正生時。一切大地等法不礙此𦦨生。名疎增上。但取不障礙義邊名增上緣。問。因緣與緣起。二義同別。答。古德云。因緣者。隨俗差別。卽是因緣相望顯無自性義。正是俗諦體也。緣起者。順性無分別。卽是相卽相融。顯平等義。正順第一義諦體也。問。染淨諸法。有因有緣。因親緣疎。成其二義。緣義已顯。因理如何。廣略備陳。都有幾種。答。經論共立有六因十因。且六因者。一能作因。除自餘能作者。除自體外。餘一切法不障有

爲法生。總名能作因。因是一切有爲無爲法。是體。體上有能作之用。能作卽因。持業釋。持卽任持。業卽業用。因是體。能作是用。攝用歸體。名持業釋。二俱有因。俱有互爲果。心於心隨轉。俱時而有。果與因俱。名俱有因。互爲果者有三。一四大種。互爲俱有因。互爲士用果。二如能相所相法。能相爲因。所相爲果。所相爲因。能相爲果。三心心所法。心王爲因。心所爲果。心所爲因。心王爲果。三同類因。卽因似果。果似因。如染性五蘊中色蘊。能引色蘊。色蘊引餘四蘊。四蘊引色蘊。雜心色不同。同是染性故。四相應因。決定心心所同

依。卽心王心所具五義。一同一所依根。二同一所緣境。三同一時。四同一事。五同一行相。具足五義。名相應。相應之因。且如心所引起心王時。心王是相應法。是果。卽勝。心所是因。卽劣。依主釋也。五偏行因。謂同地染因。卽十一偏使。偏行卽因。偏行卽十一偏使。是體。上有偏行五部爲因之用。持業釋也。六異熟因。有漏善不善業爲異熟因。因通善惡。果唯無記。異熟卽因。因卽善不善業。是體。上有異熟之用。持業釋也。十因者。瑜伽論云。五明中諸佛語言名內明。云何內明。論云。顯示正因果相。謂有十種因。當知建立無顚倒

因攝一切因。或爲雜染。或爲清淨。或爲世間彼彼稼穡等無記法轉。云何十因。一隨說因。謂一切法名爲先。故想。想爲先。故說。是名彼諸法隨說因。二觀待因。觀待此故。此爲因。故於彼彼事若求若取。此名彼觀待因。如觀待手故。手爲因。故有親持業。觀待足故。足爲因。故有往來業。三牽引因。一切種子望後自果。名牽引因。四攝受因。除種子外所餘諸緣。名攝受因。五生起因。卽諸種子望初自果。名生起因。六引發因。卽初種子所生起果望後種子所牽引果。名引發因。七定異因。種種異類各別因緣。名定異因。八同事因。從

隨說因至定異因如是諸因總攝爲一名同事因九相違因於所生法能障礙因名相違因十不相違因此障礙因若闕若離名不相違因此一切因二因所攝一能生因二方便因當知此中牽引種子生起種子名能生因所餘諸因名方便因當知此中若能生因是名因緣若方便因是增上緣若等無間緣及所緣緣唯望一切心心法說由彼一切心及心法前生開導所攝受故所緣境界所攝受故方生方轉是故當知等無間緣及所緣緣攝受因攝問一心建立已具因緣因緣所感必有其果所以法華經云如是因

如是緣如是果如是報其果有幾種各依何處而得答凡聖通論略有五種識論云一者異熟果謂有漏善及不善法所招自相續異熟生無記釋云有漏善者簡無漏善自相續者簡他身及非情若但言異熟即六識中報非眞異熟攝今爲總攝彼故言異熟生然本識亦名異熟生是無記故此位稍長至金剛心頓通三乘無學一眞異熟即第八識二異熟生即前六識或本識亦名異熟生故從自異熟種子而生起故若前六識從眞異熟識生起故亦名異熟生是一分心心所緣境昧劣不明利不稟解心種故是無記

性異熟有四一異時而熟異謂是別異屬因熟謂成熟是果異因居過去熟果即現在故名異熟二異性而熟過去修異因因五戒十戒等業所招天人總別報異熟果若因十不善惡業所招三塗不善總別報異熟果總無記性三異類而熟造異類業受異類生五趣各別四異聖而熟謂異熟果依分別二障種上有趣生差別功用故聖人已無八識之中唯第八具三義一偏簡前五識二相續簡第六三業招簡第七二等流果者等謂平等流謂流類等流不同有二一眞等流爲善不善無記三性爲因所引同類果故名

等流果如第八識中三性種子各生三性現行果果與因性同故即心種子生心現行色種子生色現行有漏種生有漏現行無漏種生無漏現行名等流者是流類義二假等流者前生令他命短今生自身亦命短是先殺業同類果故依所招總報第八識有短長名假等流理實是增上果但取殺他令他命短今生自命亦短有相似義故假名等流實是善惡感無記果三增上果者增勝殊上但除四果外餘一切所得果者皆是此增上緣果收此增上果最廣如四緣中增上緣五見中邪見不簡有漏無漏有爲無爲但

有所得果於前四果中所不攝皆是增上果中收此有二種。一與力增上果。如外器能受用順益義故。二不與力增上果。如他人金帛妻子等。復有二種。一順如眼識得明緣。二違。如遇暗相等。四士用果者。謂諸作者於諸器等成辦種種事業名士用果。瑜伽論云。一類於現法中依止隨一切工巧業處起士夫用。所謂士農商賈書算占卜等事。由此士夫之用成辦諸稼穡財利等果名士用果。問。於八識中一一識如何各具四果。答。古釋云。且如眼識從種生現。是等流果。眼根爲所依故名增上果。眼識作意警心爲士用果。

或眼識能緣實色等亦士用果。眼根是第八親相分故亦異熟果。耳等四識亦皆例此。若第六識種生現是等流果。前念意根爲能引。或能引前五識爲增上果。又能緣三世內外境等名士用果。能造當來總別報名異熟果。約與異熟爲因故名異熟果。若第七識種生現名等流果。前念第七與後念爲所依卽增上果。內能緣第八見分爲我卽士用果。能與眞異熟識爲所依故名異熟果。若八識種生現名等流與第七爲所依故是增上果。能緣三境及持種受熏名士用果。當體是眞異熟故。五離繫果者。以擇滅無爲爲體。

體是無漏能斷道之所證得名離繫果。唯聖人。非凡夫得。瑜伽顯揚等論皆云。異生以世俗智滅諸煩惱。不究竟故非此果攝。唯識論云。離繫果謂無漏道斷障證得無漏法故。若本智與眞如合時是離繫果攝。若後得緣眞如時是士用果攝。問。六因能感幾果。答。六因總感五果。能作因感增上果。相應俱有二因得士用果。同類徧行二因得等流果。異熟因感異熟果及離繫果。問。相應俱有二因何別。答。相應唯心心所法俱有卽通色通心。得士用果者緣二種因。各於所得果有士夫力用名同體別。問。同類徧行二因何別。

答。同類徧三性通有漏無漏。徧行唯染汙別也。二種因所得之果皆似於因名等流果也。夫四緣六因十因五果者收盡凡聖之道。能成教法之門。闕之則一法不圓。昧之則終爲外道。且四緣者因緣則於有爲之門親辦自果。無間則爲開導之義。萬有咸生所緣則具慮託而方成約親疎而俱立。增上則有勝勢力不障他緣。六因者能作因則業用成辦。俱有因則更互同時。同類因初後相似。相應因則決定一緣。徧行因則同其染類。異熟因則成熟後果。十因者隨說因。爲諸法先導之門。觀待因了現得作用之事。牽引因。

則令成自果。攝受因則能攝萬緣。生起因令萬類能生。引發因使諸果成辦。定異因則種類各別。同事因則體總一如。相違因能起障礙之門。不違因隨順緣生之理。五果者。異熟果則因生果熟。異時而成。等流則因果性同。流類無濫。增上則力用殊勝。能助他緣。士用則功業所成。能獲財利。離繫則斷障證眞。超諸漏縛。總攝如上因緣報成五果。咸歸眞異熟第八識中。斯異熟果門。於異時而熟。若起一念善。如將甜種子下於肥田內。或生一念惡。似植苦種子下向瘦田中。以水土因緣時節際會。則抽芽布葉。次第而生。華

發果成。積漸而熟。此染淨種子。異熟亦然。若作善因。下人天之樂種。或興惡行。生四趣之惡田。靡起善惡因。終無苦樂報。不下麤好種。豈有華果生。故知因果相酬。唯識變定。如鏡現像。似影隨形。無有影而不隨形。無有鏡而不現像。斯則無有作而不受報。無有果而不酬因。法爾如然。世所共悉。唯有不作者。業果定難羈。但了一心宗。諸緣皆頓息。是以了唯識理。無所用心。終不妄興三界業果。以唯識變定故。懼業之人方能信受。如前定錄云。昔韓公滉之在中書也。嘗召一吏。不時而至。怒將鞭之。吏曰。某別有所屬。不得遽

至。晉公曰。宰相之吏。更屬何人。吏曰。某不幸兼屬陰官。晉公以爲不誠。怒曰。旣屬陰司。有何所主。吏曰。某所主。三品已上食料。晉公曰。若然。某明日當以何食。吏曰。此雖細事。不可顯言。乞疏於紙。過後爲驗。乃如之。而繫其吏。明旦遽有詔命。旣對。適遇太官進食。餻糜一器。上以其半賜晉公。晉公食之美。又以賜之。旣退而腹脹。歸於私第。召醫視之。曰。食物所壅。宜服少橘皮湯。至夜可飲漿水。明旦疾愈。思前吏言。召之。視其書云。明晨相公只食一飣半餻糜。橘皮湯一椀。漿水一甌。則皆如其言。公固復問。人間之食。皆有籍耶。

答曰。三品已上。日支。五品已上。有權者。旬支。無則月支。凡六品至一命。皆季支。其不食祿者。年支耳。故知飲啄有分。豐儉無差。所謂玉食錦袍。鶉衣藜藿。席門金屋。千駟一瓢。皆因最初一念而造。心跡纔現。果報難逃。以過去善惡爲因。現今苦樂爲果。絲毫匪濫。孰能免之。猶響之應聲。影之隨形。此必然之理也。唯除悟道。定力所排。若處世幻之中。焉有能脫之者。所以經偈云。假使百千劫。所作業不忘。因緣會遇時。果報還自受。所以財命論云。貧者無立錐之地。才爇則田逾萬頃。餓者無擔石之儲。李衡則木號千奴。故史記。

楚相孫叔敖盡忠於國。及身死。其子貧無立錐之地。漢書云。刁夔歷官尚書郎。不隨德行種植爲務。有田萬頃奴婢千人。魏志云。華歆効官清貧家無擔石之儲。晉書云。李衡植橘千株。號爲木奴千頭。又不但貧富唯識變定壽命亦然。以先心所作慈殺之因。今定受後報脩短之果。非干今身善惡之行。故云無禮必斃。跖何事而獨壽。行善則吉。橐何事而早終。如莊子云。盜跖從卒九千橫行天下侵暴諸侯。而其壽考。論語疏云。項橐七歲爲孔子之師。而少殀焉。

宗鏡録卷七十一終

音釋

滉胡廣切 飣丁定切飣餖也 斃毗祭切死也 跖之石切盜跖也

宗鏡錄卷七十二

宋慧日永明妙圓正修智覺禪師延壽集

夫對登地大士天鼓演無依印之法門破外道邪倫教主述有因緣之正道旣立因依之處須憑開析之門未審依處當有幾種答廣有十五依處略有三依且十五依處者一語依處二領受依處三習氣依處四有潤依處五無間滅依處六境界依處七根依處八作用依處九士用依處十眞實見依處十一隨順依處十二善功能依處十三和合依處十四障礙依處十五不障礙依處百法鈔以十五依處配十因一

語依處者卽以法名想三爲語因所言法者卽一切法爲有此所詮諸法故便能令諸有情內心起想想像此等所詮諸法已次方安立其名內心安立名後方能發語卽法名想三爲先是能起方起得所起之語卽語依處立隨說因二領受依處者領謂領納受通五受五受皆以領納爲性卽領受依處立觀待因觀者對義待者藉義卽能所相對藉以立其因三習氣依處者謂內外一切種子未成熟位未經被潤已前此名習氣依處卽依此未潤種上立爲牽引因且內種者如第八識中有無量種子若有漏種子未被愛取水潤已前雖未便生現行然此種上且有能牽引生當起現行果之功能卽以此種子名牽引因四有潤依處爲前習氣依處種子若曾被潤已去雖未便生現行然且潤了卽此有潤種子能與後近現行果爲依處前習氣依處約內外種未被潤者今有潤依處卽約內外種曾被潤已去說卽有潤依處立生起因五無間滅依處者卽心心所法等無間緣謂前滅心心所爲緣緣者是開闢導引功能卽前滅爲緣能與後念一聚心心所爲依處其後念心心所依他前念爲緣處生故名無間滅依處卽無間滅依處立

攝受因此一因寬自下六種依處皆是攝受因攝六境界依處者卽是一切所緣緣境爲此一切所緣緣境能與一切能緣心心所爲依憑起處故以心不孤起託境方生亦立攝受因七根依處者卽內六處謂五色根及意根成六卽此六根是八識心心所所依之處前無間滅依處卽取八識前念功能爲依處引後念令生今此根依處卽取現在五色根及第七意名根依處亦立攝受因八作用依處者問何名作用依處答此通作業幷作具之作用且作業者卽有情工巧智能造殿堂或造立種種器具等物是言作具

者。卽世間種種作具。如斤斧車船等所受用之具。是但知一切踈助現緣。能成辦種種事業者。皆是此作用依處。卽除卻識中種子及外法種子及種子生現行。現行熏種子。種子引種子及親助現緣。非作用依處。此處亦立攝受因。九士用依處者。卽於前作用依處中。唯取作者士夫之用。此處亦立攝受因。十眞實見依處者。謂一切無漏見不虛妄。故名眞實。能與餘一切無漏有為法及無為法。而所依名依處。此處亦立攝受因。此前立攝受因者。攝受卽是因果相關涉義。但除卻親因緣外。取餘一切踈助成因緣者。名為

攝受因。故對法論云。如日水糞。望穀麥芽等。雖有自種所生。然增彼力。名攝受因。十一隨順依處者。卽一切色心等種現。皆有隨順自性。及勝同類品諸法。故名隨順依處。言隨順自性者。卽簡他法。不得為此依因。如第八識中三性種子。各各自望三性現行。為依為因。言勝同類品諸法者。如無漏法。卽唯與自無漏有為及無為勝品法為因處。不與下品劣有漏法為因。就有漏位中亦自有勝劣為因。果亦爾。此處立引發因。引謂引起。發謂發生。為因能引起發生果。故十二差別功能依處者。謂一切法不簡自性他性。各各

自有因果相稱。名為差別功能。如五八戒善業。定引人天第八。非引三塗第八。以不相稱故。若十不善業。定引三塗第八。非引人天第八。性不相稱為因故。若自界法。卽與自界為因。如是等三界一切有漏法。各各自有差別功能為因。如長安一百二十司官職。各各自有公事為因。與所綰相稱。若淨因者。卽自三乘種子。各望自三乘有為無為果為因。此處立定異因。定者。是因果自相稱義。不共他故。名異。如僧人以持齋戒相稱。名定。不共他俗人四業同故。名異。卽一切諸法各各相望。皆有定異因。十三和合依處者。立同

事因。從前第二領受依處。乃至第十二差別功能依處。卽總攝前六因十一依。為此和合處體。謂前十一依。各各於自所獲生住成得果中。皆有和合力。故名和合依處。卽依此處立同事因。為觀待乃至定異。如是六因各共成一事。故說六因為同事。略舉一法以辯者。且如眼識生時。待空明等緣。立此為觀待因。由有新本二類種。故如其次第。得有牽引及生起因。次取等無間緣及根境等。立為攝受因。望前引於後。是引發因。由名言種故。有定異因。餘法亦爾。十四障礙依處。立相違因者。惑能障智。明能障暗等。卽明為因。

暗立爲果即依此處立相違因十五不障礙依處立不相違因者唯識論云十五不障礙依處謂於生住成得事中不障礙法即依此處立不相違因畧說三依者一因緣依即是俱有依亦種子依二增上緣依即增上緣三等無間緣依即開導依一因緣依者謂自種子諸有爲法皆託此依離自因緣必不生故此因緣依者對果得名因即是緣即不取因由之義此因是果之所依故即現行名果能生種子名因緣又因者是現行果之因緣者即此因有親生現行果之用名緣問因緣依與因緣何別答依狹緣寬若因緣

即有三義一種引種二種生現三現熏種若因緣依即唯取種生現一義是眞因緣依若種生種但名因緣不得名依以異念因果故即前念無體非依定須同時問且如現熏種亦是同念因果何不爲依答現熏種雖同念然又闕因沈隱果顯現義亦非因緣依故知唯取眞因緣義名依都具三義方名因緣依一是主即種是主二因沈隱果顯現即簡現熏種三因果同時即簡種生種問此種子爲因緣依體者取何法爲能依答諸有爲法皆託此依即一切有爲緣生法色之與心皆須託自種爲依有此種故一切色心

現行方始得生離自因緣必不生故意云心現若離自心種必不生色法亦爾二增上緣依者若增上緣即寬謂通有無及疎增上若爲依即狹唯取有力及親增上以五色根并意根處唯此內六處爲增上依體即簡外六處望心心所法但爲增上即不得爲依體又唯取同時八識心王爲意根處以意根處緣得八箇識故若是等無間意即自爲一依故不取即此增上依須具三義一有力二親三內其外六處以不具三義但爲緣非依若能依法即諸心心所皆託此依言諸心心所者即簡色不相應行無爲後三位皆

無增上依問其一切心心所法若無內六處時亦得轉否答離俱有根必不轉故意云若無所依根時其心心所定不得轉三等無間緣依者等無間依即狹唯取心王心王有主義故若四緣中等無間緣即寬雙通心心所爲前念心王有力能引生後念一聚心心所法名等以力用齊等故無自類爲間隔名無間問此依以何爲體答以前念八識心王總名等無間此是依體即前念心王與後念心心所爲依問前念心法已滅無體何得爲依答彼先滅時已於今識爲開導故意云彼前念心王臨欲滅時有其力用能引

後念令生。作此功能了。便滅。卽現在一念有引後功能。以爲法體。非取過去已滅無體法爲依。問。其前念心王有引後力用。名爲依者。未審將何法爲能依。答。諸心心所法。皆託此依。卽一切心心所法起。定須託此前滅意爲依。方起。問。諸心心所。若不依前滅心王。亦得起否。答。離開導根。必不轉。故意云。心心所。若不得前念心王爲開闢引導。卽無因得起。問。心法四緣生。何故三緣別立爲依。所緣緣不爾。答。三緣有常義主義。故亦緣。亦依。所緣緣皆有常義。闕主義。故但爲緣。不爲依。又種子依具六義。六義者。一剎那滅。二果

俱有。三恆隨轉。四性決定。五待衆緣。六引自果。一剎那滅者。謂體纔生。無間必滅。有勝功能。方成種子。二果俱有者。謂與所生現行果俱現和合。方成種子。三恆隨轉者。謂要長時一類相續。至究竟位。方成種子。四性決定者。謂隨因力。生善惡等功能決定。方名種子。五待衆緣者。謂此要待自衆緣和合。功能殊勝。方成種子。六引自果者。謂於別別色心等果。各各引生。方成種子。又俱有依者。卽所依與能依俱時而有。依者。但是一切有爲生滅法。仗因託緣而生住者。皆名爲依。依具四義。一決定。二有境。三爲主。四令心心所

取自所緣。方名所依。此四依各有所簡。且第一義者。若法決定。此正簡將前五識與第六識作不定依。夫爲所依者。且須決定有方得。今有第六時。不決定有前五。故亦簡將五色根與第八爲依。亦是不定有。如生無色界第八。卽無色根爲依。又簡將能熏七現與所熏種子爲生長依等。卽此能熏現識有間斷。故無決定義。問。若有決定義。便是所依者。卽如四大種及命根五塵等及種子。皆有決定義。應是所依。有現行識時。必決定有種子故。答。將第二義簡。云有境。言有境者。卽有照境緣境功能。除心心所及五色根識。餘

法皆非有境。今四大五塵命根等。雖有決定義。而闕有境義。故非所依。問。若具二義。卽名所依者。且如徧行五數。亦具決定有境二義。應與心心所爲所依。答。將第三義簡。云爲主。今徧行五數。雖有二義。闕主義故。亦非所依。問。若具三義。便成所依者。且如第八識現行。望識中種子。亦有決定有境爲主三義。卽此等八識現行。應與種子爲俱有依。答。將第四義簡。云令心心所取自所緣。卽令能依心心所緣取自所依家境。方成所依。今第八現行識。不能令種子取自所緣。故非所依。今第八識中種子無緣慮。不能取自所緣。

故第八非種子所依但爲依義問未審何法具此四義足得名所依答謂五色根及意處即此六處具前四義足獨名所依問內六處爲俱有依與六根體義何別答俱有依唯取六處現行不取種子爾有境義故若但言六根即通種現又俱有依取所依義若言六根即取生長義各據勝以論又若心心所法生時住時即具俱有依若色法生時住時但有因緣依即得定無俱有依以色法無所緣故自體不是能緣法故又瑜伽論云於五色有三依一種子依二俱有依三開導依問所依有幾重答有四重謂五色根六七

八識即五識各依自根若後三識即通與五識爲依問五色根六七八識四重所依各有何用而言隨闕一種即便不轉答謂一同境二分別三染淨四根本等所依別故言同境者即自五色根是如眼根照青色境時眼識亦緣青色境以青色境同故名同境乃至身根識亦爾言分別者即第六識能與前五爲分別依同緣境時起分別故此是第六自體與五識爲分別依瑜伽論云有分別無分別同緣現在境故即第六名有分別前五名無分別解深密經云五識起時定有意識同緣境言染淨者即第七識第七識能

與五識爲染淨依第七若在有漏位中即與五識爲染依若成無漏時即與前五爲淨依有此染淨依前五方轉若無即不得生言根本者即第八識第八識與前五識爲根本依前五識是枝條又第八能持前五識種種方生現推功歸本皆從第八識中成故此第八不唯與前五識爲根本依亦與萬法爲根本以能持萬法種故於因果位中第八皆爲根本此四重依各各不同即八識俱有所依四種名義不同者如眼等五識即同境等四種所依各有決定義且如眼識以眼根爲決定同境依以決定共取一境故餘四

境與四根各決定取自境亦爾以第六識爲決定分別依以第七識爲決定染淨依以第八識爲決定根本依又能所依四句分別一唯能依非所依即心所法二唯所依非能依即五色根三俱句即八識心王四俱非即外色法又開導依者開者闢也即開闢處所導謂導引導引令生即前念心王臨滅時開闢處所引後念心心所令彼生起即後念心心所託前念開導心王所依而生名開導依夫因依之處則染淨出生之始果報之境乃苦樂成熟之時則十因五果以無差三依四緣而非濫皆爲最初一念背覺合塵

轉作能心現爲諸境三細識全因不覺六麤相永爲所緣入生死旋火之輪未曾暫歇處塵勞無間之獄曷有出期若能明萬法元起之由了一念最初之際方知自我心起起處無蹤唯我心亡滅時無跡則永枯苦本六趣爲之氷消頓竭愛原二死因茲雲散二十八祖之正意從此皎然三世諸佛之本懷於斯釋矣問般若無相不受一塵云何廣辯四緣及諸因果答夫佛道正法皆從緣生故云心法四緣生色法二緣起若執不從緣生者皆非正法悉屬外道自然邪見且心之一法若無第一因緣者無有親生現行果

之義則諸法不成立若無第二等無間緣者則無開導引後生義無有相續全成間斷若無第三所緣緣者則心無所慮處不能牽心用心無所託乃心境俱成斷滅若無第四增上緣者雖具前三緣若無增上即成障礙法亦不生四緣具足方成心法若能明了世間因緣所生之法方乃見無生之旨以即生法達無生故且生法尚不知正因云何能了無生妙理所以華嚴鈔云緣起深義佛教所宗自古諸德多云三教之宗儒則宗於五常道宗自然佛宗因緣然老子雖云道生一一生二二生三三生萬物似有因緣而

非正因緣言道生一者道即虛無自然故彼又云人法地地法天天法道道法自然謂虛通曰道即自然而然是雖有因緣亦成自然之義耳佛法雖有無師智自然智而是常住眞理要假緣顯則亦因緣矣故教說三世修因契果非無善因惡因故楞伽經大慧白佛佛說常不思議彼諸外道亦有常不思議何以異耶佛言彼諸外道無有常不思議以無因故我說常不思議有因因於內證豈得同耶是則眞常亦因緣顯淨名經云說法不有亦不無以因緣故諸法生法華經云諸佛兩足尊知法常無性佛種從緣起是

故說一乘又經云一切諸法因緣爲本中論云未曾有一法不從因緣生是故一切法無不是空者則眞空中道亦因緣矣若爾涅槃經云我觀諸行悉皆無常云何知耶以因緣故若一切法從緣生者則知無常是諸外道無有一法不從緣生是故無常則外道有因緣矣釋曰此明外道在因緣內執於緣相以爲常住是故破之言無常耳今明教詮因緣妙理具常無常豈得同耶況復宗者從多分說所以因緣是所宗不應致疑故知唯是一心緣起法門以法無自性隨心所現所現之法全是自心終無心外法能與心

爲緣所以本末相收皆歸宗鏡何者內卽是本外卽是末以唯心義則內收外託境生心則末亦收本若以法性爲本法性融通緣起相由則塵包大身毛容刹土故合爲一大緣起也故知有智慧無多聞有多聞無智慧俱不達實相聞慧具足眞見心原又經云若欲學般若應學一切法以色無邊故般若無邊又經云若欲了達因緣等無間緣所緣緣增上緣者應當學般若智論釋云不破四緣之義唯破四緣之執如水中之月不破所見只破所取故知但有能取執情則非幻而成幻法若成無所得慧則非幻尙自不

生執喪情虛萬法無咎般若眞性何所滯乎如大涅槃經云菩薩善知諸緣菩薩摩訶薩不見色相不見色緣不見色體不見色生不見色滅不見一相不見異相不見見者不見相貌不見受者何以故了因緣故如色一切法亦如是又前十因四緣等義是約法相宗說略明行相今依法性宗自在無礙法門說明其體性據華嚴法界緣起無盡宗亦有因門六義緣起十義今且釋因門六義者一空有力不待緣是刹那滅義由刹那滅故卽無自體是空也由此滅故果法得生是有力也然此謝滅非由緣力故不待緣二空有力待緣是俱有義由俱有故方有卽顯是不有空義也俱故能成有是有力也俱故非散是待緣也三空無力待緣是待緣義由無自性故是空也因不生緣生故是無力也四有有力不待緣是決定義由自類不改故是有義然自不改而生果故是有力義然此不改非由緣力故不待緣五有有力待緣引自果義由引現自果是有義雖得緣方生然不生緣果是有力義卽由此故是待緣義六有無力待緣恆隨轉義由隨他故無力是故待緣正因對緣唯有三義一因有力不待緣全能生故不雜緣力故二因有力

待緣相資發故三因無力待緣全不作故用緣故又由上三義因中各有空有二義二門各三唯有六故不增減也何故不立第四句無力不待緣義者以彼非因義故不立問果中有六義否答果中唯空有二義謂從他生無體故是空義酬因故是有義若約互爲因果說卽爲他因時具斯六義與他作果時卽唯有二義是故六義唯在因中待緣者待因事之外增上等三緣也若緣起祕密義皆具此六義六義約體用各有四句一約體有無四句一是有謂決定義故二是無謂刹那滅義故三亦有亦無謂合彼引自果

及俱有無二是也四非有非無謂合彼恆隨轉及待眾緣無二是也二就用四句一由合彼恆隨及待眾緣無二故是不自生二由合彼刹那滅及決定義無二故是不他生三由合彼俱有及引自果無二故不共生也四由具三句合其六義因義方成故非無因生也中觀八不據遮詮六義約表詮八不約反情理自現六義據現理情自亡有斯左右耳六義開合者或約體唯一以因無二體故或約義分二謂空有以無自性故緣起現前故或約用分三一有力不待緣二有力待緣三無力待緣初即全有力後即全無力

中即亦有力亦無力第四句無力不待緣非因故不論六義據緣起自體六相據緣起義門六義由空有義故有相即門由有力無力義故有相入門由待緣不待緣義故有同體異體門由諸義門故得有毛容刹海等事也若論相入相持皆因有力無力即此二義不得同時若俱有力無無力者即成多果過一一各生故若俱無力無有力者即成無果過俱不生故論云因不生緣生故緣不生因生故以一有力能持多以多無力即入一中以多有力能持一以一無力即入多中是以一塵有力能含刹海刹海無力潛入

一中問有力無力其義如何答若以一有力者是空無性義無性故能成諸法以有空義故一切法得成則是一有力為主多無力為伴若以多有力者則無一法而有自體能獨立者皆假眾緣相待而成則多有力為主一無力為伴所以主伴相成自他互立無伴則主不立闕自則他不成又約用由相待故具有力無力義是故相收及相入約體由相作故具有體無體義是故相即及相是經偈云諸法無作用亦無有體性是故一切法各各不相知以他而為自故無體性以相待而成故無作用此是無力義又因此無

知無性方有緣起若一法有體則不假相依若無相依則無諸法若諸法不空則無道無果此是有力義次緣起十門者即緣起相由之力謂一與多互為緣起相由成立故有相即相入等此有二種一約緣用有有力無力相待相依全體相收故有相入二約緣體有空不空能作所作全體相是故有相即此即入二門復有二義一異體相望故有微細隱顯謂異體相容是微細義異體相是具隱顯義二同體內具德故有一多廣狹謂同體相入故有一多無礙同體相即故有廣狹無礙又由以異攝同故有帝網義於時

中故有十世義緣起無性故有性相無礙義相關互攝故有主伴義十緣義者一諸緣各異義大緣起中諸緣相望要須體用各別不相雜亂方成緣起若雜亂者失本緣法緣起不成此則諸緣各各自守一位經頌云多中無一性一亦無有多二互徧相資義要互相徧方成緣起如一緣徧應多緣各與彼多全為一故此一卽是多箇一也此卽一一各具一切經頌云知以一故眾知以眾故一三俱存無礙義凡是一緣要具前二以要住自一方能徧應徧應多緣多緣方是一故以一不自作一以多作一以多不自多以

一作多是故唯一多一自在無礙或舉體全住是唯一也或舉體徧應是多一也或俱存或雙泯或總合或全離經頌云諸法無所依但從和合起此三門總明緣起本法竟四異體相入義謂法門力用遞相依持互形奪故各有全力全無力義由一有力必不與多有力俱是故無有一而不持多也由多無力必不與一無力俱是故無有多而不入一也多持一依亦然五異體相卽義諸緣相望全體形奪有有體無體義是故一緣是能起能成故有體多緣是所起所成故無體由一有體必不得與多有體俱多無體必不得與一無體俱是故無有不多之一無有不一之多六體用雙融義一以體無不用故舉體全用卽有相入無相卽義二用無不體故舉用全體卽唯有相卽無相入義三歸體之用不礙用全用之體不失體無礙雙存亦卽亦入自在俱現四全用之體體泯全體之用用亡非卽非入圓融一味五合前四句同一緣起無礙雙存六泯前五句絕待離言冥同性海此上三門於初異體門中顯義理竟七同體相入義謂前一緣所有多一與彼一緣體無別故名為同體又由此一緣應多緣故先明相入謂一緣有力能持多一

多一無力依彼一緣是故一能攝多多便入一八同體相卽義謂前一緣所具多一亦有有體無體義故亦相卽以多一無體由本一成多卽一也由本一有體能持多一全一攝多如一有多空既爾多有一空亦然九俱融無礙義同前六句體用雙融此三門於前第二同體門中辯義理竟十同異圓滿義以前九門總合為一大緣起令多種義門同時具足由住一徧應故有廣狹自在門由就體有相卽就用有相入由異體相容具微細門由異體相卽具隱顯門就用相入為顯就體相卽為隱又由異體相入帶同體相

入具帝網門由此大緣起即無礙法界有託事門顯於時中有十世門相關互攝有主伴門此圓滿門就第三門中以辯義理竟經頌云菩薩善觀緣起法於一法中解衆多衆多法中解了一如是理事開合緣性融通方達一心無盡之用華嚴演義釋云夫緣起者初有三門一異體門二同體門三同異合明門所有同異體者以諸緣起門內有二義故一不相由義謂自具德故如因中不待緣是二相由義如待緣等是也初即同體門後即異體門若爾何以初異體門中云諸緣各別不相雜亂第二同體門中云互相徧

應方成緣起釋曰謂要由各異方得待緣要由徧應方自具德耳所以前之二門各生三者一互相依持有力無力故二互相形奪有體無體故三體用雙融無前後故此即緣起大意次第一異體門者然由相成方各有體二互徧相資義者即同體門則具多箇一如十錢爲緣當體自是本一應二之時乃詺初一以爲二一應三爲三一乃至應十爲十一故有多一若此一緣不具多一則資應不徧不成緣起此則一一各具一切者一既有十二三四等亦各有十故云一一各具如十錢爲喻其法界差別無盡法中各各

徧應故隨一一各具法界差別法也三俱存無礙義者唯一多一自在無礙者總明欲多常多欲一常一故云自在一或舉體徧應二或舉體全住三或俱存者俱存住自及徧應也亦俱存唯一及多一也四雙泯者即由俱存則相即奪故住一即徧應非住一也徧應即住一非徧應也五或總合者合前四句爲解境故六或全離者全離前五成行境故四異體相入義者遞相依持者以是緣起一多等非定性一多等謂一有定性不由於多多有定性不由於一今由一無定性假多而起多無定性由一而生故由無性平

等之義方成緣起若有一可一此是定性一若有多可多此是定性多若是定性多多不因於一若是定性一一不因於多今由多故一此一不自一由一故多此多不自多多不自多多則無力一不自一一則無力無力隨有力一多互相收故隨一佛會即一切佛會一切法會即是一法會故此一法會不動而常徧不分而常多前後互相成如何不信又謂前一望多中一爲持邊一能攝多一爲依邊一能入多如一望多有依有持者有依者即前多持故一成也有持者即前一有力爲多依故言全力者成上持言無力

者。成上依言常含多在已中者。一有力為持能攝多故。言潛入已在多中者。一無力為依便入多故。俱存雙泯者。謂一攝多。是第一句。多攝一。是第二句。俱存即第三句。謂即一攝一入時即多攝多入故。雙泯者即第四句。一攝一入故則多攝多入故便一攝一入泯。多攝多入故即一攝一入故則多攝多入泯故。云雙泯。對前別明二句。則有四句。亦可成六。五俱照前四成解境故。六頓絕前五成行境故。五異體相即義者。為能起邊即有體。為所起邊即無體。如云法從緣生。是法即空。意取所生空也。空即無體義。若形奪者

以能起之緣形對所起。奪彼所起。令無體也。由一有體不得與多有體俱者。謂有難言。一之與多俱有有體無體二義。云何獨言一有體耶。故今通云。由有無義不得並故。令一為能起邊。多必是所起故。若不爾者。能所不成。緣起亦壞。是故無有不多之一者。此一是多故。無有不一之多者。此多是一故。問。一不即多有何過。答。有二過故。一。不成多過。謂一不成多。餘亦不成多故。如一不成十。二三四等亦不成十。成無十過。二。不成一過。謂若一不成十。此即不成一。由十不成故。一義亦不成。以無於十。是誰一故。一不即多。成

過既爾。多不即一。成過亦然。又若不相即緣起門中空有二義即不成立。便有自性斷滅等過。故。俱存雙泯者。俱謂正一攝他同已。廢已同他時即是多攝一同已廢已同一也。雙泯者。以一望於多二義即是多望於一二義故。則一望於多二義泯矣。多望於一二義即是一望於多二義故。即多望於一二義泯也。旨不異前。思之。六。體用雙融義者。一以體就用。二以用就體。三體用雙存。四體用雙泯。以體用交徹。形奪兩亡。即入同原。故圓融一味。五成解境。六成行境。七同體相入義者。此門即指前第二門。以第二是本同體

門故。如一。本自是一。為本一應二為二一。應三為三一等。只是一箇一。對他成多。亦如一人。望父名子。望子名父。望兄為弟。望弟為兄等。同一人體而有多名。今本一。如一人。多一。如諸名也。八同體相即義者。一有多空既爾者。例多一有體也。由有多一。方詺本一為本一故。多有一體。本一無體也。多一有體。故能攝本一。本一無體潛入多一。九俱融無礙者。同前異體門也。即前第六門。謂同體緣起法中力用交涉。全體融合方成緣起。十同異圓滿義者。謂前來異體四門。同體四門。及第三同異俱存並不出同異。合居一處

不偏一門。故云圓滿若具足皆具十玄。有多種義門。有本有末。有同有異。有卽有入。四句六句等。合前九門。爲同時門也。且如由異體相入。帶同體相入。故有帝網門者。同體相入。一中已含於多。更入異體。故有重重之義。同體相入。如鏡已含多影。更入異體。謂含影之鏡。更入餘鏡。故有重重無盡之義。餘九玄如文。今結屬者。由第一本門之中融同異。故今則融前六門。則異體中三門。與同體三門相成。無異體。同體不成。無同體。異體不成。故六門相成。後之七門。從前三生。前三融。故後七必融。故十門一際也。例前第三融

通。亦有六句。一或舉體全異。具入卽俱。二或舉體全同。亦具入卽俱。三或具同異雙現。無二體故。四或雙非同異。以相奪俱盡故。謂同卽異故非同。異卽同故非異。五或具前四爲解境故。六或絶前五成行境故。故約智顯理。諸門不同。廢智忘筌。一切叵說。說與不說。無礙難思。沒同果海。唯亡言遺照。庶幾玄取耳。如上緣起總因云。外由內變。本末相收。外諸器界。內識頓變。增上之果。亦因自業。故云內變。內卽是本。外卽是末。以唯心義。則內收外。以末攝本。若以法性爲本。法性融通。緣起相由。則塵包一身。毛容剎土。故合爲一大緣起。

宗鏡錄卷七十二終

宗鏡錄卷七十三

宋慧日永明妙圓正修智覺禪師延壽集

夫八識之中覆眞習妄何識造業何識爲因何識爲依成其妄種答前五識取塵第六識爲因第七識計我造業第八識爲依以此生死苦果不斷楞伽經偈云如水大流盡波浪則不起如是意識滅種種識不生釋云謂五識取塵轉入六識六識記法爲因七識攀緣六識造善惡業得未來生死覆障八識不得顯現若五識不取塵卽無六識六識無故七識不生七識不生故則無善惡業無善惡業故卽無生死無生

死故如來藏心湛然常住卽是六七識滅建立八識又八識爲五六七識所依與諸識作因者卽第六識心諸識依之如水盡則無波浪六識滅七識亦不生故云一念無明風鼓動眞如海無明風盡識浪不生則覺海性澄圓圓澄覺元妙問一切世間因果相酬生死不絕於諸識中何識爲主答生滅因緣最初依阿賴耶識爲體以意識爲用如是三世因果流轉不絕功在意識以是義故意名相續識起信論云復次生滅因緣者謂諸衆生依心意識轉此義云何以依阿賴耶識有無明不覺起能見能現能取境界分別相續說名爲意此意復有五種異名一名業識謂無明力不覺心動二名轉識謂依動心能見境相三名現識謂現一切境界相猶如明鏡現衆色像現識亦爾如其五境對至卽現無有前後不由功力四名智識謂分別染淨諸差別法五名相續識謂恆作意相應不斷任持過去善惡等業令無失壞成熟現未苦樂等報使無違越已曾經事忽然憶念未曾經事妄生分別是故三界一切皆以心爲自性離心則無六塵境界何以故一切諸法以心爲主從妄念起凡所分別皆分別自心心不見心無相可得是故當知一

切世間境界之相皆依衆生無明妄念而得建立如鏡中像無體可得唯從虛妄分別心轉心生則種種法生心滅則種種法滅故釋云通論五種之識皆名爲意就本而言但取業識以最微細作諸識本故如是業識見相未分然諸菩薩知心妄動無前境界了一切法唯是識量捨前外執順業識義故名業識心不見心無相可得者是明諸法非有之義入楞伽經偈云身資生住持若如夢中生應有二種心而心無二相如刀不自割如指不自觸如心不自見其事亦如是若如夢中所見諸事是實有者卽有能見所見

二相而其夢中實無二法三界諸心皆如此夢離心之外無可分別故言一切分別即分別自心而就自心不能自見如刀指等故言心不見心既無他可見亦不能自見所見無故能見不成能所二相皆無所得故言無相可得又一心隨無明動作五種識故說三界唯心轉也此心隨熏似現雖有種種然窮其因緣唯心作也離現識則無六塵境反驗六塵唯是一心故云離心則無境等問現有六塵境云何唯心答以一切法皆是此心隨熏所起更無異體故說唯心疑云何作諸法耶答由妄念熏故生起諸法故云從

妄念起亦可疑云法既唯心我何不見而我所見唯是異心釋云異心者是妄念分別而作故云妄念生也既境唯識無外異法是故種種分別皆是自心即塵無相識不自緣是故無塵識不生則心不見心矣攝論云無有別法能取別法能所既窮故無相可得也心生種種法生心滅種種法滅者瑜伽論問諸修觀行者見偏計所執無相時當言入何等性答入圓成實性問入圓成實性時當言遣何等性答遣依他起性以此當知唯識觀成則無有識楞伽經偈亦云無心之心量我說為心量此之謂也若依此論無明

動真如成生滅緣起無明風滅識浪即止唯是真如平等平等也此境界離心之外無體可得也又亦即是心故復無體也如鏡外無體鏡內復無體也疑云既其無體何以宛然顯現釋云並是真心之上虛妄顯現何處有體而可得也疑云何以知心上顯現釋云以心生則種種法生以無明力不覺心動能現一切境界則心隨熏動故云生也若無明滅境界隨滅諸分別識皆滅無餘故言心滅則種種法滅此則心原還淨故云滅也既心隨不覺妄現諸境則驗諸境唯心無體也又夫心者形於未兆動靜無不應於自

心如詩云願言則嚔願思也言我也謂人或思已則嚔故知心應千里設有處遠而思者我皆知矣是以萬事唯心先知故得稱心靈斯之謂也如太山吳伯武與弟相失二十餘年相遇於市仍共相毆伯武覺心神悲慟因問乃兄弟也問生滅因緣別以何為因以何為緣而得生起答古師釋云生滅因緣體相有二一阿賴耶心體不守自性變作諸法是生滅因根本無明熏動心體是生滅緣又復無明住地諸染根本起諸生滅故說為因六塵境界能動七識波浪生滅是生滅緣依此二義以顯因緣諸生滅相聚集而

生故名衆生而無別體唯依心體故言依心即是阿頼耶自心相也又眞妄和合諸識縁起以四句辯之一以如來藏唯不生滅如水濕性二七識唯生滅如水波浪三頼耶識亦生亦滅亦不生滅如海含動靜四無明倒執非生滅非不生滅如起浪猛風非水非浪問頼耶既通動靜不應唯在生滅門答爲起靜以成動無別有動體是故靜性隨於動亦在生滅門中非直頼耶具動靜在此生滅中亦乃如來藏唯不動亦在此門中何以故彼生滅無別體故如水作波又起信論說無明爲因境界爲縁生三細之識六麤之

相則隨迷昧之縁而沈六趣始覺爲因五度爲縁則隨悟解之縁而昇一乘又說迷則有過恒沙等妄染之法即染縁生而淨縁滅悟則有過恒沙等諸淨功德即淨縁起而染縁亡然但一心所作更無二原義說逐悟逐迷實無能逐所逐故論云以一切法皆從心起妄念而生凡所分別皆分別自心心不見心無相可得如古德釋波水以喻眞如生滅二門以水濕喻心眞如以波動喻心生滅波無異濕之動則無異眞如之生滅即水以辯於波不變性而縁起也水無異動之濕則無有離生滅之眞如即波以明於水不

捨縁而即眞也問記憶之事定屬何法而生答大乘說能記憶法有三一自證分能記憶見分二別境中念能記憶曾所更事三識中種子能不忘生自現行唯識疏云如不曾更境必不能憶如現行色曾被見分縁者後必能憶若不曾爲見分縁者後時必不能記憶也以能縁見分於過去時及現在世但縁相分不曾自縁前已滅心既過去已今時見分有何所以能自憶持以於昔時不曾返縁自見分故既許今時心心所法能自記憶明由昔時有自證分縁於見分證彼縁境作量果故故今能憶問生滅門中有漏位

内約教所論有幾種生死答略有二種一分段二變易識論云一分段生死謂諸有漏善不善業由煩惱障縁助勢力所感三界麤異熟果身命短長隨因縁力有定劑限故名分段二不思議變易生死謂諸無漏有分別業由所知障縁助勢力所感殊勝細異熟果由悲願力改轉身命無定劑限故名變易無漏定願正所資感妙用難測名不思議或名意生身隨意願成故如契經說如取爲縁有漏業因續後有者而生三有如是無明習地爲縁無漏業因有阿羅漢獨覺已得自在菩薩三種意生身亦名變化身無漏定

力轉令異本如變化故問論云所知障不障解脫無能發業潤生用故何用資感生死苦爲答成二利故更須資生論云自證菩提利樂他故謂不定性獨覺聲聞及得自在大願菩薩已永斷伏煩惱障故無容復受當分段身恐廢長時修菩薩行遂以無漏勝定願力如延壽法資現身因令彼長時與果不絕數數如是定願資助乃至證得無上菩提彼復何須所知障助既未圓證無相大悲不執菩提有情實有無由發起猛利悲願又所知障障大菩提爲永斷除留身久住又所知障爲有漏依此障若無彼定非有故於

身住有大助力若所留身有漏定願所資助者分段身攝二乘異生所知境故無漏定願所資助者變易身攝非彼境故由此應知變易生死性是有漏異熟果攝於無漏業是增上果釋云得自在大願菩薩已永斷伏煩惱障者謂八地已去菩薩雖藉煩惱生死受生不同凡夫及二乘說現及種潤由起煩惱利益有情業勢方能感生死果煩惱若伏業勢便盡故須法執助願受生故已永斷伏無容復受當分段果既有二利之益觀知分段報終恐廢長時修菩薩行遂入無漏勝定勝願之力如阿羅漢延壽之法資現法

之因即資過去感今身業令業長時與果不絕既未圓證無相大悲不執菩提有情實有無由發起猛利悲願者既未成佛圓證無相大悲一味平等之解若不執菩提可求有情可度爲實有者無有因由可能起猛利大悲及猛利願以所知障可求可度執爲先方能發起無漏業故說業爲因以是勝故無明爲緣以疎遠故非如煩惱資有漏業但緣義同少分相似又所知障障大菩提正障智故爲永斷除此所知障留身久住說之爲緣爲所斷緣故又此所知障能爲一切有漏之依由有此障俱諸行法不成無漏故此

所依之障若無彼能依有漏決定非有今既留身久住由有所知障爲緣故說此障爲於身住有大助力說爲緣也此變易生死乃是菩薩成就悲願圓滿菩提若分段生死即是凡夫妄心所造念念耽著入大苦輪無有休息如大涅槃經云佛告迦葉世間衆生顛倒覆心貪著生相厭患老死迦葉菩薩不爾觀其初生已見過患迦葉如有女人入於他舍是女端正顔貌縝麗以好瓔珞莊嚴其身主人見已便問言汝字何等繫屬於誰女人答言我身即是功德大天主人問言汝所至處爲何所作女人答言我所至處能

與種種金銀瑠璃玻瓈眞珠珊瑚琥珀硨磲碼碯象馬車乘奴婢僕使主人聞已心生歡喜踊躍無量我今福德故令汝來至我舍宅卽便燒香散華供養恭敬禮拜復於門外更見一女其形醜陋衣裳弊壞多諸垢膩皮膚皴裂其色艾白見已問言汝字何等繫屬誰家女人答言我字黑闇復問何故名為黑闇女人答言我所行處能令其家所有財寶一切衰耗主人聞已卽持利刀作如是言汝若不去當斷汝命女人答言汝甚愚癡無有智慧主人問言云何名為癡無智慧女人答言汝舍中者卽是我姊我常與姊進

止共俱汝若驅我亦當驅彼主人還入問功德天外有一女云是汝妹實為是否功德天言實是我妹我與此妹行住共俱未曾相離隨所住處我常作好彼常作惡我常利益彼作衰耗若愛我者亦應愛彼若見恭敬亦應敬彼主人卽言若有如是好惡事者我俱不用各隨意去是時二女俱共相將還其所止爾時主人見其還去心生歡喜踊躍無量釋曰功德天者卽喻於生黑闇女者卽喻於死只是世間生死二法諸惡之本眾苦之原賢聖共訶愚癡所蔽主人見已者心屬於境名為見也卽便問言者以解覩生求

生之實名為問女人答言者境對於心義稱答也功德大天者喻生是出相也功德報主具六識光明照六塵境界名功德天也繫屬於誰者應言屬惑業我今福德者宿修善因今受天報名至我宅也復於門外者死捨身家義云門外繫屬誰家者緣應卽死無所屬也我字黑闇者死是沒相雖有五根無所覺知名黑闇也我常與姊進止共俱者卽生卽死為進止俱主人卽言若有如是好惡事者我俱不用者夫於生不喜者見死則不憂也爾時主人見其還去心生歡喜踊躍無量者證初地時離分段死入歡喜地故

云歡喜無量問唯有內識而無外緣云何復說六處輪迴生死相續答識論頌云由諸業習氣二取習氣俱前異熟既盡復生餘異熟諸業謂福業罪業不動業卽有漏善不善思業思業之眷屬亦立業名同招引滿異熟果故此雖纔起無間卽滅無義能招當異熟果而熏本識起自功能卽此功能說為習氣是業氣分熏習所成簡曾現業故名習氣如是習氣展轉相續至成熟時招異熟果此顯當果勝增上緣相見名色心及心所本末彼取皆二取攝彼所熏發親能生彼本識上功能名二取習氣此顯來世異熟果心

及彼相應諸因緣種。俱謂業種二取種俱。是疏親緣互相助義。業招生顯。故頌先說。前異熟者。謂前前生業異熟果。餘異熟者。謂後後生業異熟果。雖二取種受果無窮。而業習氣受果有盡。由異熟果性別難招。等流增上。性同易感。由感餘生業等種熟。前異熟果受用盡時。後別能生餘異熟果。由斯生死輪轉無窮。何假外緣方得相續。此頌意說。由業二取生死輪迴。皆不離識。心心所法為彼性故。釋云。此雖纔起無間卽滅。無義能招當異熟果者。雖現用無有過去體能招當來真異熟果。而現行之業當造之時。熏於本識

起自業之功能。功能卽習氣。習氣展轉相續。至成熟時。招異熟果。相見名色心及心所本末彼取皆二取攝者。一者相見。謂卽取彼實能取實所取名二取。二者取名色。色者色蘊。名者四蘊。卽是執取五蘊為義。前言相中亦通取無為。以為本質故。今此唯顯取親所緣。不能緣得心外法故。又變無為之影相分亦名所攝。不離心等故。三者取心及心所。一切五蘊法不離此二故。四者本末。謂取親果第八識是諸異熟之根本故。又總報品故名本。餘識等異熟別報品故名末。卽取一異熟也。五彼取者。卽彼上四取也。此諸取

皆是二取所攝。卽是現行之取也。雖二取種受果無窮。而業習氣受果有盡。由異熟果性別難招。等流增上性同易感者。二取種子受果無窮。攝論說習氣有盡。所以者何。由異熟果。一者性別。與業性殊。不多相順。二者難招。業雖招得。謂必異世果方熟故。業習氣有盡。如沈麝穢草有萎歇故。其等流果及增上果。一者性同。體性相順。二者易感。同時生故。此念熏已卽能生果。故二取種易感果也。何者為等流。何者為增上。增上寬。但等流必增上。等流者。謂種子與現行及自種為俱生同類因故也。增上處無別體。卽等流性

故。又是等流果故。性同。是增上果故。易感。又種望現行。是增上。望自類種。是等流。業種望彼現及種。皆異性故。但是異熟。前異熟受用盡時。復別能生餘異熟果者。由感當來餘生業等種子熟故。於今身中前異熟果受用盡時。卽是此身臨終之位。彼有熟業復別能生彼餘果起。卽先業盡時。後果種熟時。其異熟果而復得生。所以生死不斷絕也。由此業果無斷。生死相續。輪轉無窮。何假藉心外之緣方得生死相續。此相續識。無有斷時。若未觸途成觀。諦了自心。皆對境生疑執有前法。一切生死。盡是疑情。但了唯心自然

無咎若疑蛇得病豈有實境居懷猶懸沙止飢但是自心想起如晉書樂廣傳廣有親客久闊不復來廣問其故答曰前在座蒙賜酒見杯中有蛇意甚惡之既飲而疾于時河南廳署壁上有角角邊畫作蛇廣意杯中蛇卽角影也復置酒前處客豁然意解沈痾頓愈又律中四食章古師義門手鈔云思食者如饑饉之歲小兒從母求食啼而不止母遂懸沙囊誑云此是飯兒七日諦視其囊將爲是食其母七日後解下視之其兒見是沙絶望因此命終方驗生老病死皆是自心地水火風終無別體是以衆生耽著生死

二乘厭畏生死皆不了心外無法爲境所留取捨雖殊俱非解脫何者衆生爲生死縛二乘被涅槃縛如楞伽經云復次大慧諸聲聞衆畏生死妄想苦而求涅槃不知生死涅槃差別之相一切皆是妄分別有無所有故妄計未來諸根境滅以爲涅槃不知證自知境界轉所依藏識爲大涅槃彼愚癡人不知去來現在諸佛所說自心境界取心外境常於生死輪轉不絶問生死相續由二取有支我執名言二種習氣成異熟果者其生死業先來後去定屬何識答唯第八識是諸異熟之根本若無此識生死不成由前七

轉識有間斷非主故此識亦名執持識能執持種子根身初一念有執趣結生相續義卽是界趣生義此執趣結生不通果位八地已上不通執趣結生也今但取執持種子根身義故名執持義此通一切位此是生位最初攬胎成體乃至死時前諸識悉皆惛昧遷謝唯異熟識最後執受身分捨執受處冷觸便生壽煖識三不相離故冷觸起時卽是非情雖變亦緣而不執受故由此爲凡爲聖常作所依捨生趣生恆爲其主問生死依處約有幾事答生死流轉所依事有三經云有三種流轉一是處流轉於三世處由我

分別二是事流轉由外六處由我取執三如是而轉諸業異熟相續流轉問由二取習氣成生死者必因現行功能方成習氣且現行何法熏成生死答初因無明不了發業次因情愛貪著潤生故云從癡有愛則我病生以癡愛故則念念相續當知念卽生死經云起一念善受人天身起一念惡受三塗身故知日夜念念造未來生死之身有何窮盡安般守意經序云彈指之間心九百六十轉一日一夕十三億意意有一身心不自知猶彼種大也菩薩處胎經云一彈指頃有三十二億百千念念念成形形皆有識佛

之威神入彼微識中皆令得度此識教化非無識也問生死之法是有是無答非有非無何者若言是有一身內外地水火風各各性空未曾聚散所以無生之生可說爲生無滅之滅可說爲滅如菴提遮女師子吼了義經云若能明知地水火風四緣畢竟未曾自得有所和合而能隨其所宜有所說者是爲生義乃至若能明知地水火風畢竟不自得有所散壞而能隨其所宜有所說者是爲死義若言是無以染淨眞如不守自性不覺隨緣起幻生滅故云法身流轉五道號曰眾生如上所明凡聖二種生死須知生死

中道方離斷常是以生之無生眞性湛然無生之生業果宛然眞性湛然不可執常業果宛然不可執斷又復諸佛出世尙如空華亂生亂滅況眾生顛倒生死但如妄夢如狂醉豈是實耶融大師云一切凡聖三塗已上種智已還皆妄想謂有並是夢中如人夢中見在地獄種種方便求脫淚生辛苦但抖擻令覺卽一切事盡無如今並是夢中所作還受夢報又如狂醉之人恆隨物轉所以一切眾生飲無明酒臥五住地長劫惛然孰有醒者忽得見性之時如同醉醒如經偈云譬如惛醉人酒消然後醒得佛無上體是

我眞法身又若入宗鏡中頓明實性反觀世間生死名相虛誑猶如兒戲復似技人然雖改換千差一性宛然不動如草堂和尙偈云樂兒本是一形軀乍作官人乍作奴名目服裝雖改變始終奴主了無殊

宗鏡錄卷七十三

音釋

嚔（丁計切噴嚔也）　皴（七倫切）

宗鏡録卷七十四

宋慧日永明妙圓正修智覺禪師延壽集

夫生死輪迴。不待外緣。旣由內識。此卽有漏異生生死相續。諸佛菩薩淨法相續。爲復亦由內識。爲復別有淨體。答。淨法相續應知亦然。論云。謂無始來依附本識有無漏種。由轉識等數數熏發。漸漸增勝。乃至究竟得成佛時。轉捨本來雜染識種。轉得始起淸淨種識。任持一切功德種子。由本願力。盡未來際起諸妙用。相續無窮。由此應知唯有內識。釋云。由法爾種新所熏發。由本願力。卽佛世尊利他無盡淸淨種識。

皆通現種。皆唯第八能持種故。由此上來所說染淨道理。應知諸法相續唯有內識。問。人法二空。一心妙理。何又說四相所遷。二死相續。且如四相。生相則內外無從。推不可得。住相則念念不住。覓不可見。異相則雖似遷移。體未嘗變。滅相則法本不然。今亦無滅。答。四相有二。一麤約果報而說。卽生老病死。此亦四相。二細卽生住異滅。據惑業而論。如起信論中釋云。不覺心起名爲生。能見能現妄取境界起念相續名之爲住。執取計名名之爲異。造作諸業名之爲滅。雖卽四相似分。俱是一心而轉。然世人多執住相以爲現見。今須推破。以顯眞空。凡有一切住持境界。悉如夢中。似有非實。以隨心所現。外境本空。故心亦無生。念念不住。如大智度論云。佛說諸法。無有根本定實。如毫釐許。所有欲證明是事。故說夢中受五欲。譬如須菩提云。若一切法畢竟空無所有性。今何以故。現有眼見耳聞法。以是故佛說夢譬喩。如人夢力故。雖無實事。而有種種聞見瞋處喜處覺人在傍則無所見。如是凡夫人無明顚倒力故。妄有所見。聖人覺悟則無所見。一切法若有漏若無漏若有爲若無爲皆不實虛妄。故有見聞。又云。現在色亦無住時。若法後

見壞相。當知初生時壞相已隨逐。微細故不識。如人著屐。若初日新而無有舊。後應常新。不應有舊。若無舊應是常。常故無罪無福。無罪無福故。則世俗法亂。復次生滅相常隨作法。無有住時。若有住時。則無生滅。夫受生死者。初因妄識造分別業。因玆有身。今先推此身聚散非有。以身是積聚義。內外四大。假和合成。微細推窮。事無和合。以風火常舉。地水恆沈。一一大性。各無定體。風以動爲性。乃附物而彰。眞理不遷。湛然常寂。火以熱爲性。未必皆燒。如雲中身內之火。何不焚爇。地以堅爲性。且如銅鐵遇鎔成水。剛柔不

定水以濕爲性因火卽乾又寒堅煖釋凝流無體各各旣無和合非有如一狗無師子性聚羣狗而亦不成似一盲不見於明合衆盲而終不覩寶藏論云淸虛之理畢竟無身旣知身空又執識煖息三事實有能爲生死成就命根者台教云此身無常攬壽煖識三事而有身身但假名三事無常無別身也息之出入計爲壽命息出不反身如瓦礫命寧可保若煖氣持水水潤於地妄謂此身爲常存者火從緣生緣散故卽火滅身便臭爛業計妄識剎那異趣謂我常自在業若纔斷心卽託生身便散滅大集經云出胎盛

年衰老皆是業持三事生滅相續不斷凡夫不了妄取身相不覺氣斷三事分離又如出入息相續百千萬出入息一一息中身不可得剎那心識次第生滅無量一一剎那身不可得不臭不爛三大成皮肉骨髓一一驗之虛假身不可得離此三事無別有身故知身命本空生死恆寂凡夫不了枉入苦輪命如風裏之殘燈剎那磨滅身似潭中之聚沫倏爾消洋所以經云解無不生了有不死若了有空而無我無我令誰生解本無而不生不生令誰死唯持種本識妙湛眞心體性圓明寂然常住處異生位持無漏而常

熏至佛果門續菩提而不斷又心性本來離生滅相而有無明迷自心性由迷心性離相寂靜故能生起動四相四相無明和合力故能令心體生住異滅經云卽此法身爲諸煩惱之所飄動往來生死名爲衆生起信論明自性淸淨心因無明風動四相流轉唯一夢心處夢之士謂爲前後各隨智力淺深分分而覺大覺之者知夢四相唯一淨心無有體性可辯前後故論云四相俱時無有自立生住異滅一心而轉四相俱有爲心所成離一心外無別自體故言俱時而有無有自立者本來平等同一本覺故如般若燈

論偈云生死有際否佛言畢竟無此生死無際前後不可得如般若經云復次極勇猛如涅槃無際一切法亦無際何者生死以涅槃爲際涅槃以生死爲際旣不得生死亦不得涅槃生死涅槃旣不可得則一切法悉無際如是但了本覺一心念念契圓常之道若逐無明散意塵塵成生死之輪得失在人法無邪正取捨任己道絕昇沈但自內觀躡普門而頓入唯當正眼履一道以圓成問動識相與眞心性旣非一異爲復可壞不可壞若不可壞則爲墮常若可壞則歸斷滅答旣非一而非是異卽亦可壞而不可壞起

信論云。一切心識相。卽是無明相。與本覺非一非異。非是可壞。非不可壞。如海水與波。非一非異。波因風動。非水性動。若風止時。波動卽滅。非水性滅。衆生亦爾。自性清淨心。因無明風動。起識波浪。如是三事。皆無形相。非一非異。然性淨心。是動識本。無明滅時。動識隨滅。智性不壞。根本無明滅者。是合風滅。相續卽滅者。業識等滅。合動相滅也。智性不壞者。隨染本覺神解之性。名爲智性。是合濕性不壞。問。生死種子。不斷。皆因發業潤生。於煩惱中。何法發業。何法潤生。答。夫業性本空。結成多種。先論黑白行相。後辯發潤根

由。今初黑白行相者。如大涅槃經云。佛言。復次善男子。次當觀業。何以故。有智之人。當作是念。受想觸欲。卽是煩惱。煩惱者。能作生業。不作受業。如是煩惱與業共行。則有二種。一作生業。二作受業。是故智者。當觀於業。是業三種。謂身口意。善男子。身口二業。亦名爲業。亦名業果。意唯名業。不名爲果。以業因故。則名爲業。善男子。身口二業。名爲外業。意業名內。是三種業。共煩惱行。故作二種業。一者生業。二者受業。善男子。正業者。卽意業也。助業者。謂身口業。先發故。名意業。從意業生。名身口業。是故意業。得名爲正。智者觀業已。

次觀業因。業因者。卽無明觸。因無明觸。衆生求有。求有因緣。卽是愛也。愛因緣故。造作三種身口意業。善男子。智者如是觀業因已。次觀果報。果報有四。一者黑黑果報。二者白白果報。三者雜雜果報。四者不黑不白果報。黑黑果報者。作業時垢。果報亦垢。白白果報者。名無漏業。迦葉菩薩白佛言。世尊。先說無漏。無有果報。今云何言不白不黑果報耶。佛言。善男子。是義有二。一者亦果亦報。二者唯果非報。黑黑果報。亦名爲果。亦名爲報。黑因生故。得名爲果。能作因故。復名爲報。淨雜亦爾。無漏果者。故名爲果。不作他因。不

名爲報。迦葉菩薩白佛言。世尊。是無漏業。非是黑法。何因緣故。不名爲白。善男子。無有報故。不名爲白。對治黑故。故名爲白。我今乃說受果報者。名爲黑白。是無漏業。不受報故。不名爲白。名爲寂靜。故知業不可作。果不可逃。如經偈云。非空非海中。非入山石間。無有地方所。脫之不受報。唯除不作。則無果。得道則業亡。如氣歔旃陀羅。造惡業而得生天。鴦崛魔羅。作逆罪而得解脫果。是知受身已來。無有不作業者。設今生不作。過去曾爲。但悟此宗。無不解脫。何以解脫。若入宗鏡。人法自空。人空則不見有能作業之人。法空

則不見所受果之處只爲妄執人法而造業不出心境而受殃但心境俱亡卽當處解脫故知一切善惡諸法無有定相由心迴轉得失任緣如大涅槃經云佛言善男子若言諸業定得報者則不得有修習梵行解脫涅槃當知是人非我弟子是魔眷屬若言諸業有定不定定者現報生報後報不定者緣合則受不合不受以是義故應有梵行解脫涅槃當知是人眞我弟子非魔眷屬乃至譬如二人俱涉險路一則有目一則盲瞽有目之人直過無患盲者墜落墮深坑險故知得宗鏡之眼者終不墮三有之險陷五欲

之坑自然直過無疑常居覺地次辯發潤根由者若分別煩惱正發業俱生無明助發業發者動作義業者招感義俱生能潤生分別能造業招生過重俱生能潤生過輕若分別發人天業卽俱生助發以人天業難發要假俱生助若分別發三塗業不假俱生助發以分別猛利故不要助發問俱生分別二種何別答古釋經論正意卽分別麤俱生細唯識論云俱生我執無始時來虛妄熏習內力常與身俱不待邪教及邪分別任運轉故名俱生十地論云遠隨現行不作意緣無始至今任運而有不假作意分別尋伺如

小孩兒見母生喜是俱生貪見別人啼哭是俱生瞋卽不假別緣分別尋伺求自任運起故知俱生細唯識論云分別我執亦由現世外緣方起非與身俱要待邪教邪師及邪分別然後方起又此三緣前二是麤第三自思惟細經云緣力斷善根地獄生時續因力斷善根地獄死時續卽自邪思惟是因力餘二是緣力所以首楞嚴經云佛告阿難一切衆生輪迴世間由二顚倒分別見妄當處發生當業輪轉云何二見一者衆生別業妄見二者衆生同分妄見云何名爲別業妄見阿難如世間人目有赤眚夜見燈光別

有圓影五色重疊於意云何此夜燈明所現圓光爲是燈色爲當見色阿難此若燈色則非眚人何不同見而此圓影唯眚之觀若是見色見已成色則彼眚人見圓影者名爲何等復次阿難若此圓影離燈別有則合傍觀屏帳几筵有圓影出離見別有應非眼矚云何眚人目見圓影是故當知色實在燈見病爲影影見俱眚見眚非病終不應言是燈是見於是中有非燈非見如第二月非體非影何以故第二之觀揑所成故諸有智者不應說言此揑根元是形非形離見非見此亦如是目眚所成今欲名誰是燈是見

何況分別非燈非見云何名爲同分妄見阿難此閻浮提除大海水中間平陸有三千洲正中大洲東西括量大國凡有二千三百其餘小洲在諸海中其間或有三兩百國或一或二至于三十四十五十阿難若復此中有一小洲只有兩國唯一國人同感惡緣則彼小洲當土衆生覩諸一切不祥境界或見二日或見兩月其中乃至暈適珮玦彗孛飛流負耳虹霓種種惡相但此國見彼國衆生本所不見亦復不聞阿難吾今爲汝以此二事進退合明阿難如彼衆生別業妄見矚燈光中所現圓影雖現似境終彼見者

目眚所成眚卽見勞非色所造然見眚者終無見咎例汝今日以目觀見山河國土及諸衆生皆是無始見病所成見與見緣似現前境元我覺明見所緣眚覺見卽眚本覺明心覺緣非眚覺所覺眚覺非眚中此實見見云何復名覺聞知見是故汝今見我及汝并諸世間十類衆生皆卽見眚非見眚者彼見眞精性非眚者故不名見阿難如彼衆生同分妄見例彼妄見別業一人一病目人同彼一國彼見圓影眚妄所生此衆同分所現不祥同見業中瘴惡所起俱是無始見妄所生例閻浮提三千洲中兼四大海娑婆

世界并洎十方諸有漏國及諸衆生同是覺明無漏妙心見聞覺知虛妄病緣和合妄生和合妄死若能遠離諸和合緣及不和合則復滅除諸生死因圓滿菩提不生滅性淸淨本心本覺常住楞嚴經疏釋云別業妄見者分別煩惱也同分妄見者俱生無明也夜見燈光五重圓影者喻五見也蘊喻燈光此之五見於蘊上起妄生推度是徧計性情有理無色實在燈見病爲影者依他蘊性緣起不無故云色實在燈我見體空從妄心起故云見病爲影影見俱眚者能執所執分別惑故見眚非病者正證眞時了知徧計

脫體全空故云見眚非病分別惑亡同一眞性離能所取故云終不應言是燈是見及非燈非見卽釋上來見見之時見非是見如第二月非體非影者本來無月將何爲形形旣不立非形亦無是非一相能所俱亡故云何況分別非燈非見然見眚者終無見咎者若知眚卽是眼病終不執影以爲實有故無見咎見與見緣似現前境者皆是妄心變起非實有境見相二分俱不離心況是徧計唯影無質此釋妄見也元我覺明見所緣眚者本元眞覺也以眞能覺妄了彼妄見及與所緣俱是眚故覺見卽眚本覺明心覺

緣非眚者結前眞妄二覺也妄見卽是於眚能覺眞
心不是於眚但能覺彼妄緣體非是眚故云覺緣非
眚覺所覺眚者牒妄覺能所俱眚也覺非眚中者牒
眞覺非眚也此之眞妄二見俱離能見所見故云此
實見見以證眞時無此二見故能見所見旣不妄立
云何復名覺聞知見是故汝今見我及汝并諸世間
十類衆生皆卽見眚非見眚者彼見眞精性非眚者
故不名見者何故眞見不名見以無眚病故只由見
病分能立所遂見世間自他相異故云皆卽見眚言
非見眚者眞見非是眚也以眞無見相可立故不名

眚旣不名眚亦不名見正明離見之意是以有見卽
妄徧計情生如眚目人見夜燈之圓影無見卽眞圓
成智現如明眼人見虛空之淸淨又若別業妄見如
增上惡業熟生身變爲蛇虎等此不動總報自受別
報唯自業識變不同業者卽不見如燈上圓影唯眚
之觀若非眚人則不同見若同分妄見如同造阿鼻
地獄業同受總報同苦無間若不同其惡業者卽不
見如唯一國人同感惡緣同見一切不祥境界若彼
國衆生不同其惡緣者則本所不見亦復不聞故知
苦緣樂緣總報別報因緣和合當處出生因緣離散

當處滅盡未曾有一法非出我心也故經云若能遠
離諸和合緣則見淸淨本心常住又若分別煩惱則
麤因邪思而方起俱生無明則細自任運而常生雖
分麤細之文俱同妄識如別業妄見之者因目眚而
見燈上圓光似同分妄見之人因瘴惡而覩國中災
怪雖分同別之境皆是妄心可驗衆生界中凡有一
切見聞之事皆如一人別業之眚影多人同分之不
祥若能知燈影是目眚所成識災境乃瘴惡所起則
燈上之重光自沒天中之兩日俄沈如不動一心萬
緣俱寂則見聞和合之病分別全消根本生死之災

俱生永絕問三塗之內還具分別俱生否答護法云
三塗內總無分別而不發業如猿猴之類所有煩惱
皆是彊盛俱生而非分別設造業者但是別報若有
分別造總報者卽永無出期問旣有分別種子何不
造總報答爲主伴故現行是主種子助發是伴問若
說三塗不造業者如何大力鬼打舍利弗頭便入地
獄鸜鵒鳥聞四諦法而得生天答此等造別報此業
有力能助昔日總報總報被助已便能隨業勢墜地
昇天又古德問人天趣中定總發業否答人中北洲
不造總別二報業以無分別相餘三洲卽發業并此

洲癡人不發業問前言三塗無分別如何知父母等如慈烏反哺貓狗識人知人瞋喜答此不是分別煩惱彼任運分別非煩惱分別問無明發業有幾種無明答有四種一隨眠二纏無明三相應四不共外法異生具四內法異生除不共無明入信位第七心及加行位中是內法十信第七心前有退故及資糧位中名外法若內法異生頓悟卽造業漸悟不造頓悟中悲增造智增不造十地位中八地已去定不發業惑體無故七地已前或云聖人以無漏明爲緣而不發業設有俱生但助願潤生而已又云七地已前俱

生起時亦造別報善業問聖人因何不造總報業答無分別煩惱故以無漏明爲緣故違生死故但以俱生潤舊總報業受分段生死居人中除北洲人修無我觀無分別不能造業此中除極愚昧者天上唯除無想天以無心故不造業四種無明總能發業隨眠是種子餘三卽現行問無明發業貪愛潤生者於煩惱中幾法能潤答古釋云卽識等五支種子要假貪等煩惱貪潤溉灌方得出生若俱生惑業者卽六俱生十分別及二十隨煩惱是於此三十六煩惱中貪一法爲正中正潤餘五俱生卽正中助潤若十分別

卽助中助潤又四句料簡一有是貪愛而能潤生第六識愛也前五識不彊盛故但是兼支攝正唯第六二有是貪愛不能潤生卽第七識雖有貪愛以內緣故及所知障中有三有是生支而貪愛潤卽一切凡夫身中生支也四有是生支非貪愛潤謂最後身菩薩大乘說是化現故或變易身中生支問心爲起惑之因身是造業之本身約幾種有何身能造業答身總四有一生有卽中有後本有前正結生相續時剎那五蘊起名生有二本有者卽生有後死有前於其中間所有五蘊皆名本有以是本總報業所招故俱

舍頌云本有爲死前居生剎那後三死有者卽本有後中有前將死正死諸蘊滅時名死有四中有者卽死有後生有前於兩中間有故名爲中有俱舍頌云死生二有中五蘊名中有卽生死二有身不能發業以無心故若中本二有身卽能發業問於中有身處中有住及欲趣生時行相如何答准二十四不相應行中有勢速一法於勢速中有士用勢速古釋云士用勢速者如中有身往當受生處迅疾名士用勢速所言中者對前後以得名有則有其情識身謂此五趣有情身在死有後生有前兩形中間故名中有亦

以異熟五蘊爲體。爲同本有身是業招故。其中有身便如當生本有身形狀。如人中有似於人等。五趣亦爾。但如五六歲等孩兒大。其形量雖小。然諸根猛利。如本有身能作諸事業。於父母起顛倒想而生愛惡。此中有身唯同類及淨天眼者見。於中有中唯食香氣。在中有住時。其不善不惡中容性者在中有位極遲受生不過四十九日劑。此無有緣不會者。若極善極惡中有不論近遠。但一刹那便往受生。起顛倒心趣欲境。卽第八識結生門。於胎卵二中有見父母和合生顛倒想而便受生。若濕化二生中有由先業力故不簡近遠染著稱情當染香處便卽受生。問。同類眼見中有身。未知中有眼爲能見本有身否。答。亦有見本有身。瑜伽論云。或云唯見男。或唯見女。如是漸近彼之處所。漸漸不見父母餘處。唯見男女根門。又若薄福中有當生下賤貧窮家者。彼於死時及入胎時便聞種種紛飛不可意聲。若是福德位中有當生富貴家者。彼於爾時自然聞美妙可意音聲。乃至香味觸境亦有階降。問。中有末位皆起愛受生否。答。於中有位第六識先起愛潤生。若執取結生。卽唯第八。若男中有緣母起愛生於欲心。女中有緣父起愛生

於欲心。由起此二種愛心已。便謂已身與所愛境合。所洩不淨流至胎藏。認爲已有。後便生歡喜。此心生已。中有身便沒。受生有身。寶積經云。彼中有身入母胎時。心生顛倒。作邪解心。生寒冷想。大風雨想。雲霧想。作此想已。隨業優劣。復起十種虛妄之心。一我入舍宅。二我昇樓閣。三我昇殿堂。四我昇牀座。五入草菴。六入草舍。七入草叢。八入林間。九入牆孔。十入籬間。作是念已。卽入母胎。問。中有身作何顏色。答。瑜伽論云。造惡業者。中有如黑羺光。或陰闇夜。造善業者中有如白衣光。或晴明夜。寶積經云。地獄中有如燒了杌木。傍生中有如煙。餓鬼中有如水。人天中有如白衣光。問。如人生身變作蛇虎等。有中有身起否。答。慈恩云。無中有身。以不改轉總報故。但是順現轉別報。若總報第八卽不轉。又如地獄中萬死千生。亦無中有。以不轉總報故。問。如將水蛭蟲乾成末。已後置水中。一一塵皆却成水蛭蟲。有中有否。答。此但是一類有情同業者合託此爲增上緣而受生。卽不是變作多蟲。若不爾者。犯有情界增過。問。平等王見中有身否。答。不見。問。且如有人被冥司追將。亦有見者。此是何身。答。此但是本有身攝。有云。以此人有業。但於

自識心上妄見閻羅王鬼所有等是獨影境上自變起離識無見是以唯識頌云境隨業識轉是故說唯心故知識是善惡之原心爲苦樂之本世人唯知尋流徇末失本迷源練行而徒滿三祇違眞漸遠積功而空經永劫去道猶賒是以得果聖人遇斯而甘稱絕分出假大士對此而未得證眞豈況矯亂邪徒冥初外道漆園傲吏恍惚狂生者而能希冀信受乎故知宗鏡難信悟者希奇不唯得宗兼能深達因果故云深信大乘不謗因果是以一切含識唯以自心造善惡因招苦樂果或居中有之時作善因者承白淨之光起惡因者見黑闇之色或處胎之日集白業者登樓殿之上造黑業者投草棘之中及出世間爲人依正亦分優劣若有福者挺鸞頷龍顏之相受華堂金屋之榮若尠德者現五露眇小之形處甕牖席門之弊可謂風和響順形直影端因果同時緣會不失則應觀法界性一切唯心造內德論云小乘以依報爲業有大乘以萬境爲識造隨幻業而施之天地逐妄心而現之土草若瞖目覩于空華比睡夢現其生老若悟之於心業則唯聞於佛道

宗鏡録卷七十四

音釋

歔休居切吹氣也　眚所景切目疾也　暈王問切日月傍氣也　適陟革切　羺奴侯切胡羊也　杌五忽切樹無枝也　蛭陟栗切馬蟥也　頷胡感切口下曰頷

宗鏡録卷七十五

宋慧日永明妙圓正修智覺禪師延壽集

夫總別二報障於八識中定屬何識答古釋云總報唯屬第八識者以第八最初生起其前七色心等皆依他第八方生即第八能通與前七色心等為所依得名總報別報唯在前六識受報各別不同名為別報若總報定不通今世順現受唯是順生來世受若別報即不定通今世來世皆受不遮又問第七識何不辯報障答非是業招故無報障又若有報障而無業障即第八識若具有業報二障即前六識若緣報

二障俱無即第七識又若唯有別報障無總報障者即前六識若唯有總報障無別報障者即第八識問衆生造生死染淨二業受苦樂兩報皆從心起則離心無體於八識內定是何心答今古有二解一古師解云是第六識心由識心分別作業受報報起由心故知無有實衆生也以心淨故衆生淨無有別淨心垢故衆生垢無有別垢以垢淨由心得衆生但名耳二神錯和尚解云心者是第八識由其識內持染淨種子種子遇緣即能招苦樂兩果果起由心故知無衆生也若古師取第六識為垢淨心為此六識與善十一相應能造人天善業與根隨相應能造三塗惡業此總別業成能招當來苦樂兩報故言染淨由心也此據造業者為心神錯和尚取第八識為心者此是總報主真異熟識識中能含藏善不善業種子然識體因中唯無覆無記性為含藏染淨業種故又言持染淨種子者即三雜染種子一煩惱雜染即是見修煩惱二業雜染一切善不善總報業三果雜染即三界總別報異熟果淨亦三種一世間淨即是伏惑道故二出世間淨謂無漏三所斷果清淨即所證理上來俱是第八含藏業也古師約能熏能造業心名

心錯師約所熏能持種名心又古師約緣慮以解心錯師約集起以解心釋云此之二解各出一途前以能熏能造為心若無能熏所熏無用則唯真不立單妄不成真妄和合方有是事又若無能造所造亦不成因能立所故經云一切唯心造後約所熏能持種子為心所熏是本若無所熏能熏亦無用又若無能熏種子即善惡種子散壞將何受未來苦樂果報如有物無可盛故即當散失則後解為勝以是諸識中根本故前解亦不失是枝末故今若雙取正理方圓本末相資能所和合非一非異方立世間染淨之位

故知生死由識心無眾生可得昇降屬因緣無實我可得問總別二報之業如何分別答如持五戒招得人身是總報業由於因中有瞋忍等於人總報而有妍媸名別報業雖識亦名爲引滿業能招第八引異熟果故名引業能招第六滿異熟果名爲滿業俱舍論亦云一業引一生多業能圓滿猶如繢像先圖形狀後塡眾彩等然其引業能造之思要是第六意識所起若其滿業能造之思從五識起然五識無執不能發潤故非迷理無推度故不能造業雖造滿業亦非自能但由意引方能作故所以海龍王經云爾時

世尊告海龍王猗世間者作若干緣心行不同罪福各異以是之故所生殊別龍王且觀眾會及大海若干種形顏貌不同是諸形貌皆心所畫又心無色而不可見一切諸法誑詐如是因惑興相都無有主隨其所作各自受之譬如畫師本無造像諸法如是而不可議自然如幻化相皆心所作溫室經云佛言觀彼三界天人品類高下長短福德多少皆由先世用心不等是以所受各異不同般若燈論云如阿毗曇中偈云自護身口思及彼攝他者慈法爲種子能得現未果所言思者謂能自調伏遠離非法與此心相應思故名爲思攝他者謂布施愛語救護怖畏者以如是等能攝他故名爲攝他慈者謂心心即名法亦是種子種子者亦名因爲誰因耶謂果之因是何等果謂是現在未來之果云何名心爲種子耶謂能起身口業故名爲種子又如論偈言如芽等相續而從種子生由是而生果離種無相續釋曰此謂從芽生莖乃至枝葉華果等各有其相種子雖滅猶起相續展轉至果若離種子芽等相續則無流轉以是故其義云何故論偈言種子有相續從相續有果先種而後果不斷亦不常釋曰云何不斷謂有種子相續住

故云何不常謂芽起已種子壞故內法亦爾如論偈云如是從初心心法相續起從是而起果離心無相續釋曰此謂慈心不慈心名爲業此心雖滅而相續起此相續果起者謂愛非愛有受相故若離心者果則不起今當說相續法其義云何故論偈言從心有相續從相續有果故業在果先不斷亦不常釋曰云何不斷謂相續能起果故云何不常不至第二刹那住故是知三業難防應須密護意爲苦聚口是禍胎但閉門而守津方斷相續如正法念處經云彼地獄地見閻羅人苦切以偈責言心不可調御甚於大猛

火速行不可調牽人到地獄心第一難調此火甚於火難調速疾行地獄中地獄若人心自在則行於地獄若人能制心則不受苦惱欲爲第一火癡爲第一闇瞋爲第一怨此三秉世間汝前作惡時自心思惟作汝本癡心作今受此惡報心好偷他物竊淫他婦女常殺害衆生自心之所誑如是業自在將汝到此處是汝本惡業何故爾呻喚又偈云作惡不失壞一切惡有報惡皆從作得因心故有作由心故作惡由有心果報一切皆心作一切皆因心心能誑衆生將來向惡處此地獄惡處最是苦惡處如上經文此是

惡心招苦果若善心招樂果者又云復次比丘知業果報觀鬘持天所住之處乃至其地柔輭猶若生酥天人行時隨足上下如兜羅綿一一住處足蹋隨平亦如前說一一寶樹出妙色光其光如日光明悅樂妙色金樹華葉常鮮無有萎落善業所生不可喻說戒力自在善業所得如印印物如是天子遊戲園林蓮花浴池自業受報有上中下受大戲樂自業身相光明可愛色聲香味觸等恣情悅樂身無病惱無有飢渴常恣五欲未曾厭足多起愛欲心不充滿若天憶念隨念所得他不能破自在無礙心常歡喜隨念

能至化身隨心大小任意廣大輕輭一眴目頃能行至於百千由旬無少疲極如風行空無所障礙天亦如是無有疲極天身威德從心而生輕淨無垢一切行處如意光色天子天女歡喜遊戲釋曰然雖善惡由心苦樂不等斯乃先明因果知一念無差若論至道之中俱非解脫如經云迦留足天乘閻浮檀金殿入天戲林其林柔輭衆鳥音聲和合美妙天子入已鳥名天音天同業生天善業故卽說偈言若有人能作愛樂之善業彼人業果報成就極端嚴旣得受天樂若不行放逸從樂得樂處彼必至涅槃一切樂無

常要必終歸盡莫受此天樂以爲自歡娛此天樂無常壽盡必退沒旣知此法已常求涅槃道一切法皆盡高者亦當墮和合必有離有命皆歸死又云如是比丘以聞慧觀天樂已而說頌曰五根常愛樂欲境所誑惑欲火未曾有須臾聞厭足一一諸境界處處見天女一切勝境界欲火燄熾然若合若離散或說或憶念以天女因緣火起燒天人火法和合有不合則不生若合若不合欲火常熾然因緣不合故火遠則不然欲火無遠近常燒愛衆生以意想薪力邪憶念所使愛油投欲火焚燒愚癡人是以旣知苦樂由

心事非究竟。應當斷想薪。乾愛油。止念風。息欲火。防制意地。恆順眞如。圓滿菩提。常樂妙果。故經偈云。若正善心者。常順法觀察。不爲過所使。如日光除暗。又經云。寧作心師。不師於心。若師心則隨六趣而不返。作心師則冥一道而常歸。如庚桑子云。心平正不爲外所誘曰清。清而能久則明。明而能久則虛。虛則道全而居之。所以阿差末經云。常正其心。不尙餘學。夫心常正直。本自玄虛。道全是心。心全是道。以不達故隨思慮心爲外緣所拘。內結所亂。乃令志當歸一。不尙餘學。虛明自現。返本之稱也。如是開示。可謂把行

人手。直至薩婆若海。保不孤然。若信受之人。可謂不動塵勞。頓成正覺。問。識生於身。身依於識。諸根壞日。識遷離時。捨此故身。別受餘質。去來之識。相狀如何。斯旨難明。舉世皆惑。如寶處藏。莫有知者。答。此理綿密。約教可知。顯識經云。佛告賢護。識之運轉遷滅往來。猶如風大。無色無形。不可顯現。而能發動萬物。示衆形狀。或搖振林木。摧折破裂。出大音聲。或爲冷爲熱。觸衆生身。作苦作樂。風無手足面目形容。亦無黑白黃赤諸色。賢護。識界亦爾。無色無形。無光明顯現。以因緣故。顯示種種功用殊異。當知受覺法界亦復

如是無色無形。以因緣故。顯發功用。賢護。衆生死。此受覺法界識界。皆捨離身。識運受覺法界。受餘身者。譬如風大。吹衆妙華。華住於此。香流至遠。風體不取妙華之香。香體風體及與身根。俱無形色。而非風力。香不遠至。賢護。衆生身死。識持受覺法界。以至他生。因父母緣。而識託之。受覺法界能隨於識。亦復如是。如從華勝力。而鼻有齅。從齅勝力。而得香境。又如從風身勝力。得風色觸。因風勝力。香得至遠。如是從識有受。從受有覺。從覺有法。遂能了知善與不善。乃至識之遷身。如面之像。現之於鏡。如印之文。顯之於泥。

譬如日出光之所及。衆暗咸除。日沒光謝。暗便如故。暗無形質。非常無常。能得其處。識亦如是。無質無形。因受想顯。識在於身。如暗無體。視不可見。不可執持。如母懷子。不能自知是男是女。黑白黃色。根具不具。手足耳目類與不類。飲食熱爇其子。便動覺知苦痛。衆生來去屈申視眴。語笑談說。檐運負重。作諸事業。識相具顯。而不能知所在。止於身中。不知其狀。賢護。識之自性。徧入諸處。不爲諸處之所染汙。六根六境。五煩惱陰。識徧止之。不爲其染。由此而顯識之事用。賢護。如木機關。繫執一所。作種種業。或行走騰躍。或

跳擲戲舞於意云何機關所作是誰之力賢護白佛言智慧狹淺非所能了佛告賢護當知皆是作業之力作業無形但智運耳如是身之機關以識之力作諸事業僊道乾闥婆龍神人天阿脩羅等種種趣業咸悉依之識能生身如工作機關識無形質普持法界智力具足乃至能知宿命之事故知識性是一無住無形但隨智而彰逐念而轉此陰纔滅彼陰便生如印文現之於泥似面像臨之於鏡至於入胎處卵託質現生來去無蹤隱顯非礙猶珠吐照類日傳光火出木中種生地上其體是一用出千差此一識門

亦復如是因念力分十二類種之差殊隨業果變無量生死之形質又大乘同性經云毗毗沙那楞伽王言世尊眾生神識為當幾大為作何色佛言楞伽王眾生神識無邊大無色無相不可見無礙無形無定處不可說毗毗沙那白世尊識相如此無有邊大無色無相不可見無礙無形無定處不可說者豈非斷絕佛言楞伽王吾今問汝隨汝意答當為汝說楞伽王譬如大王在宮殿中或高樓上婇女圍繞安樂坐時著種種衣及諸瓔珞時大園林阿輸歌樹種種雜華莊嚴精麗其園在處有細輭風或大駛風吹彼園林阿輸歌樹眾華香氣至王所者王聞之否毗毗沙那白言世尊我聞此香佛言楞伽王汝聞此香分別知否王言世尊我能得知佛言楞伽王此華香氣主言知者見大小取定作何色楞伽王言不也世尊何以故此香氣相無色無現無礙無相無定處不可說是故不見大小形色佛言楞伽王於意云何若不見彼香氣大小非斷絕相耶毗毗沙那言不也世尊何以故若此眾香是斷相者無人得聞佛言如是如是楞伽王識相亦爾應如是見楞伽王若識斷相則無生死而可得知如是楞伽王識相清淨唯是無明貪

愛習氣業等諸客煩惱之所覆障楞伽王譬如清淨虛空之界唯有四種客塵汙染何等為四所謂煙雲塵霧楞伽王識相如是本清淨故無邊不可捉無有色染唯是諸客煩惱之所覆障所以者何楞伽王若正觀時不得眾生無我無眾生無壽命無畜養無人無眾數無知者無見者無覺者無受者無聽者乃至無色受想行識等問外之境色因識分別故名唯識只如夢中無境唯識云何夢中識見種種答顯識經云佛言賢護色有二種一內二外內為眼識眼則為外乃至身識為內身則為外賢護如生盲人夢見美

色手足面目形容姝麗便於夢中生大愛悦及睡覺已冥無所見乃至此生盲人未曾見物云何夢中而能見色賢護白佛言唯願開示佛告賢護夢見者名内眼所是慧分別非肉眼見其内眼所以念力故盲者夢中須臾而現復以念力覺而憶之識之内色亦復如是故於所見唯識聞齅嘗觸亦然見有境界但是念慧分別若離念慧分別決定無有前塵毫末之相問識性無形至極微細云何能任持大身又持小質答識性微妙不可思議以隨業故則姸醜俄分以無形故則小大咸等顯識經云佛言大藥如風大

無質無形止於幽谷或竅隙中其出暴猛或摧倒須彌碎爲塵粉風大微妙無質無形識亦如是妙無形色大身小身咸悉能持或受蚊身或受象身乃至如尼瞿陀子極微細種子生樹婆娑廣大枝條百千於意云何其子與樹大小類否大藥言世尊其子與樹大小相懸如藕絲孔比虛空界如是大藥樹於子中求不可得若不因子樹則不生微細尼瞿陀子能生大樹微細之識能生大身識中求身身不可得若除於識身則無有又毗耶娑問經云佛言復次大仙此識微細無色無質非是可見識非有色非青等色色

中無根識若離根則無境界若人心中驚動恐畏猜疑思量如是一切皆是識力問六趣昇沈皆唯是識初生善惡之趣其相如何答隨福所資果報不等勝福資識則境大劣福資識則相微顯識經云大藥復白佛言世尊衆生捨身云何生諸天中乃至云何生於地獄等中佛言大藥衆生臨終之時福業資者棄本之視得天妙視以天妙視見六欲天爰及六趣見身搖動見天宮殿及歡喜園雜華園等乃至如睡不睡安隱捨壽將捨壽時天父天母同止一坐天母手中自然華出天母見華顧謂天父甚爲福吉希奇勝

果天今當知慶子之歡時將不久天母遂以兩手搖弄其華弄華之時命便終盡無相之識棄捨諸根持諸境業棄捨諸界持諸界事遷變果報猶如乘馬棄一乘一如愛日引光如木生火又如月影現澄清水識資善業遷變天報如脈風移速託華内天父天母同坐視之甘露欲風吹華七日寶瑠嚴身耀動炫煥天童朗潔現天母手大藥白佛言世尊無形之識云何假因緣力而生有形云何有形止因緣内佛言大藥如木和合相觸生火此火木中不可得若除於木亦不得火因緣和合而生因緣不具火即不生木等

之中尋火色相覺不可見然咸見火從木出如是大
藥識假父母因緣和合生有形身有形身中求識不
得離有形身亦無有識大藥如火未出火相不現亦
無煖觸諸相皆無如是大藥若未有身識受想行皆
悉不現大藥如見日輪光明照曜而諸凡夫不見日
體是黑是白黃白黃赤皆不能知但以照熱光明出
沒環運諸作用事而知有日識亦如是以諸作用而
知有識大藥白佛言云何為識作用佛言大藥受覺
想行思憂苦惱此為識之作用復有善不善業熏習
為種作用顯識大藥白佛言云何識離於身便速受

身識捨故身新身未受當爾之時識作何相佛言大
藥如有丈夫長臂勇健著堅甲冑馬疾如風乘以入
陣干戈既交心亂墜馬武藝勁捷還即跳上識棄於
身速即受身亦復如是又如怯人見敵怖懼乘馬退
走識貪善業見天父母同座而坐速託生彼亦復如
是大藥如汝所問識棄故身新身未受當爾之時識
作何相大藥譬如人影現於水中無質可取手足面
目及諸形狀與人不異體質事業影中皆無無冷無
熱及與諸觸亦無疲乏肉段諸大無言音聲苦樂之
聲識棄故身新身未受相亦復如是大藥是貪善果

生諸天者大藥白佛言云何識生地獄佛言大藥行
惡業者入於地獄汝當諦聽大藥此中眾生積不善
根命終之時作如是念我今此身死棄捨父母親知
所愛甚大憂苦見諸地獄及見已身應合入者見足
在上頭倒向下又見一處地純血見此血已心有味
著緣味著心便生地獄腐敗惡水臭穢因力識託其
中譬如糞穢臭處臭酪臭酒諸臭因力蟲生其中入
地獄者託臭物生亦復如是般若燈論云言從死有
相續至生有時如授經如傳燈如行印如鏡像現如
空聲響如水中日月影如種子生芽如人見酸口中

生涎如是後陰相續起時無有中陰往來傳此向彼
是故智者應如是解故知識託業現境逐心生刃利
刀山誰人鍛鍊華含德水非彼開敷辯果知因見末
識本故云心能作佛心作眾生心作天堂心作地獄
心異則千差競起心平則法界坦然心凡則三毒縈
纏心聖則六通自在心空則一道清淨心有則萬境
縱橫如谷應聲語雄而響厲似鏡鑒像形曲而影凹
以知萬行由心一切在我內虛外終不實外細內終
不麤善因終值善緣惡行難逃惡境蹈雲霞而飲甘
露非他所授臥煙燄而噉膿血皆自能為非天之所

生非地之所出只在最初一念致此昇沈欲外安和但內寧靜心虛境寂念起法生水濁波昏潭清月朗修行之要靡出於斯可謂眾妙之門羣靈之府昇降之本禍福之原但正自心何疑別境是以離眾生罪行福行不動行終無三界苦樂果報若離眾生見聞覺知豈有陰處界等境界如大般若經云佛言若夢若覺要於見聞覺知法中有覺慧轉由斯起染或復起淨若無見聞覺知法無覺慧轉亦無染淨故知夢覺唯識染淨由心前賢後學之所宗千經萬論之同指如楞伽經偈云眾生及瓶等種種諸形相內外雖

不同一切從心起但一念不生諸緣自斷故云一念心不生六根總無過又云一心不生萬法無咎如今厭生患老隨思隨造搖妄除身業果恆新若能了生無生知妄無妄一念心寂萬慮俱消如云畏影畏跡逾走逾極端坐樹陰跡滅影沈是知悟心卽休更無異術如祖師云一切由心邪正在已不思一物卽是本心智者能知更無別行所以本師云此事唯我能知

宗鏡錄卷七十五

音釋

鍇 口駭切　妍媸 妍五堅切美也媸赤脂切醜也　躡 女輒切蹈也　眴 輸閏切目動也

糲 盧達切麤糲也　跳擲 跳徒弔切超越也擲直炙切通作蹢謂蹢躅也　駛 疎士切疾也

姝 抽居切美好也　竅 苦弔切空穴也　凹 於交切不平也

宗鏡錄卷七十六

宋慧日永明妙圓正修智覺禪師延壽集

夫論一期眞妄生死約事而言還有終始否答第一義中尙無生死何有始終順世諦門中隨衆生見而妄說生死如古德云眞妄相循難窮初後者釋云若言先妄後眞眞則有始若謂先眞後妄妄由何生若妄依眞起眞亦非眞若妄體卽眞則妄亦無始爲破始起立無始言始旣不存終從何立無終無始豈有中間故中論云大聖之所說本際不可得生死無有始亦復無有終若無有始終中當云何有是故於此

中先後共亦無眞妄兩亡方說眞妄眞妄交徹何定始終問如上所說生死惡業無量無邊纔了此心得一切同時解脫否答實有此理全在當人若障薄遮輕直了直入緣深機熟頓悟頓修如鏡淨明生雲開月朗或垢濃習重觀劣心浮雖信解一心行門難立有八重妄想之垢猶緻網稠林具六種繫縛之門若堅冰膠漆若非大力曷能解分如持地論云妄想有八種一自性妄想卽執色等法各有自體二差別妄想卽執色等有可見不可見對無對色差別三攝受積聚妄想卽於陰中執我衆生於軍林等中起定執實此一分別卽前執人後執於法四我見妄想無我計我也五我所妄想卽執我用六有念妄想卽緣可愛淨境分別七不念妄想卽緣可憎不淨境分別八俱相違妄想卽緣中容境分別約經論有六種縛先論心境二種縛者一相應縛二所緣縛煩惱是心心所起必託於心王心所染心名相應縛心心所法俱能緣境境不離繫名所緣縛次三界中四種縛者一貪二瞋三見取四戒取貪瞋二縛不令衆生出於欲界論家舉喻如守獄卒見取戒取二縛不令有情出色無色界何者見取執劣爲勝執非想非非想處及

無想天執爲解脫涅槃名爲見取戒取者非因計因執非想定及無想定并鷄戒爲生天因解脫因名戒禁取由此二縛令諸有情不得出色無色界如上妄想繫縛除上根頓修外卽須約地位現觀之力如經所明現觀有六現謂現前觀謂觀察卽眞理常現在前妙智恆能觀察不令間斷任運相應瑜伽論云一思現觀謂上品思慧引生煖等四加行道中觀察諸法名爲現觀二信現觀謂緣三寶世間出世間淨信此助現觀令不退轉立現觀名三戒現觀謂道共無漏戒能除破戒垢令觀增明亦名現觀四智諦現觀

謂正體後得二智緣眞俗眞俗二諦也五邊現觀謂智諦觀後觀諸緣安立世出世智六究竟現觀謂盡無生等究竟位智古釋前思現觀資糧加行所有智慧但能伏未能斷也初地已上信戒智諦及邊現觀當地卽斷後地卽伏究竟一觀非伏非斷此斷有二一共相斷二自相斷若斷惑證理之時作空行相及無我行相卽名共相爲空無我該通四諦故名共相斷若斷惑證理之時作眞如寂滅行相不通諸諦唯在滅諦名自相斷又有三種斷一自性斷如燈破闇智慧起時煩惱闇障自性應斷二不生斷謂得初地

法空之時能令三塗惡道苦果永更不生入中無根二形北洲無想天等種子不生後果名不生斷也三緣縛斷者但斷心中之惑於外塵境不起貪瞋於境雖緣而不染著名緣縛斷也於三斷之中自性不生此二任運能斷皆由緣縛一斷能令三界因果不生又古釋智障有其三門一是智障所謂分別有無之心二是體障謂觀非有非無之解立已能者故曰體障三是治想謂妄識中合如正慧依此地有其三初一四地乃至七地斷除四五六地斷除分別取有之心謂解法慢身淨慢等入七地時斷除分別取無之

心八地已上斷除體障前第七地雖除分別有無之心猶見已心以爲能觀如爲所觀其所觀如不卽心能觀之心不卽如心如別故心外求法故有功用法外立心故有體障從第七地入八地時破捨此障觀察如外由來無心心外無如如外無心心不異如心外無如如不異心故能如心泯同法界廣大不動以不異故息外推求故捨功用不復如外建立神智故滅體障體障滅故名無障想第三治想至佛方滅故入八地雖無障想而有治想從八地已上無生忍體轉轉寂滅令彼治想運運自亡至佛乃窮故知萬境

雖空須得無心契合不可口雖說空行在有中境智相應能所冥合方能解縛隨順無生耳纔生取著便成魔業如華嚴經云佛子菩薩摩訶薩有十種魔何等爲十所謂蘊魔生諸取故煩惱魔恆雜染故業魔能障礙故心魔起高慢故死魔捨生處故天魔自憍縱故善根魔恆執取故三昧魔久耽味故善知識魔起著心故菩提法智魔不願捨離故是爲十菩薩摩訶薩應作方便速求遠離疏釋云一蘊魔者身爲道器體與佛同豈卽是魔蘊魔之名特由取著下九例爾皆以下句釋成魔義是知以心分別萬法皆魔何

但此十故舉菩提法智以勝況劣不以心分別一切
皆佛豈捨魔界求佛界耶然四魔直就體明十魔多
約執取十表無盡故菩提法者即所證智是能證能
所冥合故名菩提若不捨於分別菩提之見即是魔
矣若入宗鏡分別自亡既無能證之心亦無所證之
理又華嚴經云無有少法為智所入亦無少智而入
於法是以駕一智箭破衆魔軍揮一慧刀斬羣疑網
斯乃宗鏡之力餘何言哉若不悟自心未達斯旨雖
修智慧不入圓常縱練行門唯增我慢以未達一際
法門故但生分別長養無明如經云若分別是聲聞

法是緣覺法是菩薩法是諸佛法此名為淨此名不
淨此名為道此名非道是名菩薩憍慢若入宗鏡智
行俱成我慢山崩貪癡水竭勝負情盡差別業亡如
弄珠吟云消六賊兮鑠四魔摧我山兮竭愛河龍女
靈山親獻佛貧兒衣裏枉蹉跎問五陰一法即妄即
眞既作塵勞生死之門又成出世菩提之道今且推
妄生死無從經云此陰纔滅彼陰便生既唯識無人
前陰滅後陰如何得生答五陰性空非常相續不斷
不常不斷即是正因如華嚴疏云五蘊相續即是正
因亦名生因言正因者是中道義中道即是佛性謂

現在陰滅中陰陰生是現在陰終不變為中陰五陰
故現陰非常如種生芽種不至芽雖不至芽而能生
芽此現在陰雖不至後而能生後則現陰非斷而中
陰五陰亦非自生不從餘來因現五陰生中陰陰斯
則後陰非無因故後陰非常既能續前故後陰非斷
非斷非常是中道義正因性也又依台教略有九種
五陰皆無自體唯逐心生是以華嚴經頌云一切衆
生界皆在三世中三世諸衆生悉住五蘊中諸蘊業
為本諸業心為本心法猶如幻世間亦如是九種五
陰者一期色心名果報五陰平平想受無記五陰起

見起愛者二種穢汚五陰動身口業善惡兩種五陰
變化示現工巧五陰五善根人方便五陰證四果者
無漏五陰如是種種原從心出正法念經云如畫師
手畫出五綵黑青赤黃白白畫手譬心黑色譬地
獄青譬鬼赤譬畜黃譬修羅白譬人白白譬天此六
種陰止齊界內若依華嚴經云心如工畫師畫種種
五陰界內界外一切世間中莫不從心造世間色心
尚叵窮盡況復出世豈可凡心知凡眼瞖尚不見近
那得見遠彌生曠劫不覩界內一隅況復界外邊表
如渴鹿逐燄狂狗齩雷何有得理所以龍樹破五陰

一異同時前後皆如燄幻響化悉不可得寧更執於王數同時異時耶然界內外一切陰入皆由心起佛告比丘一法攝一切法所謂心是論偈云一切世間中但有名與色若欲如實觀但當觀名色心是惑本其義如是輔行記云若示不思議境體觀心即足以心偏故攝餘法又非但心攝一切亦乃一切攝心故四念處觀云非但唯識亦乃唯色唯聲等今從廣之狹正示境體陰界入三並可為境以寬緩難示故從指的略二界入就陰如去丈就尺略四陰從識陰如去尺就寸以由界入所攝寬多陰唯有為有為之中

義兼心色故置色存心心名復含心及心所今且觀心王置於心所則一念心十界三科如丈一界五陰如尺唯在識心如寸若達心具一切法已方能度入一切色心如一一尺無非是寸及一一丈無非是尺是故丈尺全體是寸故知若真諦若俗諦若有為若無為一刹一塵無非心矣今宗鏡撮其樞要蓋為斯焉今但觀識陰識陰者心是也既從心生非空非有不生不滅無住無依於生死業果之門不可思議以因緣和合相似相續如有主宰諸趣往來至理窮之畢竟無體如磁石吸鐵明鏡現像此皆法爾豈有情

乎般若假名論云諸蘊循環受諸異趣名為取者是中無人能取諸趣捨於現蘊而受後蘊如去故衣而著新衣然依俗諦譬如因質而現於像質不至像而有像現由前蘊故後蘊續生前不至後而後相續是故菩薩無取著想大涅槃經云如蠟印印泥印與泥合印滅文成文非泥出不餘處來以印因緣而成是文經合喻云現在陰滅中陰陰生是現在陰終不變為中陰五陰亦非自生不從餘來因現陰故生中陰陰譬合云如印印泥印滅文成名雖無差而時節各異是故我說中陰五陰非肉眼見天眼所見釋曰現

陰如印中陰生處喻之如泥現在陰滅名為印壞中陰陰起名為文成於此復以中陰為印業逼受胎名為印泥中陰陰滅名為印壞未來陰起名為文成業種未斷文復為印印復為文文印相成不可窮已生死不斷法喻可知又如燈燄前燄引後燄後燄續前燄相續不斷似常似一凡夫不達或執生死為常不知前燄無體因後燄續起後燄無體仗前燄引生燄燄皆虛自性寂滅此一念心亦復如是新新生滅續續輪迴乃至一念不住猶如燈燄不細觀察執此生滅為一為常又不了前燄纔滅後燄續生念念相續

未曾間滅或執生死爲斷若深達因緣之理自然不落斷常何者以因緣無性不可得故非常以無性因緣能相續故非斷又此五陰只是一法若執成斷常是凡夫見若破析成空是藏教人若了陰無性體此成空是通教人若悟此五陰不空具足佛法修智斷惑次第生起是別教菩薩若了此卽眞更無別法念念圓滿具十法界卽圓教菩薩如薄運者覩金成蛇厚福人捉石爲寶法無高下人自昇沈耳但不造貧富業終無勝劣報如大智度論偈云先世業自作轉爲種種形虛空不受害無業亦如是問生死相續由

諸習氣有幾習氣能成輪轉答古釋習氣自體總有三義習氣者與種子名異體同習氣卽約熏習時而論種子卽對現行立號都有三義一種子名習氣氣者氣分習謂熏習由彼現行熏習得此氣分故二現行亦名習氣謂都由種子能生現行是種子家之氣分三習氣名習氣如裛香紙而有氣分唯識論云而熏本識起自功能卽此功能說爲習氣功能者是習氣義體卽種子略有三種習氣一名言習氣二我執習氣三有支習氣一名言習氣謂有爲法各別親種名言有二一表義名言卽能詮義音聲差別二顯境

名言卽能了境心心所法隨二名言所熏成種作有爲法各別因緣二我執習氣謂虛妄執我我所種我執有二一俱生我執卽修所斷我我所執二分別我執卽見所斷我我所執隨二我執所熏成種令有情等自他差別三有支習氣謂招三界異熟業種有支有二一有漏善卽是能招可愛果業二諸不善卽是能招非愛果業隨二有支所熏成種令異熟果善惡趣別應知我執有支習氣於差別果是增上緣前云生死因業習氣者應知卽是有支習氣二取習氣應知卽是我執名言二種習氣取我我所及取名言而

熏成故皆說名取釋云表義名言者唯第六識能緣其名能發其名餘皆不緣亦不能發卽唯詮義音聲之差別簡非詮表聲彼非名言故名唯無記然名是聲上屈曲差別唯無記性不能熏成色心等種然因名故心隨其名變似五蘊三性法等而熏成等種因名起種號名言種一切熏種皆由心心所心心所種有因外緣有不依外者不依外者名顯境名言若依外者名表義名言分二別然名自體不能熏種顯境名言者卽能了境心心所法卽是一切七識見分等心非相分心不能顯境故是以分段生死從正使有

即是凡夫若變易生死從習氣生即是二乘雖斷正使不斷習氣於中有二一煩惱習氣二業習氣一煩惱習氣者如難陀有欲習往昔數生身爲國王習近五欲故舍利弗有瞋習往昔數生曾受蠍身畢陵伽婆蹉有慢習往昔數生身是大婆羅門博學多才我慢輕物乃至槃特比丘有癡餘習等二業習氣者如牛呞比丘往昔是牛身林間奔走觸著遺棄故破袈裟以是因緣雖獲道果以業習故使之然也又如迦葉聞琴起舞阿難常好歌吟俱以往昔曾爲樂人以業習之餘故若煩惱餘習是變易緣有業餘習是變

易因感變易生死即是果報此二乘人未得如來一心三點涅槃於無學位雖見修惑盡所有無知皆是無明之餘習亦名無明住地亦名所知之障亦名塵沙無知又菩薩約化門有十種習氣華嚴經離世間品云佛子菩薩摩訶薩有十種習氣何等爲十所謂菩提心習氣善根習氣教化眾生習氣見佛習氣於清淨世界受生習氣行習氣願習氣波羅密習氣思惟平等法習氣種種境界差別習氣是爲十若諸菩薩安住此法則永離一切煩惱習氣得如來大智習氣非習氣智故知染淨二業昇沈兩門皆從熏習而

生不是無因而得應須勤修白業淨法時熏念念功夫自成妙果所以一一眾生八識藏中各具十法界種子本自具足非從新生雖常內熏須假外緣熏發若聞十惡熏發三塗種子若聞戒善熏發人天種子若聞諦緣熏發二乘種子若聞六度熏發菩薩種子若聞一乘熏發諸佛種子各隨習熟濃厚處先發如今多習三塗種子人天尚少豈況佛乘然地獄界現行時佛種子亦不沒只是轉更賖遠如今既在人天直須努力常親知識樂聽一乘內外資熏一生取辦故佛誡羅睺羅頌云十方無量諸眾生念念已證善

逝果彼既丈夫我亦爾何得自輕而退屈問生死涅槃苦樂報應以何爲因答如來藏爲因問如來藏是無漏常住非剎那生滅之法云何與生滅爲因答一切異生因覺故迷迷無自體楞伽經云佛言大慧七識不流轉不受苦樂非涅槃因大慧如來藏者受苦樂與因俱若生若滅古釋云七識念念生滅不能往來六道故名不流轉以念念滅故不知苦樂不與涅槃爲因又七識從緣本無自性尚不能爲生死苦樂之本豈復與涅槃作因明如來藏常令諸識知苦樂七識若無如來藏自體念念滅不知苦樂依如來藏

故知苦樂名如來藏受苦樂如來藏體不受苦樂也言與因俱者如來藏與七識生死苦樂因俱念念生滅也又云七識念念生滅無常當起卽謝如何流轉自體無成故不受苦樂既非染依亦非無漏涅槃依矣其如來藏眞常普徧而在六道迷此能令隨緣成事受苦樂果與七識俱名與因俱不守自性而成故七識依此而得生滅云若生若滅此明如來藏卽是眞如隨緣故受苦樂等又釋云以本害末令末空故無可流轉唯如來藏受苦樂者末害本故不守自性清淨之體隨緣成有若相順則如水乳之和常恆共

器若相背則如父母之讐不與同天又存上有不存之義泯上有不泯之義若唯泯無不泯則色空俱亡無可相卽以不泯故雖相卽而色空歷然若唯存無不存則色空各有定性不得相卽由有不存故雖歷然而得相卽如起信眞如生滅二門無礙唯是一心者結歸起信依一心法立二種門故須具足二義方名具分唯識問唯識第九亦說其所轉依有其二種一持種依謂第八識二迷悟依謂卽眞如何以說言然依生滅八識唯有心境依持答彼雖說迷悟依非卽心境持種以眞如不變不隨於心變萬境故但是

所迷耳後還淨時非是攝相卽眞如故但是所悟耳今乃心境依持卽是眞妄非有二體故說一心約義不同分成兩義說二門別故論云然此二門皆各總攝一切法以此二門不相離故所以楞嚴經云生滅去來本如來藏如今世人只信有生滅不信有如來藏不知生死有名無體如來藏有名有體只可從實不可憑虛憑虛則妄執所宜從實則佛所印可問夫論心含教法如何是一心四諦法門答四諦法門橫該豎徹法無不備教無不窮今約台教一心具無作四諦者一念心中具十界苦名爲苦諦具十界惑名

爲集諦苦卽涅槃名爲滅諦惑卽菩提名爲道諦此唯論一心四諦又四教四種四諦藏教生滅四諦通教無生四諦別教無量四諦圓教無作四諦今但論圓教無作四諦止觀云法性與一切法無二無別凡法尚是況二乘乎離凡法更求實相如避此空彼處求空卽凡法是實法不須捨凡向聖經言生死卽涅槃一色一香皆是中道卽無作四諦又玄義云以迷理故菩提是煩惱名集諦涅槃是生死名苦諦以能解故煩惱卽菩提名道諦生死卽涅槃名滅諦卽事而中無思無念無誰造作故名無作亦名一實諦一

實諦者無虛妄。無顛倒。常樂我淨等。是故名為無作四聖諦。法華經偈云。更以異方便。助顯第一義。又云唯此一事實。即是無作一實諦也。以眞如之性。是四心之實。名一實諦。念念圓成。更何所作。名無作四諦。所以八千聲聞於法華會上見如來性。如秋收冬藏。更無所作。以達本故。法爾如斯。若未見性人。不可安然拱手。效無作無修。直須水到渠成。自然任運。故又但了一心。自然無作。非是彊為。故云陰入皆如。無苦可捨。無明塵勞。即是菩提。無集可斷。邊邪皆中正。無道可修。生死即涅槃。無滅可證。無苦無集。故無世間。

無道無滅。故無出世間。純一實相。實相外更無別法。又文殊道行經云。佛告文殊師利。若見一切諸法無起。即解苦諦。若見一切諸法無住。即能斷集。若見一切諸法畢竟涅槃。即能證滅。文殊師利。若見一切諸法無自體。即是修道。

宗鏡錄卷七十六

音釋

叵 普火切不可也　磁 疾之切引鐵石　呞 抽知切

宗鏡錄卷七十七

宋慧日永明妙圓正修智覺禪師延壽集

夫一念無明心鼓動眞如海成十二緣起作生死根由若了之爲佛智海之波瀾昧之作生死河之漩澓云何成佛智云何成生死答天眞之佛智本有妄緣之生死體空雖有二名但是一義只謂不了第一義諦號曰無明因不了之所盲成惑業之衆苦了無明之實性成涅槃之妙心若迷爲惑業則成三道一無明愛取是煩惱道二行有是業道三識名色六入觸受生老死是苦道若悟爲三因佛性一識名色六入

觸受生老死七支是正因佛性二無明愛取三支是了因佛性三行有二支是緣因佛性如是等義差別不同唯是一心迷成多種雖成多種不離一心華嚴經云佛子此菩薩摩訶薩復作是念三界所有唯是一心如來於此分別演說十二有支皆依一心如是而立何以故隨事貪欲與心共生心是識事是行於行迷惑是無明與無明及心共生是名色名色增長是六處六處三分合爲觸觸共生是受受無厭足是愛愛攝不捨是取彼諸有支生是有有所起名生生熟爲老老壞爲死大集經云十二因緣一人一念悉皆具足但隨一境一念起處無不具足且如眼見色不了名無明生愛惡名行是中心意名識色共識行卽名色六處生貪名六入色與眼作對名觸領納名受於色纏綿名愛想色相名取念色心起名有心生名生心滅名死乃至意思法亦復如是一日一夜凡起幾念念念織幾十二因緣成六趣無窮之生死是以生死無體全是如來藏第一義心迷悟昇沈了不可得輔行記云十二因緣華嚴大集等經皆云一念心具凡諸大乘云一念者意皆如是若不爾者云何徧收一切諸法止觀亦云緣生只一念心十二門論

問云爲在一心爲在異心論問意者爲在一人多人一念心耶如是一念異念並得多人一人於今一念悉皆具足多人一人所起之心不出百界百界爲多一念爲一一多相卽非一非多大品明一切諸法皆趣因緣百界因緣不出一念是故名爲是趣不過故得名爲一念具足遠法師云無明緣行者有四無明一迷理無明義通始終二發業無明在於行前三覆業無明此在行後識前四受生無明與識同時或在識後望過去種子心識在於識後望結生識與識同時又內外諸法皆具因緣如稻稈經云爾時彌勒語

舍利弗言世尊常說見十二因緣卽是見法見法卽是見佛乃至有因有緣是名因緣法此是佛略說因緣相以此因能生是果如來出世因緣生法如來不出世亦因緣生法性相常住無諸煩惱究竟如實非不如實是眞實法離顛倒法復次十二因緣法從二種生云何爲二一者因二者果因緣生法復有二種有內因緣有外因緣外因緣法從何而生如似種子能生於芽從芽生葉從葉生節從節生莖從莖生穗從穗生華從華生實無種子故無芽乃至無有華實有種子故芽生乃至有華故果生而種子不作念我

能生芽芽亦不作念我從種子生乃至華亦不作念我能生實實亦不作念我從華生而實種子能生於芽如是名爲外因生法云何名外緣生法所謂地水火風空時地種堅持水種濕潤火種成熟風種發起空種不作障礙又假於時節氣和變如是六緣具足便生若六緣不具物則不生地水火風空時六緣調和不增減故物則得生地亦不言我能持水亦不言我能潤火亦不言我能熟風亦不言我能發起空亦不言我能不作障礙時亦不言我能令生種亦不言我從六緣而得生芽芽亦不言我從爾數緣生雖不

作念從爾數緣生而實從衆緣和合得生芽亦不從自生亦不從他生亦不從自他合生亦不從自在天生亦不從時方生亦不從本性生亦不從無因生是名生法次第如是外緣生法以五事故當知不斷亦非常亦不從此至彼如芽種少果則衆多相似相續不生異物云何不斷從種芽根莖次第相續故不斷云何非常芽莖華果各自別故非常亦不種滅而後芽生亦非不滅而芽便生而因緣法芽起種謝次第生故非常種芽各各相異故不此至彼種少果多故當知不一是名種少果多如種不生異果故名相似

相續以此五種外緣諸法得生內因緣法從二種生云何爲因從無明乃至老死無明滅則行滅乃至生滅故則老死滅因無明故有行乃至因有生故則有老死無明不言我能生行行亦不言我從無明生乃至老死亦不言我從無明生而實有無明則有行有生則有老死是名內因次第生法云何名內緣生法所謂六界地界水界火界風界空界識界何謂爲地能堅持者名爲地界何謂爲水能潤漬者名爲水界何謂爲火能成熟者名爲火界何謂爲風能出入息者名爲風界何謂爲空能無障礙者名爲空界何謂

爲識四陰五識亦言爲名亦名爲識如是衆法和合名爲身有漏心名爲識如是四陰爲五情根名爲色如是等六緣名爲身若六緣具足無損減者則便成身是緣若減身則不成地亦不念我能堅持水亦不念我能濕潤火亦不念我能成熟風亦不念我能出入息空亦不念我能無障礙識亦不念我能生長身亦不念我從爾數緣生若無此六緣身亦不生地亦無我無人無衆生無壽命非男非女亦非非男非非女非此非彼水火風乃至識等亦皆無我無衆生無壽命乃至亦非此非彼云何名無明無明者於六界

中生一想聚想常想不動想不壞想內生樂想衆生想壽命想人想我想我所想生如是種種衆多想是名無明如是五情中生貪欲瞋恚想行亦如是隨著一切假名法名爲識四陰爲名色陰爲色是名色名色增長生六入六入增長生觸觸增長生受受增長生愛愛增長生取取增長生有有增長故能生後陰爲生生增長變名爲老受陰敗壞故名爲死能生嫉熱故名憂悲苦惱五情違害名爲身苦意不和適名爲心苦乃至如月麗天去地四萬二千由旬水流在下月耀於上玄像雖一影現衆水月體不降水質不

昇如是舍利弗衆生不從此世至於後世不從後世復至於此然有業果因緣報應不可損減是以如月不動影現衆流類識不行身分六趣雖無作者業果宛然但逐緣生不乖法爾又有德女所問大乘經云爾時有德婆羅門女白佛言世尊所言無明爲內有耶爲外有耶佛言不也有德女言世尊若於內外無有無明云何得有無明緣行復次世尊有他世法而來至於今世得否佛言不也有德女復白佛言世尊無明行相是實有耶佛言不也無明自性從於虛妄分別而生非眞實生從顛倒生非如理生有德女復

白佛言世尊若如是者則無無明云何得有諸行生起於生死中受諸苦報世尊如樹無根則無枝葉華果等物如是無明無自性故行等生起定不可得佛言有德女一切諸法皆畢竟空凡愚迷倒不聞空義設得聞之無智不了由此具造種種諸業既有衆業諸有則生於諸有中備受衆苦第一義諦無有諸業亦無諸有而從業生及以種種衆苦惱事有德女如來應正等覺隨順世間廣爲衆生演說諸法欲令悟解第一義故有德女第一義者亦隨世間而立名字何以故實義之中能覺所覺一切皆悉不可得故有

德女譬如諸佛化作於人此所化人復更化作種種諸物其所化人虛誑不實所化之物亦無實事此亦如是所造諸業虛誑不實從業有生亦無實事是以但了唯心之旨自然萬法常虛隨有見聞悉順無生之道凡關動作皆歸無得之門問此十二有支云何名緣生復何名緣起答無有主宰作者受者無自作用不得自在從因而生託衆緣轉本無而有有已散滅唯法所顯能潤所潤墮相續法名爲緣生論云由煩惱繫縛往諸趣中數數生死故名緣起又因名緣起果名緣生問一念無明心起十二有支爲自生他

生共生無因生答緣起甚深非四句能測了則一心冥寂迷則六道輪迴非妄非眞不常不斷若云是妄妄不可得若云是眞復能流轉若云是斷相續恆生若云是常念念起滅所以從心生故生無能生無有定性佛性論云復次一切諸法無有自性何以故依因緣生故譬如火依他而生離樵卽不可見亦如螢火若火有自性則應離樵空中自然雜集論云諸緣起法雖刹那則成滅而住可得雖無作用緣而有功能緣可得雖離有情而有情可得雖無作者而諸業果不壞可得是故甚深業果不壞者雖內無作者而

有作業受果異熟又諸緣起法有差別謂待衆緣生故非自作雖有衆緣無種子不生故非他作彼俱無作用故非共作種子及衆緣皆有功能故非無因作如上所說是約世俗緣起之門若如實說尚不見一法是緣非緣何況十二湛然尊者云不見色相是行支滅不見色緣是無明滅不見色體是識名色六入觸受滅不見色生是愛取有生滅不見色滅是老死滅不見一相是不見十二因緣空不見見者是不見因緣假眞俗雙亡二諦俱泯亦不見中如是通達了知因緣若爲此例見萬法亦復如然問萬境無明與

一心法性爲是一爲是二若是一不合分染淨二名若是二云何教中說無明卽法性答體一是眞名二是假名因情立眞以智明情智自分眞原不動不可定同不壞世諦故不可定異不失眞諦故涅槃經云明與無明愚人爲二智者了達其性無二無二之性卽是實性古德約十法界釋云愚人者九界之愚也愚人取相見一切法法性隨其取相心悉無明也如寒谷千年堅冰未曾作水也智者佛界之智也圓觀行人開佛眼者見同古佛也圓眼所見無明本元是清淨法性如太陽常照海水未曾作冰也冰水性一

隨緣成二一不守性恆自隨緣雖復隨緣不壞自性況法性無明亦何定一亦何定異則不隨事而失體非共非分不守性而任緣亦同亦別問三界初因四生元始莫窮本末罔辯根由莊老指之爲自然周孔詺之爲渾沌最初起處如何指南答欲知有情身土眞實端由無先我心更無餘法謂心法剎那自類相續無始時界展轉流來不斷不常憑緣憑對非氣非稟唯識唯心肇論鈔云老子云無名天地始有名萬物母若佛教意則以如來藏性轉變爲識藏從識藏變出根身器世間一切種子推其化本卽以如來藏

性爲物始也無生無始物之性也生始不能動於性卽法性也南齊沈約均聖論云然則有此天地以來猶一念也融大師問云三界四生以何爲道本以何爲法用答虛空爲道本森羅爲法用問於中誰爲造作者答此中實無造作者法界性自然生金剛三昧經云善不善法從心化生可謂總持之門萬法之都矣光未發處尙無其名念欲生時似分其影初因彊覺漸起了知見相纔分心境頓現首楞嚴經云皆是覺明明了知性因了發相從妄見生山河大地諸有爲相次第遷流因此虛妄終而復始釋曰此皆最初

因迷一法界故不覺念起念起卽是動相動相卽是第一業識未分能所乃覺明之咎也從此變作能緣流成了相卽明了知性爲第二見分轉識後因見分而生相分卽因了發相爲第三相分現識能所纔分盡成虛妄何者見分生於瞖眼相分現於幻形於是密對根塵堅生情執從此隔開眞性分出湛圓於內執受知覺作有識之身於外離執想澄成無情之土遂使鏡中之形影滅而又生夢裏之山河終而復始但以本源性海不從能所而生湛爾圓明照而常寂只爲衆生違性不了背本圓明執有所明成於妄見

因明立所觀之境因所起能觀之心能所相生心境對待隨緣失性莫反初原不覺不知以歷塵劫所以經云覺非所明因明立所所旣妄立生汝妄能無同異中熾然成異異彼所異因異立同同異發明因此復立無同無異如是擾亂相待生勞勞久發塵自相渾濁由是引起塵勞煩惱起爲世界靜成虛空虛空爲同世界爲異彼無同異眞有爲法覺明空昧相待成搖故有風輪執持世界因空生搖堅明立礙彼金寶者明覺立堅故有金輪保持國土堅覺寶成搖明風出風金相摩故有火光爲變化性寶明生潤火光

上蒸故有水輪含十方界火騰水降交發立堅濕爲巨海乾爲洲潬以是義故大海之中火光常起彼洲潬中江河常注水勢劣火結爲高山是故山石擊則成燄融則成水土勢劣水抽爲草木是故林藪遇燒成土因絞成水交妄發生遞相爲種以是因緣世界相續古釋云覺明空昧相待成搖者由初妄覺影明不了遂成空昧如障明生闇二相相形覺明卽是動相空昧卽是靜相一明一昧一動一靜刹那相生如風激浪相待不息於內初起卽名爲搖於外卽成風輪世界空昧卽是虛空旣無形相不名世界因空生

搖堅明立礙者地相也因空異明相待成搖搖能堅明以成於礙如胎遇風卽成堅礙亦是執明生礙義於內卽是覺明堅執於外卽成金寶故云彼金寶者明覺立堅故知寶性因覺明有是故眾寶皆有光明小乘但知業感而不知是何因種堅覺寶成搖明風出風金相摩故有火光爲變化性者堅執覺性卽成於寶搖動所明卽出於風動靜不息卽是風金相摩於外卽成火光能成熟萬物故言爲變化性寶明生潤火光上蒸故有水輪含十方界者寶明之體性有光潤爲火熱蒸水便流出又覺明生愛愛卽是潤於內卽是愛明於外卽成寶潤火性上蒸融愛成水一切業種非愛不生一切世間非水不攝故四大性互相因藉體不相離同一妄心所變起故如虛空華不離心故又妄性不恆前後變異所感外相優劣不同愛心多者卽成巨海執心多者卽成洲潬風性生慢火性生瞋於色起愛潬中流水違愛生瞋海中火起慢增愛劣結爲高山愛增慢輕抽爲草木瞋愛慢三互相滋蔓異類成形草木山川千差萬品先從妄想結成四大從四大性愛慢滋生離有情心更無別體故云交妄發生遞相爲種又云富樓那而白佛言世

尊若復世間一切根塵陰處界等皆如來藏清淨本然云何忽生山河大地諸有爲相次第遷流終而復始又疑云若此妙覺本妙覺明與如來心不增不減無狀忽生山河大地諸有爲相如來今得妙空明覺山河大地有爲習漏何當復生佛言富樓那如汝所言清淨本然云何忽生山河大地汝常不聞如來宣說性覺妙明本覺明妙富樓那言唯然世尊我常聞佛宣說斯義佛言汝稱覺明爲復性明稱名爲覺爲覺不明稱爲明覺富樓那言若此不明名爲覺者則無所明佛言若無所明則無明覺有所非覺無所非

明無明又非覺湛明性性覺必明妄爲明覺覺非所明因明立所所既妄立生汝妄能無同異中熾然成異異彼所異因異立同同異發明因此復立無同無異如是擾亂相待生勞勞久發塵自相渾濁由是引起塵勞煩惱起爲世界靜成虛空虛空爲同世界爲異彼無同異眞有爲法釋曰此二覺義幽旨難明若欲指陳須分皂白大約經論有二種覺一性覺二本覺又有二種般若一本覺般若二始覺般若又有二種心一自性清淨心二離垢清淨心又有二種眞如一在纏眞如二出纏眞如此四種名隨義異體卽常

同今一切眾生只具性覺清淨本覺自性清淨心在纏眞如等於清淨本然中妄忽生於山河大地以在纏未離障故未得出纏眞如等若十方諸佛二覺俱圓已具出纏眞如等無有妄想塵勞永合清淨本然則不更生山河大地諸有爲相等如金出礦終不染於塵泥似木成灰豈有再生枝葉將此二覺已豁疑情性覺妙明者是自性清淨心卽如來藏性在纏眞如等本性清淨不爲煩惱所染名性覺經云佛告阿難及諸大眾汝等當知有漏世界十二類生本覺妙明覺圓心體與十方佛無二無別由汝妄想迷理爲

咎癡愛發生生發徧迷故有空性化迷不息有世界生則此十方微塵國土非無漏者皆是迷頑妄想安立當知虛空生汝心內猶如片雲點太清裏況諸世界在虛空耶汝等一人發眞歸元此十方虛空皆悉消殞云何空中所有國土而不振裂以此文證卽知凡聖本同此妙明之覺本覺明妙者出纏眞如等從無分別智覺盡無始妄念名究竟覺始覺卽本覺悟本之覺得本覺名論云於眞如門名爲性覺於生滅門名爲本覺由迷此性覺而有妄念妄念若盡而立本覺以性覺不從能所而生非假修證而起本自妙

而常明故云性覺妙明以始覺般若明性覺之妙故云本覺明妙又眞如之性性自了故則性覺妙明始覺之智了本性故則本覺明妙又摩訶衍論有四種覺一清淨本覺二染淨本覺三清淨始覺四染淨始覺若論本始明昧之事皆依染淨之覺得名若清淨覺原愚智俱絕非迷悟之所得豈文義之能詮經中佛常說眞如爲迷悟依故如萬像依虛空虛空無所依所以滿慈領言我常聞佛宣說斯義此二覺義亦同起信論所立一心分眞如生滅二門以本性清淨是性覺義但以性中本覺如木中火性未具因緣有

而無用。非是悟已而更起迷。悟時始立本覺之號。悟本覺已。更不復迷。諸佛重爲凡夫。無有是處。佛問汝稱覺明。爲復覺性自明。名爲覺明。爲復覺體不明。能覺於明。富樓那意。必有所明。當情爲其所覺。若無所覺之明。則無覺明之號。但可稱覺。而無所明。故云則無所明。佛意性覺體性自明。不因能覺所明。方稱覺明。起信論云。眞如自體有大智慧光明義。徧照法界義等。只緣迷一法界。彊分能所。故成於妄。若要因所明方稱覺明者。此乃因他而立。非自性覺。故云有所非覺。如緣塵分別。而有妄心。離塵則無有體。不可將

斷滅之心。以爲本來眞覺。故若以無體之法爲究竟者。故經云。法身則同龜毛兔角。其誰修證無生法忍。又釋若以不明名爲覺者。則無所明者。故知覺體本無明相。佛證眞際。實不見明。若見於明。卽是所明。既立所明。便有能覺。但除能所之明。方稱妙明。此妙之明。是不明之明。不同所明。因明起照。故般若無知論云。難曰。聖智之無。惑智之無。俱無生滅。何以異之耶。答曰。聖智之無者無知。惑智之無者知無。其無雖同。所以無者異也。何者。夫聖心虛靜。無知可無。可曰無知。非謂知無。惑智有知。故有知可無。可謂知無。非曰

無知也。故云般若無知。無所不知。無知者無能所之知。無不知者。眞如自性。有徧照法界義。又聖人唯有無心之心。無見之見。非同凡夫有心有見。皆是分別能所相生。故涅槃經云。不可見了了見。華嚴經頌云。無見卽是見。能見一切法。於法若有見。此則無所見。又云。菩薩悉見諸法。而無所見。普知一切。而無所知。則般若無知。無所不知矣。但不落有無之知。能所之見。非是都無知見矣。諸佛皆具五眼三智四辯六通。三諦理圓。一心具足。若不見空與不空。非空非不空。方與實相相應耳。故楞伽經云。一一相相應。遠離諸

見過者。若於諸相。常與實相相應。自然遠離諸過。會第一義淸淨眞心。朗然明徹。而無念著。卽事卽如。唯心直進。卽諸佛所知。唯實相矣。離此立見。皆成諸過。無所非明者。若能覺之體。要因所明者。若無所覺之明。則能覺之體。便非是明。故云無所非明。故知覺之與明。互相假立。本無自體。豈成自性圓明之覺。無明又非覺湛明性者。顯妄覺體。無湛明之用。若言但覺於明。何須覺體自明者。則自性非明。便無覺湛之用。故云無明又非覺湛明性。性覺必明。妄爲明覺者。釋妄覺託眞之相也。何以得知妄覺初起有覺明。只緣

性覺必有眞明。所以妄覺託此性明。而起影明之覺。執影像之明。起攀緣之覺。迷眞認影。見相二分。自此而生覺明之號。覺非所明。因明立所者。夫一眞之覺體性雖明。不分能所。故覺非所明。由影明起覺能所斯分。故云因明立所。所既妄立。生汝妄能。無同異中。熾然成異者。此則元因覺明。起照生所。所立照性遂亡。則是識精元明。能生諸緣。緣所遺者。乃是但隨能緣之相。覆眞唯識性。一向能所相生。如風動水。波浪相續。澄湛之性。隱而不現。從此迷妄。生虛空之性。復因虛空。成立世界之形。於眞空一心。畢竟無同異中。

熾然建立。成諸法究竟之異。皆因情想擾亂。勞發世間之塵。迷妄昏沈。引起虛空之界。分世界差別爲異。立虛空清淨爲同。於分別識中。又立無同無異。皆是有爲之法。盡成生滅之緣。未洞本原。終爲戲論。

宗鏡錄卷七十七

音釋

稈古旱切禾莖也　穗徐醉切禾穎也　漬疾智切浸潤也　渾沌渾戶衮切沌徒混切元氣未判　潬蕩旱切水中沙處也

宗鏡録卷七十八

宋慧日永明妙圓正修智覺禪師延壽集

夫言一覺一切覺云何教中分其多種答覺體是一隨用分多用有淺深覺無前後如瓔珞經云妙覺方稱寂照等覺照寂又覺有三義一覺察如睡夢覺亦如人覺賊賊無能爲妄卽賊也二覺照卽照理事也亦如蓮華開照見自心一眞法界恆沙性德如其勝義覺諸法故三妙覺卽上二覺離覺所覺故爲妙耳非更別覺故經云無有佛涅槃遠離覺所覺又覺性無覺卽根本智覺相歷然卽後得智問既云眞如一

心古今不易因何而有眾生相續答平等眞法界無佛無眾生隨於染淨緣遂成十法界以眞心隨緣不守自性只爲眾生不自知無性之性故但隨染緣成凡隨淨緣成聖如虛谷響任緣所發又如太虛忽雲明鏡忽塵求一念最初起處了不可得故號無始無明首楞嚴經云佛告阿難云何名爲眾生顛倒阿難由性明心性明圓故因明發性性妄見生從畢竟無成究竟有此有所有非因所因住所住相了無根本本此無住建立世界及諸眾生迷本圓明是生虛妄妄性無體非有所依將欲復眞欲眞已非眞眞如性非眞求復宛成非相非生非住非心非法展轉發生生力發明熏以成業同業相感因有感業相滅相生由是故有眾生顛倒古釋云因明發性性妄見生因託性明變影而起託影而生從虛執有故云從畢竟無成究竟有卽業相也此有所有非因所因轉相也業相爲能有轉相爲所有能所既分二相斯有故云有所有相卽此轉相能行現形而立因前而起引後而生展轉相因名非因所因卽此現相能引六塵境界現相是能住六塵是所住故云住所住相本此無住以立世界者現相從妄所立本無所依此現相以

成世界之本故云本此無住以立世界從無住本立一切法無住者卽是無明無明無因故無住此之三相俱是無始一念妄心總號無明迷本圓明是生虛妄妄性無體非有所依將欲復眞欲眞已非眞眞如性非眞求復宛成非相非生非住非心非法者初是業相卽是妄覺之心體卽虛妄此妄初起更無因始名非有所依將欲復眞欲眞已非釋轉相卽眞上影像相似眞非眞妄覺執此爲眞卽初念名動動必有靜靜復似眞形動立靜非眞不動故云欲眞已非眞眞如性本不因動而立於靜故云非眞求復宛成非

相釋現相從此現相變起一切境界非相現相非生現生非住現住非心現心非法現法釋次第者初從明暗二相相形而生於色即是結暗成色形顯色也因色即有根塵留礙名之爲住因有根塵即有能分別識名之爲心覽此塵像爲識境界名之爲法此等展轉相因而有返顯眞如相無明暗無相形故非相無起滅故非生無留礙故非住無緣慮故非心離塵像故非法又解或前標三相相因而有以列次第後三相合釋都言三相虛妄體即無明更無所因故云非有所依即此三相影眞而起似眞非眞執影爲實

故云將欲復眞影既不實故云欲眞已非宛成非相下對妄說眞以立名號既依妄顯眞以立名號故知建立地位從此而有若不因妄說眞亦無地位名字可說故知三界有法皆捏所成本無根緒無始妄習展轉相傳迄至于今成其途轍如最初一人捏出一事後人信受展轉相傳則一人傳虛萬人傳實從迷積迷以歷塵劫若識最初一念起處不眞即頓悟前非大道坦然更無餘事如云但知今日是何慮昔年非是知有情無情究其初原皆不出一心本際如法性論云問本際可得聞乎答理妙難觀故有不知之說旨微罕見故發幢英之問有天名曰幢英問文殊師利所言本際爲何謂乎文殊答曰衆生之原名曰本際又問衆生之原爲何謂乎答曰生死之本爲衆生原又問於彼何謂爲生死本答曰虛空之本爲生死原幢英於是抱玄音而毅問始悟不住之本若然則因緣之始可聞而不可明可存而不可論問虛空有本乎答無問若無有本何故云虛空之本爲生死原答此猶本際之本耳則於虛空無本爲衆本之宗化表無化爲萬化之府矣又凡亦是心聖亦是心以所習處下不能自弘則溺塵勞耳若以心託事則狹

劣若以事從心則廣大凡世人多外重其事而內不曉其心是以所作皆非究竟以所附處卑故耳如搏牛之蝱飛極百步若附鸞尾則一翥萬里非其翼工所託迅也亦如牆頭之草角裏之聲皆能致其高遠者所託之勝也如入宗鏡一一附於自心則毛呑巨浸塵含十方豈非深廣乎問內外唯識心境皆空云何教中又立外相答因了相空方談唯識若執有相唯識義不成若執無相眞空理不顯以無相即相方達眞空相即無相始明唯識所以攝大乘論云唯識道理須明三相一通達唯量外塵實無所有故二通

達唯二相及見唯識故三通達種種色生但有種種相貌而無體故所以攝大乘論云一切相有二種謂現住及所立散心所緣六塵名現住定心所緣骨鎖等爲所立復次似塵顯現名相謂所緣境似識顯現名見謂能緣識此二法一是因二是果又一是所依二是能依是知因內起念想像思惟則外現其相貌念若不起相不現前以因內生外故攝末歸本全境是心何者若心不起境本空故一切境界唯心妄動問約世間妄見定是何識答衆生所見即是亂識中邊分別論云謂一切世間但唯亂識此亂識云何名

虛妄由境不實故由體散亂故又若執永無亂識繫縛解脫皆不成就即起邪見撥淨不淨品故知因迷得悟非無所以從凡入聖蓋有緣由如影像表鏡明因妄識成眞智問定中所見定果色是定心自現非緣現在外色又非憶持過去境可驗唯心未得定者皆是散意所見外色云何證是自心答定內定外靜亂雖殊所見之色皆唯自識以外境無體從緣而生生性本空無相可得識論云如觀行人定中所見色相境界識所顯現定無境界此青等色相是定境非所憶持識憶持識有染汙此起現前所見分明清淨

則唯識之旨於此彌彰如依鏡面但有自面無有別影何以故諸法和合道理難可思議不可見法而令得見定心亦是定心有二分一分似識一分似塵此二種實唯是識若憶持識是過去色此定中色若在散心五識可言緣現在外塵起若散意識緣過去塵起若在觀中必不得緣外色爲境色在現前又非緣過去境當知定心所緣色即見自心不見別境以定中色比定外色應知亦無別境是知一心即萬法萬法即一心何者以一心不動舉體爲萬法故如起信鈔釋疏云舉體者謂眞如舉體成生滅生滅無性即

是眞如未曾有眞如處不生滅未曾有生滅處不眞如又云不同空者靈然覺知覺知即神解義陰陽不測謂之神解即是智智即是知知即一心也故以知爲心體所以祖師云空寂體上自有本智能知大意云於一切染淨法中有眞實之體了然鑒覺目之爲心問外諸境界既稱內識似色顯現但是唯識者云何不隨識變異答若執外色實住即是於無色中見色妄生顚倒如捏目生二相豈是眞實攝論問云若無別色塵唯是本識何故顯現似色等云何相續堅住前後相似若是識變異所作則應乍起乍滅改轉

不定。云何一色於多時中相續久住。故知應有別色。答。由顛倒故。顛倒是煩惱根本。由識變異。起諸分別。依他性與分別性相應。卽是顛倒煩惱所依止處。顛倒煩惱。又是識變異所依止處。若無互爲依止義。則識無變異。於非物中分別爲物。不應有此顛倒。若無煩惱。豈有聖道。故此義亦不成。是故應信離識無別法。問。內心分別稱識。外色不分別。如何是識。答。能見所見。皆是亂識。無中執有色本自虛。攝論云。亂識者。無中執有名亂。十一識中。世等六識。隨一識唯二分。一分變異成色等相。一分變異成見等。不出此二識

性。能分別則成見。不能分別則成相。如無所有菩薩經云。爾時世尊告無所有言。汝當爲此諸菩薩等說五陰聚和合身事。無所有菩薩言。世尊。如我所見。如佛色空。我色亦爾。如佛色。一切眾生色。一切樹林藥草色亦爾。如一切樹林藥草色。彼一切界和合聚色亦爾。所有空色。及我色。如來色。一切眾生色。一切樹林藥草等色。一切界和合聚色。無有二相。非法。非非法。諸少智者。於無色中。或作是想。希望欲入此法行。於無色中。妄起行想。略說乃至受想行識中。如是作。如色所作。如虛空識。我識亦爾。如彼識。如來識亦爾。

如如來識。彼識。一切眾生識亦爾。如一切眾生識。彼識。一切樹林藥草識亦爾。眞虛空識。如來識。及我識。一切眾生識。一切樹林藥草識亦爾。一切和合識。無二相。不可知。不可分別。不生。無等等。問。既稱唯有識。何得立色名。答。一切名皆是客義。名中無法。法中無名。名不當法。法不當名。經云。是自性無生無滅。無染無淨。此色無所有。爲通相。若有生卽有染。若有滅卽有淨。由無此四義。故色無別相。經云。由假立客名。隨說諸相。攝論云。一切法以識爲相。眞如爲體。又云。一切相有二種。一如外顯現。二如內顯現。如外是相。如

內是思惟。故知一體現二。內外雙分。則心非內外。內外是心。又能所相成。心境互攝。二而不二。常冥一味之眞原。不二而二。恆分心境之虛相。問。心念念滅。剎那相。內身外色亦剎那滅耶。答。內外諸色。唯心執受。亦隨心念念剎那滅。心外更無一法。可作常住。可作生滅。雜集論云。如心心法是剎那相。當知色等亦剎那相。有其八義。一。由心執受故。謂色等身由剎那心念念執受。故剎那滅等。二。等心安危故。謂色等身恆與識俱。識若捨離。卽便爛壞。三。隨心轉變故。謂世間現見。心在苦樂貪瞋等位。身隨轉變。隨剎那心而轉

變故身念念滅四是心所依故謂世間共知心依止有根身如火依薪如芽依種等是故此身是刹那心依止故亦刹那滅五心增上生者謂一切內外色皆心增上所生能生因刹那滅故所生果亦刹那滅六心自在轉故謂若證得勝威德心於一切色如其所欲自在轉變由隨刹那能變勝解轉變生故色等刹那生滅道理成就七於最後位變壞可得故謂諸色等初離自性念念變壞於最後位欻爾變壞不應道理然此可得故知色等從初已來念念變壞自類相續漸增為因能引最後麤相變壞是故色等念念生

滅八生已不待緣自然壞滅故謂一切法從緣生已不待壞緣自然壞滅故知一切可滅壞法初纔生已即便壞滅是故諸法刹那義成大智度論云若諸法實有不應以心識故知有相若以心識故知有是則非有如地堅相以身根身識知故有若無身根身識知則無堅相又因緣和合生故空唯心故空是知內色外色皆識建立隨心有無實無自體問論唯有內心實無外境者如修十善業受天堂樂作五逆罪受地獄苦昇沉利則五欲悅目墮泥犂則萬苦攢身悅目有靈鳳翔鸞作歡樂之事攢身有鐵蛇銅狗為逼

惱之殃明知非但內心實有外境答天堂地獄苦樂之相皆是自心果報業影既以自心所作為因還以自心所受為果故經云未有自作他受今且約地獄界受苦以證唯心十法界中例皆如是識論問云何名為四大轉變彼四大種種轉變動手脚等及口言說令受罪人生於驚怖如有兩羊從兩邊來共殺害彼地獄眾生見有諸山或來或去殺害眾生以是義故不得說言唯有內心無外境界答曰偈言若依眾生業四大如是變何故不依業心如是轉變汝向言彼罪人業外四大等如是轉變何故不言依彼眾生

罪業力故內自心識如是轉變又偈言業熏於異法果云何異處善惡熏於心何故離心說又偈言業熏於異法果云何異處者此以何義彼地獄中受苦眾生所有罪業依本心作還在心中不離於心以是義故惡業熏心還應心中受苦果報何以故以善惡業熏於心識而不熏彼外四大等以四大中無所熏事云何虛妄分別說言四大轉變於四大中受苦果報是故偈言善惡熏於心何故離心說如無盡意菩薩經云菩薩所作精進常與身口意相應雖身口精進皆由於心心為增上云何菩薩心精進所謂心始心

終云何心始初發心故云何心終菩提心寂滅故是知起盡俱心初終咸爾非唯淨業萬事皆然不出一心圓滿覺道又如油盡燈滅業喪苦亡若定有外境可觀非內所感只合長時受苦無解脫期既有休時當知無實可驗心生法生心滅法滅矣是以一切衆生從無始來作虛妄因受虛妄果皆從情結唯逐想生所以首楞嚴經云卽時阿難及諸大衆乃至而白佛言世尊若此妙明眞淨妙心本來徧圓如是乃至大地草木蠕動含靈本元眞如卽是如來成佛眞體佛體眞實云何復有地獄餓鬼畜生修羅人天等道

世尊此道爲復本來自有爲是衆生妄習生起世尊如寶蓮香比丘尼持菩薩戒私行婬欲妄言行婬非殺非偷無有業報發是語已先於女根生大猛火後於節節猛火燒然墮無間獄瑠璃大王善星比丘瑠璃爲誅瞿曇族姓善星妄說一切法空生身陷入阿鼻地獄此諸地獄爲有定處爲復自然彼彼發業各各私受唯垂大慈開發童蒙令諸一切持戒衆生聞決定義歡喜頂戴謹潔無犯佛告阿難快哉此問令諸衆生不入邪見汝今諦聽當爲汝說阿難一切衆生實本眞淨因彼妄見有妄習生因此分開內分外

分阿難內分卽是衆生分內因諸愛染發起妄情情積不休能生愛水是故衆生心憶珍羞口中水出心憶前人或憐或恨目中淚盈貪求財寶心發愛涎舉體光潤心著行婬男女二根自然流液阿難諸愛雖別流結是同潤濕不昇自然從墜此名內分阿難外分卽是衆生分外因諸渴仰發明虛想想積不休能生勝氣是故衆生心持禁戒舉身輕清心持咒印顧盻雄毅心欲生天夢想飛舉心存佛國聖境冥現事善知識自輕身命阿難諸想雖別輕舉是同飛動不沈自然超越此名外分故知因情滯著能成愛水浸

漬不休自然成墜以情地幽隱故爲內分以舉念緣塵以象名想運動散亂故名外分一切境界非想不生故經云若知一切國土唯想持之是則名爲初發心菩薩又華嚴經頌云勇猛諸佛子隨順入妙法善觀一切想纏網於世間衆想如陽燄令衆生倒解菩薩善知想捨離一切倒衆生各別異形類非一種了達皆是想一切無眞實十方諸衆生皆爲想所覆若捨顛倒見則滅世間想世間如陽燄以想有差別知世住於想遠離三顛倒譬如熱時燄世見謂爲水水實無所有智者不應求衆生亦復然世趣皆無有如

飡住於想無礙心境界若離於諸想亦離諸戲論愚癡著想者悉令得解脫遠離憍慢心除滅世間想住盡無盡處是菩薩方便又云譬如有人將欲命終見隨其業所受報相行惡業者見於地獄畜生餓鬼所有一切衆苦境界或見獄卒手持兵仗或瞋或罵囚執將去亦聞號叫悲歎之聲或見灰河或見鑊湯或見刀山或見劍樹種種逼迫受諸苦惱作善業者卽見一切諸天宮殿無量天衆天諸婇女種種衣服具足莊嚴宮殿園林盡皆妙好身雖未死而由業力見如是事大智度論云如乾闥婆城者非城人心想爲

城凡夫亦如是非身想爲身非心想爲心故知地獄天堂本無定處身猶未往已現自心境不現前唯心妄見可驗苦樂之境本無從出善惡之事唯自召來空是空非妄生妄死如達磨大師云由已見故不得道已者我也若無我者逢物不是非是者我自是而物非是也非者我自非而物非非也若入宗鏡我法俱空心境自亡是非咸寂神性獨立對待無從斯皆悟本而成非因學得如先德云境自虛不須畏終朝照矚元無對設使任持浮幻身任運都無舌身意又昔人偈云靈神泯是非現身安樂國所以論云智境

豁然名爲佛國又如有學人問百丈和尚云對一切境如何得心如木石答一切諸法本不自言是非垢淨亦無心繫縛人但人自虛妄計著作若干種解起若干種見生若干種畏愛但了諸法不自生皆從自己顛倒取相而有知心與境本不相到當處解脫一一諸法一一諸心當處寂滅當處是道場又本有之性不可名目本來不是凡不是聖不是愚不是智不是垢不是淨亦非空有善惡與諸染法相應名衆生界與諸淨法相應名人天二乘若垢淨心盡不住繫縛解脫無一切有爲無爲縛脫等心量處於生死其

心自在畢竟不與諸虛幻塵勞蘊界生死諸入和合迥然無住一切不拘去來無礙往來生死如門開相似問地獄既是非情云何動作答是有情不思議業力所感令受罪衆生自見有如是事如成劫風雖是無情亦能成劫似磁毛石豈有識想令鐵轉移設使衆生輪迴六趣善惡昇沈實無主宰人法俱空所以先德云往復無際動靜一原含衆妙而有餘超言思而迥出者其唯法界乎故知若入一際法界之中有何差別能所冥合境智同如豈可更有一法爲動爲靜隨業識之轉乎若未入法界不悟此宗但有一法

當情。皆是自之業識。離識之外。決定無法。問。凡所施爲。皆是自心者。云何殺生而得殺罪。答。皆是依於自心分別。强執善惡之因。妄受苦樂之果。若究三輪之體。能殺所殺本空。是以文殊執劒於瞿曇。鴦崛持刀於釋氏。終不見生見殺。執自執他。妄受輪迴。酬還罪報。識論問云。若彼三界。唯是內心。無有身口外境者。何故屠獵師等。殺害猪羊等。得殺生罪。偈答云。死依於他心。亦有依自心。依種種因緣。破失自心識。釋曰。如人依鬼。毗舍闍等。是故失心。或依自心。是故失心。或有憶念愛不愛事。是故失心。或有夢見鬼著失心。

或有聖人神通轉變。前人失心。如一比丘。夜蹋瓜皮。謂殺蝦蟇。死入惡道。故云死依於他心。亦有依自心者。以依仙人嗔心。嗔毗摩質多羅阿修羅王。故殺餘衆生。此依他心。他衆生心。虛妄分別。命根謝滅。以彼身命相續斷絕。應如是知。頌云。經說檀拏迦。迦陵摩登國。仙人嗔故空。是故心業重。問。依仙人嗔心。依仙人鬼。殺害如是三國衆生。非依仙人嗔心而死。答。佛問尼乾子言。摩登伽等三國衆生。汝頗曾聞。云何而死。爲身業殺。爲意業殺。尼乾子言。瞿曇。我昔曾聞。仙人嗔心。以意業殺爾所衆生。佛言。以是成我義。三界

唯心。無身口業。何以故。如世人言賊燒山林。聚落城邑。不言火燒。此義亦爾。唯依心。其善惡業得成。故偈云。諸法心爲本。諸法心爲勝。離心無諸法。唯心身口名。成實論云。若離心有業。非衆生亦應有罪福。如風頹山。惱害衆生。風應有罪。若吹香華。來墮塔寺。亦應有福。是則不可。故知離心無罪福也。以此文證。罪福據心。無身口業。身口業者。但有名字。實是意業。身口名。說華嚴會意云。凡有見自見他。皆是迷心自現。何者。如見他持刀殺自。當知他自皆從自生。以離自見心。無自他故。非但自他是心妄現。卽所持刀杖。故亦

是自心。何以故。心外無彼實刀杖故。見所持者。唯六塵故。由不知自心現。見殺卽惶懼不安。若了唯是自心。縱殺誰憂誰懼。皆由妄心生。故種種有。妄心滅。故種種無。旣知唯心妄現。心不見心。卽物我俱亡。憂喜咸寂。又如夢中殺事。亦如是也。如說世間恆如夢。不可得有無。密嚴經云。內外境界。心之所行。皆唯是識。惑亂而見。此中無我。亦無我所。能害所害。害及害具。一切皆是意識境界。依阿賴耶識。如是分別。又古師問云。若所見皆是自相分。如何殺自相分而得怨報。答。雖觀他人浮塵根是自相分。於他是親相分。有執

受故如悞殺他卽斷命根卽有罪於自卽是踈相分問經中所云一切法如夢以證唯心者云何夢中事虛寤中事實果報不等法喩不齊云何引證答所申譬況皆爲不信之人假此發明所以智不難喻但求見道證會自心何用檢方便之詮執圓常之理此夢喻一法證驗最親識論答外難云汝言夢中所見飮食飢飽刀杖毒藥如是等事皆悉無用寤時所見如是等事皆悉有用此義不然頌云如夢中無女動身失不淨如夢交會漏失不淨衆生如是無始世來虛妄受用色香味等外諸境界亦復如是實無而成又

問若夢中無境寤亦爾者何故夢中寤中行善惡法愛與不愛果報不等答唯有內心無外境界以夢寤心差別不同是故不依外境成就善不善業是以在夢位心由睡眠壞勢力羸劣心弱不能成善惡業覺心不爾故所造行當受異熟勝劣不同非由外境設覺中所受苦樂實果報亦無作者受者悉如幻夢又論云睡眠昧略爲性者疏云昧簡在定略別寤時義天鈔云昧簡在定者此睡眠位雖然專注一類微細之境與定不同定意識取境明了故此乃闇昧略別寤時者彼覺寤時心極明利具能緣於六塵之境則

寤時心心所緣境寬廣也此睡眠位心心所不明利故唯緣一法塵境取境少故名爲略也寶積經偈云諸法自性不可得如夢行欲悉皆虛但隨想起非實有世尊之法亦如是以一切法念念無住故念念生滅故念念不可得故念念無自性故夢寤所受憂喜苦樂雖延促不等果報有殊然悉從識變皆因想成道理推窮無不平等並是明闇意識所行境界覺中是明了意識夢中是夢中意識覺夢雖殊俱不出意故經云寤則想心寐爲諸夢若無夢則諸境不現無想則萬法不成以隨意生形從想立法故若有入此

如夢法門則親證唯心疾成佛智能滿菩提之道廣興法利之門如華嚴經頌云菩薩了世法一切皆如夢非處非無處體性恆寂滅諸法無分別如夢不異心三世諸世間一切悉如是夢體無生滅亦無有方所三界悉如是見者心解脫夢不在世間不在非世間此二不分別得入於忍地譬如夢中見種種諸異相世間亦如是與夢無差別住於夢定者了世皆如夢非同非是異非一非種種衆生諸剎業雜染及清淨如是悉了知與夢皆平等菩薩所行行及以諸大願明了皆如夢與世亦無別了世皆空寂不壞於世

法譬如夢所見長短等諸色是名如夢忍因此了世法疾成無礙智廣度諸羣生修行如是行出生廣大解巧知諸法性於法心無著成唯識寶生論云如夢有損用雖無外境理亦得成由於夢內男女兩交各以自根更互相觸雖無外境觸而有作用成現流不淨但是識想自與合會爲其動作此既如是於餘亦然惡毒刀兵霜雹傷害雖無外境但依其識有毒刀等何理不成乃至若爾夢餐毒等應成身病此亦申其唯識有用猶如於境而有定屬還將後答用杜先疑或復有時見其毒等雖無實境而有作用由見不

被蛇之所螫然有疑毒能令悶絕流汗心迷若遭蛇螫亦於夢中由咒天等增上力故遂令飽食氣力充強又復聞乎爲求子息事隱林人夢見有人共爲交集便得其子如何得知於彼夢內被毒等傷是爲非有睡覺之後不覩見故今此所論還同彼類於現覺時將爲實事見毒藥等執爲非謬眞智覺時便不見故同彼夢中體非是實然於夢中許實色等彼亦獲斯非所愛事毒等果用便成實有若言無者但有毒相等用無此云毒狀便成違害許毒相等固成無益於其識上藥體無故是故定知實無外境但於覺心

生其作用猶如於夢覺亦同然斯乃眞成稱契道理釋曰且如夢中實無蛇螫識心纔變怖境縱然如同蛇螫若覺中實被蛇螫疑心不生亦不爲害近聞世間有人於路被毒蛇螫脛其人自見爲是樹椿所傷行經三十餘里毒亦不發忽遇禁蛇之人指云汝被毒蛇螫了纔聞是語疑心頓起毒發便終若執心外實有毒蛇之境心未生時毒何不發故知心外無境蛇毒不能殺人心毒起時自能成害是以境無心有境便現前境有心無境終不現例一切法悉亦如然可驗唯心成就宗鏡如教中佛密意說如幻等總有

十喻於中夢喻所悟不同隨智淺深且約五種一世間凡夫解者只知浮生短促如夢不久二聲聞證處但了夢心生滅無常苦空無我三小菩薩悟夢不實徹底唯空四大菩薩達夢唯心非空非有夢中所見故非空覺後寂然故非有五祖佛圓證法界如正夢時只一念眠心現善惡百千境界況瞥起一念心時具十種法界因果重重無盡歷歷區分如法華夢入銅輪成佛度生經無量劫華嚴善財登閣於一念夢定之心刹那之間悉見不可思議三世佛事如古詩云枕上片時春夢中行盡江南數千里

宗鏡錄卷七十八

音釋

翥章恕切擧也　盼匹見切視也　樅七恭切樅然猶森然也　脛胡定切脚脛也　椿株江切橛也

宗鏡錄卷七十九

宋慧日永明妙圓正修智覺禪師延壽集

夫心外無法法外無心如是了知則眞善知識一心妙理圓證無疑何故聞外善惡知識而生聽受答皆是增上因緣和合虛妄分別而成彼此情生無有眞實識論問云何故遇善知識聞說善法值惡知識聞說惡法若無外一切外境者彼云何說若不說者云何得聞若不聞者此云何成偈答遞共增上因彼此心緣合以一切衆生虛妄分別思惟憶念彼說我聞而實無有彼前境界是以若執內外則心境對治何

未入於信門何乃稱於聽法持心梵天所問經云眼耳鼻舌身意無所流聞乃曰聽經其有染汙於諸入者則無所聞便在於色金剛場陀羅尼經云無有諸法是名一字陀羅尼法門若能如是信解則聽者無聞無得心境不二方聞佛所說經可謂眞聞遇善知識若以緣心聽法此法亦緣非得法性則隨境界流逐因緣轉皆爲不了自法遂令內外緣分如經云佛言隨有是經之處則爲有佛若我住世無異故知自心之佛無處不徧寧論前後出沒耶若隨異境則生滅無常見他佛則隱顯無恆誦他經則音聲間斷故

祖師云外求有相佛與汝不相似志公云每日誦經千卷紙上見經不識又先德云出息不依外緣入息不依陰界而住常轉如是經非但百千萬卷爭如悟此眞善知識念念現前自轉無盡藏經熾然恆演問若心虛境寂理實無差現對根塵事相違反如何明徹境智一如答一期根境俗有眞無畢竟自他皆無所得又若定執眞有俗無則成增減二謗但二諦雙會圓了一心如佛性論難云若諸法無實性者即與證量相違則能所習不可得我現見聲耳相對所以得聞故知不空釋曰是義不然何以故是能所及證

量自性皆不可得自性不成若一性不成者多性云何成又汝說證量云何成者今我立證量顯了二空諸法空故自性不可得如見幻事幻物者證量所見不如實有諸法亦爾不如所見而有所見由體不實故不有由證量故不無由體無故空義得成以證量故假有不失又云依他性相者能執所執增益又損減由解此性故此執不生若見眞爲有則是增益名爲常見若見俗定無則是損減名爲斷見唯有似塵識故別無能所無能所故無增益執由有似塵識故無損減執若知外塵是識而似顯現則非無了外相

太虛如幻所作則非有非無則不壞俗諦非有則不隱眞諦是以眞俗融卽而常異空有雙現而恆同方越戲論之情始會一心之旨如摩訶般若經云說是般若波羅蜜品時佛在四衆中天人龍鬼神緊那羅摩睺羅伽等於大衆前而現神足變化一切大衆皆見阿閦佛比丘僧圍繞說法乃至爾時佛攝神足一切大衆不復見阿閦佛聲聞人菩薩摩訶薩及其國土不與眼作對何以故佛攝神足故爾時佛告阿難如是阿難一切法不與眼作對法法不相見法法不相知如是阿難如阿閦佛弟子菩薩國土不與眼作

對如是阿難一切法不與眼作對法法不相知法法不相見何以故一切法無知無見無作無動不可捉不可思議如幻人無受無覺無眞實菩薩摩訶薩如是行爲行般若波羅蜜釋曰若行般若者則是直了一心智性了色無形非眼境界乃至達法體寂非意所知但是隨心暫現還隨心滅故云一切法無知無見大智度論云相不能知無相譬如刀雖利不能破空無相不能知相者有人言內智慧無定相外所緣法有定相心隨緣而生是故說無相不應知相譬如鉶刀雖有物無刀可斫是知若心有境無亦不知見

若心無境有亦不知見若心境俱有各無自性各既不知合豈成見若心境俱無亦不知見有尚不知無豈成見則心境俱空萬有咸寂如是則尚無一法冥合相順寧有根境對待而作相違者乎如一切差別違順之境皆是一心之量無有障礙亦無解脫譬如水不洗水火不滅火何者以一體故不相陵滅若有異法方成對治如今但先得旨自合眞如故經云法隨於如無所隨故若有所隨則有能隨之別既無所隨亦無能隨故則法外無如如外無法所以經云如理作意於一切法平等相應是則具足一切佛法華

嚴疏云以如爲佛則無境非如者大品經答常啼云諸法如卽是佛金剛經云如來者卽諸法如義既以如爲佛一切法皆如也何法非佛耶若信一如此是開悟本法生決定解入自在門如華嚴論云經云善男子我得自在決定解力信眼清淨智光照曜普觀境界離一切障善巧觀察普眼明徹具清淨行往詣十方一切佛國土恭敬供養一切諸佛此明舉本果法令凡信樂修行從初發心修行慣習十地功終方依及此初時本樣果法也還以法界中時不遷智不異慈悲不異願行不異之所成就以於法界大智無

延促中修行故不如情解有修行者莫作延促時分修學應須善觀法界體用莫如世情作一刹那計作三僧祇計如法界中都無脩短遠近故以此解行如法修行於諸境界善照生滅令使執盡而成智之大用於自心境莫浪攝持但知放蕩任性坦然習之觀照執盡智現生滅自無業垢自淨會佛境界同如來心佛見自會非由捉搦緩作別治令心狂惑但自明心境見融執業便謝見亡執謝一切萬法本自無瘡智境朗然名爲佛國也無煩强生見執永自沈淪自作自殃非他能與問若約見聞外境則色不至眼眼

不至色可言唯心無相可得只如飲噉之時根境相入若言無相不可以心喫心答六根六境雖則離合不同皆唯識變味性本空若非是識誰知鹹淡古師云只喫相分本質自在問如喫了質亦亡如何答能隨既亡所隨亦滅亦如二十人共一株樹一人伐之十九人所隨亦滅又唯識義鏡釋云共果同在一處不相障礙者問且如一樹有情共變而一有情伐用之時爲用自變爲兼用他若唯自者餘人變者應存不亡樹何不見若亦用他何名唯識答有云樹等既是共相種生皆相隨順互相增益彼一有情自所變

者所緣親用他所變者與自所變爲增上緣亦踈緣用一切相望自爲所順他爲能順由所順無能順亦滅由斯樹喪唯識亦成問何以得知互相增益答對法論云有情共業爲增上緣問既但唯心無有萬法目前差別從何建立答萬法但名實無體相因名立相相狀元空因相施名名字本寂唯想建立名相俱虛反窮想原亦但名字既無想體分別則空故知萬法出自無名萬名生於無相名不當相相不當名彼此無依萬法何在相待之名既寂分別之想俄空如幻之境冥眞所執之情合覺密嚴經頌云世間種種

法一切唯有名但想所安立離名無別義又頌云能知諸識起無有所知法所知唯是名世法悉如是以名分別法法不稱於名諸法性如是不住於分別以法唯名故想即無有體想無名亦無何處有分別若得無分別身心恆寂靜如木火燒已畢竟不復生又頌云如見杌爲人見人以爲杌人杌二分別但有於名字諸大和合中分別以爲色若離於諸大色性即無有問若以唯識爲宗則世出世間唯是一識萬法皆決定空耶答以唯識故則有世俗諦既有世俗則有似塵識幻相不無以無實不可得故稱空耳不可

起虵足鹽香決定斷空之見如密嚴經偈云瓶等衆境界悉以心爲體非瓶似瓶現是故說爲空世間所有色諸天宮殿等皆是阿賴耶變異而可見衆生身所有從頭至手足頓生及漸次無非阿賴耶習氣濁於心凡愚不能了此性非是有亦復非是空如人以諸物擊破於瓶等物體若是空即無能所破譬如須彌量我見未爲惡憍慢而著空此惡過於彼又經云寧可執有如須彌不可執空如芥子大般涅槃經云解脫者名不空空空空者名無所有無所有者即是外道尼乾子等所計解脫而是尼乾實無解脫故名

空空眞解脫者則不如是故不空空不空空者即眞解脫眞解脫者即是如來又解脫者名曰不空如水酒酪酥蜜等瓶雖無水酒酪酥蜜時猶故得名爲水等瓶如是瓶等不可說空及以不空若言空者則不得有色香味觸若言不空而復無有水酒等實解脫亦爾不可說色及以非色不可說空及以不空若言空者則不得有常樂我淨若言不空誰受是常樂我淨者以是義故不可說空及以不空空者謂無二十五有及諸煩惱一切苦一切相一切有爲行如瓶無酪則名爲空不空者謂眞實善色常樂我淨不動不

變猶如彼瓶色香味觸故名不空是故解脫喻如彼瓶彼瓶遇緣則有破壞解脫不爾不可破壞不可破壞即眞解脫眞解脫者即是如來問經云五陰即世間者一陰名色四陰名心云何說內外種種世間皆從心出答種種五陰皆從心起從心現相名之曰色經偈云一切世間中但有名與色若欲如實觀但當觀名色色即收盡無情國土名即收盡有識世間五陰即世間故若了五陰俱空則是出世間是知世出世間皆從心起何者若意地起貪瞋心攬三塗五陰罪苦衆生發現意地修戒善心攬人天五陰受樂衆

生發現意地證人空心攬無漏五陰眞聖衆生發現意地立弘誓心攬慈悲五陰大士衆生發現意地運平等心攬常住五陰尊極衆生發現今所以置前四陰但觀識陰如伐樹除根灸病得穴則生死之苦芽永絕煩惱之沈痾不生又若毗藍之風卷羣疑而淨盡猶劫燒之火蕩異執而無餘所以一切世間凡聖同居之處無不悉是自心如此悟入名住眞阿蘭若正修行處非論小大之隱不墮喧靜之觀所以古德云處衆不見諠譁獨自亦無寂寞何故不見喧寂以但了一心故如大乘本生心地觀經云爾時佛告彌

勸菩薩摩訶薩言汝善男子當修學者但有一德是人應住阿蘭若處求無上道云何爲一謂觀一切煩惱根原即是自心了達此法堪能住止阿蘭若處所以者何譬如狂犬被人驅打但逐瓦石不逐於人未來世中住阿蘭若新發心者亦復如是若見色聲香味觸法其心染著是人不知煩惱根本不知五境從自心生即此名爲未能善住阿蘭若處以是因緣樂住寂靜求無上道一切菩薩摩訶薩等若五欲境現前之時觀察自心應作是念我從無始至于今日輪迴六趣無有出期皆自妄心而生迷倒於五欲境貪

愛染著如是菩薩名爲堪住阿蘭若處是知不悟自心徒栖遠谷避喧求靜古人云舉世未有其方若頓了自心是眞阿蘭若乃至光明徧照萬德俱圓若不自明則輪迴諸趣如頓證毗盧遮那法身字輪瑜伽儀軌釋如來法身觀者先觀發起普賢菩薩微妙行願復應以三密加持身心則能入文殊師利大智慧海然修行最初於空閑處攝念安心閉目端身結加趺坐運心普緣無邊刹海諦觀三世一切如來徧於一一佛菩薩前慇懃恭敬禮拜旋繞又以種種供具雲海奉獻如是等一切聖衆廣大供養已復應觀自

心心本不生自性成就光明徧照猶如虛空復應深起悲念哀愍衆生不悟自心輪迴諸趣我當普化拔濟令其開悟盡無有餘復應觀察自心諸衆生心及諸佛心本無有異平等一相成大菩提心瑩徹淸淨廓然周徧圓明皎潔成大月輪量等虛空無有邊際故知心無際故猶若虛空豈存初後如華嚴經頌云心住於世間世間住於心於此不妄起二非二分別是以說一說二是世間語言立是立非屬意地分別若頓悟自心直入宗鏡尙不見無分別豈特生分別乎如經頌云了知非一二非染亦非淨亦復無雜亂

皆從自想起不唯世法施爲乃至諸聖作用起盡根由皆不出宗鏡故經偈云刹海無邊妙莊嚴於一塵中無不入如是諸佛神通力一切皆由業性起如斯妙旨是現證法門但初生此信猶可虛襟況證入之時自斷餘惑言亡象絕識滅情消故祖師云唯證乃知難可測起信論云證發心者從淨心地乃至菩薩究竟地證何境界所謂眞如以依轉識說爲境界而此證者無有境界唯眞如智名爲法身問內外唯心是平等理云何身土不同內身有覺外境無知答世界身土法爾如然不可執一執異自生情見若言法

爾者卽法如是或云法性者若是法性卽以本識如來藏身爲所依持恆頓變起外諸器界不出此二一法應如是二藏識變起又衆生業力亦菩薩萬行爲因等所現世界皆是藏識相分相分之中半爲外器而不執受半爲內身執爲自性生覺受故如來藏識何緣如此法如是故行業引故上雖分執受不執受二義俱無自性全以佛法界如如一眞心爲體當知依卽正正卽依不出一心眞性矣且性無不包有情無情有覺無覺皆自心性爲體隨緣發現應處方知如世間致生祠堂有政德及民往往有遺愛去思爲

立祠宇中塑像以四時饗之其人當饗祭日則酒氣腹飽亦如丁蘭至孝刻木爲母晨昏敬養形喜慍之色且土木不變唯心感耳問立識方成唯識義云何境識俱遣答顯識論云立唯識乃一往遣境留心究竟爲論遣境爲欲空心是其正意是故境識俱泯卽是實性實性卽是阿摩羅識所以唯識論亦名破色心論佛性論云經中佛以幻師爲譬佛告迦葉譬如幻師作諸幻像所作等幻虎還食幻師迦葉如是觀行比丘隨觀一境顯現唯空故實無所有虛無眞實云何能得離此二邊由依意識生唯識智唯識智者

卽無塵體智是唯識智若成則能還滅自本意識何以故以塵無體故意識不生意識不生故唯識自滅故意識如幻師唯識智如幻虎以意識能生唯識故唯識觀成還能滅於意識何以故由塵等無故意識不生譬如幻虎還食幻師如提婆法師說偈言意識三有本識塵是其由若見塵無體有種自然滅入楞伽經云但不取諸境名爲識滅實不滅識何者以境本空從識變故以識無體不須滅故是以識心無體隨境有無見空生空見色生色事來卽起事去還無如傳奧法師云妄念所緣於有色處則不見空但見

於色於無色處則見有空緣有時無時亦爾緣有時則見有心生見無心滅緣無時則見無心生見有心滅此皆妄念所緣之境又事上無事本全是心念起塵生念寂塵滅如起信論云以一切色法本來是心實無外色然既無外色亦無外空空尙是無色焉能有論云若無色者則無虛空之相疏釋云本以待色爲空今既唯心無色何得更有於空也故知萬法皆相待而有若入宗鏡自然諸法絕待歸本眞心故論云所謂一切境界唯心妄起若心離於妄動則一切境界滅唯一眞心無所不徧問世人多執有情動作

有識。無情不動作無識。且如葵藿向日而轉。芭蕉聞雷而生。橘得屍而敷榮。鐵因石而移動。又如麴發酒醋。火爇山林。此等皆是無情。云何動作。答有情無情各有二義。若有情生死。一是衆生業力所爲。二是法界性自然生。若無情轉動。一是異法性自爾。二是法作。如大涅槃經云。佛告師子吼菩薩。善男子。汝言衆生悉有佛性。得阿耨多羅三藐三菩提。如磁石者。善哉善哉。以有佛性因緣力故。得阿耨多羅三藐三菩提。若言不須修聖道者。是義不然。善男子。譬如有人。行於曠野。渴乏遇井。其井極深。雖不見水。當知必有。

是人方便求覓罐綆汲取。則見。佛性亦爾。一切衆生雖復有之。要須修集無漏聖道。然後得見。乃至譬如衆生造作諸業。若善若惡。非內非外。如是業性。非有非無。亦復非是本無今有。非無因出。非此作此受。此作彼受。彼作彼受。無作無受。時節和合而得果報。衆生佛性。亦復如是。亦復非是本無今有。非內非外。非有非無。非此非彼。非餘處來。非無因緣。亦非一切衆生不見。有諸菩薩。時節因緣和合得見。時節者。所謂十住菩薩摩訶薩。修八聖道。於諸衆生。得平等心。爾時得見。不名爲作。善男子。汝言如磁石者。是義不然。

何以故。石不吸鐵。所以者何。無心業故。善男子。異法有故異法出生。異法無故異法滅壞。無有作者。無有壞者。善男子。猶如猛火。不能焚薪。火出薪壞。名爲焚薪。善男子。譬如葵藿。隨日而轉。如是葵藿。亦無敬心。無識無業。異法性故。而自迴轉。善男子。如芭蕉樹。因雷增長。是樹無耳無心意識。異法有故異法增長。異法無故異法滅壞。善男子。如阿叔迦樹。女人摩觸。華爲之出。是樹無心。亦無覺觸。異法有故異法出生。異法無故異法滅壞。善男子。如樹得屍。果則滋多。如是橘樹。無心無觸。異法有故異法滋多。異法無故異法

滅壞。善男子。如安石榴樹。𡐛骨糞故。果實繁茂。安石榴樹。亦無心觸。異法有故異法出生。異法無故異法滅壞。善男子。磁石吸鐵。亦復如是。異法有故異法出生。異法無故異法滅壞。衆生佛性。亦復如是。不能吸得阿耨多羅三藐三菩提。善男子。無明不能吸取諸行。行亦不能吸取識也。亦得名爲無明緣行。行緣於識。有佛無佛。法界常住。故知法法無心。塵塵本寂。寂而常用。用而常寂。法無心而隨緣成壞。人無心而諸行遷流。如芭蕉聞雷。葵藿向日。無明不取諸行。諸行不吸識心。則法法不相到。法法不相知。法法不相待。

法法不相借皆性自爾故法如是故是以金剛三昧經云心不生境境不生心何以故凡所見境唯所見心卽不相到也華嚴經頌云諸法無作用亦無有體性是故彼一切各各不相知卽不相知也維摩經云一切法生滅不住如幻如電諸法不相待乃至一念不住卽不相待也寶藏論云火不待日而熱風不待月而涼堅石處水天鼓遊光明暗自爾乾濕同方物尚不相借豈況道乎卽不相借也如火以熱爲性風以涼爲性豈假藉他緣乎天鼓者日也常遊光照四天下日出卽明日沒卽暗皆是法爾非關造作堅石處水者石雖處水水不入石雖同一處石自乾而水自濕故知法法標宗塵塵絕待則非因緣亦非自然矣問旣唯一眞心教中云何復說諸法如幻答了境是心萬法奚有以依心所起無有定體皆如幻化畢竟寂滅寶積經云爾時世尊告幻師言一切眾生及諸資具皆是幻化謂由於業之所幻故諸比丘眾亦是幻化謂由於法之所幻故我身亦幻智所幻故三千大千一切世界亦皆是幻一切眾生共所幻故凡所有法無非是幻因緣和合之所幻故又教中總明十喻如幻如化如夢如影等此是諸佛密意破眾生

執世相爲實起於常見世間共知幻夢等法是空則不信人法心境等如幻夢亦空所以將所信之虛破所信之實令所信之實同所信之虛然後乃頓悟眞宗徧一切處心內心外決定無有實法建立大莊嚴論云我昔曾聞有一幻師有信樂心至耆闍山爲僧設會供養已訖幻尸陀羅木作一女人端正奇特在大眾前抱捉此女而嗚唼之共爲欲事時諸比丘見此事已咸皆嫌忿而作是言此無慚人所爲鄙褻知其如是不受其供時彼幻師旣行欲已聞諸比丘譏訶嫌責卽便以刀斫刺是女分解支節挑目截鼻種種苦毒而殺此女諸比丘等又見此事倍復嫌忿我等若當知汝如是寧飲毒藥不受其供乃至爾時幻師卽捉尸陀羅木用示眾僧合掌白言我向所作卽是此木於彼木中有何欲殺欲安眾僧身故設此飲食欲令眾僧心安故爲此幻耳願諸比丘聽我所說豈可不聞佛於脩多羅中說一切法猶如幻化我今爲欲成彼語故故作斯幻如斯幻身無壽無命識之幻師運轉機關令其視眴俯仰顧盻行步進止或語或笑以此事故深知此身眞實無我華嚴經頌云世間種種法一切皆如幻若能如是知其心無所動諸

業從心生故說心如幻若離此分別普滅諸有趣譬如工幻師普現諸色像徒令衆貪樂畢竟無所得世間亦如是一切皆如幻無性亦無生示現有種種度脫諸衆生令知法如幻衆生不異幻了幻無衆生衆生及國土三世所有法如是悉無餘一切皆如幻幻作男女形及象馬牛羊屋宅池泉類園林華果等幻物無覺知亦無有住處畢竟寂滅相但隨分別現菩薩能如是普見諸世間有無一切法了達悉如幻衆生及國土種種業所造入於如幻際於彼無依著如是得善巧寂滅無戲論住於無礙地普現大威力又

入法界品時童子童女告善財言善男子我等證得菩薩解脫名爲幻住得此解脫故見一切世界皆幻住因緣所生故一切衆生皆幻住業煩惱所起故一切世間皆幻住無明有愛等展轉緣生故一切法皆幻住我見等種種幻緣所生故一切三世皆幻住我見等顚倒智所生故一切衆生生滅老死憂悲苦惱皆幻住虛妄分別所生故一切國土皆幻住想倒心倒見倒無明所現故一切聲聞辟支佛皆幻住智斷分別所成故一切菩薩皆幻住能自調伏教化衆生諸行願法之所成故一切菩薩衆會變化調伏諸所

施爲皆幻住願智幻所成故善男子幻境自性不可思議大集經偈云如來法界無差別爲鈍根者說差別宣說一法爲無量如大幻師示衆生清淨疏釋如幻忍者如一巾幻作一象楞伽經云智不得有無而興大悲心由了體空不壞幻相差別故如象生卽是象死此二對應成四句謂此二無二故非異無不二故非一非一卽非異故非非一非異卽非一故非非異亦絕雙照故非亦一亦異若以巾上二義對象上二義辯非一異略有十句一以巾上成象義對象上差別義合爲一際名不異此是以本隨末就末明不

異經云法身流轉五道號曰衆生如來藏受苦樂與因俱若生若滅等二以巾上住自位義與象上體空義合爲一際名不異此是以末歸本就本明不異經云一切衆生卽如不復更滅等三以攝末所歸之本與攝本所從之末此二雙融無礙不異此是本末平等爲不異以前二經文不相離故四以所攝歸本之末亦與所攝隨末之本此二相奪故名不異此是本末雙泯明不異以眞妄平等異不可得次下四門明非一謂五以巾住自位義與象上差別義此二本末相違相背故名非一楞伽經云如來藏不在阿賴耶

中是故七識有生滅如來藏者不生滅此之謂也六巾上成象義與象上體空義此二本末相反相害故非一勝鬘經云七識不流轉不受苦樂非涅槃因唯如來藏受苦樂等七以初相背與此相害此二義別故名非一謂相背則各相背捨相去懸遠相害則相與敵對親相食害是故近遠非一以前經文不相雜故八以極相害俱泯而不泯與極相背俱存而不存不存不泯義爲非一此是成壞非一以七識卽空而是有故眞如卽隱而是顯故九上四非一與四非異而亦非一以義不雜故又相違是存相害是泯然存

上有不存之義泯上有不泯之義若唯泯無不泯則色空俱亡無可相卽以不全泯故雖相卽而色空歷然若唯存無不存則色空各有定性不得相卽由有不存故雖歷然而得相卽以體虛故十然亦不異以理徧通故法無二故若以不異門取諸門極相和會若以非一門取諸門極相違害極違而極順者是無障礙法也又釋云別明義理於中有二先成有無後成四句言有無者以三性中各有二義皆有無故圓成二者一性有二相無依他二者一緣有二性無徧計二者一情有二理無今初巾中卽圓成二義徧象

皆是依他二義二徧是能成之因託眞而起故用有體無用有卽是緣有體無卽是性無三象是所成之果故相有實無相有卽是緣有實無卽是性無四明依圓不離卽事同眞生喻於事死喻於眞事泯理顯故生無死有以無礙故者出其所因卽事理無礙也五中就情則有妄見分明故就理則無以是妄計必非有故所以幻喻廣說有無者以惑情所封有無皆失理無惑計有無皆眞是知幻喻諸法非實非虛非空非有若無於有不成於無若無於無不成於有有無交徹萬化齊融又五中各具四句顯成四句者於

中有二初一重四句後重重四句今初又二先正顯後簡非今初也初性有相無四者一有眞性有故二空無諸相故三亦有亦空義門異故四非有非空互融奪故二用有體無四者一有迷眞有用故二空依眞無體故三亦有亦空體用不壞故四非有非空無體之用故非有卽用之體故非空三相有實無四者一有事相現故二空圓成無實故三俱存無性不礙圓成圓成不礙無性故四俱非圓成卽無性故非有無性卽圓成故非空四生卽是無死卽是有四者一眞性顯故二依他卽無性故三性相雙存故四性相

卽奪故五情有理無四者一徧計妄情能招生死故二卽理而求不可得故三要由理無方卽情有若無情有不顯理無故四情有卽理無理無卽情有故已上四句然皆具德以稱眞故不同情計定執四句成謗皆卽有之空方爲具德之空卽空之有方爲具德之有又盡有之空盡空之有方爲具德又四句齊照成解境故四句齊泯成行境故皆言亡慮絕方爲具德耳所以昔人云巫山臺上託雲雨以去來舒姑水側寄泉流而還往故知聚沫之身非有如幻之心本空豈有欲情而成實事又如莊周達體虛如幻見自

身爲蝴蝶及夢中自見已身遊天涯是以凡夫盲無慧目妄取前塵男女等相如幻化法但誑心眼都無實事皆業識心動起見現相意識分別强立我人自他差別若能識幻方悟前非終不於空而興造作又此幻法多人錯解執一切法如幻如化便作空無之見如方廣外道立空無爲宗不知實義故華嚴論云了如幻法是堅固義言堅固者卽是常住義豈可作空無之解故知此幻卽眞幻不可得無幻之幻名爲幻法絕見之見方名見幻問諸法不眞各無自性刹那變異故稱爲幻佛身常住豈稱幻耶答諸佛略有

二身一眞實身二方便身以衆生有不見如來眞實身故示方便身令入眞實若悟入時卽方便身是常住體了幻不可得故如鴦崛魔羅是一切寶莊嚴國一切世間樂見上大精進佛以本願力入幻網門現跡同凡示行殺害後見佛悟道惡業頓消令一切衆生知得道業亡不生邪執皆令仰慕佛法難量不可思議有大威力所以鴦崛魔羅經偈云如來所變化衆生悉不知如來所作幻衆幻中之王大身方便身是則爲如來問一切法如幻云何有垢淨能所對治答只爲如幻故垢淨不定由心迴轉凡聖法生故思

益經云垢法說淨見垢實性故淨法說垢貪著淨相故又莊嚴經論云問若諸法同如幻以何義故一爲能治一爲所治偈答云譬如强幻王令餘幻王退如是清淨法能令染法盡釋曰彼能治淨法亦如幻王由能對治染法得增上故彼所治染法亦如幻王由於境界得增上故如是清淨法能令染法盡者如彼强力幻王能令餘幻王退以染淨法各有增上力隨境自在轉故稱爲王所以圓覺經云爾時世尊告普眼菩薩言善男子彼新學菩薩及末世衆生欲求如來淨圓覺心應當正念遠離諸幻先依如來奢摩他

行堅持禁戒安處徒衆宴坐靜室恆作是念我今此身四大和合所謂髮毛爪齒皮肉筋骨髓腦垢色皆歸於地涕唾膿血津液涎沫痰淚精氣大小便利皆歸於水煖氣歸火動轉歸風四大各離今者妄身當在何處即知此身畢竟無體和合爲相實同幻化四緣假合妄有六根六根四大中外合成妄有緣氣於中積聚似有緣相假名爲心善男子此虛妄心若無六塵則不能有四大分解無塵可得於中緣塵各歸散滅畢竟無有緣心可見善男子彼諸衆生幻身滅故幻心亦滅幻心滅故幻塵亦滅幻塵滅故幻滅亦

滅幻滅滅故非幻不滅譬如磨鏡垢盡明現善男子當知身心皆爲幻垢垢相永滅十方清淨善男子譬如清淨摩尼寶珠映於五色隨方各現諸愚癡者見彼摩尼實有五色善男子圓覺淨性現於身心隨類各應彼愚癡者說淨圓覺實有如是身心自相亦復如是由此不能遠於幻化釋曰珠中無五方之色因光所映性中無五趣之身隨業而現迷珠者執珠中實色昧性者認性內虛身法喻皎然眞僞可驗

宗鏡錄卷七十九

音釋

搦眤格切持也　麴去匊切酒媒也　罐綆罐古玩切汲器也綆古杏切汲井索也

宗鏡錄卷八十

宋慧日永明妙圓正修智覺禪師延壽集

夫入此宗門云何了一切法如化答以萬法無體名相本空無而忽有名之曰化如華嚴經十忍品云佛子云何爲菩薩摩訶薩如化忍佛子此菩薩摩訶薩知一切世間皆悉如化所謂一切衆生意業化覺想所起故一切世間諸行化分別所起故一切苦樂顚倒化妄取所起故一切世間不實法化言說所現故一切煩惱分別化想念所起故復有淸淨調伏化無分別所現故於三世不轉化無生平等故菩薩願力

化廣大修行故如來大悲化方便示現故轉法輪方便化智慧無畏辯才所說故菩薩如是了知世間出世間化現證知廣大知無邊知如事知自在知眞實知非虛妄見所能傾動隨世所行亦不失壞譬如化不從心起不從心法起不從業起不受果報非世間生非世間滅不可隨逐不可攬觸非久住非須臾住非行世間非離世間不專繫一方不普屬諸方非有量非無量不厭不息非不厭息非凡非聖非染非淨非生非死非智非愚非見非不見非依世間非入法界非黠慧非遲鈍非取非不取非生死非涅槃非有非無有菩薩如是善巧方便行於世間修菩薩道了知世法分身化往不著世間不取自身於世於身無所分別不住世間不離世間不住於法不離於法以本願故不棄捨一衆生界不調伏少衆生界不分別法非不分別知諸法性無來無去雖無所有而滿足佛法了法如化非有非無佛子菩薩摩訶薩如是安住如化忍時悉能滿足一切諸佛菩提之道利益衆生是名菩薩摩訶薩第九如化忍故知善不善法從心化生以無作之因受忽有之果故六祖云思惡法卽化爲地獄思善法化爲天堂毒害化爲畜生慈悲

化爲菩薩乃至皆是自性變化大智度論問云若一切法皆空如化何以故有種種說法別異答曰如佛所化及餘人所化雖不實而有種種形像別異夢中所見種種亦如是人見夢中好惡事有生喜者有生怖者如鏡中像雖無實事而隨本形像有好醜諸法亦如是雖空而各各有因緣如佛此中說於是化法中有聲聞變化有辟支佛變化有菩薩變化有佛變化有煩惱變化有業變化又云如化者化主無定物但以心生便有所作皆無有實人身亦如是本無所因但從先世心生今世身皆無有實以是故諸法如

化問不應言變化事空何以故變化心亦從修定得從此心作種種變化若人若法是化有因有果云何空答如佛說觀無生從有生得脫依無爲從有爲得脫雖觀無生法無而可作因緣無爲亦爾變化雖空亦能生心因緣復次空不以不見爲空以其無實用故言空以是故言諸法如化故知一切法皆從心生悉如幻化雖幻化不實亦可作善惡之因緣受昇沈之報應不可生於斷見但了體虛莫生取捨問凡有相法皆從變化心無形相云何化現答心本是化理不思議從心現心如化起化佛地論云心化唯二一

自身相應謂自心上化現種種心及心法影像差別二他身相應謂令他心亦現種種心及心法影像差別此並相分似見分現有義定力能令自心解非分法名化自心加被有情令愚昧者解深細法令失念者得正憶念名化他心然心無化無形質故如論說言心無形故不可變化又說法身無心心法此就二乘及諸異生定力而說彼定力劣不能化現無形質法諸佛菩薩不思議定皆能化現若不爾者云何如來現貪瞋等云何聲聞及傍生等知如來心云何經說化無量類皆令有心云何此論說諸化意業云何

經說有依他心但諸化色同實色用化根及心但有相現不同實用又就下類故作是說若爾云何不化非情令心相現非情已是心等相分云何復令有心相現若心相現則名有情非非情攝是故化心但說二種一自身二他身化等問此一心門理無異轍約機對法教有多門於一法中名字差別或名佛性或稱如來藏云何成藏義云何名佛性答如來藏者是眞識心是眞心中具有一切恆沙佛法如妄心中具有恆沙染法是心與法同一體性故名如來藏卽一切衆生有如來藏能爲佛因名有佛性如睡心中有

覺悟性如黃石中有金性白石中有銀性如是一切世間法中皆有涅槃性此性卽是衆生自實故名爲我我卽佛性隱則名爲如來藏顯則名爲法身問若衆生自實名爲佛性覺此性故名爲佛者但了一性卽契本原云何教中或說二三四五種等佛性不同答大涅槃經云正因佛性衆生心是也又云佛性者不名一法不名十法不名百法不名千法不名萬法未得菩提時一切善惡無記皆名佛性故知未得菩提時一切諸法尚非名數豈況悟了更說二三然雖開合一性無差約本末因果而分多種佛性論云佛

性有三種所謂三因三種佛性三因者一應得因二加行因三圓滿因此三因前一因則以無爲如理爲體後二因則以有爲願行爲體三種佛性者應得因中具有三性一住自性性二引出性三至得果性此三性復成三藏一所攝藏二隱覆藏三能攝藏一所攝爲藏者佛說約住自性如如一切衆生是如來藏言如者有二義一如如智二如如境並不倒故名如如言來者約從自性來來至至得是名如來故如來性雖因名應得果名至得其體不二但由清濁有異在因時爲違二空故起無明而爲煩惱所雜故名染

濁雖未卽顯必當可現故名應得若至果時與二空合無復惑累煩惱不染說名清淨果已顯現故名至得所言藏者一切衆生悉在如來智內故名爲藏以如如智稱如如境故一切衆生決定無有出如如境者並爲如來之所攝持故名所藏衆生爲如來藏二隱覆爲藏者如來自隱不現故名爲藏言如來者有二義一者現如不顛倒義由妄想故名爲顛倒不妄想故名之爲如二者現常住義此如性從住自性性來至至得如體不變異故是常住義如來性住道前時爲煩惱隱覆衆生不見故名爲藏三能攝爲藏者

謂果地一切過恆沙數功德住如來應得性時攝之已盡若至果時方言得性者此性便是無常何以故非如今得故知本有是故言常雖說三因佛性但是一性何以故正因是本有以衆生不覺故爲客塵所蔽如金在礦金體不現要假其功方成金用此正因佛性亦復如是在纏不現處煩惱礦中須先假了因智慧知有開發次藉緣因方便助顯方成大用緣用雖分體恆一味不動衆生性而成佛性矣以住自性之理在凡而卽具以引出性之事成果而不虛以應得之文處染而何失以至得之道證聖而無疑又因

自性有故能引出應得至果剋證非虛如大涅槃經云一闡提等定當得成阿耨多羅三藐三菩提故善男子譬如有人家有乳酪有人問言汝有酥耶答言我有酪實非酥以巧方便定當得故故言有酥衆生亦爾悉皆有心凡有心者定當得成阿耨多羅三藐三菩提以是義故我常宣說一切衆生悉有佛性又經論通明四種佛性初因性卽染淨緣起二因因性卽內熏發心三果性卽始覺已圓四果果性卽本覺已顯又初隨緣隱顯二微起淨用三染盡淨圓四還原顯實又初自性住性卽正因二是引出佛性卽了

因三四皆是至得果性卽緣因又初二因中理智後二果中理智因果雖異智不殊理契同無二唯一心轉絕相離言無不包融故名佛性又涅槃疏云涅槃正性有五一正性非因非因因非果非果果二因性十二因緣三因因性十二因緣所生智慧四果性三藐三菩提五果果性大般涅槃雖復分別只是一法又古釋有三種性一理性謂眞如二行性謂無漏種子三隱密性卽塵勞之疇三性隱顯雖分一體凡聖共有又約常住隨緣而分二種佛性一常住義經云其藥本味停留山中如常不輕菩薩敬四衆等以此

佛性混煩惱而不汙顯菩提而不淨以常住不變故所以菩薩不敢輕一小衆生以佛性不壞故二隨緣義經云隨其流處成種種味如常慘菩薩慜四衆等以眞心不守自性舉體隨緣而作人法經云法身流轉五道號曰衆生以衆生隨緣失性不覺不知所以菩薩常生悲慘又衆生佛性皆有二義一是所依佛性如上二義一是常住二是隨緣二能依雜染一緣成似有義二無性卽空義由染法有卽空義故所依佛性常淨不變也由染法有似有義故所依佛性隨緣成染也故知以衆生無性卽空故在凡不凡以法身隨緣故處聖非聖又以衆生緣成似有故聖不是凡以法身常住不變故凡不是聖則眞俗一際染淨恆分凡聖兩途生佛無異如是鎔融方明一心佛性古德問一切衆生佛性常住爲現爲當答三世皆常問若現常者衆生卽佛耶答如胎中子豈不同父姓若同父姓寧責者少又佛性非當現者只見此理不可推當修道乃得不可言現只見此理則約理無差修道乃得則隨事不濫又涅槃經明六盲摸象各說異端雖說不諦亦不離象如各執五陰空大等六法爲佛性雖說不著亦不離六法如頭足之中旣無有

象不可卽也頭足之外亦無別象不可離也非卽非離非內非外而得言象衆生佛性亦復如是非卽六法非離六法非內非外故名中道名爲佛性若取六法爲佛性者乃是衆盲之佛性若離六法爲佛性者如指虛空爲佛性如諸婆羅門所謗爲仙預所害取不卽不離中道爲佛性者如大王智臣所見佛性十地經云衆生身中有金剛佛性猶如日輪佛者是覺人有靈知之覺今第一義空與之爲性故名佛性非情無覺但持自體得稱爲法今眞性與之爲性故名法性故云假說能所而實無差云何無差同一性故

外典亦云天地萬物同稟陰陽之元氣也問夫言佛性境智俱收故云菩提菩提斷俱名爲菩提說智及智處俱名爲般若云何敎中云在有情數中稱佛性在無情數中稱法性答在心稱佛性在境稱法性從緣雖別能所似分約性本同一體無異如瓶貯醍醐隨諸器而不等猶水分江海逐流處而得名一味眞心亦復如是凡聖境智一際無差所以法王經云一切衆生一心佛性平等等諸法故只爲眞心不守自性隨緣轉動於轉動處立其異名古德云譬如珠向月出水向日出火一珠未曾異而得水火之名以珠

體是一能應二緣且如月爲水緣時月中未曾無火性日爲火緣時日中未曾無水性何以故二性相冥故但緣水火事有優劣故使二性冥伏不現各從自體得水火名非全無性眞如一心亦復如是在有情中名佛性在無情中名法性一如未曾異而得法佛之名以眞如體一能應二緣且如有情正爲佛緣時有情未曾無法性無情正爲法緣時無情未曾無佛性何以故二性相冥故但由色心事有優劣故二性冥伏不現各從自體得法佛名非全無性清涼記云法性卽佛性者故經云知一切法卽心自性若以心

性爲佛性者無法非心性則不隔內外而體非內外內外屬相性不同相何有內外然迷一性而變成外外既唯心何有非佛所變無實故說牆壁言無佛性以性說相無非性矣如煙因火煙卽是火而煙鬱火依性起相相翳於性而相卽性如水成波波卽是水境因心變境不異心心若有性境寧非有況心與境皆卽眞性眞性不二心境豈乖若以性從相不妨內外若以外境而例於心令有覺知修行作佛卽是邪見外道之法故須常照不卽不離不一不異無所惑矣故知佛性非內非外隨物迷悟强說昇沈又今爲

遮妄執一切無情有佛性義就計此義自有淺深一謂精神化爲土木金石梟獍負塊以成於子情變非情非情變情斯爲邪見不異外道衆生計生草木有命故不可也若說無情同一性故則稍近宗亦須得意彼本立意約於眞如自體徧故眞實之性無有二故涅槃經說第一義空爲佛性故一切法中有安樂性攝境從心無非心故色性智性體無二故如是等文諸經具有今謂此釋太卽太過失情無情壞於性相若以涅槃第一義空該通心境涅槃可以簡於瓦礫言無性耶今直顯正義謂性與相非一非異情與

非情亦非一異故應釋言以性從緣則情與非情異一如涅槃簡去牆壁瓦礫等故二無覺不覺者眞性之中無心境故三無非覺悟以無情性融覺性故故起信論問云若諸佛法身離於色相者云何能現種種色相答曰卽此法身是色體故能現於色所謂從本已來色心不二以色性卽智故色體無形說名智身以智性卽色故說名法身徧一切處今取二性相卽互融之義說耳百門義海云謂覺塵及一切法從緣無性名爲佛性經云三世佛種以無性爲性一切處隨了無性卽爲佛性不以有情故有不以無情故

無今獨言有情者偏世勸人了性常於一毛一毫之處明見一切理事無非如來性是開如來性起功德名爲佛性是知六道四生山河大地情與非情皆同一性如世尊最後垂示應盡還原品三告之文經云爾時世尊如是逆順入諸禪已普告大衆我以甚深般若徧觀三界一切六道諸山大海大地含生如是三界根本性離畢竟寂滅同虛空相無名無識永斷諸有本來平等無高下想無見無聞無覺無知不可繫縛不可解脫無衆生無壽命不生不起不盡不滅非世間非非世間涅槃生死皆不可得二際平等等

諸法故閑居靜住無所施爲究竟安置必不可得從無住法法性施爲斷一切相一無所有法相如是其知是者名出世人是事不知名生死始汝等大衆應斷無明滅生死始又復告大衆我以摩訶般若徧觀三界有情無情一切人法悉皆究竟無繫縛者無解脫者無主無依不可攝持不出三界不入諸有本來清淨無垢無煩惱與虛空等不平等非不平等盡諸動念思想心息如是法相名大涅槃眞見此法名爲解脫凡夫不知名曰無明作是語已復入超禪從初禪出乃至入滅盡定從滅盡定出乃至入初禪如是

逆順入超禪已復告大衆我以佛眼徧觀三界一切諸法無明本際性本解脫於十方求了不能得根本無故所因枝葉皆悉解脫無明解脫故乃至老死皆得解脫以是因緣我今安住常寂滅光名大涅槃如上眞實慈父廣大悲心不可思議三告之文或有偶斯敎者可以析骨爲筆剝皮爲紙刺血爲墨而書寫之不可頃刻暫忘刹那失照且如第一文云徧觀三界一切六道諸山大海大地含生如是三界根本性離畢竟寂滅第二文云徧觀三界有情無情一切人法悉皆究竟第三文云徧觀三界一切諸法無明本

性性本解脱是以徧法界内盡十方中若有情若無情若有性若無性山河大地草芥人畜不在三界不出三界不隨生死不住涅槃皆同眞如一心妙性如是信解頓入一乘更無祕文能出斯旨離此有説皆是權施誘引提攜咸歸宗鏡問既云一切衆生皆有佛性云何涅槃經云或有佛性闡提人有善根人無等答一切衆生實有佛性經約善惡無記理果等互説有無薦福疏云今准經明佛性略有五種謂善不善無記及理果等今言一闡提有善根人無者此是不善佛性也然善根人有其二種一是離欲善根人

離欲斷一切不善故二是五住已上五住已上無不善性故此之二人俱無不善性也善根人有闡提人無者此是善佛性也闡提斷一切善故云無也二人俱有者理及無記也二人俱無者俱無果性故涅槃經云如來佛性則有二種一有二無有者所謂三十二相乃至無量三昧是名爲有無者所謂如來過未諸善不善無記業因果報煩惱五陰十二因緣是名爲無乃至闡提佛性亦爾是則上從于佛下至闡提皆有有無二性非全無性是知但約三性及果而論有無若言理性尚無凡聖豈説有無則約理無不具

者所以生法師云夫稟質二儀皆是涅槃正因闡提含生之類何得獨無佛性蓋是此經度未盡耳故生法師忍死十年以證斯旨及涅槃後分到後果有斯文遂踞師子座因而坐蛻問如上決定説一切衆生有佛性者衆生既具云何不免沈淪答衆生雖具正因而無縁了所以圓覺經云未出輪迴而辯圓覺彼圓覺性卽同流轉若免輪迴無有是處故先德頌云圓成沈識海流轉若飄蓬是以眞如本覺不守自性以無性故但隨縁轉如云法身流轉五道故號衆生應須以善巧方便發之以智照助之以良縁了了見

時方逃境縛如起信鈔云且夫眞之與妄皆依一法界心所説蓋以此心本來有體有用卽用之體則蕩然空寂卽體之用則了然覺知以無始時來迷故於空寂之處確然根身塵境於覺知之處則紛然分別縁念故肇論云法身隱於形殼之中眞智隱於縁慮之内然其形殼縁念元來體空空寂覺知元來不變不變之眞元來隨縁體空之妄元來成事非因造作法爾如斯衆生身心現今若此卽約此義以明染淨縁之義相也大涅槃經云佛告善男子如汝所言若一闡提有佛性者云何不遮地獄之罪善男子一闡

提中無有佛性善男子譬如有王聞箜篌音其聲清妙心卽耽著喜樂愛念情無捨離卽告大臣如是妙音從何處出大臣答言如是妙音從箜篌出王復語言持是聲來爾時大臣持箜篌置於王前而作是言大王當知此卽是聲王語箜篌出聲出聲而箜篌聲亦不出爾時大王卽斷其弦聲亦不出取其皮木悉皆拆裂推求其聲了不能得爾時大王卽嗔大臣云何乃作如是妄語大臣白王夫取聲者法不如是應以衆緣善巧方便聲乃出耳衆生佛性亦復如是無有住處以善方便故得可見以可見故得阿耨多羅

三藐三菩提一闡提輩不見佛性云何能遮三惡道罪善男子若一闡提信有佛性當知是人不至三惡是亦不名一闡提也以不自信有佛性故卽墮三惡故名一闡提是知一切衆生雖有正因不得了緣枉沈生死爲不知故甘稱下凡爲不聞故不親善友常迷智眼豈有了因恆習惡緣何成善本今爲未聞者廣搜祕藏發起信心爲未知者直指心原了然無滯爲已聞者智慧開發萬善資熏爲已知者一向任保理行成就有斯深益豈厭文繁普望後賢廣垂傳授問佛性若定有無卽成斷常之見如何體會理合正因答非一非異能契一乘之門亦有亦無不謗三因之性如大涅槃經云佛言善男子若有說言一切衆生定有佛性常樂我淨不作不生煩惱因緣故不可見當知是人謗佛法僧若有說言一切衆生都無佛性猶如兎角從方便生本無今有已有還無當知是人謗佛法僧若有說言衆生非有如虛空非無如兎角何以故虛空常故兎角無故是故得言亦有亦無有破兎角無破虛空如是說者不謗三寶問教說一心佛性之理有何因緣獲何善利答佛眼諦觀正理不謬若人決定信受則除五種過失生五種功德佛

性論云如來爲除五種過失生五種功德故說一切衆生悉有佛性除五過失者一爲令衆生離下劣心故有諸衆生未聞佛說有佛性理不知自陰必當有得佛義故於此身起下劣想不能發菩提心二爲離慢下品人故若有人曾聞佛說衆生有佛性故因此發心旣發心已便謂我有佛性故能發心作輕慢意謂他不能爲破此執故佛說一切衆生皆有佛性三爲離虛妄執故若人有此慢心則於如理如量正智不得生顯故起虛妄虛妄者是衆生過失過失有二一本無二是客一本無者如如理中本無人我作人

我執此執本無乃至故知能執皆成虛妄由於此執所起無明諸業果執並是虛妄無受者作者而於中執有是虛妄故言本無二是客者有為諸法皆念念滅無停住義則能罵所罵二一無所有但初剎那為舊次剎那為客能罵所罵起而即謝是則初剎那是怨次則非怨以於客中作於舊執此執不實故名虛妄若起此執正智不生為除此執故說佛性佛性者即是人法二空所顯真如由真如故無能所罵通達此理離虛妄執四為除誹謗真實法故一切眾生過失之事並是二空由解此空故所起清淨智慧功德是

名真實言誹謗者若不說佛性則不了空便執實有違謗真如淨智功德皆不成就五為離我執故若不見虛妄過失真實功德於眾生中不起大悲由聞佛說佛性故知虛妄過失真實功德則於眾生中起大悲心無有彼此故除我執為此五義因緣佛說佛性生五種功德一起正勤心二生恭敬意三生般若四生闍那五生大悲由五功德能翻五失由正勤故翻下劣心由恭敬故翻輕慢意由般若故翻妄想執由生闍那俗智能顯實智及諸功德故翻謗真法由大悲心慈念平等故翻我執乃至由般若故不捨涅槃

由大悲故不捨生死由般若故成就佛法由大悲故成就眾生是以若了一切眾生皆有佛性自然不謗不慢無失無違何者以眾生妙故皆不可思議如佛在竹林中說法授白鴿鳥劫國名號八相之記諸大菩薩等皆來懺悔咸云若智未齊如來我等自此已後更不敢稱量眾生寶堅和尚云我見老鴉在生槃上迴頭轉腦便全體見渠法身又有俗官入寺與盤山和尚登殿問云此雀兒還有佛性否師云有問既有佛性為甚麼向佛頭上屙師云是何不向鷂子頭上屙問佛性於五眼中何眼能見答涅槃經云佛眼

見故而得明了以佛眼見一切美惡差別等事悉皆不動為見性故維摩經云善能分別諸法相於第一義而不動此是心鑒無礙為眼非取根塵所對是以肉眼見麤天眼觀細慧眼明空法眼辯有佛眼觀不二相一實之理華嚴經離世間品說十眼所謂肉眼見一切色故天眼見一切眾生心故慧眼見一切眾生諸根境界故法眼見一切法實相故佛眼見如來十力故智眼見諸法故光明眼見佛光明故出生死眼見涅槃故無礙眼所見無障故一切智眼見普門法界故又慧眼所見無法可見故名為見者見法空

故名爲慧眼非獨慧眼能見五眼俱現如是五眼照如千日十方之中無處不見於一切處地平如掌無諸穢惡若有可見卽是生盲何以故無所有故當知無空色空俱遣又見一切塵全是眼更不可見聞一切聲全是耳不復更聞所以云一切聲是佛聲一切色是佛色又云離心之外更無一法縱見內外但是自心所見無別內外此無過也乃至若了塵時塵全是知也終不以知知於塵卽有所知也若知於無知不異知也今塵卽知不復更以知及不知知於無知但無能所之知非無知也此方顯無知也經云顯現

一切法各各不相知見亦如是又聞者圓教明我我卽聞故能聞所聞皆法界故故使我外更無別聞是以若見若聞若知若覺皆一心故華嚴經云所見不可見所聞不可聞所知不可知一心不思議問五眼凡聖共有則衆生具佛眼如來有肉眼云何唯佛眼能觀十住菩薩等不見佛性答以十住菩薩有行有住故所以不了了見若見性了了證實之時不見已外更有菩提可行可住以十住位緣觀未盡故心有所在心有所在故有所不在是故不能覺一切法至佛位息緣眞心平等無處不在無不在故無有一法

在於心外亦無一心在於法外心與法界同體照明故覺一切又此心性是眞實了知義徧照法界義以本有爲所照以淨眼智明爲能照如涅槃經云見性肉眼卽名佛眼大涅槃經明二種見佛性一相貌見二了了見相貌見者謂登地菩薩方便權智識變似空名相貌見了了見者謂地上菩薩根本正智親證眞理不變相緣名了了見卽是親證相貌見者比量知了了見者現量得問既云佛眼能觀佛性如何教中又言我以五眼不見三聚衆生狂愚無目而言見耶答若約實相體性徧法界以實相無相故則不可

見若論照用相徧法界以無相之相亦可得見又五眼圓照三諦之理諸境分明雖云洞鑒未必是有雖云不見未必是無斯乃無相之相不觀之觀當知相中無相只勿相觀中無觀只勿觀體萬物而自虛同一道之清淨豈同執實隨塵作能所斷常之見耶問夫佛眼者皆是圓修圓證方具十住菩薩尚未分明云何無明煩惱凡夫尚未得天眼云何得同佛眼答如來五眼衆生悉具非待證聖方有涅槃經云若學大乘人雖是肉眼而名佛眼二乘雖具天眼不名佛眼又云見如來性者雖有煩惱如無煩惱若實明宗

見性。即肉眼而明佛眼。以智照爲眼故。台教約五品初位中。以凡夫心同佛所知。用所生眼齊如來見。若論明昧淺深。即落修證。今直論見性。即無前後。所以鴦崛摩羅經偈云。所謂彼眼根。於諸如來常。具足無減修。了了分明見者。止觀釋云。彼是九法界眼根也。於如來常者。九界自謂各各非眞。如來觀之。即佛法界無二無別。無減修者。觀諸眼即佛眼。一心三諦圓因具足無有缺減也。了了分明見者。照實爲了了。照權爲分明。三智一心中。五眼具足圓照。名爲了了見佛性也。見論圓證。修論圓因。又具足修者。觀於眼根。捨二邊漏。名爲檀。眼根不爲二邊所傷。名爲尸。眼根寂滅。不爲二邊所動。名爲羼提。眼根及識自然流入薩婆若海。名爲精進。觀眼實性。名爲上定。以一切種智照眼中道。名爲智慧。是爲眼根具足無減修。無減故。了了分明見眼法界。乃至彼意根。於諸如來常。具足無減修。了了分明見。於一一根。即空即假即中。三觀一心。名無減修。證慧眼法界。佛眼一心中得。名了了見。皆如上說。根既如此。塵亦復然。一切諸法。亦復如是。是爲圓教調伏諸根。滿足六度。此則究竟調伏。究竟滿足。如是助道。究竟道。當知六度徧能調伏

一切諸根也。又若論差別者。則諸天是報得。二乘是修得。我此宗門。非報非修。是發得五眼。以本圓具故。若悟佛乘人。雖具煩惱性。能知如來祕密之藏。即肉眼而名佛眼。二乘人。雖證滅修道。具漏盡通。即天眼而爲瞖眼。所以志公云。大士肉眼圓通。二乘天眼有瞖。融大師云。不取天眼等五通。造事外道。唯取入理凡夫耳。

宗鏡錄卷八十

音釋

梟獍 梟食母鳥也。獍食父獸也。蛻 輸芮切。猶化也。屙 烏何切。

宗鏡錄卷第八十一

宋慧日永明妙圓正修智覺禪師延壽集

夫眞如一心平等法界衆生不了妄受沈淪今悟此宗欲入圓覺位於六度萬行莊嚴門中以何法助道保任速得成就荅若論莊嚴無非福智二業於六波羅蜜中前五是福德業後般若是智慧業前五福德業中唯禪定一門最為樞要前已廣明今更再述此宗鏡所集禪定一門唯約宗說於諸定中而稱第一名王三昧總攝諸門囊括行原冠戴智海亦名無心定與道相應故亦名不思議定情智絕待故亦名眞

如三昧萬行根本故亦名一行三昧一念法界故亦名金剛三昧常不傾動故亦名法性三昧恒無變異故諸佛智光明海無量觀行皆從此生若不體此理非佛智故以此佛智證斯本理理則不待照而自了智則必資理而成照若本覺性智性自了故以平等性智了本性故故知理無興廢寂照靈知引之在人覺有前後人由照分功由理發失理則失照要見此理方成佛耳此理即是一心總該萬有頓悟頓修更無漸次為未了不入者於一心法分出多門義演恒沙乃至無盡故法華經偈云少智樂小法不自信作

佛是故以方便分別說諸果是以信心是佛罕遇其機乃諸佛出世之本懷祖師西來之正意自古先德一聞即心是佛之言疑根頓盡或欲燈傳後嗣便坐道場或樂灰息遊心住深蘭若其或障濃信薄唯思向外馳求隨他意似鸚鵡之徒借彼眼如水母之屬纔生不信便起謗心今則廣引徧搜深微撮要所冀證成後學決定無疑頓悟自心成佛妙軌若論法利功德無邊虛空可量斯旨難盡所以台教云若人欲得一切佛法相好威儀說法音聲十方無畏者當行此一行三昧勤行不懈則能得入如摩尼珠隨磨隨

光證不思議功德一行三昧者繫緣法界一念法界信一切法皆是佛法無前無後無復際畔住佛所住如諸佛住安處寂滅法界秘密藏中則理無不圓事無不足故稱秘密亦號總持究竟指歸自他俱利云何俱利以平等故云何平等以無相故如入佛境界經偈云入諸無相定見諸法寂靜常入平等故敬禮無所觀又一切諸法有事有理具體具用不可偏執乖此圓乘以自性定為理用引發定為事因事顯理理則昭然因理成事事方圓足以性實之理相虛之事體用交徹隱顯同時無礙雙行能契宗鏡若唯修

事定。但集世禪。雖曰修行。猶生惡覺。以不制意地。未斷其原。長劫練磨。返沈苦道。所以大涅槃經云。一切凡夫雖護身心。猶故生於三種惡覺。三惡覺者。欲覺恚覺害覺。以貪欲故。即生瞋恚。因瞋恚故。便行損害。夫修行趣道。本爲出五欲之泥。翻求利養名聞。如踐蛇虺之地。凡修禪定護念之人。尙被外緣覺觀破壞。何況縱情放逸之人。故知日夜常爲煩惱欲火焚燒。覺觀怨賊侵害。是以鬱頭藍弗以世俗智。伏下地惑。獲非想定。具五神通。時君敬重。就宮供養。鬱頭藍弗每來與去。皆乘神通。赴宮供養。王因出巡。命其愛女

依前舊儀。供養藍弗。王女珍敬。接足作禮。鬱頭藍弗觸女身手。因玆起貪。便生欲覺。遂失神通。飯食已訖。矯施異計。語王女言。我頃來去。皆乘神通。國人思敬。莫由見我。我今食竟。意欲步歸。令國內人。咸得見我。王女謂實。送出閤門。步遊歸山。既失神通。情懷悵怏。端坐林藪。潔志安禪。林間鳥鳴。喧噪閙亂。久不得定。移就池邊。安布求禪。池中魚遊。驚聒禪思。又不得定。因玆起瞋。便生恚覺。遂發惡願。願我來生。作著翅水獺身。上樹害鳥。入水食魚。報魚鳥怨。誓不相放。因玆便起害覺現前。復移異處。專志習禪。久方得定。依前

證得非想三昧。命終之後。生非想天。順生受業。八萬大劫受異熟果。八萬劫滿。順後受業。酬前惡願。生于欲界。作水獺身。亦云飛狸身。若到所在。水陸空行一切物命。悉皆喫盡。故經云。雖斷煩惱生非想處。猶故還墮三惡道中。即其義也。故須先入宗鏡。達一心萬行根本。然後福智莊嚴。則不枉功程。永無退轉。得其旨。則大智圓明。得其事。則大用成就。如師子奮迅。成熟法界衆生。猶象王迴旋。啓發十方含識。故華嚴論云。師子奮迅三昧者。於十方世界。普同一切衆生想念作用而成熟之。大用而無作。是奮迅義。夫入宗鏡

萬事周圓。鏡外更無一法可得。如遺教經云。是故汝等。當好制心。制之一處。無事不辦。若不制心。無有是處。一念纔起。生死如烟。駕五陰六入之舟航。結十二種類之窟宅。如從一妄念中。結成十二類。根塵相對。發識造業。因色有情。見時生想。於此情想二法。各生四相。從情上生。一有色。二無色。三非有色。四非無色。從想上生。一有想。二無想。三非有想。四非無想。胎因情有。卵爲想生。情想合爲濕生。情想離爲化現。情上無色。則是空散消沈。想上無想。則爲土木株杌。此二雖屬無情。然皆從識變。若一念不生。則諸類皆絕。所

以信心銘云心若不異萬法一如眼若不睡諸夢自除又經云譬如動目能搖湛水以眼勞觀水見水有動眼若不瞬池水則不搖妄見若除亦無草木成壞之相若舉眼見色猶有色陰舉身受苦樂由有受陰舉心卽亂由有想陰舉眼見生滅由有行陰精明湛不搖處卽識陰又若以徧身針刺俱知不帶分別則是識陰若次第分別則餘識陰故知一念纔起五陰俱生微識未亡六塵不滅若唯識之義燈常照妄何由生一心之智鏡恆明旨終不昧問四弘十度皆可發行云何須依一心具足菩提之道答若不依一心

求大乘之八疑情不斷古德云求大乘者所疑有二夫大乘法體爲一爲多如其是一卽無異法無異法故無諸衆生菩薩爲誰發弘誓願若是多法卽非一體非一體故物我各別如何得起同體大悲由是疑惑不能發心今爲遣此二疑立一心法開眞如生滅體用二種門立一心法者遣彼初疑明大乘法唯有一心一心之外更無別法但由無明迷自一心起諸波浪流轉六道雖起六道之浪不出一心之海良由一心動作六道故得發弘誓之願六道不出一心故能起同體大悲如是依於一心能遣二疑得發大心

具足佛道華嚴演義記一釋如來法身觀者先觀發起普賢菩薩微妙行願復應以三密加持身心則能入文殊師利大智慧海然修行最初於空閑處攝念安心閉目端身結跏趺坐運心普緣無邊剎海諦觀三世一切如來徧於一一佛菩薩前慇懃恭敬禮拜旋繞又以種種供具雲海奉獻如是等一切聖衆廣大供養已復應觀自心心本不生自性成就光明徧照猶如虛空復應深起悲念哀愍衆生不悟自心輪迴諸趣我當普化拔濟令其開悟盡無有餘復應觀察自心諸衆生心及諸佛心本無有異平等一相成

大菩提瑩徹清淨廓然周徧圓明皎潔成大月輪量等虛空無有邊際是以垢淨世界大小法門乃至六度萬行皆從凡聖心現故經云菩薩摩訶薩以離垢心現見無爲眞如法界以自在心現生三界爲敎化彼諸衆生故又經云依自虛妄染心衆生染依自性清淨心衆生淨諸法無行經云雖讚發菩提心而知心性卽是菩提雖讚大乘經而知一切諸法皆是大相雖說菩薩道而不分別阿羅漢辟支佛諸佛雖讚布施而通達布施平等相雖讚持戒而了知諸法同是戒性雖讚忍辱而知諸法無生無滅無盡相雖讚

精進而知諸法不發不行相雖種種讚歎禪定而知一切法常定相雖種種讚於智慧而了智慧之實性雖說貪欲之過而不見法有可貪者雖說瞋恚之過而不見法有可瞋者雖說愚癡之過而知諸法無癡無礙雖示衆生墮三惡道怖畏之苦而不得地獄餓鬼畜生之相如是諸菩薩雖隨衆生所能信解以方便力而爲說而自信解一相之法故知心外無法於第一義而不動未爲信者以方便力雖說種種道其實爲一乘所以般若說一切法皆摩訶衍靡不運載思益明解諸法是菩薩徧行華嚴入法界不動祇園

淨名一念知一切法是道場故知一法周備無事不該可謂圓滿菩提成就佛道乃至坐禪見境諸魔事起但了一心境界自滅可謂降魔妙術治惑靈方匪用心神安然入道起信論云修行止者住寂靜處結跏趺坐端身正意不依氣息不依形色不依虛空不依地水火風乃至不依見聞覺知一切分別想念皆除亦遣除想以一切法不生不滅皆無相故前心依境已捨於境後念依心復捨於心以心馳外境攝住內心後復起心不取心相以離眞如不可得故乃至魔事現前念彼一切皆是思惟剎那卽滅遠離諸相

入眞如三昧心相既離眞相亦盡摩訶衍論釋云若眞若僞唯自妄心現量境界無有其實無所著故又若眞若僞皆一眞如皆一法身無有別異不斷除故是以但了一心不忘正念一切境界自然消滅可謂應念斷除豈勞功行此乃西來的旨諸佛正宗圓信圓修不同權漸直下得力如師子就人一槌便成猶王之寶器可謂等賜高廣大車悉與如來平等滅度豈同貧所樂法下劣之乘者哉若有人不信此宗鏡正義反墮邪思徇假執權而迷眞實如金易鍮石鳳換山雞如此愚盲過在無眼如昔人乘馬腰著金帶

見乘驢者著驢絛帶卽便問之市中何物貴彼卽荅云驢絛甚貴其人卽易之或爲色聲而棄正法其猶如是耳問既一心圓滿覺道云何又發菩提等諸心若有能發則有所證能所既成唯一之義卽墮荅夫言發者卽無所發終不離心有菩提離菩提有心大寶積經云菩提中心不可得心中菩提亦不可得離菩提心不可得離心菩提亦不可得乃至若言見有菩提而取證者當知此輩卽是增上慢人若能如是信解乃爲眞發菩提之者般若經云若菩薩知心性卽是菩提而能發起大菩提心是名菩薩又無所發

菩薩云。知一切法皆無所發。而發菩提心。然於所證眞如。如外無智。能發妙智。智外無如。雙照雙遮。不存不泯。不二而二。理智似分。二而不二。能所俱寂。則是一心菩提。萬行之本。旣能通達法爾利他。運同體之大悲。豈存能所。以無得之方便。誰立自他。止觀云。發眞正菩提心者。旣深識不思議境。知一苦一切苦。自悲昔因起惑。耽湎麤弊色聲。縱身口意。作不善業。輪環惡趣。要諸熱惱。身苦心苦。而自毀傷。而今還以愛繭自纏。癡燈所害。百千萬劫。一何痛哉。設使欲捨三塗。欣五戒十善。相心修福。如市易博換。翻更益罪。似

魚入筌口。蛾赴燈中。狂計邪黠。逾迷逾遠。渴更飲鹹。龍鬚縛身。入水轉痛。牛皮繫體。向日彌堅。盲入棘林。溺墮洄澓。把刃抱炬。痛那可言。虎尾蛇頭。悚焉悼慄。自惟若此。悲他亦然。假令隘路叛出怨國。備歷辛苦。絕而復甦。往至貧里。傭賃一日。止宿草庵。不肯前進。樂爲鄙事。不信不識。可悲可怪。思惟彼我。哽痛自他。即起大悲。興兩誓願。衆生無邊誓願度。煩惱無邊誓願斷。雖知衆生如虛空。誓度如虛空之衆生。雖知煩惱無所有。誓斷無所有之煩惱。雖知衆生數甚多。而度多多之衆生。雖知煩惱無邊底。而斷無底之煩惱。

雖知衆生如如佛如。而度如佛如之衆生。雖知煩惱如實相。而斷如實相之煩惱。何者。若但拔苦因。拔苦果。此誓褊毒。故須觀空。若偏觀空。則不見衆生可度。是名著空者。諸佛所不化。若偏見衆生可度。即墮愛見大悲。非解脫道。今則非毒非僞。故名爲眞。非空邊非有邊。故名爲正。如鳥飛空。終不住空。雖不住空。跡不可尋。雖空而度。雖度而空。是故誓與虛空共鬬。故名眞正發菩提心。即此意也。又識不思議心。一樂心一切樂心。我及衆生。昔雖求樂。不知樂因。如執瓦礫謂如意珠。妄指螢光。呼爲日月。今方始解。故起大慈

興兩誓願。謂法門無量誓願知。佛道無上誓願成。雖知法門永寂如空。誓願修行永寂如空。雖知菩提無所有。無所有中吾故求之。雖知法門如空無所有。誓晝繢莊嚴虛空。雖知佛道非成所成。如虛空中種樹。使得華得果。雖知法門及佛果非修非不修。而修非證非得。以無所證得而證而得。是名非僞非毒名爲眞。非空非見愛名爲正。如此慈悲誓願。與不可思議境智。非前非後。同時俱起。慈悲即智慧。智慧即慈悲。無緣無念。普覆一切。任運拔苦。自然與樂。不同毒害。不同但空。不同愛見。是名眞正發菩提心義。問。華嚴

經頌云禪定持心常一緣智慧了境同三昧云何悟入一心能令根境悉成三昧荅內外一切境界皆從眞如一心而起眞心不動故稱爲三昧王以統御一切萬法萬行故得稱爲王無有一法不從一心眞如三昧起此是一切三昧根本了此根本則從本所現念念塵塵盡成三昧以本末無異故寶積經偈云如鑽木出火要假眾緣力若緣不和合火終不得生是不悅意聲畢竟無所有知聲性空故瞋亦不復生瞋不在於聲亦不聲中住因緣和合起離緣終不生如因乳等緣和合生酥酪瞋自性無起因於麤惡事愚

者不能了熱惱自燒然應當如是知究竟無所有瞋性本寂靜但有於假名瞋恚卽實際以依眞如起了知如法界是名瞋三昧又偈云是大夜叉身從於自心起是中無有實妄生於恐怖亦無有怖心而生於怖畏觀法非實故無相無所得空無寂靜處現此夜叉身如是知虛妄是夜叉三昧且夜叉一身於外相分甚爲麤惡令人怖畏瞋之一門是根本煩惱最能煩亂此內外二法尚成三昧舉一例諸可爲龜鏡其餘一切心境卽無非三昧矣楞伽經云佛言大慧云何三昧樂正受意生身謂第三第四第五地三昧樂

正受故種種自心寂靜安住心海起浪識相不生知自心現境界性非性是名三昧樂正受意生身故知了境卽心更無一物會於本寂卽心海常安分別不起卽是正受是以無物可納名爲正受無境可動名爲正定首楞嚴三昧經云問現意天子菩薩當修何法得是三昧天子荅欲得三昧當行凡法若見凡法不合不散是名修行楞嚴三昧又問諸佛法中有合散耶天子曰凡法尚無合散況佛法耶云何修習若見凡法佛法不二是名修習是以了一心成現之門則無修而修達萬法具足之體乃不習而習出入無

際心境一如卽於一切差別法中念念入念念起故所以華嚴經云佛子菩薩摩訶薩入一切眾生差別身三昧於此三昧內身入外身起外身入內身起同身入異身起異身入同身起乃至眼處入耳處起耳處入眼處起鼻處入舌處起舌處入鼻處起身處入意處起意處入身處起自處入他處起他處入自處起一微塵中入無數世界微塵中起無數世界微塵中入一微塵中起不唯根境盡成三昧萬法咸作智門承此宗鏡之光可謂盡善盡美何者體含虛寂不能讚其美理絕見聞不能書其過降慈已下皆隳形

名則難逃毀讚矣如昔人云夫大道混然無形寂然無聲視之不見聽之不聞非可以影響知不得以毀譽稱也降此以往則事不雙美名不並盛矣雖天地之大三光之明聖賢之智猶未免於毀譽也故天有圻之象地有裂之形日月有謫蝕之變五星有勃彗之妖堯有不慈之誹舜有調父之謗湯有放君之稱武王有弑主之譏齊桓有貪婬之目晉文有不臣之聲伊尹有無君之迹管仲有僭上之名以夫二儀七曜之靈不能無虧沵堯舜湯武之聖也不能免嫌謗桓文伊管之賢也不能遣纖過由此觀之宇宙庸流

奚能自免怨謗而無悔悋也若以心智通靈成無為之化則萬累不能干矣問一心旨趣蓋是總門法義難明廣須開演如何是法如何是義荅法本無差隨義有別從法生義差別難明因義顯法一心易了禪原集以況解釋法義二門如眞金隨工匠等緣作鐶釧等物金性必不變為銅鐵金即是法不變隨緣是義設有人問何物不變何物隨緣只令荅云金也以喻一藏經論義理只是說心心即是法一切是義故論云所言法者謂眾生心經云無量義者從一法生然無量義統唯二種一不變二隨緣諸經只說此心

隨迷悟緣成垢淨凡聖等亦只說此心垢淨等時元來不變常自寂滅眞實如如等設有人問何法不變何法隨緣只荅云心也不變是性隨緣是相當知性相皆是一心上義今性相二宗互相非者良由不識眞心每聞心字將謂只是八識不知八識但是眞心上隨緣之義故馬鳴以一心為法以眞如生滅二門為義論云依於此心顯示摩訶衍義心眞如是體心生滅是相用只說此心不虛妄故云眞不變易故云如不守自性故隨緣以隨緣故成無量義又由不變故始能隨緣由隨緣故方能不變何者謂若變自體

將何隨緣如無水豈能成波浪故知一心不動義偏恒沙雖偏恒沙皆是一心之義問欲淨其土當淨其心則心外有土何成自淨荅至極法身常寂光土離身無土離土無身依報是心之相正報是心之體體相無礙依正本同所以攝境歸心眞空觀中則攝相歸體顯出法身從心現境妙有觀中則依體起用修成報身若心境秘密圓融觀中則心境交參依正無礙心謂無礙心諸佛證之以成法身境謂無礙境諸佛證之以成淨土淨名疏中觀心釋四種境界者一因緣境二空境三假境四中道境境是心所依住即

是土也。衆生者。佛告比丘。汝等日夜常生無量百千衆生。今因緣心多境亦多。心少境亦少。觀心照少境卽是小國土。觀心照多境。亦是多國土。如是觀因緣境。卽是化衆生。或調惡境而悟。卽是穢土入佛智慧。或觀善境而悟。卽是淨土入佛智慧。起菩薩根者。隨所觀善惡之塵。了知此塵卽是一切法。此法本來畢竟常寂。常寂之境。發於眞智。眞智所依佛土。卽常寂光土也。復次行人觀是四境。非爲貪著境界。但化伏煩惱心數衆生。用此四心而起誓願。願法界衆生皆得如我化此心數。悉令淸淨。卽是淨土安立有爲緣

集衆生也。行人當知。一切菩薩淨佛國土根本從此而起。合抱之樹。起於毫末。又凡聖共居同一妙土。眞俗所依。唯一法身。所依不二。能依自殊。所旣不殊。能亦何別。無始妄習。謂依正殊。若能一切皆融。豈有身土別見。如此觀心。實眞淨土。是眞了義。若離此者。多是執文隨語生見。義海云。塵毛剎海是依。佛身智慧光明是正。今此塵是佛智現。舉體全是佛智。是故光明中見佛剎等。又剎海塵等。全以佛法界如如爲塵體。是故塵中現一切佛事。當知依卽正。正卽依。乃至一事一法。一毛一塵。各各如是。合佛依正也。故知萬

像繁興。唯一致矣。

宗鏡錄卷第八十一

音釋

獺 他達切。捕魚獸也。　坼 丑厄切。裂也。　詷 文紡切。誣也。　僭 子豔切。侵也。　沴 閭計切。妖氣也。又相傷爲之沴。

宗鏡録卷第八十二

宋慧日永明妙圓正修智覺禪師延壽集

夫云何一心而成止觀答法性寂然名止寂而常照名觀非能所觀但是一法若台教總論二種止觀一相待止觀二絶待止觀前是拙度後是巧度相待止觀者有三止三觀三止者一止息義二停止義三不止止義三觀者一觀穿義二觀達義三不觀觀義絶待止觀者有三止三觀三止者一體眞止二方便隨緣止三息二邊分別止三觀者一從假入空名二諦觀二從空入假名平等觀三二觀為方便道得入中

道雙照二諦心心寂滅自然流入薩婆若海名中道第一義諦觀今宗鏡所明唯論一心圓頓之旨圓頓止觀相者以止緣於諦則一諦而三諦以諦繫於止則一止而三止譬如三相在一念心雖一念心而有三相止諦亦如是所止之法雖一而三能止之心雖三而一也以觀觀於境則一境而三境以境發於觀則一觀而三觀如摩醯首羅面上三目雖是三目而是一面觀境亦如是觀三即一發一則三不可思議不權不實不優不劣不前不後不並不別不大不小故中論云因緣所生法即空即假即中又如金剛般若經云譬如人有目日光明照見種種色若眼獨見不應須日若無色者雖有日眼亦無所見如是三法不異時不相離眼喻於止日喻於觀境喻於色如是三法不前不後一時論三三中論一亦復如是若見此意即解圓頓教止觀相也何但三一一三總前諸義皆在一心其相云何體無明顛倒即是實相之眞名體眞止如是實相徧一切處隨緣歷境安心不動名隨緣方便止生死涅槃淨散休息名息二邊止體一切諸假悉皆是空空即實相名入空觀達此空時觀冥中道能知世間生滅法相如實而見名入假觀

如此空慧即是中道無二無別名中道觀體眞之時五住磐石沙礫一念休息名止息義心緣中道入實相慧名停止義實相之性即非止非不止義又此一念能穿五住達於實相實相非觀亦非不觀如此等義但在一念心中不動眞際而有種種差別經言善能分別諸法相於第一義而不動雖多名字蓋乃般若之一法佛說種種名衆名皆圓諸義亦圓相待絶待對體不可思議不可思議故無有障礙無有障礙故具足無減是圓頓教相顯止觀體也又三止三觀為因所得三智三眼為果三智者一切智道種智一

切種智。三眼者。慧眼。法眼。佛眼。若一心眼智者。眼卽是智。智卽是眼。眼故論見。智故論知。知卽是見。見卽是知。佛眼具五眼。佛智具三智。王三昧。一切三昧悉入其中。首楞嚴定攝一切定。如來雖具五眼。實不分張。只約一眼備有五用。能照五境。所以者何。佛眼亦能照麤色。如人所見。亦過人所見。名肉眼。亦能照細色。如天所見。亦過天所見。名天眼。達麤細色空。如二乘所見。名慧眼。照達假名不謬。如菩薩所見。名法眼。於諸法中。皆見實相。名佛眼。當知佛眼圓照無遺。故經云。五眼具足成菩提。永與三界作父母。而得稱佛

眼者。如眾流入海。失本名字。非無四用也。佛智照空。如二乘所見。名一切智。佛眼照假。知菩薩所見。名道種智。佛智照空假中。皆見實相。名一切種智。故言三智一心中得。故知一心三止所成三眼。見不思議三諦。此見從止得。故受眼名。一心三觀所成三智。知不思議三境。此智從觀得。故受智名。境之與諦。左右異耳。見之與知。眼目殊稱。不應別說。雖作三止三觀之三說。實是不思議一法耳。又云。善巧安心者。以觀止安於法性。無明癡惑。本是法性。以癡迷故。法性變作無明。如眠來變心有種種夢。雖顛倒起滅。如旋火輪。

不信顛倒起滅。唯信此心但見法性。起是法性起。滅是法性滅。體其實不起滅。妄謂起滅。以法性繫法性。以法性念法性。常法性。無不法性時。體達既成。不得妄想。亦不得法性。還原反本。法界俱寂。是名為止。觀者。觀察無明之心。等於法性。本來皆空。譬如劫盡。下等一切妄想善惡。皆如虛空。無二無別。又如劫盡。從地上至初禪。炎炎無非是火。如虛空藏菩薩所現之相。一切皆空。如海慧如來所現。一切皆水。介爾念起。所念念者。無不卽空。空亦不可得。如火木能使薪然。亦復自然。法界洞朗。咸皆大明。名之為觀。上所言止

者。尚不得法性。何況妄想。所言觀者。尚不得空。何況有法。則有無俱寂。染淨雙融。方成究竟一心止觀耳。又絕待止觀者。絕橫竪諸待。絕諸思議。絕諸教觀。悉皆不生。故名止。止亦不可得。觀冥如境。境既寂滅清淨。尚無清淨。何得有觀。世人約種種語釋絕待義。終不得絕。若得意忘言。心行亦斷。隨智妙悟。無復分別。緣理分別。皆名為待。真慧開發。絕此諸待。絕卽復絕。諸法不相待。乃至一念不住。故卽此義也。輔行記云。若無生門千萬重疊。唯是一心者。為彼修觀人措心難當。故撮示其正意。名為一心。此卽正明一心無生

之門。乃至既於念念止觀現前。約此心念名爲衆生。何者。總攝前來若橫若豎。既入一心。凡一念起不離於我。我卽衆生。達念念心而寂而照。寂故名止。照故名觀。一心既爾。諸心例然。止觀爲因。眼智爲果。一一念中無非止觀眼智也。如上三一。若有三可三。便成差別。有一可一。便成無差。若差則失無差。若無差則失差。開一爲三則失一。合三爲一則失三。今明不爾。昔三猶是今一。今一猶是昔三。開三不失一。合一不失三。卽是差卽無差。無差卽差。若得此意。本有今無。三世有法。無有是處。亦應例云。本無今有。三世有法。

斯有是處。無常非無常。境智非境智。因果非因果。例皆如是。昔三猶是今一。今一猶是昔三者。卽是不動衆生之性。能成諸佛之性。亦是從實開權。會權歸實。亦是因果同時。迷悟一際。故云汝等所行。是菩薩道。一切衆生卽涅槃相。又說一心三觀。三觀一心。若三觀一心。卽約縱說。一心三觀。卽約橫說。今非縱故不一。非橫故不三。三一一三。但是眞心上義。不可定執爲一爲三。非三非一之解。以宗非數量。道絕名言故。問。經云。一切無礙人。一道出生死。云何立多種觀門行相差別。答。所觀是一。能觀自殊。諸佛徇機。密施善巧。又法是心體。觀是心用。自心起用。還照自體。如炷生燄。明還照炷。似珠吐光。反照珠體。如華嚴經善財參見彌伽長者。徹見十方佛海。顯此定者。唯心之觀。知衆生界無量無邊。皆心現故。明隨心念佛。諸佛現前。以唯心觀。徧該萬有。是以湛然尊者云。上根唯觀一法。謂觀不思議境。境爲所觀。觀爲能觀。所觀者謂陰界入。不出色心。色從心造。全體是心。此之能造。具足諸法。衆生理具。諸佛已成。成之與理。莫不性等。頌云。一一心中一切心。一一塵中一切塵。一一心中一切塵。一一塵中一切心。一一塵中一切刹。一切刹塵

亦復然。諸法諸塵諸刹身。其體悉然無自性。無性本來隨物變。所以相入事恆分。故我身心刹塵徧。諸佛衆生亦復然。一一身土體恆同。何妨心佛衆生異。異故分別染淨緣。緣體本空空不空。三諦三觀三非三。三一一三無所寄。諦觀名別體復同。是故能所二非二。如是觀時名觀心。性隨緣不變故名爲性。不變隨緣故名爲心。故此妙境爲諸法本。故此妙觀爲諸行原。上根一觀。橫豎該攝。便識無相衆相宛然。若中下根。不逗此門。則隨機差別。敎分多種。雖說種種道。其實爲佛乘。佛乘不動。種種隨心。猶玻瓈珠隨前塵而

變衆色若金剛寶置日中而無定形問自性清淨心本無垢染云何說斷惑之義荅有二種心一自性清淨心二離垢清淨心以自性心雖本清淨以客塵不染而染修諸對治得成離垢未必有垢可離以自性離故此卽不斷而斷雖有能斷而無所斷此是圓斷惑義如古師云斷惑相者要性相無礙由能斷無性方爲能斷所斷本空方成所斷若定有者則墮於常不可斷故若定無者則墮於斷失聖智故中論偈云能說是因緣善滅諸戲論拙度爲不善滅巧度爲善滅也善滅者不斷斷不善滅者是定斷也又智障有

其三門一是智障所謂分別有無之心二是體障謂觀非有非無之解立已能知故曰體障三是治想謂妄識中合如正慧若四五六地斷除分別取有之心入七地時斷除分別取無之心八地已上斷除體障前第七地雖除分別有無之心猶見已心以爲能觀如爲所觀其所觀如不卽心能觀之心不卽如心如別故心外求法故有功用法外立心故有體障從第七地入八地時破捨此障觀察如外由來無心心外無如如外無心心不異如心不異如如不異心故能如心泯同法界廣大不動以不異故息外推求故捨

功用不復如外建立神智故滅體障體障滅故名無障想第三治想至佛方滅故入八地雖無障想而有治想從八地已上無生忍體轉轉寂滅令彼治想運運自亡至佛乃窮今此未盡又若依頓敎一切煩惱本來自離不可說卽與不卽如法界體性經云佛告文殊師利汝依何敎法發菩提心文殊言敎發我見心何以故我見際卽是菩提故若華嚴圓敎一切煩惱不可說其體性但約其用卽甚深廣大以所障法一卽一切具足主伴故能障惑亦如是也是故不分使習種現但如法界一得一切得是故煩惱亦一卽

一切卽也普賢品明一障一切障經云以普賢眼見一切衆生皆以究竟矣故知但了眞心無惑可斷設有餘習還以一心佛知見而治之不入此宗皆成權漸以此懺罪何罪不消除三毒根如翻大地以此發行何行不成徹十地源似窮海底遊行奮迅猶師子之王自在翱翔若金翅之鳥問唯一眞心入平等際云何學者證有差殊荅此於能證智見有淺深向無爲法自生差別涅槃疏云佛性如世間道有未行者有欲行者有正行者有已行者雖有未行等不同不可言道有二佛性亦爾有未見欲見正見已見雖見

不同理無有二諸佛同一法界則理無二是一塵無非法界則事弗毫差此即是所證一若能證殊者如藏通二教只見空而不見不空如尋夢得眠若別圓二教見不空中道之理如尋夢得心又別門猶執教道次第生起若圓乘直了心性即今具足又藏通以滅心爲極果頓背圓乘台教云六識是緣因種善惡並是六識起七識是了因種惑之與解皆是七識八識是正因種無八識則無生死涅槃若此三種非佛種類此外何處更有圓頓之法二乘斷結結盡便無佛慧之因不能成一切種智失了因種也若除惡有

善惡盡則不能生一切善豈有緣因種若離生死入無餘涅槃滅身不受生者豈有正因種所以圓覺經云清淨慧菩薩白佛言世尊願爲一切諸來法衆重宣法王圓滿覺性一切衆生及諸菩薩如來世尊所證所得云何差別乃至佛言善男子圓覺自性非性性有循諸性起無取無證於實相中實無菩薩及諸衆生何以故菩薩衆生皆是幻化幻化滅故無取證者譬如眼根不自見眼性自平等無平等者衆生迷倒未能除滅一切幻化於滅未滅妄功用中便顯差別若得如來寂滅隨順實無寂滅及寂滅者善男子

一切衆生從無始來由妄想我及愛我者曾不自知念念生滅故起憎愛耽著五欲若遇善友教令開悟淨圓覺性發明起滅即知此生性自勞慮若復有人勞慮永斷得法界淨即彼淨解爲自障礙故於圓覺而不自在此名凡夫隨順覺性善男子一切菩薩見解爲礙雖斷解礙猶住見覺覺礙爲礙而不自在此名菩薩未入地者隨順覺性善男子有照有覺俱名障礙是故菩薩常覺不住照與照者同時寂滅譬如有人自斷其首首已斷故無能斷者則以礙心自滅諸礙礙已斷滅無滅礙者修多羅教如標月指若復

見月了知所標畢竟非月一切如來種種言說開示菩薩亦復如是此名菩薩已入地者隨順覺性善男子一切障礙即究竟覺得念失念無非解脫成法破法皆名涅槃智慧愚癡通爲般若菩薩外道所成就法同是菩提無明眞如無異境界諸界定慧及婬怒癡俱是梵行衆生國土同一法性地獄天堂皆爲淨土有性無性齊成佛道一切煩惱畢竟解脫法界海慧照了諸相猶如虛空此名如來隨順覺性善男子但諸菩薩及末世衆生居一切時不起妄念於諸妄心亦不息滅住妄想境不加了知於無了知不辯眞

實彼諸衆生聞是法門信解受持不生驚畏是則名爲隨順覺性釋曰居一切時不起妄念者念雖卽空不可故起或串習而生或接續而起或覺前念非別生後念改悔總皆是病但一坐之時內外心不生卽是眞如定設有異境牽生唯明正念正念者卽一心本法心境俱虛了無所得於諸妄心亦不息滅者卽推初念不見起處何須斷滅不見起處是名眞滅住妄想境不加了知者妄想內外諸境皆空何須强生分別則不取不捨妙定相應於無了知不辯眞實者亦不住無分別非實非虛心無所寄則得本之正宗

還原之妙性矣問一切衆生皆同法性故思益經云衆生如卽是漏盡解脫如云何衆生不具性起功德荅性有二種一種性義因所起故二法性義若眞若應皆此性故若是法性凡聖皆同若是種性須萬善熏修以淨奪染性方起故妄雖卽性不順性故淸涼記云如來出現義亦名緣起亦名性起若八相覽緣出現故名緣起謂由衆生業感如來大悲而出現故八相成道從法性故名性起今以從緣無性緣起卽名性起又淨緣起常順於性亦名性起故云應雖從緣不違性故卽無不從此法界流卽相成門明性成

於緣故此性起自有二義一從緣無性而爲性起二法性隨緣故名性起無不還證此法身故此乃緣起能成性起卽是相成門也以淨奪染性方起故者明相奪門亦是通妨謂有問言性起唯淨緣起卽是性起故爲此通謂起有二一染二淨淨謂如來大悲菩薩萬行等染謂衆生惑業等若以染奪淨則屬衆生故唯緣起今以淨奪染唯屬諸佛故名性起乃至萬法出興皆是眞性中緣起所以菩薩凡有施爲皆順法性衆生以無明根本未盡我執情見不亡所有施爲皆違法性但成有爲生滅之行不成性起功德之

門如起信論云此菩薩知法性離慳貪相是淸淨施度隨順修行檀波羅蜜知法性離五欲境無破戒相是淸淨戒度隨順修行尸羅波羅蜜知法性無有苦惱離瞋害相是淸淨忍度隨順修行羼提波羅蜜知法性離身心相無有懈怠是淸淨進度隨順修行毗棃耶波羅蜜知法性無動無亂是淸淨禪度隨順修行禪那波羅蜜知法性離諸癡闇是淸淨慧度隨順修行般若波羅蜜故知菩薩所修一度一行皆順眞如一心法性之理非是於自性外別有所修以隨順心性故所有功德皆如性起無盡無爲不取不捨凡

夫所造慳貪乃至癡闇皆是違眞背性起我見心所以不隨性起成無漏功德設有妄修皆於自心外別有所得盡成外道天魔有爲生滅以不順眞如違法性故又以修顯性以性成修若無性修亦不成若無修性亦不顯如古德云本有如眞金修生如嚴具由嚴具方顯金德嚴具無體全攬金成喻顯二德者如修生在因漸顯於本有在果圓滿於本有非本有理有漸有圓如初生月明雖漸滿而常帶圓月以圓月常在故故十五日月徧在初一二三等中則知滿果徧在因位亦令後後常具前前前前常具後後以初

一日有二日月乃至十五日月以十五日月卽初月故法合可知由此故云修生本有以初圓時先已圓故本有修生以初生時亦已圓故忘懷思之若不能如是思之而失大利猶如窮子於己庫藏以爲他物或持衣珠而乞匃或守金藏以貧窮皆爲不知自心之寶致茲況矣又如首楞嚴經云佛言一切衆生從無始來迷已爲物失於本心爲物所轉故於是中觀大觀小若能轉物則同如來身心圓明不動道場於一毛端徧能含受十方國土夫云轉物者物虛非轉唯轉自心以一切法皆從分別生因想而成隨念而

至所以金剛三昧經頌云法從分別生還從分別滅滅諸分別法是法非生滅故知一切諸法皆從分別識生若能悟了分別識空則知諸法寂滅若生若滅俱是分別分別若亡法非生滅亦如法華經三變其土唯是變心非變土耳首楞嚴經鈔云若能轉物卽同如來者心外無物物卽是心但心離分別爲正智正智卽是般若周徧法界無有障礙是故西方國土水鳥樹林悉皆說法說法之處卽如如心所以如來一一根門徧塵剎土乃至毛端而說妙法如今但得離念便同如來眞實知見昔有禪師在蜀地綿竹縣

無爲山修道時有三百餘家設齋俱請和尚皆由心離分別卽應機無礙問法界羣機以何智證悉入平等一心究竟如來之藏答約佛性論有五種如來藏釋摩訶衍論列十種如來藏且佛性論云藏有五種一如來藏在纒含果法故二自性清淨藏在纒不染三法身藏果位爲功德所依四出世間上上藏出纒超過二乘菩薩五法界藏通因徹果外持一切染淨故名法界內含一切恆沙性德故名藏次釋摩訶衍論云如來藏有十種於契經中別別說故一者大總持如來藏盡攝一切如來故諸佛無盡藏契經中作

如是說佛告文殊有如來藏名曰大寶無盡殊勝圓滿陀羅尼盡攝諸藏無所不通無所不當圓滿圓滿平等平等一切所有諸如來藏無有以此非為根本何以故此如來藏如來藏王如來藏主如來藏天如來藏地以此義故名曰大寶無盡殊勝圓滿陀羅尼如來藏故此經文明何義所謂顯示陀羅尼藏所依總相餘契經中諸如來藏能依別相故以何義故名如來藏謂攝持故二者遠轉遠縛如來藏一淸一滿故實際契經中作如是說佛子如來藏者唯有覺者唯有如如離流轉因離慮知縛一一白白是故名為

如來之藏故此經文明何義所謂顯示眞如一心無有惑因無有覺因無有惑果無有覺果一眞一如唯有淨妙如來體故以何義故名如來藏諸無雜故三者與行與相如來藏與流轉力法身如來令覆藏故楞伽契經中作如是說如來藏者唯善不善因受苦樂與因俱若生若滅猶如技兒故此經文明何義所謂顯示生滅一心於惑與力於覺與力出現生死涅槃之法譬如非幻幻人於諸幻事隨其所應與力用故以何義故名如來藏謂令覆故四者眞如眞如如來藏唯有如故眞修契經中作如是說如理如理如

來藏非建立非誹謗非常非無常非正體智之所正得亦非意意識之所緣境界何以故唯有理理無彼彼故此經文明何義所謂顯示眞如門中性眞如理唯理自理非智自理故以何義故明如來藏謂無他故五者生滅眞如如來藏不生不滅被生滅之染故楞伽契經中作如是說大慧愚癡凡夫不覺不知執著諸法剎那不住墮在邪見而作是言無漏之法亦剎那不住破彼眞如如來藏故復次大慧金剛如來藏如來證法若剎那不住者一切聖人不成聖人故此經文明何義所謂顯示生滅門中性眞如理遠離

無常之相不生不滅之法故以何義故名如來藏謂被染故六者空如來藏一切謂空覆藏如來故勝鬘契經中作如是說世尊空如來藏若離若脫若異一切煩惱藏故此經文明何義所謂顯示生滅門中一切染法隱覆自相本覺無量性功德故以何義故一切染法總名為空所謂一切染法幻化差別體相無實作用非眞故名為空而能隱覆法身如來實得眞體是故名為如來之藏從能藏染立其名故七者不空如來藏一切不空被空染故勝鬘契經中作如是說世尊不空如來藏過恒沙不離不脫不異不思議

佛法故此經文明何義所謂顯示生滅門中自相本覺備過恆沙一切功德被過恆沙一切染法之所染故以何義故一切淨法總名不空所謂一切淨法自體中實作用勝妙遠離虛假超越巧僞故名不空被染之覆名如來藏於出現時名爲法身於隱覆時名如來藏故從所淨立其名故八者能攝如來藏無明藏中自性淨心能攝一切諸功德故不增不減契經中作如是說如來藏本際相應體及清淨法此法如實不虛妄不離不脫智不思議法無始本際來有此清淨相應法體故此經文明何義所謂顯示一切諸

衆生自性清淨心從無始已來具足三智圓滿四德無所闕失故以何義故名如來藏由顛倒心不知不覺故從能淨立其名故九者所攝如來藏一切染法無明他藏既乃出離圓滿覺者爲所攝故不增不減契經中作如是說如來本際不相應體及煩惱纏不清淨法此本際離脫不相應煩惱纏不清淨法唯有如來菩提智之所能斷故此經文明何義所謂顯示始覺滿佛斷一切障具一切智智明爲外障闇爲內一切染法智所攝持故以何義故名如來藏謂攝持故十者隱覆如來藏法身如來煩惱所覆隱沒藏故不增不減契經中作如是說如來藏未來際平等恆及有法卽是一切諸法根本備一切法具一切法於世法中不離不脫故此經文明何義所謂顯示多一心體等於法界徧於三際具足圓滿染淨諸法無所不通無所不至故復次顯示隨緣門中自性淨心於染法中隱藏沈沒法身如來未出現故是名爲十今取佛性論中第五法界藏及釋摩訶衍論中第一大總持如來藏此義弘通總攝一切以實相智當能證入如星拱北似海會川猶太虛空無一塵而不入若宗鏡內無一法而不歸衆聖之所乘諸佛之同證其

餘諸藏隨染淨緣成眞如生滅二門功德過患隱顯對治故以不差而差不守自性故以差而不差不失自性故則總別同原本來一際如究竟一乘寶性論偈云法身徧無差皆實有佛性是故說衆生常有如來藏此偈明何義有三種義是故如來說一切時一切衆生有如來藏何等爲三一者如來法身徧在一切衆生心識偈言法身徧故二者眞如之體一切衆生平等無差別偈言無差故三者一切衆生皆悉等有眞如佛性偈言皆實有佛性故問能證智與所證藏爲同爲異答約分別門亦同亦異若冥合一味則

無境智之殊。若言用。卽同而異。境不能照。智有照。故。言寂。卽異而同。境智無異味。故同故無心。於彼此。忘心契合。故異。故不失於照功。智異木石。故是以境智之原。非離非合。合則境智俱壞。離則境智相乖。無境而不成智。以離法無有人。故無智而不成境。以離人無有法。故是以智心常寂。雖照境而無緣。寂不失照。雖空寂而恒用。斯則智照境亦照。境寂智亦寂。寂照雙分而一味。境智融卽而歷然。若一二情生。則違眞理。或作有情無情之見。自分彼我之懷。或執有用無用之心。唯隨斷常之網。都爲不了萬法之實性。一道之眞宗。若洞斯文。諸情頓破。問。三界五趣。卽惟一心。云何而有迷悟不同。凡聖昇降。答。只爲因心故迷。因心故悟。又因悟成聖。因迷作凡。凡聖俱因迷悟得名。名亦本空。唯有眞心。湛然不動。但於一眞心上妄執人法二我。所以似迷。又因了人法二空。所以似悟。古德云。覺非始終。以迷故執我。以悟故見性。如闇中迷杌爲鬼。至明杌有鬼無。迷杌爲鬼。見杌非新。有了鬼本無。悟鬼非始。無。旣唯得杌。不得鬼者。故知鬼不新無。杌非新有。無取捨也。旣二念不生。卽爲實觀。何以故。念盡心澄。無生現故。如說水澄得眞寶等。又凡有

所見一切。或見自見他。皆是迷心自現。如迷東爲西。方實不轉。以迷人西。不離悟人東。但爲迷人迷。故不見悟人東也。若至悟時。西全是東也。故知迷常在悟。生不離佛。經云。衆生界卽佛界。佛界卽衆生界。但爲迷故癡盲。對目不知見。深自悲哉。故知依方故迷。方位不動。因覺故昧。覺體靡移。則迷無所迷。悟無所悟。迷則以眞爲妄。悟則以妄爲眞。如夜見杌爲人。晝見人爲杌。一物未嘗異。二見自成差。旣知迷悟空。眞妄亦何有。問。若無迷悟。平等一心。云何斷惑證果遲速不等。答。雖了一心本末平等。以妄習衆生界中差別種子。不熏而熏。無始堅牢。卒難除遣。至十地位猶有色心二習。若不勇猛精進。念念常以佛知見治之。無由得淨。如華嚴經云。爾時文殊師利菩薩。問勤首菩薩言。佛子。佛敎是一。衆生得見。云何不卽悉斷一切諸煩惱縛。而得出離。然其色蘊受蘊想蘊行蘊識蘊。欲界色界無色界無明貪愛。無有差別。是則佛敎於諸衆生。或有利益。或無利益。時勤首菩薩以頌答曰。佛子善諦聽。我今如實答。或有速解脫。或有難出離。若欲求除滅。無量諸過惡。當於佛法中。勇猛常精進。譬如微少火。樵濕速令滅。於佛敎法中。懈怠者亦然。

如鑽燧求火。未出而數息。火勢隨止滅。懈怠者亦然。
如人持日珠。不以物承影。火終不可得。懈怠者亦然。
譬如赫日照。孩稚閉其目。怪言何不覩。懈怠者亦然。
如人無手足。欲以芒草箭。徧射破大地。懈怠者亦然。
如以一毛端。而取大海水。欲令盡乾竭。懈怠者亦然。
又如劫火起。欲以少水滅。於佛教法中。懈怠者亦然。
如有見虛空。端居不搖動。而言普騰躡。懈怠者亦然。

釋云。如鑽燧求火。未出而數息。火勢隨止滅。懈怠者亦然者。當以智慧鑽。注於一境。以方便繩。善巧迴轉。心智無住。四儀無間。則聖道可生。曾爾起心。暫時忘照。皆名息也。所以寶積經云。譬如繫綵帛在頭上。火來燒綵帛。無暇救帛。救頭是急。故外書勸學尚云。輕尺璧而重寸陰。況學般若求出生死法。豈可暫忘乎。

宗鏡錄卷第八十二

音釋

薩婆若 梵語也此云一切智若人者切　摩醯首羅 梵語也此云大自在醯呼雞切

玻瓈 梵語也此云水玉

宗鏡錄卷第八十三

宋慧日永明妙圓正修智覺禪師延壽集

夫眞心是一字之王般若之母云何論說諸佛常依二諦說法答若約正宗心智路絕若離二諦斷方便門以眞心是自證法有何文字凡能詮教無非假名故云依二諦說法金剛三昧經偈云因緣所生義是義滅非生滅諸生滅義是義生非滅論釋云此四句義有總別別則明二門義總則顯一心法如是一心二門之內一切諸法無所不攝前二融俗爲眞顯平等義後二融眞爲俗顯差別門總而言之眞俗無二

而不守一由無二故則是一心不守一故舉體爲二又眞俗無二一實之法諸佛所歸名如來藏明無量法及一切行莫不歸入如來藏中無不教法所詮義相更無異起唯一實義所言實者是自心之性除此之外皆是虛幻智度論云除一實相外其餘盡成魔事法華經云唯此一事實餘二卽非眞凡經論大意並是顯宗破執獨標心性若通達者一切諸法卽心自性心外無法性無不包猶若虛空徧一切處則一切諸法無非實相故知諸義但一念心一理應一切名以理外無名故一切名卽一理以名外無理故則

是無名之眞名無理之眞理是以一心二諦體用周足本約眞論俗從一起多還約俗論眞從多會一如如意珠珠以譬眞用以譬俗卽珠是用卽用是珠不二而二分眞俗耳起信論明一心二門心眞如門者是體以一切法無生無滅本來寂靜唯是一心如是名爲心眞如門楞伽經云寂滅者名爲一心心生滅門者是用此一心體有本覺而隨無明動作生滅故於此門如來之性隱而不顯名如來藏楞伽經云一心者名如來藏又云如來藏者是善不善因此二門約體用分二若以全體之用用不離體全用之體體

不離用還念其一以一心染淨其性無二眞妄二門不得有異故名爲一此無二處諸法中實不同虛空性自神解故名爲心旣無有二何得有一一無所有就誰曰心如是道理離言絕慮不知何以言之强爲一心也問摩訶衍論云一卽是心心卽是一無一別心無心別一一切諸法平等一味一相無相作一種光明心地之海者云何復說同相異相答若同若異俱一心作故如海涌千波千波卽海以眾生差別性故不能同種以如來平等性故不能異種眾生雖差別不能自異如來雖平等不能自同不能自異故卽

異無異也。不能自同故。卽同非同也。摩訶衍論云。同相者。一切諸法唯一眞如。異者唯一眞如作一切法。金剛三昧論云。平等一味故。聖人所不能異也。有通有別故。聖人所不能同也。不能同者卽同於異。不能異者卽異於同。又不可說異故可得說是同。不可說同故可得說是異耳。說與不說無二無別也。又云。依甚深教如言取義者有二種失。一者聞佛所說動靜無二便謂是一。一實一心。由是撥無二諦道理。二者聞佛所說空有二門。計有二法。法無一實。由是誹謗無二中道。又云。如是一心通爲一切染淨諸法之所

依止故。卽是諸法根本。本來靜門。恆沙功德無所不備。謂一切是隨緣動門。恆沙染法無所不具。然舉染法以望心體。不能徧通。所以經云。若離若脫若舉心體望諸淨法。無所不徧。故經言。於世法中不離不脫。總明一心通於動靜。爲染淨所依。別顯動門。染法所依。別顯靜門。淨法所依。亦如起信。於一心立眞如生滅二門。若卷若舒。或總或別。皆是一心之體用。如日月之光明。似江河之波浪。眞心無寄。不落言思。但約世諦隨緣門中。分其二義。以眞心不守性故。隨緣成異。卽成異門。以隨緣時不失自性。故隨緣不變。卽成

同門。雖立同異。常冥一際。古釋云。眞心非一非異者。眞心全體動故。心與生滅非異。而恆不變眞性故。與生滅不一。先明不異門有三義。一。本從末明不異。經云。如來藏是善不善因。能徧造一切趣生。又經云。佛性隨流成別味。二。攝末同本明不異。經云。衆生卽如也。又云。十二因緣卽佛性。地論云。三界唯一心者。第一義諦也。前卽末之本。本無別本。唯有生滅。更無別法可相異也。後卽本之末。末無別末。故唯有不生滅。亦無別法可相異也。三。本末平等明不異。經偈云。甚深如來藏而與七識俱。又論云。唯眞不立。單妄不成。

此顯本末鎔融。際限不分。故云不異也。次明不一門者。此中非直不乖不異以明不一。亦乃由不異故成於不一。何以故。若如來藏隨緣作生滅時失自不生滅者。卽不得有生滅也。如水失濕性。則不能成大小之波。是故由不生滅得有生滅。是故卽不異。必不一也。起信明如來藏與生滅和合。非一非異。而成辨世出世間染淨等事。問。論云。同相者。一切諸法唯一眞如。異相者。唯一眞如作一切法。此同異二義。爲復法爾自作。爲復因人所置。答。法性不動。豈有同異之文。攺變從心。自起一多之見。如大乘起信論云。復次覺

與不覺有二種相。一者同相。二者異相。言同相者。譬如種種瓦器皆同微塵性相。如是無漏無明種種業幻皆同眞如性相。是故修多羅中依於此義說一切衆生本來常住。入於涅槃。菩提之法。非可修相。非可作相。畢竟無得。亦無色相可見。而有見色相者。唯是隨染業幻所作。非是智色不空之性。以智相無可見故。言異相者。如種種瓦器各各不同。如是無漏無明。隨染幻差別性染幻業差別故。論釋曰。卽此文中。故有二門。一者同相門。二者異相門。爲明何義。故建立同相門。爲欲顯示一切諸法唯一眞如無餘法故。當

眞如門。爲明何異。故建立異相門。爲欲顯示唯一眞如作一切法。名相各別義用不同。故當生滅門。依何契經所建立耶。謂文殊師利答第一經。彼契經中當何說耶。謂彼經中作如是說。佛問文殊。汝久遠來恆無休息。普徧遊行十方剎中。見何殊事。文殊答曰。我久遠來不見餘事。唯見微塵。又佛問言。汝百年中居於輪家。不見種種瓦器相耶。文殊對曰。我唯見塵。不見瓦器。又佛問言。汝實不見地水火風山川林樹等種種相耶。對曰。我實不見如是等相。唯見微塵。如是如是世尊問訖。文殊答曰。至一百數。佛問文殊。見微塵耶。文殊對曰。我久遠來不見微塵。爾時世尊告文殊言。善哉善哉。汝是大士。能覺一相。能覺一相。卽無相法。文殊師利。汝一仁者。非如是覺。依一相門。一切衆生本來常住。入於涅槃。菩提之法。非可修相。非可作相。畢竟無得。亦無色相可見。而有見色相者。唯是隨染業幻所作。非是智色不空之性。以智相無可見故。異相門者。彼契經中作如是說。佛告身子。汝見此土。作何心見。身子答曰。我見此土山川林樹沙礫土石日月宮殿舍宅等種種相各各形相名字差別不同。佛言。汝智慧力下劣狹少。心有高下。見如是異。非

汝一人作如是見。一切衆生亦復如是。乃至諸法亦復如是。眞妄互熏。染淨相待。功德過患。形相名字各各差別。隨凡夫心所立名相。有而非實。皆如幻化。問。一心開眞如生滅二門。有何所以。答。甚有功能。深諧事理。一心者。起大乘之信。二門者。破邪見之執。約眞如門信妙理決定。約生滅門信業用不亡。可謂理事圓通。眞俗無滯。釋摩訶衍論云。心眞如門有十種名。一者名爲如來藏門。無雜亂故。二者名爲不二平等門。無差別故。三者名爲一道淸淨門。無異岐故。四者名爲不起不動門。無作業故。五者名爲無斷無縛門。

無治障故六者名爲無去無來門無上下故七者名爲出世間門無四相故八者名爲寂滅寂靜門無住向故九者名爲大總相門無別相故十者名爲眞如門無虛僞故是名爲十如是十名總攝諸佛一切法藏平等義理法門名字生滅門有十種名一者名爲藏識門攝持一切染淨法故二者名爲如來藏門覆藏如來法身故三者名爲起動門相續作業故四者名爲有斷有縛門有治障故五者名爲有去有來門有上下故六者名爲多相分異門染淨之法過恆沙故七者名爲世間門四相俱轉故八者名爲流轉還

滅門具足生死及涅槃故九者名爲相待俱成門無自成法故十者名爲生滅門表無常相故如是十名總攝諸佛一切法藏種種差別法門名字又夫眞如者雖在不起不動門非是凝然不動寂爾離緣此落靜塵生於斷見斯乃隨緣會寂約法明眞是以無性因緣理事一際因緣無性隱顯同時如義海云入眞如者謂塵隨心迴轉種種義味成大緣起雖有種種而無生滅雖不生滅而恆不礙一切隨緣今無生滅是不變不礙一切是隨緣隨緣不變是眞如義問上說一切衆生皆有本覺常熏無明成其淨用此眞如妙用諸佛化門爲在眞如門中生滅門中答此是生滅門中本覺眞如故有熏義眞如門中則無此義由此本覺內熏不覺令成厭求反流順眞故云用也涅槃經云闡提之人未來佛性力故還生善根佛性力者卽本覺內熏力成其淨用乃至八相成道十地行位並約世諦門收問上立一心眞如生滅二門爲復從何門入疾得成就答但從生滅門入直至道場不動塵勞而成正覺起信論云復次爲令衆生從心生滅門入眞如門故令觀色等相皆不成就云何不成就謂分析麤色漸至微塵復以方分析此微塵是故

若麤若細一切諸色唯是妄心分別影像實無所有推求餘蘊漸至刹那相別非一無爲之法亦復如是離於法界終不可得如是十方一切諸法應知悉然猶如迷人謂東爲西方實不轉衆生亦爾無明迷故謂心爲動而實不動若知動心卽不生滅卽得入於眞如之門如上二諦之義不可一向作一解亦不可一向作二解所以仁王經二諦品云爾時波斯匿王白佛言世尊勝義諦中有世俗諦否若言無者智不應二若言有者智不應一一二之義其事云何佛言大王汝於過去龍光王佛法中已問此義我今無說

汝今無聽無說無聽是卽名爲一義二義汝今諦聽當爲汝說爾時世尊卽說偈言無相勝義諦體非自他作因緣如幻有亦非自他作法性本無性勝義諦空如諸有幻有法三假集假有無無諦實無寂滅勝義空諸法因緣有有無義如是有無本自二譬如牛二角照解見無二二諦常不卽解心見無二求二不可得非謂二諦一二亦不可得於解常自一於諦常自二了達此一二眞入勝義諦世諦幻化起譬如虛空華如影如毛輪因緣故幻有幻化見幻化愚夫名幻諦幻卽見幻法諦幻悉皆無若了如是法卽解一

二義偏於一切法應作如是觀故涅槃經況二鳥雙遊者生死俱常無常涅槃亦爾在下在高雙飛雙息卽事而理卽理而事二諦卽中中卽二諦非二中而二中是則雙遊義成二鳥者卽鴛鴦鳥雙飛雙止雙飛卽況雙照雙止卽況雙遮亦是體用理事不卽不離問眞諦云何不稱第一義諦答眞但對俗得名未是中道又通了一切法無我但是眞詮未窮實性不通眞俗如中道第一義諦者非離二邊稱中卽是一切法之實性偏通凡聖情與非情故稱第一亦云無等以無法可過故稱第一以無法可比故稱無等此

非約勝劣而言以一切法卽眞如一心故所以起信論云所言法者謂衆生心古釋云諸法旣無故唯心矣如萬像本空唯是一鏡問妙明眞心偏一切處云何涅槃經云佛性除於瓦礫答能所不同不可執一心境一味不可稱異若以性從緣則情非情異爲性亦殊若泯緣從性則非覺不覺若二性互融則無非覺悟華嚴經云眞如無少分非覺悟者則眞如偏一切有情無情之處若無少分非覺悟者豈無情非佛性乎又經意但除執瓦礫無情之見非除佛性則性無不在量出虛空寍可除乎又古德云覺性是理覺

了屬事如無情中但有覺性而無覺了如木中但有火性亦無火照今言性者但據理本誰論枝末又覺智緣慮名情自性不改名性愚人迷性生情故境智不一智者了情成性故物我無二問萬法唯心誠證非一入楞伽經偈云三界上下法我說卽是心離於諸心法更無有可得若四維上下皆是自心者則行住坐臥依何而住若無依報所居正報如何成立答有識之身無情之土皆是內外四大悉皆無體且如地大唯依風輪衆微所成本無自性但是有情心變更無異理安庠動止皆在心中似鳥飛空不離空界

如魚潛水豈越水源入楞伽經偈云若一切唯心世間何處住去來依何法云何見地中如鳥虛空中依心風而去不住不觀察於地上而去如是諸衆生依分別風動自心中來去如空中飛鳥見是資生器佛說心如是故知舉足下足不離自心如鳥若離空何以騫翥魚若離水豈得浮沈所以西天祖師彌遮迦問婆須密曰何方而來復往何所答曰自從心來欲往無處又此土五洩和尚臨終歇食三日而告寂學人問云師何處去答無處去學人云某甲何不見答非眼所覩故大集經云佛言即四大中求於菩提不

餘處求求時不見一切諸物不見見者即是無處無處者即是無住無住者即是一切諸法之性一切諸法若無性者即是實相實相者非常非斷名畢竟空金剛三昧經云五住菩薩言尊者我從無本來今至無本所佛言汝本不從來今亦不至所汝得本利不可思議乃至色無處所清淨無名不入於內眼無處所清淨無見不出於外心無處所清淨無上無有起處清淨無動無有緣別性皆空寂乃至如彼心王本無住處凡夫之心妄分別見如如之體本不有無有無之相見唯心識云何無本以無住故有本則有住

無住則無本明知衆生業趣去來諸聖淨界動止來是心來去是心去動是心動止是心止畢竟無有去來動止而可得不離法界故則未有一法非心所標是以文殊師利化善財童子現三千世界滿中臺觀善財觀之忽然不現世界皆空問世界來去之處文殊答言從來處來卻歸去處去即是清淨法界中來卻歸清淨法界中去故知諸法所生唯心所現生滅去來皆如來藏斯乃窮迹達本見法明宗矣又如瑠璃光法王子云我憶往昔經恆沙劫有佛出世名無量聲開示菩薩本覺妙明觀此世界及衆生身皆是

妄緣風力所轉我於爾時觀界安立觀世動時觀身動止觀心動念諸動無二等無差別我時覺了此羣動性來無所從去無所至十方微塵顛倒衆生同一虛妄如是乃至三千大千一世界內所有衆生如一器中貯百蚊蚋啾啾亂鳴於分寸中鼓發狂鬧乃至我以觀察風力無依悟菩提心入三摩地合十方佛傳一妙心斯爲第一故知羣動無二唯一妄風風賴衆緣本無依處若能諦觀風力無依頓悟唯心不動則本覺妙明恆照法界故云十方諸佛傳此一妙心耳風力既無依萬法皆無主來從緣有去逐幻空唯

本覺心。本無生滅。所以法華經但說一乘。開示於此。般若經唯言無二。付囑於此。涅槃經佛性平等。廣喻於此。華嚴經法界無盡。顯現於此。無邊妙旨。同歸宗鏡矣。問。楞伽經云佛語心爲宗。旣立一心爲宗。云何復云無心是道。答。心爲宗者。是眞實心。此心不是有無無住無依。不生不滅。有佛無佛。性相常住。爲一切萬物之性。猶如虛空。體非一切。而能現一切。只爲衆生不了此常住眞心。以眞心無性。不覺而起妄識之心。遂遺此眞心妙性。逐妄輪迴。於畢竟同中。成究竟異。一向執此妄心。能緣塵徇物。背道違眞。則是令息

其緣慮妄心。若不起妄心。則能順覺。所以云無心是道。亦云冥心合道。又卽心無心。常順本覺。未必滅心取證。卻成背道。然雖卽心無心。又不可故起此妄識心對境而生。無體可得。如海上波。隨風斷續。境界妄風不起。分別識浪不生。密嚴經云。一切諸世間。譬如熱時燄。以諸不實相。無而妄分別。覺因所覺生。所覺依能覺。離一則無二。譬如光共影。無心亦無境。量及所量事。但依於一心。如是而分別。能知所知法。唯依心妄計。若了所知無。能知則非有。所知無者。則是無境。能知無者。則是無心。妄心幻境旣空。一道眞心自

現。故知但心不起。萬法無生。纔有起心。卽成住著。如大法炬陀羅尼經云。佛言。一切住卽是非住。但是思想移來。次第相續。故有生耳。乃至若正思惟。一切皆是無住住也。故知一切萬法。皆從思生。凡有思惟。皆見邪思惟。若無思惟。卽是正思惟。故云若正思惟。一切皆是無住住也。無住住者。乃萬法之根本矣。問。若云心同境空。了不可得者。如今介爾心起。果報非虛。一念善心。遠階佛果。一念惡想。長劫受殃。豈同外色前塵。性是無記。依心假有。體畢竟無。若緣念心。卽應是有。答。此一念心。亦不孤起。依他假有。內外皆空。此

一念。曾起覺了能知之心。如阿難妄執在其七處。世尊一一推破。俱無所在。然因依之處。不過此七。世人同執。熏習堅牢。若非大聖仔細推尋。情見無由可脫。此七處旣破。則一切處皆無。可以卽今現知。無勞更執。如首楞嚴經云。佛告阿難。知汝所說眞所愛樂。因于心目。若不識知心目所在。則不能得降伏塵勞。譬如國王爲賊所侵。發兵討除。是兵要當知賊所在。使汝流轉。心目爲咎。吾今問汝。唯心與目。今何所在。阿難白佛言。世尊。一切世間十種異生。同將識心居在身內。縱觀如來靑蓮華眼。亦在佛面。我今觀此浮根

四塵。只在我面。如是識心。實居身內。佛告阿難。汝今現坐如來講堂。觀祇陀林。今何所在。世尊。此大重閣淸淨講堂。在給孤園。今祇陀林實在堂外。阿難。汝今堂中先何所見。世尊。我在堂中先見如來。次觀大衆。如是外望。方矚林園。阿難。汝矚林園。因何有見。世尊。此大講堂戶牖開豁。故我在堂得遠瞻見。乃至佛告阿難。如汝所言身在講堂戶牖開豁遠矚林園。亦有衆生在此堂中不見如來見堂外者。阿難答言。世尊。在堂不見如來能見林泉無有是處。阿難。我亦如是。汝之心靈一切明了。若汝現前所明了心實在身內。

爾時先合了知內身。頗有衆生先見身中後觀外物。縱不能見心肝脾胃。爪生髮長。筋轉脈搖。誠合明了。如何不知。必不內知。云何知外。是故應知汝言覺了能知之心住在身內無有是處。阿難稽首而白佛言。我聞如來如是法音。悟知我心實居身外。所以者何。譬如燈光然於室中。是燈必能先照室內。從其室門後及庭際。一切衆生不見身中。獨見身外。亦如燈光居在室外。不能照室。是義必明。將無所惑。同佛了義。得無妄耶。佛告阿難。是諸比丘適來從我室羅筏城循乞摶食。歸祇陀林。我已宿齋。汝觀比丘一人食時諸人飽否。阿難答言。不也世尊。何以故。是比丘雖阿羅漢。軀命不同。云何一人能令衆飽。佛告阿難。若汝覺了能知之心實在身外。身心相外。自不相干。則心所知。身不能覺。覺在身際。心不能知。我今示汝兜羅綿手。汝眼見時。心分別否。阿難答言。如是世尊。佛告阿難。若相知者。云何在外。是故應知汝言覺了能知之心住在身外無有是處。阿難白佛言。世尊。如佛所言不見內故不居身內。身心相知不相離故不在身外。我今思惟。知在一處。佛言。處今何在。阿難言。此了知心。旣不知內而能見外。如我思忖。潛伏根裏。猶如

有人取瑠璃椀合其兩眼。雖有物合而不留礙。彼根隨見隨卽分別。然我覺了能知之心不見內者。爲在根故。分明矚外無障礙者。潛根內故。佛告阿難。如汝所言潛根內者猶如瑠璃。彼人當以瑠璃籠眼當見山河。見瑠璃否。如是世尊。世人當以瑠璃籠眼實見瑠璃。佛告阿難。汝心若同瑠璃合者。當見山河。何不見眼。若見眼者。眼卽同境。不得成隨。若不能見。云何說言此了知心潛在根內如瑠璃合。是故應知汝言覺了能知之心潛伏根裏如瑠璃合無有是處。阿難白佛言。世尊。我今又作如是思惟。是衆生身腑臟在

中竅穴居外有藏則闇有竅則明今我對佛開眼見
明名爲見外閉眼見闇名爲見內是義云何佛告阿
難汝當閉眼見闇之時此闇境界爲與眼對爲不對
眼若與眼對闇在眼前云何成內若成內者居暗室
中無日月燈此闇室中皆汝焦腑若不對者云何成
見若離外見內對所成合眼見闇名爲身中開眼見
明何不見面若不見面內對不成見面若成此了知
心及與眼根乃在虛空何成在內若在虛空自非汝
體卽應如來今見汝面亦是汝身汝眼已知身合非
覺必汝執言身眼兩覺應有二知卽汝一身應成兩

佛是故應知汝言見闇名見內者無有是處阿難言
我常聞佛開示四衆由心生故種種法生由法生故
種種心生我今思惟卽思惟體實我心性隨所合處
心則隨有亦非內外中間三處佛告阿難我今說言
由法生故種種心生隨所合處心隨有者是心無體
則無所合若無有體而能合者則十九界因七塵合
是義不然若有體者如汝以手自挃其體汝所知心
爲復內出爲從外入若復內出還見身中若從外來
先合見面阿難言見是其眼心知非眼爲見非義佛
言若眼能見汝在室中門能見否則諸已死尚有眼

存應皆見物若見物者云何名死阿難又汝覺了能
知之心若必有體爲復一體爲有多體今在汝身爲
復徧體爲不徧體若一體者則汝以手挃一支時四
支應覺若咸覺者挃應無在若挃有所則汝一體自
不能成若多體者則成多人何體爲汝若徧體者同
前所挃若不徧者當汝觸頭亦觸其足頭有所覺足
應無知今汝不然是故應知隨所合處心則隨有無
有是處阿難白佛言世尊我亦聞佛與文殊等諸法
王子談實相時世尊亦言心不在內亦不在外如我
思惟內無所見外不相知內無知故在內不成身心

相知在外非義今相知故復內無見當在中間佛言
汝言中間中必不迷非無所在今汝推中中何爲在
爲復在處爲當在身若在身者在邊非中在中同內
若在處者爲有所表爲無所表無表同無表則無定
何以故如人以表表爲中時東看則西南觀成北表
體旣混心應雜亂阿難言我所說中非此二種如世
尊言眼色爲緣生於眼識眼有分別色塵無知識生
其中則爲心在佛言汝心若在根塵之中此之心體
爲復兼二爲不兼二若兼二者物體雜亂物非體知
成敵兩立云何爲中兼二不成非知不知卽無體性

中何爲相。是故應知當在中間。無有是處。阿難白佛言。世尊。我昔見佛。與大目連須菩提富樓那舍利弗四大弟子。共轉法輪。常言覺知分別心性。既不在內亦不在外。不在中間。俱無所在。一切無著。名之爲心。則我無著。名爲心否。佛告阿難。汝言覺知分別心性。俱無在者。世間虛空水陸飛行。諸所物像。名爲一切。汝不著者。爲在爲無。無則同於龜毛兔角。云何不著。有不著者。不可名無。無相則無。非無則相。相有則在。云何無著。是故應知。一切無著名覺知心。無有是處。如上所推。卽今生滅身中妄心。無寄現量所知。分明

無惑。可謂頓悟眞心。直了無生矣。

宗鏡録卷第八十三

音釋

闡提 梵語也具云一闡提此云信不具 騫翥 騫去乾切翥陟慮切騫翥飛舉也 瞥 普蔑切過目暫見也 摶 度官切捏聚也

宗鏡錄卷第八十四

宋慧日永明妙圓正修智覺禪師延壽集

夫妄心虛假。諸聖同推。此執堅牢。故須具引。又約經論有三種假。一因成假。因前境對方乃生心。二相續假。初心因境。後起分別。念念相續。乃至成事。三相待假。如待虛空無生。說心有生。又計於有心。待於無心。如短待長。似近待遠。此三非實。故稱爲假。所以異相互無。如中觀論偈云。異中無異相。不異中亦無。無有異相故。則無彼此異。如長與短異。長中無短相。長無可對。故無有長。短中無長相。短無可對。故無有短。長

中無長相。短無可對。故無有短。短中無短相。長無可對。故無有長。既無長短。孰言異耶。又百論云。若實有長相。若長中有。若短中有。若其中有。是皆不可得。何以故。長中無長相。以因他故。因短爲長故。短中亦無長相。性相違故。若短中有長。不名爲短。其中亦無長。二俱過故。長相既無。短相亦爾。若無長短。云何相待。故遮異言不異。非謂有無異。此雙絕以契性。若約雙顯者。謂上但顯實。則唯性而非異。今性相皆具。故云雙顯。謂由體一。故非異。相差別。故非不異。此舉雙是以顯雙非。斯乃非一非異。而一而異。遮照無礙。性相融通。長短既然。萬法皆爾。若以初心破此三假。一念無生。得入空觀。夫空觀者。乃一切觀之根本。從此次入假觀。因不得假而入空。復不得空而入假。以非空非假。後入中觀。乃至絕觀。所以止觀廣破。四句檢而不得。橫豎推而無生。性相俱空。名字亦寂。若一念心起。即俱三假。當觀此一念心。若心自生者。前念爲根。後念爲識。爲從根生心。爲從識生心。若根能生識。根爲有識故生識。根爲無識故生識。根若有識。根識則並。又無能生所生。根若無識而能生識。諸無識物。不能生識。根既無識。何能生識。根雖無識。而有識性。故

能生識者。此之識性。是有是無。有已是識。並在於根。何謂爲性。根無識性。不能生識。又識性與識。爲一爲異。若一。性即是識。無能無所。若異。還是他生。非心自生。若言心不自生。塵來發心。故有心生。引經云。有緣思生。無緣思不生。若爾。塵在意外。來發內識。則心由他生。今推此塵。爲是心故生心。爲非心故生心。塵若是心。則不名塵。亦非意外。則同自生。又二心並。則無能所。塵若非心。那能生心。如前破。若塵中有生性。是故生心。此性爲有爲無。性若是有。性與塵並。亦無能所。若無。無不能生。若根塵合故有心生者。根塵各

有心故合生心各各無心故合生心若各各有有合則兩心生墮在他性中若各各無合時亦無又根塵各有心性合則心生者當撿此性爲有爲無如前破若根塵各離而有心者此是無因緣生爲有此離爲無此離若有此離還從緣生何謂爲離若無此離無何能生若言此離有生性爲有爲無若性是有還從緣生不名爲離若性是無無何能生如是四句推求知心畢竟不生是名從假入空觀若不悟者轉入相續假破之何以故離因成假四破不得心生今現見心念念生滅相續不斷何謂不生此之念念爲當前

念滅後念生爲前念不滅後念生爲前念亦滅亦不滅後念生爲前念非滅非不滅後念生若前念不滅後念生此則念自生念兩生相並亦無能所若前念有生性生於後念此性爲有爲無有則非性無則不生如前破若前念滅後念生者則不滅生名爲自性今由滅生不滅望滅豈非他性他性滅中有生故生無生故生有生是生生滅相違乃至生生何謂滅生若滅無生無何能生若滅有生性性破如前若前念亦滅亦不滅後念生者若滅已屬滅若不滅已屬不滅若不滅合滅能生卽是共生共自相違相違何能

生又若各有生卽有二過各各無生合亦不生若滅不滅中有生性者爲有爲無若性定有何謂滅不滅若性定無亦何爲謂滅不滅此不免斷常之失還墮共過若前念非滅非不滅而後念生者爲有此非滅非不滅爲無此非滅非不滅若有則非無因若無無因不能生若無因有生性此性卽因何謂無因若無無不能生如是四句推相續假求心不得無四實性但有心名字是字不住內外兩中間不常自有相續無性卽世諦破性名爲性空相續無名卽眞諦破假名爲相空性相俱空乃至作十八空若不得入者猶

計有心待於無心相待戓起此與上異因成假取根塵兩法和合爲因相續假豎取意根前後爲相續豎望生滅此是別滅別滅則狹今相待假待於通滅此義則寬通滅者如三無爲雖不併是滅而得是無生待虛空無生而說心生卽是相待假今撿此心爲待無生心生爲待有心生爲待亦生亦無生而心生爲待非生非無生而心生若待無生而生心者有此無生無此無生若有生可待還是待有何謂待無有有相待卽是自生若無此無生無何所待若只待此無無而生心者一切無無亦應生心無望於有無卽是

他生。又無生雖無而有生性待此性故而知有心。此性為已生。為未生。若已生。生卽是於生。何謂為性。性若未生。未生何能生。若待生而心生者。生還待生。長應待長。既無此義。何待心生。若待生無生故有心生。如待短得有於長此墮二過各有。則二生並各無生。全不可得。如前破。若待非生非無生而有心生者。論云。從因緣生尚不可得。何況無因緣。又此無因為有為無。若有還是待有。若無還是待無。何謂無因。若言有性性為有為無。性若是有。為生非生。若生已是生。何謂為性。若無生云何能生。如是四句推相待假。求

心不得。不起性實。但有名字。名字之生。生則無生。復次性相中求陰入界不可得。卽是法空。性相求人我知見不可得。名衆生空。乃至十八空等。輔行記釋因成假初破自生中云。前念為根。後念為識者。根無別體。還指無間滅意為體。根名能生。由前意滅。生後意識。故俱舍論云。由卽六識身無間滅為意。身者體也。無間滅時為意根體。爾時五識亦依無間滅意以為親緣。用五色根以為疎緣。而生五識。五識無間分別生時。卽名意識。今此文意不是五識。是第六識緣於有見以為法塵。卽名為識。卽以此識對根研責。故云

根為有識故生識。根為無識故生識。大智度論問曰。前念若滅。何能生後。答。有二義。一念念滅。二念念生。有此二故。故滅得生。恐生斷見。是故須立。今為破故。又故須責生滅雖殊。根之與識俱是自心。從根從識俱屬自性。於自性中根識互責。求不可得。又心之與識俱對於塵以立心名。乃至根若有識。則有二妨。謂根識並及能所並。則有生生無窮之過。若無能所。生義不成。云何言生。又無間滅方名生識。根若有識。生滅相違。故並有過。根若無識。卽類無識能生識也。又責有識性。此是縱破。有還同有。亦成並生。無還同無

同無情生。又識性作一異責。若一者。凡言性者。後方能生識。與性一。故無能所。若異者。若異識則同外境。境能生識卽同他。如何計自。次破他性者。雖言心不自生。由有外塵而來發心。塵望於根塵名為他。先責是心則有三妨。一塵非心妨。則心不名塵。二塵非意外。同自生妨。三並生妨。塵若非心。容許塵生。塵若是心。還成心處生心。卽名並生。子若生苗。則有能所。子還生子。則二子並生。有何能所。塵若非心。則與前根中無識義同。責意亦爾。故云如前破。塵有識性。例前可知。破其生者。墮自他性。名為共生。今破若自他各

各無生和合亦無如二砂無油和合亦無破無因不
生亦爾結成性相二空者但無性計名爲性空性既
破已但有色心内外之相既不住於無四句中故相
亦叵得名爲相空言不在内外中間者内只是因外
只是緣中間是共不常自有只是無因無此計故卽
無四性此之二空言雖前後意不異時復以二諦結
成二空若有性執世而非諦破性執已乃名世諦故
云世諦破性性執破已但有名字名之爲假假卽是
相爲空相故觀於法性觀理證眞名眞諦破相空非
前後二諦同時爲辯性相前後說耳又有四運心一

未運二欲運三正運四運已傳大士頌云獨自作問
我心中何所著推撿四運併無生千端萬累何能縛
釋曰未起欲起二運之心屬未來未來何處有心正
起一運之心屬現在現在不住何處有心又屬生時
因未生已生立生時未生已生既無生生時亦無生
如已去未去去時俱無去法如中論所破起已一運
之心屬過去過去已謝何處有心所以金剛經云過
去心不可得未來心不可得現在心不可得三際俱
空一心何有以所依根本之心尙不有能依枝末一
切萬法寧是實耶故云千端萬累何能縛故知但了

一念空諸塵自然破所依既不有能依何得生如源
盡流乾根危葉謝所以阿難七處執而無據故知邪
法難扶二祖直下求而不生可驗解空方悟祖佛大
約只指斯宗既不得能起之心亦不得所生之境心
不可得故卽我喪境不可得故卽法亡若能人法俱
空卽顯一心妙理但以心塵相對萬心縱橫境智一
如千差頓寂如是方能豁悟本覺靈智眞心無住無
依徧周法界廣百論云經言無有少法自性可得唯
有能造能造卽是心及心法又云三界唯心如是等
經其數無量是故諸法唯識理成豈不決定執一切

法實唯有識者亦成顚倒境既無識云何有經言唯
識者爲令觀識捨彼外塵既捨外塵妄心隨息妄心
息故證會中道故經偈言未達境唯心起種種分別
達境唯心已分別則不生若知境唯心便捨外塵相
從此息分別悟平等眞空顯識論問境識俱遣何識
所成答境識俱泯卽是實性實性卽是阿摩羅識維
摩經云華嚴菩薩曰從我起二爲二見我實相者不
起二法若不住二法則無有識無所識者是爲入不
二法門故知見有二法乃至纖毫並皆屬識境識俱
亡乃入眞空之理所以智光論師立中根說法相大

乘境空心有唯識道理未能全入平等眞空爲上根說無相大乘辯心境俱空平等一味爲眞了義是以因唯識入眞空究竟之門離此別求非眞解脫唯識鈔問云內心唯識者爲是眞實有爲非眞實有耶答論云諸心心所(前陳也)依他起故(因也)亦如幻事(喻也)非眞實有(宗也)問若爾心境都無差別何故乃說唯有識耶答爲遣外道等心心所外執實有境故假說唯有識非唯識言便有實識論云爲遣妄執心心所外實有境故說唯有識若執唯識眞實有者如執外境亦是法執若法執不生卽入眞空矣問約唯識理人法俱

空者卽今受用是何等物答所受用法但是六塵因緣故生因緣故滅決定內無人能受外無塵可用十八空論云外空者亦名所受空離六外入無別法爲可受者若諸衆生所受所用但是六塵內既無人能受外亦無法可受卽人法俱空唯識無境故名外空以無境故亦無有識卽是內空乃至十八空問人法俱空識又不立卽今見聞從何而有答一切前塵所現諸法盡隨念而至皆對想而生念息境空意虛法寂故經云想滅閒靜識停無爲又經云一切諸佛一切諸法從意生形又經云諸法不牢固唯立在於念

以解見空者一切無想念故知見聞但是緣起見畢竟空如世幻施爲似空華起滅故云見聞如幻翳三界若空華且如眼根具五緣得見然此能見只是五緣無見者故若言具五緣發識能見者未知何緣定能生識若言一一不生和合故能生見者卽如五盲和合應成一見衆盲既不見和合云何生故知非別識生但有見卽是衆緣所以名緣起也故經云眼不自見屬諸因緣緣非見性眼卽是空眼根既然諸根例爾但起唯緣起滅唯緣滅起滅唯緣人法俱寂若了此我法二空卽證圓理故云若見因緣法是名爲

見佛問凡夫界中取捨分別逆順關念欣厭盈懷常縛六塵以爲隔礙如何得根境融通一切如意答但見法性證大涅槃尙無一法可通豈有諸法爲礙則常如意無有不如意時故涅槃論云今言涅槃如意者一切苦樂善惡無不是理故名如意釋曰無不是理者皆一心眞如理故以苦樂是心受善惡從心生則無外塵所違所隔若了一心豈非如意若有一法當情則成諍競楞伽經偈云乃至有所立一切皆錯亂若見唯自心是則無違諍所以迷時人逐法悟後法由人且如摩尼珠無情色法尙能無私雨寶周給

羣情故稱如意況靈臺妙性豈弗能耶但歸一心得大無礙故云轉變天地自在縱橫問論云唯是一心故名眞如者眞則無僞如則不變妙色湛然不空之性云何經中復說心空則一切法空答夫言空者說世間一切妄心染法是空以徧計情執無道理故若出世佛法眞心則不空以有道理故起信論云眞如有二一如實空以能究竟顯實故二如實不空以有自體具足無漏性功德故所言空者從本已來一切染法不相應故謂離一切法差別之相以無虛妄心念故當知眞如自性非有無一異等相乃至總說依

一切衆生以有妄心念念分別皆不相應故說爲空若離妄心實無可空故所言不空者以顯法體空無妄故卽是眞心常恒不變淨法滿足則名不空淸涼記釋云不與妄合則名爲空性具萬德卽名不空及至釋文乃云若離妄心實無可空則顯空藏因妄而顯而不空藏要由翻染方顯不空故云以顯法體空無妄故卽是眞心等如本有檀德今爲慳貪本有尸德今隨五欲本有寂定今爲亂想本有大智今爲愚癡是則慳藏於施乃至癡藏於慧故論云以知法性無慳貪故隨順修行檀波羅蜜等萬行例然故論云

本有眞實識知義也若心有動非眞識知明妄心之動藏其眞知是以卽妄之空藏不空之萬德故經頌云知妄本自眞見佛則淸淨故論云以能究竟顯實故名爲空故知空藏能藏不空能藏旣空則顯不空之藏本來具矣二者自性心上無妄爲空隨所無者卽不空德如空無慳悋卽顯有檀空無妄動顯有性空故是空藏藏不空也故知一切衆生本覺佛智本自圓具但以妄覆而不自知若了妄空眞覺頓現如雲開月朗塵去鏡明見性之時故云發得非是修成三身滿日亦云萬行引出不從外來皆約一心本有

具足故知不空之空體含萬德不有之有理合圓宗空有相成無諸障礙若離空之有有則是常若離有之空空則成斷今有無齊行不違一旨是以智能達有慧能觀空若達有而不知空則失慧眼觀空而不鑒有則喪智心菩薩不盡有爲不住無爲盡有則智業不成住無則慧心不朗故義海云若空異於有卽淨不名淨以迷空故若有異於空卽染不名染以執有故今有卽全空方名染分空卽全有方名淨分由空有無礙染淨自在也若空卽有有卽空乃至一切法皆互相卽也旣互相卽則畢竟無一異空有等法

於心外發現。設有發現。皆是自心相分。不同凡小不知。取而執有。捨而沈空。若入此一心中道之門。能成萬行方便之道。如大莊嚴法門經云。文殊師利言。方便有二種。一者不捨生死。二者不住涅槃。復有二種。一者空門。二惡見門。復有二種。一者無相門。二者相覺觀門。復有二種。一者無願門。二者願生門。復有二種。一者無作門。二者種善根行門。復有二種。一者無生門。二者示生門。是以悟宗則逆順同歸。達體則善惡並化。問。論云。說智及智處。倶名爲般若。智處卽是境。云何成般若。答。般若有二種。一眞實常住般若。二

觀照有用般若。若眞實般若。性徧一切處。寂而常照。唯一眞心。不分能所。卽不同世間頑境。以爲所照。亦不同偏小妄心。以爲所照。又亦不同假立眞如。以爲所照。今則一體潛通。心心互照。以無心外境。亦無境外心。以心是境。心境是心境故。如是融鎔。豈非般若乎。所以云色無邊故般若無邊。故知離色無心。離心無色。如般若經云。復次勇猛菩薩摩訶薩。應如是行。色非所緣。何以故。一切法無所緣。無有少法可取。故彼若是可取。此則是所緣。如是勇猛。非色行色。乃至非識行識。勇猛。一切法不行。故非色見亦非識見。乃

至非色知亦非識知。若色至識非知非見。是名般若波羅蜜。又文殊般若經云。文殊師利白佛言。世尊。修般若波羅蜜時。不見法是應住是不應住。亦不見境界可取捨相。何以故。如諸如來不見一切法境界相。故乃至不見諸佛境界。況取聲聞緣覺凡夫境界。不取思議相。亦不取不思議相。不見諸法有若干相。自證空法不可思議。如是菩薩摩訶薩。皆已供養無量百千萬億諸佛。種諸善根。乃能於是甚深般若波羅蜜。不驚不怖。又云。復次修般若波羅蜜時。不見凡夫相。不見佛法相。不見諸法有決定相。是爲修般若波

羅蜜。問。世出世間。唯是一心者。云何復分眞妄及與內外。答。眞妄內外。但約世間文字分別。所以心非內外。內外是心。體非眞妄。眞妄是體。因內立外。而成對治。假妄顯眞。非無所以。進趣大乘方便經云。心義者有二種相。一者內心相。二者外心相。內心相者。復二一眞。二妄。所言眞者。謂心體本相。如如不異。淸淨圓滿。無障無礙。微密難見。以徧一切處。常恆不壞。建立生長一切法故。所言妄者。謂起念分別。覺知緣慮憶想等事。雖復相續。能生一切種種境界。而內虛僞。無有眞實。不可見故。所言心外相者。謂一切諸法種種

境界等隨有所念境界現前故知有內心及內心差別如是當知內妄想者爲因爲體外妄想者爲果爲用依如此等義是故我說一切諸法悉名爲心又復當知心外相者如夢所見種種境界唯心想作無實外事一切境界悉亦如是以皆依無明識夢所見妄想作故復次應知內心念念不住故所見所緣一切境界亦隨心念念不住所謂心生故種種法生心滅故種種法滅而生滅相但有名字實不可得以心不住至於境界境界亦不來至於心如鏡中像無來無去是故一切法求生滅定相了不可得所謂一切法

畢竟無體本來常空實不生滅如是一切法實不生滅者則無一切境界差別之相寂靜一味名爲眞如第一義諦自性淸淨心彼自性淸淨心湛然圓滿以無分別相故無分別相者於一切處無所不在無所不在者以能依持建立一切法故是以華嚴經頌云如金與金色其性無差別法非法亦然體性無有異又云剎平等不違衆生平等衆生平等不違剎平等一切衆生平等不違一切法平等一切法平等不違一切衆生平等離欲際平等不違一切衆生安住平等一切衆生安住平等不違離欲際平等過去不違未來未來不違過去過去未來不違現在現在不違過去未來世平等不違佛平等佛平等不違世平等菩薩行不違一切智一切智不違菩薩行釋曰剎與衆生云何平等以各無體故悉不成就若自類相望如剎望剎平等若異類相望如剎望衆生平等以一無性之理乃至心境自他同異高下十方三世悉皆平等又事事無違理理無違事事無違者略有三因一法性融通二緣起相由門此二卽事事無礙義三直語同一緣起通事通理如觀一葉落知天下秋同一秋矣由不壞之事不變之性皆同一緣起故理理

無違者亦有二門一剎無性卽衆生無性二理同故以無可卽亦無可違

宗鏡錄卷第八十四

宗鏡録卷第八十五

宋慧日永明妙圓正修智覺禪師延壽集

夫稱一心無外境界者。云何華嚴經十地品說初地見百佛。乃至地地增廣。見於多佛。答。所見多少。皆從念生。心狹見少佛。心廣鑒多形。舒卷由心。開合在我。離心之外。實無所得。大集經云。憍陳如復作是念。我當云何得見諸佛。爾時隨其所觀方面。悉得見佛。多觀多見。少觀少見。見已復念。諸佛世尊無所從來。去無所至。我觀三界是心。是心因身。我隨覺觀。欲多見多。欲少見少。諸佛如來即是我心。何以故。隨心見故。

心即我身。身即是虛空。我因覺觀。見無量佛。我以覺心見佛知佛。心不見心。心不知心。我觀法界。性無堅牢。一切諸法。皆從覺觀因緣而生。是故法性即是虛空。虛空之性亦復如空。我因是心見青黃赤白雜色虛空作神變已。所見如風。無有真實。則名爲共凡夫如實陀羅尼。又云。復次賢護。如人盛壯。容貌端嚴。欲觀已形。美惡好醜。即便取器盛彼清油。或持淨水。或取水精。或執明鏡。用是四物。觀已面像。善惡妍醜顯現分明。賢護。於意云何。彼所見像。於此油水水精明鏡四處現時。是爲現有耶。賢護答言。不也。曰。是豈本無耶。答言。不也。曰。是爲在內耶。答言。不也。曰。是豈在外耶。答言。不也。世尊。唯彼油水精鏡諸物清明。無濁無滓。其形在前。彼像隨現。而彼現像。不從四物出。亦非餘處來。非自然有。非人造作。當知彼像無所從來。亦無所去。無生無滅。無有住所。時彼賢護如是答已。佛言。賢護。如是如是。如汝所說。諸物清淨。彼色明朗。影像自現。不用多功。菩薩亦爾。一心善思。見諸如來。見已即住。住已問義。解釋歡喜。即復思惟。今此佛者從何所來。而我是身復從何出。觀彼如來竟無來處及以去處。我身亦爾。本無出趣。豈有轉還。彼復應作

如是思惟。今此三界。唯是心有。何以故。隨彼心念。還自見心。今我從心見佛。我心作佛。我心是佛。我心是如來。我心是我身。我心見佛。心不知心。心不見心。心有想念。則成生死。心無想念。即是涅槃。諸法不真。思想緣起。所思既寂。能想亦空。賢護。當知諸菩薩等因此三昧。證大菩提。首楞嚴經云。隨衆生心。應所知量者。古釋云。隨衆生根熟處。即現所知量者。即衆生差別境。即知一法塵中。等周法界。爲鄰虛塵。無自性。自性是虛空。虛空即是真空。真空即是本覺。故知如來於一毛孔中。爲無量衆生常說妙法。即知一切毛孔

微塵亦不出我但解得一微塵法卽數得等周法界微塵是以如來能知四大海水滴數大地須彌皆知斤兩皆由觀此一身於一身上觀一毛髮俱知無自性但於一毛孔中觀實無有自性一毛孔亦不可得不可得處徧法界知一切智也所以信心銘云一卽一切一切卽一若能如是何慮不畢若能如是了達一塵一毛無有自性唯心所現則知一切諸法悉然更無別體以徇塵執見一切衆生一法不通諸塵自滯華嚴論云以實而論初發心住中如一滴之水入海水中總同海體諸龍魚寶藏咸在其中爲教化衆

生故敎網筌罤方法不可不具以名言竹帛著籙卽似如前後義生體道者應須明鑒如持寶鏡普臨萬像又頌云無限智悲成佛德佛以智悲成十地還將十地成諸位前後五位加行門不離十地智悲起是故十地初發心發心卽入十地智雖然五味方便殊只爲成熟十地智猶如迅鳥飛虛空不廢遊行無所至亦如魚龍遊水中不廢常遊不離水如是五位行差別不廢差別不離智所有日月歲差別以智法印無別異智體不成亦不壞以明諸位除習氣了習無習悲行成萬行常興無作智問若心外無法唯是一

心者於外別無善惡業果苦樂報應何成佛法翻墮羣邪答若了一心有無見絕境智雙寂契彼性空根塵兩亡內外解脫亦當照內外脫於無知空何不存妄從何起所現外諸苦樂境界如鏡中像以自心爲明鏡還照自之業彰古德云以如來藏性而爲明鏡隨業緣質現果影像夫業通性及相謂此業體以無性之法而爲其性以不失業果之相而爲其相由無性故能成業果由不壞相方顯眞空何者若有性則善惡業定不可改移無有苦樂果報若壞業相則成斷滅以一切因果從自心生心外實無善惡業可得

以業無自性但由心起故所以如影如幻無有定相又以業無自性故不落有以不壞業果故不墮無非有非無則一心中理問雖然心卽是業業卽是心旣從心生還從心受如何現今消其虛妄業報答但了無作自然業空所以云若了無作惡業一生成佛又云雖有作業而無作者卽是如來祕密之敎又凡作業悉是自心横計外法還自對治妄取成業若了心不取境自不生無法牽情云何成業義海云除業報者爲塵上不了自心謂心外有法卽生憎愛從貪業成報然此業報由心迷塵妄計而生但似有顯現皆

無眞實迷者爲塵相有所從來而復去是迷今了塵相無體是悟迷本無從來悟亦無所去何以故以妄心爲有本無體故如繩上蛇本無從來亦無所去何以故蛇上妄心橫計爲有本無體故若計有來處去處還是迷了無去來是悟悟之與迷相待安立非是先有淨心後有無明此非二物不可兩解但了妄無妄即爲淨心終無先淨心而後有無明故知迷悟唯只一心如手反覆但是一手如是深達業影自消如華嚴經云爾時文殊師利菩薩問德首菩薩言佛子一切衆生等有四大無我無我所云何而有受苦受

樂端正醜陋內好外好少受多受或受現報或受後報然法界中無美無惡時德首菩薩以頌答曰隨其所行業如是果報生作者無所有諸佛之所說譬如淨明鏡隨其所對質現像各不同業性亦如是亦如田種子各各不相知自相能出生業性亦如是又如巧幻師在彼四衢道示現衆色相業性亦如是如機關木人能出種種聲彼無我非我業性亦如是亦如衆鳥類從鷇而得出音聲各不同業性亦如是譬如胎藏中諸根悉成就體相無來處業性亦如是又如在地獄種種諸苦事彼悉無所從業性亦如是譬如

轉輪王成就勝七寶來處不可得業性亦如是又如諸世界大火所燒然此火無來處業性亦如是淨業障經云觀一切法即是佛法是則爲淨諸業障如有學人問安國和尚云若未悟時善惡業緣是有否答非有喻如夜夢被惡人逐或作梵王帝釋將爲是有豁然睡覺寂然無事信知三界本空唯是一心又有問大珠和尚云若爲得知業盡答現前心通前生後生猶如眼見前佛後佛萬法同時經云一念知一切法是道場成就一切智故是知從心所生皆無眞實如夢心不實夢事亦虛世間共知可深信受是以善

惡之業理皆性空不壞緣生恒冥妙旨量云正業是有法定即有即空故是宗因云即緣成即無性故同喻云如幻幻法術等生即有不礙虛正業從緣生空有不相礙故知萬法從徧計情生但有虛名都無實義如首楞嚴經云妙覺湛然周徧法界含吐十虛寧有方所循業發現世間無知惑爲因緣及自然性皆是識心分別計度但有言說都無實義含吐十虛者含即一眞不動在如來藏中吐即依妄分別乃隨處發現但有纖塵發現之處皆是自心生從分別有若知發處虛妄則頓悟眞空眞空現前豈存言說問眞

心不動。三際靡遷。云何說心流轉。又云絕流轉義。答。所云隨流返流。皆約衆生緣慮之心。妄稱流轉。其體常寂。但不見一念起處。卽是不流。未必有念可斷。智嚴經云。文殊師利言。云何斷流轉。以於過去心不起。未來識不行。現在意不動。不住不思惟。不覺不分別。故知以境對境。將心治心。猶逐塊而逾多。人避影而徒乏。若能知身是影。捨塊就人。則影滅迹沈。安然履道。故知萬動皆搖。悉成魔業。若知心不動。則不隨流。方入宗鏡之中。永超魔幻。自然心智寂滅。諸見消亡。如大虛空藏菩薩所問經云。由相擊王菩薩曰。譬如

有孔隙處。風入其中。搖動於物。有往來相。菩薩亦爾。若心有間隙。心則搖動。以搖動故。魔則得便。是故菩薩守護於心。不令間隙。若心無間隙。則諸相圓滿。以相圓滿故。則空性圓滿。是則菩薩超魔法門。乃至文殊師利菩薩曰。仁者。汝等所說。悉是魔境。何以故。施設文字。皆爲魔業。乃至佛語。猶爲魔業。無有言說。離諸文字。魔無能爲。若無施設。卽無我見及文字見。以無我故。則於諸法無有損益。如是入者。則超魔境。是爲菩薩超魔法門。大乘千鉢大教王經云。佛言。諸天魔幻惑種種相貌。障修學人心眼聖道。乃至令見一

切幻相前後生死之事。善惡諸相。魔作幻惑。非關正智。唯心所變。莫取外緣。修學行人。必不得於夢境界及現眼前。取相執著。動轉人心。恐畏怕怖。則被天魔鬼神之所障礙。行人正見。須當諦觀心性。見性寂靜。心性無物。是相莫取。則無境界。妄想因緣。是故行人。勤行精進。實勿退轉懈怠嬾惰。則得速證無上正等菩提。大智度論云。除諸法實相。皆菩薩魔事。若證般若。能契實相。卽過魔事。此是約說證實相時事。當親證時。如人飲水。不可取說。而不證。若但說過魔。不離魔界。若過魔界。說證俱絕。是知必無境魔。但從心起。

何者。若內心樂生死。則身爲天魔。內心著邪見。則身爲外道。乃至心外見法。理外別求。皆成外道。問。凡聖一心。同其種性。種性無異。云何所受因果不同。報應有別。答。雖自業各受。妄有昇沈。而緣性無生。了不可得。諸法無行經云。佛告文殊師利。一切衆生。其心皆一。是名種性。種性卽根本義。根本常一。而衆生妄起自他差別。凡聖高下。雖起差別。一體不動。以差別性非有故。但是妄起無實體故。所以經云。佛言。文殊師利。一切衆生皆無有心。緣性不可得。故是名種性。又一切善惡境界。皆是心光。一切勝劣受用。皆是心果。

大莊嚴論偈云種種心光起如是種種相光體非體故不得彼法實種種心光卽是種種事相或異時起謂貪瞋光等或同時起謂信進光等如是染位心數淨位心數唯有光明而無光體是故世尊不說彼為眞實之法又云諸行刹那增上者如佛說心將世間去心牽世間來由心自在世間隨轉識緣名色此說亦爾故知諸行是心果又隨淨者淨是禪定人心彼人諸行隨淨心轉修禪比丘具足神通心得自在若欲令木為金則得隨意故知諸行皆是心果又隨生者如作罪衆生可得外物一切下劣作福衆生可得

外物一切妙好故知諸行皆是心果當知一切萬法旣以心為因亦以心為果雖然淨穢顯現不同於心鏡中如光如影了不可得問入唯識門觀一切境自然無相何用更言破相顯理復云棄有觀空若有所破之宗則立能空之理既存空法還成有相之因若守觀門豈合無為之道答夫言破相者是未入唯識去其妄執雖言破相實無所破既無所破之有亦無能破之空情執若消空有俱寂前塵無定破立隨心迷眞之妄不生對妄之眞亦絕大智度論云種種取相皆為虛妄如玻瓈珠隨前色變自無定色諸法亦

如是無有定相隨心為異若常無常等相如以瞋心見此人為弊若瞋心休息婬欲心生見此人還復為好若以憍慢心生見此人以為卑賤聞其有德還生敬心如是等有理而憎愛無理而憎愛皆是虛妄憶想若除虛誑亦無空相無相相無作相無所破故倘不宗無相之理豈有破立之門以成壞去取皆自心故若直了心自然絕觀如楞伽經偈云一切無涅槃無有涅槃佛無有佛涅槃遠離覺所覺若有若無有是二悉俱離牟尼寂靜觀是則遠離生是名為不取今世後世淨有二偈半大雲解云初一偈了今一如

謂此約無願觀以顯圓成無涅槃佛故無願矣初句謂色心等一切法中無得涅槃以一切法本如故若得涅槃是斷常見滅法是斷證得是常次句旣無涅槃云何有佛故經云見斷煩惱而得成佛此則名為壞佛法者煩惱與佛性寂靜故第四句中所覺如故無有涅槃能覺如故無有得佛離覺所覺混同一如問見聞覺知不出俗諦心量眞諦無得無生還出心量否答夫量者是能緣心但有對俗說眞因虛立實斥差別論平等遣異相建如如盡是對待得名破執設教若能眞俗雙拂空有俱消了邊卽中無邊可離

達中卽邊無中可存能證之智旣亡所證之理亦寂方超心量入絶待門若有得無得有生無生盡不出於心量楞伽經偈云離一切諸見及離想所想無得亦無生我說爲心量非性非非性性非性悉離謂彼心解脫我說爲心量如如與空際涅槃及法界種種意生身我說爲心量所以涅槃經云若有一法過涅槃者我亦說如幻如化以涅槃無相若取於相卽自心現量非眞涅槃故佛說言設有一佛過於涅槃趣所得心亦成心量自心所變盡爲幻化故知似形言跡皆生妙解皆是心量所收未有一法不關心矣若

能悟心無心了境無境理量雙消可入宗鏡問夫論心量不出見聞若約見聞則存前境云何成唯心之義答此是無心之心量非有實體問若無實體云何建立一切諸法答只由無體無性方成萬有萬有所起不離眞空若言有性一法不成則空不自空豈能容色若色不自色方能合空摩訶衍論云一切諸法唯心迴轉無餘法者如是心法亦不可得楞伽經云無心之心量我說爲心量由心不可得之句立大空之義由無心之心量句成幻差別之義由大空之義諸法得成由幻差別義空理得顯問妄能覆眞全成

生死眞能奪妄純現涅槃眞妄若離互不生起眞妄若合二諦不成如何會通一心妙理答一心二諦教理所歸開卽迷眞合則壞俗何者相隨眞起卽相而可辯眞原覺因妄生因妄而能知覺體無妄則覺不自立無眞則相無所依眞妄相和染淨成事唯眞不立無妄而對誰立眞單妄不成無眞而憑何說妄眞妄各無自體名相本同一原是則二諦恒分一味常在藏性不動緣起萬差故知實無一法而有自體獨立者皆從眞妄二法和合而起如起信論云不生不滅與生滅和合非一非異名阿賴耶識變起根身器

世間等釋摩訶衍論云生滅因緣者有二一者不相應生滅因緣二者相應生滅因緣論云現鏡識體六塵境界如其次第爲彼三種相應染法能作因緣是故說言麤重生滅之因緣門現識體中又有緣義應審思惟復次更有二重因緣一者本偏因緣二末偏因緣言本偏者舉本無明及本覺心望於六塵相應有因緣義言末偏者舉業轉現相望於三相應有因緣義故復次更有二因緣一者上下因緣二者下上因緣言上下者無明爲始果報爲終上下與力不越其數作因緣故言下上者果報爲始無明爲終下上

與力不越其數作因緣故復次一切有爲生滅之法刹那不住無因無緣故復次因緣之法空而無生其實自性不可得故復次不可得法不可得亦不可得故復次生滅因緣者所謂衆生心意意識轉故此文爲明何義謂欲顯示所依能依之差別故云何所依謂本覺心云何能依謂卽衆生言衆生者當何法耶謂意意識何故意及意識名爲衆生意及意識一切衆染合集而生故名衆生而無別自體唯依心爲體是故說言依心而轉又云無明之相不離覺性非可壞非不可壞猶如大海風相水相不相捨離者大海

喻阿賴耶識水喻本覺心風喻根本無明不覺能起動轉慮知之識如彼風故波動者喻諸戲論識遷流無常水相風相不相捨離者喻眞妄相資俱行合轉謂本覺心不自起故當資無明之力方得而起根本無明不自轉故要因眞心之力方得而轉如水不自作波當因風力風不自現動要資水力方得現動相經云煩惱大海中有圓滿如來宣說實相常住之理本覺實性中有無明衆生起無量無邊煩惱之波如經云佛告大衆始覺般若者從具縛地漸漸出離乃至金剛圓滿因行發究竟道頓斷根本無明住地覺日圓照無所不徧二本覺般若從淸淨性漸漸遠離乃至信初發究竟智斷滅相品入無明海隨緣轉動於是大衆聞此事已覺知諸法一相一體亦無一相亦無一體而諸法性亦是實相亦是常住亦是決定亦是實有問本始二覺從何立名答本覺者因始得名始覺者從本而立如起信鈔云未審始覺從何而生爲本所對故此云也元其始覺是本所生新新而有故名爲始反照其體元來有之敵對於始故名爲本茍無其始何所待耶如母生子對子稱母乃至問始覺本覺旣殊何因無二又旣同本覺因何名始答

卽是本覺初顯相用名爲始覺相用非別外來故得融同一體又若非本覺舉體之相用卽不是始覺以心外有法故若不然者但名相似覺亦名隨分覺是知直待合同本體方得名眞始覺也旣合於本始卽非始旣無於始卽無於本本始之名旣喪但可名爲覺焉如上所釋若入宗鏡方爲究竟之覺未入宗鏡但稱相似覺耳此雖稱覺乃是本覺故論云又以覺心原故名究竟覺不覺心原故非究竟覺卽其義矣問上說眞心無生妄念起滅如何會妄歸眞入一乘平等之道答妄原無體本自全眞何須更會今爲情

見妄執之人引祖佛善巧洞心原之智捜經論微細窮性海之詮令頓豁情塵便成眞覺如釋摩訶衍論云一心眞如體大通於五人平等平等無差別故云何名爲五種假人一者凡夫二者聲聞三者緣覺四者菩薩五者如來是名爲五如是五名人自是五眞自唯一所以者何眞如自體無有增減亦無大小亦無有無亦無中邊亦無去來從本已來一自成一同自作同厭異捨別唯一眞如是故諸法眞如一相三昧契經中作如是說譬如金剛作五趣像五人平等亦復如是於諸人中無有增減故起信論云心眞如

者卽是一法界大總相法門體以心本性不生不滅相一切諸法皆由妄念而有差別若離妄念則無境界差別之相古釋云執者問云現見諸法差別遷流云何乃云性無生滅釋云差別相者是汝偏計妄情所作本來無實如依病眼妄見空華故云皆依妄念而有差別疑者又云以何得知依妄念生釋云以諸聖人離妄念故盡無其境卽驗此境定從妄生又若此境非妄定實有者聖人不見應是迷倒凡夫旣見應是覺悟如不見空華是病眼返結準之故若離於念卽無差別也所執本空故眞心不動由此一切諸法皆卽眞如斯則會妄顯眞可絕疑矣如首楞伽經云佛告阿難我非敕汝執爲非心但汝於心微細揣摩若離前塵有分別性卽眞汝心若分別性離塵無體斯則前塵分別影事昔人有揀金頌云君不見澄清麗水出黃金逐浪隨波永被沈有幸得逢良鑒者披砂細揀暫知音因此遂蒙皇上寵直入瓊樓寶篋中一鍊一明光照耀一迴掌上一迴欽以此塵沙含妙寶故喻衆生覺照心衆生無始沈三有元來流浪被境侵對塵恰似眞如慧離境元無照體心迷卽一眞名二體只爲羣生不照心若能對境常眞照隨塵

離境一般心如來今日除分別意遣衆生妄習心但除妄習存終始眞照何妄不眞心

宗鏡錄卷第八十五

宗鏡錄卷八十六

宋慧日永明妙圓正修智覺禪師延壽集

夫確定一心心外無法聖教所印理事圓通只如法華方便品明十界十如相性因緣果報本末初後不濫行相非虛今唯說一心如何合教答一心者即諸法實相也亦諸法實性也然諸法即實相實相即諸法從心所現性相全同依本垂迹理事非異如羣波動而水體常露以水奪波波無不盡雖眾法似起而心性恒現以心收法法無不空大品經云不見一法出法性外又云一切法趣色是趣不過如台教釋法

華經十法界十如因果之法一切唯心造者則心具一切法一切法者只是十如十如者即如是相如是性如是體如是力如是作如是因如是緣如是果如是報如是本末究竟等如是相者夫相以據外覽而可別釋論云易知故名為相如水火相異則易可知如人面色具諸休否覽外相即知其內昔孫劉相顯曹公相隱相者舉聲大哭四海三分百姓荼毒若言有相闇者不知若言無相占者洞解當隨善相者信人面外具一切相也心亦如是具一切相眾生相隱彌勒相顯如來善知故遠近皆記不善觀者不信心

具一切相當隨如實觀者信心具一切相也如是性者性以據內不改名性又性名性分種類之義分分而不同各各不可改如火以熱為性水以濕為性等不改約理種類約事又性是實性實性即是理性極實無過即一心佛性之異名耳又無行經云稱不動性即不改義今明內性不可改如竹中火性雖不可見不得言無燧人乾草徧燒一切心亦如是具一切五陰性雖不可見不得言無以智眼觀具一切性如是體者體是主質義此十法界陰入俱用色心為體質也如是力者堪任義如王力士千萬技能病故謂

無病差有用心亦如是具有如來十力煩惱病故不能運動如實觀之具一切力如是作者運為建立義若離心者更無所作故知心具一切作也如是因者招果為因亦名為業十法界業起自於心但使有心諸業具足若無於心即無諸業以一切善惡凡聖等業唯心造故如是緣者緣名緣由助業皆是緣義無明愛等能潤於業即心為緣離心緣不起故如是果者克獲為果若自心造善克獲樂果若自心造惡克獲苦果如是報者酬因為報一念心正妙報相酬一念心邪劣果潛現風和響順形直影端故則邪正在

心得喪由我相爲本報爲末本末悉入緣生緣生故空則空等也相但有字報亦但有字悉假施設則假等也又相卽無相無相而相非相非無相報亦然一一皆入如實之際則中等也若三塗以表苦爲相定惡聚爲性摧折色心爲體登刀入鑊爲力起十不善爲作有漏惡業爲因愛取等爲緣惡習果爲果三惡趣爲報本末皆癡爲等乃至菩薩佛類者緣因爲相了因爲性正因爲體四弘爲力六度萬行爲作智慧莊嚴爲因福德莊嚴爲緣三菩提爲果大涅槃爲報本末皆智爲先導爲等故知十界十如善惡因緣凡

聖果報皆是一心終無別法斯乃發究竟菩提心者之慈父度虛妄生死野者之導師轉凡入聖之津梁會俗歸眞之蹊徑矣譬如天樂隨衆生念出種種聲亦如摩尼隨意所求雨種種寶此心無盡孕法何窮色法尚然眞靈豈劣問凡聖旣同一心云何聖人成一切種智凡夫觸事不知乎答只爲凡夫背覺合塵爲塵所隔迷眞徇妄被妄所遮所以教中訶之爲生盲不開智眼訶之作聾俗豈達眞聞自心與他心二俱不了焉能博通萬類成一切種智乎如守護國界主陀羅尼經云佛言善男子若諸佛子欲得成就阿耨多羅三藐三菩提者若欲善能知自心者乃至應先發起大慈悲心普爲衆生歸依三寶受菩薩戒等是以自心難知莫能善察不入宗鏡焉能照明若了自心卽是頓發菩提心者是以心之緜密世莫能知古人有心隱篇云二儀之大可以章程測也三光之動可以圭表度也雷霆之聲可以鐘鼓傳也風雨之變可以音律知也故有象可覩不能匿其量有光可見不能隱其跡有聲可聞不能藏其響有色可察不能滅其性以夫天地陰陽之難明猶可以術數揆而耳目知至於人心則異於是矣心居於內情伏於衷

非可以算數測也凡人之心險於山川難知於天天有春秋冬夏旦暮之期人者厚貌深情不可而知故有心剛而色柔容毅而質弱意强而行慢性悁而事緩假飾於外以蔽其情喜不必愛怒不必憎笑未必樂泣未必哀其藏情隱行未易測也他心尚不可測外境則焉能知故起信論云衆生以依染心能見能現妄取境界迷平等性故以一切法常靜無有起相無明不覺妄與法違故不能得隨順世間一切境界種種知故是知心外無法法外無心但了一心諸塵自會起心背法卽乖法體旣與法違則不通達若能

順法界性合眞如心則般若無知無所不知矣問若了一心何用廣知諸法答一心是總諸法是別別雖從總事起千差若不子細通明遮照雙運則理孤事寡不入圓通維摩經云善能分別諸法相於第一義而不動台教云於諸法門文義教海須了非字非非字雙照字非字不可說非不可說不可見非不可見何所簡擇何所不簡擇何所攝何所不攝何所棄何所不棄是則俱是非則悉非能於墨色通達一切非於一切非通達一切是通達一切非非非是一切法邪一切法正若與墨色不如是解則不知字與非字

如蟲食木莫辯所歸似鳥言空何知旨趣問一色一香無非中道以何爲中道答且約古師四句分別如中論玄樞云問汝以不生不滅爲中道有此中道否若有此中道則不名中道若無此中道無亦不名中二俱不可得何名中道答有四義一有此中道何者本將中道破偏何得無中道以有空義故一切法得成若無空義者一切則不成空即中道也二無此中道何者爲破偏病是故說中偏病既亡中藥須遣若有中道中還是病三亦有中道亦無中道何者至理虛存故名亦有無形無相故名亦無如涅槃經云內外合故名爲中道四非有中道非無中道何者既云中道何得是有既云中道何得是無此是一往爲言耳若更再論則非四句所謂言語道斷心行處滅問若爾云何取定答若也有執則無所不礙若也無執則無所不通如智論云若人見般若是則名被縛若不見般若是亦名被縛若人見般若是則名解脫若不見般若是亦名解脫中道即實相是有也中道即性空是無也亦名爲假名亦有亦無也亦名爲中道非有非無也故知無執則四句皆是涅槃經云有緣服毒生無緣服毒死有服甘露傷命而早夭或有服

甘露壽命得長存此之謂矣問爲中即是道爲離中別有道爲道即是中爲離道別有中答如彼中品人此則是中而非道如彼三乘人道此即是道而非中如彼菩薩道此即亦中亦是道如彼外道道此即非中又非道今言中道者即菩薩道離中無別道離道無別中即以道爲中即以中爲道此之中義即是一心道即是心心即是道以眞心偏一切處故所以云一色一香無非中道前辯所見不同故論得失若入宗鏡則泯同平等三乘五性若內若外無非一心中道矣又中道者以一眞心不住有無二邊故稱中道

若言其有相不可尋若言其無性不可易所以菩薩以行契理觀一切法雙遮雙照雙亡雙流台教明雙亡正入常冥中道無心亡照任運寂知雙亡卽亡空亡假故名爲寂正入只是入中故名爲照而亡而照故曰雙流遮流約智用亡照約智體無心釋智體智體成就不須作意念念亡照而常任運而寂而知寂卽是亡知卽是照又能所雙寂故曰雙亡門理歷然稱爲正入正入則理無不契雙亡則相無不寂斯卽不住空有遮照分明不滯二邊方成正入肇論云有心者衆庶是也無心者太虛是也衆庶處於妄想太

虛絕於靈照豈可以處妄想絕靈照而語聖心乎故須遮照無滯體用自在方成理行之門華嚴經云菩薩住是不思議於中思議不可盡住是不可思議地思與非思俱寂滅若唯遮思議境者則凡聖絕分故非但遮常心亦應融常心是則於中思議不可盡遮融無二則思與非思體俱寂滅方曰眞不思議也是則遮照無滯理事不虧卽遮而照故雙非卽是雙行卽照而遮故雙行卽是雙遣不壞本而常末萬行紛然不壞末而常本一心恒寂所以色塵體寂香界性空執作有無之邊邪達成唯心之中理法法皆圓願

海塵塵盡具行門應念而六度咸成目擊而眞心普徧如無盡意菩薩經云普賢如來國土彼諸菩薩當見佛時尋能分別諸深妙義具足成就六波羅密何以故若不取色相卽是具足檀波羅密若除色相卽是具足尸波羅密若觀色盡卽是具足羼提波羅密若見色寂滅卽是具足毗梨波羅密若不行色相卽是具足禪波羅密若不戲論色相卽是具足般若波羅密是諸菩薩卽觀佛時尋具如是六波羅密得無生忍問此唯識門未了之人以何方便而爲開導答初覺之人先以比知後當信驗攝論云一切時處皆

唯有識其有未得眞智覺者於唯識中云何比知由聖教及正理如教云如是三界皆唯有心理顯者如於定心中隨所觀見諸青瘀等所知影像一切無別青瘀等事但見自心又云外種內爲緣外法種子皆是衆生感受用業熏種子依阿賴耶力所變現是故外種離內無別有種如有頌言天地風虛空陂池方大海皆眞內所作外義俱非有又頌云聖教及正理各別有功能爲生於信慧無一不成故是以識生此識說名相分知此相唯內心變外義不成故如有頌言於一端嚴姪女身出家躭欲及餓狗覩屍昌豔美

飲食三種分別各不同以前塵無決定相唯心自分妍醜若外法是實云何各隨自見不同是以比知唯心自現非他境界古德云菩薩從初正信創發心時卽觀本識自性緣起因果之體得成正信故攝論云得彼本識說菩薩初起應先觀諸法如實因緣此之謂也如實者無非一心餘皆虛妄若有猛提直入之者頓悟圓信之人卽初發心時便成正覺不動塵勞之位徧坐一切道場靡移所習之門遊戲十方國土是以法華經偈云得如是乘令諸子等日夜劫數常得遊戲與諸菩薩及聲聞眾乘此寶乘直至道場以

是因緣十方諦求更無餘乘除佛方便若能依實修行果滿不離一念如還原觀云卷舒無礙隱顯同時一際絕其始終出入亡於表裏初心正覺攝多生於剎那十信道圓一念該於佛地卽無生顯而幻有立兩相泯而雙事存攝法界而攝一塵舉一身而十身現問既以聖教正理比知已生勝解欲入聖位緣何境界親證修行答但了人法二空卽入此觀人法何以成空以唯有意言分別故攝論云從願樂位乃至究竟位若欲入唯識觀修加行緣何境界緣意言分別為境離此無別外境何以故此意言分別似文字

言說及義顯現唯有意言分別無別有名言菩薩能通達名無所有則離外塵邪執又此義依名言唯意言分別前已遣名此下依名遣義義者卽六識所緣境離名無別此境名言既唯意分別故義亦無別體菩薩通達義無所有亦離外塵邪執又此名義自性差別唯假說為量前已遣名義名義既無自性及差別云何可立若離假說無別名義自性及名義差別由證見此二法不可得故名為通達智整禪師六行法云大乘頓悟菩薩能觀唯識無外空者謂觀相空唯是空解心作空解無外相空是故大根知唯識者

則滅空解離諸緣觀故智論云菩薩行般若波羅密時普觀諸法皆空空亦復空滅諸觀得無礙般若波羅密以此文證無外相空大根觀智則證空空謂法空空有皆是妄見悉是當時意分別作如人心起則唯見人微塵心起則唯見微塵空心起時則唯見空是故空有皆是心作故諸凡聖見境不同皆是當時意言有異是以世諦各唯有識覺無外邊則名真諦以其二諦不相離故卽以無外名為真諦是故若能觀見唯識卽知無外則亦達真此達真時則無外解便遣世俗妄取之心故攝論云知塵無所有通達真

知唯有識通達俗若不通達俗無以能得見眞以離俗無眞故若不通達眞無以遣俗以俗無別體故所以通達眞俗由能解唯識理故以此文證觀唯識者卽達二諦能遣妄心雖復就實唯識無境稱情則有凡聖大小謂若見塵意謂是人如此意言則是凡夫若觀此身意謂是塵如此意言則是二乘若觀細塵意謂體空如此意言是小菩薩若觀空有知皆意言卽是大乘大菩薩人故諸衆生雖皆唯識意言不同凡聖各異故大根人知唯識者恒觀自心意言爲境此初觀時雖未成聖分知意言則是菩薩故攝論云

初修觀者則是凡夫菩薩此等能觀深法空者卽亦會逕小乘觀來非是不解衆生無我一往卽能頓見法空故攝論云若得法無我必先得人無我故知學大要先從小雖復從小漸頓仍別謂觀生空執爲極者後觀相空進學名漸若有久習知小非極卽解空空名爲頓悟雖知心外無境然入觀時亦從塵起以其色塵唯佛不見以佛常證唯識無境妄想盡故不見外塵故彼論云如來常不出觀故寂靜若大菩薩入眞觀時則知唯識亦不見塵故彼論云菩薩若入無分別觀一切塵不顯現以此文證故知大聖入眞

觀時皆不見色自餘凡聖莫問大小未入空觀則皆見塵大根出觀雖妄見塵若入觀時則知唯識以其自知妄作塵解無塵可破便證唯心若能觀中了知唯心後雖出觀妄見自他尋復思時知自妄見不同凡小定執有外乃至觀空猶見能所故彼論云菩薩以無分別後智觀此因果相然無顚倒不執有外塵內根唯識是實有法故知大根一證唯心後雖出觀不執有外若觀自心妄見境時則知衆生各唯有識故大菩薩乃至佛來常知衆生唯心妄見謂知衆生或作名解名則是凡意言分別情謂似外名字顯現

理是心作是自心相或作名下所說法解法義則是意言分別情謂有外法義顯現理實法義亦是心相故彼論云十二部經是名爲教十二部經所詮是名爲理心相似此理教顯現以此文證所緣境界悉是心作名爲心相但此心相亦名心影亦名相識及境界識稱諸凡小謂與心異理無別體實唯一識故彼論云唯識不出二法一者相識二者見識似塵顯現名相謂所緣境似識顯現名見謂能緣識定心亦爾顯現似塵謂異定心一分似識一分似塵此二實唯是識以此文證境界相識卽心無別唯情妄見以其

唯是妄念作故即此是相識亦名相結故彼論云結有二種一者相結二者麤重結相結難解麤重結難滅心分別諸塵名相結由此分別起欲瞋等惑名麤重結若得無分別智即解相結相結不起麤重結即隨滅以此文證境是相結凡小迷執故名難解是故諸法名之與義皆是心作凡小不知理實無始所緣名義常是凡夫意言分別故彼論云凡夫從本來意言分別有二種一似名二似義名義攝一切法皆盡此名義但是意言分別所作離此無別餘法以此文證故知凡夫妄見境界或名或義皆是當時意言分

別如食莨菪妄見針火據彼妄情意謂是實不知妄見謂有外火據實唯是意作火解火則唯是意言分別謂有火名名是意言謂有火事事是意言衆生妄見自身他身地水火風等皆亦似彼雖復就實義唯識無外據凡妄情謂有能所故彼論云唯識義不失亦不無能取所取義雖復據情謂有內外理唯一心實唯一識無有塵等別體故知自他內外事相唯是無別塵體故彼論云識所變異雖有內外事相不同一心轉變妄解故諸大聖知生妄見自恒不見凡所見境如人不食莨菪之者唯見他人妄見鍼火自仍

不見空中火事佛知唯識其事似此故不同凡妄見境界以生妄見本無外塵是以如來恒不見色唯凡與聖有見不見但眞與妄莫不唯識凡唯識直是妄心故唯識論偈云唯識無境界無塵虛妄見若佛唯識但有眞心故攝論云唯有眞如及眞智獨存說名法身又唯識論云諸佛如來行處唯有眞識更無餘識以此文證佛無識故故不同凡妄見外境以實唯識本無外故業不同者一質異見如人見水鬼見爲火魚謂住處天以爲地又如舍利妄見穢土螺髻梵王即此見淨若使實有水火染淨同處相妨不得和

合以各妄見齊無外故多心共處得作別解若諸衆生同業之者妄見則同更無別解此同業者遞互爲因妄想見聞唯心緣合故唯識論云一切衆生虛妄分別思惟憶念彼說我聞依彼前人說者意識於此聽人聞者意識起如是心彼說我聞而實無有彼前境界故偈言遞共增上因彼此心緣合以此文證業相由者遞互爲因各妄見聞以其六道皆心緣合三界則是唯心轉作故十地經云三界虛妄但一心作論自釋言一心作者唯心轉故故知三界同見別見皆是自心轉變解異同見聞者雖心緣合心無形相

恒非內外若謂心外有他心者則是妄解實無外識故唯識論云而實無有外識可取乃至二乘知他心者謂有外識亦仍是妄故彼論云虛妄分別此心知彼心彼心知此心以此文證實無外識直是凡小妄作外解故彼論云他心智者不如實知何以故以自內心虛妄分別以為他心不能了知問曰若言凡小作他心解云何得與他心相應釋言由先方便想作他解似他解故得與相應凡小不知自作他解便謂我今知他人心雖作他解得與相應謂有能所猶非實知故彼論云世間他心智者於彼二法不如實知

以彼能取可取境界虛妄分別故以此等文證無外識故作外解皆非實知若觀心識本無形相非彼非此無來無去不依外解息分別時則是實知一切生心故智論云若一切眾生心心數法性實有不虛誑者佛不能知一切眾生心心數法以一切眾生心心數法性實虛誑無來無去故佛能知一切眾生心心數法譬如比丘貪求者不得供養無所貪求則無所乏短心亦如是若分別取相則不得實法不得實法故不能通達知一切眾生心心數法若不取相無所分別則得實法故能通達知一切眾生心心數法無

所罣礙以此文證心無去來佛知無外稱實能知不同凡小他心智者向外緣心猶雜妄識故唯識論偈云他心知於境不如實覺知以非離識境唯佛如實知以此文證佛知唯識自作他解無外可取以知自心作諸心解永斷向外分別之心入楞伽經云如實知一切諸法唯是自心是故不生分別之心以此文證佛知他心即是自心離外分別但緣自心意言為境為諸眾生心識無邊各各異解差別難量佛離外念一心偏知如水不動萬像現中此佛一心知諸心時一作多解多即是一如彼一水照諸萬像雖即一

水而與水外萬像相應佛心亦爾偏照他心雖是一心作諸心解而與一切他心相應由久修學唯識觀成故離外念方能偏知故華嚴經頌云摩醯首羅智自在大海龍王降雨時悉能分別數其滴於一念中皆明了無量億劫勤修學得是無上菩提智云何當於一念中不知一切眾生心故知諸佛念念偏知此即是佛意言分別雖知世諦各唯識時別知諸心是佛分別據恒自覺唯自意言離外念邊無復分別故諸大智觀唯識者緣自意言知世諦時即亦達眞離外分別是故大乘從凡至佛皆觀自心意言為境則

知心外無別他心。凡聖等心。雖非內外。仍有因緣為他變者。如維摩經云。即時天女以神通力變舍利弗令如天女。天自化身如舍利弗。此變舍利弗令心異見。非有別身改形換質。眾生心中修勝行者。則有無中妄見佛業。由有勝業感佛神力令心變異。似見化身。故攝論云。於他修行地中。由佛本願自在力故。彼識似眾生變異顯現。故名變化身。以此文證。如來化身如釋迦等。皆是凡小自心變作。以妄見佛成道化生。後還妄見如來滅度。此妄見者由佛變。故彼論云。菩提涅槃為二。但變異他心令他為二。體實不有。以

此文證佛變他心令妄見佛。心外無佛。據諸凡小不知妄見。謂有外佛來度眾生。故經偈云。佛不得佛道。亦不度眾生。眾生強分別。作佛度眾生。故攝論云。由觀行人識為增上緣。故餘人識變異。如觀行人願力顯現。故知定無外塵。唯有本識。以此文證見聖化者。皆由佛力為增上緣。故彼論云。淺行菩薩欲作眾生利益事。於現在先發願。竟即入真觀。出觀後隨所欲樂方得成就。若深行菩薩。欲作利益眾生事。現在不須發願。及入觀出觀。但由本願力。隨所欲作一切皆成。若聲聞等得九定自在。因此定自在。得六通自在。

於一物中。隨願樂力各能變異。為無異種。若諸摩寶有自性。此事則不得成。以此文證。本無外境。聖力令他無中見化。以皆妄見無外境故。若多聖人同處變物。各隨意成。亦不相礙。故彼論云。於一物中若多觀行人別願同能變異一境。此變異得成。何故得成。隨彼意成故。實無外境。唯有識故。是故各隨彼意得成。以此文證。於一處中多聖變化。隨意各別。令諸眾生見境各異。和而不同。參而不亂。此義甚深。大根方知。故至佛來皆觀唯識。故彼論云。從願樂位乃至究竟位通名唯識觀。以此文證大乘入道同觀唯識漸明

至佛言觀唯識願樂位者。謂從師友聞說唯識。即能解者心生願樂。由有願樂學思量時。即是大乘願樂位人。故彼論云。諸菩薩但由聽聞一切法唯有識。依此教隨聞起信樂心。於一切法唯識理中意言分別生。由此願樂意言分別。故說菩薩已入唯識觀。作如此知名入唯識願樂位。以此文證學觀唯識即是大根菩薩入道。上來總明大小入道淺深雖別。皆唯修慧。以其慧觀是正道體。若不修觀。餘行皆非。此明慧觀是入道體。如上所說。若了一切境界唯是意言分別。則意無所思。口無所說。攀緣既息。名相即空。妙明

眞心。從此披露。故得塵勞路絶。生死河枯。念念冥眞。心心合道。所以金剛三昧經云。佛言。善不善法。從心化生。一切境界。意言分別。制之一處。衆緣斷滅。何以故。一本不起。三用無施。住於如理。六道門杜。

宗鏡錄卷八十六

音釋

莨菪 上來宕切下徒浪切藥名也一名天仙子一名竹唐其子服之令人狂浪放蕩故名

宗鏡錄卷八十七

宋慧日永明妙圓正修智覺禪師延壽集

夫入道之門。觸途咸是。簡要分別。無出四門。今約天台四教藏通別圓各有四門入道。前三教四門。廣在彼說。今引圓教四門。堪當入道。一有門。二空門。三亦有亦空門。四非有非空門。止觀云。圓教四門。妙理頓說。異前藏通二教。圓融無礙。異於別教歷別。若有門卽假寄於有以為言端。而此有門亦卽三門。一門無量門無量門一門。非一非四而言一四。此卽圓門相也。若有為門。卽生死之有。是實相之有。一切法趣有。

有卽法界。出法界外。更無法可論。生死卽涅槃。涅槃卽生死。無二無別。舉有為門端耳。實具一切法。圓通無礙。是名有門。三門亦如是。此門微妙不可思議。豈同藏通拙度。而但空。別教不融而隔別。又圓四門皆妙無麤。若有門為法界。攝一切法。況復三門。空門卽是法界。攝一切法。況復三門。餘二亦如是。法相平等。無復優劣。若爾。無四門之異。但因順根機。赴緣四說。如四指指一月。月一指四。又云。藏通別圓四教。如空中四點。雖四點似別。不出一空。雖四指不同。唯指一月。一有門者。觀見思假。卽是法界。具足佛法。又諸法卽是法性因緣。乃至第一義。亦是因緣。大經云。因滅無明。卽得熾然三菩提燈。是名有門。二空門者。觀幻化見思及一切法。不在因。不屬緣。我及涅槃。是二皆空。唯有空病。空病亦空。此卽三諦皆空也。三亦空亦有門。幻化見思雖無眞實。分別假名。則不可盡。如一微塵中有大千經卷。於第一義而不動。善能分別諸法相。亦如大地一。能生種種芽。無名相中假名相說。乃至佛亦但有名字。是為亦空亦有門。四非空非有門。觀幻化見思。卽是法性。法性不可思議。非世故非有。非出世故非空。一色一香無非中道。一中一切中。

毗盧遮那偏一切處。豈有見思而非實法。是名非空非有門。云何一門卽是三門。一門尚是一切法。何止三耶。所以者何。觀因緣所生法。是初門。一切皆初門。初門卽空。一空一切空。卽是第二門。此初門卽假。一假一切假。卽是第三門。此初門卽中。一中一切中。卽是第四門。初門卽是三門。三門卽是一門。但舉一門為名。雖有四名。理無隔別。卽是圓教四門。正是今之所用也。若爾。何用前來種種分別。但凡情闇鈍。不說不知。先誘開之。後入正道。法華經云。雖說種種道。其實為一乘。若得此意。終日分別。無所分別。涅槃名為復有一行是如來行法華名正直捨方便但說無上道大品名爲一切種智知一切法淨名稱爲薝蔔林不齅餘香華嚴稱爲法界即是此四門意也故知若了一心修行因果圓備猶如地萬物出生故猶如海眾寶所聚故猶如車能運載故猶如城善防護故是以大涅槃經云佛言我爲須達說言長者心爲城主長者若不護心則不護身口又華嚴入法界品中寶眼主城神眷屬圍遶於虛空中而現其身種種妙物以爲嚴飾手持無量眾色寶華以散善財作如是言善男子應守護心城謂不貪一切生死境界應莊嚴

心城謂專意趣求如來十力應淨治心城謂畢竟斷除慳嫉諂誑應清涼心城謂思惟一切諸法實性應增長心城謂成辦一切助道之法應嚴飾心城謂造立諸禪解脫宮殿應照曜心城謂普入一切諸佛道場聽受般若波羅蜜法應增益心城謂普攝一切佛方便道應堅固心城謂恒勤修習普賢行願應防護心城謂常專禦扞惡友魔軍應廓徹心城謂開引一切佛智光明應善補心城謂聽受一切佛所說法應扶助心城謂深信一切佛功德海應廣大心城謂大慈普及一切世間應善覆心城謂集眾善法以覆其上應寬廣心城謂大悲哀愍一切眾生應開豁心城謂悉捨所有隨應給施應密護心城謂防諸惡欲不令得入應嚴肅心城謂逐諸惡法不令其住應決定心城謂集一切智助道之法恒無退轉應安立心城謂正念三世一切如來所有境界應瑩徹心城謂明達一切佛正法輪修多羅中所有法門種種緣起應部分心城謂普曉示一切眾生皆令得見薩婆若道應住持心城謂發一切三世如來諸大願海應富實心城謂集一切周徧法界大福德聚應令心城明了謂普知眾生根欲等法應令心城自在謂普攝一切

十方法界應令心城清淨謂正念一切諸佛如來應知心城自性謂知一切法皆無有性應知心城如幻謂以一切智了諸法性佛子菩薩摩訶薩若能如是淨修心城則能積集一切善法釋曰夫城者能防外寇護國安人堅密牢強即無眾患況心城須護密守關津無令外緣六塵魔賊所侵內結煩惱奸臣所亂防非禁惡常加瑩淨之功立德運慈廣備莊嚴之事遂得四門無滯一道常通力敵大千威臨法界可以撫提弱喪攝化無遺伏外降魔示固真基矣華嚴疏云城有三義一防外敵二養人眾三開門引攝今言

法城通教理行果行契理教則無不俱嚴故各有二義謂了心城之性空則眾惑不入見恒沙性德則萬行爰增道無不通則自他引攝便能契果絕百非以成解脫養眾德以全法身開般若而無不通矣方顯教城無非養所詮旨句句通神有斯多義淨名疏云佛法如城能為行人防非擬敵故名為城若護佛法即是護城又陰界入法即空即空之理名涅槃眾生是王而種性具足恒沙佛法如城中人物故立一切眾生即大涅槃即菩提相但此妙理外為天魔外道之所欲壞內為通別見思之所侵菩薩為護眾生本

有涅槃之城不令妄起諸愛見也問聖人大寶曰位若無位次即是天魔外道既有信入須假鍊磨於初心方便門中證解唯識約教所分有幾位次答有五位門準識論云謂具大乘二種性者略於五位漸次悟入一本性住種性謂無始來依附本識法爾所得無漏法因二習所成種性謂聞法界等流法已聞所成等熏習所成要具大乘此二種性方能漸次悟入唯識乃至云何漸次悟入唯識謂諸菩薩於識性相資糧位中能深信解在加行位能漸伏除所取能取引發眞見在通達位如實通達修習位中如所見理

數數修習伏斷餘障至究竟位出障圓明能盡未來化有情類復令悟入唯識性相何謂悟入唯識五位一資糧位頌曰乃至未起識求住唯識性於二取隨眠猶未能伏滅論曰從發深固大菩提心乃至未起順決擇分求住唯識眞勝義性齊此皆是資糧位攝為趣無上正等菩提修習種種勝資糧故為有情故勤求解脫由此亦名順解脫分此位菩薩依因善友作意資糧四勝力故於唯識義雖深信解而未能了能所取空多住外門修菩薩行故於二取所引隨眠猶未有能伏滅功力令彼不起二取現行此二取言

顯二取取執取能取所取性故二取習氣名彼隨眠隨逐有情眠伏藏識或隨增過故名隨眠即是所知煩惱障種煩惱障者謂執徧計所執實我薩迦邪見而為上首百二十八根本煩惱及彼等流諸隨煩惱此皆擾惱有情身心能障涅槃名煩惱障所知障者謂執徧計所執實法薩迦邪見而為上首見疑無明愛恚慢等覆所知境無顚倒性能障菩提名所知障乃至菩薩住此資糧位中二麤現行雖有伏者而於細者及二隨眠止觀力微未能伏滅此位未證唯識眞如依勝解力修諸勝行應知亦是解行地攝乃至

所修勝行。謂福及智等。釋云。本性住種性者。未聞正法。但無漏種無始自成。不曾熏習令其增長。名本種性。性者體也。性者類也。謂本性住種性。菩薩種子性類差別。不由今有名本性住種性。菩薩地說無始法爾六處殊勝名本性住種性。習所成種性者。此聞正法已去令無漏舊種增長數習種性。菩薩地說。聞十二分教法界等流平等而流。又法界性善順惡違具諸功德。此亦如是。故名等流。依因善友作意資糧四勝力故者。此上四力。攝論云。能悟入中大乘多聞熏習相續。此乃因力。已得奉事無量諸佛出現於世。即

善友力。已得一向決定勝解非諸惡友所能動搖。名作意力。已善積習諸善根等名資糧力。隨眠義者。隨逐有情常在生死。眠伏藏識。不現餘處。故名隨眠。或隨增過。故名隨眠。隨逐有情多增過失。故名隨眠。何故眠者乃是增義。如人睡眠。眠即滋多。故過失增。是隨眠義。即二障種也。二加行位。頌曰。現前立少物。謂是唯識性。以有所得故。非實住唯識。論曰。菩薩先於初無數劫善備福德智慧資糧。順解脫分既圓滿已。為入見道住唯識性。復修加行伏除二取。謂煖頂忍世第一法。此四總名順決擇分。順趣眞實決擇分故。

乃至菩薩此四加行中猶於現前安立少物。謂是唯識眞勝義性。以彼空有二相未除。帶相觀心有所得故。非實安住眞唯識理。彼相滅已。方實安住。依如是義。故有頌言。菩薩於定位觀影唯是心。義想既滅除。審觀唯自想。如是住自心。知所取非有。以能取亦無。後觸無所得。乃至此加行位未遣相縛。於麤重縛亦未能斷。唯能伏除分別二取。違見道故。於俱生者及二隨眠。有漏觀心有所得故。有分別故。未全伏除。全未能滅。乃至此位亦是解行地攝。未證唯識眞勝義故。釋云。四總名順決擇分者。則名眞實決擇分。決擇

是智。即擇法也。決簡疑品。彼猶豫故。擇簡見品。彼不擇故。分者是支因義。即擇法覺支。現前立少物者。心上變如。名為少物。此非無相。故名帶相。若證眞時此相便滅。相者即是空所執相。三通達位。頌曰。若時於所緣智都無所得。爾時住唯識。離二取相故。論曰。若時菩薩於所緣境無分別智都無所得。不取種種戲論相故。爾時乃名實住唯識眞勝義性。即證眞如。智與眞如平等平等。俱離能取所取相故。能所取相俱是分別。有所得心戲論現故。乃至此智雖有見分而無分別。說非能取。非取全無。雖無相分而可說此帶

如相起。不離如故。如自證分緣見分時。不變而緣。此亦應爾。變而緣者。便非親證。如後得智應有分別。故應許此有見無相。加行無間。此智生時。體會眞如。名通達位。初照理故。亦名見道。乃至前眞見道證唯識性。後相見道證唯識相。二中初勝。故頌偏說。前眞見道根本智攝。後相見道後得智攝。諸後得智有二分耶。乃至此智現身土等。爲諸有情說正法故。若不變現似色聲等。寧有現身說法等事。轉色蘊依不現色者。轉四蘊依應無受等。又若此智不變似境。離自體法。應非所緣。緣色等時。應緣聲等。又緣無法等。應無

所緣緣。彼體非實。無勝用故。由斯後智二分俱有。釋曰。又若此智不變似境。離自體法。應非所緣者。既無相分。自他之心。他身土等。離自已體之法。不帶影像應非所緣緣。直親照彼。不變爲相故。不同眞如。眞如卽是智自體故。問。若爾。眞如應非所緣緣。無似境相故。答。不然。帶如之相起故。離自體法。既無影像。不可言帶彼相起。如何說有所緣緣。彼皆離自體故。既不帶相起名所緣緣。色等時。應緣聲等。緣色等智不帶聲等相故。又緣無法等。應無所緣緣者。不變爲無相。爲見所緣故。以無相分。直照於無。無非有體所緣緣

義如何得成。由此故知佛亦不能親緣於無。此文理證也。四修習位。頌曰。無得不思議。是出世間智。捨二麤重故。便證得轉依。論曰。菩薩從前見道起已。爲斷餘障。證得轉依。復數修習無分別智。此智遠離所取能取。故說無得及不思議。或離戲論。說爲無得。妙用難測。名不思議。是出世間無分別智。斷世間故。名出世間。二取隨眠。是世間本。唯此能斷。獨得出名。或出世名。依二義立。謂體無漏。及證眞如。此智具斯二種義故。獨名出世。餘智不然。卽十地中無分別智。數修此故。捨二麤重。二障種子。立麤重名。性無堪任。違細

輕故。令彼永滅。故說爲捨。此能捨彼二麤重故。便能證得廣大轉依。依謂所依。卽依他起。與染淨法爲所依故。染謂虛妄偏計所執。淨謂眞實圓成實性。轉謂二分。轉捨轉得。由數修習無分別智。斷本識中二障麤重。故能轉捨依他起上偏計所執。及能轉得依他起中圓成實性。由轉煩惱。得大涅槃。轉所知障。證無上覺。成立唯識。意爲有情證得如斯二轉依果。或依卽是唯識眞如。生死涅槃之所依故。愚夫顚倒。迷此眞如。故無始來受生死苦。聖者離倒。悟此眞如。便得涅槃畢竟安樂。由數修習無分別智。斷本識中二障

麤重故能轉滅依如生死及能轉證依如涅槃此即眞如離雜染性如雖性淨而相雜染故離雜染時假說新淨即此新淨說爲轉依修習位中斷障證得雖於此位亦得菩提而非此中頌意所顯頌意但顯轉唯識性二乘滿位名解脫身在大牟尼名法身故云何證得二種轉依謂十地中修十勝行斷十重障證十眞如二種轉依由斯證得五究竟位頌曰此即無漏界不思議善常安樂解脫身大牟尼名法論曰前修習位所得轉依應知即究竟位相此謂此前二轉依果即是究竟無漏界攝諸漏永盡非漏隨增性淨

圓明故名無漏界者藏義此中含容無邊希有大功德故或是因義能生五乘世出世間利樂事故莊嚴經論說四加行位偈曰爾時此菩薩次第得定心唯見意言故不見一切義釋曰此菩薩初得定心離於意言不見自相總相一切諸義唯見意言此見即是菩薩煖位此位名明如佛灰河經中所說明此明名見法忍偈曰爲長法明故堅固精進故法明增長已通達唯心住釋曰此中菩薩爲增長法明故起堅固精進住是法明通達唯心此通達即是菩薩頂位偈曰諸義悉是光由見唯心故得斷所執亂是則住於

忍釋曰此中菩薩若見諸義悉是心光非心光外別有異見爾時得所執亂滅此見即是菩薩忍位偈曰所執亂雖斷尙餘能執故斷此復速證無間三摩提釋曰此中菩薩爲斷能執亂故復速證無間三摩提問有何義故此三摩提名無間答由能執亂滅時爾時入無間故受此名此入無間即是菩薩世間第一法位乃至五位第一資粮位初學唯識爲發心之始第一發心分依止大菩提而發心故菩薩生有四義一種子勝以菩提心爲種子故二生母勝以般若波羅密爲生母故三胎藏勝以福智二聚住持爲胎

藏故四乳母勝以大悲長養爲乳母故第二通達位頌曰已知義類性善住唯心光現見法界故解脫於二相論曰此位由解一切諸義唯是意言爲性則了一切諸義悉是心光菩薩爾時名善住唯識從彼後現見法界了達所有二相即解脫能執所執第三見道位頌曰心外無有物物無心亦無以解二無故善住眞法界論曰此位如彼現見法界故解心外無有所取物所取物無故亦無能取心由離所取能取二相故應知善住法界自性第四修道位頌曰無分別智力恒平等徧行爲壞過聚體如藥能除毒論曰此

位菩薩入第一義智轉依已以無分別智恒平等作及偏處行何以故為壞依止依他性熏習稠林過聚相故此智力譬如阿伽陀藥能除一切眾毒第五究竟位頌曰緣佛善成法心根安法界解念唯分別速窮功德海論曰緣佛善成法者諸菩薩於佛善成立一切妙法中作總聚緣故問云何總聚緣答心根安法界是故此心名根此後起觀如前觀事處處念轉解知諸念唯是分別非實有故如此知已速窮功德海即佛果功德海能速窮彼岸故攝論偈云福德智慧二資糧菩薩善備無邊際於法思量善決已故了

義趣唯言類若知諸義唯是言即住似彼唯心理便能現證眞法界是故二相悉蠲除體知離心無別物由此即會心非有智者了達二皆無等住二無眞法界慧者無分別智力周偏平等常順行滅依榛梗過失聚如大良藥消眾毒佛說妙法善成立安慧并根法界中了知念趣唯分別勇猛疾歸德海岸釋曰復有現觀伽他如經莊嚴論說其中難解於此顯示福德智慧二資糧菩薩善備無邊際者資糧有二種一福德資糧二智慧資糧謂施等三波羅密多是福德資糧第六般若波羅密多是智慧資糧精進波羅密

多二資糧攝何以故若為智慧而行精進是智慧資糧若為福德而行精進是福德資糧如是靜慮波羅密多亦通二種若緣無量而修靜慮是福德資糧餘是智慧資糧如是資糧是誰所有謂諸菩薩長遠難度名無邊際如無邊語非無有邊但以多故得無邊稱此亦如是於法思量善決已者要由定後思惟諸法方善決定非餘所能故了義趣唯言類者謂了知諸義唯意言為因若知諸義唯是言即住似彼唯心理者謂若了知似義顯現唯是意言即住似義唯心正理便能現證眞法界是故二相悉蠲除者謂從此

後現證眞如永離所取能取二相如入現證次當顯示體知離心無別物由此即會心非有者體知離心無所緣義彼無有故即會能緣心亦非有智者了達二皆無者謂諸菩薩了達此二悉皆是無等住二無眞法界者謂平等住離義離心眞實法界慧者無分別智力者謂諸菩薩無分別智所有勢力周偏平等常順行者於平等中隨順而行觀契經等一切諸法猶如虛空性平等故內外諸法皆如是觀故名周偏常恒滅依榛梗過失聚如大良藥消眾毒者滅謂除滅依謂所依即所依中雜染法因極難了故如豁谷

林榛梗難入過失聚者是雜染法熏習自性佛說妙法善成立安慧并根法界中者謂由佛教善安其慧置眞如中及能緣彼根本心中根本心者謂緣如來所有正教總爲一相應知卽是無分別心了知念趣唯分別者謂彼安住根本心已爲說正教由後得智念諸義趣知此念趣唯是分別勇猛疾歸德海岸者謂諸菩薩由無分別智及後得智巧方便故速趣佛果功德海岸如是五頌總略義者謂第一頌顯資糧道第二頌初半顯加行道後半第三頌於見道第四一頌顯於修道第五一頌顯究竟道金剛三昧經云

大力菩薩言云何二入不生於心心本不生云何有入佛言二入者一謂理入二謂行入理入者深信衆生不異眞性不一不共但以客塵之所翳障不去不來凝住覺觀諦觀佛性不有不無無已無他凡聖不二金剛心地堅住不移寂靜無爲無有分別是名理入行入者心不傾倚影無流易於所有處靜念無求風鼓不動猶如大地捐離心我救度衆生無生無相不取不捨菩薩心無出入無出入心入不入故故名爲入菩薩如是入法法相不空不空之法法不虛棄何以故不無之法具足功德非心非影法爾淸淨又

云佛言從闡提心乃至如來如來實相住五等位一者信位信此身中眞如種子爲妄所翳捨離妄心淨心淸白知諸境界意言分別二者思位思者觀諸境界唯是意言意言分別隨意顯現所見境界非我本識知此本識非法非義非所取非能取三者修位修者常起能起所起同時故先以智導排諸障難出離蓋纏四者行位行者離諸行地心無取捨極淨根利不動心如決定實性大般涅槃唯性空大五者捨位捨者不住性空正智流易大悲如相相不住如三藐三菩提虛心不證心無邊際不見處所是至如來善

男子五位一覺從本利入若化衆生從其本處如上經論所言諸佛菩薩四加行位唯識五位等皆從一心分其深淺從本起末似現初心因末顯本復歸元地所以經云五位一覺從本利入若化衆生從其本處如上諸位但是一心因智有淺深證分初後於行布中似有階降如慤疏云首楞嚴經於一念上立六十位如珠中影像物類雖多珠全是一一中含衆像衆像還入一珠中如六十位中一一位含六十位且如位位全是心證一心能生多心多心還入一心心心互含有何障疑

宗鏡錄卷八十七

音釋

數數並所角切頻也 榛鋤臻切木叢生也

宗鏡錄卷八十八

宋慧日永明妙圓正修智覺禪師延壽集

夫證唯識理而登佛果從初資粮位至究竟位具幾智而得成就。答。唯一無分別智約初後有三種。一加行無分別。謂尋思等智。卽是道因。二無分別智。卽是道正體。三無分別後智。卽是出觀智。謂道果。問。此三智行相如何。答。攝論云。無分別智自性應知離五種相。一離非思惟故。二離非覺觀地故。三離滅想受定寂靜故。四離色自性故。五於眞實義離異分別故。此智若由離思惟故名無分別智。熟眠放逸狂醉同離

思惟。應得此智。若由過覺觀地故名無分別智。從二定以上已過覺觀。應得此智。若依此二義。凡夫應得此智。是處能離心及心法。應說名無分別智。謂想受滅定等。若人在此位中得無分別智。此則不成智。何以故。於滅定等位無心及心法故。若言如色自性智自性亦如此。如色鈍無知。此智應鈍無知。若於眞實義由已分別顯現。是分別應成無分別智。何以故。此分別能分別眞實義。謂此義眞實。若智離五相緣眞實義起。若不異分別眞實義。謂此法眞實。但緣眞實義。如眼識不以分別爲性。是名無分別智。無分別智

衆行中最爲上首。更以偈顯諸菩薩自性。五種相所離。無分別智性。於眞無分別。菩薩以無分別智爲體。無分別智與菩薩不異。無分別智自性卽是菩薩自性。由於眞無分別。故離五相得無分別名。又三智總以喻顯。頌曰。如五求受塵。如五正受塵。如非五受塵。三智譬如是。釋曰。譬如人在眼等五識中求覓五塵。或緣實。或緣虛。意識與五識相間起故。加行無分別智亦爾。或證一分爲實。或不證爲虛。譬如人正在五識中得眞實境。無分別。無言說。根本無分別智亦爾。得眞實境。無分別。無言說。譬如人在意識中但緣先

所受塵。名緣虛境。有分別。有言說。無分別後智亦爾。緣虛境。有分別。有言說。又偈云。如人初開目。是名加行智。如人正閉目。是無分別智。卽彼復開眼。後得智亦爾。應知如虛空。是無分別智。於中現色像。後得智亦爾。問。此無分別智從何而成。答。了一切名義無所有故。能成無分別智。攝論頌云。鬼畜人天等。各隨其所應。一切意有異。故知義不成。過去等及夢。幷餘二影像。無有爲攀緣。然彼攀緣成。釋曰。若義成於境。無無分別智。此智若不有。佛果無可得。於一物中各隨其意見有差別。是故應知義無所有。故彼等所取卽

不成就若爾義無所有故識應不緣境而生答亦有識不緣境而生如夢及過去未來等無實攀緣即自攀緣如鏡像及定境謂自心爲境而攀緣若義有自性爲境則無無分別智此智若有有佛果可得問於宗鏡中最初信入有何位次答若圓信人初有五品位台教據法華經分別功德品依圓教立五品位第一品初發一念信解心第二品加讀誦第三品加說法第四品兼行六度第五品正行六度從初品須依靜處建立道場於六時中行四三昧懺六根罪修習五悔五悔者一懺悔破大惡業罪二勸請破謗法罪

三隨喜破嫉妬罪四迴向破諸有罪五發願順空無相願所得功德不可限量譬算校計亦不能說若能勤行五悔方便助開觀門一心三諦豁爾開明如臨淨鏡徧了諸色一念心中圓解成就不加功力任運分明正信堅固無能移動此名深信隨喜心即初品弟子位也分別功德品云若有聞佛壽命長遠解其義趣是人所得功德無有限量能起如來無上之慧乃至若聞是經而不毀呰起隨喜心當知已爲深信解相即初品文也以圓解觀心修行五悔更加讀誦善言妙義與心相會如膏助火是時心觀益明名第

二品也經云何況讀誦受持之者斯人則爲頂戴如來又以增品信心修行五悔更加說法轉其內解導利前人以曠濟故化功歸已心更一轉倍勝於前名第三品也經云若有受持讀誦爲他人說若自書若教人書供養經卷不須復起塔寺及造僧坊供養衆僧又以增進心修行五悔兼修六度福德力故倍助觀心更一重深進名第四品也經云況復有人能持是經兼行六度其德最勝無量無邊譬如虛空東西南北四維上下無量無邊是人功德亦復如是無量無邊疾至一切種智又以此心修行五悔正修六度

自行化他事理具足心觀無礙轉勝於前不可比喻名第五品也經云又爲他人種種因緣隨義解說此法華經復能清淨持戒與柔和者而共同止忍辱無瞋志念堅固常貴坐禪得諸深定精進勇猛攝諸善法利根智慧善答問難乃至當知是人已趣道場近阿耨多羅三藐三菩提坐道樹下始自初品終至初住一生可修一生可證不待位登七地爾乃修習何假歡喜始入雙流前教所以高其位者方便之說圓教位下者眞實之說法華經云如此之事是我方便諸佛亦然今當爲汝說最實事即此意也又約藏通

別圓四教論位高以言優劣。如圓教圓修至十行中第二行便與別教妙覺位齊。若登三行所有智斷別人不識其名。況知其法。大乘別教詮中道佛性不空之理。尚此懸殊。何況藏通但空灰斷之果。若從圓教第三行乃至十向十地等妙二覺。所有智斷皆非境界。別教但知至十行第二行中只斷無明。爲已家之極果。不知是他家之下因。譬如搆甎石爲基。以金寶飾上。豈如從基至頂。悉累金剛。非唯高位有殊。亦乃實非實別。乃至約斷惑門。論斷不斷者。別教但明斷。不論不斷。圓具二義。若教道明斷證道不斷。例如小

乘方便論斷證眞不論斷不斷。今亦如是。若不思議觀者。內不見有煩惱可斷。煩惱性不障菩提。菩提不障煩惱。煩惱煩惱即菩提。菩提即煩惱。故淨名云。佛爲增上慢人。說斷婬怒癡名爲解脫。無增上慢者。婬怒癡性即解脫。六根六塵而無限礙。只眼中見色。亦眼中入三解脫門。華嚴明十眼乃至六根皆明於一塵中具十方三世諸佛。八相成道轉法輪度衆生。皆不斷而明了。又五品位同小乘五停心觀。今五品以四弘誓願。四種三昧。以明五停心。四弘誓願明四種停心。四種三昧明第五停心。四弘誓願者。一者未度令度。二者未解令解。三者未安令安。四者未滅令滅。四種三昧者。一常行。二常坐。三半行半坐。四非行非坐。且四弘誓願明四種停心者。生死苦諦即是涅槃。無二無別。此即信事順理。信是道元功德母。此是第一誓願。未度苦諦令度苦諦。是初品信理停心。煩惱即菩提。無二無別。是爲未解集諦令解集諦。是第二品讀誦解脫停心。即是大悲拔苦。與前兩誓願。未安道諦令安道諦。即是以無惱之慈。而爲說法。即第三品說法停心。未入滅諦令入滅諦。即是兼行六度。六度蔽此岸生死。即第四停心。大慈與樂。與此兩誓願。四種

三昧明第五停心者。此四三昧皆修念佛。破障道罪。自有人數息覺觀不休。若念佛若稱名。即破覺觀。怗然心定。故經云。若有衆生多於貪欲。常念觀音。即便得離。破根本無明。又云。一念知一切法是道場。皆是念佛法門也。即常行三昧。諸佛停立。現前觀法界佛也。常坐三昧者。繫緣法界。一念法界而念佛也。半行半坐三昧者。思惟諸佛實法。法華經云。當成就四法。爲諸佛護念。此語初心行人。若人行道者。常好坐禪。觀心無心。法不住法。名大懺悔。非行非坐三昧者。行住坐臥語默等皆是摩訶衍。以不可得故。若三藏中

以事觀緣事謂數息不淨慈悲界分別念佛五停心觀等今圓教五品之位以理觀緣理生死卽涅槃煩惱卽菩提生命是衆生之息命涅槃是法身之息命雖不可數而可散動明寂對於數息也煩惱是底下之穢惡菩提是尊極之淨理對前顯後故以文字解脫對不淨停心也若大悲誓願拔因果苦者若有我所尙不自出況拔他苦謂無我所故所以發慈悲心自拔拔他若大慈誓願與因果樂者若於十二因緣起無明癡愛尙自無樂況與他樂今自無癡故能與他樂耳若小乘念生身應佛相好今念法身相好事

理永殊乃至藏教佛與圓教十信心位齊以同除界內四住煩惱故十信雖與三藏佛同除界內煩惱齊而十信又圓伏界外根本無明藏教尙未識住地無明云何稱伏三藏佛位猶稱爲劣況二乘乎所以云同除四住此處爲齊若伏無明三藏卽劣佛尙猶劣二乘可知今略明圓信初入之位其五十二位智斷行相廣在彼明故知圓信頓修與漸證權機功行鍊磨日劫相倍入此宗鏡功德無邊是以祖師云卽心是者疾發心行者遲故台教云大機扣佛譬忍辱草圓應頓說譬出醍醐又頓教最初始入內凡仍呼爲

乳呼爲乳者意不在淡以初故本故如牛新生血變爲乳純淨在身犢子若嗽牛卽出乳佛亦如是始坐道場新成正覺無明等血轉變爲明八萬法藏十二部經具在法身大機犢子先感得乳乳爲衆味之初譬頓在衆教之首故以華嚴爲乳耳如大涅槃經云雪山有草名曰肥膩牛若食者純得醍醐無有靑黃赤白黑色穀草因緣則有色味之異是諸衆生以明無明業因緣故生於二相若無明轉則變爲明一切諸法善不善等亦復如是無有二相則法華一乘之教爲醍醐耳華嚴論云此華嚴大意一乘正宗但識

滅時亡情塵頓絕唯眞智境一念則五位齊明爲全將佛果以爲因故設凡夫住世百年及以多劫而於自見不見須臾可遷不見當成佛不見已成佛不見現成佛十住之位法旣如是更有何生不成佛耶更有何生而成正覺此華嚴經是本法界門一切諸佛本住大宅一切佛子究竟所歸化身權乘總居其外若有入者一入全眞此位中初發心住菩薩見道住佛知見入佛知見直與如來同身心性智相故頓印五位行相總在其中如持明鏡普臨衆色此經法門法合如是所有歎說應如是知應如是信解爲法界

法門圓無始終於一念中歲月晦明重重無盡一毫之內佛境眾生境色相無邊一成一切成一壞一切壞又華嚴經卽以普門法界普見法門如來藏身三昧境因陀羅網莊嚴法世界海旋重重妙智一時同得爲一證一切證一斷一切斷故卽自身之內有十方諸佛刹海莊嚴佛身之內卽自身之境重重隱現十方世界法合如斯猶如眾流歸於大海雖未入海潤性無差若入大海皆同鹹味一切眾生亦復如是迷之與悟雖然有殊本來佛海元本不出問眞如寂滅本無次第之殊法界虛玄豈有階降之別云何一

眞體上而分五位十地之名答若以唯識眞性則性融一切尚不指一何況分多以解行證入之門不無深淺如太虛空本無差異嬰孩之時觀唯不遠長大之後見則無邊非彼空之有短長乃是眼之自明昧又如大摩尼寶處礦雖淨無良工巧治焉能成器如蘇迷盧山雖寶所集無日輪迴照何以出光又如指畫虛空是無數量之數量猶心量法界乃非淺深之淺深如華嚴論云初地菩薩多百法明門王化多百佛世界二地菩薩多千法明門王化多千佛世界者不同權教實有分限如前數法互相徹入又如八以

指畫空作百千微塵數復以手除之令盡然彼空中無有增減以情量故見彼虛空數有增減此經亦爾所有菩薩安立諸地法門增減亦復如是爲成諸有情故使令進修若也一槩皆平無心進也凡夫無有策修之心發心修至不修方知萬法無修也而實教菩薩一得一切得爲稱法體中無前後故猶如帝網光影互相參徹相入無前後際也亦如百千寶鏡同臨妙像一一鏡中影像相入色像齊平如佛果位中諸菩薩爲從性起法身根本智爲十位之中創證心故所有法門境界皆悉依本以體用通收皆悉徹故

還以性齊卽時齊故更有餘不齊之法爲不可也又云十住以來菩薩所行皆是助道非是正位故意欲明行所行者是爲助道無住無行任眞自體名之爲正果故若以初發心住以法性無相根本智不離無作用之體行諸萬行菩薩與佛因果本來體齊若簡佛果無作無修菩薩正加已行來總名助道以動寂無礙正助元來不異一法門也眉目不可不簡體用圓寂正助全同此卽全別全同門還以重玄門思之可解聞所未聞之法聞之不疑全別全同境界難解佛及凡夫各自別有是全別義故二見恒存若全同

故便成滯寂圓融道理事理不礙若也法門全分兩向是凡夫法全合一體是二乘法但以理事自在其道在中留心滅之此亦不可以心存之此亦不可此助道行門與正智果德無作之門體合無二事中軌則不可不分以其體用不可一向全別以全同作全別以全別作全同不可全別無全同不可全同無全別如迷此同別二門卽智不自在又經云智入三世悉皆平等者明智能隨俗言入三世卽俗體本眞故言平等以總別同異成壞門六相義該括卽總而全別卽別而全總卽同而俱異卽異而恒同卽成而俱

壞卽壞而俱成皆非情繫一異俱不俱有無非有無常無常生滅相故如是皆是如來理智體用依正悉自在故以自體無念力大智照之可見是以若上上根人頓了心空入眞唯識性現行餘習種子俱亡則何用更立地位只為中下之根或有緣信或有正信或有解悟或有證悟根機莫等見解不同於妄功用中分其深淺雖卽明知信入唯識心境俱空以微細想念不盡未得全除分分鍊磨於昇進中故有地位差別以根塵五陰微細難亡若得識陰盡方超地位了無所得究竟圓成如淨瑠璃內含寶月如首楞嚴

經云佛告阿難及諸大衆汝等當知有漏世界十二類生本覺妙明覺圓心體與十方佛無二無別由汝妄想迷理為咎癡愛發生生發徧迷故有空性化迷不息有世界生則此十方微塵國土非無漏者皆是迷頑妄想安立當知虛空生汝心內猶如片雲點太清裏況諸世界在虛空耶汝等一人發眞歸元此十方空皆悉消殞云何空中所有國土而不振裂次消五陰之文如經云此五陰元重疊生起生因識有滅從色除理則頓悟乘悟併消事非頓除因次第盡消色陰文云佛告阿難當知汝坐道場消落諸念其念

若盡則諸離念一切精明動靜不移憶忘如一當住此處入三摩提如明目人處大幽闇精性妙淨心未發光此則名為色陰區宇若目明朗十方洞開無復幽黯名色陰盡是人則能超越劫濁觀其所由堅固妄想以為其本盡受陰文云佛告阿難彼善男子修三摩提奢摩他中色陰盡者見諸佛心如明鏡中顯現其像若有所得而未能用猶如魘人手足宛然見聞不惑心觸客邪而不能動此則名為受陰區宇若魘咎歇其心離身返觀其面去住自由無復留礙名受陰盡是人則能超越見濁觀其所由虛明妄想以

為其本盡想陰文云佛告阿難彼善男子修三摩提受陰盡者雖未漏盡心離其形如鳥出籠已能成就從凡身上歷菩薩六十聖位得意生身隨往無礙譬如有人熟寐寱言是人雖則無別所知其言已成音韻倫次令不寐者咸悟其語此則名為想陰區宇若動念盡浮想消除於覺明心如去塵垢一倫生死首尾圓照名想陰盡是人則能超煩惱濁觀其所由融通妄想以為其本盡行陰文云佛告阿難彼善男子修三摩提想陰盡者是人平常夢想消滅寤寐恒一覺明虛靜猶如晴空無復麤重前塵影事觀諸世間

大地山河如鏡鑒明來無所黏過無蹤跡虛受照應了罔陳習唯一精真生滅根元從此披露見諸十方十二眾生畢殫其類雖未通其各命由緒見同生基猶如野馬熠熠清擾為浮根塵究竟樞穴此則名為行陰區宇若此清擾熠熠元性性入元澄一澄元習如波瀾滅化為澄水名行陰盡是人則能超眾生濁觀其所由幽隱妄想以為其本盡識陰文云佛告阿難彼善男子修三摩提行陰盡者諸世間性幽清擾動同分生機倏然隳裂沉細綱紐補特伽羅酬業深脉感應懸絕於涅槃天將大明悟如雞後鳴瞻顧東方已有精色六根虛靜無復馳逸內外湛明入無所入深達十方十二種類受命元由觀由執元諸類不召於十方界已獲其同類色不沉發現幽祕此則名為識陰區宇若於羣召已獲同中消磨六門合開成就見聞通隣互用清淨十方世界及與身心如吠瑠璃內外明徹名識陰盡是人則能超越命濁觀其所由罔象虛無顛倒妄想以為其本乃至識陰若盡則汝現前諸根互用從互用中能入菩薩金剛乾慧圓明精心於中發化如淨瑠璃內含寶月如是乃超十信十住十行十迴向四加行心菩薩所行金剛十地

等覺圓明入於如來妙莊嚴海圓滿菩提歸無所得。問既論初心入道何用廣錄上地行位答若論其道必有其果若無行位即是天魔外道經論所說微細難知台教有六即之文仁王具五忍之位恐墮上慢執解不修皆是古聖所詮不敢不錄非是叨濫自立異端唯望後賢願遵先製問佛地功德都具幾法成就圓滿答成就五法具攝一切佛地功德故佛地論云一清淨法界者一切如來真實自體無始時來自性清淨具足種種過十方界極微塵數性相功德無生無滅猶如虛空徧一切有情平等共有與一切法不一不異非有非無離一切相一切分別一切名言皆不能得唯是清淨聖智之所證二空無我所顯眞如爲其自性諸聖分證諸佛圓證二大圓鏡智者能現生一切境界諸智影像一切身土影像所依任持一切佛地功德窮未來際無有斷盡三平等性智謂觀自他一切平等建立佛地無住涅槃四妙觀察智謂於一切境界差別常觀無礙於大衆會能現一切自在作用斷一切疑雨大法雨五成所作智謂能徧於一切世界隨所應化成熟有情釋曰清淨法界者則無垢淨識眞如一心即此正宗凡聖共有此一法

界是四智之體四智則一體之用以諸佛現證衆生不知以不知故執爲八識之名以現證故能成四智之相若昧之則八識起執藏之號七識得染汙之名六識起偏計之情五識變根塵之境若了之賴耶成圓鏡之體持功德之門末那爲平等之原一自他之性第六起觀察之妙轉正法之輪五識興所作之功垂應化之迹斯則一心匪動識智自分不轉其體但轉其名不分其理而分其事問於五法中一清淨法界者即是自性清淨圓明之體從本已來性自滿足非生因之所生唯了因之所了此則不論心境其四

智等行相不同於妙用時各緣何境答識論云圓鏡智相應心品有義但緣眞如爲境是無分別智非後得智行相所緣不可知故莊嚴論說大圓鏡智於一切境不愚迷故又此決定緣無漏種及身土等諸影像故行緣微細說不可知如阿賴耶識亦緣俗故緣眞如故是無分別智緣餘境故後得智攝其體是一隨用分二了俗由證眞故說爲後得平等性智相應心品有義但緣第八淨識如染第七緣藏識故有義但緣眞如爲境緣一切法平等性故有義徧緣眞俗爲境莊嚴論說緣諸有性自他平等隨他勝解示現

無邊佛影像故由斯此品通緣眞俗二智所攝於理無違妙觀察智相應心品緣一切法自相共相皆無障礙二智所攝成所作智相應心品有義但緣五種現境莊嚴論說如來五根一一皆於五境轉故有義此品亦能徧緣三世諸法不違正理佛地經說成所作智起作三業諸變化事決擇有情心行差別領受去來現在等義若不徧緣無此能故又後得智攝此四心品雖皆徧能緣一切法而用有異謂鏡智品現自受用身淨土相持無漏種平等智品現他受用身淨土相成所作智品能現變化身及土相觀察智品

觀察自他功能過失雨大法雨破諸疑網利樂有情
如是等門差別多種問成所作智與第六識相應起
於化用與觀察智性有何差別答識論云觀察智觀
諸法自相共相此所作智唯起化故有差別此二智
品應不並生一類二識不俱起故同體用分俱亦非
失或與第七淨識相應依眼等根緣色等境是平等
智作用差別謂淨第七起他受用身土相者平等品
攝起變化者成事品攝問說有為法皆蘊處攝如來
純無漏法還具蘊處界否答識論云處處經說轉無
常蘊獲得常蘊界處亦然寧說如來非蘊處界故言

非者是密意說又佛身中十八界等皆悉具足而純
無漏此轉依果又不思議超過尋思言議道故微妙
甚深自內證故問此智是佛知見無師自爾何假因
緣稱揚開示答此智雖不約緣生而從緣顯若執無
因皆成外道如古師云佛法雖有無師智自然智而
是常住眞理要假緣顯則亦因緣矣法華經云佛種
從緣起楞伽經云大慧白佛佛說常不思議彼諸外
道亦有常不思議何以異耶佛言彼諸外道無有常
不思議以無因故我說常不思議有因因於內證豈
得同耶是則眞常亦因緣起故知無有一法不從心

而生三乘之道悉皆內證若心外立義任說幽玄皆
成外道又若入唯識智雖不執前境不同愚闇無知
無見雖照境虛智眼斯在能斷金剛般若論頌云雖
不見諸法非無了境眼所以永嘉集云夫境非智而
不了智非境而不生智生則了境而生境了則智生
而了智生而了了無所了了境而生生無能生生無
能生雖智而非有了無所了雖境而非無無即不無
有即非有有無雙照妙悟蕭然如火得薪彌加熾盛
薪喻發智之多境火比了境之妙智其詞曰達性空
而非縛雖緣假而無著有無之境雙照中觀之心歷

落又頌曰若智了於境即是境空智如眼了空華是
了空華眼若智了於智即是智空智如眼了眼空是
了眼空眼智雖了境空及以了智空非無了境智境
空智猶有了境智空智無境智不了如眼了空華及
以了眼空非無了空眼華空眼猶有了華眼空眼無
華眼不了

宗鏡錄卷八十八

宗鏡錄卷八十九

宋慧日永明妙圓正修智覺禪師延壽集

夫諸佛唯一法身。云何說三身差別。答。約用分三。其體常一。識論云。如是法身有三相別。一自性身。謂諸如來眞淨法界。受用變化平等所依。離相寂然。絕諸戲論。具無邊際眞常功德。是一切法平等實性。即此自性亦名法身。大功德法所依止故。二受用身。此有二種。一自受用。謂諸如來修集無量福慧資粮。所起無邊眞實功德。及極圓淨常徧色身。相續湛然。盡未來際。恒自受用廣大法樂。二他受用。謂諸如來。由平

等智示現微妙淨功德身。居純淨土。爲住十地諸菩薩衆。現大神通。轉正法輪。決衆疑網。令彼受用大乘法樂。三變化身。謂諸如來由成事智。變現無量隨類化身。居淨穢土。爲未登地諸菩薩衆。二乘異生。稱彼機宜。現通說法。令各獲得諸利樂事。是以轉滅三心。得三身。一根本心。即第八識。轉得法身。二依本心。即第七識。轉得報身。三起事心。即前六識。轉得化身。又一斷德。斷一切煩惱。即法身。二智德。總四智爲報身。三恩德。恩憐悲育一切有情。爲化身。則八解六通。一心而起。三身四智。八識所成。終無一理一行而從外

來。皆從自識施爲。一心而轉。乃至一身無量身。如華嚴所明無量身雲。重重無盡。皆從性起。無礙圓融。又古德問。夫法身者。法是軌持義。軌謂軌則。令物生解。即法身能令三根本智而生解故。持謂任持。不捨自性。謂持法身凝然之體。不捨無爲之自體故。且如根本智正證如時。不作如解。能所冥合。一體如日光與虛空合。不分彼此。是無分別。如何得明軌解。若有軌解義。即有分別。若有分別。即與後得智何別。答。凡論分別有其三種。一隨念分別。剎那後念續於前念。二計度分別。即周徧計度。三自性分別。任運緣境不帶

名言。今本智證如。但無隨念計度二分別。名無分別。然不妨有自性分別。如人飲水。雖無言說。然冷煖自知。故知亦有軌義。問。變化身與他受用身。爲是眞實心。是化現心。答。此二身是化。然化不離眞。識論云。此二身雖無眞實心及心所。而有化現心心所法。無上覺者神力難思。故能化現無形質法。若不爾者。云何如來現貪瞋等。久已斷故。云何聲聞及傍生等知如來心。如來實心。等覺菩薩尚不知故。由此經說化無量類。皆令有心。又說如來成所作智。化作三業。又說變化有依他心。依他實心相分現故。乃至自性法身。

唯有眞實常樂我淨離諸雜染衆善所依無爲功德無色心等差別相用自受用身具無量種妙色心等眞實功德若他受用及變化身唯具無邊似色心等利樂他用化相功德是以如來妙體淸淨法身不去不來如影如像猶四王天之日月顯淸淨水中不出不入似憍尸迦之宮殿現瑠璃地內非有非無涅槃無名論云法身無像應物以形般若無知對緣而照萬機頓赴而不撓其神千難殊對而不干其慮動若行雲止猶谷神豈有心於彼此情繫于動靜者乎既無心於動靜亦無像於去來去來不以像故無器而

不形動靜不以心故無感而不應然則心生於有心像出於有像像非我出故金石流而不燋心非我生故日用而不勤紜紜自彼於我何爲所以智周萬物而不勞形充八極而無患益不可盈損不可虧寧復痾癘中逵壽極雙樹靈竭天棺體盡焚燎者哉是以諸佛不出世亦不入涅槃本悟眞心成道眞心無形豈有出沒耶但隨有心機熟衆生感見報化之身所有見聞皆是衆生心中之影像故云心生於有心像出於有像則諸佛無心無身豈有勞慮疲患者乎復禮法師述三身義云法身猶虛空之性雲蒸即翳霧斂即明其性本常矣報身若乘空之日赫矣高昇朗然大照其體恒在矣化身如鑒水之影泚清即現流濁乃昏顯晦不恒往來無定夫化佛者豈他歟報身圓應之用報身者何哉悲智所成之體也悲以廣濟爲理智以善權爲業所以因時降跡隨物現身身跡者用也悲智者體也體是其本用是其末依體興用攝末歸本欲求其異理可然乎報身即化也化身即法也化身即法理微矣還寄影喻而述焉夫水中之日影也不從外來不從內出不此不彼不異不一不無其狀不有其質倐然而存忽焉而失像著而動性

靈而謐執實者爲妄知妄者了實日何謂也日若從外來者水外盜在乎若從內出者水內先有乎若言在此者於彼不見乎若言在彼者於此不覩乎若言是異者一見有二乎若言是一者二見豈一乎若言是無者於見可亡乎若言是有者求體曾得乎謂其生生無所從謂其滅滅無所往不生矣不滅矣性相寂然心言路斷斯可謂見水影之實性也見影之性者可見化身實性見化之性者即證法身之體也淨名云佛身即法身也又觀身實相觀佛亦然般若云若見諸相非相即見如來又離一切諸相即名諸佛

是以舉足下足道場觸處而無盡開眼閉眼諸佛現前而不滅如上所說一體三身理事相成體用交徹不出不在隱顯同時皆是一心本宗正義是以一身多身皆是法界所悟一法卽無礙法界卽事之理全在多中所現乃是卽理之事全居一內又成壞一際緣起同時如始造眾寶像時十年像成百年像壞初得一寶之時十年像成百年像壞總在得寶緣起之時以百年不去現在不住眾寶緣中無成壞體以明智慈萬行諸波羅蜜三十七道品眾善法中以成如來身然一一緣中無我無作者無成壞體方名正覺

問諸佛法身湛然明淨如何起六根之相答一以卽相明眞何乖大用二以利他勝業不斷化門如寶性論云依自利利他成就業義故說偈云無漏及徧至不滅法與恒清涼不變異不退寂靜處諸佛如來身如虛空無相妙色常湛然六根甚明淨佛眼見眾色耳聞一切聲鼻能齅諸香舌能練眾味身覺三昧觸意知一切法除諸稠林行佛離虛空相又偈云如虛空無相而現色等相法身亦如是具足六根相又偈云如來鏡像身而不離本體猶如一切色不離於虛空如法華經中明六根清淨眼見一切色耳聞一切聲鼻齅一切香舌了一切味身現一切境意知一切法等問若眾生可度則諸佛界增眾生界減若不可度諸有行願皆悉唐捐如何會通斷其邪見答經云一切愚癡凡夫不如實知一法界故不如實見一法界故起邪見心謂眾生界增眾生界減所以只為不如實了一法界心故見增減又經云眾生定相不可得故又經云眾生界無性故眾生界無邊故古德云以要言之眾生界猶如虛空假使無量勝神通者各無量劫行於虛空求空邊際終不可盡非以不盡不名遊行非以遊行令得其際當知此中佛度生道理

亦爾非以當得令其有終非以無終說有無得是故若難一切眾生皆當作佛是則眾生雖多必有終盡之疑無不通也起信論明不思議業相則諸佛境界云何不思議以非一非異不有不無非言思可定情解所測故稱不思議之業相此不思議之業相者謂與眾生作六根境界故寶性論云諸佛如來身如虛空無相為勝智者作六根境界示現微妙色出顯妙音聲令齅佛戒香與佛妙法味便覺三昧觸令知深妙法常化眾生是眞如之用故云不思議業也此本覺用與眾生心本來無二但不覺隨流用卽不現用

則於彼心中稱根顯現而不作意我現差別故云隨根自然相應見無不益是隨染本覺之相所以菩薩能行非道通達正道若入宗鏡門究竟之道則染淨由心無非無正若入方便門分別之道則菩薩大悲力故常行無礙古德問云非道之行是煩惱業菩薩應斷云何行之答有三義一漸捨門止惡行善二捨相門善惡俱離三隨相利益門染淨俱行此第三門更有三義一約行自行修淨化他隨染二約人化凡同染化聖同淨三約法隨世間法必須現染修菩薩法必須修淨又問菩薩行非道修何道答道有三種

一證道謂二空眞如正體智證二助道緣修萬行助顯眞理三不住道卽是悲智不住生死不住涅槃所以菩薩示行現同其事爲欲同惡止惡同善進善若其疎異敎化卽難故須行非而度脫之皆令悟入同體眞心耳所以入楞伽經云出世間上上波羅密者如實能知但是自心虛妄分別見外境界爾時實知唯是自心見內外法不虛妄分別不取內外自心色相故菩薩摩訶薩如實能知一切法故行檀波羅密爲令一切衆生得無怖畏安隱樂故乃至菩薩如實觀察自心分別之相不見分別不墮二邊依如實修

行轉身不見一法生不見一法滅自身內證聖行修行是菩薩般若波羅密還原觀云智身影現衆緣觀者謂智體唯一能鑒衆緣緣相本空智體寂照諸緣相盡如如獨存謂有爲之法無不俱含眞性故知眞心徧一切處無緣不具無法不隨所以華嚴經云佛身充滿於法界普現一切衆生前隨緣赴感靡不周而恒處此菩提座大智度論云如日照天下不能令高者下下者高但顯現而已佛亦如是於諸法無所作故經云佛身無爲不墮諸數問一心實相福智同如云何分眞化虛實之佛身有供養福田之優劣答

佛非眞化眞化從心心眞則眞福無邊心假則假報有限如惡心出佛身血執佛身實有則血從心生若敬心欲見佛化身則佛從心現故知隱顯在我佛身無爲優劣唯心福田平等如大智度論問云佛若無分別者供養眞佛乃至無餘涅槃福故不盡供養化佛亦爾否答曰供養化佛眞佛其福無異何以故佛得諸法實相故供養福無盡化佛亦不離實相故若供養者心能不異其福亦等問曰化佛無十力等諸功德云何與眞佛等答曰十力等諸功德皆入諸法實相若十力等離諸法實相則非佛法墮顛倒邪見

問曰若爾眞化中定有諸法實相者何以言惡心出佛身血得逆罪不說化佛答曰經中但說惡心出佛身血不辯眞化若供養化佛得具足福者惡心毀呰亦應得逆罪惡人定謂化佛是眞而惡心出血血則爲出便得逆罪故知隨心虛實佛無定形實相理中罪福俱寂問報化既同實相云何教中說佛壽量有其延促答一心眞如性無盡故卽十方諸佛之壽量是以山斤海滴尙可比方空界地塵猶能知數況如來常樂我淨法身慧命豈窮邊際乎故云法性壽者非得命根亦無連持强指不遷不變名之爲壽此壽

非長量亦非短量無延促强指法界同虛空量此卽非身之身無壽之壽不量之量也故金光明經偈云一切諸水可知幾滴無有能數釋尊壽命諸須彌山可知斤兩無有能量釋尊壽命一切大地可知塵數無有能算釋尊壽命虛空分界尙可盡邊無有能計釋尊壽命法華疏釋如來壽量品云壽者受也若法身眞如不隔諸法故名爲受若報身境智相應故名爲受若應身一期報得百年不斷故名爲受法身如來以如理爲命報身如來以智慧爲命應身如來以同緣理爲命法身如來如理命者有佛無佛性相常

然不論相應與相續亦無有量及無量經云非如非異非虛非實蓋是詮量法身如理命也詮量報身如來者以如如智契如如境境發智爲報智冥境爲受境既無量無邊常住不滅智亦如是函大蓋大經偈云我智力如是久修業所得慧光照無量壽命無數劫此是詮量報身如來智慧命也詮量應身者應身同緣緣長同長緣促同促紜紜自彼於我無爲經云數數現生數數現滅或復自說名字不同年紀大小此是詮量應佛同緣命也無生義云性自爾者卽是法性空空卽菩提今生身命從過去貪取中生意既

是法性空當知今生身命亦卽全從法性空中出法性既空所生身命亦還法性空去故涅槃經云如八大河及諸小河悉入大海如是一切人中天上地及虛空壽命大河悉入如來壽命海中又如阿耨達池出四大河如來亦爾出一切命命既從如出還如去六根亦如是從如出還如去若信如上所說如來壽量佛親校量功德譬如有人於無量億劫行五波羅密不如以般若正智發一念信心比前功德百千萬倍故法華經偈云是人於百千萬億劫數中行此諸功德如上之所說有善男女等聞我說壽命乃至一

念信其福過於彼問既立一心正報之身須有一心依報之土身已具三土有幾種答隨義區分相亦多種華嚴具十土或一二三等開合不定台教云佛國有四一染淨國凡聖同居二有餘國方便人住三果報國純法身菩薩居即因陀羅網無障礙土四常寂光即妙覺所居又經論通辯有五古釋云一法性土眞如爲體或五法中以清淨法界爲體眞如與法界總相門中即不殊別相門中即有異眞如徧一切因果兼該通即廣清淨法界即狹唯果位故二實報土力無畏等一切功德無漏五陰以爲體性攝相歸性

以眞如爲體因修萬行果起酬因眞實果報之所招感名實報土於佛自受用身中以四智爲身所依十力四無所畏功德以之爲土三色相土攝境從心自利後得智爲體最極自在淨識爲相第八無垢名爲淨識大圓鏡智後得智中之所變攝相歸性亦以眞如爲體若約相別四塵爲體四他受用土攝境從心利他後得智爲體攝相歸性以眞如爲體若約相別四塵爲體五變化土菩薩變化土有漏者同前攝境從心本識爲體無漏者同前自利後得智爲體佛亦同此體約性眞如爲體相別四塵五塵爲體然變土

者若第八識中從種子變生四塵五塵現行者名因緣變佛唯無漏菩薩漏通有淨穢若六七識所變者名分別變佛唯無漏報化二土或通淨穢若第七識有漏位中但內緣第八識見分不能變土若無漏六七後得智中能變之者唯通影不可受用爲不從種生故但可現淨穢之相教化衆生上諸身土言總體則皆以一心法界如來藏性爲體以法爾故約別體則如上所辯問淨穢二土爲當同體異見爲當別體異見爲當無體妄見爲當有體妄見答非同非異不有不無但隨自心因業所現安法師云淨穢二土四

句分別一質不成淨穢虧盈異質不成一理齊平無質不成緣起萬形有質不成搜原即冥故楞伽經偈云不知唯心現是故分二見如實但知心分別即不生密嚴經偈云是心有二性如鏡含衆像亦如水現月瞖者見毛輪毛輪瓔珞珠此皆無所有但從病瞖眼若斯而顯現瓶衣皆自識衆生亦復然虛妄計我人不知恒執取衆生及瓶等種種諸形相內外雖不同一切從心起依止賴耶識一切諸種子心如境界現是故說世間世間非作者業及微塵作但是阿賴耶變現似於境清涼記云此上分別淨穢二土四句

是一向遮過實則卽異卽同卽有卽無若互相形奪則一異而兩亡有無雙寂若圓融無礙則卽一卽多卽無卽有有是無有無是有無多是卽一之多一是卽多之一有無卽事理無礙一多兼事事無礙由此重重故華嚴藏剎一一塵中皆見法界又依正無二四句渾融一佛身卽剎者佛體卽是法性土故廢他從已佛體虛故土外無佛法性無二故二剎卽佛身者剎體卽是法性身故廢已從他剎體虛故佛外無法性無二故由性無二以性融相故身剎相卽三俱者謂有身有土不壞相故若無身土無可相卽故四

泯者謂佛卽剎故非佛剎卽佛故非剎以互奪故問身土旣總唯一心法界之體如何是自他各受用身土之行相答一體雖同不妨互徧同中有異自入於他異中有同他徧於自古德問云自受用身土一一無邊諸佛身土不相障礙行相如何答如水乳一處其體無別鵝王飲之但得其乳不得其水乍見將謂水乳是一若飲已卽知有異又如眾燈光同處一室自色不可分若論光體元來各別自受用身雖合一處元來各各有異皆自受用法樂則一一皆具八識故所以得互徧非同一體無異非一非異可辯佛身

問旣是眞如何分身土耶答據義立之於眞如中以性成萬德爲身以空之理爲土約義卽別體不相離又眞理中具四德常淨二德爲土我樂二德爲身故云我此土淨而汝不見則眞身含萬法爲土耳若心外取土見相迷眞成妄想之垢故稱爲穢若見心性則名淨耳是以一法不動異見常生迷有作塵勞悟空成佛國非移妙喜匪變娑婆亦非神力所爲法性何曾遷變猶眩瞖之者同處各觀蠅髮毛輪所見差別如執外境界皆是妄心如經云例如今目覩山河皆是無始見病問心外無法道外無心云何諸佛自

稱出世得道廣說教門答只爲眾生不了唯心妄生外境以不實故所以諸佛出世若有一法是實則諸佛終不出世所說方便教門不爲知者說但爲未知者破執除疑似形言教若執喪疑消則無道可得無法可說思益經云佛言我坐道場時唯得顛倒所起煩惱畢竟空性以無所得故得以無所知故知又思益梵天問文殊師利得何法故名爲得道文殊師利言若法不自生不彼生亦不眾緣生從本已來常無有生得是法故說名得道又問若法不生爲何所得答言若知法不生卽名爲得是故佛說若見諸有爲

法不生相卽入正位又問云何名爲正位答言我及
涅槃等不作二是名正位夫正位者卽自眞心入此
位中諸見自泯入佛境界經云如來不應以色見不
應以法見不應以相見不應以好見不應以法性見
大集經云爾時衆中有一天子名曰勝意語不可說
菩薩言善男子若一切法不可說者衆生云何而得
言說不可說言善男子汝寧知響有言說否勝意言
善男子響者皆從因緣而有善男子是響之因爲定
在內爲定在外天子言善男子如是因者不定在內
不定在外天子一切衆生强作二想而有所說諸法

之性實不可說天子言善男子若不可說云何如來
宣說八萬四千法聚令諸聲聞受持讀誦天子如來
世尊實無所說無所說者卽是如來天子汝知何等
爲如來耶將不謂色受想行識是如來乎將不說佛
是去來現在有爲無爲陰界諸入三界所攝是因是
果是和合耶或想非想亦想非想非想非非想耶不
也善男子天子若如是等非如來者云何可說若不
可說如何而言如來世尊演說八萬四千法聚是故
八萬四千法聚實不可說聲聞受者亦不可說不可
說者卽是正義若無說卽是眞實楞伽經云我唯說

無始虛僞妄想習氣種種諸惡三有之因不能覺知
自心現量而生妄想攀緣外性斯則但了自心外境
無性以不覺心量故妄取外緣若知心卽是道心卽
是法豈於心外有法可說耶所以華嚴經頌云諸佛
不說法佛於何有說但隨其自心爲說如是法廣百
論云諸有行願隨順世俗所見所聞强假施設勝義
理中二俱不許一切分別戲論絕故非諸如來有法
可說亦無有法少有所得問若爾精進則爲唐捐應
棄如來甘露聖教答爲欲方便除倒見執施設二事
俱無有過問旣言一切所見能見皆無所有云何無

過答雖無眞實所見能見而諸愚夫顚倒爲有除彼
增上慢見隨順世間施設無過若能隨此聖教修行
隨俗說爲眞佛弟子世俗愚夫隨自心變顚倒境相
而起見心佛非其境於彼無用乃至謂佛世尊在昔
因位爲欲利樂一切有情發起無邊功用願行由此
證得無分別慧因此慧力發起無量利樂有情作用
無盡諸有情類用佛願行所得妙慧爲增上緣自心
變現能順世間最勝生道及順上緣又本願行亦非
顚倒以能了知諸法實義於一切法無所執著能爲
無上妙果生因雖復發心起諸勝行求無上果利樂

有情然是幻師起諸幻事都無所執故非顛倒又古德問眾生卽佛心眾生眾生心佛自教化佛心眾生何故說言佛悲願力答卽此眞心是佛悲願謂同體大悲及自體無障礙願等卽性起大用也又眾生者卽是諸雜雜心識念念起滅故號眾生經云佛告比丘汝等日夜常生無量百千眾生若能智照不起相續之念卽是度眾生又了念卽空無有起處卽是度盡無量百千眾生不見有一眾生而得滅度者台教云無明爲父貪愛爲母六根爲男六塵爲女識爲媒嫁出生無量煩惱爲子孫故經云有念卽生死無念

卽泥洹問若如上說成佛度生不離一念諸佛何以發願更度他眾生答雖發願度生皆令倣此眞修究竟同此指歸一念所以先發誓度盡一切眾生方成正覺則念盡心澄天眞獨朗卽成佛義也先佛已如是自度竟然後轉示他人卽是眞實之慈離此興悲皆成妄想如舍利弗問菴提遮女何不轉女身偈答言自男生我女從生妄想悲則是不了自是非男錯認眾生之相却乃執生他女徒興彼我之情於一眞內而妄立自他向同體中而強分愛見如古師云有二義門俱無可度一契空如性空寂滅故無可度二契不空同一法性法性平等故無可度故金剛三昧經云若化眾生無生於化不生於化其化大焉又虛空藏菩薩所問經偈云猶如於幻師害多幻化眾實無有所害所度生亦然幻化及有情諸佛法亦爾若悟同一性無自性爲性所以先德云八地已上菩薩得無生忍恒河沙世界外有眾生求救菩薩都不起念眾生自然見菩薩到其前與其說法四事供養菩薩得如是智由是無心之心量故我說爲心量亦爲無量之量耳問大涅槃經云解脫之法亦非涅槃如來之身亦非涅槃摩訶般若亦非涅槃如何是涅槃

正義答欲知涅槃正義卽我眞如心性故經偈云如無生性佛出興如無滅性佛涅槃言辭譬喻悉皆斷一切義成無與等是以非卽三法非離三法不縱不橫不並不別豈可言一言三而指斯妙道乎清涼記釋云法身爲所證般若爲能證解脫爲離障又佛身者卽是法性有佛身義作二所依故有智慧義徧照法界光明故有解脫義性離一切障故此三亦不相離今三俱不思議焉可縱俱不思議焉可橫俱不思議焉可並俱不思議焉可別意云卽一而三卽三而一非三非一雙照三一焉可作一三等思故肇論云

菩提之道不可圖度高而無上廣不可極淵而無下深不可測大包天地細入無閒故謂之道又涅槃無名論云夫涅槃之爲道也寂寥虛曠不可以形名得微妙無相不可以有心知超羣有以幽昇量太虛而永久隨之弗得其蹤迎之罔眺其首六趣不能攝其生力負無以化其體潢漭惚恍若存若往五目莫覩其容二聽不聞其響冥冥窈窈誰見誰曉彌綸靡所不在而獨曳於有無之表然則言之者失其眞知之者反其愚有之者乖其性無之者傷其軀乃至何者本之有境則五陰永滅推之無鄉而幽靈不竭幽靈

不竭則抱一湛然五陰永滅則萬累都捐萬累都捐故與道通洞抱一湛然故神而無功神而無功故至功常存與道通洞故沖而不改沖而不改故不可爲有至功常存不可爲無然則有無絶於內稱謂淪於外視聽之所不洎四空之所昏昧恬焉而夷泊焉而泰九流於是乎交歸衆聖於是乎冥會斯乃希夷之境太玄之鄉而欲以有無題牓標其方域而語其神道者不亦邈哉是以心道孤標神無方所豈在有無之眹迹見聞之影響乎所以般若波羅密經云文殊師利如是應知彼一切法不起不滅名爲如來又梵王

問經云第一義中佛不出世亦不涅槃從本已來無起滅故般若燈論偈云不應捨生死不應立涅槃生死及涅槃無二無分別乃至如般若波羅密經云佛告極勇猛菩薩言善男子色無縛無脫受想行識無縛無脫若色至識無縛無脫是名般若波羅密又如梵王所問經云佛言梵王我不得生死不得涅槃何以故言生死者但是如來假施設故而無一人於中流轉說涅槃者亦假施設而無一人般涅槃者問宗鏡唯心者何分始末乎答始末是述心之義約用行布門中相雖歷然體常融卽起信鈔問云據其論旨

初是一心後亦一心初後何別答初之一心心當能起後之一心心當所歸雖前後體同且爲始終義異由是行布諸門歷然又云但以本是一心離名絶相任其迷悟萬法隨生生法本空但唯一體宗鏡亦爾爲廣義用前後不同然是一心之前後前後之一心耳所以理事平等何者非初無以立後初等於後非後無以成初後等於初又理從事顯理等於事事因理成事等於理故云萬法雖殊不能自異也況宗鏡中一尚不能一豈況異乎所以起信論云一切諸法平等平等鈔釋有二一謂眞性於一切法中平等如

像中鏡。二卽諸法本空故平等。如鏡中鏡。

宗鏡錄卷八十九

音釋

謐覓畢切靜也　眩黃絹切目無常主也　潢漭潢戶廣切漭莫朗切潢漭水大貌

宗鏡錄卷九十

宋慧日永明妙圓正修智覺禪師延壽集

夫如上所說涅槃非有。故經云設有一法過涅槃者。我亦說如幻如夢。卽後學之人。徒勞景慕。答斯言破著。非壞法性。如觀和尚云。難一切法如幻者。妄法緣生。可許如幻。涅槃眞實。又不從緣。如何同幻。故牒釋有二意。一明雖眞而亦從緣。雖非緣生而是緣顯。亦空無性。二明涅槃非幻。爲破著涅槃心。云如幻耳。是則破心中涅槃。亦顯涅槃體。卽眞而成妙有。故知四種涅槃。初後俱有。所以唯識論云。一本來自性清淨

涅槃。謂一切法相眞如理。雖有客塵。而本性淨。具無數量微妙功德。無生無滅。湛若虛空。一切有情平等共有。與一切法不一不異。離一切相。一切分別。尋思路絕。名言道斷。唯眞聖者自內所證。其性本寂。故名涅槃。二有餘依涅槃。謂卽眞如出煩惱障。雖有微苦所依未滅。而障永寂。故名涅槃。三無餘依涅槃。謂卽眞如出生死苦。煩惱旣盡。餘依亦滅。衆苦永寂。故名涅槃。四無住處涅槃。謂卽眞如出所知障。大悲般若常所輔翼。由斯不住生死涅槃。利樂有情。窮未來際。用而常寂。故名涅槃。問。夫言法身者。心爲法家之身。

身是積聚義。積聚含藏一切萬法。故名爲心。卽何用更立般若及解脫二法。答。法身卽是人人俱有。靈智故名般若。若得般若照。則顯現法身。故經云。隱名如來藏。顯名爲法身。又若得般若。則一切處無著。不爲境縛。卽是解脫。若顯法身得解脫。功全由般若。非唯此二法。一切萬行皆由般若成立。故五度如盲。般若如導。若布施無般若。唯得一世榮。後受餘殃債。若持戒無般若。暫生上欲界。還墮泥犁中。若忍辱無般若。報得端正形。不證寂滅忍。若精進無般若。徒興生滅功。不趣眞常海。若禪定無般若。但行色界禪。不入金

剛定。若萬善無般若。空成有漏因。不契無爲果。故知般若是險惡徑中之導師。迷闇室中之明炬。生死海中之智檝。煩惱病中之良醫。碎邪山之大風。破魔軍之猛將。照幽途之赫日。警昏識之迅雷。抉愚盲之金鎞。沃渴愛之甘露。截癡網之慧刃。濟貧乏之寶珠。若般若不明。萬行虛設。祖師云。不識玄旨。徒勞念靜。不可剎那忘照。率爾相違。以此三法。不縱不橫。非一非異。能成涅槃祕藏。如大涅槃經云。佛言。我今當令一切衆生。及以我子四部之衆。悉皆安住祕密藏中。我亦復當安住是中。入於涅槃。何等名爲祕密之藏。猶

如伊字三點若並則不成伊縱亦不成伊如摩醯首羅面上三目乃得成伊三點若別亦不得成我亦如是解脫之法亦非涅槃如來之身亦非涅槃摩訶般若亦非涅槃三法各異亦非涅槃我今安住如是三法爲衆生故名入涅槃所以云法身常種智圓解脫具一切皆是佛法無有優劣故不縱三德相冥同一法界出法界外何處別有法故不橫能種種建立故不一同歸第一義故不異雖三而一雖一而三一則壞於三諦異則迷於一實在境則三諦圓融在心則三觀俱運在因則三道相續在果則三德周圓如是

本末相收方入大涅槃秘密之藏古德云此之三德不離一如德用分異卽寂之照爲般若卽照之寂爲解脫寂照之體爲法身如一明淨圓珠明卽般若淨卽解脫圓卽法身約用不同體不相離故此三法不縱不橫不並不別如天之目似世之伊名秘密藏爲大涅槃又台教類通三軌法一眞性軌二觀照軌三資成軌卽是三德以眞性軌爲一乘體此爲法身一切衆生悉一乘故以觀照軌爲般若只點眞性寂而常照便是觀照第一義空以資成軌爲解脫只點眞性法界含藏諸行無量衆善卽如來藏三法不一不

異如點如意珠中論光論寶光寶不與珠一不與珠異不縱不橫三法亦如是今更廣類通十種三法一三道二三識三三佛性四三般若五三菩提六三大乘七三身八三涅槃九三寶十三德此十種三法通收一切凡聖因果諸法今引金光玄義觀心廣釋十種三法門者淨名經云諸佛解脫當於衆生心行中求若不觀自心非已智分不能開發自身寶藏今欲論凡夫地之珍寶卽聞修故明觀心釋也一觀心明三道者一煩惱道過去無明現在愛取三支二業道過去行現在有二支三苦道現在識名色六入觸受

未來生死憂悲苦惱七支今觀心王卽苦道觀慧數心卽煩惱道觀諸數心卽業道淨名經云觀身實相觀佛亦然者若頭等六分各各是身此卽多身若別有一身則無是處各各非身合時亦無若頭六分求身叵得現在不住故不可得過去因滅亦不可得未來未至亦不可得如是橫豎求身畢竟不可得則是無無亦不可得亦有亦無亦不可得非有非無亦不可得但有名字名字爲身如是名字不在內非四陰中故不在外非色陰中故不在中間非色心合故亦不常自有非離色心故當知名無得物之功物無應

名之實假實既空名物安在如此觀身是觀實相觀身是假名假名既如此觀色受想行識亦如是即為苦道觀也觀煩惱道者煩惱與業皆是身因今且取煩惱為身因而觀也淨名經云不壞身因而隨一相者應作四句分別誰身因果俱壞誰身因果俱不壞誰壞果不壞因誰壞因不壞果云何身果父母所生頭等六分是也云何身因貪恚癡身口意業等是今且置三業觀貪恚癡等四果以無常苦空觀智破貪恚癡子斷名壞身因不受後有名壞身果凡俗之流名衣好食長養五陰縱心適性放逸貪恚自惱惱他

一身死壞復受一身因果相續無有邊際是名因果俱不壞如犯王憲付旃陀羅如怨對者自害其體身既爛壞四陰亦盡是為壞果貪恚癡身因轉更熾盛彌淪生死無得脫期是為壞果不壞因以無常觀智斷五分下因縛五分下果身猶未盡是名壞身因不壞身果如此四句存壞不同皆不隨一相而隨一相者所謂修大乘觀觀一念貪恚癡心心為自起為對塵起為根塵共起為離根塵起皆無此義非自非他非共非無因亦非前念滅故起非生非非生亦非滅非非滅如是橫豎求心叵得心尚無本何所論壞是

名不壞身因而隨一相觀業道者如淨名經云舉足下足無非道場具足一切佛法矣觀舉足時為是業舉為是業者舉為是業業者共舉為離業業者舉若業舉不關業者業者舉不關於業各既無舉合亦無舉合既無舉離那得舉舉足既無下足亦無觀行既然住坐臥言語執作亦復如是是為觀業道實相二觀心明三識者諦觀一念即空即假即中即是觀心識於三識何者意識託緣發意本無其識緣何所發又緣中為有識為無識若有識緣即是識何謂為緣若無識那能發識若意緣合發二俱無故合不能發

離亦不可當知此識不在一處從眾緣生從緣生法我說即是空於此空中假作分別是惡識是善識是非惡非善識種種推盡強謂是非識若定空不可作假識若定假不可作空當知空非空假非假非空非假雙亡二邊正顯中道一念識中三觀具足識於三識亦不得三觀故淨名云不觀色不觀色如不觀色性乃至不觀識不觀識如不觀識性雖不得識不得識如不得識性雙照識識如識性宛然無濫以照識性故是菴摩羅識照識如故是阿賴耶識亦照亦滅故是阿陀那識是名觀心中三識三觀心三佛性者

一正因佛性佛名爲覺性名不覺即是非常非無常如土內金藏天魔外道所不能壞二了因佛性覺智非常非無常智與理相應如人善知金藏此智不可破壞三緣因佛性一切非常非無常功德善根資助覺知開顯正性如耘除草穢掘出金藏觀心即中是正因佛性即空是了因佛性即假是緣因佛性復次佛是覺智也性者理極也能以覺智照其理極智境相稱合而言之名爲佛性今觀五陰心稱五陰實相名正因佛性觀假名實相名了因佛性觀諸心數稱心數實相名緣因佛性故經云佛性者不即六法不

離六法此之謂也四觀心三般若者一實相般若非寂非照即一切種智二觀照般若非照而照即一切智三方便般若非寂而寂即道種智觀一念心即空即假即中即是三般若何者一念心一切心一切心一心非一非一切一念心一切心者從心生心雜雜沓沓長風駛流不得爲喻日夜常生無量百千萬億衆生六道輪迴十二鉤鎖從闇入闇無邊際皆心之過也故言一念心一切心是則凡夫所迷沒處一切心一心者若能知過生猒皆自持出如世小火燒大積薪置一小珠澄清巨海能觀心空從心所生一

切心無不即空故言一切心一心如此一心乃是二乘所迷沒處非究竟道雙亡二邊故煩惱非一非一切大經云依智勿依識識但求樂凡夫識求妄樂二乘識求涅槃樂是故雙亡不可依止智則求理如是觀者即是一心三智即空是觀照般若一切智即假是方便般若道種智即中是實相般若一切種智是三智一心中得即空即假即中無前無後不並不別甚深微妙最可依止是爲觀心三般若五觀心三菩提者一眞性菩提以理爲道二實智菩提以智慧爲道三方便菩提以善巧逗會爲道今觀一念之心即

空即假即中是三菩提心何者一心一切心交橫繚亂如絲如砂如蠶如蛾爲苦爲惱若知即空眞諦菩提心度妄亂心數之衆生通四住之壅若即假發菩提心者空雖免妄亂經言空亂意衆生而智眼甚盲闇復是三無爲坑是大乘怨鳥未具佛法不應滅受而取證若知即假俗諦菩提心度沉空心數之衆生通塵沙之壅分別可否分別時宜分別藥病分別逗會不住無爲故言即假發菩提心空是浮心對治假是沉心對治由病故有藥藥存復成病病去藥止宜應兩捨非空非假雙亡二邊即發中道第一義諦菩

提心度二邊心數之衆生通無明塹以不住法住於中道故言卽中說時如三次第觀則不然一心中具三菩提心也六觀心三大乘者一理乘理性虛通任運荷諸法故二隨乘智隨於境如蓋隨函三得乘若得果故自解脫若得機故令他解脫觀一念心卽空卽假卽中是三大乘何者雖觀一念心而實有四運此心迴轉不已所謂未念欲念正念念已從未念運至欲念從欲念運至正念從正念運至念已復更起運運運無窮不知休息如閉目在舟不覺其疾觀一運心卽空卽假卽中一一運心亦復如是從心至心

無不卽空卽假卽中是則從三諦運至三諦無不三諦時若隨四運運入生死若隨四運運入涅槃卽空之觀乘於隨乘運到眞諦卽假之觀乘於得乘運到俗諦卽中之觀乘於理乘運到中諦三乘卽一乘是乘微妙第一觀音普賢大人所乘故七觀心三身者所謂理法聚名法身智法聚名報身功德法聚名應身諦觀一念心卽空卽假卽中卽是三身何者華嚴經頌云心如工畫師造種種五陰若心緣破戒事卽地獄身緣無慚憍慢卽畜生身緣諂曲慳貪卽餓鬼身緣嫉妬諍競卽修羅身緣五戒防五惡卽人身緣十善防十惡緣禪定防散亂卽天身緣無常苦空無相願卽聲聞身緣十二因緣卽緣覺身緣慈悲六度卽菩薩身緣眞如實相卽佛身登難墜易多緣諸惡心故知諸身皆由心造譬如大地一能生種種芽若觀五受陰洞達空無所有從心所生一切諸身皆空無所有如翻大地草木傾盡故言卽空若卽空者永沉灰寂尙不能於一空心能起一身云何能得遊戲五道以現其身不能應以佛身得度者爲現佛身應以三乘四衆天龍八部種種身得度者皆悉示現同其事業爲此失故故言卽假卽假同六道身如是觀

身墮在二邊非善觀身善觀身者大經云不得身不得身相乃至畢竟淸淨爲此義故云卽中言卽中者卽是法身卽空者卽是報身卽假者卽是應身八觀心三涅槃者一性淨二圓淨三方便淨不生不滅名涅槃諸法實相不可染不可淨不染卽不生不淨卽不滅不生不滅名性淨涅槃修因契理惑畢竟不生智畢竟不滅不生不滅名圓淨涅槃寂而常照機感卽生此生非生緣謝卽滅此滅非滅不生不滅名方便淨涅槃諦觀心性本來寂滅不染不淨染故名生淨故名滅生滅不能毀故常不能染故淨不能礙故

我不能受故樂是為性淨涅槃若妄念心起悉以正觀觀之令此正觀與法性相應妄念不能毀不能染不能礙不能受者名圓淨涅槃以無緣慈無生示生以同體悲無滅現滅一切生滅境界外道天魔不能毀不能染不能礙不能受者方便淨涅槃九觀心明三寶者佛法僧是為三可尊可重為寶至理可尊名法寶覺理之智可尊名佛寶毗盧遮那徧一切處即事而理此和可尊名僧寶諦觀一念之心即空即假即中是三寶三諦之理不覺故是法寶三諦之智能覺故是佛寶三諦三智相應和故是僧寶無諦智不

發無智諦不顯智不和不能大用利益眾生三種皆可尊可重是故俱稱為寶十觀心明三德者云何三云何德法身般若解脫是為三常樂我淨是為德一法身者法名可軌諸佛軌之而得成佛故經云諸佛所師所謂法身者聚也一法具一切法無有缺減故名為身經云我身即是一切眾生真善知識般若者覺了諸法集散非集非散即是覺了三諦之法解脫者於諸法無染無住此三法皆具常樂我淨之四德諦觀一念之心即空即假即中即空故一空一切空無假無中而不空空無積聚而名藏藏具足故名之為德即假故一假一切假無空無中而不假假攝諸法亦名為藏藏具足故名之為德即中故一中一切中無空無假而不中中攝一切亦名為藏藏具足故稱之為德不可思議不縱不橫不並不別諸佛即中為體故名法身以即空為命故名般若以即假為力故名解脫一一皆常樂我淨無有缺減故稱三德一一皆法界多所含藏故稱秘藏故淨名云諸佛解脫當於眾生心行中求當知我心亦然眾生亦然彼我既然諸佛亦然心佛及眾生是三無差別上下種三數亦一非一非一非非一不思議三法也始終只是

一種三法在凡為三道若入聖成三德其餘約理智行解等成諸三法以為眷屬究竟不動眾生因地三道成滿諸佛果地三德本末相在因果同時以本有妙理故名三性妙理不虛故名三諦迷此妙理故名三障既有三世輪轉攀緣不息故名十二因緣具足三苦若欲反本還原了達今日三障即是本來三性故名三觀妙理顯現故名三德又軌則行人呼為三法所照為三諦所發為三觀觀成為三智教他呼為三語歸宗呼為三趣得斯意類一切皆成法門今又以三軌類通因中三道一苦道二煩惱道三業道苦

道卽眞性軌經云世間相常住豈不卽彼生死而是法身耶煩惱道卽觀照軌觀照本照惑無惑則無照一切法空是也資成軌卽業道惡是善資無惡亦無善書云善者是不善人之師不善者是善人之資經云我等念佛故皆當忍是事惡不來加不得用念所以云善知識者提婆達多是又云苦卽法身非顯現故名法身貪恚癡卽般若非能明故名般若無所可照性自明了業行繫縛皆名解脫非斷縛而脫亦無體可繫亦無能繫故稱解脫又先德云應說佛地障累盡故稱解脫體色實性卽如來身種智圓明爲大

般若三事卽我何處縱橫我卽三事若爲成別如是安住乃大涅槃良爲一切諸佛卽一色心心爲能變色爲所變所變卽相見能變卽自證體既無別誰復縱橫直由不了心緣生二妄想相縛麤重遂成羇礙迷執色相爲我所身我所身生實由癡闇癡闇覆故見死見生生死相漂心亦流轉流轉之苦素在身心若能了心及境則妄想不生相縛既除麤重亦遣永絕羈礙遂成解脫通達色相皆藏性現無復我所卽如來身照阿陀那甚深細處癡闇不覆爲摩訶般若悟斯本性由來不生體用無窮終亦不滅又三德者

有道前性得道中分得道後究竟得若性得者如維摩經云衆生如彌勒如一如無二如此性得法身一切衆生卽菩提相不可復得此性得般若一切衆生卽涅槃相不可復滅此性得解脫此約道前圓性得道中圓分得卽從十住位至等覺四十二位圓修智斷等道後圓究竟得卽果上義既了性得須具歷後二德以五忍六卽簡其訛濫直至圓滿妙覺究竟之位如入此錄中智眼明淨圓修圓解雙照雙遮二鳥俱遊不墮偏見一義不動分別了然如懸鏡高堂無心虛照萬像斯鑑不簡姸媸以絕常無常之靜心照

常無常之圓理遮照無滯破立同時卽非常非無常而常而無常常與無常唯論眞性一一之性性攝無邊淨名經云畢竟不生不滅是無常義遠大師云實相理窮名爲畢竟體寂無爲名不生滅此不生滅是彼無常眞實性故名無常義肇法師云畢竟者決定之詞也小乘觀法以生滅爲無常義大乘之士以不生滅爲無常義無常名同而幽致殊絕其道處微故非常情之所能測妙得其旨其唯淨名乎遣常故言無常非謂有無常無常與常俱無故云畢竟不生不滅是無常義又非常者性徹相故非無常者相徹性

故如庵提遮女經云生滅與不生滅交絡而釋經中答文殊師利言若知諸法畢竟生滅變易無定如幻相而能隨其所宜有所說者是爲常義以諸法生不自得生滅不自得滅故云何無常謂若知諸法畢竟不生不滅隨如是相而能隨其所宜而有所說是無常義以諸法自在變易無定明不自得隨如是知說者爲常義也釋曰此意正顯性相交徹二義相成生滅相盡無常卽常故不生不滅是無常義隨緣變易常卽無常則生滅是常義也又性卽相故不生不滅是無常義相卽性故生滅是常義互奪則雙非互成

則雙立雙樹中間入涅槃者卽斯意矣常無常旣爾我樂淨等乃至一切諸法皆然卽處處而入大涅槃非獨雙林之下若不了此旨悉墮邊邪卽塵塵而盡成生死豈止閻浮之中若入宗鏡卽一切法趣無常無常攝法無遺義理無盡方眞無常總收諸義以爲一致問涅槃三德眞如一心果上因中收盡無邊義理豈唯十種三法乃至無盡法門息化凝神究竟指歸何法答總別指歸還卽指歸三德秘藏如止觀指歸者大涅槃經云安置諸子秘密藏中我亦不久自注其中是名總相指歸別相者身有三種一色身二法門身三實相身若息化論歸者色身歸解脫法門身歸般若實相身歸法身復次三法非三非一不可思議所以者何若謂法身眞法身者非法身也當知法身亦身非身非身非非身住首楞嚴經云種種示作現眾色像故名爲身所作辦已歸於解脫智慧照了諸色非色故名非身所作辦已歸於般若實相之身非色像身非法門身是故非身非非身所作辦已歸於法身達此三身無一異相是名爲歸說此三身無一異相是名爲指俱入秘藏故言指歸當知般若亦知非知非知非不知道種智般若徧知於俗故名

爲知所作辦已歸於解脫一切智般若徧知於眞故名爲非知所作辦已歸於般若一切種智般若徧知於中故名非知非不知所作辦已歸於法身達三般若無一異相是名爲歸說三般若無一異相名爲指俱入秘藏名指歸當知解脫亦脫非脫非脫非非脫方便淨解脫調伏眾生不爲所染名脫所作辦已歸於解脫圓淨解脫不見眾生及解脫相故名非脫所作辦已歸於般若性淨解脫則非脫非非脫所作辦已歸於法身若達若說如此三脫非一異相俱入秘密藏故名爲指歸當知種種相種種說種種神力

一一皆入秘密藏中。何等是指歸。指歸何處。誰是指歸。言語道斷。心行處滅。永寂如空。是名指歸。故知能化所化。無盡法門。未有一法。不指歸宗鏡。所以普智禪師云。佛道皆因何法成。悟心無體蕩無明。莫怕落空沉斷見。萬法皆從此處生。

宗鏡錄卷九十

音釋

抉一決切挑也　鎞逋眉切　沓徒合切雜遝也　繚連條切纏也

宗鏡錄卷九十一

宋慧日永明妙圓正修智覺禪師延壽集

夫凡聖之道同一法身彼此俱亡物我咸絕則心內無得身外無餘如何起應化之身攝機宜之眾答只為眾生不了自他唯心橫生彼此若自達眞空則諸佛終不出世菩薩亦無功夫古德問云若言自他俱是自心現離心無實我人者諸佛亦見有眾生豈可有妄心未盡耶答諸佛見有眾生俱是緣生幻有不知謂實有我所以造業受報枉有輪迴此由無實我感諸佛慈悲若實有我非是妄有者諸佛何故妄救

眾生以我實有不可救故今為救者定知無我妄計有也故知眾生不離佛界迷不覺知華嚴經頌云佛身非是化亦復非非化於無化法中示有變化形古釋云此則依眞起化眞化各有二義初眞中二者一不變義雖化而常湛然則佛身非是化也二隨緣義謂不守自性無不現時則亦復非非化也化中二者一無體卽空義謂攬緣無性故則於無化法中也二從緣幻有義則示有變化形也以隨緣幻有不異不變體空是故現化紛然未嘗不寂眞性湛然未曾不化若不達此理自尚未度焉能化他又以無緣慈如石吸鐵豈分能所之化以同體悲猶若虛空誰見自他之身故先德云窮源莫二執迹多端譬若據本以討源則千途無異轍若三江之浩渺並源出於岷山也乃窮源莫二若執迹多端則據末以適本不知多端是應迹耳故光明覺品頌云一身為無量無量復為一了知諸世間現形徧一切此身無所從亦無所積聚眾生分別故見佛種種身卽其義也但是一法身義分二三四五乃至十身且如說五身者叡公維摩疏釋云所謂法性生身亦言功德法身變化法身實相法身虛空法身詳而辯之一法身也何者言其

生則本之法性故曰法性生身推其因則是功德所成故言功德法身就其應則無感不形則是變化法身稱其大則彌綸虛空所謂虛空法身語其妙則無相無為故曰實相法身故知一體不動名逐緣分矣故云同時異處決是多身而是一身全現故非多矣其猶一月一剎那中百川齊現皆卽一卽多又普現故非一一月故非多如智幢菩薩偈云譬如淨滿月普現一切水影像雖無量本月未曾二是也又經頌云如來清淨妙法身一切三界無倫疋以出世間言語道其性非有非無故雖無所依無不往雖無不至

而不去如空中劃夢所見當於佛體如是觀由非眞非應非一非多故不可作眞應一多等思也故光明覺品頌云佛身無生超戲論非是蘊處差別法故難思也又云皆是自他相作之身能所共成之化自他相作者如華嚴經云此菩薩能隨眾生心之所樂能以自身作國土身眾生身業報身聲聞身緣覺身菩薩身如來身法身智身虛空身此卽自作他也又隨眾生心之所樂能以眾生身作自身卽他作自也能所共成者若無所化之機則無能化之跡又若無所應之身亦無能感之事自他能所非一非異緣起相

由成茲密旨然緣起相由者皆是自心爲緣終無心外法能與心爲緣所以古德云十方諸佛皆我本師海印頓現且法華分身有多淨土如來何不指已淨土而令別往彌陀妙喜思之故知賢首彌陀等佛皆本師矣復何怪哉言賢首者卽壽量品中過百萬阿僧祇刹最後勝蓮華世界之如來也經中偈云或見蓮華勝妙刹賢首如來住其中若此不是歎本師者說他如來在他國土爲何用耶且如總持教中亦說三十七尊皆遮那一佛所現謂毗盧遮那如來內心證自受用成於五智從四智流出四如來謂大圓鏡智流出東方阿閦如來平等性智流出南方寶生如來妙觀察智流出西方無量壽如來成所作智流出北方不空成就如來法界清淨智卽自當毗盧遮那如來又問若依此義豈不違於平等意趣若言卽我者依於平等意趣而說非卽我身如何皆說爲本師耶答平等之言乃是一義唯識尙說一切眾生中有屬多佛多佛共化以爲一佛若屬一佛佛能示現以爲多身十方如來一一皆爾今正一佛能爲多身依此而讚本師耳如華嚴不思議解脫境界品頌云佛智通達淨無礙刹那普了三世法皆從心識因緣現

生滅無常無自性於一刹中成正覺一切刹處悉亦然一切入一一亦爾隨眾生心而示現大乘千鉢大教王經云如是一切諸佛教化方便法智我皆集在一心中同金剛菩提聖性三摩地故金光明最勝王經云譬如日月無有分別亦如水鏡無有分別光明亦無分別三種和合得有影生如是法如如如如智亦無分別以願自在故眾生有感現應化身如日月影和合出現如來者無去無來故云往應羣機而不去恒歸寂滅而不來何者依體起用故是去以卽體之用故不去應機現前合是來以應不離體如月之

影故不來又往應合故是去應無應相故不去恒[illegible]寂滅合是來滅不可得故不來乃至一切法[illegible]去如經偈云一切法無來是故無有生然於無生法中現起悲化所以大丈夫論云菩薩思惟一切衆生能爲我作端嚴業不使一衆生作不端嚴意菩薩作是思惟言利他者求他人之相都不可得都如自已又云菩薩思惟使我悲猶如虛空一切山河樹木飛鳥走獸皆依空住一切衆生一切時皆入我悲中斯則以同體之大悲何生而不度起平等之大慧何道而不成如華嚴論云無盡功德藏迴向者此位明禪

與智冥智與悲會以無盡虛空爲一道場以無盡衆生無明行相而爲佛事身恒承事無盡諸佛而徧周法界化無盡衆生總成佛身表裏相亡始終都盡徧知諸法不壞無心無盡功德藏品云於一毛孔見阿僧祇諸佛出興於世得入法無盡藏者明心性本無大小繫盡身爲智影國土亦然智淨影明大小相入如因陀羅網境界喻是也經云以佛智力觀一切法悉入一法者明萬境雖多皆一心而起心亡境滅萬境皆虛如淨水中衆影也水亡影滅此約破有成無說又以境約智生智虛境幻多相相入不離一虛幻

不異虛虛不異幻幻虛無二一異總虛此約以智幻虛自在無礙門說此皆借法況說如實所知唯亡思者智會其智會者方可用而常眞不惑心境以大願力隨智幻生等衆生數身如應攝化故名無盡功德藏又云法雲地菩薩隨心念力廣大微細自他相入一多大小互參神通德用自在皆隨自心念所成故如一切衆生作用境界皆是自心執業所成人天地獄畜生餓鬼善惡等報果一依心造如此十地菩薩以無作法身大智之力隨所心念莫不十方一時自在皆悉知見以普光明智爲體爲智體無依稱性徧

周法界與虛空量等周滿十方世界以無性智大用隨念以不忘失智隨念皆成以具總別智總別同異成壞俱作以廣狹大小自在智化通無礙以與一切衆生同體智能變一切衆生境界純爲淨土之剎以自他無二智一身而作多身多身而作一身以法身無大小離量之智能以毛孔廣容佛剎以等虛空無邊無方之智而一念現生滿十方而無去來以如響智而能響應對現等衆生應形以是具足圓滿福德智而恒居妙剎常與一切衆生同居若非聖所加持力而衆生不見又問曰云何見佛出興答曰當見自

身無身無心無出無沒無內無外不動不寂無思無求世及出世都無住處無心所法無心心法心法無依性無始末以無依住智說如斯法教化眾生皆令悟入是名見佛出興如光明覺品文殊師利頌云世及出世見一切皆超越而能善知法當成大光耀若於一切智發生迴向心見心無所生當獲大名稱眾生無所生亦復無有壞若得如是知當成無上道又大乘大集經云佛告賢護如火未生或時有人發如是言我於今日先滅是火賢護於意云何彼人是語為誠實否賢護答言不也世尊佛告賢護如是諸法

從本以來畢竟無得云何於今乃作斯說我能證知一切諸法我能了達一切諸法我能覺悟一切諸法我能度脫一切眾生於生死中此非正言所以者何彼法界中本無諸法亦無眾生云何言度但世諦中因緣度耳故知心外無法何所得耶佛身無為但隨緣現如肇論云放光云佛如虛空無去無來應緣而現無有方所然則聖人之在天下也寂寞虛無無執無競導而弗先感而後應譬猶幽谷之響明鏡之像對之不知其所以來隨之罔識其所以往恍焉而有惚焉而亡動而逾寂隱而彌彰出幽入冥變化無常

其為稱也因應而作顯迹為生息迹為滅生名有餘滅名無餘然則有無之稱本乎無名無名之道于何不名是以聖人居方而方止圓而圓在天而天處人而人原夫能天能人者豈天人之所能哉果以非天非人故能天能人耳是以明鏡無形能現萬形聖人無心能應萬心隱不韜光顯不現迹故論云聖人寂泊無兆隱顯同原存不為有亡不為無何者佛言吾無生不生雖生不生無形不形雖形不形問如來法身即真心性如來報身依真而起若如來化身還有心否答若約體亦不離若約事即分如深密經云曼

殊室利菩薩復白佛言世尊如來化身當言有心為無心耶佛告曼殊室利菩薩曰善男子非是有心亦非無心何以故無自依心故有依他心故問經云菩薩關閉一切諸惡趣門者夫一切眾生隨自心業各受苦報所以經偈云假使百千劫所作業不亡因緣會遇時果報還自受云何菩薩能關一切惡趣門答只約自心常開六識門何曾暫閉日夜計校緣想一切不善事徧諸境界念念恒造生死地獄經云集起心想名為地獄若能觀自心識性無所有即是開善趣門若不起心想即是閉惡趣門若得自在智現前

即現身生五道。入地獄餓鬼畜生等界救苦衆生。故禪門中立無念爲宗。以爲要學。故經偈云。勸念於無念。佛法不難得。何謂不難得。以無念故。萬境不生。當處解脫。若有念起。非獨開惡趣之門。二十五有。一時俱現。故知萬質皆從念異。十二之類。縱橫千差。盡逐相生。八萬之門。競起。如信心銘云。眼若不睡。諸夢自除。心若不異。萬法一如。以諸法無體。從自心生。心若不生。外境常寂。故云萬法本閑。而人自鬧。所以肇論云。是以聖人乘眞心以履順。則無滯而不通。審一氣以觀化。故所遇而順適。無滯而不通。故能渾雜致純。

所遇而順適。則觸物而一。如此則萬象雖殊。而不能自異。不能自異。故知象非眞象。象非眞象。則雖象而非象。然則物我同根。是非一氣。潛微幽隱。殆非羣情之所盡。故知乘一心而履踐。則何往而不眞。如稟一氣而化行。則何物而不順。如莊子云。天地一氣。而能萬化。老子云。天得一以淸。地得一以寧。神得一以靈。萬物得一以生。故聖人以一眞心而觀萬境。則所遇而順適。觸物而冥一矣。是知諸法無體。緣假相依。似有差殊。不能自異。何者。長無長相。且自不言我長。短無短相。亦自不言我短。皆是隨念計度分別。徧計執

著情生。則知萬物本虛。即象而無象也。問。如上所說衆生自心造業。自受苦報。又云何說代一切衆生苦。答。約古德釋代苦有七意。一起悲意樂事未必能。二修諸苦行。能與物爲增上緣。即名代苦。三留惑潤生受有苦身。爲物說法。令不造惡。因亡果喪。即名代苦。四若見衆生造無間業。當受大苦。無異方便。要須斷命。自墮地獄。令彼脫苦。五由初發心。常處惡道。乃至飢世身爲大魚。即名爲代。六大願與苦。皆同眞性。令以即眞之大願。潛至即眞之苦。七法界爲身。自他無異。衆生受苦。即是菩薩。初唯意樂。次二爲緣。次二實

代。後二理觀。然約有緣。方能代耳。還源觀云。普代衆生受苦德者。謂菩薩修諸行法。不爲自身。但欲廣益羣生。怨親平等。普令斷惡。備修萬行。速證菩提。又是菩薩本行菩薩道時。大悲大願。以身爲質。於三惡趣救贖一切受苦衆生。要令得樂。盡未來際。心無退屈。不於衆生希望毛髮報恩之心也。經頌云。廣大悲雲徧一切。捨身無量等剎塵。以昔劫海修諸行。令此世界無諸垢。謂衆生妄執。念念遷流。名之爲苦。菩薩敎令了蘊空寂。自性本空。故言離苦。問曰。衆生無邊。苦業亦無邊。云何菩薩而能代受。答曰。菩薩代衆生受

苦者由大悲方便力故但以眾生妄執不了業體從妄而生無由出苦菩薩教令修行止觀兩門心無暫替因亡果喪苦無由生但令不入三塗名爲代眾生受苦也是以三界生死之苦者皆是眾生妄受以不了根塵無性本末常空於畢竟無中執成究竟之有因玆貪取結業受生於無量劫來受輪迴苦無明所覃莫省莫知菩薩於是垂大悲心愍玆顛倒說性空之法藥破情有之病根則達苦無生不造惡業知諸受互起能破惑因妄受之苦既空對治之樂自絕所以先德云苦是樂樂是苦只箇修行斷門戶亦無苦

亦無樂本來自性無繩索以玆妙悟入一際門遂得人法俱空不爲心境所縛當處解脫永出苦源豈非代苦乎又經云說法是大神變能令卽凡成聖變禍爲祥於地獄火輪之中踊淨刹蓮臺之上豈非神變耶問一切境界因心分別若有分別卽屬無明故云無心分別一切法正有心分別一切法邪諸佛如來已斷無明無有心相云何能知眞俗差別之境名一切種智答以法無自體故卽分別無分別以體不礙緣故無分別卽分別如起信論云自體顯照故名爲覺者謂有難言若無別體何能普現眾生心行故答云自體顯現如珠有光自照珠體珠體喻心光喻於智心之體性卽諸法性照諸法時是自照耳故論文甚分明然論中問曰虛空無邊故世界無邊世界無邊故眾生無邊眾生無邊故心行差別亦復無邊如是境界不可分劑難知難解若無明斷無有心想云何能了名一切種智答曰一切境界本來一心離於想念以眾生妄見境界故心有分劑以妄起想念不稱法性故不能決了諸佛如來離於見想無所不徧心眞實故卽是諸法之性自體顯照一切妄法有大智用無量方便隨諸眾生所應得解皆能開示種種

法義是故得名一切種智釋云心眞實故則是諸法之性佛心離想體一心原離妄想故名心眞實體一心故爲諸法性是則佛心爲諸妄法之體一切妄法皆是佛一心相相現於自體自體照其相如是了知有何爲難故能自體顯照一切妄法是謂無所見故無所不見之由也鈔云以內迷眞理識外見塵故於如量之境不能隨順種種知也如人動目天地傾搖故不能如實知也是知心海波停萬像齊鑒澄潭浪起諸境皆昏

宗鏡錄卷九十一

宗鏡錄卷九十二

宋慧日永明妙圓正修智覺禪師延壽集

夫約世諦門中凡聖天絶。凡夫心外立法妄執見聞。聖人既了一心。云何同凡知見。答。聖雖知見常了物虛。如同幻生無有執著。如大涅槃經云。迦葉菩薩白佛言。世尊。若以因此煩惱之想生於倒想。一切聖人實有倒想而無煩惱。是義云何。佛言。善男子。云何聖人而有倒想。迦葉菩薩言。世尊。一切聖人。牛作牛想。亦說是牛。馬作馬想。亦說是馬。男女大小舍宅車乘。去來亦爾。是名倒想。善男子。一切凡夫有二種想。一

者世流布想。二者著想。一切聖人唯有世流布想。無有著想。一切凡夫惡覺觀故。於世流布生於著想。一切聖人善覺觀故。於世流布不生著想。是故凡夫名為倒想。聖人雖知不名倒想。又以境本自空。何須壞相。以心靈自照。豈假緣生。不同凡夫能所情執知見。故肇論云。夫有所知則有所不知。以聖心無知。故無所不知。不知之知。乃曰一切知。故經云。聖心無知。無所不知。信矣。是以聖人虛其心而實其照。終日知而未嘗知也。如止水鑒影。豈立能所之心。則境智俱空。何有覺知之想。楞伽經云。佛告大慧。為世間以彼惑亂。諸聖亦現。而非顛倒。大慧。如春時燄。火輪垂髮。乾闥婆城。幻夢鏡像。世間顛倒。非明智也。然非不現。釋曰。上七喻者。明境即是一。而見有殊。然聖人用彼惑亂之境。一同凡現色等諸塵。以聖人無念著。故而非顛倒。然聖人非不見彼惑亂法。見時正同水月鏡像。龍樹菩薩云。日光著塵。微風吹之。曠野中轉。名之為燄。愚夫見云。謂之野馬。渴人見之。以為流水。業報亦爾。煩惱日光。熱諸行塵。邪憶念風。於生死曠野中吹之令轉。妄見為人為鬼。為男為女。渴愛染著。耽湎無已。不近聖法。無由識之。夫火日外明。水鏡內照。光在

上為影。光在下為像。像以明傳。而像現於水。形以日映。而光隔為影。二物雖虛。而所待妄有。妄有雖空。而狂惑見之。見之以不狂。則形與影一。像與形同。世法亦爾。眾緣所起。起者之有。與所起之緣。俱為空物。無一異也。而人以虛妄風病顛倒。故不應見而見。不應聞而聞。若得大慧之明。則風狂心息。無此見也。又般若無知者。不同木石。不是有知者。非同情想。古德云。佛見無我。不是無知。但是不知知。不見見。以知是不知知。故即無心而不知。見是不見見。故無色而不見。無色而不見。故由不見見也。無心而不知。故以不知

知也。如淨名經云。所見色與盲等者。崇福疏云。譬如五指塗空。空無像現。不以空無像現。便言指不塗空。豈以五指塗空。便欲令空中像現。事亦不然。不妨熾然塗空。空中元無像現。豈以眼根見色。便令如盲。豈以眼根如盲。而便都無所見。不妨滿眼見色。了色本自性空。雖然見色之時。元來與盲無異。但息自分別心。非除法也。法本自空。無所除也。又所聞聲與響等者。豈是不聞。但一切聲。皆如谷響。無執受分別也。所以滿眼見色。滿耳聞聲。不隨不壞。了聲色之正性故。何者。若隨聲色之門。卽墮凡夫之執。分別妍醜之相。

深著愛憎。領受毀讚之音。妄生欣猒。若壞聲色之相。卽同小乘之心。則有三過。一色等性空。無可壞故。若壞方空。非本空故。二由空卽眞。同法性故。若壞方眞事在理外故。三由卽空。不待壞故。壞則斷滅。是以如來五眼洞照無遺。豈同凡夫生盲。二乘眇目。覩無見耶。但不隨不壞。離二見之邊邪。非有非空。契一心之中理。則逢緣無礙。觸境無生矣。是以萬物本虛。從心見實。因想念而執無執有。墮惑亂之門。以取著而成幻成狂。受雜染之報。若能反照唯心。大智鑒窮實相眞原。則幻夢頓惺。影像俱寂。然後以不二相洞見十方。用一心門。統收萬彙。則見無所見。眾相參天。聞無所聞。羣音揭地。如此了達。心虛境空。則入大總持門。紹佛乘種性。楞伽經云。謂覺自心現量。外性非性。不妄想相。起佛乘種性。若迷外法。以心取心。則成業幻之門。續眾生種性。首楞嚴經偈云。自心取自心。非幻成幻法。不取無非幻。非幻尚不生。幻法從何立。故知一切染淨諸法。皆從取生。是以云。取我是垢。不取我是淨。若無能取所取之心。亦無是幻非幻之法。非幻實法。尚乃不生。幻起虛蹤。憑何建立。又如心外見法。盡成相待。以無體無力。緣假相依故。所以楞伽經偈

云。以有故有無。以無故有有。若無不應受。若有不應想。若開方便。或說有治無。說無破有。卽無所礙。如十地毗婆沙論偈云。若用有與無。亦遮亦應聽。雖言心不著。是則無有過。若幻正宗。則有無雙泯。故大智度論云。佛有不言無。無不言有。但說諸法實相。譬如日光。不作高下。平等一照。佛亦如是。非令有作無。非令無作有。是知若迷大旨。則見有無。如涅槃論云。無名曰。有無之數。誠以法無不該。理無不統。然其所統。俗諦而矣。經曰。眞諦何耶。涅槃道是。俗諦何耶。有無法是。何者。有者有於無。無者無於有。有無所以稱有。無

有所以稱無然則有生於無無生於有離有無無離無無有有無相生其猶高下相傾有高必有下有下必有高矣然則有無雖殊俱未免于有此乃言像之所以形是非之所以生豈足以統夫幽極而擬夫神道者乎是以論稱出有無者良以有無之數止乎六境之內六境之內非涅槃之宅故借出以祛之耳庶希道之流髣髴幽途託情絕域得意忘言體其非有非無耳豈曰有無之外別有妙道而可稱哉經曰三無為者蓋是羣生紛擾生于篤患篤患之尤莫先於有絕有之稱莫先於無故借無以明其非有明其非

有非謂無也有名曰論旨云涅槃既不出有無又不在有無不在有無則不可於有無得之矣不出有無則不可離有無求之矣求之無所便應都無然復不無其道其道不無則幽途可尋所以千聖同轍未嘗虛返者也其道既存而曰不出不在必有異旨可得聞乎無名曰夫言由名起名以相生相因可相無相無名無名無說無說無聞經云涅槃非法非非法無聞無說非心所知吾何敢言之而子欲聞之耶雖然善吉有言眾若能以無心而受無聽而聽者吾當以無言言之庶述其言亦可以言淨名曰不離煩惱而得涅槃天女曰不出魔界而入佛界然則玄道在於妙悟妙悟在於卽眞卽眞則有無齊觀有無齊觀則彼已莫二所以天地與我同根萬物與我一體同我則非復有無異我則乖於會通所以不出不在而道存乎其間矣何者夫至人虛心冥照理無不統懷六合於胷中而靈鑒有餘鏡萬像於方寸而其神常虛至能拔玄根於未始卽羣動以靜心恬惔淵默妙契自然所以處有不有居無不無居無不無故不無於無處有不有故不有於有故能不出有無而不在有無者也然則法無有無之相聖無有無之知聖無有

無之知則無心於內法無有無之相則無數於外於外無數於內無心此彼寂滅物我冥一泊爾無眹乃曰涅槃涅槃若此圖度絕矣豈容責之於有無之內又可徵之於有無之外耶釋曰玄道在於妙悟妙悟在於卽眞者夫幽玄之道無名無相淺近之情知莫及麤浮之意解難量唯當妙悟之時方省斯旨得其旨故實不思議心境融通如同神變指法界於掌內收萬像於目前如鏡照空含一時平現既無前後亦絕中間妙旨煥然言思絕矣可謂妙悟可謂卽眞則有無齊觀彼已莫二不出不在其道在茲乎問六塵

境界但依妄念而有差別若無念之人還見一切境界否答妄念執有前塵作實知解妙性不通遂成差別若無念之人非是離念但是卽念無念念無異相雖有見聞皆如幻化又一念頓圓常見十法界萬法中道之理古德問云若言念唯無念豈得總不聞不見人畜聲色等耶答恒聞見以聞見卽不聞見故何者以但聞見聲色等法卽是眼耳等識見聞也知是畜等色聲自是意識分別也然眼等識見聞性無別但稱色等法得更無異緣也意識妄有了知無體所知如幻也故云所見色與盲等又觀彼色聲等法從

緣生緣無作者自性不有故非人畜等也又人畜等由名相起名相非彼卽妄除也卽此但由見聞等故卽無念心非謂盲聾人一念無念也如說聞不聞見不見等是也故經云常求無念實相智慧等是也又但就緣起名見求緣見實不生此見乃名眞見何以故無見之見照法界故所以寶藏論云無眼無耳謂之離有見有聞謂之微無我無造謂之離有通有達謂之微又離者涅槃微者般若般若故頓興大用涅槃故寂滅無餘無餘故煩惱永盡大用故聖化無窮若人不達離微者雖復苦行頭陀遠離塵境斷貪恚

癡法忍成就經無量劫數終不入眞實何以故依止所行故心有所得不離顚倒夢想惡覺諸見若復有人體解離微者雖復近有妄想習氣及見煩惱數數覺知離微之義此人不久卽入眞實無上道也何以故了正見根本也釋曰離微者萬法之體用也離者卽體經中云自性離故亦云自性空故斯乃無名無相非見非聞通凡聖之體爲眞俗之原思益經云知離名爲法卽諸佛所師所謂法也微者卽用有見有聞能通能達以微者妙也於無見中有見於無聞中有聞斯乃不思議之法微妙難知唯佛能覺思益經

云知法名爲佛離微不二體用和融名之爲僧則一體三寶常現世間有佛無佛性相常住卽正見之本眞實之門矣故聖人照體是無約用爲有此有不有卽有以辯於無當無非無卽無以辯於有有而不有是妙有無而不無是眞無故眞無是涅槃之體如太虛不雜於五色猶明鏡不合於萬像故稱離也妙有是般若之用於不二法內現妙神通向無作門中興大佛事故稱微也是以凡夫不達離微故常被內結所縛外塵所羈外道卽執作斷常二乘遂證爲生滅若不入宗鏡中難究離微之妙旨矣問無明違理自

性差別者其事可然本覺淨法云何復說恒沙差別功德答由對治彼染法差別故成始覺萬德差別也起信論云對業識等差別染法故說本覺恒沙性德如是染淨皆是眞如隨緣顯現似而無體染法尙空淨法何有淨名經云見垢實性卽無淨相又所言淨者對垢得名因客塵煩惱不染而染穢汙眞性稱之爲垢因始覺般若不淨而淨開悟本心名之爲淨是以眞如一心湛然不動名義唯客垢淨本空祖師云性本淸淨淨無淨相方見我心華嚴經頌云若有知如來體相無所有修習得明了是人疾作佛故經云

一切衆生無始已來常入涅槃菩提非可修相非可生相畢竟無得無有色相而可得見見色相者當知皆是隨染幻用非是智色不空之相以智相不可得故釋云隨染幻用者無流法也染幻性自差別者是無明法也以彼無明迷平等理是故其性自差別諸無流法順平等性空論其性卽無差別但隨染法差別相故說無流有差別耳又若能觀心性法爾顯性起功德是無盡法門非論差別如無盡意菩薩經云云何菩薩觀心念處乃至我今當勤修習莊嚴不離心性云何心性云何莊嚴心性者猶如幻化無主無作無有施設莊嚴者所作布施悉以迴向嚴淨佛土乃至以一念智成阿耨多羅三藐三菩提舍利弗是名菩薩正心念處而不可盡釋曰心雖性空能成萬行了之而頓圓正覺修之而廣備莊嚴故云體性雖空能成法則又云以有空義故一切法得成若離此眞空之門無有一法建立則菩薩行廢佛道不成如不依風輪世界隤壞問一切衆生無始無明種子堅牢現行濃厚云何一念而得頓除答根隨結使體性本空愚夫不了自生纏縛若明佛知見開悟本心更有何塵境而能障礙乎寶積經云佛言譬如然燈一

切黑闇皆自無有無所從來去無所至非東方來去亦不至南西北方四維上下不從彼來去亦不至而此燈明無有是念我能滅闇但因燈明法自無闇明闇俱空無作無取如是迦葉實智慧生無智便滅智與無智二相俱空無作無取迦葉譬如千歲冥室未曾見明若然燈時於意云何闇寗有念我久住此不欲去耶不也世尊若然燈時是闇無力而不欲去必當磨滅如是迦葉百千萬劫久習結業以一實觀卽皆消滅其燈明者聖智慧是其黑闇者諸結業是所言一實觀者卽是唯心眞如實觀離心之外盡成虛

幻故稱一實境界亦云實相實地實際實法乃至名佛知見聖智慧等以此一心法治煩惱病如熱疾得汗無有不應手差者出要之道唯在玆乎如大智度論云爾時菩薩照明菩薩道其心安隱自念我但斷著心道自然至知是事已念衆生深著世間而畢竟空亦空無性無有住處衆生難可信受爲令衆生信受是法故覺一切法修行生起是度衆生方便法觀衆生心行所起知好何法念何事何所志願觀時悉知衆生所著處皆是虛誑顚倒憶想分別故著無有根本實事爾時菩薩大歡喜作是念衆生易度耳所

以者何衆生所著皆是虛誑無實譬如人有一子喜不淨中戲聚土爲穀以草木爲鳥獸而生愛著人有奪者瞋恚啼哭其父知已此子今雖愛著此事易離耳至大自休何以故此物非眞故菩薩亦如是觀衆生愛著不淨臭身及五欲是無常種種苦因知是衆生得信等五善根成就時卽能捨離若小兒所著實是眞物雖復年至百歲著之轉深不可得捨若衆生所著物定實有者雖得信等五根著之轉深亦不能離以諸法皆空虛誑不實故得無漏清淨智慧眼時卽能遠離所著大自慚愧譬如狂病所作非法惺悟

之後羞慙無顏菩薩知衆生易度已安住般若中以方便力教化衆生是以如來密藏經云若人父爲緣覺而害盜三寶物毋爲羅漢而汙不實事謗佛兩舌間賢聖惡口罵聖人壞亂求法者五逆初業之瞋奪持戒人物之貪邊見之癡是爲十惡者若能知如來說因緣法無我人衆生壽命無生無滅無染無著本性清淨又於一切法知本性清淨解知信入者我不說是人趣向地獄及諸惡道果何以故法無積聚法無集惱一切法不生不住因緣和合而得生起起已還滅若心生已滅一切結使亦生已滅如是解無犯

處若有犯有住無有是處台教釋云此經具指四菩提心若知如來說因緣法卽指初藏教菩提心若無生無滅指第二通教菩提心若本性清淨指第三別教菩提心若於一切法知本性清淨指第四圓教菩提心初菩提心已能除重重十惡況第二第三第四菩提心耶行者聞此勝妙功德當自慶幸如闍處伊蘭得光明栴檀故知見佛罪滅如阿闍世王之深懺得道業亡若鴦崛摩羅之重罪但了無人無我緣生性空無我則無能受罪之人性空又無所受罪之法人法俱寂罪垢何生以心生罪生心滅罪滅故若能

如是信入諦了圓明猶伊蘭之林布栴檀之香氣若積闇之室耀桂爐之光明能悟此心功力無量纔入宗鏡業海頓枯如風吹雲似湯沃雪猶燈破闇若火焚薪如密嚴經頌云如火燎長楚須臾作灰燼智火焚業薪當知亦如是又如燈破闇一念盡無餘諸業智闇冥無始之熏聚牟尼智燈起刹那皆頓滅所以大涅槃經云有智慧時則無煩惱故云夫免三塗惡業者要須離有無二相證解一心方得解脫也是知迷從自心迷悟還自心悟迷悟無性但任緣興如華嚴論問云一切衆生本有不動智何故不應眞常何

故隨染答一切衆生以此智故而生三界者爲智無性不能自知是智非智善惡苦樂等法爲智體無性但隨緣現如空中響應物成音無性之智但應緣分別以分別故癡愛隨起因癡愛故即我所病生有我所故自他執業便起因執取故號曰末那執取不斷名之爲識因識種子生死相續以生死故衆苦無量以苦無量方求不苦之道迷不知苦者不能發心知苦求眞者還是本智會苦緣故方能知苦不會苦緣不能知苦故知苦緣故方能發心求無上道有種性菩薩以宿世先巳知苦發信解種强者雖受人天樂

果亦能發心求無上道是故因智隨迷因智隨悟是故如人因地而倒因地而起正隨迷時名之爲識正隨悟之時名之爲智在纏名識在覺名智識之與智本無自名但隨迷悟而立其名故不可繫常繫斷也此智之與識但隨迷悟立名若覓始終如空中求迹如影中求人如身中求我依住所在終不可得也故無長短處所之相也如此無明及智無有始終若得菩提時無明不滅何以故爲本無故更無有滅若隨無明時不動智亦不滅爲本無故亦更無滅但爲隨色聲香所取緣名爲無明但爲知苦發心緣名之爲

智但隨緣名之爲有故體本無也如空中響思之可見是以若入宗鏡成佛義圓昇降隨緣知衆生無永沉之義聖凡不隔明諸佛有同體之文問上所說一心諸法門海爲復是自行權實法化他權實法答若說隨自意自行權實則但說一心門若隨他意化他權實廣門八萬法今但說自行權實本末歸宗台教云若佛心中所觀十界十如皆無上相唯是一佛法界如海總衆流十車共一轍此即自行權實若隨他等意則有九法界千如即是化他權實隨他則開隨自則合橫竪周照開合自在雖開無量無量而一雖

合為一一而無量雖無量一而非一非無量雖非一非無量而一而無量問此自他權實二門於正理中決定耶答但隨化門無有決定經云無有定法故號阿耨菩提若執一門皆成外道或定一相即是魔王是以一切法權一切法實一切法亦權亦實一切法非權非實台教云若一切法權何所不破如來有所說尚復是權況復人師若一切法皆實者何所不破唯此一事實但一究竟道寧得衆多究竟道耶若一切法亦權亦實復何所不破一切悉有權有實不得一向權一向實若一切法非權非實復何所不破何

得紛紜強生建立古德云即實而權則有而不有即權而實則無而不無若雙遮權實即有無俱非若雙照權實則有無俱是若非遮非照則是非俱非而遮而照則是非俱是若是非俱是終日非而不非若是非俱非終日是而不是若是而不是則非是非非之非若非而不非則非是是是之是是則心該色末色徹心原心色一如何非何是故知心外有法是非競生法外無心取捨俱喪問此宗鏡錄何教所攝答眞唯識性理無偏圓約見不同略分五教一小乘教唯說六識不知第八賴耶二初教說有賴耶生滅亦不

言有如來藏三終教有如來藏生滅不生滅和合為賴耶識四頓教總無六七八識等何以故以一心眞實從本已來無有動念體用無二是故無有妄法可顯五一乘圓教說普賢圓明之智不言唯識次第又言佛子三界虛偽唯一心作亦攝入故此宗則圓教所攝乃是如來所說法門之根本以如來依此心成佛故此心得為如來根本之義無有一法不收無有一理不具如明鏡照物曷有遺餘若寶印文成更無前後問凡立五乘之道皆為運載有心若境識俱亡則無乘可說今約方便乘理不無此宗究竟何乘所

攝答於諸乘中一乘所攝亦云最上之乘出過諸法頂故亦云不思議乘非情識測量故今所言一乘者即一心也以運載為義若攀緣取境則運入六趣之門若妄想不生運至一實之地楞伽經云云何得一乘道覺謂攝所攝妄想如實處不生妄想是名一乘覺斯則了生死妄即涅槃眞頓悟一心更無所趣乃不覺而覺稱為大覺不來而來名為如來所以情塵已遣人乘即是眞歸心跡未亡佛乘猶非究竟何者有心分別一切皆邪無意攀緣萬途自正是以無乘之乘為一乘無教之教為眞教舉足而便登寶所言

下而即契無生若未能萬境齊觀一法頓悟遂乃教開八教乘出五乘則寶所程遙豈唯五百無生路遠何啻三祇論位則天地懸殊校功則日劫相倍雖登聖位猶為絕分之人經劫練磨唯得假名之稱若達斯旨直入無疑當迷心而見悟心全成覺道即世智而成眞智靡易絲毫可謂虛明自照不勞心力矣問既有能說必對所機此宗鏡錄當何等機答當上上機若已達者憑佛旨而印可若未入者假教理以發明又若圓通之人不俟更述自覺聖智無說無示眞如妙性無得無聞若闇昧之者須假助成因教理而

照心即言詮而體道若宗明則教息道顯則言空絕待眞心境智俱亡矣如是則方入宗鏡深達玄門眞能聽佛說經親談妙旨可謂得諸法之性徹一心之原如首楞嚴經云阿難承佛悲救深誨垂泣叉手而白佛言我雖承佛如是妙音悟妙明心元所圓滿常住心地而我悟佛現說法音現以緣心允所瞻仰徒獲此心未敢認為本元心地願佛哀愍宣示圓音拔我疑根歸無上道佛告阿難汝等尚以緣心聽法此法亦緣非得法性如人以手指月示人彼人因指當應看月若復觀指以為月體此人豈唯亡失月輪亦亡其指何以故以所標指為明月故豈唯亡指亦復不識明之與暗何以故即以指體為月明性明暗二性無所了故汝亦如是若以分別我說法音為汝心者此心自應離分別音有分別性譬如有客寄宿旅亭暫止便去終不常住而掌亭人都無所去名為亭主此亦如是若眞汝心則無所去云何離聲無分別性斯則豈唯聲分別心分別我容離諸色相無分別性如是乃至分別都無非色非空拘舍黎等昧為冥諦離諸法緣無分別性則汝心性各有所還云何為主釋曰阿難言而我悟佛現說法音現以緣心允所

瞻仰徒獲此心未敢認為本元心地者阿難尚認緣心聽佛說法音以為常住眞心取佛定旨佛言若執因緣心聽只得因緣法以法隨情變境逐心生故又定緣佛音聲是自心者若說法聲斷時分別心應滅此心如客不常住故今時多迷自性本聞但隨能所之聞一向徇他聲流轉此聲是對因緣所生法非眞實有但因聲而立名字因名字而有詮表若旋復本聞則脫聲塵之境所脫之境既虛能脫之名何立則能脫所脫皆空以強記多聞是識想邊際本非實故若因聞見性則多聞有助顯之功若背性徇聞則畜

聞成邪思過悞故文殊頌云今此娑婆國聲論得宣明眾生迷本聞循聲故流轉阿難縱强記不免落邪思豈非隨所淪旋流獲無妄阿難汝諦聽我承佛威力宣說金剛王如幻不思議佛母真三昧汝聞微塵佛一切祕密門欲漏不先除畜聞成過悞將聞持佛佛何不自聞聞聞非自然生因聲有名字旋聞與聲脫能脫欲誰名一根既返原六根成解脫見聞如幻瞖三界若空華聞復瞖根除塵消覺圓淨故知若耳根歸本原六根皆寂滅以六根同一心故何者在眼曰見在耳曰聞若攝用歸根時見聞如幻瞖若攝境

歸心時三界若空華則瞖滅塵消覺圓心淨如是解者則是因指見月藉教明宗者也若執指爲月迷心徇文者如經云如人以手指月示人彼人因指當應看月若復觀指以爲月體此人豈唯亡失月輪亦亡其指夫三乘十二分教如標月指若能見月了知所標若因教明心從言見性者則知言教如指心性如月真悟道者終不滯言實見月人更不存指或看經聽法之時不一一消歸自已但逐文句名身而轉即是觀指以爲月體此豈唯不見自性亦不辯於教文指月雙迷教觀俱失故經云此人豈唯亡失月輪亦

亡其指又既亡其指非唯不了自心之眞妄亦乃不識教之遮表錯亂顛倒莫辯方隅猶鳥言空如鼠云即似形音響豈合正宗故經云豈唯亡指亦復不識明之與闇何以故即以指體爲月明性明暗二性無所了故所以證道歌云吾早年來積學問亦曾討疏尋經論分別名相不知休入海算沙徒自困却被如來苦訶責數他珍寶有何益從來蹭蹬覺虛行多年枉作風塵客種性邪錯知解不達如來圓頓制二乘精進勿道心外道聰明無智慧亦愚癡亦小騃空拳指上生實解執指爲月枉施功根境法中虛揑怪不

見一法即如來方得名爲觀自在是以若實眞心不逐他聲而起分別湛然恒照性自了故如掌亭人都無所去云何離色離聲無分別性此須得旨親見性時方知離聲色諸緣性自常住不假前塵所起知見則悟無始已來皆是執聲爲聞而生顛倒故文殊頌云旋汝倒聞機反聞聞自性性成無上道圓通實如是若非色非空都無分別不見性之人到此之時全歸斷滅便同外道拘舍黎等已眼不開昧爲冥諦以冥寂闇昧無知以爲至極從此復立二十五諦迷眞實心成外道種或有禪宗不得旨者法學起空見人

多拂心境俱空執無分別將狂解癡盲以爲至道然非離因緣求法性滅妄心取眞心對增上慢人初學之者不可雷同應須甄別如經云離諸法緣無分別性則汝心性各有所還云何爲主阿難言若我心性各有所還則如來說妙明元心云何無還唯垂哀愍爲我宣說佛告阿難且汝見我見精明元此見雖非妙精明心如第二月非是月影汝應諦聽今當示汝無所還地阿難此大講堂洞開東方日輪昇天則有明耀中夜黑月雲霧晦暝則復昏暗戶牖之隙則復見通牆宇之間則復觀壅分別之處則復見緣頑虛

之中偏是空性鬱埻之像則紆昏塵澄霽斂氛又觀清淨阿難汝咸看此諸變化相吾今各還本所因處云何本因阿難此諸變化明還日輪何以故無日不明明因屬日是故還日暗還黑月通還戶牖壅還牆宇緣還分別頑虛還空鬱埻還塵清明還霽則諸世間一切所有不出斯類汝見八種見精明性當欲誰還何以故若還於明則不明時無復見暗雖明暗等種種差別見無差別諸可還者自然非汝不汝還者非汝而誰則知汝心本妙明淨汝自迷悶喪本受輪於生死中常被漂溺是故如來名可憐愍故知一切

眾生卽今見精明心非定眞妄昧之則麤明之則妙只於八種不還之中了了見性常住云何隨境流轉失本眞常永沒苦輪常漂死海大聖憐愍非不驚嗟阿難示起疑心寄破情執釋迦微細開演直指覺原可謂不易凡身頓成聖體現於生滅顯出圓常宗鏡前後明文一一全證於此又江西馬祖和尚問亮座主蘊何經業對云講三十本經論師云正講時將什麼講對云將心講師云心如工技兒意如和技者爲解講他經對云不可是虛空講也師云却是虛空講得座主於言下大悟遂下階禮拜驀自汗流師云者

鈍根阿師用禮拜作什麼其座主却迴本寺語學徒言某一生學業將謂天下無人敵者今日被開元寺老宿一唾淨盡我爾許多時皆是誑謼汝遂散學徒一入西山更無消息又如有學士問馬祖和尚如水無筋骨能勝萬斛舟時如何師云我遮裏水亦無舟亦無說什麼筋骨又學人問龍潭和尚久嚮龍潭及至到來爲什麼龍亦不見潭亦不見師云却是子親到龍潭又俗官王常侍問先洞山和尚五十二位菩薩中爲甚麼不見妙覺菩薩師云却是常侍親見所以智者大師一生弘敎雖廣垂開示唯顯正宗如止

觀中云。究竟指歸何處。言語道斷。心行處滅。永寂如空。又觀心論中云。復以傷念一家門徒。隨逐積年。看心稍久。遂不研覈問心。是以不染內法。著外文字。偷記注而奔走。負經論而浪行。何不絕語置文。破一微塵。讀大千經卷。若能如上聽法講經。提宗問答。方諧祖意。稱可佛心。如遇此機。可歸宗鏡。

宗鏡錄卷九十二

音釋

湎彌兗切溺也 眇亡沼切偏盲也 彙于貴切類也 隳許規切敗壞也 燼徐刃切火餘也 啻矢利切止也 蹭蹬蹭千鄧切蹬徒亙切蹭蹬失道也 騃五駭切癡也 垺蒲没切 紆憶俱切縈也 驀莫白切猶忽也 諕虛訝切誑也 覈下革切考實也

宗鏡錄卷九十三

宋慧日永明妙圓正修智覺禪師延壽集

夫宗鏡錄是實相法門若信得何福若毀得何罪答此一心實相之門般若甚深之旨於難信之中或有信者法利無盡唯佛能知若有毀者謗般若罪過莫大焉現世受殃生身陷獄何以受報如此廣大以般若是一切世出世間凡聖之母猶如大地無物不從地生或若謗之則謗一切佛地三寶功德如十法界中一切衆生若昇若沉若愚若智無不皆從般若中來若不得般若威光實無一塵可立如般若經云欲

尊貴自在乃至欲得菩提當學般若又云若欲得六根完具當學般若乃至鬼畜亦要完具以此鬼畜皆從學般若來故知不信宗鏡無有是處如諸法無行經云爾時文殊師利言世尊師子吼鼓音王如來滅度之後爾時有菩薩比丘名曰喜根時爲法師質直端正不壞威儀不捨世法爾時衆生普皆利根樂聞深論其喜根法師於衆人前不稱讚少欲知足細行獨處但教衆人諸法實相所謂一切法性卽是貪欲之性貪欲性卽是諸法性瞋恚性卽是諸法性愚癡性卽是諸法性其喜根法師以是方便教化衆生衆生所行皆是一相各不相是非所行之道心無瞋礙以無瞋礙因緣故逮得法忍於佛法中決定不壞世尊爾時復有比丘法師行菩薩道名曰勝意其勝意比丘護持禁戒得四禪四無色定行十二頭陀世尊是勝意比丘有諸弟子其心輕動樂見他過世尊後於一時勝意菩薩入聚落乞食悞至喜根弟子家見舍主居士子卽到其所敷座而坐爲居士子稱讚少欲知足細行說無利語過讚歎遠衆樂獨行者又於居士子前復說喜根法師過失是比丘不實以邪見道教化衆生是雜行者說婬欲無障礙瞋恚無障礙

愚癡無障礙一切諸法皆無障礙是居士子利根得無生法忍卽語勝意比丘大德汝知貪欲爲是何法勝意言居士我知貪欲是煩惱居士子言大德是煩惱爲在內在外耶勝意比丘言不在內不在外大德若貪欲不在內不在外不在東西南北四維上下十方卽是無生若無生者云何說若垢若淨爾時勝意比丘瞋恚不喜從座起去作如是言是喜根比丘以妄語法多惑衆人是人以不學入音聲法門故聞佛音聲則喜聞外道音聲則瞋於梵行音聲則喜於非梵行音聲則瞋以不學入音聲法門故乃至爾時喜

根菩薩於衆僧前說是諸偈云貪欲是涅槃恚癡亦
如是如此三事中有無量佛道若有人分別貪欲瞋
恚癡是人去佛遠譬如天與地菩提與貪欲是一而
非二皆入一法門平等無有異凡夫聞怖畏去佛道
甚遠貪欲不生滅不能令心惱若人有我心及有得
見者是人爲貪欲將入於地獄貪欲之實性卽是佛
法性佛法之實性亦是貪欲性是二法一相所謂是
無相若能如是知則爲世間導若有人分別是持戒
毀戒以持戒誑故輕蔑於他人是人無菩提亦無有
佛法但自安住立有所得見中若住空閑處自貴而

賤人尚不得生天何況於菩提皆由著空閑住於邪
見故邪見與菩提皆等無有異但以名字數語言故
別異若人通達此則爲近菩提分別煩惱垢卽是著
淨見無菩提佛法住有得見中若貪著佛法是則遠
佛法貪無礙法故則還受苦惱若人無分別貪欲瞋
恚癡入三毒性故則爲見菩提是人近佛道疾得無
生忍若見有爲法與無爲法異是人終不得解於有
爲法若知二性同必爲人中尊佛不見菩提亦不見
佛法不著諸法故降魔成佛道若欲度衆生勿分別
其性一切諸衆生皆同於涅槃若能如是見是則得

成佛其心不閙靜而現閙靜相是於天人中則爲是
大賊是人無菩提亦無有佛法若作如是願我當得
作佛如是之凡夫無明力所牽佛法湛淸淨其喻如
虛空此中無所取亦無有可捨佛不得佛道亦不度
衆生凡夫强分別作佛度衆生是人於佛法則爲甚
大遠若見衆生苦則是受苦者衆生無衆生而說有
衆生住衆生相中則無有菩提若人見衆生是畢竟
解脫無有婬恚癡知是爲世將若人見衆生不見非
衆生不得佛法實佛同衆生性若能如是知則爲世
間將乃至說是諸偈法時三萬諸天子得無生法忍

萬八千人漏盡解脫卽時地裂勝意比丘墮大地獄
以是業障罪因緣故百千億那由他劫於大地獄受
諸苦毒從地獄出七十四萬世常被誹謗若干百千
劫乃至不聞佛之名字自是已後還得値佛出家學
道而無志樂於六十二萬世常返道入俗亦以業障
餘罪故於若干百千世諸根闇鈍世尊爾時喜根法
師於今東方過十萬億佛土有國名寶莊嚴於中得
阿耨多羅三藐三菩提號曰勝光明威德王如來應
供正徧知今現在彼其勝意比丘今我身是世尊我
未入如是法相門時受如是苦分別苦顚倒苦是故

若發菩薩心者。若發小乘心者。不欲起如是業障罪。不欲受如是苦惱者。不應拒逆佛法。無有處所可生瞋癡。佛告文殊師利。汝聞是諸偈。得何等利。世尊。我畢是業障罪已。聞是偈因緣故。所在生處。利根智慧。得深法忍。巧說深法。文殊師利。爲誰力故。能憶如是無量阿僧祇劫罪業因緣。世尊。諸菩薩有所念。有所說。有所思惟。皆是佛之神力。所以者何。一切諸法。皆從佛出。故知若不信宗鏡中所說實相之理。則如勝意比丘。沒魂受裂地之大苦。若有信如是說。則如文殊師利。皆慧演深法之妙辯。信毀交報。因果無差。普

勸後賢。應深信受。若信般若福廣。具前文。今述謗方等罪畧引誠證。如大般若經中廣說謗法之罪。謂此方墮阿鼻地獄。此土劫壞。罪猶未畢。移置他方阿鼻地獄中。他方復經劫壞。罪亦未盡。復移他方。如是巡歷十方。十方各經劫盡。還生此土阿鼻地獄中。千佛出世。救之猶難。若欲說其所受之身。聞者當吐熱血而死。故善現請說所受之身。佛竟不說。乃至華嚴地獄天子。法華不輕。四衆皆是不信。悉墮阿鼻。若有聞者。應須驚懼。以爲鑒誡。普曉羣蒙。次明信毀現受報者。第一明信者。唐釋慧璿。姓董氏。住襄陽。少出家。聽

三論。初住光福寺。居山頂。引汲爲勞。明欲往他寺。夜見神人身長一丈。衣以紫袍。頂禮璿曰。請住於此。常講大乘經。勿以小乘爲慮。其小乘者。如高山無水。不能利人。大乘經者。猶如大海。自止此山。多佛出世。一人讀誦說大乘。能令所住珍寶光明。眷屬榮勝。若有小乘前事並失。唯願弘持。勿孤所望。法師須水。此易得耳。來月八日。定當得之。自往劒南慈母山大泉。請一龍王去也。言已不現。恰至來月七日夜。大風卒起。從西南來。雷震雨霔。唯見清泉。香而且美。合衆幸及亡。龍泉漸便乾竭。信之爲益。其類是焉。第二明毀者。

佛藏經云。於未來世。當有比丘。不修身戒心慧。是人輕笑如來所說畢竟空法。又云。若有聞空。即當驚畏。是人可愍。直至地獄。無有救者。唐釋慧眺。姓莊氏。少出家。以小乘爲業。住襄陽報善寺。哲公座下。龍泉開講三論。心生不忍曰。三論明空。講者著空。發言訖。舌出三尺。眼耳鼻並皆流血。七日不語。有伏律師聞其拔舌。告曰。汝太癡也。一言毀謗。罪過五逆。可信大乘方得免耳。乃令燒香發願懺悔。前言。舌還收入。遂往哲公所誓心斂迹。唯聽大乘。後住香山神足寺。足不跨閫。常習大乘。時講華嚴等經。用申懺謝。常於衆中

陳其前失獨處一房常坐常念貞觀十一年四月三日在寺後松林坐禪見有三人來形貌奇異禮拜請受菩薩戒訖曰禪師大利根若不改心信大乘者千佛出世猶在地獄又昔有人謗大乘臨終出現牛聲則知華報昭然果報寧失已上皆是障深不信或智淺謬傳依文起見悉成謗法如文殊師利巡行經云文殊師利言大德舍利弗若人說言過去未來現在如來有依不依如是之人則謗如來何以故眞如無念亦無所念眞如不退眞如無相今宗鏡大意所錄之文或祖或教但有一字一句若理若事若智若行

皆悉迴向指歸眞如一心何者心之實性名曰眞如性以不改爲義眞以無僞得名如則不變不異以此心性周徧圓融橫該十方竪徹三際至一切時處未嘗間斷凡有一毫善根悉皆迴向念念合眞如之體體無不寂一一順眞如之用用何有窮所以但契一如自含衆德如華嚴經中眞如相迴向有一百句一一句中無不同指皆爲成就一心妙門如經云佛子此菩薩摩訶薩正念明了其心堅住遠離迷惑專意修行深心不動成不壞業趣一切智終不退轉志求大乘勇猛無畏植諸德本普安世間生勝善根修白

淨法大悲增長心寶成就乃至譬如眞如徧一切處無有邊際善根迴向亦復如是徧一切處無有邊際譬如眞如眞實爲性善根迴向亦復如是了一切法眞實爲性譬如眞如恒守本性無有改變善根迴向亦復如是守其本性始終不改譬如眞如以一切法無性爲性善根迴向亦復如是了一切法無性爲性譬如眞如無相爲相善根迴向亦復如是了一切法無相爲相譬如眞如若有得者終無退轉善根迴向亦復如是若有得者於諸佛法永不退轉譬如眞如一切諸佛之所行處善根迴向亦復如是一切如來

所行之處譬如眞如離境界相而爲境界善根迴向亦復如是離境界相而爲三世一切諸佛圓滿境界譬如眞如能有安立善根迴向亦復如是悉能安立一切衆生譬如眞如性常隨順善根迴向亦復如是盡未來劫隨順不斷譬如眞如無能測量善根迴向亦復如是等虛空界盡衆生心無能測量譬如眞如充滿一切善根迴向亦復如是一刹那中普周法界譬如眞如常住無盡善根迴向亦復如是究竟無盡譬如眞如無有比對善根迴向亦復如是普能圓滿一切佛法無有比對譬如眞如體性堅固善根迴向

亦復如是體性堅固非諸惑惱之所能沮譬如眞如
不可破壞善根迴向亦復如是一切衆生不能損壞
譬如眞如照明爲體善根迴向亦復如是以普照明
而爲其性譬如眞如無所不在善根迴向亦復如是
於一切處悉無不在譬如眞如徧一切時善根迴向
亦復如是徧一切時譬如眞如性常淸淨善根迴向
亦復如是住於世間而體淸淨譬如眞如於法無礙
善根迴向亦復如是周行一切而無所礙譬如眞如
爲衆法眼善根迴向亦復如是能爲一切衆生作眼
譬如眞如性無勞倦善根迴向亦復如是修行一切

菩薩諸行恒無勞倦譬如眞如體性甚深善根迴向
亦復如是其性甚深譬如眞如無有一物善根迴向
亦復如是了知其性無有一物譬如眞如性非出現
善根迴向亦復如是其體微妙難可得見譬如眞如
離衆垢翳善根迴向亦復如是慧眼淸淨離諸癡翳
譬如眞如性無與等善根迴向亦復如是成就一切
諸菩薩行最上無等譬如眞如體性寂靜善根迴向
亦復如是善能隨順寂靜之法譬如眞如無有根本
善根迴向亦復如是能入一切無根本法譬如眞如
體性無邊善根迴向亦復如是淨諸衆生其數無邊

譬如眞如體性無著善根迴向亦復如是畢竟遠離
一切諸著譬如眞如無有障礙善根迴向亦復如是
除滅一切世間障礙譬如眞如非世所行善根迴向
亦復如是非諸世間之所能行譬如眞如體性無住
善根迴向亦復如是一切生死皆非所住譬如眞如
性無所作善根迴向亦復如是一切所作悉皆捨離
譬如眞如體性安住善根迴向亦復如是安住眞實
譬如眞如與一切法而共相應善根迴向亦復如是
與諸菩薩聽聞修習而共相應譬如眞如一切法中
性常平等善根迴向亦復如是於諸世間修平等行

譬如眞如不離諸法善根迴向亦復如是盡未來際
不捨世間譬如眞如一切法中畢竟無盡善根迴向
亦復如是於諸衆生迴向無盡譬如眞如與一切法
無有相違善根迴向亦復如是不違三世一切佛法
譬如眞如普攝諸法善根迴向亦復如是盡攝一切
衆生善根譬如眞如與一切法同其體性善根迴向
亦復如是與三世佛同一體性譬如眞如與一切法
不相捨離善根迴向亦復如是攝持一切世出世法
譬如眞如無能映蔽善根迴向亦復如是一切世間
無能映蔽譬如眞如不可動搖善根迴向亦復如是

一切魔業無能動搖。譬如眞如性無垢濁。善根迴向
亦復如是。修菩薩行無有垢濁。譬如眞如無有變易。
善根迴向亦復如是。慜念衆生心無變易。譬如眞如
不可窮盡。善根迴向亦復如是。非諸世法所能窮盡。
譬如眞如性常覺悟。善根迴向亦復如是。普能覺悟
一切諸法。譬如眞如不可失壞。善根迴向亦復如是。
於諸衆生起勝志願永不失壞。譬如眞如能大照明。
善根迴向亦復如是。以大智光照諸世間。譬如眞如
不可言說。善根迴向亦復如是。一切言語所不可說。
譬如眞如持諸世間。善根迴向亦復如是。能持一切

菩薩諸行。譬如眞如隨世言說。善根迴向亦復如是。
隨順一切智慧言說。譬如眞如徧一切法。善根迴向
亦復如是。徧於十方一切佛剎現大神通成等正覺。
譬如眞如無有分別。善根迴向亦復如是。於諸世間
無所分別。譬如眞如徧一切身。善根迴向亦復如是。
徧十方剎無量身中。譬如眞如體性無生。善根迴向。
亦復如是。方便示生而無所生。譬如眞如無所不在。
善根迴向亦復如是。十方三世諸佛土中普現神通
而無不在。譬如眞如徧在於夜。善根迴向亦復如是。
於一切夜於大光明施作佛事。譬如眞如徧在於晝。

善根迴向亦復如是。悉令一切在晝衆生見佛神變
演不退輪離垢清淨無空過者。譬如眞如徧在半月
及以一月。善根迴向亦復如是。於諸世間次第時節
得善方便於一念中知一切時。譬如眞如徧在年歲。
善根迴向亦復如是。住無量劫明了成熟一切諸根。
皆令圓滿。譬如眞如徧成壞劫。善根迴向亦復如是。
住一切劫清淨無染教化衆生咸令清淨。譬如眞如
盡未來際。善根迴向亦復如是。盡未來際修諸菩薩
清淨妙行成滿大願無有退轉。譬如眞如徧住三世。
善根迴向亦復如是。令諸衆生於一剎那見三世佛

未曾一念而有捨離。譬如眞如徧一切處。善根迴向
亦復如是。超出三界周行一切悉得自在。譬如眞如
住有無法。善根迴向亦復如是。了達一切有無之法
畢竟清淨。譬如眞如體性清淨。善根迴向亦復如是。
能以方便集助道法淨治一切諸菩薩行。譬如眞如
體性明潔。善根迴向亦復如是。令諸菩薩悉得三昧
明潔之心。譬如眞如體性無垢。善根迴向亦復如是。
遠離諸垢滿足一切諸清淨意。譬如眞如無我我所。
善根迴向亦復如是。以無我我所清淨之心充滿十
方諸佛國土。譬如眞如體性平等。善根迴向亦復如

是獲得平等一切智智照了諸法離諸癡翳譬如眞如超諸數量善根迴向亦復如是與超數量一切智乘大力法藏而同止住與徧十方一切世界廣大法雲譬如眞如平等安住善根迴向亦復如是發生一切諸菩薩行平等住於一切智道譬如眞如徧住一切諸衆生界善根迴向亦復如是滿足無礙一切種智於衆生界悉現在前譬如眞如無有分別普住一切音聲智中善根迴向亦復如是具足一切諸言音智能普示現種種言音開示衆生譬如眞如永離世間善根迴向亦復如是普使衆生永出世間譬如眞

如體性廣大善根迴向亦復如是悉能受持去來今世廣大佛法恒不忘失勤修一切菩薩諸行譬如眞如無有間息善根迴向亦復如是爲欲安處一切衆生於大智地於一切劫修菩薩行無有間息譬如眞如體性寬廣徧一切法善根迴向亦復如是淨念無礙普攝一切寬廣法門譬如眞如徧攝羣品善根迴向亦復如是證得無量品類之智修諸菩薩眞實妙行譬如眞如無所取著善根迴向亦復如是於一切法皆無所取除滅一切世間取著普令清淨譬如眞如體性不動善根迴向亦復如是安住普賢圓滿行

願畢竟不動譬如眞如是佛境界善根迴向亦復如是令諸衆生滿足一切大智境界滅煩惱境悉令清淨譬如眞如無能制伏善根迴向亦復如是不爲一切衆魔事業外道邪論之所制伏譬如眞如非是可修非不可修善根迴向亦復如是捨離一切妄想取著於修不修無有分別譬如眞如無有退捨善根迴向亦復如是常見諸佛發菩提心大誓莊嚴永無退捨譬如眞如普攝一切世間言音善根迴向亦復如是能得一切差別言音神通智慧普發一切種種言詞譬如眞如於一切法無所希求善根迴向亦復如

是令諸衆生乘普賢乘而出離於一切法無所貪求譬如眞如住一切地善根迴向亦復如是令一切衆生捨世間地住智慧地以普賢行而自莊嚴譬如眞如無有斷絕善根迴向亦復如是於一切法得無所畏隨其類音處處演說無有斷絕譬如眞如捨離諸漏善根迴向亦復如是令一切衆生成就法智了達於法圓滿菩提無漏功德譬如眞如無有少法而能壞亂令其少分非是覺悟善根迴向亦復如是普令開悟一切諸法其心無量遍周法界譬如眞如過去非始未來非末現在非異善根迴向亦復如是爲一

切眾生新新恒起菩提心願普使清淨永離生死譬如眞如於三世中無所分別善根迴向亦復如是現在念念心常覺悟過去未來皆悉清淨譬如眞如成就一切諸佛菩薩善根迴向亦復如是發起一切大願方便成就諸佛廣大智慧譬如眞如究竟清淨不與一切諸煩惱俱善根迴向亦復如是能滅一切眾生煩惱圓滿一切清淨智慧釋曰是知百句之內一一義中無一字而不約心明無一行而不隨性起可謂眞該行末無一一行而非眞行徹眞原無一一眞而非行如是則理事周備心境融通匪著有以凝空

免滯眞而染俗能令頓生正信步步成菩薩之因門直顯圓修念念滿諸佛之果海所以具錄百句廣大全文究竟證明宗鏡妙旨今則普勸十方學士一切後賢但願道富人貧情疎德厚以法為侶以智為先用慈修身開物是務為法施主匪恡家風無問不從有疑咸決則履佛行處免負本心妙行恒新至道如在所以證道歌云窮釋子口稱貧實是身貧道不貧貧則身常披縷褐道則心藏無價珍無價珍用無盡利物應機終不悋三身四智體中圓八解六通心地印斯則以法界為身虛空為量情亡取捨見泯自他以物心為心何門不順以彼意為意何法能違入宗鏡中法爾如是故書云以兆人之耳聽以四海之目視以已身知人身以已心知人心聖人無常心以百姓為心又云攝已從他萬事消和攝他從已諸事競起則內外指歸證明無盡問信受毀謗此宗鏡法罪福何重答此乃羣賢之父諸佛之母萬善由生信謗豈不獲報重耶所以法華經云又如大梵天王一切眾生之父此經亦復如是一切聖賢學無學及發菩薩心者之父起信鈔云若謗此法以深自害亦害他人斷絕一切三寶之種一切如來皆依此法得涅槃

故一切菩薩因之修行得入佛智故

宗鏡錄卷九十三

音釋

霔（之戍切 霡霔也） 眺（他弔切） 縷褐（縷力主切藍縷也褐胡葛切編枲短衣也）

宗鏡録卷九十四

宋慧日永明妙圓正修智覺禪師延壽集

引證章第三

夫所目宗鏡大旨煥然前雖問答決疑猶慮難信上根纔覽頓入總持之門中下雖觀猶墮謗疑之地今重為信力未深纖疑不斷者更引大乘經一百二十本諸祖語一百二十本賢聖集六十本都三百本之微言總一佛乘之真訓可謂舉一字而攝無邊教海立一理而收無盡真詮一一標宗同龍宮之徧覽重重引證若鷲嶺之親聞普令眠雲立雪之人坐叅知

識遂使究理探玄之者盡入圓宗尋古佛之叢林如臨皎日履祖師之閫域猶瞰淨天大覺昭然卽肉眼而圓通佛眼疑情豁爾當凡心而顯現真心可謂現知指法界於掌內便同親證探妙旨於懷中大般若經云一切如來同在一處自性清淨無漏界攝又云三世諸佛住十方界為諸有情宣說正法無不皆用本性空為佛眼離本性空無別方便釋曰本性空者卽是自性清淨心本性卽自性空卽清淨義此心則凡聖本有今古常然眾生不知諸佛因茲指授令靈現具祖師為此相傳故云離此別無方便大方廣佛華嚴經頌云言詞所說法小智妄分別是故生障礙不了於自心不能了自心云何知正道彼由顛倒想增長一切惡大涅槃經云信於二諦一乘之道更無異趣為是眾生速得解脫又云道者雖無色像可見稱量可知而實有用善男子如眾生心雖非是色非長非短非麤非細非縛非解非是見法而亦是有寶積經云一切法虛妄如夢以唯念故又云自為洲渚自為歸處法為洲渚法為歸處無別洲渚無別歸處釋曰起信論云所言法者卽眾生心故知所向皆心豈有歸處住自境界無別方所法華經偈云又復不

行上中下法有為無為實不實法亦不分別是男是女不得諸法不知不見是則名為菩薩行處一切諸法空無所有無有常住亦無起滅是名智者所親近處顛倒分別諸法有無是實非實是生非生在於閑處修攝其心安住不動如須彌山觀一切法皆無所有猶如虛空無有堅固不生不出不動不退常住一相是名近處釋曰若入一心一相之門尚無常住之法豈有起滅之緣自然不動如山心安如海可謂菩薩行處諸佛所居矣故華嚴經頌云法性如虛空諸佛於中住大集經云云何菩薩修心念處觀是心性

不見內入心不見外入心不見內外入心不見陰中心不見界中心既不見已作是思惟如是心緣為異不異若心異緣則一時中應有二心若心即緣不應復能觀於自心猶如指端不能自觸心亦如是作是觀已見心無住無常變異所緣處滅又云不見一法一法相貌一法光明若如是見是名佛法之正見圓覺經云一時婆伽婆入於神通大光明藏三昧正受一切如來光嚴住持是諸眾生清淨學地身心寂滅平等本際圓滿十方不二隨順於不二境現諸淨土又云善男子一切眾生種種幻化皆生如來圓覺妙心猶如空華從空而有幻華雖滅空性不壞眾生幻心還依幻滅諸幻盡滅覺心不動依幻說覺亦名為幻若說有覺猶未離幻說無覺者亦復如是是故幻滅名為不動善男子一切菩薩及末世眾生應當遠離一切幻化虛妄境界由堅執持遠離心故心如幻者亦復遠離遠離為幻亦復遠離離遠離幻亦復遠離得無所離即除諸幻譬如鑽火兩木相因火出木盡灰飛煙滅以幻修幻亦復如是諸幻雖盡不入斷滅善男子知幻即離不作方便離幻即覺亦無漸次一切菩薩及末世眾生依此修行如是乃能永離諸

幻釋曰知幻即離不作方便者以幻無定相自性常離離即空也即一切凡聖垢淨萬法皆同幻如空故何用更作方便而求離離幻即覺亦無漸次者當離之時全成大覺即離即覺平等一照既無前後豈有漸次耶密嚴經偈云一切諸世間譬如熱時炎以諸不實相無而妄分別覺因所覺生所覺依能覺離一則無二譬如光共影無心亦無境量及所量事但依於一心如是而分別能知所知法唯依心妄計若了所知無能知則非有心為法自性及人之所渴入於八地中而彼得清淨九地行禪定十地大開覺法水灌其頂而成世所尊法身無有盡是佛之境界究竟如虛空心識亦如是又云爾時金剛藏菩薩告諸大眾仁者阿賴耶識從無始來為戲論熏習諸業所繫輪迴不已如海因風起諸識浪恒生恒滅不斷不常而諸眾生不自覺知隨於自識現眾境界若自了知如火焚薪即皆息滅入無漏位名為聖人楞伽經云第一義諦者但唯是心種種外相悉皆無有彼愚夫執著惡見欺誑自他不能明見一切諸法如實住處大慧一切諸法如實者謂能了達唯心所現首楞嚴經云佛告文殊及諸大眾十方如來及大菩薩於其

自住三摩地中見與見緣并所想相如虛空華本無所有此見及緣元是菩提妙淨明體云何於中有是非是文殊吾今問汝如汝文殊更有文殊是文殊者爲無文殊如是世尊我眞文殊無是文殊何以故若有是者則二文殊然我今日非無文殊於中實無是非二相佛言此見妙明與諸空塵亦復如是本是妙明無上菩提淨圓眞心妄爲色空及與聞見如第二月誰爲是月又誰非月文殊但一月眞中間自無是月非月是以汝今觀見與塵種種發明名爲妄想不能於中出是非是由是精眞妙覺明性故能令汝出

指非指四十二章經云出家沙門者斷欲去愛識自心原達佛本理悟無爲法內無所得外無所求心不繫道亦不結業無念無作非修非證不歷諸位而自崇最名之曰道又佛言觀天地念非常觀世界念非常觀靈覺卽菩提如是心識得道疾矣金剛三昧經云佛言如是衆生之心實無別境何以故心本淨故理無穢故以染塵故名爲三界三界之心名爲別境是境虛妄從心化生心若無妄卽無別境大力菩薩言心若在淨諸境不生此心淨時應無三界佛言如是菩薩心不生境境不生心何以故所見諸境唯所

見心心不幻化則無所見大方廣入如來智德不思議經云皆悉了達諸法實相自性平等猶如虛空又云於一法中了一切法無分別智常現在前釋曰一法者卽是自心此心爲諸法平等之性於自心性中了一切法有何分別不增不減經云甚深義者卽第一義諦第一義諦者卽衆生界衆生界者卽如來藏如來藏者卽法身釋曰夫心者爲諸法總持之門作萬有眞實之性故稱第一義諦雜雜心念故號衆生是心之界卽衆生界從眞如性起名曰如來無所缺減乃目爲藏能積聚恒沙功德故名法身是以仁王

經云最初一念具足八萬四千波羅蜜集福德三昧經云如瑠璃寶器隨所在處不失其性如是若有菩薩住是三昧雖在家當說是人名爲出家能不失是法界體性釋曰是以悟心方能得道見性是名出家若見性則在家出家若不見性則出家在家故阿難未見性前自懺悔言我身雖出家心不入道佛地經云當知淸淨法界者譬如虛空雖徧諸色種種相中而不可說有種種相體唯一味如是如來淸淨法界雖復徧至種種相類所知境界而不可說有種種相體唯一味釋曰淸淨法界者卽一心無雜之法界以

法爲界。豈有邊畔。則一切色中皆有虛空性。況一切法中皆有安樂性。以隱覆此性故。隨所知境。應其情量。現種種境界。若以空明。卽有空現。若以色明。卽有色現。但隨處發明。卽隨處現。所現種種皆妄心生。相不可得。唯一味眞心湛然不動。不空羂索經云。持眞言者。以心置心。觀自之心。作於一切諸佛如來廣大出生殊勝尊妙菩薩地經云。迷聖道者。不知理道。從自心生。唯常苦身。以求解脫。如犬逐塊。不知尋本。故大莊嚴論釋云。譬如師子。被打射時。而彼師子尋逐人來。譬如癡犬。被人打擲。便逐瓦石。不知尋本。言師

子者。喻智慧人。解求其本。而滅煩惱。然癡犬者。卽是外道。五熱炙身。不識心本。法集經云。能知一切唯是一心。名爲心自在。於其掌中出諸珍寶。亦以虛空而爲庫藏。名爲物自在。一切身口意業。以智爲本。名智自在。又云。觀世音白佛言。菩薩若受持一法。一切諸佛法自然如在掌中。何者是一法。所謂大悲。釋曰。此是同體大悲。此悲性徧一切衆生界。故能一雨普潤。蘭艾齊榮。一念咸收。邪正俱濟。大灌頂經云。禪思比丘。無他想念。唯守一法。然後見眞。釋曰。一法爲宗。諸塵無寄。他緣自絕。妙性顯然。志當歸一。而何智不明。

尋流得源。而何疑不釋。撮要之旨。斯莫大焉。寶雲經云。一切諸法。心爲上首。若知於心。則能得知一切諸法。般舟三昧經偈云。諸佛從心得解脫。心者無垢名清淨。五道鮮潔不受染。有解此者成大道。釋曰。五道由心。心體常淨。雖徧五道。不受彼色。則淪五趣而不墜。居一相而非昇。展法界而不周。入微塵而非縮。以眞如一心本性清淨無增減故。以此一法。能收一切。似濫觴一滴之水。與四海水潤性無差。如芥子孔中之空。等十方空包容匪別。故云天得一以清。地得一以寧。萬物得一以生。人得一而道成。又云。聖人抱一

爲天下式。卽此宗鏡。作禪門之法式也。大方等陀羅尼經云。舍利弗問文殊言。受記當於何求。文殊師利言。當於如如性中求。釋曰。如如性。卽是一切衆生眞心之性。思益經云。衆生如。卽是漏盡解脫。如以一切法。悉入於如。無有體性。卽是諸佛解脫。於衆生心行中求。因果經偈云。一切造善惡。皆從心想生。是故眞出家。皆以心爲本。大法炬陀羅尼經云。佛告毗舍佉。如是色相不可眼見。當知彼是心識境界。唯意所知。是故不可以眼見。毗舍佉。一切衆生所有心意。不可言說。唯佛智知。像法決疑經云。今日坐中無央數衆

各見不同。或見如來入涅槃。或見如來住世一劫。若
滅一劫。若無量劫。或見如來丈六之身。或見小身。或
見大身。或見報身蓮華藏世界海。爲千百億釋迦牟
尼佛說心地法門。或見法身同於虛空。無有分別。無
相無礙。徧同法界。或見此處山林地土沙礫。或見七
寶。或見此處乃是三世諸佛所行之處。或見此處卽
是不思議諸佛境界眞實之法。釋曰。故知佛無定形。
隨識而自分麤妙。境無異相。因心而空見短長。可謂
現證法門。理歸宗鏡。如來興顯經偈云。諸佛所行性。
一切諸衆生。皆在心性中。相可相同相。現寶藏經云。

菩薩問文殊師利。以何緣故。一切諸法皆是佛法。文
殊言。如佛智所覺。又問。如何佛智所覺。乃至答言。解
自心如故。修行慈分經云。一切諸法體相微細。皆悉
空寂。凡夫之人。以自分別。生諸境界。自分別中。還自
繫縛。乃至未了心之自性。劑爾許時。如在夢中妄著
諸境。復應觀察一切三界皆悉是空。空不礙空。入楞
伽經偈云。爾時佛神力。復化作山城。崔嵬百千相。嚴
飾對須彌。無量億華園。皆是衆寶林。香氣廣流布。芬
馥未曾聞。一一寶山中。皆示現佛身。亦有羅婆那。夜
叉衆等住。十方佛國土。及於諸佛身。佛子夜叉王。皆

來集彼山。而此楞伽城。所有諸衆等。皆悉見自身。入
化楞伽中。如來神力作。亦同彼楞伽。諸山及園林。寶
莊嚴亦爾。一一山中佛。皆有大慧問。如來悉爲說。內
身所證法。出百千妙聲。說此經法已。佛及諸佛子。一
切隱不現。羅婆那夜叉。忽然見自身。在已本宮殿。更
不見餘物。而作是思惟。向見者誰作。說法者爲誰。是
誰而聽聞。我所見何法。而有此等事。彼諸佛國土。及
諸如來身。如此諸妙事。今皆何處去。爲是夢所憶。爲
是幻所作。爲是實城邑。爲乾闥婆城。爲是瞖妄見。爲
是陽燄起。爲夢石女生。爲我見火輪。爲見火輪煙。我

所見云何。復自深思惟。諸法體如是。唯自心境界。內
心能證知。而諸凡夫等。無明所覆障。虛妄心分別。而
不能覺知。能見及所見。一切不可得。說者及所說。如
是等亦無。佛法眞實體。非有亦非無。法相恒如是。唯
自心分別。如見物爲實。彼人不見佛。不住分別心。亦
不能見佛。不見有者行。如是名爲佛。若能如是見。彼
人見如來。智者如是觀。一切諸境界。轉身得妙身。卽
是佛菩薩。虛空孕菩薩經偈云。一切諸法相。眞實無
知者。若人住諸陰。六根皆蔽塞。釋曰。故知諸法皆眞。
無知無見。纔有知見。卽落識陰。則一心不通。六根闇

塞終不能見無見之見知無知之知若有見之見則不見一切若無知之知則無所不知所以賢護經云若菩薩觀四念處時無法可見無聲可聞無聞見故則無有法可得分別亦無有法可得思惟而亦非瞽盲聾故但是諸法無可見故以唯一眞心見外無法寶星經云爾時世尊告妙音梵王汝今何故目不暫捨乃至無相觀於我耶善男子頗有一法名爲佛耶頗有一物可名爲名耶釋曰故知名體俱空妙旨斯在是以絶觀方見如來有無之觀皆是虛妄不入宗鏡豈辯眞佛乎十住斷結經云一切諸法常自存在

衆生不達爲興莊嚴法法自生法法自滅法法不生法法不滅法生法滅性不移轉斯是菩薩大士之道非諸凡俗之所及也釋曰一切諸法常自存在者眞心不易性相恒如衆生不達爲興莊嚴者以外道執斷見小乘證無常菩薩爲對治凡小故不盡有爲常修福業不住無爲深入智淵廣大莊嚴雲興萬行念念圓滿十波羅密拔斷常外道之曲木出邪見之稠林拯偏眞小果之羝身昇解脫之坑底所以華嚴經云第七遠行地當修十種方便慧殊勝道所謂雖善修空無相無願三昧而慈悲不捨衆生雖得諸佛平等法而樂常供養佛雖入觀空智門而勤修習福德雖遠離三界而莊嚴三界雖畢竟寂滅諸煩惱燄而能爲一切衆生起滅貪瞋癡煩惱燄雖知諸法如幻如夢如影如響如燄如化如水中月如鏡中像自性無二而隨心作業無量差別雖知一切國土猶如虛空而能以清淨妙行莊嚴佛土雖知諸佛法身本性無身而以相好莊嚴其身雖知諸佛音聲性空寂滅不可言說而能隨一切衆生出種種差別清淨音聲雖隨諸佛了知三世唯是一念而隨衆生意解分別以種種相種種時種種劫數而修行釋曰經云雖善

修空無相無願三昧者是對治凡夫著有徇樂之見而慈悲不捨衆生者是對治二乘沉空畏苦之見下諸句義皆同此釋故云聲聞畏苦緣覺無悲俱失菩薩二利之行須眞天子經云須眞天子問文殊師利菩薩不從三脫門而求道耶文殊答言天子不可從空而成道亦不可於無相而成道亦不可於無願而成道也所以者何於是中無心意識念亦無動故有心意識念念動者乃成其道也釋曰若取三解脫門作證者卽是溺實際之海背靈覺之原遺性徇空何成大道若直了神解心性念念菩提果圓不墮斷見

之邪無豈涉常見之實有介爾起意大用現前無得無依非取非捨從眞起行體用相收以行契眞卷舒一際可謂心心合道念念冥眞矣故還原觀云用則波騰海沸全眞體以運行體則鏡淨水澄舉隨緣而會寂斯則不離體之用用乃波騰不離用之體體常湛寂體雖湛寂常在萬緣用雖波騰恒冥一際大方廣師子吼經云佛告電髮菩薩善男子法唯一字所謂無字本無言說何所言說善男子當知無說是爲眞說爾時淨身菩薩承佛威神白佛言世尊若無所說是爲眞說者啞默不言皆應說法佛言如是善男

子如汝所說非唯啞默者說法不啞默者亦皆說法而不知法世尊云何一切衆生說法而不知法善男子如生盲人處日光中而不見日傍人爲說以他聲故乃知有日如是諸法悉入法界法界無字離諸字性非諸衆生而能宣辯釋曰審知未達宗人依通見解隨他語轉妄有所說如彼盲者不見日光聽傍人聲豈窮日體若眼開親見卽知本無名字言說故知有言傷旨不達法界是以經云如是諸法悉入法界法界無字離諸字性若能深達一字唯心法界自然言語道斷法爾知解情亡豈是無辯智不能窮也如

肇論云釋迦掩室於摩竭淨名杜口於毗耶須菩提唱無說以顯道釋梵絶聽而雨華斯則理爲神御口以之默豈曰無辯辯所不能言也普超三昧經決狐疑品云於是阿闍世王曰唯願濡首解我狐疑濡首答言大王所疑恒河沙等諸佛世尊所不能決時王自省無救護從榻而墮如斷大樹摧折躃地大迦葉曰大王自安莫懷恐懅勿以爲懼所以者何濡首童眞被大智鎧善權方便而設此言可徐而問時王卽起問濡首曰向者所說恒河沙諸佛不能爲我而決狐疑濡首報曰王意云何假若有人而自說言我以

塵瞑灰煙雲霧汙染虛空寧堪任乎答不能汙濡首又問設令大王取此空洗之使淨寧堪任乎答曰不能淨濡首報曰吾以是向者說言恒河沙等諸佛世尊所不能決也釋曰一切衆生不了自性淸淨心故妄生垢淨迷悟自沒遂於無疑中起疑於無決中求決若能諦了豁爾意消卽見一切染淨諸法皆同虛空性既達虛空性不可染淨方悟本心未曾迷悟設有說無生無得之理皆是一期隨宜方便若入宗鏡妙旨了然尚無疑與無疑何懷決不決耶月燈三昧經頌云譬如有童女夜臥夢產子生欣死憂慼諸法

亦復然。如人飲酒醉。見地悉迴轉。其實未曾動。諸法亦復然。如淨虛空月。影現於淸池。非月形入水。諸法亦復然。如人自好喜。執鏡而照面。鏡像不可得。諸法亦復然。如人在山谷。歌哭言笑響。聞聲不可得。諸法亦復然。釋曰。狂醉見聞事何眞實。昏夢境界憂喜皆虛。鏡裏之形因誰所起。谷中之響起自何來。所以入楞伽經云。佛告楞伽王。譬如有人於水鏡中自見其像。於燈月中自見其影。於山谷中自聞其響。便生分別而起取著。此亦如是。法與非法。唯是分別。由分別故。不能捨離。但更增長一切虛妄。不得寂滅。寂滅者。

所謂一心。一心者。是最勝三昧。從此能生自證聖智。以如來藏而爲境界。法王經云。於諸法中若說高下。卽名邪說。其口當破。其舌當裂。何以故。一切衆生。心垢同一垢。心淨同一淨。衆生若病同一病。衆生須藥應須一藥。若說多法。卽名顚倒。何以故。爲妄分別析善惡法。破一切法故。隨機說法。斷佛道故。釋曰。同一病須一藥者。以一心爲病。還以一心爲藥。以心生則法生。心滅則法滅故。若說多法。卽名顚倒者。若諦自心。尙不得一。何況說多。以心外見法。卽成顚倒。如狂心見鬼。病眼生華。無中執有。豈成眞正。隨機說法斷佛道故者。執有前機。早違大旨。更說多法。實壞正宗。如法華經云。若有深愛法者。亦不爲多說。以心法甚深。非多非少。旣不可多說。亦不可少說。以非多故不增。以非少故不減。以不增故不生。以不減故不滅。故華嚴經頌云。一切法不生。一切法不滅。若能如是解。諸佛常現前。又藥王菩薩云。我捨兩臂。必當得佛金色之身。兩臂卽是斷常二法。若捨生滅斷常之見。則心佛現前。頓成佛體。故云必當得佛金色之身。無涯際總持經云。一念之頃。能知三世一切諸法。悉皆平等。無不通達。其人終無異行。亦無異念。釋曰。無涯際

總持經者。以名標宗。謂眞心無際。總持萬法。攝歸一體。故云平等。如是通達之人。終無異行者。以知心外無法可作差別故。亦無異念者。以心內無法可起思惟故。所以華嚴經十迴向品云。菩薩摩訶薩如是迴向時。眼終不見有不淨佛刹。亦不見有異相衆生。以心境一如故。不退轉法輪經云。善知一切衆生無相悉同法界。非見非不見。何以故。法界卽是一切衆生心界。是名言行。持世經云。三界唯皆是識。是心意識亦無形無方。不在法內。不在法外。凡夫爲虛妄相應所縛。於識陰中貪著於我。若我所。瓔珞經云。佛言。吾

今有十四億大衆以金剛口說決定義佛子我昔法會有一億八千無垢大士即於法會達一性原頓覺無二一切諸法皆一合相從法會出各於十方說此瓔珞又云行從心得心淨道成思益經云聖人無所斷凡夫無所生是二不出法性平等之相釋曰以凡夫迷執心外有法妄見法生若聖人明見心外無法無法可生了凡無生即聖無斷則是入一心不二法門故云不出法性平等之相以無有一法出法性外故如華嚴經頌云法性徧在一切處一切衆生及國土三世悉在無有餘亦無形相而可得勝跡菩薩所

解諸法經云法唯一字所謂無字本無言說當知無說是爲眞說釋曰心爲一字中王攝盡無邊之教海心爲諸佛智母演出無盡之眞詮若能發明決定信入則如來常不說法是名具足多聞亦是唯願少聞多解義趣即斯旨矣故涅槃疏云涅槃之義浩然無盡欲舉一蔽諸指醎談海者即一心也法句經偈云森羅及萬像一法之所印云何一法中而見有種種又云雖誦千章句義不正不如一要聞可滅意釋曰雖誦千章者但徇音聲不知正義不如一要者若了一心爲萬法之要達宗則息意意息則境空以萬法

常虛隨意生形故不思議光菩薩經偈云一切非如法等住於如中覺了知是已無過無功德釋曰一切非如法者即是心外徧計妄執無體之法若了妄無實則一切諸法等住於一如心中如是覺知則覺外無法可爲對待染淨俱空故如思益經云菩薩所化衆生無有功德以無對處故因有過患方顯功德以眞心徧一切處故更無一法可爲過患既無所治過患亦無能治功德二俱不立故云無過無功德諸法無行經云善住天子問文殊言若有人來求出家者當云何答文殊言若不發出家心者當教汝眞出家

法何者若求出家是求三界及以五欲未來報等彼不見心故不證法心無爲故故不發心釋曰若證自心即入無爲之理若是無爲之理則無心可發斯則是眞發心是眞出家矣法華三昧觀經云所謂十方三世衆生若大若小乃至一稱南無佛者皆當作佛唯一大乘無二無三一切諸法一相一門所謂無生滅畢竟空相唯有此大乘無有二也習如是觀者五欲自斷五蓋自除五根增長即得禪定釋曰一稱南無佛皆當作佛者若法界含生三乘五性能歸命一心無不成佛以離自心一相一門外更無有法可作

歸依。無二無三。畢竟空寂。如是觀者。五欲自斷。以六塵境。隨妄念故有。無念則無境。何用更斷。故能不斷五欲。而淨諸根。諸根既淨。五蓋自除。五根五力自然增長不退。即得禪定。乃至六度萬行。悉皆成就。如金剛三昧經云。空心不動。具六波羅蜜。心空則一切皆空。故云唯有此大乘。無有二也。雜藏經云。爲善福隨。履惡禍追。響之應聲。善惡如音。非天龍鬼神所授。非先禰所爲。造之者心。成者身口矣。佛說偈曰。心爲法本。心尊心使。中心念惡。即言即行。罪苦自追。車轢于轍。心爲法本。心尊心使。中心念善。即言即行。福樂自

追。如影隨形。

宗鏡録卷九十四

音釋

瞰苦暫切視也　矬昨禾切短也　懅其據切怖也　鎧可亥切甲也　禰奴禮切祖禰也　轢郎擊切車踐也

宗鏡錄卷九十五

宋慧日永明妙圓正修智覺禪師延壽集

勝天王般若經云三世如來同在一處自性清淨無漏法界若一若異不可思議智慧神力同一法界般若方便二相平等釋曰同在一處自性清淨者一切凡聖皆以無所住而住自性清淨心祕密藏之一處若一若異不可思議者以報身妙土之相相入相資故云若異以法身自體之性相徧相即故云若一如芥瓶燈室同異難量故云不可思議般若方便二相平等者諸佛以般若方便常相輔翼何者以般若觀

空不住生死以方便涉有不住涅槃以不住生死故智眼常明以不住涅槃故悲心恒續悲智體同故云平等最勝王經云離無分別智更無勝智離法如如無勝境界釋曰一切境界皆是意言分別則無境唯識若了識空但一眞心成無分別智此乃無等之智第一之說豈有餘智更能過者此眞如一心之性爲萬法之所依故離此之外何處別有纖塵能爲標指若離此一心境智或有所見皆是瞖眼狂心不見眞實所以如來不思議境界經云如衆瞖者同於一處見各差別互不相礙皆由眼瞖不見正色衆生亦爾色性無礙心緣異故蔽於正見不了眞實禪要經云棄諸蓋菩薩白佛言世尊禪門祕要爲有一門爲是多門若有多者法則有二若是一者云何容受無量無邊衆生而不迫迮佛言善男子此禪要門亦非是一亦非多數一切衆生性同虛空雖同虛空各於身心自有禪門實不共修何以故息口不言冥合於理口爲禪門攝眼分別混合無異眼爲禪門耳所聞聲了知虛妄畢竟寂滅猶如聾人耳爲禪門乃至身意亦復如是善男子攝諸塵勞入不二門曠徹清虛湛然凝定釋曰心是禪門身爲慧聚禪能洞寂慧能起

照寂照無差方入平等如永嘉集云以奢摩他故雖寂而常照以毗婆舍那故雖照而常寂以優畢叉故非照而非寂照而常寂故說俗而即眞寂而常照故說眞而即俗非寂而非照故杜口於毗耶故知若了念本不起常在等持不察境因念生翻悟眞心亦動所以圓覺經云雲駛月運舟行岸移不知妄想之雲自飛眞月何動豈悟攀緣之舟常泛覺岸靡移如圓覺疏序云心本是佛由念起而漂沉岸實不移因舟行而鶩驟大樹緊那羅王所問經云爾時天冠菩薩問於大樹緊那羅王如是琴中妙偈從何而出答言

善男子。從諸衆生音聲中出。又問。諸衆生音從何而出。答言。善男子。衆生音聲。從虛空出。乃至當知是聲卽虛空性。聞已便滅。若其滅已。同空性住。是故諸法。若說不說。同虛空性。是故應當不捨空際。如音聲分。諸法亦爾。乃至又以音聲。名爲言說。然是音聲無有住處。若無住處。則無堅實。則名爲實。若其是實。則不可壞。若不可壞。則無有起。若無有起。則無有滅。若無有滅。是名淸淨。若是淸淨。是則白淨。若是白淨。是則無垢。若是無垢。則是光明。若是光明。則是心性。若是心性。則是出過。若是出過。則出過諸相。若出過諸相。

則是正位。若菩薩在正位。是則名得無生法忍。釋曰。入一心正位。是究竟指歸。最後垂示。言窮理極。更無過矣。大方等修多羅王經云。爾時世尊告頻婆娑羅王言。行識滅已。初識次生。或生天中。或生人中。或生地獄。或生畜生。或生餓鬼。大王。以初識不斷。自心相續。應受報處。而生其中。大王。觀諸生滅。頗有一法從於今世至未來世。大王。如是行識終時。名之爲滅。初識起時。名之爲生。大王。行識滅時。去無所至。初識生時。無所從來。何以故。識性離故。大王。行識行識空。滅時滅業空。初識初識空。生時生業空。觀諸業果亦不失壞。大王。當知以初識心相續不斷。而受果報。華手經云。佛言。復次堅意。菩薩以善修習一佛相故。隨意自在。欲見諸佛。皆能現前。堅意。譬如比丘。心得自在。觀一切入。取青色相。能得信解一切世界皆一青相。是人所緣。唯一青色。觀內外法。皆一青色。於是緣中。得自在力。故堅意。菩薩亦復如是。隨其所聞諸佛名字。在何世界。卽取是佛及世界相。皆緣現前。菩薩善修習此念佛緣故。觀諸世界。盡皆作佛。常善修習是觀力故。便能了達一切諸緣。皆爲一緣。謂現在佛緣。是名得一相三昧門。佛昇忉利天。爲母說經云。佛告

月氏天子。何謂菩薩曉了一切猶如虛空。其三界者心之所爲。不計斯心。無有色像。亦不可覩。無有處所。無有敎令。猶如幻化。因其心本而求諸法。則不可得。若以於心不求于心。則無所獲。心不可逮。以不得心。一切諸法亦不可得。諸法則無有法。無形類想。亦無有影而無所有。及與實諦亦無所覩。無所覩者。於一切法。心無所入。知一切法無所成就。亦無所生。譬如虛空。菩薩念佛三昧經云。心如金剛。善根穿徹一切法故。心如迦隣提衣。柔軟善根能作業故。心如大海。善根攝諸戒聚故。心如平石。善根住持一切事業故。

心如山王善根發生一切善法故心如大地善根負持衆生事業故演道俗業經云佛告長者智慧有四事一曰解於身空四大合成散壞本無主名二曰其生三界皆心所爲心如幻化倚立衆形三曰了知五陰本無處所隨其所著因有斯情四曰曉十二緣本無根原因對而現是爲四佛於是頌曰悉解其身空四大而合成散滅無處所從心而得生五陰本無根所著以爲名十二緣無端了此至大安善夜經云佛言過去之法不應追念未來之法不應希求現在之法不應住著若能如是當處解脫釋曰此緣三世之

境是相續識若初心人未得一念不生或前念忽起但後念莫續亦漸相應若欲頓消直觀一念生時不得起處自然前後際斷當處虛寂如金剛般若經云過去心不可得未來心不可得現在心不可得以無得故自不相續入一切佛境界經云佛言若得修行正念法者彼無一法非是佛法何以故以覺一切法空故乃至文殊師利言修行正念者不取不捨卽名正念不觀不異名爲行不著不縛不脫名爲行不去不來名爲行文殊師利正念行者彼處無行無利無果無證何以故文殊師利心自性清淨故彼心客塵

煩惱染而自性清淨心不染而彼自性清淨心卽體無染不染者彼處無對治法故以何法對治能滅此煩惱何以故彼清淨非淨卽是本淨若本淨者卽是不生若不生者彼卽不染若不染者彼不離染法若不離染法者彼滅一切染以何等法滅一切染彼不生若不生者是菩提菩提者名爲平等平等者名爲眞如眞如者名爲不異不異者名爲如實住一切有爲無爲法釋曰但了無生卽入平等言平等者卽一切有爲無爲如實之性見此性故以無住義住一切法中若不達一切法是一心眞如平等無生之性在

染離染俱爲煩惱所染若了諸法無生則一切有爲無爲皆是菩提之道何所染耶海龍王經云佛告龍王是無盡藏總持說德無量入無極慧集菩薩行乃至嚴淨道場逮諸佛法是謂無盡之藏總持其有文字名號之數及法諸數遊于正法皆來歸斯無盡之藏爲總持也菩薩入斯於諸文字無所分別諸法清白不壞本淨故乃至由是總持後當來世是離垢總持所流布處皆是如來之所建立八萬四千法藏是總持門爲首也八萬四千行皆來歸於總持八萬四千三昧皆從總持八萬四千總持無盡之藏總持爲

本原釋曰以一切衆生自性清淨心是諸法總持之門從心所生用不失體故云不壞本淨故末不離本故云皆是如來之所建立萬法出生故云無盡之藏凡聖之地故號本原大方廣如來祕密藏經云是時大德阿難白言世尊是無量志莊嚴王菩薩自以其身供養如來當以何身覺菩提道時華室中諸菩薩等問阿難言於意云何可以身覺於菩提耶阿難勿作斯觀當以身心覺於菩提阿難報言諸善丈夫若非身心覺於菩提當用何等而覺菩提諸菩薩言大德阿難身之實性是菩提實性菩提實性是心實性

心之實性卽是一切法之實性覺是一切諸法實性故名覺菩提堅固女經云堅固女言復次舍利弗所言阿耨多羅三藐三菩提者我不見彼法名阿耨多羅三藐三菩提舍利弗言若不見有法名阿耨多羅三藐三菩提者汝云何發菩提心欲覺菩提女言欲令行邪道衆生住正道故我發阿耨多羅三藐三菩提心乃至佛言善哉善哉能如是知未來當得阿耨多羅三藐三菩提女言世尊無有見如是法不得菩提者是故我今必定當得阿耨多羅三藐三菩提佛言姝汝未來世教化衆生耶女言世尊無有見如是法不教化者是故我今必定當能教化衆生佛言汝於來世作大導師耶女言世尊無有見如是法不作導師是故我今必定當得作大導師釋曰故知若有見如是唯心一法入宗鏡中法爾常爲一切教化之主十方大導之師以自得本故能普攝一切枝末之法悉還歸於一心本地故決定無疑矣如攝波歸水會色歸空有何疑哉大莊嚴法門經云佛言復次長者子清淨攀緣方便行菩薩於一切衆生心法中悉有菩提何以故若彼心無色離色分別體性如幻彼此內外不相續者是名菩提復次長者子菩薩不應

覺於餘事但覺自心何以故覺自心者卽覺一切衆生心故若自心清淨卽是一切衆生心清淨故如自心體性卽是一切衆生心體性如自心離垢卽是一切衆生心離垢如自心離貪卽是一切衆生心離貪如自心離瞋卽是一切衆生心離瞋如自心離癡卽是一切衆生心離癡如自心離煩惱卽是一切衆生心離煩惱作此覺者名一切智知覺釋曰若了一心徧知一切夫一切者是一之一切故名一切智知覺若各隨相解則不得名一切智知覺以不覺諸法自性故所以華嚴經頌云世間一切法但以心爲主隨

解取眾相。顛倒不如實。大乘本生心地觀經云。爾時文殊師利菩薩白佛言。世尊。如佛所說。過去已滅。未來未至。現在不住。三世所有一切心法。本性皆空。彼菩提心。說何名發。善哉世尊。願爲解說。斷諸疑網。令趣菩提。佛告文殊師利。善男子。諸心法中。起眾邪見。爲欲除斷六十二見種種見故。心心所法。我說爲空。如是諸見。無依止故。譬如叢林。蒙密茂盛。師子白象。虎狼惡獸。潛住其中。毒發害人。迥絕行跡。時有智者。以火燒林。因林空故。諸大惡獸。無復遺餘。心空見滅。亦復如是。乃至善男子。以是因緣。服於空藥。除邪見

已。自覺悟心。能發菩提。此覺悟心。卽菩提心。無有二相。善男子。自覺悟心。有四種義。云何爲四。謂諸凡夫。有二種心。諸佛菩薩。有二種心。善男子。凡夫二心。其相云何。一者眼識。乃至意識。同緣自境。名自悟心。二者離於五根。心心所法。和合緣境。名自悟心。善男子。賢聖二心。其相云何。一者觀眞實理智。二者觀一切境智。善男子。如是四種。名自悟心。釋曰。凡夫二心者。一根境同緣心。此則和合而生。無有自體。凡夫執實。故說爲空。二離根境心。卽是眞心。不從緣生。若了此心。卽眞發菩提之道。賢聖二心者。一理智心。卽第一

義諦。空有兩亡。性相俱寂。二境智心。卽隨緣俗諦。眞俗雙照。理事相含。若入宗鏡之中。總前凡聖四心。或入相資門。若聖若凡。交徹無礙。或入相泯門。若一若多。冥同性海。成具光明定意經云。何謂廣一心。曰。孝事父母則一其心。尊敬師友而一其心。斷愛遠俗而一其心。入三十七品而一其心。空閑寂寞而一其心。在眾煩亂而一其心。多欲多諍多作多惱。於是之處而一其心。褒訕利失善惡之事。於是不搖而一其心。數息入禪。捨六就淨而一其心。身自能行。復教他人。此謂廣一心也。文殊師利問經偈云。若見有一法。餘

法悉應見。以一法空故。一切法亦空。釋曰。心有法則有。心空法則空。萬法一心。宗空有皆無寄。舉一例諸。悉歸宗鏡。大乘千鉢大敎王經云。曼殊室利菩薩對世尊大眾菩薩前告言。若有一切菩薩。及一切有情眾生。志求無上菩提。修持眞實佛金剛聖性三摩地一切法者。一切法卽是一切有情心是也。爲有情眾生心地法藏。有煩惱種性。煩惱種性。則是菩提性者。有情心處本性眞淨。空無所得。是故有情心。是大圓鏡智心處是也。摩訶衍寶嚴經云。譬如畫師作鬼神像。卽自恐懼。如是迦葉。諸凡愚人。自造色聲香味細

滑之法輪轉生死不知此法亦復如是文殊悔過經云文殊師利言人名所行衆德本者志性各異使入總持光明之慧其有諸天一切人民愁憂苦惱爲除衆患悉入總持光明之耀一切諸論文字本際入於總持光明之耀一切諸行諸想所應悉入總持光明之耀使致普門諸根轉輪使入總持光明之門一切莊嚴清淨衆飾使入總持光明之門乃至住於一事普見衆事住於衆事悉見一事則以一事入一切事以一切事入於一事則以一義告誨開化一切諸義以一切義興發一義以無因緣入於諸緣化于諸緣

令入無緣以無事法入于衆生性行各異從其相行而教誨之釋曰夫能泯異性永拔苦輪融諸行門淸淨嚴飾者悉令入一心總持之門被宗鏡光明之耀故能住一事而見衆事以一成多用諸義而發一義以多成一一成多而用徧多成一而體融體用交羅一多自在觀佛三昧海經云復次阿難譬如有人貧窮薄福依諸豪貴以存性命時有王子遇行出遊執大寶甁於寶甁內藏王印綬是時貧者詐來親附得王寶甁擎持逃走王子覺已遣六大兵乘六黑象手執利劒疾走追之時持甁人走入深草空野澤中見曠野澤滿中毒蛇四面吐毒吸持甁者時貧窮人惶惶恐怖馳走東西蛇亦隨之無藏避處於空澤中見一大樹蓊鬱扶疎甚適其意頭戴寶甁攀樹而上旣上樹已六兵乘象馳疾如風尋復來至貧人見已吞王寶印持甁冠頭以手覆面生貪惜故不忍見之時六黑象以鼻絞樹令樹倒躃貧人落地身體散壞唯金印在寶甁現光諸蛇見光四散馳走佛告阿難住念佛者心印不壞亦復如是釋曰夫觀佛三昧者則諦了自心名爲觀佛旣識心已不爲境亂湛然常定名爲三昧有人貧窮薄福者有人者卽二十五有

人卽一切衆生以無法財名爲貧窮不悟心佛故稱薄福依諸豪貴者卽是諸佛菩薩以存性命者卽是依觀佛三昧門得見自性以成慧命乃至貧人落地者卽是於凡夫身達人法二空證會一心住眞如地身體散壞者旣洞唯識之性身見自亡唯金印在者卽是悟心常住所以一鉢和尚云塵勞滅盡眞如在一顆圓明無價珠寶甁現光者卽般若智照諸蛇見光四散馳走者卽四大之身蛇三毒之煩惱智了卽空名爲馳走住念佛者心印不壞亦復如是者以無念智見眞覺性故云住念佛者諸塵不動一體不移

名爲心印恒住法位究竟寂滅名爲不壞況如唯金印在故稱亦復如是所以起信論云得見心性名究竟覺即斯旨矣首楞嚴三昧經云爾時佛告現意天子汝可示現首楞嚴三昧本事少分現意天子語堅意言仁者欲見首楞嚴三昧少勢力否答言天子願樂欲見現意天子善得首楞嚴三昧力故即現變令衆會者皆作轉輪聖王三十二相而自莊嚴及諸眷屬七寶侍從乃至復現神力普令衆會皆如釋迦牟尼佛身相好威儀各有比丘眷屬圍遶釋曰天子名現意者以一切法從意生形因心所現故名現意是

知自心如幻無有定儀所見差殊隨心生滅若能知幻無實即見眞性以得眞性故方能周徧法界示如幻法門普現色身引幻衆生同歸實地轉有經偈云若爲眞實説眼則不見色意不知識法此是最祕密釋曰入此一心祕密之藏則能所俱亡不與六塵作對故云眼不見色等大法鼓經云一切衆生悉有佛性無量相好莊嚴照明以彼性故一切衆生得般涅槃釋曰故知一切衆生悉有正因佛性以萬行莊嚴爲引出性乃至因圓爲至得果性畢竟成就一心常樂涅槃之道寶頂經云佛言迦葉譬如有人怖畏虚空搥胸叫呼作如是言善友汝等爲我除此虚空除此虚空迦葉於汝意云何此空爲可除否迦葉言不可世尊佛言迦葉若有如是沙門婆羅門怖畏性空我説是人失心狂亂所以者何迦葉一切諸法並是説空方便若畏此空云何不畏一切諸法若惜諸法云何不惜此空佛性論問云此經爲顯何義答爲示一切諸法本性非有故説法空非關法滅然後得空故於空性不應生怖釋曰一切諸法並是説空方便者夫有所説皆爲顯空所以空則一切法法則一切空非先有而後無豈歸斷滅豈先無而後有不墮無

常是以性本常空空無間斷體應諸有有自繁興能入斯宗聞諸法空心大歡喜不了此義聞諸法空心大怖畏以不了法空違現量境執爲外解聞説唯心之旨恐墮空見之門心境俱迷遂生怖畏度一切諸佛境界經云佛言文殊師利菩提者無相無緣云何無相云何無緣不得眼識是無相不見色是無緣不得耳識是無相不聞聲是無緣乃至意法亦如是釋曰無相則無能緣之心無緣則無所緣之境能所俱亡眞心自現文殊師利行經偈云過現未來法唯語無眞實彼若於實處一相無差別釋曰若説三世所

有之法。皆是世諦語言。若了一心眞實之處。一道自無差別。何言之所議。意之所緣耶。

宗鏡錄卷九十五

音釋

駛（爽士切，疾也）　蓊（烏孔切，蓊鬱，草木盛貌）

宗鏡錄卷九十六

宋慧日永明妙圓正修智覺禪師延壽集

菩薩處胎經云。譬如泉源陂池。五河駛流。各各有名。悉歸于海。便無本名。亦如須彌。峙立難動。雜色衆鳥往依附山。皆同一色。便無本色。菩薩摩訶薩。教化衆生。淨佛國土。亦復如是。衆生心識。所念不同。若干思想。能令一切至解脫門。想定意滅。便無本念。同一解脫。十善業道經云。爾時世尊。告龍王言。一切衆生心想異故。造業亦異。由是故有諸趣輪轉。龍王。汝見此會及大海中形色種類各別否。耶。如是一切。靡不由

心造。乃至又觀此諸大菩薩妙色嚴淨。一切皆由修集善業福德而生。又諸天龍八部衆等。大威勢者。亦因善業福德所生。今大海中所有衆生。形色麤鄙。或大或小。皆由自心種種想念。作身語意諸不善業。是故隨業各自受報。寂照神變三摩地經云。佛告賢護。寂照神變三摩地者。謂一切法平等性智。一切言說不現行智。乃至悟入心智。於心自性。能隨覺智。於引不引。及引發中。成善巧智。師子莊嚴王菩薩請問經云。佛言。如是一法。隨心變現。即能具足六波羅密。應當廣說教化衆生。為大利益。乃至成佛。賢劫定意經云。若有菩薩平等三昧。諸根具足。聖慧成就。是曰一心。又云。其在禪定。不著內外。亦無中間。是曰一心。舍利弗陀羅尼經云。唯修一心念佛。不以色見如來。不以無色見如來。不以相。不以好。不以戒定慧解脫解脫知見。不以生。不以家。不以姓。不以眷屬。乃至非自作非他作。若能如是。名為念佛。商主天子所問經云。商主天子問言。文殊師利。云何菩薩能清淨心。答言。天子。若知諸心。皆是一心。如是菩薩名得淨心。大乘流轉諸有經偈云。諸法唯假名。但依名字立。離於能詮語。所詮不可得。釋曰。故知法但有名。因名立法。又

名因於語。語因覺觀。覺觀心不起。能所悉皆空。弘道廣顯定意經云。佛言。又復三事。心之所生。諸法無常從其心生。諸法皆苦。亦由心生。諸法無我。亦從心生。乃至能一其心。知衆生心。順行化之。是則心力。阿含經偈云。我與已為親。不與他為親。智者善調我。則得生善趣。釋曰。所以云。天下至親。無過於心。可謂入道真要。修行妙門。若善調之。速登大果。所以般若經云。調心為善哉。調心招樂果。雜藏經偈云。心能導世間。心能徧攝受。如是心一法。皆自在隨行。文殊菩薩問法身經云。如言摩尼寶。舍有四角。從一角視。悉見諸

角無所鈌滅是故見諸本際釋曰若了一心本際何法不通以諸法從心所生皆同一際住此際中一一圓滿舉目咸是何待意思智不能知言不能及故云金剛寶藏無所鈌滅象腋經偈云種種幻無實凡夫人見異是中無有異一切同一相老姥經云眼見好色即是意意即是色是二者俱空無所有生滅亦如是無所希望經云時舍利弗知諸衆會心之所念即時告此諸比丘言仁等何故發於斯言吾等之身從今已往無佛世尊因從異學出爲沙門時諸比丘報舍利弗吾從今始敬事六師一切所歸爲一相耳不

倚六入是以不見若干種師不想出家沙門也釋曰倚六入而爲差妄分邪正歸一相而爲本彼我雙亡如是解者可謂眞出家矣寂調音所問經云寂調音天子言文殊師利何等如與垢淨等文殊師利言空無相無願如所以者何涅槃空故天子如瓦器中空寶器中空無二無別如是天子垢空淨空俱同一空無二無別釋曰器雖不等空本無形垢淨雖殊性何會異如是了者入無相門頓悟眞空不墮修證月藏經偈云諸法無有二導師捨憎愛一道如虛空此是佛境界又偈云不分別諸法不見有衆生諸法唯一

相得見佛境界佛語經云佛言若有處語是魔王語是魔見語不名佛語善男子若無一切諸處語者是名佛語釋曰無一切諸處語者即是無所證之法亦無能證之智旣無有法豈可說耶但了唯心自然無語無語是眞語故云無法可說是名說法若著處所若有所說悉違本宗不見法性如云報化非眞佛亦非說法者雜藏經偈云如世有良醫以妙藥救病諸佛亦如是爲物說唯心大乘理趣經偈云一切有爲法如乾闥婆城衆生妄心取雖現非實有諸法非因生亦非無因生虛妄分別有是故說唯心無明妄想

見而是色相因藏識爲所依隨緣現衆像如是目有翳妄見空中華習氣擾濁心從是三有現眼識依賴耶能現種種色譬如鏡中像分別不在外所見皆自在非常亦非斷賴耶識所變能現於世間法性皆平等一切法所依藏識恒不斷末那計爲我集起說爲心思量性名意了別義爲識是故說唯心心外諸境界妄見毛輪華所執實皆無咸是識心變色具色功德皆依賴耶識凡愚妄分別謂是眞實有睡眠與惛醉行住及坐臥作業及士用皆依藏識起有情器世間非由自在作亦非神我造非世性微塵如木中火

性雖有未能燒因燧方火生由此破諸暗展轉互為因賴耶為依止諸識從彼生能起漏無漏如海遇風緣起種種波浪現前作用轉無有間斷時藏識海亦然境界風所動恒起諸識浪無間斷亦然如酪未鑽搖其酥人不見施功既不已醍醐方可得賴耶妄熏習隱覆如來藏修習純熟時正智方明了諸識隨緣轉不見本覺心自覺智現前真性常不動寶雨經云菩薩云何行心念處善男子菩薩作是思惟心實無常執著為常實是其苦執著為樂本無有我執著為我本來不淨執著為淨其心輕動無時暫停以不停

故於諸雜染能為根本壞滅善道開惡趣門生長三毒與隨煩惱等作其因緣為主為導又能積集淨不淨業迅速流轉如旋火輪亦如奔馬如火焚燒如水增長徧知諸境如世彩畫菩薩如是觀察心時便得自在得自在已於諸法中亦無罣礙是名菩薩善行心念處持世經云佛言持世何謂菩薩摩訶薩修心觀心菩薩摩訶薩觀心生滅住異相如是觀時作是念是心無所來去無所至但識緣相故生無有本體無一定法可得是心無來無去無住異可得是心非過去未來現在是心識緣故從憶念起是心不在內

不在外不在兩中間是心無一生起相是心無性無定無有生者無使生者起雜業故說名為心識雜緣故說名為心念念生滅相續不斷故說名為心但令眾生通達心緣相故心中無心相是心從本已來不生不起性常清淨客塵煩惱染故有分別心不知心亦不見心何以故是心空性空故本體無所有是心無有一定法定法不可得故是心無法若合若散是心前際不可得後際不可得中際不可得是心無形無能見者心不自見不知自性但凡夫顛倒相應以虛妄緣識相故起是心空無我無我所無常無堅牢

無不變異相如是思惟得修心念處是人爾時不分別是心是非心但善知心無生相通達是心無生性何以故心無決定性亦無決定相智者通達是心無生無相爾時如實觀心集沒滅相如是觀時不得心若集相若沒滅相不復分別心滅不滅而能得心真清淨相諸菩薩以是清淨心客塵所不能惱何以故諸菩薩見知心清淨相亦知眾生心清淨作是念心垢故眾生垢心淨故眾生淨如是思惟時不得心垢相不得心淨相但知是心常清淨相持世諸菩薩摩訶薩修心觀心如是寶網經偈云普徧諸佛土法王

之境界釋師子人尊一毛光所照釋曰如無量無邊諸佛土不出一毛頭心地以智了達者故云光所照十住經云金剛藏菩薩是菩薩三千大千世界所有衆生一時問難以無量無邊音聲差別問難是菩薩於一念中悉受如是問難但以一音皆令開解釋曰但以一音皆令開解者萬法從心何疑不釋依心所示何法不融可謂得佛法之精華開人天之眼目廣博嚴淨經偈云自在世導師不可說而說於空中作結卽空而解之釋曰心有卽結心空卽解若無於心無結無解故首楞嚴經云佛告阿難此寶華巾汝知

此巾元止一條我六綰時名有六結汝審觀察巾體是同因結有異於意云何初綰結成名爲第一如是乃至第六結生吾今欲將第六結名爲第一否不也世尊六結若存斯第六名終非第一縱我歷生盡其明辯如何令是六結亂名佛言六結不同循顧本因一巾所造令其雜亂終不得成則汝六根亦復如是畢竟同中生畢竟異佛告阿難汝心嫌此六結不成願樂一成復云何得阿難言此結若存是非鋒起於中自生此結非彼彼結非此如來今日若總解除結若不生則無彼此尚不名一六云何成佛言六解一亡亦復如是由汝無始心性狂亂知見妄發發妄不息勞見發塵如勞目睛則有狂華於湛精明無因亂起一切世間山河大地生死涅槃皆卽狂勞顛倒華相阿難言此勞同結云何解除如來以手將所結巾偏掣其左問阿難言如是解否不也世尊旋復以手偏牽右邊又問阿難如是解否不也世尊佛告阿難吾今以手左右各牽竟不能解汝設方便云何解成阿難白佛言世尊當於結心解卽分散佛告阿難如是如是若欲除結當於結心釋曰左右偏掣況有無二見當於結心卽正明中道所以昧眞空而有無情

起執根塵而一六義生諦了自心解縛俱泯故知垢淨解縛悉從自心以心垢故見垢心淨故見淨心縛故見縛心解故見解若無於心何垢何淨如首楞嚴三昧經云爾時會中有一菩薩名魔界行不汙現於魔宮語惡魔言汝寧不聞佛說首楞嚴三昧無量衆生皆發阿耨多羅三藐三菩提心出汝境界亦皆當復度脫餘人出汝境界魔卽報言我聞佛說首楞嚴三昧名字以被五縛不能得往所謂兩手兩足及頸又問惡魔誰繫汝者魔卽答言我適發心欲往壞亂聽受首楞嚴三昧者卽被五縛我適復念諸佛菩薩

有大威德難可壞亂。我若往者。或當自壞。不如自住於此宮殿。作是念已。卽於五縛而得解脫。菩薩答言。如是。一切凡夫。憶想分別顛倒取相。是故有縛。動念戲論。是故有縛。見聞覺知。是故有縛。此中實無縛者解者。所以者何。諸法無縛。本解脫故。諸法無解。本無縛故。常解脫相。無有愚癡。如來以此法門說法。若有衆生得知此義。欲求解脫。勤心精進。則於諸縛。而得解脫。寶篋經云。文殊師利告大德舍利弗。如恒沙劫。火災熾然。終不燒空。如是舍利弗。一一衆生。恒河沙劫。造作逆罪不善之業。然其心性。終不可汙。大虛空

藏菩薩所問經偈云。虛空離生滅。法界無去來。衆色現於空。諸法依心住。空無色非色。心性亦復然。虛空唯假名。心意識如是。菴提遮女經偈云。我雖內室中。尊如目前現。仁稱阿羅漢。常隨不能見。釋曰。故知念念釋迦出世。步步彌勒下生。以自業所遮。對面不見。十地尚隔羅縠。二乘可知。守護國主陀羅尼經云。爾時世尊告一切法自在王菩薩摩訶薩言。此深三昧。以菩提心而爲其因。以大慈悲而爲根本。方便修習無上菩提以爲究竟。善男子。此中何者名爲菩提。善男子。欲知菩提。當了自心。若了自心。卽了菩提。何以

故。心與菩提眞實之相。畢竟推求。俱不可得。同於虛空。故菩提相。卽虛空相。是故菩提無所證相。無能證相。亦無能所契合之相。何以故。菩提畢竟無諸相故。善男子。以一切法。卽虛空相。是故菩提畢竟無相。爾時一切法自在王菩薩復白佛言。世尊。若此菩提同虛空。一切智體當何所求。云何證得菩提現前。一切智智當於何生。佛告一切法自在王菩薩言。善男子。一切智體當於心求。一切智智及與菩提從心而生。何以故。心之實性本清淨故。善男子。此心之性。不在內。不在外。不在中間。善男子。一切如來說此心相。非

青非黃。非赤非白。非紅非紫。亦非金色。非長非短。非圓非方。非明非暗。非男非女。非非男女。亦復非是亦男亦女。善男子。此心非欲界性。非色界性。非無色界性。非天龍。非夜叉。非乾闥婆。非阿脩羅。非迦樓羅。非緊那羅。非摩睺羅伽。人非人等。一切同類。善男子。此心不住於眼。亦復不住耳鼻舌身意。於三世中。亦不可見。何以故。此心同於虛空相故。以是義故。遠離一切麤細分別。何以故。此虛空性。卽心性故。如其心性。卽菩提性。如菩提性。卽陀羅尼性。善男子。是故此心。虛空菩提陀羅尼性。無二無二分。無別無斷。如是一

切皆以大慈大悲而爲根本方便波羅蜜之所攝受善男子是故當知我今於此諸菩薩等大衆之中說如是法爲淨廣大菩提心故爲令一切了自心故是故一切法自在王若有善男子善女人欲知菩提眞實性者當了自心如其心性卽菩提性云何而能了知心性謂此心性於一切相若形若顯乃至若五陰若六入若十二處若十八界如是等法觀察推求竟不可得善男子若諸菩薩如是了知卽得成就第一淸淨法光明門住此門已任運得此不可思議一切智智諸佛境界甚深三昧文殊般若經云佛告文殊

師利汝已供養幾所諸佛文殊師利言我及諸佛如幻化相不見供養及與受者佛告文殊師利汝今可不住佛乘耶文殊師利言如我思惟不見一法何當得住於佛乘佛言文殊師利汝不得佛乘乎文殊師利言如佛乘者但有名字非可得亦不可見我云何得佛言文殊汝得無礙智乎文殊師利言我卽無礙云何以無礙而得無礙佛言汝坐道場乎文殊師利言一切如來不坐道場我今云何獨坐道場何以故現見諸法住實際故釋曰若了一心實際則一切無所得於無所得中故能成辦無邊佛事於事事中皆

不違實際故若如是解者未必是不坐道場是坐道場當坐道場時是不坐道場矣何以故道場等不出實際故大品經云若住一切法不住般若波羅蜜不住一切法方住般若波羅蜜釋曰若住法則不見般若若住般若則不見法以法有相般若無相有無相反故爾又非離有相法別立無相般若以相卽無相全是般若故經云色無邊故般若無邊又云若學般若應學一切法何以故夫般若者是無住義起心卽是住著若不住一切法卽是般若故云若學般若應學一切法設住般若亦成愚闇但一切處皆無住則

無非般若金剛場陀羅尼經云文殊白佛言頗有一法菩薩行已能入一切陀羅尼諸法門否佛言有一字法門菩薩得已能說千萬字法門而此一字法門亦不可盡說諸法已還攝入一字法門轉女身經云若於諸法不見差別是則心能成就衆生又云若知諸法皆解脫相是則名爲究竟解脫釋曰執心爲境觸目塵勞知境是心無非解脫所以二乘只證人空但離人我虛妄名爲解脫未得法空一切解脫以不識心故如入楞伽經偈云諸法無法體而說唯是心不見於自心而起於分別出曜經云身被戒鎧心無

慧劒者則不能壞結使元首故知若不觀心妙慧成就則不能斷無明根本所以首楞嚴經云持犯但束身非身無所束元非偏一切云何獲圓通正法華經云第一大道無有兩正釋曰志當歸一萬法所宗如國無二王家無二主若離此別有所求則成兩道如菩薩行方便經云夫求法者名不求於一切諸法又云若有所求則不能師子吼也若無所求能師子吼釋曰涅槃經云師子吼者決定說一切衆生皆有佛性若知自心佛性具足則性外豈有法而可求耶那先經云王問那先何等爲一其心者那先言諸善獨

有一心最第一一其心者諸善皆隨之那先言譬如樓陛當有所倚諸善道者皆著一心雜藏經云闍王施寶衣與文殊師利菩薩文殊忽於座上隱身不見如是展轉施諸菩薩聲聞亦復如是乃至自著亦不見身因茲悟道釋曰夫祖佛起教之由莫不皆是破身心二執故金剛經云佛說非身是名大身寶藏論云淸虛之理畢竟無身心亦如是若能直悟自他身心俱不可得心外無法萬境皆空卽同闍王所悟無量義經云佛告大莊嚴菩薩有一法門能令菩薩疾得菩提世尊是法門者字號何等其義云何善男子

是一法門名無量義菩薩欲得修學無量義者應當觀察一切諸法自本來今性相空寂無大無小無生無滅非住非動不進不退猶如虛空無有二法而諸衆生虛妄橫計是此是彼是得是失釋曰是一法門名無量義者卽是一心門能生無量義以不守自性隨緣成諸法正隨緣時亦不失自性以衆生不了故但隨起動之緣不見寂滅之性故於諸法橫計有無彼此得失如來示教勝軍王經云大王當知譬如男子或諸女人於其夢中夢心所見可愛園林可愛山谷可愛國邑及諸異類彼夢覺已所見皆無如是大

王國祚身命虛僞無常一切皆如夢之所見故知夢中境界覺時境界唯心所見更無有異世人但信夢境是虛例執晝境是實是以大覺垂慈說況比知將所信之虛破所信之實令所信之實同所信之虛頓悟法空皆入宗鏡入法界體性經云爾時長老舍利弗從自住處出往詣文殊師利童子住處到已不見文殊師利卽詣佛所到已在佛別門外邊而住爾時世尊告文殊師利童子言文殊師利是舍利弗比丘今在門外爲欲聽法汝令使入文殊師利言世尊若彼舍利弗際若法界際世尊此二際豈有在內在外

若中間二耶佛言不也文殊師利言世尊言實際者亦非實際如是際非際無內無外不來不去世尊長老舍利弗際卽是實際舍利弗界卽是法界世尊然此法界無出無入不來不去其長老舍利弗從何處來當入何所佛言文殊師利若我在內共諸聲聞語論汝在於外而不聽入汝意豈不生苦惱想耶文殊師利言不也世尊何以故世尊凡所說法不離法界如來說法卽是法界法界卽是如來界說法界如法界言說界無二無別所有名者說者此等皆不離法界世尊以是義故我不苦惱世尊若我恒河沙劫等

不來至世尊說法所我時不生愛樂亦無憂惱何以故若有二者卽生憂惱法界無二故無惱耶釋曰是以內外無際眞俗一原入宗鏡中忻戚不盈於懷抱住無一處憎愛靡挂於情田故知不去不來見佛匪移於當念非近非遠聞法豈越於毫端得文殊之心方知法爾起眾生之見自隔情塵深密解脫經云諸佛如來善覺所覺離於二行到無相處行諸佛行得諸如來一切平等到無障礙之所去處能到一切不退法輪能到不可降伏境界不可思議體能到一切三世平等徧至一切諸世界身到於諸法無疑之處

能到一切究竟智行悉能到於法智無疑境界得諸一切無分別身能答一切菩薩問智能到無二行之彼岸能到諸佛無有差別解脫智處能到無邊無中三昧境界廣大如法界究竟若虛空盡未來際釋曰夫親到諸法無疑之處悟心方知頓照萬境無相之門見性方了斯乃如來行處大覺所知故云廣大如法界究竟若虛空無始無終盡未來際金剛王菩薩祕密念誦儀軌經云端身正坐作是思惟一切諸法從自心起從本已來皆無所有彌勒成佛經偈云久念眾生苦欲拔無由脫今日證菩提豁然無所有釋

曰心識念念攀緣繫縛塵境不得自在卽是眾生苦若了境空無縛內結不生證會一心根塵俱寂卽入性空法界證無相菩提所以法華三昧經云無著無所依無累心寂滅本性如虛空是名無上道又法華經云諸佛於此得阿耨多羅三藐三菩提諸佛於此轉于法輪諸佛於此而般涅槃是以諸佛八相成道菩薩四攝度生自利利他悉皆於此本性空中成辦雜藏經云譬如兩木相揩則自生火還燒其木火不從風出不從水出不從地出其四魔者亦復如是皆從心生不從外來譬如畫師畫作形像隨手大小雖

因緣合有彩有板有筆畫師不畫不能成像四魔如是心已堅固便無所起釋曰是以一心不動法不現前如畫師不畫且無形像故不動一心有大功德如法句經云佛言善男子善知識者有大功德能令汝等於貪欲瞋恚愚癡邪見五蓋五欲衆塵勞中建立佛法不起一心得大功德譬如有人持堅牢船渡於大海不動身心而到彼岸

宗鏡錄卷九十六

音釋

陂波爲切澤也　峙池爾切山屹立也　腋羊益切　姥莫補切　燧徐醉切取火木也　鑽借官切穿也　綰烏板切繫也　鋒敷容切鋒起謂如鋒刃齊起銳而難犯也　掣昌列切挽也　縠胡谷切縐紗也　陛部禮切升高之階也　揩苦皆切摩也

宗鏡録卷九十七

宋慧日永明妙圓正修智覺禪師延壽集

夫佛教已明須陳祖意達佛乘者皆與了義相應如法華經云是人有所思惟籌量言說皆是佛法無不眞實亦是先佛經中所說第一毗婆尸佛偈云身從無相中受生猶如幻出諸形像幻人心識本來無罪福皆空無所住第二尸棄佛偈云起諸善法本是幻造諸惡業亦是幻身如聚沫心如風幻出無根無實性第三毗舍浮佛偈云假借四大以爲身心本無生因境有前境若無心亦無罪福如幻起亦滅第四拘

留孫佛偈云見身無實是佛見了心如幻是佛了了得身心本性空斯人與佛何殊別第五拘那含牟尼佛偈云佛不見身知是佛若實有知別無佛智者能知罪性空坦然不懼於生死第六迦葉佛偈云一切衆生性清淨從本無生無可滅卽此身心是幻生幻化之中無罪福第七釋迦牟尼佛偈云幻化無因亦無生皆卽自然見如是諸法無非自化生幻化無生無所畏復告摩訶迦葉吾有清淨法眼涅槃妙心實相無相微妙正法付囑於汝無令斷絕聽吾偈曰法本法無法無法法亦法今付無法時法法何曾法西天第一祖摩訶迦葉傳法偈云法法本來法無法無非法何於一法中有法有不法第二祖阿難傳法偈云本來付有法付了言無法各各須自悟悟了無無法第三祖商那和修傳法偈云非法亦非心無心亦無法說是心法時是法非心法第四祖優波毱多尊者傳法偈云心自本來心本心非有法有法有本心非心非本法第五祖提多迦亦名香衆初投優波毱多出家尊者問曰爲心出家耶身出家耶香衆曰我來出家非爲身心而求利益尊者曰不爲身心復誰出家香衆曰夫出家者無我之故無我之故卽心不

生滅心不生滅卽是常旣是常故佛亦常心無形相其體亦爾尊者曰汝當大悟心自明朗依佛法中度恒沙衆付法偈云通達本法心無法無非法悟了同未悟無心得無法第六祖彌遮迦付法偈云無心無可得說得不名法若了心非心始解心心法第七祖婆須密付法偈云心同虛空界示等虛空法證得虛空時無是無非法第八祖佛陀難提付法偈云虛空無內外心法亦如是若了虛空故是達眞如理第九祖伏馱密多尊者問佛陀難提尊者偈云父母非我親誰爲最親者諸佛非我道誰爲最道者偈答云汝

言與心親。父母非可比。汝行與道合。諸佛心卽是。外求有相佛。與汝不相似。欲識汝本心。非合亦非離。因茲悟道。付法偈云。眞理本無名。因名顯眞理。受得眞實法。非眞亦非僞。第十祖脅尊者傳法偈云。眞體自然眞。因眞說有理。領得眞實法。無行亦無止。第十一祖富那夜奢。時脅尊者於一樹下。以手指樹下地。告大衆曰。此地若變爲金色。當有聖者而入此會。言當未久。須臾之頃。以爲金色。尊者舉手而見一人當會前立。尊者曰。汝從何來。夜奢曰。我心非往。尊者曰。何處所住。夜奢曰。我心非止。尊者曰。汝不定耶。夜奢曰。

諸佛亦然。尊者曰。汝非諸佛。夜奢曰。諸佛亦非。爾時夜奢說偈讚曰。師坐金色地。常說眞實義。迴光而照我。令入三摩地。又傳法偈云。迷悟如隱顯。明暗不相離。今付隱顯法。非一亦非二。第十二祖馬鳴尊者傳法偈云。隱顯卽本法。明暗元不二。今付悟了法。非取亦非弃。第十三祖毗羅尊者傳法偈云。非隱非顯法。說是眞實際。悟此隱顯法。非愚亦非智。第十四祖龍樹尊者。行化到南印土。彼國人多修福業。不會佛理。唯行小辯。不具大智。及問佛性。而云布施。我求福業。非解佛性。汝會佛性。爲我說之。師曰。汝欲學道。先除

我慢。生恭敬心。方得佛性。衆曰。佛性大小。師曰。非汝所知。非說大小。若說大小。卽是大小。非佛性也。彼衆曰。我欲棄小辯。歸于大海。龍樹卽爲說法。對大衆而現異相。身如月輪。當於座上。唯聞說法。不覩其形。彼衆有一長者。名曰提婆。謂諸衆曰。識此瑞否。彼衆曰。非其大聖。誰能識也。爾時提婆心根宿淨。亦見其相。默然契會。乃告衆曰。師現佛性之義。非師身者。無相三昧。形如滿月。佛性之義也。語未訖。師卽現本身座上說偈曰。身現滿月相。以表諸佛體。說法無其形。用辯非聲色。又傳法偈云。爲明隱顯法。方說解脫理。於

法心不證。無瞋亦無喜。第十五祖迦那提婆尊者傳法偈云。本對傳法人。爲說解脫理。於法實無證。無終亦無始。第十六祖羅睺羅尊者傳法偈云。於法實無證。不取亦不離。法非有無相。內外云何起。第十七祖僧迦難提尊者傳法偈云。心地本無生。因種從緣起。緣種不相妨。華果亦復爾。第十八祖伽耶舍多。初第十七祖僧迦難提。因至其舍。忽見一子。手執銅鏡而至。師所尊者曰。子幾歲耶。子曰。我當百歲。是時尊者見答百歲。復問曰。汝當無知。看甚幼小。答吾百歲。非其理也。子曰。我不會理。正當百歲。尊者曰。子善機耶。

子曰佛偈云若人生百歲不會諸佛機未若生一日
而得決了之時尊者敬之深知是聖又徵問曰汝執
此鏡意況如何爾時童子以偈答曰諸佛大圓鏡內
外無瑕翳兩人同得見心眼俱相似父母見子奇異
遂捨出家尊者即領遊化至一古寺而為受戒名曰
伽耶舍多於彼殿上有銅鈴被風搖響尊者問曰彼
風鳴耶彼鈴鳴耶彼銅鳴耶子曰我心鳴耳非風銅
鈴尊者曰非風銅鈴我心誰耳子曰二俱寂靜非三
昧耶尊者曰善哉真比丘善會諸佛理善說諸法要
善識真實義又告曰我今將此法眼藏付囑於汝汝

受吾偈當行化之偈曰心地本無生因種從緣起緣
種不相妨華果亦復爾伽耶舍多後付鳩摩羅多傳
法偈曰有種有心地因緣能發萌於緣不相礙當生
生不生第十九祖鳩摩羅多尊者傳法偈云性上本
無生為對求人說於法既無得何懷決不決第二十
祖闍夜多尊者傳法偈云言下合無生同於法界性
若能如是解通達事理竟第二十一婆修槃頭尊者
傳法偈云泡幻同無礙如何不了悟達法在其中非
今亦非古第二十二祖摩拏羅付鶴勒尊者傳法偈
後即從座起踊身虛空作十八變訖却歸本座以手

指地化為一泉而說偈言心地清淨泉能潤於一切
從地而涌出徧滿十方際又傳法偈云心逐萬境轉
轉處實能幽隨流認得性無喜亦無憂第二十三祖
鶴勒尊者付法已竟即從座起踊身虛空作十八變
已却歸本座寂然滅度爾時大眾欲分舍利各自起
塔臨闍維訖欲分舍利爾時尊者現身說偈一法一
切法一切一法攝吾身非有無何分一切塔又傳法
偈云認得心性時可說不思議了了無所得得時不
說知第二十四祖師子尊者傳法偈云正說知見時
知見俱是心當心即知見知見即于今第二十五祖

婆舍多尊者傳法偈云聖人說知見當境無非是我
今悟真性無道亦無理第二十六祖不如密多尊者
傳法偈云真性心地藏無頭亦無尾應緣而化物方
便呼為智第二十七祖般若多羅尊者傳法偈云心
地生諸種因事復因理果滿菩提圓華開世界起西
天波羅提尊者化異見王現神通力乘雲至王殿前
爾時大王問乘雲者曰汝為是邪汝為是正波羅提
尊者答曰我非邪正而來正邪大王若正我無邪正
王又問曰何者是佛波羅提曰見性是佛王曰師見
性否波羅提曰我見佛性王曰性在何處波羅提曰

性在作用王曰是何作用今不覩見波羅提曰今現作用王自不識王曰師既所見云有作用當於我處而有之否波羅提曰王若作用現前總是王若不用體亦難見王曰若當用之幾處出現師曰若出用時當有其八卓立雲端以偈告曰在胎曰身處世名人在眼曰見在耳曰聞在鼻辯氣在口談論在手執捉在脚運奔徧現俱該法界收攝不出微塵識者知是佛性不識者喚作精魂此土初祖菩提達摩多羅南天竺國王第三之子常好理論心念衆生而不識佛又自歎曰世有形法而易了之唯佛心法難有會者

爾時般若多羅尊者至于其國王賜一寶珠其珠光明璨然殊妙尊者見已用珠試曰此寶珠者有大光明能照于物更有好珠能勝此否菩提多羅曰此是世寶未得為上於諸光中智光為上此是世明未得為上於諸明中心明第一其此珠者所有光明不能自照要假智光智辯於此既辯此已即知是珠既知是珠即明其寶若明其寶寶不自寶若辯其珠珠不自珠珠不自珠者要假智珠而辯世珠寶不自寶者要假法寶以明俗寶然則師有其道其寶既現衆生有道心寶亦然尊者異之因出家悟道遂行化此土

寶誌識是傳佛心印觀音聖人師述安心法門云迷時人逐法解時法逐人解則識攝色迷則色攝識但有心分別計校自心現量者悉皆是夢若識心寂滅無一動念處是名正覺問云何自心現答見一切法有有自不有自心計作有見一切法無無自不無自心計作無乃至一切法亦如是並是自心計作有自心計作無又若人造一切罪自見已之法王即得解脫若從事上得解者氣力壯從事中見法者即處處不失念從文字解者氣力弱即事即法者深從汝種種運為跳踉顛蹶悉不出法界亦不入法界若以界

入界即是癡人凡有所施為終不出法界心何以故心體是法界故問世間人種種學問云何不得道答由見已故不得道已者我也至人逢苦不憂遇樂不喜由不見已故所以不知苦樂者由亡已故得至虛無已自尚亡更有何物而不亡也問諸法既空阿誰修道答有阿誰須修道若無阿誰即不須修道阿誰者亦我也若無我者逢物不生是非是者我自是而物非是也非者我自非而物非非也即心無心是為通達佛道即物不起見名為達道逢物直達知其本原此人慧眼開智者任物不任已即無取捨違順愚

者任已不任物卽有取捨違順不見一物名為見道不行一物名為行道卽一切處無處卽是法處卽作處無作處無作法卽見佛若見相時則一切處見鬼取相故墮地獄觀法故得解脫若見憶想分別卽受鑊湯爐炭等事現見生死相若見法界性卽涅槃性無憶想分別卽是法界性心非色故非有用而不廢故非無又用而常空故非有空而常用故非無傳法偈云吾本來茲土傳法救迷情一華開五葉結果自然成第二祖可大師云凡夫謂古異今謂今異古復離四大更有法身解時卽今五陰心是圓淨涅槃此

心具足萬行正稱大宗傳法偈云本來緣有地因地種華生本來無有種華亦不能生第三祖璨大師傳法偈云華種雖因地從地種華生若無人下種華種盡無生第四祖道信大師云夫欲識心定者正坐時知坐是心知有妄起是心知無妄起是心知無內外是心理盡歸心心卽清淨淨卽本性內外唯一心是智慧相明了無動心名自性定又示融大師云百千妙門同歸方寸恒沙功德總在心原一切定門一切慧門一切行門悉皆具足神通妙用並在汝心傳法偈云華種有生性因地華生生大緣與性合當生生

不生第五祖弘忍大師云欲知法要心是十二部經之根本唯有一乘法一乘者一心是但守一心卽心眞如門一切法行不出自心唯心自知心無形色諸祖只是以心傳心達者印可更無別法又云一切由心邪正在已不思一物卽是本心唯智能知更無別行傳法偈云有情來下種因地果還生無情既無種無性亦無生第六祖慧能大師云汝等諸人自心是佛更莫狐疑心外更無一法而能建立皆是自心生萬種法經云心生種種法生其法無二其心亦然其道清淨無有諸相汝莫觀淨及空其心此心無二無

可取捨行住坐臥皆一直心卽是淨土依吾語者決定菩提傳法偈云心地含諸種普雨悉皆生頓悟華情已菩提果自成讓大師云一切萬法皆從心生若達心地所作無礙汝今此心卽是佛故達摩西來唯傳一心之法三界唯心森羅及萬像一法之所印凡所見色皆是自心心不自心因色故心汝可隨時卽事卽理都無所礙菩提道果亦復如是從心所生卽名為色知色空故生卽不生馬大師問曰如何用意合禪定無相三昧師曰汝若學心地法門猶如下種我說法要譬如天澤汝緣合故當見于道馬大師又

問曰和尚云見道道非色故云何能覩師曰心地法眼能見于道無相三昧亦復然矣馬大師曰有成壞否師曰若契此道無始無終不成不壞不聚不散不長不短不靜不亂不急不緩若如是解當名爲道汝受吾教聽吾偈言心地含諸種遇澤悉皆萌三昧華無相何壞復何成吉州思和尚云卽今語言卽是汝心此心是佛是實相法身佛經云有三阿僧祇百千名號隨世界應處立名如隨色摩尼珠觸青卽青觸黃卽黃寶本色如指不自觸刀不自割鏡不自照隨像所現之處各各不同得名優劣不同此心與虛空

齊壽若入三昧門無不是三昧若入無相門總是無相隨立之處盡得宗門語言啼笑屈伸俯仰各從性海所發故得宗名相好之佛是因果佛卽實相佛家用經云三十二相八十種好皆從心想生亦云法性家焰又云法性功勳隨其心淨卽佛土淨諸念若生隨念得果應物而現謂之如來隨應而去故無所求一切時中更無一法可行自是得法不以得更得是以法不知法法不聞法平等卽佛佛卽平等不以平等更行平等故云獨一無伴迷時迷於悟悟時悟於迷迷還自迷悟還自悟無有一法不從心生無有一

法不從心滅是以迷悟總在一心故云一塵含法界非心非佛者眞爲本性過諸數量非聖無辯辯所不能言無佛可作無道可修經云若知如來常不說法是名具足多聞卽見自心具足多聞故草木有佛性者皆是一心飯食作佛事衣服作佛事故嵩山安和尚昔讓和尚與坦然禪師在荆州玉泉聽律二人共相謂言我聞禪宗最上佛乘何必局此小宗而失大理遂乃雲遊博問先知至嵩山安和尚處問如何是祖師西來意旨師云何不問自家意旨問他別人意旨作什麼問如何是坦然意旨師云汝須密作用問

如何是密作用伏請指示師舉目視之二人當時大悟崛多三藏師因行至太原定襄縣歷村見秀大師弟子結草爲庵獨坐觀心師問作什麼對云看靜師曰看者何人靜者何物其僧無對問此理如何乞師指示師曰何不自看何不自靜師見根性遲迴乃曰汝師是誰對云秀和尚師曰汝師只教此法爲當別有意旨云只教某看靜師曰西天下劣外道所習之法此土以爲禪宗也大悞人僧問三藏汝師是誰師曰六祖又云正法難聞汝何不往彼中其僧聞師示訓便往曹溪禮見六祖具陳上事祖曰誠如崛多所

言汝何不自看何不自靜教誰靜汝言下大悟智策和尚遊行北地遇見五祖下智隍禪師二十年修定師問在此間作什麽隍云入定師云入定者為有心入也為無心入也若有心入者卽一切有情悉皆有心亦合得定若言無心入者一切無情亦合得定隍曰吾正入定之時不見有有無之心師曰若不見有有無之心卽是常定不應更有出入隍無對却問汝師是誰云六祖問汝師以何法為禪定師曰妙湛圓寂體用如如五陰本空六塵非有不出不入不定不亂禪性無住離住禪寂禪性無生離生禪想心如虛

空亦無虛空之量隍聞此說未息疑心遂振錫南行直往曹溪禮見六祖祖乃亦如上說隍於言下大悟南嶽思大和尚云若言學者先須通心心若得通一切法一時盡通聞說淨不生淨念卽是本自淨聞說空不取空譬如鳥飛於空若住於空必有墮落之患無住是本自性體寂而生其心是照用卽寂是自性定卽照是自性慧卽定是慧體卽慧是定用離定無別慧離慧無別定卽定之時卽是慧卽慧之時卽是定卽定之時無有定卽慧之時無有慧何以故性自如故如燈光雖有二名其體不別卽燈是光卽光是燈離燈無別光離光無別燈卽燈是光體卽光是燈用卽定慧雙修不相去離牛頭融大師絕觀論問云何者是心答六根所觀並悉是心問心若為答心寂滅問何者為體答心為體問何者為宗答心為宗問何者為本答心為本問若為是定慧雙遊云心性寂滅為定常解寂滅為慧問何者是智云境起解是智何者是境云自身心性為境問何者是舒云照用為舒何者為卷云心寂滅無去來為卷舒則彌遊法界卷則定跡難尋問何者是法界云邊表不可得名為法界法照禪師云經云三阿僧祇百千名號皆是如

來異名卽眞心之別稱也又經云萬法不出一心此義是也夫縛從心縛解從心解縛解從心不關餘事出要之術唯有觀心乃至若舉一心門一切唯一心若一法非心則是心外有誰能在心外別制一條者梵禪師云若知一切法皆是法卽得解脫眼是法色是法經云不見法還與法作繫縛亦不見法還與法作解脫藏禪師云於一切法無所得者卽心是道眼不得一切色耳不得一切聲緣禪師云譬如家中有大石尋常坐臥或作佛像心作佛解畏罪不敢坐皆是意識筆頭畫作自忙自怕石中實無罪福安禪師

云直心是道何以故直念直用更不觀空亦不求方便經云直視不見直念不思直愛不行直說不煩覺禪師云若悟心無所屬即得道跡眼見一切色眼不屬一切色是自性解脫經云一切法不相屬故心與一切法各不相知圓寂尼云一切法唯心無對即自性解脫經云一切法不與眼作對何以故法不見法法不知法堯禪師云了心識性自體恒眞所緣念處無非佛法明禪師云凡有所見皆自心現道似何物而欲修之煩惱似何物而欲斷之稠禪師云一切外緣名無定相是非生滅一由自心若自心不心誰嫌

是非能所俱無即諸相恒寂慧慈禪師云夫法性者大道也法是法身性是覺性即眾生自然性也是以金剛般若如大火聚三昧焰焰諸累莫入故稱天上天下唯我獨尊慧滿禪師云諸佛說心令知心相是虛妄法今乃重加心相深違佛意又增論議殊乖大理常齎四卷楞伽經以為心要隨說隨行

宗鏡錄卷九十七

宗鏡錄卷九十八

宋慧日永明妙圓正修智覺禪師延壽集

南岳思大和尚偈云頓悟心源開寶藏隱顯靈蹤現眞相獨行獨坐常巍巍百億化身無數量縱令區塞滿虛空看時不見微塵相可笑物空無比況口吐明珠光晃晃尋常見說不思議一語標宗言下當龐居士頌云萬法從心起心生萬法生生生不了有來去枉虛行寄語修道人空生有不生如能達此理不動出深坑寒山子詩云男兒大丈夫作事莫莽鹵徑直鐵石心直取菩提路邪道不用行行之必辛苦不要

求佛果識取心王主懶瓚和尚歌云莫謾求眞佛眞佛不可見妙性及靈臺何曾受熏練心是無事心面是孃生面刧石可移動箇中無改變又云吾有一言絕慮忘緣巧說不得只用心傳更有一語無過直與細於毫末大無方所本自圓成不勞機杼騰騰和尚歌云修道道無可修問法法無可問迷人不悟色空達者本無逆順八萬四千法門至理不過方寸煩惱正是菩提淨華生於泥糞識取自家城邑莫謾遊他州郡高僧釋法喜臨遷化時告衆云三界虛妄但是一心端坐而卒高僧釋靈潤云捨外塵邪執得意言分別捨唯識想得眞法界前觀無相捨外塵相後觀無生捨唯識想又嘗與法侶登山遊觀野火四合衆並奔散唯潤安行如常顧陟語諸屬曰心外無火火實自心謂火可逃無由免火及火至潤潛然自斂高僧釋法空入臺山幽居每有清聲召曰空禪如是非一自後法空知是自心境界以法遣之遂乃安靜初以禪修終為對礙遂學大乘離相從所學者並以此誨之以法為親以法為侶高僧釋靖邁臨終云心非道外行在言前言畢坐蛻高僧釋通達因以木打塊塊破形消既覩斯變廓然大悟心跡高僧釋轉明凡

有所諮學者常以平等唯心一法志而奉之高僧釋道英入水臥雪而無寒苦如是隨事以法對之縱任自在不以為難良由唯識之旨洞曉心腑外事之質豈得礙乎當講起信至心眞如門奄然入定高僧釋道世云勤勇懺悔者雖知依理須知心妄動遠離前境經云譬如氎華千斤不如眞金一兩喻能觀心強即滅罪強伏陀禪師云籍教明宗深信含生同一眞性凡聖一路堅住不移不隨他教與道冥符寂然無為名為理入高僧釋智通云若夫尋近大乘修正觀者察微塵之本際計一念之初原便可荊棘播無常

之音。梟獍說甚深之法。十方淨土。未必過此矣。高僧釋曇遂每言三界虛妄。但是一心。追求外境。未悟難息。高僧解脫和尚。依華嚴作佛光觀。於淸宵月夜光中。忽見化佛說偈云。諸佛祕密甚深法。曠劫修行今乃得。若人開明此法門。一切諸佛皆隨喜。解脫和尚乃禮拜問云。此法門如何開示於人。化佛遂隱身不現。空中偈答云。方便智爲燈。照見心境界。欲知眞實法。一切無所見。太原和尚云。夫欲發心入道。先須識自本心。若不識自本心。如狗逐塊。非師子王也。善知識。直指心者。卽今語言。是汝心。舉動施爲。更是阿誰。

除此之外。更無別心。若言更別有者。卽如演若覓頭。經云。信心淸淨。卽生實相。又經云。無依是佛母。佛從無處生。天皇和尚云。只今身心。卽是性。身心不可得。卽三界不可得。乃至有性無性。總不可得。無佛無衆生。無師無弟子。心空。三界一切總空。以要言之。三界內外。下至螻蟻蠢動之者。悉在一塵中。彼此咸等。一一皆如是。各各不相妨。一切法門。千般萬種。只明見性。更無餘事。興善和尚云。從上已來。祖佛相傳一心之法。以心印心。不傳餘法。初祖指一言以直說。譬如龍吐水至津。津滿至河。乃至大海。龍是水之源。以知

如今已後。學人相傳一心之法。皆是簡要說。而喚心時。不得別覓佛。當佛時。不得更求心。是以若人信自心是佛。此人所有言說。當能轉法輪。若人不信自心是佛。此人所有言說。皆是謗方等大乘。所以經云。性外得菩提。譬如壓砂求油。不是油正因。顒禪師有問涅槃明衆生卽佛性。佛性卽衆生。但以時異。有淨不淨。未審非情亦是衆生否。答。經云。文殊問金色女。汝身有五陰十二入十八界否。女言。如我身有五陰十二入十八界。梵網經云。一切地水。是我先身。一切火風。是我本體。又依正二身。互相依立。華嚴經云。一切

法無相。是則佛眞體。經明若計靈智之心。是常。色是敗壞無常者。則外道斷常之見。華嚴明衆生界卽佛界。佛界卽法界。法界之外。更無別法。乃至萬法雖異。其體常同。若不迷於所同。體用常無有二。無二之旨。蓋出世之要津。一念相應。不隔凡成聖矣。臥輪禪師云。詳其心性。湛若虛空。本來不生。是亦不滅。何須收捺。但覺心起。卽須向內反照。心原無有根本。卽無生處。無生處故。心卽寂靜。無相無爲。南泉和尚云。然燈佛道了也。若心想所思。出生諸法。虛假合集。彼皆不實。何以故。心尚無有。何所出生。若取諸法。猶如分別

虛空。如人取聲安置篋中。亦如吹網欲令氣滿。又云。
如今但會一如之理。直下修行。又云。但會無量劫來
性不變。卽是修行。汾州無業和尚初問馬祖。三乘至
理粗亦研窮。常聞禪師卽心是佛。實未能了。伏願指
示。馬祖曰。卽汝不了底心卽是。更無別物。不了時是
迷。了時是悟。亦猶手作拳。拳作手也。師又問。如何是
祖師西來密傳心印。祖曰。大德正閙在。且去別時來。
一足始跨門限。祖云。大德。便却迴頭。祖云。是什麼。遂
豁然大悟。示徒云。祖師來此土。觀其衆生有大乘根
性。唯傳心印。印汝諸人迷情。得之者卽不論凡之與

聖。愚之與智。多虛不如少實。大丈夫兒不如直下休
歇去。好頓息萬緣。截生死流。迥出常格。靈光獨照。物
類不拘。巍巍堂堂。三界獨步。何必身長丈六。紫磨金
輝。項佩圓光。舌相長廣。若以色見我。是人行邪道。設
有眷屬莊嚴。不求而自至。山河大地。不礙眼光。一聞
千悟。獲大總持。又臨終告衆云。汝等見聞知覺之性。
與虛空齊壽。猶如金剛不可破壞。一切諸法。如影如
響。無有實者。經云。唯此一事實。餘二卽非眞。言訖奄
然而化。眞覺大師云。夫心性靈通。動靜之原莫二。眞
如絶慮。緣計之念非殊。惑見紛馳。窮之則唯一寂。靈

原不狀。鑒之則乃千差。千差不同。法眼之名自立。一
寂非異。慧眼之號斯存。理量雙消。佛眼之功圓著。是
以三諦一境。法身之理恒淸。三智一心。般若之明常
照。境智冥合。解脫之應隨機。非縱非橫。圓伊之道玄
會。故知三德妙性。宛爾無乖。一心深廣難思。何出要
而非路。是以卽心爲道者。可謂尋流而得源矣。神秀
和尚云。一切非情。以是心等現故。染淨隨心有轉變
故。無有餘性。要依緣故。謂緣等之法。皆無自性。空有
不俱。卽有情正有時。非情必空。故他卽自。故何以故。
他無性。以自作。故卽有情修證。是非情修證也。經云。

其身周普。等眞法界。旣等法界。非情門空。全是佛。故
又非情正有時。有情必空。故自卽他。故何以故。自無
性。以他作。故卽非情無修無證。是有情無修無證也。
善財觀樓閣時。偏周法界。有情門空。全一閣。故經云。
衆生不違一切剎。剎不違一切衆生。雖云有無同時。
分相斯在矣。隋朝命大師融心論云。圓機對敎。無敎
不圓。理心涉事。無事非理。無事非理。何亂而不定。無
亂不定。則定亂兩亡。無事非理。故事理雙絶。乃至雖
離二邊。非有邊而可離。言亡四句。實無句而可亡。此
處幽玄。融心可會。若以心融心。非融心矣。心常如實。

何所融也實不立心說融心矣智達禪師心境頌云境立心便有心無境不生若將心繫境心境兩俱盲境心各自住心境性恒清悟境心無起迷心境共行若迷心作境心境亂縱橫悟境心元淨知心境本清知心無境性了境心無形境虛心寂寂心照境泠泠甘泉和尚云夫欲發心入道先須識自本心心者萬法衆生之本三世諸佛祖十二部經之宗雖卽觀之不見其形應用自在所作無礙洞達分明了了無異若未識者以信爲先信者信何物信心是佛無始無明輪迴生死四生六道受種種形只爲不敢認自心

是佛若能識自心心外更無別佛佛外無別心乃至舉動施爲更是阿誰除此心外更無別心若言別更有者汝卽是演若達多將頭覓頭亦復如是千經萬論只緣不識自心若了自心本來是佛者一切唯假名況復諸三有則明鏡可以鑒容大乘可以印心又云求經覓佛不如將理勘心若勘得自心本自清淨不須磨瑩本自有之不因經得何乃得知經云修多羅教如標月指若復見月了知所標若能如是解者一念相應卽名爲佛普岸大師云大道虛曠唯一眞心善惡勿思神清物表更復何憂溈山和尚云內外

諸法盡知不實從心化生悉是假名任他法性周流莫斷莫續臨濟和尚云如今諸人與古聖何別你且欠少什麽六道神光未曾間歇若能如是祇是箇一生無事人欲得與祖佛不別但莫向外馳求你一念清淨光是你屋裏法身佛你一念無分別光是你屋裏報身佛你一念差別光是你屋裏化身佛此三種身卽是今日目前聽法底人此三種是名言明知是光影大德且要識取弄光影底人是諸佛本源是一切道流歸舍處你四大六根及虛空不解聽法說法是箇什麽物歷歷地孤明勿箇形段是這箇解說法

聽法所以向你道向五陰身田內有無位眞人堂堂顯露無絲髮許間隔何不識取大心心法無形通貫十方在眼曰見在耳曰聞本是一精明分成六和合心若不生隨處解脫灌溪和尚偈云五陰山中古佛堂毗盧晝夜放圓光箇中若了非同異卽是華嚴徧十方石頭和尚云且汝心體離斷離常性非垢淨湛然圓滿凡聖齊等應用無方三界六道唯自心現水月鏡像有生滅耶汝能知之無所不備諸聖所以降靈垂範廣述浮言盖欲顯法身本寂令歸根耳黃蘗和尚云達摩西來唯傳一心法直下指一切衆生心

本來是佛不假修行但令識取自心見自本性莫別求法云何識自心即如今言語者是汝心若不言語又不作用心體猶如虛空相似實無相貌亦無方所亦不一向是無只是有而不見又云但悟一心更無少法可得此即眞佛佛與衆生一心更無有異不如言下自認取本法此法即心心外無法此心即法法外無心丹霞和尚云汝等保護一靈之物不是汝造作得不是汝詺貌得吾此地無佛無涅槃亦無道可修無法可證道不屬有無更修何法唯此餘光在在處處則是大道水潦和尚云若說一法十方諸佛收

入一法中百千妙門在一毛頭上千聖同轍決定不別普照十方猶如明鏡心地若明一切事盡皆看破從上已來以心傳心本心即是法仰山和尚云頓悟自心無相猶若虛空寄根發明即本心具恒沙妙用無別所持無別安立即本地即本土大顚和尚云老僧往年見石頭和尚問曰阿那箇是汝心對云言語者是心被師喝出經旬日却問前日既不是心除此之外何者是心師云除却揚眉動目一切之事外直將心來對云無心可將來師云汝元來有心何得言無心無心盡同謗我時於言下大悟即對云既令某甲

除却揚眉動目一切之事和尚亦須除之師云我除竟對云將示和尚了也師云汝既將示我心如何對云不異和尚師云不關汝事對云本無物師云汝亦無物對云既無物即眞物師云眞物不可得汝心現量意旨如此也大須護持三平和尚偈云即此見聞非見聞無餘聲色可呈君箇中若了渾無事體用無妨分不分又偈云見聞知覺本非因當體虛玄絕妄眞見相不生癡愛業洞然全是釋迦身安國和尚云經云應無所住而生其心無所住者不住色不住聲不住迷不住悟不住體不住用而生其心者即是一

切處而顯一心若住善生心即善現若住惡生心即惡現本心即隱沒若無所住十方世界唯是一心信知風幡不動是心動有檀越問和尚是南宗北宗答云我非南宗北宗心爲宗又問和尚曾看教否答云我不曾看教若識心一切教看竟學人問何必識心見性答喻如夜夢見好與惡若知身在牀上安眠全無憂喜即是識心見性如今有人聞作佛便喜聞入地獄即憂不達心佛在菩提牀上安眠妄生憂喜歸宗和尚云即心是佛徹底唯性山河大地一法所印是大神咒眞實不虛是諸佛之本原菩提之根骨佛

何者是卽今言下是更無別人經云譬如一色隨衆生見得種種名一切法唯是一法隨處得名大悲和尙云能知自心性含於萬法終不別求念念功夫入於實相若不見是義勤苦累劫亦無功夫草堂和尙云夫帝網未張千瓔焉覩宏綱忽舉萬目自開心佛雙照觀也心佛雙亡止也定慧既均亦何心而不佛何佛而不心心佛既然則萬境萬緣無非三昧也百丈慧海和尙因撥火示潙山靈祐因茲頓悟百丈乃謂曰此暫時歧路經云欲見佛性當觀因緣時節時節既至如迷忽悟似忘忽憶方省舊道己物不從他

得是故祖師云悟了同未悟無心得無法祇是無虛妄凡聖等心本來心法元自備足是汝今既爾善自護持又廣語問云見否答見又問見復如何答見無二既云無二不以見見於見若見更見爲前見是爲後見是經云見見之時見非是見所以云不行見法不行聞法不行覺法諸佛疾與授記又云自心是佛照用屬菩薩自心是主宰照用屬客如波說水照萬有以顯功若能寂照不存玄旨自然貫於今古如云神無照功至功常存又云如今欲得驀直悟解但人法俱泯俱絕俱空盤山和尙云大道無中復誰前後

長空絕跡何用量之空既如是道豈言哉心月孤圓光吞萬像光非照境境亦非存光境俱亡復是何物譬如擲劍揮空莫論及之不及斯乃空輪無跡劍刃非虧若能如是心心無知全人卽佛全佛卽人人佛無異始爲道矣大梅和尙初問馬祖如何是佛答卽汝心是問如何是法答亦汝心是問祖無意耶答汝但識取自心無法不備後住梅山示衆云汝等諸人應當各自明心達本勿逐其末但得其本其末自至汝等欲得其本但識取汝心此心元是一切世間出世間法之根本但心不附一切善惡而生卽知萬法

本自如如時有學人問心外別無法耶答祖佛是汝心生耳心是萬法之本豈別有法過於心耶釋曰如六祖云善惡都莫思量自然得入心體湛然常寂妙用恒沙以諸佛是極善邊際衆生是極惡邊際以善惡收盡一切法故云若不思量全歸心體但有微毫之法皆是思想心生如寒山子頌云萬機俱泯跡方見本來人泯之一字未必須泯以心外元無一法所見唯心如谷應自聲鏡寫我像祇謂衆生不達鼓動心機立差別之前塵如空華起滅織無邊之妄想似錟水奔騰不復一心本源故令泯絕若入心體雖云

湛然不落斷滅自然從體起用周徧恒沙又大梅云此心法門眞如妙理不增不減種種方便善能應用當知總是此性本來具足不生不滅能知三世一切作用所以云我觀久遠猶若今日常在於其中經行及坐臥巖頭和尚云於三界中有無唯自已知更無餘事但識自已本來面目喚作無依神蕩蕩地若道別有法有祖賺汝到底但向方寸中看迥迥明朗但無欲無依便得決了高城和尚歌云無相心能運耀應聲應色隨方照雖在方而不在方任運高低總能妙尋無頭復無尾僕光運運從何起只者如今全是

心心用明心心復爾不居方何處覓運用無蹤復無跡識取如今明覓人終朝莫謾別求的勤心學近叢林莫將病眼認華針說教本窮無相理廣讀元來不識心識取心了取境識心了境禪河靜若能了境便識心萬法都如闥婆影千頃和尚云一切衆生驢騾象馬蜈蚣蚰蜒十惡五逆無明妄念貪瞋不了之法並從如來藏中顯現本來是佛只爲衆生從無始劫來瞥起一念從此奔流迄至今日所以佛出世來令滅意根絶諸分別一念相應便超正覺豈用教他多知多解擾亂身心所以菩提光明不得發現汝今但

能絶得見聞覺知於物境上莫生分別隨時著衣喫飯平常心是道此法甚難學人問和尚夜後無燈時如何師云悟道之人常光現前有什麼晝夜問何不見和尚光師云擬將什麼眼見學人云世人同將現在眼見師彈指云苦哉一切衆生根塵相涉從無始來認賊爲子至于今日常被枷鎖汝將眼見意識分別擬求佛道即是背却本心逐念流轉如此之人對面隔越惟政和尚云古聖今聖其理齊焉昔日日今日日照不兩鮮昔日風今日風鼓無二動一滴之水潤焉大海之水潤焉又頌云一念得心頓超三界見

無所見貪瞋爛壞牛頭山忠和尚學人問夫入道者如何用心答曰一切諸法本自不生今則無滅汝但任心自在不須制止直見直聞直來直去須行即行須住即住此即是眞道經云緣起是道場知如實故又問今欲修道作何方便而得解脫答曰求佛之人不作方便頓了心原明見佛性即心是佛非妄非眞故經云正直捨方便但說無上道又問眞如妙法理智幽深淺識之徒如何得見答曰汝莫謗佛佛不如是說一切諸法非深非淺汝自不見謂言甚深若也見時觸目盡皆微妙何以高推菩薩別立聖人且如

生公云。非曰智深。物深於智耳。此傷不逮之詞耳。汝莫揀擇法。莫存取捨心。故云法無有比。無相待故。夫經者。以身心為義。華嚴經云。身是正法藏。心為無礙燈。照了諸法空。名曰度衆生。夾山和尚云。目前無法。意在目前。不是目前法。非耳目之所到。大安和尚云。汝諸人各自身中有無價大寶。從眼門放光。照破山河大地。耳門放光。領覽一切善惡音聲。六門晝夜常放光明。亦名放光三昧。汝自不識。在四大身中。內外扶持。不教傾側。兩脚牙子大擔得石二擔。從獨木橋上過。亦不教伊倒地。且是什麼。汝若覓毫髮。卽不可

見。故志公云。內外推尋覓總無。境上施為渾大有。長沙和尚偈云。最甚深。最甚深。法界人身便是心。迷者迷心為衆剎。悟時剎海是眞心。身界二塵元實相。分明達此號知音。又學人問。盡法界衆生識心。最初從何而有。偈答云。性地生心王。心為萬法師。心滅心師滅。方得契如如。龍牙和尚云。夫言修道者。此是勸喻之詞。接引之語。從上已來。無法與人。只是相承種種方便。為說出意旨。令識自心。究竟無法可得。無道可修。故云菩提道自然。今言法者。是軌持之名。道是衆生體性。未有世界。早有此性。世界壞時。此性不滅。喚作隨流之性。常無變異。動靜與虛空齊等。喚作世間相常住。亦名第一義空。亦名本際。亦名心王。亦名眞如解脫。亦名菩提涅槃。百千異號。皆是假名。雖有多名。而無多體。會多名而同一體。會萬義而歸一心。若識自家本心。喚作歸根得旨。譬如人欲得諸流水。但向大海中求。欲識萬法之相。但向心中契會。會得玄理。舉體全眞。萬像森羅。一法所印。德山和尚云。若有一塵一法可得與汝執取生解。皆落天魔外道。只是箇靈空。尚無纖塵可得。處處清淨。光明洞達。表裏瑩徹。又云。汝莫愛聖。聖是空名。更無別法。只是箇烜爀

靈空無礙自在。不是莊嚴修證得。從佛至祖。皆傳此法而得出離。牛頭下佛窟和尚云。若人不信一文殊說十方文殊一時說。一佛涅槃。一切諸佛俱涅槃。何以故。不達色根本故。問。了色性無所有。是本否。答。此是住觀語。非是卽事見根本。若卽事見者。只汝生老病身及無明婬怒。是色根本。事外無理。故是以若了一色根本。卽舉十方色同名為一。說一切說。一涅槃一切涅槃。當知色體無性。性無不包。又云。雖同凡夫。而非凡夫。不得凡夫。不壞凡夫。謂別有夫勝在心外者。卽墮魔網。我今自觀身心實相作佛。卽是見十方

佛同行同證處。問。佛身無漏戒定熏修五陰不縛不脫。不敢有疑。且如大品經云。衆生不善五陰之身亦不縛不脫。甚令人驚疑。答。若向衆生五陰外別有諸佛解脫無有是處。只了衆生自性從本已來無有一法可得誰縛誰脫。何得更有縛脫之異。問。經云。衆生與佛平等無有縛脫。何得六道衆生沉淪不得解脫。答。衆生不了色心淸淨妄想顚倒不得解脫。若知人法常空其中實無縛脫。問。作何觀行懺悔臨終免被業牽。答。汝須深信諸佛所行所說處與我今日所行所說處無別乃至成佛尚不得涅槃相何況中間罪

福妄業可得。此是眞實正知正見眞實修行眞實懺悔但於行住坐卧不失此觀臨終自然不失正念。佛窟下雲居和尚心境不二篇云。世出世間俱不越自一念妄心而有。一念纔起萬像分劑。一念相生便成心境。若非心境何得有念可見。既有所見之念。又有能見之心。將知念卽是境。見卽是心。所見之念便成色蘊。能見之心便成四蘊。經云。五蘊是世間。一念具五蘊。一一蘊中皆具五蘊。故得一不礙多多不礙一。所以心境交通互爲賓主。經云。境智互相涉入重重無盡。卽是一塵含法界。一一法皆徧也。觀自一念動

卽恒沙世界一時振動。觀自一念常定。卽六道衆生悉皆常定。若諦了一念之體卽恒沙世界常現自心。由迷一念卽境智胡越。大珠和尚云。心性無形卽是微妙法身。心性體空卽是虛空無邊身。示行莊嚴卽是功德法身。此法身是萬化之本。隨處立名。智用無盡是無盡藏。問。何者是法身。答。心能生恒沙萬法。故號法家之身。經云。一念心塵中演出恒沙偈。時人自不識。問。眞法幻法各有種性否。答。佛法無種應物而現。若心眞也。一切皆眞。若有一法不眞。眞義則不圓。若心幻也。一切皆幻。若有一法不是幻。幻法則有定。

若心空也。一切皆空。若有一法不空。空義則不圓。迷時人逐法。悟罷法由人。森羅萬像至空而極。百川衆流至海而極。一切賢聖至佛而極。十二部經五部毗尼四圍陀論至心而極。心是總持都院。萬法之原。亦是大智慧藏無住涅槃。百千名號皆是心之異名。先洞山和尚心丹訣云。吾有藥號心丹。煩惱爐中鍊歲年。知伊不變胎中色。照耀光明徧大千。開法眼覩毫端。能變凡聖剎那間。要知眞假成功用。一切時中鍛鍊看。無形狀勿方圓。言中無物物中言。有心用卽乖眞用。無意安禪無不禪。亦無滅亦無起。森羅萬像皆

驅使不論州土但將來入此爐中無不是無一意是吾意無一智是吾智無一味無不異色不變轉難辯更無一物於中現莫將一物制伏他體合眞空非鍜鍊先曹山和尚云佛心牆壁瓦礫是者亦喚作性地亦稱體全功亦云無情解說法若知有這裏得無辯處十方國土山河大地石壁瓦礫虛空與非空有情無情草木叢林通爲一身喚作得記亦云一字法門亦云總持法門亦云一塵一念亦喚作同轍若是性地不知有諸佛千般喻不得萬種況不成千聖萬聖盡從這裏出從來不變異故云十方薄伽梵一路涅

槃門靈辯和尚云夫一心不思議妙義無定相應時而用不可定執經云一切賢聖皆以無爲法而有差別用有差別隨處得名究竟不離自心此心能壞一切能成一切故云一切法皆是佛法心作天心作人心作鬼神畜生地獄皆心所爲好惡皆由心要生亦得要不生亦得卽是無礙義只今一切施爲行住坐臥卽是心相心相無相故名實相體無變動亦名如來如者不變不異也無中現有有中現無亦曰神變亦曰神通總是一心之用隨處差別卽多義一中解無量無量中解一了彼互生起當成無所畏又東方

入正定西方從定出若了心外無法一切唯心卽無一法當情無有好惡是非卽不怖生死一切處皆是解脫故云當成無所畏縱然心外有一切境法亦從自心妄想因緣而生無有自性其體本空如幻如化先雲居和尚云佛法有什麼多事行得卽是但知心是佛莫愁佛不解語欲得如是事還須如是人若是如是人愁箇什麼若云如是事卽不難自古先德淳素任眞元來無巧設有人問如何是道或時答甎瓶木頭作麼皆重元來他根本脚下實有力卽是不思議人把土成金若無如是事饒你說得蔟華蔟錦相

似直道我放光動地世間更無過也盡說却了合殺頭人總不信受元來自家脚下虛無力釋曰雲居和尙乃物外宗師此土七生爲善知識道德了邁智海泓深具大慈悲常盈千衆所示徒云但知心是佛莫愁佛不解語者此爲今時學人一向外求但學大乘之語不能返本內自觀心明見天眞之佛若了此心佛卽自然智無師之智現前何煩外學如云從門入者非寶又云從天降下卽貧窮從地涌出却富貴若從心地涌出智寶有何窮盡故云無盡之藏但若得心眞實去根脚下諦去自然出語盡與實相相應言

下救人生死。變凡爲聖。捉礫成金。道有亦得。道無亦得。句句悉成言教。若也心中未諦。圓信不成。空任虛浮。只成自誑。直饒辯說縱橫。只增狂慧。設或說得天華墜。石點頭。事若不眞。總成妖幻。所以志公見雲光法師講法華經。感天華墜。云是皶蚕之義。是以先聖誠言。實爲後學龜鏡。可以刻骨。可以書紳。令偏搜揚。深有意矣。

宗鏡錄卷九十八

音釋

畐方逼切滿也　杼直呂切機之持緯者曰杼　㼖甎㼖盧谷切甎職緣切

宗鏡録卷九十九

宋慧日永明妙圓正修智覺禪師延壽集

夫製論釋經傍申佛意或法身大士垂迹闡助化之門或得旨高人依教弘法施之道乃至義疏章鈔銘訣讚序等與宗鏡相應者皆當引證是以衆生言論悉法界之所流外道經書盡諸佛之所說大智度論云諸法入佛心中唯一寂滅一三昧門攝無量三昧如牽衣一角舉衣皆得亦如得蜜蜂王餘蜂盡攝又頌云佛法相雖空亦復不斷滅雖生亦非常諸行業不失諸法如芭蕉一切從心生若知法無實是心亦

復空毗婆沙論云善覺長者爲那伽說四韋陀典曰若人心生而不起若人心起而不滅心起而起心滅而滅又云若離初發心則不成無上道所以云一切功德皆在初心大乘攝論云問何以故此識取此識爲境答無有法能取餘法雖不能取此識變生顯現如塵譬如依面見面謂我見影此影顯現相似異面顯揚論云由所依所緣力而得建立由所依力者謂立眼識乃至意識由所緣力者謂立色識乃至法識青識黃識乃至苦識樂識發菩提心論云過去已滅未來未至現在不住雖如是觀心心數法生滅散壞

而常不捨聚集善根助菩提法是名菩薩觀三世方便大乘阿毗達摩雜集論云如契經等法如理作意發三摩地依止定心思惟定中所知影像觀此影像不異定心依此影像捨外境想唯定觀察自想影像爾時菩薩了知諸法唯自心故內住其心知一切種所取境界皆無所有所取無故一切能取亦非眞實故次了知能取非有次復於內捨離所得二種自性證無所得依此道理佛薄伽梵妙善宣說偈云菩薩依靜定觀心所現影捨離外塵想唯定觀自想如是內安心知所取非有次觀能取空後觸二無得依者

謂轉依捨離一切麤重得清淨轉依故十二門論偈云衆緣所生法是卽無自性若無自性者云何有是法釋曰故知萬法從心所生皆無自性所依之心尙空能依之法何有入大乘論云若離衆生則無有得菩提道者從衆生界出生一切諸佛菩提如尊者龍樹所說偈云不從虛空有亦非地種生但從煩惱中而證成菩提故知從心證道不假他緣能成無師自然之智俱舍論云眼所現見名爲所見從他傳聞名爲所聞自運已心諸所思搆名爲所覺自內所受及自所證名爲所知佛地論云現見虛空雖與種種色

相相應。而無諸色種種相故。如煙霧等共相應故有時見空有種種相由虛妄分別力故。但見煙等有種種相非見虛空。以虛空性不可見故乃至心淨法界離名言故。一切名言皆用分別所起爲境然諸法教亦不唐捐。是證法界展轉因故。如見字書解所說義由此法教是諸如來大悲所流。能展轉說離言說義如以眾彩彩畫虛空。甚爲希有。若以言說說離言義復過於彼般若論云須菩提言。如來無所說此義云何無有一法唯獨如來說。餘佛不說。謂佛所說但是傳述古佛之教。非自製作。釋曰故知此法過去佛已

說今佛現說。未來佛當說。所以一佛說時。十方佛同證。乃至智慧剎土。眞俗等法。凡聖等性皆同無二。以唯共一心故終無異旨。如華嚴經佛不思議品云。佛子。諸佛世尊有十種無二行自在法。何等爲十。所謂一切諸佛悉能善說授記言辭決定無二。一切諸佛。悉能隨順眾生心念令其意滿決定無二。一切諸佛。悉能現覺一切諸法演說其義決定無二。一切諸佛。悉能具足去來今世諸佛智慧決定無二。一切諸佛。悉知三世一切剎那卽一剎那決定無二。一切諸佛。悉知三世一切佛剎入一佛剎。決定無二。一切諸佛。

悉知三世一切佛語卽一佛語。決定無二。一切諸佛。悉知三世一切諸佛與其所化一切眾生體性平等。決定無二。一切諸佛悉知世法及諸佛法性無差別。決定無二。一切諸佛悉知三世一切諸佛所有善根。同一善根決定無二。是爲十。又信心銘云。要急相應。唯言不二。可成堅信。永斷纖疑。則宗鏡之文。傳光不朽矣。廣百論云。覺慧等諸心心法。非隨實有諸法轉變。但隨串習成熟種子及心所現眾緣勢力變生種種境界差別。外道等隨其自心變生種種諸法性相。若法性相是實有者。豈可如是隨心轉變。諸有智者。

不應許彼所執現在實法有生。以必不從去來二世。更無第三可從生故。滅必隨生。生既非有。滅亦定無。乃至三世行皆相待立。如長短等。何有實性。又頌云。眼中無色識。識中無色眼。色內二俱無。何能令見色。依他起性。卽是心心法。從緣起時。變似種種相名等塵。應知有心心法。但無心外所執諸塵。云何定知諸法唯識。故佛告善現。無毛端量實物可依。寶藏論云。夫天地之內。宇宙之間。中有一寶。祕在形山。識物靈照。內外空然。寂寞難見。其謂玄玄。巧出紫微之表。用在虛無之間。端化不動。獨而無雙。聲出妙響。色吐華

容。窮觀無所。寄號空空。唯留其聲。不見其形。唯留其功。不見其容。幽顯朗照。物理玄通。森羅寶印。萬像眞宗。乃至其寶也。煥煥煌煌。朗照十方。隱寂無物。圓應堂堂。應聲應色。應陰應陽。奇物無根。妙用常存。眴目不見。側耳不聞。其本也冥。其化也形。其爲也聖。其用也靈。可謂大道之眞精。其精甚靈。萬有之因。凝然常住。與道同倫。故經云。隨其心淨。卽佛土淨。任用森羅。其名曰聖。釋摩訶衍論云。一切諸法一心量。無心外法。以無心外法故。豈一心法與一心法作障礙事。亦一心法與一心法作解脫事。無有障礙。無有解脫。一

心之法。一卽是心。心卽是一。無一別心。無心別一。一切諸法。平等一味。一相無相。作一種光明心地之海。寶生論偈云。微笑降伏大魔軍。明智覺了除眾欲。於此大乘能善住。深識愛原唯自心。寶性論偈云。如空徧一切。而空無分別。自性無垢心。亦徧無分別。金剛三昧論云。一切心相本來無本。本無本處。空寂無生。若心無生。卽入空寂。空寂心地。卽得心空。善男子。無相之心。無心無我。一切法相亦復如是者。一切心相。種子爲本。求此本種。永無所得。若是現在。則與果俱。無本末異。如牛兩角。若已過去。則無作因。無體性故。

猶如兔角。如是道理。本來法爾。故言本來無本。又生滅心生。必依本處。本處旣無。則不得生。當知心相本來無生。故言空寂無生。所入空寂。卽是一心。一切所依。名之爲地。故言卽入空寂之心地。分別功德論云。有諸沙門。行諸禪觀。或在塚間。或在樹下。時在塚間。觀於死屍。夜見餓鬼打一死屍。沙門問曰。何以打此死屍耶。答曰。此死屍困我如是。是以打之。道人曰。何以不打汝心。打此死屍。當復何益也。於須臾頃。復有一天。以天曼陀羅華。散一臭屍。沙門問曰。何爲華散此臭屍耶。答曰。由我此屍。得生天上。此屍卽是我之

善友。故來散華。報往昔恩。道人答曰。何以不散華汝心中。乃散臭屍。夫爲善惡之本。皆心所爲。乃捨本求末耶。思益論云。不見一切諸法。是菩提相。不證一法。而證諸法。是故說爲應正徧知。金剛論云。敎中譬如星宿爲日所映。有而不現。能見心法。亦復如是。釋曰。此有二解。一若迷心爲境。如日爍眼光。入室不見自物。如被外境所換。不見自心。亦復如是。二若以悟境是心。則萬法如星宿。一心如日光。心光徧爍時。無法可披露。法性論云。蓋聞之先覺曰。體空入寂。莫先於見法。尋法窮原。莫妙於得性。得性則照本。照本則達

自然達自然見緣起見緣起斯見法也將窮其原必存其要要而在用者其唯心法乎心法者神明之營魄精識之丹膋其運轉也彌綸於萬行其感物也會通於羣數統極而言則無不在矣顯性論云一念見性者見性是凡聖之本體普徧一切而不爲一切之所傾動在染不染而能辯染在淨不淨而能辯淨其性不在一切法而能徧一切法若觀一法卽不見性若不觀一法亦不見性其性不在觀不在不觀於一衆生身中見心性時一切衆生悉皆見於一微塵中見心性時一切微塵悉皆見以性徧凡聖善惡故凡處徹聖處聖處徹凡處善惡相徹本性自爾以一切法並不得取並不可捨性相自爾自性淨故終日說不得一說終日聞不得一聞終日見不得一見終日知不得一知並非凡聖之所安立是故經云若我出世及不出世此法常然顯宗論云我此禪門一乘妙旨以無念爲宗無住爲本眞空爲體妙有爲用夫眞如無念非念想能知實相無生豈色心能見眞如無念念者卽念眞如實相無生生者卽生實相無住而住常住涅槃無行而行能超彼岸如如不動動用無窮念念無求常求無念用而常空空而常用用而不

有卽是眞空空而不無便成妙有妙有卽摩訶般若眞空卽清淨涅槃般若無見能見涅槃涅槃無生能生般若西天諸祖共傳無住之心同說如來知見顯正論云問欲顯何義名爲顯正答欲顯明一切衆生本原清淨無生心體卽是諸佛之正性也所以者何一切萬法心爲其本然其心性都無所依體自圓融不礙萬法雖應現萬法而性自常眞無住無依不可取捨勝天王經云清淨心性爲諸法本自性無本虛妄煩惱皆從邪念顚倒而生當知此心卽是最勝清淨第一義諦一切諸佛證知所歸問曰定以何法爲心體答曰不應求心之定體何以故心非所緣無無相故亦云非能所絕相待故體不可染性常淨故非合非散自性離故不礙緣起性虛融故不可說示名字空故諸法虛淨緣相離故靈照不竭用無盡故果報不同作業異故因果宛然不斷絕故亦非眞實業性如幻故又不斷絕現施爲故亦不可取畢竟空故諸法平等一相如故境智無差離分別故萬法卽空性無生故是以一切分別不離自心一切諸境不離名相若了萬法不了自心分別無由能絕乃至楞伽經云若彼心滅盡無乘及乘者無有乘建立我說爲

一乘彼心者卽取相所得心也一乘者卽離相清淨無生心也此心悉能包含運載一切諸法故名一乘法苑珠林云夫壅其流者未若杜其源揚其湯者未若撲其火何者源出於水源未杜而水不窮火沸於湯火未撲而湯詎息故有杜源之客不壅流而自乾撲火之人不揚湯而自止故知心爲源境爲流不察本心源但隨諸法轉意如火事如湯不制自意地唯從境界流斯皆失本迷源隨源徇末若能頓明意地直了心源不求脫於諸塵不繫縛於一法可謂究末遇本尋流得源矣遂乃無功而自辦無作而自成顯

此一心萬法如鏡歸心論云夫論心性者若別說一一生佛皆以法界爲身一一摩耶胎內亦如是廣狹皆等不相妨礙若總說一一生佛同在胎內十方諸如來同共一法身互隱互顯互存互奪重重互現皆不思議法身說時不增不說時不減性海如是豈可言盡不盡耶六妙門云此爲大根人善識法要不由次第懸照諸法之原所謂衆生心也一切法由心而起若能反觀心性不得心原卽知萬法皆無根本頓教五位門云第一識心者語是心見是心聞是心覺是心知是心此是第一悟一一能知如許多心皆是

一心一心能徧一切處第二知身同無情身不知痛痒好惡一切皆是心不干身事心能作人畜心能作魚鳥第三破四大身身卽是空空卽是無生空無內外中間離一切相第四破五陰色陰若有四陰不虛色陰若無四陰何有第五見性成佛湛然常住十住經序云以靈照故統名一心以所緣故總號一法若夫名隨數變則浩然無際統以心法則未始有二十二門論序云論之者欲以窮其心原盡其至理也若一理之不盡則衆異紛然有惑趣之乖一原之不窮則衆途扶疎有殊致之迹殊致之不夷乖趣之不泯

大士之憂也般若燈論序云始夫萬物非有一心如幻心如幻故雖動而恒寂物非有故雖起而無生是以聖人說如幻之心鑒非有之物了物非物則物物性空知心無心則心心體寂達觀之士得其會歸而忘其所寄於是分別戲論不待遣而自除無得觀門弗假修而已入蕩蕩焉不出不在無住無依者也華嚴論云猶如大海有清淨德而能影現七金山等衆生心海影現六道四生分明顯現山河大地色空明闇等緣生論云元是一心積爲三界凡則迷而起妄聖則悟以通眞陀羅尼三昧法門偈云是法法中高

猶如須彌山。是法法中海。衆源所共歸。是法法中明。猶如星中月。是法法中燈。能破無邊闇。是法法中地。荷載徧十方。是法法中母。出生諸佛種。法華演祕云。事理圓融者。卽種種事稱理而徧。以眞如理爲洪鑪。融萬事爲大冶。鐵汁洋溢。無異相也。若開權顯實一切唯心者。亦先融爲本。事事無礙也。重重交映。如地獄苦報。身各自徧。難思妙事。本自如此。佛佛自覺。衆生不知。今解此知。卽衆生心是佛智也。卽事玄妙。入心成觀。法華玄贊疏云。如經中說一時者。卽是唯識時。說聽二徒心識之上。變作三時相狀而起。實是現

在隨心分限。變作短長事緒。終訖總名一時。如夢所見。謂有多生。覺位唯心。都無實境。聽者心變三世亦爾。唯意所緣。是不相應行蘊法界法處所攝。此言一時。一則不定約刹那。二則不定約相續。三則不定約四時六時八時十二時等。四則不定約成道已後年數時節名爲一時。但是聽者根熟感佛爲說。說者慈悲應機爲談。說聽事訖。總名爲一時。不定約刹那等者。聽法之徒。根器或鈍。說時雖短。聽解時長。或說者時長。聽者亦久。於一刹那。猶未能解。故非刹那。亦不定約相續者。猶能說者得陀羅尼。說一字義。一切皆了。或能聽者得淨耳意。聞一字時。一切能解。故非相續。由於一會聽者根機有利有鈍。如來神力。或延短念爲長劫。或促多劫爲短念。亦不定故。總約說聽究竟名時。亦不定約四時六時八時十二時者。一日一月照四天下。長短暄寒。近遠晝夜。諸方不定。恒二天下同起用故。又除已下。上諸天等。無此四時及八時等。經擬上地諸方流通。若說四時等。流行不徧故。亦不定約成道已後年數時節者。三乘凡聖所見佛身報化。年歲短長。成道已來。近遠各不同故。釋曰。上所說不定約刹那時。及相續時。與四時六時八時十二

時等。及約成道已後年數時節。名爲一時者。以長短不定。前後無憑。但說唯心之一時。可爲定量。無諸過失。事理相當。旣亡去取之情。又絕斷常之見。不唯一時作唯識解。實乃萬義皆歸一心。則稱可敎宗。深諧祕旨。能開正見。永滅羣疑。所以經云。一切諸法。以實際爲定量。又云。但以大乘而爲解說。令得一切種智。故知但說大無過。夫言大乘者。卽是一心之乘。乘是運載義。若論運載。豈越心耶。又夫不識心人。若聽法看經。但隨名相。不得經旨。如僧崖云。今聞經語。句句與心相應。又釋法聰。因聽慧敏法師說法。得自於心。

蕩然無累。乃至見一切境。亦復如是。若不觀心。盡隨物轉。是故大乘入道安心法云。若以有是爲是。有所不是。若以無是爲是。則無所不是。一智慧門。入百千智慧門。見柱作柱解。得柱相。不作柱解。觀心是柱法。無柱相。是故見柱卽得柱法。一切形色。亦復如是。故華嚴經頌云。世間一切法。但以心爲主。隨解取衆相。顛倒不如實。又古人云。六道羣蒙。自此門出。歷千劫而不返。一何痛哉。是知因心得道。如出必由戶。何所疑乎。百法鈔云。大乘一切皆是心所變。故離心之外。更無有法。卽萬般造作。皆不離心。千種起言。豈超心

外。法界觀序云。法界者。一切衆生身心之本體也。從本已來。靈明廓徹。廣大虛寂。唯一眞之境而已。無有形貌。而森羅大千。無有邊際。而含容萬有。昭昭於心目之間。而相不可覩。晃晃於色塵之內。而理不可分。非徹法之慧目。離念之明智。不能見自心如此之靈通也。於是稱法界性。說華嚴經。令一切衆生自於身中得見如來廣大智慧而證法界也。乃至於佛身一毛端則徧一切。含一切也。世界爾。衆生爾。塵塵爾。念念爾。法法爾。無有法定有自體而獨立者。提婆傳云。提婆菩薩。博識淵覽。才辯絕倫。擅名天竺。爲諸國所推。所愧以爲所不盡者。唯以人不信用其言爲憂。其國中有大天神。驗黃金像之。坐身二丈。號曰大自在天。人有求願。能令現世如意。提婆詣廟。求入拜見。主廟者言。天像至神。人有見者。旣不敢正視。又令人退後失守百日。汝但詣門求願。何須見耶。提婆言。若神必能如汝所說。乃當令我見之。若不如是。豈是吾之所欲見耶。時人奇其志氣。伏其明正。隨入廟者數千萬人。提婆旣入。天像搖動其眼。怒目視之。提婆問天。神則神矣。何其小也。當以精靈感人。智德伏物。而假黃金以自多。動玻璃以熒惑。非所望也。卽便登梯。鑿

出其眼。時諸觀者。咸有疑意。大自在天。何爲一小婆羅門所困。將無名過其實。理屈其詞耶。提婆曉衆人言。神明遠大。故以近事試我。我得其心。故登金聚。出玻瓈。令汝等知神不假質。精不託形。吾旣不慢。神亦不辱也。言已而出。卽以其夜。求諸供備。明日清旦。敬祠天神。提婆先名旣重。加以智參神契。其所發言。聲之所及。無不響應。一夜之中。供具精饌。有物必備。大自在天。變一肉形。數高四丈。左眼枯沒。而來在坐。歷觀供饌。歎未曾有。嘉其德力。能有所致。而告之言。汝得我心。人得我形。汝以心供。人以質饋。知而敬我者

汝畏而誣我者人汝所供饌盡善盡美矣唯無我之所須能以見與眞上施也提婆言神鑒我心惟命是從神言我所乏者左眼能與我者便可出之提婆言敬如天命即以左手出眼與之天神力故出而隨生索之不已從旦終朝出眼數萬天神讚曰善哉摩納眞上施也欲求何願必如汝意提婆言我稟明於心不假外也唯恨悠悠童蒙不知信受我言神賜我願必當令我言不虛設唯此爲請他無所須神言必如所願於是而退詣寺受出家法剃髮法服周遊揚化於天竺大國之都四衢道中敷高座作三論言一切

諸聖中佛聖最第一一切諸法中佛法正第一一切救世衆佛僧爲第一八方諸論士有能壞此語者我當斬首以謝其屈所以者何立理不明是爲愚癡愚癡之頭非我所須斬以謝屈甚不惜也八方論士旣聞此言亦各來集而立誓言我等不如亦當斬首愚癡之頭亦所不惜提婆言我所修法仁活萬物要不如者當剃汝鬚髮以爲弟子不斷首也立此要已各撰名理建無方論而與酬酢智淺情近者一言便屈智深情遠者極至二日則辭理俱匱即皆下髮如是日日王家送衣鉢終竟三月度十餘萬人釋曰稟明於心不假外者審如斯語何往不從故能德動明神鑒大自在天之眼化諸人意度十萬外道之心可謂救世良醫度人妙術不得斯旨悲願何成自利利他理窮於此天台無量壽佛疏云就一字說者釋論云所行如所說所說即是教如即是理行即是行佛即是法身觀即般若無量壽即解脫當知即一達三即三達一一中解無量無量中解一於一字上達無量義況諸字況一題況一經況一切經耶故經云若聞首題名字所得功德不可限量若不如上解者安獲無限功德耶釋云若不歸一心解安獲無限功德以

無量功德即一心具足若離心所見皆不圓滿悉成邪倒設具行門皆成分根起信疏云夫眞心寥廓絶言像於筌罤沖漠希夷亡境智於能所非生非滅四相之所不遷無去無來三際莫之能易但以無住爲性隨派分岐逐迷悟而昇沉任因緣而起滅雖繁興鼓躍未始動於心原靜鑒虛凝未嘗乖於業果故使不變性而緣起染淨恒分不捨緣而即眞凡聖一致其猶波無異水之動故即水以辯於波水無異動之濕故即波以明於水是則動靜交徹眞俗雙融生死涅槃夷齊同貫安樂集云問何因一念佛之力能斷

一切諸障答如經云譬如有人用師子筋以爲琴絃音聲一奏一切餘絃悉皆斷壞若人菩提心中行念佛三昧者一切煩惱一切諸障悉皆斷滅亦如有人搆取牛羊驢馬一切諸乳置一器中若將師子乳一渧投之直過無難一切諸乳悉皆破壞變爲清水若人但能菩提心中行念佛三昧者一切惡魔諸障直過無難寶藏論注云實此非彼實彼非此鳥跡空文奇特現矣者破彼此也諸法如幻比鳥跡空文皆從心生奇特現矣又云光超日月德越太清萬物無作一切無名轉變天地自在縱橫者萬物不能自立人

爲作名皆自心起轉變天地了一切唯心則萬法無累其神明卽所向自由卽自在縱橫天台涅槃疏云煩惱與身一時者除彼所計之一時若是所解言一時者此是前後而一時一時而前後只於一時義中說有前後卽煩惱爲前身屬於後何以故因果無二色心體一三道三德一念無乖五陰五脫刹那理等貴在破執執已了性同空空無前後如炷與明一時有要因炷有明煩惱與身亦然故知前後一心一心前後如是解者有何差別只恐心外取法而自異耳杜順和尙攝境歸心眞空觀云謂三界所有法唯是一心心外更無一法可得故曰歸心謂一切分別但由自心曾無心外境能與心爲緣何以故由心不起外境本空論云由此唯識故境本無體眞空義成故以塵無有故本識卽不生由此方知由心現境由境顯心心不至境境不入心常作此觀智慧甚深唯識序云離心之境克湮卽識之塵斯在帶數之名攸顯唯識之稱兆彰故得一心之旨永傳而不窮八識之燈恒然而無盡

宗鏡錄卷九十九

音釋

眴舒閏切目動也　酢疾各切酬酢猶訓答也　筌罤筌此緣切取魚器也罤杜奚切兎弶也　湮於眞切沒也

宗鏡録卷一百

宋慧日永明妙圓正修智覺禪師延壽集

東國義相法師釋華嚴經云當知此一部華嚴經雖七處九會而唯在十地品所以者何以根本攝法盡故雖在十地不同而唯在初地何以故不起一地普攝一切諸地功德故一地中雖多分不同而唯在一念何以故三世九世即一念故一切即一故如一念多念亦如是一即是一切一念即多念陀羅尼法主伴相成一即爲主一切爲伴隨舉一法盡攝一切乃至一文一句盡攝一切何以故若無此彼不成故陀

羅尼法法如是故經云如來於一語言中演出無邊契經海復禮法師云觀業義者夫業因心起心爲業用業引心而受形心隨業而作境然則因業受身身還造業從心作境境復生心若影隨形而曲直猶響隨聲而大小矣慧集法師悟道頌云普光初學道無邊世界動迴天復轉地併入一毛孔弘沇法師云若人執衆生心外別有無情佛性不徧皆違如來藏徧法界義唯識論云根身器世間即是賴耶相分相分不離見分又云若時於所緣智都無所得離二取相故眞實住唯識如第六識緣現在心唯一刹那誰爲能所設緣三世亦現在心妄分能所若得此意三界唯心法界一相亦何不適神鍇法師云一念淨心微細如芥子森羅萬像猶若須彌萬像雖復衆多要從一心變起離心之外畢竟無法是則攝相從心云內須彌於芥子也元康法師云明悟入者如來說法八萬四千所明至理更無異道華嚴經云一道出生死涅槃經云一道清淨大品經云一相無相淨名經云不二法門論云自知不隨他寂滅無戲論無異無分別是則名實相乃羣賢所趣衆義同歸咸指一心之實道矣智者大師與陳宣帝書云夫學道之法必須

先識根原求道由心又須識心之體性分明無惑功業可成一了千明一迷萬惑心無形相內外不居境起心生境亡心滅色大心廣色小心微乃至知心空寂即入空寂法門知心無縛即入解脫法門知心無相即入無相法門覺心無心即入眞如法門若能知心如是者即入智慧法門裴休圓覺疏序云夫血氣之屬必有知凡有知者必同體所謂眞淨明妙虛徹靈通卓然而獨存者也衆生之本原故曰心地諸佛之所得故曰菩提交徹融攝故曰法界寂靜常樂故曰涅槃不濁不漏故曰清淨不妄不變故曰眞如離

過絶非故曰佛性護善遮惡故曰總持隱覆含攝故曰如來藏超越玄祕故曰密嚴國統衆德而大備鑠羣昏而獨照故曰圓覺其實皆一心也背之則凡順之則聖迷之則生死始悟之則輪迴息親而求之則止觀定慧推而廣之則六度萬行引而爲智然後爲正智依而爲因然後爲正因其實皆一法也終日圓覺而未嘗圓覺者凡夫也欲證圓覺而未極圓覺者菩薩也住持圓覺而具足圓覺者如來也離圓覺無六道捨圓覺無三乘非圓覺無如來泯圓覺無眞法其實皆一道也三世諸佛之所證蓋證此也如來爲

大事出現蓋爲此事也三藏十二部一切修多羅蓋詮此也釋曰心之一法名爲普法欲照此心應須普眼虛鑒寂照靈知非偏小而可窮以圓滿而能覺故曰圓覺此約能證也眞如妙性寂滅無爲具足周徧無有缺減故曰圓覺此約所證也能所冥合唯是一心此一心能爲一切萬法之性又能現三乘六道之相攝相歸性會無異轍則世出世間昇降雖殊凡有種種施爲莫不皆爲此也離此則上無三寶一乘下無四生九有臺山釋曦楞伽經訣云佛法大旨舉要言之不出心爲大旨所以楞伽經以心爲正宗故云

佛語心爲宗無門爲法門所言心者謂佛語心所言宗者謂心實處又云迷則萬惑累心解則眞照法界迷則生死紛紜解則涅槃常寂迷解雖殊莫不皆是一心隱顯三藏法師云衆生之類是菩薩佛土驗此六識卽究竟果處而惑者終日作迷解跋陀三藏云理心者心非理外理非心外心卽是理理卽是心心理平等名之爲理理照能明名之爲心覺心理平等名之爲佛心會實性者不見生死涅槃有別凡聖無異境智一如理事俱融眞俗齊觀圓通無礙名修大道釋道世云四禪無像三達皆空千佛異迹一智心

同澄觀和尚華嚴疏云上來諸門乃至無盡不離一心一心卽法界故起信云所言法者謂衆生心心體卽大心之本智卽方廣觀心起行卽華嚴覺心性相卽是佛覺非外來全同所覺故理智不殊理智形奪雙亡寂照則念念皆是華嚴性海則物我皆如泯同平等爲未了者令了自心若知觸物皆心方了心性故梵行品云知一切法卽心自性成就慧身不由他悟然今法學之者多棄內而外求習禪之者好亡緣而內照並爲偏執俱滯二邊旣心境如如則平等無礙昔曾瑩兩面鏡鑑一盞燈置一尊容而重重交光

佛佛無盡見夫心境互照本智雙入心中悟無盡之境境上了難思之心心境重重智照斯在又卽心了境界之佛卽境見唯心如來心佛重重而本覺性一皆取之不可得則心境兩亡照之不可窮則理智交徹心境旣爾境境相望心心互研萬化紛綸皆一致也唯證相應名佛華嚴矣釋云今人只解卽心卽佛是心作佛不知卽境卽佛是境作佛今明以如爲佛心境皆如心如卽佛境如焉非又心有心性心能作佛境有心性安不作佛以心收境則心中見佛是境界之佛以境收心境中見佛是唯心如來華嚴錦冠

云觀心釋大方廣佛華嚴經者若約教詮義則有多門若不攝歸一心於我何預夫言大者卽是心體心體無邊故名爲大方是心相相具德相之法故名方廣是心用心有稱體之用佛是心果心解脫處名佛華是心因心所引行喻之以華嚴是心功心能善巧嚴飾目之爲嚴經是心教心起名言詮顯此理故名爲經然心之一字雖非一切能爲一切觀者以三大中具四法界對彼四界故成四觀法本如是故依法而觀若依此悟解念念卽是華嚴法界念念卽是毗盧遮那法界也肇論注云近而不可知者其唯物性

乎者尙書云天生萬物唯人之靈有情無情爲萬物也靈是心之性亦卽萬物之性也卽物之性空目擊而非遙雖近而不可知也故論云遠不可見如空中鳥跡近不可見如眼中之藥遠喻三祇至道近喻卽眞不見也如上所引祖教委細披陳可以永斷纖疑圓成大信若神珠在掌寶印當心諸佛常現目前法界不離言下是以從初標宗於一心演出無量名義無量名義不出理智非理不智故理外無智非智不理故智外無理亦攝智從理離體無用攝用歸體體性自離故體卽非體卽一切法如虛空性空性亦空

畢竟寂滅斯滅亦滅不知以何言故强名之無盡眞心耳今還攝無量義海總歸一句乃至無句一字一點卷舒自在不動一心究竟指歸言思絶矣又此乃是內證自心眞性絶待無依平等法門如華嚴疏鈔云悟一切法自性平等者入於諸法眞實之性故謂眞實性中無差別相無種種相無無量相萬法一如何有不等此眞實性依何立故復次明證無依法所謂不依於色不依於空若萬法依空空無所依今萬法依眞眞無所依卽無依印法門故捨離世間世間卽有種種差別斯則性尙不立何況於相亦不依空

立色亦不依色立空。亦無異無不異。無卽無不卽。斯見卽絶。強名內證爾。問。如上解釋引證。皆是祖佛之言。何不自語。答。我若自語。一切茫然罔措津涯。豈有中問之處。設祖佛之教。皆是隨他意語。曲順時機。是以世尊言。三世諸佛所說之法。吾四十九年不加一字。又經云。先佛已說。後佛隨順。若能如是了達。則知佛語是自語。自語是佛語。故本師云。一切外道經書皆是佛說。非外道說。又云。釋迦如來語。提婆達多語無二無別。若於此不信不明。皆成二見。常縈分別凡聖之想。恒生取捨自他之情。欲紹吾宗。無有是處。問。

前標宗章。已廣說唯心之旨。何故十帙之中卷卷委曲重說。答。此是祕要之門。難信之法。轉深轉細。難解難知。悉抱疑情。盡居惑地。夫疑者於諸諦理猶豫為性。能障善品為業。故疑有多種。略說具三。一疑自。謂已不能入理。二疑師。謂彼不能善教。三疑法。謂於所學為令出離。為不出離。況如有病之人。疑自疑醫疑藥。病終不愈。若具前三疑。終不能決定信入。今宗鏡所錄。皆是正直捨方便。但說無上道。隨聞一法。盡合圓宗。實可以斷深疑。成大信。如清涼記云。謂聞空莫疑斷。是卽事之空。非斷滅故。聞有莫疑常。非定性有。從緣有故。聞雙是莫疑兩分。但雙照二諦。無二體故。聞雙非莫疑無據。以但遮過。令不著故。又聞空莫疑有。是卽有之空故。聞有莫疑空。是卽空之有故。聞雙是莫疑雙非。是卽非有無為有無故。聞雙非莫疑雙是。是卽有無方是非有無故。是知諦了一心。羣疑頓斷。則有不能有。空不能空。凡不能凡。聖不能聖。豈世間言語是非之所惑哉。如佛藏經云。佛告舍利弗。須彌山王。為高大否。高大。世尊。舍利弗。四天下中。普雨大石。皆如須彌。有人以手承接此石。無有遺落。如芥子者。於意云何。為希有否。希有。世尊。舍利弗。如來所

說一切諸法。無生無滅。無相無為。令人信解。倍為希有。舍利弗。譬如有人以一切眾生置左手中。右手接舉三千世界山河草木。皆能令是一切眾生同心喜樂。其意不異。於意云何。為希有否。希有。世尊。舍利弗。如來所說一切諸法無生無滅無相無為。令人信解。倍為希有。此宗鏡文所以前後廣引者。只為此心深奧故難信。祕密故難知。乃至菩薩大智。尚須佛力所加。豈況淺劣而能知者。如寶雨經云。佛言。云何菩薩深信如來意業祕密。若諸菩薩聞於如來意之祕密。謂如來所有意樂法義。依止於心。依心而住。一切菩

薩聲聞緣覺及諸有情無能知者唯除如來之所加持是以雖前引後證文廣義繁則語語內而利益根機聞聞中而驚新耳目何厭重說起此慢心所以本師云行住坐臥常說妙法又云我於得道夜及涅槃夜是二夜中間常說般若是以機多生熟信有淺深前聞熏而未堅後聞熏而方入如大智度論云譬如搖樹取果熟者前墮若未熟者更須後搖又如捕魚前網不盡後網乃得又云復次是般若波羅密相甚深難解難知佛知眾生心根有利鈍鈍根者少智為其重說若利根者一說二說便悟不須種種說譬如

駃馬下一鞭便走駑馬多鞭乃去如是等種種因緣故經中重說無咎又問曰上來數說是般若波羅密甚深因緣今何以復重說答曰處處說甚深多有所利益凡人不知謂為重說譬如大國王未有嫡子求禱神祇積年無應時王出行夫人產子男遣信告王大夫人產男王聞喜而不答乃至十反使者白王向所白者王不聞耶王曰我即聞之久來願滿故喜心內悅樂聞不已耳即勑有司賜此人百萬兩金一語十萬兩王聞使者言語語中有利益非是重說不知者謂為重處處說甚深亦如是佛與菩薩須菩提知

大有利益須菩提聞佛說深般若不能得底轉覺甚深聽者處處聞甚深得禪定智慧利益等凡夫人謂為重說且如國王聞於一語有多利益賜十萬兩金此乃增生死根成於識樂今聞宗鏡卷卷之中文文之內重重唱道一一標宗長菩提根成於法樂盡大地為黃金未酬一字請不生怠猒於頻聞令已達者重堅信心使未入者速發聞慧問此宗鏡門還受習學否答學則不無略有二義一者若論大宗根本正智不從心學非在意思圓明了知不因心念故台教云手不執卷常讀是經口無言音徧誦眾典佛不說

法恒聞梵音心不思惟普照法界此論上上根器聞而頓悟親自證時二者若未省達亦有助發之力印可之功或機思遲迴乃至中根下品及學差別智門須依明師以辯邪正先以聞解信入後以無思契同須得物物圓通事事無滯方乃逢緣對境不失旨迷宗故云會萬物為自己者其唯聖人乎又若約大綱應須自省設有相助亦指自知如有學人問先德如何是禪答悟自理為禪問如理心性但是假名何者是實答有三阿僧祇百千名號但假施設實相無相如虛空須自反悟問悟後更有何法答只箇悟處是

法從緣發明反得自理問此性還可示人令見否答還示渠教自省達卽得不是眼見耳聞意知之事此箇眞精妙明性不同太虛木石天生靈妙不思議卽自性佛法僧若不悟推求欲見一毫亦不可得但離前塵好醜卽是自家本心若一毫不盡與佛道者無有是處問見色但見色如何見心答卽思思之是阿誰見色問豈不是當境者全是不應更求見答自思量看是之與不是莫問他人若直下見更不圖度佛法只在方寸心外斷行蹤但一心一智慧離內外中間取受三際理玄便入無爲道問悟何心是道答悟

心無心卽是道問請爲指示答指示了也汝自不見問是何物教學人見答教渠直下見也不是物又先德問卽今見何物答見本心問見與本心爲別不別答不別眞如體上自有照用以明故得名爲見以不動故得名爲心又自性清淨名照常見自性名用故知此心目前顯露何須問答豈假推窮卽圓滿門是成現法如有學人問忠國師和尚如何是解脫心答解脫心者本來自有視之不見聽之不聞搏之不得衆生日用而不知此之是也此乃直指目擊道存今古常然凡聖共有夫宗鏡所録皆是佛說設有菩薩

製作法師解釋亦是達佛說意順佛所言以此土衆生皆以聞慧入三摩地故須以音聲爲佛事顯示正義破除邪執非言不通此有二義一者約畢竟門則實不可說如起信論云一切諸法從本已來離言說相離名字相離心緣相又云復次究竟離妄執者當知染法淨法皆悉相待無有自相可說是故一切法從本已來非色非心非智非識非有非無畢竟不可說相而有言說者當知如來善巧方便假以言說引導衆生得其旨趣者皆爲離念歸於眞如以念一切法令心生滅不入實智故此是引導一切初發菩提

心人且令自利理行成就歸於實智究竟指歸宗鏡矣二者約方便門是利他行故云如來善巧方便假以言說引導衆生又不可一向執發言爲非起念成過何者以卽言無言卽念無念是知言言契道念念歸宗若分別門不無二說若畢竟門言思絕矣問如上所立一心之旨能攝無量法門融通一切此心爲復能含一切法能生一切法爲復自生他生共生無因生答此心不縱不橫非他非自何者若云心含一切法卽是橫若云心生一切法卽是縱若云自生心不生心若云他生既不得自云何有他若云共生自

他既無將何為共若云無因生有因尚不生況無因乎問心非四性者教中云何說意根生意識心如工畫師無不從心造則是自生又云心不孤起必藉緣而起有緣思生無緣思不生則是他生又云所謂六觸因緣生六受得一切法則是共生又云十二因緣非佛天人修羅作性自爾則無因生既屬教文云何成過答諸佛隨緣差別俯為羣機生善破惡令入第一義理皆是四悉方便權施空拳誑小兒誘度於一切問既非縱橫不墮四性則一切法是心心是一切法否答是則成二問如是則一切不立俱非耶答非

亦成二如文殊言我眞文殊無是文殊若有是者則二文殊然我今日非無文殊於中實無是非二相問既無二相宗一是否答是非既乖大旨一二還背圓宗問如何得契斯旨答境智俱亡云何說契問如是則言思道斷心智路絶矣答此亦強言隨他意轉雖欲隱形而未亡跡問如何得形跡俱亡答本無朕跡云何欲亡問如是則如人飲水冷煖自知當大悟時方合斯旨答我此門中亦無迷悟合與不合之道理撒手似君無一物徒勞苦說數千般此事萬種況不成千聖定不得大地載不起虛空包不容非大器人

無由擔荷如古德云盡十方世界覓一人為伴不得又云只有一人承紹祖位終無第二人若未親到徒勞神思直饒說玄之又玄妙中更妙若以方便於稱揚門中助他信入一期傍讃即不然若於自已分上觀照之時特地說玄說妙起一念殊勝不可思議之解皆落魔界所以圓覺經云虛偽浮心多諸巧見不能成就圓覺又先德偈云得之不得天魔得玄之又玄外道玄抛却父娘村草裏認他黃葉作金錢百丈竿頭快撒手不須觀後復觀前如今但似形言跡紋綵生時皆是執方便門迷眞實道並是認他黃葉喚

作金錢若大悟之時似百丈竿頭放身更不顧於前後此宗鏡中是一切凡聖大捨身命之處不入此宗皆非究竟問畢竟如何答亦無畢竟問前云不入此宗皆非究竟此又云何稱無畢竟答前對增上慢人未得為得認虛妄為眞實執顛倒作圓常為破情塵權稱究竟今論見性豈言虛實耶問以此通明之後如何履踐答教誰履踐問莫不成斷滅否答尚不得常住云何斷滅問乞最後一言答化人問幻士谷響答泉聲欲達吾宗旨泥牛水上行問此錄括略微細理事圓明於慕道人得何資益答若第一義中無利

無功德就世俗門內似有於稱揚總有二途能裨初學一者為未信人令成正信攝歸一念不外馳求二者為已信人助成觀力理行堅固疾證菩提步步而不滯寶所功程念念而流入薩婆若海似乘廣大之輦立至寶坊如駕堅牢之船坐登覺岸問集此宗鏡有何功德答此不思議大威德法門但有見聞深獲善利如一塵落嵩嶽之崗隴已帶陵雲滴露入滄海之波瀾便同廣潤可謂直紹菩提之種全生諸佛之家何況信解受持正念觀察為人敷演傳布施行約善利門無法比喻功德無盡非種智而不可稱量利

樂何窮過太虛而莫知邊際以滿空珍寶供養恒沙如來化十方眾生盡證辟支佛果未若弘宣斯旨開演此宗以茲校量莫能儔比可謂下佛種子於眾生身田之中抽正法芽向煩惱欲泥之內然後七覺華發菩提果成展轉相生至無盡際如華嚴探玄記云於遺法中見聞信向此無盡法成金剛種子當必得此圓融普法如經云吞服金剛喻小火廣燒喻又如兜率天子從地獄出得十地無生忍展轉利益不可窮盡皆由宿聞此法為本因故頌云雖在於大海及劫盡火中決定信無疑必得聞此經大智度論云受

持般若校量功德於是持邊正憶念最勝今如諸佛憐愍眾生故為解其義令易解勝自行正憶念是時佛欲廣分別福德故說言若有人盡形壽供養十方佛不如為他解說般若義此中說勝因緣三世諸佛皆學般若成無上道乃至教恒河沙世界中人令得聲聞辟支佛道不如為他人演說般若波羅密義此中說因緣是諸賢聖皆從般若波羅密出故首楞嚴經云佛告阿難若復有人徧滿十方所有虛空盈滿七寶持以奉上微塵諸佛承事供養心無虛度於意云何是人以此施佛因緣得福多否阿難答言虛空

無盡珍寶無邊昔有眾生施佛七錢捨身猶獲轉輪王位況復現前虛空既窮佛土充徧皆施珍寶窮劫思議尚不能及是福云何更有邊際佛告阿難諸佛如來語無虛妄若復有人身具四重十波羅夷眴息即經此方他方阿鼻地獄乃至窮盡十方無間靡不經歷能以一念將此法門於末劫中開示未學是人罪障應念消滅變其所受地獄苦因成安樂國得福超越前之施人百倍千倍千萬億倍如是乃至算數譬喻所不能及所以讚弘此典善利無邊謂首楞嚴經以如來藏心為宗如來藏者即第八阿賴耶識密

嚴經偈云如來清淨藏世間阿賴耶如金與指鐶展轉無差別以諸佛了之成清淨藏異生執之爲阿賴耶如眞金隨工匠爐火之緣標指鐶之異名作圓小之幻根金體不動名相妄陳類眞心隨眾生染淨之緣成凡聖之異名現昇沉之幻相心性不動名相本空認假名而二見俄分悟眞體而一心圓證迷悟卽於言下法喻皎在目前昧之者歷劫而浪修達之者當體而凝寂法華經云我滅度後能竊爲一人說法華經乃至一句當知是人則如來使如來所遣行如來事何況於大眾中廣爲人說竊爲一人者竊者私

也若私地只爲一人說此一句此人則是從一心眞如中遣來作使告報異生直了一如之理卽是行眞如中事以眞如無邊至一切處故則所得法利亦隨眞如之性無量無盡又云當知是人與如來共宿則爲如來手摩其頭乃至入如來室著如來衣坐如來座以要言之持此經人四威儀中舉足下足皆不離一心眞如諸佛行處矣鴦崛魔羅經云若人過去曾值諸佛供養奉事聞如來藏於彈指頃暫得聽受緣是善業諸根純熟所生殊勝富貴自在是眾生今猶純熟所生殊勝富貴自在由彼往昔曾值諸佛暫得聽聞如來藏故乃至佛告鴦崛魔羅非是如來爲第一難事更有難事鴦崛魔羅譬如士夫檐須彌山王及大地大海經百千歲此爲大力第一難否鴦崛魔羅白佛言是如來境界非彼聲聞緣覺所及佛告鴦崛魔羅彼非大力非爲甚難若以大海一塵爲百億分百千億劫持一塵去乃至將竭餘如牛跡復能檐負須彌山王大地河海百千億劫而彼不能於正法住世餘八十年時演說如來常恒不變如來之藏唯菩薩人中之雄能說如來常恒不變如來之藏護持正法我說此人第一甚難又法華見寶塔品云若接

須彌擲置他方無數佛土亦未爲難若以足指動大千界遠擲他國亦未爲難又云假使有人手把虛空而以遊行亦未爲難又云假使劫燒檐負乾草入中不燒亦未爲難我滅度後若持此經爲一人說是則爲難故知竭海移山非無爲之力任使躡虛履水皆有漏之通曷若開諸佛心演如來藏紹菩提種入一乘門能託聖胎成眞佛子何以故謂得本故如從源出水因乳得酥如鴦崛魔羅經云復次文殊師利如知乳有酥故方便鑽求而不鑽水以無酥故如是文殊師利眾生知有如來藏故精勤持戒淨修梵行復

次文殊師利。如知山有金。故鑿山求金。而不鑿樹。以無金故。如是文殊師利。衆生知有如來藏。故精勤持戒淨修梵行。言我必當得成佛道。復次文殊師利。若無如來藏者。空修梵行。如窮劫鑽水。終不得酥。故知入宗鏡中。見如來性。菩提道果。應念俱成。如下水之舟。似便風之火。若背宗鏡。不識自心。設福智齊修。終不成就。如求乳鑽水。離山鑿金。任歷三祇。豈有得理如宗鏡所錄。前後之文。皆是諸佛五眼所觀。五語所說。無一言而不諦。非一義而不圓。可俟後賢。決定信入。如月上經偈云。假動須彌山。倒地修羅住處。皆悉

滅。大海枯涸。月天墜。如來終不出妄言。假使十方衆同心。或火成水。水成火。無量功德最大尊。利益衆生無異說。大地虛空成渾沌。百刹同入芥子中。羅網可用縛猛風。如來終不有妄語。以茲誠實。可徧傳持。功德無邊。言思罔及。所以唯識論偈云。作此唯識論。非我思量處。諸佛妙境界。福德施羣生。斯論大旨。非情識知解之所思量。乃是大覺不思議絕妙境界。以此弘揚不思議無盡之福。悉用普施一切法界無量含生。同入此宗。齊登佛地。華嚴疏主藏法師發願偈云誓願見聞修習此圓融無礙普賢法。乃至失命終不離。盡未來際願相應。以此善根等此性。普潤無盡衆生界。一念多劫修普行。盡成無上佛菩提。

宗鏡錄卷一百

音釋

沇余準切　鍇口駭切　鑠書藥切銷也　瞌烏蓋切　帙直一切書卷也　駃古穴切馬生七日超母曰駃　駑乃乎切駑駘下馬也

奉

勅重刊宗鏡録後跋

佛語心爲宗無門爲法門求悟之者不可滯句迷宗既達之人寧復守空遺法苟或纖塵未脫縱聞三藏十二分究爲數他珍寶不濟己貧如其絲髮未圓饒能一定八萬劫未免終落空亡受茲輪轉蓋相與名之關鎖非智鑰而莫開理與事之荆榛離慧刃其奚斷爲破空有而談有空果其盡執忘情自然明心見性所以馬鳴龍樹不遮心性之宗護法陳那特彰空有之論迨

夫騰蘭詣漢初祖遊梁禪宗既岳峙於中華義學亦波揚於震旦然義非宗外之義宗非義外之宗如僧肇永嘉清涼諸大師莫不宗圓而義了還以演義而明宗匪隔髓皮奚生畛域後世法門日謝去聖彌遙但效依通不求親證狂禪則永迷義海義解則輕撥禪宗於無過失法中謬生簡棄於無一絲毫處妄起紛拏杵臼繩箕各說象身之似鵠雪貝稻孰明乳色之眞凝波水以成冰忽捨冰波而求水鎔盤金而爲釧轉執盤釧而非金或有千岐門迷不二宗永明智覺禪師者古佛應世度生爲心妙證眞如深徹源底欲演不傳之祕教用開累劫之迷途爰括三藏之繁文總示一乘之妙理製斯宗鏡覺彼庸愚要使滯寂狂參舉足而全彰機用蒸砂學子轉盼而頓獲圓通求其妙字字皆出於佛心語其功言言可成於正果總持萬法貫徹五乘十方三界之中邊彌勒威音之兩畔龍宮祕藏之寶字竺土大仙之金文莫不卷舒於百卷之中管攝於一心之內毛吞巨海芥納須彌不一不多非文非字欽惟我

皇上聖人在位慈父現身成中和位育之豐功證常樂我淨之妙諦萬幾餘暇隨喜眞詮發此瑤緘再三嘉歎千年而上旦暮遇之丙夜已過展誦未已謂東土導師第一實惟永明而覺海最勝津梁無逾宗鏡凡夫肉眼莫辨靈文故紙塵編埋斯上寶若非醫王顯示藥中之水孰令貧子得還衣內之珠於是

親製序文刊施流布戴頒

諭旨開示深明懸佛日於中天光含大地爍明珠於性海照耀恒沙不特妙圓正修古佛永明遇

聖主而莊嚴顯現。將使百千萬億未來大士。聆
玉音而親證眞常。斯文與日月而俱長。則斯福被人
天而無盡矣。臣僧超海。臣僧通理。臣僧廣持。奉
敕校文。分讀分句。情推識解。幾竭心思。正亥豕魚。閱
更寒暑。雕鐫既竣。
恩命重申。獲紀因緣。附名卷末。伏念臣僧超海等。宿
根闇鈍。現業流深。濫厠法門。罔識心要。幸以多
劫淨因。恭逢
一人聖化。敢明所契。用告同叅。海等初承校理之時。
莫測高深之旨。自心是自心。宗鏡是宗鏡。尋枝
摘葉。豈知皆爲世尊手內之花。窺戶循牆。未由
得禮彌勒閣中之佛。受轉於語言文字。未脫乎
見聞覺知。此時亦一鏡中人也。既蒙
皇上朝夕提撕。發明本分。則謂三藏十二部。總是誑
兒空拳。八萬四千門。無非止啼黃葉。窮諸玄辨。
若一毫置於太虛。竭世樞機。似一滴投於巨壑。
既了自心。何須宗鏡。好與青龍疏鈔。付之一炬。
此時又一鏡中人也。復蒙
皇上誨人不倦。及節應時。頓悟法體周圓。進得竿頭
一步。頭頭合道。物物明宗。乃知既了自心。一切

如鏡。若言打破此鏡。只緣未識自心。從玆行利
他行。不妨於無說中立說。行自利行。正好於無
聞中顯聞。所謂拾礫盡成眞金。攬草無非妙藥。
焚疏鈔者。正德山之敗闕。製宗鏡者。實永明之
眞慈。是乃此日鏡中人也。海等現前所證如此。
永明妙旨。寧止於斯。夫三界唯心。萬法唯識。同
歸此鏡。皆入斯宗。以不住住者。方以無知知。以
無知知者。方以無證證。當來眞叅佛子。十方講
誦法師。願共勉旃。毋淹化壘。我
皇上剖析混沌。揭露圓明。整飭法門。接續慧命。以此
無上甘露妙味。普施恒沙有情衆生。悉令具正
徧知。同來入大圓覺。讀玆書者。若乃不達自心。
不期實證。依舊齊文定旨。逐語分宗。徒執宗教
一貫之文言。而違不立文字之妙旨。則深負
皇上諄切訓諭之
至恩。大非古佛誘掖提持之本意。凡諸同志。尙其念
玆。時雍正十三年歲次乙卯四月佛誕日。臣僧
超海等薰沐敬跋

雍正十二年甲寅四月初八日

奉

旨重刊宗鏡録

監督

武英殿總理事務内務府慶豐司員外郎加二級臣李之綱

御書房首領執事侍臣鄭愛貴

懋勤殿執守侍臣胡應瑞

監造

武英殿執事人臣鄧三格

武英殿執事人臣常德

武英殿筆帖式臣六格

武英殿執事人臣延恒

武英殿執事人臣楊大德

武英殿執事人臣常慶

刻宗鏡錄功德人名緣起

宗鏡因緣起於高郵西塔大根和尚。刻至二十八卷。竟西歸矣。淸梵老和尚。續刻二十九三十兩卷。後以各局事繁。遂行中止。今將三十年矣。因憶書本大藏。以及叅學。皆不可少之要典。觀如雖有續刻之心。未果。因循數載。偶與道中人論及。淸梵老和尚。遂復與高郵西塔因公。放生寺松公。并諸山同發大心。共助二十卷。連前刻共成五十卷。胡鏡之手功德芳名刻列五十卷後。由卷五十一至一百卷。觀如經募。仗三寶威德加被永明老人護持。於己亥四月八日圓滿。事之成亦有其時。但此一念不休。萬無不成之理。

並刻印總帳開列於左

不不道人十六元六安四十元濟南六元旭山十元師頻十元淸露十元淸渡七元問慈二十元蘊空一元立行一元定戊一元淸海六元爲現生父母屢世恩寃懺除罪障往生淨土法性二元源海一元心慈四元靈珠四元慧光五元道淸五元智珠四元淸珠一元道珠五元賢珠五元宏園一元了塵二十元本堅悟德悟慧覺如共一元廣修一元覺明二元覺慈一元覺松一元善成一元中海一元果元一元覺開

一元蓮度一元寶德一元張淨觀居士手收衆姓小角一百六十五個雙角十七個錢四百文大洋十元郭鼎臣十元程淨恆二十元願祖父國士父有韶母鍾氏母陳氏叔有笙妻朱淨今等宿業消除早見彌陀葉大富五十元回向慈母葉高氏法名淨西宿障頓消早生西方董金華二十元胡淨明一元胡淨悟一元淨如一元戴淨輝一元張淨高一元陳寶峯一元朱淨信一元張淨安一元張淨國一元朱淨心一元韓淨日一元韓朱氏一元善法一元慧信一元尹朱氏一元尹淨修一元高顧氏一元張智一元王談一元胡詹一元

嚴周氏一元嚴瞿氏一元張淨一元臧潤靈三十元孫慧明一元姜陳氏二元徐善人一元王果泰十元徐淨福六元黃淨道二元袁果能四元慧智修二十千文以此功德上報四恩下濟三途慧智修四十元願三障頓消一心成就智慧增長菩提不退李昌清淨共助四十元回向李文勳宿障頓清早生善地李本修慧仁慧玲昌清慧舟慧福共助壹百十元回向李氏門中世代宗親高超人天早登佛地李本修慧舟共助四十元回向李文安李張氏同超三界早見彌陀李本修助二十元回向生生父母早生蓮界速脫輪迴李慧舟助二十元回向父張培謙

母茅氏早脫輪迴高步三界速往蓮邦李慧舟助二十
元回向翁李文動姑張氏同歸安養早成正覺李昌清助三
十元回向父樊魁元母湯氏早出娑婆速登彼岸李慧通助
四十元求業障消除善根增長李志昌志崇志鶱助
二十元願宿障清淨福慧昌隆李慧仁慧心慧玲助
二十五元回向李培松早生淨土早見彌陀早成正
覺李慧福助二十元回向李培松高增蓮品早蒙授
記李昌清慧仁慧舟慧玲共助七十元求業障消除
善根增長李慧福助十元回向屢生父母咸生淨土
速證菩提李慧福助二十元求業障消除善根增長

李志熙李乃斌助十五元求消災延壽福德昌隆性
眞助二元願慧心圓明道念堅固
刻宗鏡錄除去五十一卷至六十二卷由六十三
卷起至一百卷連圈計字二十九萬七千八百五
十三個計錢四百七十六千五百六十四文八毫
書籤二十二條二千二百文
板架二十張二十千文
印書一百部二百十八千文
書板二百付連帶十九千文
以上共用七百三十五千七百六十五文

總共收英洋九百三十八元旭化錢八百六十
二千九百六十文又收錢二十千四百文共計
八百八十三千三百六十文
除用仍餘一百四十七千六百文撥刻唯識心
要
弟子眾等合積功德普皆回向憶我佛華嚴經云
諸供養中法供養爲最既法供爲最而一切供養
總在其中又諸布施中法施第一法施既稱第一
而一切布施都在裏許但事多力微且從這一門
深入法法皆可圓通以玆功德惟願

國泰民安雨順風調伏願施資人等智慧靈苗時時
增長菩提行願念念圓成現生四大康健六根清
淨不染塵緣正念堅固身心安樂無諸魔障直登
彼岸同覲佛日萬事周隆懇
佛大慈滿此微願
光緒二十五年四月初八日江北刻經處識